黄彦 主编

孙文全集

演说

第十册

SPM
南方出版传媒
广东人民出版社
· 广州 ·

一九一二年四月六日，孙文在上海参加统一党欢迎会时与欢迎者合影。

一九一二年五月十一日，孙文在广州出席广东孙族恳亲会时与到会者合影。

一九一三年四月，孙文（前排左三）、黄兴（前排左二）等在上海正金银行与日人商讨筹建中日兴业公司时合影。

一九一六年八月二十二日，孙文一行抵宁波，受到宁波各界人士的欢迎。

一九二〇年十一月二十五日，孙文偕宋庆龄乘船离开上海赴广州，准备在广州重组政府。图为孙文（左四）与唐绍仪（左三）在赴粤途中。

一九二三年二月二十日，孙文在香港大学演讲后与该校师生合影。

一九二三年十二月二十一日，孙文到岭南大学演讲，勉励学生要立志做大事。

一九二四年六月，孙文在中国共产党及苏俄的帮助下创办了陆军军官学校（黄埔军校）。图为孙文在军校开学典礼上发表演说。

一九二四年六月十六日，孙文偕宋庆龄出席黄埔陆军军官学校开学典礼。左起：廖仲恺、蒋介石、孙文、宋庆龄。

一九二四年十一月十七日，孙文在上海寓所与各界欢迎者合影。

一九二四年十一月二十五日，孙文在日本神户东方饭店出席东京、大阪、神户各埠国民党支部举行的欢迎会，演讲后同与会者合影。此次讲题为《中国内乱之原因》，历时两小时之久。

一九二四年十二月四日，孙文抵天津张园行馆后与各界欢迎代表合影，此为孙文最后一次接见民众。

孫逸仙演說

黃帝紀元四千六百零三年乙巳秋八月孫逸仙先生由歐西東至日本留學同人開特別歡迎大會于日京之富士見樓不期而會者二千餘人富士見樓者日京大集會之名所也猶以室小不能容至有擁立道旁仰首企望而遙聽　先生之議論者莫不鼓掌稱善以爲相見先生之晚歟歡盛矣夫先生以艱苦辛奔走國事十餘年蹶而復起者再至今日猶能以百倍精神與我輩討論民族主義歷言中國之大勢與君主立憲政体之害縱橫排闔間者動容每語至吃緊則掌聲雷動屋五爲震　先生誠今世之人傑也留學同人既幸聞先生之名論皆傾心本　先生之言以爲救國之標準特情我四萬々同胞不得悉聞　先生言而持此主義以維持亞東大陸也因命吼生于演說時筆記之以公我全國同胞之聞見我同胞當亦聞風而興起也

兄弟　此次東來蒙諸君如此熱心歡迎

兄弟　實感佩莫名竊恐無以副諸君歡迎

記者黃帝嫡孫吼生

一

之盛慕然不得不獻　兄弟　見聞所及與諸君商定救國之方針當亦諸君所樂聞者（拍掌）

兄弟　由西至東中間至美國事路易斯觀博覽會此會爲新球開會以來的一大會後又由米至英至德主法乃至日本離東二年論時不久見東方一切事情大變局

兄弟　料不到如此又料不到今日與諸君相會於此近來我中國人的思想議論都是大聲疾呼怕中國淪爲非澳前兩年還沒有這等的風潮從此看來我們中國不是亡國了還都由我國民文明的進步日進一日民族的思想日長一日所以有這樣的影響從此看來我中國一定沒有淪亡的道理（拍掌）

今日試就我願過各國的情形與諸君言之

一日本與中國不同者有二件

第一件是日本的舊文明背由中國輸入五十年前維新諸豪傑沈醉于中國哲學大家王陽明知行合一的學說故皆其有獨立尚武的精神以成此拯救四千五百萬人于水火中之大功我中國人則反抱其素養的實力以赴媚異種故中

二

國的文明逐至落于日本之後。（拍掌）

第一件如日本衣食住的文明乃由中國輸入者我中國已改從滿制則是我中國的文明已失之日本之後米又有種種的文明由西洋輸入是中國文明的開化雖先于日本究竟無大稗益予我同胞。（拍掌）

渡太平洋而東至美國見米國人物皆新米人不過由四百年前哥倫布開闢以來世人漸知有米國而于今的文明即歐洲列强亦不能及去年墨路易斯的博覽會爲世界最盛之會蓋自法人手中將墨路易斯買來了此會爲紀念米國從前乃一片洪荒之土于今四十餘州的盛況皆非米國所能及　兄弟又由米至英至法至德見各洲從前極文明者如羅馬埃及希臘雅典等皆敗橫野蠻者如領民族等而興中國的文明已有數千年西人不過數百年中國人又不能由現代之文明變而爲近世的文明所以予說中國最守舊的緣由也在于此殊不知不然不過我們中國現在的人物皆無用將來取法西人的文明而用之亦不難轉弱爲强易舊爲新蓋

兄弟　自至西方則見新物至東方則見舊物我們中國若

三

一九〇五年八月十三日，孙文在东京富士见楼对留日学生发表演说，由吼生笔记，当年九月，以《孙逸仙演说》一书印行于世，图为原书封面及内文。

一九二四年一月二十日至三十日，中国国民党于广州举行第一次全国代表大会。二十一日午后，孙文以总理身份主持会议，对关系全党的根本问题，发表演说。图为党史会库藏，经孙文核定之《中国国民党第一次全国代表大会会议录》部分原件影印，最后有"黄昌谷校对"之签章而为一般印件所不载者。

（二）

青年一方面者。各代表抵俄後。俄人對之。極力稱讚國民堂可主張之民生主義。校彼黨之研究三民主義。混定救國大計。非與此不可也。是誠心悅服本堂心研究三民主義。服其共產堂負為國民堂員。我輩當同志職間共產黨員。如為政成共產之害。故發生種種懷疑。不往自稽。世界對於帝國主義次殖民之華僑尤甚其為海外華僑。本總理曾接到海外華僑紛紛加入本堂。懷疑尤甚其為海外同志。本總理曾接到海外華僑紛紛加入本堂。詢問改次改組。是苦我為政國民堂為共產堂。如為政成共產。即各國人士。莫不贊牟。不過彼一堂一善。故發生種種懷疑。不往自稽。世界對於帝國主義次殖。之害。深受帝國主義國家宣傳破壞。俄國革命滿調時也。此又一時也。多救華僑。外國文字不能盡思。

民生曰主義。為救千年已有之名詞。至用之于上。則有本總理始。非獨中國向無此關。即在外國亦。救年前有一服拉馬克思主義兼之學說研究社。發現社會上之生計問題。與馬克思學說有不符合。

三民主義

民生主義社會主義共產主義

政治

經濟

（三）

猶為最近未行國內政進步之神速。與前大不相同。校異義浮曰。至於意大利則已承退。其他多國在此一二年必相德承退。俄國際若各國反對承退。技就利害而言。本堂與之聯合。將來必能得中國尤大之益而已。校決無大害。此為我海外同志所宜放心者也。本堂既承認民生主義。則所謂各將主張義。乃非與共產主義為仇而高。而高就是非而高。物包括其中。蓋將用陶示之為左。連隨你與荒堂用陶示之為左。

外國輿論之進步為轉移。三四年轉移。依俄國內政之進步而愛。猶為是。

外國人輿論。

之點。於是提出疑義。逐得逆筆。微水以。黨術徐。歷十一年之久。而於微坡始於一人。乃將其第三大意有加有今日社會進化中。其經濟問題。備以解決民生問題為依歸。由當可見本總理所定民生主義至今已有學校積回夫。由此六可知民生主義實主義之名詞。至今共產主義之實行。蓋非創自俄國我國尤大之政策。為英國書啟可破壞校今日自俄國尤大。十年前洪秀全在太平天國已經行。不過為反動政策。實非祗種兵燹大在太平天國已經行且其功敗俄。國教十年前洪秀全。校此便可十分假借共產主義與民包括一切往消主義。至今已有學北。生主義。亳無衝突。不過能因演會之真義。則新魯國同志之懷疑而生之暗潮。程此生主義。亳無衝突。不過能因演會便可打消。黃昌穀校閱

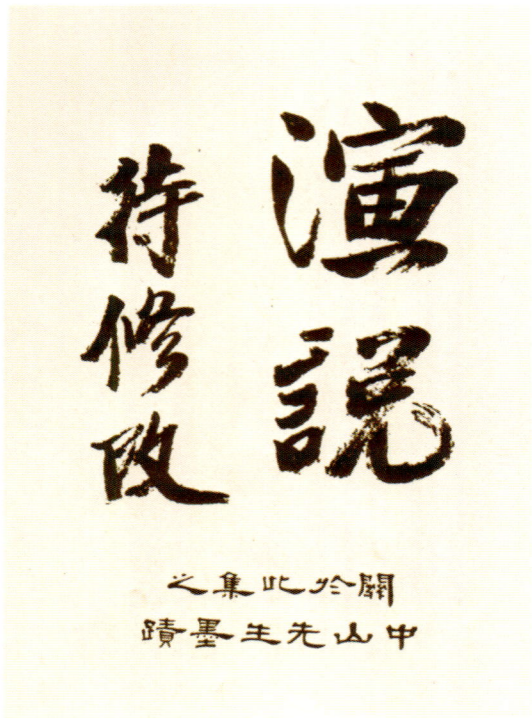

胡汉民题、黄昌谷编辑《孙中山先生演说集》，上海民智书局发行，一九二六年二月初版，八月再版，收孙文演讲三十七篇、谈话三篇。据黄氏序称，一九二四年秋，集所记孙文讲稿拟请编定次序付梓，孙文谕云："恐有错误，须修改"。并在包纸上亲书"演说待修改"五字，自行保存，随即北上，且携以同行，不料一病不起，竟不及修改。本书出版后遂为孙文有关演讲之重要史料。图为孙文在原稿包纸上亲书墨迹及黄编演说集封面及首篇《三民主义》首页。

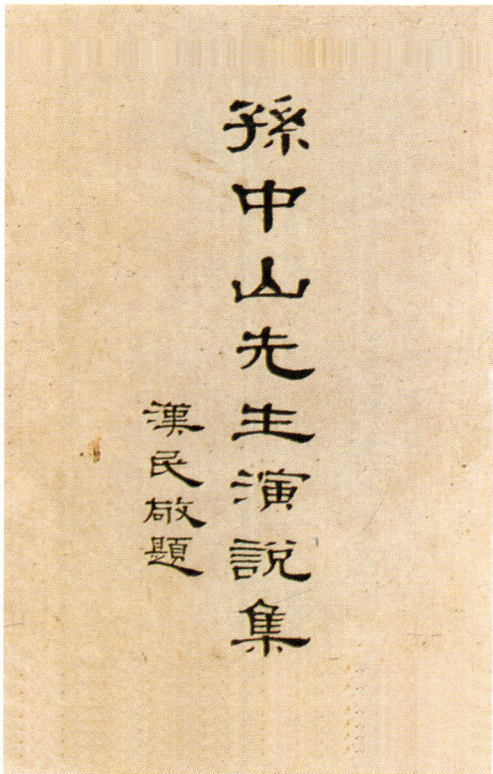

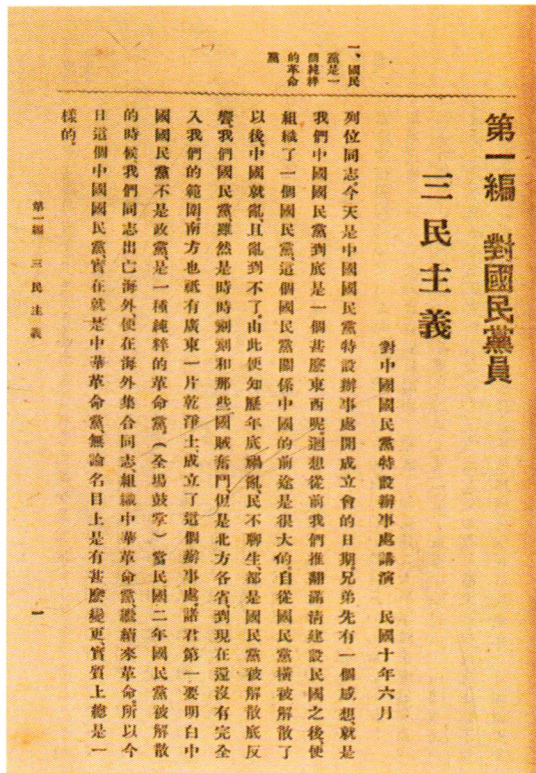

本 册 目 录

演 说

演

说

在香港西医书院首届毕业晚宴的答谢词①

（英 译 中）

（一八九二年七月二十三日）

我所想要说的是，感谢所有在座嘉宾接受我的祝酒，不仅为我们自己，而且为所有在香港的人们，祝愿母校成功！

据 "College of Medicine for Chinese：Dinner by the Dean"，*The China Mail*（Hongkong），July 25，1892 ［《西医书院·教务长主持晚宴》，载一八九二年七月二十五日香港《德臣西报》］（莫世祥译）

英文原文见本册第 821 页

在伦敦圣马丁镇厅的演说②

（英 译 中）

（一八九七年三月十一日）

（孙逸仙博士在演说中，他讲述这个姑且称之为中国政府的古怪体制中众多

---

① 一八八七年，孙逸仙（Sun Yat-sen，孙文别号）入读刚创办的香港西医书院（The College of Medicine for Chinese，Hongkong）。一八九二年七月二十三日，香港西医书院举行首届毕业典礼。港督罗便臣（William Robinson）等政府官员应邀出席，罗便臣向孙逸仙、江英华两名首届毕业生颁授毕业证书，并向在西医书院十一门科目考试中取得优异成绩的学生颁发奖品。其中，孙逸仙获得成绩优异奖的科目及奖品共有三项，分别是：医学，奖品是丹纳与米多（Tanner and Meadow）合著的《婴幼童疾病》；产科，奖品是纽曼（Newman）所著《肾脏外科》；卫生与公共健康学，奖品是鲍尔比（Bowlby）所著《神经损伤与疾病治疗》。当晚，西医书院在太平山顶的柯士甸山酒店举行首届毕业生晚宴，教务长康德黎（James Cantlie）主持，康德黎与罗便臣等致祝酒词，孙逸仙致答谢词。

② 一八九六年十月十一日，孙文在英国伦敦被清朝驻英公使馆囚禁。经康德黎等人在伦敦多方营救，清公使馆被迫于同月二十三日释放孙文。此后，孙文在伦敦居住至一八九七年六月。据康德黎夫人日记称，一八九七年三月十一日晚，孙文在伦敦圣马丁镇厅为格林十字医院演讲中国问题。底本未注明此次演说的日期和地点，今据康德黎夫人日记酌定。

残酷之事。）

国民在天朝的公共事务上享有发言权，彼时据说已是国泰民安，并非虚言。在那个时代皇位非世袭，而是经常由不称职的皇子禅让给非皇族出身的人杰。接下来的几个朝代却使教育转向华而不实的方向，于是进步亦无从谈起。然而却是到一六四○年满族攫取皇权之后①，才开始现今的完全蠹政。然后地理、法律、历史与科学的学习遭禁，学生仅可习得一些话术。如今批评皇权已成重大叛国罪，税收则被交付给那些只要能上交预定数额便可肆意搜刮民膏、中饱私囊之人。

新鞑靼部落——俄国正威胁要取道西伯利亚，大举侵占中国的悲惨国土，呼吁英国人民从俄国手中拯救中国。

> 据 "Topics of the Times：Personal"，*The New York Times*（U. S. A.），March 23，1897，Page 6［《时报话题——人物》，载一八九七年三月二十三日《纽约时报》第六页］（许瑾瑜译，高文平校）

> 英文原文见本册第 821—822 页

实现三民主义的革命目标

在新加坡的演说②

（英 译 中）

（一九○○年七月九日至十二日间）③

孙逸仙评论道，"社会主义本身是一门科学"。他向听众介绍了欧美社会主义

---

①　一六四四年五月，清军在明朝将领吴三桂的带引下大举进入山海关内，攻占京师（今北京）。同年清朝顺治帝迁都北京，从此清朝取代明朝。底本所称"一六四○年满族攫取皇权"，与史实不符。

②　孙文于一九○○年七月九日自越南西贡抵新加坡（Singapore）。新加坡亦译新嘉坡、星嘉坡，又称叻、石叻、星洲、狮城，时为英属海峡殖民地（British Straits Settlements）之一州。十天前日人宫崎寅藏、清藤幸七郎先期到达新加坡，拟劝说侨居当地的康有为与孙文合作，孰料反遭康诬告为刺客，被捕入狱。经孙文组织营救，英国殖民当局乃于七月十二日将此二日人连同孙文一并驱逐出境。此系孙文在新加坡逗留期间，为当地华人所作的一次演讲。

③　这次演讲原是香港报纸事隔多年之后的追述。据底本介绍，"时任英属海峡殖民地辅政司的瑞天咸（Alexander Swettenham）收到情报，孙逸仙终于在新加坡露面，他以日本人的身份出行，想会见康有为"。显然，所指即是一九○○年七月孙文的新加坡之行。演说日期不详，此据在新加坡逗留的起讫时间标出。

理论和实践的概况，但对于中国而言，他深信一份租税便足以引发一场土地革命，直接将中国领进社会主义的大门。最后，他用以下话语总结了他的行动方案。

"我们想发动一场民族革命，因为我们反对一小撮满清鞑虏将国家资源占为己有。我们想发动一场民权革命，因为我们反对个人独裁专制，手握天下大权。最后，我们也想发动一场民生革命，因为我们反对少数资本家私吞国家财富。如果无法实现以上任何一个目标，我们的整个革命理念就会受到影响。

"我们四亿中国人的福祉之根本，在于实现全国自治、在于引入民主秩序、在于建立一个社会主义政权。我相信，先生们，你们可以不遗余力地为实现这一理想而奋斗。"

据 "Sun Yat-sen: A Reminiscence from Singapore", *The Hongkong Telegraph*, November 20, 1911, Page 4 ［《孙逸仙：狮城旧事》，载一九一一年十一月二十日香港《士蔑西报》第四页］（廖思梅译，高文平校）

英文原文见本册第 832—833 页

讥笑康有为以保皇为名却匿迹潜踪

在新加坡惟基利公墅会宴的讲话①

（一九〇〇年七月十一日）

吾一生作事磊落光明，并不学彼鼠辈所为，匿迹潜踪，恐人窥探。试观余到叻地，日游于市，何尝稍畏人知？

康既以保皇为名，今日之事正宜举兵北上，靖难扶危，清君侧之恶人，扶圣明之今主。乃竟安居万余里外之叻地，且复深居隐处，一言一动亦恐人知。自保不暇，乃欲保皇，岂不令人可笑？试观历来能举大事者，岂有如是行径耶？

据《孙文来叻缘由补录》，载一九〇〇年七月十四日新加坡《叻报》

---

① 十一日，新加坡华人所办惟基利公墅设晚宴招待孙文。

在希炉日本戏院华侨大会的演说①

（一九○三年十一月）

吾民族在海外为革命事业第一次公开大运动，实自希炉始，亦即吾对侨胞第一次之演讲也。

> 据毛文明述，邓慕韩记：《纪癸卯总理重至檀香山事》
> 原稿，台北、中国国民党文化传播委员会党史馆藏

附：另一记录

余频年奔走革命，到处均有演说，所讲者不下千数百次，而每次皆自动召集。有公然开欢迎会者，自贵埠始。贵埠侨胞热心革命，诚可谓加人一等。

> 据杨刚存：《中国革命党在檀小史》，载郑东梦总编：《檀山
> 华侨》，檀香山正埠，檀山华侨编印社一九二九年九月印行

今日之中国何以必须革命

在檀香山正埠荷梯厘街戏院的演说②

（英 译 中）

（一九○三年十二月十三日）

革命为唯一法门，可以拯救中国出于国际交涉之现时危惨地位。甚望华侨赞

---

① 希炉（Hilo）位于檀香山诸岛中的夏威夷岛（Hawaii Island），在檀香山是仅次于火奴鲁鲁的第二大埠，当地华侨称之为"二埠"。据底本称，是次演说听者千余人，实为希炉向所未见。

② 十三日下午，孙文先后在檀香山正埠荷梯厘街戏院（Hotel Street Theater）和利利霞街（Liliha Street）华人戏院演说。

助革命党。

首事革命者，如汤武之伐罪吊民，故今人称之为圣人①。今日之中国何以必须革命？因中国之积弱已见之于义和团一役，二万洋兵攻破北京。若吾辈四万万人一齐奋起，其将奈我何！我们必要倾覆满洲政府，建设民国。革命成功之日，效法美国选举总统，废除专制，实行共和。

据陆文灿：《孙公中山在檀事略》［译自一九○三年十二月十四日火奴鲁鲁英文报纸《鸭扶汰沙》（Honolulu Advertiser）］，载郑东梦总编：《檀山华侨》，檀香山正埠，檀山华侨编印社一九二九年九月印行

附：另一记录

（英　译　中）

革命能够让中国走出目前在外国列强面前的可悲处境，革命能为中国在各国面前赢得尊重。推翻满族王朝，应该采用革命的方式来实现，这样是必然的。夏威夷的华人应支持革命党推翻满清王朝，并在废墟上建立起共和国。

今日这个旷世已久的王朝是异族的。自从满族蛮夷成为中华大地的统治者，过去了多少世纪，中国人已经忘记当今王朝统治者才是异族人，如同俄国人或日本人。只要中国人觉醒，领悟到这么一个事实，他们才能在一场声势浩大、摧枯拉朽的革命中站起来，并永久地把压迫者从他们身边赶出去。

即革命的原则和对中国人的意义，它的主题全部就是关于推翻当前的王朝满族政府。在革命之中，我们有给国人的安全阀。它是纠正我们的错误的唯一方式。

最早领导革命的中国人是推翻第一个王朝的汤武。他被国人尊称为中国七圣人之一。在首个王朝之前，政府就类似于一个共和国，皇帝是由人民所推举而出的人民可以信任的贤哲之人。

问题是我们是不是应该反抗现有的满族朝廷，我们应该这样做，我们必须这

---

①　此指商汤（成汤）灭夏桀而建立商朝、周武王（姬发）灭商纣而建立周朝。源于《周易》"象传下"释"革第四十九"卦辞，原文是："汤武革命，顺乎天而应乎人。"

样做！为什么？因为现在的皇宫是一个落魄的征服者的皇宫，其二，因为这个皇宫并不是我们中国人的皇宫。随着不断增加的爱国情感与情绪，无论他是一名好皇帝还是坏皇帝，他必须要被驱逐出去。

当满族人当政，针对中国人民的大屠杀随之而来。中国人顺从了，从此以后满族王朝设计出很多精巧的方法以阻止中国人起义反抗。中国人禁欲式地服从每一种形式的苦难，直到这一刻他们已经成为了被压垮的种族。

中国人几乎没有对外国的防护，因为中国政府似乎不怎么关心他们。由于这个原因，中国人没有得到尊重，也失去与其他国民平等的基础。在这样的情况之下，即使国民与皇帝同属一个种族，他们也应该起义并推翻他。

王朝正在衰落，如果我们中国人、应当自决的国人不去起义和驱逐这位东亚病夫，那么列强也将做同样的事情，进而瓜分中国。这就是其中一个最具有说服力的原因，驱使我们去起义并根除这个王朝，并再次把国家收回到中华儿女的手上。

中国的富强一定会有助于在幅员辽阔的土地中散播革命的种子。我们知道满族人已经变得虚弱了。他们的积弱彰显在义和团动乱中。那时，不超过两万人的联军进军北京城，并占领我国首都。这里是一个有四万万人口国家的中央之地。想一想啊！只有两万士兵在这庞大的帝国之中，满族政府的军队竟然软弱无力地抵抗，进而瞬间烟消云散！

如果这样的一支外国军队都可以占领首都，那么假设国人凭借自己的力量，会发生什么。他们能比联军更加容易夺取首都。

在我们面前，实现这样的结果并没有巨大的困难。真正的困难在于人民没有觉醒，看清知道满族人是外国人，正如俄国人或其他列强一样。多个世纪以来，满族人的桎梏制造的苦难麻痹了国人对他们的统治者的真面目的认识。但是一旦国人觉醒，并意识到自己的力量，我们便可容易设计出一个无懈可击的计划，以此去推翻满族王朝，并在废墟之上建立一个优秀的政府——中华民国。

据 "Dr. Sun Advocates a Revolt in China", *Hawaiian Gazette* (U. S. A.), December 15, 1903, Page 1［《孙博士主张在中国实行革命》，载一九〇三年十二月十五日《夏威夷公报》第一页］（邹尚恒译，高文平校）

英文原文见本册第 822—825 页

实行革命建立共和国家

在檀香山正埠利利霞街戏院的演说

（英 译 中）

（一九〇三年十二月十三日）

汉人之失国，乃由不肖汉奸助满人入关，征服全国。深信不久汉人即能驱逐满人，恢复河山。

中国人分党太多，非如日本人之能一致爱国。中国政府派出日本留学生千名，多属汉人；惟少数之满洲人结一会党，窥探其同学，若谈国政者，指为冒犯，随时禀告朝廷，不准学生入武备学堂及所忌之大学。驻外之中国钦差又不准中国人谈论国事。我等如无国之民，若在外国被人殴打，置之不理。今日所拖辫发乃表示尊敬满洲，若有违令，即被残杀。观于昏昧之清朝，断难行其君主立宪政体，故非实行革命、建立共和国家不可也。

据陆文灿：《孙中山公事略》［译自一九〇三年十二月十四日火奴鲁鲁英文报纸《鸭扶汰沙》（*Honolulu Advertiser*）］；参校陆文灿：《孙公中山在檀事略》，载郑东梦总编：《檀山华侨》，檀香山正埠，檀山华侨编印社一九二九年九月印行

附：另一记录[①]

（英 译 中）

我们一定要在非满族的中国人中间发扬民族主义精神，这是我毕生的职责。这种精神一经唤起，中华民族必将使其四亿人民的力量奋起并永远推翻满清王朝。

[①] 这两段演说词的日期和地点不详，可能是一九〇三年十二月十三日在荷梯厘街戏院或利利霞街戏院演说内容的一部分。

然后将建立共和政体，因为中国各大行省有如美利坚合众国诸州，我们所需要的是一位治理众人之事的总统……

我们许多人都担心列强要瓜分中国。可是，我们如不帮助他们，他们将无法实现瓜分。有人说我们需要君主立宪政体，这是不可能的。没有理由说我们不能建立共和制度。中国已经具备了共和政体的雏形。

据雷斯塔里克（H. B. Restarick）：《孙逸仙——中国的解放者》（*Sun Yat Sen: Liberator of China*）［转录一九○三年十二月十四、二十一日火奴鲁鲁英文报纸《鸭扶汰沙》（*Honolulu Advertiser*）］，纽黑文，耶鲁大学出版社一九三一年出版（陈斯骏译，金应熙校）

扫除满清方足以救中国

在檀香山正埠华人戏院的演说①

（一九○四年一月）

（孙慷慨言志，毫无惧怯，谓：）中国舍革命外，无法以救援。势必扫除满洲，方足以救中国；不毁暴虐专制政府，无以更立民权政府。今之政府，乃属满人，非我汉种。我汉人久禁于满人政府权下，日习相忘。倘一旦醒悟，必起而覆之，以复我旧业，还我山河。

（孙又将满清政府如何压制汉人，如何不保汉人详为备述，并言：）汉人当为久远计，无论今皇贤否，不特不应保，并当远逐以保我子孙黎民。勿谓汉人力不足以逐满人，观于前年联军入京，合兵不过二万，以直捣京师，帝后出走。今特患我汉人智识未开耳。倘能团结，不难成功。

据《孙文演说》，载一九○四年二月四日《香港华字日报》

---

① 一九○四年二月四日《香港华字日报》刊载《孙文演说》称："檀香山《通商广传西报》云：革命党孙逸仙在华人戏院演说，入听者座为之满。"据此酌定此次演说的地点及时间。

中国的斗争必将获得最后胜利

在旧金山对美国人士的演说

（英 译 中）

（一九〇四年五月）①

在我国建立宪政政府的斗争必将获得最后胜利，这是一系列斗争中的一次。除了那些横行不法、从而牟取金钱权力的帝国主义代理人之外，全中国人民都站在我们一边。善良的、政治修明的美国人民必能了解，数以百万计的中国本土人民和数以千计的流落异域的中国人民对清帝国所怀的这种情绪，绝非是无缘无故的。

在中国，不存在你们所了解的法律。人民没有发言权。不论如何不公，如何残暴，在这里是无从申诉的。各省总督从压榨人民中成为巨富。

我们夺取广州的计划是失败了，但我们仍然满怀希望。我们的最大希望是，把圣经和基督教教育（正如我们在美国所认识的）作为一种传递手段，向我们的同胞转送通过正义的法律所可能得到的幸福。我们试图尽力采取一切手段，不经流血而夺取全国和建立政府。

据雷斯塔里克（H. B. Restarick）：《孙逸仙——中国的解放者》（*Sun Yat Sen: Liberator of China*）摘录当时旧金山各英文报纸，纽黑文，耶鲁大学出版社一九三一年出版（陈斯骏译，金应熙校）

---

① 孙文于四月抵旧金山后，曾多次演说。这次的听众对象是美国人士。底本未说明演说时间，今据孙文的行踪酌定。

决定中国同盟会名称及宗旨等事项

在东京同盟会筹备会的讨论和演说①

（一九〇五年七月三十日）②

　　众推孙总理为主席。于是，总理详言全国革命党各派应合组新团体，以从事讨虏工作之必要。众无异议。继复提议，定名为"中国革命同盟会"。时有主张用"对满同盟会"名义者③，亦有谓本会属秘密性质，不必明用"革命"二字者。再四讨论，卒从后说，确定名称为"中国同盟会"。

　　总理更提议，本会宗旨拟规定"驱除鞑虏，恢复中华，创立民国，平均地权"四事为纲领。有数人于平均地权一节略有疑问，总理乃历举世界革命之趋势及当今社会民生问题之重要，谓"平均地权即解决社会问题之第一步方法，吾党为世界最新之革命党，应高瞻远瞩，不当专向种族、政治二大问题，必须并将来最大困难之社会问题亦连带解决之，庶可建设一世界最良善、富强之国家"云云④。演讲约一

---

　　① 孙文于一九〇五年七月中旬自欧洲到日本后，即与一些流亡来日的国内反清团体代表及爱国留学生频繁磋商，决定联合组建革命党。三十日下午，孙文假座东京赤坂区日人内田良平宅召集筹备会议，到会七十余人。底本作者冯自由出席该会，所记称孙文为总理、孙总理。

　　② 底本未说明开会日期，此据当年宋教仁日记（即宋教仁：《我之历史》，湖南桃源，三育乙种农校一九二〇年石印线装本）。

　　③ 与会者田桐曾记述其事："忽有湘人张明夷以定名不当，谓既抱倾覆满廷之志，当为对象立名。孙公曰：'不必也。满洲政府腐败，我辈所以革命；即令满人同情于我，亦可许其入党。'"（江介散人：《革命闲话》，载上海《太平杂志》第一卷第一号，一九二九年十月出版）

　　④ 关于孙文这段演说的内容，冯自由在《二民主义与三民主义》一文中有更详引述："现代文明国家最难解决者，即为社会问题，实较种族、政治二大问题同一重要。我国虽因工商业尚未发达，而社会纠纷不多，但为未雨绸缪计，不可不杜渐防微，以谋人民全体之福利。欲解决社会问题，则平均地权之方法，乃实行之第一步。本会系世界最新之革命党，应立志远大，必须将种族、政治、社会三大革命，毕其功于一役。"（见《革命逸史》第二集，重庆，商务印书馆一九四三年二月初版）

时许，众大鼓掌。曹亚伯首言"我凭良心签名"，全场无异议①。

黄兴倡议公推孙中山先生为本党总理，不必经选举手续。众咸举手赞成。即由总理拟一盟书方式，经众推黄兴、陈天华二人审定，辞句如下：

联盟人　　省　　县人〇〇〇当天发誓：驱除鞑虏，恢复中华，创立民国，平均地权。矢信矢忠，有始有卒，如或渝此，任众处罚。

天运乙巳年　　月　　日

中国同盟会会员〇〇〇

会众签署盟书后，总理遂领导各人同举右手向天宣誓如礼。誓毕，总理谓"在干事会未成立前，众人盟书暂由我保管，我之盟书则请诸君举一人保管"，众推黄兴任之。旋总理至隔室分别授会员以同志相见之握手暗号，及三种秘密口号，一曰"汉人"，二曰"中国物事"，三曰"天下事"。随与各会员一一行新握手礼，欣然道喜曰："为君等庆贺，自今日起君等已非清朝人矣！"语毕，室之后部木板卒然坍倒，声如裂帛。总理曰"此乃颠覆满清之预兆"，众大鼓掌欢呼。众复推定马君武、陈天华、宋教仁、汪兆铭为会章起草员②，约于下次开会时提出。

据冯自由：《中国同盟会史略》，载《革命逸史》第二集，重庆，商务印书馆一九四三年二月初版

救中国应改革旧制实行共和

在东京中国留学生欢迎大会的演说③

（一九〇五年八月十三日）

兄弟此次东来，蒙诸君如此热心欢迎，兄弟实感佩莫名。窃恐无以副诸君欢迎

---

① 据田桐记述："曹亚伯起曰：'今日大家主张革命始来此间，如有异议，何必来？兄弟凭良心，首先签名。'众皆和之，各书誓约一纸。"（江介散人：《革命闲话》）

② 其他与会者对推定谁为会章起草员的说法不一，如田桐称系孙文、黄兴、蒋尊簋、汪精卫、陈天华、程家柽和马君武，宋教仁则谓黄兴等八人。

③ 十三日下午在东京富士见楼举行欢迎孙文大会，到会一千三百余人（一说约一千一百人，另说连同聚集在会场外遥听者共二千余人）。

之盛意，然不得不献兄弟见闻所及，与诸君商定救国之方针，当亦诸君所乐闻者。

兄弟由西至东，中间至米国圣路易斯①观博览会，此会为新球②开辟以来的一大会。后又由米至英、至德、至法，乃至日本。离东③二年，论时不久，见东方一切事皆大变局，兄弟料不到如此，又料不到今日与诸君相会于此。近来我中国人的思想议论，都是大声疾呼，怕中国沦为非、澳④。前两年还没有这等的风潮，从此看来，我们中国不是亡国了。这都由我国民文明的进步日进一日，民族的思想日长一日，所以有这样的影响。从此看来，我们中国一定没有沦亡的道理。

今日试就我历过各国的情形，与诸君言之。

日本与中国不同者有二件。第一件是日本的旧文明皆由中国输入。五十年前，维新⑤诸豪杰沉醉于中国哲学大家王阳明"知行合一"的学说，故皆具有独立尚武的精神，以成此拯救四千五百万人于水火中之大功。我中国人则反抱其素养的实力，以赴媚异种，故中国的文明遂至落于日本之后。第二件如日本衣、食、住的文明，乃由中国输入者。我中国已改从满制，则是我中国的文明已失之日本了，后来又有种种的文明由西洋输入。是中国文明的开化虽先于日本，究竟无大裨益于我同胞。

渡太平洋而东至米国，见米国之人物皆新。论米人不过由四百年前哥仑布⑥开辟以来，世人渐知有米国，而于今的文明即欧洲列强亦不能及。去年圣路易斯的博览会为世界最盛之会，盖自法人手中将圣路易斯买来之后，特以此会为纪念。米国从前乃一片洪荒之土，于今四十余州的盛况，皆非中国所能及。兄弟又由米至英、至法、至德，见各洲从前极文明者如罗马、埃及、希腊、雅典等皆败，极野蛮者如条顿民族⑦等皆兴。中国的文明已有数千年，西人不过数百年，中国人又不能由过代之文明，变而为近世的文明。

所以人皆说中国最守旧，其积弱的缘由也在于此。殊不知不然。不过我们中国

---

① 圣路易斯（Saint Louis），属密苏里州（Missouri）。

② 指西半球，陆地包括南北美洲及南极洲一部分。

③ 东，此处指日本。

④ 非洲、澳洲。

⑤ 指日本明治维新。

⑥ 哥仑布（Cristoforo Colombo），今译哥伦布，出生于意大利，一说为西班牙犹太人。

⑦ 条顿民族（Teutone）。

现在的人物皆无用，将来取法西人的文明而用之，亦不难转弱为强，易旧为新。盖兄弟自至西方则见新物，至东方则见旧物，我们中国若能渐渐发明，则一切旧物又何难均变为新物。如英国伦敦先无电车而用马车，百年后方用自行车①，而仍不用电车。日本去年尚无电车，至今而始盛。中国不过误于从前不变，若如现在的一切思想议论，其进步又何可思议！

又皆说中国为幼稚时代，殊不知不然。中国盖实当老迈时代，中国从前之不变，因人皆不知改革之幸福，以为我中国的文明极盛，如斯已足，他何所求。于今因游学志士见各国种种的文明，渐觉得自己的太旧了，故改革的风潮日烈，思想日高，文明的进步日速。如此看来，将来我中国的国力能凌驾全球，也是不可预料的！所以各志士知道我们中国不得了，人家要瓜分中国，日日言救中国。倘若是中国人如此能将一切野蛮的法制改变起来，比米国还要强几分的。

何以见之？米国无此好基础，虽西欧英、法、德、意皆不能及我们。试与诸君就各国与中国比较而言之：

日本不过我中国四川一省之大，至今一跃而为头等强国；

米国土地虽有清国版图之大，而人口不过八千万，于今米人极强，即欧人亦畏之；

英国不过区区海上三岛，其余都是星散的属地；

德、法、意诸国虽称强于欧西，土地、人口均不如我中国；

俄现被挫于日本②，土地虽大于我，人口终不如我。

则是中国土地、人口，世界莫及。我们生在中国实为幸福，各国贤豪皆羡慕此英雄用武之地而不可得。我们生在中国正是英雄用武之时，反都是沉沉默默，让异族儿据我上游，而不知利用此一片好山河，鼓吹民族主义，建一头等民主大共和国，以执全球的牛耳，实为可叹！

所以西人知中国不能利用此土地也，于是占旅顺、占大连、占九龙等处，谓中

---

① 指汽车。
② 一九〇四年至一九〇五年发生日俄战争，主要战场在中国东三省，以俄国失败告终。

国人怕他。殊不知我们自己能立志恢复，他还是要怕我的。即现在中国与米国禁约①的风潮起，不独米国人心惶恐，欧西各国亦莫不震惊。此不过我国民小举动耳，各国则震动若是，倘有什么大举动，则各国还了得吗？

所以现在中国要由我们四万万国民兴起。今天我们是最先兴起的一日，从今后要用尽我们的力量，提起这件改革的事情来。我们放下精神说要中国兴，中国断断乎没有不兴的道理。

即如日本，当维新时代志士很少，国民尚未大醒，他们人人担当国家义务，所以不到三十年，能把他的国家弄到为全球六大强国之一。若是我们人人担当国家义务，将中国强起来，虽地球上六个强国，我们比他还要大一倍，所以我们万不可存一点退志。日本维新须经营三十余年，我们中国不过二十年就可以。盖日本维新的时候，各国的文物，他们国人一点都不知道；我们中国此时，人家的好处人人皆知道，我们可以择而用之。他们不过是天然的进步，我们这方才是人力的进步。

又有说中国此时的政治幼稚、思想幼稚、学术幼稚，不能粹〔猝〕学极等文明。殊不知又不然。他们不过见中国此时器物皆旧，盖此等功夫，如欧洲著名各大家用数十余年之功发明一机器，而后世学者不过学数年即能造作，不能谓其躐等也。

又有说欧米共和的政治，我们中国此时尚不能合用的。盖由野蛮而专制，由专制而立宪，由立宪而共和，这是天然的顺序，不可躁进的；我们中国的改革最宜于君主立宪，万不能共和。殊不知此说大谬。我们中国的前途如修铁路然，此时若修铁路还是用最初发明的汽车②，还是用近日改良最利便之汽车，此虽妇孺亦明其利钝。所以君主立宪之不合用于中国，不待智者而后决。

又有说中国人民的程度，此时还不能共和。殊不知又不然。我们人民的程度比各国还要高些。兄弟由日本过太平洋到米国，路经檀香山③，此地百年前不过一野蛮地方，有一英人至此，土人还要食他，后来与外人交通，由野蛮一跃而为共和。

---

①　美国当局歧视和虐待旅美华工由来已久，一九〇五年，中国各城市人民为反对《中美会订限制来美华工保护寓美华人条款》续约，掀起抵制美货运动，留日学生和海外华侨亦纷相响应。

②　即火车。此据日本汉字的用法，称火车为"汽车"。

③　檀香山是当时中国人对夏威夷群岛（Hawaii Islands）的通称，原为君主立宪国家，一八九八年起成为美国属地（territory）。

我们中国人的程度岂反比不上檀香山的土民吗？后至米国的南七省，此地因养黑奴，北米人心不服，势颇骚然，因而交战五六年，南败北胜，放黑奴二百万为自由民①。我们中国人的程度又反不如米国的黑奴吗？我们清夜自思，不把我们中国造起一个二十世纪头等的共和国来，是将自己连檀香山的土民、南米的黑奴都看做不如了，这岂是我们同志诸君所期望的吗！

所以我们决不能说我们同胞不能共和。如说不能，是不知世界的进步，不知世界的真文明，不知享这共和幸福的蠢动物了。

若使我们中国人人已能知此，大家已担承这个责任起来，我们这一分〔份〕人还稍可以安乐。若今日之中国，我们是万不能安乐的，是一定要劳苦代我四万万同胞求这共和幸福的。

若创造这立宪、共和二等的政体，不是在别的缘故上分判，总在志士的经营。百姓无所知，要在志士的提倡；志士的思想高，则百姓的程度高。所以我们为志士的，总要择地球上最文明的政治法律来救我们中国，最优等的人格来待我们四万万同胞。

若单说立宪，此时全国的大权都落在人家手里，我们要立宪，也是要从人家手里夺来。与其能夺来成立宪国，又何必不夺来成共和国呢？

又有人说，中国此时改革事事取法于人，自己无一点独立的学说，是〔事〕先不能培养起国民独立的性根来，后来还望国民有独立的资格吗？此说诚然。但是此时异族政府禁端百出，又从何处发行这独立的学说？又从何处培养起国民独立的性根？盖一变则全国人心动摇，动摇则进化自速，不过十数年后，这"独立"两字自然印入国民的脑中。所以中国此时的改革，虽事事取法于人，将来他们各国定要在中国来取法的。如米国之文明仅百年耳，先皆由英国取法去的，于今为世界共和的祖国，倘是仍前〔旧〕不变，于今能享这地球上最优的幸福不能呢？

若我们今日改革的思想不取法乎上，则不过徒救一时，是万不能永久太平的。盖这一变，更是很不容易的。

我们中国先是误于说我中国四千年来的文明很好，不肯改革，于今也都晓得不

---

① 此指一八六一年至一八六五年的美国南北战争。

能用，定要取法于人。若此时不取法他现世最文明的，还取法他那文明过渡时代以前的吗？我们决不要随天演的变更，定要为人事的变更，其进步方速。兄弟愿诸君救中国要从高尚的下手，万莫取法乎中，以贻我四万万同胞子子孙孙的后祸。

据吼生（吴崑）笔记：《孙逸仙演说》，东京，
欢迎会会员印送，一九〇五年九月三十日出版

附：另一记录

鄙人往年提倡民族主义，应而和之者特会党耳，至于中流社会以上之人，实为寥寥。乃曾几何时，思想进步，民族主义大有一日千里之势，充布于各种社会之中，殆无不认革命为必要者。虽以鄙人之愚，以其曾从事于民族主义，为诸君所欢迎，此诚足为我国贺也。顾诸君之来日本也，在吸取其文明也，然而日本之文明非其所固有者，前则取之于中国，后则师资于泰西。若中国以其固有之文明，转而用之，突驾日本无可疑也。

中国不仅足以突驾日本也。鄙人此次由美而英而德、法，古时所谓文明之中心点如埃及、希腊、罗马等，皆已不可复睹。近日阿利安民族之文明，特发达于数百年前耳。而中国之文明已著于五千年前，此为西人所不及，但中间倾于保守，故让西人独步。然近今十年思想之变迁，有异常之速度。以此速度推之，十年、二十年之后不难举西人之文明而尽有之，即或胜之焉，亦非不可能之事也。盖各国无不由旧而新。英国伦敦先无电车，惟用马车，日本亦然。鄙人去日本未二年耳，再来而迥如隔世，前之马车今已悉改为电车矣。谓数年后之中国，而仍如今日之中国，有是理乎？

中国土地、人口为各国所不及，吾侪生在中国，实为幸福。各国贤豪欲得如中国之舞台者利用之而不可得，吾侪既据此大舞台，而反谓无所藉手，蹉跎岁月，寸功不展，使此绝好山河仍为异族所据，至今无有能光复之，而建一大共和国以表白于世界者，岂非可羞之极者乎？

西人知我不能利用此土地也，乃始狡焉思逞。中国见情事日迫，不胜危惧。然苟我发愤自雄，西人将见好于我不暇，遑敢图我。不思自立，惟以惧人为事，岂计之得者耶？

所以鄙人无他，惟愿诸君将振兴中国之责任，置之于自身之肩上。昔日本维新之初，亦不过数志士为之原动力耳，仅三十余年，而跻于六大强国之一。以吾侪今日为之，独不能事半功倍乎？

有谓中国今日无一不在幼稚时代，殊难望其速效。此甚不然。各国发明机器者，皆积数十百年始能成一物；仿而造之者，岁月之功已足。中国之情况，亦犹是耳。

又有谓各国皆由野蛮而专制，由专制而君主立宪，由君主立宪而始共和，次序井然，断难躐等；中国今日亦只可为君主立宪，不能躐等而为共和。此说亦谬，于修筑铁路可以知之矣。铁路之汽车，始极粗恶，继渐改良。中国而修铁路也，将用其最初粗恶之汽车乎，抑用其最近改良之汽车乎？于此取譬，是非较然矣。

且夫非律宾之人，土番也，而能拒西班牙、美利坚二大国，以谋独立而建共和。北美之黑人，前此皆蠢如鹿豕，今皆得为自由民。言中国不可共和，是诬中国人曾非律宾人、北美黑奴之不若也，乌乎可！

所以吾侪不可谓中国不能共和，如谓不能，是反夫进化之公理也，是不知文明之真价也。且世界立宪，亦必以流血得之，方能称为真立宪。同一流血，何不为直截了当之共和，而为此不完不备之立宪乎？语曰："取法于上，仅得其中。"择其中而取法之，是岂智者所为耶？鄙人愿诸君于是等谬想淘汰洁尽，从最上之改革着手，则同胞幸甚，中国幸甚！

据过庭（陈天华）：《记东京留学生欢迎孙君逸仙事》，载东京《民报》第一号，一九〇五年十月二十日印刷，十一月二十六日初版发行

勉留学生专心力学留意时务以使中国进步

在东京中国留学生集会的演说①

（一九〇五年八月）②

余五六年以前来游日本，嗣有所感，更赴欧美各国观其风土，察其人情，颇有心得。尝阅内外报纸，闻诸子为邦家游学日本，大有功效。将来致自国于文明，非诸子其谁与归？是留学诸子之责不亦大乎！

余本不才无识，然睠怀故国，关心前途，若有隐忧，敢不让于诸子？惟余之际遇，现时不得回国，谅亦诸子所知。切望诸子务以勉励勤学为事，令我清国得跻文明，增进幸福，是后可免列强干涉，以保独立体面。至余将舒其素志，纵令若何险阻艰难，毫不介意。愿诸子专心力学，旷观世局，留意时务，使我国有所进步。诸子其勉旃乎哉！

据一九〇五年八月二十五日清驻日本公使杨枢致外务部左部丞陈名侃等函附件《孙文演说词》抄件③，北京、中国第一历史档案馆藏

---

① 时值学校暑期，孙文屡在东京组织或参加留学生集会，发表演说。此为其中一次。
② 杨枢函谓孙文演说活动始于八月初旬，该次演说日期不详。
③ 该件系托日本官员密探抄录。

同盟会责任是牺牲

在新加坡主持同盟会入会宣誓仪式的讲话

（一九〇六年四月六日）①

我这同盟会的组织是希望发展得很大很大的。我们的责任当然是牺牲，但是牺牲到什么程度，我们总不能预说。设使牺牲到剩两个人存在，亦算是同盟会存在的一日。

据张永福编：《南洋与创立民国》，
上海，中华书局一九三三年十月出版

奋勇举旗起义

在镇南关对起义士兵的讲话②

（一九〇七年十二月四日）③

感谢大家此次奋勇举旗起义，同全国同胞一起把满清皇帝民贼推翻，建立新的富强的共和国，四万万同胞都成为国家的主人翁，享受独立自由之幸福，外国

---

① 底本称，孙文在新加坡晚晴园主持该埠同盟会首次入会宣誓仪式，随即解释誓章中的三民主义意旨，时为乙巳（一九〇五）年七月中旬。惟据一九〇五至一九〇六年新加坡同盟会分会的早期会员名单，其大多数成员在一九〇六年阴历三月十三日（公历四月六日）入会，故酌定此日为孙文是次讲话日期。

② 一九〇七年十二月一日，孙文领导的镇南关起义爆发，中华国民军攻占广西镇南关（今名友谊关）三座炮台。随后，孙文偕黄兴、胡汉民、池亨吉等自越南越境亲赴前线，发表讲话激励战斗中的义军。

③ 底本未说明讲话日期。按有关史料记载，孙文等于十二月三日晨离河内，晚九时许到镇南关，又以约六小时的时间登山，四日凌晨抵镇北炮台，当晚返河内筹集军饷。据此酌定为十二月四日。

人不敢欺侮我哋①了，大家都有田地耕种了。

同志们！我们就要直向南宁、广州，北出长江，和全国同胞打到北京去！革命军是救国救民的军队，是最得民心的军队，到处都有人民来帮助，力量最大。贼军必败，我们必胜！兄弟此次入关是和大家一起奋斗，把革命革到成功。

据梁烈亚：《镇南关起义回忆》②，载北京《近代史资料》总四十五号，一九八一年八月出版

胜利仍属于我们

在河内对镇南关起义首领的讲话③

（一九○七年十二月中下旬）

此次起义，我们以少数同志占领了三个炮台，与龙、陆④数千人奋战七、八天，已经显示了我们革命军人的大无畏精神。此次革命还有外国的革命同志同我们在一起。从表面看，好似我们遭受了失败，其实胜利仍属于我们。因为此次起义已震撼了满清王朝，中国专制政体不久一定会被我们革命党推翻。这不是胜利是什么？我们革命是合乎世界潮流，顺应全国人民期望的，所以一定会成功。我们要乘此胜利声威，继续不断地革命。这就是我们今后的责任。

据梁烈亚：《镇南关起义回忆》，载北京《近代史资料》总四十五号，一九八一年八月出版

---

① "我哋"系广州话方言，意即我们。

② 梁烈亚，镇南关起义参加者，时在战地任交通联络之职。此文写于一九六二年。

③ 镇南关起义于十二月八日失败后，义军首领黄明堂、李福南、关仁甫等相继到达越南河内，向孙文报告起义经过，孙文作此慰勉的讲话。

④ 龙济光、陆荣廷，时为清军统带。

欲救中国必先推倒满清

在槟城平章会馆对侨胞的演说

（一九〇八年十一月上旬）①

侨胞诸君：

兄弟今日得在这里与诸位会谈，真是荣幸极了。兄弟是革命者，今天要说的，三句不离本行，自然还是革命的话。兄弟鼓吹革命，已有二十多年。在这二十多年中间，历尽了艰难险阻，经过了好多次的失败，仍是勇往直前，百折不回，无非是要救我们的中国。

中国为什么要救呢？诸君想都很明白。自从满清进入中国来做皇帝，我们汉人便做了满人的奴隶，一切幸福都被他们剥削净尽，生杀予夺都操在他们手里，他们为刀俎，我们为鱼肉。最惨酷者，像嘉定三屠、扬州十日，实为亘古未有的浩劫。至一般智识阶级，偶然有因文字触犯当局之怒，便可以不分皂白地立刻置之死地，像戴名世②等文字狱，不但个人要被斩头，还要抄家灭族……这种惨祸及暴民虐政，真是举不胜举。又如诸君身为海外侨民，辟草莱，披荆棘，筚路蓝缕，不避苦辛，自谋生计，自求发展，满清政府不但无力保护，且悬为厉禁，不准人民出国，违者处以死刑，这种苛刻直至最近数十年方才无形取消。诸君想到该禁令未取消以前，恍若无国之人，有家又归不得，怎能不感觉着切肤之痛呢！

满清政府对于我们汉人既是这样压迫，这样的强暴，但是对于外国人却是懦弱无能，非常的柔顺，事事不能自立，总是受外国的嵌制。尤其是在鸦片战争以后，国势日蹙，国本动摇，土地沦于异族者几达三分之一。如英国之割香港，据缅甸、哲孟雄、巴达克山、阿富汗、拉达克；俄国之割黑龙江东北沿边地、吉林

---

① 底本题注误作一九〇七年。按孙文于一九〇八年三月被法国殖民当局着令出境，始离开越南侨居英属殖民地新加坡；同年十一月三日至六日，初次赴英属地槟榔屿（亦名庇能）首府槟城活动。演说时间即据此标出。

② 戴名世，康熙朝翰林院编修，因刊行所著《南山集》陷文字狱，被处斩，受牵连者达三百余人。

辽东沿边地，占乌梁海与科布多沿边地及布哈尔、浩罕、哈萨克、布鲁特、新疆西北沿边诸地；日本的割台湾及澎湖诸岛，灭朝鲜，并琉球；法国的割安南；葡萄牙的占澳门；与帕米尔的被迫于英、俄而放弃；库页岛的先后沦入俄、日之手；暹罗①、苏禄的脱藩独立等。受兵力胁迫而偿外人之款者，如江宁条约赔款二千一百万两，北京条约赔款一千六百万两，伊犁条约赔款九百万卢布，中日（台湾）和约赔款五十万两，芝罘条约赔款二十万两，马关条约赔款二万万两，还付辽东条约赔款三千万两，而辛丑条约赔款四万万五千万两，统计几达十余万万两。其余如德国的租胶州湾，俄国的租旅顺口、大连湾，英国的租九龙、威海卫，法国的租广州湾，军港要害可以随便任人强行租去。关税不能自主，总税务司且要归英人充任。列强凭藉不平等条约，得在中国内地设立工场，利用贱价的工值与原料，以牟取厚利。外国银行在中国因藉赔款与外债的关系，所得担保收入的管理权如关税、盐税等，一国的经济权可以任人操纵。又外国人在中国有领事裁判权、内河航行权、铁路敷设权等，既可以限制我国的司法，又可以管理我国的交通。满清政府像这样的丧权辱国，真是不一而足。

诸君，中国到今日已经是处于极危险的地位，随时可以召外国瓜分的惨祸。而满人还只是伈伈俔俔地，总是受各国人的束缚，做了英国、法国、美国、俄国和日本那些强国的奴隶，而对我们汉人则凌辱虐待，无微不至，使我们汉人来做他们的奴隶，这样不是变成奴隶中的奴隶吗！

诸君，我们现在已经陷入双重奴隶的田地了。我们应该赶快湔洗这个耻辱，以免除亡国灭种的痛苦。我们革命党的行动，就是要谋中国的自由平等。要谋中国的自由平等，第一步我们要先实行民族革命，来替汉人湔除这双重奴隶的耻辱。我们三民主义中的民族主义，就是要使中国人和外国人平等，不做外国人的奴隶。我们现在要脱离奴隶的地位，就应该起来赶掉从外国来的满人，推翻满清二百多年来的专制统治，恢复我汉室的山河，再把国家变强盛，那时自然可以和外国讲平等了！

侨胞诸君，我们要救中国，便要实行革命，先把满清推倒，因为满清是我们

---

① 暹罗（Siam），亦作暹逻，十六世纪起遭西方列强入侵，一八九六年英、法订约使其成为缓冲国，一九三九年改名泰国（Thailand）。

革命的障碍物，满清不倒，中国终不得救！

据杨汉翔①忆述、词佣笔记孙文演说词，载
杨汉翔主编：《槟城阅书报社廿四周年纪念特
刊》，槟城，槟城阅书报社一九三二年编印

驱逐鞑虏才可救中国

在槟城小兰亭俱乐部对侨胞的演说

（一九○八年十一月上旬）②

兄弟这回到槟城，蒙诸君的欢迎，很是感谢。兄弟今天所要掬诚为诸君告者，中国亡于鞑虏已二百多年，我们汉人过了二百多年亡国奴生活，生命任满虏的摧残，财产任满虏的剥削，弄到民困财尽，颠沛流离，沦于万劫不复的境地。举凡满虏的举措，无一不为民害，亲贵弄政，舞弊营私，官场黑暗，惨无天日。他们所挟持以为残民之具者，为强权，为暴力，剥民之肤以为衣，吮民之血以为食，简直把四万万的民众，当似他们的鼎俎中物。在这种高压政策之下，谁也是忍气吞声，敢怒而不敢言。满虏既知民怨之沸腾，更不惜与民为敌，压迫加甚。居今日而为中国人，生命曾蝼蚁之不若，一举手，一投手〔足〕，动辄必罹刑网，辗转呻吟，毫无生人乐趣。于是有〈不〉甘受压迫、略加反抗者，则立派大队进剿，清乡洗村，无论妇孺老弱，杀戮殆遍。然此等暴行不但不足以已〔平〕乱，而且适足以长乱，满虏未尝不知之。最近鉴于民怨之已深，民心之已去，因兼用阴柔政策，以济强硬政策之不及，乃倡君民合治之说，以假立宪相号召。而其实则欲以宪法巩固君权，美其名曰君主立宪，以瞒天下人之耳目，则凡种种专制罪恶，都可以假手于宪法以行之。他们既有所恃而无恐，则暴戾恣睢，变本加厉，越法〔发〕肆无忌惮，为所欲为，势必至不弄到我汉无噍类不止。其居心叵测，

---

① 杨汉翔系槟榔屿同盟会员，槟城阅书报社主要发起人之一。

② 底本未署演说日期。据上篇注释可知，孙文于一九○八年十一月三日至六日到槟城活动，演说时间即据此标出。

我们不难洞见。这些只就内治方面的专横约略言之，已经足够我们痛心疾首的。

再看满虏外交方面的失败，更是令人发指眦裂。满廷以少数人入主中国，素抱闭关主义，亟亟于严禁国民出国与防止外人入境。乃自西力东侵以来，中国不得不卷入国际旋涡。满虏既不能独立自强，又没有外交上的准备，一遇对外交涉，便觉图穷匕见，失败自是意中事。故道光时有鸦片之役，咸丰时有英法联军之役，最近又有甲午之役、庚子之役……没有一次不是失败，以致领土被占，藩属尽撤。然此因战败关系，迫于城下之盟，还可以说得去。至于列强不费一兵一弹，只要一纸公文的照会与要求，而满虏则柔顺恭谨，惟命是听，举国防要地的大好军港，拱手而让之外人。这不是满虏的丧心病狂，又何致贻外交上以莫大的奇辱呢！列强既鉴于满虏的积弱，与其惧外媚外的心理，为求进一步的施行侵略起见，于是更划定势力范围于各省，充其极必至于瓜分中国而后止。而满虏犹昧焉不察，偷息苟安，揣其意似以为中国的土地、人民、财产都是得诸汉人，而非其私有，虽尽数以转赠外人也于满虏自身无所损失。"宁赠友邦，毋与家奴"，满虏居心的狠毒与荒谬，当为天下人所共见。

诸君身为汉人，对此卖国卖民、罪恶滔天的满虏，难道眼巴巴地看着他们把祖宗遗留下的土地，送归外国的版图？把四万万的炎黄裔胄，沦为他人的奴隶不成？故为今之计，在这创巨痛深、积重难返的局面，我全体汉人惟有抱着革命的决心，发愤为雄，驱逐鞑虏，光复旧物，挽回已失的主权，建设独立的基础，才可救中国。否则，二百六十年来亡于满清，势必由满清之手，转而亡于外人。到那时，我们汉人所受于满清的种种压迫，必再一一受于外人，则亡国奴生活的惨痛，或更有十百倍于今日者，那就非兄弟所忍言的了。

据杨汉翔忆述、词佣笔记孙文演说词，载杨汉翔主编：《槟城阅书报社廿四周年纪念特刊》，槟城，槟城阅书报社一九三二年编印

革命胜利的时机即将到来

在新加坡的演说

（英 译 中）

（一九○八年十一月至一九○九年五月间）①

大清国消除了慈禧太后的独裁统治，这对清国事务确有影响。但是，即使是慈禧太后还活着的话，她也无法阻止一种必然的结果。我们关于民族独立的宣传每一天都在取得进展。对于我们来说，最后的胜利只是一个时机问题，而这个时机即将到来。

中国的历史一直是，每个朝代在经历了巨变和更迭之后，在胜利者中间总有一个时期要发生争夺统治权的斗争。这一次，在对满族人的斗争取得胜利后，在汉族的胜利者中间可能也会发生这种争夺。但是，这场斗争最后的结局只能是建立共和制的政体。

中国人民爱好和平，然而，他们在历史上也曾有过一些伟大的战争。他们在最近五年内取得了巨大的进步，他们以实力显示出他们将来在自己的政府里应该拥有发言权。毫无疑问，当时机到来时，我们将会发现，如果需要的话，国民中有足够多的人已准备好甘冒流血牺牲的危险。

> 据郑曦原编，李方惠等译：《帝国的回忆——〈纽约时报〉晚清观察记（一八五四——一九一一）》（增订本），北京，当代中国出版社二○一一年八月第二版，译自"Plan Behind China Revolt is Revealed: Sun Yat Sen's Career"，*The New York Times*（U. S. A.），October 14，1911，Pages 1-2 [《中国起义计划的揭示——孙逸仙生涯》，载一九一一年十月十四日《纽约时报》第一至二页]
>
> 英文原文见本册第 830 页

---

① 底本《纽约时报》谓此系两年多以前孙文在新加坡的一次演说，但未说明具体日期。而按其演说内容，当在一九○八年十一月十五日慈禧太后病死之后，一九○九年五月十九日孙文自新加坡启程赴欧美之前，演说时间即据此标出。

在纽约哥伦比亚大学演说中国革命之必要①

（一九〇九年十一月八日至十二月十六日间）②

中国一日不革命，则东亚一日不平和，则各国之通商大生阻力，尤于美国有绝大关系。

据《孙逸仙之游踪（美国）》，载广东《香山旬报》第四十九期，一九一〇年一月二十一日出版

立志革命则中国可救

在旧金山丽蝉戏院的演说③

（一九一〇年二月二十八日）

今日所欲与诸君研究者，为革命问题。"革命"二字，近日已成为普通名词，第恐诸君以为革命为不切于一己之事而忽略之，而不知革命为吾人今日保身家、救性命之唯一法门。诸君今日之在美者，曾备受凌虐之苦，故人人愤激，前有抵制美货之举，今有争烟治埃仑④之事，皆欲挽我利权，图我幸福耳。而不知一种族与他种族之争，必有国力为之后援，乃能有济。我中国已被灭于满洲二百六十

---

①　孙文于一九〇九年十一月八日自伦敦抵达纽约，从事革命宣传和筹款。应就读于哥伦比亚大学的中国留学生之邀，到校用英语发表演说，该校校长、部分外籍教师及知名人士亦到会听讲。

②　演说日期不详。按孙文在纽约居留两个多月，而底本报道此次演说之前有"孙逸仙由伦敦行抵纽约"一语，则表明应在到达纽约后不久，但其间曾于十二月十六日离纽约赴外埠作短期访问，因据这段时间标出。

③　孙文于一九一〇年二月十日自芝加哥抵达旧金山，二十八日上午应少年学社邀请，在丽蝉戏院发表此演说。

④　烟治埃仑，英文 Angel Island 译音，又译作安琪岛、天使岛、仙人岛，位于旧金山海湾内。一九〇九年起美国当局在该岛设立"移民检疫站"，作为迫害入境华人的拘留所，引起旅美华侨的愤慨和抗议。

余年，我华人今日乃亡国遗民，无国家之保护，到处受人苛待。同胞之在南洋荷属者，受荷人之苛待，比诸君在此之受美人苛待尤甚百倍。故今日欲保身家性命，非实行革命，废灭鞑虏清朝，光复我中华祖国，建立一汉人民族的国家不可也。故曰革命为吾人今日保身家性命之唯一法门，而最关切于人人一己之事也。

乃在美华侨多有不解革命之义者，动以"革命"二字为不美之名称，口不敢道之，耳不敢闻之，而不知革命者乃圣人之事业也。孔子曰："汤武革命，顺乎天而应乎人。"此其证也。某英人博士曰："中国人数千年来惯受专制君主之治，其人民无参政权，无立法权，只有革命权。他国人民遇有不善之政，可由议院立法改良之；中国人民遇有不善之政，则必以革命更易之。"由此观之，革命者乃神圣之事业，天赋之人权，而最美之名辞也！

中国今日何以必需乎革命？因中国今日已为满洲人所据，而满清之政治腐败已极，遂至中国之国势亦危险已极，瓜分之祸已岌岌不可终日，非革命无以救重亡，非革命无以图光复也。

然有卑劣无耻、甘为人奴隶之徒，犹欲倚满洲为冰山，排革命为职志，倡为邪说，曰"保皇可以救国"，曰"立宪可以图强"。数年前诸君多有为其所惑者，幸今已大醒悟。惟于根本问题尚未见到，故仍以满洲政府为可靠，而欲枝枝节节以补救之，曰"倡教育"，"兴实业"，以为此亦救国图强之一道。而不知于光复之先而言此，则所救为非我之国，所图者乃他族之强也。况以满洲政体之腐败已成不可救药，正如破屋漏舟，必难补治，必当破除而从新建设也。

所以今日之热心革命者，多在官场及陆军中人，以其日日亲见满洲政府之种种腐败，而确知其无可救药，故身虽食虏朝之禄，而心则不忍见神明种族与虏皆亡也。其已见于事实者，则有徐锡麟、熊成基；其隐而未发者，在在皆是。惜乎美洲华侨去国太远，不知祖国之近情，故犹以为革命不过为小人之思想，而不知实为全国之风潮也。

又有明知革命乃应为之事，惟畏其难，故不敢言者。此真苟且偷安之凉血动物，而非人也！若人者，必不畏难者也。如诸君之来美，所志则在发财也，然则天下之事，更有何事难过于发财乎？然诸君无所畏也，不远数万里，离乡别井而来此地，必求目的之达而后已。今试以革命之难与发财之难而比较之，便知发财之难，必难过于革命者数千万倍也。何以言之？以立志来美发财者，前后不下百数十万人也，然其真能发财者有几人乎？在美发财过百万者，至今尚无一人也。而立志革命之民族，近百余年来如美、如法、如意大利、希腊、土耳其、波斯并无数之小国，皆无不一一成功。如是，凡一民族立志革命者则无不成功，而凡一人立志发财则未必成功，是故曰革命易而发财难也。又一民族立志革命，则一民族之革命成功，而千万人立志发财，则几无一人能达发财之目的，故曰发财之难过于革命者有千万倍也。以有千万倍之难之发财，而诸君尚不畏，今何独畏革命之难哉？

今日有志革命而尚未成功者，只有俄罗斯耳。然此亦不过一迟早问题，其卒必能抵于成，则不待智者始知也。今又以俄国革命之难，与中国革命之难而比较之：俄帝为本种之人，无民族问题之分；且俄帝为希腊教之教主，故尚多奴隶于专制、迷信于宗教者奉之为帝天。又俄国政府有练军五百万为之护卫，此革命党未易与之抗衡也。俄民之志于革命者，只苦专制之毒耳。中国今日受满政府之专制甚于俄，而清政之腐败甚于俄，国势之弱甚于俄，此其易于俄者一。清帝为异种，汉人一明种族之辨，必无认贼作父之理，此其易于俄者二。中国人向薄于宗教之迷信心，清帝不能以其佛爷、拉麻①等名词而系中国人之信仰，此其易于俄者三。又无军力之护卫，此其易于俄者四。俄人革命虽有种种之难，然俄国志士决百折不回之志，欲以百年之时期而摧倒俄国之专制政体，而达政治、社会两革命之目的；中国之革命有此种种之易，革命直一反掌之事耳。惟惜中国人民尚未有此思想，尚未发此志愿。是中国革命之难，不在清政府之强，而在吾人之志未决。望诸君速立志以实行革命，则中国可救，身家性命可保矣！

据《中国革命党孙君逸仙之演说词》，连载一九一〇年四月十八、十九日新加坡《星洲晨报》第六版

---

① 拉麻，喇嘛。

革命才能赢得中国人的尊严

在槟城清芳阁的演说①

（英 译 中）

（一九一〇年十一月六日）

（演讲的其中一部分内容是公正的，而且需要讲出来。中国人也不应忘记他们美丽却缺乏管治的土地需要不时做些修补。其中一点就是中国在枪炮下无法保护她自己的合法权益，以及华人在海外受到歧视也值得他们的关注，希望有一天可以杜绝这类现象的发生。举个例子，在爪哇岛的华人处境是羞辱性的。孙逸仙讲述了他在一艘船上遇到一位从爪哇岛来的华人百万富翁的故事。）

他告诉我，一次在爪哇岛上，他拜访了一位朋友并留至深夜。他忘了带上他的通行证和灯笼，没有这两者，他就不能在晚上外出了。正巧，在隔壁住着一位日本妓女，我们的富商就让她带他回家，她答应了。日本人可以在任何时候出外而不需通行证，但是支那人就必须有通行证才能避免被起诉。所以，在爪哇岛，一个中国富商比一个日本妓女的地位还要低，这是因为我们的满族政府太软弱，不能为身处异国的华人提供保护。

（这类耻辱事件不应该被隐瞒或者忽略，不过这并非孙逸仙博士演说的重点。他提醒听众：）在历史上有两位帝王是通过革命形式登基的，而孔子对他们极其尊重。因此在中国人的眼里，一个成功的革命理应受到尊重，虽然革命党策划十

---

① 一九一〇年七月十九日，孙文抵达槟城，联络南洋爱国华侨，筹集革命经费。底本转述槟城华人所办英文报刊 The Straits Echo（《亦果西报》）披露孙文此次演说的报道。内中提到：On Sunday last he made a speech at the Chinese Club in Macalister Road。据此，知道演说日期是 On Sunday last，经查为十一月六日。演说地点 Macalister Road，以往有关研究著述将此译作"寓中路"，惟据孙中山槟城基地纪念馆的研究学者指正，当地华人历来将 Macalister Road 称为"中路"；the Chinese Club，即当地华人所称"清芳阁"。清芳阁的创办人林克全是当今孙中山槟城基地纪念馆馆长邱思妮的曾外祖父。倾向保皇派观点的 The Straits Echo 披露并抨击孙文此次演说，是导致孙文在同年十二月六日被英国殖民当局驱逐出槟城的原因之一。

五次尝试都失败了，但我们应该认同孔圣所言，尊重革命现实。

英格兰通过四百年前的革命变得强大，日本、土耳其，还有葡萄牙也在效仿。中国为什么不这样做？中国已经屈从满族的统治长达两百年了。如果我们不加快脚步，帮助革命党军队从满族人手上收复中国，那么我们的故土将会在未来几年被外国列强所瓜分。毫无疑问，满族政府软弱无能，在义和团的动乱中，十万清军不抵两万人的外国军队。

（他讲了很多火车上乞讨的故事。中国人喜欢赚钱，也可以攒很多钱。只顾着攒钱，却失去尊严，赚钱成为生活的目的，毫无中国人的礼仪。）

（他说中国的陆军、海军和高层官员——大量的官员——都愿意支持革命。）

（他说，一年前进入广州的西式训练的新军都是革命者。十五个军团中有十个支持他。）

中国革命党在二十年前诞生，人数与日俱增。曾与满族政府战斗过十五次，但都没有成功。在最近一次，本来打算在一九一〇年二月十日起义，得到广州新军的响应。我们有数千武装士兵，有各种各样的武器，但是缺少子弹。要获得这些子弹，需要一万美元。因此，不得不推迟起义。不幸在第六日，即二月十六日①，新军与警察发生冲突，有些士兵被捕，事情也到头了。广州当局获知新军的意图并解除他们的武装。

据 "Dr. Sun Yat Sen", *The Weekly Sun*（Singapore），November 12, 1910, Page 7 ［《孙逸仙博士》，载一九一〇年十一月十二日新加坡《每周太阳报》第七页］（邹尚恒译，高文平校）

英文原文见本册第826—829页

附：另一记录②

（英译中）

（在演说中，孙博士称中国已屈从于满族统治长达两百年，并补充说：）

如果我们不加快脚步，协助革命军从满族人手上光复中国，我们的故土将会

---

①　一九一〇年二月十二日，同盟会发动广州新军起义，随即事败。底本所述的日期有误。

②　底本引据同日新加坡电讯称，槟城一家华人英文报 The Straits Echo 报道孙逸仙的此次演说，演说地点在 the Chinese club at Penang，即槟城华人俱乐部。

被列强所瓜分。

据 "End Control of Manchus: That is the Cry of the Chinese Revolutionaries", *The Daily Northwestern* (Wisconsin, U. S. A.), November 7, 1910, Page 5 [《结束满族统治：那就是中国革命者们的呐喊》, 载一九一〇年十一月七日威斯康星州《西北日报》第五页] (邹尚恒译, 高文平校)

英文原文见本册第 825—826 页

重谋大举克复广州

在槟榔屿中国同盟会骨干会议的讲话[①]

（一九一〇年十一月十三日）

现在因新军之失败，一般清吏自以为吾党必不敢轻于再试，可以高枕无忧，防御必疏。至新军之失败，虽属不幸，然因此影响于军界最巨。吾党同志果能鼓其勇气，乘此良机，重谋大举，则克复广州易于反掌。如广州已得，吾党既有此绝好之根据地，以后发展更不难着着进行矣。且此次再举，亦远非前此历次之失败可比，因曩者多未有充分之筹备，每于仓卒起事所致。今既有先事之计划，当然较有把握，可操胜算。但诸同志疑虑莫决者，乃在于饷械之无着。不知现在因吾党历次之举义，与海外各埠同志竭力之宣传，革命精神早已弥漫南洋群岛中。只怕吾人无勇气、无方法，以避免居留政府之干涉，以致贻误事机。今吾人则以"教捐〔育〕义捐"之名目出之，可保无虞也。

据杨汉翔追述：《纪总理庚戌在槟城关于筹划辛亥广州举义之演说》, 载上海《建国月刊》第三卷第一期, 一九三〇年五月出版

---

① 十一月十三日，孙文在槟城召集会议，黄兴、赵声、胡汉民、孙眉、黄金庆、吴世荣、邓泽如等出席。会议决定募集巨款，再次在广州组织起义。

附：另一记录

现在时机既迫，吾人当为破釜沉舟之谋。款项多一分，则筹备足一分。吾党不乏热心之士，前此力分而薄，且未先事为备，每有临渴掘井之患；今举全力以经营，鉴于前车，故为充分款项之筹集。事济与否，实全系之。拟发捐册，以"中国教育义捐"为名，免居留政府之干涉。

据邓泽如：《中国国民党二十年史迹》，
上海，正中书局一九四八年六月出版

海外同志捐钱国内同志捐命

在槟城阅书报社筹款会议的演说①

（一九一〇年十一月十五日）②

余每次会晤同志诸君，别无他故，辄以劝诸同志捐钱为事。诸同志虽始终热心党务，竭力襄助，或不以余为多事。第余以吾党屡起屡蹶，深不自安，故对诸同志甚觉抱歉。惟念际此列强环伺、满廷昏庸之秋，苟不及早图之，将恐国亡无日。时机之急迫，大有朝不保夕之概。且吾党春初广州新军之失败，虽属不幸之事，然革命种子早已藉此而布满于南北军界。因新军中不乏深明世界潮流之同志，业极端赞成吾党之主义。在今日表面上视之，固为满廷之军队；若于实际察之，诚无异吾党之劲旅。一待时机成熟，当然倒戈相向，而为吾党效力。是以诸同志咸认为绝好良机，光复大业，在此一举，固将尽倾吾党人材物力以赴之也。

吾适间所云，每晤同志诸君辄以劝捐为事，虽予亦极不愿对同志诸君每有斯求，

---

① 十一月十五日，孙文在槟城打铜仔街一二〇号阅书报社再开会议，参加者为槟榔屿同盟会员和爱国华侨。孙文发表筹款演说，与会者即席认捐八千余元。

② 底本未说明会议举行的日期，今据底本作者的另一著述《中华民国开国前后之本社革命史》而定。

但念此等责任，除我明达之同志外，又将向谁人求之？是以虽欲避免，实不可得。盖海外同志捐钱，国内同志捐命，共肩救国之责任是也。总而言之，捐款之义务，诸同志责无旁贷。此应请同志诸君原谅予勤〔劝〕勉之苦衷，仍当踊跃输将，以助成此最后之一着者也。设天不祚汉，吾党此举复遭失败，则予当无下次再扰诸同志，再向〔问〕诸同志捐钱矣；倘或仍能生存，亦无面目见江东父老矣！是则此后之未竟革命事业，亦惟有赖之同志诸君一肩担起矣！总之，吾党无论如何险阻，破釜沉舟，成败利钝，实在此一举，而予言亦尽于此。

据杨汉翔追述：《纪总理庚戌在槟城关于筹划辛亥广州举义之演说》，载上海《建国月刊》第三卷第一期，一九三〇年五月出版

虚伪政治必当去其根柢

在加拿大中国剧场华侨欢迎会的演说

（日 译 中）

（一九一一年二月十三日）

我党之志谋固已早定，而着着进行。中国今日之陆军编成者十八镇，其中八镇以北京为中心，而散布于直隶。此等军人尝经袁世凯之训练，当时所称为"新式兵"者也。其一镇则全系满人，有皇室之卫兵。此等军人若尽入吾党，则兵不血刃，而大功可成。

我党既有步兵三四万、炮兵七八千，而某处某处更有兵百万。地方人士勇而好战，我党为之供给武器，则大功之成，可以操券。所恐者，则外国之干涉耳。

今满洲政府之对于施行宪政，开设国会，无一毫之诚意，故到底不能见诸实事；即见诸实事，亦决无效果也。政府无统辖之力，以愚蒙人民为政治之秘诀。此虚伪之政治，必当去其根柢而一新之也。

据《日纸记孙逸仙》（译录《东京日日新闻》），载一九一一年三月二十五日上海《民立报》第三页

救国须不顾私事而为国出力

在中国同盟会葛仑分会成立大会的演说①

（一九一一年六月二十五日）

金山堂号林立，皆以保护本堂手足为宗旨。然同盟之设，非与堂号比，非与同胞作敌，实与满洲作敌，愿同胞勿误会之。同盟会组织一大团体与满洲对敌，非与同胞争意气也。

须知救国即是救破舟一样，当舟沉之时，不图共力而补救，徒顾个人铺盖行李，俄而舟已沉矣，生命亦已具〔俱〕亡，又何有于铺盖行李？吾国人之思想何莫不然？各自营其私，无顾大局之观念，卒之自身亦不能保。中国生计维艰，民不聊生，故别父母、离妻子，远渡重洋，无非为仰事俯蓄之资耳。然而外人迭生苛例，闭门拒我！以吾人为亡国人，亡国人世界无位置也。美国生计虽好，非吾人久住之区，况中国地大物博，优于万〔美〕国实万万。煤铁之矿遍地皆是，宁拱手让于外人，不与民间开采。满政府立心之狠毒，无一不欲绝汉民之生计。但吾无怪其然：凡非我族类，其心必异；况以满洲少数之民族，不能不设种种之苛法，以断绝吾人之生计。至糊口既无，又何暇思及其他，更何暇思及于国事，是满洲政府愚民之政策也。所以吾人今日出外，受种种之困苦、之苛辱，无非清政府为之！

但我国人多不知国与己身之关系，每顾个人之私事而不为国出力，不知国与己身之关系如身体之于发肤，刻不可无。曷不观于日俄之战争，日之胜俄，只以国之存亡与己身之关系激动民心，背城藉一以胜之而已。

据葛仑来函《葛仑同盟会开幕之盛纪》（续），载一九一一年八月十一日槟城《光华日报》；以《最新中国革命史》（旧金山，美洲中国同盟会会员一九一二年十月撰述发行）上册所载演说词参校

---

① 二十五日，美国加州葛仑（Courtland）埠同盟会分会举行成立典礼，孙文偕美洲同盟总会代表到会祝贺。

洪门宜保护同群抵抗外侮

在士得顿洪门萃胜堂周月纪念暨欢迎大会的演说①

（一九一一年九月）②

堂号有合群之性质，有保护同群、抵抗外侮之勇敢，更宜本其爱群之心，以爱四万万之同胞；本其抵抗外侮之心，以抵抗异族专制政府。

据《最新中国革命史》上册《各埠演说筹饷之情形》，
旧金山，美洲中国同盟会会员一九一二年十月撰述发行

革命不惧流血

在葛仑会宴楼欢迎会的演说③

（一九一一年九月）

革命流血之少，而不革命遭清政府有形或无形之杀戳〔戮〕流血之多，〈相差〉何止百数十倍！

据《最新中国革命史》上册《各埠演说筹饷之情形》，
旧金山，美洲中国同盟会会员一九一二年十月撰述发行

---

① 据底本称，一九一一年阴历七月二日（公历八月二十五日）起，孙文等人遍游全美南北各埠演说，募集革命捐款。士得顿即 Stockton，今译斯托克顿，属加州。
② 底本未注明本文日期，现所标日期为酌定。
③ 本欢迎会由葛仑及活吾两埠的中国同盟会等团体联合举办。

倘中国革命当胜于美国

在砵仑亚伦可跳舞堂的演说①

（一九一一年九月）

美国之如此富豪，亦革命之良好结果，而华人且受其赐。以美国之革命尚可以惠及华人，吾国地内之蕴蓄、地皮之生产皆胜于美，倘吾中国能革命，开浚财源，到其时美人且往中国觅良，吾人尚何须作外人篱下之寄耶！

> 据《最新中国革命史》上册《各埠演说筹饷之情形》，
> 旧金山，美洲中国同盟会会员一九一二年十月撰述发行

在美国丹佛洪门致公总堂欢迎会的演说②

（英 译 中）

（一九一一年十月十一日）

同胞们，中国人起来反抗朝廷的时刻已经来临。把皇帝赶下王座或者将其诛杀，是我们的天职。我正在美国寻找爱好自由的中国人，筹集资金，购买军火弹药，武装国民。

> 据 "Rebel Victories Forcast Fall of Chinese Dynasty", *The Chicago Daily Tribune*
> (U. S. A.), October 14, 1911, Page 2 [《叛军的胜利预言中国王朝的衰落》，载一九
> 一一年十月十四日《芝加哥论坛报》第二页]（邹尚恒译，高文平校）

英文原文见本册第 831 页

---

① 此演说会由砵仑致公堂主持，与会者五百余人。砵仑，即 Portland，今译波特兰，美国俄勒冈州港口城市。亚伦可跳舞堂，原名 Allen Hall。

② 底本报道称，孙文在周二（十月十日）晚抵达科罗拉多州首府丹佛（Denver），周三（十月十一日）晚离开丹佛，前往纽约或华盛顿。在丹佛期间，他作为中华共和国的未来总统，受到洪门致公总堂（the Gee Gong Jung tong）的欢迎，被负责推动革命宣传的旧金山成员选举为未来中华共和国的总统。周三晚，孙文在欢迎会上发表演说，获捐款超过五百美元。

中国革命后之内外政策

在欧洲的演说①

（英　译　中）

（一九一一年十一月中下旬）

中国现时除北京及直隶一省外，均在革命军势力之下，但须联为一气，则满洲皇室早无望矣。袁世凯之君主立宪办法，决不为人民所允许。诚以君主立宪实一分别满汉之标记，汉族讵愿再留此标记乎？不特不愿再有此标记也，甚愿洗尽所有极秽恶之记念，则组织联邦共和政体尤为一定不易之理。彼将取欧美之民主以为模范，同时仍取数千年前旧有文化而融贯之，语言仍用官话，此乃统一中国之精神，无庸稍变。汉文每字一义，至为简洁，亦当保存；惟于科学研究，须另有一种文字以为补助，则采用英文足矣。

武汉起事以来，各省响应，均能维持秩序，保护外人之生命财产。其在满廷一面，或欲利用暴动，引起列强干涉，阻汉族之独立。若共和党，则惟利于与列强相亲，决不利于与列强相仇也。即以民间反对借款而论，亦系不信任恶政府之故，并非真与外资为难。共和成立之后，当将中国内地全行开放，对于外人不加限制，任其到中国兴办实业；但于海关税，则须有自行管理之权柄，盖此乃所以保其本国实业之发达，当视中国之利益为本位。总之，新政府之政策在令中国大富。凡此以上办法，自当设法不与以前各国在中国所已得之利益相冲突也。中国人民号称四百兆，物产丰盛甲于全球，外资输入自如水之就壑，吾等当首先利用，以振兴其工商业；俟信用大著后，则投资更为稳固，外资更当大集于中国。加以中国内地深藏固闭，其数亦决不少，倘国家能有信用，则前此藏闭之资本均将流通全国，固不虞其匮乏矣。中国共和政府定能致力平和，对于日、俄亦当尊敬其已得之条约及权利。共和

---

① 底本译自《欧洲邮报》，惟未说明具体时间、地点。按：孙文离美抵欧洲后，主要是在伦敦和巴黎停留，演说地点，此两埠必居其一，标出时间即据此酌定。一九一二年二月一日上海《申报》（三）《补记孙总统海外之政论》亦登载本演说，惟文字稍删节，故略而不录。

政府之精神，决无帝国派之野心，决不扩张军备，但欲保其独立及领土完全而已。倘此二者被侵，彼并无须军备，但以最近拒用外货办法，仅暂时牺牲其商务及经济之利益，列强无论何国早望风而靡矣！

据《孙中山归国始末记》（译自《欧洲邮报》），上海，景新书社一九一二年出版

新政府借外债与招罗民军入伍诸问题

在香港兰室公司对省港欢迎代表的讲话[①]

（一九一一年十二月二十一日）

（席间孙君历言政主共和，及以战事驱除满虏为目的。）

目前各省财政本极困难，云南一省为尤甚。然一俟临时共和政府成立，则财政无忧不继，因有外债可借，不用抵押，但出四厘半之息，已借不胜借。就现时情形论之，必须借外债。从前满清借债，而国人起而抵拒之者，因满清借债之弊窦，第一则丧失主权，第二浪用无度，第三必须抵押。若新政府借外债，则一不失主仅，二不用抵押，三利息甚轻。埃及所以借外债而亡国者，失主权故也。美国初独立时亦借外债，而美国之能兴者，则不失主权故也。日、俄交战，两国均借外债。俄国不用抵押，而日本独须抵押者，实因国小之故。至就中国目前而论，则必须各省、府、州、县，皆筑有铁路，以利便交通，使地土〔土地〕出产，可以输出。

借债筑路之便宜，以借债则可以分段而筑，易于告成。计六年之内，自可以本利清还，路为我有矣。若以我之资本，则十数年后方可筑成，吃亏必大。至还债之法，则道路一经开通，物产既消流，田土必长价，将来由新政府征取，民必不以为病，而债可立还矣。前时满清以川汉铁路抵押，与四国订借五千万金元，经交二百万元。自武昌起义后，均已废约不借。又名为"改币制"订借之五千万金元，亦因

---

① 辛亥革命后，南方各省积极酝酿成立临时共和政府，并电催羁留欧美的孙文归国。十二月二十一日上午九时，孙文乘英国邮船"地云夏"号（Devanha）途经香港，受到广东都督胡汉民与军政府官员、省临时议会议员、社会团体负责人以及香港各界代表热烈欢迎。孙文从三角码头登岸，在附近的兰室公司进午餐。下午三时，孙文对省港欢迎代表作此讲话。当晚离港赴沪。

武昌事起，不允照交，是已制断满清之死命。

袁世凯欲与法、比二国议借五百万，经电比利士①政府，谓民国绝不承认，此议亦作罢。

某国资本家因欲借债与清政府，往谒外部②，求其保护，外部不允，资本家亦废然而退。及后又因议借债与民政府，复往谒该外部，外部答以此则听诸各资本家之自由。观此，可知各国借债，对于清政府确已各不信任；对于新政府，则无不信任。但使抵沪以后，新政府一经成立，则自易就绪。

（省城某代表谓，粤省和平独立，乃民政府，而非军政府。目前财政，宜将出入款宣布，并宜列出预算表云云。孙君略答以）目前列表预算，其事颇难，惟将进支款宣布，可易办到。

（旋又有代表言，粤省民军太众，寻仇行刺之事日有所闻，是宜设法云云。孙君略谓：）此等民军，不患其多，其中类皆有用之材，将来新政府成立，必将尽行装运至沪，自能有法以教诲训练，使之化歹为良，同仇敌忾。现时所有之民军，无庸粤人置虑，即各属有土匪蠢动，尚须尽行招罗入伍。凡民军自二十岁以上至四十以下之人，均属可用之材。最望是粤人稍有忍耐性质，以俟诸新政府成立之日。

（席间又有恳孙君挽留黄士龙③回粤者，孙君略谓：）为时仓卒，最好是黄君允行回粤云。（孙君复言：）是日下午，即将乘原船，并挈粤都督胡汉民同赴沪。（众闻之有愕然者。孙续言：）粤都督由副都督陈炯明署理，将来以汪精卫回粤任都督。

据《中国革命元祖孙逸仙抵港谈话及离港时期纪略》，
载一九一一年十二月二十二日《香港华字日报》④

---

① 比利士（Belgium），今译比利时。

② 即清政府外务部，一九〇一年七月由总理各国事务衙门改置。

③ 黄士龙原任广东新军第三标统带，广东光复后被举为军政府参都督，因谋夺军权与都督胡汉民、副都督陈炯明发生矛盾，于十二月中旬离粤出逃，不久投靠袁世凯。

④ 《香港华字日报》又名《华字日报》，当时出版不标版次。另见一九一二年一月一日上海《天铎报》第二版所载《中山先生借款谈》，除未录末后三段孙文答问外，其余内容文字与底本完全相同。

附：另记录之一

（日　译　中）

输入外资的必要　现今中国各省最紧要的是急需资金，像云南省尤其如此。怎样取得资金是燃眉之急的大问题。一旦共和政府成立之后，就会发生这种需要。除了依靠外债以外，别无奇策。但要借入外债，无担保条件是不可能的。我想以四厘半利息向国外融通这些资金。诸君反对举借外债，那是由于有这样三条理由：第一，满清政府曾以牺牲国力借入外债；第二，满清政府举借外债后并未作出任何实绩；第三，每次借债都被要求重大担保。

中国人讨厌举借外债，正是由于满清政府留下这些恶劣的先例。共和政府若要募集外债时，决不重演这种蠢行。也就是说，决不因为举借外债而糜费国力，并必须在无担保的情况下进行。埃及因为举借外债而亡国，就是因为赌其国力所致。反观美国，在宣布独立之后，其军费全靠外债，但能从容地保持国力，保障领土的完整。此外还可以举出日俄战争的例子。两国交战之际，均须举借外债以充军费，但因日本是小国故要担保，而俄国是大国则不须担保。

敷设铁道的急务　目前我国的急务是建造沟通各省的、完整的铁道系统。要扶持一个国家的工商业，再没有比改善货物运输之法更加重要的了。将来外债的主要用途，也应当放在建设铁路系统的事业上。而要实现这一目标，就不得不一个地区一个地区地扩展，以期最终完成。这样大概需要六年的时间，就可以抵偿外债，这和用我们自己的资金来敷设铁道所得到的结果是一样的。但过去是强制各省的资金充作铁道敷设费，如果仍是按照这种守旧的方法来建设铁道系统的话，至少需要十年的时间才能完成，而且需要巨额资金。抵偿外债的方法并不难，因为敷设铁道的结果是地价腾贵，所以国民不必负担比现在更加沉重的租税，这项地税收入就可以用来支付外债。

满清政府借外债的失败　最近满清政府要向四大国举借五千万镑的外债，并提议用川汉铁路的利权作为担保，但只得到两百万镑的融资。此时满清政府又以币制改革为名拟于近期内举借外债，但武昌起义一经爆发，各国便拒绝融资，这就是满清政府不为外国所信赖的一个明显佐证。此外，袁世凯还要向法国、比利时举借五千万镑。我听到后立刻向比利时打电报，警告中国人民并无承诺支付这笔外债的意思，袁世凯的计画就化为乌有了。但是英国的资本家们仍有向满清政府融资的意愿，他们就访问英国外相，表示如果满清政府终于无法偿还外债时，希望这位外相能出面斡旋，但他拒绝了这一要求。此后，英国资本家欲向中国共和政府进行同样的融资业务时，我们也对外相提出了同样的要求。这位外相回答说，此事虽然并非英国政府参与保证的事宜，但资本家可以在衡量各自的风险后自行决定可否进行。以此看来，外国在不信任满清政府的同时，已经对共和政府多少有点同情了，响应我们借外债的意图是很明显的了。

暴乱士兵的利用　在广东新募的士兵中，有不少曾经犯有暴行的人。但这些暴乱士兵还是可以用其所能的。待我到上海后，可以将他们送到我身边进行训练，这样就会变成良好士兵。希望广东父老再忍耐一些时日，等到新政府建立以后，情形就会好起来的。

据《孙逸仙の大抱负》，载一九一四年一
月七日《神户又新日报》（蒋海波译）

附：另记录之二①

（是日一点钟开会，八十九号代议士邓慕韩登台发言：鄙人因孙中山先生莅港时亲往欢迎，其时港商百余人暨港中英官特在中环兰室内开欢迎会，鄙人得亲聆孙先生演说。据说：）

自武汉起义以来，我粤与各省风闻响应，不匝月而反正十余省。就我粤而论，大局虽属粗定，惟理财实为急务。前闻北京拟借外债，各国资本家会商之外国政府，彼政府已不担承。嗣袁世凯四出运动，闻近日颇有转机。现各国虽无应允借据，惟日后不可不防。盖彼借款，无非将本国岁入之款抵押，经手者只顾个人私益，利息之多寡及将来之损失均所不计。且彼之最急者在军款，是其借债实为与我对敌而来。鄙意以为与其彼借，不如我借，在各通人均以为借债足以亡国，就鄙见而论，似不

---

①　十二月二十二日（阴历十一月初三日）下午，广东省临时议会在广州开会，听取议员邓慕韩对孙文过港演说的传达。

尽然。查各国因借外债办理要政，整顿内务，因雄长全球者所在多有。我国若能借得一宗巨款，以为练兵、筑路、开荒各项要政之用，根本既固，交通利便，即各省荒地亦可逐渐开垦。现有美国著名学者已偕鄙人回国，彼极热心振兴我邦，屡欲在我中华博一最大名誉。如此，则将来不必患整理无人。至我粤省民军，素称劲旅。查江南地方极广，且为军地要区，该处实可安放三十万余人。鄙意将来必须设法将我粤省民军全数移调该地，以固要区。现在急于赴沪，已约同胡汉民都督即日同往，所有粤省大都督，已商请陈副都督炯明暂行担任。将来正都督一席，承乏实难其人。查汪君精卫学问最深，素孚众望，不特我同志交相称许，即平素反对革命者亦钦仰不置，似宜请其承乏。

据《广东初三日临时省会会议纪事》，载一九一二年一月二日上海《时报》

不宜取内阁制

在上海召集同盟会最高干部会议的发言①

（一九一一年十二月二十六日）

内阁制乃平时不使元首当政治之冲，故以总理对国会负责，断非此非常时代所宜。吾人不能对于唯一置信推举之人，而复设防制之法度。余亦不肯徇诸人之意见，自居神圣赘疣，以误革命之大计。

据《胡汉民自传》，载中国国民党中央委员会党史委员会编：《革命文献》第三辑，台北一九五三年出版

---

① 二十六日，孙文在上海行馆召集同盟会最高干部会议，就总统制与内阁制作取舍。

今后首须在民生主义处着手

在上海中国同盟会本部欢迎大会的演说①

（一九一一年十二月二十九日）

本会持三大主义，唱〔倡〕导于世。今民族主义、民权主义二者虽已将达，而欲告大成，尚须多人之努力。况民生主义至今未少着手，今后之中国首须在此处着力。此则愿与诸君共勉者也。

据《欢迎孙中山先生记》，载一九一一年十二月三十日上海《民立报》第五页

在招待来沪日本友人宴会的讲话②

（日　译　中）

（一九一一年十二月三十日）③

席间孙逸仙致辞，首先对各位的到来表示感谢。继而谈及中华民国的发展过程中将会遇到许多困难，故为中国与远东的和平着想，希望能得到日本人的理解和支持，以便增进世界和平。

据《共和政府の日本人招待会》，载一九一二年一月一日《大阪每日新闻》（三十八）（关伟译）

---

① 二十九日下午，中国同盟会本部在上海汇中旅馆开欢迎孙文先生大会，孙文应邀出席，并发表演说。

② 当民国临时政府行将成立之际，不少日本友人来到上海。十二月三十日晚上，孙文在璇宫酒店主持宴会款待他们，黄兴、张继等作陪。应邀出席者包括日本商界人士、新闻记者在内共约百人。孙文发表欢迎词，犬养毅代表日本友人在致答词中对孙文当选临时大总统表示热烈祝贺。

③ 宴会日期据《頭山滿翁正传》（未定稿）所记。

附：另一记录

（日 译 中）

孙总统宣布中华民国成立，并说自今日起将与外国知名人士密切交往。曾亲身游历欧美，中国革命党因而博得各国人民同情。我等真诚希望，今后仰赖诸君鼎力相助，得以与日本政府日益亲密交往，进一步定能与欧美各国加深往来。

据《頭山滿翁正傳》（未定稿），福冈，
苇书房一九八一年十月发行（马燕译）
日文原文见本册第 851 页

民国主权属于国民全体

关于起草约法的讲话

（一九一二年二月十三日）

中华民国临时约法，可谓是较临时政府组织大纲进一步。但我鉴于古今中外政治上之利弊得失，创制五权宪法，非如此则不足以措国基于巩固，维世界之和平，而却是非一蹴可几。我今只说要定一条：中华民国主权属于国民全体。一以表示我党国民革命真意义之所在，一以杜防盗憎主人者，与国民共弃之。

据居觉生（居正）：《梅川日记》，重庆，大东书局一九四五年出版

袁世凯当选必能巩固民国

在南京庆贺南北统一典礼的演说①

（一九一二年二月十五日）

清帝退位，南北统一。袁公慰庭②为民国之友，盖于民国成立事业功绩极大。今日参议院选举总统，若袁公当选，余深信必能巩固民国。至临时政府地点，仍设南京。余于解任后，亦仍愿尽力于新政府也。

据《南京电报》，载一九一二年二月十六日上海《民立报》第一页

附载：蔡元培代表临时大总统孙文

在北京袁世凯受职典礼上的祝词③

（一九一二年三月十日）

我国新由专制政体而改为共和政体，现在实为过渡之时代，最重要者有召集国会、确定宪法等事。孙大总统为全国选一能负此最大责任之人，而得我大总统，因以推荐于代表全国之参议院，参议院公举我大总统，而我大总统已允受职。孙大总统为全国得人庆，深愿与我大总统躬相交代，时局所限，不克如愿，用命元培等代致祝贺之忱。希望我大总统为我中华民国造成巩固之共和政体，为全国四万万同胞

---

① 十五日下午二时，南京临时政府总统府举行庆贺南北统一、共和成立典礼。孙文发表此演说。

② 即袁世凯，字慰庭。

③ 袁世凯继任民国临时大总统的受职典礼于三月十日下午在北京举行，南京赴京专使蔡元培受孙文的委托致祝词。

造无穷之幸福焉。

据一九一二年三月十日蔡元培等致天津《民意报》、上海《民立报》原电稿，中山、孙中山故居纪念馆藏①

在上海自由党公宴的演说

（一九一二年四月四日）

党派多少，足觇人民程度高低。今日政党过多，亟谋联合，宜鄙人对于自由党极愿商榷政见。

据《公宴卸任总统》，载一九一二年四月六日上海《申报》（七）

在上海统一党欢迎会的演说

（一九一二年四月六日）

（先演说民生主义，并谓：）

此后两政党当共同趋重民生主义，为增进国利民福之预备。

据《两大政党之携手》，载一九一二年四月七日上海《民立报》第十页

---

① 此系袁世凯举行受职典礼的当天，蔡元培等为津沪报章提供报道材料者。三月十二日上海《民立报》、北京《顺天时报》等曾发表蔡元培的祝词全文，文字上略有出入，而皆不及底本准确。

军人与官吏应牺牲个人自由而为民尽职

在湖北军政界欢迎会的演说①

（一九一二年四月十日）

此次革命乃国民的革命，乃为国民多数造幸福。凡事以人民为重，军人与官吏不过为国家一种机关，为全国人民办事。自光复以来，共和与自由之声甚嚣尘上，实则其中误解甚多。盖共和与自由专为人民说法，万非为少数之军人与官吏说法。倘军人与官吏借口于共和与自由，破坏纪律，则国家机关万不能统一。机关不统一，则执事者无专责，势如一盘散沙，又何能为国民办事？是故所贵夫机关者，全在服从纪律。如机械然，百轮相错，一丝不乱，而机械之行动乃臻圆满。此在有形之机关为然，在无形之机关亦何莫不然？盖在政治机关，〈凡〉百执事按级供职，必纪律严明，然后能收身使臂、臂使指之效。必收此效，然后可以保全人民领土，与列强相竞争。

由斯而谭，闻者或以为与平日所信之共和与自由主义大相冲突。其实不然。仆前言之矣，共和与自由全为人民全体而讲，至于官吏则不过为国民公仆，受人民供应，又安能自由！盖人民终岁勤动，以谋其生，而官吏则为人民所养，不必谋生。是人民实共出其所有之一部，供养少数人，代彼办事。于是在办事期内，此少数人者当停止其自由，为民尽职，以答人民之供奉。是人民之供奉，实不啻为购取少数人自由之代价。倘此少数人而欲自由，非退为人民不可。自由之范围本宽，而在勤务期间则甚狭。仆为总统时，殊不能自由。今日来鄂与诸君相见，实以国民的资格，而非以总统的资格。故仆今日所享之自由最为完全，其所以完全者，以为国民的自由也。

仆此次解职，外间颇谓仆功成身退，此实不然。身退诚有之，功成则未也。

---

①　一九一二年四月初孙文卸任临时大总统后，应邀至国内各地访问并发表演说。本月九日，孙文自上海经南京抵达武汉。欢迎会于十日上午在武昌鄂军都督府举行，临时副总统兼鄂军都督黎元洪、各司司长等官员及管带以上军官共百余人出席。会后黎元洪设午宴招待孙文。

仆之解职有两原因，一在速享国民的自由，一在尽瘁社会上事业。吾国种族革命、政治革命俱已成功，惟社会革命尚未着手。故社会事业在今日非常紧要。今试即中国四万万人析之，居政界者多不过五万人，居军界者多不过百万人，余者皆普通人民，是着眼于人数，已觉社会事业万万不能缓办。未统一以前，政事、军事皆极重要，而统一以后则重心又移在社会问题。前者乃牺牲自由之事，后者乃扩张自由之事，二者并行而不悖。仆此次解职，即愿为一人民事业之发起人。盖吾人为自由民，而自由民之事业甚多。且吾人困顿于专制政体之下，人格之丧失已久，从而规复之，需力绝巨，为时亦必多。仆不敏，请担任之。

同时有一语奉告诸君，则诸君如欲得完全自由，非退为人民不可。当未退为人民，而在职为军人或官吏时，则非牺牲自由、绝对服从纪律万万不可。在尽力革命诸君，必且发问曰："吾辈以血泪购得之自由，军人胡乃不得享受之？"须知军人之数少，人民之数多，吾辈服务之时短，为普通人民之时长。朝作总统，夕可解职；朝为军长，夕可归田。完全自由，吾辈自可随时享之。故人民之自由即不啻军人之自由，此语最须牢记，惟在服务期间，则不可与普通人民一律，此其异点耳。

据本社记者笔述：《孙先生演说辞》，载一九一二年四月十五日上海《民立报》第二页

附：另一记录

民国成立，咸享幸福。推究端源，皆诸君子义同袍泽，首复武汉所致。鄙人躬逢斯盛，荣幸实多。惟破坏既终，建设伊始，顾诸君子仍须维持公益，敦促进行，恢复主权，奠定邦本，于前途庶有豸焉。

据陈霁云：《中山先生驻鄂记》（又名《中山先生五日驻鄂记》），武昌，鄂军印刷局一九一二年印行

本国民天职扫百姓故态

在黄鹤楼欢迎会的演说①

（一九一二年四月十日）

今得至武昌城头，奥略楼下，与诸君从容接谈者，是固予莫大之幸福，而尤有莫大之希望焉。

何以言之？当予流离外洋，提倡革命二十余年，不敢自逸。去岁八月十九，武昌起义，及各省响应，普天同仇，才造成目前之中华民国，并存留此宏阔壮丽之江边古时楼，使予亦得归而畅谈其间。抚今慨昔，岂非予莫大之幸福？

中华民国目前既经成立，已非满清专制时代。诸君即须知：既系中华民国国民，已非满清专制时代百姓，自今伊始，即当各行中华民国事业，即当各尽中华民国国民义务，勿复循满清专制时代作百姓之习惯性。奴隶我也，听之；混沌我也，听之；瘿瘤我也，听之，仍将百姓比例国民，此即大谬大谬！端宜本国民天职，扫除作百姓故态。是即予所挟之希望也。

且目前中华民国，亦即我目前国民所造成。倘非同心协力，人人有第一等国民思想，断难收此大效。惟既有第一等国民思想造成民国，更须以热心毅力，再将此民国造成世界上第一等民国。则予方敢确认我目前国民，信世界上第一等国民；世界上国民，信惟我中华民国国民为第一等国民。予所谓尤有莫大之希望者，如是如是。

据陈霁云：《中山先生驻鄂记》（又名《中山先生五日驻鄂记》），武昌，鄂军印刷局一九一二年印行

---

① 十日下午，孙文应邀出席武汉演说团、社会党等政团在黄鹤楼举行的欢迎大会，并作此演说。

附：另一记录

现今革命成功，满清政府推倒，民国建设，实赖武汉同胞首先起义，其他各省同胞响应，以有今日中华民国出现。愿我各界同胞努力共和，当知民国国家为四万万人之国家，非一人一姓专制之国家。民国譬之公司，人民为大股东，总统至百执事皆为股东服役务，其薪俸则股东之雇工赀也。执事为股东热心办事，使公司日益发达，不亏资本，不损交际，对内完全，对外巩固，庶民国基础万年不拔矣。

据《鄂省演说团欢迎孙中山》，载一
九一二年四月十六日上海《时报》

社会革命与社会主义

在武汉各界欢迎会的演说①

（一九一二年四月十一日）

近来团体之多，至不可数，此可征民智之发达矣。而仆深恐其不能抱一目的，为一致之进行。夫民族思想根于天性，故十余年来各团体群趋于革命，一言排满，举州〔国〕同声，乃遂有今日。满洲专制政府倒矣，以中国史例征之，大可以本族专制政府代之，而乃不然，帝王思想不谋而绝迹于天下；意见虽偶有参差，而无不同向于共和。是种族革命与政治革命两种，皆以一致之目的行之。今社会革命着手伊始，仆以是希望各团体复以其一致之精神，从事斯业。

今之反对社会革命者，谓中国之当急者乃政治问题，至社会问题则相去尚远。盖吾国生活程度低，资本家未尝发见，欧美现象与吾相反，社会主义且忧其扞格不入，奚言吾国？为此言者，真浅见之徒，不足与言治也。诸君须知，欧美改良

---

① 四月九日，孙文自上海抵达武汉。十一日下午，由各政党团体组成的"武汉欢迎团"在汉口熙泰昌茶栈举行欢迎会，到会有二百余人（另说三百余人、四百余人）。此据当时上海各报报道及武昌印行的《中山先生驻鄂记》等，而底本所记欢迎会时间（作十日）与地点均误。

政治之时，其见解亦胡不同于吾人。当其时社会之流弊未生，彼以为政治良百事皆良，遂不注意于社会事业。及至社会事业败坏至于今日之欧美，则欲收拾之而转无从。诸君只知欧美今日社会上补苴罅陋之政策，为应于社会问题而起，而不悟倘欧美早百年注意社会问题，而今日补苴罅陋之政策可不发生。甚矣，其疏陋也！当美利坚离英自立，岂不于政治上踌躇满志，乃未及百年而社会上之苦痛以生，国利民福以此牺牲者多。倘起百年前美洲政家询之，彼必自叹其失策。

今吾国之革命乃为国利民福革命，拥护国利民福者，实社会主义。故欲巩固国利民福，不可不注重社会问题。夫美洲之不自由更甚于专制国。盖专制皇帝且口不离爱民，虽专横无艺，犹不敢公然以压抑平民为帜志。若资本家则不然。资本家者，以压抑平民为本分者也，对于人民之痛苦全然不负责任者也。一言蔽之：资本家者，无良心者也。

迩来欧美工人对于资本家之无良，常为同盟罢工之事，然总无效。盖工人皆贫，无持久之宿粮。工人求增值，资本家故靳之，逾两三月，工人以不能耐饿，不得不以原值俯就羁勒。至用货者，有时亦复同为资本家所阨。盖用货者嫌价昂，相率不购，而储货者可转运他国，或居奇久囤以困用者，使终不得不就而购之。世间颇误认同盟罢工为社会主义，而实非也。罢工一事，乃无法行其社会主义而始用之，以发表其痛苦，非即社会主义也。

行严（章士钊）笔述：《孙前总统社会革命谈》，载
一九一二年四月十六日上海《民立报》第二页①

附：另记录之一

武汉首义，阳夏鏖兵，诸君子惨淡经营，已达到种族革命之目的。今满人已推倒，南北已联合，共和已定局，使文见今日成功，实属大幸。以前专制政体业

---

① 另见上海各报四月所载，如十五日《申报》（三）的《中山先生社会革命谈》、十六日《时事新报》第一张第二版的《再志武汉各团欢迎孙中山君》、十九日《时报》（三）的《武汉欢迎团欢迎孙中山记》，以及民国公报馆一九一二年出版的陈霁云记《中山先生驻鄂记》等，其内容文字互有较大差异。

经过去，将来建设一切，仍赖诸君革命，大家极力维持。今日团体发达，种种自由既较清政府为佳，而维持自不容稍缓。其间真理约分二宗：一政治，一言论。有言论以补助团体，有团体以补助政党，则事易举，功易成。团体不可多，多则力分。一方政党，一方民党，民国初基，似此纷纷发起，殊非正轨。然揣其原因，均不外出力为民。如宁如沪，类皆纷纠，于是便有意见，有意见便不能为民国办事。必须大众统一成一极大民党，始可以监督政府。须知此时与专制时代不同，人人皆为共和国民，人人皆应造共和民国。

文等提倡革命，凡分三级：一种族，此级已经过矣；二政治，现政治虽云改革，而陈陈相因，仍将障碍；三社会，将来恐发生大资本家握优胜权，使人民仍不得平等，然今日预为计算，万不能使今日再有流血之革命。

（孙中山乃历举英、美各国社会反复比较，并谓：）文今日并非功成身退，其实暂离此职，再与诸同胞共筹此举。今既承各团体如此盛礼，文实感谢！文无多言，唯愿与各团共怀一国利民福之心斯已耳。

据《中山先生社会革命谈》，载一九一二年四月十五日上海《申报》（三）

附：另记录之二

武汉首义，阳夏鏖兵，诸君子惨淡经营，既已推倒满清，达平时种族、政治、均待革命之目的。今之团体发达，种种自由，固属莫大之幸事。惟初当建设，尤赖维持。其真理约分二宗：首曰政治，次即言论。言论者发自团体，以补助政治者也。然团体太多，则势分而力弱，党派众而意见纷歧。彼不从事大团，而多立小团，殊非补助政治之正轨。如宁、如沪，迭滋纠葛，故鲜能出其真实血忱，为民国谋公共利益。窃谓宜成一极大之民党，始足为政府之监督。

文等当提倡革命，即已拟分三级：一即为"种族"，业为过去；二则"政治"，确属现在；三乃"社会"，尚宜俟诸将来，曰"未来"。刻以建设在急，政治不乏障碍，而各团复已纷纠，安能实行补助政治之不逮？诚恐似此，即社会中亦将有不良之恶果。

（演说至此，并历述英、美各国社会之覆辙，反复丁宁〔叮咛〕，语气悲壮。

且曰：）惟其如此，故社会尚为未来之一大问题。嗣此总以化小为大，集众于一，为监督政府之至当机关。今之不知文者，多以文为功成身退，岂知文之暂避是职，实将于第三级，与诸君子共谋统一改良之方法乎？今躬逢诸君子以盛意有加，感无可言，亦惟各团共鉴斯诚已耳。

据陈霁云：《中山先生驻鄂记》（又名《中山先生五
日驻鄂记》），武昌，鄂军印刷局一九一二年印行

民国首都宜在武昌

在同盟会湖北支部欢迎会的演说①

（一九一二年四月十二日）

诸君今日之开此欢迎大会，实为同盟会成立以来所未有之盛事。忝以总理，从事诸同志后，猥蒙推许，且感且惭。至五族大同之政，万国和平之规，海内外同志诸君，自能一一宣布，鄙人深愧学识之未充，不足以语此。惟同盟会初取三民主义，尚当相与商榷。三民之意，原有取于民族、民权、民生。去秋武昌首建义旗，各省响应，不数月，而满清已覆，民国以成。虽共和政体，犹未组织美备，难语完全，而民族、民权之目的，已庶几达其八九。惟民生问题，种种繁难。建设方兴，动形滞碍。将来尚须诸会员及海内外同胞，齐心协力，急起直追，务达此目的而后已。虽然，当今重要问题之待解决者，又不止民生一事。瞻望中原，如沸如羹。而于存亡利害有最急最切之关系者，则尤在首都问题。

往者南函北电，纷纷争持，发言盈庭，究无定议。窃谓都城者，木之根本，而人之头目也。根本不固，枝叶焉依？头目未安，手足无措。民国存亡利害之关系，信于是首当讲求。据目前研究此种问题者，或主设燕京，或主设江宁，或又欲迁设武昌。

试先就燕都以论。主是说者，大约以不都此，不足以控制满洲，驾驭蒙古。岂知日、俄逼处，久已野心勃勃，北顾满蒙，早在其势力范围以内。即燕云诸州，

---

① 十二日十一时，同盟会湖北支部在武汉湖南会馆开欢迎大会，孙文在会上作此演说。

孤悬北塞，亦俱如海底星河，时见动摇。人方扼其喉吭，捣其心腹，死生旦夕，惟人所命，我尚能手足撑持，索兵械以自捍卫乎？如履虎尾，如涉春冰，欲其不危，岂不可笑？彼以现时之历史、地理、经济诸问题，而必欲设都于此，固亦未尝非是。但尚有两大问题，为他人所未曾计及者：生死而已矣，存亡而已矣。何以言之？凡都城，有外人兵队者，其国必灭。南望安南①，法则主人；东瞰高丽②，日为外府，前鉴匪遥，后车宜戒。彼都既外兵云屯，眈眈虎视；沽津等炮台既撤，永难添筑。我以初立之民国，而新缔之政府，竟孤注乎外无藩篱、内多荆棘之地，一旦巢覆，奚存完卵？欲求巩固安全之策，诚非改设南方不可。

　　而就南方以论，又无如有江宁、武昌之争执。两两〔地〕相较，本无轻轩。然其枢轴总揽，水陆交通，南足以连巴蜀、滇、黔，北足以控秦晋、伊洛，指臂两湖，角犄三镇，则武昌信天下之根本，而上游之头目。此中关系，诚非小小〔可〕。日月易迁，河山多故，诸君于此幸留意焉。或有谓国家文明发达之迟速，端视其海岸线之短长。武昌僻居腹地，江宁尤邻偏枯，新耳目而薪灵通，诚宜都辐辏殷繁之上海。岂知堂奥不深，徒有门户；街衢相接，奚恃关键？上海孤峙海隅，环伺租界，屏障而资航线，尾闾而建屋瓴，均势理之所未堪信者。一旦潮流湍激，崩溃立形。东周洛阳，尚受四面之敌；南宋临安，终致一隅之困。背水可阵，而亦可国乎？琉球、台湾、朝鲜之属，孰阶斯厉，皆前途既覆之车也。窃溯吴淞而上，镇、芜、宁、皖，叠锁重关，居中驭外，终当目武昌为天府。至于人心之巩固，俗尚之劲悍，即首义一节论，已足觇众志之成城。刻惟局势窘迫，不得不权行迁就焉耳。

据陈霁云：《中山先生驻鄂记》（又名《中山先生五日驻鄂记》），武昌，鄂军印刷局一九一二年印行

---

　　①　越南古称安南，一八八七年被划置交趾支那（南圻）、安南（中圻）、东京（北圻）三部而成为法属印度支那（Indo-Chine francaise）的主体。越、中民间仍习称越南为安南。

　　②　高丽，古代原是高句丽（亦作高句骊）王国的简称，后以之为国号，十四世纪改称朝鲜。一九一〇年八月日本强迫朝鲜当局签订《日韩合并条约》，正式吞并朝鲜。

附：另一记录

诸君：

今日此会实为湖北支部成立以来未有之盛事，鄙人且感且愧。但本会初取三民主义，今日民族、民权两主义已经达到，惟民生主义尚在萌芽，将来惟望诸会员及四万万同胞同心协力，急起直追，以期达到目的。然当今重大问题，民生固属最难解决，而于存亡利害最有关系者，尤在首都。

现在北京于历史、地理、经济诸问题上大有为永远都城之价值，惟都城既有外兵驻戍；大沽、天津，我国永不能建立炮台。附京一带，外人之炮台环立，是我政府日处他人兵力之下，欲其不亡，岂可得乎？欲求一巩固安稳之地，非在南方不可。但南方亦有南京、武昌二说，两相比较，本无轩轾，然就现状观察，其十分安全者，厥推武昌，我会员应引起舆论，极力经营，庶可以固立国之本，而臻富强之域。

据《中山先生主张南都之言论》，载一九
一二年四月十七日上海《申报》（二）

民生主义即国家社会主义

在上海同盟会员欢迎茶会的演说①

（一九一二年四月十六日）

同盟会之成立于今十数年矣。昔吾辈同志开会讨论，惟于海外能之，今日竟能于内地设置机关，且能自由言论，呜呼盛哉！虽然今日革命虽告成功，共和虽已成立，不过达吾人一部分之目的，决非已遂初心者也。愿诸君以推翻满洲政府之精神，聚而求以后之进步，使吾人向持之三民主义实行无遗，夫然后为吾人目

---

① 四月十四日，孙文自武汉抵达上海。十六日下午，居沪同盟会员在新设立的同盟会总机关部举行欢迎茶会。

的到达之日，而对于政纲所负之义务庶几无憾矣。

三民主义者，同盟会唯一之政纲也，曰民族主义、曰民权主义、曰民生主义。今满洲政府已去，共和国体已成，民族、民权之二大纲已达目的。今后吾人之所急宜进行者，即民生主义。是夫民族、民权之二主义，在稍有人心者举莫不赞同之。即有坚持君主国体之说者，然理由薄弱，稍一辩论，即归消灭。而独近日吾人提倡民生主义，居然有起而反对者。其言曰："社会主义之际实〔实际〕，在欧美文明国中尚不能行，而况于中国乎？且今日外国之资本家，以金钱之势力垄断我国财〔政〕，苟吾国不极力提倡资本家图实业之发展，以资本之势力抵制外人，则当今经济竞争之世界中无中国人立足地矣。"听其言似亦有理，然彼辈之所以为此说者，盖未知民生主义为何物，故盲然为无谓之反对耳。

夫吾人之所以持民生主义者，非反对资本，反对资本家耳，反对少数人占经济之势力垄断社会之富源耳。试以铁道论之，苟全国之铁道皆在一二资本家之手，则其力可以垄断交通，而制旅客、货商、铁道工人等之死命矣。土地若归少数富者之所有，则可以地价及所有权之故，而妨害公共之建设，平民将永无立椎〔锥〕地矣。苟土地及大经营皆归国有，则其所得仍可为人民之公有。盖国家之施设利益所及，仍为国民福利，非如少数人之垄断，徒增长私人之经济而贫民之苦日甚也。虽然，国有之策，满清政府以之亡国，吾人所反对者也。然则向之反对铁道国有者，岂与本政纲抵触者乎？是不然。满清政府者，君主专制之政府，非国民公意之政府也。故满政府之所谓国有，其害实较少数资本家为尤甚。故本会政纲之次序，必民权主义实施而后民生主义可以进行者，此也。

论者又曰："凡事必有等级，今资本家之等级尚未经过，瞢〔懵〕然言民生主义，人民智识、社会组织皆无此程度也。"呜呼！果如所言，则共和之先必经君主立宪之一阶级，而今之共和又何以能成厥功乎？此更不待辩而自明者也。

要之，本会之民族主义，为对于外人维持吾国民之独立；民权主义，为排斥少数人垄断政治之弊害；民生主义，则抵抗少数资本家，使人民共享生产上之自由。故民生主义者，即国家社会主义也。前二者吾同志既已洒几许热血而获今日之成功，则今后更宜极其心思，尽其能力，以达最后之目的。此则予之所深望于同志诸君者也。

据天仇（戴季陶）笔述：《孙中山演说词》，载
一九一二年四月十七日上海《民权报》第二版

国民须人人有爱国心

在上海总商会等五团体欢迎会的演说①

（一九一二年四月十六日）

中国商业之日就窳败，其故由天地自然之利不能兴，工商陈腐之习不能改，加之赔款日重，厘税剥削，皆满清专制之病。欲求与世界各国竞争，可得乎？今民国成立，国民须人人有爱国心，则知中华民国乃自己的民国，非政府的民国，各就其业，改良提倡，尽应尽之义务，政府更扶助而掖励之，则将来之富强，可操券而得。

（又述华侨在南洋各岛被外人欺侮，荷兰干涉升旗庆贺事。）

据《商界欢迎孙先生记》，载一九一二年四月十七日上海《民立报》第十页

革命事业有赖报纸鼓吹之力

在上海《民立报》茶话会的答词

（一九一二年四月十六日）

此次革命事业，数十年间，屡起屡仆而卒睹成于今日者，实报纸鼓吹之力。报纸所以能居鼓吹之地位者，因能以一种之理想普及于人人之心中。其初虽有不正当之舆论淆惑是非，而报馆记者卒抱定真理，一往不渝，并牺牲一切精神、地

---

① 十六日下午，孙文应邀出席上海总商会等五团体在南市新舞台举行的欢迎会，并发表演说。

位、财产、名誉，使吾所抱之真理屹不为动，作中流之砥柱。久而久之，人人之心均倾向于此正确之真理，虽有其他言论，亦与之同化。惟知报纸有此等力量，则此后建设，关于政见政论，仍当独抱一真理，出全力以赴之，此所望于社中诸君子者也。

据《本社欢迎孙先生记》，载一九一二年四月十七日上海《民立报》第十页

提倡实业实行民生主义而以社会主义为归宿

在上海中华实业联合会欢迎会的演说①

（一九一二年四月十七日）

中国乃极贫之国，非振兴实业不能救贫。仆抱三民主义以民生为归宿，即是注重实业。顾推倒满清政府，民族主义已达；改良专制政治，民权主义已伸。至于民生主义，非以社会主义行之不能完全。然此义人多未明，以致有从而反对者，谓"社会主义系反对资本家"，又谓"社会主义系均贫富，中国万做不到"。不知资本家应维持，如何反对？特资本家之流弊，则不能不防备。譬如美国大资本家如煤油大王、铁路大王，全国财政几操此数人之手，任其专利，以致其国虽强，其民仍复苦楚。中国有鉴于此，既求国利，更应求民福。至贫富相均之谓，乃谓富者不能以专制剥削民财，贫者乃能以竞争分沾利益。彼谓"夺富者之财以济贫，如是谓之均"，乃误会也。至于致富之法，中国最富者莫如煤铁，欧美富强之国无不重在煤铁。中国汉冶萍为富国基础，倘全国有数百汉冶萍，安得不富？

论资本一层，外债非不可借，但合办则流弊甚大。仆之意最好行开放主义，将条约修正，将治外法权收回。中国有主权，则无论何国之债皆可借，即外人之投资亦所不禁。欧美各国无限制投资之事，盖一国之财力有限，合各国之财力则

---

①　欢迎会于十七日中午在张园安垲第举行，到会有上海各实业团、商会人士及各省、华侨实业家共五百余人（一说百五十余人）。中华实业联合会在欢迎会上同时宣告正式成立，孙文被推举为会长，杨士琦、程祖德为副会长。

力量甚大矣。

仆既承贵会举为会长，敢不勉尽义务。但仆之宗旨在提倡实业，实行民生主义，而以社会主义为归宿。俾全国之人无一贫者，同享安乐之幸福，则仆之素志也。

据《中华实业联合会欢迎孙中山先生记》，载一九
一二年四月十八日上海《新闻报》第三张第一版

附：另记录之一

中国乃极贫之国，非振兴实业不能救贫。仆抱三民主义，以民生为归宿，即是注重实业。顾推倒满清政府，民族主义已达；改良专制政治，民权主义已伸。至于民生主义，非以社会主义行之，不能完全。然此义人多未明，以致有从而反对者，谓"社会主义系反对资本家"，又谓"社会主义系均贫富，中国万做不到"。不知资本家应维持，如何反对？特资本家之流弊，则不能不防备。譬如美国大资本家如煤油大王、铁路大王，全国财政几操此数人之手，任其专利，以致其国虽强，其民仍复苦楚。中国有鉴于此，既求国利，更应求民福。至贫富相均之谓，乃谓富者不能以专制剥削民财，贫者乃能以竞争分沾利益。彼谓"夺富者之财以济贫，如是谓之均"，乃误会也。

至于致富之法，中国最富者莫如煤铁。欧美富强之国，无不重在煤铁。中国汉冶萍为富国基础，倘全国有数百汉冶萍，安得不富？论资本一层，外债非不可借，但合办则流弊甚大。仆之意最好行开放主义，将条约修正，将治外法权收回。中国有主权，则无论何国之债皆可借，即外人之投资亦所不禁。欧美各国无限制投资之事，盖一国之财力有限，合各国之财力则力量甚大矣。仆既承贵会举为会长，敢〈不〉勉尽义务。但仆之宗旨在提倡实业，实行民生主义，而以社会主义为归宿，俾全国之人无一贫者，同享安乐之幸福，则仆之素志也。

据《中华实业联合会欢迎孙先生记》，载一
九一二年四月十八日上海《民立报》第十页

附：另记录之二

今中华由专制而创共和，国既成立，而贫弱至此，何以能富强？我中华之弱，由于民贫。余观列强致富之原，在于实业。今共和初成，兴实业实为救贫之药剂，为当今莫要之政策。所惜者，社会主义未能明瞭，以致贫富不均，实业不易发达，对于民生主义亦未易收效。其弊如铁路、煤矿，则少数富豪投资，全社会受其制裁，价格之高下，不得不听其垄断，种种不能推广，难以发达。故贫者日贫，富者亦苦甚。且国之富在于矿产，今中华煤矿甲于全球，英美亦所未及，如合全国之资与力分头开采，并多筑铁路以便转运，能如是而民富矣。民富即国富，既富即强。全赖实业诸君研究社会主义，次第举行，挽回莫大之利源，余有厚望焉！

据《孙先生万岁》"实业联合会"，载一九一二年四月十八日上海《民权报》第十版

造就完美人格之青年以建设中国

在上海基督教青年会欢迎大会的演说[①]

（一九一二年四月十七日）

青年会以造就人格为宗旨，人格完全，斯事业可望圆满。

中国前途远大，现值过渡时代，革命虽告成功，当为之事方多。他国先吾革命者，文明程度已远胜吾国，吾侪后起者当如何奋励直前乎？要之，今日之中国尚在痛苦之中，欲解释痛苦而建设完美强大之中国，责任在我具有完美人格之青年耳。

据《孙中山先生莅会演说词》，载上海中英文合刊《青年》
（China's Young Men）第十五卷第四号，一九一二年五月一日出版

---

① 四月十七日下午，孙文前往创办于一九〇〇年的上海基督教青年会参观，并出席欢迎大会，到会千余人。

附：另记录之一

青年会以造就人格为唯一之目的，人格完全，即可期种种事业均得圆满之结果。今吾中国前程广远，当此过渡时代，革命事业虽已告厥成功，然应当措置之事正复沓来纷至。但观各国之先吾革命者，文明程度已是远胜吾国，则吾侪后起者，宜如何奋力前进乎？总之，今日吾中国尚在痛苦之中，如欲脱离此痛苦，而建设一完全强大之中国，其至重要之责任，只在吾具有完全人格之全体青年，尚其勉之！

> 据《孙中山先生参观上海青年会摄影》附记演说词，载上海《进步》杂志第二卷第一号（总第七册），中国基督教青年会一九一二年五月出版

附：另记录之二

我国共和初成，一切进行手续全赖群策群力，以达高上之幸福，安乐之地位。今日诸君开会欢迎，余快慰之至。来日方长，再当团叙。

> 据《孙先生万岁》"中国青年会"，载一九一二年四月十八日上海《民权报》第十版

在上海尚贤堂中外人士欢迎会的演说①

（一九一二年四月十七日）

先生演说地球各国趋势，并谓我华既建共和政体，对于邻邦尤须互相亲爱。

> 据《孙先生万岁》"尚贤堂"，载一九一二年四月十八日上海《民权报》第十版

---

① 十七日下午，孙文前往尚贤堂参加中外人士（包括各国驻上海领事馆领事及职员）欢迎会。

政党须有精神

在上海自由党本部的演说①

（一九一二年四月十七日）

我国光复以来，发生的党派狠不少。考其内容，还是大半不健全的。不健全，就没有精神；没有精神，就失了监督政府的天职。且党自为谋，无团体之效用，所以全国一二百党派，有如散沙一般，这都是失立党的本来面目。中国将来必须联合全国党派，组成一大政党，一致进行，方有精神，方有实力。日后政府好，我们补助他；政府不好，我们就监督他，那才不愧政党的名称、人民的天职咧。

自由党发生以来，甚为发达，谬荷同志举兄弟为党首，兄弟才力薄弱，甚不敢当。惟义务所在，义不容辞。所有本党党纲，是极重要的，兄弟已拟就数条，日后开全体大会的时候，请马君武君代为发表，与同志研究。兄弟今晚即须上船回广东一行，党事已请马君武君暂行代理，今天不能多说话，改日再与诸君讨论罢。

（四月二十六号，马君武君代表孙总裁发表本党政纲如下：

保障人民自由，防止虚伪共和；促成地方自治，反对中央集权；厉行强迫教育，主张男女平等；力谋币制统一，采用虚金本位；实施征兵制度，劝励拓殖事业。）

据《本党主裁孙中山先生受职演说辞》，载浙江平湖《自由月报》一九一二年第一期，一九一二年五月出版

---

① 一九一二年二月三日，同盟会员李怀霜、林与乐等在上海成立自由党，在政治宣传及行动上与同盟会保持一致。孙文同意兼任该党正主裁。四月十七日晚上，中华民国自由党在其本部举行欢迎孙文受职会，孙文发表此演说。

附：另一记录

数月来各处政党、民党发生甚多，然皆未能十分组织完备。当此共和时代，无论民党、政党，有互相监督、互相扶持之责。政府善则扶持，不善则推翻之。然现在我民党之势力均甚薄弱，恐未能达此目的。惟既具此心，不可不互相勉励，各谋进行，对于今后民国前途获益非鲜，切盼诸君勉而行之。①

据《孙先生万岁》"自由党"，载一九一二年四月十八日上海《民权报》第十版②

国民可组织政党监督政府

在福州各界欢迎会的演说③

（一九一二年四月二十日）

共和政府如国民公仆，与从前专制政府视人民如犬马不同。是以凡为民国国民者，可组织一大政党，监督政府，不可破坏政府，致反阻碍共和。诸君诚能循此而行，即不负吾本意。

据《孙前总统莅闽记》，载一九一二年四月二十七日上海《民立报》第六页

---

① 据底本报道，以下尚有"先生对于自由党属望甚殷，期成最有势力之民党"之句。
② 《民权报》原系自由党创办，所录孙文演说词大意，较《民立报》等为详。
③ 孙文自沪乘轮返粤途中，于四月二十日抵达福州。当日中午，应邀出席福州各界团体在明伦堂举行的欢迎会，并作此演说。

努力巩固民国基础解决民生问题

在福州军政界欢迎会的演说

（一九一二年四月二十日）

现在我们虽已恢复中华、建立民国，但这不过是革命事业的开始。要如何巩固民国基础，如何解决民生问题，都必须靠同志们加倍努力，才能达到革命的目的。

黄花岗闽籍十九烈士壮烈成仁，是福建人民的光荣，希望闽人能完成烈士未竟之志。

据郑贞文：《孙中山先生来闽》，载中国人民政治协商会议福建省委员会文史资料编辑室编：《福建文史资料》第六辑，福州，福建人民出版社一九八一年八月出版

注意道德而后邦基可固

在福州耶稣教会欢迎会的演说

（一九一二年四月二十一日）

此次革命，虽与宗教无甚关系，然外人来华传教，殊能增进道德观念，使吾人尽具纯净之爱国心。此后同胞尽力造成良善政府，则民教相安，中外感情愈厚，世界或即基此永保和平。且今日民国建设伊始，尤赖诸同胞注意道德，而后邦基可固。

据《孙前总统莅闽记》，载一九一二年四月二十七日上海《民立报》第六页

维持秩序为国牺牲

在福州对军警界的演说

（一九一二年四月二十一日）

地方秩序首须维持，而为国牺牲之念犹不可忘。

据《孙前总统莅闽记》，载一九一二年
四月二十七日上海《民立报》第六页

兴船政以扩充海军

在马江船政局欢迎宴会的演说①

（一九一二年四月二十一日）

文以解职旋粤，便道过闽，既感闽政府暨社会诸君子欢宴迎送矣。到马江船政局，又荷船政局长沈君希南②尽礼欢迎，邀观制造轮机、铁胁、锅炉等厂十余所，乃知从前船政缔造之艰，经营之善，成船不少，足为海军根基。惜乎甲申、甲午③两次挫败，兵船毁失殆尽。而满清政府既不能整顿于前，复不能补救于后，一蹶不振，日趋腐败。

今幸民国光复，以此任属之沈君。沈君在欧美习学制造有年，办理必能称职。且当时此局，系沈君令祖文肃④所创设。从此沈君绳其祖武，勉力进行，兴船政以扩海军，使民国海军与列强齐驱并驾，在世界称为一等强国，则文所厚望于沈

---

① 四月二十一日午后，孙文到马尾参观马江船政局设施。马尾今为福州市辖区。马江即闽江下游马头江，其港湾称马尾港。是日晚，船政局在储才馆欢宴孙文，福建都督孙道仁及都督府、船政局官员共七十余人出席。

② 沈肃，字希南。

③ 甲申即一八八四年，甲午即一八九四年，分别指中法战争和中日战争。

④ 沈葆桢，清代首任福建船政大臣，谥文肃。

君也。

据《追纪孙中山先生过马江事》，载一九
一二年五月三日上海《民立报》第六页

不得谓功成身退

在广东都督府欢迎宴会的答词

（一九一二年四月二十五日）

今日革命虽已成功，然人民多未明革命真理，故我辈仍不得谓功成身退。

据《孙中山先生由港返粤记》，载一九
一二年五月二日上海《申报》（六）

牺牲个人之自由平等乃军人本分

在广东军界欢迎会的演说①

（一九一二年四月二十六日）

兄弟飘荡海外，廿年于兹，今始回粤，连日蒙各界开会欢迎，愧弗克当。诸君为军界中人，此次革命之所以成功，民国之得以成立者，全靠军人之力，兄弟特代同胞感谢。

想我中国未革命以前，列强环伺，欺陵侵并，无非以我国武力不足。今日民国正当草创，欲中国成为强固之民国，非有精强陆军不可，故民国前途倚赖我军人之力正多。今日要务在乎扩张军备，以成完全巩固之国，然后可与世界列强并驾齐驱。

更有为军人告者，既为军人，须牺牲个人之自由、个人之平等，以为四万万

_____

① 四月二十五日，孙文抵达广州。二十六日下午，军界在广东陆军司令部举行欢迎会，陆军各属军官出席。

同胞谋自由平等，使四万万同胞得享自由平等之幸福。此军人之天职。乃或者谓军人出力以革命，军人自应与一般国民共享自由平等之幸福。不知革命虽全仗军人，而此乃为军人之本分。若军人忘其本分，不为四万万同胞谋幸福，而为个人谋权利，恐非军人最初所抱之革命宗旨。况军人以服从为主，一涉于自由平等，尤大乖军人之本旨。

然军人出死力以为同胞谋幸福，亦非全无幸福之可言。凡事有利于人者，未必有害于己。且军人之牺牲自由平等只在现役，为时甚暂，退伍后即可与一般国民共享自由平等之幸福。又民国巩固，渐臻强盛之后，军人之子子孙孙以至万世，皆得永享自由平等之幸福。

据《孙中山先生抵粤记》"军界欢迎"，载一九一二年五月二日上海《民立报》第六页

建议速举胡汉民为广东都督

在广东省议会的演说

（一九一二年四月二十七日）

今次旋里，承诸位雅意欢迎，感谢不已。

兹将有涉于广东最紧要、最急迫之事情为诸君言之。兄弟到香港时，即闻有人欲行第二次党〔革〕命，以图推翻广东政府。其印信及旗帜等物，均已齐备，兄弟曾亲见之。未知贵会诸君有所闻否？此等举动，不独关于广东之安危，实关于中华民国全部。广东为全国之肢体，一有祸乱，全国牵动。若辈一发难，北京政府为保全大局计，势必调兵南下，各省必互相救援，玉石俱焚之祸不免，可不寒心！又广东不用一兵，而达反正目的，实为桑梓幸事。然军政府成立未久，一般贪禄之流，欲假第二次革命之名，谋破坏广东大局。我辈若不急起维持，将目前紧要事件速为筹划，恐祸端即见于顷刻，欲图补救，已无及矣。

陈都督①此次离省，蓄志已久。陈都督极有本领，不避劳怨，前屡辞职，经

---

① 即陈炯明，代理广东都督。

屡电挽留，隐忍至今。兄弟到省时，与谈时局，未尝不殷殷求治，未稍露去任之意。今去如此其速，实由于外界不甚原谅，多诬捏之词。即如此次汪精卫先生不回，竟有谓为陈都督阴令拒之，以固其位者？此种妄词，陈都督如何能受？所以一见胡汉民先生抵省，即恝然以去，不得已也。至汪精卫先生不回广东，别无他意。汪之生平，只敢当担义务，权利一节，毫不计及。其去也，亦欲避权利耳，与陈都督有何关系？

今且论选举都督问题。顷兄弟到时，闻议长说及，贵会本日经已表决请胡汉民先生暂行权理，另日再开正式选举。以平常论，此为正当办法，今则不然。盖目下时势如此危迫，亟应即日举定胡汉民先生为正任都督，以安大局，否则乱象立生。若论胡汉民先生为人，兄弟知之最深。昔与同谋革命事业已七八年，其学问道德，均所深信，不独求于广东难得其人，即他省亦所罕见也。前革命军起时，兄弟约其同到江南，组织临时政府，彼力为多。嗣兄弟蒙参议院举为临时总统，一切布施，深资臂助。迹其平生之大力量、大才干，不独可胜都督之任，即位以总统，亦绰绰有余。故敢推荐于贵会，务请早为解决。若再延迟，恐一般争权利之流，乘机以逞，则广东前途不堪设想矣！

且广东军界，经陈都督组织，已著成效。窃谓主持广东军事者，非陈都督不可，但其志存谦让，若不另举都督，彼必不肯复出。至汪精卫先生之意，亦与陈都督同。兄弟曾电促其返粤，彼谓如能举定胡汉民为都督，一星期内即可回粤。否则，虽返香港，亦必不来广东。是举〈胡〉都督一人，可得汪、陈二人之用。抑念广东今日，舍此三人外，更有何人能胜广东都督之任？非敢谓广东无人，但一时实难其选耳。盖今日为广东择都督，须有学问，而兼有道德者，始能胜任。苟用非其人，则一般不逞之徒，必乘机窃发，万一广东为其所据，由长江而黄河，长驱直进，大局尚堪问乎？窥若辈之用心，无非欲登九五，破共和，复行专制而已。虽现在共和建设尚未完全，一切疾苦亦未除尽，然此系必然之事。盖欲行大改革，非费多少心血，多少时日，必不能达其目的。总之，目前之最急者，惟速举胡汉民先生为正任都督一事。胡汉民先生前在都督任内，外人或有不甚满意之处，此不足为怪。即以孔子复生，处于今日，亦必有人非之者。然不能以一眚掩大德也。贵会为人民代表，窃谓此事关系全粤安危，其责甚重，万不可稍涉迟疑，务请于今日解决。是所厚望！

据《孙先生之治粤谈》，载一九一二年五月四日上海《民立报》第七页

附：另一记录①

王和顺、关仁甫等已刻印运械，居心叵测，宜早防范。

据《粤东政界之秘史》，载一九一二年五月六日上海《民权报》第六版

报纸言论一致乃能人心一致

在广东各报记者茶话会的演说和答问

（一九一二年四月二十七日）

诸君：

此次中国推倒满清，固赖军人之力；而人心一致，则由于各报鼓吹之功。各报之所以能收效果者，由于言论一致。惟今日虽已共和，尚未大定，欲其大定，必须统一。统一之法，非恃人心，则恃武力。若恃武力，其流弊必致于专制；然人心不能统一，必生祸乱。尔时外人不视我为共和，视我为乱贼，起而干涉，此大乱之道。与其如此，毋宁专制之为愈。继任总统袁君其人，甚欲建大功于民国，服从舆论，绝无自私自利之心，但祸机既生之时，亦迫其不得不以武力统一。北方军队虽服袁君，而其人民不知共和为何物，又有宗社党为之煽惑。在前月之乱，第三镇兵向称知方，亦不免乱，其他可知。今日中国果有帝制自为者，外人犹不敢藉口，但举目实无其人，不过藉乱以为掳掠，安能免瓜分之祸。人心不统一之弊如此。

――――――――――――

① 底本在记孙文演说前作如下说明："日来省垣忽更戒严，因王和顺勾结三点会及已散民军，卷土重来，作第二次革命之举。"

　　近观上海各报，言论不能一致。今回粤省，见各报之言论益恣，不按公理，攻击政府。不知一般人民重视报纸，每谓报纸经载，必有其事，以致人心惶惶，不能统一。粤都督陈炯明，其人本甚难得，然欲其任劳任怨尚可，欲其不避嫌疑则难。伊未去之前，屡电汪精卫回粤，汪恐被报纸攻击，不肯就任，伊亦未去。至今以兄弟及胡汉民回粤，可以卸责，乃即潜行。现举胡君复任，惟胡仍惧攻击，仍恐其不安于位。王和顺、杨万夫、关仁甫等在外招摇，人心不一，彼即乘机而至。迨至乱者四应，牵动外交，糜烂我广东人民生命财产，岂非自取其咎！报纸在专制时代，则利用攻击，以政府非人民之政府；报纸在共和时代，则不利攻击，以政府乃人民之政府也。政府之官吏，乃政〔人〕民之公仆。譬如设一公司，举人司理，股东日言其司理人之狡诈，生意安望兴盛？如果政府行恶，人民可一致清除之，若我三千万人一致请除此官吏，又谁敢留！惟报馆记者攻击之结〔积〕习，今仍如前。诸君有习见动物学者乎？动物学言，有一种蟹，穴于草陂，必将其穴外之草除去，其遗传性然也。不料有一种鸟，专认无草之标志，下啄食之，蟹种几无噍类。后生一种蟹，改易方针，穴处必护以草，其种乃得保全。故今日报纸，必须改易其方针，人心乃能一致。现在人民每谓共和不如专制，不知共和之结果，须在十年以后。譬如生子虽好，返哺必在二十年之后，若产下数月，即望食报，可乎？

　　不知汪精卫返粤，大是有益。盖其人熟悉北方之情形，为北人所信服，遇有南北意见不洽，伊可以解释调和。

　　兄弟回粤欲办两事：其一则练兵。粤省军队此次甚有名誉，南京、宿州之役，战胜有功，徐州之成，徐人留不使去。必须练兵十万，乃能为民国之后盾。其一则办实业，使粤人生计不致困难。均愿诸君赞同。言论一致，而人心亦能一致也。

　　（记者廖平庵起问借债问题，孙先生曰：）现在外人不欲瓜分中国者，不过惧北京之十数万、武昌之数万、南京之数万共三十万训练之师耳。查度支部月用经费二千万，兵费为多而杂税多免，民间又缓不纳粮，不借外债，兵费何取？一旦乏支，立即哗溃。明知借债遗累后人，然不借债，则连后人皆无。故借债为生死问题，非利害问题，譬如有病，不食药则死，故明知其苦而食之。

　　（廖平庵又问外人监督财政若何，孙先生曰：）虽抗比国借款，然究以有路可借，不致监督。若果监督，则应拒之。

（记者陈藻卿起问：言论统一无难，惟今后报界对于政府行政确有差谬、官吏确有不法，又当如何办治？孙曰：）忠告政界，属监督行政范围，自是正当之舆论，第不可轻信谣言，攻讦私德耳。

据《孙先生之治粤谈》，载一九一二年五月五日上海《民立报》第六页

附：另一记录

（英 译 中）

（孙逸仙在演讲中慷慨赞扬报界之力量，指出中国最近革命之荣耀当归于报界和军队。）

此外，今日之报界不论对于善恶势力，皆为有力武器，可极大引领公众舆论。另一方面，报界为一股力量，加以利用，便可破可立。

有人指责粤报对陈炯明的态度，致其离任卸责。又有人云，由于粤报一向长于攻击，胡汉民不肯就任。更有人称，过去报纸惯于批评，攻击倾向已流于习惯。然须记起，过去报纸乃攻击外族之没落专政，倘若仍采用此等语言，受到攻击的却是民众与自己的朋友。因此，习惯须改，报界尤须小心，勿轻信谣言，并以事实广而告之。

譬如不久之前，一家报纸刊登报道称陈都督在衙门宴请歌女与闲散人员，于是此事传得满城皆知。由于先前从未发生此等事情，因而或已造成巨大伤害。再者，望南方众编辑牢记现今北方之和平局势。南方若起严重乱事，北方必大举南下，局面必将差于现状。今日讲话，一言以概之，则欲提醒诸位需有耐心。譬如有一孩童新生，既尚未抚养长大，又怎可期待其即刻协助支持父母？现民国政府仍处于襁褓之中，确为痛苦艰辛之时。政府尚未组建，税收未安排而无足够资金流入以支撑政府工作。百事待举，因而需有耐心。

（一位提问者提到了借债问题，孙中山指出：）借债事关生死。举债为后人增加负担，此话不假，但若不举债，将彻底无以为生，民国更无"此后"了。

（陈藻卿问：该如何批评官员之所为？）

批评乃报界编辑之责，非为求满足私人目的或尽力宣扬个人观点。若政府未尽责、官员未遵法，报纸难道不该代表人民指出此事乃公然渎职？指出失职之权自然允许，但报界编辑不得刊印明显不实之传言，亦不可轻信导致政府工作愈加难以开展。

据 "The Cantonese Press：Sun Yat-sen and the Editors"，*The China Mail*（Hongkong），May 2, 1912, Page 7［《广东报界：孙逸仙与主编们》，载一九一二年五月二日香港《德臣西报》第七页］（许瑾瑜译，方露校）

英文原文见本册第 833—835 页

广东应恢复秩序

在广州的讲话

（英 译 中）

（一九一二年五月一日）

广东之不能恢复秩序，实由于民间多所误会，甚有煽惑人心，思激起第二次革命，以破坏广东之政治机关者。闻印信、旗帜均已预备，此说果见诸实行，其影响将及于全国，势必调北京及各省之兵到粤，以为援助。

据《西报译电》，载一九一二年五月三日上海《民立报》第六页

实行税契及平均地权之法

在广州报界欢迎宴会的演说和答问①

（一九一二年五月四日）

我党二十年来，持三民主义奔走海外，以谋中国之大革新。幸今日时机已熟，人心不死，自武汉起义不三月间而全国底定，五族共和，民族、民权目的已达。今后欲谋国利民福，其进行之方针，惟有实行提倡民生主义耳。若美利坚、若法兰西为共和之先进国，在今日社会主义尚阻碍不行，何以故？则以两国之政治操之大资本家之手。我国革命为五千年未有之举，故所主张，不必取法于各国，或且驾美、法而上之。惟革新伊始，在在需财。现时国家岁入比之亡清尚少，欲救其弊，必须实行税契及平均地权之法，两方并举，事简而易行。

平均奈〔为〕何？非如封建时代行井田之法也。古者通力合作，计亩均分，不过九而取一。今日地少人稠，无论面积不能平均，即税率亦有不同。以长堤繁盛之区，与清远、花县②荒僻之地较，其价值已有天渊之异；若与伦敦、纽约比，真不可同日语矣。纽约一亩有高至五六百万者，清远一亩价最高不及百两者。后此民国必以工商发达为本务，将来可望致太平。一二年后即当建设，十年、八年物质之进步当未可量。二三十年后，不切实整顿，则地权愈不平均，将举国成一赌世界，而团〔国〕家愈不可问矣。赌不必博弈也，世界最大之赌赛，莫如买卖土地之投机业，如今日英属之加那大③是。世界有一公例，凡工商发达之地，其租值日增。若香港、上海，前一亩值百十元者，今已涨至百十万有奇。及今不平均地权，则将来实业发达之后，大资本家必争先恐后投资于土地投机业，一二十年间举国一致，经

---

① 四月二十五日孙文抵达广州之后，打算在广东率先实施平均地权主张，故极力争取舆论各界的支持。五月四日晚，广州报界在东园举行欢迎宴会，十九家报馆共六十余人到会。孙文发表演说前曾于席间与记者交谈，《民立报》未作报道，故另摘录《社会世界》有关对答部分作为补充。

② 长堤，位于广州城区之珠江北岸；广东省清远县，今改市；花县，今为广州市花都区。

③ 加那大（Canada），后有多篇又作坎拿大，今译加拿大。

济界必生大恐慌。虽其间价有涨落，地有广兴〔狭〕，资本家因而亏折；然土地有限，投机者无限，势必至有与平民以失业之痛苦之一日。嗟乎！我国数千年未尝以文明法治之，今治之而亦既进步矣，乃一日将社会为赌世界（即土地投机业）所累，不大可哀耶！

然当此过渡时代，投机业愈盛者，其工商业必为阻滞。若实行税价法及土地收用法，则大资本家不为此项投机业，将以资本尽投之于工商，然后谋大多数之〔人〕幸福之目的乃可达。税地之法，莫善于照价纳税，若纽西伦①之值百抽一，若英伦敦新例抽二百四十分之一（即每磅税一边尼②）。我国则察看情形，然后定税地标准，因地价现在不平均故也。今于无可平均之中，筹一自然平均之法：一即照价纳税，二即土地国有。二者相为因果，双方并进，不患其不能平均矣。照价纳税之法，浅而易行，宜令有业之家，有税亩多少，值价若干，自行呈报，国家即准是以课其若干分之一，则无以多报少及过抬地价之弊。又土地国有之法，不必尽收归国家也，若修路道，若辟市场，其所必经之田园庐墓或所必需之地亩，即按照业户税契时之价格，国家给价而收用之。惟买卖之定例，卖者必利其价高，买者必利其价廉。业主既冀国家之收用其土地，其呈报价格高，而国家之土地收入税亦因之而增长。此两方面不同而能相需为用，准是而折衷之，则地权自无不平均矣。地权既均，资本家必舍土地投机业以从事工商，则社会前途将有无穷之希望。盖土地之面积有限，而工商之出息无限，由是而制造事业日繁，世界用途日广，国利民福，莫大乎是。否则我辈推翻专制，因〔固〕为子孙谋幸福，而土地一日不平均，又受大地主、大资本家无穷之专制耳。遗害子孙，何堪设想！此则在今日宜实行民生主义之第一级也。

舆论为事实之母，报界诸君又为舆论之母。望诸君今日认定宗旨，造成健全一致之言论，使全国人均晓然按价纳税及平均地权之大利，则百废无不举矣。

又欲本国工商业之发达，当收天然税，而不收人工税。人工税如亡清政府之厘

---

① 纽西伦（New Zealand），今译新西兰。

② 边尼（penny），此指英国货币单位，其复数为 pence，有译作边士，今译便士（或辨士）。

金①、盐税，均有害于民。天然税如耕地税、屋地税，只收其价百分之一或二百分之一，于平民无痛苦也。至于换印新契，而收一次之契租〔税〕，亦能补救目前财政之困。旧政府有土地买卖印契之税，尝抽百分之九，此在今日则不行。因买卖不常有，而换契则必一律通行，故当从而减轻至值百抽三或值百抽五。先由省会②通过，定一标准，如今年值百抽三，明年值百抽五，又明年值百抽九之类，成法一立，业户当无不乐从，自将争先恐后。此款为收入一大宗，即为救贫之第一策。用之广东，不患不给，且足供中央之征求，而厘金、杂税可免，一举而数善备。余外测绘全省详图，调查全省人口，所费之巨款亦由此出。扩而充之，则水力、发电、垦荒、开矿均可由此进行。是则余所厚望，亦望诸君子于此加③意也。

据《粤报界欢迎孙先生记》，载一九一二年五月十二日上海《民立报》第六页

席间答问

陈新吾起言：五族共和目的已达，请孙先生述今后进行方法。

孙先生言：民权、民族主义已达目的，以后须用民生主义，其办法在实行税契、平均地权两义，双方并进。

区敦孟起言：土地国有政策，美、法未能行之，今孙先生则欲以此行之中国，且恐广东行之亦不能行于各省。

孙先生复言曰：中国今日，后起当胜于前。不能尽依法、美现行之政策以为中国将来之政策，其流弊甚多，中国自当鉴之，以驾乎其上。至虑广东能行、各省不行一说，不知革命亦始自广东，何以各省亦能一致？

据《孙先生之民生主义谈》，载上海《社会世界》第三期，一九一二年六月十五日出版

---

① 厘金，亦称厘捐，咸丰年间始创的内地货物通过税，于各省交通要道设厘卡征收，名目繁多，税率随地而异；后又有省份增设"坐厘"，就地抽税。

② 指广东省临时议会，后文同。

③ 此处删一衍字"之"。

应造益国家社会与提倡地方自治

在广州之潮州同乡会欢迎会的演说

（一九一二年五月五日）①

潮州今日开欢迎会，使鄙人得与我潮州诸父老兄弟相聚于一室，以讨论现世界之一切情形，诚为可幸。

我中华民国久苦于专制之横暴，异种之入主，今日革命岂非吾人之大幸！第革命时代，社会之秩序不免紊乱，经战之地方不免残破，斯亦无可如何之事，然较之历朝已为减少。我广东之光复受祸最少，加之过去都督与现在之都督②并有图治之心，宜其风平浪靖。惟现时各州府县之不安静者尚多，而潮州之扰乱为甚，此亦革命后所经之阶级，无足怪者。

惟鄙人今日对于我潮州诸父老昆弟深有希望者，即能有责任心，而不可生倚赖性。人人对于国家社会，当视为我个人与他人组织而成，凡国家社会之事即我分内事。有时凡有益于国家社会之事，即牺牲一己之利益为之而不惜，然后国家社会乃能日臻于进步。且国家之治，原因于地方，深望以后对于地方自治之组织力为提倡赞助。地方自治之制既日发达，则一省之政治遂于此进步，推之国家亦然。如此做去，将来中国自能日臻强盛，与列强相抗衡于地球上，愿我父老昆弟勉之。

据《孙先生演说辞汇志》，载一九一二年五月十三日上海《民立报》第六页

---

① 底本在《孙先生演说辞汇志》的标题下共报道演说四则，第一则为五月五日，第三、四则为五月六日，本演说系第二则却未标示日期，今据其报道次序酌定为五日。

② 胡汉民于一九一一年十一月广东独立后出任军政府都督，次月随孙文赴南京后由陈炯明任代理都督，而此次胡随孙来粤，省临时议会于本年四月二十七日经孙推荐复选胡为广东都督。故就事实而言，"过去都督与现在之都督"当皆指胡汉民，但据其语气则又似指胡汉民、陈炯明两人。

提倡女子教育为最要之事

在广东女子师范学校第二校欢迎会的演说①

（一九一二年五月六日）

今日广东女子师范第二校开会，欢迎兄弟到校，兄弟对于此校极为赞成，惟有一言为诸君告：

现在中华民国成立伊始，万种事业皆由此时发起，由此时举办，凡为中华民国之人民，均有平等自由之权。今民国既已完成，国民之希望甚大，然最要者为人格。我中国人民受专制者已数千年，近二百六十余年又受异族专制，丧失人格久矣。今日欲回复其人格，第一件须从教育始。中国人数四万万人，此四万万之人皆应受教育。

然欲四万万人皆得受教育，必倚重师范，此师范学校所宜急办也。而女子师范尤为重要。今诸君发起此校，诚得要务。因中国女子虽有二万万，惟于教育一道，向来多不注意，故有学问者甚少。处于令〔今〕日，自应以提倡女子教育为最要之事。诸君今既成立此女〈子〉师范第二校，生徒达百七十人，将来此百数十人各担荷教育之事，希望固甚大也。

惟必有学识，方可担任教育。盖学生之学识恒视教师以为进退，故教师之责任甚大。兄弟今日惟望诸君谨慎小心，养成国民之模范，即教育乃可振兴。教育既兴，然后男女可望平权。女界平权，然后可成此共和民国。但今乃军政时代，正宜上下一心，补救政府，巩固教育。诸君能竭力维持，兄弟有厚望焉。

据《孙先生演说辞汇志》，载一九一二年五月十三日上海《民立报》第六页

---

① 广东省立女子师范学校第二校欢迎会于六日举行。该女子师范学校前身系一九〇七年在广州创办的官立女子初级师范学堂，民国成立后改用今名并增设附属学校，至二十世纪二十年代又更名为广东省立第一女子师范学校。

洪门当助民国政府

在广州中国同志竞业社欢迎会的演说

（一九一二年五月六日）

洪门所以设会之故，系复国仇，倡于二百年前，实革命之导线。惟现下汉族已复，则当改其立会之方针，将仇视鞑虏政府之心，化而为助我民国政府之力。我既爱国，国亦爱之，使可以上感下孚，永享幸福，此求自立之真谛也。

洪门因避鞑虏查办，故将所有号召及联络处秘而不宣。今既治溥大同，为共和之国，自不必仍守秘密。可将从前规矩宣布，使人知之，此去局外猜忌之理由也。

人贵自重，须知国无法则不立，如其犯法，则政府不得不以法惩治之。惟自纳于范围之中，自免此祸，此相安之理由也。

人要知取舍，譬如附船舣岸，既由此达彼，即当急于登岸，以出迷津。如仍在船中，便犯水险。故今日大众，当勉为爱国之国民。

据《孙先生演说辞汇志》，载一九一二年五月十三日上海《民立报》第六页

非学问无以建设

在广州岭南学堂欢迎会的演说①

（一九一二年五月七日）

仆今日得贵校诸君开会欢迎，不胜欣谢！

诸君在此，莘莘济济，有缘问学，今我见之，顿触少年时事。忆吾幼年，从学村塾，仅识之无。不数年得至檀香山，就傅西校，见其教法之善，远胜吾乡。故每课暇，辄与同国同学诸人，相谈衷曲，而改良祖国。拯救同群之愿，于是乎生。当时所怀，一若必使我国人人皆免苦难，皆享福乐而后快者。又数年即回祖国，就学于本城之博济医院②，与贵校廖得山同学。仅一年，又转香港推〔雅〕利士医院③，凡五年，以医亦救人苦难术。然继思医术救人，所济有限，其他慈善亦然。若夫最大权力者，无如政治。政治之势力，可为大善，亦能为大恶，吾国人民之艰苦，皆不良之政治为之。若欲救国救人，非锄去此恶劣政府必不可，而革命思潮遂时时涌现于心中。惜当时附和者少，前后数年，得同心同行者不过

① 岭南学堂欢迎会于七日下午举行，当时该校监督（校长）为美国人晏文士（Charles Keyser Edmunds），由同盟会员、广东都督府教育司长、该校汉文教习钟荣光兼襄校务。一九一一年十一月广东光复后，岭南学堂部分学生曾参军北伐、参与演戏筹饷等活动。该校前身系一八八八年美国北长老会海外差会（American Presbyterian Board of Foreign Mission）等机构传教士在广州创办的格致书院（Christian College in China），一九〇〇年改名岭南学堂（Canton Christian College），后于一九一八年更名岭南大学（英文亦称 Lingnan University），一九二七年由国人收回自办，一九五二年将其各院系分别并入中山大学及其他高等学校。

② 博济医院（Canton Hospital）系美国传教医生伯驾（Peter Parker）于一八三五年在广州创办，中文名初称广济眼科医院，一八六六年改名博济医院；继任院长嘉约翰（John Glasgow Kerr）于一八五五年起在医院内开班授业，孙文约在一八八六年夏秋间入院学医。该院于一九三〇年由岭南大学接管，今为中山大学附属第二医院——孙逸仙纪念医院。

③ 雅利士医院（Alice Memorial Hospital），当时中译名为雅丽氏医院，孙文在一八八七年至一八九二年间就读的香港西医书院（The College of Medicine for Chinese, Hongkong）设址于该医院内。

十人。得此十人，即日日筹划，日日进行。甲午中东之役①后，政学各界人人愤恚，弟等趁此潮流，遂谋举事于广州，失败后居外经营，屡蹶屡起。直至去年八月在武汉起事，不半载而大功告成，此固天之不欲绝吾中国也。然则，功既成矣，吾从前之志愿，岂遂达乎？非也，千未得一也。今日所成，只推倒一恶劣政府之障碍物而已。以后建设万端，待理何人？则学生是也。

凡国强弱，以学生程度为差。仆从前以致力革命，无暇向学读书。行医日只一两时，而事革命者实七八时，而学业遂荒。沿至于今，岁不我与。今见学生，令人健羡，益见非学问无以建设也。譬诸除道，仆则披荆斩棘也，诸君则驾梁砌石者也。是诸君责任，尤重于仆也。肩责之道若何？无他，勉求学问，琢磨道德，以引进人群，愚者明之，弱者强之，苦者乐之而已。物竞争存之义，已成旧说，今则人类进化，非相匡相助，无以自存。倘诸君如有志而力行之，则仆之初志赖诸君而达，共和新国亦赖诸君而成。是则仆所厚望于诸君者。

据《孙先生演说辞》，载一九一二年五月十四日上海《民立报》第七页

基督徒宜同负国家之责任

在广州耶稣教联合会欢迎会的演说②

（一九一二年五月九日）

兄弟今日返来，得立于念年③前从学之地，与牧师兄弟姊妹同聚一堂，诚梦想所不及。回忆同事医学之至友，犹复相见，其欣感更难言状！今幸民国成立，扫除黑暗，驱逐异种。以今日而上溯前半年，其境地大有天渊之别。盖前则专制束缚，今则恢复自由。我兄弟姊妹，对于教会则为信徒，对于国家则为国民。专制国之政治在于上，共和国之政治在乎民。将来国家政治之得失，前途之安危，

---

① 即中日甲午战争。

② 欢迎会在博济医院礼拜堂举行，博济医院为孙文先前学医之所。

③ 念年，即廿年。

结果之良否，皆惟我国民是赖。岂可如前清时代之以奴隶自居，而放弃其根本乎？且前清之对于教会，不能自由信仰，自立传教，只借条约之保护而已。今则完全独立，自由信仰。为基督徒者，正宜发扬基督之教理，同负国家之责任，使政治、宗教同达完美之目的。兄弟怅触旧怀，百感交集，非一二言所能尽。惟望此后勉力前进，同担责任，得享宗教之幸福。是兄弟所祷祝者也！

据《孙先生重话旧游》，载一九一二年
五月十六日上海《民立报》第六页

医学为建设入手办法之一端

在广州医学共进会欢宴会的演说①

（一九一二年五月九日）

今日得与各位同业诸君复聚首于一堂，实有无穷之感。忆余少时，以救人之事莫切于医，遂从事于医者十余年。继以处满清时代，所有实学均不得伸其志，遂翻然从事改革政治，其时同志者仅十余人。

今幸革命功成，建设之事千头万绪，然以中国现在卫生程度而论，则医学实为建设入手办法之一端。国之要素，德育、智育、体育三者并重。惟体育一方面，舍医界莫属。将来国家卫生上之种种改良，及全国国民之体魄，其责任均在医界。深望同业诸君肩此重任，以期使我民族为球上强种！

据《医学共进会欢迎孙先生纪略》，载一九
一二年五月十一日广州《民生日报》第三页

---

① 九日下午，广州医学共进会假座广东军政府卫生司举行欢宴会，出席会员有三十五人，孙文在会上发表演说，并被该会聘为名誉会长。

务使政治与宗教互相提揭

在广州石室圣心大教堂暨圣心书院欢迎会的演说①

（一九一二年五月十一日）

仆今日得与贵主教及各教士、学生等相见，异常感谢！

吾人排万难冒万死而行革命，今日幸得光复祖国。推其远因，皆由有外国之观感，渐染欧美文明，输入世界新理，以致风气日开，民智日辟，遂以推倒恶劣异族之政府，盖无不由此观感而来也。而此观感得力于教会及西教士传教者多，此则不独仆一人所当感谢，亦我民国四万万同胞皆所当感谢者也。

民国成立，政纲宣布信仰自由，则固可以消除昔日满清时代民教之冲突；然凡国家政治所不能及者，均幸得宗教有以扶持之，则民德自臻上理。世上宗教甚夥，有野蛮之宗教，有文明之宗教。我国偶像遍地，异端尚盛，未能一律崇奉一尊之宗教。今幸有西方教士为先觉，以开导吾国。惟愿将来全国皆钦崇至尊全能之上主，以补民国政令之不逮。伏愿国政改良，宗教亦渐改良，务使政治与宗教互相提揭，中外人民愈相亲睦。

仆今在此与诸君相会，更愿诸君同发爱国心，对于民国各尽其应负之责任，有厚望焉。

据《石室天主堂欢迎孙中山先生纪略》，载一九
一二年五月十三日广州《民生日报》第五页

---

① 十一日上午孙文往石室出席欢迎会，到会数十人。石室圣心大教堂（Shishi Sacred Heart Cathedral）亦称石室耶稣圣心堂，俗称石室天主堂，为一八八八年法国天主教会所建；石室圣心书院（Shishi Sacred Heart Canossian College）是隶属于该教堂的教会学校，学生均为中国青年。

合无数家族而成国家

在广州孙族恳亲会的答词①

（一九一二年五月十一日）

今日得与我族叔伯昆弟相见，正属欢喜。惟念四万万同胞皆黄帝之子孙，其始均无所谓氏族者。自人民繁衍，而姓氏生，而血族之见重，由是家族以起。然此家族亦正好，合无数之家族而即成为国家。今者民国成立，政当共和，合满、汉、蒙、回、藏而成一，亦犹是一族。将来推广其博爱，家连亚洲而联络之，岂第我一族而已哉！

据《孙族恳亲会纪事》，载一九一二年
五月十五日广州《民生日报》第五页

广东建设必须注重交通

在广州总商会等团体欢迎茶会的演说②

（一九一二年五月十七日）

今日回广东③，得与各同胞相见，极为欢慰。

广东为通商最早，商务本甚发达，近年以来反落香港之后，并落天津、汉口、上海之后，究其原因，系属交通上种种之失败。何谓失败？如河道浅窄，洋船不能入口；铁路阻隔，货物不能流通，其势使然。今日欲为广东建设一地球上最大之商场，必须注重全世界之交通，急起直追，万众一心，乃能不落人后。此不独

---

① 十一日下午，广州孙族在大石街萧公馆举行恳亲会，欢迎孙文。

② 十七日下午，广州总商会、九善堂、筹饷局等联合举办欢迎孙文与汪精卫的茶话会，到会百余人。

③ 此处似为笔录人误记，当日回广东者系汪精卫。

商务为然，即如工业、农业，求致富之道无过于交通者。

现广东虽为中外之交通点，但生产之力最微，倘欲振兴实业，或须假外人资本，乃能有济。盖实业之借债，有偿还旧张本，与行政之借债不同。望诸君消除从前排外的性质，极力赞同。将来锹深河道，拓充铁轨，商务繁盛，我广东之地价可望〈百〉倍于香港。

> 据《商会善堂欢迎孙、汪先生纪事》，连载一九一二年五月十八日广州《民生日报》第四页及二十日该报第五页

扩张粤汉铁路以挽利权

在广州粤路公司欢宴会的答词①

（一九一二年五月十七日）

粤汉铁路关系极大，当催湘鄂力图扩张，以挽利权。并以三期股本应速行开收，鄙人当发电各埠，力为鼓吹②。

> 据《粤路公司欢迎孙中山情形》，载一九一二年五月十八日广州《民生日报》第四版

中葡革命之后应共求进步

在澳门陆军欢迎茶会的答词③

（一九一二年五月二十四日）

葡之革命成功于军人，中国革命亦成功于军人。两年之内葡与中华皆成革命，

---

① 五月十七日下午，孙文出席粤路公司欢宴会，在该公司总理詹天佑致颂词后发表答词。

② 迄今为止，粤路公司共分五期认股四千四百余万元，已收到前两期股本一千五百一十三万元，后三期尚未收取。孙文当日即亲自发电各埠助催未交股款。

③ 先是，孙文和家人于五月十八日晚乘火车从广州抵达香港。同月二十二日，孙文一行从香港乘船抵达澳门。二十四日下午五时，孙文应邀出席澳门陆军欢迎茶会，并致答词。

可称先后辉映，惟望从此皆力求进步耳。

据《孙中山之澳门游》，载一九一二
年六月五日上海《民立报》第八页

望中葡交情愈固

在澳门总督欢迎宴会的答词①

（一九一二年五月二十四日）

初到中国者为葡人，故其交望最旧，深望从此交情愈固。

据《孙中山之澳门游》，载一九一二
年六月五日上海《民立报》第八页

地价抽税问题

邀广东省议员及记者举行谈话茶会的对话②

（一九一二年六月九日）

孙先生起言：今日请诸君到来，研究地价抽税问题。我中华民国成立，今正当建设之始，财政为急。外国有一种单税法最为可采，视地价之贵贱为抽税之多寡，办法亦最为单简。前清行一条鞭法③，当时亦以为便，然仅分上、中、下三则，殊不得其平。试观城镇与乡落，纳税相去不甚远，而地之价值何止倍蓰，不

---

① 二十四日晚，孙文应邀出席澳门总督举行的欢迎宴会，与会军官及中西绅商数十人。

② 孙文于五月二十九日重返广州。六月九日下午，在行馆举行谈话茶会，邀请议员数十人、记者二十余人并军政府数位司长出席，商议换税契及按地价抽税问题。本篇全文收录孙文讲话及与会者发言的情况，以便对各方态度有所了解。

③ 一条鞭法行于明代，《总理演讲新编》所收《地权不均则不能达多数幸福之目的》一文于此处作"单税法"，并称"当满清入关时，定收地丁钱粮，法既简单，民皆感之"。按：明时原分地赋与丁赋，清初实行"摊丁入地"，将丁赋并入地赋一起征收，统称地丁。

平孰甚。若行地价抽税之法，乃为平匀。若英国某某处属土，经已开行之而有效。其抽法或抽百之二，或抽百之一，他日由省会议决，然后执行。至于地价贵贱，由业主自报多寡。如防业主以贵报贱，由省会定一条件，如国家开铁路、马路或建一大工场等，可以随时收归国有，则以贵报贱之弊可无虑矣。若行此等地税，杂税可以不收，声明只收其地之天然税，至于建筑楼房等之人为税一概免纳，实为平均地权之一法也。及今不图，他日人民进步，富者愈富，贫者愈贫，其害伊于胡底。如外国土地权全操于少数大资本家，其势必流于资本〈家〉专制①，其害更甚于君主专制。闻都督②有换旧契议案交省会议决，深望议会与报界诸君能通过而鼓吹之，于国利民福有绝大关系，比诸破坏之功不更大且伟哉！如此，财政问题可以解决矣。

报界记者朱代〔民〕表起言曰：照价税地法，鄙人向于言论上绝对赞成。此法能行，平民与国家皆有益。今日税法之不平甚矣。鄙人居西关繁盛之地，地价值银六百，每岁纳地税一分二厘。乡人居荒僻之地，地价值银六两，其税与之同等。是乡人值百抽一，而鄙人值万抽一也，不均已甚。且昔之田每亩收十石谷，值价十元，今日收十石谷，值价四十元，而纳税则今昔无殊，亦不均之甚。况今日非照价税地之法，亦无以救国。无论民捐、外债、公债，均救一时之策，他日仍须患贫，纳息要偿，终不得了，不如此宗年年有所收入也。

黄议长③起言曰：孙先生，地价抽税问题关系甚大，田地税、房屋税二者是否分清？吾粤行之，于中央税法未知有无抵触？有无干涉？尚应研究。

孙先生云：只收田屋之天然地税，房屋等人为税一概不收。至于虑及中央政府不允，无庸虑及。现时中央税法未定，吾粤首先行此地价抽税良法，收入必丰于前，可为各省模范。若中央税法既定，吾粤一年应解中央税若干，则如数解去，绰有余裕以办地方要政，断无不允之理。

周代议士④起言曰：省会为临时议会，非正式议会，又为舆论攻击，则信用

---

① 据一九一二年六月十五日上海《天铎报》第三版所载《孙中山抽税谈》，此处作"资本家专制"。

② 指广东都督胡汉民。

③ 黄锡铨，广东省临时议会议长。

④ 周孔博议员。"代议士"一词为日本所创，即议会议员。下文的代议士、议士均指议员。

不足，通过案件向不照办。今又通过，其如不照办何？

姚议士又谓：三权①尚未分明，何议之有？

黄、谢②议士亦均起言，大都均含有"纠举无效、约法不颁③"之意思，借此题以发挥其不平之气。

随后廖司长④起言曰：此案为政府交议，若省会通过，无不举办。

谢、李⑤议士均起驳之，大意谓：政府欲办之事件则利用省会，省会决议事项均置之脑后，岂省议会代议士尽为政府傀儡乎？

夏重民曰：孙先生欲研究地价抽税问题，诸君所言为权限问题，似出今日研究范围之外。

议士谢公伟略为辩论片时。

苏慎之略谓：省会虽通过此案，究不若由报界担任鼓吹，一纸风行，其效甚捷，云云。

孙先生曰：此地税问题，关系于国利民福，若省会能达此议案目的，众代议士为不朽矣，虽与政府有些小意见，又何足介意。

又有某议士辩论：非闹意见，争立法之权也，云云。

孙先生复起言曰：权限是谁与之者？从公理求之也。革命党之权，谁与之者？少数人牺牲性命于公理上求之也。不然，都督欲得权限优胜些，代议士又欲权限优胜些，谁能与之？又谁能均之也？前日闻省会请将约法宣布，而都督以中央有取消各省约法之议，故未便宣布。省会电中央争之，复派代表入京争之，现中央竟有取消各省约法明文，此举似可不必，何若向公理上求之。此地税问题，众代议士果能毅然进行，不计舆论攻击、信用之足不足，求达我目的，使粤造成一模范省，不独我粤三千万同胞崇拜我众代议士，吾国四万万同胞亦当崇拜我众议士，咸称我众代议士为圣人、为英雄，何信用足否、舆论洽否之足言乎？所谓向公理

① 指立法权、行政权、司法权。
② 谢公伟。
③ "约法"指省临时议会于五月制订议决的《广东临时约法》，经都督胡汉民咨复该会，不同意照议宣布，从而引起议员们的不满。
④ 廖仲恺，财政司长。
⑤ 李思辕。

求之者，此也。我众代议士其勉之！

说毕，众皆鼓掌。孙先生复发挥外国不平均之弊与我民国行地价抽税之利，极为痛快淋漓。

吴女代议士曰：孙先生之言，极为佩服，我代议士当竭力研究进行之。

据《孙先生与各界谈话会——地价抽税问题之研究》，连载一九一二年六月十五、十六日上海《民立报》第六页

附：另一记录

今民国注重建设，其首要当在财政，而财政之收入莫大于税。世界学者发明行用单税法，本多可采，惟事属改革，必得大多数舆论之赞成，乃易着手。今国家之税不一，其收入机关诸多繁重，若厘金关卡等，销耗既多，且有流弊，不如就地征税，较为简单，此即吾前所谓"平均地权"之道也。税法繁重，易招民怨。当满清入关时，定收地丁钱粮，法既简单，民皆感之，至末年乃复趋繁重耳。吾国以前亦惯行单税法，惟只分上中下三等，不能确定税率，则不平实甚。就广州地论，其上者若长堤，一亩值数万元，乡间一亩只值数百元，但同纳上税，岂得谓平？故不如就价抽取。今世界多用此法，英国上年提议此案，亦经国会通过。但各国定收多少，各有不同，有二百四十分抽一者，有百分抽一者，但无论所定若干，若照价收取，则平均之甚者也。革命乃为多数人谋幸福，若地〈权〉不平均，则不能达多数幸福之目的。今民国地广人众，如能积极治理，前途有绝大之希望，但若不从根本上解决，其何能达？

吾前言平均地权，有疑为从实均地者。岂知地有贵贱，从实均分，仍是不平。昨工务司对予言，谓方计划筑一电车路，而地乃大起价。可知地价乃随社会之进步而增长，将来其高者仍是少数人所享受耳。英、美京城地价，比未进步时增至五六万倍。设如吾国中人，有地百亩，仅值万元，后乃顿增至五六百万元，则已成一大资本家。聚此大资本以垄断高贵之地，则可以制世界之死命，将来必变出资本家与工人划分两级之世界，及今不防，弊必至此。现今财政困难，日求济于募捐借债，不过一时权宜之法，孰若速定平均地权之法之为愈乎！

昨都督交省会议换地契收费法，我意尚须确定地税照价增收一层，实行单税

法。盖地是天然的，非人为的，就地征税，义所应有，即此已足国用，一切各税，皆可豁免。又只抽地之原价，凡需人力，如建筑上盖〔?〕等，概不抽取。此中有三利：一可免地之荒废，二可奖励人工之进步，三可免资本家垄断土地之弊。至抽收之数，鄙意则拟值百抽一。为防以贵报贱起见，可附一条件以补助之，即声明公家随时可以照价购回是也。且公家将来必需用多地，以谋地方之发达，如省会欲谋推广，收地建设，为必有之事。故定价时声明照价收回，可免日后定价之繁杂，是两利之事也。

世界学者多主张地归国有，理本正大，当可采取；惟地不必尽归国有，收取其需用之地，斯亦可矣。然此说一出，世人又疑收回时因原主受有损失，必生反对者，予谓不然。果行此法，确定公道之价，对于原有地主，不惟无损，且有利益，尚何反对之有？如顷所言，工务司方议定电车路线，而用地增价十倍，此虚价也，以虚价获实利，何益如之？而公家收回此地，将来增价，或至千数百倍不等，是公家亦无损也。以上所言，实为民生主义社会主义手段之一种，及今不行，后将无及。

总之，实行就地抽税，则国家即变成一大业主，何等富厚。国家为人民所有，国利民福，何乐不为！抑尤有进者，英美立宪，富人享之，贫者无与焉。吾法若行，无论贫富，皆能享受幸福。今日政体改革，果能以此绝大之建设，先施行于广东，则其功比改革政体更远大也。所愿诸代议士切实讨论，报界诸君努力鼓吹，以期实现，则岂独广东之幸哉！

据《地权不均则不能达多数幸福之目的》，载《总理演讲新编》，南京，中国国民党中央执行委员会宣传部一九三〇年三月十二日印行

中国现局急需财政济用

在香港对工商界的讲话①

（一九一二年六月十五日）

我国财政空虚，非借巨债不足维持。虽民捐、民债，杯水不足以救车薪，而借债又被四国银行团监督财政，甚至牵及军政，将来受患无穷，亦非得计。然中国现局，非有大帮财政以济用，则凡事不能举办。

据《大银行将出现》，载一九一二年
六月二十五日上海《天铎报》第三版

附：另一记录

此银行与前办者皆异，系中外合办，专为介绍外资起见，不出钞票，专发欧美债票，其性质属于商办。

据《广东电报》，载一九一二年六月十六日上海《民立报》第三页

基督教徒当研究教理引导同胞

在香港基督教美华浸信会欢迎会的演说

（一九一二年六月十六日）②

列位姊妹兄弟乎！今兄弟得有机会到本港教会与众相见，诚莫大之欣喜。回

---

① 孙文于六月十五日自广州赴香港。当晚九时，应香港四邑工商总局邀请，出席该局六十二团代表会议共同商讨策进民捐等事宜，此为孙文在会上讲话。会后，孙文并创议与外国资本家合办银行。

② 本演说日期据香港《德臣西报》（*The China Mail*）一九一二年六月二十日有关报道而定。

溯弟初信教于本港，也在本教会（美华公会）领洗。别后二十余年，为国事奔走，甚少聚集于教会，故于会中仪文多所忘记。

今满清已灭，民国已成，信教有自由之权利，则教徒于本国当有共负之责任、共尽之义务明矣！盖政治所以约束人之身，圣教则范围人之心，民国教徒定有一种特别之担荷。观夫习俗之鄙陋，有非政治之力所能改革者，全赖宗教之力以改革之，俾全国人心为之一变。然则我教徒务宜设诸善法，使民国获益，引导同胞，弃暗投明，令邪说早日扑灭，免阻世界之进化，犹革命之扫除满清专制者然。昔日满清对于网罗党人之政策何等严密，然革命卒能成功，则今日教徒当用毅力，以扫灭偶像恶俗，为应有之责任，其功终必告成，同一理也。

今为时太促，不及多言。惟望各位留心研究教理，庶乎能有特别之善法，以光照民国人心，是弟所厚望。

据《补录孙中山在香港教会演说略》，载一九一二年六月二十二日广州《民生日报》第五页

附：另一记录

列位姊妹兄弟乎！今兄弟得有机会到本港教会与众相见，诚莫大之欣喜。回溯弟初信教于本港，亦在本教会领洗。别后二十余年，为国事奔走，甚少聚集于教会，故于会中仪文多有忘记。此二十余年来，于宗教之观念之思想亦有变迁，与畴昔有不同处。顾宗教为进化不可少阶级，甚而野蛮之俗亦有宗教，然其教之阶级之程度之进化，大与福音教异。中国本有宗教，亦有拜偶象之教，但均与我等之宗教不同。因耶苏教进化之高尚，生机之活活泼泼，洵称第一也。吾人同奉此教，较信他教之优点诚多。

今日者，民国成立矣。对于同胞，则有改良宪法政纲；对于宗教，则有宣布自由信仰。今日之信教，迥殊满清时代。满清则常用专制，窘逐教徒，传教者须藉条约保护，是从前信教之不自由，尽皆知之矣。今满清已灭，民国已成，信教有自由之权利，则教徒对于本国当有共负之责任、共尽之义务明矣。况吾教为开化之最先，为进化程度之最高，且能辅政治之不逮。盖政治所以约束人之身，圣教则围范人之心。民国教徒，定有一种特别之担荷。观乎习俗之鄙陋，有非政治

之力所能改革者，全赖宗教之力以改革之，俾全国人心为之一变。然则我教徒，务宜设诸善法，使民国获益，引导同胞弃暗投明，令邪说早日扑灭，免阻世界之进化，犹革命之扫除满清专制者然。昔日满清对于网罗党人政策何等严密，然革命卒能成功；则今日教徒当用毅力，以扫灭偶像恶俗为应有之责任，其功终必告成，同一理也。

今为时太促，不及多言。惟望各位留心研究教理，庶乎能有特别之善法，以光照民国人心，是弟所厚望。

据麦聘臣述：《孙先生在港美华会演说词》，载广州《真光报》第一二七册，一九一二年九月七日出版①

合资银行之利益

在香港华商筹办中西合资银行会议的演说②

（一九一二年六月十七日）

内债、民捐，效力均短，惟合资银行持久而利大，宜将自办之款尽拨赞助。

据《广东电报》，载一九一二年六月十九日上海《民立报》第五页

---

① 《真光报》是美华浸信会主办的刊物。

② 十七日晚，香港华商开会讨论孙文提议的组建中西合资银行问题。晚十时，孙文赴会演说。

筑铁路可强国但宜利用外资

在上海中华民国铁道协会欢迎大会的演说①

（一九一二年七月二十二日）

今日之世界，非铁道无以立国。中国地大物博，如满洲②、蒙古、西藏、新疆、青海等处，皆物产殷富之区，徒以交通未便，运转不灵，事业难以振兴，蕴华无由渲〔宣〕泄。不然，则新疆之土质、西藏之矿产不亚于新、旧金山③，只以铁路未能建造，遂令货弃于地。东三省一隅路线虽多，利权皆入外人掌握。然未有铁路以前，外人贸易仅藉辽河、营口为出入口岸，自有铁道，其繁盛已埒于江南，成绩可知。即若美国西方，在昔亦荒凉满目，铁路一通，地势即变。中国西北各部均占亚洲地理上最优之地位，不速修造铁道，外人即乘机而动，今者俄人经营张库铁道之说又见告矣。夫外人铁道所通之地，即外国兵力所及之地，讵可任其蹂躏？近幸组织铁道协会，庶可研究交通之法，若能蒙古、西藏各处次第举办，则蒙古二三日可达，西藏三四日可达，新疆亦四五日可达。此次蒙藏变乱，即可运兵往剿，近若咫尺，无濡滞之患。

国家之强弱，以铁路之多寡为衡。美国有七十万里之铁道，为世界最文明、最富强之国。日本国土仅中国一二省，人民亦止中国十分之一，然全国交通运用政策如臂使指。中国地广人众，就美国人口为比例，当有三百五十万里之铁道，今尚不及三百五十分之一。如吾国现有铁道不过万余里，尚由贷款或外人所造，良可浩叹！民国今日贫困极矣，开辟富源，振兴实业，非铁路不为功。盖中国地

---

① 中华民国铁道协会在南京临时政府交通部的支持下于一九一二年三月成立，六月迁上海，七月十七日改选孙文为会长、黄兴为副会长。欢迎大会于二十二日下午在张园举行，到会者有该会会员及各界来宾共千余人。

② "满洲"原为满族的族称，清末外国列强入侵中国东北地区后始移作地名，即下文东三省的别称。一九〇七年划置奉天（一九二九年改名辽宁）、吉林、黑龙江三个行省，合称东三省。

③ 此指澳大利亚的新金山和美国的旧金山，新金山是中国人对墨尔本（Melbourne）的俗称，旧金山即三藩市。

质本居世界第一位置，如果交通利便，即为全球第一强国。惟昧于大势，不知敷设铁道，故降至三等国、四等国而不惜，亦可哀已！

　　然中国建筑铁道实无此项财源，其势非仰外债不可，则借债问题又不可不研究。夫天下事有害必有利。前清借债筑路，往往回折过重，又以办理非人，故弊害立见。今日中华民国为人民之国，与专制时代不同，一切债务须国民自行整理。昔美国亦借债筑路，主权不落于外人，即属有利无害，可知借债未为失计。今日民国成立，外人已略变其对待之方针，揆时度势，惟有仿照美国，不使利权损失。第一，中国借债须避去国际问题，纯为私人交涉；第二，借入外债须易消费用途为生产事业，则利益自能回复。若尚迁延推宕，则十年之后，中国大势即无可救药。以现时而论，铁路由本国人集资兴办，恐百年后不能筑成一二十万里；而仰力于外资，则不出十年可筑二十万里。故欲速求富强，自宜利用外资。吾国薄于资本，而富于工人。英国筑坎拿大铁路，用工人五万，一年达五千里，其工人大半由中国招集。若用外国之资，济以本国之工，其迅速自不待言，俟十年之后即可不求外资而自营。美国铁道年利十五万万元，每里出二千元。中国至少须有铁道二三十万里乃足敷国用。为今之计，惟有力求保护外国资本，使外国资本家不须其政府担保而乐于投资，则借款必有转机，利权不至损失。若坐失时机，致俄国握蒙古、新疆路权，英国握西藏、四川路权，日、法、德、奥①随之，倡利益均沾之说，中国将何辞以拒？故中国能自营铁路，中国可以保存；中国不能自营铁路，中国必至瓜分。我铁道协会同志，必当共筹一法，十年之间筑成二三十万里铁路。

　　区区此意，愿与我铁道协会同志共勉之。

据《孙中山先生赴本会欢迎会之演说词》，
载上海《铁道》（又名《铁道杂志》）第一
卷第一号，一九一二年十月十日出版

---

　　①　"奥"及后文所叙"奥国"，均指奥匈帝国（Austria-Hungary），该帝国成立于一八六七年，一九一八年瓦解。

附：另记录之一

各国人民之文野，及生计之裕绌，恒以交通为比例。中国人民之众，幅员之大，而文明与生计均不及欧美者，铁路不兴，其一大原因也。今中华民国业已成立，发起此会，督促铁道进行，余极赞成。凡立国铁道愈多，其国必强而富。如美国现有铁道二十余万里，合诸中华里数，则有七十万里，乃成全球最富之国。中华之地五倍于美，苟能造铁道三百五十万里，即可成全球第一之强国。否则，人民虽多，不能一呼即集，与少何异。幅员虽广，自南而北，自西徂东，交通不便，载运不灵，虽大无济。

惟现欲办路，因国库款支绌，不得不借外债。然借债立约得当，则永不失败。倘如前清之借债筑路，实亡国之导线。必于订立合同时，脱离国际关系，俾成个人交涉，方无后患。美国未造路以前，其贫与我国相同，后向外国借债兴路，刻已收效。务望诸君勉力进行，于十年内将全国铁路赶紧造竣，以期早收国利民福之效。

据《筑路与借债》，载《总理演讲新编》，南京，中国国
民党中央执行委员会宣传部一九三〇年三月十二日印行

附：另记录之二

对于铁道协会极表同意，处今日之世界，无铁道无以立国。中国地大物博，如满洲、蒙古、西藏、新疆等处，皆是殷富之区，徒以无铁道，故全国不能受其利益。如美国新旧金山，昔时亦属荒凉，自筑铁道后，一变为繁盛之区。今日民国成立，极宜注重于此，则铁道问题自当研究。即如现在外人经营蒙、藏，即须派兵抵御，因无铁道遂不能迅速而至。夫人民之对本国莫不希望其富与强，欲富强非建筑铁道不可。

但中国欲建铁道无款，故借款问题不可不研究。如清政府借款之办法，则有大害。今日中华民国借款用途，固与前清有异。借款本为营业性质，私人交涉，无关国际问题，即生大害，必须离开国际问题，成为私人交涉，方可言借债。我国十年之内，必有五十万里铁道，方能立国。现在民穷财尽，若无铁道开富源，

十年后更不堪设想。数百年前，中外均无铁道，故彼此无强弱之别，现在万国均有铁道，我国不能独无。要知现在所有铁道，主权多属外人，故不能不速建，以救危亡。今日之盛会，希望于十年内造成百万里铁道，以图富强之策。

据《张园欢迎大会纪事》，载一九一二年七日二十三日上海《天铎报》第五版

铁道发展之筹划

在上海中华民国铁道协会的讲话

（一九一二年七月二十九日）

铁道政策各种筹划甚多，拟先发行杂志①，以为讨论机关。中国欲发达铁道，关于材料之供给，约须如汉阳铁厂者二百所，方可足敷用。并创办大银行为辅助。

据《孙黄二公之大政策》，载一九一二年七月三十日上海《天铎报》第五版

民国伊始人人须负义务

在烟台各界欢迎会的演说②

（一九一二年八月二十一日）

今年中华民国之第一年，比去年大有分别。去年今日尚在专制之下，今日在光天化日之下，人人都平等自由。今日四万万人，合汉、满、蒙、回、藏五大民族为自由民，真是莫大荣幸。但第一年不过将专制推倒，政府须待再造，人人须

---

① 铁道协会发行《铁道》月刊，经费先由孙文、黄兴二人担任五期，孙、黄慨捐二千五百元。

② 孙文应袁世凯电邀，于八月十八日离上海前往北京，二十日抵达山东烟台。二十一日上午，孙文在烟台各界欢迎会发表演说。

负义务，令中华民国造成庄严之民国，始足称幸。

据一九一二年八月二十八日上海《太平洋报》

附：另一记录

各界欢迎，无任感激。我中华民国之今日比去年今日，则大不同。去年今日，处专制政府之下，人人都受苦痛。今年则为中华民国之人民，都享有自由幸福。但中华民国缔造伊始，百步维艰，我中国人民皆有应尽之义务。兄弟此次至京，关于建设政见，当一一商之于政府，见诸实行。

据《孙中山烟台游记》，载一九一二年八月二十七日上海《中华民报》第六版

欲兴商业必从制造业下手

在烟台商会欢迎宴会的演说①

（一九一二年八月二十一日）

中国商业失败不止烟台一埠，凡属通商口岸，利权外溢，到处皆然。为今之计，欲商业兴旺，必从制造业下手。如本埠张裕公司②设一大造酒场，制造葡萄酒，其工业不亚于法国之大厂，将来必可获利。又如玻璃公司亦然。张君以一人之力而能成此伟业，可谓中国制造业之进步。如山东草弁为出产一大宗，中国既改文明装束，则草帽之需要不知若干。烟台商人如能将草弁自制成草帽，则将来获利当无算。不独草帽为然，其他如丝、如棉花，皆生货输入，熟货输出，若能一一制造出成各种应用之布匹，其获利当不出亿计。

总之，中国今日农工商各种实业，宜互相提携，力求进步。不但烟台为北洋

---

① 孙文应邀参加烟台商会在西南山盅斯花园举行的欢迎宴会，并发表演说。

② 即张裕酿酒厂，自植葡萄制酒，为华侨资本经营酒业最早者。当时孙文曾至该厂参观并题词。

之一大繁盛商埠，即富强之基础亦于是乎在。此兄弟所最希望者。

据《孙中山烟台游记》，载一九一二年
八月二十七日上海《中华民报》第六版

同盟会将合并改组为国民党

在烟台同盟会社会党欢迎会的演说①

（一九一二年八月二十一日）

现在革命成功，文明日见进步，亦系革命之力。北京同盟会本部归并五党，宗旨相同，遂联络合并改组为国民党，以资进行政策。今日经烟，甚行匆忙，不过略为布告大意。

据《孙中山莅烟纪事》，载一九一二
年八月二十七日上海《申报》（六）

附：另一记录

此次光复由于人心趋向共和，同盟会不过任发难之责而已。但国中政党，只当有进步、保守二派。此次同盟会与各党合并，即欲使国中只存二党，以便政界竞争。

据一九一二年八月二十八日上海《太平洋报》

---

①　二十一日中午，孙文应邀出席烟台同盟会分会、社会党分部联合在群仙茶园举行的欢迎会，并作此演说。

共同致力共谋建设

在天津广东会馆的演说①

（一九一二年八月二十四日）

兄弟自中华民国成立，初次北来，蒙诸君欢迎，甚属感愧。吾国自改建共和，仅有其名，尚无其实，危险较专制时代尤甚。友邦爱我者多方提携维护，而忌我者遇事吹求，幸灾乐祸。望革命中人此时较破坏专制尤应牺牲一切，加千万倍之力共谋建设。尤望吾四万万同胞共同致力，使我中华民国数年后在地球上成一头等强国。且欧美有数百万人民之强国，我中国四万万同胞同心协力，何难称雄世界。

据《孙中山演说》，载一九一二年八月二十五日天津《大公报》第六版

务使人人皆知共和之良美

在天津官绅欢宴会的演说②

（一九一二年八月二十四日）

近吾国颇有南北界线之说，其实非南北之界线，实新旧之界线。南方人不知共和政体为何物者，尚所在皆是，盖因其无新知识，故一家之中父新而子旧，子新而父旧，新旧之分，家庭中尚不能免。惟望吾到会同胞随时随处用力开通，由一家及一乡、一县、一省、一国，于数年中务使人人皆知共和之良美。至美洲十

---

①　二十四日上午孙文抵达天津，出席同盟会燕支部及广东同乡在天津广东会馆召开的欢迎大会，并发表演说。

②　二十四日中午，孙文应邀到天津河北公园劝工陈列所，出席各界官绅举办的欢迎午宴，并发表此演说。

数国无不共和者，以该洲草昧之地，经白种人创造，其事较易。吾国数千年之专制，一旦变为共和，其诸多障碍，固属意中事。此后仍须造成共和及赞成共和诸君子竭力维持。

据《孙中山演说》，载一九一二年八月二十五日天津《大公报》第六版

望总统赞助修筑铁路

在总统府欢迎宴会的答词①

（一九一二年八月二十四日）

文久居海外，于国内情形或有未尽详悉之处，如有所知，自当贡献。惟自军兴以来，各处商务凋敝，民不聊生，金融滞塞，为患甚巨。挽救之术，惟有兴办实业，注意拓殖，然皆恃交通为发达之媒介，故当赶筑全国铁路，尚望大总统力为赞助，早日观成，则我民国前途受惠实多。

据《欢迎孙中山抵京再纪》，载一九一二年八月二十九日上海《申报》（三）

附：另一记录

（英 译 中）

现在是一个令人焦急的时期，目前民国的主要目标是通过建设工业与铁路，

---

① 二十四日下午，孙文从天津到达北京。晚上往总统府访晤袁世凯，并出席袁世凯主持的欢迎宴会。

为国家繁荣而努力。

据 "Thousands Welcome Sun Yat Sen's Return： Pekin Gorgeously Decorated in Honor of Reformer's Safe Arrival"，*Chicago Examiner* (U.S.A.)，August 26，1912，Page 2 ［《热烈欢迎孙逸仙回归——盛装北京庆祝改革家的安全到达》，载一九一二年八月二十六日《芝加哥检查者报》第二页］（邹尚恒译，高文平校）

英文原文见本册第 835 页

同盟会对会外人当极力联络以巩固中华民国

在北京同盟会本部欢迎大会的演说①

（一九一二年八月二十五日）

中华民国成立以来，兄弟第一次到京，今日得与同会诸君子共话一堂，乐何如之！

此次革命成功如此神速，实梦想不及。去岁武昌起义，全国响应，未及四月满清推倒，共和告成，虽同盟会之主动力，然亦实系我中华民国各界同胞之赞助，始得成功。今破坏已终，建设伊始，破坏固难，建设尤难。破坏尚需众同胞之助力，建设岂独不需同胞之助力乎？望勿以满清时代对待会外诸同胞之手段，对待现时会外诸同胞，须同心以谋建设，不可存昔日之心理。

满清时代同盟会多为人仇视，共和时代无人仇视，而同会之少数人尚以满清时代为人仇视之心理，对待今日会外诸同胞，故外间有今日之同盟会如昔日贵胄之说。此种谣言，皆由同盟会少数人尚存昔日之心理，有以致之也。今日之政体既变，同盟会诸君子昔日之心理亦当随之而变。盖既无仇视共和之人，同盟会对会外人尤当极力联络，毋违背昔日推倒黑暗政体，一视同仁、互相亲爱之宗旨，

---

① 二十五日上午，同盟会本部在湖广会馆为孙文举行欢迎大会，到会约二千人（一说连闻讯而至的各界男女共约三千人）。

以巩固中华民国。此我所希望于同志诸君子者也。

据《孙中山先生入京后之第一大会》"同盟会欢迎"，
载一九一二年八月三十一日上海《民立报》第六页

附：另记录之一

鄙人初到北方，即蒙诸君盛意欢迎，至为感愧。但鄙人有数言欲陈于诸君之前者，即吾同盟会本以破坏为宗旨，以独立为目的，今幸大功告成，目的已达，此后即应改变宗旨，由破坏而进于建设。若再持原来之破坏主义及独立宗旨，民国前途宁有望乎？且以前反对吾同盟会者皆一般腐败人，今之反对吾同盟会者皆一般文明人，诸君不可不知。

外间相传吾同盟会有前清贵族习气，矜功伐能，此大不然。诸君要知破坏虽易，断非同盟会少数所能成功，去年武昌起义亦不尽同盟会之力。此后吾党对于他党惟当推诚相与，勿存忌视之心，然后和衷共济，中国前途庶几有望，而吾党之民生主义亦或有美满之结果。

据《二十五日之湖广馆》"上午同盟会开欢迎会"，
载一九一二年八月三十一日上海《申报》（二）

附：另记录之二

兄弟北来，于我中华民国前途有无穷之希望。盖自武昌起义，是吾国此次革命，非系一党之功，乃全国人之功。即我同盟会奔走十余年，流多少热血，提倡革命苟不得全国人心之赞成，其成功必不致如是之速。今专制业已推翻，破坏之局已终，建设之局伊始。然以二者相较，破坏易，建设难，易者既赖全国同胞相助，则难者更当欲全国同胞相助，庶可巩固此中华民国也。

然或挟党见、闹意气，是不以国家为前提，民国前途异常危险。今五党合并，废除意见，以谋国利民福，将勠力同心造成一伟大中华民国，雄视亚东，故曰兄弟北来，于中华民国前途有无穷之希望也。

据《二十五日之两大会纪盛》"（一）同盟会欢迎孙中山先生"，载一九一二年八月二十六日北京《民主报》第七页

破除党界以促国家富强并正确理解民生主义

在北京国民党成立大会的演说①

（一九一二年八月二十五日）

兄弟此次北来，于南北同胞有无穷之希望。盖共和虽说成立，而国本尚是动摇，国本动摇皆由人心不能巩固，故欲巩固国本必先巩固人心。今五党合并②，兄弟切望诸君同心合志，破除党界，勿争意见，勿较前功，服从党纲，修明党德，合五党之力量、气魄以促民国之进行，是中华民国前途之无量幸福。即有他党反对，我党亦宜以和平对付，决不宜为鹬蚌之争。中国当此危急存亡之秋，只宜万众一心，和衷共济。五党合并，从此成一伟大政党，或处于行政地位，或处于监督地位，总以国利民富〔福〕为前提，则我中华民国将可日进富强。故兄弟于五党合并，有无穷之希望也。

再者，现时人心总以军人破坏共和为虑。据兄弟看来，此次共和既由军人赞成，则军人决无破坏共和之事。吾人苟心志坚定，以国家为前提，决可不怕军人武力干预政事。军人如家〈主〉雇用之武士，以防外患者也。设家主父子不能相安，甚至杀人放火，则武士亦不忍坐视矣。故家主自能治家，然后武士自知防外患。军人固用以防外患，决不至用武力干预内政，以破坏共和。

政党均以国利民福为前提，政党彼此相待应如弟兄。要知文明各国不能仅有一政党，若仅有一政党，仍是专制政体，政治不能有进步。吾国帝皇亦有圣明之

---

① 二十五日下午，国民党在湖广会馆举行成立大会，到会党员二千余人（连来宾及旁听者共三四千人）。大会选出包括孙文在内的九名理事。后由各理事推选孙文为理事长，孙文推辞未成，委宋教仁为代理理事长。

② 孙文演说前，大会主席张继已在致辞中言及"六党合并"，北京《民主报》亦曾在会前报道全国联合进行会加入国民党的消息。

主，而吾国政治无进步者，独裁之弊也。故欲免此弊，政党之必有两党或数党互相监督，互相扶助，而后政治方有进步。故政党者虽意见之不同、行为之不同，要皆为利国福民者也。今五党合并，诸君皆当持此观念，则民国前途永无危险之象。

我同盟会素所主张者有三主义，一民族主义，二民权主义，三民生主义。今民族、民权已达目的，惟民生问题尚待解决。北方同胞误会吾党民生主义，以为劫富济贫，扰乱社会秩序。此荒谬绝伦，公理上决无此事，富人幸勿恐怕。要知民生主义，富人极应赞助提倡之。何则？民生主义盖防止富人以其富专制、毒害贫民。譬如英、奥①等国，君主国也，而政治之进步与民主国无异，因君主虽有君主之位，而不能干预政治、专制害民故也。民生主义即以富人虽富，不使以其富害贫人，犹之君主虽有君主之位，无君主之权以害人民也。吾国受君主专制之苦，尚未受资本家之苦。举一例以明之：美国资本家以买空卖空手段，以十万元之股票吸收人民数百万元之现金，致人民不能聊生，此即资本家以富毒害人民之法也。吾国资本家尚无，然不可不预为富人劝告，预为贫人防备。此即民生主义也。

男女平权，本同盟会之党纲。此次欲组织坚强之大政党，既据五大党之政见，以此条可置为缓图，则吾人以国家为前提，自不得不暂从多数取决。然苟能将共和巩固完全，男女自有平权之一日。否则国基不固，男子且将为人奴隶，况女子乎！②

据《二十五日之两大会纪盛》“（二）国民党成立大会”，
载一九一二年八月二十六日北京《民主报》第七页

---

① “奥”为奥匈帝国简称。

② 孙文发表上述意见，缘于女党员唐群英等在会上强烈要求将“男女平权”条款列入国民党政纲，但表决时未获通过。

附：另记录之一

革命成功，在四万万同胞一心；巩固民国，亦必要一心。今六党合并①，为一大政党，乃民国大幸福，然视他党要亲如兄弟。盖政党以国家为前提，非谋一党权利。欲巩固民国，须巩固心理。要知今日之民国，乃人人心理所造成。各党宗旨虽殊，是为国家互相翼辅进退，万勿争党见，陷国家于危险地位。

今外间多以军人干预政治为虑，然此毫无足虑。北方军队深明大义，兄弟早已知之。军人本为卫国而设，今或添兵自重，或借武力压制，甚有干预政治。是兵原防外患，反与人家事，其害不可胜言。然亦实有使军人干预之由，譬如人家有武士在外保守门户，家内父子兄弟中，有杀人放火等事，当此人命财产危急之秋，武士能不干预乎？若同心共济，维持全局，以国利民福为前提，军人自不干预也。

今日当首重民生主义。今本党政纲，亦有采用民生政策一条，请详言之。民生主义多有不解者，以民生主义，系用强硬手段，使富者分给贫人，然并非如此。实以和平之手腕，使资本家不得妨害贫者，并非以富者之财产，分给于贫者。现如欧美各国，多有是病，故欧美各国□□□灾饥荒，然常有人事饥荒，此即资本家妨害之故也。

男妇平权，当暂缓提出，俟国家巩固，务要达到目的。因男女平权，视乎国家之进步不进步。国家进步，则不求自至；否则，男子方求免为奴隶之不可得，又何暇问男女之平权不平权。

据《孙中山先生入京后之第一大会》，载一九一二年八月三十一日上海《民立报》第六页

①　一九一二年八月十三日，中国同盟会、统一共和党、国民公党、国民共进会、共和实进会以五党本部名义，宣布合并成立国民党。随后，北京的全国联合进行会也加入，因而又称"六党合并"。

附：另记录之二

自去年武汉起义，各省响应，不数月间，南北即已统一。发端虽始于南方，实以北方将士军人，同心一德，以故成功之速，无与伦比。鄙人深信中华民国之共和，皆四万万同胞人心之所趋向，非用兵力强迫所能解决，实我南北爱国军人同心同德之所肇造也。近来嚣嚣之口，或不免恐军队干预政治，吾则谓我爱国军人，既造成此庄严灿烂之中华民国，决不至有此破坏之举。但衮衮诸公，亦当消除意见，以国家为前提，毋使我爱国军人苦心孤诣，经数十年创造之而不足，一旦任一二挟持意见者败坏之而有余，则中华民国当可蒸蒸日上，超轶全球，自不至惹军人之干涉。否则各人权利自私，排斥异己，萧墙之内，祸起须臾，则我爱国军人或亦有不忍坐视者。

譬之一家然，请武士防守门庭以自卫，家内秩序井然，固不至太阿倒持，引武士之过问。假一旦兄弟阋墙，自相鱼肉，武士虽专司御侮，或亦有不得不设法调停之举。治国亦犹是也。使我国之内，人人以中华民国为公共之中华民国，合群策群力以图富强，牺牲一己之权利，完固共和之政治，我爱国军人自不至扰攘于其间，而放弃其保卫之天职者也。盖军人所以卫国，非以乱国；所以防外，非所以防内。国乱则不得以兵力为最后之解决，以召危亡；国治则军人自不得干涉其间，摇动全局。而况造成此中华民国者，皆我南北爱国军人，吾决其不至前后异辙也。

国家之有政党，原以促政治之进行，故世界文明各国，无不有政党以维持之。今日合五大政党为一国民党，势力甚为伟大，以之促进民国政治之进行，当有莫大之效果。但望诸君振刷精神，组织完备，力求本党之发达，以冀有裨于国家。并须化除畛域，毋歧视异党，毋各持党见。（中略）则本党之成立，即为中华民国富强之嚆矢焉。

国民党之主旨，首在注重党德，已为诸君略发其端倪。惟鄙人尚有一言，即民生政策是也。从前同盟会原取三民主义，今则民族、民权均已解决，惟民生尚待进行。然民生问题，一般人之心理，每多误解。甚或谓为劫富济贫之法，以至小康之家闻之即有戒心。殊不知此理本极平常，约而言之，即在预防资本家压制贫民耳。若在英、美各国，其煤油大王、钢铁大王等，皆以一资本家之操纵，贻祸全国，过于天灾，甚或影响且及于世界。则欲解决此问题甚难，而贫民之受祸最惨。吾国则资本家尚未发生，但能预防资本家之压制，民生目的即可达到。如英国虽有皇帝，而实权操之全国之人民，初无须于武力，而政治问题，即已解决也。

男女平权，实属天经地义。但现在国势危急，当先设法巩固政府。盖有国家，不患无平权之一日。若有平权而无国家，虽平权将无所用。惟鄙人亦深望诸君赞助女界达此目的，并深信吾国女界必终能达到此目的也。

据《解决民生问题》，载《总理演讲新编》，南京，中国国民党中央执行委员会宣传部一九三〇年三月十二日印行

附：另记录之三

鄙人对于六党合并一事，极表同情。惟鄙人稍有意见欲为诸君宣布者：（一）我等应知军人与人民之关系，我等果能事事以国家为前提，军人自必以保护人民之生命财产为天职，决不能再有军人横暴之事。（二）鄙人向主民生主义，此主义鄙人亦知当时不能实行，惟恐将来资本家虐待劳动者，故不能不提倡此主义，亦即思想预防之意也。（三）男女平权，本同盟会所主张之政纲，将来男女平权亦必当然之事。惟现在当以国事为重，如国家不保，不但女子不能自由，男子亦不能自由，故现在当以保国为重。

据《二十五日之湖广馆》，载一九一二年八月三十一日上海《申报》（二）

弹劾于事无补

在北京参议院就处理张振武方维案的讲话①

（一九一二年八月二十八日）

张、方一案，政府纯以军法从事，故取敏捷。至弹劾一说，大可不必，盖于事实毫无补救，徒费良好时光耳。

据《孙中山力劝消弹劾案》，载一九一二年八月三十一日天津《大公报》

共和须以兵力为保障

在北京袁世凯欢迎宴会的答词②

（一九一二年八月二十八日）

今日承大总统特开大宴会，备极嘉许，实深感谢！

我中华民国成立，粗有基础，建设事端，千头万绪，须我五大民族全体一心，共谋进步，方可成为完全民国。现有少数无意识者，谓中国空有共和之名，而无共和之实，大不满意于政府。殊不知民国肇建，百废待举，况以数千年专制一变而为共和，诚非旦夕所能为力。故欲收真正共和效果，以私见所及，非十年不为功。今袁总统富于政治经验，担任国事，可为中国得人庆。

兄弟所最崇拜袁总统，有一件事最为人所信者：中国向以积弱称，由于兵力不强，前袁总统在北洋时，训练兵士，极为得法，北洋之兵，遂雄全国。现共和

---

① 八月十六日，临时大总统袁世凯根据湖北都督黎元洪密电，在北京捕杀参与发动辛亥武昌起义的湖北军政府军务部副部长张振武、湖北将校团团长方维。参议院有议员欲就此案弹劾袁世凯政府，孙文主张平息此议。二十八日，赴参议院回拜议员时作此讲话。

② 二十八日晚，袁世凯正式宴请孙文，并请各部长、各高级军官及参议院议长、秘书长与诸满蒙王族作陪。席间，袁对孙倍加赞扬，并高呼中山先生万岁。

粗建，须以兵力为保障。昔南非洲有某二共和国，以无兵力，卒至被人吞并。可见共和国家，无兵力亦不足救亡。今幸有袁总统善于练兵，以中国之力，练兵数百万，保全我五大族领土。外人素爱平和，断不敢侵略我边圉，奴隶我人民。但练兵既多，需费甚巨。我辈注重人民，须极力振兴实业，讲求民生主义，使我五大族人民，共浚富源，家给人足，庶民生有赖，而租税有所自出，国家岁入，日见增加，则练兵之费，既有所取，教育之费，亦有所资。以我五大族人民既庶且富，又能使人人受教育，与列强各文明国并驾齐驱，又有强兵以为之盾，十年后当可为世界第一强国。想在座诸公，亦乐观厥成。

【词毕，孙中山举杯高呼：袁大总统万岁！中华民国万岁！五大民族万岁！】

据《北京电报》，载一九一二年八月三十日上海《民立报》第五页

望诸君辅佐袁世凯

在北京国务院欢迎宴会的答词①

（一九一二年八月二十九日）

今日蒙诸君雅意款待，至可感激，惟望诸君辅佐袁大总统以奠民国初基，鄙人实有厚望。

据《国务员公宴孙中山纪盛》，载一九
一二年八月三十一日天津《大公报》②

---

① 二十九日中午，国务院及全体国务员设宴欢迎孙文，代理国务总理赵秉钧致欢迎词，孙文作答词。

② 一九一二年八月三十一日北京《正宗爱国报》亦载此文。

望同乡助广东问题之解决

在北京广东公会欢迎会的演说①

（一九一二年八月二十九日）

兄弟去国离乡数十年于外，与诸君承颜接词之日少。去岁以全国同胞之力，推翻专制，建设共和，兄弟奔走其间，得以达平生之目的。后南北统一，退居公民，得回本省，与父老闲话沧桑。然睹我广东之情形，实有可危之象。今承诸君厚意，复得欢聚一堂，兄弟于我广东，对于诸君有无穷之希望。现我广东有三大问题：一、政治问题，二、经济问题，三、军队问题。对于政治应求良美，对于经济应求活动，对于军队应求拣〔？〕遣，保全地方治安，维持中央政府。此兄弟所窃望于诸君者也。

据《孙中山先生一日之小史》，载一
九一二年八月三十日北京《民主报》

附：另一记录

凡国内通航路者，粤人均到，美、澳亦然。

望同乡同心协力，助粤政府进行，为中国模范省。我粤素称难治，独立时集数十万军人，皆绿林豪杰。幸陈炯明先生持毅力解散十余万，现仅七八万，否则饷项已不支。粤省协收入二百余万，支出倍之，不敷百余万。以闽省月支四十万比，吾粤担负之重可知。甚望乡人力助。

据《孙中山政见种种》，载一九一二
年九月七日广州《民生日报》第七页

① 二十九日下午二时，孙文应邀出席广东公会在北京万生园举行的欢迎会，并发表演说。

欲谋国家富强必自扩充铁路始

在北京中华全国铁路协会欢迎会的演说①

（一九一二年八月二十九日）

（前略）现在中华民国成立，得达共和目的，人人皆志愿已足，愚则以为未也，必使中华民国立于地球上为莫大之强国而后快。特今日中国既贫且弱，曷克臻此，故欲能自立于地球上莫如富强，富强之道莫如扩张实行交通政策。世人皆知农、工、商、矿为富国之要图，不知无交通机关以运输之，则着着皆失败。譬如香山县，由县城至敝乡②不过五十里，舟车不通，人以肩负物，每百斤脚价约一元，以每吨计之，不下七元。若由美国经数万里运货至中国，每吨不过二元五毛。以中西同一货物，价值五元，加以水脚计之，在美来不过七元五毛，而中国自运则十二元矣。人情喜便宜，断不能舍贱而买贵，则交通不便，实业必不能发达，可以断然。前时在安南、广西曾见农家烧毁陈谷，询之，因运道不通，无处可藏，故毁弃之，可为旁证。故今日欲谋富国之策，非扩充铁路不可。

愚见拟于十年建筑二十万里铁路，在旁人乍听之，以为诧异。若以最浅近、最简单之法言之，则人人共晓。譬如以十人一年工作，筑造路工一里，以此推之，则二十万人一年可筑二万里，二百万人一年可筑二十万里矣。以中国四万万人计之，能当路工者岂止二百万人乎？特一人驾驭二百万人或不易，或以各小团分办，则规画自易。期以十年则范围更宽，其成功可操券也。惟是此项预算必须六十万万元。以美国铁路每年收入七万万计之，合中国币不下十五万万元，将收除支，大约盈余准在六七万万元，以十年计之，尽可还本。将来每年增加十数万万，比现在中国每年收入三万万算之多出四倍，则民间负担之力可以锐减，兴办各事不必患贫矣。而鄙人尤以缩短时间为最要。以今日草创伊始，以为路之速成与否似

---

①　中华全国铁路协会系由北京国务院交通部发起组织，总统府秘书长梁士诒兼任该协会总理。欢迎会于二十九日下午在万生园畅观楼举行。孙文演说后，被推举为该协会名誉总理。

②　香山县城为石岐镇，"敝乡"指翠亨村。

无关得失。由其后路溢利之日，回首当初，其时间岂止一刻千金，至为宝贵。即如美国收入十五万万，平均计之每日四百万，若迟筑十日，则四千万矣。延误光阴，坐弃巨款，岂不可惜！故鄙人尤以迅速为要。至于藉此铁路运输农工商之实业，其中直接间接官民受益，岂止倍蓰！故今日欲言富国必以此始，亦舍此别无良策也。

至强国一节，譬如中国有二百万兵，分布二十余省，平均〈每省〉不过十万耳，人以三十万兵可以制胜而有余。盖人以三十万兵敌十万，非敌二百万也，其制胜可断然矣。其故皆由交通不便，运兵运饷非数月不能到，及其到时，则大事〔势〕已去矣，则名为二百万兵与无兵同。今若铁路交通，不过百万兵已足。盖运输便利，不过数日可到，分之虽少，合之则多。以百万敌兵〔兵敌〕三十万，加以主客异势，蔑不胜矣。故鄙人以为欲谋强国，亦必自扩充铁路始也。

以上各节，仅就愚见所及，布臆于诸君，祈诸君有以教之。如果诸君不河汉斯言①，各出其经验及专长以经营之，鄙人可决中华民国为最富最强之国，亦可决中华民国为地球上②最有名、最富强之国。民国幸甚！

据《欢迎孙先生三大会记》（北京特派员函），
载一九一二年九月五日上海《民立报》第六页

---

①　河汉，即天河，亦称银河。《庄子》"逍遥游第一"以"河汉"比喻大而无当的空话；后人用为动词则作"河汉斯言"，即视为空话而不信。

②　此处删一衍字"为"。

附：全国铁路干线之规画①

三大路线

（甲）南路起点于南海，由广东而广西、贵州，走云南、四川间，通入西藏，绕至天山之南。

（乙）中路起点于扬子江口，由江苏而安徽，而河南，而陕西、甘肃，超新疆而迄于伊犁。

（丙）北路起点于秦皇岛，绕辽东，折入蒙古，直穿外蒙古，以达于乌梁海。

三线之优点

（一）地理：我国南北干线已有规画，而东西干线尚付阙如。有此三线，全国即可联络为一。

（二）种族：三路皆纬线，斜行包括西、北两部五族交通，种族易于同化。

（三）殖民：西北交通，可实行东南移民政策。且交通便则资本家自咸愿投资，劳动家自远出佣力，尤收无形殖民之效。

（四）海道：三路纬线，其起点皆得独立出海之口，可补原有铁路多平行线而无独立出海者之缺，且水陆运输易于联络。

三线之研究

（一）三路终点于水或陆之联络如何？铁路宜与他航线或路线联络，今三线东端起点均与航线联络，而西端终点应筹出路否？

（二）三路终点于形势扼要如何？西北、西南逼近他国，其势力浸注之点究

---

① 中华全国铁路协会欢迎会开始时，由该协会总理梁士诒致欢迎词，并在演说中介绍孙文所拟定的全国三条铁路干线，同时就其优点及须加研究的问题予以评论。本文"三大路线"的内容，与一九一二年六月二十五日孙文对上海《民立报》记者所谈完全相同；而"三线之优点"、"三线之研究"两部分，则为梁士诒所提出者（亦见《中华全国铁路协会与孙中山先生商榷全国路线书》），但不排除事先磋商时征求过孙文的意见。兹附载于此。

在何处？我所定之终点于国防、实业上能占优势否？

（三）三路于世界交通上之价值如何？三路于全国交通自是极有价值，然于世界交通上未审若何？近顷俄人已发起一缩短欧亚交通之新路，此节应注意否？

据《全国铁路协会欢迎孙中山记事》“梁士诒演说词”，载一九一二年九月六日上海《时报》（三）

谋邮政之发达

在北京邮政协会欢迎会的演说①

（一九一二年八月二十九日）

鄙人于邮政素无学问，但现在〈由〉欧美回来，颇有新知，愿贡诸君之前：一、邮政。各国邮政，向来用邮船或铁路输送，现在发明一种新法，用汽管运输，其快便比船路数倍。二、电报。中国用号码，翻译甚为不便，现在各国发明一种绘图电机，将来用写中文，亦可仿行。三、因邮便之便利，以运送各物。各国近今甚发明，以为收入之大宗。至于储金一事，德、美各国最为发达，为人民生计上甚有关系也。以下〔上〕各节，略举所闻，以贡于诸君，曰：谋邮政之发达，则中华民国幸甚。

据《欢迎孙先生三大会记》，载一九一二年九月五日上海《民立报》第六页

---

①　二十九日下午孙文在北京继出席全国铁路协会欢迎会之后，又出席邮政协会在万生园举行的欢迎会，并发表演说。

学问为文明之母

在北京学界欢迎大会的演说①

（一九一二年八月三十日）

今日承诸君在此开大会，兄弟得与诸君相见，欢忻无既。

学界与此次革命大有影响，盖以前鼓吹革命，学界力量居多，则今日革命成功，学界功劳亦最大。然而学界于民国未成以前其力量既大，而今日革命功成建设方始，尤须大发宏愿助民国之进行。所以今日担任国家事情比革命以前尤为重大，方能致国家于巩固地位。

现在文明世界无论作何种事业，非学问不能成功。所以，国家文明程度即视学问程度高下为标准。学问程度高则文明程度亦高，学问程度不发达则文明程度亦不发达，是学问为文明之母。当今时代，非有学问则其国不能在地球占一地位。数百年来新发明之学，自欧洲传到美洲，进行势力日长一日，无学问者如非洲、从前之南北美及现今之亚洲各国，都被欧美有学问的国来干涉其国政，可见国家全靠学问而生存。现在我民国破坏方毕，建设伊始，前途远大，第一就要从学问上来用功。既要从学问上用功，就要有方针、有学说。然必有正当学说，方针始能定。如学说背于公例，虽有方针亦不能进行。然而学说亦随时而变。

自有生民以来，天演进化有一定的道理。然必等专门名家考察始能得之，故学说有时与天演进化的道理少有不同。我中国几千年来对于此种进化学说无人发明，过后几时期始得学者发明。近四五十年来，各国学说于进化之事已相去甚远。即如强权竞争、优胜劣败之学说，欧洲在三十年前发明，以为天演进化由考究物理而得，就由植物原理进以推至人类。自此种学说发明以来，多是优胜劣败，有强权无公理。近来新学说发明渐有不同，以为此种道理应在人类初进化之时期，距今数千万年，已不适用。现在之人思想开通，学问进步，居今日推想，从前本

---

① 三十日下午，孙文往湖广会馆出席学界欢迎大会，到会二千余人（一说千余人）。

用优胜劣败始能至今日文明地位，既至今日文明地位，则有强权无公理之学说便不适宜。英国达尔文①发明进化之理，是对于从前而言，非对以后而言，是对野蛮时代而言，非对文明时代而言。

我中国本进化之理，经过革命时期，已将黑暗政治推倒，渐及文明政治。今正在过渡时代，政治思想学问恰逢地球学问过渡时代。所以从前是野蛮时代，今日是文明时代，野蛮时代讲力量、讲强权，文明时代讲道德、讲公理。从此以后学问过渡后，方针一定照文明学理做。革命以后要讲民族主义、民权主义、民生主义，以求人民之平等自由。此三种主义就是学问之进步，文明之进化，讲道德学说即要从此三种进行。以后学说就不能主张优胜劣败，要主张一种道德学说，道德学说不是讲优胜劣败的，是优者助劣者。野蛮时代有强权有力量者残害无强权无力量者，大背公理。自有人类以来，中国学说主张道德都是公理，不是强权。各国新学者亦是讲此种道理几十年矣。

近来物质的科学发明，始知古今来的文明进化是对已往而言，今日学者须要改变方针，从道德上进行，始能至政治上平等自由。天之生人，才质不同，有聪明有愚蠢，而以云平等，必须以有聪明有学问者辅助无聪明无学问之人。所以有聪明的人，有势力、有机会讲求学问，较他界人知识高一等。他界人即有聪明，无此机会，是知识学问全被学界垄断。所以有学问有知识并非因为压制无知识之人，是要辅助无知识之人，政治上始能平等自由。盖无学问无知识者之责任，即有学问有知识者为之担任，然后能自由、享幸福。

未革命以前兄弟尝闻报纸上说，学界有一新名词，谓学生将来作中国之主人翁。此话在专制时代可说，盖学生将来在专制政府作官，尽其聪明才力辅助皇帝压制平民，皇帝为专制国之主人翁，则辅助之者可为小主人〈翁〉。学生为将来之主人〈翁〉，是专制时代之学生，今政体改为共和，则此种话已不适用。所以现在之学生，不特非将来之主人翁，并且是中国将来之奴仆。因为学生讲求学问，其聪明才力比平民高一等，为一般国民担负责任，即系一般平民之公仆矣。所以

---

① 达尔文（Charles Robert Darwin），代表作《物种起源》（*The Origin of Species*），其自然界生存竞争的学说被称为达尔文主义（Darwinism），即进化论。而本文论及以生存竞争解释人类社会现象的见解，在西方则称为社会达尔文主义（Social Darwinism）。

政体革命，学生思想亦要革命，要改从前思想成一种为国民造幸福的思想。要想国民程度、本领既不如我辈，则须代彼担负责任，不可恃学问压制平民，此种思想就是道德思想。如因我有学问即用以压制无学问之人，即为野蛮思想。

今天学界诸君欢迎兄弟，所以就有一句话为诸君劝勉，诸君此后求学的方针要改为文明的方针，思想切勿存以前权利的思想。有学问有本领，在社会上应该与同胞代劳，作奴仆，始不负求学者之本旨。今天兄弟望学界诸君皆能变以前之方针思想，以尽力于中国建设事情，就可以巩固中国，为一个最文明最强盛之国家矣。

据《孙中山赴北京学界欢迎会演说》，载一九一二年九月四日天津《大公报》第二张（三）、（四）

附：另记录之一

兄弟今日承学界诸君厚意，欢聚一堂。兄弟于我中华民国学界前途，对于诸君有无穷之希望。盖学问为立国根本，东西各国之文明，皆由学问购来。我国当革命以前，专制严酷，人无自由之权。然能提倡革命，一倡百和，以至成功，皆得力于学说之鼓吹。数十年来，奔走运动，都系一般学界同志之熟〔热〕心苦业，始得有今日之共和。今破坏已完，建设伊始，前日富于破坏之学问者，今当变求建设之学问。

世界进化，随学问为转移。自有人类以来，必有专门名家发明各种专门学说，然后有各种政治、实业之天然进化。二十世纪以前，欧洲诸国发明一种生存竞争之新学说，一时影响所及，各国都以优胜劣败、弱肉强食为立国之主脑，至谓有强权无公理。此种学说，在欧洲文明进化之初，固适于用，由今视之，殆是一种野蛮之学问。今欧美之文明程度愈高，现从物理上发明一种世界和平学问，讲公理，不讲强横；尚道德，不尚野蛮。从前生存竞争之学说，在今日学问过渡时代已不能适用，将次打消。何谓过渡时代？盖由野蛮学问而过〔进〕于文明学问也。诸君今日于学问一途，尚当改良宗旨，着眼于文明，使中国学问与欧美并驾，则政治、实业自有天然之进化，将来中华民国庶可与世界各国同享和平。且专制时代，一般士子求学之心思，皆以利权为目的，及目的达到，由是用其智识剥害民权，助桀为虐。是学问反为贼民贼国之根由，此兄弟从前之所痛恨最切者。今国命既革，诸君求学之心思，亦宜更革。盖共和之国，首重平权，弱肉强食、优胜劣败之学说，是社会之蠹，非共和国之所宜用。我国四万万同胞，智愚不一，不能人人有参政之智能。才智者既研究各种学问，有政治之能力，有政治之权势，则当用其学问为平民谋幸福，为国家图富强。诸君须知此后求学方针，乃期为全国人民负责任，非为一己攘利权。从此研究文明学问，铲去野蛮学问，使我国之道德日高一日，则我国之价值亦日高一日。价值日高，则有神圣不可侵犯之地位，而瓜分之说，自消灭于无形也。兄弟于诸君有厚望焉。

据《中山先生之学界伟谈》，载一九一
二年八月三十一日北京《民主报》

附：另记录之二

此次革命成功，多赖学界之力。此后诸多建设，尤赖全国学界一致进行，方能成功。学界关于国家前途既如此之重，不能不定一进行方针。

从前之学界中人所知者，生存竞争、优胜劣败而已。然此种学说在欧洲三十年前颇为盛行，今日不宜主张此说，应主张社会道德，以有余补不足。大凡天之生人，聪明材力各不相同。聪明材力之有余者，当辅助聪明材力之不足者，在政治上为工人，在社会上为社会公仆。今日中国革命成功，适值改良学说之际，学说既已改良，方针亦宜改变。所为〔谓〕今日唯一之方针者，社会道德是也。

且从前学校之惯习，往往学生自命为学校之主人翁。鄙意以为此等思想，最〔只〕宜〈于〉专制时代。皇帝为全国之大主人翁，压制平民；学生在学校学成之后，辅助君主，欺辱平民，虽不能为大主人翁，亦可为小主人翁。今则不然。现值政体改更，过渡时代须国民群策群力，以图振兴。振兴之基础，全在于国民知识之发达。学界中人当知所负责任之重，今日在校为学生，异日即政治上之工人，社会上之公仆，与专制时代学生之思想大不相同。学界能尽其责任，国基方能巩固。愿诸君勉之。

据《孙中山北行录》（四），载一九一
二年九月六日上海《民权报》第七版

民国将来必要迁都

在北京参议院欢迎会的演说

（一九一二年八月三十一日）

兄弟今日所最希望参议员诸君者，在于民国建都一事。北京以地势论，本可为民国首都，故自明迄清俱无迁移。而北有山海关，南有津沽，炮台林立，国防亦固，此兄弟二十年前北来所目睹者也。无如庚子以后，国权丧失，形式〔势〕一变，南北险要，荡若平夷。甚至以一国都城之内，外人居留，特画区域，炮台高耸，兵队环集，是无异陷于外人势力包围之中，被束缚其手足。此后我若举行练兵增防，彼必横行干涉，甚且彼亦愈增兵设防。而况都城地点，北邻两大强国。俄在蒙古，日占南满①，韩、满交通日便，一旦有变，五日间日兵可运到十万，北京内外受困。如此，可知时势不同，断难拘守旧说。在前清时代，举国上下，敷衍因循，遗误至此，可胜浩叹！兄弟之为此言者，非好事变更，实国家中心之政府，处此危城，万无腾展之余地，为可哀也。

即如兄弟此次来京，前日至〈东〉交民巷，我兵有一人误入外人门户，次日外人即有公文到外交部，责我违背条约。本国人在本国都城内，尚受外人限制，此地尚可一朝居乎？古人谓城下之盟，为丧权辱国。诸君试想，国都内受此限制，辱岂仅如城下之盟！夫亚洲国家，强如日本，弱至暹逻，皆无受困至此者。而我以莫大之古国，新造之邦基，岂可不于此首谋所以位置？故兄弟谓北京万不可居，将来须急速迁移。至于地点，则长安、开封、太原、武昌、南京，无之不可。春间武昌、南京之争，皆不成问题。亦非谓武昌离海较远，即可图存。盖图存在能自强，如不自强，即远至成都，贼亦能往。不过目前择一离外人稍远，免于就近

---

① 南满即东三省南部地区。

受缚如北京之地者，便于自由练兵，从容活动耳。

今日世界各国，乃武装的和平。无事时不知感觉，一旦有事，北京政府只有坐以待毙。兄弟来京，认此为最大问题，二三日后，即将与袁总统详细协商。在袁总统对此亦无甚成见，将来不难得其同意。至有谓迁都为外人所不许者，兄弟谓外人断不至如此野蛮。我之国都，我欲迁徙，外人不应无理干涉。若担保其无意外危害，谅外人亦必以我之迁都为然。兄弟所见如此，愿参议员诸君注意。是所切望。

据《参议院欢迎孙先生记》，载一九一二年九月六日上海《民立报》第六页

军警之责为捍御外侮决不可干预政治

在北京军警界欢迎宴会的演说①

（一九一二年九月一日）

（前略）军警为立国之基本，世界各强国皆由军警购来。我国去岁起义武昌，各省响应，亦皆由军警界同胞热心向义，始得将专制政府推翻。今共和告成，外侮环伺，所赖于我军警界同胞，较革命时为尤甚。盖未革命之前，吾人所反对者为专制，故不得不藉军警界同胞之力，将帝制锄而去之。今专制已革，中国一家，所恃以保护我国民者即军警界同胞是也。我军警界同胞既能同心一志，破坏专制，必能同心一志稳建共和。当此国势频危，日人驻兵于南满，俄人驻兵于蒙古，英人驻兵于西藏，法人驻兵于滇、黔，思为瓜分，以印度我、波兰我，而我之所赖以为对待者，则军警界同胞是。是军警界同胞之责任，较革命之责任为尤重。我军警同胞须知合力同心，以尽对外之义务，决不可干预政治，扰乱腹地，以促中国之亡也。

我国共和程度尚在幼稚时代，我军警界同胞只宜扶持之，保护之，决不宜鞭笞之，摧残之。专制时代之军警专为保护皇室，残害同胞；共和时代之军警则为

---

① 一日中午，北京军警界在万生园畅观楼举行欢迎宴会，军官、警官约二百人出席。

捍御外侮，守卫同胞，共享利益。外国军警皆以对外为主义，于本国之内政立于观望之地，各尽天职，不相妨害，故其国之富强蒸蒸日上。今我军警界同胞果能以国家为前提，努力前途，对于外尽捍御之劳，对于内尽维持之力，则我中华民国自此日进富强，可称雄于东亚也。兄弟承诸君厚意，欢聚一堂，实于诸君有无穷之希望焉。

据《九月一日孙先生欢迎会记》"（一）北京军警界"，载一九一二年九月八日上海《民立报》第六页

附：另一记录

国与国有强权无公理，中国因交通不便，种种失利，以致外人视我完全国为半开明的国。今欲造成完全独立国，不外乎谋共和之准备，当以民权为本位，保障民权为第一着。古人云：人类有善有恶。余以为人性之分其善恶，全在教导之良不良，故军警有保障民权之责，亦有除暴安良之责也。军警同是军人，皆无干预政治之权。然而军人最高贵，立在三权以外，且立于行政官之上，惟对于命令又有绝对服从之义务，而于征战时则以能牺牲身命，斯为尽职。

此次推倒专制，存立共和，皆是最高贵军人之力。然专制虽已推倒，而共和之前途，尤必赖军人之力方能保全，此余所以对于军人极崇拜而有极大之期望也。查中国现有军队一百余万人，有一百余万支枪，可于一日之间即将全国之人销灭，所以军人之势力最大，无人可以抵御。所可以制止者，惟良心二字而已，故军人必须服从命令，绝对的不得干预行政权也。

至于军人所最重要者，以能忍耐为第一要义，以保障民权、保障领土为应尽的义务。至于武力二字，系对外的，不是对内的。对内以公理相争，方不碍大局。且军人对内方针，如同保姆之对于婴孩，处处予以忍耐，予以原谅，养精蓄锐，防护〔备〕外人，保障同胞，造福于国，使国家日臻强盛，则军人荣誉当在四万万人之上也。

据《军警欢迎会纪事》，载一九一二年九月八日上海《申报》（二）

蒙藏同胞当了解共和之真理

在北京蒙藏统一政治改良会欢迎会的演说①

（一九一二年九月一日）

今日此会，聚蒙、藏同胞于一堂，实为亘古以来未有之盛举，至足感佩！我国民以自由、平等、博爱三主义造成共和国家，凡我蒙、藏同胞，首即当知共和国家异于专制国家之要点。专制国家，其利益全属于君主；共和国家，其利益尽归于国民，此即共和与专制之特异点。前清极盛时代，合并蒙古、西藏、青海、回疆为亚洲东部一大部，然国民实无丝毫之利益，其利益尽为皇帝一人所占有。即如今之俄国，其政府之强固，国力之充实，正如前清盛时，且或过之，然而俄国人民不惟不能享受国家何等之利益，于政治上且感受种种之苦痛。盖专制国通例，国愈强者，其人民之苦亦愈甚。共和国则反之。在共和国度中，其国民利益之增减，视国家之强弱为正比例。国家强盛，其国民之利益日日增多；国家衰弱，其国民之利益日日减少。盖共和国以国民为国家之主体故也。

今我共和成立，凡属蒙、藏、青海、回疆同胞，在昔之受压制于一部者，今皆得为国家主体，皆得为共和国之主人翁，即皆能取得国家参政权。方今共和初建，各种政治条理，尚未发生。将来国家立法，凡有利于己者，我同胞皆得赞同之；有不利于己者，同胞皆得反对之。非如前清之于蒙、藏，部落视之；俄国之于人民，奴隶视之；日本之于高丽，牛马视之。日本虽强，高丽人乃日即于苦痛，无丝毫利益之可言。凡我蒙、藏同胞，亦当知所以审择矣。惟以蒙、藏同胞目前未知此理，日受外人挑弄，乃发生种种背谬之行为。吾辈丁此时艰，所当力为劝导，俾了解共和之真理，与吾内地同胞一致进行，以共享共和之幸福。则贵会诸

---

① 一日下午三时，孙文应邀出席蒙藏统一政治改良会在雍和宫举行的欢迎会，并作此演说。

君之责任，亦即鄙人所希望于诸君者也。

据《九月一日孙先生欢迎会记》，载一九一二年九月八日上海《民立报》第六页

盼国民赞成借款修路

在北京蒋翊武等欢宴会的演说[1]

（一九一二年九月一日）

　　大家欢迎兄弟，实不敢当。兄弟所抱之铁路计划，自觉颇有把握。近有某报反对，谓此举难于实行，洵固然矣，但未从各方面着想。中国地土广大，边防吃紧，一有战事，则东西南北，不能即时救应，以此梗塞之国，而与列强并驾齐驱，断断乎不可。故兄弟欲期诸十年后，将全国铁路修成。但款项浩繁，非一举手投足之劳，可能成功，故兄弟主张借外债六十万万。

　　兄弟一说借外债六十万万，又有多数人反对，谓此巨款难于借着，不知此巨款不必一次借到手，分作几〔期〕限可也。例如一年六万万，以三万万购材料，以三万万作建筑费，其余数年，无非此款在社会流通。各国金钱极多，均欲投资于国外。观英国每年借出之款，约在六十万兆镑以上，法、美等国亦大略相同。拥金钱者犹之富商多米，未有不向缺米之国运入者。中国贫弱极矣，各国以米输入中国，此为当然无可疑者。人或以六国资本团借款事相例，不知此项纯含政治之趣味，资本团欲借此压迫中国。若借款修路，纯为生产事业，与此大相反，所以借款不难。兄弟甚盼国民赞成，从速经营。凡世界所有者，我们还要求精；世界所无者，我们为其创。勿畏难苟安，中国自然是极富极强，民国根本就可以巩固。兄弟所望只此。

据《九月一日孙先生欢迎会记》，载一九一二年九月八日上海《民立报》第六页

---

　　[1]　一日晚蒋翊武、邓玉麟、胡培德等十余人在北京六国饭店欢宴孙文，孙文发表此演说。

附：另一记录

当决意借债筑路，拟将全国铁路分为四大干线：其一，自科布多经蒙古、东三省曲折而达于天津；其一，自新疆伊犁经甘肃、陕西、河南而达于上海；其一，自新疆喀什噶尔而达于福州；其一，自后藏达于广州。

闻中山之意，并以为各省会商埠均宜建筑铁路，惟款难筹办，可与各国订约，令其代为建筑，四十年后收回。权限宜划清，免致损失主权。现就中国本部十八省形势而论，则以湖北省汉口为中心点；就全国而论，则以甘肃省兰州为中心点。将来全国铁路告成，以汉口为本部之铁路中心点，以兰州为全国铁路之大中心点。又于各省之中枢各自为一中心点，使全国铁路布置若蛛网然，则交通便利，当可与世界各国争雄。

据《北京专电》，载一九一二年九月四日上海《民权报》第三版

望报界协力鼓吹借款修筑铁路

在北京报界欢迎会的演说[①]

（一九一二年九月二日）

今日蒙报界诸君欢迎，甚幸！此次中国革命数日〔月〕成功，皆报界诸君言论鼓吹之力。今日得与主持言论机关诸君一堂握手，鄙人现有一种意见欲与诸君详晰言之，尚望诸君协力提倡，以底于成。

鄙人之意见，以现在政治之事有袁大总统及一般国务员担任，鄙人从此即不厕身政界，专求在社会上作成一种事业。如蒙诸君赞成，俾鄙人所怀抱之计划得实行，必与民国前途大有利益。鄙人所计划者非他，即建筑铁道问题是也。鄙人此种计划在上海时既已宣布，到京之后亦与袁大总统商议，如得国民多数之同意，

---

① 　欢迎会于二日下午在安庆会馆举行。

鄙人即着手进行。

鄙人拟于十年之内，修筑全国铁路二十万里。惟现当民穷财竭之时，国家及人民皆无力筹此巨款，无已，惟有募集外资之一法。惟借外资修路一事，在前清之时已成弊政，国民鉴于前者之覆辙，多不敢积极主张。殊不知满清借债修路，其弊病在条约之不善，并非外资即不可借。当满清之时，反对借债修路者以四川、湖南、湖北几省为最烈。然鄙人亦曾与该数省之人士讨论此问题，皆谓当日之反对外债，实因条约不善，动辄妨害国权，并非借外债即反对；若能使借债之条约不碍主权，借债亦复何伤！近日各省舆论皆如此。况且我国现有铁路，如京汉、京奉、津浦、正太各线，何一非借债而成？惟京张铁路系中国自己出资所修，然其资本又系京奉铁路之余利，其实仍系间接借债，并非中国自出资本。惟中国借债往往将各种权利抵押外人，或以厘金为投〔抵〕押，或以关税为抵押，故人民多不赞成外债。现在鄙人之计划，虽预计借款六十万万，其实此项借款并非全用现款。综核计之，不过用五分之一现款，其余仍由外国购办材料。所余五分之一之现款为数不过十余万万，在外国资本家视之甚易。

又有谓现在我政府屡次与各国资本团磋议借款，其额数多则六万万，少则二万万，然至今仍未成立，将来能否续行开议尚不可定，岂六十万万借款反可立集乎？不知铁路借款与他种政治上之借款不同，我用外国之款转购外国之材料，所有各国公司工厂皆有利益，各国必争先投资，绝无观望之可虑。

又有谓地球之上，安有此多数之款以借我用。此说尤误。譬如饥荒之人，以为天下皆无钱无米，其实米店之中惟恐米不畅销，钱铺之中惟恐钱不流通。盖在饥荒人之眼光，以为自己无钱无米，则谓天下皆无钱无米，此大不然。吾国今日处此财穷物尽之秋，以为本国资本缺乏，即谓各国皆无资本，不知各国之资本家即如米店、钱铺，惟恐我不借他之款。今我若以借款修路为计划，募集外债一层决不甚难，无可过虑。英国现在提出铁路之资本已达三百万万之数，就此一端，已可概见。

又有谓二十万里之铁路，虽有资本，十年亦不易修成。此又非也。今以十年为计划，此中已有宽余之岁月。以二年募齐外债，以二年测量线路，有五年之工夫可以全路告成，此亦并非空言。坎拿大修筑铁路，全线亦计十万里有奇，在中国招集华工十五万，三年全路告成。我国自修铁路，不用远涉重洋募集工人，难易已大不同，五年之内必定可以竣工。

又有谓鄙人之计划未免言大而夸，万难办到。不知以我国幅员之广大，修路二十万里，此为至小之计划。美国全国现有之铁路已在八十万里之数，然美国之幅员，不敌我国之大。以此计之，我国十年之内修路二十万里，确系极小之规模，并非大言夸众，千万不可误会。

又况以国防而言，以政治而言，以文化而言，铁路皆有极大之关系。现在以国防不固，俄在北满及蒙古进行，日本在南满洲进行，英国在西藏进行。我国兵力若能保护边圉，断无此等事实。然我国果无兵乎？则何以筹借外债，遣散军队？既遣散军队，人人皆知兵少〔多〕，然用兵之处则并一兵而无之，此何故哉？此即交通不便之故。又如现在俄国政府议由恰克图修至张家口一条铁路，筹议已久，转眼即见事实。试问俄国向我政府提议之后，我政府将何以应付？将拒之乎，仰〔抑〕承认之乎？我若及早自修，俄政府即无所藉口，而可以保全我之领土。且闻我政府提出此议后，法国资本家皆欲附股，将来筹款必易。我国若能趁此自修，法资本家亦必投资于我，此必然之势。至虑将来资本家压制劳动社会，此层不必过虑。鄙人之铁路计划，系预定四十年后由国家赎回，仍为国有。不过开办之时，由民间与外国借款，政府每年仍可得利。铁路公司并不能专利垄断，如美国之有钢铁大王及铁路大王等名目。至于以保全领土而论，此事尤不可缓。东三省非我之完全领土乎，现在何以入于日、入于俄？此无他，即因俄有东清铁路①，日有南满铁路故也。

总之今日修筑铁路，实为目前唯一之急务，民国之生死存亡系于此举。惟民国之主权在人民，人民以为可则可，人民以为否则否。此事如人民以为然，鄙人可以担任十年之内一律修成。惟诸君为舆论代表，务望诸君一致鼓吹，使全国之人趋向一致，鄙人即可壹志进行，总期达此目的而后已。此事总须诸君竭力协助，方可有成。鄙人之所祈祷于诸君者，此也。

据《九月二日之孙先生欢迎会》"（一）北京报界"，
载一九一二年九月九日上海《民立报》第七页

---

①　东清铁路，中东铁路之旧称。

附：另一记录

兄弟今日承诸君盛意，欢聚一堂，兄弟之所希望于诸君者至为深远。盖我国此次革命，全赖报界鼓吹之功。今共和告成，建设伊始，报界之力量较前日为宏，而报界之责任较前日尤重。上而监督政府，下而开导人民，为全国文明进化之导引线。故报界之力量日大，则国家之文明程度日高。

今当国疾民贫之时，我国立国之本，当以建筑铁路为第一政策。兄弟主张于十年内修二十万里铁路，借六十万万外债以为资本，实救国之要着，必赖报界尽鼓吹之能力，使一般人民皆知铁路之有益无害，借债之有益无害，庶铁路有告成之日，而中国有富强之期。盖借债修路，本系百利而无一害。譬如我国京奉铁路是借外债以修成者，后以所得之利续修京张铁路。现京奉铁路所获之利，十倍于资本，而东三省之农业、工业、商业皆因之而发达。此外如沪宁铁路等等，无不恃外债而始筑成。但从前借债筑路，或以盐务抵押，或以厘金抵押，或以关税抵押，或以所修之铁道抵押，故虽铁路筑成，而利权已入他人之手。从前一般人民多反对借债修路之事，探其实际，非真反对借债修路，系反对条件不善，丧失国权也。兄弟今日借债之意见，与从前不同，不由政府与外国银行团借。盖由政府与外国银行团借，即成为国际交涉，银行团势必质问本国政府，彼国政府势必多方要挟，是今〔昔〕日借债之现象是也。兄弟今日借债，则直由本国国民名义与外国资本家交涉，不须政府担保，不须抵押。外国资本家自愿以其资本投入我国，必不至如今日政府借债之难也。以国民名义组织一铁道公司，获利可接济政府，失本与政府无干。后来政府即可将原本购取所修铁道，收归国有，此为至要政策。

今日者强邻环视，我国若不急急将铁道修成，则俄人必欲夺我之蒙古铁道路线，日人必欲夺我之闽浙铁道路线，英人必欲夺我之西藏铁道路线，法人必欲夺我之云贵铁道路线。铁道为人所夺，国即为人瓜分。我报界诸君既为全国言论机关，果能尽力鼓吹，使全国人民无排外之恶感，知借债筑路为救国之急务，于十年之内将二十万里之铁道筑成，中国富强可与欧美并驾。

兄弟现于政界务脱离关系，惟于铁道则引为己任，极力提倡。报界为开通民智之先觉，诸君亦当引为己任，提倡之，鼓吹之。兄弟于诸君有无穷之希望焉。

据《中山先生昨日莅会之名言摘要》"（一）对于报界欢迎
之名言"，载一九一二年九月三日北京《民主报》第六页

借债修路于中国有百利而无一害

在中华民国铁道协会北京分会欢迎会的演说①

（一九一二年九月二日）

日前鄙人曾受北京铁路协会②之欢迎，当日并举鄙人为名誉总理。今日又受本会之欢迎，鄙人亦为总理。在鄙人之意，则甚主张两团体合并，以厚积势力，俟将来徐图之可也。

但今日之铁路问题，实为中国生死存亡之问题。今日修筑铁路之困难问题，即借债问题。今日若能修筑铁路，惟有欢迎外债，不能反对外债。若反对外债而欲修铁路，则铁路必无修成之望。鄙人深信外债之不足以祸国，且深信借债修路于中国有百利而无一害。即现在所有已修之铁路，无不获利。即如京奉铁路尚不十分发达，每年所获之利已属不资〔赀〕，京张铁路为其余利所修，此可概见。又如东清、南满两铁路为日、俄两国所修，似与我国无利，然亦不然。当东清、南满两路未成之前，满洲之大豆仅由营口一处出口，每年出口不过一百余万，自两路修成之后，今则达一③万万以上。皆因两路交通之利，故东三省农民受益匪浅。此犹他国修成之路，我犹受益如此，若我自修之路，更当受益何如？故今日我国如欲立足于世界，惟有速修铁路，以立富强之基。不然，外人之势力日益伸张，而铁路政策实足以亡人家国。铁道协会之组织即以鼓吹提倡为宗旨，想诸君

---

① 继二日下午报界欢迎会之后，此欢迎会亦于安庆会馆举行，分会全体会员出席。
② 此指北京的中华全国铁路协会。
③ 此处删一衍字"百"。

亦必以鄙言为然。

据《九月二日之孙先生欢迎会》"（二）铁道协会"，
载一九一二年九月九日上海《民立报》第七页

附：另一记录

前日由诸公举兄弟为全国铁道协会会长，兄弟是所愿意。盖今日铁道为立国之本，兄弟已屡言之，借债筑道之利益，是皆诸君之所赞成者也。借债筑路宜急不宜缓，中国当此极贫极弱之时，非多筑铁路不能转贫为富，转弱为强。中国因无铁道，以致交通不便。政府借债大半为解散军队，倘有铁道，则交通便利，可将内地之军队输于边疆，以保吾圉。如蒙古，如西藏，皆由兵力薄弱，以致外侮侵凌，是皆交通不便之故。南美六十年以来，全国铁道修至八十万里，皆借外债以修成之。南美之疆土不过三万万里之广，尚有八十万里之铁路。我国疆土有十一万里〔？〕之广，二十万里铁路，较〈南〉美固为极少焉者。俄国、日本之铁道，大都借债以修成，而国即因铁道而富而强。我国人数极多，佣工于外洋者不计其数，以筑路之工程而论，一千人每年可筑一万里。如全国人皆一律赞成，无有反对，五年即可将二十万里路线修成。由是以所获之利，渐次续修，将来利益必有十倍于兄弟所云者。铁路〔道〕协会有提倡此事之责，愿诸君研究办法，实力进行。兄弟于诸君有厚望焉。

据《中山先生昨日莅会之名言摘要》"（二）对于铁道协会
之名言"，载一九一二年九月三日北京《民主报》第六页

五族一家与世界大同

在北京五族共和合进会与西北协进会欢迎大会的演说①

（一九一二年九月三日）

五族共和合进会、西北协进会欢迎鄙人，愧不克当。

窃维民国成立，五族一家，地球上所未有，从古所罕见，洵为盛事。大抵革命之举不外种族、政治两种，而其目的均不外求自由、平等、博爱三者而已。征之历史，世界革命有因种族而起，有因政治而起。（中略）我国去年之革命是种族革命，亦是政治革命。何则？汉、满、蒙、回、藏五大族中，满族独占优胜之地位，握无上之权力以压制其他四族。满洲为主人，而他四族皆奴隶，其种族不平等达于极点。种族不平等，自然政治亦不能平等，是以有革命。要之，异族因政治不平等，其结果惟革命；同族间政治不平等，其结果亦惟革命。革命之功用，在使不平等归于平等。（中略）

我国去年革命，影响及于全部，而仅以数月之短时期，大功已告成。成功之速，可云天幸。今者五族一家，立于平等地位，种族不平等之问题解决，政治之不平等问题亦同时解决，永无更起纷争之事。所望者，以后五大民族同心协力，共策国家之进行，使中国进于世界第一文明大国，则我五大民族公同负荷之大责任也。现在世界文明未达极点，人数〔类〕智识犹不免于幼稚，故以武装求平和、强凌弱、大欺小之事时有所闻。然使文明日进，智识日高，则必能推广其博爱主义，使全世界合为一大国家亦未可定。

原夫国之所由成，成于团体。自有人类即有团体，随世运之变迁，小团体渐并而为大团体。蒙昧之世小国林立，以千万计，今则世界强国大国仅六七耳。由此更进，安知此六七大国不更进而成一世界唯一大国，即所谓大同之世是也。虽然，欲泯除国界而进于大同，其道非易，必须人人尚道德、明公理庶可致之。今

---

①　两团体于三日下午在织云公所联合举行欢迎大会，到会千余人（一说二千余人）。

世界先觉之士，鼓吹大同主义者已不乏其人，我五大种族皆爱和平、重人道，若能扩充其自由、平等、博爱之主义于世界人类，则大同盛轨，岂难致乎？

民国人口繁殖，占地球全人口四分之一，为他国所莫及；版舆辽阔，除英、俄二国以外，无与比伦。然美〔英〕属地虽多，过于散漫，将来难免不分裂。俄则领地瘠寒，可生产之沃土不多。惟中国地带温和，物产较繁盛，占天然之优胜；加以人物聪秀，比白晰〔皙〕人种有过之无弗及。从前衰弱，实因压抑于专制淫威所致。此时国体改定共和，人民生息于良政治之下，其文化进步甚速，不出十年八年必成一至强极盛之国无疑。是故以前之中国，为悲观失望之中国；以后之中国，为乐观有望之中国。但愿五大民族相爱相亲，如兄如弟，以同赴国家之事。主张和平，主张大同，使地球上人类最大之幸福由中国人保障之，最光荣之伟绩由中国人建树之，不止维持一族一国之利益，并维持全世界全人类之利益焉。此则鄙人所欲与五大民族之同胞共勉者也。

据《初三四日之孙先生欢迎会记》"（一）五族合进会、西北协进会"，载一九一二年九月十日上海《民立报》第六页

发挥政党作用与提倡国家社会主义

在北京共和党本部欢迎会的演说①

（一九一二年九月四日）

方今民国为共和政体，与专制政体不同。专制政体之主权为一人所私，共和政体则三权分立，各有范围。行政者为政府，司法者为裁判官，立法者为议院，三者以立法为最重要。立法机关乃人民之代表，欲求有完全国家必先有完全议院，尤必先有完全政党。民国初立，新产之大政党惟同盟会与贵党耳。今同盟会已与他党联合改组国民党，此后完全具政党能力者，仍惟国民党与贵党耳。但二党发生伊始，党员容有未解政党作用者，请与诸君一解释之。

今世界最完全、最纯粹可为吾人模范者，一为英国之政党，一为美国之政党。

---

① 欢迎会于四日下午在共和党本部举行。共和党成立于一九一二年五月，理事长为黎元洪。

英有两大政党，一为自由党，一为保守党。自由党主张贸易自由，保守党主张保护税关，此两大问题关系英人生计者至重，各有主张之理由，争持十余年，至今尚未解决。美国之两大政党，一为共和党，一为民权党①。当一千八百零四年美政府征服西班牙斐律滨群岛②后，罗斯福氏③继为大总统，以扩张海陆军备为急务。罗斯福本属共和党，故共和党亦主张扩充海陆军，以拓展国权为目的，是谓帝国主义。民权党反对之，于练兵一层攻击尤甚。谓美乃民主之国，最讲人道主义，且地利膏腴，民俗勤俭，为世界最富之国，闭关自守足以自豪，不必侵掠他国领土，破坏人道主义，是谓门罗主义④。两党各持一种政见，争执亦已多年，至今尚未解决。可知英美政党所争持者皆为极大之问题，各有政策，各有学问，不肯附和以求苟同。两党迭为消长，关系国家者至重。至各种议案，两党只以是非为归墟，绝不党见相倾轧。若党中各有成见，提议一案，先联合党员秘密运动，虽有害之事亦求通过；他党所提出者，虽有益之事亦极力反对。此种政党，纯乎私见。民国初立，来日方长，吾愿两党以英美先进国民为模范，主张正大光明，将来于国事必有裨益。若不以公理为归依，虽人多势众，其主张终必失败，且将贻祸国家。

余自今以后，当从事社会之事，专心办理民生实业。盖余数十年以来，夙主张三民主义，今民族、民权二大主义目的已经达到，然尚不能使多数人民享受幸福，非提倡民生主义不为功。惟现在外间之人对于民生主义颇有疑虑，是与前二十年反对革命心理无异。殊不知民生主义并非贸然欲求均贫富之谓，乃以国家之力发达天然实利，遏抑资本家之专横⑤耳。德相俾斯麦⑥反对社会主义，提倡国家社会政策，十年来披靡一世，遂致民富国强。日本杀社会党幸德秋水等多人，又主张烟草专卖，亦是国家社会主义。可知此主义并非荒谬，况英美皆受资本家专

① 民权党（the Democratic Party），今译民主党。

② 斐律滨群岛（Philippine Islands），今译菲律宾群岛，受西班牙统治三百余年。一八九八年美国在美西战争中获胜，夺取菲律宾为其殖民地。原作一八〇四年实误。

③ 罗斯福（Theodore Roosevelt），一九〇一年至一九〇九年任美国总统。

④ 一八二三年十二月，美国总统门罗（James Monroe）发表关于欧洲国家不得干涉西半球事务的宣言，被称为门罗主义（Monroe Doctrine）。

⑤ "遏抑资本家之专横"一语，据九月十日上海《民立报》第七页所载演说词（即下篇）另作"防资本家之专制"。

⑥ 俾斯麦（Otto Eduard Leopold von Bismarck），普鲁士王国、德意志帝国宰相。

制之害。美国大总统岁俸不过十万元，而资本家所雇之一法律顾问员，每年薪水竟达三十万元之巨，可知资本家势力实驾政府而上之。美国自大总统以至议员，无不为资本家所左右。中国数年后各种事业发达，大资本家必有十万人，若不防微杜渐，速行提倡国家社会主义，将来享幸福者只此十万人，三万万九千万人必为压制。故余之铁路政策亦主张国有，即是国家社会主义。民国富强之基，或在于是。

据《北京专电》，载一九一二年九月六日上海《民权报》第三版

附：另记录之一

兄弟此次北来，今日蒙贵党欢迎，至为感谢！现在中华民国共和政体，与专制政体不同。专制政体之主权为君主一人所私有，共和政体三权分立，各有范围，三者之中尤以立法机关为要。立法机关乃人民之代表，欲求有完全国家，必先有完全议院，必先有完全政党。民国初立所发生之政党，一曰贵党，一曰国民党。二党发生伊始，国民多未解政党之作用，兄弟请与诸君解释政党为何物。

世界最完全政党之国，一为英国，一为美国。英国有两党：一自由党，一保守党。自由党主张自由贸易，保守党主张保护关税，此问题至今相持未决。美国两党：一为共和党，一为民权党。一千八百四十年麦利坚〔坚利〕氏征服西班牙及菲律宾群岛①之后，罗斯福继为总统，以扩张海军为急务。罗属于共和党，故共和党亦主张拓张国权，是谓之帝国主义。民权党则反对练兵，彼以为美利坚本世界最富之国，闭关自守，足以自豪，勿须破坏人道主张，侵略他国，是之谓门罗主义。两党各持一义，至今尚未有正当之解决。可知英、美两国政党所争持者，皆是极要问题。至于议院之议案，两党各以是非为依归，不以党见相倾轧。若党中先有意见，提议一案，先联属党员，私自运动。本党提出之议案虽知无益，亦必通过；他党提出之议案虽知有益，亦必反对。此种政党，纯乎私见，必与国家无益。民国初成，吾愿两党诸君，以英、美先进国之〔为〕模范。倘以公理为依归，将来必有发达之望，若不以公理为依归，虽人多势众终必失败，此一定之公

① 美国系于一八九八年从西班牙手中夺取菲律宾为其殖民地，此处作一八四〇年仍误。麦坚利（William McKinley），今译麦金莱，一八九七年至一九〇一年任美国总统。

理也。

兄弟此次北来，拟从事社会事业，当脱离政界关系。前国民党举兄弟为理事长，今晚开职员会，兄弟即拟辞职，此后即专心致志办理实业。兄弟前曾主张三民主义，民生主义亦即其一端，惟民生主义至今尚未达到。然民生主义关系国民生计至重，非达到不可。使大多数人享大幸福，非民生主义不可。但外间对于此问题颇有疑虑，与前二十年反对革命相同。殊不知民生主义并非均贫富之主义，乃以国家之力，发达天然实利，防资本家之专制。德国俾士麦反对社会主义，提倡国家社会主义，十年以来举世风靡。日本前年杀社会党多人，其政府又主张烟草专卖等事，仍是国家社会主义。可知此主义并非荒谬，世界通行。英、美各国皆受资本家专制之害，总统岁俸不过十万，而资本家之一法律顾问岁俸至三十万，可知资本家之势力矣。至议员又多为资本家所收买。中国十年以后，必至有十万人以上之大资本家。此时杜渐防微，惟有提倡国家社会主义，此则兄弟提倡国家社会主义之微意也已。兄弟欲办铁路，每主张铁路国有，是国家社会主义，为民国富强之基。尚望贵党诸君，赞成鄙意是幸。

据《初三、四日之孙先生欢迎会记》（二）"共和党"，
载一九一二年九月十日上海《民立报》第六、七页①

附：另记录之二

共和立宪制度重在立法、司法、行政之三权，而尤以立法权为根本。此权全在国会，而国会议员之由来，大半赖政党为制造之。我国人民大多数尚不足共和程度，今日正赖有政党以指导于其间。惟政党者，本以政见不同得互相磋磨研究，竞争之事往往不免。如英之保守、自由两派，美之民权、共和两派，其政见竞争恒有越十余年，而至今率未解决者，但皆以国家为前提，未有以偏私逞意见者，此可见欧美政党之程度矣。

至党之多寡，各国不一，普通以两党为适宜。我国现在已有两大党，若能化

---

① 又见一九一二年九月十日上海《神州日报》（三）所载《共和党欢迎孙中山详纪》，其内容文字与底本相同。

除私见，互相提携，国家前途将来大有希望。特是兄弟此次来京，颇不暇尽力于党事，国民党虽举兄弟为理事长，今日即拟决计辞谢。以兄弟素抱民族、民权、民生三大主义，上二者现已达到目的，民生一端尚待研究，所谓民生主义即社会主义。此主义出世不过数十年，在欧洲经济发达，故此主义风行于社会。我国则多有误解为社会均产主义者，不知社会主义原分两种，若国家社会政策，不但不损于富者，且正所以保护富者，不使之为害于社会耳。在欧美各国资本家，专横达于极点，如煤油、铁路等均为大资本家所占有。往往多独占事业以资本操纵金融，人民受害不可胜计，故激而发现极端之社会主义，倡社会革命，此皆患在防之不早。我国将来实业发达，资本专制当亦不免，欲求幸免社会革命，莫如思患预防，从事民生主义之研究为得当。故兄弟决计投身社会，拟于十年之内利用外资建筑铁路二十万里，初办作为民有，四十年后由国家全行收回，归为国有，于民无伤，于国有利，而资本专制之事，庶几可以幸免。此不过内中之一端，其他如电车、电灯、自来水及一切公共事业，皆可仿此办法，现在欧美各国地方事业，已通行此等主义。故兄弟为中国前途计，然欲于今日，预为准备，甚欲畅发此说，以免社会上之误解，而求将来之实行。

据《共和党欢迎孙中山记事》，载一九一二年九月十日上海《时报》（三）、（四）

决意从事实业

在国民党理事会的讲话①

（一九一二年九月四日）

余决意从事实业，脱离政界之关系，且行止无定，实不能当，理事长请诸君

---

① 四日下午六时，国民党理事及参议员在北京迎宾馆开推举理事长及各部主任、干事大会，金请孙文担任理事长，孙文作此讲话。

另举他人。

据《孙中山不就理事长之原因》，载一九
一二年九月十二日上海《申报》（四）

以宗教上之道德补政治之不及

在北京基督教会等团体欢迎大会的答词①

（一九一二年九月五日）

（略谓）今日蒙各大教会牧师先生及众教友男女先生开会欢迎，〈兄〉弟实不敢当。（兼谓）此次革命功成，兄弟亦滋愧悚。但兄弟数年前，提倡革命，奔走呼号，始终如一，而知革命之真理者，大半由教会所得来。今日中华民国成立，非兄弟之力，乃教会之功。虽然民国告成，自由平等，万众一体，信教自由，亦为约法所保障。但宗教与政治，有连带之关系。国家政治之进行，全赖宗教以补助其所不及，盖宗教富于道德故也。兄弟希望大众以宗教上之道德，补政治之所不及，则中华民国万年巩固，不第兄弟之幸，亦众教友之福，四万万同胞受赐良多矣。

据《孙先生旅京记》，载一九一二年
九月十三日上海《民立报》第六页

附：另记录之一

（英 译 中）

人称革命因我而起，对此我亦不否认。但革命的理念从何而来？来自年轻时期我与外国传教士的交往，与我交往的欧美传教士将自由的理念放入我的心中。现在我呼吁教会帮我们建立新政府，如果不将基督教所坚持的美德、正义，变为

---

① 五日下午二时，北京基督教会、长老会、圣公会、公理会、伦敦会、青年会、美以会等七个教会团体，在灯市口教堂联合举行欢迎孙文大会，到会约一千五百人。孙文在会上致此答词。

国家生活的核心，民国将无法长治久安。

据 "How Americans Have Cut Off China's Pigtail of Pagan-
ism", *The Ogden Standard*（Utah，U. S. A.），November
29，1913，Page 18 ［《美国人如何切除中国的异教辫
子》，载一九一三年十一月二十九日犹他州《奥格登标
准报》第十八页］（邹尚恒译，高文平校）

英文原文见本册第 837—838 页

附：另记录之二

（英 译 中）

人们说，革命起源于我，我并不否认。但革命思想从何而来？它缘于我年轻时代与外国传教士的接触。我所交往的那些欧美人士，把自由思想置入我的心中。现在，我呼吁教会在新政府的建立中发挥作用。除非在国家生活的中心有基督教所持之美德与正义，否则民国不能持久。

（孙博士还强调了发展实业的必要性……他相信新政府关注的第一件事，应该是用铁路把各省联结在一起。）

据张建华译介：《北京教会欢迎孙博士大会》，载武
汉《辛亥革命研究动态》总第七期，一九九五年三
月出版。译自纽约《传教士先驱》杂志（*Missionary
Herald*）一九一二年十一月号发表的同题文章

解决外交问题当取门户开放主义

在北京举行答礼会的演说①

（一九一二年九月五日）

鄙人此次北来，蒙各界诸君盛意欢迎，实甚感谢。今日特约诸君来此一谈。

---

①　五日下午，孙文在北京迎宾馆举行答谢茶话会，应邀到会的有临时参议院议长及部分议员、国务院部分国务员、各界名流、报界代表共三百余人（一说五百余人）。

鄙人此次到京，所见各界现象，十分满意。鄙人在南方时，不料北方有此奋发有为之气象。及至来京之后，与各界诸君接洽，始见北方程度之进步实出意外，且深信从此南北绝无界限，国内问题今日即为圆满解决。所可虑者，惟蒙藏尚不尽知共和真理，颇有反对之趋势。然此情事，实由于两情之不融洽，遇事隔阂。即在前清之时，因内地与蒙藏不通闻问，此等现象亦所不免；不过今日之事比以前较甚，一时不易解决。然此事虽为国内之问题，其实则皆关于外交之问题。今日欲解决此问题，非先解决外交问题不可。

我中华民国自成立以来，及今已有九月之久，尚未得各国正式之承认。此事之原因有二：

〈其〉一，由于"临时政府"字样为各国所不信任。在各国之解释"临时"二字，以为非稳固、永久的机关，乃一时假设的机关，将来有无变动尚不可知。故对于承认一节，亦多有迟迴顾虑之态度。当南京设立临时政府之时，鄙人初由海外归来，承南方同志委托，组织临时政府事宜。其时以革命尚未成立〔功〕，若不亟行组织政府，与〔于〕大局上非常危险。然此时皆谓南北尚未统一，组织政府本为一种临时之机关，故皆主张定为临时政府。鄙人虽知此事不妥，亦不便勉强。而当时主张此议之人，亦不料有今日外交上之问题。今我国内问题悉已大定，所困难者，惟此外交上之问题耳。临时政府已成立九月，此刻"临时"二字已不适用，鄙人主张及早取消"临时政府"字样，以免惹外人之疑虑，冀求早得各国之承认。即如前巴拿马革命政府成立一日，即首得美国之承认，盖美国深信巴拿马之新政府为稳固、永久之政府，并非一时假设之政府，故美国敢首先承认。今我民国因"临时政府"四字，受害非浅。

其二，即各国现在对我之态度皆取一致进行，未有一国肯于先犯众怒，故于承认一事皆迟迟不决。此中原因，盖以各国对于我国皆有种种权利之关系，如一国有单独之行动，即启各国之惊疑，必须各国同时承认，而一国不能先自承认，此亦最大之一原因也。故鄙人以为目前重大问题莫如外交。将欲解决此困难问题，非改变从前之闭关主义不可。

今人多以为外交问题无从解决，其实不然。我若改变闭关主义而为开放主义，各国对于我国种种之希望，必不能再肆其无理之要求。暹逻在前清之时，视之不如高丽、安南，人口仅有五百万，且为实〔专〕制政体，较之我国从前时代殆有过之。然至今能保其独立国之资格，其领土如故，主权如故，无他，即用开放主义。使其国中之矿山、铁路皆准外人经营，不加以种种限制，因开放其小者而获保全其大者。即如俄国之制造厂、兵工厂，皆用英、美人为之。日本、意大利国，其关于制造事业亦多由英人主持。

今日为钢铁世界，欲立国于地球之上，非讲求制造不可。我国因排斥外人，不肯由外人办一〈兵〉工厂，而出重价以购他国之军器，其不合算亦甚矣。惟今日欲办一可用之兵工厂，其资本至少须一万万。现我国绝无此力可以筹此大款，仍必以借款为之。与其如此，何如与外人合办。由外人入股五千万，我国自出五千万。如准外人入股，外人因有希冀可图，绝非如雇佣之关系可比，于我必有利益，此无待言。鄙人主张用外人办理工商事业，乃订立一定之期限，届期由我收赎，并非利权永远落于他人之手。惟我国以卖路、卖矿皆为世所诟病，故于此事不敢主张。然鄙人敢保此事有利无害，日本行之已获大利，此又彰明较著者也。

即如①主张十年修二十万里之铁路，势不能不用外资，即开放主义。我国之受害，即因凡事自己不能办，又不准外人来办。然一旦外人向我政府要求，或以其政府之名义向我政府要求，我又无力拒绝，终久仍归外人之手。如满洲铁路全归日、俄之手，即此例也。但路权一失，主权领土必与俱尽，此大可为寒心。若因保全小事而失大事，何若保全大事而开放小事之愈也。

故今日欲救外交上之困难，惟有欢迎外资，一变向来闭关自守主义而为门户开放主义。此鄙人对于现在外交问题之意见，尚望诸君切实研究。

据《孙先生迎宾馆答礼会记》，载一九一二年九月十二日上海《民立报》第七页

附：另一记录

此次北来，得睹北方各界诸君对于共和之热心，种种事业均是惊人，大非南方人所能料及。将来回南，必将此来所见详细报告，使南方同胞惊异北方之进化，

---

① 此处删二衍字"张十"。

其喜慰想必亦如鄙人。

惟此时吾人所当注意者，外交问题。我中华民国自成立以来，及今已有九月之久，尚未得各国正式之承认。此事之原因有二：〈其〉一，由于"临时政府"字样为各国所不信任，在各国之解释"临时"二字，以为非稳固、永久的机关，乃一时假设的机关，将来有无变动尚不可知，故对于承认一节，亦多有迟迴顾虑之态度。当南京设立临时政府之时，鄙人刚由海外归来，承南方同志委托，组织临时政府事宜。其时以革命尚未成功，若不亟行组织政府，与〔于〕大局非常危险，然此时皆谓南北尚未统一，组织政府本为一种临时之机关，故皆主张定为"临时政府"。鄙人虽知此事不妥，亦不便勉强，而当时主张此议之人，亦不料有今日外交上之问题。今我国内问题悉已大定，则"临时"二字已不适用，鄙人主张及早取消"临时政府"字样，以免惹外人之疑虑，冀早得各国之承认。即如前巴拿马革命政府成立之日，即首得美国之承认，盖美国深信巴拿马之新政府为巩固、永久之政府，并非一时假设之政府，故美国敢首先承认。今我国因"临时政府"四字，受害匪浅。

其二，即各国现在对我之态度，皆取一致进行，未有一国敢先犯众怒，故于承认一事皆迟迟不决。此中原因，盖限于均势之局。各国对于我国皆有种种权利之关系，如一国有单独之行动，即启各国之惊疑，必须各国同时承认，此亦最大之一原因也。

然吾人尤有宜注意者，为现在之大势非闭关时代可比，除领土、人民、主权三者不使外人少有侵犯外，余如工商等事，非持开放门户主义不可。我国工商不振，由于资本缺乏。开放门户主义之外，尤须欢迎外资从事实业，则数十年后，工商必大振，而国因以富强，至欢迎外资经营铁道等事业，将办法及其利害屡次演述，想诸君早有所闻。鄙人此次来京，内国〔国内〕问题已经解决，所未解决者对外问题耳。对外问题之关键已如上述，愿与诸君一商榷之。

据《孙中山开茶话会纪事》，载一九一
二年九月十一日上海《申报》（二）

满族当自立

在北京筹备八旗生计会所欢迎会的演说

（一九一二年九月六日）

政治改革，五族一家，不分种族。现旗民生计困难①，尚须妥筹，务使人能自立，成为伟大国民。

据《北京电报》，载一九一二年九月八日上海《民主报》第三页

共和国家当共享权利共担义务

在张家口各界欢迎会的演说②

（一九一二年九月七日）

兄弟到张，蒙军、学、商、工各界及各团体欢迎，实不敢当。

今日中华民国成立，汉、满、蒙、回、藏五族合为一体，革去专制，建设共和，人人脱去奴隶圈，均享自由平等之幸福，实中国四千年来历史所未有。吾人何幸开此创局。诸君回思去年今日，犹处于专制政体之下，以四万万人受制于一人，以四大族屈服于一族。较之今日共和政体，人人自由，五族平等，其尊贵卑贱相去何如。盖专制国以君主为主体，人民皆其奴隶；共和国以人民为主体，政府为之公仆，无贵族、平民之阶级，无主国、藩属之制度。此五族共和之所以可贵，而孟子"民为贵，社稷次之，君为轻"之言为不诬也。但共和国家，既以人民为主体，则国家为人人共有之国家；既为人人共有之国家，则国家之权利，人人当共享；而国家之义务，人人亦当共担。界无分乎军、学、农、工、商，族无

---

① 原文为"现旗民生计会困难"，"会"应属衍字，故删去。
② 九月六日孙文自北京至张家口，视察京张铁路。七日出席各界欢迎会，发表演说。

分乎汉、满、蒙、回、藏，皆得享共和之权利，亦当尽共和之义务。

据《中山之关外游》（一）"张家口之盛会"，载
一九一二年九月十七日上海《中华民报》第七版

琼州改省与筹办铁路

在北京粤东新馆恳亲会的演说①

（一九一二年九月十日）

（孙君演说，将广东琼州②改为行省：）

琼州一岛，孤悬海外，为欧亚交通孔道。形势握要，屏蔽全国，物产丰饶，利于殖民。然欲经营之、垦拓之，须改为行省，始有所措手。愿同乡诸君留心研究此问题。

（同乡中有张汝翘起而质问，谓昨日总统下令先生筹办铁路，组织公司。此公司纯似官厅性质，于先生平日经营社会实业之宗旨有背，若果民业性质，又何必由总统下令？）

（先生言：）此公司系民业性质，与官厅不同，视日本之正金银行、三菱公司大略相等。因铁路公司系最伟大之事业，余所计划办路线二十万里，需款六十万万，若政府不授我以全权，如何能向外国人借款？况路线甚长，其中关系复杂，必须为政府特许，始能着手实行。故大总统命令，系代表四万万人；以筹办铁路全权许我，即以对外借债修路之责委我。我得此权，根据异日参议院议决之借债条件，即可与外人订立合同，包筑铁路，俟四十年后，政府可不费钱坐收二十万里之铁路。

据《孙中山之高谈雄辩》，载一九一
二年九月十八日上海《申报》（二）

---

① 十日下午三时，孙文在北京粤东新馆恳亲会上作此演说。

② 琼、琼州成为海南岛的别名，溯源于唐代。海南在元末隶广西，明初改隶广东。明清二代，广东行省在海南设琼州府治理。一九一一年废府，一九一二年民国成立后改设广东省琼崖道，至一九八八年始析置为海南省。

附：另一记录

（陈治安问：中国有两岛，一台湾，一琼州，台湾已被日本占去，惟余琼州万一再为法占，则全国受影响。若欲整顿，非将琼州改为一省不可。但一切行政之费，非得中央政府扶助及借外债不可。此事望孙先生帮忙。

梁士诒继云：广东僻处一隅，去中原颇远，且山多田少，民食不足自给。从前粤人争往外洋谋食，近因各国禁阻华工，粤华侨恐无立足地。近虽有殖民于东三省或蒙古之说，然其地苦寒，与粤人体质不相宜。琼本广东九府之一，粤人移此，必能相合。然非改为省，而请中央政府协济，则此事原不易言。昨与孙先生谈及此事，今日又得琼州陈君为之萌芽，诸君如以为然，则请研究此问题可也。）

（中山先生起立答云：）近日江苏人欲将江北改省，然其地与江南仅隔一扬子江耳，改省与否，无关紧要也。琼州则孤悬海外，当民国之最南，其海峡之最狭者亦与内地口岸隔八十里，万一不能关照，失去琼州，则高、廉、雷等府及广西之太平等处大有危险。今为边防起见，宜将琼州另立一省，其五指山内黎峒所未辟之地，则移广州〔东〕八府之人以实之，则琼州或可自守矣。况琼州有一榆林港，极合军港之用，此港为欧亚航路所经，如立为军港以守之，则不特可以固中国之门户，且可以控制南洋一带。至于实业，则琼州四面滨海，海物甚丰。琼多山木，其材木足供数百〔?〕铁路上枕木之用。农田岁数熟，矿产又极富。琼地又能种树胶之木（近日树胶之用极广，每树胶一磅值银数元，一树能出十余磅）。琼之糖产、槟榔等又极丰。若为外人所占，则大利外溢，贻患无穷。且檀香山面积不过六七千方里，从前粤人侨此者四万，日本七万，土人数十万，亦足供殖民之用。今琼地万余方里，地大于檀，产腴于檀。美人为海防起见尚极力保全檀香山，何中国人不以琼为意乎？今陈君提倡设法保卫琼州，琼全则粤全，诚急务也。

（张汝翘问：先生之办全国铁路，必须要求大总统付以全权，是否含有官场性质乎？）

（中山答云：）全国铁路二十万里，非借外债无此巨资。如以私人资格借债，则外人不信，不能借，非政府授以特权不可。例如日本之正金银行亦系私人营业，而政府假以大权者也。如国家以全权授我，照日本之邮船会社办法，俾我办全国铁路有对外借债之全权，复又须得参议院通过，则我以私人营业造路，与外国大公司商量，造成之后四十年将全路交回国家。不观香港之批地建屋者乎？批地以四十年为期，建屋收租，到期则连地连屋皆归还地主，而建屋之人亦获大利也。况建路之费，比建屋为省得多乎？如不用此策，我度十年以后，中国亦不能造成五万里之铁路。若用此策，则政府对于外国资本家不负责任，而我公司则对外国资本家负完全责任，则国家可免许多棘手之处也。不观日本东京之电车乎？先由民办二十五年后，收归国有。今我仿此办法，四十年后全路收归国有，则此时人材已出，条理亦臻完善，政府可以坐享其成矣。但此事非得国民赞成亦不能办。大总统系四万万国民之代表，故非由大总统任命不可，并非含有官场性质。

据《孙先生旅京记》"粤同乡欢迎会"，载一九一二年九月十八日上海《民立报》第七页

释借款筑路主张并答诘难者

招待北京报界茶话会的演说和答问①

（一九一二年九月十四日）

兄弟今邀诸君，实因所拟全国铁道计画须有与诸君商议之处。即前日兄弟受袁大总统"全国铁道计画全权"之命令②，主集资六十万万，以十年办完中国铁道二十万里。本京各报馆多数赞成，亦间有二三报馆反对之者，而赞成之报馆亦未见批驳其说，故兄弟今日不能不将此事为诸君说明之。

大概反对之报可分为两派：一、不明反对派；二、明反对派。所谓不明反对派者，即对于兄弟受袁大总统命令中之"全权"二字而反对之说也。其说谓"全权"二字，在法律上则对于国内之职官无此委任，在政治上则不免侵越各国务

① 十四日下午，孙文在北京迎宾馆举行茶话会，到会者有近四十家报馆共百余人（另说六十余人、七十余人）。孙文发表此演说。

② 此指九月九日袁世凯"特授孙文以筹画全国铁路全权"之命令。

员、行政官厅之权限。此说大谬。盖国家委任命令，有职务之委任，有事务之委任。职务委任者，即委任各职官之谓；事务委任者，即以一事一物特别委任之谓。兄弟所受委任，事务委任也。今试设小譬以喻诸君：例如此迎宾馆也，修造之于美国工头吉米森，然吉米森于我国土地上本无修造房屋之权，所以得造成此迎宾馆者，以有中国前清政府之委任耳。兄弟今日受全权委任计画铁道，以迎宾馆之吉米森例之，直可谓之中国铁道工头，不得谓之官职。虽铁道与迎宾馆事业之大小不同，而法理上初无差异，则与行政官厅有何妨碍乎？至必用"全权"二字亦有理由，何则？我国此时修筑铁道万不能不恃外债，此人人能知之者，然欲招外债而无政府特别之委任，则我全国四万万人皆可以铁道之名义招集外债矣，其谁信之者？且兄弟得政府之全权委任，即以私人资格组织公司，而以公司营业性质向外国资本家借债，则脱离政治上、国际上种种关系，一切交涉皆与外国资本家直接，后惟对于资本家负责任，不对于外国政府负责任，即有龃龉亦不致惹起国际交涉。诸君其知之乎？

至集资修路之法，兄弟已拟有三条件，由袁大总统提交参议院议决后当即宣布。其条件如左：

（一）借款修路，如京奉、〈京〉汉、沪宁诸路之办法；

（二）招股修路，中外合资组织在中国注册之公司；

（三）批拨外人承办，以四十年收回国有，其条件以不碍中国之主权为范围。

兄弟主张〈之〉第三条件，以自办则有危险之负担。且中国此时所最可虑者是人材缺乏，合计全国现在铁道人材实在可用者不过百余人，而经理之材则尤难，即外国亦不多有。如美国之铁道公司雇一主任总经理人，其身价必岁给百余万元，高出于大总统以上。而中国今日欲求此人，顾可得乎？无此人则必至有折阅之患。借债修路，我虽折阅，仍必岁还其利息，其亏损不更多乎？故不如批拨外人承办，订立合同，约定四十年不论赢亏仍归中国所有，则我不费一钱，不负危险，其利益乃更大也。然外国人亦断不至虑其亏损，因批办则由彼负完全责任，必尽心尽力，用彼最上之工师、最良之方法以从事也。若六十万万资本之铁路悉批与外人承办，四十年后不给价值而收回国有，是无异每岁获一万万五千万之大利，是以兄弟以第三法为最有利也。诸君不必疑外人承办为兄弟之创例，如法、如意、如西班牙、如美利坚，皆有外人承办铁道也。

至若明反对之报所主张者则更可笑，兄弟今限于时间，不暇详辩，请撮其最有力者三要点驳之。

第一，该报谓比来临时政府大借款与小借款均未成立，今欲借款修路，恐目的难达。兄弟则以为此并不难。六国银行团①之借款不成立者，非外国不借债与中国，以其要求之条件有不能承认之处耳。可见外款只有应借不应借之问题，并无难易之问题。其有以为难者，胸中无对外之政策故也。

第二，该报因兄弟主张民办国有，因举美国伊利博士之说以相诘难。不知著书在二十年以前，其说谓美国之铁道太多，则应从此不修铁道矣。何以当亿〔伊〕氏时，美国之铁道已有四十万英里，乃今增修至八十万英里乎？大凡考求外国之政治者，决不可徒读外国之古书，尤不可震〈于〉外国博士之名称，以为其说遂无难之者也。

第三，该报谓中国版图东西三千里，南北二千里，何能筑二十万里之铁道？此说尤不成问题。盖土地纵横之里数纯以直线计算之，若铁道之在国内回环屈曲，各随其势，其道里本不能与国内之方里相合。即如法国全境，南北不过五百里，东西不过三百里，而其国内之铁道竟超过十万里以上。该报之对于此，不知何以解说之也。

该报反对之说毫无价值，诸君可了然矣。然兄弟主张民办国有之利益，更请为诸君言之。凡兴办事业，公办不如私办之省费，此无论中西各国亦莫不皆然。其理由则以私人之经营私事也，往往并日兼程，晷之不足则继以夜；官之经营公事也，往往刻时计日，六时办事至七时则以为劳，一日可完分两日而犹不足。故往往一种事业，有官办之十年不成，由私办之五年可就者。惟私人经营之事业每易流于垄断之弊，故兄弟主张民生主义，四十年后收归国有也。

（孙先生说至此，手招在座者曰：）诸君于兄弟之所主张或犹有反对者，请出席直以其意见详细提出质问，兄弟当就所知答复，不必以报纸漫相辩难也。

（爰有某君出席问曰：此等伟大事业非伟人不能办，先生之所主张敬闻命矣。

------

① 指由英、法、德、俄、日、美六国组成的银行团。

惟鄙衷不能无疑惑者有三：一、先生主张批拨外人承办，是否由政府批拨，抑或径由公司批拨？二、满洲、蒙古在日、俄势力范围之下，如批归日、俄承办，适中日、俄之计，中国前途益形危险，如另觅他国而不归日、俄承办，日、俄〈出〉而干涉，先生将用何法去此种困难？三、南北各干线如京汉、津浦均已修竣，粤汉正在兴工，先生现在计画之路是否与各干线并行？有无冲突？请将路线规画大略说明。）

（先生答云：）第一问，自以径由全权组织之公司批拨为善。盖批拨之权既在公司，则外国资本家只能与我公司交涉，而不能与我政府交涉，此即兄弟欲脱离政治上、国际上种种关系之作用。

第二问，满蒙外交不免棘手，此有一避其冲突之方法。现在兄弟所拟之路，内地十五万里，满蒙不过五万里，尽可先从内地各省之路筑起，暂留满蒙路线以待最后之解决。若以兄弟眼光视之，日、俄国内无大资本家，即欲承办满蒙路线亦须自英、法各资本家转借巨款，始能兴工建筑。如兄弟计画已成，则英、法各资本家已投巨资于我国内地各路，必无余资再借与日、俄两国，此可悬揣而得者也。将来日、俄因此或不能要求承办满蒙路线，亦未可知。即令日、俄用各种方法筹得资本，坚请承办，只要合同上之条件订立妥善，亦无不可以允诺之处。何也？东清铁道主权所以全属俄人者，以沿路各站保护之兵均系俄兵，俄人自由行动，中国不能过问，盖当时订约固允许俄人以置兵保路之权，毋怪俄人之自由行动。今兄弟主张请外国资本家包办中国铁路，将来订约必不许外人有置兵保路之权，沿路之兵均由我国设置，主权在我，操纵自如，即日、俄承办亦无不可。

第三问，京汉、粤汉均系贯穿南北干线，兄弟所计画者则均系贯通东西干线，既不与原路并行，亦不与原路冲突。兄弟日前已将路线绘图送往交通部，其路先从西北筑起，大略分为三线：一由广州经广西、云南接缅甸铁路；二由广州经湖南、四川达西藏；三由扬子江口经江苏、安徽、河南、陕西、甘肃、新疆迄于伊犁。若使此等干线全体告成，则全国交通便利，调兵运饷攸往咸宜，日、俄亦不敢出头干涉矣。

（……最后先生对众客说：）兄弟尚有一事为诸君布告。此次政府因兄弟筹画铁道，动需经费，月拟拨款三万元。兄弟暂拟收用，将来公司成立，此项垫款仍需归还。大约此项借款，兄弟须往欧美一行，能否成立，两月之内便可分晓。万一此事难成，亦可由兄弟赔偿。因前在南京政府时，兄弟曾在华侨筹得洋银六十万元，已为政府用去，尚未归还，将来即在此项扣除亦无不可。恐不知者误会其事，故为诸君言之。

据《孙先生全国铁道计画之大表示》，连载一九一二
年九月二十至二十四日上海《天铎报》第二版①

附：另记录之一

今日约请诸君，仍系为讨论铁路问题。因近日见有一二种报纸，对于鄙人主持修筑全国铁路多有误会，发生反对之议。其派别有两种：一派实系未明白此事之真理，一派明知此事有益，而故意反对。若因不明白而批评讨论，鄙人极为欢迎。若故意反对，立于极端反对之地位，以推翻此事为目的，要知此次鄙人主张修筑全国铁路，实为中华民国之存亡大问题，推翻此事，不啻推翻民国立国根本，此则鄙人期期以为不可。鄙人先将此事分晰言之。

自大总统委任鄙人筹办全国铁路之命令一下，反对者或据法理，或就现势，其所言虽各有一偏，其实际则皆由误会。以鄙人主张民办铁路而由政府委任为反对根据，此论最为无聊。即如前清政府修筑迎宾馆，委任美人坚利逊包工，清政府苟不发一号令，坚利逊焉能包办工程？今日鄙人之地位，亦是一包工者，政府发此号令，是承认鄙人包此工程。鄙人对于铁路事业，颇有几年研究，此次始敢发表意见，担任此事，更蒙多数人赞成，又受政府委任。然鄙人包办此事，不过一工头之资格，并非职官，与前清委任坚利逊修筑迎宾馆，事同一例。国民既承认国家应修铁路，即不能反对大总统发此号令，更不能反对鄙人领此号令。若谓政府委任一包工之人，仍须得议院同意，然则前清委任坚利逊，亦曾交资政院通过耶？以此为反对理由，不大可笑乎？即以一报馆论，须造房屋，必须觅一包工者承认此事，报馆之经理人必以全权委之工头，不能谓报馆修一房屋，仍须得股

---

① 　又见《孙先生游京之铁道政策谈》，载《铁道》第一期，上海中华民国铁道协会一九一二年十月十日出版，其内容文字与此相同。

东同意。事之大小虽不同，其理则一。

鄙人计画拟修筑二十万里铁路，需款在六十万万。现在中国财力必不足以举此，势必利用外资，此事又稍与平常委任一工头包办工程不同。因既委人包工，必先有资本放出，包工者始能着手。今委任鄙人办理铁路，并无一文交出，其资本仍须鄙人设法筹借。既欲鄙人担任资本，必须交给鄙人一种证据，鄙人始能持此与外人交涉。外人见我有政府委任证据，始不疑我，资本始能募集。且鄙人现在受任之全权，系有范围。按照参议院将来议决之借债办法，并非不守国家法律。盖因现在我政府实无资本可办铁路，不得已而借外资。然以政府之名义借债，动辄牵起国际交涉。鄙人拟以私人资格与该国资本家直接交涉，不与我政府相干，即外国政府亦不能过问。此实因我国外交问题困难，不能因此又牵动国际问题。即如开平煤矿之事，前清以政府资格派人到英国与英商起诉，其丧失国家之体面莫此为甚。今鄙人以私人资格，与外国资本家议借款，是鄙人对于我政府负责任，对于外国资本家负责任，不对于外国政府负责任，我政府亦不对外国政府负责任。若不如此，必不能免国际交涉，故自信此种办法最为稳当。且鄙人拟于十年之内，修筑全国二十万里铁路，若能得国民全体赞成，鄙人深信不待十年可以全路告成。若国民处处反对，不但十年，即五十年亦不能修成。鄙人亦曾与外人商议组织公司事，外人亦多赞成此举，将来可望有成。

况鄙人之计画，原定修成二十万里铁路，俟四十年后由国家收回。或谓四十年后，国家若无此六十万万之资本不能收赎，将奈何？殊不知此大不然。此路修成后，国家可不用一钱，四十年后得二十万里铁路，并非要国家出钱收赎，不论赚钱赔钱，与国家无干。国家不出一钱之资本，以四十年平均计之，国家每年得一万〈万〉五千万，此层可以无虑。或又谓铁路事业获利甚大，即如京张铁路五年可以归本，若归外人办理全国铁路，岂非四十年内应得之利皆为外人所赚，不吃亏太巨乎？此又不然，我等若不先存此贪心，尽可由他赚去。倘使此路不能修成，千万年我亦无利可赚，今让他赚四十以后归我完全所有，合计尚是便宜。况鄙人另有一条件，各路初修之时，我与外人即先订好合同，俟二十年可以由我备价收赎。凡可以获大利者，我即可以赎回；不获利者即由他们办去，在我也绝不吃亏。即如将来由上海修至伊犁八千里一条铁路，必能获利，俟二十年后，我即按照该路股票之市价收赎，如原价一万万，我即出到二万万，亦不吃亏。此种办法，较之借债修路，利益甚大。如中国沪宁铁路，为借债所修，然第一年赔至二百八十万，第二年赔至二百五十万，凡赔钱在我，赚钱在人，即收回之时仍须照出原价五千万，其吃亏为何如？

今政府拟提交参议院三项条件：一、借款修路，如京汉、京奉、粤汉、川汉等路之办法，与外人订立借款合同。二、招股章程，按照华洋合办公司办理。三、批给外人修筑，凡有资本者皆准包修一路，届四十年期满，由我收回。惟批办一层，今人多不明白此中道理，以为路权一亡，主权随之，此殆不知外国之成例。外国修路以批办为最妥，批办之合同，不牵及主权，与我何害？现在法国资本总较我国充足万倍，然法国铁路尚批给英人办理。至于意大利亦然。若西班牙、秘鲁等国，皆将全国铁路一律批给外人包办。此盖以私人资格办理交涉，与国际上无丝毫关系也。

今反对此事之报纸，鄙人亦未细看，大约可分为三〔四〕项：

（一）不明白大总统发命令之理由，且谓政府违法。不知此项命令，不过委任一工头，筹画此事，并非委任一职官。

（一）不明白批办铁路之利益，以为我招人资本代办，势必丧失主权。此层鄙人已曾详细言之，不必再辩。若实在不获利之铁路，如西藏铁路，在我不为不紧急，然若批给外人，则外人必不肯办。故此项铁路，惟有借债自修。

（一）谓此项大款一定难借，且谓鄙人在上海拟办一银行，借款不过一千万，尚须将官产抵押，以此为反对理由。不知此事之原因，系因六国银行团挟制太甚，借款久不成立。鄙人是时在上海与各外国资本家商议，拟图抵制。六国银行团皆谓此事非办一中西合股之银行不可，由华洋各出资本一千万，外国即将此项债票寄往各国发卖，如此银行组成，即可担任六万万之借款，因该银行有华股在内。鄙人当时曾电商政府，是否可以筹画一千万款办理此事。当时政府一钱不名，安能筹出一千万现款？后又与外国资本家商议，我先出二百五十万。因上海现有一项官产，可以抵充此数，故有此一议。此盖因抵制六国银行团而发。现在大借款已又有转圜之望，鄙人故未再议此事。鄙人以为今日之借款问题，亦犹之二十年前之革命。当鄙人主张革命之时，皆谓无理取闹，万无成功之望，今已达到目的。

此事总比革命较易，将来自有美满结果之一日。

（一）对于鄙人民办国有主义，驳诘甚力，且引出美博士所著之经济学以为根据。殊不知美博士此书著在二十年前，当时美国仅有四十万里铁路，今美国已达到八十万里铁路，故该博士之言已久不适用。且该博士以四十万里铁路为多，今反增至八十万里，其说当何解？该报更有一种最离奇之议论，谓中国之幅员，东至西为三千英里，岂能容二十万里之铁路等语。法国之领土，长仅三百英里，宽仅二百英里，今法国有七十万里铁路，此又何说？至于民办，固有最好之办法。日本东京铁路，即是三十年后由政府收回。今先问国家自办铁路，究竟能赚钱否？吾敢断定，借款六十万，必先消耗三十万，此不独中国为然，即各国亦犹是也。故鄙人主张惟有批办一法为最好。我若批给人办，其承办之人绝不肯任意消耗，此一定之理。

鄙人主张借款办铁路，更主张批给外人包办，且欲实行民生主义，以救种种方面之弊害，此即鄙人修办铁路之大意也。诸君如有不甚明白之处，可以随便质问。

（《新中国报》何雯君起立谓：中山先生谓借款与包工二者，将来究竟如何办法，请先生说明。）

（中山先生答云：）鄙人主张最好是批给外人包办，借款由外国银行，使与政府〈不〉相涉。其次即组织中西合股公司，准外人入股。然此层办法，终不如批给外人包办为妥善。此种办法在外国甚普通，惟中国人则不知此中利益。鄙意以为三次〔项〕皆须利用外人：（一）我无资本，利用外资。（二）我无人材，利用外国人材。（三）我无良好方法，利用外人方法。且铁路专门人材，全地球未必能有百人，故美国一铁路公司顾问月薪十余万，较总统多至数倍，其公司总理诸人更无论矣。我国包工修路，其专门人材始能受其利益。

（又有黄君为基质问三事：一、将来与外人订立批办合同，将用我国政府名义，抑用政府委任孙先生之全权名义？二、我国从前已修未修之铁路，多半已与外国人订有条约，动辄关系外交问题。如上年我国拟自修张恰铁路，俄国即不承认，且声明中国如修此路，必用俄国资本。又如我国拟修锦瑷铁路，日、俄又出而干涉。此种问题，皆甚困难。将来我若修办全国铁路，势不能不修边省铁路，若修边省铁路，即不能不引起外交问题。此事当如何解决？三、现在内地铁路已有川汉、粤汉、京汉、京奉、津浦各路，将来再修二十万里铁路，其路线当如何计画？请略为宣布。）

（中山答谓:）将来批定包修合同，自应由公司出名与外国资本家交涉，不用政府名义，以免引起国际交涉。至于边地铁路，恐起外交问题，可以先从内地修起。若取开放主义，即准日、俄投资，亦未尝不可。不过关系主权之事，不能丧失，即如保路兵应由我自派。但求主权不丧失，无论何国包修，皆未尝不可。又全国路线计画，曾拟有一图，现在交通部未取回，大致系分数条干线：一从广州到成都；一从广州到云南大理；一从兰州到重庆；一从长江到伊犁；一从大沽到广东、香港；一从天津到满洲各处。其大概如此。

据《孙黄两君旅京记》"（二）迎宾馆报界招待会"，载一九一二年九月二十日上海《民立报》第六、七页①

附：另记录之二

鄙人今日邀请诸君，仍系为讨论铁路问题。因近见有一二报纸，对于鄙人主张修筑全国铁路事尚有误会，时发反对之论。此等反对论调可分为二派：一派系未明此事真理，一派明知此事有益，而故意反对。因不明白而批评讨论，鄙人极为欢迎；若故意反对，立于极端反对地位，以推翻此事为目的，则鄙人期期以为不可。要知此次鄙人主张修筑全国铁路，实关系中华民国存亡之大问题。若推翻此事，即无异推翻民国立国之根本，故鄙人不得不再将此事为诸君分析详言之。

属于第一派之报纸，谓鄙人主张民办铁路，而由政府委任，且大总统命令中有"全权"二字，在法理上、事实上俱有不合。在法律上，对于国内之职官无此委任；在政治上，则不免侵越各国务员、行政官厅之权限。此说大谬，且最为无聊。盖国家委任命令，有职务之委任，有事务之委任。职务委任者，即委任各职官之谓；事务委任者，即以一事一物，特别委任之谓。今鄙人所受委任，乃事务

---

① 同年九月二十、二十一日上海《时报》（三）连载的《十四日迎宾馆之报界招待会》，与此完全相同。

委任也。国民既承认国家应修筑铁路，即不能反对大总统发此命令，更不能反对鄙人接受此命令。

且鄙人包办此事，不过一工头资格，并非职官。今试设小譬以喻诸君。例如此迎宾馆，乃美国工头坚利逊所包工修造。然坚利逊在我国土地上本无建造房屋之权，所以得建造此迎宾馆者，以有前清政府之委任耳。鄙人今日受此全权委任，计画铁路，以迎宾馆之坚利逊例之，直可谓中国之铁路工头，不得谓之官职。铁道与迎宾馆事业之大小虽不同，而法理上、事实上初无差异，则于行政官厅有何妨碍乎？若谓政府委任一包工之人，仍须得议院同意，然则前清委任坚利逊，亦曾交资政院通过耶？以此为反对理由，抑何可笑！即以一报馆论，欲建房屋，即可由经理觅一包工之人，而以全权委之，不能谓建屋觅工，仍须得股东同意也。

至于必用"全权"二字，亦有理由。鄙人计画拟修筑二十万里铁路，需款六十万万元。以中国现在财力必不能举此，势必要利用外资，此人人所知也。然欲招外债而无政府特别之委任，则我全国四万万人皆可以铁路名义招集外债矣。其谁信之者？故此项委任又稍与寻常委任工头包办工程不同。因既委任包工，必先有资本放出，包工者始能着手。但今委任鄙人办理铁路，并无一文交来，其资本仍须由鄙人设法筹借。既欲本人担任筹借资本，则必须交给鄙人以一种特别证据，鄙人始能持此与外人交涉。外人见我有政府全权委任，始不疑我，而资本始能募集也。

且鄙人现所受任之全权亦有范围，须按照参议院将来议决之借债办法，并非一名全权，即可不守国家法律。盖现在我政府实无款修筑铁路，不得已而借外债。然若以政府之名义借债，动辄牵起国际交涉。如开平煤矿之事，前清以政府资格，派人至英国与英商起诉，其丧失国家体面，莫此为甚！今鄙人既受全权委任，即可以私人资格组织公司，而以公司营业性质，与外国资本家直接交涉借债。此则脱离政治上、国际上种种之关系，一切交涉皆以私人资格，与外国资本家磋商。惟对我政府负责任，对外国资本家负责任，不对外国政府负责任，我政府亦不对外国政府负责任。此种办法自信最为稳当，即有龃龉，亦不致惹起国际交涉，诸君其知之乎？

又或有不明批给外人包修铁路之真相，以为国家吃亏太甚，或至丧失主权，此亦属过虑。鄙人拟于十年内修筑全国二十万里铁路，若得国民全体赞成，深信不待十年，可以完全告竣。若国民处处反对，不但十年，即五十年亦不能修成。鄙人曾与外人商量组织公司、批修铁路事，外人亦多赞成，将来可望有成。鄙人批修之计画，原定修成二十万里铁路，俟四十年后由国家收回。或谓四十年后，国家若无此六十万万之巨款不能收赎，则将奈何？殊不知此路收回并不要钱，四十年后国家不用一文，即得二十万里铁路。四十年内，不论赚钱赔钱，概与国家无干。四十年后，国家不出一文，即将〔得〕价值六十万万之铁路。以四十年平均计之，国家每年已得一万〈万〉五千万，不但不用钱赎，且已获利。

若谓铁路事业获利甚大，即如京张铁路五年即可归本，若全国铁路皆批给外人办理，则四十年内应得之利皆为外人所赚，不吃亏太大乎？此又不然者。我等若不先行存此贪心，尽可由他赚去。因倘使此路不能修成，即千万年我亦无利可赚。今让他先赚四十年，以后完全归我所有，合计尚是便宜。况鄙人另有一条件，各路初修之时，或即与外人先订合同，俟二十年后可由我备价收赎。故凡可以获大利者，我即可以赎回；不获利者，即由他们办去，在我亦不吃亏。即如将来由上海修至伊犁八千里一条铁路，必能获利，俟二十年后我即可按照该路股票之市价收回，如原价一万万，我即出到二万万亦不吃亏。

总之批修办法较之借债修路，利益甚大。如沪宁铁路乃借债所修，然第一年赔二百八十万，第二年仍赔二百五十万。凡赔钱在我，赚钱在人，即收回之时，仍须照出原价五千万，其吃亏为如何！

至于丧失主权，更可无虑。现今政府提交参议院三项条件：（一）借款修路：如京汉、京奉、沪宁等路办法，与外人订立借款合同。（二）招股修路：按照华洋合办公司办理，其主权仍属中国。（三）批给外人承办：凡有资本者，皆准包修一路，四十年后收归国有。关于（一）、（二）两项，自办有危险之担负。但若实在不获利之铁路，如西藏铁路，在我不为不紧要，然若批给外人，外人亦必不肯包办。故此项铁路惟有借债自修，或招股合办。惟批办一项，今人多不明此中道理，以为路权一亡，主权随之，此殆不知外国之成例。外国修路，以批办为最妥。批办之合同不牵及主权，与我何害？现在法国，其资本总较我国充足万倍，然法国之铁路尚多批给英人承办，意大利亦然。至西班牙、秘鲁等国，皆将全国铁路一律批给外人包办，亦未闻丧失主权。盖此事纯以私人资格办理交涉，与国际上初无丝毫关系也。

此就资本与利益言之也。又以人材论，亦不能不批给外人包办。中国此时所最可虑者，厥为人材缺乏。合计全国现有之铁路人材，其实在可用者不过百余人，而经理之材尤为难得，即外国亦不多有。如美国之铁路公司，雇一主任总经理人，其岁俸往往在百万元以上，高出于大总统十倍。在中国今日欲求此人材，顾可得乎？若无此人，则又必至有折阅之患。借债修路，我虽折阅，仍必岁还利息，其亏损不更多乎？故不若批给外人承办，既无还利折阅之患，又得借用其人材。订立合同，约定四十年后，不论赢亏，仍归中国所有。则我不费一文，不负危险，其利益盖至大也。

以上所述，系不明此事真理而加以反对者。至于明知此事有益而故意反对之报纸，其持论更为可笑。鄙人今日限于时间，不能详辩，请撮其最有力之三要点而批驳之。

第一，该报谓比来临时政府大小借款均未成立，鄙人在上海拟办银行，借款不过一千万，尚须将官产抵押，今欲借款修路，恐目的难达。不知此事之原因，乃因六国银行团要挟太甚，条件太苛，故借款久不成立。鄙人是时在上海与外国各资本家商议，拟图抵制，皆谓此事非办一中西合股之银行不可，由华洋各出资本一千万。如此银行组成，即可将此项债票寄往各国发卖，担任六万万之借款。因该行有华股在内，鄙人当时即电商政府，问是否可以筹划一千万现款以办理此事。当时政府不名一钱，安能筹此巨款。后又与外国资本家商议，由我国先出二百五十万。因上海有一项官产，可以抵充此数，故有此议。此纯为抵制六国银〈行〉团，使见我由此抵制，或能改善其条件，以促成大借款也。现大借款已有转圜之望，鄙人亦未再议此事。鄙人以为今日之借款问题，亦犹之二十年前之革命。当鄙人主张革命之时，国人皆谓为无理取闹，万无成功之望，然今日已达到目的。此事总比革命较易，将来自有美满结果之一日也。

第二，该报因鄙人主张民办国有，乃以美人亿黎博士所著之经济学为根据，以相诘难。不知亿氏乃主张资本家垄断，而鄙人则主张民生主义者，以亿氏与鄙人相提并论，未免冤人太甚。且亿氏著书，乃在二十年前，彼谓美国之铁路已太多，应从此停止修筑。但何以当亿氏时，美国尚只有四十万英里铁路，而今乃反增至八十万英里乎？是该博士之言久已不适用矣。考求外国之政治者，不可徒读外国之古书，尤不可徒震于外国博士之名，遂谓其说无以难之也。

第三，该报更有一种最离奇之议论，谓中国版图东西三千里，南北二千里，何能筑二十万里之铁路等语。不知法国之领土长仅三百英里，宽仅二百英里，而铁路之长乃至七十万里，此又何说？盖土地纵横之里数，纯以直线计算之，而铁路之在国内，则回环屈曲，各随其势，其道里岂能与国境方里相合。

由此观之，该报反对之说毫无价值，诸君当可了然矣。且鄙人所主张铁路民办国有，确有最好之办法与先例。日本之东京铁路，即是民办二十年后，乃由国家收回。若由国家自办铁路，试问究竟能赚钱否？此无论中国之京汉、沪杭已有成例，即如法、如英、如美，亦莫不皆然。盖凡百事业，公办不如私办之省时省费。私人之经营，往往并日兼程，暑之不足，继之以夜。官之经营，则往往刻时计日：六时办事，至七时则以为劳；一日可完，分作两日而犹不足。吾敢断定，借款六十万，必先消耗三十万。故往往一种事业，有官办之十年不成，私办之五年可就者。若批给外人承办，彼必不肯迁延时日，任意消耗，此可断言者。故鄙人主张借款修路，更主张批给外人包办。惟私人经营之事业，每易流于垄断之弊，是以鄙人又主张民生主义，四十年后，收归国有。

（附与各报记者谈话）

何君问：先生谓借款与包工二者，将来究竟如何办法？请先生说明。

先生答：鄙人主张最好是批给外人包办；借款由外国银行经手，使与政府不相涉。其次即组织中西合股公司，准外人入股；然此层办法，终不如批给外人包办为妥善。批办办法，在外国甚普通，惟中国人则不知此中利益。鄙意以为三项皆须利用外人。因（一）我无资本，利用外资；（二）我无人材，利用外国人材；（三）我无良好方法，利用外人方法。且铁路专门人材，全球未必能有百人，在美国一铁路公司顾问，月薪十几万，较总统多至数倍，其公司总理诸人更无论矣。故我国必包工修路，始能享受外国专门人材之利益。

黄君问：（一）将来与外人订立批办合同：将用我国政府名义？抑用政府委任孙先生之全权名义？（二）我国从前已修未修之铁路，多半已与外国人订有条约，动辄关系外交问题。如上年我国拟自修张恰铁路，俄国即不承认，且声明中国如修此路，必用俄国资本。又如我国拟修锦瑷铁路，日俄又出而干涉。此种问题，皆甚困难。将来我若修办全国铁路，势不能不修边省铁路；若修边省铁路；即不能不引起外交问题。此事当如何解决？（三）现在内地铁路已有川汉、粤汉、京汉、京奉、津浦各路，将来再修廿万里铁路，其路线当如何计划？请略为宣布。

先生答：将来批定包修合同，自应由公司出名与外国资本家交涉，不用政府名义，以免引起国际交涉。至于边地铁路，恐引起外交问题，可以先从内地修起。若取开放主义，即准日俄投资，亦未尝不可；不过关系主权之事，不能丧失，即如保路兵应由我国自□是也。但求主权不致丧失，无论何国包修，皆未尝不可。又余于全国路线计划，曾拟有一图，现在交通部未取回，大致系分数条干线：一从广州到成都；一从广州到云南大理；一从兰州到重庆；一从长江到伊犁；一从大沽到广东、香港；一从天津到满洲各处。其大概如此。

据《修筑全国铁路乃中华民国存亡之大问题》，载《总理演讲新编》，南京，中国国民党中央执行委员会宣传部一九三〇年三月十二日印行

附：另记录之三

鄙人怀抱铁路政策已二十余年，研究颇有所得，故于共和成立之后，即欲谋此政策之实施。昨与政府协商，得其赞同，袁大总统遂有委余筹画全国铁路全权之命令。报界竟有数家不赞同余之主张，所见略分两派：一为不明白余之意思而有误解者；一虽明白余之意思而故意反对，企图推翻余之政策者。故鄙人披露，以求诸君之研究。

其不明白余之意思而有所误解者，大都致疑于此项"全权"之性质，以谓政府特设一官，遂发生此项官制之疑问。不知余之对于政府之关系，并非官吏的关系，而实为一种私人包工办法，其"全权"二字殆可视为包工之代名词，故此疑问当然无有。至余何以必出此包办政策，则以现时政府取于外人之借款，有种种困难。今余仅以私人资格取得政府委任，则政府一切因借款而发生之困难，皆可避去。又以私人出而组织公司办理全国铁路，一切营业方法至为便利，较之官办，

其消费可省一半。至余何以必要全权之委任，则以非有政府认明余为专办此事之证书，余即不能取得各国资本家之信用。且将来全权之借债条例，须遵照参议院议员之所议决，并非漫无限制。则凡不明白余之意思者，皆可了然无疑矣。

至欲推翻余之政策者，余阅其议论不下数万言，其大旨一谓余必借款不成，谓余在上海发起中西银行尚不能成立，今更何从借此六十万万之大款？不知余之创办中西银行本系专为借款，其不能成立之原则，因根原于政府有大借款之动议，不必由余另设机关，致增疣赘。被又谓余之政策名曰民办，实则国有，不知此系根据余之民生主义而来。欧美各国已开先例，以吾国土地之大、人民之多，将来各项实业异常发达，非采国有主义，必至有大资本家垄断之弊故。余所包办之铁路力求避此难关，则彼亦何所见而疑？彼又谓余所主张之廿万里，为不合于中国之地理，此亦谬见。以美国之大而有铁路八十万里，以法国之大而有铁路十一万里，岂大如中国不能容二十万里之铁路乎？凡此诸说，某报非不知之，其所以必反对者，彼实欲推翻余之政策，故不惮为此谬妄之论耳。

至余之办法，则可分为三端：（一）由余所组织之公司，直接向外人借款兴筑；（二）由中外商民共同组织华洋合股公司，集资办理；（三）批发外国商人出资包办。三种办法，皆可任意采用。要一视路线之有无利益而定，不必拘泥总以四十年为限，径由政府收回。其获利最大者，或订廿年亦可。盖各路无论如何总有利益，所争者不过迟早问题。其获利者，政府当然不费一钱而收回。即使有失本者，政府亦不过多予以年限而已。如此，则我国修路之最大难题可解决。又其次，则修造铁路人才今日最为缺乏，此亦甚为修路时之难问〔题〕。以余所知，各国能修路之人不过百数，此项人才，论其程度直可云比拿破仑尤为过之。就薪资论，有每年获美金三十万元者，比之美国大总统领年金已加三倍。若吾以政府资格延之，其销费可云甚巨。惟一采包办方法，则此种人才不召而自至，于是我以本国人随之练习十数年后，此种人才自然养成，一至收路之时，何至有缺才之患？至或谓路归外人包办，领土或被没收，不知欧美各国铁路由外国人包办者所在多有，此实无容疑虑。

以上余之所见，容有不合之处，望诸君切实研求，以期补其阙失。若能赞同，则望诸君对于反对者之言论共加批驳，以免扰乱一般人之见解。

（于时一记者起问：借款、合股及此三办法，究以何法为善？孙君云：）我之见，以批办为最善，此外二法则视路线之情形而定。

（时又有数君质问数次。景耀月力言：孙先生铁路政策，凡我同胞均当赞成。孙先生复云：）大总统筹拨筹办费十八万元，每月三万元，兄弟不愿承受此款，俟公司成立后，仍由公司归还政府。兄弟此次赴欧美筹款，成否尚未可知，两月以内或成或否，即可判然。若借款不成，此两月所费六万元，可由华侨借款中提出归还政府。

据《孙中山铁道政策大披露》，载一九一二
年九月二十日上海《新闻报》第一张第三版

附：另记录之四

此次革命，全赖报界鼓吹之功。今共和告成，建设伊始，报界之力量较前日为宏，而报界之责任较前日尤重。上而监督政府，下而开导人民，为全国文明进化之导引，故报界之力量日大，则国家之文明程度日高。今当国瘠民贫之时，我国立国之本，当以建筑铁道为第一政策。兄弟主张十年内修二十万里铁路，借六十万万外债以为资本，实救国之要着，必赖报界鼓吹之能力，使一般人民皆知借债修路之有益无害，庶铁路有告成之日，而中国有富强之期。

盖借债修路，本系百利而无一害。譬如吾国京奉铁路是借外债以修成者，后以所得之利，续修京奉〔张〕铁路。现京奉铁路所获之利，十倍于资本。而东三省之农业、工业、商业，皆因之而发达。此外，如沪宁铁路等，无不恃外债而始筑成。但从前借债筑路，或以盐务抵押，或以厘金抵押，虽铁路筑成，而利权已入他人之手。从前一般人民多反对借债修路之事。探其实际，非真反对借债修路，系反对条件不善，丧失国权也。兄弟今日借债之意见，与从前不同，不由政府与外国银行团借债。由政府与外国银行团借，即成国际交涉，银行团势必质问本国政府，彼国政府势必多方要挟，如今借债之现象是也。兄弟今日借债，则直由本国国民名义，与外国资本家交涉，不须政府担保，不须抵押，外国资本家自愿以其资本投入，我国必不至如今日政府借债之难也。盖今者强邻环伺，我国若不急急将铁道修成，则俄人必欲夺我之蒙古铁道路线，日人必欲夺我闽浙铁道路线，

英人必欲夺我之西藏铁道路线，法人必欲夺我云贵铁道路线。铁道为人所夺，国则为人瓜分。我报界诸君既为全国言论机关，果能尽力鼓吹，使全国人民无排外之恶感，知借债筑路为救国之急务，于十年之内，将二十万里之铁道筑成，中国富强可与欧美并驾。兄弟现于政界务脱离关系，惟于铁道则引为已〔己〕任，极力提倡。报界为开通民智先觉，诸君亦当引为已〔己〕任，提倡之，鼓吹之，兄弟于诸君有无穷之希望焉。

据《孙中山对于报界之演说》，载湖南澧县《九澧共和报》一九一二年第三期

政党之作用在使国家巩固社会安宁

在北京国民党本部欢迎大会的演说①

（一九一二年九月十五日）

月前国民党开成立大会，鄙人已与诸君谋面，今又蒙欢迎，感何可喻！

民国初建，应办之事甚多，如欲其积极进行，不能有不赖政党。政党者，所以巩固国家，即所以代表人民心理，能使国家巩固，社会安宁。如能达政党之用意，国民因之而希望于政党者亦大。故为政党者，对于一般国民有许多义务均应相〔担〕当而尽心为之。

此次来京，所极欲办者铁路，幸得参议院诸公及大总统之赞成，又已奉大总统命令。鄙人才力有限，担任此事已虞竭蹶，而国民党成立后，承诸君不弃，又推鄙人为理事长，鄙人且感且惧。因一经任为理事长，则对于党中有多少义务不能不尽，路事甚为紧要，双方并进诚恐照料不周，推辞至再。后经党中在职诸君再三强鄙人担任，鄙人即不敢再辞。但党中事务纷繁，非一人力量所能办，望党

---

① 原同盟会主要领导人黄兴应袁世凯邀请，于九月十一日偕原同盟会要员、沪军都督陈其美等抵达北京。而前此不久，内蒙古著名改革家、卓索图盟盟长贡桑诺尔布亲王到北京接受袁世凯的任命，出任中华民国蒙藏事务局总裁，且加入国民党并被选为理事。九月十五日下午，国民党本部在湖广会馆举行大会，欢迎孙文、黄兴、贡桑诺尔布和陈其美，到会者数千人。

中诸君合力担任。

今黄、陈①二先生初到，诸君皆十分欢迎，鄙人不能多费时间，不过就对于党中之意见大略言之。

据《孙先生演说之名言（致国民党词）》，载一九一二年九月十六日北京《民主报》第七页

附：另一记录

余来北京，系单纯的抱持铁路政策，以为一人之力，专注一事，较易成功。故前日本党举余为理事长，余即辞谢。嗣因党员责余担任，余亦不能固辞，故对于党务，不能不分其责。

据《京师人士之欢迎孙黄热·国民党欢迎会》，载一九一二年九月二十二日上海《申报》（二）

希望回教输入爱国思想以尚武精神造成中国

在北京回教俱进会欢迎会的演说②

（一九一二年九月十五日）

中华民国之成立，非一二人之力，乃五族同胞大家出力赞助而成。今日与诸君相见一堂，而蔡君过加褒奖，兄弟实为惭愧不安。现在中国外患紧迫，我们五族兄弟同心同德，大家负起责任来，方能巩固共和，得享自由幸福。

兄弟对于回教同胞，更有一番敬爱之心。原来回教自入中国以来，在唐天宝时，因安史之乱借回教之兵以讨之，其后回人于黄河流域及扬子江流域流寓甚多，是回教人发育于中国，本有一段尚武精神之历史。顷间蔡先生演说回教不能发达

---

①　即黄兴、陈其美。

②　十五日下午二时许，北京回教俱进会在织云公所开会欢迎孙文、黄兴和陈其美，到会有会员五百余人。

之原因，因中国人系多神教，不知一神教之高洁，诚非虚语。兄弟以为地球上宗教，自以回教为极高尚。兄弟从前游历云南边境及越南、缅甸等处，与回教人相接甚多，深知回教好处。原回教发源于土耳其，土耳其虽孱弱，至今尤能独立于世界，即宗教之力也。回教轻生死，重灵魂，最宜于军事教育。故土耳其陆军之强，虽欧洲强国亦畏之。但世界进化极速，直如飞行艇，如能就其高洁之宗教输入其爱国思想，回教诸兄弟必能为四族同胞担任巩固国家之责任，而中国国家即可为回教之尚武精神造成之也。兄弟对于回教同胞，所希望者如此。

据《回教俱进会欢迎之演说》，载一九一
二年九月十六日北京《民主报》第七页

附：另记录之一

今日文受诸君之欢迎，实为抱歉。今日中国得为民国，非文一人之力，乃五大族同胞之力。政体既改良，不惟五族人民平等，即五族宗教亦平等。宗教为国家不可少之物，贵教在当初地球上为最有力量之宗教，崇拜贵教、信仰贵教之国家，亦颇不少。如欧洲，南亚洲，非洲摩洛哥、德〈黑〉兰、□□等国。及后亚、非等国之亡，贵教之势力始少减小。然而该国之亡，非信宗教之咎，乃政治不良之故也，故虽有极好之宗教，以无所附丽。今我国既改为民国，采共和立宪政体，此为世界最良最上之政体，贵教宜以宗教之感情，联络全国教徒，格外发出一种爱国思想，辅助国家，促政治之进行，并扩充贵教势力，振顿贵教精神，恢复从前贵教势力之状态。

据《京师人士之欢迎孙黄热》"回教俱进会"，
载一九一二年九月二十二日上海《申报》（二）

附：另记录之二

欧、亚、非三洲回教国本极强盛，现在多至衰亡。其致灭亡之原因，系为政治不良，并非宗教之关系。现中华民国改建共和，政治既良，再加以回教之良善宗教，互相维持，必能发辉光大，强盛中华民国。俟中国强后，尤望回教同胞，以宗教之团结力，联合欧、美、非、亚各洲已衰弱之国，一力振兴。

据《回教俱进会欢迎孙黄两先生》，载一九一二年九月
十七日北京《爱国报》（又名《正宗爱国报》）（四）

附：另记录之三

今日之中华民国，乃五族同胞合力造成。国家政体既经改良，不惟五族平等，即宗教亦均平等。当初地球上最有力量者为回教，崇信回教之国亦不少。现宜以宗教感情，联络全国回教中人，发其爱国思想，扩充回教势力，回复回教状态。

据《回教俱乐部开会欢迎孙黄陈诸君·孙中山演说略》，
载一九一二年九月十八日上海《中华民报》第三版

建造铁路与征收地税

在北京招待临时参议院议员的演说和答问①

（一九一二年九月十五日）

总统命令发布后，一般舆论颇有指为不合法律者，此实误会。国家以为铁路不可不造，而造路不能无规画，即不可无专员以为经理。譬如迎宾馆为前清外务部所造，当时令美国商人承办，美商即承部令建筑。今之造路，何以异是？国家令某造路，自不能不由代表国家者下一命令，某之地位不过一工头而已。总统为国家代表，当然下此命令，某当然可受此命令，无所谓不合法律也。其次，误会之点在月拨经费三万元，此项经费预定以六年为限，共计二百十六万，似乎某之主张民办铁路，不应有此。然各国国家补助民办公司为恒有之事，在此经济困难时代，某亦不愿重累国家，不过创办之始，某实无从得款，姑向国家挪用，公司成立后照数归还，仅得不出利息之便益而已。故此款无涉预算，即无庸先得参议

---

① 十五日下午四时，孙文在迎宾馆举行茶话会，并设晚宴招待参议院议员，到会五十余人。文内小标题为底本编者所加。

院之许可也。外间未悉事实，时发疑问，今特对诸君辩明之。

造路二十万里，需款六十万万，势非吸取外资不可。吸取外资之道约分三种：甲、借款自办；乙、华洋合股；丙、外人包办。我国向来办路俱取甲说，外国资本家专注重工程，以营业盈亏与资本家无涉，往往多所耗损，此甲说之不可用也。乙说须视中国之财力，仅令华人入股六分之一已需十万万元，华人中能否出十万万元之资本投入铁路事业，实为一问题，故乙说于事实上恐办不到。有利无弊者实为丙说，在我国人心理必多反对，然各国铁路之为外国人包办者，到处皆有。关系不仅在工程，自必兼重营业，获利可操左券。满四十年后收归国有，是国家不费一钱坐得六十万万之财产，不啻年收一万〈万〉五千万之巨利。如获利更大之路，亦可于二十年后备价收回，免使外人久享厚利。某之办路即注意于丙法。

地价税亟宜实行。我国地税向以亩数为准，分上、中、下三则，于负担上殊欠平均。各国地税概视地价为比例，既免豪强兼并之弊，又合平均负担之旨，而国家之收入又可岁增百倍。或虑施行不易，今有一最易可行之法：民国新兴，地契自须一律易以新契，易新契时即可注明地价，照价征税。又虑无定价之标准，此不妨令地主自报价格，如云百元即定为百元，如云万元即定为万元。如恐故抑其价，则须附一条件，国家收买时即照契中注明之价。地主惧国家之收买，不敢故抑其价；亦不敢故昂其价，年纳多税而妄冀国家无定期之收买也。至丈量测绘断不可免，其事之紧要与调查人口无殊，此而不图，安得谓为国家。如纽约等处每年地价税之收入，为美国岁入大宗。我国政府一时或不暇及此，参议院尽可自提法案，期早实行。

参议员之质问

国民党议员谷钟秀云：有二疑不解。一则各国之于中国，暗中似各划势力圈线，将来招人包办铁路，将就其圈线乎，抑别有术以破之乎？二则承办人以营利为目的，繁盛之处竞事建筑，荒僻之区无人过问，军事上、交通上仍不能达完满之目的，试问何术以救济？

陈家鼎云：从前铁路俱由个人交涉变而为国际交涉，今专就个人一面着手，难保不终归于国际范围之内，望格外注意。

…………

孙中山之答复

先答谷说云：近世经济之力足以破除国界，如某地为某国势力圈，但须以各国资本群集于某地，则某国之势力圈不攻自破。况势力圈乃对于政府而言，非对于个人创办之公司而言。至虑荒僻之区无人过问，是又不然。繁盛之处因有铁路而益加繁盛，荒僻之区亦因有铁路而变为繁盛。如洮南①向为沙漠，自有南满铁路，虽距车站数百里，而受间接影响，现居然成为府治。至专供军用，绝无营利性质，自应别照甲说归政府筹筑。

次答陈说云：从前私人交涉变为国际交涉，原于我国保护无力。如东清②铁路，守兵、巡士皆俄国所派，主权自随之而去。今令外人包办，一切保护皆由我任，断不致丧失主权。现政府方拟大开放，准各国人民内地杂居，但除商埠外须受治于我国法律之下，并规定其财产制限，如是可无虑矣。

据参议院特派员：《孙中山招待参议员详记》，
载一九一二年九月二十一日上海《申报》（二）

附：另一记录

中山先为铁路政策之演说，大致主张民办，期限归为国有。其办法不离利用外资，分为三种：一、由民办铁路公司向外国借款；二、华洋合股；三、批发外国商人包办。三者之中尤注重批发一端，来将〔将来〕政府准依上三种办法提案于参议院，望大家先行讨论，赞助此举。

次演说其地价税（案地价高低定税之多寡，以旧法、以面积定税不公平也），谓与将来兴筑铁路，购地时大有关系。其着手办法，则借民国换契法查定其地价，即据以为准。

又言总统授伊以全权，不过承认其包工，好组织公司向外国借债，并无违法。

---

①　奉天省洮南府于一九〇四年设置，一九一三年裁府改县，今划属吉林省，置洮南市。

②　此处删一衍字"清"。

月助经费三万，谓系暂行借用，将来仍归还政府。

演说毕，谷钟秀提出二质问：一、各国在中国皆划有势力范围，以非其国之资本投入，能否不惹起交涉？二、边僻荒凉之地无利可图，外人岂肯包办？

中山答谓组织总公司，集合各国大〈资〉本家经营全国铁路，正所以利用经济的势力，破坏国际的势力，无论在何国势力圈内，皆不生障碍。初筑铁路，自然先从繁盛地点着手，及路已筑成，则与为接界荒凉之地亦将变为繁盛，不患无人包办。其真无利可图者为数无几，国家可自经营之。

据《孙中山大宴参议员》，载一九一二年九月二十一日上海《时报》（三）

扫除旧思想才可以谋建设

在太原各界欢迎会的演说①

（一九一二年九月十九日）

今天兄弟初次到晋，蒙诸君欢迎，实深感激！

去岁武昌起义，不半载竟告成功，此实山西之力，阎君百川②之功，不惟山西人当感戴阎君，即十八行省亦当致谢。何也？广东为革命之原初省分，然屡次失败，满清政府防卫甚严，不能稍有施展，其他可想而知。使非山西起义，断绝南北交通，天下事未可知也。然古来破坏甚易，而建设甚难。今日五族共和，天下一家，建设方法，非各省联络一气，同舟共济，万不足以建稳固之基础。况共和虽已成立，而列族〔强〕尚未承认，危险之状，纷至沓来。是全在我四万万同胞，奋勇直前，不避险阻，不争意见，不尚权利，不分畛域，方可以达到真正共和之目的。

溯自前清入关以来，其第一政策，即以破坏团体为目的，故令各省自为风气，

---

① 九月十七日，孙文乘专车离开北京，十八日下午抵达山西太原。十九日上午十时，应邀出席太原各界在山西大学堂举行的欢迎会，并作此演说。

② 即山西都督阎锡山，字百川。

不相统一，久之遂成为一种习惯。厥后留学日多，省界之见，渐渐融化。而又日受外人之激刺，始知团沙之势不足以恃，于是联络一气，共策进行，始能有今日之良好结果。兄弟甚望我同志坚持此志，不少变更。盖中国现在时世尚在危险时代，如各自为谋，不以国家为前提，无论外人虎视眈眈，瓜分之祸，危在眉睫，即使人不我谋，而离心离德，亦难有成。是中国欲建巩固之国家，非大众一心，群策群力，不足以杜外人之觊觎。然此种境遇，非从心理入手不可。必人人将旧有思想全行消除，换入一副崭新思想方能成功。即如政治革命、种族革命，皆系共和未成以前之名词。今民国成立，目的已达，须将此种旧思想扫除净尽，才可以谋建设。

盖今是共和时代，与专制不同，从前皆依政府，今日所赖者国民，故今日责任不在政府而在国民。必要我四万万同胞一齐努力，方可以造成共和自由幸福。且今日幸福虽人人皆知，而幸福真谛，究竟尚未达到，此时不过有幸福之希望而已。但既有此希望，即须以此为目的，务必达到而后可享真正幸福。所以当建设时代，还要牺牲个人，为大家谋幸福。譬如破坏时代，要牺牲性命；今日建设，也要牺牲，且要比从前牺牲加倍。如不能牺牲性命，不能牺牲权利，则真正自由之幸福即万万不能达到。所以兄弟今日甚望大家努力前进，勿谓破坏时代须牺牲性命、权利，建设时代即可不必。此是兄弟今日之希望，我同胞其加勉之。

据《孙先生游晋记》，载一九一二年
九月二十八日上海《民立报》第七页

山西当为各省统一之模范

在太原商学界宴会的演说

（一九一二年九月十九日）

前在日本之时，尝与现任都督阎君谋尽〔画〕，今〔令〕阎君于南部各省起义时，须在晋省遥应。此所以去年晋省闻风响应，一面鼓励各省进行，一面牵掣满兵南下，而使革命之迅疾告成也。

革命虽成，而吾侪不能暇豫以处，天下事往往破坏易而建设难。今日最要之事，乃各省当统一是也。晋省于民军起义之际，既立此好榜样，则今于令中国重行建立〔设〕之事业，亦当为各省模范。民国①敷〔数〕月以来，外患迭生，险象阴伏，各省急当消灭意见，联合为一。推各省意见之深，大约系有奸人从中播弄，以阻各省之联合，以图遂其阴谋。

留学海外之学生，对于中国早具一种理想，如能以各民族合而为一，则可称雄地球。故归国后咸宣扬此说之真理。凡在旧政府所蕴之心理，处今时代，悉当屏除。

革命非即能使中国富强也，不过藉此过渡，以达彼岸。吾人必牺牲目前私利，而求将来之幸福。

据《特约路透电·本国之部》，载一九一二年九月二十一日上海《民立报》第三页

平均地权与土地国有

在太原同盟会晋支部欢迎会的演说②

（一九一二年九月十九日）

兄弟此次到山西，承诸同志欢迎，感谢无已。

民国成功，乃吾人良心所创造，同盟会不得居功，然同盟会固尝提倡于〈前〉矣。现破坏告终，建设之事较破坏尤难且大，非合大多数人才同负此责不可，故近已联合各党并为一国民党。因各党政见与同盟会大致相同，政纲第一条国家平民政策③，即实行民生主〈义〉手段。得此最强健之政党，建设不难完全进行。是同盟会即国民党。山西自今日起，亦可改为国民党。

---

① 原文为"庶民国"，"庶"属衍文，故删去。

② 欢迎会于十九日下午举行。

③ 指八月下旬国民党本部公布的《国民党规约》总纲第一条，原文是"本党以巩固共和、实行平民政治为宗旨"。另其第二条党纲第四项为"采用民生政策"。

　　我辈所抱三大主义，为民族、民权、民生。今五族共和，建立民国，民族、民权两层已经达到目的。今日所急则在民生一层，从前不暇讲此，今则不可再缓。因现在世界上机器发明，资本家可不劳而代千万人之力，以致全国财货尽归其手。彼恃其财力，不惟足以压制本国，其魔力并可及于外国。即如正太路，以一机器之力而使无数骡马全归无用，其明征也。实业发达，世界财力悉归少数资本家之掌握，一般平民全被其压制，是与专制政府何异。吾辈因不甘一种民族压制，故有民族革命；因不甘政治不平等，故有民权革命。今坐视资本家压制平民而不为之所，岂得谓之平等乎？在昔欧美革命之初，机器未发明，民生主义尚非所〈急〉。今机器盛行，我国此次革命成功后，若不预为防范，将来社会上必生种种不平等。迨至如欧美资本〈家〉专制已成而始为之计，则其难不啻倍蓰。美国大总统某氏曾恶资本家专制，以大总统之力抵制之，卒未有效。其专制较政府专制为尤烈，良堪危惧，我国何可不预为防之？譬如人身预讲卫生之术，则病不生；若至病生始言救治，其苦难有不堪言者。民生主义即卫生主义也。惟今日讲民生主义，可以不用革命手段，只须预为防范而已。此其与欧美不同处。但机会却不可失。

　　昔吾党宣言有平均地权一层，即为民生主义第一件事。此事做不到，民生主义即不能实行。吾人非地不生活，而地又为人人所共有，故必地权平均而吾人始能平等。地为百货之源，物莫不由地生者。土地、人力、资本（即机器）为营业三大要素，而土地为尤重。平均之法，人多误会为计口授田，若古井田之法，则大不然。此在未开化时代尚可行之，而在今日绝不适用。今平均地权有一最善、最简之法，即按价收税而已。盖同一土地而因异其所在，其价值遂大相凭〔悬〕殊。在专制时代按地征税，今则按价征税。价重者税亦重，所负担并不加重，而价轻者税亦轻，得享平均之利益，至公平也。且繁盛之区所得重大之地价，非由地而生，实因交通种种发达而得此结果，则此功劳当归社会，不当归地主明矣。上海市地前值数十元，今忽涨至数十万不等，此利益岂市人所当享有，岂一地主不劳而可坐致耶？故重价之地必完重价之税，始得为平均也。建设最大者莫如交通事业，交通既便，广东、山西数日可达。然于铁路未成以前，须预筹平均地权之法，而后于民生有利益。因铁路所至，地价必增，有地者得利，无地者死，受害多矣。资本家得以贱价购地，垄断其利，穷民又何利之有？故乘此革命大变动之际，土地必须有换契之〈举〉，政府可藉调查地价，布告全国，实行地价税法。其地价多寡由所有者自为报定，将来政府公用征收，即按所报之价而付与之。地主惧异日收买之吃亏，自不肯以多报少。而既按地价征税，亦必不肯虚报重价，致目前重其负担。如此，则所报地价不患不公平矣。

　　至土地国有一层，亦非尽土地而归之国家也，谓收其交通繁盛之地而有之耳。美国牛约①地租每年美金四万万，俱归地主私有。中国将来发达，全国得二十个牛约，亦未可知。既为民国，则国家所有亦吾人民所有，亦何惮而不为之。以中外资本办全国铁路，四十年后尽收为国有，每年可得十五万万，此按二十万里铁路计划而言。美国土地较小于吾国，铁路至八十万里，吾国将来铁路尚不止此，在吾辈毅力何如耳。现在中国之困，只在一"穷"字。数年后民生主义大行，地价、铁路、矿产及各种实业但能发达，彼时将忧财无用处，又何患穷哉！所谓教育费、养老费皆可由政府代为人民谋之，夫然后吾党革命主义始为圆满达到，中华民国在世界上将为一安乐国，岂非大快事哉！

据《孙中山先生之旅行记》"（一）同盟会演说词"，
载一九一二年九月二十三日北京《民主报》第七页

苦心建设方可言幸福

在山西都督府欢宴会的演说

（一九一二年九月二十日）

　　武昌起义，山西首先响应②。共和成功须首推山西，阎都督之力为最。今非幸福之时，尚须苦心建设十年后方可言幸福。文捐弃一己权利，为谋四万万同胞

---

　　①　牛约（New York），今译纽约。
　　②　一九一一年十月十日武昌起义后，山西系于二十九日响应，进展较顺利；而更早响应者尚有湖南、陕西（二十二日）、江西（二十三日）三省，则曾生波折。

幸福。

据《孙先生莅晋日记二》，载一九一二
年九月二十一日上海《民立报》第三页

列强之大势与军人之国防责任

在山西军界欢迎会的演说①

（一九一二年九月二十日）

去岁革命成功，全赖军人之力，方今维持民国亦须赖我军人。军人责任即在国防一方面。因二十世纪立国于地球上者，群雄争逐，未能至于大同时代，非兵力强盛不能立国，是立国之根本即在军人。今幸与山西军界同人相见一堂，愿与诸君研究现在列强之大势。

兵法曰："知己知彼，百战百胜。"军人既负国防责任，对外责任即不能不研究。外国之大势，英、德、法、美虽强，势力尚未能完全及于东方，其与我国国境毗连者厥惟日、俄。日本有二百万陆军，战时可出兵一百万；俄国有五百万陆军，战时可出兵三百万。近者两国连络，对于蒙、满颇具野心，已视为其国之范围地，甚为可虑。量我兵力不及两国之强，一时颇难抵抗。但日本人口不过五千万，俄国人口不过一万万三千万，合两国人口不足两万万。今我民国有四万万人，兵数不过百万。夫兵之原素为人，中国如此众多原素，将来练数百万兵决非难事。即以现势而论，如能筹备完善，以客我形势论，尚可抵抗两国。在政府方面，原可以外交消祸患于无形，然非兵力完足，不能为外交之后盾。此等责任即在诸君身上。

今日告诸君有两事：第一存心。即军人当存一与国存亡之心，即我辈军人不愿中华民国亡，中华民国就可以不亡。诸君人人皆能以国家存亡为一已〔己〕存亡，何忧外患！第二学间〔问〕。中国在前清时代对于日、法战后所以失败者，在军事学问之不足。即以日俄战后论，辽阳、奉天之役，俄兵实三倍于日兵，独

---

① 欢迎会在二十日上午举行。

因组织不完全，预备不周到，不能一致行动，卒至失败。所以军学最要，所以兵不在多，如能组织完全，预备周到，则可以百万人敌三百万人而有余。

……此次到山西，见山西煤铁甲于天下。方今为铁钢世界，有铁有钢可以自制武器，即能争雄于世界。兄弟拟在山西设一大炼钢厂，造制最新武器，以供全国扩张武备之用，要求军界诸君赞成。

据《晋省欢迎中山先生追志》"军界之演说"，
载一九一二年九月二十六日北京《民主报》

同胞要各尽国民义务

在山西各界欢迎会的演说

（一九一二年九月二十日）

兄弟此次来晋，受各界欢迎，得与吾晋父老兄弟欢聚一区，兄弟极荣耀、极喜欢的。兄弟略说数语为诸君告。

中华民国的国家与前清的国家不同，共和国体与专制国体不同。中华民国的国家是吾四万万同胞的国家，前清的国家是满洲一人的国家；共和国体荣辱是吾同胞荣辱，专制政体荣辱是君主一人的荣辱。在前清专制之下，吾同胞无一人脱离奴界；在共和民国之下，无一人能隶于奴界。以多数国民受压制于一人之下，是世界上最不平等、最不自由事。兄弟宗旨首先推倒专制，建设共和，实行民族、民权、民生三主义。今专制推倒，共和成立，是吾同胞由奴界一跃而登之主人地位，民族、民权主义已达目的。惟民生主义尚在萌芽，吾同胞各享国家权利，要各负国民责任，各尽国民义务。吾国土地如此之大，人民如此之多，物产如此之富，何至于如此之贫？推原其由，实因前清专制政体，人民无权利，遂无义务的思想。无自由平等的幸福，自甘暴弃责任，毫无竞争之心、进取之性。此实吾国

民至于贫弱之一大原因也。（未完）①

据《晋省欢迎中山先生追志——陈列所之演说
词》，载一九一二年九月二十六日北京《民主报》

释共和政体并勉尽国家义务

在石家庄国民党交通部欢迎大会的演说②

（一九一二年九月二十一日）

兄弟今天到此，承诸君欢迎，甚是感激。现在改为共和政体，国人多有不解
"共和"二字之义意〔意义〕者，诸君到者不外绅学各界中人，明了共和义意
〔意义〕者自不乏人。今日兄弟再将共和政体对诸君略为解释。

共和之所以异于专制者，专制乃少数人专理一国之政体，共和则国民均有维
持国政之义务。现在数千年之野蛮专制政体业已改革而为共和政体，人民均得享
自由幸福。虽然健〔建〕设之事尚多，大家必须合力共作，则我中华民国始克进
于最富、最大之列。矧以我中华民国之人数当全世界四分之一，若从此猛力图强，
不难骤晋于第一等强国。所以必须要大家维持者，以共和政体，人人有维持国家
之义务。

专制的时候人人俱受官府监督，共和政体人人皆是主人。二者比较，譬如营
商：专制政体乃东家一人之生意，无论若干伙计，所得利益尽归东家一人，且如
伙计又皆受东家一人管辖；共和政体则不然，犹如合资营业之公司，人民尽属股
东，公司赔赚，各股东自然瘠〔痛〕痒相关，各股东不但有监查公司之权利，且
对公司负有出资之义务。况我民国有四万万人民，统世界诸国计算，亦系最大之
国。如能四万万一致晋行，对于国家均能尽其义务，则我中华民国当为世界上最
强之国。如大家均不尽其义务，恐国家陷于危险之地位。诸君试思，如国家不能

---

① 查《民主报》后无续文。
② 二十一日晚孙文自太原抵达石家庄，随即出席当地国民党交通部在其事务所举办的欢
迎会，到会约两千人。

存，则国民之生命财产何能保存？保存国家即所以保存个人生命财产，欲保存生命财产，幸无徒托空言。

从前专制的时候，官府为人民以上的人；现在共和，人民即是主人，官府即是公仆。官府既是公仆，大家须出资以养其廉耻，所谓国民有纳税之义务也。国家对内对外有时为保护晋行起见，必须兵力。国家既为大家所有，则兵力亦必全恃乎国民，所以国民又必有充兵之义务。国政百端，绝非少数人所能办理，必合全国①协力筹商，始克希望诸政妥善，晋于富强。倘互任少数人独断独行，则势必流于专制，何得云共和？故为防此少数人之专制，凡属国民均有参政之权。所以义务、权利两相对待，欲享权利必先尽义务。务望诸君切实转告我民国父老兄弟，甚勿放弃个人义务，陷国家于危亡。幸甚！

据《石家庄欢迎孙先生盛会追志》"（一）孙
中山先生在石家庄国民党演说词"，载一九一
二年九月二十四日北京《民主报》第七页

军人对人民负完全保卫之义务

在济南军界欢迎会的演说②

（一九一二年九月二十七日）

军人与国家之关系，各人对于人民负完全保卫之义务，务望各尽其义务，以保军人之价值。

据《孙先生东行记》，载一九一二年十月三日上海《民立报》第六页

---

① 此处删二衍字"全国"。
② 九月二十六日，孙文从天津抵达济南。二十七日上午八时，第五镇与九十四标军队在新庄营举行欢迎孙文大会及会操，历时一小时。会后，孙文在讲武堂向官兵发表演说。

人民应信任政府

在济南学界欢迎会的演说①

（一九一二年九月二十七日）

　　人民为民国主人，既为主人，应有为主人之资格，为主人之度量。政府为人民之公仆，既为公仆，必须主人之信任，然后可以有为，否则进退失据。要之，政府既为人民所建设，即不可不信任政府。

　　开放门户，建筑铁路，为建设之要端。

据《孙先生东行记》，载一九一二年十月三日上海《民主报》第七页

铁道政策须持开放主义

在济南各界欢迎会的演说②

（一九一二年九月二十七日）

　　今日破坏告终，建设伊始，各政党、各团体务宜联络一气，以国家为前提，而不能以本党为前提。直言之，即各自牺牲其本党以为国家也。若各自为谋，则甚非国家之福。譬如大屋之建设，虽土木瓦石性质不同，而其为建设大屋之必需品则同。万不可自相矛盾，致误建设工程。盖人必有所牺牲，而后能求绝大之幸福，愿山东各界皆勉思鄙言。

　　然所谓建设者，有精神之建设，有物质之建设。兄弟所主张之铁道政策乃物质上之建设。惟关乎统一政治及矿产、工商各业，均属重要。但二十万里之铁路须款六十万万，以中国独力为之，非百年不可。列强进步之速，一日千里，岂能

① 二十七日下午二时许，济南各学校在省议会开欢迎会，孙文应邀作此演说。

② 二十七日下午，欢迎会在山东省临时议会举行，政党、团体、报馆的五十二个代表出席。

待我百年？兄弟欲以十年之期告竣，已属缓无可缓。而此时期中之铁道事业，则有三事须与诸君商之：一、借资兴办；二、华洋合股；三、定以限期批于外人承办，期满收回。三者之中，以批办为最宜。因此时中国资本、人才、方法三事皆缺，若批办则可完收三事之利。方今世界交通，一国有大计划，若合数国之力以经营之，则事之成功易；以一国独当之，则成功极难。中国向富于排外性质，与今之世界甚不相宜。且数千年之专制政体既可推倒，则昔日之政策之心理之习惯，何尝不可推翻？前此事事不能进步，均由排外自大之故。今欲急求发达，则不得不持开放主义。利用外资，利用外人，皆急求发达我国家之故，不得不然者。

今日之中国，麻木不仁之中国也，其受病之源，则由于交通不便。如由山东至新疆路程须至五六个月，较西人环游地球尤为迟滞。此等弊病，于政治、军事、矿产、工商事业极多窒碍，即于国家之活动不便甚矣。人不活动，则为废人；国不活动，则为废国。比利时之土地不足当我国一省，而其在国际上之地位较我尚高一等，以其铁道事业发达，而国家之活动自由也。我国地大物博，若能于最速之时间内造成二十万里之铁路，何患不为地球第一等国？此事倘在专制时代，以皇帝一人之名义，为〔与〕外人订立借债条约即可举办。然今日我国为共和国，应以人民为主体，凡事须求人民之同意，此兄弟对于铁道政策之三事，均须要求我全国父老兄弟之赞成者也。

据《孙中山东游录》（二），载一九一
二年十月三日上海《民立报》第七页

不避困难借助外资

在青岛各界欢迎会的演说摘要

（一九一二年九月二十八日）

将不避困难，借助外资，以告成其铁路政策。

据一九一二年九月三十日上海《天铎报》

宜师表德国之建设

在青岛广东会馆的演说

（一九一二年九月三十日）

现在中国固已共和，但所建者仅一空空房子，内部之装饰与陈设所缺尚多。凡我国民，皆有和衷共治之责任。然欲共治，当先自尽其本分责任始。何也？先进泰西各国之意旨，无文明教化之工作，断难突飞猛进也。如青岛商埠，前本一区区渔村。十四年来，实行德国文化之工作，遽发展至于灿烂无比之境地，其深有价值之建设，中国又宜用作师表者是。虽然，中国若欲发达适当之事业，此种工作方法方能为之应用也。

据《孙中山游历青岛记》，载一九一二年十月十二日上海《协和报》第六页

学生当勤于学问

在青岛特别高等学堂①的演说

（一九一二年九月三十日）

中国政体现已更改，是破坏已终，建设方始，正需各界和衷共济，以固国基。查国家宪法，固以平等自由为主，其实此种主义亦有一定之限制，而尤以官吏、军人、学生三界当受此约束之限制。盖此三界人，惟有服从是其第一义务。

至于学生，当此武装世界，苟图而后以泰西知识暨西国文化而谋生活，并发愤努力，藉其所得之智识，以与国民谋公共之幸福，则根本解决，惟有勤于学问，为独一无二之法门。盖今昔行政，新旧统治之所不同者，昔之作官，以享自由幸

---

① 即德华大学。

福为个人之最大目的；今日则无论作官与否，所谋之自由幸福专为我国民也。吾故曰：新时代之责任，当学生者不可不利用良好之机会。诸君在华德高等学堂，享受华德教育名家所教授者也。要知德国在世界中，既因其文化的精神，愤发而成最著名之国，则此高等学校垣墙以外，德国租界之内，即有价值甚高之教育也。

据《孙中山游历青岛记》，载一九一二年
十月十二日上海《协和报》第六、七页

欲治民国当新旧并用

在上海国民党欢迎会的演说①

（一九一二年十月六日）

今日承同志诸君欢迎盛意，并得此机会与诸君相见，甚幸！

兄弟现方从北京归来，甚愿将在京之事，一述于诸君。初兄弟在上海时，外间颇谓南北意见不同，兄弟不以为然。及至京，探访北方同志，觉南北意见并无有不同之处。当南北统一之顷，余即推荐袁大总统，因平日甚慕其为人。在前清官场中，项城②有真实能力，勇于干事，迥异常庸。其在北洋练兵，卓著成效，故此人而入民国，亦必为重要人物。当南北战争时，袁项城表示君主立宪，与吾人意见不合，故不能合气作事。后袁赞成共和，南北统一，袁与吾人意见已同。惟南方人士，尚有疑其非出于真意，目民国为假共和者，余则决其出于真诚之意。盖凡经宣布政见之后，即无反悔之余地。大丈夫作事，能相信即从之而行。故余推荐袁项城于国民，得参议院同意，举为临时总统，遂有统一之好结果，而使民国入安宁之域，得享莫大之幸福。然嗣后南北意见，往往因误会而起，且造有南北分治之一说。余绝不赞同，故思协力调和南北，以为国家永久之联合。惟南方人士爱国之热忱，余素所知，而北方人士意思之真象，尚未能晓。自余抵京，觉

---

① 十月三日，孙文乘船从山东青岛抵达上海。同月六日下午二时半，应邀出席国民党在上海张园举行的欢迎会，并作此演说。

② 即袁世凯，字慰庭，又作慰廷、慰亭，河南省项城县人，故又称袁项城。

北方人士之意思，与南方无异，其想望共和之热度，亦与南方等，其意见表示之
方法，则容有不同耳。

余在京与袁总统时相晤谈，讨论国家大政策，亦颇入于精微。故余信袁之为
人，很有肩膀，其头脑亦甚清楚，见天下事均能明彻，而思想亦很新。不过，作
事手腕稍涉于旧。盖办事本不能全采新法。革命起于南方，而北方影响尚细，故
一切旧思想，未能扫除净尽。是以北方如一本旧历，南方如一本新历，必新旧并
用，全新全旧，皆不合宜。故欲治民国，非具新思想、旧经练、旧手段者不可，
而袁总统适足当之。故余之荐项城，并不谬误。不知者致疑袁总统有帝制自为之
意，此种思想，且非一省有然。故袁总统今日实处于嫌疑之地位，作事颇难，其
行政多用半新旧之方针。新派以其用旧手段，反对者甚众，其今日欲办之事，多
方牵制，诚不易于措施也。

余注全力于铁路政策，以谋发达民生。黄克强①抵京后，主张政党内阁，调
和各派意见，袁总统均甚赞成。余出京时，邀国务员加入国民党之议始起。今阅
报，国务员已入加本党。是今日内阁，已为国民党内阁，民党与政府之调和，可
谓跻于成功。嗣后国民党同志，当以全力赞助政府及袁总统。袁总统既赞成吾党
党纲及主义，则吾党愈当出全力赞助之也。建设前途，于此望之矣。今日合六党
成一国民党，其功与南北统一同。故宜以谋国家之公见为前提，不可一党之私见
相争，应一心一德，以图进行。选举方法，应以大团体为前提，不可专顾小团体，
并宜以北京为模范。上海此次选举，余甚望诸君以完全研究之手续行之。欲选举
得一好结果，必先定好选举方法，然后可以成功。今日似不必汲汲也。

据《孙先生演说辞》，载一九一二年十月七日上海《民立报》第二页

附：另一记录

余今日因选举会与诸君相见，非常欣喜。兹先就在京之事，在诸君前详述之。
余至北京遍访同志，悉民国成立，南北统一，其意见相同。当南北统一时，余主

---

①　即黄兴，字克强。

张举袁慰亭为总统，余平日甚慕其为人，袁前在北洋练兵，颇有成效，亦一重要人物也。南北竞争之际，固不能望其意向之一致。后南北统一，袁赞成共和，南方人多滋疑惑，然余甚信其为真心赞成。故依余之意，公举袁为总统，于民国当可取良好结果。然南北意见，未曾消融，不但国人心目中如是，即以外人眼光视之，亦恐将来有南北分离之日。余终欲调和之，以为久远计，特以北方人心尚不知其真相，南则知之最熟，一心想望共和。自余到北方后，遂得见北方人心亦如南人希望共和，不过意见之表示不同，而其用心则一。

余在京与袁晤，每日一二次，或数日一次，约晤数十回，每次讨论中国时事约数小时。余知其人有定力，有定见，并非拘于旧思想，不过办事方法依旧，此亦难怪，因中国习惯，似不能离旧方法。而袁之方法虽旧，思想却新，其眼光颇大也。此次中国革命，非完全用兵力，故不能完全用新方法。若完全以兵力而得，则可完全用新方法。惟因北方未用兵力，故共和由是从新旧合组而成。此后惟有于新者力求进步，旧者渐改革，以新思想、旧手段行之方可，故余主张举袁为总统，似非谬误。而南方人甚疑之者，竟以彼野心勃勃，欲推翻共和，重建专制，此皆见袁采用旧方法故。以致每次办事每次有反对，如参议院、如政党之屡次冲突。

余与黄克强在京与袁讨论方法，黄主张立大政党。昨报政府全体阁员均入国民党，于是成立政党内阁，则黄之主张以政党调和民党，已于今日成功。此后我党同志，应同心齐力，赞助政府，俾各事可以进行。因袁无人赞助，故办事掣肘。现在袁已赞成国民党政纲，我党亦当助之为宜。今日合六党成一国民党，在未合以前，均以党见为前提，而置国家于后，殊属不宜。现在合党之功，与南北统一同。故宜以谋国家之公见为前提，不可一党之私见相争，应一心一德，以图进行。又论选举方法，应以大团结为前提，不可专顾小团体，并宜以北京为模范。上海此次选举，余甚望诸君以完全研究之手续行之。欲选举得一好结果，必先定好选举方法，然后可以成功也。

据《国民党大会纪事》，载一九一二年十月七日上海《中华民报》第十版

须有坚忍心冒险心合力以助新民国

在上海寰球中国学生会纪念国庆大会的演说①

（一九一二年十月十日）

去年今日，为武昌举义之日，即中华民国开始之第一日。其时余在美国，同志居正君有电达香港黄克强先生，托余筹款助饷。余阅电文，知革军已得武昌，不胜忻喜。从前在广州、惠州、河口等处革命事业，种种失败，皆因同志过少，未达目的。自广州②失败后，乃运动武昌军界，一举而成此大事。所以然者，国民有坚忍心，武昌军界有冒险心，无畏难心之效力。但民国虽成立，而今尚在危险时代，内乱未靖，外患顿闻。譬之建造大厦，基础已定，尚待建筑。愿吾同胞，自今以后亦须有冒险心、坚忍心，协力赞助政府，以造成地球上头等大国，是鄙人深望于诸君者也。

吾国向来闭塞门户，不与外人往来。暨后中外通商，愚民又常行排外主义。继见彼海陆军之优，器械之精，转而生畏惧心。然排外与畏惧，两端皆非。要知凡事须论公理，放胆而自行公理，不必更有一毫畏惧心。前年英脱开衅③，英有精兵四十万，甲于环球，而脱之全国人数亦不过四十万，且军士皆以农夫充之。英国何难一举而灭脱，而所以不能即胜者，因脱人有合力坚忍无畏之心，而能恃公理以敌强权也。嗣后各大国渐知强权不敌公理，遂不敢侮慢小国，故地球上各小邦尚能久立而不亡。

---

① 孙文于十月三日自北京返抵上海，十日下午往寰球中国学生会（会长李登辉）会所出席纪念国庆大会，到会千余人。会后观看由该学生会举办的运动会。寰球中国学生会系联络出国及归国留学生的团体，一九〇五年成立于上海。

② 此指一九一一年四月广州黄花岗起义。

③ "脱"为脱兰斯哇（Transvaal）略称，今译德兰士瓦，系非洲南部荷兰移民后裔布尔人（Boer）所建国家。此指一八九九年至一九〇二年英布战争，布尔人以八万多作战人员抗击英国四十五万军队，终告失败。后来英国政府对布尔人实行和解政策，于一九一〇年成立英属自治领"南非联邦"。

中国数千年来本一强大之国，惟守旧不变，故不及欧美各国之盛强。满人入关后愈形衰弱，渐渐召列强之侮。近数年间，留学外洋者日多，初则见彼国种种景物，顿生乐观之念，继见彼种种较吾国为强，乃生悲观之念，甚至悔心废学，以求一死者有之。但处于今日，不当有悲观之念，务须坚忍冒险，发愤求进。即士农工商，见吾侪能忍苦如此，亦必愤志图强。如是，则中国前途大有冀望。故"畏惧"两字，自今日起消灭无有，从兹专心一致，合力以助新造之民国。

今年今日，为去年今日举行纪念；愿明年今日，全球各国为吾中国举行纪念。

据《中华民国第一国庆纪》"寰球中国学生会"，
载一九一二年十月十二日上海《民立报》第十页

尽国民义务与倡造道路

在江阴各界欢迎大会的演说①

（一九一二年十月十九日）②

兄弟今天经过江阴地方，查阅炮台，蒙江阴父老兄弟开会欢迎，兄弟非常感激！又承国民党、社会党进我以词，实不敢当。现在我中华民国成立，诸君多知道是全国同胞同心协力，费了许多血汗，所以有这个结果。今天承诸君盛意招兄弟到此，兄弟有几句话要同诸君一谈。

今年是民国成立的第一年，我们推翻了专制政府，改建了共和民国，大家就应知道专制与共和到底有什么分别。从前的专制国是皇帝的国家，现在的共和国是人民公有的国家。诸君要晓得今日到这个地位，自开国以来所没有的。从前是皇帝在上，人民在下，现在我中华民国人民已从奴隶的地位变做主人的地位。我们既然到了主人的地位，就应该以主人自居。但是我们做主人翁的，要晓得做主人有主人的资格，有主人的学问，有主人的度量。一国的人民都有一定要尽的义

---

① 十月十八日，孙文在上海乘轮前往南京。十九日，途经江苏省江阴县，登岸参观，当晚出席各界欢迎大会，到会约四千人。

② 底本未说明时间，此据孙文抵江阴日期确定。

务，大家尽了义务方能算是主人。

什么是应尽的义务呢？很明白的就是全国人民多应当兵，多应纳税。从浅显的说起来，就是国家所有一切大费用，都要大家担任。现在一国的人民，须有担任国家费用的能力，方能成个国度，方能立国于地球之上。全国人民的身家性命不能不受国家的保护，国家所以要有兵，全是保护国民起见。一国的兵没有保护的能力，那就不能算个国了。从前专制国的人民只有义务，没有权利。共和国人民，权利、义务二者是相当的。兄弟有个警〔譬〕方，譬如做买卖，国家是个公司。从前的专制国是一人的国家，皇帝是老斑〔板〕，我们人民都是伙计，只能赚一吃饭的工钱，没有权利享受的。现在共和国是大家的国家，大家都是股东，大家都有股份，所以就应该竭力的支持，方能算是大公司里的大股东。所以国民能尽义务方能算得国民，不尽义务就不能算个国民。

自从革命以后，有些不开通地方，以为民国同从前没有什么不同的地方，甚且以为革命以后可以坐享权利，这就误会了。要晓得现在的国民要尽义务，从前的国民也要尽义务。不过从前尽了义务是没有权利的，现在是有相当的权利的。诸君都是狠明白这个道理的，最好时常同那些不明白的讲讲。倘能常到乡间没有开通的地方，把这种道理宣讲得明明白白，使四万万的同胞都懂得这个道理，大家出力帮助民国，那就是民国前途的幸福。诸君都是先知先觉，赶快把地方风气开通，叫大家明白民国是何意义。做这件事情是第一要紧的义务。现在民国要做的事情是狠多狠多，只要大家同心协力做下去，就可以做地球上第一等强国。

今天兄弟刚到的时候，接了贵邑的一封信，说是从江阴到横林①，要想法造条铁路。这个铁路固是要紧，但据兄弟看起来，铁路以外尚有要紧的事情，并且办法也稍些容易一点。这是什么呢？就是要想法造道路。道路的办法既容易，而且最有利于国家，最有利于社会。大家只知道铁道的利益，没有知道道路比铁路更有利益。诸君要晓得这铁路的利益，总要距离几千里的路践〔线〕方能享受。譬如装运货色或是重大的物件，才享得到他的利益。况且造铁路的费用狠大，没有造道路的便宜而容易。比方上海的大马路，静安寺路、徐家汇那些路都是狠广

---

① 横林镇，隶属江苏省武进县（今常州市武进区）。

阔狠平正的，不妨就把这些道路当做模范，赶快想出造路的法子。为什么呢？因为铁路的建筑照沪宁办法每里须花四万元，马路的建筑只须几千元。比方江阴要造的路不过是四五十里，来往的人又不很多，若是通了火车，每天开车两次，那火车公司就要赔本。若是每天开一次，那趁车的人，过了开车的时候就要等上二十四点钟方能再趁，仍旧不能得火车的利益。照此看来，是造铁路每天只得一回的利益，反不如造了一条狠大的马路，每点钟都可以行走。而且可以用东洋车①，四十里路，三四点钟就可以到。用马车只须二点钟。或是用自动车②，这自动车比火车还快得多，大约五六十里的地方只要三十分钟的光景。所以造铁路，不如造道路的好。况且有种公共自动车，每座可坐二十四人，一点钟可行二十英里，大约合中国六十里，价钱也狠便宜。不像那火车，一个车头也要一万多块钱。有了车头还不能中用，一定还要客车、货车，每座总要几千银子，这都是狠难办得到的。所以火车只好在全国交通上紧要的地方建筑，像江阴离有火车的地方没有多远，那是狠不值得。尽可想法造条狠大的马路，设置电车，每天开了十次，这个利益就不小了。并且有一种电车，可以装五十吨以上的货，不过一万多块钱，一点钟可走十多里，从小地方讲起来同火车也不相上下。

总之，铁路为国家的交通，为几千里路的交通。若在小的地方，为便利人民交通起见，单这道路已觉可以。即如英国从前在狠近的地方也都造铁道，现在已知道这铁道的利益狠小，所以特地将近的地方把铁路多废去，另造一条狠大的马路，就是这个意思。江阴如果造了铁路，开行的次数又不能多，那沪宁铁道的火车每天来往虽然开了十二次，江阴的火车不若〔若不〕按时接头，仍旧不能享其利益。如能造了马路，随时多可赶到，这是狠方便的。假使我们全国都知道造路的利益，交通上就便利得多了。因为马路造得多，造得好，可以便利铁路两旁的地方，那干线的火车也就有许多利益。倘若要造铁路，即使造成亦须加造马路，有了马路，火车方能发达。所以要中国交通上便利，须从造马路做起。

兄弟曾听得外国的一个博士说，一国文明的起点，全在人民知道修路。若到文明大发达的时候，必然全国人民都知道修路，因为道路狠利便普通人民。外国

---

① “东洋”指日本，“东洋车”指由日本最先制造而传入中国的人力车。
② 自动车源于英文 automobile，即汽车。

人常说中国人很野蛮，他就是从中国没有马路、路政不讲究看出来的。原来铁路的利益不能普及，必要靠马路或运河的帮助方能发达。故我们路〔要〕注意这个道理。倘是没有了马路，就是有了铁路，也不能发达的。世界上铁道最多的国是美国，美国全国有八十万里铁路，现在还嫌不方便。所以近来有人提倡开两条大路，东西一条，南北一条，东西有三四千里，南北有二三千里。两条大路，可以在全国的中心点交通，阔有一千尺，路上再分出走马车的、走电车的、走自动车的、走货车的、走人的种种界线。所有全国的学校、工厂，那哑〔些〕要紧机关，都依了这两条的大路分布出来。所有那些电线、煤气管、自来水管也都依了这两路分布出来。此外再另辟支路，传播全国。大约用自动车，二十四点钟可以走通东西两界；若用电车，只须十二小时可以走遍全国。现在美国人狠赞成这个计划，大约就要实行的，这是新发明的最好的方法。我们中华民国若是取法乎上，自应如此办法。

兄弟得了这个法子，因为贵处的人想造铁路，就把这个道理贡献出来，请诸君研究研究。横林距江阴既没有多远，那就狠好照这个办法。因为造一里铁路，照沪宁铁路的样子说起来，每里要化四万多块钱，团〔岂〕不是要一百六十万么？若是造马路，每里至多不过五六千块钱，大概有了三十万元总可以了。兄弟这回打北京下来，过济南的地方，看见城外也有许多的马路，但是不很长，没有几多里就完了。所以兄弟劝他们，主张在几十里以外的地方扩充出去。但是这笔费用从那里来呢？诸君要知道，关于全国的自然全国人民担负，关系一块地方的就要本地人民担负了。着手办法须先招股，设一公司计划交通所用的本钱，与连接的县分合设一个交通机关，两边筹划起来，沿路地主多可入别〔股〕。划定了经费之后，就可以测量路线，雇人开筑。筑完之后，公司里就可以备了几座公共自动车或公共马车，供人租用，或由别的商家出来营业，那入款必定狠多，足抵造的费。东洋车以及农人装载货物的牛车、马车也多可以收捐，作为修路的费用。到了那时，人人都受益不浅，公司并好赚钱。人家知道这造路的利益，自然就肯做了。加上几年的功夫，全国都这样的做起来，那交通的便利更不用说了。诸君既要想法替江阴的交通生色，不如筑一条大马路，做成了全国的一条模范马路，给大家做个榜样。叫全国的文明，从江阴发起。这就是兄弟今天对于诸君最大的希望。

今天因时间狠促迫，晚上十句钟就打算开船到镇江去，不能再同诸君多谈，抱歉之至，还望原谅。

据《孙中山先生演说词——江阴之欢迎会》，连载一九
一二年十月二十五、二十六日上海《民立报》第二页

铁路政策采取开放门户主义

在南京各界欢迎会的演说①

（一九一二年十月二十二日）

兄弟自解职回粤，旋出游历北京及满、蒙、晋、鲁一带，复来南京。游历所得，知我中国大有可为。因南北人心一致趋于共和，前途必无危险。以我国地方之大，人口之众，物产之丰，人材之众，革命之后若能一心一德，从事建设，必能为世界第一富强之国。但建设不一端，如政治、实业种种皆是。以政治言，袁总统及国务院与各省都督皆能胜任愉快。兄弟因此担任铁路一事，愿以十年为期，建造全国念万里铁道，促实业之发达。惟二十万里之铁道，非六十万万元不能成功。以吾国从前已修铁道比较之，费十余年之力，仅成万余里之铁道，则今二十万里之铁道，又非二十余年不能成功。待二十余年而后求国之富强，未免有河清难俟之叹。欲求速效，则惟有借用外国资本，聘请外国人材，故兄弟主张此铁路政策，采取开放门户主义。

现今世界日趋于大同，断非闭关自守所能自立，但开放门户，仍须保持主权。如日本先时亦不乐与外人交通，近数十年因开放门户，遂成亚东强国。暹罗，亚洲之贫弱国耳，近数十年亦因开放门户，遂得独立，收回领事裁判权。可知开放门户，不论强弱，能行此政策，必能收效。我国向多持保守主义，忽聆开放门户之说，必多反对。不知即以修造铁路一事而言，如不恃开放主义，则吾国人必无

---

① 十月二十一日下午，孙文乘轮从镇江抵达南京。二十二日，在南京各界欢迎会发表演说。

此财力，虽有政策亦徒托之空言。甚愿全国一心，不倡反对，使外人信用投资，铁路易底于成，而各项政策皆得因此而进行，中华民国富强庶几可待。

且兄弟所主张开放之说，不仅一人之意见，袁总统及各国务员多表赞同。盖人人知美国为世界第一富国，其铁路有八十万里，每年收入较各国为独多。如我国二十万里之铁路告成，收入之数不独供行政费用有余，而各项政策亦皆得从此着手，何忧不富？何忧不强？兄弟今日重来南京，与父老兄弟相见，发表政见，甚愿诸父老兄弟同将此图富图强之事，互相担任，则幸甚矣！

据《实现铁路政策须取开放门户主义》，载《总理演讲新编》，南京，中国国民党中央执行委员会宣传部一九三〇年三月十二日印行

兴利除害与实行开放政策

在安徽都督府欢迎会的演说①

（一九一二年十月二十三日）②

现在中华民国已成立，皆我四万万同胞应世界革命潮流，同心协力，将数千年专制政体不数月而推翻，改造共和政体。自武汉起义以至今日亦不过将近一载，而中华民国俨然完全成立。此世界革命史所未有，可为中华民国革命史上一大特色。但破坏之事虽已告终，而建设之事方始，仍请诸同胞同心协力去做。

建设之事可分为两大端：一兴利，一除害。除害之事很多，最要紧的就是禁烟。禁烟事办理最认真者，要算贵省。如贵都督③日前焚毁鸦片土，办理亦颇得法。英领事受奸商唆使，带军舰两艘至贵省，无理干涉，卒能和平结果。虽是贵都督外交手段，然亦是我中国政体改革，人民皆有国家观念，不比前清专制，上下隔阂，始能如此。若不信，请回忆前清时所有外交，有那一件未失败？贵都督

---

① 十月二十二日，孙文自南京乘轮前往江西，二十三日下午经安庆登岸，应邀出席安徽都督府欢迎会。

② 底本未说明时间，此据孙文抵安庆日期确定。

③ 安徽都督柏文蔚。

初烧鸦片土时，人人都替贵省耽忧。因前清道光年间，林则徐焚毁烟土一案酿起莫大祸事，此次又烧烟土，惟恐亦酿出事端。不知中华民国官吏与前清官吏不同。前清官吏烧烟土是未根据条约、不知公理之野蛮举动，且人心涣散，政府不顾督抚①，官吏不顾人民，人民亦不知国家为何物，所以外交失败。现在是中华民国，人民、官吏、政府皆是痛痒相关，且贵都督之焚毁鸦片又根据条约，所以外交不致失败。贵省禁烟办法实可为各省模范也。

兴利之事亦很多，最要紧的就是修铁路、开矿产、讲求农业、改良工艺数大端。但要想实业发达，非用门户开放主义不可。日前兄弟在北京与袁大总统及各部总长协定政策，就是开放政策。何以名为开放政策？就是让外国人到中国办理工商等事。兄弟说这个话，不知者一定要疑惑，以为我中国土地何能让外国人随意进来。这等见识名为闭关主义，为前清所利用。当满洲政府做专制大皇帝时，最怕人民有国家思想，以为人民若有国家思想，满廷即不能永远存在。所以利用闭关主义，不许外国人来，使人民将一国当作天下，自然没有国家思想，皇帝之位亦即无人干涉。嗣后外国人到中国来通商，定租界，辟商埠，并不是清政府欢迎，是外国人强迫。现在中华民国人人皆有国家思想，同心协力，保全领土，拥护主权，外国人进来毫无妨害，有何不可？况开放主义，我中国古时已行之。唐朝最盛时代，外国人遣派数万留学生到中国求学，如意大利、土耳其、波斯②、日本等国是。彼时外国人到中国来，我中国人不反对，因中国文明最盛时代，上下皆明白开放主义有利无弊。

现在中华民国已将满清政府推翻，改造共和政体，共和政体在地球上要算第一最好政体，我们何等幸福！但诸位同胞要知革了命，不能就算事业完了，大家就可享幸福。请看现在游手无业、饥寒交迫诸同胞，遍地皆是，我们能忍心不顾他们？只顾自己享福，岂能长享？我们要永远享文明幸福，必先使全国同胞人人有恒业，不啼饥，不号寒，然后云可。要想达此目的，就要办理铁路、开矿、工商、农林诸伟大事业。办理此等伟大事业，必先有伟大度量，将"意见"二字消灭尽净。诸君试看日本国，土地不过我中国两省大，人民亦不过我中国两省多，

①　即总督、巡抚，清代最高地方官员。
②　波斯（Persia），一九三五年改名伊朗（Iran）。

四十年以前亦是一个最小、最穷、最弱之国，自明治维新以后四十年间，俨然称为列强。全球上能称为列强者不过六七国，而日本俨然是六七国中之一国。他是用何种方法始能如此，亦只是用开放主义。我中华民国土地比日本大二十倍，人民比日本亦多二十倍，要照日本办法亦采用开放主义，不到三五年后，兄弟可决定比日本富强十倍。

又我中国是四千余年文明古国，人民受四千余年道德教育，道德文明比外国人高若干倍，不及外国人者只是物质文明。物质上文明就是农、工与各种实业，比较起来，实在不及外国多矣。例如军器一门，我们从前所用是弓箭刀枪，试问现在战争能用不能用？试问现在战争不用外国枪炮，能胜不能胜？我们既采用西法，即不能不借用外国人才。倘不借用他国人才，我们中国就要先派十万留学生到各国去留学，至少亦要学十年才能回国，办理建设各种事业。试问此十万留学生经费，现在能筹不能筹？试问此建设事业等到十年后再办，能等不能等？款既筹不出，又时等不及，我们就要用此开放主义。凡是我们中国应兴事业，我们无资本，即借外国资本；我们无人才，即用外国人才；我们方法不好，即用外国方法。物质上文明，外国费二三百年功夫始有今日结果，我们采来就用，诸君看看，便宜不便宜？由此看来，我们物质上文明，只须三五年即可与外国并驾齐驱。我们道德上文明，外国人是万万赶不及我们大。结果岂不比东西各国更加倍文明？彼时我中华民国在地球上，不特要在列强中占一席，驾乎列强之上亦意中事。彼时我中华民国国民，自然就可永远享真正自由、文明、幸福。但此种伟大事业决不是少数人责任，定要我四万万同胞同心协力担负，方可达圆满之目的也。

据《孙先生长江游——皖都督府演说辞》，载一九一二年十月二十九日上海《民立报》第七页

发展交通与收买土地另辟新埠等问题

在南昌军政界欢迎宴会的谈话和演说①

（一九一二年十月二十五日）

宴会前谈话

关于铁道，拟由外人承修，一切利权均归外人，惟四十年后须归中国。另附条件，不及四十年亦得依股票时价，随时收归国有，以防流弊。盖可免回扣之耗失，材料之抬价，工师之要挟。四十年后不费一钱，坐享其成，利益颇大。况外人修筑之时不能不雇华人、用华材，尤为利中之利。

关于借债问题，略谓：六国要挟过甚，深可愤慨。现已与外国资本家数人联络，拟开办中西商办银行，中外各出资本千磅。将来中国借债即由该行出名，纯为经济问题，以免国家借债惹起政治交涉。且可利用该行发行公债票，销售外国市场。

宴会上演说

中央集权、地方分权②本来不成问题，不过反对者藉此鼓簧。实则集权、分权皆由人之成见而生。如外交、海陆军不容有地方分权，其他利民之事不容有中央集权。盖须相因而行，不能执一。民权为天经地义，专制恶风断难久存于二十四〔世〕纪。

席次复言及江西城围太小，因筹扩张之法，先生言：现有街市可不必再改，惟须择一最大之地段另辟新埠，将衙署、公所及学校、营房迁至其所，则旧有者不期废而自废，改建甚易矣。至于地皮，只可由公家购买。然恐公家无力或人民

---

① 十月二十五日晚，孙文抵达南昌，即至百花洲行馆出席欢迎宴会，江西都督李烈钧等军政要员数十人出席。小标题为编者所加。

② 宴会上，孙文随员马君武和李烈钧都曾谈及地方权限与民权问题，故孙文在演说中首先就此发表意见。

不愿，惟有乘此换契之时，任人民自定价值，有二条件：甲、照价抽税，乙、照价收买。向来地皮价值本极不齐，中国旧法照面积抽税，故贫民乡间之地往往吃亏，而富人私有城市之地往往唾手得利。如美国现有一富人，从前收买十亩地时，该富人某日醉后归途遇人拍买〔卖〕，随意以二百元立约，当时人皆笑其过昂，迄今竟成数十万之富家翁矣。故此种致富乃非人力经营所致，不过得好机会而已。然彼之好机会又由国家路政、矿政而致，实非彼有丝毫之力。而乡村力作之农乃至终身困穷，故此为不平之道。今设以上甲、乙二条件，则彼有地皮既不敢昂价以图出售，亦不愿低价以图少税。因昂价则恐税累，低价则恐贱卖，因此不得不自出于平价。既出自平价，则国家收买之固不吃亏，不收买之亦不妨碍。但税则仅可低定，如十元之地但收五厘，则穷乡①受恩，而繁市即能出税以裨益公家，此为最公平之道。将来此策如行，则另建成一伟大之新江西。不须多日而江西能从此扩大，则南昌、九江、吉安②、饶州③、赣州④等地，皆可成为今日之上海。

但此事从何入手呢？须从交通入手。交通之法，铁路为急务，然马路尤不可少。盖马路费较省便，且马路行自动车，自动车费亦较少。如每车坐十二人之自动车，每里只须万元可修，路之平坦者每里仅五千元或二千元可以修好。有此自动车，然后铁路亦能获利。不然，距铁路较远之人即不便搭坐，即修小枝路亦不十分便利。如冷落之地，每日枝路开车一次，其搭坐者有非常不便。若马车、自动车即可每日开十余次，此最便之事也。英国从前枝路甚多，现皆拆去改用马路，此其明证。

据《孙中山抵赣纪详》，载一九一
二年十一月一日上海《申报》（六）

---

① 此处删一衍字"不"。

② 吉安府，一九一二年废；原府治为庐陵县，后改名吉安县，今除该县外另析其城区置吉安市。

③ 饶州府，一九一二年废，原府治为鄱阳县。

④ 赣州府，一九一二年废；原府治为赣县，今除该县外另析其城区置赣州市。

中华民国之存亡全视军人

在江西军界欢迎大会的演说①

（一九一二年十月二十六日）

今日在江西南昌蒙军界诸君欢迎，实不敢当。诸君盛意热诚，殊深感谢。

去岁民国成立，全赖各省军人之力，武昌起义，各省响应，南方军人提倡共和，北方军人赞成盛业，数个月内，洗数千年之积习，脱数千年之羁勒，推翻满廷，建设中华民国，全赖军人，我为四万万同胞感谢诸君。中国军人及国民，同心协力，造成共和民国，丰功伟业，震惊全球，不独为历史之光荣，即于种族亦增价值。

我国前在专制政府，政体腐败，国势积弱，列强虎视耽耽〔眈眈〕，竞逞野心，群思染指，彼时国家与种族，危险万状。欲救国保种，故提倡革命。共和国家既赖军人建设，尤愿南北军人一气保障而巩固之。今而后深望诸君发愤为雄，研究军学，使四万万同胞均有尚武之精神，使中华民国富武力之保障，海陆军强盛，则中国在世界上必进于一等国之地位。现在世界各国，均从事扩张军备，进步一日千里。处今之世，有武力之国家则隆隆烈烈，进于一等之地位，无武力之国家，必至于灭亡。

今世界文明进化尚在竞争时代，而非大同时代。处此竞争剧烈之私〔时〕，人人须以爱国保种为前提。内乱不靖，赖军人以维持；外患侵凌，赖军人以御侮。是故中华民国之存亡，全视军人。军人有拥护国家之责任。江西可敬之军人诸君，须把中国存亡之责任搁在各人双肩上，此则兄弟所希望于各人者。

据《孙中山之快论》，载一九一二年十一月六日上海《中华民报》

---

① 二十六日上午，江西军界在顺化门外大校场举行欢迎孙文大会，江西都督李烈钧代表军界发表欢迎祝词，到会者除各军将士外尚有各学校、机关、团体人员。

谋发展先发达交通

在南昌商务总会宴会的演说①

（一九一二年十月二十六日）

（上略）我国未开采之五金煤铁最多，农林亦富。欲谋发展，非先发达交通机关不可。交通机关第一在铁路，故兄弟有借款六十万万，十年间造路二十万里之政策。（下略）

据《孙中山抵赣续纪》，载一九一二年十一月二日上海《申报》（六）

主张迁都南京之理由

在南昌国民党赣支部谈话会的演说

（一九一二年十月二十六日）

诸君意见不妨详细发明。鄙人以国家为前提，从前中央政府都城南北问题，大都主张北京，不主张南京。鄙人当时在宁提议迁都一事，极力主张迁都南京，不赞成北京。其中理由：全国形势，南京握全国之中，长江流域界于十八省之间，南京为长江之要地，交通便利。上海虽好，犹嫌太偏，如遇战事，必难保全。武昌地点虽亦适中，要以南京为最。南京据长江之险，江阴、镇江等处炮台极有力量，为南京最要门户，收海军上之利益极为完全。武昌交通以铁路较宁为胜。从地位而言，南京以马龙山设炮台，防御更为严密，紫金山再设外城，尤为巩固，南京、武昌似无甚分别。以经济上而论，南京乃鱼米之乡，武昌米须外购，若与北京比较，北京向不产米，须由南运北，运费极大。若北方人民加多，运米之费

---

① 二十六日下午，李烈钧在南昌商务总会设宴欢迎孙文一行。孙文在席间作此演说。

更大，若在南京，即可省此运费。且南京为海军之根本，若创设制造厂，材料益称便宜。有此三种理由，鄙人所以主张南京。

现在北京仍是临时都城，中国惟临时二字为最危险。北京地势，军港自经庚子兵燹之后，大沽口、山海关等处均无炮台，且中国兵不能到该处，惟外国兵士能到。且外国所设炮台，距北京总统府、财政部弹子可及，我们沿海又无防御，外兵若来，我们并不得知。我们现处此等危险时代，此危险时代即临时时代。以我们中华民国有最无上之权之中国，件件均要打听外国人之口气，得外国人之许可，方敢做事，亦复成何中国？北京人总以外国人不许我迁都，就不敢迁，又成何民国？北京为四面受敌之处，外人不许我迁都，要我依靠他，伏处于他势力范围之下，北京一朝有事，是极易破的。从大沽口至北京，五天内即可抢我北京。到那时候，我们还是要此北京不要哩，所以鄙人说离了北京即可安全。譬如一个小团体有数千人之军队，他的司令部决不肯立于危险地方，难道我们四万万同胞肯立此北京危险的地方吗？

眼前的危险，就是要迁都的好。若再执迷，因循过去，日复一日，将怕外国人，事事探听外国人口气方敢做事，诚恐外国人干涉种种思想，三四年后成为习惯，那就难以挽回了。总而言之，目前迁都可免危险，总要脱离外国人势力范围，中国存亡关系全在于此。鄙人前在北京时，有一天摄政王问我迁都之后，咱们经费其将恐无着。鄙人说若不迁都，将来你为外国人挑水都不要你了，摄政王当时恍然明白。以鄙人看来，此时迁都尚属容易，各部文件，每部不过一箱（以前档案可以丢了），若到临时危险时候，亦可负出，即使遗失，尚可检查，再迟数年文件更多，则难迁了。其于中国前途，即不堪问，到那时候有三个结果：北京既居危险地位，设有破坏，外国人多方要索赔款，此为第一结果；俄国由东三省铁道运兵占领，坚不退兵，此为第二结果；外国要何省即与何省，苟延残喘，此为存亡呼吸，万不得已之第三结果。

现在鄙人主张迁都，系属少数人之主张，必须培养国民无怕外之思想，四万万同胞均具有不怕外之思想，然后民气、民权皆得伸张，去外国心腹之害，方能永远保此共和之国基。

据《孙中山在赣演说迁都》，载一九一二年十一月一日上海《时报》（四）

群策群力尽心国事

在芜湖各界欢迎大会的演说①

（一九一二年十月三十日）

兄弟此番过芜，诸君特开会欢迎，极为感激。我父老受君主之压制久矣，迄乎今日才将专制推翻，造成中华民国。此非兄弟一人之力，实四万万同胞齐心协力，万众一德，有以致之也。

我国自有历史以来，人民屈服于专制政府之下，我祖我宗，以至于我之一身，皆为专制之奴隶，受君主之压制，一切不能自由。所谓国家者，亦不过君主一人一姓之私产，非我国民所有也，故人民无国家思想，且无国民资格。现在君主专制既已推翻，凡我同胞，俱从奴隶跃处主人翁之地位，则一切可以自由，国家一切事件亦自有主权矣。然既处于主人翁之地位，则当把从前之奴隶性质尽数抛却，各具一种爱国心，将国家一切事件，群策群力，尽心办理，万不能再视国家事为分外事，中国前途自有大希望在。

据《中山之长江游》（六），载一九一二年十一月三日上海《民权报》第七版

附：另一记录

吾等现由奴隶地位一跃而居主人地位，实为莫大之幸福。惟既为主人翁，即应尽其应负之责任。方今民国初建，万端待理，民之于国为最大之要素。欲国富民强，即能自立，则凡百艰难事务，吾人都宜负其全责，望诸君共济时艰为幸。

据《民国国民应尽其应负之责任》，载《总理演讲新编》，南京，中国国民党中央执行委员会宣传部一九三〇年三月十二日印行

---

① 孙文于十月三十日上午自九江抵达芜湖，旋赴大舞台出席万人欢迎大会。当晚离芜赴沪。

在上海主持欢迎日本议员团宴会的讲话①

（一九一二年十一月十一日）

今日日本众议院议员来沪，国民、共和、民主三党特开会欢迎，特请平刚君宣读欢迎词。

据《三党欢迎议员团记》，载一九一二年十一月十二日上海《民权报》第十版

望各界人士一致赞助铁路总公司

在上海中国铁路总公司成立宴会的致词②

（一九一二年十一月二十五日）

本公司成立，荷诸君光临，不胜荣幸！惟兹事体大，非赖诸君赞助不可。

中国无款办路，必须输进外资。美国铁路布满全国，其期仅十年，经营之始亦大借外款，始能成就。故借债办路问题，无所用其疑畏。至十年而造二十万里路之说，但须心计精密即可成功，非仅理想之事。以今日之资本、材料、人才、思想而言，皆胜于美国造路之时，且美国造路须招工数十万，吾国已省去此重困难。政府主张开放，欧美资本源源输入，何事不办！

本公司现当草创，先行规划一切章程。借债筑路，当期以半年或一年。头绪纷繁，惟诸君进而教之，始能收集思广益之效。办路之要首在预备材料，今溪〔汉〕阳厂每日所出铁数百吨，以全国铁路论，非有此溪〔汉〕阳铁厂不可。造基宏远，诚有望诸国民之群策群力。

---

① 十一月十一日晚，国民党、共和党、民主党在汇中饭店联合举行宴会，欢迎日本众议院议员团来沪访问，并邀请日本驻沪外交、商务等人员与会。宴会由孙文主持。

② 十一月二十五日晚，孙文在上海醉和春西菜馆主持中国铁路总公司成立宴会，商、学、实业等团体及报界代表应邀出席。

中央政府规〔现〕派叶恭绰君①来沪会商一切，叶君素有经验，必有益于路事。切望诸君一致赞助，鄙人幸甚！路事幸甚！用进一触〔觞〕敬谢叶君，并为诸君寿。

据《铁路总公司大宴会》，载一九一二年
十一月二十六日上海《天铎报》第五版

建议中法合资创办大银行

在上海实业银行等欢迎南洋华侨会的演说②

（一九一二年十二月四日）

吾国政府与六国银行团磋商借款，受种种之挟制，要求非分之权利，其原因亦因国中无极大银行担任借款之能力耳。鄙人调查六国银行团中，出资惟法国为最巨，几几乎占十之七八。鄙意更拟联合多数银行，与法国资本家合资创一极大银行。盖分则魄力小，于全国无甚影响。倘合中外为一家，将国中数〈十〉银〈行〉联合而成一巨大之银行，发行债票，任外资之输入，则全国金融枢纽操之于巳〔己〕，即政府借款亦可担任，不致受非法之要挟，而利益亦不致入外人之手矣。

前沈君缦云等有筹创实业银行之举，曾由鄙人介绍至南洋各岛招集股份，已见溢额，可谓美满之结果。将来矿产、铁路、机厂诸大政，自可次第举行，而吾国富强可与美国相抗衡矣。

据《实业银行进行之规划》，载一九一
二年十二月六日上海《民立报》第十页

---

① 叶恭绰时任交通部路政司长兼铁路总局局长。

② 十二月四日下午，实业银行、信成银行周舜卿、沈缦云及各执事员在上海愚园开会，欢迎南洋华侨陆秋杰、沈怿舸、王少文三人。孙文、陈其美、李平书等人参加，孙作此演说。

悼念秋瑾女侠

在杭州国民党欢迎会的演说①

（一九一二年十二月八日）

久慕浙江名胜，今初到杭，复蒙诸同志开此盛会，实感非常荣幸，非常感愧。杭州旧同志甚多，均能协力同心，达此革命目的。去年攻克南京，尤浙军之力居多。可痛者，最好的革命同志秋女侠②一瞑不视。兄弟此来，固不仅展〔游〕览西湖风景，亦将临女侠埋骨之所，一施凭吊。

（继又演讲三民主义及铁道国有政策。）

> 据《孙中山莅杭纪事》，载一九一二年十二月十日上海《申报》（六）

附：另记录之一

光复南京之功，浙人死义最烈，秋瑾女士尤为革命之先健者。鄙人与诸君相见，至为荣幸。

三民主义，民族、民权俱已达到，今当提倡民生主义，为世界之公理与本党惟一之政见。民生主义为预防资本家垄断，即经济革命是也。文主张平均地权。

> 据《孙中山莅杭记》（一），载一九一二年十二月十日上海《民立报》第八页

---

① 八日下午，孙文自上海抵达杭州，出席在杭州马坡巷法政学堂举行的国民党欢迎会，并作此演说。

② 即秋瑾。

附：另记录之二

（日　译　中）

浙江乃久慕之地，文此次初来杭州，得诸同志召开如此盛会，实感荣幸，且不胜感愧。杭州旧同志甚多，不但能同心协力，共同达成此次革命之目的，而且去岁克复南京之际，浙军出力尤为卓著。余深感痛心者，乃未能得见吾等同志秋瑾女士一面。余此行之目的，不仅在观赏西湖之美景，实是为了亲临女侠埋骨之处，凭吊一番。

（又讲述其民生主义、铁道国有主张等。）

据日本外务省档案《各國內政關係雜纂/支那ノ部/革命黨関係（亡命者ヲ含ム）》［各国内政关系杂纂·中国之部·革命党关系（包括流亡者）］第六卷，公第六四号，一九一二大正元年十二月十二日，日本驻杭州领事馆事务代理深泽暹致外务大臣内田康哉报告《孫逸仙來杭ニ關スル件》《关于孙逸仙来杭之件》原件，东京、日本外务省外交资料馆藏（赵军译）

日文原文见本册第 852 页

民生主义有四大纲

在杭州各界欢迎大会的演说①

（一九一二年十二月九日）

兄弟小走武林，薄游六桥、三竺，今与诸公一见，不胜欣幸！但中华民国成立，始有今日之一日。

屈指清帝逊位以来忽一周年，我四万万同胞虽拨云雾而见青天，要知此后之事正长，破坏容易，建设烦难。去岁推倒满清政府，仿佛撤毁一间腐败房屋，其

---

① 九日下午，五十一个政党团体在杭州国民公所举行欢迎孙文大会，到会约三千人。

除旧更新之际，此中端赖得人。今时隔一年，新屋尚未落成，此皆人民不知共和原理之故。有识者因循观望，愚鲁者随波逐流。须知此后国为民有，应人人负担义务。目前之同心协力，即将来同享幸福。现在国基未固，岂可幸图苟安？所以农人野老不明大义，以为革命之后从此自由，可以不纳税、不完粮，殊不知中央财政从何支出。此事须由就地人民分别开导。

至于民生主义，有四大纲。

即如资本。今民国底定，穷困如故。所幸我国无特别之资本家，若家财数千万万者。故政府以至人民同一穷困，尚无他虑，否则即要演成不平等之风潮。欧美各国常有此事。总之国民须自谋生活，免受富豪者之挟制。

次如土地为人生最要之事，无土地都〔即〕无立足之所。人非飞鸟鱼鳖，可以借空中水底栖身。英国昔年人民受土地之苦者一百余年，因富户广收土地，限制贫者。故去岁南京临时政府成立时，兄弟首先〈谋〉解决土地问题。国家收税不能按亩抽捐。譬如上海英租界之大马路，每地一亩值价约三五十万，而乡间之地每亩值价十元、五元不等，相去是否天渊之别？故估本抽税最为平等。即此一端，民间受惠如何！

次如实业、铁路问题。今我国铁道次第推广，营业浩大，此事理当主张国有。不知者以为商办，其权何必操之于国。但不知国为民有之后，国有即民有也。倘或不归国有，譬如一省出一大资本家，将一省铁路买回，大权独揽〔揽〕，垄断商业，彼时国民受其影响岂不大哉！

如教育问题，吾国虽自号文物之邦，男子教育不及十份之六，女子教育不及十份之三，其中有志无力者颇不乏人。其故在何？国家教育不能普及也。推原根本，国体未全。但当时种种缺点责在君主，今日责在人民，吾同胞须于此中三思焉。

相见一次，所陈如是，诸君勉之。

据《孙先生游浙记——欢迎会席上演说辞》，载一九一二年十二月十一日上海《民立报》第七页

附：另一记录

（日 译 中）

兄弟来到武林未久，略游了六桥、三笠〔竺〕。此次得与诸君相见，不胜欣幸。屈指算来，清帝退位匆匆已一年。我四亿同胞虽如同拨开云雾见青天，然而今后的路途尚遥远。须知破坏容易，而建设甚难。去岁推翻满清政府，恰如腐朽之房屋，但进入除旧布新之际，则不得不恃用人得当。如今虽已隔一年，新屋尚未落成。此皆因人民不知共和之原理，有识者因循观望，愚顽者随波逐流之故。诸君从今而后，国既为民之国，各人应承担起各自之义务。目前的同心协力，即将来同享幸福之基础。于今国本未固，岂能贪图苟安？彼农人野老不明大义，以为革命之后即获得自由，不必缴纳赋税钱粮。如此，中央财政如何得以支撑？上述各项，宜于各地，晓谕彼等。

此外，余之民生主义，有四大纲领：第一曰资本。如今民国渐告成立，但穷因〔困〕如故。所幸我国尚无财富达数千万之资本家阶级，政府与人民皆同处穷困境遇而无暇他虑。不然，则演成社会不平等之风潮，欧美各国常有此等之事。而我国自总统以至一般国民，皆自谋生计，得以免除富豪者之挟制，不如谓之万幸。

第二曰土地。土地乃人生最重要之物，人无土地即无立脚之处，不应如飞鸟鱼鳖，假以空中水底以栖身。如英国，昔年其人民为土地尝尽苦楚一百余年，皆因富豪广收土地，贫者受其控制故也。是故去岁南京临时政府成立之时，余最先尝试解决土地问题。譬如国家之税收，即不可单按亩数征收。例如上海英租界大马路，一亩之价约三五十万两；而乡村土地一亩之价不过十元甚至五元，何啻天渊之别。故估算地价处以适宜之征税，乃最公平。只此一点，民间受其恩惠凡不知几何。

第三曰与实业有极大关系之铁道。如今我国铁道逐渐扩展，事业日益浩大，主张国有乃事理之当然。但有不知者以为，既然商办，权力则未必定须国家操控。须知国家既为民众之物，国有即民有。若不归国有，假定某省出一大资本家收购一省之铁道，大权独揽，垄断商业，国民所受影响岂非绝大？

第四曰教育。这个问题，我国虽自称文物之邦，但男子受教育者不过十分之六。至于女子，尚不及十分之三。其中有志而无力者人数颇多。其缘故不在其他，而在国家须将教育普及。在从前，种种缺点可以归咎于君主，但今日之责任则在人民。凡我同胞，皆须三思。今日与诸君相见，略陈所见，诸君勉之。

据日本外务省档案《各國内政関係雜纂／支那ノ部／革命黨関係（亡命者ヲ含ム）》［各国内政关系杂纂·中国之部·革命党关系（包括流亡者）］第六卷，公第六四号，一九一二年十二月十二日，日本驻杭州领事馆事务代理深泽暹致外务大臣内田康哉报告《孫逸仙來杭二関スル件》《关于孙逸仙来杭之件》原件，东京、日本外务省外交资料馆藏（赵军译）

日文原文见本册第 853—854 页

学生求学须先立志

在杭州之江学校欢迎会的演说①

（一九一二年十二月十日）

今日蒙校长暨各教员、学生欢迎，余心甚为喜悦。况观此校规模宏丽，足以造就群才，益钦各教士之热心教育。但今日我中华民国，破坏既终，建设方亟，所属望于民国效力者，惟我青年之学生。故学生求学，须先立志，以期为后日左右民国之人。

据《孙中山莅之江学校记》，载上海《通问报：耶稣教家庭新闻》第五三〇期，一九一二年十二月印行

---

① 十日上午，孙文在原上海都督陈其美、浙江民政司长屈文六等人陪同下，参观之江学校。该校师生及教会来宾百余人在学校礼堂举行欢迎会，孙文发表此演说。

政党竞争必以党德为前提

在杭州共和党民主党两支部欢迎宴会的演说①

（一九一二年十二月十日）

鄙人此来，与贵党②领袖诸君握手，受诸君美满之欢迎。鄙人所耿耿于中者，不可不为诸君告。

诸君固知鄙人为国民党理事，与诸君立于对待之地位也。然此衷希望贵党之发达，自始至终未敢或渝。当南京临时政府成立之时，中国无所谓政党，同盟会席革命成功之势，若及时扩充规模，改组政党，则风靡全国亦意中事。同人等屡以是劝，而鄙人不为稍动者，知政府之进步在两党之切磋，一党之专制与君主之专制其弊正复相等。两月以来，自北而南，见共和党之发达一日千里，已为国民党之畏友，始以竞争，继以进步，国事艰难，庶有豸乎！鄙衷欢慰，实始意之所不及。本党党员有讥鄙人之漠视者，他党党员有愤鄙人为劲敌者，皆非也。

惟政党之竞争，以道德为前提，所有政策一秉公理，然后以之谋国，其国以强，以之谋党，其党以昌。若兢兢于势力之盛衰，则前清政府之势力较诸革命党相去奚翅万万，而革命党卒告成者，公理所在也。今之政党往往争夺政权，逸乎范围之外，不知有在朝党，必有在野党。在朝党以施行为急务，而不遑研求；在野党以研求为急务，而不必施行。夫法久必弊，施行者终有不适之时，学勤益精，研求者自有特优之点。一旦舆论、民心易其向背，则在野党进而在朝党退，叠为消长，政治日进于文明。如英之自由党与保守党，美之民权党与共和党，非后事之师乎！

又政党所争，在大端而不在细节，甲党所提之案往往为乙党所赞同，乙党所提之案往往为甲党所赞同，决无事事反对之理。试观英之自由党与保守党所争者

---

① 十日晚，孙文出席两党浙江支部欢迎宴会，出席者三十人。共和党于是年五月由五政团合并组成，黎元洪为理事长；民主党于是年十月由五个政团合并组成，干事长为临时参议院副议长汤化龙，当时号称为国民党、共和党以外的第三大党。

② 此处及下文"贵党"均指共和党。事因该宴会原由共和党支部主办，民主党支部少数代表系临时加入者。

仅关税一事，自由党主张自由贸易，保守党主张保守贸易，持之各能有故，言之各能成理，是非未明，故竞争不已；若琐琐之端，其赞同、反对有时竟出于一致，其故可深长思也。

今吾国政争，淆公私为一途，不顾舆论，不论是非。其事之出于他党也，虽至良之策而反对维力；其事而出于本党也，虽极恶之政而拥护维谨。甚至政见不合，波及私交，攻讦谗害，无所不为。党德至是扫地以尽，前之以党救国者，今乃以党亡国矣！鄙人在沪之时，曾游西洋律师俱乐部，见有于法庭辩案，戈矛相向，汹汹若不两立者，迨退庭归来，握手言欢，相视而笑如故也。其公私分明为何如哉！

诸君领袖群彦，必以党德为前提。谨浮大白，矢彼此自勉之心，兼答诸君之盛意。

据孙俶仁①笔记：《共和民主两党宴孙中山先生记》，载一
九一二年十二月十三日上海《时事新报》第一张第二版

附：另一记录

（日 译 中）

鄙人此次前来，与贵党领袖诸君握手，受到诸君美满之欢迎，鄙人亦愿意以耿耿于胸中之事，敬告诸君。

诸君当然知道，鄙人乃国民党之理事，与诸君处于对立之地位。然而鄙人衷心希望贵党之发达，则始终不渝。南京临时政府之当时，中国无所谓政党，若同盟会乘革命成功之势，扩展规模，改组为政党，则风靡全国亦乃意中之事也。同人等屡屡以此劝说，而鄙人终不为所动之所以，乃在于国政之进步与两党之切磋。须知一党之专制，与君主之专制其弊端正相等同。两月以来，由北而南行，看到共和党之发展如一日千里，已成国民党之畏友，始之于竞争，继之于进步，则国事之艰难庶几可济乎？

鄙怀欢慰，实有初念所未及者。我本党党员或有讥讽鄙人之漠视者，他党党

---

① 孙俶仁系共和党党员。

员亦或有愤于鄙人之劲敌者，皆非也。惟思政党之竞争，应以道德为前提，凡百之政策，皆应秉执公理。而后以之谋国则国强，以之谋党则党昌。若仅兢兢于势力之盛衰，则前清政府之势力较诸革命党，相去何止万千！而革命党卒以告成，乃因公理之所在也。

现今之政党，往往相互争夺政权，而不知逸出范围之外。有在朝党，必有在野党。在朝党以施行为急务，而无遑进行研究；在野党以研究为急务，却又未必加以施行。夫法行既久，必生弊端，施行者当不适之时终至，尤须愈加研学。研究者自有其特优之点，一旦舆论、民心之向背逆转，则在野党进而在朝党退。如斯相互消长，则政治日进文明，英之自由党、保守党，美之民权党、共和党皆如是，岂非后事之师。

此外，政党所争之处在大纲而不在细节，甲党所提之案，往往亦为乙党赞同之处。乙党所提之案，往往亦为甲党赞同之处。决无事事应加反对之理。试观英国自由党、保守党所争之处，仅关税一事而已。自由党主张自由贸易，保守党提倡保护贸易，各持己见言之有故，各持己言亦言之有理。是非未明，故竞争未已。至于琐碎诸端，其赞成反对时竟出一致，其故令人深思不已。

现今吾国之政争，混淆公私为一途，不顾舆论，不论是非。事出他党，虽至良之策亦竭力反对；事出己党，虽极恶之政亦极力拥护。更有甚者，政见不和，波及私交，政评谗害无所忌惮。党德至是，扫地已尽。昔日以党救国者，今日直欲以党亡国。鄙人从前在沪时，曾游西洋律师等俱乐部，观彼等法庭辩论之际，戈矛相向汹汹而似势不两立。及至退庭归来，握手言欢，相视而笑如故也。其公私之分明何如焉。

鄙人谨浮一大白，愿诸君、诸领袖、群彦等必以党德为前提，相互不失自勉之心，兼答诸君之盛意耳。

据日本外务省档案《各國内政関係雑纂/支那ノ部/革命黨関係（亡命者ヲ含ム）》〔《各国内政关系杂纂·中国部分·革命党关系（包括流亡者）》〕第六卷，公第六五号，一九一二年十二月十四日本驻杭州领事馆事务代理深泽暹致外务大臣内田康哉报告『共和民主兩黨聯合歡迎會席上ニ於ケル孫逸仙ノ演説ニ関スル件』（《关于共和民主两党联合欢迎会上孙逸仙演说之件》）原件，东京、日本外务省外交资料馆藏（赵军译）

日文原文见本册第 855—856 页

机器可以富国

在上海机器公会成立大会的演说①

（一九一二年十二月二十二日）

今日机器公会开成立大会，某得与诸君相见，诚幸事也。

我中国在地球上数千年来文明最早，本是富强的国，何以现在退步至不堪言状？现在中国在地球上为一最贫弱之国，皆因教育、实业两不发达，以致于此。虽然，亦非中国一无进步，不过进步太迟，各国进步一日千里，不能并驾。如在火车中观行路之人，无不往后倒退，并非路人不进步，火车行得太速之故也，以致中国事事不及各国。即如上海通商口岸，商权几全握于外人之手，皆缘各国机器发达，货物千奇百变，能力不敌，则势力不敌。国际交涉亦是如此。

机器可以富国。用机器开矿，矿可发达；以之耕田，禾谷可以多出。无论何种工厂，造何种货物，不用机器必不能发达。我中国开矿屡屡失败，亦因往昔不用机器之故。所以机器可以灌输文明，可以强国。我中国如不速起研究机器，我四万万同胞俱不能生存。

今日诸君发起机器公会，乃是强国之预兆。但机器系从思想发生，系一种深湛学理。如无学识，即不能发明新机器，亦不能管理新机器。所以诸君发起此会，第一要研究学理，研究愈深，进步愈速。如水气蒸气亦可以代煤力。中国地大物博，矿产丰富，全仗吾人脑力思想，利用此天然之利。今日之会为中国自古未有之事，尚望诸公努力，自用聪明才力发明种种机器，庶几驾乎各国之上，方不负今日开会之盛也。

据《机器公会成立记——昨日张园之盛会》"孙中山先生演说辞"，载一九一二年十二月二十三日上海《民立报》第十页

---

① 机器公会由中国社会党、中华民国工党等发起，以上海数家大工厂为基础组成，工人、工程技术人员、学者、雇主皆可入会。二十二日下午在上海张园举行成立大会，到会有该会会员及各界来宾三四千人。

推广女界教育以成全国模范女校

在松江清华女校欢迎会的演说①

（一九一二年十二月二十七日）

民国未成立以前，贵校于革命事业狠有关系，松部②藉贵校为交通机关。兄弟今日到此，躬逢盛会，狠喜欢贵校有功于民国。此次革命，男女均与有功。现在破坏方终，建设伊始，诸同志既推翻满清政府，无论男女均应协力，以全副精神组成一伟大中华民国。此革命之初心，亦贵校诸同志所同意也。

以世界大势论，地球上只有五六强国。试以人口比较，我中华民国最占多数，且狠有知识，所缺者教育耳。今在建设之初，吾辈又当牺牲于社会。贵校既于女界教育有此基础，务望实力办去，从事推广，以成一松江极大极有名之女校，并望将来成一中华民国之模范女校，则兄弟有厚望焉！

据《地方通信》"松江：欢迎孙文"，载一九一二年十二月三十一日上海《申报》（六）

附：另一记录

民国未成立以前，贵校于革命事业极有关系，因松部党员常借贵校为交通机关。兄弟今天到此，躬逢盛会，且见贵校发达情形，心甚喜悦。此次革命，女亦与有功。现在破坏方终，建设伊始，诸君当思腐败之政府既由吾辈推翻，建设之事亦当由吾辈担任。此后男女两界，均应协力同心，以全副精神，组成一伟大中华民国。此革命党之初心，亦贵校诸同志所同情也。以世界大势论，地球上只有

---

① 孙文于十二月二十六日乘舰视察吴淞江（别称松江）并到原松江府访问，次日上午出席清华女校欢迎会。按所到之地，清代为江苏省松江府，清华女校在原府治华亭县境内，一九〇六年创办，附设有师范科。但此时已废府存县，后于一九一四年合并华亭县、娄县而改置松江县，今为上海市松江区。

② 即清末的同盟会松江分会。

五六强国，比较人口，我中华民国最占多数，所缺乏者教育耳。今在建设之初，吾辈亟当致力于社会，多办学校。贵校于女界教育既有此基础，务望力事推广，成松江女学之模范、中国女学之模范，则兄弟有厚望焉。

据《建设之初亟当推广女子教育》，载《总理演讲新编》，南京，
中国国民党中央执行委员会宣传部一九三〇年三月十二日印行

勉励学生发奋学习致力于铁路交通建设

在交通部上海工业专门学校的演说①

（一九一二年十二月底）②

　　孙中山首先讲了他正在筹办的交通建设规划，表示要在十年内为中国建筑二十万里铁路，以振兴实业、巩固国防。向师生们介绍新近拟议的贯穿全国的南、中、北三大铁路干线。殷切希望青年学子学成后投身铁路交通建设，建成一个遍及全国、连通周边国家的现代化交通网络。

　　孙中山在演讲中还讲到纸币政策。他主张由中央政府统一发行纸币，用作建设基金，不敷之数还可以利用外国资本作为补充。之后，他又讲到对日本、对俄国的外交方针。他指出，对强占我国领土、侵犯我国主权的帝国主义要坚决抵抗，因此必须建设我国强大的国防力量。

　　孙中山最后勉励师生们立志终身为发展实业、振兴中华而服务。他说，我国虽然建立了共和体制，但是目前百废待兴，需材殷切。同时，世界强国科学技术日新月异，我国远远落后。他希望学生们今日在校要倍加努力，发奋学习，掌握科学技术，他日才能迎头赶上，使我国与欧美发达国家并驾齐驱。

---

　　①　该校前身是创办于一八八六年的南洋公学，屡经改名，一九二〇年始称交通大学，一九五九年正式定名为上海交通大学。一九一二年十二月底，孙文应交通部上海工业专门学校校长唐文治的邀请，在原南京临时政府实业部次长马君武等人陪同下，到该校上院文治堂对广大师生发表演说。

　　②　演说时间系据底本说明。另一说为一九一一年十二月底，按当时孙文仅居沪数日，正处于将赴宁就任民国临时大总统的极其繁忙时刻，到校演说似无可能。

孙中山先生足足演说了两个小时。讲毕，他对校长唐文治说，各位师生对铁路建设计划如果有意见和建议，可随时和马君武先生联系。

据盛懿等编著：《三个世纪的跨越——从南洋公学到上海交通大学》，上海，上海交通大学出版社二〇〇六年三月出版

政党发展全视乎党人智能道德之高下

在上海国民党恳亲大会开幕式的演说①

（一九一三年一月十日）②

今日兄弟躬与吾党恳亲大会，足增荣幸。

斯时为民国成立之第二年，国基初定，百端待理。今后之兴衰强弱，其枢纽全在代表国民之政党。各政党集一般优秀人物组织而成，各持一定之政见，活动国内，其影响及于国家政治，至远至大。惟是政党欲保持其尊严之地位，达利国福民之目的，则所持之党纲当应时势之需要，以合乎世界之公理；而政党自身之道德尤当首先注重，以坚社会之信仰心。即征诸各文明国之党史，亦莫不如是。

吾国民党由革命志士合各政团组织而成，本吾民国之盛举。吾革命党人昔为秘密团体，一言一行，虽理由充足，然以干犯专制政府之忌，不能公然宣布。只以吾党所持之民权、民族、民生三大主义，适合乎世界大势及国民心理，故一呼万应，卒达革命目的。

自去岁民国成立，吾党竟堂堂正正开大会于国内，研究建设民国诸问题，一言一行，均足以为轻重于现在之民国。须知此等境遇，悉由诸先烈之热血换来，吾党诚不可不珍重视之，稳健进行，有以慰诸先烈于地下。况吾党方破坏专制政府，正值建设之始，不得谓革命成功，责任已尽。盖破坏乃暂时的作用，建设乃永久的事业。例如法、美革命而后，共和告成，日谋建设，未敢曰尽臻完善，故法、美政党尚日谋建设之法，进步尚无己〔已〕时。吾中华积数千年专制国之恶

---

① 十日下午，国民党上海交通部（部长居正）举办的恳亲大会在新舞台开幕，同时欢迎新国民总会、工业建设会加入国民党，到会党员千余人。

② 底本未说明日期，此据一九一三年一月十一日上海《民立报》第八页"国民党消息"确定。

习，一旦改革，千端万绪，不易整理。而今后立国大计，即首在排去专制时代之种种恶习，乃能发现文明国家之新精神，此亦国民不可不注意之事。

吾国民党现在国内能占优势，固全恃乎群策群力。但政党之发展，不在乎一时势力之强弱以为进退，全视乎党人智能、道德之高下，以定结果之胜负。使政党之声势虽大，而党员之智能、道德低下，内容腐败，安知不由盛而衰？若能养蓄政党应有之智能、道德，即使势力薄弱，亦有发达之一日。例如前清时代吾革命党势力甚微，同人附和清政府者最多，只以同志诸公抱定宗旨，誓死不变，吾党主张之理论又适应乎社会之需要，故不及十年，举前清雷霆万钧之压力，一扫而去之。由是观之，党势之大小不必问，只须问吾党所主张政策及平日行动能否合乎公理，能否与时势相应。果所抱之政策正大明确，且得一般国民之赞同，虽千难百折，必可望最后之战胜。至于对于他党，除商榷政见而外，一切意气之争匪特非所必要，且足以损政党之荣誉。

今者，正式国会、正式政府成立之期不远，尤不能不细心研究，冀产出一最良之宪法，以为立国之根本。吾国民党员果人人以当年经营革命之精神，用温和稳健之手段，共谋建设民国之事业，则党事发展与国事之进步必有十百倍于昔日者。今日兄弟对于党员，窃有无穷之希望焉。

据《国民党恳亲会孙先生演说辞》，载一九
一三年一月十二日上海《民立报》第十页

政党宜重党纲党德

在国民党上海交通部恳亲茶话会的演说①

（一九一三年一月十九日）

今日本党特开恳亲之会，实因本党党员各有职务，平时难得晤面之机会，弟亦事冗，无暇与诸君常常晤谈。今日得此机会，实非常欣喜！

今年为中华民国之第二年。中华民国成立以来，一切建设尚未完备，今日实

---

①　十九日下午，孙文以国民党理事长身份在本党上海交通部主持恳亲茶话会，在沪国民党要员百余人应邀出席。

为草创时代。然有一事，吾等深可引为庆幸，实生前途绝大之希望，即政党成立是也。政党之基础巩固，则中华民国之基础自然巩固。

本党为革命党改组。当中华民国成立之初，凡我同志皆奔走国事，无暇顾及党事。同盟会虽成立于七年以前，基础虽非常巩固，而从事于政党之生涯乃转在他党之后，后由数党合并，始成国民党。因从前诸同志之精神材力、身家性命皆用于革命一事，至中华民国成立以后，其他各政党次第成立，本党转毫无力量，一切经济进行皆落人后，吾等莫不以为本党日有退步，将处于失败之地位。然此次国会议员之选举，本党竟得占有过半数①，吾等以为失败者，乃竟不然。足见国民尚有辨别之能力，亦可见公道自在乎人心。本党未尝以财力为选举之运动，而其结果犹能得如此占胜利，足见本党党纲能合民国〔国民〕心理。以后本党宜更并力进行，以求进步。今本党自以为处于势力较弱之地位，而其成绩已如此，则将来之进步诚未可以限量。

然而本党既占优胜地位，须知本党所负之责任亦必加重也。中华民国以人民为本位，而人民之凭藉则在政党。国家必有政党，一切政治始能发达。政党之性质非常高尚，宜重党纲，宜重党德。吾人宜注意此点，以与他党争胜。

吾国政党今始发生，一般人闻党争之说非常畏惧，是皆不知党争之真相者也。党争必有正当之方法，尤必具高尚之理由，而后始得谓之党争。一般人以党争为非，实误以私争为党争也。一国之政治必赖有党争，始有进步。无论世界之民主立宪国、君主立宪国，固无不赖政党以成立者。本党今既得占优胜地位，第一应研究者，即为政党内阁问题。然此问题甚耐研究，此时尚不能决。本党将来担任政治事业，实行本党之党纲，其他之在野党则处于监督地位。假使本党实施之党纲不为人民所信任，则地位必至更迭，而本党在野亦当尽监督之责任。此政党之用意也。互相更迭，互相监督，而后政治始有进步。是以国家必有政党，政治始得进步，而党争者绝好之事也。须知所争者，非争势力，乃争公道，可见党争实

① 据当时国会议员初选信息，国民党取得大胜。一九一三年二月于复选后所公布的正式结果，在参议院和众议院共八七〇名议员中，国民党获得三九二席，占百分之四十五强；如连同跨党的国民党员席位计算在内，则远远超过半数。选票次高的共和党仅得一七五席，国民党成为国会中第一大党。

不可少。譬之亲爱之友，相对围棋，而各人必求自己胜利，此亦争也。国家欲求政治发达，"争"之一字，岂可忽视之乎！

政党出与人争有必具之要素，一党纲，一党员之行为正当。国家之进步与否，即系于党争之正当与否。凡我党员必注意于争，尤必注意于正当之争。本党此次并未出力与人争，而己〔已〕收得佳果，此后更当以党事为己事，以国事为己〔己〕事。劈头第一事，须研究一部好宪法。中华民国必有好宪法，始能使国家前途发展，否则将陷国家于危险之域。研究宪法之责任在于政党，吾人宜非常注意。无论参议院、众议院、省议会、县议会之议员，皆须共同一致，以本党之党纲为标准研究宪法，以求佳果。尤当知党事即为国事，国事即为己事也。前此本党党员不无散漫，团结力未能发扬，殆因预作悲观，以为必归失败也。今日之胜利竟出意料之外，可见中华民国之国民党，将来必占最大之势力。吾人不可放弃责任，大家努力做去，将来之佳果必不止此。

中华民国乃由革命发生，本党乃由多数革命党组织而成。吾等从前既历尽艰难，造成此中华民国，今国家之基础未定，仍宜以从前革命之精神，谋巩固中华民国之道。如此则对于已死之诸同志始无愧色，亦不使一般国民失希望也。今后吾国前途一切之希望，本党宜一肩荷之。本党此次并未出种种运动手段而获国民之同情，更宜自勉，勿负国民之希望。今欲巩固本党基础，以巩固中华民国基础，较之革命之事甚易。今日本党既能自由行动，又占优胜地位，更易为力。愿人人鼓勇向前，不可放弃责任。若有不正当之党争，与党员不正当之行为，贻误国事，即为放弃责任。今日国民责望本党之殷，即他党亦生戒备。要之，本党一切行为无不出以正当，则他党从此亦不敢再出卑劣手段。颇闻他党有以金钱运动选举等事，本党党员万不可学。

本党其先颇作悲观，今他党转归失败。本党始终以光明正大之手段出之，则他党此后亦不敢再用卑劣手段矣！如此，则本党将为政党之标准。勉哉诸君，愿共肩此艰巨！

据《孙中山先生演说词》（十九日国民党茶话会席上），连载一九一三年一月二十、二十一日上海《民立报》第二页

附载：马素代表孙文在国民党上海交通部
欢迎荷兰议员高而的致词

（一九一三年一月三十日）

吾中华革命功成，由专制度为共和，本人群演进之公例。各友邦如英、法、德、义〔意〕、比、荷、西、葡各国议员中，一部分均组织有中国团，赞成吾中华之共和。足见公理、人道不可淹没，承认民国，必为各文明国人所乐许。惟在吾中华国民好自为之，方足以副各文明国人之厚望，共维持世界之和平。

高而君为荷兰议员中之尊重社会主义者，此次来华，调查民国状况，颇多许可。本党同人共深钦慕，特开会欢迎。惟国基新造，百端待理；社会问题，渐见发萌。吾党亦甚注意此事，望高而先生以平日研究欧洲问题之卓见名言，指导吾党人以世界的智识，则本党幸甚。

据《中荷亲睦之花》，载一九一三年二月一日上海《民立报》第十页

共和政体以教育为根基

在上海圣约翰大学毕业典礼的致词

（一九一三年二月上旬）

我如今还有一句话对你们说，就是论到我们的责任。你们也许读过《圣经》，《圣经》告诉我们，你们的光要照亮给别人，使大家能知道应走的路。学问亦然，自己得了教育，也要设法去传授别人。共和政体以教育为根基。如今有千万人民需要你们去教育他们，这是你们的责任。你们要把你们所受的传授别人，这样你们的光就能普照人间。

据谢颂羔编：《孙总理与基督教》，上海，广学会一九四〇年十二月出版

中日合作与协力保障亚洲和平

在东京东亚同文会欢迎宴会的演说①

（日 译 中）

（一九一三年二月十五日）

（一）　中国人和日本人有区别吗？

诸君：

今晚有机会参加如此盛大的欢迎会，藉以倾述拙见，我感到莫大的荣幸。同时有一件事使我无任感动，此非别的，而是我们现在在此聚集了这么多人，假如欧洲人、美国人也在座，他们究实能分辨出谁是日本人，谁是中国人呢？

我多次到欧美旅行，在途中数度被人误认为日本人。贵国人看见我，问我是不是日本人，甚至连中国人也以为我是日本人呢。有一次去夏威夷，那里的日本人以为我是日本人，用日语与我交谈。到了美国，去中国人开设的商店里购物，他们同样把我错认为日本人，并用英语询问我。我用中国话回答说，我是中国人，他们听了都很惊奇。我们不仅有这样深厚的人种关系，而且在这二十年中我浪迹天涯，其间在中国居住的时间甚少，而在日本居住的时间则远为长久。因此，我把日本当成第二故乡。今晚在此与诸位相会畅谈，决非卖弄辞藻，表面应酬，同时也无意深究理论或发表政策上的演说。换句话说，我打算像小别回家一样，同家人亲友欢聚一堂，共话家常，但愿诸位勿嫌厌耳。

（二）　列强的压力

综观东亚形势，在文明或接近文明的国家中，被世界公认其地位的，只有中

---

① 　一九一三年二月十一日，孙文乘轮离沪赴日本访问，十三日在长崎登岸，十四日抵达东京。十五日晚，出席东亚同文会在华族会馆举行的欢迎宴会，到会会员及来宾共二百余人。东亚同文会成立于一八九八年十一月，以"保全中国"等为宗旨。在中国设有东亚同文书院并创办报刊多种。文内小标题为原编者所加。

国和日本，且两国都地处东亚，但维持东亚和平最有力者是日本。所幸日本在四十年前进行了维新大改革，基于世界大势，无论在欧美宪法与法律方面，抑或在政治、经济、实业、科学等所有领域，皆取其所长，补我所短，大力输入其文明，吸取其进步因素。结果，日本发达成为今日之强国。以日本的国力，谅必可以维持今日东方和平。

回顾四十年前的世界大势，欧美各国伸及东方的势力，不像今日这样咄咄逼人，因此日本利用当时的机会，遂使维新大业得以完成。假如日本当时尚未觉醒，像中国今日一样，国民才从中惊醒来进行革新运动，那么可以想见，东方的天地恐怕早已不在东方人的手中了吧？今日列强在东方的势力颇为强大。中国立国久远，中国人多顽固保守，所以迄至今日国势仍极为衰微，但自前年到去年逐渐觉醒，试图一扫几千年陈腐的空气，开始进行文物制度等各方面的改革。但一旦想起列强正在欺压东方，我便感到中国今日之现状不但不能令人满意，而且是险象环生，危急万分。

我每次旅行欧美，与各国人民交往，其中提倡人道主义或富于世界主义思想者甚多。他们屡屡向我提出忠告，说中国需要革命，但难于成功。因为欧美列强必然会乘中国革命之乱来干涉中国，或占领中国领土，或夺取种种特权。如果列强采取这种态度，中国将陷入非常危险的境地。因此，说什么中国要进行改革，便非提出革命之外的方法不可。

（三） 与土耳其不同

上述西方人的说法至为合理，本当予以听取，但十分遗憾，不能洗耳恭听。经进一步考虑，我深信定能将革命进行到底。那么，为什么能坚定革命精神呢？这是因为我心中确信，中国革命一旦成功，便能给亚洲以大力援助，所以我同样从心底确信，我进行的革命必将获得亚洲的大力支援。我愿为中国革命舍身奋斗，努力不懈。而在东亚，国力强大者当首推日本帝国。日本是大帝国、大强国，实与我们同种同文，而且两国有着深厚历史关系。我深信，既然有这个大帝国存在于东亚，就必定可以借助这个大帝国的力量，完成革命大业，维持东方和平。故我毫不踌躇，专心一意为革命而奔走。

有个土耳其国在亚洲的西部，两三年前该国爆发了革命，不论这次革命成功如何，今日实处于悲惨的困境。而最近中国也同土耳其一样在进行革命，相信不至于重蹈土耳其的覆辙。理由何在？盖因亚洲东部有日本这个强国与中国相毗连，况且日本与中国同文同种，又是亲善邻邦。而相比之下，土耳其则没有如此强大的邻邦，这就是中、土两国革命唯一不同之点。亚洲人所持信赖日本的观念乃是一大事实，我本人便是如此。一直持有这种想法，因未得机会，迄于今日才发表出来，实在遗憾之至。

（四）同文会设立之旨趣

日本在过去四十年中进行维新大改革，输入欧美文明，使国势日益发达。在回顾东亚形势时，看到与日本相邻的中国尚在昏睡之中，中国若不振作，独由日本一国维护东方和平，实无把握。一定要使中国从五十年来的迷梦中觉醒，注入世界文明和世界思想，保全四百余州大陆。从中日两国唇齿相依的关系，计议亲善合作。此种思想已在一部分有识之士中竞相传布。我前次到日本，适逢近卫公①设立同文会。同文会即据此思想成立，旨在使中国成为与日本相同的文明国，使四亿人民同沐于和平幸福。为此，诸位殚精竭力，才使同文会宣告成立，而且迄今仍终始不渝地为中国尽力。我在当初便赞成它的宗旨，今日在此谨表深切谢意。

（五）兄弟的误解

中国与日本正如兄弟二人一般。但这对兄弟，一个充满进取气象，具有进步思想，致力于文明事业，使之繁荣昌盛；而另一个则是持保守主义，思想也陈腐，凡新鲜事物刚一萌芽，便横加阻挠。进步的兄长见保守的小弟颓靡不堪，自是忧虑重重，想方设法使小弟摆脱腐败状态，以期互相协作走向富强。但小弟一方久睡不醒，仍为腐败思想所羁绊，对兄长的行动亦毫无反响。这样，一方不求进步，另一方则无法使之进步。这种状态持续下去，兄弟之间的感情就不会融洽起来，

---

① 近卫笃麿。

甚至由此引起误解。误解之上又生误解，兄弟间就会不断出现隔阂。最近的形势已发展到令人忧虑的地步了。不过，从前年开始，我们中国也在议论自己的不是，明白自己距离世界大势甚远。从此才开始觉悟到，必须效法兄长进行维新大革命，在政治上、经济上进行全面改革。但这只是如梦初醒，看到革命的曙光。而手脚却远未像头脑那样动弹起来，也还是懒洋洋地赖在床上一动未动。这就是我们的现状。我们今日仍一如既往，把日本看作是最可信赖的友邦。中国的脚力不济，只有依靠扶助才能站立起来。日本为什么不从速伸出援助之手呢？因为日本担心，倘若明显地对中国表示友好态度，欧美各国看见，势必忧虑起来，不平不满。再者，日本在这以前无从向中国发出忠告，而中国也根本不会听取日本的忠告。现在中国开始觉悟了，别人又会不会怀疑是真正的觉醒呢？中国人大都有这样的想法。

然而，中国毕竟从梦中猛醒过来，只是如前所述，脚力不济，步履艰难。尽管如此，头脑总算开始活跃起来，要不就有逆于人之常情了。但中国实际上身体衰弱，而身体衰弱者容易陷于神经过敏，中国也不例外。因此，当有人玩弄中伤离间的诡计时，就会皂白不分，信以为真。譬如新闻报道就是最明显的例子。中国报纸往往不加考虑地刊载形形色色的臆说或失实的消息。而日本方面不论对事实的识别，或是对论据的分析，都缺乏判断力。因此，中文报纸若发表了中伤或臆测的报道，在华日本人读后便误以为这是中国人的想法，继而又传到日本。这样，本来已误解中国人想法的日本人就完全误解了。

（六）同心协力的时代

亚洲毕竟是亚洲人的亚洲，中日两国人民交往上不应互相猜疑，不但不应轻信他国人之妄说，而且应断然避免对他国报以类似的歪曲。保卫亚洲和平是亚洲人应尽的义务，尤其是中日两国必须相互合作。中国刻下对保卫亚洲和平尚欠实力，故日本的责任非常重大。特别是希望日本尽量关心中国，与中国同心协力，这不仅是我个人的愿望，恐怕也是全中国人所热诚希望的吧！

我们亚洲是一家，一家里面中日是兄弟，假如这兄弟二人交恶，亚洲一家终究不能保持和平。日本是亚洲最强大的国家，而中国则是东方最大的国家，两国如能互相协作，东方和平乃至世界和平易于得到保障。我对此深信不疑。

然而，如何才能谋求两国亲善，增进合作呢？我以为，兄弟二人真心相见实为必要。兄长了解小弟的心意，小弟亦体察兄长的心意。这样心意相通的时候一旦到来，两国就可望建立起亲密无间的协作关系。但今日，中日两国之间并未充分疏通彼此的心意，双方都不知应以何种政策来增进两国关系，因或听信第三者意见，这实在是万分遗憾的事。我此次访问贵国，沿途耳闻目睹，知道凡日本人皆关切东方和平，爱我中国。我归国之后，必将日本人士的好意告知我国国民。

今晚，承蒙举行如此盛大的欢迎会，得以将我素所怀抱之一端相告，实为生平最愉快之事。愿今后两国人民披沥诚心，相互疏通意见，以亚洲作自己的家，而中日两国间首先要增进情谊，同心协力，以此保障东方和平，这就是我热切的愿望。

据孙逸仙氏：《東亞に於ける日支兩國の關係を論ず》
（《论东亚中日两国的关系》），载东京《支那》第四卷第五
号，一九一三年三月一日发行（李吉奎译，黄卓汉校）

日文原文见本册第857—863 页

附：另记录之一

今日之会，假有欧美之人列席，彼决不能辨别孰为中国人，孰为日本人。昔年予游檀香山、美国，曾有日本人来以日本语相问，又有中国人以中国语问日本人者。中日两国之关系，既如是其密切。余之过去二十年内常住于日本，是日本不啻即予之第二故乡。今予赴贵会之欢迎，与诸君一堂相语，愿诸君视为家庭之叙谈可也。

现今在亚洲之独立国，即日本及中国二国，而维持现今之东亚平和，犹不能不多所望于日本。日本及中国实兄弟之国也。日本自四十年以来，输入欧美之新制度，改革国政，迩来国运发展，以成一大强国。中国之建国极古，惟因墨守旧惯，国政腐败已达极点；至于昨年革命乃成，今年建设方始，国基未固。革命之际，列国严守中立，实因有日本为后援，其助力甚多。土耳其变政以后，国土转致分裂，则因孤立无援之故也。但单只日本一国，亦决不能终久维持东亚之大势，

当与中国扶助，携手进步。东亚同文会之设立，即本此旨，此予之所信也。

日本及中国既如兄弟，但其一为进步向上的，其一为荡废不进步的，且不听其兄弟之忠告，遂至意思竦隔。日本对中国殆以为无复属望，中国对日本亦以为不可信赖，数年以来，所生误解，不外此结果也。

今者中国已醒矣，但大睡初醒，脚力脆弱，且有他国不利中日二国之提携，且日本对于中国之觉醒，亦尚怀念，故他国每每流布中伤之谣言。中国之人亦多不研究其真相，轻易信之，而生误解。若长此不已，必伤中日两国之感情，东亚前途颇足寒心。故为东亚之大局计，维持平和，实中日两国国民之义务。兄弟之间宜知己知彼，互相体察，互相扶助。予来游之日虽尚浅，但深知日本对中国之好意，归国之后，必进〔尽〕说明之责，鼓吹两国民之提携。今夕承贵会招待，聊陈所怀。

据《孙中山先生日本游记》，载广州《民谊》第六号，一九一三年四月十五日发行①

附：另记录之二

（日　译　中）

诸君，今晚承蒙各位的厚意深情，能有机会畅谈心里话，实在是非常光荣的事。如果这里有欧美人士在场的话，见到今晚的情景，谁还能分辨得出谁是日本人，谁是中国人。我曾经在欧美各国旅行时被当地人误认为日本人，甚至连中国人也有不少这样的误认。我在过去二十多年间，在贵国居住，往来于贵国，实在是把贵国当成第二故乡。因此和诸君畅谈就有和家人款款细语一样的感觉，我希望今晚的谈话，就像是一家人的谈话。

现在，在东方建立国家的只有贵国和中国，而且有维持东亚和平力量的是贵国。贵国在四十多年前，采取了进步的方针，输入欧美的各种文物，更新制度，成为世界屈指可数的强国，维持了东亚的和平。四十年前，如果欧美各国以现在

————————

① 当时，《民谊》相继为中国同盟会粤支部、国民党粤支部机关刊物。

这样庞大的势力在东方不幸地伸张的话，东方各国恐怕连黄色人种都早已不存在了吧。

如诸君所熟知的那样，我国作为守旧的国家是有名的。到了去年才开始打破数千年来的旧习，成就了革命事业。一般人士的观察是，中国处于非常危险的状态，但是这种情况是国家起步时常有的事。往年我在欧美各国周游时，那里的有识之士总以中国的革命将会开启欧美各国的割地夺权的端绪为由，劝阻我从事革命。但是我断然从事革命事业，是因为相信一定有援助我革命事业、使其成功的力量。也就是说，我相信，依靠日本帝国的强兵和信义从事革命事业，就没有因此而被欧美各国瓜分的担心。所以热心地从事革命事业，幸运的是当初的目的得到了贯彻。

三年前，和我国一样，土耳其也成功地进行了大革命，曾使欧美各国感叹不已。但是现在却陷入了如此大的困境。这是因为在土耳其近邻没有同文同种的强国援助土耳其所致。今天，中国的大革命成功了，但能够不重蹈土耳其的覆辙，实在是有贵国热诚的后援所致，这也是我不能不感谢的地方。今晚能够借此宴席的机会，吐露胸怀，这是我最感到光荣的原因所在。希望今后中国依靠贵国的援助，跟上贵国的维新，成为东方的强国。与贵国提携，防止欧美各国的侵略，使东方成为东方人的东方。

本次来访贵国，在沿途受到官民各界的欢迎后来到东京，又受到诸君如此盛情欢迎，举行了如此盛大的宴会，真是不知用什么感谢之辞了。窃思以我之菲材，奔走国事，流离欧美，造访贵国达到十数次之多。贵国人士积极指导本人，贵国不愧为我的第二故乡，而贵国人士更是我的良师益友。今天，敝国的政治改革虽然已经成功，但是国力依然不充实，民智依然不进步，要依靠贵国的援助之处实在不少。以前敝国危急之秋，主张保全中国的就是东亚同文会，前会长已故近卫（笃麿）公爵，现任会长锅岛（直大）侯爵以及会员诸君，都热诚地为谋求东亚的幸福而尽瘁。在此谨代表中华民国之国民，向贵会表示诚挚的敬意，并祝贵会永久之发达。

据《孙逸仙の演说》，载一九一三年二月十七日《大阪朝日新闻》（一）（蒋海波译，石川祯浩、陈来幸校）

日文原文见本册第863—864页

附：另记录之三

予此次来游贵国，受沿途官民上下欢迎，既至东京，又承诸君厚意，赐以嘉宴。感谢之诚，不可言宣！

窃思文以菲才，奔走国事，流离欧美，赴贵国者且十余次，贵国人士多进而教之。是贵国者，予之第二故乡，贵国人士更予之良师友也。今者，敝国政治改革之功虽竣，而国力未充，民智民〔未〕进，所望于贵国人士之援助者实夥。昔当敝国危急之秋，首倡保全中国者，自东亚同文会始，前会长故近卫公、现会长锅岛公〔侯〕爵及会员诸君，皆以热诚图东亚之幸福。名之所至，实亦副之。谨代表中华民国之国民，表最诚之敬意，兼祝贵会之发达于永久。

> 据《孙文先生东游纪略》"于东京孙中山先生"，载日华新报编纂部编：《孙文先生东游纪念写真帖》，神户，日华新报社一九一三年五月发行①

附：另记录之四

亚细亚之西方，有土耳其国。此国最近亦起革命，告厥成功，然现今却沉沦于悲惨之境遇。虽然，中国则不至蹈土国之覆辙。何也？亚细亚之东，中国之近邻，有日本之强国。此强国，为中国同文同种之友国。土国则无如是之强邻，即有强邻，然在亚细亚之西方，可谓土国之后援之强国，固不存在也。是为中国革命与土国革命相异唯一之点。……要之，亚细亚者，为亚细亚人之亚细亚也。中日两国人民，互为亲交。不惟应当除去猜疑，而且如轻信他邦人之说，互为攻讦之弊，不可不断然排去之也。亚细亚之和平，亚细亚人应有保持之义务。然中国现在则欠乏维持之实力，故日本之责任，非常重大。余希望日本力图中国之保育，而与中国互相提携也。是不惟余一人之希望，恐亦为全中国人所热心期待者也！

亚细亚为吾人之一家，日本与中国则一家中之兄弟也。假使此双生之兄弟，

---

① 《日华新报》是一份中日文合璧的报纸，而这本书则纯粹由中文编印而成。

有相阅之事，则亚细亚之一家，绝不能保持其平和。日本为亚细亚最强之国，中国为东方最大之国，使此两国，能互为提携，则不独东洋之和平，即世界之和平，亦容易维持，盖无可疑者。

据《总理民初游日在东亚同文会欢迎席上演说词之一节》抄件，台北、中国国民党文化传播委员会党史馆藏

中日经济界应互相提携扶助

在日本邮船公司招待会的答词①

（一九一三年二月十八日）

现今中华民国政治革命已经完了，经济发达尚无头绪，故物产非不丰富，而交通不便，国内运输事业尚觉困难，经济发达，实生障碍。故余特以图民国铁道之计划建设为已〔己〕任。即以航运言之，中国之招商局与贵日本邮船会社殆同时产生，而贵会社逐年发达，已可与世界之大航运公司抗衡；中国之招商局其事业仅限于国内，且不能与外国公司竞争。盖因政治未良，故一切皆难图进行。

今者，中国之政治改革已有端倪，今后不能不图实业之发达，而交通机关实为一切实业之母。日本为海国，必先求水运便利；中国为大陆国，必先务陆运，即铁道之发达，然后经济、政治、教育、军事等乃有可言。但航路与铁道有直接密切之关系，即余所任事业与贵社之事业关系最多，窃望此后东亚最强之日本与东亚最大之中国于经济界互相提携，互相扶助。日本维新岁月较中国久，一切有所经验，吾国人希指导之日尚长也。

据《孙中山先生日本游记》，载广州《民谊》第六号，一九一三年四月十五日发行

---

① 十八日晚，孙文出席日本邮船会社举行的欢迎晚餐会，并致答词。

中日当和睦相亲

在日本众议院议长大冈育造之欢迎宴会的答词①

（日 译 中）

（一九一三年二月十九日）

在东亚建国者，实际上只有日本与中国，日本为先进国家，而中国则为后进国家。而这两个国家向来常有误解，但是从中疏通意思并非无人。如大冈议长适间所垂示者，两国和睦相亲，互相提携，不仅在东亚和平上，且在世界和平上实有必要。将来拟在两国和睦友好、相互了解上，与相知者共尽全力。此次访日，受到各方面热诚欢迎，深以为感。余定将此行所见所闻，报告祖国，以利于两国之友好。今日得与出席日本议会各派之贤达欢聚，实为无上光荣。最后谨祝议长阁下并各位健康！

据陈仲言译：《孙中山在福冈》（译自一九一三年二月二十日《福冈日日新闻》），载北京《近代史资料》总五十五号，一九八四年四月出版

附： 另一记录

中国、日本两国有数千年亲密关系，种族、文字相同。两国之外交不宜依随世界列国之共同行动，当恢复古来亲密之关系。中日两国宜取一致行动，以保障东亚之利益。

据《孙中山先生日本游记》，载广州《民谊》第六号，一九一三年四月十五日发行

---

① 十九日中午，日本众议院议长大冈育造之在议长官邸设宴欢迎孙文。孙文致此答词。

在三井物产会社欢迎会致答词①

（英 译 中）

（一九一三年二月二十日）

南京共和政府之得成立，三井男爵与有力焉，故中华民国深感之。

据《西报译电》（译自《民国西报》东京二十一电），
载一九一三年二月二十二日上海《民立报》第六页

发达中国实业须除去国内外政治障害

在东京实业家联合欢宴会的演说②

（一九一三年二月二十一日）

政治之改革可以短期间成就，实业之发达非有长期间不能。涩泽先生③谓实业为国家成立之本，予谓实人类发达之基。中国古谚谓"国以民为本，民以食为天"，食者经济也。中国物产丰富，人民众多，其实业不发达之原因，实由于政治之障害。中国向来所受之政治障害有二，其一为国内的，其一为国际的。国内的政治弊害为法律不良，保护不周。今者革命既毕，第一障害可望逐渐除去矣。至于国际的政治障害，为中国向来与外人所订条约不良，丧失主权。在中国之外国人，不受中国法律所辖而受其治外法权，中国人与外国人同受其害。租界以外〈外〉国人不能自由居住，故于输入外资、经营工业之事皆不能行。此事非中国

---

① 二十日晚，孙文出席三井物产株式会社欢迎会。该会由三井八郎右卫门男爵（三井财阀总领家第十代当主）亲自主持并致欢迎词，此为孙文的答词。

② 二十一日晚，孙文出席东京实业家在生命保险协会会馆联合举行的欢宴会，涩泽荣一主持宴会并致欢迎词。涩泽系日本财界领袖，一手创办的各种企业超过五百家，被誉为"日本企业之父"。

③ 涩泽荣一，三井物产会社社长，主持宴会并致欢迎词。

人之力所能除去，故不能不望友邦之助力。

中国近日之情状，恰如富人广有物产，藏于仓库，而未能启其筦钥。所谓筦钥者，即经营新实业之方法是也，此方法是存于欧美、日本。苟能除去前所云二层障害，然后欧美、日本人乃能自由输入其新方法于中国，合力图大陆上实业之发达，中国乃能实行开放门户主义。政治有国界，至于经济、实业本无国界可言，此国之人可以投身于彼国之实业界而图其发展。比邻之国，关系尤深。国际相交，一富国与一贫国交易，决不如一富国与一富国交易之利，故中国将来经济及实业之发达，实为日本之利。

现今欧美有一般人谓将来东亚实业之发达不利于彼者，实耳食之言也。中日两国同种同文，关系极古，深望此后两国民之结合。今日来会皆日本实业界重要人物，尤望出其数十年之经验智识，以助中国也。

据《孙中山先生日本游记》，载广州《民谊》第六号，一九一三年四月十五日发行

附：另一记录

（日　译　中）

予多年来为政治而奔走，现已宿愿渐遂。此次来访贵国，得与如此众多之日本实业界知名人士共聚一堂，予引为甚大光荣。诚如方才涩泽男爵所谈，实业之发展不仅为政治进步之所必需，实亦为人道之根本。而实业之进步发展本不应为国界所限，但彼白种人尝不愿日本与中国在实业上取得进步。究其根源，无非是担心日中两国实业之进步，将使彼欧美人在亚洲失去其实业上之势力而已，然而此种想法实甚荒谬。当前日中两国贸易之所以不若日美贸易之盛者，盖以美国之富较胜于中国之故。但从长远考虑，中国经济如不发达，势必给日本招来许多不利；同时，日本实业之发达，将更有利于中华民国之发展。据此观之，日中两国之贸易关系绝非等闲问题。况且，若对将来中国实业之发展能力加以前瞻，以全中国天赋矿产、农产品之丰饶，数亿民众劳动力之巨大，则民国断无不富之理。所惜者，尚未掌握开发此等富源之锁钥——即不谙实业经营之方法而已。一旦掌

握此等锁钥，民国之富源将立即得以开发。但因民国之政治、法律尚不完备，再加以条约上之束缚，致使民国难于掌握此种锁钥。然而经过此次改革，前者可谓病根已绝，但后者即条约上之束缚则不易排除，故亟需仰借友邦日本之助力也。

据《實業家の孫文氏招待會》，载东京《龙门》第二九八号，一九一三年三月发行（邹南星译，曲直校）

中华民国的革命

在东京日华学生团欢迎会的演说①

（日 译 中）

（一九一三年二月二十二日）

中日两国青年诸君，没想到今晚受到各位的招待，有机会与诸君相见，深感高兴。为报答诸君之好意，现就中华民国的革命是如何获得成功的，向诸君作一坦率的报告。

诸君，中国革命是由何人之手成就的？又是如何着手的？再进一步说，革命为什么有实行的必要？这就是我今天要讲的主要部分。

第一　我为什么立下革命的决心？

我们中国是东方文明的源泉，是产生孔子、孟子的国度，也是产生老子、庄子的国度。在过去的那个时代，天下大概只有中国是文明国，也可以说其他各国都是野蛮国，文明程度既不高，武力也不强盛。如果探访一下历史就可以知道，在隋唐时代，不妨失礼地说，贵国也派遣了留学生，贵国的制度文物也是没有一个不是依照我国的制度文物的。然而随着时势的进步，泰西的文物传到了东方世

---

① 二十二日下午四时，孙文在东京出席日本大学生和中国留学生举行的欢迎会，并作此演说。据底本称，与会者不下四百人，日华学生各半。当日未曾布置速记，事后由日本法科大学学生中村泰治忆述。

界。为此贵国从封建的大迷梦中醒来，进行了非常著名的明治维新，以非常快的速度吸收世界文明，不但成了东方的霸者，还跻身于世界一等国家的行列。反观我国，依然没有从已往的迷梦中觉醒，依然自尊自傲，自以为还是世界第一，除了中国以外，不知道有其他文明国的这样一种状态中。但是，赴贵国的留学生或是被派遣到其他西方文明国的留学生，至少没有一个不感受到祖国的幼稚及其不文明之处。我当时也游历贵国，才见到贵国的进步，了解其所以然。在研究贵国历史的时候，就注意到贵国有今日的进步，全是以维新的事业为基础的。从此以后就痛切地感到有必要进行革命了。

第二　举起革命的大旗

当我率领同志呼号革命时，恰好就是我国败给贵国的时候，那是明治二十八年年底的事。中日战争对我国国民来说，正是一帖了解自己最好的良药。这么说虽然也许非常露骨，战争之前，在我国国民眼中是没有贵国的势力的。非但是贵国，即使是所有的国家，在自尊夸大的我国国民中，是没有任何敬畏的余地的。这不仅是我国民族性格的缺点，就是列国也有不少人相信如此。但是其结果与预想的相反，我军连战连败，到了一丝威严也不存在的地步了。从此清国上下开始注意到以往只知道粉饰而夸大评价自己的力量的问题。为了促使清国从自尊的迷梦中醒来，我就在广东举兵了。但是时运未济，最终没达到目的。尔后又多次举兵，但天时不利于我，每次都遭到了残酷的迫害，遇到过很多危险，才有了今天的结果。但是，请诸君应该记住的事是，失败一次，革命势力在全国就会与时俱增，革命思想就会普及成长。

第三　是谁成就革命的？

诸君，今天的革命虽然已经取得了像现在这样的成就，但是其成功是谁的力量所致的呢？我一个人的力量是决不能成功的，就是有十个、二十个英雄的力量也是不能使革命获得成功的。那么究竟是什么人的力量使其成功的呢？实际上是在贵国留学、吸收了贵国文物的我国留学生诸君的双手中成功的。而且在幕后支持的，就是贵国热爱正义之士。对于他们所付出的巨大努力，我们是不能忘记的。

一想到中华民国有今天，我就深深地感到，依靠贵国的地方很多，必须深深感谢。同时也毫不怀疑，在面向未来的时候，依靠贵国的地方依然很多。这也是我这次访问贵国的理由所在。

第四　中国的国情

贵国推戴万世一系的皇室，这在广义上就是以血族关系来成立的国体。与此相反，诸君也知道，我国的国情是强者专横。一个英雄吞并了国家，其他豪杰就会打破他。每次都会使国土和人民成为战乱的牺牲品，以上下争夺为正事。所以为使我国保持安宁的地位，人民处于和平之治，必须停止这种强者专横、争权夺霸的状态。因此，就像贵国需要君主制一样，在我国需要共和制。在共和政治之下，像一个英雄一出现就发生争斗混乱的现象就不会出现，无论什么人，都可以依其技能才干，来取得大总统、高官的地位。国内相争乃是文明时代甚为忌讳之事，只有治理好国内，才能与外国对抗。中国如果一直满足于旧有国情的话，那就会亡国，就是把国家拱手出让给外人。所以就我国而言，我们不得不说建设共和政府是最需要解决的任务。

第五　我们革命的性质

因为如此，革命是必要的。在列国，革命有因宗教上、经济上甚至血统上的争端而引起的。我们的革命并不是这些意义上的革命，而是由于国家存亡的必要而被逼迫的革命。而且这次革命是全体国民的呼声和要求所引起的。正因为如此，这次革命一旦兴起，不就得到天下各地的赞同，不辞流血牺牲，为之而奋斗了吗？

第六　结论

中国已经不是往昔的中国了，醒来的中国就是新生的中华民国。在东方，像样的国家就只有贵国和我国。我们将来必须完成的事业仍然很多。所幸的是，与作为先进国家而且又有深厚友情的贵国互相提携，或是接受指导，就可以下决心为东方的和平事业更加努力了。

据《祖國の革命》，载东京《雄辩》第四卷
第四号（四月特别号），一九一三年四月发
行（蒋海波译，石川祯浩、陈来幸校）

日文原文见本册第 865—868 页

附：另记录之一

予往年仰贵国维新之大业，面怀我国政治之革命。中日战争之后中国始稍觉醒，予即举第一次革命于关〔广〕东，而予当时之力量尚未及。迨义和团变后，我国青年之学生一般趋向，皆来游学于贵国，自是革命思潮输入中国乃一进千丈。故去年武昌起义，即收今日之功，实留学生具多年辛苦经营之所致也。

然革命有两种，有英雄的革命，有平民的革命，其性质极其不同。如我国历史上与贵国历史上之情形即大为差异，贵国天皇系万世一系，我国从来则英雄争帝。犹欧洲历史上，往往二三英雄为争夺帝位，牺牲亿万生民所不惜，其目的惟在大权独揽，此与近世所谓革命不同。近世所谓革命，在防止国内战争，国民无论何人皆得干与政治，是谓共和政体。故我中华民国建设之始，即布告共和政治，以革胜朝之腐败政体，与国民更新，趋于强国之域。

我国与贵国接近比邻，又系同种同文，素来亲睦，必互相提携，以稳东亚，共保世界之和平。予今日对于两国学生之融合，实有莫大之希望。

据《孙中山东游录》（八），载一九一
三年三月六日上海《民权报》第九版

附：另记录之二

中国之初醒，实在中日战役之后。是时鄙人始倡政治改革之议，渐有和者。以乙未年始起革命军于广州，其时和者极寡，殆无成就之希望。及后庚子年团匪事后，国人大惧，乃于是留学于日本，感于日本政治改革之效，群以为中国革命之不可缓。最盛之时，在日留学者达二万人，其十之七八皆持革命主义者。故数年之后，返国者极众，革命思想遂普及于全国，以收前年革命之效。中国革命事业实全国人心理所成。而其所以共和建国之理由，盖因中国人数千年以来之战事，皆为少数人争皇位之战争，其最强者灭除其敌人，而自立为皇帝。其在欧洲，有宗教战争、政治战争、种族战争；而在中国，则只有皇位战争。人民受苦极深，咸愿共和。此全国人之心理如是。

外人有谓中华民国之政体不巩固者，实不足信也。东京学生实为中华民国建国最有功之人，今日得于此相见一堂，敬表感谢之意。今日来会者为中日两国青年学生。实将来最有望之人，愿各勤所学，以尽其天职。诸君之天职为保障东亚之名誉，维持东亚之势力，不受异种人之侵害。愿诸君以此义相结合，而互担此任于双肩也。

据《孙中山先生日本游记》，载广州《民谊》第六号，一九一三年四月十五日发行

留学生须研求学问以建设祖国并促进中日联合

在东京中国留学生欢迎会的演说[①]

（一九一三年二月二十三日）

今日中华民国留东[②]全体学生诸君开此大会欢迎兄弟，兄弟实为欢喜。数年前兄弟屡次到东京，时常蒙学生诸君热心欢迎。但今日诸君之欢迎，与从前之欢迎，其心理上大有不同之点。从前所以欢迎兄弟之心理，都是愤恨满洲政府种种压制、种种腐败，欲将身家性命置之度外，以图推翻满清腐败政府，造成革命事业，以建设完全美满之中华民国，与世界列强对峙。所抱持的纯是一种牺牲的主义，本欢迎革命之精神，推而欢迎兄弟。现在，从前诸君之志愿已经达到。

此次兄弟到东，是民国成立后的第一次。兄弟从前提倡革命的时候，一般学

---

① 二十三日上午，中华民国留学生总会在美土代町青年会馆举行欢迎会，到会留学生六百余人，或说约两千人。

② "东"，指日本。

生诸君大半热心赞助革命。究竟革命事业能成功不能成功，那时非所料及的。彼时学生诸君前途绝无希望，国家前途甚为危险。未光复之先，我辈均受制于专制政府之下，非我族类，横暴不堪。处此极端压制，民权不克伸张，俯首帖耳，任人摧残，刀俎听命，鱼肉听命。从实质上观察之，我辈不过是亡国之遗民，我汉族实无国家存在于亚东大陆上。而外忧日迫，瓜分豆剖之危机在昔不过虚言恫喝，近且见之实行。满清政府又服膺"宁赠朋友，不予家奴"之格言，对外则一味恭顺，对内则万般防遏。我辈几不免二次亡国之惨。所以大家志士都不惜牺牲性命，以求急切之改革，而还我自由之幸福。今日满清政府既经推倒，革命事业已告成功，民国初基已粗称底定，我国之前途实大有希望。但破坏之后必须建设，恢复秩序，巩固邦基。学生诸君必要为中华民国妥筹健全之方法，担负建设的责任，以措国家于磐石之安，方不负从前革命的一种伟大志愿。盖破坏固宜急进的，建设亦宜急进的。破坏之事业并不甚难，只要持极端的牺牲主义，坚忍做去，即能收效。欲筹建设，虽无破坏时代的危险，仍必与破坏时具同一之精神。

建设事业不仅要与破坏时代持同一之牺牲主义，并且要一绝大学问。欲求此种建设的学问，必须假以时期，或十年或六七年之苦心研究，方能应用。不比破坏事业，只要不顾身命，冒险做去，即可以办得到的。所以从前学生之责任，与现任〔在〕诸君之责任大有悬殊。从前诸君是求急切的破坏的，今日诸君是要求急切的建设的。从前因汉族沦亡，我辈憔悴虐政，无立足之余地，纵有绝大学问，无处可见之实用。即为满洲政府所罗致以供奔走，亦不过一种奴隶学问，究意〔竟〕不能发抒其长。故彼时一般有志之士，均不愿专心求学，以为异族之用。一心从事于革命事业，奔走呼号，不畏斧锧，都是因为救国心的热度比较求学心的热度更高的缘故。

彼时学生诸君当初来东时之志愿，未尝不是想求大学问，但爱国爱同胞之心人所共有，一到东京，即爱〔受〕熏陶。又感于外界之种种激刺，因国家危险之景象日益迫切，不忍死心塌地消磨锐气于学问上，只得将求学之心暂行抛开，专坚持铁血主义，练习冒险精神。希望将满清政府推倒之后再求学问，以遂初心，而为建设新国家之用。故宁肯弃学问而不顾，专图革命的进行。此次革命成功，抛弃学问、热心救国之学生诸君的勋劳，实居多数。

今日幸民国我〔成〕立已有二年，大概规模粗具，然政治上之设施，千头万绪，纷如乱丝。我们试想一想，成立虽将二年，内政外交究竟有一什〔件〕可称为完备的吗？此种原因，都成〔是〕因为缺乏人才的弊病。处此时代，急要精进学问，以图根本上之改良。诸君在东京留学，应该立定一绝大志愿，研求学问。不比从前学生有革命的事业纷扰其心志，不能专心致志于学业。诸君今日求学之机会，比较从前学生求学之机会实优万倍，务望矢志求学，如从前学生愿牺牲性命以做革命事业的一种坚忍心，百折不挠，将来必能求得优美专问〔门〕学问，以福祖国。这是兄弟所期望的。

中国今日之现象，如拆屋改造，旧者已经破坏，新者尚未建全，庶政繁多，动需时日。试观吾国历史，每一朝代之更替，必经三四代之设备始得稍稍完全。破坏事业与建设事业成就于一人之手者，实所罕见。今日民国成立已历二年，种种设施虽不甚完备，然求之历史上，已经是收效最速的了。我辈不可谓中国不可为。我辈抱如何之希望，思如何之幸福，必须矢志求之，以餍吾人之希望，以购吾人之幸福。

今日吾国工商各界均限于艰难恐慌之现象。一般平民心理上，多谓革命党从前所说的革命后人民有多少之幸福、不革命有如何的危险都是一种骗人的话，今日既经革命，我们生计反一日不如一日，实不及未革命的时候尚能得过且过。此等言论究竟是昧于大势，将革命事业看得太容易了。

纵观古代革命的历史，成功最速者莫如姬周①。尔时不过京畿地方归天子直辖，其余悉归诸侯统治，整理尚自易易。然必至成王定鼎洛汭②，始克底平。其后暴秦无道，陈胜、吴广之徒起而推翻之，后演成六国分立、楚汉战争③之恶剧，生灵遭其涂炭者不知凡几。历许久时间始得统一，而内政之整顿犹必待之文、景④。自是厥后，历代莫不皆然。迨至明朝，驱逐元胡，创种族革命，亦经过多年战争，建设事业亦历数代始具规模。即此可见革命之不易，建设之尤难。我国

---

① 周代王室姓姬，故称姬周。

② 洛汭，亦作雒汭，即昔时洛水入黄河处，在今河南省巩义市境内。

③ 六国分立，指被秦所灭的楚、燕、齐、韩、赵、魏六国贵族乘时而起，拥兵割据；楚汉战争，指西楚霸王项羽所率楚军与汉王刘邦所率汉军之间的战争。

④ 汉文帝、景帝。

此次革命不过数月即告成功，吾民之幸福实在保全不少。惟建全〔设〕事业历二年之久尚无头绪，实因从前未培养人才之故。

现在欲维持中华民国，必人人负建设之责任。建设事业必须学问，实所赖于学生诸君。诸君在此留学，须要认真研究学问，不可同从前留学生一样。从前的留学生大概分为两派：其一派鉴于祖国之危亡、异族之凭陵，废弃学业，奔走革命；其又一派，既不能与革命诸志士一致进行，又不能研究实学，只想弄一个方法，混一纸文凭以夸耀乡里。这也难怪他们。此辈人见中国事已不可救，革命事业自己扪心揣度又做不来，求了学问又无用处，无法可想，只好鬼混一辈子。将来中国不幸瓜分，横竖中国是已经亡过一次的，随便做那一国的顺民、那一国的奴隶都是无甚紧要的，只要有一个吃饭的所在就是了。

今日诸君不可如前日之分为二派。当此建设之始，需才孔急，量才器用，各尽其长。大才有大用，小才有小用，只要有真正学问，不愁没用处的。况且破坏事业已告成功，从前希望均已达到，将来之希望即是建设事业，正好安心在日本留学，用数年功夫，求数年学问以为建设之用。在此留学诸君须要立一种决心，就是从前学生一种牺牲性命的心，此种决心求学，将来成就正未可量。迨学成学问，为中华民国求幸福，非为一人求幸福，必须存牺牲自己个人之幸福以求国家之幸福的心志，社会始可改良。诸君现在之地位在中华民国四万万人之上，将来做成事业必也要在四万万人之上，方不愧今日之地位。

学问、志愿两种并行，有学问而无志愿，不徒无益而反有害。诸君志愿须求大家之利益，办大家之事业，不必计较私人之利害。究竟大家享幸福，大家得利益，则我一人之幸福之利益自然包括其中。此之谓人道主义、社会主义。

从前学说准物质进化之原则，阐发物竞生存之学理。野蛮时代，野兽与人类相争，弱肉强食，优胜劣败，弱者劣者自然归于天演淘汰之例。故古来学说只求一人之利益，不顾大家之利益。今世界日进文明，此种学理都成野蛮时代之陈谈，不能适用于今日。今日进于社会主义，注重人道，故不重相争而重相助，有道德始有国家，有道德始有世界。

近日社会学说虽大昌明，而国家界限尚严，国与国之间不能无争。道德家必愿世界大同，永无争战之一日。我辈亦须存此心理，感受此学说。将来世界上总有和平之望，总有大同之一日，此吾人无穷之希望，最伟大之思想。

吾中华民国为世界最伟大之国，土地、人民为诸国冠。不过因近二百年受制异族，文明进〔退〕步，国势凌夷，外国遂谓中国为“野蛮”，实属大谬。今日革命成功，祖国前途大有可为，各国相待亦异往昔。盖我中国以最短促之时间成就最伟大之事业，为地球上亘古所来〔未〕有。而我中国国民从前本来无国家思想，忽然发生此种事业，建设共和国家，自外人眼光观之，狠觉奇怪，究竟不晓得是真共和，是假共和。这种心理实在是把中国数千年之文明忘记了，中国此次之革命就是恢复数千年历史上之文明。从前中国文化限于亚东一小部分，不能扩张；今日得一种高尚完全之政体，政体既改良，人民道德亦必随之改良，方可表示共和政体之真象。

日本对于中国亦有此种疑虑，现在思想、眼光均改变了。彼见我国此次改革是狠道德、狠文明、狠高尚的举动，人民心理是个个赞成共和的，所以日本人之疑团一天明白一天，现在对于中华民国极表尊敬佩服之诚意了。

现今五洲大势，澳、非两洲均受白人之箝制，亚洲大局维持之责应任〔任应〕在我辈黄人。日本与中国唇齿之邦，同种同文，对于亚东大局维持之计划必能辅助进行。纵有些小龃龉，亦须顾全大局，不能成一问题。日本从前对于中国行侵略政策，亦见中国国势大不可为，假使受制欧洲，则日本以三岛①海国决难巩固，故不得已而出此。今我中华民国既已成立，亚东大局，我中国可以负维持之责任，毋庸日本担心了。

日本海陆军强盛，称雄于世界，我中国须要数十年始能办到。假使从前无日本，则东亚前途必不可问。东亚地方得留与我辈成就革命事业，都是日本之力。中国此次革命成功，对于日本不能不感谢。日本与中国利害相关，欲保全日本利益，不得不保全东亚利益。大凡立国，必须与利害相关之国携手进行，方能进步。利害不相关之国，纵彼欲与我相亲，都诚不可与之亲近的。从前满洲政府对于日、俄两国，介于两大之间，与日本距离较近，尤觉可怕的狠。彼时不知道利害相关的道理，纯是远交近攻之政策，亲俄防日，以致贻今日之大患。一经亲俄，天山

---

① 日本共有三千余岛，此指本州、四国、九州三大岛，北海道亦为大岛。

以西帕米尔高原一带已非我有，延至今日，蒙古又将不见了。这就是与利害不相关的国相亲的害。

我国此次革命原来是不要人赞成的，也不受人干涉的。日本对于我中华民国狠想首先承认的，因与各国须取一致之行动，故未发表。俄国则对于我国不肯承认，而对于库伦独立独不惜首先承认，不但自己承认，并介绍于各国。因为俄国对于我国绝无利害相关，不过持一种侵略主义。今日亲俄怀〔坏〕了蒙古，再要亲俄，内地十八省①恐怕都不稳了！日本不然，与我国利害相关，绝无侵略东亚之野心。从历史上观察之，彼为岛国，我为陆国，绝对不相侵害。纵近年来不免有侵略之举动，亦出于万不得已，非其本心，是我们最要原谅日本的。我们中日两国，最宜联合一致进行。将来能联合、能亲交与否，这种责任都在学生诸君身上。

诸君在日本留学，日日与日本之讲师、学生相周旋，必能联络感情，互相亲爱。从前日本最看不起中国人，固为地位不同。今日民国成立，日本人羡慕我不暇，还能藐视我呜〔吗〕？故我们对于日本人之心理，亦须要变愤恨而为亲爱。今日谋巩固中华民国，须注重外交。亲日政策，外交上之最妙着，其责任当以学生诸君负之。日本人种种对于中国之误解，可以详细解明。日本之政策方针亦须用心研究，风土人情亦当调查。消灭冲突，解释误会，共同谋亚东大陆之幸福，同为东亚之主人翁。

亚洲人口占全地球三分之二，今日一部分屈伏于欧人势力范围之下。假使中日两国协力进行，则势力膨胀，不难造成一大亚洲，恢复以前光荣之历史。令世界有和平，令人类有大同，各有平等自由之权利。世界幸福都是黄种五万万人造成的，而学生诸君是其起点。今日学生诸君不但须担任亚东和平之责任，并要担任世界大同之责任，这是兄弟所为诸君期望的！

据刘寿朋笔述：《孙中山先生演说》（其一），载东京《国民杂志》第一号，一九一三年四月十五日发行②

① 当时中国除"内地十八省"外，尚有奉天、吉林、黑龙江、新疆四省，共二十二行省，另置蒙古、西藏二特别区。

② 《国民杂志》（月刊）系国民党驻日各支部机关杂志，在东京编辑、印刷，上海发行；笔述者刘寿朋时任国民党驻日东京支部文事科主任干事。

附：另记录之一

现在欲维持中国，必人人负建设之责任。建设事业必须学问，实所赖于学生诸君。诸君在此留学，须要认真研究学问，不可同从前留学生一样。从前留学生分为两派，其一派鉴于祖国之危亡，异族之凭凌，废弃学业，奔走革命；其又一派即不能与革命诸士一致进行，又不能研究实学，只想弄一个方法，混一纸文凭，以夸耀乡里。这也难怪他们。此辈人见中国事已不可救，革命事业自己扪心揣度又做不来，求了学问又无用处，无法可想，只好鬼混一辈子。将来中国不幸瓜分，横竖中国是已经亡过一次的，随便做那一国的顺民、那一国的奴隶，都是无甚紧要的，只要有一个吃饭的所在就是了。今日诸君不可如前日之分为二派，当此建设之始，需才孔急，量才器用，各尽其长，大才有大用，小才有小用，只要有真正学问，不愁没用处的。况且破坏事业已告成功，从前希望均已达到，将来之希望即是建设事业，正好安心在日本留学，用数年工夫，求数年学问，以为建设之用。在此留学诸君须要一种决心，就是从前学生一种牺牲性命的心。此种决心求学，将来之成就正未可量。迨学成，为中华民国求幸福，非为一人求幸福，必须存牺牲自己个人之幸福以求国家之幸福的心志，社会始可改良。诸君现在之地位在中华民国四万万人之上，将来做成事业必也要在四万万人之上，方不愧今日之地位。学问、志愿两种并行，有学问而无志愿，不徒无益而反有害。诸君志愿须求大家之利益，辨〔办〕大家之事业，不必计较私人之利害。究竟大家享幸福，大家得利益，则我一人之幸福、利益自然包括其中。此之谓人道主义、社会主义也。

现今五洲大势，澳、非两洲均受白人之箝制，亚洲大局维持之责应任〔任应〕在我辈黄人。日本与中国唇齿之邦，同种同文，对于亚东大局推〔维〕持之计尽必能辅助进行。纵有些小龃龉，亦须顾全大局，不能成一问题。日本海陆强盛，称雄于世界；我中国须要数十年始能辨〔办〕到。假使从前无日本，则东亚前途必不可问。东亚地方得留与我辈成就革命事业，都是日本之力。中国此次革命成功，对于日本不能不感谢。日本与中国利害相关，欲保全日本利益，不得不保全东亚利益。大凡立国，必须与利害相关之国携手进行，方能进步。利害不相关之国，纵彼欲与我相亲，都不可与之亲近。从前满洲政府介在于日、俄两国之间，而与日本距离较近，尤觉可怕之很。彼时不知道利害相关之道理，纯是远交近攻之政策，亲俄防日，以致贻今日之大患。一经亲俄，天山以西、巴米尔高原一带已非我有，延至今日蒙古又将不见了，这就是与利害不相关的国亲的害。

我国此次革命，原来是不要人赞成的，也不受人干涉的。日本对于我国很想首先承认的，因与各国须取一致之行动，故未发表。俄国则对于我国不肯承认，而对于库伦独立，不惜首先承认。不但自己承认，并介绍于各国。因为俄国对于我国，绝无利害相关，不过特〔持〕一种侵略主义。今日亲俄，坏了蒙〈古〉，再要亲俄，内地十八省恐怕都不稳了。日本不然，与我国利害相关，绝无侵略东亚之野心。从历史上观察之，日本为岛国，我为陆国，绝对不相侵害，纵近年来不免有侵害之举动，亦出于万不得已，是我们最要原谅日本的。我们中日两国最宜联合，一致进行。将来能联合、能亲交与否，这种责任都在学生诸君身上。诸君在日本留学，日日与日本之讲师、学生相周旋，必能联络感情，互相亲爱。从前日本最看不起中国人，固为地位不同。今日民国成立，日本人羡慕我不暇，还能藐视我乎？故我们对于日本人之心理，亦须要变愤恨而为亲爱。今日谋巩固中华民国，须注重外交。亲日政策，外交上之最妙着，其责任当以学生诸君负之。日本人种种对于中国之误解，可以详细说明。日本之政策方针亦次须用心研究，风土人情亦当调查。消灭冲突，解释误会，共同谋亚东大陆之幸福，同为东亚之主人翁。

亚洲人口占全地球三分之二，今日一部分屈于欧人势力范围之下。假使中日两国协力进行，则势力膨胀，不难造成一大亚洲，恢复以前光荣之历史，令世界有和平，令人类有大同，各有平等自由之权利。世界幸福，都是黄种五万万人造成的，而学生诸君是其起点。今日学生诸君不但须担任亚东和平之责任，并要担任世界大同之责任，这是兄弟所为诸君期望的。

据《孙文先生东游纪略》"于东京孙中山先生"，载日华新报编纂部编：《孙文先生东游纪念写真帖》，神户，日华新报社一九一三年五月发行

附：另记录之二

诸君：

中国此次之政治改革，实以东京学生之功最巨。昔日之留学生以中国前途之黑暗，以为腐败之政府不去，万事皆无可为，故富于冒险之精神，牺牲一切，以为祖国。

虽然，冒险之事易，建设之事难；冒险之事须有胆勇，建设之事须有学问。学问须循序渐进，历时极久。今者中国共和虽立，而一切建设尚无头绪，则因学问人材不足之故，此无容讳者。昔日学生多数以为祖国前途无望，发奋冒险，每不能伏首案头，从容求学，今日之病即在于此。今世之国家为科学的国家，学问不足，建设无从说起，窃望诸君于此注意。现在共和国家已有基础，时事不如从前之险恶，望诸君发奋求学，共助建设。东京留学生向来富一种牺牲自己利益以为国家之精神，望诸君保持此精神永久不改，将来祖国乃能收留学生之益。

又从前留日学生每具有一种排日本之感情，今者时势变迁，此种感情亦宜变改。立国于世界，不能孤立，必须有亲密之友国。亲密之友国必其国之利害相同，若择交不慎，必受其害而不受其益。自中日战后，我国当日政府主张联俄，然俄非与我利害相同者。满洲既亡，蒙古复危，俄之效力已可见矣。西伯利亚之广漠、帕米尔之高原，皆我国之疆土，今何往乎？日本向来有中日和亲之议，我国旧政府腐败当局者尤无外交眼光，不能与之和亲。日本出于自保之计，有等行动出于不得已者，我国人当谅之。试思日本苟四十年前不能发奋自强，则东亚今日殆无完全独立之国家，我等尚能延至前年从容革命否，尚为一问题也，望诸君熟察世界大势，细筹外交利害。我国人留学于此者近三千人，中日两国之实能联合与否，其关系在诸君不小也。诸君为祖国最有希望之人，望各努力。

据《孙中山先生日本游记》，载广州《民谊》第六号，一九一三年四月十五日发行

中日两国青年当共图东亚文明

在东京基督教青年会欢迎会上的演说①

（日　译　中）

（一九一三年二月二十三日）

世界人类的希望就是和平。基督教的理想是和平，所以《圣经》中记载，基督诞辰之日就是和平发现之时。中国古代圣人的理想也就是和平。其实和平不仅是基督教，也不仅是古代圣人的，而是我们今天从事宗教、学术等事业人士的共同理想所在。

今天的世界以一泻千里的气势在前进，而最近一百年来的进步更为显著，数千年来的进步甚至不如这一世纪的进步。远古的文明往往是孤立的文明，而近世文明以统一的格局，由欧洲向美国尔后向日本，又向中国波及。我国现在虽然不是发达国家，但却是世界上最古老的国家。

综观世界的大势，各国都有其各不相同的要求，其理想之和平，若世界人类无统一起来的思想平等，终究是无可希望的。因此，一个国家落后于世界文明的话，那就不仅妨碍了那个国家，也妨碍了世界文明。中国与其说是没有进步，毋宁说是在退步。所以不能不感觉到，我国实际上成了世界文明的阻碍。从这一点来说，今天中国的改革不仅是国内的政治、教育、经济的改革，引伸开来看，也是为了增进和保全世界和平。

我国历史悠久，地广人多，而且我国在欧洲各国尚在野蛮时代就已经是文明之邦。但是现在却退步了，成了世界文明的最末尾。这是我们最感痛心之处。我确信，世界各国之中，最爱好和平的民族是中国国民。何以为此言？只要看看其他各国的革命就可以知道，各国的革命都要经过大战争，经过悲惨的流血，才能

---

① 二十三日下午三时，孙文应邀出席东京基督教青年会举行的欢迎会，并发表演说。欢迎会在青年会馆举行，除基督教青年会外，铁道青年会会员亦出席。

勉强达到成功。但是我国的革命基本上是兵不血刃就赢得了胜利。如此容易地达到社会和平的事在世界历史上是无可比拟的，这也是我说中国国民是爱好和平的理由。

我国国民是爱好和平、反对战争的国民。从当今世界的大势来看，虽然各文明国要求和平，但是和平的到来却很困难，战争基本上没有停止过，以最近五年的形势来看，战火熄灭的时日几乎没有。这样的话，物质文明再发达，真正的文明是怎么也不会到来的。虽然如此，就现在的局面而言，战争似乎是不得已的，世界各国为了防备他国的武力压迫而进行武备，这种权宜之计姑且是可以作为世界和平的一种手段。但是，武装的和平无疑并不是真正的和平。我们要谋求真正的和平的到来，就不能不避开这种一时的和平。那么，世界文明是从哪里来的呢？世界文明中，没有比亚细亚文明更古老的文明，这是历史的事实。然而这种文明是干戈的文明，是葛藤的文明，并不是为了人类的文明。今后的文明就像刚才所说的那样，必须是和平的文明。可以说，使这一增进将来幸福的真文明来到世界，是我们亚细亚人不可推卸的责任。我们的革命事业不是一种野心所致，也不是单纯地增强国力防止他国的侵略所致，而是在于改良政治、教育、宗教等事业。其目的是，小则谋求中国民族的福利，大则增进人类和平。在我国前一个时代里，没有信教的自由，要信基督教必须依靠他国的条约的保护。但是现在这些都得到了重视，在革命成功后的一件事就是宣言了信教自由。

今天，我们的革命虽然成功了，但是成易持难，我们的微力是不能成就世界和平的。世界和平是各国的共同事业。在世界文明各国中，不用说，与我国最接近的是贵国。所以要达成东方甚至世界的和平，我国必须与贵国提携。希望我们两国从事各方面事业的人士，努力注视于真正的东方文明。从世界的大势来看，世界将被分为白色人种和黄色人种这两大部分，这是不可掩盖的事实。将来的和平就要看这两大人种。然而这两大人种稍有动静，就互相冲突、互相嫉视的倾向是世界各地的事实。当此之际，如果我们两国真正能协力一致，树立起世界和平的目标，那么就是白色人种也不得向背，这是明了如火的事实。可以说，今天，两国朝着这一大目标猛进是天赋的责任。在此，两国难道不应该真正地团结一致，为东亚的文明、为世界人类作出贡献，使白种人举双手欢迎我们吗？这是两国青年的责任。在此千载难逢的好机会里，我深切希望，两国青年将主义、精神、目的、信仰等统一起来，承担起这一光荣的事业。

据《基督教徒歡迎會に於ける孫逸仙氏の演說》（《孙逸仙氏在基督教徒欢迎会上的演说》），载一九一三年二月二十七日东京《基督教世界》（七）（蒋海波译，石川祯浩校）

日文原文见本册第 868—871 页

留学生接受日本教育促进中国的改革

在东京大隈重信欢迎茶话会的演说①

（日　译　中）

（一九一三年二月二十三日）

今日受到大隈伯爵的招待，并得以和早稻田大学及同仁会诸位先生会聚一堂，实在是不胜喜悦。

此次我国政治上的大改革，是从哪里发生出来的呢？这是来自深受财政的困难，自由的压迫，是从若要保全全国人民的利益就必须改革国内的政治，这样的思想中产生出来的。我国最近数十年来在政治上外交上都出现了非常大的困难，而且内政已经完全颓废。我们的先辈对于自己国家的政治是恶劣的政治、腐败的政治，政治、社会全都腐朽的事实并不是不知道，他们对于这些事实是知道的，但却没有对此进行改革，缺乏维新的决心，只有悲观的态度。也就是说，对于自己国家的政治腐败仅是非常悲观而已，却很少有人致力于改革。然而，近二十年来我国人民渐渐出国留学，最初有不少人到美国，当时对外国文明和学问的理解能力还欠缺，这些留美学生大抵是失败归国的。后来就开始到贵国留学，许多青年子弟在贵国学习各种学问，留学生多的时候达到了两万人以上。而且这些留学生，入学最多的就是早稻田大学。这些学生不是来自中国某一个地方，而是从全

---

① 二十三日下午，日本前首相、早稻田大学总长（校长）、同仁会会长大隈重信在其府邸开茶话会欢迎孙文，作陪者有早稻田大学教授、同仁会成员及官绅名流百余人。

国各地来的。他们接受日本的思想以及受到日本维新时期事业的巨大感化，所以归国后，才能在全国各地自觉地促进中国的改革。

现在我国的革命已经成功，改革已经完成，这是接受日本的思想和日本的教育后才得到成功的。但这只是破坏事业一时的成功，今后非得要把充分的力量投入建设事业不可，要用更大的力气来从事自己国家的建设。因为这次破坏是依照贵国的思想而完成的，所以我相信，今后的建设也要依靠贵国的思想、贵国的力量和各方面的厚意帮助才能完成。以前我在南京时，政府聘请了寺尾先生和副岛先生①，藉其力量为整顿政治法律等方面而尽力。这次北京方面又聘请了有贺博士②作为我国政府的顾问，今后我国在政治法律上的进步，寄希望于有贺先生之处甚多。我相信，其力量是非常之大的。现今在我国各方面活动的人士中，出身于早稻田大学的很多。对此，我也应该对早稻田大学表示深深的感谢。

今日有机会与各位会晤，又听到了大隈伯爵的高论，实在是不胜感激。在此谨向大隈伯爵、寺尾博士、副岛博士、有贺博士以及早稻田大学教授诸君、同仁会诸君的厚情表示深切的谢意，并祝各位幸福。

据《支那革命と日本と早稲田大學と》（《中国革命与日本及早稻田大学》），载东京《早稻田讲演》第三卷第四号，一九一三年四月一日发行（蒋海波译，石川祯浩、陈来幸校）

日文原文见本册第871—873页

中日应当提携

在东京市长阪谷芳郎欢迎宴会的答词③

（一九一三年二月二十五日）

今日蒙市长代表东京市欢迎，与东京人士相会一堂，不胜欣幸！

---

①　即寺尾亨和副岛种臣。

②　即有贺长雄。

③　二十五日晚，孙文应邀出席东京市市长阪谷芳郎在红叶馆举行的欢迎宴会。阪谷曾任日本大藏大臣，中华民国成立时被南京临时政府聘为财政顾问。

文当革命出亡之际，居东京颇久，与此间人士往还甚多，情意亲密，有异国弟兄之感。最后离东京之际，在今四五年前。今复来游，见东京市街之改良，新式建筑物之增多，交通之便利，其进步之速，实堪赞美！望东京人士益复努力，使贵市成为东亚名都之模范。

至于中日两国之交谊，文更有所欲言者。按今日世界之大势，凡种族、文字、教化相同之国，莫不有特别亲密之关系，有如英美、如德奥、如俄及巴尔干列邦、如法比皆然，在国家及人民情谊最亲。今中日二国之关系，亦复如是。其应当提携，殆不待言。贵市为日本首都，江户舆论每足以风动全国，窃望莅会诸君此后益主倡中日提携之论，以谋东亚之幸福，及世界之和平。

予此次之来，蒙贵邦朝野人士连续欢迎，不胜感谢！此足征贵国对中华民国情意良好之一斑。敬举杯祝日本帝国、东京市及阪谷市长万岁！

据《孙中山先生日本游记》，载广州《民谊》第六号，一九一三年四月十五日发行

政党建设与正确对待党争

在东京国民党共和党两支部及广东同乡会联合欢迎大会的演说①

（一九一三年三月一日）

今日留东之国民党支部、共和党支部、广东同乡会诸君子在此开会欢迎，兄弟借此机会，得与在东之政党及乡人相接洽，实不胜欢幸之至！

东京地方对于我中华民国向有特别关系，从前革命党之发源都是在东京方面。革命党经十数年之工夫力量，冒许多之危险以造成中华民国，现在中华民国已经成立，我大家国民责任如何？民国虽成立，犹在幼稚时代，大家须发大愿力，将已造成之华民国巩固其根基，方尽我们的天职。创造民国者既发源于东京，则巩固民国者，亦要留东诸君担负其责任。

国民党原属革命党，民国成立后始改组。共和党亦在民国成立之后组成政党，

---

① 三月一日，三团体假座日本青年会联合举行欢迎大会，到会四千余人。

论成立之先后，共和党在国民党之前。今日欲巩固中华民国，政党最为紧要。今日之政党，比较从前之革命党实大有不同。革命党之事业必须流血冒险，牺牲性命财产，才能做成革命之功。其所抱持之唯一宗旨则为三民主义。民族主义与满族君主相争竞，必须掷多少之头颅始能购得；民权主义与专制政体相对抗，也是极端反对不能并容的；民生主义与不良之社会争，惟今日中华之社会尚未趋于极端不良之地位，稍易着手。当皇族专制时代，革命党之力量甚为伟大，终能打破反对者之压制而建设中华民国，民族、民权二大主义均经达到目的。民生主义不难以平和方法，逐渐促社会之改良。

从前之党与党所持宗旨背道而驰，故相视若仇雠。今日之党与党均以国家为目的，虽分而为数党，究竟同此四万万人，同①立此共和政体之下，均以国家为本位。所谓百虑而一致，殊途而同归。横览全球，无论为民主共和国，为君主立宪国，莫不有政党。党之用意，彼此助政治之发达，两党互相进退。得国民赞成多数者为在位党，起而掌握政治之权；国民赞成少数者为在野党，居于监督之地位，研究政治之适当与否。凡一党秉政，不能事事皆臻完善，必有在野党从旁观察，以监督其举动，可以随时指明。国民见在位党之政策不利于国家，必思有以改弦更张，因而赞成在野党之政策者必居多数。在野党得多数国民之信仰，即可起而代握政权，变而为在位党。盖一党之精神才力必有缺乏之时，而世界状态变迁无常，不能以一种政策永久不变，必须两党在位、在野互相替代，国家之政治方能日有进步。一党新得国民信仰起而在位，以一番朝气而促政治上之改良，其所收得之功效，各国均有确据。今日讲到民权，更不能不要政党。无政党则政治必愈形退步，将呈江河日下之观，流弊所及，恐不能保守共和制度，将渐变而为专制。

我中华民国历史上数千年称为文明古国，所以政治日形退步者，因无政党以维持之。政党之名词甚为新异，中国人多不明白"党"字之真义。就是已入政党的党员，也不能人人知道政党之作用，以为一入政党，必须袒护本党，攻击异党，不顾国家大局，徒争一党之势力。不知党与党之关系非仇雠，是对党。人之入党，

---

① 此处删一衍字"此"。

当视其自己之心志如何。今日赞成第一党之政策，即可入第一党，明日赞成第二党之政策，即可入第二党，均属正当之事。不比未革命以前的党派，其根本上绝对的不同。

政党之要义，在为国家造幸福、人民谋乐利。人之入党，其未入党之始，必先察其党之党德如何，党人行为如何，其党所主张之政策如何。与我同志者，赞成之；与我异趣者，则不赞成之。全系自家心理上之采择，无利益可贪，无势力可畏，并无情面可徇的。故今日入共和党明日入国民党，今日在国民党明日入共和党，只要与自己所抱之宗旨相合，并非于气节上有所损失，盖极为寻常之事。日本政党之党员时常变更，欧美各国莫不如是，固毫无足怪。

各党党员只须对于政党尽力效忠，以正道公理谋国家人民之福利，不用不正当行为，无论对于何党，均未为不何〔可〕。但是中国普通人之心理，对于“党”字之意义不甚明瞭，以为古书上于“党”字之解释不甚良美，有所谓“君子群而不党”之说。不知今日之政党的“党”字，在英语名词为 party，在中国文字别无与 party 相当之字，只有此“党”字较为近似，并无别字较“党”字确当者。故用此“党”字，究竟与古时所用之“党”字大有区别。

至于党争亦非不美之事，既有党不能无争。但党争须在政见上争，不可在意见上争。争而出于正当，可以福民利国；争而出于不正当，则遗祸无穷。两党之争，如下棋然。譬如二人对奕，旁观者分为两组，按照着棋一定之规则，各相照护，不用诡谋以求自己之胜利，只以正大之方法相对待。假使手段不高、眼光不大以致失败，败而原于正当，则胜者因〔固〕十分满足，败者亦甘心不悔。即旁观照护之人，初助此方，继助彼方，即〔亦〕未为不可。只须用正当之方法，不用诡谋，政党亦然。他党之宗旨与自己之宗旨不相符合，因而不赞成他党，一心护持本党，求本党之胜利。其求胜利之方法须依一定之法则，不用奸谋诡计，是之谓党德。如但求本党之胜利，不惜用卑劣行为、不正当手段谗害异党，以弱本党之敌，此种政党绝无党德。无党德之政党，声誉必堕地以尽，国民必不能信任其政策，何能望其长久存在呢？

凡一政党欲求发达、求长久，必须党员明白党义，遵守党德，不可用欺骗手段，逸出范围之外。大家一胜一败，均属心满意足，绝无怨尤。纵有失败，必须退而自反，政策之不能施行必思有以改良之，手段之不合国民要求必思有以变更之，务使有得胜之一日。愈研究，愈进步，方能谋政党之进行，方能谋国家之发达。倘使丧失党德，则国家前途无限危险。中国初成立，政党发生尚在幼稚时代，政党之道德应如何培养，留东两党诸君应负绝大之责任。国内各党员在政治上活动，事情尤迫，暇晷无多；东京地方两党诸君多半是留学生，无内政〔地〕诸君政治上活动之劳苦，正好注意党德，阐明政治方针，俾东京地方为中华民国模范之政党。

今国民党、共和党两党诸君同在东京，有同在一学校者，有同居一旅舍者，互相请益互相往来之时甚多，比内地各党员联络适为最好之机会。可以和衷商榷，讲求政党应有之道德，研究政党应用之方针，以为内地政党之模范。令全国人民人人具有此种道德，具有此种思想，则中华民国之政治可以立见发达，中华民国之基础可以日益巩固，中华民国之国势亦可以蒸蒸日上，凌欧驾美而上之。此即诸君异日在民国之勋劳，亦今日两党诸君应尽之责任也。愿与诸君共勉之！

今日之欢迎会本系三团体，内有广东同乡会，兄弟对于广东同乡诸君有一种特别的观念。中国革命其原动力虽属东京诸君，而实行之地点实以广东为最早。广东起义十数次，屡回失败，其流赤血冒白刃者不知凡几。迨至武昌举事，各省响应，始能成功。所以人人只知道推翻满洲政府，湖北居其首功。不知广东自三月二十九日大失败大牺牲之后，其时死难者，四川、湖北两省之人不少，革命之风潮因愈形激烈，各省均受其影响，所以武昌起义易于成功。广东革命之失败，非无结果之失败；武昌起义之能成功，即为广东革命所生之果实。广东之革命，即为武昌起义之原因。广东自七八年前已有革命基础，每一二年间必有起义之事，三月二十九日之举即为最后之大败。广东人对于革命、对于共和既非常具有热诚，民国成立维持之责任，广东更要担负。

今日三团体欢迎，兄弟实深感谢！

据刘寿朋笔述：《孙中山先生演说》（其二），载东京《国民杂志》第二号，一九一三年五月十五日发行

当视赞成共和之政党为益友

在横滨华侨欢迎宴会的演说①

（一九一三年三月五日）②

兄弟今日到横滨，得诸君之欢迎，甚为感谢！

今民国成立，将有二年之久③。然此二年④间，国中诸凡待举，而以内政外交极为棘手。但幸得内外同胞同心协力，至有维持今日之现状。夫国家之成立，必赖乎政治。而民国之政治，若普问于国民之可否，岂不是行极繁之手续？故欲简而捷，必赖政党。今与二三政党商量妥协，而国之政治即举。

然民国政党最先发生者就是共和党，故共和党之势力普〔最〕大。但兄弟在南京执政时，党人俱尽力于国事，而〈对〉政党似不甚注意，所以前之同盟会即今之国民党发生最后。然当时兄弟所以不甚注意党事者，原因有二。民国之所以发生者，第一欲与国人有民权思想。如当南京政府时，自己已执政权，倘又立刻组织同盟会，岂不是全国俱系同盟会，而又复似专制。国人因有民权思想，然后发生政党。政党系与政府对立，故共和党当时之发生，兄弟甚为喜欢。此不甚注意党事者，其因一。又凡人之作事，当局者迷，旁观者清。故政府作事不好，不无人民之监督指正，此又当日共和党之发生，兄弟极为欢迎。其不注意党事者，因原〔原因〕二。但看今回之选举，国民党未尝出何样之手段，又无些毛之运动，然此次之选举，本党似得胜利。可知办事不在乎手段与运动之多寡，而贵乎

---

① 孙文于三月五日自东京抵达横滨，是日晚上赴中华会馆出席欢迎宴会。

② 底本未说明时间。据吴拯寰编校《孙中山全集》第三集（上海，三民公司一九二五年十月刊印）所载《横滨华侨欢迎会演说词》（民国二年在横滨演讲），其内容文字与底本相同；又据东京《国民杂志》第一号（一九一三年四月十五日发行）所载《驻日各部纪事》，以及《孙文先生东游纪念写真帖》（神户，日华新报社一九一三年五月发行）所载《孙文先生东游纪略》"于横滨孙中山先生"，均谓孙文于三月五日抵横滨，并"赴中华会馆欢迎晚宴会"。而孙文本人在演说中则自称"今日到横滨"，今日即三月五日。

③ 原文"将有二年之久"，疑为"已有一年之久"之误。

④ 原文作"二年"，疑为"一年"之误。

光明正大之主义、公理。此亦可知国民趋向正义、公理，共和之一途也。

又如今日之党，与前日之所谓党者大不同。何以？因前日之所谓党者，不外一曰革命党，一曰保皇党。但前日之革命党者，目的乃谋恢复我汉人之国家，与人民大多数之幸福。至于保皇党者，不外谋个人自私自利，与保全外族之皇帝为目的。故前者二党立于极端反对之地位，今日则不然。因今日之共和党，他所立之党纲乃赞成五族共和，又谓谋国家前途之速进与人民之幸福，正与我党之主义国利民福相同，故我党不可不引为益友。又不但共和党者我正引为益友，至凡赞成共和者，我同人亦当相与为良朋。甚至前者杀我祖若宗与夫专制我国民二百有余年之满族，但今次他赞成我之共和，故我民国不但待为益友良朋，更每年供他与四百万之年俸。此亦所以表我党之宽志〔宏〕大量，而出乎他念之报仇尽灭之心。故此次赞成共和之最亲热者，莫若满之王族也。

前者曾有问难于兄弟曰："何必民国每年多用此四百万耶？"但兄弟谓民国用此四百万，乃用之最有价值、名誉之途也。兄弟见日本国之所以有今日之名誉者，一因日本曾与前清之胜战〔战胜〕，又与俄国之战胜，更国内屡加改良，海陆军之扩充不知用了数万万金钱，至在世界上有今日之日本荣誉。至于民国，未曾有与别国开战而胜，又不是有强大力之海陆军，财政又不是富足，以上各件比前清可似更加贫弱的。但今日民国之名誉能见重于各国者，与日本不相上下，其因不外革命时能行人道之主义，与待皇室之条件而发生矣。况皇室之经费，兄弟信他不是永世要民国之供应。兄弟前在京时受八旗会馆之欢迎，八旗亦以知人人乃民国之一份子，不应常受民国之常粮；不过立刻各人未能有生计之途，故行渐〔暂〕时受民国之供给。至民国乃合人人组织而成，乃行平民主义之政治，断不容有立一皇帝在其中，故当时所以行待遇皇室条件者，不外照外国待君主之礼以待之。即如日本天皇驾崩时，民国曾服廿七日之丧服，今隆裕太后之死，民国亦不过服廿七日之丧服而已。今北京仍然有皇室与皇帝之名称在者，我民国待之，当他系外国君主游历至此，我民国不过尽地主之责，以待遇之而已。故民国合五族而成，凡五族之人皆如兄弟，合心合力，以为民国之前途着想尽力，此兄弟之所厚望于诸君也。

据《孙中山先生在横滨演说词》，载广州《民谊》第六号，一九一三年四月十五日发行

留学生须广求知识为建设祖国效力

在京都中国留学生欢迎会的演说①

（日 译 中）

（一九一三年三月九日）

满洲朝廷存在期间，我们不抱任何希望。卧薪尝胆，流落四方，徒然荒废了许多光阴。我们多年的目的终于实现，如今满廷已被根本推翻，中华民国开始着手建设，这是值得庆贺的事。但对中华民国来说，这仅仅是进步的第一阶段。中华民国从今进行建设，而建设要比破坏困难得多，所以我们的责任也就更加重大。

此时此际，人才和智慧对于中华民国来说是最为需要，所以学生诸君的责任也是很重大的。任何一个国家的人民，没有不是为自己国家的利益着想。在中华民国之中，我对最富有知识、前途无量的诸君期待是很大的。希望诸君必须注意到这一点，广求知识于世界，为建设中华民国效力。从这方面来说，诸君的责任确实是很重大的。

据《孫氏入洛》②　"孫氏歡迎會"，载一九一三年三月十日《大阪朝日新闻》（二）（蒋海波译，石川祯浩、陈来幸校）

日文原文见本册第874页

---

①　孙文于三月九日下午抵达京都，不久至府立图书馆出席留学生欢迎会，到会六十余人。会后共进晚餐。

②　洛阳系京都市别名，简称"洛"。

借助日本清除发展中国实业的障碍

在京都各界人士欢迎宴会的演说①

（日　译　中）

（一九一三年三月九日）

诸君：

今晚承蒙京都市各位名流要人的招待，得到这样一个同桌共叙、开怀畅谈的机会，实在是非常荣幸的事。刚才倾听了滨冈会头②的讲话，与我本人所见完全一致。我这次来日的目的有二个：一是访问旧友，感谢他们在过去对中华民国的政治改革中所给予的大力援助；二是与旧友以外的各界人士接触交流。旧友诸君对我国政治上的帮助，当然是为了一国的正义，这也是中华民国应当感谢的。就现在的情形而言，虽然政治上的改革已经实现，但建国的根本目的尚未达到。这个问题不仅是一国的问题，也不仅是中日两国的问题，实在是东方的大问题。

实业的发达并不只关系到一个国家，而是与全世界各国国民有着密切的关系。考虑到我国的将来，欲谋求东方及世界的进步，也必须寄希望于实业的发达。然而，就我国的情况而言，首先在于扫除实业发展的障碍，这个事业不藉贵国的力量是无论如何也办不成的。

我国地广人多，物产丰富，这是人所共知的。然而像蒙古、新疆那样，因为交通未开发，其富饶之处尚未为人所知，这都是由于政治上的障碍所造成。现在，我国断然实行政治改革，人心为之一变，都立志于事〔实〕业的兴旺，但在经验和学问等各方面都很欠缺，不具备成就这一巨大事业的智能。这是很遗憾的事。所以，就要借助于外国的力量，来开发四百余州的富源。幸而日本帝国不仅在历史上与我国有密切的关系，而且又是同文同种，如果不借助贵国的力量，我国的

---

①　孙文于三月九日自名古屋抵达京都，当晚出席在京都商业会议所举行的欢迎宴会，到会有商、学、报界知名人士共六十余人。

②　滨冈光哲，京都商业会议所会头，主持宴会并致欢迎词。

开发毕竟是不能期待的。贵国是东方的先进国，故无论如何都希望能与我国携手，为实现我国实业发达而给予大力的援助。

即使政治改革的范围可以限定在一国之内，但在实业上，如果限定在一国就不会有进步发达了。过去美国依靠欧洲人发达起来，产生了今天这样富强的国家。欧洲对美国的如此发达甚至到了有些恐惧的程度。然而这完全是误解，因为美国的富强实是世界共有的富强。我国实业的消长也是如此。

如上所说，贵国与我国作为邻邦，在实业上关系甚大。所以当然也需要两国国民互相敞开胸襟，交流意见。并且，如果在实业上能够互相联络、互相提携的话，东方和世界的和平就有希望了。

目前，清除我国在实业上的障碍是最为紧要的。清除这些障碍有以下四点：第一，要克服交通之不便；第二，要矫正货币制度的混乱状态，谋求其统一；第三，要调节税收制度的条理；第四，要去除条约上的妨碍。关于第四个问题，现在的条约实际上是发展实业的最大障碍。这些条约不仅妨碍了中国国内的种种自由行动，即使在中日两国互相提携时，如果给予日本人一些特权的话，根据现在的利益均沾主义，就不得不给予其他外国与日本同样的特权。这是非常令人遗憾的事。当年贵国为了改正条约，人心一致，甚至推翻了内阁。从这一点看，也就可以知道其重大的意义。当时我的观察是，人心的一致推动了贵国为发展实业而推行的条约改正运动，也是使内阁下决心的动力。为了谋求我国将来的实业发展，必须借助贵国的力量。而且为了谋求东方与世界的和平，中日两国的共同一致是非常必要的。

今晚赴此嘉会，谈谈自己的抱负，希望能得到具有同样心情的诸君的援助。

据《孙氏の演説》，载一九一三年三月十日《大阪朝日新闻》（二）（蒋海波译，石川祯浩、陈来幸校）

日文原文见本册第 875—876 页

中国改革伊始须待日本援助

在大阪各界欢迎宴会的演说①

（一九一三年三月十日）

今晚辱蒙诸公之盛意宠招，莫任感佩！今次鄙人东渡，自长崎至东京，淹留数旬，此间不分昼夜，蒙官民上下之欢待，五内铭刻。倘欧美人目睹今日之光景，决不能分别孰为日人，孰为中人也。鄙人前年历游欧美各国，彼国人常目鄙人为日人，且吾国人亦屡误认鄙人为日人。盖我两国人本出同种同根，决无相异之理也。况鄙人久住贵国，前后来往者二十余年；实以日本为第二之故国也。故今与诸公在一堂之下，如是交膝款谈，诚有一家同胞团栾之思。故鄙人今夕演说，亦如我一家中之言，亦无些客气，愿诸公谅之。

方今立国东洋者，惟有日本与中国而已，然而维持东亚和平之实力者，惟日本为然。盖日本于四十年前早已著维新之曙光，文明风物，逐日改进。四十余年间之进步发展，遂致升世界强国之地位。东洋和平之局实为日本帝国所支持，若不幸于四十年前西力之东渐，有如今日乎？我东亚各国非黄种之有也。敝国自古以守旧有名，去岁革命，一举遂碎破数千年之旧习而肇造民国。惟维新伊始，国步颇艰，今外人视今日敝国之情态为危险最可忧，亦属不得已之势。鄙人往年游欧美之时，彼国人士咸谓：支那而实行革命，必至启列国干涉之端，或陷分割之运命，故劝鄙人以中止前图。鄙人不肯听此忠言，断然从事革命者，实依赖日本之强兵与信义也。自谓虽实行革命，决无为列国所瓜分之虞，亦必邀日本之厚意的援助，造就维新事业莫疑也。是以专心企图改革，幸而得达当初之目的。今日我中国仅造就革命，只将来欲赖日本之热诚援助之力，以济有终之美而已。

鄙人此次游历贵国各地，爱〔受〕贵国朝野之欢迎，光荣曷胜！今夕亦际会绝好机会，得吐露微衷。惟冀自今而后益提携，共同防御欧西列强之侵略，令我

---

① 孙文于三月十日自京都经奈良抵达大阪，当晚出席大阪官绅举行的欢迎宴会，到会有肝付市长等官员、府市议会议员及著名士绅共数百人。

东洋为东洋人之东洋，则岂不愉快哉！鄙人流寓东西各国者多年，而来往日本则实至十数次之多，最蒙贵国人士之垂青，领教匪浅。则贵国鄙人第二之乡国，而贵国人士则为我师兄也。敝国改革伊始，一切须待贵国之援助莫论也。本日来会之诸公，皆为维持亚东之幸福，热心尽瘁，众目俱观，不必多赘。兹代中华民国国民谨致诚表谢忱之意，敬祝大阪商工业诸君之发展。

据《孙文先生东游纪略》"于大阪孙中山先生"，载日华新报编纂部编：《孙文先生东游纪念写真帖》，神户，日华新报社一九一三年五月发行

附：另一记录

（日　译　中）

今晚出席大阪市各界人士参加的盛大欢迎会，与诸君共进晚餐，感到无上光荣。此次来日，从长崎到东京，所到之处都受到官民各界不分昼夜的热情欢迎。我想这是日本诸君为保持东亚大局，提携中日的证明。综观东亚大势，不用说以前的中国，就是东亚各国，至今保持其存在，首先是依靠了日本的力量。本次来访，这一感受愈加深刻。我在青年时代就离开故国，漫游世界。其中在日本居住的时间最长。因此与日本各界有所交往，知道日本是如何地爱好和平，是如何为保持东亚的大局和维持东亚各国地位的。但是，一旦回国后，就知道一小部分中国人还不了解日本的真意，不相信日本。我认为日本是可以信赖的，一有机会就向这些人说明。我想这里的原因大概是中国人不了解世界的大势，加上日本的少数人士的言论刺激了中国人。因此，为了访问更多的旧友，传达我的意见所在，为了确认我的希望，我来访了日本。来到日本后，以我所见所闻，到处都是谋求中日提携的意见，两国融和提携有所期待。甚至从根本上的提携，即对实业上的提携也是有所期待的。这不仅是大阪市民，也是日本全体的意向。我想作这样的推测不会有大的错误，少数人士的误解也会冰释吧。我回国后将更加大声地传达日本人的真意，为将来的连结提携做准备。现在，民国在政治上断然实行改革，但在根本上的实业发展上却是非常幼稚。所以必须积极导入外资。资本并不限于

现金，实业上的力量以及不可缺少的机械的发达也是紧要的事项。日本实业发达，制度完备，但是对于中国的事情不甚了解之处尚多，尤其对中国向日本有何种要求似乎缺乏理解。今晚，会聚在这里的诸君都是大阪实业界的有力人士。大阪作为实业中心，从当地向中国输出的物品极多。但是，主要是消费品而不是生产用的机械。将来中国人为谋求实业的发达，对机械的需要无疑会增加。希望从日本有更多的机械产品向中国提供，这样两国的实业就能互相发达。关于这一点，对大阪工商界人士寄予特别大的希望。

据《孙逸仙氏來る》，载一九一三年三月十一日《大阪朝日新闻》（三）（蒋海波译，石川祯浩、陈来幸校）

日文原文见本册第 877—878 页

中日两国基督教徒共同维护世界和平

在大阪基督教青年会欢迎会的演说①

（日 译 中）

（一九一三年三月十一日）

我能有机会接受基督教徒及青年会会员的如此盛大的欢迎，互相交换意见，感到无上光荣。

基督教青年会是以基督的正义、人道、博爱的精神为基础建立的，最初兴起于欧美，现在在贵国和我国都逐渐兴盛起来。在往昔野蛮时代，人与人之间的道德关系尚未充分发生。在当前文明时代，人际间的道德行为稍有发展，但由于文明程度优劣的差异，国际间仍未能行使像个人与个人之间已有的道德。当此时际，唯有基督教重视正义人道。全世界致力于鼓吹增进和平的正义观念为数不少，而当今的文明学说有很多是胚胎于基督教的。在慈善、教育、社会事业方面，青年会的贡献尤多。青年会不仅增进青年个人的道德，对于用世界的精神及和平思想

---

① 十一日下午四时半至六时，孙文应邀出席大阪基督教徒在青年会馆举行的欢迎会，并发表演说。

来融和全世界这一事业所作的贡献也很大。

今日有幸与贵国的兄弟姐妹进行交流，我想明确地告诉诸位，中国国民是和平的民族。孔子的教诲是以四海之内皆兄弟、治国平天下为目标的。秦始皇以武力防备蒙古的入侵而修筑万里长城，但并没有尝试要对外侵略。中国对于近世西方各国，所持也与此一样。贵国的文明体系与中国相同，贵国国民的和平主义与我国也是相同的。但在近年来积极推行武备扩张，当是针对欧美帝国主义的一种爱国心的发扬。也就是说，同样是在东方立国的中日两国，应该更加互相提携，增进国力，使欧美帝国主义没有推行的余地。我相信这是维护世界和平最紧要之事。但愿从东方兴起的基督教能够促使东方发生变化，使日中两国的基督教徒成为世界和平的维护者。大亚细亚主义，也就是世界的主义。① 希望我们同心勠力，共同完成这一重大使命。

据《大阪基督教徒の孫逸仙氏歡迎演説會》，
载一九一三年三月十三日东京《基督教世界》
（九）（蒋海波译，石川祯浩、陈来幸校）
日文原文见本册第878—880页

附：另一记录

（日 译 中）

青年会是以基督的正义、人道、博爱为基础的组织。在人类尚未摆脱野蛮的境地时，不用说国际间，就是个人与个人之间的道德也没有被认识到。但是随着文明的进步，渐渐地开始重视起个人之间的道德，但是在国力上却因为有文明程度的差异，所以国际间的道德还没有达到被重视的程度。在这种情况下，有博爱主义的基督教，提高世界各国人民的道德，使其朝着同一个理想进步。在我看来，重视国际之间的道德可以说是基督教的一种精神。另一方面，在文明国家，学者们从学术的角度鼓吹正义的观念，使各国人民不分区别，努力达到在精神上的统

---

① 欢迎会开始时，宫川经辉牧师在致词中说，大阪基督教徒欢迎孙文的理由之一，是因为他提倡大亚细亚主义，并主张中日亲善。

一。这一学说的普及，也就是基督教的普及。而且青年会作为基督教的附属事业，以培养青年的道德为己任。另一方面，教育、慈善事业的进步，应该说这确是一个养成国际间道德的最有力机构。

反思我们中华民国，自古以来就是最重视和平的民族。中国人民一般所尊奉的孔子的教导，也就是四海皆兄弟的博爱主义，治国平天下的和平主义。而且就历史事实来看，秦代如果以武力击破北狄是很简单的事，但秦也只是修筑万里长城，以防止其入侵而已，并没有采取进攻的姿态。本来，日本的文明系统在基础上与民国是一致的。然而近数十年来，尽力扩张武力。这必定是鉴于弥满在欧美大陆的帝国主义而发生的爱国主义的成果。现在要在东方保全国家，就不可能不受到他们帝国主义的压迫。然而东方各国在国力上如果达到完全增进的领域，那么就可以不怕欧美帝国主义了。中日两国只有互相提携，保持东方的和平。这样欧美的野蛮性文明主义，或者应该叫帝国主义，就失去其施加武力的理由，从而能维持和平了。东方的进步是防御东方最好的方法。东方的进步，就是世界的进步。在这一点上，基督教青年会的使命非常之大。以亚洲人来治理亚洲，就可以达成我们所说的大亚细亚主义，这些就需要青年会的力量。

据《在阪の孫逸仙氏》"青年會館演説會"，载一九一三年三月十二日《大阪朝日新闻》（三）（蒋海波译，石川祯浩校）

日文原文见本册第880—881页

中国的发展须借助日本人才和实业家的力量

在大阪经济会欢迎宴会的演说①

（日 译 中）

（一九一三年三月十一日）

今晚在贵国的实业中心大阪，能接受由各位实业家们组成的经济会的招待，感到非常光荣。敝国与贵国的关系最为密切，特别是与贵地在经济上有着最深切

---

① 孙文于三月十一日晚出席大阪经济会举行的欢迎宴会，到会有著名实业家二百余人。

的关系。敝国由于多年的旧思想，到目前为止，在经济上没有任何发展。每年的入超将近两亿圆，依靠海外移民的汇款才得以调和，现在已经到了其薄弱之处暴露无遗的地步了。敝国地广人多，本来不应该是贫穷国家，但是由于受到经济上旧思想的束缚，生产没有得到充分的发展，未能成为富国。然而，前年的革命不仅在政治思想上发生一大变化，也给经济思想带来了一大变化。这样，中国今后就一定会有大的发展。对此，有很多地方须借助贵国的人才和诸君的力量。

今晚有机会与诸君共进晚餐，感到无比幸福。在此举杯，祝诸君健康。

据《在阪の孫逸仙氏》"大阪經濟會の孫氏請待"（《在大阪的孙逸仙氏》"大阪经济会的孙氏招待会"），载一九一三年三月十二日《大阪朝日新闻》（三）（蒋海波译，石川祯浩校）

日文原文见本册第 881—882 页

望中日经济上互相提携

在大阪市长肝付午餐会上的讲话①

（日　译　中）

（一九一三年三月十二日）

现在，敝国仅仅实现政治上的革命，迎来了专心谋求经济进步的时期。闻说大阪是日本工商业的中心，日本的中心也就意味着是东亚的中心。此次来到大阪，受到如此的欢迎。希望两国在经济上也能互相提携，以此来强固敝国的根基。

据《在阪中の孫氏》，载一九一三年三月十三日《大阪朝日新闻》（三）（蒋海波译，石川祯浩校）

日文原文见本册第 882—883 页

---

① 十二日中午，大阪市肝付市长举行午餐会款待孙文。

人人存爱国心何事不成

在神户华侨欢迎大会的演说①

（一九一三年三月十三日）

今天蒙神户在留男女老少诸同胞开欢迎会，兄弟心里最欢喜，最感激！

此次汉族光复，系由宗祖〔祖宗〕手失落，而我同胞万众一心，居然将丧失之河山恢复，何幸如之！但诸君须知，我同胞从前与现在之地位不同。从前之天下，系满洲一家之天下，汉人受满人专制压制，我同胞为奴隶、为亡国民二百六十余年。今日之国家，为我四万万五族公共之国家，我四万万人成了中华民国之主人。在主人之地位，与奴隶之地位不同，故全国人对于此次光复非常欢喜，非常希望，且将来子子孙孙永享主人幸福。

但中华民国成立不过第二年，改革虽已成功，惟建设尚在幼稚。我四万万同胞应同心同德，力图建设，以谋富强。但建设虽不比破坏之难，无大危险，无大牺性〔牲〕，然当此新破坏以后，我四万万人尚在艰难困苦之中，必俟建设完全，方能安享幸福。譬之建屋，旧屋不好，必推须〔须推〕倒旧屋，一面扫除，再谋新筑。但新屋未成，我同胞仍是在困苦地位，尚非谋安乐之时，待至新屋成功，方可以共享幸福。故此幸福二字，断不能与建设二字同日语。大家总以为改革之后，即能享幸福，万无此理。凡事由渐而来，现在中华民国如生子，新出生一男儿，举家欣庆，以为将来莫大之幸福、莫大之希望。须知望子孙成人，必要培养他，教育他，使他建功立业，报答父母。现在造成之民国，亦比如初生之子，正须塔〔培〕养方能成人，方有基础，可以成才，可以享幸福。故今日我中华民国成立，本来最欢喜之事，但欢喜之中，切不可忌〔忘〕了我等现尚在艰难困苦之地位。

但是，一般不明白的人以为从前革命成功，即马上能享幸福。现在幸福未至，

---

① 十三日上午十一时，孙文自大阪抵达神户。下午二时，神户华侨约一千五百人（一说一千二百人）在中华会馆开欢迎会，孙文应邀出席，并发表演说。

且内地有乱过之地方，人民谋生比从前稍难。故不明白之人，以为现在共和政体不及从前专制政体之善，因满清时代尚不至于此。此种不明白的人，内地尚属不少。此不过无国家思想之言，志〔忘〕记了从前奴隶人格。即以人格而论，现在我四万万人恢复了主人地位之人格，便可以算幸福矣。昔日美国有一种作白人之奴者，此种生长南美洲之黑人，可以叫他为黑奴，任白人鞭策，不识不知，反作白人之奴隶为荣，非常安乐，非常幸福。后来南北战争，有一美国人救他，把他等放了。此何人乎？即美国之大人物、最尊重人道之林肯①也。在黑奴本来与禽兽无异，不知人道之可贵，只知佣工，有衣有食，以为无限幸福。一旦林肯将他等释放，反以为林肯害了他等之生路，怨声载道。今日之中华民国成立，一般无知无识人以为乱过之内地，农夫不能耕种，工人不能作工，反不及从前之优游快乐。比〔此〕种人与黑奴之心理同出一辙。不过此种人在中国是个少数，大约也不知人格可贵之缘故耳。后来黑人也知林肯是英雄，当时所以不知此理，不知此地位之可贵者，不过从前见识卑陋之原故。

总而言之，今日艰难之建设为最高之代价，可以买将来之安乐，为子孙谋幸福。无识者虽然反对，有识者自然欢喜，俟三五年后自然知到〔道〕今日之价值矣。所望我同胞同心协力，共谋民国巩固，以图异日之幸福。

现在我国外交非常危险，内政非常紊乱，现在中华民国之国民要知政府是为人民造幸福的。从前专制政体权在独夫，今日共和政体权在国民。我中华国谋完全建设之方法，全赖四我〔我四〕万万同胞组成一个完全国家。故我等民权愈大，而责任亦随之而愈重。俄〔我〕同胞若自己放弃责任，不担国事，则民国是造不成功矣。故为国家前途计，惟有人人〈负〉应负之责任，则国家自然能达富强之目的。

此间商人最多，可否以商比国。譬如商人中有两种：一种是东家之生意，一种是公司之生意。我等从前是东家生意，所获利益全归东家独享。现在民国是公司生意，我等人人皆是股东，司事人就是如今之大总统、各部总长、国务员等，就是一切办事人员，都系我股东之公仆。今我四万万人作了主人之地位，应有主

---

①　林肯（Abraham Lincoln），一八六一年起任美国总统，同年爆发南北战争，次年颁布《解放黑人奴隶宣言》。一八六五年，主张解放黑奴的北方各州获胜后，林肯被南方刺客所枪杀。

人之人格、主人之思想、主人之度量，方能堪公司之发达，〈享〉公司之幸福。从前为满清奴隶，今日为民国。中华民国就是国民之身命财产，民国之衰弱即国民之衰弱，民国之富强即国民之富强。

人人皆知爱身爱家，即我华侨无论在日本、南洋、欧美、澳洲，受千辛万苦，离乡远航，艰险备尝，恬不自顾，何为乎？爱身爱家耳。若我四万万人以爱家之思想、之能力，合而爱国，则我国之富强，对内外可以在地球上占第一强国。现在改革之初，人多不知此种道理，实因习惯成自然。若不爱国，何有于家？故人人应担一分责任，或尽大力量，或尽小力量。先知先觉以引导后知后觉，不必专依赖政府。须知政府之责任，即我之责任也。今日财政、外交如此困难，人人都依赖政府。其实外交之棘手，系因条约之困难，是外债而已。我国财政所拮据者，不过二万〈万〉五千万元。以中国四万万人每人负担一元，即得四万万元。本来不须借外债，但须人万〔人〕能尽应尽之义务，负担此种责任耳。不担义务而能享权利幸福，世无此理也。人人存爱国心，何事不成！

今日蒙诸君欢迎，特将此理与诸君说知。今日与从前之地位不同，我国之能否富强，实系乎我同胞之能否负国民之责任耳。当此艰难困苦之时，愿诸同胞努力为国，以图将来幸福，是兄弟之所希望于诸同胞者也。

据《孙文先生东游纪略》"于神户孙中山先生"，载日华新报编纂部编：《孙文先生东游纪念写真帖》，神户，日华新报社一九一三年五月发行①

附：另记录之一

（日 译 中）

今天来到此地，能有机会与众多同胞老少和士绅诸君汇聚一堂，深感欣慰。

今天，中华民国已经成立，四亿人民从此摆脱了四千年以来的桎梏，成为自

---

① 另见东京《国民杂志》第一号（一九一三年四月十五日发行）所载《驻日各部纪事》，以及东京《支那》第四卷第八号（一九一三年四月发行）所载西岛函南稿《在日华侨に对する孙氏の感言》（中文），除个别字误植外，其内容文字与底本完全相同。

由之民。我们的祖先，在很长的时期里是在暴虐的政治下生活的，一旦变成了民国，不允许有片刻的松懈，因为随着世界大势的变化，中国不得不保持尊严。有人认为，现在的形势是革命带来的一时现象，政治和以前一样，还是没有多大变化。这种想法是错误的。只要看一下美国南北战争时奴隶的境况就可以知道，林肯的义气也曾遭受黑人的误解，一些不知道人格尊严的重要性的人们，最初甘受奴隶的境遇，但到后来也是不堪忍受的。今天中华民国从拥戴一个主人的商家变成了股份公司，一般国民成了国家的股东，都是公司的成员。就是大总统、国务总长也要由股东选举，才能成为公司干部。所以说公司的兴隆既是公司干部的责任，也是选举公司干部的股东的责任。同样，国民对中华民国也负有全面的责任。在这个意义上，海外同胞，不论南北，应该一起为建成中华民国同心协力。为了内增国力，外御强侮，确实树起立国的基础，就要在经济上殖产兴业，培养实力，以其为富强之本。在海外的侨民诸君，对中华民国的成立作出了很多贡献，今后也更应该为祖国尽力。

据《孫逸仙氏一行來る》"中華會舘の茶會"，载一九一三年
三月十四日《神户又新日报》（三）（蒋海波译，陈来幸校）
日文原文见本册第883—885页

附：另记录之二

（日 译 中）

祖国的革命大业得以成就，实在是我们同胞一致协力的产物。当初的大目标虽然达到了，但是现在的基础依然很薄弱，还没有达到发挥共和国真正价值的地步。我们正面临随着革命而来的种种困难。就像美国大总统林肯在解放奴隶期间，受到了举国上下极其猛烈的批判和攻击一样，但是到了现在才知道，解放奴隶带来了幸福。祖国的革命也会给将来带来幸福。但是过去是满朝一个家族的天下，国民在政治上没有任何的参与权利。我们同胞因不堪忍受多年来的恶政，才不得不到日本或南洋谋生，来保住身家安全这样悲惨的命运。在革命成功后的现在，就像一家商号变成了公司组织一样。国民从伙计的地位一下子变成了股东，国政

都按着股东的意愿执行。这样我们同胞就应该以爱护身家的心意来爱护国家。如果四亿人民，每个人都不拿出像主人一样的爱国举动的话，那么好不容易达成的革命，也会仅限于形式上的变化，结果是什么也得不到。现在，祖国在财政上外交上面临着种种困难，等待着同胞们的爱国义举来解决的问题很多。此时此刻，我们四亿同胞如果一致协力，共赴国难的话，这些纠纷就是很容易解决的事了。希望诸君努力奋斗。

据《來神せる孫氏歡迎會と其の演説》（《来神户的孙氏欢迎会及其演说》）"茶話會場の演説"，载一九一三年三月十四日《神户新闻》（三）（蒋海波译，陈来幸校）

日文原文见本册第 885 页

引导各国国民的理想走向世界和平

在神户基督教青年会欢迎大会的演说①

（日　译　中）

（一九一三年三月十三日）

诸君：

我今日来到神户基督教青年会，在这里得到和诸君互相交换意见的机会，感到非常欣喜。

本来，基督教的精神和宗旨是以博爱为基础的。博爱就意味着和平。基督教的目的就是拯救世界人类，为了和平而生活下去。基督教青年会应该为达到这一目的而活动。现今的世界，正是为了未来在进行活动。世界各国国民都应该有为将来的和平而努力的目的。而为了实现这个目的，世界的青年有必要统一在基督教之下。今日世界各国虽然在口头上谈论和平，但现在的和平只是语言上的，并不是根底上的和平。人道也仅仅限于个人与个人之间，国际间却并未实现。所以，

---

①　十三日下午三时，孙文至神户基督教青年会馆出席欢迎大会，并发表演说，到会一千二百余人（另说八百余人或千余人）。

我们今日的理想应在于统一各国国民的思想，引导他们走向和平。使各国国民参
与和平事业，是基督教青年会应尽的义务。

当今有很多人在和平的名义下活动，但在美国国民之中，却还有不少人持有
帝国主义、侵略主义的想法。这大概是各国国民的知识和目标不同所造成的。所
以，这些人的政治状态不可能走向和平。在欧美思想不断退步的国家里，为和平
而努力的人仍有很多，但他们仅仅是为了相同人种之间的和平，至于我们黄色人
种似乎与其事业毫无关系。这是因为他们不了解黄色人种的和平思想所致。

我在这里敢于断言，黄色人种是最爱好和平的人种。从中国的历史、思想史
上看，我国国民是极富有和平思想的国民。首先，我们国民自古以来就信奉孔子
的教导，无论是现在还是将来都将受到这种思想的指导。孔子思想不是别的，就
是世界平等主义的思想。长期接受"己所不欲，勿施于人"和"己所欲者，人亦
与之"的教育，一直信奉这种道德性宗教的人们，当然能够成为和平的国民。再
查阅历史就可以知道，蒙古人在秦始皇之世就屡次入侵中国内地，当时以中国的
武力本来是有可能远征和侵略其领土的，但秦始皇和中国国民的和平思想使其仅
是以修筑长城来防范蒙古人的入侵而已。在我国如此，贵国又是如何呢？我坚信
贵国国民的思想在体系上、历史上与敝国是一致的，所以也同样是非常爱好和平
的。从以上的实例来看，我可以断言黄色人种是爱好和平的人种。但是欧美的国
民不了解这种事实，是很遗憾的。

青年会本身要作为东方人和平思想的代表，消除人类的偏见，作出世界性的
贡献。基督教本来是东方的宗教，一千多年来，在欧洲兴盛后再传到美国，近年
来又传到了中国、日本，其势力不断地得到加强。基督教的精神，体现在致力于
世界的教育、和平事业，以及随着现代的需求而使各国的思想趋于统一。使所有
国家的青年享有共同思想，并使之共赴和平的目标，这就是基督教。所以世界上
的男男女女，在基督教的基础上为了世界的未来而尽力，这是最值得高兴的。

今日在青年会馆得与诸君相会，互相交流看法，这是令我欣幸和光荣之处。

恭祝诸君身体健康！

据《來神せる孫氏歡迎會と其の演説》（《来神户的孙氏
欢迎会及其演说》）"兩所の歡迎會"①，载一九一三年
三月十四日《神户新闻》（三）（蒋海波译，陈来幸校）
日文原文见本册第886—888 页

附：另一记录

（日　译　中）

　　基督教的精神在于博爱与和平。青年会作为基督教的附属事业，为实现基督教的精神、目标正在努力奋斗。现在的世界是为了将来的世界而运作的，生活在现在的人们应该有为将来的人们着想的目的。所以今天世界各国的青年如果不保持同样的精神，要期待世界和平也是非常困难的。虽然在先进文明国家中有谈论和平的人，但并没有看到和平的事实，令人遗憾。也就是说和平仅仅限于言论，并没有付诸实际。人道也只是限于个人之间，国家之间并没有实现。我们所必须努力的是，要使世界各国以同样的信仰、同样的精神朝着同一个目标前进，只有这一条道路。

　　现在从欧洲各国的形势来看，不可否认的是，一般都朝着帝国主义、侵略主义倾斜。盖其原因大概是人民的思想、目标、知识没有达到平等之缘故吧。虽然在欧美各国有倡导和平的有识之士，但那是为了白色人种而提倡的，黄色人种的生存基本上没被他们放在眼里。应该指出，这是有识之士不知道黄色人种爱好和平而产生的误解。如果考察一下历史就可以知道，黄色人种确是爱好和平的人种。我们中国人的思想、学术、知识自古以来都是为了和平而发展起来的，几千年来都处于学术中心地位的孔子的教诲就是四海皆兄弟，鼓吹对各国人类施行同等的教诲，建立世界和平。在待人接物时主张"己所不欲，勿施于人"。在谋求自我利益的同时，也要尊重他人的利益。在政治上，过去蒙古人种入侵我们中国，秦

---

　　① "两所"指阪神中华会馆和神户基督教青年会。

始皇也只是以修筑万里长城，来防御其入侵。当时以秦始皇的兵力和文明，要征服蒙古也并非难事。但是，秦始皇并没有积极地攻略，而只是为了防御外敌的入侵，止于修筑长城而已。这些都可以证明，在历史上、学说上，中国人是爱好和平的。我相信贵国的民情历史也与我国相同，爱好和平，将来能为和平不断地作出贡献。虽然不能不说有一部分白色人种对于东方非常冷酷，但是作为基督教青年会来讲，应该不问其白色、黄色人种之分，为了信仰和博爱，为了将来各国的民族能够享受幸福的生活，为了和平的实现，必须不断努力。到了将来各国的思想、学术都得到了统一时，平等、和平、博爱的目的才能达到。

据《孙逸仙一行來る》"青年會舘の孙氏"，载一九一三年三月十四日《神户又新日报》（三）（蒋海波译，陈来幸校）

日文原文见本册第 888—889 页

政党内阁与党争

在国民党神户交通部欢迎会的演说[①]

（一九一三年三月十三日）

今日蒙诸君开会欢迎，不胜感激。鄙人得与诸君共聚一堂，愿将对于政党之鄙见与诸君研究。

今日之能维持中华民国，惟政党。政党之用意为政策。一党之中，有一党之政纲。政纲，此全党人之心事所定之方针，或人民心理一方面能行之。此行之一国之中，非立宪政体不能成立政党。立宪有民主、君主之分别。民主之国有政党，则能保持民权自由，治一致而无乱。君主之国有政党，亦能保持国家秩序，监察政府之举动。若无政党，则民权不能发达，不能维持国家，亦不能谋人民之幸福，民受其毒，国受其害。是故无政党之国，国家有腐败、民权有失败之患。

我国数千年历史之中，最善政此〔治〕莫为〔如〕尧舜。盖尧舜之世，亦为

---

① 孙文又于十三日下午赴国民党神户交通部（部长吴锦堂）出席欢迎会，到会党员一百五十人。

今日之共和政体，公天下于民。何以见之？即尧以舜贡〔贤〕而让位于舜，舜以禹贡〔贤〕而让位于禹也。汤武之革命，亦持救民为主，惜皆是帝皇主义，不能子子孙孙皆贡〔贤〕，故终皆失败亡国。暴养〔秦〕以后，其君主专制日益夸张，政体日形腐败，国事日蹙，势将灭亡，人民不堪忍受，至清朝愈甚。至到今日始成共和，采美利坚、法兰西之美政，以定政治之方针。盖在民权政体，一致而无乱。其可以至到一致而无乱者，因政府有〔能〕听民意、从公理、力谋人民自由幸福，所以不乱也。前者君主政体系一人之主权，不听民意，故违公理，种种政策莫不由一己之私，行一己之乐，不理民事，故此不能确立于世界。今中华民国实行民权主义，可以巩固于千年万年，可保一致而不乱者，此亦靠乎政党。人民苟有见地，则由政党发表其意见于政府，政府不行，可以推倒之。

　　至于政府之组织，有总统制度、有内阁制度之分。法国则内阁制度，美国则总统制度。内阁制度为内阁负完全责任，内阁差〔若〕有不善之行为，人民可以推倒之，另行组织内阁。总统制度为总统担负任责〔责任〕。不但有皇帝性质，其权力且在英、德诸立宪国帝皇之上。美国之所以采取总统制度，此因其政体有联邦性质，故不得不集权于总统，以谋行政统一。现就中国情形论之，以内阁制度为佳。我①国民莫不主张政党内阁，视其议员为何党之多数，以定国民之信用。为〔如〕组织内阁选举时，在位之一党少数则失败，在野之一党多数则居之。但其党之可以得多数者，莫不由人民之心理主义所赞同，是则政党内阁可以代表民意。国家则为民意所成，胎〔灼〕然若见矣。盖政党在野之时候，若见在位之政党行为不合，可以指明出来，使人民咸知孰善孰恶，凭公理、公意彼此更换，使多数人所主张之一党组织内阁。总统制度，因总统有神经〔圣〕不可侵犯之性质，总统有限于年数（六年或五年），期限之中若有不善之行为，亦不能中途变更。以上两项，孰善孰恶，现下正待民意所推，两者必采其一以行之。

　　但我国四万万人不能逐伺〔个〕②去问，且人民之中为职业所阻，无此闻〔闲〕时来管政事。倘人人不问国事，于国家则极危险，故有政党可以代表民意。为〔如〕无政党，于国家则更不堪问矣！所以有政党则可以一致不乱，无政党则

---

① 此处删一衍字"的"。
② 此因字形近似而误排，"个"的繁体字为"個"。

积滞进〔难〕行。各政宪〔党〕之中，若逢政策与自己党见不合之事，可以质问，可以发挥党见。逐日改革，则无积滞，无积滞即无变乱之祸患。变乱云比〔者〕有大小，大则流血革命，小则妨碍治安。是故立宪之国时有党争，争之以公理、法律，是为文明之争，园〔图〕国事进步之争也。若无党争，势必积成乱，逼为无规则之行为耳。为〔如〕日本此次之党争亦为文明之争，因执政政党之政策无益于国家，故起而推倒之，从新组织内阁①，以求国利民福。或曰党争为国之不详〔祥〕事，此谬论也。盖党争为文明之争，能代流血之争也。前在清政府之下，所有革命党、某某党②是时不能谓之党争。因我国民要推倒满清，恢复汉人之国，为生死之争，为两国之争，为异族之争。今各党之争皆维持民国，以民国为前提，以民国为基础，故曰党争。今日所争为公理，为法律。光白〔昔日〕所争为仇敌，为种族。两者滇〔须〕要明白。

天下事非以竞争为不将③。当此二十世纪，为优胜劣败、生存竞争之世界。为〔如〕政治、工业、商业种种，非竞争何以有进步？譬之变〔弈〕棋取乐，亦为燥〔娱〕乐之竞争，皆叹〔欲〕占胜；虽败亦不足为忧，皆由自己手段不高之过耳。败得多则见地愈深，学识愈多。党争有一定之常轨，苟能严守文明，不为无规则之争，便是党德。

国民党成立最迟，因革命战争，当时各同志皆在奔走国事，未暇组织。共和党成立最先，因其一班前清之官僚当时在野，此〔自〕知满清无力挽回大局，为将来地位计，非组织有势力政党不为功，故先组织也。国民党成立之后，势力薄弱，又无运动，深忍〔恐〕不能取胜。此次选举议员得占多数者，因有党德，合人民之公意耳。各党党纲大抵相同，我党则有一条民生主义，不使社会上有不平之事，〈是〉最紧要的。但国中现下尚有不赞成民生主义者，因其尚未明民生主义之意思，故不赞成。为〔如〕前者多数人皆不赞成民权主义，其不知民权主义之好处耳。今日人人无一不赞成民权者，因其已知之故也。

在留日本国民党，惟东京、横滨、神户、大阪〈有之〉。而东京支部俱学界

---

① 一九一三年二月，日本桂太郎内阁在群众反对浪潮中倒台，由山本权兵卫组织新内阁。

② 此指保皇党。

③ "将"为进、行之意，以往全集版本有视此为讹字而误勘者。

中人，财政所限，及无相当之地方，深恐不能发达。但滨、神、阪三支部商界人材甚多，财力亦丰富，须要求滨、神、阪各党员鼎力维持，亟谋发展。因留学生将来回国，必能担任一事。今我国方在建设之时，若得学界各人回国担任国事，则国势、党〈势〉皆可望发达。清〔请〕诸君注意此一层，必要联络留日党员，力图进步，方合本党之本意。是则鄙人所希望于诸君者也。

据《驻日各部纪事》，载东京《国民杂志》第一号，一九一三年四月十五日发行

附：另一记录

（日　译　中）

与国民党诸君相会是很高兴的。一个国家的政治是要由党派来担任的，但今日的国民党与革命爆发时产生的共和党不同，不是一时的产物，而是具有长久目的的政党。阅读美、法等国的宪政史就可以知道，各国的政党都各有其长短，我国的政党应该以取其长而补其短为要。特别要对诸君及留学生嘱咐的是，应好好研究日本的优秀文化，将来为民国的政治作出贡献。

据《來神せる孫氏歡迎會と其の演説》（《来神户的孙氏欢迎会及其演说》）“兩所の歡迎會”，载一九一三年三月十四日《神户新闻》（三）（蒋海波译，陈来幸校）

日文原文见本册第 890 页

学生的责任是钻研学问为建设中国出力

*在神户同文学校的演说*①

（日　译　中）

（一九一三年三月十四日）

我今日到本校，见其规模整齐，成绩良好，实在感到由衷的欢喜。这是教职员工尽瘁努力的结果。如此教育设施，值得作为中国内地的模范。

中国在君主专制统治下，人民完全沦为奴隶的境地。如今一变而为民主共和政体，共和就如同一个大家庭。因前年武汉之义举，摆脱异族专制的束缚，恢复了自由和幸福，从此就可以建设旷古未有的共和政体。同时，政体的变革也为学生立身谋事开辟了前途和时机。学生诸君必须听从教师的指导，钻研学问，努力为中国的建设，以种种方法发挥聪明才智，这才是学生的责任。愿民国第二年的觉悟和意气，千载不变。

据《昨日の孫氏》"同文學校の演説"，载一九一三年三月十五日《神户又新日报》（三）（蒋海波译，陈来幸校）

日文原文见本册第890—891页

参观神户川崎造船所后在欢迎会的答谢词②

（一九一三年三月十四日）

本日始视察贵厂，惊叹其规模之宏大与进步之显著。今日于我东洋，得目睹

---

① 十四日上午，孙文到神户华侨所创办的同文学校（校长关蕙荃）参观，在讲堂对三百多名师生发表演说，随后往操场观看高年级学生进行兵式操练。

② 十四日上午十一时，孙文往川崎造船所株式会社（一八七八年由川崎家族创办，日本重要军工产业之一）参观，实地视察该厂制造上万吨的军舰、邮船以及水雷艇等作业。然后到客厅出席欢迎会，川崎芳太郎副社长在欢迎词中谈及该厂为中国制造海军炮舰、火车车厢的情况，孙文就此次参观致答谢词。

斯业之发展，诚为余辈所欣喜不能措也。庶几将来社运益隆昌，为东洋平和又有事之际，均寄与多大之贡献，是为至祷。

据《孙文先生东游纪略》"于神户孙中山先生"，载日华新报编纂部编：《孙文先生东游纪念写真帖》，神户，日华新报社一九一三年五月发行

中日两国应该保持最密切的关系

在神户各界欢迎宴会的演说①

（日　译　中）

（一九一三年三月十四日）

受神户市各位以及实业界领袖的热烈欢迎，在这里得与各位共进晚餐的机会，甚感光荣。自二十年前，我就开始在贵国逗留，其时间比在我国的时间更长。六年前，一旦离开后，三年前又访问了贵国，逗留了十四天。也就是说，我本人正因为比较长时间地逗留的缘故，对贵国的风俗、人情有所了解，与贵国各界人士有所接触，对大概的状况有所了解。看待贵国和看待我国没有什么不同。前年革命爆发后，回到了祖国，至今约有两年了。在这期间实地调查研究了我国的现状，也调查了贵国的最新情况。实际上，我认为贵国与我国现在似乎已经没有国境了，对于其前途也抱有同样的感觉。本来两国保持最密切的关系是非常应该的，但是以前却不能持续相互亲善的关系。其原因不外乎是我国政治上的妨碍，人民的意志受到束缚。现在实行了共和制，政府和人民的意志可以互相得到沟通。这样，两国可以朝着各自希望的目的互相提携迈进了。

我认为，从东方的大局、世界的大局来看，两国之间有必要切实地联络。从这一点来看，回国后，我要尽可能地确立比过去更加明确的觉悟，为谋求两国利益而尽力。本次来访的目的，一是访问旧友，一是再次视察日本的风土人情，以

---

①　孙文出席十四日下午的神户各界欢迎会和晚餐会，并发表演说。

事实来验证我的感觉。但是自从在长崎登陆后，一直到现在，到处都受到盛大的欢迎。也可以说这是贵国人民热爱我国的一个证据。这样的欢迎不是对我一个人的，而是中华民国的幸福。我回国后，一定要把贵国的诚意向国民传达。我希望，两国能够朝着永久提携的方向努力，把以前的误解一扫而光。与此同时，我对有希望的将来充满信心。

据《昨日の孙氏》"孙文氏の挨拶"，载一九一三年三月十五日《神户新闻》（三）（蒋海波译，陈来幸校）

日文原文见本册第891—893页

附：另一记录

（日　译　中）

今晚没想到受到如此盛大的欢迎，不胜感激。我从事革命事业约有二十年，尝尽了流离艰辛。在外国居住的时间很多，其中在贵国逗留的时间最多最长。对贵国的政治、经济、人情、风俗也有一些研究。身在外国，对于祖国与贵国作了比较，深深地感到，两国有必要一致协力，为东方的和平作出贡献。因为过去我国在政治上有障碍，政府与人民的意志互不疏通，所以，两国的关系也不能像预期的那样达到密切的程度。现在共和政府成立了，如果政府与人民的意志相符的话，两国就可以朝着同一个目标和希望，互相提携，共同奋进。两国之间似乎没有国境，似二而一，似一而二。相互提携的话，不用说两国的发达、东方的和平，就是世界的和平也能得到维持。本次我访问贵国的目的一是与旧友相会，叙谈友情，一是进一步视察贵国的风土人情，以实证与我所抱有的想法是否一致。然而在各地受到了热诚的欢迎，不胜感激。我深切地感受到这种厚意并不是对我个人的，而是对我国的，令人难忘。我回去后，一定要向本国人民传达。这既可以消除过去两国之间的误解，而且其影响不仅限于两国。

据《昨日の孙氏》"华坛の歓迎会"，载一九一三年三月十五日《神户又新日报》（三）（蒋海波译，陈来幸校）

日文原文见本册第893—895页

在广岛吴市镇守府欢宴会的答词①

（日　译　中）

（一九一三年三月十五日）

东亚有如此宏伟之工厂，实为我东亚之骄傲。仅仅在二十年之短暂时间能做出如此伟大进步成就，颇感振奋。

据陈仲言译：《孙中山在福冈》（译自一九一三年三月十七日《福冈日日新闻》），载北京《近代史资料》总五十五号，一九八四年四月出版

感谢宫崎弟兄

在荒尾村宫崎兄弟旧宅欢迎宴会的答词②

（日　译　中）

（一九一三年三月十九日）

距今十七年前，曾与同志们到贵地游览过，今天旧地重游，得与各位相见，实在感到高兴。宫崎弟兄是我之挚友。对他们弟兄为我国革命事业奔走，尽心竭力，极为铭感。希望日中两国间亲密关系，犹如我与宫崎弟兄间之关系，日益加深。宫崎弟兄为中国不辞辛劳，不但为中国人所感激，亦为全世界所赞扬。以人

---

① 孙文于十四日晚上离开神户，前往广岛县。十五日上午至该县吴市参观海军兵工厂，并出席吴市镇守府司令长官加藤友三郎（前任日本海军省海军次官）举行的午餐会。此为加藤长官致欢迎词后孙文的答词。

② 孙文于十九日自福冈抵达熊本县（旧名肥后国）。下午一时半，在宫崎寅藏陪同下，到该县玉名郡荒尾村（今为县属荒尾市）宫崎兄弟旧宅访问，并在欢迎宴会上致答词。

道而论，更使我感到欣快。最后对一贯志同道合、同心勠力的两兄弟①表示谢意。最后祝愿宫崎家和荒尾村人民幸福。

据陈仲言译：《孙中山在福冈》（译自一九一三年三月二十日《福冈日日新闻》），载北京《近代史资料》总五十五号，一九八四年四月出版

中日两国青年须促进东亚联合以对抗白色人种

在熊本对济济黉学生的演说②

（日 译 中）

（一九一三年三月二十日）

贵校规模宏大，设备完善，应向各位表示祝贺。

贵国乃最进步之国家，而其国民也最富爱国心，不仅爱本国，也扩大爱同种同文之国，并有公大之思想。余常有所闻，今次得亲自确信其无欺也。

且念当今之世界，以竞争而立，又依此而发达。在贵国，在我国，往昔皆为国内分裂、小藩相互竞争之时代。其结果，现今贵国已实现大统一，并获得异常进步，我国南北统一之局也已渐成。但按今日之大势，除国与国之竞争外，人种与人种也不得不处于竞争之中。如白种人就已对黄种人挑起竞争。我东亚各国也应大加联合友好，对抗白色人种，显示黄色人种之气势。诸位作为前途有望之青年，有极大之将来。现宜应勉学不怠，于此世界之大竞争场里，培养优胜者之觉悟与决心。

向来，中日两国持续唇齿相依之关系。为图黄种人针对白种人之巩固联合，

---

① 宫崎寅藏共有同胞兄弟八人、姊妹三人（含早逝者），"两兄弟"系指宫崎民藏、寅藏，民藏之妻出席此次欢迎宴会。

② 孙文于三月十九日午抵达熊本县，二十日下午在宫崎滔天等人陪同下至熊本市济济黉（校名取"人才济济"之意，原为熊本县立中学）参观，并在操场观看学生操练和剑道表演，随后到礼堂对约三百名学生发表演说。

中日两国青年必须以坚定之上述决心，向前迈进。此乃余痛切之期望。

据该书编集委员会编：《济济黉百年史》，熊本，济济黉
百周年记念事业会一九八二年发行（马宁译）

世界和平与基督教

在长崎基督教青年会欢迎会的演说①

（日　译　中）

（一九一三年三月二十二日）

诸君：

今日能有机会在长崎青年会馆与青年诸君交换意见，感到无上光荣。我从东京开始，到横滨、神户以及其他地方，每到一个地方，就在各地的青年会馆发表意见。尽管国家、语言不同，但能够毫无遗憾地交流知识，这不能不说是世界文明的一个进步。

青年会本来是以基督教的精神，即博爱平等的精神为基础，以实现世界向着和平方向迈进为目标的。世界将来的和平，就落在今日青年的双肩上。青年会创立于欧美，但现在不仅是日本、中国，世界各地都有青年会在为促进世界和平而进行活动，这是很值得庆贺的事。

如同世界各地历史所显示的那样，个人之间极其野蛮的竞争似乎还在理所当然地进行着，这种非常残酷的争斗甚至也扩展成为部落之间、国家之间的争斗。事实上，为了保卫国家、增强国力，现在仍处在只能依靠武力来维持的肤浅状态。在当今的南洋，依然有以杀人为勇的习俗，不论是对待陌生人还是朋友都一样。听说有的地方甚至有这样的野蛮风俗，在情谊深厚的友人出门远行之际，因为不愿意承受分离的痛苦，竟然将友人杀掉，每日拜祭被割下的头颅。但是这些风俗

---

① 孙文于三月二十一日抵达长崎，二十二日上午至青年会馆出席欢迎会，以"世界和平与基督教"为题发表演说。

受到文明之风的冲洗，这些种族也将在不远的将来被淘汰消灭。毕竟现今世界是朝着和平的海洋扬帆进发的世界。然而目前国际间的关系依然还是像刚才所说的那样，在希望发展国力的时候，野蛮地扩张武力。这是不能不纠正的。即使是提倡门罗主义的美国，近年来也浮现出帝国主义的倾向。日本成为世界上的一等国，其进步发达是有多方面原因的，但其中最重要的是武力扩张。像现在那样各国竞相扩充武备，唯恐落后于人，世界和平终究是没有指望的。对此而感到悲观的人并不是没有，但我确信，如果能依靠宗教的力量，也并非难事。

中国人的思想又是怎么样的呢？风俗教化的根源是孔子的"四海之内皆兄弟"，或者是"己所不欲，勿施于人"。这些话与基督的博爱、平等的精神是一致的。因此我认为中国人的思想在历史上是和平主义。日本在教化上与此一致，作为东方重要成员的日本和中国都富于和平思想。这样，如果在青年会的事业中，两国互相提携、互相联络，就可以迎来使占世界人类半数的两国国民的运动，成为世界各国也可以受其教化影响的时代。

据《世界の平和と基督教》（《世界和平与基督教》），载一九一三年三月二十三日长崎《东洋日の出新闻》（一）（蒋海波译，陈来幸校）

日文原文见本册第 895—896 页

中国与长崎有着密切关系

在长崎各界欢迎会的演说[①]

（日 译 中）

（一九一三年三月二十二日）

诸君：

今天能有机会与长崎各界知名人士相聚一堂，感到无上的光荣。自从在长崎

---

① 二十二日下午，孙文到长崎凤鸣馆出席该市各界欢迎会，长崎市长北川信从与孙文相继发表演说。

登陆以来，至今准备回程为止，到处受到了盛大的欢迎。这不是对我一个人的，而是日本全体国民对中国深厚情谊的流露，令人深为感动。归国后我将向全体同胞转达这一值得庆贺的事情。

正像市长所说的那样，长崎与中国有着密切的关系。明末为中国图大计的郑成功就是出生在长崎的，而且他的母亲是长崎人，这都是有历史根据的。在文教方面，从思想的根本上来说，两国之间的关系原来是滴水不漏的。但非常遗憾的是，满洲民族入侵中国，压服汉民族，其政府只知道压迫人民，对于国民与外界交流、呼吸外界新鲜空气，都要进行镇压。其结果就像刚才说的那样，原来亲善的中日两国人民的交流被割断，逐渐地疏远了。这都是满洲政府施行恶政的结果。中国革命的大事业得到日本有识之士的很多援助，获得了成功，建成了新的共和国。今后中国一定要与文明的先进国家、而且是同文同种的日本互相提携，只有这样，才能进步。交通设施的完成是急务中的急务。希望两国国民能互相呼应，为促进两国国民之间的意见更加通畅而共同努力。

据《支那と長崎と——鳳鳴舘に於ける孫氏と市長との演説》（《中国与长崎——孙氏和市长在凤鸣馆的演说》），载一九一三年三月二十四日长崎《东洋日の出新闻》（一）（蒋海波译，陈来幸校）

日文原文见本册第896—897页

附：另记录之一

（日 译 中）

我国国民对三百六十年来的中日故交从未忘怀①。近来时而发生扞格，盖因在两国间存在了阻碍因素所致。即满洲朝廷力图抑制我等意志，使不与外国间交往。今迫于世界大势，不得已采取对外部分开放的政策。但我国国民意志是压制不住

---

①　在长崎市各界欢迎会上，市长北川信从首先致词指出，日本的长崎商人在三百六十年前便最早与中国通商，中日"两国关系随着历史的发展，日趋亲密是势不可当的"。孙文在这里即是对此作出回应。

的。以前汉人学者亡命日本，在文学方面对日本做出不少贡献。如郑成功等人，他不过是生长在南方汉人中之一。回顾及此，中日两国关系之形成决非一朝一夕之功，而今日是我们汉人的时代，大有回到三百年前之感。如今这两个同文同种的国家，不但通商贸易，在政治上相互合作，关系日趋密切。如中日两国保持一致，可雄踞东亚，在世界上亦成一重大势力。

> 据陈仲言译：《孙中山在福冈》（译自一九一三年三月二十四日《福冈日日新闻》），载北京《近代史资料》总五十五号，一九八四年四月出版

附：另记录之二

中日联盟可为世界和平之保障，盖两国人民实占世界人口总数之半也。

> 据《特约路透电》，载一九一三年三月二十六日上海《民立报》第三页

医术能为国家作贡献

在长崎医学专门学校中国留学生欢迎宴会的演说①

（日　译　中）

（一九一三年三月二十二日）

感谢诸君的好意。最初我也是读医学的，所以和诸君相见，实在是有特别的感慨。

民国新成立，现有特别须加注意之事奉告，以此来报答诸君的好意。听说几年前清朝的一个官吏游历日本某地，在欢迎会上，主人一方的欢迎辞中含有排斥官吏的内容。这是中国国民向来难以想像的事。过去因为我国庶民深受暴虐政府

---

① 二十二日晚上，长崎医学专门学校二十八位中国留学生在精养亭举行欢迎宴会，他们曾于辛亥革命期间结队归国，赴汉口、南京等地救护革命军伤兵。席间，孙文对其爱国热忱甚为感佩，并在宴会结束前发表演说。

的压迫，唯有屈服忍受，对于官吏连头也抬不起来。这类事情实在数不胜数，其结果是人人连做梦都想要当官为吏，作威作福。这种状况是很可悲的。现在革命成功了，已经建立共和国的政体，此时中国国民就必须益发开扩心胸和视野，培植自主自治的精神涵养。支配中国的皇帝已经不存在了，国民必须要有高度的自觉，晓得国家是自己的国家，首先个人必须自立，各自为国家尽力。切不可有对过去的逆反心理，见是官吏便排斥他们。就像医学虽然重要，农学也不可缺少一样，官吏也是有存在的必要的。为了国家，需要向着能够发挥各人才能的方向前进。美国是共和国家，所以有一种讨厌当官的风气，有见识有才能的人不愿意做官，结果是政界的腐败相当严重。大约在二十多年前，先觉之士互相呼应，倡导并不应以厌恶官吏为至理。以后风气逐渐改进，政界也发生了很大的革新。这个最近的事例，可以成为中国国民的榜样。

诸君迄今一直在学习医术，但医术不仅是一种技术，它也是国家行政的一部分。从今以后要悉心研究医术，将来总有为国家作贡献的一天。要造就有健全思想的国民，便不能不普及卫生思想。这个重大的责任就落在诸君的双肩上。就像即使武器备齐，建造很多军舰，但如果士兵没有气力，身体虚弱的话，就什么也运作不了是一样的。

据《醫専留学生の孫氏歓迎會》，载一九一三年三月二十四日长崎《东洋日の出新闻》（一）（蒋海波译，陈来幸校）

日文原文见本册第898—899页

能影响中国未来生死存亡者必为日本

在中国驻长崎领事馆所办华侨晚餐会的演说①

（日　译　中）

（一九一三年三月二十二日）

中国人在历史上纵使对日本有所误解并怀轻侮态度，但革命一起，充任我革

---

①　二十二日晚上，孙文在中国驻长崎领事馆的一次招待宴会上发表演说。据笔录者泽村幸夫（时为《大阪每日新闻》临时记者）在底本中说："我当时的笔记中记载着二十二日晚在中国领事馆的讲演，讲述了他此次访日所获感想之结论。"

命党干部者即为旅日留学生，帮助革命者亦为日本志士。关乎中国之未来，有寻求美国援助一说，然而主张门罗主义的美国果能成为中国之依傍①否？凭借美国的实力果能左右中国之命运否？对于中国的未来，余确信能影响中国生死存亡者，必为日本无疑。

据泽村幸夫：《孫文送迎私記》②，载东京《支那》
第二十八卷第八号，一九三七年八月发行（马燕译）
日文原文见本册第 900 页

望中日结成友好邦交

在长崎日本友人送别宴会上的演说③

（英 译 中）

（一九一三年三月二十二日）

此次日本之行，十分感谢日本官方与民间热情接待他和他的同党朋友。谨以非常高兴的心情，欢迎今晚莅临的嘉宾，因为他们都是为中华民国提供重要帮助的公众人物。

现在中华民国已经在日本友人的帮助和中国人民的努力下建立起来，不过基础仍不牢固。为了完成革命工作，中国在现在比任何时候都更需要日本朋友的帮助，恳望在目前的情况下，中日两个邻邦诚意团结，结成友好邦交，俾有利于增进两国共同利益。

据 "Dr. Sun Yat Sen Thanks Japanese", *The Christian Science
Monitor*（Boston, U. S. A.), May 15, 1913, Page 8 [《孙逸仙
博士感谢日本人》，载一九一三年五月十五日波士顿《基督
科学箴言报》第八页]（邹尚恒译，高文平校）
英文原文见本册第 836 页

① 日文原作"悖み"，应是"恃み"之误。
② 泽村幸夫时任大阪每日新闻社东亚通信部顾问，在其前言中说，此文乃为纪念孙文辛亥革命后三度访日所撰。
③ 三月二十二日孙文在日本长崎参观访问期间，获悉国民党负责人宋教仁在上海被暗杀的消息，当即决定于次日乘轮船返回上海，处理危机。返国前夕，来自东京等地的许多日本朋友为他设宴告别，孙文在宴会上发表此演说。

日本与中国利害与共

在上海国民党交通部宴会的演说①

（一九一三年三月二十七日）

　　兄弟离日本已将六年，日人对于民国之意见，初不得深悉。此次调查实业游日本，曾详细观察日人心理，始知日人对于民国并无恶意。盖日本变法已数十年，国民程度突飞猛进，不可思议。故现在日本在朝、在野之政客，均有世界的眼光与智识，且抱一大亚洲之主义。明知东亚大国惟我中华，日本凭三岛立国，地域相接，与中华有唇齿相依之利害关系，若中华灭亡，日本亦终不适于生存。日人为自卫计，在形式谓之为赞成中华民国，在事实上即是维持日本帝国。故日人对于中华政治之革新，政府与人民均表同情。

　　由过去之事观察，日俄之战，虽为保护本国在朝鲜之势力起见，然亦未尝非为中国之领土而战。就最近之事势观察，吾中华武汉起义革命期间，俄人即有并吞外蒙古之行动，日本则按兵不动，国交如常。此中日国际上之关系，可以想见者也。近日盛传之日俄协约，实属子虚，万不可听。

　　今后我政府人民，对于日本及各友邦在民国之正当利益，均不必限制太过，以伤感情。盖吾国民革命之决心，与成功之迅速，已为外人所敬重。只要内治完善，共和告成，外人对于民国亦决不敢存侵略野心，以扰乱东方之和平。至于日本与民国原为兄弟之邦，利害与共，苟有缓急，必不漠视。兄弟东游归来，所见如此。望同志诸君逢人解释，使中日感情亲密，共享和平，则东亚大局幸甚。

据《国民党交通部公宴记》，载一九一三年三月二十九日上海《民立报》第十一页

---

　　①　二十七日下午七时，国民党交通部举行公宴，欢迎国会议员及刚从日本访问返沪的本党理事长孙文。孙文在宴会上作此演说。

力主立即兴师讨袁

召集各省部分国民党员来沪商讨"宋案"的讲话①

（一九一三年三月下旬）②

当时中山先生主张立即兴师讨袁。他认为"宋案"的发生，是袁世凯阴谋消灭国民党革命势力，以便帝制自为，全党同志对此极为悲愤，必须乘机立即调集各省兵力一致声罪致讨。并认为袁世凯就任正式大总统为时不久，对于各方面的阴谋布置还未妥贴，推翻较易，切不可延误时机。

（克强先生则认为袁世凯帝制自为的逆迹尚未昭著，南方的革命军又甫经裁汰，必须加以整备才能作战，因而主张稍缓用兵，以观其变。各省领兵同志多同意黄的意见。中山先生格于众议，只好从缓发动。）

据周震鳞：《关于黄兴、华兴会和辛亥革命后的孙黄关系》，载中国人民政治协商会议全国委员会文史资料研究委员会编：《辛亥革命回忆录》第一集，北京，中华书局一九六一年十月出版

在上海商议筹办中国兴业公司的发言③

（日 译 中）

（一九一三年四月三日）

（说明中国兴业公司计划之由来，及其必要性。）中国以革命事业刚刚完了，

---

① 孙文、黄兴电召各省同志到沪开会，磋商"宋案"的对策。周震鳞自湖南应召出席，这是他忆述孙、黄在会上发表意见时的不同主张。

② 底本谓该会议在一九一三年三月举行，未说明具体日期。按孙文自是月二十五日返抵上海后，连日来与国民党内同志频频磋商"宋案"的对策，故标为三月下旬。

③ 三日孙文在上海中国铁路总公司办事处，召集王宠惠、王一亭、张静江、印锡章，以及日方代表森恪等人，筹办中国兴业公司。

目下各省实业家难以立即聚集在一处，现在被召集而出席者，仅上海地区实业家，因此前在东京所谈到的第一次付款问题，只能由上海地区实业家承担，剩余之数则由我自己筹出，希望森恪能将此意传达东京。

据彭泽周：《近代中国之革命与日本》第三章"中山先生与中国兴业公司"（摘译自《日本外交文书》大正二年第二册所收上海三井物产支店长藤濑正次郎致涩泽荣一书），台北，台湾商务印书馆一九八九年十月出版

附载：马君武代表孙文在国民党上海交通部
追悼宋教仁大会的演说

（一九一三年四月十三日）

宋先生之死，实死于官僚派之手。官僚派无整顿中国之能力，见有能整顿中国者，辄以残忍卑劣之手段暗杀之。

若国民一任其所为，民国将万无可望，故今后之竞争，乃官僚与民党之竞争。宋先生死后，中华民国是否与之俱死，当视能否战胜官僚派为断。今当竭尽心力，与官僚派竞争，坚执平民政治，以竟宋先生未竟之志。

据《接新闻四》，载一九一三年四月十四日上海《民立报》第十二页

发起第三次革命须协调一致等待时机

在东京中华革命党成立会的演说①

（日 译 中）

（一九一四年七月八日）

我们同志目下虽流亡于日本，但追慕祖国之念一时未离开脑际。将来如何使我民国得屹立于世界，此乃与诸君共谋之大事。

惟今目睹民国国内之状况，土匪、流寇、白狼②等草贼之辈各地蜂起，专事掠夺，民无宁日；且外交、财政亦以因循姑息为事，目不忍睹。如若此迁延下去，必至亡国之境地。故吾等民国之人，必须设法救其于未倒之时，为国尽力。吾等同志应发挥爱国之心，舍弃私心私利，专心为国为民谋取福利，继而为维护东亚和平而努力。将来世界战争必是黄白人种之争，我希望不要只谈中国或日本一国之和平，要谋求东亚之和平。

当我民国应时代之要求，发起第三次革命时，我同志不问平素属何团体，志同道合之士都必须协调一致，诚心诚意取同一步调，以国家百年大计为重，努力奋争。然而事情只宜等待而不得苛求。功效宜自然形成而不得力争，要循其自身规律，等待时机之到来，务望依此本分行事。若只为事业而孜孜以求，则必失之轻举妄动，故要隐忍负重，以待时机。总之，务望我同志共进退，各自审慎行事，决不可轻举妄动。

再者，近日看到有关革命党之种种报道，均为谗诬中伤之流言，无一事实。

---

① 由于原同盟会、国民党一些重要干部对设立中华革命党的必要性及其组织原则存在意见分歧，故延至此时始正式成立。孙文于八日下午在精养轩召开中华革命党成立会，到会二百余人。该会对外以"恳亲会"名义，公开收取入场费，故到会者有一部分系党外旅日华人。会上，宣布中华革命党本部成立。

② 即白朗，"白狼"系官府及时人对他的蔑称。白朗被目为土匪头目，实是当时农民武装"公民讨贼军"首领，提出"打富济贫"、"逐走袁世凯"等口号，活动范围及于河南、湖北、安徽、陕西、甘肃诸省，一九一四年秋被袁世凯军队所镇压。

望诸君纵知晓此事，亦不可为此类流言所惑。

据日本外务省档案《各國内政関係雜纂/支那ノ部/革命黨関係（亡命者ヲ含ム）》〔《各国内政关系杂纂·中国之部·革命党关系（包括流亡者)》〕第十二卷，乙秘第一三二〇号，大正三年七月九日，《支那革命黨員會合ノ件追報》原件，东京、日本外务省外交资料馆藏（俞辛焞译）

日文原文见本册第901—902页

在东京举行中华民国四周年国庆纪念大会的祝词①

（一九一五年十月十日）

文以不德，猥随国中仁人志士之后，张皇国事，卅有余年矣。辛亥之役，武唱〔昌〕首难，卒底成功。爰定此日为国庆，纪念其盛典也。于美有七月四日，于法有七月十四日，而于吾中华民国有此十月十日。中西媲隆，何其懿也。此皆所以求永矢于共和于弗替一日之泽，万礼之庆者也。

乃者神奸窃国，妄希非分，民权善对，毁灭无遗。至敢借口筹安，变及国体，同时遂有废罢国体庆之令，告朔饩羊，摧残靡击，叛逆不道，至斯而极！而吾国人于此日其亦念缔造艰难，国光之不易，爱护之，斥勿失坠乎？抑但凄怆伤心，坐视民国之亡破，以为凭吊事也？庆吊唯吾自择，充斯义也，虽与天地同麻可也。

爰为祝曰：觥觥民族，为国②之柢。共和纪元，千岁一遇。眷兹嘉辰，国以永府〔固〕。彼元恶者，与民为雠。既坏我权，又绝我庆。覆载不容，人神共愤。招〔昭〕示大义，由絓讨□。百尔君子，念诸先烈。

据俞辛焞、王振锁编译：《孙中山在日活动密录》（录自日本外务省档案《中国革命党问题》第十七卷，乙秘第一九八〇号《中华民国四周年国庆纪念大会之事》），天津，南开大学出版社一九九〇年十二月出版

---

①　一九一五年十月十日下午，由中华革命党党员季执中、戴季陶、覃振等发起，在东京曲町区大日本私立卫生会举行中华民国四周年国庆纪念大会，中国留学生等约一千三百人到会。季执中致开会词后，刘大同宣读孙文的大会祝词（中文原件）。

②　此处删一衍字"民"。

反袁斗争必定胜利

在上海法国日本顾问招待会的演说①

（英 译 中）

（一九一六年五月十日）

团结中国，为善而团结、为发展而团结。（孙逸仙在昨晚由法、日顾问举办的招待会上说道：）我们的事业是正义的，我们必定会胜利。国民渴求真正的民国，唯此方能建设更好更强大之中国。

据 "Dr. Sun Yat Sen Welcomed Back at Reception"，*Honolulu Star-bulletin* (U. S. A.)，May 11, 1916, Page 1 ［《孙逸仙博士在接待会上接受回国欢迎》，载一九一六年五月十一日《檀香山星快报》第一页］（邹尚恒译，高文平校）

英文原文见本册第838—839页

国会之地位与责任

在上海名流欢送国会议员宴会的演说②

（一九一六年七月十三日）

今日得与国会诸君相聚一堂，几为始念所不及。诸君为民国代表，民国于五

---

① 一九一六年五月一日，孙文在讨伐袁世凯复辟帝制的护国战争中从日本秘密返抵上海，以加强对国内反袁斗争的领导。五月十日晚上，革命党人聘请的法、日顾问在法租界举行招待会，欢迎孙文。

② 一九一六年五月一日，孙文在讨伐袁世凯复辟帝制的护国战争中重返上海。六月六日，袁世凯病死。副总统黎元洪随即继任总统，宣布遵行《中华民国临时约法》，预定八月一日为国会复会重开日期。上海各界相继举行集会，欢送拟赴京的在沪两百多名国会议员。七月十三日上午，唐绍仪、黄兴等社会名流在汇中饭店举行欢送议员大会，设午宴款待，邀请孙文莅会并发表演说。

年之间由创始而变乱而中兴，可谓剧矣。今后犹有变故乎？否乎？吾将以过去者推测将来，一言括之，则在诸君之心而已。须知民国何由发生，亦只发生于国民之心。其始因世界进化大潮流，感受于少数人心理，由是演进及于多数人心理，而帝制以倒，民国以成。顾其基础尚未坚固，多数人之认识未真，乃有奸人乘机播弄，遂使民国者一切形式、机关、制度倾覆扫荡，而专制帝国几乎复活。此非徒袁氏之罪也，多数人不知自爱其宝，故强有力者得逞志于一时。然而民国究竟亡而复存，强有力者究竟不可恃，则又知民国创制虽为时无几，而天下为公、共和真理其入于人心者深矣。

共和国体是否为世界之最良，此事可听之数百年后学者、政治家之论定。然在吾人创造民国，则实本良心上之所信，而不惮牺牲一切个人之私利而为之。其得多数人之赞同，绝而复续，要亦人人本其良心之所信，而无何等自私之念于其间。袁氏为赞成共和之一人，乃至自背其誓约，欲及身而为帝，谓其诚有"民主制不如帝制"之见解而后为此变计，抑只知为子孙富贵之图甘犯天下之不韪，吾人亦可姑留以俟将来历史家之判断。然欲去吾人良心上之主张，惟彼专制者是从，不可也。具有如袁之势力、能力而卒不获逞，则尤可为今后之大教训。

袁氏今已自毙，民国之大障碍已除，此后中国存亡责任将在我国会诸君。何者？主权在民，民国之通义。而诸君则国民之代表，实中华民国之统治者也。诸君遇非常不易得、不可忽之时机，而处最尊贵之地位，〈负〉最重大之责任，毋曰"政治良否乃政府之事"也。立宪国之权鼎立，立法机关实为政府称首之一部，立法机关无能自外，亦无能外之者。即如约法规复与国会召集，前此举国争之行政机关，仆尝以为此在国会有自行召集与规复约法之权能，初不待争于行政机关也。今约法已复，集会亦有期，既往者不复道，然诸君则当自知其地位与责任，实用其所当有之权能。否则谦让未遑，而反客为主之势成矣。

总统为行政之首长，而国民则字之曰"公仆"。今以家事为喻。袁氏者一大强奴耳，不守其奴仆之分，而凌践主人，浸至据有主人之产，主人愤恨不平，义师以起。此奴乍毙家中，佣有忠仆静待故主归来，而犹相顾却步曰"奴属尚能为患"。不思一班小奴虽曾受大奴之鞭策，而今日则无所庇护，计惟衣食主人耳。噉主人未归，盗窃钱米者不敢谓无，然惟如是，则主人之归大不宜缓议。主人依旧放弃，令此辈心胆益粗，则群小奴将渐师往日大奴之故智，正复可患。民国以四万万人为主人，诸君为主人代表，使忠仆得以尽职，奸奴不敢复生，皆惟诸君之责。诸君毋自馁也。北京军警固多，然皆中华民国之军队也，民国之军队当然保护民国主人。若其有不法之侵害，则是背叛民国者也，国民将共起而诛之。四万万人认诸君为代表，则四万万人实为诸君之保障。袁氏之强，犹成败绩，孰则敢骤为民国之叛人者。故以为诸君此时无所畏避，当速至北京解决目前之难局，致力将来之建设。亦犹之主人归家，首先申明家法，则一切事务自然就理，无须枝节推诿。

国会一开，当请黎大总统宣誓就职，此为民国元首继任必然之手续，最大之典礼不可忽略。礼成而后，即授意总统任命总理、阁员，成立责任内阁。更因应现在将来国家社会之所宜，制为国宪及一切法规，俾全国人有所依据。法良意美，而执行者又得其人，则以中国之地位，政治日良，进至为世界最富强之国不难也。

据《孙中山之国会主权论》，载一九一六年七月十四日上海《神州日报》第二版

人人须谋公共权利

在旅沪粤籍国会议员茶话会的演说①

（一九一六年七月十五日）

易君述予之特点②非毁也，亦非誉也，然予有不能不辨者。权利思想人所共有，予既为人，岂能独无。惟予常由最大之权利着想，欲令国人同享幸福，故小权利乃忘之耳。且即以大权利而言，如袁氏之欲为皇帝亦不可谓其不大，予岂有此权利思想者？盖权利思想之目的不同，其方法手段乃迥异，方法手段既异，则

---

① 十五日下午，旅沪粤籍国会议员在法租界尚贤堂举行茶话会，邀请孙文及社会名流出席。

② 此指会议主席易宗夔请孙文发表政见演说时，称颂他有四个特点，第一点是"道德高尚，毫无权利思想，牺牲总统而不为"。

其结果遂判然而不同也。以粤省为例，富翁最多。洋商先入于粤，而最先至海外者亦推粤人，二十年前曾以大资本输入美国边斯芬尼省①，熙熙攘攘，此往彼来，无非此权利思想耳。降而至于"猪仔"，历尽种种苦况，同存一权利思想，而其结果竟无一人达其权利目的。即或达到目的，而有数十百千万之财产，其子孙多不及三代而尽丧。故国人假使能在本国达其权利思想，予乃欢乐无涯。而予对于权利之思想，即欲全国人民及其子孙能各获得权利，且能保持之耳。

往者予因国中官治不良，致人民无以保障其权利，乃立志革命，以冀达此最大权利。在廿年前即得同志三十余人，求其革命之由，皆因人民生计困难，纲纪败坏，非破坏之不足以建设新国也。顾中国之旧思想，欲作皇帝者方肯革命，既革命必欲作皇帝。予之同志二三十人如悉欲作帝者，革命之后势必出二三十皇帝，如交游渐广，同志至于千万人者，则中国非将有千万皇帝乎？故予以战争为革命之手段，而知革命后决不能复有战争也。予由此权利思想而谋革命共和，其时国人皆视为一种理想，而予之所以有"理想家"之名者，职是之故。至予欲达之目的，不外建设一良善国家，以使国人永远保持权利无失。故今日并无特别之政见，惟望国人善自建设耳。五年以来本可建设成功，不幸而为人所破坏。予回顾元年临时政府之时，知予亦当任其咎，而予之所以至此者，则因放弃临时总统以令国人有不争总统之心，孰知袁世凯反从而破坏之耶！

南京临时政府之时以为须忍耐以待建设，不意五年之间，事至如此。故今日议员诸君当不可再忍耐，而须亟谋建设矣。所谓建设者何？建设国家也。所谓国家者决非如昔之朝廷，皇帝以个人为本位者。须含有商业性质，宛如一大公司，而有权利思想。权利思想之名词不必尽为不善，其思想为公共则善，且易达到目的；苟为私人则不善，且不易臻于成功。予所望于国人者，即人人谋公共权利耳。今之国家又如一极大之家，须为人民谋其幸福。

在一切进化之国，所引为职务者不外四事，一曰食、二曰衣、三曰住、四曰道路，皆人民日常必需之事。此四者备，幸福斯备。国家政治至于相当程度，乃反求于此浅近必需之事，而中国古之所谓善政者亦不外是。故议员诸公至北京后，

① 边斯芬尼省（Pennsylvania State），今译宾夕法尼亚州。

于请求建设国家之时，当不忘此四者。四者之中，如衣、食、住故为人所共知，道路如坦途，铁道尤然。假使成功，则国家立有富强之望。盖各国之至于富强者，无不以道路为其前提也。例如上海道路完备，内地道路难行，运搬货物之小工收入，上海多于内地十倍，而内地反少于上海十倍。以此推于全国，可谓道路之备否一端，经济盈绌可生十倍之差。假使道路完备，以人口计莫中国若，每年可余四十万万。矧交通便利之后，土产既出，新货日增，古所未见之物亦将发明，或可倍获于此数耶！且经济之理一如引力之理，至于相当程度之后，常以增速度而趋列强，既跻于富强，起异常进步。例如英国地产与中国相若也，乃在欧战①之中，一日之战费较中国政府一年之支出尤多。战事已达两年，今后尚须继续，财力宏大，概可想见。然则中国岂无致富之望耶？予以为新政府须出一破天荒之方法，凡外国所有者必使中国亦有，即外国所无者亦使中国能有。有志竟成，十年或二十年之后当可出见，不可视之为理想而已也。就近取譬：曩者上海城中之人视租界为决不可及，革命之后拆城改良，非亦宛如租界耶！虽然，建设一新国家亦有种种危险之处。如建屋，以十万元造十万草庐与以十万元造一大厦，同为建屋而其效果则迥不同。苟能以大厦为志，亦需设备，而此设备则当待之于专门家。今国民代表既将造此灿烂庄严之中华民国，当先布其基础，然后专门家自能接踵而至也。

夫中华民国之基础果何在耶？国人当顾名思义知所谓民国者，非仅建设一共和国，而当超于共和之上。易言之，即共和告成，实行代表政体，今后当无代表而采用直接民权。此即民国之基础，今已当准备巩固之矣。以民权论，世或主张中央集权，或主张地方分权。予以为两者皆可赞成，此非模棱两可之说也。事有宜于中央者，有宜于地方者。如外交、海陆军、邮便、电信等贵统一，宜行中央集权；其他诸事，予极端主张地方分权。且地方不以省为界，而以县为单位。中国习惯盖常以县为标准者，如曰"袁项城"②等非耶？至于分权之法宜采用直接民权，如瑞士然。在共和之人民惟有一选举权，民国则于选举权之外，人民又有

---

①　欧战，指发生于一九一四年的第一次世界大战，至一九一八年结束。后篇同此。

②　袁世凯是河南省项城县人，故称袁项城，此指中国喜以所籍县名尊称闻人，带有幽默意味。底本附记谓孙文"演说中时含诙谐，时杂俗语，尤令人哄堂不已"。

三权：（一）创制权，使人民可裁案；（二）表决权，使人民监督行政官，表决法律；（三）退官权，使人民得劾除官吏。乃可超过共和国之上，而为真正民国。

惟此，四万万之人民既无确实统计，其中多数又复智识未备，即谓其中四分之一比较上有政治之思想，在今日乌知非如人言多数犹赞成皇帝耶？而今而后，故当着手调查人口。然如民国二年之选举，其时人口统计尚未齐备，或问其选举为正当与否，在袁世凯言不正当，在予则谓正当。何以言其正当？盖处此过渡时代，惟先觉者知共和真谛，唯知共和者当主政治。二年之议员当选后，既无人反对之为代表，则实已默认其为正当也。外人见中国无人口统计，谓系尚未开化之征，其实则又不然。国虽无统计，家则有之，例如三代。即鼎鼎之华盛顿①，美国尊之为国父者，未见人能述其曾祖及祖〈父〉为谁何。在中国则三家村②之田舍汉，亦鲜有不知其三代脚色者矣。以调查人口论，有一最便之法期日可告成功，即调查二十二省之族长、村长，可尽知各户之人口无遗。而此族长、村长亦可谓中华民国之基础也。

今袁氏死矣，当不复有蹂躏民国之人。然基础未定之前，风雨飘摇，孰能言之？即如美之罗斯福氏③，苟在此基础未定之民国，乌知其无为帝之心？袁氏如在美国，自不致有为帝之念。国家基础之如何可变人民之心理，五年来之大不幸亦非袁氏一人之罪。苟使直接民权实行而为国家之基础者，敢谓拿破仑复生于中国，亦决无皇帝发生之事也。五年以来，官吏之腐败贪酷甚于前清，致人民不知共和之善，终且谓革命党实为厉阶。追本求源，非亦因民权不伸，无以监督官僚耶？今予言直接民权似属理想，然如王安石之行新法④，在昔日为人反对者，在二十世纪列强乃尽行其新法以富强其国家，是则今日建设国家而行直接民权之新

---

① 华盛顿（George Washington），一七七五年至一七八一年美国独立战争的领导者，推翻英国殖民统治而创建美国，任首届总统。

② "三家村"指人烟稀少的偏僻小村，语出宋代道原《景德传灯录》二四"白云和尚"篇，其后苏轼、陆游等亦以此入诗。

③ 罗斯福（Theodore Roosevelt），一九〇一年至一九〇九年任美国总统。

④ 王安石，宋神宗时曾先后任参知政事、同平章事（即宰相，参知政事为其副职），在政治、经济、军事诸方面实施改革，所行经济新法包括均输法、青苗法、市易法等。

法，亦非理想而已也。

据《孙中山先生发表政见记》，连载一九一六年
七月十六、十七日上海《新闻报》第三张第一版

附：另一记录

权利为人类同具之观念，仆不能自外于人类，何能独忘乎权利？故与其以牺牲权利奖仆，毋宁以权利思想最切、最大奖仆之为可信。仆自信对于权利二字，尚能见其至公至大，因大而遗小，因公而遗私则有之，牺牲则未也。今承主席谬以此语相举〔誉〕，用敢为诸君畅论之。

吾粤通商，先于各地。数十年以前，欧舶之西来，土货之外输，无不毕萃于广州，故货殖者恒不数年而成巨富。南洋、美洲之华商，投资于美国铁道事业者至夥，重洋万里，跋涉求之，如是宜可以自慰矣。然一旦殂殒〔殁〕，其子若孙，析其所藏，多金则淫，于是盘乐游遨，尽丧其业。眼前肥马轻悉〔裘〕，脑后路隅乞食者，屡有所闻。历观求利得利者，曾不两世而失败矣。其求之而不得者，则以吾见闻最熟者，莫如猪仔。猪仔出口，每岁几四十万，其能安全归来者，曾不易睹。吾观于此二者，而突发良心上之主张，非尽铲恶政治而去之，国民非特自身无权利之可言，即幸及身而酬，亦无有能贻其子孙者。故毅然欲起而改革之，以绵吾全国同胞奕世不失之大权利。

二十年前，仆以此种意思稍稍陈诸知己，亦有慨然赞同者。但改革是一事，改革后之政体是一事。当时同志但知政治之当改革，尚未尽知政体改革之根本大计，则所谓改革者，仍属易代之常轨。仆乃走海外，虽厄于语文之隔阂，而熟察其事事物物，运以自动之灵悟，辄觉心运神悟。继续〔读〕其历史掌故，与学者研究所得之著作，乃知平生主张颇有合于西洋治国安民之大经，归乃以献诸同志，而改革之方针乃大定。

我亦尝效村学生，随口唱过四书五经者，数年以后，已忘其大半。但念欲改革政治，必先知历史，欲明历史，必通文字，乃取西译之四书五经历史读之，居然通矣。仆考历史，中国因地理关系，宅居中土，无国际战争，而国内战事，又纯为争一人之私位而起。故力与同志谋以武力为改革之手段，争国民权利之预备，

此时亦有讥仆得狂疾者。其实，因仆所争之权利至大、至公，为前此所未有，当然为人所目为狂疾耳。

逮南京政府成立，仆乃大负疚于国民。仆自谓破坏非拼命不可，拼命大难，故愿与同志身任其难。建设则细条密缝，难而似易，且改革目的已达，第一任总统，不知者且视为尊如皇帝，故决意让之袁世凯，使天下知总统当如是，因而树民国之大本，示人以公仆之不当争，不必争。而世之君子，有咎仆以荒废厥职者，仆闻之滋乐。仆因不愿人之争总统而让之，筹安会居然亦不愿人之争总统而倡帝制，可谓同志矣。今章太炎君将发请治帝制罪魁电，邀仆署名。仆自维我即罪魁之一，求人曲赦之不遑，焉敢请人惩治，因辞曰：不署，不署。诸君闻此四字，觉颇有哲学意味否？

今当与诸君言建设矣。国家如商业公司然，股东赢利，必无向隅之伙友，若伙友仅谋赢其私利，则股东蹶而伙友无立足地矣。故谋国者，无论英、美、德、法，必有四大主旨：一为国民谋吃饭，二为国民谋穿衣，三为国民谋居屋，四为国民谋走路。衣食住为生活之根本，走路则且影响至国家经济、社会经济矣。国家生产力如物体坠地，有一与时俱进之正比例。吾国号称四万万人，每人每日无不与路政有至密切之关系。譬如吾人日日所见之车夫，载重不过一百斤，往来不过上海，而日可得一元。乡间因路政不治，苦力者担二百斤，走数十里，日仅得数百钱耳。此收入之影响也。譬如人生衣食往〔住〕之资料，无不因运费为低昂，运买〔费〕之低昂，视乎路政之通塞。路政不修，则所费益巨，此支出之影响也。则是以论，路政苟修，全国之利，年岂仅以万万计哉？

今之政治家，有主张地方分权者，有主张中央集权者，惟仆则欲出一貌似模棱之说曰：两者皆为仆所赞同。一国之外交当操持于中央，无分于各省之理。美国，吾人所引为共和先进者也，但外交事件，则仍不属于各州。曩日加尔罅尼之取缔日人事件，终不能不受中央外交上之指挥，可为前例。其余如海陆军、邮电事业等，亦不能分其权于地方。此仆表赞同于集权者也。至于地方分权，则吾欲进一层言之。言地方分权而以省为单位者，仍不啻集权于一省也。故不为此项问题之研究则已，苟欲以精密之研究，则当以县为单位。国人对于本县，在历史习惯上，有亲暱之感觉。袁项城三字，即亲暱之昵辞矣。

顾仆尚有一重大意志，欲白于今日者。诸君知中华民国之意义乎？何以不曰中华共和国，而必曰中华民国？此民字之意义，为仆研究十余年之结果而得之者。欧美之共和国，创建远在吾国之前。二十世纪之国民，当含有创制之精神，不当自谓能效法于十八、〈十〉九世纪成法而引为自足。共和政体为代议政体，世界各国隶于此旗帜之下者，如古之希腊，则有贵族、奴隶之阶级，直可称曰专制共和；如美国，则已有十四省树直接民权之模；而瑞士，则全乎直接民权制度也。吾人今既易专制而成代议政体，然何可故步自封，始终落于人后？故今后国民当奋振全神于世界，发现一光芒万丈之奇采，俾更进而底于直接民权之域。代议政体旗帜之下，吾民所享者只一种代议权耳。若底于直接民权，则有创制权、废制权、退官权。但此种民权不宜以广漠之省境施行之，故当以县为单位，地方财政完全由地方处理之，而分任中央之政费。其余各种实业，惩美国托拉斯之弊，而归诸中央。如是数年，必有一庄严灿烂之中华民国发现于东大陆，驾诸世界共和国之上矣。

但欲民国之巩固，必先建其基础。基础不必外求，当求诸全国国民之心中。国民而身受民权之庇护，识其为无上光荣，则自必出死力以卫民权，虽有拿破仑在国中，亦莫吾毒已。然如何而能使国民知民权之为无上光荣乎？仆试以历史上之事实喻之。昔汉高祖初得天下，诸将叫号不宁，赖叔孙通制定朝礼，乃始识天子之尊严。国民者，民国之天子也。吾侪当以叔孙通自任，制定一切，使国民居于尊严之地位，则国民知所爱而视民权如性命矣。然其道必自以县为民权之单位始也。

据《名流政治演说——昨日尚贤堂茶话会》，载一九一六年七月十六日上海《民国日报》第三、六版

附：正误

记者前日记中山先生尚贤堂演说辞，于南洋、美洲之华侨投资于美国铁路一段，颇有漏误。先生言："广东富豪伍某，曾于七十年前投资于美国铁路，二十年前曾以此事在香港涉讼，故吾国人之投资外国者，苟祖国政治不良，决无保存

资财之道云。"特此正误。

据《正误》，载一九一六年七月十九日上海《民国日报》第七版

五权分立当为我国宪法之基础

在上海两公司欢送国会议员大会的演说①

（一九一六年七月二十日）

中外通商之始，列〔我〕国常获大利，未尝亏本，丝、茶两宗尤能甲于天下，故输出常超过输入。未几法、意、日制丝，印度以机制茶，出口货乃锐减。近年来输入之超过输出至二万万之多，十年即为二十万万，于是财源乃涸矣。补救之法不一，此两大公司一主补助，一主生产，皆即以挽回利权者也。保险公司内容尚未详悉。至于烟草公司每年出产为四百万为〔有〕奇，视诸外人输入烟草统计约六千万者虽仅十分之一，然外人因中国自有公司制烟，莫敢居奇涨价，他面〔而〕中国农工又多一植烟制烟之业，则无形之利益犹不仅十分之一。当由此例推，可见国人苟能多一实业，则国家多一分之富力矣。

今日各界聚于一堂，予犹欲乘此良机对于宪法稍有特别之贡献，即孟德斯鸠提倡三权分立以来，各国以之为宪法基碔〔础〕，予则主张五权分立是也。三权分立之法通行百数十年，几如铁案，至今日文明进步，如美利坚等国乃觉其宪法不能相容，惟欲中途变动，则殊非常易耳。我国制定宪法之初，则尚可乘机采用。且此之所谓五权者，如立法、司法、行政三权固可弗论，其他二权，各国之所无者，我国昔已有之。其一为御史弹劾，即皇帝亦莫能干涉之者；其二为考试，即尽人之所崇拜者也。此弹劾权及考试权实我国之优点，吾人采取外国良法，对于

---

① 二十日下午，由金星保险公司、南洋兄弟烟草公司在张园联合主办欢送大会，到会者约一千人。

本国优点亦殊不可抛弃。美国哥仑比亚之希斯洛①尝主张加一弹劾权，而为四权并立；丁韪良氏②亦谓美国如用考试方法，选举流弊当可减少。可见此五权分立之主张，非予个人之私见矣。

当此新旧潮流相冲之日，为调和计，当平心静气博取兼收，以使国家发达。今以外国输入之三权与本国固有之二权一同采用，乃可与世竞争，不致追随人后，民国庶几驾于外国之上也。议员诸公如以为然，自有专门家以其精义贡献。诸公责任至重，地位至贵，其亦以目光注于辽远之地，而使后世知一九一六年之时，有极大之光明由吾中国以发见于世界之上也。

据《两大公司欢送两院议员记》，载一九一六
年七月二十一日上海《民国日报》第十版③

修治道路以利交通为建设第一要着

在浙江督军署欢迎宴会的演说④

（一九一六年八月十七日）

兄弟今日承吕督军宠招，获此机会与诸君聚首一堂，良深忻幸。兄弟于四年前曾到杭州，今日重来，见道路修治，气象一新，足见浙江之进步。至于此次独立省份⑤共有五省，而云、贵、广西均贫瘠之区，广东经此战祸亦糜烂不堪，惟浙江屹然不动，于财政上所受影响亦鲜。故在独立各省中为最有希望，而日后所

---

①　希斯洛（Hugh Richard Heathcote Gascoyne Cecil），亦作喜斯罗，今译塞西尔，纽约哥仑比亚大学（Columbia University，今译哥伦比亚大学）教授，其主张四权并立的著作为《自由》（*The Liberty*）。

②　丁韪良（William Alexander Parsons Martin），旅华美国人。

③　另见二十一日上海《新闻报》第三张第一版所载《两大公司欢送两院议员记》，个别文字有出入，并漏排数字；底本讹字则据其参勘。

④　八月十六日孙文从上海抵达杭州，十七日浙江督军吕公望在督军署举行欢迎午宴，各界名流多人作陪。

⑤　即于一九一六年宣布脱离北京袁世凯政府而独立的省份。除下述五省外，尚有四川、湖南两省。

负责任亦甚重大。以诸君之力，竭力整理，必能使浙江为全国之模范。此兄弟所希望于诸君者也。

若就全国而论，则中华民国成立于今五年。此五年中，若云建设正大有可为，乃因人民智识未尽开通，遂为野心家所利用，非但不能建设，且并立国之基础亦遭动摇，殊堪痛惜！今者共和再造，建设之事不容再缓。惟兹事千头万绪，从何做起，而要以交通便利为第一要着。欲交通便利，必先修治道路。觇国者于其国之文明发达与否，可于其道路卜之。盖道路不修则交通不便，百业因之而俱废，欲求文明进步岂可得哉！至于道路修治以后，尤以通行迅速为要。吾国昔年有以火车为危险者，今则已无此观念。然以自动车与火车较，则自动车之速力优于火车远甚。余昔游伦敦，仅一处有自动车，观者颇以为奇，今则到处皆有。且可以自动车之多寡，卜其文明之程度。吾国若能赶造铁路并整理道路，则相离较近之地，可使用自动车以代火车，往来尤为迅速。

或虑中国贫穷，造路无费。不知中国非真穷者，若系真穷，则外人亦不肯投资于我国。何以政府借用外债动辄千万，而外人曾无吝色也？故论吾国今日境象，譬如一富户中落，藏金于楼而子孙不知，反日日忧贫，日日借债，岂不可笑！余每遇西人，谈次辄艳羡中国之富，而吾国乃以贫穷为虑，异哉！回忆四年前，因蒙古问题几与俄国启衅，余当时曾谓与俄战，非练兵五百万不可。闻者或以为空谈，或以为无费。不知以人口论，英国人口仅四千余万，而二年间练兵四百万；以面积论，德意志仅抵浙江二省，而天下莫强焉。以吾国人民之众，面积之广，二年间练兵五百万，亦非难事。若云无费，则可发行纸币。余此说在当时颇为世人所怀疑，逮至今日欧战发生，饷额之巨为亘古所未有，若一一使用现银，国内安得有如许现银以备应用？所恃以救济者，纸币耳。故发行纸币非不可能之事，在办理者善为之而已。至于一国之中，土地不论大小，人口不论多寡，其生产力强者国常富。中国地大物博，货物山积，乌得言贫？即就浙江而论，为产丝最富区域，如能联合邻省若江苏、若安徽自办工厂，以所产之丝制成绸缎，以供全国之用，则挽回利权实非浅鲜。

余今尚有一语奉告，凡职业无论大小，官阶无论高卑，若不能立志，虽做皇帝、做总统亦无事可做，若能立志，则虽做一小官、做一工人亦足以成大事。余尝见一西人日记，言杭州在五百年前之文明为当时欧洲所不及。吾甚希望诸君不论职业大小、官阶尊卑，各尽其力，以保守固有之文明，并日图进步，为全国之模范。诸君处此最有希望之浙江，必能共负责任，以慰全国之希望。

据《孙中山先生游杭记》（二），载一九一六年八月十九日上海《民国日报》第三版

附：另一记录

鄙人此次来杭，得与诸君握手，欣幸良深。民国成立忽忽五年，当时对于建设问题种种计划依然不能实行。穷其原因，多数人民知识未齐，易为野心家所利用，致有变动之发生。方今大局尚在动摇之中，以浙江较之他省，其希望为最多，其责任亦为尤重。独立各省，滇、黔、桂皆系边方，素苦贫瘠；广东向称富庶，但经此次糜烂，回复杳不可期，惟浙江秩序完全，元气未损，故建设尚不甚难。以建设之万绪千端，无从说起，且空言但凭理想，何从实地证明？

顾建设必先资文明，地方之是否文明，莫如道路之显著。浙江改良道路，迥异数年以前，可知既有建设之根基，并有建设之能力，欲地方进富强之域，首重道路交通。欧洲二十年来进步可骇，此次大战尤利用道路之交通。以交通进步而言，从前反对铁路者，今已无此问题，人人以乘火车为当然之事。将前例后，必有更精于火车者，即摩托车是已。欧美惟长距离之往来仍资铁路，而短距离则多用摩托车。往来行人究以短距离为众，假使由杭以至上海，铁路外别有敏速之摩托车，其裨益不尤大乎？交通发达，工艺即可以振兴。

论者每以基本金之难筹，遂抱消极主义。不知富力非全关实币，富国金银不必增多额数，转移频繁，一万可作十万之用。鄙人前年议俄、蒙事，谓五年内必须练兵五百万人，方可言战，尤必推广纸币，方可练多数之兵。谈者咸以理想少〔视〕之。今欧战之开，得以证实鄙人之说。英国人口四千万，而二年内练兵四百万。我以十倍之户口，五年期限，何难练五百万人乎？至于纸币之流弊，患在行之不得其宜。今日欧战期中，俄、德全用纸币，是岂理想空谈乎？财政困穷，因其不得方法，而非由实币之稀。地方生产力既繁，何患不能致富？如浙江丝之出产，名著全球，倘能利用此生产力，不使生丝出洋，而织成以致用，所增富力

不可计，且能养活多数工人。然生产物之流通，仍以道路灵捷为贵。浙江既有如许根基、如许机会，诸君同心协力，先致力于道路一事，次及工艺问题，则文明为他省之模范，全国实仰赖之。

大凡事业成功之大小，与地位之大小无关。民国成立之初，鄙人等竭力赞助袁氏，满愿其能成就事功，而结果乃至于此。人苟有正确之志趣，地位虽小，未尝无大事业之成功。所望诸君人人尽其责任心，则浙江大有可为。如道路一事，乃建设着手之第一端，由此着着进行，前途正未有艾也。

据《道路为建设着手之第一端》，载胡汉民编：《总理全集》第二集，上海，民智书局一九三〇年二月出版①

地方自治与土地报价抽税

在浙江省议会的演说②

（一九一六年八月十八日）

兄弟今日在西湖遇雨，故来会较迟，到会诸君定能原谅。

兄弟自民国二年离国，至今日共和复活，乃得重返祖国。吾国自推翻专制，建设共和，五年以来尚鲜进步。盖建设国家譬如造屋，必先将旧料拆去，然后可建造新屋。而建造新屋首重基础，地方自治乃建设国家之基础。民国建设后政治尚未完善，政治之所以不完善，实地方自治未发达。若地方自治既完备，国家即可巩固。兄弟此次返国，即注意于此。

诸君试披览地图，西半球几无一非共和国，东半球仅法兰西、瑞士、葡萄牙及中华民国为共和国。而法、美两国能日臻强盛，要以注意地方自治为根本。回忆欧洲人初至美洲，即先在大西洋沿岸组织自治团体，建设自治机关（如现在之侨寓上海者，亦有各种自治之局所），迨脱离英国范围后，即组织联邦国家。法

---

① 该本注其演说日期误作八月九日，其时孙文仍在上海。
② 十八日下午，孙文应浙江省议会议长张羽生等邀请，演说地方自治问题，各界人士到会者甚多。

国自拿破仑被放圣希列拿岛①后，几经破坏，建筑共和国家后亦极注意地方自治。可见人民欲巩固国家，须先将地方自治建设完备。

现在吾国中央政府不论其为真意的共和，或系表面的共和，人民总认政府为好意，希望建设真真的共和国家。然政府有政府之责任，人民有人民之责任。人民所当引为责任者，当先从办理地方自治着手。不论何县或一地方，面积有大小，户口有多寡，人民有贫富，总以量地方之财力尽力建设。

吾国人民有数十万、数百万资产者已属罕见，若外国则有数千万资产者亦所在皆有。人民既贫，则地方自治事业即难举办。宜先开放土地，使地价日增。如西湖之滨，南北高峰②之麓，每亩地不过数十元或数百元。若照浙省所计划，环湖建筑马路，则地价必自数十元增至数百元或数千元。故现在若英国土地缴价抽税的办法，吾国一时尚难办到，宜先从报价抽税办起。如人民有土地若干亩，须先呈报，每亩百元者抽税一、二元，价千元者抽税一二十元。将来若收为公有，即照此给价。人民领地须纳地税，不领地耕种者，尽力于工、商、矿、航各业，则国家、地方两有裨益。

兄弟素提倡三民主义，现在民族、民权已达到目的，民生主义即拟从此土地问题着手。此虽兄弟所主张，亦所希望于诸君者也。

据《孙中山先生游杭记》（三），载一九一六年八月二十日上海《民国日报》第三版

附：另一记录

（英译中）

今天我登上南高峰，饱览西湖美景。回程遇上暴雨来迟，让各位久等，敬请原谅。此番来到杭州，很高兴再次见到各位，非常感谢款待和召开这次会议。浙

---

① 圣希列拿岛（Saint Helena），今译圣赫勒拿岛，为孤悬于南大西洋的火山岛，在非洲大陆西南方，一八一五年拿破仑兵败后被放逐于此。该岛当时受英国东印度公司（East India Company）管辖，后成为英国直辖殖民地。

② 即西湖西畔的南高峰与北高峰。

江无论以人口还是财力，都不愧为南中国第一大省。我们刚刚推翻专制统治，重建新的民国，故此，应该抓住机遇，在浙江推行政务改革。一个省的改革和治理取得成功，无疑会为各地竞相效仿，并以此为模样，推动整个国家的文明化进程。主办方请我以"地方自治"为题讲话，我便以此思路讲述。

地方自治的治理方法

我们先谈谈"地方自治"治理的一种方法。请以中国最著名的地方西湖为例，假定从外国贷款一亿元铺路盖楼，地价假设为一百元，此后将很快升到一千元。据此收息，即可以偿还外国贷款，并付清利息。此外，还会有超过以上还贷所需的进账，因为我们可从业主处收取土地税。每一位业主本人也应向政府报告主管官员如何做的记录。如果土地单位价格为一千元，业主将会被课收十，以此类推。假如业主以为可以通过低估地价而减少纳税额，政府则可按业主所报低价，买下该土地，使其成为公产。若业主高报地价，想卖出获利，政府则可按其高估值而课税。故此，无论业主高估或低估其地价，政府都不会有任何损失。

以上海为例

当然，如果业主报价准确，业主无论缴交地税或者买卖土地，都不会蚀本。以上讨论之方法及和细则等项，需先在省议会议定通过和立法，然后再出台准则，予以实施。上海以前不过一荒漠，但通过各种建筑、改革及外商建设，现已发展成为非常有吸引力的地方，成为商业之都，现在更成为整个中国市政建设的楷模。还有天津、汉口、香港，以及其他港口都在竞相效仿上海，并已取得成功。杭州西湖拥有如此美丽的自然景色，假以建筑、人力、兴建公路、水力、建厂等等方面的努力，不出几年时间，杭州一定会成为世界著名城市。省内其他各区政府可以以西湖为模式，其他省市也可做出自己相应的改革。

据 "Sun Yat-Sen: His Views on Local Government", *The Hongkong Telegraph*, August 31, 1916, Page 8 ［《孙中山论地方自治》，载一九一六年八月三十一日香港《士蔑西报》第八页］（高文平译，许瑾瑜校）

英文原文见本册第839—841页

行五权分立制以救三权鼎立之弊

在浙江军政界欢迎宴会的演说①

（一九一六年八月十八日）

现今世界各文明国大都三权鼎立，其实三权鼎立虽有利益，亦有许多弊害，故鄙人于十年前即主张五权分立。何谓五权分立？盖除立法、司法、行政外，加入弹劾、考试二种是已。此二种制度在我国并非新法，古时已有此制，良法美意，实足为近世各国模范。

古时弹劾之制，不独行之官吏，即君上有过，犯颜谏诤，亦不容丝毫假借。设行诸近世，实足以救三权鼎立之弊。至于考试之法，尤为良善。稽诸古昔，泰西各国大都系贵族制度，非贵族不能作官。我国昔时虽亦有此弊，然自世禄之制废，考试之制行，无论平民、贵族一经考试合格，即可作官，备位卿相亦不为僭。此制最为平允，为泰西各国所无。厥后英人首倡文官考试，实取法于我，而法、德诸国继之。美国以共和政体，其大权常为政党所把持，真才反致埋没，故自华盛顿后，除林肯外均不能大有所设施。至罗斯福始力矫此弊，故继任之总统如塔夫脱、威尔逊②均一时之选，各能有所树立。然而共和国家首重选举，所选之人真实学问如何，易为世人所忽，故黠者得乘时取势，以售其欺。今若实行考试制度，一省③之内应取得高等文官资格者几人，普通文官资格者几人，议员资格者几人，就此资格中再加以选举，则选举资格不妨从宽，而被选资格甚严，自能真才辈出。

且吾国人最喜作官，不问其所学如何，群趋于官之一途，所学非所用，是犹以庖人治衣，安能尽职？华人向以官为利薮，不知西人之业工商者，岁入数十万

---

① 十八日晚，孙文出席该省军政要员在杭州陆军同袍社举行的欢迎宴会。

② 以上美国诸总统任期分别是：华盛顿，一七八九至一七九七年；林肯，一八六一至一八六五年；罗斯福（Theodore Roosevelt），一九〇一至一九〇九年；塔夫脱（William Howard Taft），一九〇九至一九一三年；威尔逊（Thomas Woodrow Wilson），一九一三至一九二一年。

③ 此处删一衍字"则"。

乃至数百万亦寻常之事，若作官虽位至总统，亦不过十余万而已。故若工商发达，则求富即不必为官，为官即不能致富。而要之有考试制度以限制之，则国人之倖进心亦可以稍稍敛抑。吾国动言复古，独于数千年前有此弹劾、考试二种良善制度，而不能实力奉行，宁不可惜！吾今主张五权分立制以救三权鼎立之弊，论其理由，非立谈可罄，假以岁月，当博考西籍，汇为一编，以资供献。异日吾国果能实行此制，当为世界各国所效法焉。

据《孙中山先生游杭记》（三），载一九一
六年八月二十日上海《民国日报》第三版

国家强盛须合群力

在绍兴商会的演说

（一九一六年八月二十日）

仆此次来绍，无非瞻览绍兴风景，蒙诸公不弃，备极欢迎，愧无所长。但仆为民国国民，宗旨既定，山可移而志不可改。若吾国既为民主国，仆当尽国民一份子之义务。若吾国为君主国而不脱离专制气象，仆惟有亡诸海外，以俟机会之可乘，再与诸君共造民主。所以，仆前因袁氏破坏民主而复专制，观诸父老兄弟姊妹虽抱不平，无如绝无起而与争者，故仆亦只得避诸海外。此次幸袁氏已死，黎公继任总统，故敢归国与诸公谋面也。

专制国为一人之国，共和国为人民之国，尽人皆知，毋待赘述。惟国家强盛与否，非一人之力可以成功。必须合群力，而后可成世界最强盛之国。何也？譬如数椽破屋，人苦其不能遮风雨，欲弃其破屋而改建华厦，人皆赞成之。既赞成，当力向前折〔拆〕其破屋改筑新屋，庶几可亨〔享〕安乐。若徒赞成，而仍袖手，岂但安乐之不得享，直将受砖瓦之打击也。

浙民知识较他省为优，西湖岸上之烈士墓、纪念〔碑〕尚存，绍兴河畔之牌坊不少，此非有知识之作为而何？虽然，尚有应改革之处，仆请一述之：沿途之厕，急宜迁移于一处，勿使臭气熏人；河道之水，急宜使之清洁；卫生之事，处

处宜加意讲求。盖体育为教育之先导，体育既高，脑精自足，知识亦高。乃知当今之国家，非一人之国家，乃我人民之国家。既知国家为人民之国家，国家之强弱，人人有莫大之责任矣。

据《孙中山先生越游记》，载一九一六年
八月二十三日上海《民国日报》第三版

附：另一记录①

仆此次来绍，是凭吊辛亥革命先烈遗迹，观览绍兴风光，欣赏稽山镜水。蒙诸公不弃，备极欢迎，且感且愧。仆为民国宗旨既定，山可移而志不可改。若吾国既为民主国，仆当尽民国一份子之义务；若吾国为君主国，若名为共和而实则专制，仆惟有亡诸海外，以俟机会，再与诸君共造共和民主，使吾民能享共和之福。前因袁氏破坏共和，仆只得暂避海外；此次袁氏已死，黎公元洪继任总统，共和再建，故亟行归国，以与诸公谋面也。

夫专制为一人之国，共和为众人之国，此乃尽人皆知，毋待赘述。惟国家强盛与否，非一人之力可以成功，必须合众人之力，而后可以成为世界最强盛之国。何也？譬如数椽破屋，人苦其不能遮风雨，欲弃其破屋，而改造华厦，人皆赞成之，既赞成，则群起拆其旧，重建新屋，庶几人人可享新居之乐矣。若仅赞成，而仍袖手，岂但安乐之不得享，直将受碎砖破瓦之打击也。

浙民较他省知识为优，西子湖畔之烈士墓、纪念碑屹然尚存，绍兴之烈士祠坊碑亭亦不少，此非表明浙人之有知识而何？但亦有应加改革之处，仆亦请一述之。如路边厕所急宜迁移，勿使臭气四溢；河道之水，宜使清洁；卫生之事，宜加讲求。体育为民族健康之本，应视为教育之先，努力倡导，身体健壮，脑精自足，知识自可提高。今日之国家非一人之国家，乃我人民之国家。既知国家为人民之国家，则国家之兴亡，人人有责。合全国人民之力，共建共和，吾国不强盛者，吾不信也。能把一县之事办好，国事自然也会办好。浙省是文物之邦，绍兴

---

① 此为本演说的另一记录，惟所据底本称：本演说日期为八月二十一日，地点在绍兴觉民舞台，待考。

是文物之县，合一县众人之力将绍兴之事办好，此乃仆寄希望于绍兴诸公者。

据一九一六年八月二十三日《杭州民国日报》（转录自中国人民政治协商会议浙江省委员会文史资料研究委员会编：《浙江辛亥革命回忆录》第四辑《孙中山与浙江》，杭州，浙江人民出版社一九八六年八月出版）

最希望于宁波实行地方自治

在宁波各界欢迎会的演说①

（一九一六年八月二十二日）

　　兄弟今天初到宁波，蒙诸君开会欢迎，非常荣幸。鄙人虽初到此地，然宁波为通商大埠，则当游历各洲时，已熟闻之矣。

　　兄弟在杭州时，见西子湖畔光复纪念碑，巍然独存，想起浙省于光复时功绩非常，兄弟所以有今日者，亦全赖有此。但国人对于时局常有二种之见解：其一为乐观主义，以为将来永无竞争、永无危险，始终可以共和；其一为悲观主义，以为前途危险，不可终日。此两种见解似都有理由，不可偏废。而在鄙人意见，则为共和之坚固与否，全视乎吾民，而不在乎政府与官吏。盖共和国与专制国不同，专制国是专靠皇帝，皇帝贤尚可苟安，如不贤则全国蒙祸；而共和国则专恃民力，使吾民能人人始终负责，则共和目的无不可达。若吾民不知负责，无论政府、官吏如何善良，真正之共和必不能实现也。是知共和国之民，应希望自己，不应希望政府、官吏也。

　　但观广西、云、贵，素称贫瘠之区，而此次能以首义闻。广东虽称富有，且素为开通之区，然兵祸迄今，尚又〔犹〕未已。故兄弟之所最钦佩者，莫如浙江。良以浙江地位、资格均适宜于共和，而民心又复坚强，故能有此结果。今观宁波之情形，则又为浙省之冠。查甬②地开埠在广东之后，而风气之开不在粤省

---

　　① 二十二日上午孙文自绍兴抵达宁波，下午出席在第四中学校举行的欢迎会，到会数百人。

　　② 甬为宁波之别称。

之下。且凡吾国各埠莫不有甬人事业，即欧洲各国亦多甬商足迹，其能力之大，固可首屈一指者也。今兄弟所最希望于宁波者，在实行地方自治。盖政治与社会互有关系，而政治之良必导源于社会，欲社会进步必行地方自治。譬如造屋，先求基础，而地方自治即是基础。宁波风气之开在各省之先，将来整顿有方，自可为各省之模范，以地位、人材均具有此项资格也。

然欲求自治之有效，第一在振兴实业。宁波人之实业非不发达，然其发达者多在外埠。鄙见以发达实业，在内地应更为重要。试观外人，其商业发展于外者，无不先谋发展于母地，盖根本坚固而后枝叶自茂也。宁波人对于工业之经验本非薄弱，而甬江有此良港，运输便利，不独可运销于国内沿海各埠，且可直接运输于外洋。若能悉心研究，力加扩充，则母地实业既日臻发达，因之而甬人之营业于外者，自无不随母地而益形发展矣。此所望于宁波者一也。

二在讲究水利。宁波地方，以地位论，其商业之繁盛本不至在上海以下。而上海商业之所以繁盛，实在于为外海之总汇。宁波若能讲求水利，其情形未始不然。盖宁波之地位较杭州、汉口为佳，杭州、汉口不能直达外洋，而甬江修理得宜，可与各国直接通商。以繁盛之上海，其江口尚有淤积之患，欲改良交通颇非易事。若在宁波，仅有镇海①口岸容易修理，若能将甬江两岸筑一平行之堤，则永无淤塞之患，而极大之轮船可以出入，宁波之商务自无不发达矣。此所希望于宁波者二也。

三在整顿市政。此事为自治中更宜注意。凡市政之最要者，铁路之改良、街衢之清洁是也。试游上海之公共租界，其道路之宽广为何如，其街衢之清洁为何如，宁波何尝不可仿此而行。但此事有一难题，要整顿街衢道路，不可不有经费。此经费将何由出乎？吾知人人皆将嘿然不能答也。虽然，上海地方街衢之所以如此清洁，道路之所以如此宽广，其整顿之费果何所出乎？必将曰由外人自出之也。若细思之，则此种经费决不出自外人之手。何则？外人之来华者，其目的在谋中国之利，欲谋中国之利，不能不先粗治道路街衢，及市面既兴，则此项经费自有所出。实则外人之得以整顿上海者，实皆吾国人之钱，并非外人之钱也。今吾人

① 镇海县，今为宁波市镇海区。

以无钱故而不思整顿地方，不知地方不整顿，则生产愈鲜，将来更无兴旺之一日。所以吾人对于此事，不宜畏难而在设法，其法维何？殆莫如组织一公共团体，收土地为地方公有，其巨大经费一时或无从筹集，可以地方公债法举办之。虽然，收土地为公有，现土地均各为私人之产，势不能不向私人购买。欲向私人购买，而私人不免故昂其价，大足为收买之阻力，故莫如先行报价抽税之法。如人民有地若干亩，须先令报告价额，每亩值银若干。报价之前，先由公共团体定每亩抽税之率，以地价百分之若干征收之。如是则人民报告地价过多，恐税率高，价低则他日由公收买之值少，自不至有过高低之弊，则酌中之价由焉。将来公家收买之后，地归公有，办理公共事业，所向无阻。则市政既良，人民乐趋，商务自然繁盛。其地值不数年后必可增高数倍，同时而税额亦因以加增，收入何患不巨？谓整顿市政之费无从出者，吾不信也。此所望于宁波者三也。

抑兄弟犹有言者：宁波人既素以善于经商著，且具有伟大之魄力，急宜联络各省巨商，组织一极大之商业银行，实亦最紧要之举。但须资本富足，信用自著。庶几吾国有钱之人，不至再将巨大款项投存外人所办银行，而经济有活动之余地。不特宁波人欲谋创办实业更加易易，即全国之金融亦得收美满之良果矣。

再上海之所以为上海者，其经营举不出上述诸端。迄今吾国人无不乐趋斯土，凡有询吾国之第一商场者，无不举上海以对。试问上海果为吾国人经营之商场乎？抑外人所经营之商场乎？不特吾国人无词以对，且转增其惶愧之心。故兄弟今日之所望于宁波者，以宁波既有此土地，有此资力，苟能亟疾经营，则即不难为中国第二之上海，为中国自己经营模范之上海。是在诸君子勉为之耳！

据《孙中山先生发展宁波之演说》，载一九一
六年八月二十五日上海《民国日报》第三版

附：另一记录①

（英译中）

任何国家的国民对时局不外乎抱有两种观点：一是乐观主义，即期待未来远

---

①　文内小标题为原编者所加。

离争端与危险，期待永恒的民主；二是悲观主义，即视未来充满荆棘，威胁不断。两种观点都不乏原由，皆不可无视。本人认为，民主制之坚实基础取决于人民自身，而非政府管理或执行方面。民主与君主制最大之不同，在于后者完全依赖专制，专制者行善，天下太平；如果行恶，则国土遭遇不幸。而民主则取决于人民，如果所有人民负起应尽责任，民主原则没理由不实现；如果人民未能做好扮演自己角色的准备，即使政府管理如何良好或合乎礼仪，甚至国家治理良好，民主同样无法实现。民主社会之中，人民之希望来自自己，并非行政或立法部门。

地方自治之必要性

公共管理与社会状况相辅相成：良好的治理源自其社会状况；但社会进步，必须以自治为条件。如同地基与建屋，地方自治是根本。地方自治成功与否，首要条件则来自实业的发展。

诚然，宁波实业发展迅猛，但繁荣主要体现在外贸，本人则认为商业发展的根本在于内贸。以外国为例。外国的商业繁荣是在本国兴起，然后再向海外拓展。根深则必叶茂。

税收与土地估值

市政最紧要的是完善铁路以及整治市内街道。在上海公共租界逛逛，便会发现那里的街道是多么宽敞整洁，宁波为何不能效仿呢？

当然，街道改善离不开费用问题，去那里找资金呢？上海街道明洁宽广，市政资金来自哪里？各位可能会说"来自外国人"，但仔细想一下，市政资金其实并非来自外国侨民。为什么呢？外国侨民来中国为了赚钱，在我们的国土赚钱，但要想在中国赚钱，他们便先要整治街道，所以首先从市政开始。市政资金一定要有人出，实际上，外国侨民在居住区进行市政建设的资金，都赚自我们自己的人民，根本不是外国侨民自掏腰包。

时下，因为资金匮乏，无暇顾及本地建设。但需谨记，如果城市建设没有改善，城市发展将会减缓，直至停止，繁荣不再。因此，我们一定要想办法筹集市政建设资金。

公有土地

通过什么途径筹集呢？最佳途径莫过于成立公共委员会，购买公共财产。也许立即筹到这么大笔资金可能比较困难，但可以通过发行市政债券来筹集资金。政府可以购置土地，作为公有财产。购买之前，土地属于私人个体所有，政府一旦决定购买，该土地一定会升值加价，政府收购将会受阻。最佳方法，应该先按申报价格，制定税收；拥有土地的业主需要申报土地的地价。公共委员会制定税收比值，业主因担心缴纳过多税金，不会将土地定价过高；如果定价过低，政府收购时的售价就会随之降低。因此，业主会以折衷平衡的价格，申报地价，政府购置时的价格自然会较公平。

市政工程

未来政府购置土地，作为公共财产之后，实施市政工程将会畅通无阻。而市政改善工程实施后，城市亦会吸引大量人口，商业将会欣欣向荣，土地随之将会大幅增值，税额也会成比例增长。至此，还会有人怀疑政府收入的增幅吗？所以，当有人抱怨无法筹集市政资金时，我完全不相信。

还有一点我想说的是，宁波人做生意很有天分，远近闻名。当务之急，应该是和其他省份的富商共同合作，成立大型商业银行，这对宁波发展是重中之重。当然，这需要足够的资金，如此方能建立信用，然后吾国富商无需将大笔资金投放外资银行存储。有足够的流动资金储备，宁波人就非常容易创立新的产业，同时国内的资金流动也会从中极大获益。

第二个上海

上海之所以取得现在的成就，完全取决于上述提到的原因，如今已吸引举国人才蜂拥而至。如果有人问起中国的中心在哪里，每个人都会回答在上海。但如果继续追问上海是中国人民自己的，还是外国侨民的商业活动中心，我们将无言以对，深深自责。所以现在我寄希望于宁波。宁波享有此等条件，拥有此等资源，如果开始做一件最为重要的事情，那就是建立中国商业的中心、中国第二个上海。

先生们，这将取决于各位的努力。

据"Dr. Sun Yat-Sen on Municipal Enterprise"，*The Hongkong Daily Press*，September 6, 1916, Page 2 ［《孙逸仙博士论市政建设》，载一九一六年九月六日香港《孖剌西报》第二页］（高文平译，许瑾瑜校）

英文原文见本册第 841—845 页

维持共和心坚则不畏大敌

在上海宴请从军华侨战士的演说①

（一九一六年九月三十日）

诸君：

今日特设酌于此，为归国从军华侨洗尘，以表本党酬谢诸君之热心。抑此次华侨队自海外万里归来，参加革命事业，不特为中华革命军之光荣，于国民思想亦大有关系。向来反对革命者，皆谓革命党为无业游民，迫于饥寒，不得已而谋革命。此种普通心理，历久未尽销除。不知革命党人本意，乃为国家前途而为之，为图四万万人子孙百世之幸福而为之。此志此目的，外人往往未了解，所以反对繁兴。今得海外华侨归来参与革命事业，遂可一雪斯言，显出革命党非迫于饥寒，不得已而后为之。所以然者，诸君之在美洲、坎拿大②多系创有巨业者，即其余每月所入，换算中国银，皆在百元以上，内地人一年之收入未及此也。诸君舍此月收一二百元之事业，归来参加革命事业，同甘共苦，备历艰辛，谁迫使如是耶？其非以饥寒明也。当各华侨子身赴美国、坎拿大时，或者饥寒迫之，亦不可料。然在今日归来从军，则决无饥寒迫之使归也，乃为救此一国之人，使四万万人之子孙享百世幸福而已。此事流布全国，足使国人皆知革命党为提倡共和、赞成改

---

① 一九一六年八月护国战争结束，孙文下令解散山东等地中华革命军，遣散军中的归国从军华侨战士。九月三十日，孙文宴请在上海的山东从军华侨百余人，嘉许其救国热忱并晓以大义。山东从军华侨大都来自加拿大、美国，少数来自南洋各埠及日本。

② 美洲，此处指美国；坎拿大（Canada），今译加拿大。

革而来，其所希望者乃国家之富强，而非以个人之利害为意矣。

此次从军各华侨，以如上高尚之目的而来，组织此华侨队，奋斗于各地。偶值帝制消灭，袁世凯自死，旧官僚亦皆赞成共和，于是义军要求恢复旧约法，即亦恢复之；义军要求再开国会，即亦再开之，其他种种要求略被承认。我辈最初目的虽未尽达，所志虽未尽行，而要不能不于此时为一停顿，告一结束，此亦始所不及料者也。当帝制之初发生，吾人均谓此为打倒旧习、造成真正共和之好机。然在今日，事实与本愿相违，且此时更有假共和之说。然而国民实际已希望平和，政府已标赞成共和、消灭帝制之帜以为政，则吾人自不能不收束。盖真假之辨，端待将来之证据，现在不能悬揣以决之。人已公布赞成恢复共和制，强谓之伪，不可也，必先与以试验之期间。吾党收束武力，归于平和，即与彼以一试验之机会者也。执政者如诚意赞成共和，吾辈亦当以一国民之资格，赞助政府。藉其曰假，亦必俟确有证据，如袁之帝制自为，尔时自然召全国之反对也。惟今日人心实皆趋向共和，故即旧官僚中全无共和思想者，亦姑顺人民之意，表示赞成。其为真伪，必待将来始知之。今日吾人纵极悬念于共和政治之前途，不得以此而迟我收束之举也。

人多以为各省当袁氏死时，我革命军尚有多数军队，何不留之以为维持共和制之用而解散之？此实由于顺应国民心理，苟执政者已赞成共和，我军自应解散。若谓解散之后恐共和亦随之而倒，此则逆料执政者之不诚，今日我辈不能如是也。惟有顺大势之所趋，暂为监视，不必虑各省军队已散，将来难集也。且今日所有军队固亦不必尽散，或有一部留存。就令并无武力存留，将来有为共和政治之敌者，凭公理以驱之，随文明进步之潮流以行，无往不利。譬如"共和"二字何尝自具武力，而今日无人敢试为反对。袁世凯一试，败且死矣！袁世凯岂无武力耶？袁犹幸早死耳，假其不死，其结果更不堪问，可明知也。彼有欲师袁以坏共和者，力不过袁，而国民拥护共和以反对之者，力必强于今日，其必不成，又何待言。此次华侨归国效力者，美洲、南洋、吕宋、安南各地皆有，比之第一次革命时仅得少数之人，可谓极盛。然若更有破坏共和者，则归来效命以拥护共和者之数，必又盛于今时百十倍矣。

拥护共和不能全赖武力，须赖诚心魄力。诸君此次归来，所志本在救国家，以图子孙百世之福。而归来未久，又见解散，举其成绩，似乎无甚昭著者。然当知此成绩不著之中，已含有极大之好影响。即鼓动国人，使知诸君万里归来，不惜以一切供牺牲，为将来之模楷。则将来有需于维持共和者，国内之人自兴起者必甚多，国外之华侨闻风慕效必更多。于是共和制永不覆灭，中国野心家无所用其破坏之技，即有其人，吾人以诚心魄力，固足奠共和制于永固，不忧彼也。然诸君若以此次归国，一无所表见即归解散，买舟归去，不觉灰心，此则实为前途之一大危险。维持共和之力，本根于心，心坚则不畏大敌。前次所期虽未悉就，吾人之心岂可遽死。吾人自计平生功业，其可指数者，无大于建立此共和制。此共和一日存在，吾人一日为有不朽之业；一旦倾覆，则吾辈真为一无所就矣。

今北京存约法、复国会，共和形式已具，纵非革命党执政，仍不必有所顾虑。要之既曰共和，则凡赞成共和者皆可执政，吾人只排斥反对共和者。现执政者既为赞成共和之人，纵使非倡发共和制度之主张，或输入共和思想者，仍当望之信之，使展其所能。若有反对共和之证，乃当起而锄之耳。吾人之身心既已许与革命党，而求造成坚固之共和国家矣，吾人身心不死，则共和制度亦当永存。故现在最可虑者，即吾人心之不坚。譬如诸君当初自美洲归来，一团热诚只为救国，今日解散，若间有一人或以招待不周或以事少成效遂成自弃，灰心不问国事，此风一播，自败其心力，令共和从此破坏。此则吾人不常存心共和，发扬其思想，使人共喻之、共守之、维持之、拥护之之所致也。

诸君为维持共和政体、发扬共和精神而归，此时仍以一身赴美谋生，牺牲半年之时间精力，毫无所获，或者到美之日，不无嗤笑其愚者。但诸君不妨问彼，诸君归国之日，中国全国内地是否用洪宪纪元①？今日是否已复为民国五年？以洪宪元年归，而力复之为民国五年，功成返执故业，其光荣为何如？不图丝粟之利，不慕尺寸之位，其高尚为何如？然则诸君可以反笑其人，益发扬共和之精神，以感化华侨。譬如现在在坎拿大华侨约五六万人，在北美合众国华侨约十万人，合诸南美当过二十万。归国而有此高尚光荣之结果者，仅诸君百余人耳！人同此心，心同此理，观感研摩，其效至大。使诸君益发挥张大此主义，化彼南北美二

---

①　一九一五年十二月十二日袁世凯复辟帝制，改民国五年（一九一六）为洪宪元年。

十万同胞皆为维持共和之士，是则此一行也，以百人化数千倍之人，以后共和前途当更巩固矣。维持共和，首在维持此心。心不忘共和，国亦不变其为共和，虽有千百袁世凯不能推倒也。何必有军队始足拥护共和？假如今日军队不解散，其数不过十万，华侨队不过千数百人，其力未必能谓之无敌。惟以心力护此共和，则效力远胜于武力矣。诸君初归之意，本欲用武力耳，今虽因无用武力之地而停止，但不可遂以为此外便无救国之途。当发挥此心力，再出而之四方，不灰心，不怨望，保守此气，益扩充之。当思初发愿回国时，是何心事？彼时热血坌溢，不畏困难，今日虽当解散，仍须保此热诚，以巩固我共和。如其灰心，则国家危矣。须知以前诸君欲为一军人而战斗，今目的虽未达，而仍有奋斗之事业待诸君为之，不必手执武器，始为效命于国家也。

且有形之敌易制，无形之敌难防。有形之敌，如世所共拟指有阴谋破坏共和之嫌疑者，不过数人。嫌疑者固不必实，即令为实，亦复易与。何则？彼有形之敌人为世所注目，其帅长皆为位置而生阴谋，其兵卒皆受雇佣而贪日给，若以必死之卒，成城之志，消灭翦除之，非难事也。故共和不畏世人之反对，而畏吾人自心之反对，此即无形之敌也。无论如何爱护共和者，一旦生怠惰退缩之心，或因事不成，爱护国人、成全国人而国人不报，反侮之、傲之而灰心，是为自心反对，即无由克服身外之敌。吾人之心，万不可使有一时受无形之敌之侵入也。诸君既志在破有形之敌，从此更须猛自策厉，以对付无形之敌。无形之敌既消，则不论何时有破坏共和者，必维持之使不堕，不必以执政者为忧也。

今中国国民四万万，其能明了了解共和之意义，有共和之思想者，尚不得谓多。其未了解并无此思想者，于共和深表反对，然彼之反对亦以其心，未必以力也。欲使其心有共和思想，不为反对，必须以心感动之、同化之。如美国及坎拿大等地华侨二十万人，明共和之意思，有其思想者几何人？感之化之，使成为一拥护共和之人，其责任顾不重大欤？现时在美国、在坎拿大，华侨赞成拥护共和者什不得一，然而前时帝制之破坏，华侨实为一最大之力，彼官僚之所忌惮半在华侨。以十分一之华侨而犹有此效果，若能全数感化之，使成为拥护共和之人，则力量十倍矣。此其效果岂不大耶？故此次〈诸〉君归国从军，发挥华侨爱护共和之精神，虽未经大战役，而恢复此民国五年之纪年，已为无形中之大成功。后此当知此无形成功之足重。建设前途尚多艰难危险，若能紧〔坚〕其心不变，则将来有赖于诸君者正多也。

据《心坚则不畏大敌》（民国五年九月三十日在欢迎从军华侨大会演说），载《总理演讲新编》，南京，中国国民党中央执行委员会宣传部一九三〇年三月十二日印行

反抗武人专制

在上海讨逆会议的讲话①

（英 译 中）

（一九一七年七月三日）

此不但共和与帝制之争，实为全体国民反抗武人专制之争。试思今之断行复辟者，即〔既〕非拿破仑，亦非亚历山大，乃一蕞尔之张勋耳。答〔但〕中国人民于此竟帖耳驯服，则中国不独当然受各大国之侮辱，亦且当受各小邦如暹逻者之欺凌矣。

据《西报纪海陆军及民党大会议》，载一九一七年七月五日上海《民国日报》第十版

---

① 一九一七年七月一日，徐州军阀张勋在北京拥清废帝溥仪复辟。七月三日，孙文在上海寓所与军政界人士会商讨逆行动。同月四日，上海英文《大陆报》（*The China Press*）报道此事。五日，上海《民国日报》予以译载。

除尽假共和才有真共和

在汕头各界欢迎会的演说①

（一九一七年七月十二日）

兄弟今日道经汕头，得与诸君相见一堂，是很难得的机会，甚愿乘此机缘，与诸君说几句话。

自中华民国开国，于今已六年，名为共和，其实共和是□，共和之政治果如何？我们还未曾见及。在当日创造共和，诸同志以为推翻专制政体，创造共和国家，我们即可以享共和幸福，国家即可以永远太平。但此六年以来，不惟此种理想全未达到，且屡经变乱，无一日之安宁。在大家看来，都以为共和是不祥之物，还不如满清专制的好。革命党当日所说的幸福太平的话，全是欺骗人的。不知建设共和与建造房屋原是一样。当我们推倒专制，好比将旧屋推倒，以后六年工夫，原要将新屋造成。现今不惟屋没造成，且遇着狂风暴雨，我们连避雨的地方都没有。仔细看来，何以六年来造不成功？实因推倒旧屋之时，不曾将瓦砾搬尽，诸多阻碍，所以总造不成。

革命党提倡革命，是第一步的工夫，建设真正共和则全靠国民。国民须具有远大之眼光，辨别是非之常识，缓缓做去才能造成。又譬如学生求学，非下二三十年苦功，不能成为学者；如做生意，非费尽几许心力，不能发财，何况国家！不观历史，周朝开基，有大王王季、文王之圣，亦百余年才成帝业。可知共和国家断非一蹴可致的。且世界上人物，有新旧两种，新人物有新思想、新希望，所以凡事都步步往前；旧人物反是，则步步退后。此新旧二潮流，当不相容。

中国六年来变乱之原因，正新旧潮流冲突之现象，因冲突所以无进步，所以有一次、二次、三次、四次之革命。一次革命，起于武昌，为推倒满清之专制。

---

① 一九一七年七月六日，孙文偕章太炎、陈炯明、朱执信等人乘“应瑞”舰离沪赴粤，发起反对北洋军阀的护法运动。十日清晨，抵达汕头。十二日上午，汕头各界人士在陶陶戏院开会，欢迎孙文一行。

二次革命，则在南京，为袁世凯暗杀宋教仁而起。暗杀宋教仁，何以就要革命？以宋氏之死，实政府主使，证据显然。夫个人杀人，有国家法律可以裁判；政府杀人，已无法守，人民自危，亦只得革命。三次革命在云南，因袁世凯推翻共和，僭称洪宪皇帝，南方各省拥护共和，所以有护国军之役。四次革命则今日，因倪嗣冲造反，而有张勋之复辟①。现在民国算已亡了，今日不是民国六年，乃是宣统九年。然民国形式上虽亡，民国国民精神上还有民国。何以见之？中国南北各省，国民都明共和是好的，不观现在张勋复辟至今日已十一天，我国民不论南北，都发起公愤，誓杀张勋。现在南方虽不出师，北方早已出师，这样看来，张勋定不久的。从前大家都以为南北相争，而今乃知不是南北相争，是新旧相争。北方有拥护共和之人，南方亦有主张复辟之人，即世人所称为大学问家之康有为先生。

今日国民最要者，是看定新潮流可以救国，抑旧潮流可以救国。国民要有是非心，有是非心又要有坚决心，着实做去民国才有进步。再有一件，复辟发生是旧潮流造成的，共和政体向为旧派人物所反对。若倪嗣冲、段芝贵等为反对共和之人，亦为反对复辟之人。今天北方起兵讨贼之人，又都是昔日赞成复辟之人，是非混乱，目耳淆惑，是为目今最困难最危险时代。官僚知国民爱共和，又不能不口说共和。今日反对复辟是假的，争后来之势力是真的，势力在手，又主张帝制，主张复辟的。

现在要解决此困难，要认定真共和与假共和。若不分真假，以后万无进步。如何分出真假？要从人物上看去，从前反对共和之人，便是以后反对共和之人，我们万不能相信的。今日国民责任是在拥护共和，有一分子责任，即尽一分子力，要除尽假共和，才有真共和出现，才有幸福可享，国家才得永远太平。

据《孙先生演说词》，载一九一七年
七月二十日上海《民国日报》第六版

---

① 一九一七年五月十九日，内阁总理段祺瑞唆使北洋督军团，要求总统黎元洪解散国会。二十三日，黎元洪免去段祺瑞国务总理职。二十六日，安徽省长倪嗣冲率先通电反对，宣布安徽独立，北洋派系的七省督军随之宣布独立。黎元洪被迫请督军团"盟主"张勋入京调解。七月一日，张勋乘机在北京拥清废帝溥仪复辟。七月十二日，段祺瑞指挥"讨逆军"攻入北京，张勋复辟失败，民国政权遂为段祺瑞掌控。

附：另一记录

自清以来，人民蜷伏于专制政府之下，几奴隶土芥之不若，除非革命，难解倒悬。斯时，余游西欧，旋渡日本，思有以出同胞于水火，登五族于衽席。经营二十余年，费无量之心血，始有辛亥武昌起义之事。不三月，而腐败恶劣之旧政府遽尔推翻，而共和政体由是告成。不意国基未固，魔障叠来，而逆贼张勋复谋复辟之举，以荡我国基。然多一番推拆，多一番巩固。若能万众一心，再设临时政府以保大局，则妖氛鬼魅不难扫除，使知帝制之孽，终不容于二十世纪之间群争趋于天下共主之国家，而无或稍生异心，以犯万众之怒。盖一经变故，而民党之精神，益以勃发；整理国家之思想，益以一致也。

据郑永详：《汕头欢迎孙中山记》，载汕头《华英杂志》一九一八年第二期

争回真共和以贯彻救国救民之宗旨

在广州黄埔欢迎宴会的演说①

（一九一七年七月十七日）

兄弟前十余年，以共和政体号召同胞，多所未喻，为时弥久，始为世界新思潮所鼓荡，国人皆晓然于共和之真谊，于是东方之大共和国竟以告成，其中得督军、省长赞助之力，厥功甚巨。共和成立六年，其成绩似殊无足观，而所以影响于世界，为力之伟且大，真令人不可思议！世界中有最腐败之国家、最强大之国家、最不易受外潮激动之国家，其执政诸人威力之猛，积数百年如一日。试思如是国家，即小小改革，已较他国为难，而况议及政体。然今竟一旦忽然、突然，

---

① 十七日下午，孙文一行乘"海琛"舰从汕头抵达虎门，旋改乘"江固"舰抵广州黄埔。当晚，广东军政各界在黄埔设宴欢迎，督军陈炳焜、省长朱庆澜相继致欢迎词，孙文发表此演说。

将牢不可破之专制国而成立一新共和国，与中国作佳邻焉。此俄罗斯之政变，为世界之一大事件，人人所知也。俄罗斯之变专制而为共和，全由中国之影响也。俄罗斯之顽固腐败，欧洲文化不能改易之；国人志士，掷无数首颅而不能改易。以中国能确立共和，故而举数十朝之帝政，仅三数日之变动，推翻无阻力焉，中国为之也。

中国共和垂六年，国民曾未有享过些须共和幸福，非共和之罪也；执共和国政之人，以假共和之面孔，行真专制之手段也。故今日变乱，非帝政与民政之争，非新旧潮流之争，非南北意见之争，实真共和与假共和之争。能争回真共和以求福利者，有二大伟力，其一为陆军，其二为海军。鄙人密察大势，非得强大之海陆军为国民争回真共和，无以贯彻其救国救民之宗旨。迭次与程总长①磋商，得海军全数将士效忠共和。惟是海军必有根据地，上海已为一般称兵谋叛者所割据，浙江、福建亦然，止有以广东为海军策应，然后一切大计划可以展发。

鄙人今日所望于诸公者，即日联电，请海军全体舰队来粤，然后即在粤招集国会，请黎大总统②来粤执行职务。鄙人前日商程总长，已派出舰二艘，往北京迎护黎大总统来南方就职。日本公使以京、津一带都为叛军布满，恐黎大总统一出使馆门，外来之暴力，难免有些危险，徐图设万全之法，乃奉送黎大总统出京。现两舰仍在秦皇岛等候。大约吾人在广东组织妥善后，黎大总统即能来粤矣。

此固国家兴废关头、共和存亡机轴，望诸公合力同心做去，即日发电，招齐舰队及议员等来粤，组织政府。共和国家之总枢全在国会，国会所在之地，即为国家政府所在之地。

据《孙中山抵粤后之主旨》，载一九一七年七月二十五日上海《申报》（六）

---

① 即海军总长程璧光。
② 即黎元洪。

此次返粤之原因

在广东省议会欢迎会的演说①

（一九一七年七月十九日）

今日承诸君欢迎，实不克当。兹将此次返粤之原因为诸君言之。现中国为混乱时代，旬日之间，变幻已多，故兄弟在沪时原定之计划亦因而微有更改也。

犹忆昔日宋教仁被害时，兄弟由日本返国，即主张兴兵讨袁，而各省则以为不可因一人而动天下之兵。不知政府犯法，国民有护法之义务，当然起而惩责政府。不幸兄弟之主张，不为各省所同意，遂无形打消。迨违法擅借外债事成，江西起义，时机已过，终归失败，可为鉴戒。

第三次革命尚未扫除旧污，而袁世凯已自毙，又留今日之祸。夫复辟之谋不自今始，一年之前早有所闻。兄弟亦久已密筹对付之策，惟多数人士皆不疑有复辟之事出现，以至不能防止于未然，亦可惜矣！

查复辟党中原分二派：（一）急激派；（二）缓进派，此派徐世昌主之，盖欲疏通全国有势位之人，然后举事。即民党在彼视之，亦以为可以疏通，彼辈自信必得全国之赞成。其内部预备颇密，惟恐外国不肯承认，故迭次〈遣〉使运动，继更欲以加入协商〈国〉，结欢列强（中略）。汪精卫、蔡元培初不察其诡谋，亦主张与德绝交，国会议员之旗帜亦乱。众论庞杂之时，段祺瑞突然开军事会议，以威吓国会；一面以为对德宣战，可使中国转弱为强。欺人之言，终不能掩天下之耳目。而假冒公民围扰议院之怪象又出，更于暗中运动，欲借外债六万万，以为复辟之费。事尚未成，段氏免职，受一打击。倪贼等倡乱，要求解散国会，并在天津设立临时政府，通告各国，乞求承认。手续不备，遭公使团之反对，斥为与义和团无异。复辟党又受一击。所谓缓进派乃退却不前，认为时议未熟，宜再缓期。急激派之张勋乘机上场，徐、段皆反对之，乃生内讧。

---

① 十九日中午，孙文应邀出席省议会欢迎会。

兄弟在上海时，开海陆军大会于我住宅，卢永祥亦派代表到会，而海军则一致拥护共和。冯国璋欲设政府于南京，海军全体反对，因知冯国璋原非忠于共和。今之宣言讨逆，不过复辟党中急缓两派内讧之结果，故海军不受欺也。

据《孙中山在省议会演说词》，载一九一七
年七月二十五日上海《中华新报》第二版

张勋复辟与真假共和之争

在广州驻粤滇军欢迎大会的演说①

（一九一七年七月二十日）

今日系滇军开欢迎会，鄙人以此欢迎会来欢迎滇军。

继则谓我国自改造共和，六年之时间而经两度帝制②。法国革命后，经八十年亦两度帝制。我国与法国相仿，不过时间较速些。

又谓现在吾侪最可恨者系官僚派，此派戴上假面具，人谓拥护共和，彼亦曰拥护共和。此辈假共和，与吾侪之真共和相混，至人民不能判别。

又谓此次复辟派，内容分为两派，一曰激烈复辟派，一曰稳健复辟派。甲派以张勋为首，康有为副之；乙派以徐世昌为首，段祺瑞、冯国璋、李经羲副之。此次复辟，北洋督军团③均已知之。此次复辟之计划，第一系在天津设立临时政府，第二请外交团承认，第三系对德宣战，第四系大借款六万万，第五然后复辟。不过拟立临时政府时，派梁敦彦往外交团求其承认，为外人所拒。故临时政府改设总参谋处，原举拟〔拟举〕徐世昌为大元帅，徐世昌见此情形，遂不复出。张

---

①　二十日下午驻粤滇军在广州东园举行欢迎大会，并邀广东政要、各界名流百余人出席，会后设宴款待孙文。

②　一九一五年十二月袁世凯称帝，因遭国内外反对而于次年三月被迫取消帝制；一九一七年七月初张勋等拥清废帝溥仪在北京复辟，段祺瑞所率"讨逆军"攻入北京，复辟仅十二天即告夭折。

③　督军团为袁世凯死后由北洋派各省督军组成的利益结合体，动辄以武力干政，受段祺瑞幕后操纵。

勋至京，为康有为所耸动，急不能待，遂宣言复辟。北洋军队下级官闻此恶耗，非常忿激。段祺瑞等辈见此情形，恐民党乘此潮流将段祺瑞之北洋派推倒，遂率所部将张勋逐去，以巩固北洋势力。此次之战争，直可谓稳健复辟派与激烈复辟派战争。现在我南方各省，对于北方尚未有何等表示，可叹！

又述复辟传到上海时，在上海如何会议，卢永祥如何布告，冯国璋如何滑头。冯氏之致电要求继承大总统①，请国会议员全体到南京，要求民党帮助。当时海军即反对。当段祺瑞请冯国璋到天津时，冯已答应，后查悉所部于冯离宁时即宣布独立，所以冯决不敢离南京一步。现在之争，可谓真共和与假共和之争。

后又历言物质之建设，中国工商之不振，关税之腐败。

据《驻粤滇军欢迎孙先生记》，载一九一七
年七月二十九日上海《民国日报》第三版

当拥护真共和并研究国家富强之策

在广东学界欢迎茶话会的演说②

（一九一七年七月二十一日）

今日开会欢迎，非欢迎兄弟个人，出洋回乡者不知凡几，安得人人欢迎。吾之以为今日欢迎者，非欢迎兄弟，系欢迎共和。共和政治至今六年，有共和之名，无共和之实，发现帝制两次，一袁氏洪宪，二宣统复辟。然至今共和仍在者，以人心之趋向。兄弟谓我国人心崇尚帝制人少，崇尚共和人多。何以征之？帝制时期发现期短，共和时期经过期多，可见帝制实不能与共和竞争。即如俄罗斯，昔

---

① 张勋复辟时，总统黎元洪走避外国使馆，并电请在南京之副总统冯国璋暂代总统职务；其时段祺瑞居天津。八月一日冯在北京就任代理大总统，黎下野。

② 迄今数年间中国政局发生巨大变化，孙文等发起"二次革命"及护国两次讨袁战争，革命党也作出从中国同盟会到国民党、再到中华革命党的两次改组。因袁世凯死后北洋军阀延续专制统治，孙文遂于一九一七年七月上旬自上海赴广州发起护法运动，二十一日下午出席在国立广东高等师范学校举行的学界欢迎茶话会。

日专制国也，变为共和①，可见潮流进化，顺时则兴，而帝制永不能存在。

今日回忆宣统即位，宣统大哭，载沣慰之曰："龙位坐一下便了。"卒成为谶语，不数年革命成功。今日虽既经复辟，又不数日而取消。试观段、倪②各人本来赞成复辟，而今忽反对复辟者，以军队鼓噪要反对复辟，拥护共和，段、倪等不得不假共和之名以压服军心，则人人心理趋重共和。可知共和成立，帝制永无发生之望，所虑者，日后尚有假共和与真共和之争耳。段、倪等假共和也，张、康③等真复辟也，假共和之祸犹甚于真复辟。诸君系欢迎共和之人，当先拥护真共和，打除了假共和而后能得真共和之建设，此责任则在诸君。

鄙人谓自今以后，帝制与共和永无竞争之期，所患者真共和与假共和之竞争耳。欲拥护共和，当先图强富，为今日中国第一要义。然此能实行否，则各人有两种见解：有一等人持悲观主义，以为今日中国当亡于瓜分，无可挽回；有一等人具一种乐观主义，以为日本从前比中国贫弱，其地比中国不过两省，而今日能成为世界上第一等强国者，何也？是在教育。诸君立一点志，能提倡兴国学说而已。有此学说，其国则富强，无则贫弱。富强之策何在？一年之内一切不必研究，只研究此种学说足矣。夫日本何以强，中国何以弱？中国为数千年来声明文物之邦，今日何以扫地殆尽？日本乃中国属国也④，而能强逾中国，以中国堂堂上国反不之及，乃一"难"字害之也。夫日本办事则不然，不知有一"难"字，冥行直逐而得今日之成功也。

---

① 一九一七年俄国发生二月革命，推翻沙皇专制统治，分别建立临时政府和工兵代表苏维埃。

② 段祺瑞，原为北京政府国务总理，本支持张勋带"辫子兵"入京，及至张复辟后又在天津组织"讨逆军"攻入北京；倪嗣冲，长江巡阅副使兼安徽省长，本赞同复辟，旋又接受段意见率兵讨张。

③ 张勋，原为长江巡阅使兼安徽督军，一九一七年七月一日在北京以武力拥已废光绪帝复辟，十二日在"讨逆军"攻击下迅速溃败；康有为，保皇党魁，复辟事件重要参与者。

④ 此说失实。七月三十一日，上海《中华新报》第二张第三版刊载由朱执信署名的"更正"启事称："文日（按指十二日）中山先生在粤演说，报馆登载多失本旨，或附以他说者，全乖事实。即如二十三四日广州各报所载军界欢迎会演说，有'日本乃中国属国'等语，此其一端也。以后凡关于中山先生演说词等，除将原稿送刊，如由各报记载舛误，先生不能负责，特此声明。"

　　中国人知识在日本〈之〉上，日本崇尚王阳明学说者。阳明言"知行合一"，中国古书又言"知之非艰，行之为艰"①，兄弟思之，此似是而非者也。兄弟谓之"行之非艰，知之为艰"。虽将旧习学说推倒，此学说上古有人觉悟，而未有能证明之者。然兄弟能得一学说，打破古人之旧学说，即一味去行之谓也。今即以古人之说证明之，中国大成至圣②有云："民可使由之，不可使知之。"孟子言："行之而不著焉，习矣而不察焉，终身由之，而不知其道者众也。"商鞅又云："民可与乐成，难与图始。"从可知"行之非艰，知之惟艰"，实中国上古圣贤遗传之学说。又有一说，可以证明兄弟之说者，即如文法，中国用之而不知之其所以然，是也。豆腐为有机体的物也，外国今日乃发明其大用，惊为神奇，而我中国人箪食壶浆，其制豆腐之术发明于数千年前，则可见中国人非不能行之，但不能知之耳。试思今日兄弟推倒满清，创造共和，用何等方法，兄弟亦不能自知。譬如建屋，中国非必工程师画则乃能起建也，举凡造泥水之人，捄之度之，即能起大屋，亦莫名其妙，不知其所以然。盖凡有先行之，而不必知之者。先行后知，进化之初级也；先知后行，进化之盛轨也。

　　鄙人革命，平昔持破坏而未能建设，近日欲著一书，言中国建设新方略，其大意一精神上之建设，一实际上之建设。精神上之建设不外政治修明，实际上之建设不外实业发达，如斯而已。吾人今日但实力肩任，勉为其难，实力造去可矣。

据《孙中山先生抵省后之广东》"孙中山对学界演说词"，载一九一七年七月二十九日上海《中华新报》第二张第二版

---

　　①　此指《尚书》"说命中"所载商朝辅政官傅说对商王武丁之献言，原文为"非知之艰，行之惟艰"。

　　②　此为孔子谥号。历代帝王封谥孔子始自唐朝，至元大德十一年（一三〇七）加谥为"大成至圣文宣王"，清顺治二年（一六四五）定谥为"大成至圣文宣先师孔子"。

恢复辛亥革命时代之民气

在广东全省军警欢迎会的演说①

（一九一七年七月二十七日）

救国不论成败，只论是非。譬如列强有以雄大之兵力来侵我国，若论成败，彼必得手。是否吾人亦甘心被其征服？吾人立志，当国存与存，国亡与亡。如宋代之文天祥，仍可留天地一点之正气。故欲恢复民国，非先恢复辛亥革命时代之民气不可。

据《军警欢迎大会演说》，载一九一七年八月四日上海《民国日报》第三版

速开非常国会以组织正式政府

在广州报界茶话会的讲话与答问②

（一九一七年七月三十一日）

今日蒙诸君不弃，惠然肯来，至为忻感。

兄弟由沪启程来粤之初，原欲由广东出兵，以征讨复辟逆贼，而以海军为辅。迨抵粤时，复辟已遭打消。然打消复辟者，并非真拥护共和。如段祺瑞者，实为复辟党一重要人物，彼之反对张勋，纯系个人利害之冲突。或谓彼既打退张勋，何不自称皇帝，或拥废帝以自私，奚为假冒共和之名目？不知彼之不敢蹈张勋之覆辙者，因北方军人亦多赞同共和，故不得已以共和为假面具，而后可以笼络其

---

① 二十七日广东全省警卫军、海军、警察全体假座东园开会欢迎孙文。据报道称，孙文在会上演说数万言，未见全文，此为摘要。

② 三十一日孙文邀请各报记者出席茶话会，就在粤召开国会非常会议问题发表讲话，并回答与会者的各种提问。有关答问部分，上海《民国日报》另文录载（见下篇）。

部下。兄弟以为今日救国之第一步，即当恢复国会，尤宜在粤开会。中华民国之约法，明定之权在人民全体。国会为人民代表，议员之任期未免，当然可以恢复国会，〈有国会〉① 然后有统治机关，一切问题皆可由此解决。所惜者广东报界之言论尚未一致，在外省或外国之人，不察内容，将疑我广东尚多纷扰，故言论不一致，其害实深。兄弟非谓持反论者，须弃己见，以盲从我。但不妨互相以诚意讨论之，苟反对者之见解，比兄弟之计划为高，兄弟必肯降心以相从；如兄弟之计划为善，则务宜一致赞成。故今日邀请诸君相会，甚愿发挥所见，指教一切。尤愿持反对论者，畅所欲言，或有怀疑亦请说出，兄弟当尽所知以答复。

中国本不患贫，惟理财乏术，遂觉困穷。若假以一二年之暇日，整顿本无难事。然为救急之计，则此一年内，商借外债或亦不免。然此项俟国会开会后，成立政府，而后可得外人之信用。今段祺瑞亦欲借外债，惟彼不得外人之信用，未必成功。吾人若依法组织政府，外人可无间言，款项筹措不必过虑。况各〈省〉原有缴解中央之额，政府成立，当然照常解交应用，而外洋华侨亦皆乐于赞助。故兄弟以为财政问题，甚易于解决也。

倘以南方〈之〉力统一北方，自然无分裂之忧，否则南方人民亦未〈见〉肯为北方武力所征服。譬之亚洲以日本为较强，然中国人断不肯自甘归并于日本。况北方伪共和派所行自杀之政策，吾人岂可与之同归于尽，虽分立亦何不可以自强，然此不过退一步想。其实北方本多拥护共和之人，南方若有依法组织之政府，则四海归心，伪共和派断无反抗之能力。兄弟主张恢复国会，即为谋统一起见。盖来粤之议员各省皆有，黑龙江亦有先到者，此皆足以代表各省维系统一者也。

至于人民厌乱，殊非实情。反对复辟与伪共和者声浪最高，且以理论之，厌乱必须求治。如任伪共和，专制全国，是奖乱也。譬如火烛，岂能因厌烦扰而不救；又如乘舟触礁，断不能厌烦扰而安卧以待毙。若论南北之实力，南方必占优胜。北方军心不一，而又畏难。历次战争，南方之师皆能以少数胜多数也。况海军握全国势之一半，此次第一舰队宣布拥护共和，即为得胜之先兆也。第二舰队虽未表示态度，〈然皆〉在长江一带之兵轮，其力不足与第一舰队比。第一舰队

---

① 此三字系据胡汉民编《总理全集》第二集所收"恢复国会与组织正式政府"谈话（上海，民智书局一九三〇年二月出版）增补。校勘下文时亦曾以此为参校本。

现有大〔十〕舰将来粤，以兄弟所得之消息计之，今日可到汕头，如非因避风或落煤，则明后日可以到虎门。惜昔英以海军陷京，烧圆明园一役，其军舰尚不及今日我国之第一舰队。今之沿岸空虚，无异昔时，吾人得海军之助力，若出兵北上，十日可到武昌，握中原要点，北方伪共和派非降即逃而已。

外交尤无问题，国会开会，政府依法成立，不待他国之承认〈也〉。非如段氏之伪政府，成立已过旬日，而外人绝无承认表示之意也。惟若南方久不组织正式政府，则北京政府虽非法所许可，而外人将以为国民已默认之，此则可虑矣！故吾人非急速进行不可也。

国会中之民党议员已占多数，故到粤者必多，若以在沪者而言，已有二百余人，必能到粤。如不足法定人数，则可以开非常国会也。

据《孙中山与报界一席话》，载一九一
七年八月六日上海《民国日报》第三版

附：另一记录

（有人询以如照民党计划，国会、总统及海军聚集于广州，其经费若何筹措。孙君答称：）国会暂时用途，已由海外华侨担任，惟将来终须借内债或外债。（孙君以为）以中国之天产及国债额与各国较，中国仍当一极富之国。倘将富源及税则正当整理，则此时虽不免借债，将来偿还诚易易耳。盖只须有一良好之政府，国内外人民皆将信任官吏，则归还国债，人民自乐于解囊也（至于借款一层，孙君确信不难借到）。

（当时列席之人，有提出反对之理由者，以为临时政府一成立，南北势必分裂，人民厌倦战乱，且南分〔方〕实力上未必能与北抗，再则外交上不免棘手。孙君以为：）国会系代表全国人民，今召集于此，即系为免分离起见。但分裂果为佳事者，如病之解腕，亦当为之。南北各得其所欲之政治，国家反而强盛，未可知也。然分裂终是不得已之举，（孙君）亦甚以为遗憾。

（关于引起扰乱一层，孙君谓：）人民固甚厌乱，然恶政府之造乱无穷。今共和派人为自由及良政治之故，举兵与帝制派人争，骚乱不过一时。譬如人家失火，其家之人乃不愿遭救火之扰，则必病狂矣。今中华民国乃在失火之际，此国民所

不可不知也。

（关于帝制派人与共和派人之兵力，孙君言：）海军在实际上已全部赞助南方。海军对外虽不足，对内则有余。以一万陆军，助以海军，即足使北京、南京、汉口长虑而却顾。今广州既已在共和派势力之下，而北方军界及人民亦不乏共和派人，故共和派之势力，只须妥为组织，则武力上占有优势，可断言也。

（关于外交关系，孙君谓：）此层未必有重大问题。查民国成立，国会一经开会，美国即首先承认，今召集于广州之国会，犹是第一次在北京召集之国会。在共和国，国会具最高权。而今召集之国会，又即各国数年前所公认之旧国会，则外交方面如何能发生困难乎？

（至于加入协约，对德宣战问题，孙君信）列强惟于中国能全国一致对外时，始欢迎其加入战团。否则，美及他国宁愿见中国之和平与统一，而不愿其率尔参战也。

（又询以陆荣廷、陈炳焜、朱庆澜及其他两广官员之态度，孙君答称：）彼等赞助共和派人计划，毫无疑义。督军、省长等均曾拍电，请议员来此，一面准备招待，种种筹划，非常周到。吾人对于当局，岂能更有所奢望乎？共和国家，民意为重。官意如何，固可以不问。然使现在之当局而如一年前之龙济光，则彼必不能在广州与官场杂处而发表此等言论，此可为当局诚意赞助之明证也。

（孙君希望）议员集会可满法定人数，若万一不足，可行非常集会。盖在非常事变之时，本可行非常集会，平时法定人数可以不拘。试思督军团称兵，非法毁坏国会，危害民国，甚至举行复辟。非常变故，此等自应予以非常之处置也。

（关于冯副总统之将来，孙君谓：）冯于国会未解散之时，业经辞副总统职，印信、证书均经交还，后来又辞职一次。冯之为帝制派人，毫无疑义。盖复辟若成功，彼可以不居副总统之位而不负责任也。据民党之意，冯虽未公然赞助帝制，然若表示反对旧国会之意思，即不能逃惩罚及褫职。即以江苏督军而论，上海、浦口、徐州之军官纷纷造反，岂能不举兵讨伐？彼之不讨，即应受军事裁判。

（至于关涉复辟之叛逆，罪无论矣。民党对于张勋，反无大恶感。孙君言：）张忠于满清故主，到底不变，亦属可敬。至段祺瑞，若公然赞成复辟，使两方争点更为明白，当为民党所喜。照目下情形，则最善、最易之法，厥为召集旧国会也。

据《孙中山与报界谈话之西讯》，载一九一
七年八月八日上海《民国日报》第三、六版

拥护真共和

在广东各界欢迎海军大会的演说

（一九一七年八月六日）

今诸君何事来欢迎海军？因海军拥护真共和。故今日观诸君之热诚欢迎，则诸君拥护真共和之心与海军之心皎皎可昭日月矣。请诸君三呼共和万岁！

据《广东欢迎声中之要人演说》，载一
九一七年八月十四日上海《申报》（六）

望各人一致承认军政府

在大元帅府茶话会的演说①

（一九一八年一月九日）

此次兄弟与程总长率舰南来，系图共和之恢复。共和之真义在使人脱离奴隶，凡百政制，以民为主。譬如商业，国家如一公司，人民即公司之股东，国民即公司之董事，政府即公司之办事人。办事人非法，董事例得干涉之。有时变出非常，如公司被盗入据之类，董事人数一时不足，则其残余之董事，既受股东负托，亦

---

① 一九一七年八月二十五日，国会非常会议在广州召开。九月一日，国会非常会议推举孙文为中华民国军政府大元帅，滇系首领唐继尧、桂系首领陆荣廷为元帅。孙文随即就任大元帅，唐继尧、陆荣廷却拒任元帅，桂系在广东的势力还多番压制军政府。一九一八年一月三日晚，孙文愤而率领军舰炮击广东督军署。九日，孙文邀请广州各团体代表、各界要人一百余人，在珠江南岸的大元帅府（即军政府）举行茶话会，就军政府处境艰难及炮击督军署事发表此演说。

应有干涉之权。盖非常之变，当受非常处理。今日国会开非常会议，实为应变当然之手段。或者不察，疑为非法，且因是不承认由国会产出之军政府。试问复辟以后，民国已亡，横览中国，除军政府外，更谁是真正中华民国之正统者？若既知北京为非法政府，不予承认，复不承认军政府，得毋复退而承认复辟耶？

总之，军政府在今日恰如一父已死亡之遗腹子，在法在理，俱当然有效。且各省军民，其承认军政府者甚多，如江苏、四川、山西、江西、湖北俱有电来。独吾粤官民，冷淡视之，以致仅有外形，毫无实力。而讨逆戎机，遂种种迟误于无形矣。

当陈炳焜①督粤时，曾致电唐继尧，谓听军政府自生自灭。果其听之，犹可言也。今则愈逼愈紧，只许自灭，不许自生。如军政府欲行其职志，而事事掣肘。至莫擎宇背叛，潮汕已非我有。军政府派金国治往讨，迭克各城，而竟被惨杀。最近本府卫队连长排长二人，系李福林所部，无辜遭军署枪毙。兄弟五点钟送信往保，深夜即被杀戮，并信亦不见复。此二人虽曾造贼，但曾造贼便要杀，又何以处督军、省长？似此行为，是直逼军政府自灭，不止冷淡视之矣。

兄弟向曾宣言，断不过问广东事。故未返粤之先，已时听粤人倡广东人之广东一语。至前数日，各方面更愈逼愈紧，箭在弦上。但其主张在督军位置问题，与吾主张在军政府求生问题，完全有别。故虽有人约兄弟迟三日爆发，共同行事，亦以目的不同，遂不之许。三号晚炮击督署之事，实所以表公道，伸不平，而使军政府自辟其生路者也。幸莫督军②勇于觉悟，绝不还炮，事后又承认军政府所要求之条件。是军政府既有生路，复何苛求之可言？且我对于莫督私交向来颇好。彼督未久，所行政令亦无劣迹可评。以后粤人如欢迎之，或反对之，本军政府都断不过问。

兄弟现在办法，系决将吾粤多余军队率令出发，实行讨逆。出发之后，即使行乞，亦可减吾粤人之负担，而我军政府亦可日辟生机。今请诸君到来，系将军政府以上情形，宣布众听。使人知今后断不至再有惊扰。仍望大家同心协力，拥护共和，回复其公司股东完全地位。

---

① 陈炳焜，桂系要员，一九一七年春任广东督军，同年冬调任广西军务会办。
② 即莫荣新，桂系要员，时任代理广东督军。

军政府之存在，不特要莫督军承认，更要我人民承认。望诸君回去，将此意通告各人，一致承认军政府，则民国不难保存，共和不难恢复也。

据《孙中山请各界茶会记》，载一九一八年
一月十七日上海《民国日报》第三、六版

附：另一记录

此次所以炮击督署者，实由于莫督①无故枪毙金国治及前日游击营统领邓文辉，擅杀福军连排长，并逮捕良民六十余人，绝无证据，诬指为匪，概予枪毙，实属背违法律，蔑弃人道，故军府忍无可忍，不得已以武力对待。

据邵元冲：《广州护法日志》，载南京《建国
月刊》第十二卷第六期，一九三五年六月出版

炮击督军署之原由

在军政府茶话会的演说②

（一九一八年一月十一日）

此炮固用以惩戒粤当局之藐视军政府，而求辟军政府之生机，及护法之进行，然究其实即以保国会之尊严。缘军政府为国会议员所组立，藐视军政府者即为藐视国会。世无无国会之立宪国，更无无国会之民主立宪国。民主立宪国之国会，其权能当较其他立宪国为宏大。其有淡视之者，虽日言护法，已是口不应心。但莫督军自经此炮之惩戒，已大觉悟，今后惟有互策进行，务使约法、国会得以恢复，而发展真正之共和。

据《军政府进行计划》，载一九一八年
一月二十日上海《民国日报》第六版

---

①　此处删去"将率"两衍字。

②　十一日下午，孙文召集国会非常会议全体议员一百余人，在军政府举行茶话会，讲述一月三日晚炮击广东督军署的原由。

省议会应助开正式国会

在广东省议会茶会的讲话

（一九一八年一月十四日）

粤省议会前因欢迎国会议员至粤，故能组织非常会议而成立军政府，今省议会如更能欢迎未来的议员继续来粤，便能开正式国会，则粤议会之造福于民国大矣。且粤省行政费之收入，岁至千余万，若能就其中筹数十万为国会用费，则国会之基础定矣。

据邵元冲：《广州护法日志》，载南京《建国月刊》第十二卷第六期，一九三五年六月出版

望粤军出师建再造共和之奇勋

在广州宴请援闽粤军军官的演说①

（一九一八年一月十五日）

此次何以有粤军会宴？因我军政府成立数月，毫无发展，经陈司令②竭力经营，始有此军队成立。即以此军队，以再造共和。溯民国七年以前可谓无共和，盖一坏于袁，再坏于张，三坏于段③。我粤军此次仗义，再造共和，诸君即为再造共和之人物。粤军此次与军政府出发，可决到处无不欢迎，我军无不胜利。何则？因当军政府未成立以前，无一军队，无以武力维持，空空组织政府，同志多

---

①　一九一七年十二月，援闽粤军（亦称粤军）成立。一九一八年一月十二日，举行誓师典礼。十五日下午，孙文在大元帅府宴请粤军总司令陈炯明及连长以上军官七十余人。首批粤军后于二十六日开赴潮汕地区。

②　即陈炯明。

③　袁、张、段，指袁世凯、张勋、段祺瑞。

以为①兄弗〔弟〕与海军到粤，乃召集国会，产出军府。然当时发起尽属文人，只可名为文政府。今得诸君拥戴，从此军政府可望发展。

兄弟更有告者，现在北方督军，如江苏李纯、江西陈光远均表同情于西南，其余为湖北、湖南、陕西相继起义。依此而推，军政府从前无一军队而各有势力，尚能发达，现既有军队出发，其胜利之结果可以断言。

《兵法》云："知己知彼，百战百胜。"兄弟再将南北军队情形为诸君言之。北方现在兵多械足，又经教练，比较南方，则南方诚不如彼。然吴光新②带兵入川，云南以少数之军队，竟能使吴光新将四川全省完全入我范围。傅良佐③调兵入湘，然湘南举义，遂逐其出境。此其故，非北兵不足以战，盖由我士气发扬，我正彼邪，我直彼曲，所以望风逃溃。福建北兵更不如吴、傅。且北方人士均我同胞，均爱共和，不过压于彼辈势力之下。若我义师出境，彼辈孰无良心，又岂肯与我抗拒？即如李厚基派兵到潮④，其军尽属精锐，桂军所以能克之者，因我以公理胜彼，彼所以不能抗也。然则今日出师援闽，决无不克。更有望者，诸君须建再造共和之奇勋、世界未有之事业，为吾粤增无上之光荣。此为兄弟所厚望于诸军者也。

> 据《孙中山宴援闽粤军诸将纪盛》，载一九一八
> 年一月二十五日上海《民国日报》第三、六版

请省议会从速解决国会经费问题

在广东省议会的演说⑤

（一九一八年一月十七日）

兄弟今日来会，为国会召集经费问题，以求议员诸公之解决。缘国会来粤，

---

①　此处疑有脱字，"兄弟"以下当为另一句。

②　吴光新时任长江上游总司令兼四川查办使。

③　傅良佐于一九一七年八月由北洋政府派往湖南任督军，十一月逃回北京。

④　潮汕地区。

⑤　十七日下午一时，广东省议会开谈话会，孙文发表此演说。

为贵会所欢迎。当时来粤者，虽二百余人。然在京沪间，心切护法而未即来者，尚有四百余人。时因经费困乏，一切费用，本由兄弟担任，然为力有限，应付已穷，故未能一一欢迎来粤。国会之未能正式召集，即此原因。

方今大局纷扰日甚，几乎全国用兵。默念徒以武力解决，究不若仍以法律解决之为愈。国会者，为全国人民之代表，苟能正式召集，事无大小，悉待解决，何患大局之不趋于平和。夫用兵原属不得已之举，得此解决，则全国都可以不用兵，而一国问题，亦可以随之解决。武力之不如法律，当可判然矣。独是经费一点，最为困难，自不能不仰赖议员诸公，以求解决。吾粤自主以后，中央解款，已一概截留，而新增收入亦达千余万。苟能于此款项下，酌拨百万或五十万，移诸国会，则正式国会立可告成，而会中经费亦可支持半载。有此法律解决，则大局可望和平，不用武力。以视本省用兵，而后未及一载，用费至千余万之多，仍无效力。兵连祸结，了无穷期，而结果亦不外乎法律者，敏捷多矣。

国会自解散而后，譬如人身已死。前受贵会之欢迎，召集广州，开非常会议，如人死之复生一半。若再得贵会之帮助，正式开会，直全身复生矣。议员诸公，何幸而得此莫大之光荣，成再造中华民国之大事业乎？各省护法，具有同心，然限于地势，恐亦徒羡诸君之光荣而已。兄弟于此问题，顷与两议长谈论，得表同情，甚望议员诸公，将此问题，从速解决，以救既死之国会，而固垂亡之民国，是则兄弟馨香以祝之者也。

据《粤省〈议〉会筹备国会经费谈》，载一九一八年一月二十四日上海《民国日报》第七版

附：另一记录

（英译中）

迄今已有二百多名非常国会议员抵达广州，还有大约四百名议员留在津、沪。大家都认为共和原则必须加以维护。为了召开非常国会，我已预先垫支了大笔款项，遗憾的是，现时我无能力再这样做了。我发现，自广东宣布独立以来，一切原定给北京的汇款都扣留供本地使用了。此外，增收的捐税已高达一千万元。假

若能给我一百万元，甚至五十万元，供非常国会使用，国会立即就可以正式召开。我还发现，广东同邻省的战争几乎已持续了一年，耗资一千万以上，迄今仍无任何战果。所以，显而易见，成立正式国会同战争相比，是更好的且能更迅速地解决问题的办法。因此，我恳请诸位在这个问题上给予我帮助。

据广东省档案馆：《粤海关关于孙中山任护法军政府大元帅期间广东财政状况情报选》，载南京《民国档案》一九八七年第一期

吁请滇军将士承认军政府

在广州宴请滇军第四师军官的演说①

（一九一八年一月十八日）

今日诸君到此，为军政府之光荣，兄弟感谢。自军署成立以来，少与滇军诸将士谈话，今日是最好机会。谨将兄弟意见为诸君言之。

自段等破坏约法，彼辈与我义师抗，遂有今日南北之战。然南北本是一家，原属统一，何以又有战争？因北京政府破坏约法、倾覆共和，我南方为护法而起。但战争之目的在胜利。伊古以来，战争常有。太古之世人与兽争，结果人胜。渐进文明与野蛮争，结果文明胜。有知识与无知识争，其结果有知识胜。此次因国内有破坏约法者，故不得已起而与之争。但争在有知识、保护约法，与背叛共和者争。果冯②、段胜，抑西南胜，如果我无知识，则事失败，亦不必与之争。若我有知识，则我胜必矣。凡一国政府，必统一全国。北京政府成立在前，已为各国所承认。我等今日反抗政府，即为叛徒，即为土匪。我等甘为土匪、甘为叛徒则已，若不甘为土匪，不甘为叛徒，则必有以处此。

当美国之叛英，何以即能脱离英国范围？因他今日开战，明日即立政府。既有政府即有统治权，故不特不为土匪、叛徒，且卒能成一富强之美国于地球上。

---

① 十八日下午，孙文在大元帅府宴请滇军第四师师长方声涛（兼任军政府卫戍总司令）及该师各军官。

② 冯国璋。

去年爱尔兰之叛英不过四小时，起义时占领邮便局，即与英人战，而某为总统、某为各部大臣之布告已遍布国内。事虽未成，然举动甚有秩序。故当时逃亡美国之人及被拘者，均不得以为土匪、叛徒，而以政治犯论。就上两事观之，美国成功而爱尔兰失败，然政治家均认为是政治上之行动。

我等今日护法已历半年，询之外人，辄指我为叛徒、为土匪者。何故？因北京政府早经成立，外国亦早经承认，我等可无对抗之地位，无统一之政府。即现在军政府对外一事不能发展，亦因未经各国承认所致。故北京政府可以借款，可以购械，而我则不能。然则我等今日与北京政府战，果据何道？即军长、师长亦非可以反抗政府，而与之战。今日欲与北京政府战，莫如称帝，在民国言则莫如称总统，因无相当之地位，不能有反抗之权力。

兄弟今日有友人告我，谓伊自沙面来，据粤海关税务司说，此处海关每年有千万之款解入北京。现南方既有政府，不知扣留，何愚之至此。如此看来，北京政府以我南方千万之巨款购枪械以杀南方，谓非知识之低，无以自解。然则今日我以最低之知识与北京政府战，绝无不败之理。且值百抽五之税均解归北京，故凡我一饮一食，皆予彼杀我之资。兄弟有鉴于此，乃召集国会，产出军政府。然数月以来，只有非常国会与军政府之名目，其他则一无所有。西南护法，岂非护民国之法？在帝国有皇帝，在民国有国会，故民国之国会即为帝国之皇帝。兄帝〔弟〕与国会到此，即如文天祥带宋帝南下。后宋帝死，犹有文天祥以下殉者多人。试问今日国会死，军政散，殉之者果有何人？在坐〔座〕诸长官未必无殉国之思，然尚未见何表示。即现在之军政府，西南护法各军不特不见拥〈护〉，并未见承认。然军政府为国会所产出，较之三国之蜀当为正统。兄弟以为国会为宋帝，兄弟之责任即为文天祥，国会若散，兄弟即殉之，所以有初三夜之举①。此事虽未成，论者多以为失败。兄弟以为军政府不能发展，国会终须消灭，如此做去尚得死所，故仍返军署，预备一死以殉国会。幸当时莫督大有觉悟，谓从今后愿尊重军政府。军政府自成立以来未得人承认，莫督既愿尊重，则承认军政府

---

① 一月三日晚，孙文亲登军舰炮轰广东督军署，但原定分路进攻督军署的粤军、滇军各部却按兵不动。事后，代理广东督军莫荣新托人调停，并亲至大元帅府致歉，允许军政府委任外交交涉员。

者要算是莫督为首先之一人。莫督且言以后种种尽可磋商，交涉员亦归军政府委任①。故兄弟以为莫督既能如此，亦未尝不可以同事。

至于其承认军政府，真心与否，可试问西南护法与否。若要护法，必先有政府。无政府而与有政府抗，即如野蛮毒兽，毫无智识，成亦无功，败则为寇，徒为外人所笑。但我军政府成立半年，尚未经外人承认，是何原因？犹忆兄弟从前在云南河口革命，法国领事即承认为交战团体，迨后事败逃亡，法亦承认为政治犯。辛亥武昌起义，各国亦即承认为交战团体。今日军政府未得外人之承认，其原因甚多，兄弟略为诸君言之。

在军政府未成立以前，兄弟即已向外国交涉，已得数国同意。美国并已表示，军政府成立，美国即可首先承认。迟至今日，何以仍未见承认？因我未有通告到彼。发一通告本非难事，然人将问我政府是否有军队、土地、人民，我将无以应对。如此看来，并非外人不承认我，是我们自己不承认自己。当年武昌起义只有一个团体，今日在广东已有六个团体。其中尊重军政府者，第一为莫督军，第二为粤军。故今日兄弟为国家、为约法，求滇军各将士承认军政府。若大家不承认军政府，将来无论如何胜利，仍不失为叛徒、为土匪。

滇军诸将士千里转战来粤，都是热心爱国，都是最有智识。若以兄弟为不能负此责任，亦宜另组织一政府。不然，难免不蒙不好之名。若能合为一气，一致进行，排除障碍，统一中国，将来定可为世界一等强国。何则？中国土地、人民、物产远过各国。德国以等于云南之版图，以等于四川之人口，然为现在世界第一强国。美国版图、人口亦较我少数倍。若我国能效法德、美改良政治，只要十年便可驾乎德、美。日本与我同文同种，其文明均由我国输入，其土地、人民不如我亦远甚。外人以白人所行，黄人不能做到；日本亦我黄种，何以不过四十年，便能强国？我国若实行从根本改良，兄弟可信十年可以做到。然今年民国已七年，兄弟到广东，闻有许多人民骂我革命党，以当革命时已许他革命后可享幸福，今日乃大谬不然，亦无怪人民之骂。然此皆由革命后一切皆为野心家所剽窃、所垄断，为当时革命党所不及料。但官僚如果可以治国，我们也可让他去做。然此七

① 以往军政府每有事与沙面领事团交涉，均须经桂系之交涉员代为转达，而常被搁置不办。莫荣新后始指派专人由军政府委任为交涉员。

年来，种种违法殃民之事层见叠出。今日之害更烈，故我辈不得已与之战。既与之战，必有相当之地位，始可得外交之胜利，然后出兵可收全功。不然即力打破〔？〕中国，将来之权还归野心家所剽窃。

大约文明国对内不用武力，中国今日并未达到文明程度，不免仍用武力。外人多以南、北为二团体，其实不然。在北，冯有冯一团体，段有段一团体，其余师长、督军拥兵自固各有一团体，南方亦然，今日中国遂成一纷纷之逐鹿之现象。此种现象于国家前途有莫大之关系，吾人应预防之，故不能无统一机关。且去〔前〕年袁逆称帝，云南首先起义，云南军队之声名已洋溢中外。今日出师护法，兄弟实有莫大之希望于我滇军诸将士也。

据《军政府宴请滇军席上之演说》，载一九一
八年二月二日上海《民国日报》第六版

附：另一记录

人民之与政府反抗者，为叛民；军队之与政府反抗者，为叛军。此国家公例则然。人民与军队对于反抗不法政府，欲免除叛名，必设有同等之政治机关。去岁西南创义，军政府之组织，即为是也。然各将帅不明其义，相率观望，故未能大发展。近自莫代督听军政府任罗诚为交涉员，已表示承认军政府，而粤军前日亦有服从大元帅命令之宣言，甚望滇军能一致相从，以期前途之发展。

据邵元冲：《广州护法日志》，载南京《建国
月刊》第十二卷第六期，一九三五年六月出版

同心护法定可成功

在广州宴请海军及滇军第三师军官的演说①

（一九一八年一月二十日）

今日宴请海军、滇军并欢迎伍总长，兄弟感谢。此次兄弟与国会议员到粤开非常会议、组织军政府，其原因由滇军张师长先电欢迎，又蒙海军护送到粤，所以兄弟有此胆量，成今日之结果。海军、滇军厥功甚伟。

大凡天下事都从无意中做成，若能始终一致，亦决无难事。当年革命时，以少数之革命党欲推倒满清政府，我国人大抵皆以为难能。即外国之政治家，亦以中国数千年相沿之专制国，数百年根深蒂固之满清，决难改革为共和国。然兄弟百折不回，照此做去，卒告成功，建立一中华民国。但为野心家所垄断，七年以来捣乱数次。今日我等起而护法，是回复真正共和之最好机会。然兄弟自督海军，滇军欢迎来粤，当时以必可告成功。因现在国家之武力在海军，而海军之权力在程总长，程总长首先护法，与兄弟同来，自可扫除一切障碍，以复共和。

到粤以来，程总长所以不肯急进者，以小心谨慎，统筹全局所致。滇军在粤，饷械皆仰给于广东，不得不审慎再三，故难遂初志。人民方面，比海军、滇军之难处尤有甚者，故虽欲为我帮忙，亦踌躇而不敢出。此故以最好之机会，最易之事业，亦不能稍有起色。凡天下事必须同德同心，不问其结果之若何，一致进行，不屈不挠，方可成功。譬如人生之初，将来其能成人与否，人品如何，在不可知之数。为之父母者，必衣之、食之、教之、诲之，以底于成。故世界之大进化，除天公以外，无非盲从。若预怵于利害，必无幸成之理。譬如吃饭，在文明世界，互相为用，不识不知，饥则食，究未知造饭之理。若一旦漂流荒岛，无五谷百米以充人之食料，无柴米无油盐以助人之烹调，欲求一食，必自做发明家，亦非易

---

① 二十日下午，孙文在大元帅府宴请军政府海军总长程璧光及各舰舰长、滇军第三师师长张开儒（兼任军政府陆军总长）及该师各军官，并欢迎军政府外交总长伍廷芳。惟其时程、伍终未就总长职。

事。今日我辈做国事，亦如来自荒岛，一般人人都未做过。数千年都是专制，一旦要改为共和，必说不能，由其心之不敢做。譬如在荒岛，要发明食料，亦非大难事。今日之必须要政府，即如在荒岛中饥要求食，大致进行，定可成功。

近来军政府渐渐已有起色，从此可望大放光明，都是由滇军之欢迎，由海军之护送。今得伍总长出任外交，故兄弟极表欢迎。将来护法事业，可望成功。

据《二十日军政府宴会志详——宴会海军、滇军，欢迎外交总长》，载一九一八年一月三十日上海《民国日报》第六版

请从速议决国会经费问题

在广东省议会第四次临时会的讲话

（一九一八年一月二十二日）

南北之纷争，原为法律之解决。今者北方既托言调和，是自知其所行非法，无异示我以弱矣。我西南各省既以法律为号召，王〔正〕宜乘此时会，速行召集正式民意机关，此正式国会之不容稍缓也。惟经费一点，极其困难，贵会既召集临时会，为解决此问题，甚望议员诸公本其护法之精神，从速议决经费问题，俾正式国会得以专〔？〕期召集，是则兄弟所深厚幸。

据《粤省议会第四次临时会开幕记》，载一九一八年一月三十日上海《民国日报》第七版

报界应以笔锋为公理之扶助

宴请粤报记者的演说①

（一九一八年一月二十三日）

军政府自去岁成立，其初经许多之困难。至于今年，渐见巩固，且有发展进行之希望。报纸为制造舆论机关，望各家主持公理，指导国民，群策群力，使各尽其职。

回溯军政府之有今日一线之生机，固从困难中奋斗而得。近者川军已逼近成都，粤、桂军已下长沙而攻岳州，荆、襄亦相继独立，而陕西、河南、山东、奉天、黑龙江，亦行将应和，皆系于军政府成立后所唤起。使无军政府，则段祺瑞击退张勋复辟之师，不法政府告成，民国前途如何，殊难逆料。惟今日者，正公理与强权战争之候，望诸君亦奋其笔锋以为公理之扶助。

忆军政府初成立时，举出各部人物，多不就职，以致百事丛生。此皆由个人持重过当，各存观望，致成此现象。故同志老明辈亦有为余下台者，余答以不必作此思想。余一息尚存，惟有打算上台，决不见难思退也。盖人生行事，惟顺其自然，固未有于呱呱坠地时，而预算至末日如何乃生世者。我国人作事，往往欲通盘计算乃行，其脑根实中旧学说之流弊也。此旧学说维何？所谓"知之非艰，行之维艰"二语。以兄弟见解，实则"行之非艰，知之维艰"乃为真理。何以证之？孔子云："民可使由，不可使知。"人多谓其愚民，实则勉人以行，不必求其知也。又商鞅言："民可与乐成，难与图始"，即不必使其知之真而后行也。且法律、政治诸科学之原始，固非有斯学而后行者，乃行之于古昔，而后学者从而研究条分缕析之也。又如化学之发明，来自外国，我国向无化学之名词。抑知我国已早有化学之实验，如瓷器以我国为最良，此实无机体的化学也；又如豆腐，我国人食之数千年，此实有机体的化学也。吾国学生有李石曾者，游于法国大化学

---

① 二十三日中午，孙文在军政府宴请报界同人，国会、省议会议员及军政府官员多有列席。

界〔家〕巴太都之门。一日，巴太都言畜类食植物以肥其身，而人食之。今余人欲使人类能直食植物料，如食牛羊物等，乃谓黄豆最富有脂肪质。而石曾悟为豆腐，为我国已久有此物。可知凡百事物，先行而后知者居大多数。我国人苟扩此思想以行，即可促中国之进步。

据《孙中山宴请粤报记者之演说》，载一九
一八年二月二日上海《民国日报》第六版

留学生关系于民国前途甚大

在广州宴请自欧美归国留学生的演说①

（一九一八年一月二十六日）②

共和国家之建设，端赖人才。留学诸君关系于民国前途甚大，今夕与诸君讨论，即为筹备中华民国自立之方针。诸君须知欧战终局，各国情势必有一番大变动，风潮之激荡，我国实先受其害。各人宜趁此时机，力图实业、教育之发展，至交通不便实为中国进步之大阻力，尤宜特别注意。今日诸君皆学成致用，中华民国实利赖之。

据《军府之留学生宴会》，载一九一八
年二月四日上海《民国日报》第七版

附：另一记录

要使国家富强，必先有一善良政府。现在的政府可以富强国家吗？留学生中，多不愿意谈政治，恐怕涉及政府与自己位置有妨害，这是错了。留学生都是有学

---

①　孙文于一九一七年九月在广东建立中华民国军政府，任海陆军大元帅。一九一八年一月二十六日与夫人宋庆龄在军政府设晚宴，招待就读于欧美各校毕业归国的留学生，连来宾共九十余人出席。孙文在席间用英语发表演说，宴后举行舞会。

②　底本谓一月二十七日广州来函云，宴会于"星期六晚七时"举行，按星期六系二十六日。

问、有知识的。为什么几百有学识的人，不能组织一善良政府？反要怕那几个无学识的伪造政府呢？我以为诸君虽有学问、有知识，却是没有觉悟，就是没有发明自己所有学识的能力。所以我今天希望大家觉悟，结个团体，运用学识的威权，以再造中国！

据《孙中山先生在欧美同学会席间演说》，载北京《欧美同学会丛刊》第一卷第一号，一九二○年三月十日出版

警吏宜为公仆模范

在广州警界宴会的演说①

（一九一八年一月二十八日）

警吏为亲民之官，务宜躬为模范，以示公仆之责，则庶为民治之初基。

据邵元冲：《广州护法日志》，载南京《建国月刊》第十二卷第六期，一九三五年六月出版

我国宪法宜驾乎欧美之上

在广州宴请国会议员及广东省议会议员的演说②

（一九一八年二月七日）

今日以菲薄酒殽，承诸君莅止，不胜欣幸。所欲为诸君述者，窃以今日之世界纯为一竞争世界，吾国积弱已久，所以恃以图存者，全在议员诸君从新创造一健全中华民国，以远大之眼光，内则考出中国数千百年之积弊，外则察西洋各国之兴亡盛衰及其理由，以图挽救之方。但世界进化潮流并不一定，兄弟对此不得不生一种感触。在昔国家之初萌，有家族时代，有部落时代，罔识大团体之国家，

---

① 二十八日下午四时，孙文宴请广州警察厅及各警区官长，并发表演说。

② 七日孙文在广东省议会举行宴会，宴请各议员。

盖亦无公共维系之物所致。自科学发明以后，吾人所应作者何事，以一般人之眼光看来，自应拿出一定的计划来做。质言之，现在我们非从民权上着手不可，即以民权主义为我中华民国建国之方针可也。但我国原系老专制国，完全为人治人力。今日所望者，则在议员诸君仍以人力觅一立国的基础。基础谓何？则宪法是也。

国家宪法良，则国强；宪法不良，则国弱。强弱之点，尽在宪法。今我国宪法尚未公布，其责任纯在议员诸君身上。今日兄弟请以宪法问题为诸君研究。吾国《天坛宪法草案》①中，实有特殊之争点不容混淆者，惜人多未能了解耳。考世界各国宪法之美者，若美国、法国，而英国尚无成文宪法。美国之抵于法治，赖宪法之力，故自美国宪法发生以来，几为十九世纪以来第一之完全宪法。我国之《天坛宪法草案》多仿于十八世纪之陈法，移之十九世纪已属不合，何况二十世纪时代乎？

顾我国流弊甚多，居今之日，尚有反对共和、反对民权主义而提倡专制者，因不知民权之谓何耳。查反对民权者，辄谓民权流弊甚多。不知在外人亦固有反对民权者，所出之书理由亦充足，但其尚未译至吾国，不然反对民权者将谓有所本也。夫民权思想最盛者多在老专制国，而反对民权者多在共和国，是历历可考。故兄弟于此，知民权之流弊实专制流弊所遗传，若民权完全发达，决可无流弊矣。诸君于此，当知美国宪法完全为保护民权。今日创造中国，创造宪法，责任在诸君身上。其责任厥有两端：（一）须知我们为二十世纪的人类；（二）所产宪法当驾乎欧美各国以上，非复十八世纪之陈腐不堪，藉以表示我中华民国为文明开化最早之国也。我国历史上良法美意亦至夥。惟《天坛宪法草案》之弊，概言之有二：（一）完全为十八世纪的旧物；（二）忘记己身为中国人。正如近人某谓美国法治腐败，不及俄罗斯专制之良，而昧于世界之大势也。当日革命注意之点，曰推翻专制时代之皇帝，是禁皇帝作恶。因皇帝一动物也，吾人亦动物也。因彼可

---

① 原称《中华民国宪法草案》，一九一三年七月由国会宪法起草委员会开始制订，十月完成。因在北京天坛祈年殿进行制宪工作，故名《天坛宪法草案》，或称《天坛宪草》。袁世凯对该宪法草案存在诸多限制总统权力之处甚为不满，且又有解散国民党、停止国会议员职务之举，故该草案未能议决施行。

以自由作恶，故从而防止之、排除之。"天坛宪法"即防止皇帝作恶之宪法也。今考美国宪法完全为防止民权流弊，与"天坛草案"相反。推之可见，十九世纪以后之宪法，应防民权流弊。吾国宪法应本是以成，始算二十世纪之完全宪法，不为外人窃笑其不良也。

又我国历史本素注意政治，所谓正心、修身、齐家、治国、平天下①，屡言于数千年前，是吾人政治经验应算宏且富矣。不徒一般毕业于外洋者，得有博士、学士诸学位者尝以为未曾学过，而不细为研究，亦殊可惜。今吾对于宪法所主张曰五权，人皆〈以〉为我所发明，其实系中国良好之旧法。所谓五权者，除立法、司法、行政外，一为考试权，一为弹劾权。查我国对此两权流传极久，虽皇帝亦不能干涉者。往年罢废科举未免因噎废食，其实考试之法极良，不过当日考试之材料不良也。至弹劾权，在历史上能弹劾皇帝，其权限虽仅限于皇帝，然此制度实世界所未有，故中国实为世界进化最早之第一国。今后能于此再加改良，则庶几矣。又今之学者不知中国有三权，徒知外国有三权，而外人则固视中国为民权发达最早，尝摹仿吾国之办法矣。中国虽乞丐之子，凭考试取功名，实平等已极。此外人深以为然，奈何我国人不自知耶？故甚望保存此良法，而勿忘记中国自己之良法也。吾国五权既不自知，即提倡革命〈之〉人，往日亦尝谓不知革命何年成功，乃不事研究及此。今民国已成立七年矣，所望速日产生完全优美之宪法，驾于欧美以上，作成一中西合璧的中国。表示我国宪法为二十世纪以后之法，且表示中国人之中国为最早开化之国，将见各国效我国之成规，抄袭我国之宪法，此兄弟所馨香盼祷于诸君者。

据《附录：孙大元帅之宪法演说辞》，载一九一八年二月二十四日上海《民国日报》第六版②

---

① 语出《大学》，据其原意，正心之前尚有：格物、致知、诚意。
② 底本笔录有欠准确之处，如谓"美国宪法完全为保护民权"，又谓"美国宪法完全为防止民权流弊"，两说意思相反。诚如该报文末按语所云："演说词系速记笔录，多欠圆满。"

商民当负建设之责

军政府宴请广东商界人士的演说①

（一九一八年二月二十二日）

今日得诸君惠临宴叙，非常欣幸。窃念军政府在粤设立，其职责在挽救民国。民国成立七年，中经帝制，转而复辟，民国已亡。是以有护法之师，起而挽救规计。自有军政府以来，逐渐发展，由西南渐至西北。最近陕、甘独立，四川平定，中原门户已为护法军势力之所及。若闽事得手，则江、浙收复自在意中。此后护法功成，当可决耳。但功成之后应如何整顿以谋建设，其责任当属之人民。以共和国为人民之国，非一二政治家之国也。革命党谋覆满清，其目的所在，欲使中国为世界最强之国、最富之国，又政治最良之国。此种目的，当合全国人民为之，乃可达到。

今之论者，每谓革命党有破坏之力，无建设之能，是未知建设之责任谁属耳。且自入民国，复多经变乱，一切政治尚未改良，使人民受此痛苦，更有谓不如满清者。诸君须知国家改革，其苦痛之大不可言喻。外国且勿论，中国明、清嬗代之际，杀戮〔戮〕之惨，吾祖宗尝此痛苦过于今日万倍。其时视人民如蚁、如奴隶耳，死即死，走即走，无可抵抗也。今吾粤受此痛苦，比前可谓大减，宁不能稍忍？国家改革，譬如拆旧屋，建新屋。旧屋既拆，而新屋猝未建成，工匠又复纷持意见，至令建筑延期，则屋中人即不免遭迁徙流离之苦，现在已去建设之期不远，忽转恨拆屋者之多事，又复欲入居旧屋，宁有是耶？以故上年虽发生复辟举动，护法即起，以与彼辈争持，目的之达将有日矣。

顾吾谓建设在民，其说何在？民国以民主〔人民〕为主。中国人民前分四类，士、农、工、商是也。近世实为三类，以农、工、商皆有学问，盖士而农、而工、而商者，非此不足与世界相角胜。孔子言："不在其位，不谋其政。"今诸

---

① 二十二日军政府设午宴招待商界、慈善界人士，到会百余人。宴会后由孙文及军、政、商、善界代表发表演说。

君既脱出满清奴隶而为民国之民，在其位矣，又岂可放弃耶？

又中国人患在久安，其恨竟不能及远。无论何事，或委之天命，或委之气运。不知人类进化，有天然之进化，有人为之进化。国家进化由旧而新，由天然而人为，天命、气运皆人所造成耳。即如今日欧洲战争，吾国商业无不感受痛苦，无不委之天命与气运。然试观日本商业有受此痛苦否？不特无痛苦，且得以借此时机发展其商业。目下日商，从前富有万金，今变为百万。其银行前仅积存七八千万者，近至十余万万。以视我国商业，苦乐相去，何止霄壤？此无他，日有政府为之援助，其商人又均有学识、有眼光、有预备，故能乘此机会，以图发展耳。至中国旧日政府，向行奴视商民政策，既无学识，复无援助，故有机会不能起而乘之。其平日施行一切压抑商民之政治，一开口不曰奸商，即曰市侩，复因种种妨害商业之手段，至此虽欲商会之发达，安可得乎？

现世界各国，对于农、工、商约分三种：若中国，则妨害农、工、商者；若美，则保护农、工、商者；若德，则几为农、工、商之国矣，以故有大商业、大工厂皆由国家为之主持，为之管理，即国家亦含有农、工、商性质焉。此何以故？因此种大事业非一二人可能办到之故。

即如吾粤农家，向患水灾，谋筑一围以防止之，仍须有别围之防护。此非可赖一围之力者，势不得〈不〉仗政府之力以助之。又如办铁矿，需本数千万，使政府不出为肩任，则一二人之力岂能胜此？目下欧战，铁价高至十数倍，且无可供用。吾国只汉阳铁厂年出铁不过十万吨，而一切未开铁矿不知凡几。坐令此天然物产，日日尚求助于人，长此不已，其何能了？现查关税入口表册报，每年在三万万之谱，其出口者不及二万万，是每年贡此一万万于外国矣。又入口货以洋布为大宗，吾国岂无土布，惟土贵洋贱，故争趋之。在昔闭关时代尚可自存，今恐未能耳。又吾粤实业未能发展，地方遇有非常事故，需用之急，倡议开赌。开赌之害，夫人皆知，今为损失核算，若开赌者及赌者每日约百万人，其失业及销耗及赢输，共同损失每年当在五千万以上。若以此五千万共营一大事业，何业不成乎？今吾国民以有限之金钱，既消乏于外货，复没耗于赌博，不特为国家危险之事，实为人民最危险之事矣。

由是言之，诸君而欲免此危险，即不能不负一分政治之责任。现在护法已将达目的，以后建设仍须大家合力维持。军政府成立已及六月，其发展将及于全局。如将来尚有一二野心家破坏法纪，政府可以任之。其余一切建设，仍靠多数人民为之援助，此则兄弟所期望于诸君者。

据《孙中山提撕商民之演说——商民应负政治责任》，
载一九一八年三月三日上海《民国日报》第六版

美国足为吾国模范

宴请美国领事的演说

（一九一八年三月十六日）

今晚承美国领事韩君及各界诸公光临，无任荣幸。惟中国建造共和已阅七年，尚风潮汹涌，无一定办法。美国为世界第一共和国，吾国共和是美国首先承认，即所以承认国会也。国会不幸被奸人迫而解散两次，实逼处此，至开非常会议，预料美国当为欢迎。但此会为非常会，当有非常责任。过此以往，又是宪法问题。宪法为国家根本大法，与国之存亡相始终。盖宪法成立，国之根本，庶难摇动。故望议会诸公，速开正式开〔国〕会，早颁宪法。宪法成，国本斯固。吾国数年来，叠遭变乱，张勋复辟，督军造反，大逆不道之事，无所不有。此为建造共和国应有文章，实足为吾民一大教训。现又有复辟之谣，以吾国人心论，当信其再无此事实发现。况世界潮流趋势，集于共和，吾信吾国将必成一光华灿烂之共和国。总领事是美国人，美国是新世界之老共和国，吾国为旧世界之新共和国。新世界之老共和国民，与旧世界之新共和国民，相聚一堂，曷深欣慰。但美国为先进文明国，事事皆足为吾国模范，尚希进而教之，予颇欢迎。

据《元帅府欢宴美领事》，载一九一八年
三月二十六日上海《民国日报》第六版

根本反对改组军政府

在军政府对国会议员的讲话①

（一九一八年四月十一日）

军政府视国会如君父，国会之所决议，军府无不服从。顾如昨日所提议之改组军政府，为军政府本身的存亡问题，而国会事先绝未征求军府意见，径行提议而付审查，揆之事理，宁得为平？且以法律而论，约法规定为元首制，今乃欲行多头制。又军政府组织大纲明明规定：本大纲于约法效力完全恢复、国会完全行使职权时废止。无修改之明文，今又何以自解？

军府近于外交方面，正在进行接洽之中，今蒙此影响，军府基础已摇，日后必无进步可言。况日本以军械借款之故，决计援段，英则素嫉民党，法则自顾不暇，今日能为我助者只一美国，乃以改组军府之影响，美亦不能再为我助。故今日余个人对于改组一事，根本反对。即于改组后有欲以余为总裁者，亦决不就之，惟有洁身引退也。

据邵元冲：《总理护法实录》，载南京《建国月刊》第一卷第三期，一九二九年七月出版

附：另一记录

我对于此事并无成见。但我辈既以护法为目的，诸事当求与法律不相违背。我中华民国约法既规定元首政治，正式国会议决大总统选举法及非常国会议决之军政府组织大纲，均无不与此同样体制。倘此制忽拟改为无〔多〕头政治，不几与法律相违背耶？但求诸君会议法律当与根本大法性质不相抵触，此外兄弟别无

---

① 四月十日，国会非常会议在广州开会，出席者六十余人。在桂、滇两系支持下，罗家衡等四十余名国会议员联署提出改组军政府案，建议将军政府由大元帅制改为众总裁制。十一日，孙文约请全体国会议员到军政府谈话，表态反对改组军政府。

意见。

至对人问题，无论陆干老①、唐继尧来做大元帅，我均可让他来做。他派我做别项事件，虽在前敌极危险的地方，我均可去干。若使我牺牲法律，则所谓护法者，何〔实〕万难承认。

据《大元帅护法外无成见》，载一九一八年四月二十六日上海《民国日报》第六版

宁可个人去位亦不可改组军政府

对国会议员代表的讲话②

（一九一八年四月十三日）

现在无论言外交、言内政问题，皆不好动摇根本。若改组，即是使护法问题根本动摇，种种弊害困难皆由此发生。且正式国会召集之日距今不过两月。且〔而〕正式国会若成立，则又非于改组之外再行改组不可。一日三变令，内外人士皆以我护法之举为乌合，故至今尚坚持不改组之议。

现在最要紧者是令陆干卿对大局表示决心，对民国表示诚意。若彼能来梧州，则为决心诚意之表示。〈予〉即可亲赴梧州与之面商一切，以谋感情之融洽。万一彼不能来梧，即到南宁亦可，予亦能亲赴彼访之。若彼愿任大元帅，则吾让之于彼，亦无不可。倘既不能到梧州，复不能到南宁，是毫无决心与诚意，则无论如何联络总是做话。今日办法只有以人就法，不可以法就人。以人就法，则予个人去位可也；以法就人，则改组万不可也。

据《军政府改组问题》，载一九一八年四月二十八日上海《民国日报》第六版

---

① 即陆荣廷，字干卿。

② 国会非常会议审查会推代表褚辅成、王湘、吴宗慈、卢仲琳、王葆真五人晋谒孙文，征询改组军政府意见。孙文作此讲话的日期据邵元冲《总理护法实录》酌定。

辞大元帅职之说明

居正代表孙文在国会非常会议的报告①

（一九一八年五月七日）

大元帅以诚意向国会非常会议辞大元帅之职。所有辞职理由：

一、从政治上观察，大凡立宪国政治之进退，全视民意为依归。民意代表机关即在国会，国会信任政府，则政府无论处于如何困难时际，当然求贯彻其主张政策，锐意进行。国会不信任政府，除宪法上解散国会之规定外，政府当然辞职。况此次国会非常会议，系由黎大总统以违法解散而来。大元帅不忍国会之中断，民国之沦夷，奔走呼号，国人大为感动，于是海军有护法之宣言，广东有自主之宣告。大元帅冒险南下，请求广东省议会欢迎国会，国会议员不远千里，遂开非常会议于广东，是以有军政府之组织。大元帅受国会之付托，任职以来，险阻艰难备尝之矣，一意以拥护国会为职志。于是护法各省始晓然于国会之尊严，莫不以恢复国会为达护法之唯一目的。今国会非常会议既通过改组案，虽改组内容尚未决定，大元帅认为不能贯彻其主张政策，只有服从国会，洁身以退。此不能不辞职者一。

二、从法律上观察，原"军政府改组大纲"经国会非常会议议决，无修正之规定，今一旦骤然修正，当然与原大纲有变更。大元帅守法，不能曲从，挽救无术，亦只出于辞职一途。此不能不辞职者二。

大元帅辞职以后，对于国会非常会议有绝大之希望：此次护法，非仅护法，即以救亡。欧战不息，某国利用此机，耽耽〔眈眈〕虎视。段祺瑞再出，欲假外援，不惜牺牲国家，灭我护法政府及各省各军，以逞一时之欲。共同密约行将签字，近复由某国驻京公使南下，与某要人晤商，名为调和，实则压迫。大元帅绝对反对和议。即护法各省各军，如承受其调和，自然承认其共同密约，中华民国

---

① 五月七日国会非常会议举行二读会，议决军政府改组案。居正代表孙文到会，作辞职报告。二十一日，孙文乘轮离开广州，前往上海。

即等朝鲜。况自民国以来，误于和议者不止一次，尚不至亡国者，以仅内部争持，无外国之干涉也。今若以改组之故，本想联合，适得其反，由外人干涉议和，则是亡国之罪，国会不能不任其咎。所以深愿国会诸君，无论改组若何，仍本初志，勉励护法各省各军，践最初之宣言，拥护约法，戡定叛乱，国会与大总统完全得行使其职权，不但民国不亡，而共和政治率由轨道，国民幸福由此日臻。大元帅虽辞职，亦与有荣施焉。

据《军政府改组之汇闻》，载一九一八年
五月十五日上海《民国日报》第三、六版

关于护法救国的讲话

（一九一八年九月二十五日）

护法，须护到国会确能完全自由行使职权为止。救国，须救到无条件收回青岛及其他一切领土主权为止。若议救之军行使至半途即畏难苟安，忍弃永久和平，而求暂时和平，忍牺牲公众永久之权利幸福，而谋个人或一派暂时不正当且不永久之权利幸福，即中止者；又或互相猜忌，倾轧残害，不求根本团结，不能诚恳互助互让，口是心非，背道而驰，阳藉护法之名，实行违法之事；外标救国之帜，实酿亡国之祸者，其罪均与公然毁法卖国者相等，则迭次所高张之护法救国等旗帜，均为多事，不如痛痛快快直接投降国贼，间接投诚日本，早亡民国为完事。

据《吴山吁求国会速行制宪速组正式政府通电》，载中
国第二历史档案馆编：《中华民国史档案资料汇编》第
四辑上册，南京，江苏古籍出版社一九八六年九月出版

五四运动对整个社会有绝大影响

在上海中华民国学生联合会代表会议的演说①

（一九一九年六月）②

宋代有太学生陈东③等伏阙上书，今日有北京学生发起的五四运动，学生不能安心读书，挺身出来干预政治，总是由于政治太坏之故。从五四运动以来，不一月间，学潮弥漫全国，人人激发爱国良知，誓死为爱国的运动，整个社会蒙受绝大的影响，使顽劣的北京政府也不敢撄其锋。此一运动倘能继长增高，其收效一定更为伟大而且久远。

据屈武：《激流中的浪花——五四运动回忆片断》，载北京《中国青年》一九五九年第十期，一九五九年五月十六日出版

---

① 一九一九年五月四日北京爆发学生爱国运动，上海等许多城市各阶层人民纷相响应。六月十六日，二十一省市学生代表六十余人云集上海，成立中华民国学生联合会（八月改名中华民国学生联合会总会，北京大学段锡朋、复旦大学何葆仁分任正副会长），随后举行代表会议。孙文除派专人与各地学生代表联络并接见来访学生外，还应邀至该会代表会议上发表演说。忆述者屈武是当时在沪的陕西省学生联合会会长，称所录为孙文的讲话大意。

② 底本及有关史料均未说明演说日期。因发生于全国学生联合会成立后不久，估计是在六月中下旬，故标为六月。

③ 陈东以太学生身份曾上书宋钦宗请诛奸臣蔡京等六人，复率诸生伏宣德门上书请留任因力主抗金而被免职的兵部侍郎李纲，从者数万人。后一要求被接受。

革命党之事业为革命事业

在上海中华民国学生联合会代表会议闭幕式的演说①

（一九一九年八月五日）

　　鄙人自广州回沪以来一年有余，今日为第一次与公共之社会相见。第一次相见，而与全国学生诸君相见于此，得毋为好事者遇事生风，谓我孙中山又将利用学生诸君乎？诸君以高尚清洁之人格，邀鄙人莅会；鄙人亦以堂堂正正之态度，诚恳以与诸君相见。我人建设新中国之精神，庸不当如此乎？然彼鬼鬼祟祟之政客，只知以利用不利用之生活，施其鬼蜮者，不知又将造我人若何之谤辞，诚不值吾人一笑也。

　　鄙人今日在诸君之开会秩序单上，实无鄙人之地位。盖鄙人非外宾，亦非教育家、商业家、工业家、新闻学家也。鄙人所能代表之团体为革命党，鄙人毕身〔生〕之事业为革命事业。鄙人今日与全国学生诸君作第一次之见面，可谓中国之革命党与诸君为第一次之携手。②鄙人瞻望前途，顿生感触，今请为诸君陈之。

　　"革命党"三字，至今日几为一般国民所头痛矣。何以故？革命党之目的，虽未尝无可取，革命党之精神，则重在牺牲，重在破坏，重在演国民的悲剧。是故凡为革命党者，第一要有不顾身、不顾家之志愿而后可。然一般好静恶动之国民，则只知顾身，只知顾家。官僚阴谋者乘此国民之惰性，惟以顾目前之身若家，欺罔国民，所谓"维持现状"。"维持现状"之一句话，自袁世凯创作以来，直至今日，官僚尚视此为惟一传薪之衣钵。然而国权暗削，日日卖国，民族之生机日促，现状之不能维持，转以日亟矣。民国以来，危机四发，经过多少痛苦，而人

---

　　①　中华民国学生联合会代表会议于六月中旬在上海开幕，后据所订会章改称为评议部会议，该部由各地学生团体推派的代表组成。八月五日下午在先施公司屋顶花园举行闭会式，并设茶点招待，到会有各地学生代表及中外来宾二百余人。孙文应邀在会上演说。

　　②　戴季陶《革命！何故？为何？》（《建设》第一卷第三号）评论孙文此次演说："八月五日中华民国学生联合会评议部闭会式，孙逸仙先生到会演说，介绍'革命党'给他们。他说：革命党的能事就在革命，又反复例证革命党只能革命。"

不知彻底觉悟者，皆坐此"维持现状"之一语，自欺欺人，有以误到今日也。

学生诸君，今次之爱国运动，所谓罢课、罢市、罢工者，皆属一种牺牲之精神、动的救国运动，根〈本〉不与静的、消极的国民惰性相容者也。然而今日诸君则胜利之诸君，完全获得国民同情之诸君也。此鄙人不能不佩诸君之智勇，而祝中华民国前途之万岁者也。

然则革命党何以从前失败乎？一言以蔽之曰：吾人所引之伙伴不良，中途叛逆民国，此为吾人所已得之教训，今愿陈之诸君之前者也。辛亥光复以前，前清之待遇我等者，彼时尚未有"革命党"之徽号，不曰"谋叛背逆"，便是朝廷之"乱臣贼子"。我革命党于此际，即不顾身、不顾家，以与满清之朝廷奋斗。当时顾身顾家之国民，及惟官自视之大僚，避吾人惟恐不及。迨复辛亥革命成功，我党之胜利逢源而至。当时彼顾身顾家之国民，及惟官自视之大僚向日避吾人惟恐不及者，今则无不欲以老革命党、老同盟会自居。诸君试思革命事业本属公开，彼等自称觉悟，欲与吾人同志，吾人讵有法以拒之乎？于是，虽以袁世凯之枭雄，吾人未尝不以推心置腹，与共革命事业，轻大总统而让之。不意袁氏帝制自私，处处与国民为逆，此吾人招徕伙伴不良第一次革命失败之教训，不得不痛故〔切〕为今日诸君道之者也。今者段党肆横，张勋乱国，民主国家所视为唯一要素之国会，又遭第二次之武人迫散。我人为护法起见，再起义于广东，设军政府，惨淡经营，始基略定，不意国会诸君至此又生崇拜势力、不慕正义之心，认二广之武人陆荣廷等，以为可与共护法事业，听其指使，成立改组军政府案。今者南北和议未成，而大总统之称谓已喧腾全国，护法事业扫地以终。个人权利之争，百世莫赎。一部民国史，从何写起？此又吾人招徕伙伴不良，不得不将其所得之教训，再痛切为诸君道者也。方袁氏之既死也，使国人稍有决心，革命事业本可彻底成功。不意梁启超氏又认北方军阀，谓可与作伙伴，一纸论文，横消全国方张之民气，护法事业中道殂殂。迨后国家非特无开明之望，即彼私心欲利用段氏者，无不横遭段氏之白眼。此又一认错伙伴以致失败之历史也。诸君，今日界线，本属至清。学生之团体为学生，本无合伙与人共事业之必要。今后救国前途，诸君只须凭着良心上自己之直觉向前做去，人亦无从利用诸君，诸君亦无可与人合伙，且亦无所谓利用不利用。救国之天职，孰非国民人人所应有，人人自动的直接救国方法？此真正之救国方法，吾人惟以失败所得之教训，今日贡之诸君之前，听诸君之研究而已。惟诸君今日尚在求学时代，救国之心志始终一贯，而救国之途径固随在而可策应时势之宜。鄙人对于诸君胜利之前途，惟祝中华民国之万岁矣。

由此观之，我人革命事业之失败，坐在成功之际，忽搀入许多武人官僚，口称同志，虚示投降，招徕伙伴不良，卒至全国无从统一。内部既乱，事业失真，于是革命所成就之结果，全不与吾人之初衷相符矣。我人自问良心，革命以前之清廷，革命以后之民国，其政府与社会两两相较，实不如从前远甚。此则鄙人私心内疚，实应告罪于国民，然亦知革命而得今日之结果，全非我人所愿也欤。

今日者，中国不统一之现状，可谓到处皆是矣。南北各共一事业，而无不同床异梦。北曰统一，而有直系、段系之争。段氏之下，又有徐树铮、靳云鹏等之争。直系之下，又有曹锟、李纯之争。东省有奉、吉之争；交通系有新、旧之争，甚至卢永祥驻军淞沪，而其部下军队（按：中山当时历举其名，记者忘却）① 日有至鄙人处，声言其不当，请为讨伐之先驱者。南方亦同一怪现象，口称护法而心则勾结北方，是则不特同床各梦，而亦心口不能自己统一矣。今则护法之假面，行且揭开，而民国之革命史又增一团恶臭矣。全国学生诸君乎，我人革命事业之失败，坐在同志中道误信权势，卒至招徕伙伴不良，同床各梦，无从以道义相结合，而全部失其统一。此我人一身失败所得之教训也。今与全国学生诸君作第一次之见面，鄙人愿以至诚，希望学生诸君之勿贪近功，中途羡慕权势，招致异类，令全国事业发生不统一之现象。此则鄙人对于诸君胜利乐观之前途，愿贡其刍见者也。今日诸君行将闭会就学，实践其勤学不忘救国、救国不忘勤学之主张。鄙

---

① 原文如此。

人愿祝诸君万岁！

据《孙中山先生的演说》，载北京《川
局促定会会刊》一九一九年第一期①

附：另记录之一

鄙人今日在诸君之开会秩序单上，实无鄙人之地位，盖鄙人非外宾，亦非教育家、商业家、工业家、新闻学家也。鄙人所能代表之团体为革命党，鄙人毕身〔生〕之事业为革命事业。鄙人今日与全国学生诸君作第一次之见面，可谓中国之革命党与诸君为第一次之携手。鄙人瞻望前途，顿生感触，今请为诸君陈之。

"革命党"三字，至今日几为一般国民所头痛矣。何以故？革命党之目的，虽未尝无可取；革命党之精神，则重在牺牲，重在破坏，〈重〉在演国民的悲剧。是故凡为革命党者，第一要〈有〉不顾身、不顾家之志愿而后可。然一般好静恶动之国民，则只知顾身，只知顾家。官僚阴谋者乘此国民之惰性，惟以顾目前之身若家，欺罔国民，所谓"维持现状"。"维持现状"之一句话，自袁世凯创作以来，直至今日，官僚尚视此为惟一传薪之衣钵。然而国权暗削，日日卖国，民族之生机日促，现状之不能维持，转以日亟矣。民国以来，危机四发，经过多少痛苦，而人不知彻底觉悟者，皆坐此"维持现状"之一语，自欺欺人，有以误到今日也。

学生诸君，今次之爱国运动，所谓罢课、罢市、罢工者，皆属一种牺牲之精神、动的救国运动，根本不与静的、消极的国民惰性相容者也。然而今日诸君，则胜利之诸君，完全获得国民同情之诸君也。此鄙人不能不佩诸君之智勇，而祝中华民国前途之万岁者也。

然则革命党何以从前失败乎？一言以蔽之曰：吾人所引之伙伴不良，中途判

①　《川局促定会会刊》为北京大学四川旅京学生川局促定会主办，所刊本文转载自天津《益世报》。《益世报》在一九一九年八月十二、十三日连载该报驻上海通信员 LU 生所撰《孙中山在全国学生会之演说》。惟文中前言称：八月六号，全国学生联合会评议部行闭会礼，函请各界莅会演说，研究国民今后救国方针。但上海本地报刊均报道全国学生联合会评议部闭会式在当年八月五日举行，据此可确定孙文演说的日期。

〔叛〕逆民国，此为吾人所已得之教训，今愿陈之诸君之前者也。辛亥光复以前，清之待遇我等者，彼时尚未有"革命党"之徽号，不曰"谋叛背逆"，便是朝廷之"乱臣贼子"。我革命党于此际，即不顾身、不顾家，以与满清之朝廷奋斗。当时顾身顾家之国民，及惟官自视之大僚，避吾人惟恐不及。迨复辛亥革命成功，我党之胜利逢源而至，当时彼顾身顾家之国民，及惟官自视之大僚，向日避吾人惟恐不及者……（未完）

据《孙中山在全国学生联合会之演说》，载一九
一九年八月十六日长春《国际协报》第三版①

附：另记录之二

现在中国最大弊病在不能统一，各界莫不皆然，惟学界此次举动差强人意。盖以革命经验而言，其弊亦复在乎不统一，故望学生能力图统一，以促进人民之团结，知有国家而牺牲个人。

据《全国学生联合会之闭会式》，载一
九一九年八月六日上海《申报》（十）

欧美留学生应负维护国家之责

在上海中华欧美同学会成立会的演说

（一九一九年八月三十日）

欧美留学生系学问最深、人格最高之人，应负维护国家之责。今日之政权已落于武人、政客、顽固党之手，国家已陷于极危险之地位，诸君宜有担负国家大

---

① 《国际协报》系小型报纸，基本为日刊，但并非每日都出版，上海图书馆藏一九一八年计有十九日，一九一九年则仅此一日。孙文演说词乃由该报连载，惟以后各日阙如。

事之觉悟。

据《中华欧美同学会成立记》，载一九一
九年八月三十一日上海《申报》（十）

改造中国之第一步

在上海基督教青年会国庆庆祝会的演说①

（一九一九年十月八日）

今天承青年会干事的预约，得与诸君相见，是狠愉快的事。"改造中国之第一步"这个题目是主人所定，事前没有同兄弟商量，所以只能就题发挥了。

十月十号是中华民国国庆的纪念日，青年会提前两日庆祝，兄弟得身与盛会。但今日亦可认为国庆日，因武昌搜获党人名册、穷捕党人、拘杀三烈士的一日，正是八年前的今日②。十月十日的成功，全靠有八日的牺牲。如满清当日不竭力压迫，革命爆发或不能如此之速。革命成功已经八年，何以到今日还有"改造中国"的名词？因当时已推倒了满清的政府，其他关于建设上种种，绝对没有着手，所以今日还不能不讨论改造中国的方法。

为什么要改造呢？因现在中国政治非常腐败。至于改造方法应从何处着手？有人说，教育是立国的要素。但我们若致力于教育事业，一般官吏非特不能提倡，且必来设法摧残。假使我们培养一个青年，费巨额金钱，俾受一种完全教育，官吏有时竟因嫉视新人物的心理，置诸死地。

又有人说兴办实业，救多数人生计的困厄。奈官吏非特不能提倡奖励，且对于较大之公司或开矿事业等，必先得多数贿金，才许照给〔给照〕开办。辛亥以后，多数华侨热心回国经营实业，因官吏索贿过重，致中途灰心。从这点看，从

---

① 一九一九年秋，孙文以更多精力关注国内政局，重新集结革命力量以图东山再起，对中华革命党进行改组。十月八日晚，应邀出席上海基督教青年会在其会所举行的中华民国国庆庆祝会，发表此演说。两天后，于双十节国庆日宣告成立中国国民党。

② 搜获党人名册系在汉口俄租界革命党机关，三烈士指彭楚藩、刘复基和杨宏胜，以上事变发生于十月九日午后至十日凌晨之间。

实业上改造起，也是没有希望的。

又有人说，立国根本在人民先有自治能力，所以地方自治为最重要之一事，现应从一乡一区推而至于一县一省一国，国家才有希望。但现在官僚何尝愿意人民有自治的能力？大家只须看各地方自治经费统被他们挥霍尽净，致自治不能举办。

以上三种，固是改造中国的要件，但还不能认为第一步的方法。第一步的方法是什么？在兄弟的意思，只有革命。"革命"两字，有许多人听了觉得可怕的，但革命的意思与改造是完全一样的。先有了一种建设的计画，然后去做破坏的事，这就是革命的意义。譬如我们要建筑一新屋，须先将旧有的结构拆卸干净，并且锹地底，打起地基，才能建筑坚固的屋宇。不这样办去，便是古代的建筑方法，不适用于今日。八年以来的中华民国政治不良到这个地位，余〔实〕因单破坏地面，没有掘起地底陈土的缘故。地底的陈土是什么？便是前清遗毒的官僚。

中国国家腐败到这点，是不是革命的罪恶？不是的。革命破坏满清政府以后，一般人民每訾谓只有破坏的能力，没有建设的经验，所以一般议论都希望官僚执政。如袁世凯时代，几乎大家说非袁不可。革命党自审中华民国主权属于国民全体，既舆论说非袁不可，只好相率下野，将政权交与官僚。八年来造成官僚与武人政治的原因，就在这一点。

现在国内的政治，比较满清的政治进步也没有？依兄弟看来，满清的政治犹稍愈于今日，一般人民在满清政府下比今日尚觉自由。如现政府的滥捕滥杀良民，在满清政治专制时代还没有发见。如现〔在〕武人官僚的贪婪，亦较满清时代为甚。兄弟记得清代某粤督于一年内搜刮得一百多万，人已诧为奇事。由今日看来，像督军、师长等有一年发财到数百万的，有数年发财到千余万的，方见贪婪的风气比前清倍蓰了。我们因满清政治不良，所以要革命，但革命的结果所呈的现象比满清尤坏。这个原因，不是革命党的罪，是前清遗毒——武人与官僚的罪。

我们既经要改造中国，须造成一灿烂庄严的中华民国。像工程师建筑伟大房屋一般，须用新的方法去建筑。新方法的建筑，便是上层越高，打地基须越深，所挖出的陈土须远远搬开。这陈土便是旧官僚。

满清时的武人是受文官节制的，就是一个提督，他也不敢侵犯州县官的职权。

如武官有不法行为，满清亦能照律严办。试问现在的北京政府有这样的魄力么？依兄弟看来，要免一个师长、旅长的职还不敢呢！所以要改造中国，武人便是陈土的一种。

前清时代的土豪，包揽词讼，鱼肉乡里，还不敢公然出头。现在的政客居然白昼现形，挑拨武人，扰乱国政。武人所有种种的不法行为，都由政客养成。因武人的脑筋是狠简单，作恶的方法还不能设想周到。试看北张南陆①，他们本来是个草包，经政客教唆，才发明种种捣乱方法。所以政客便也是陈土的一种。

照这样看，要建筑灿烂庄严的民国，须先搬去这三种的陈土，才能立起坚固的基础来。这便是改造中国的第一步。兄弟狠希望到会诸君，大家要怀抱这精神去改造新中华民国。

据《孙中山先生〈改造中国第一步〉演说——昨晚青年会国庆会中演辞》，载一九一九年十月九日上海《民国日报》第二版

救国之急务

在上海寰球中国学生会举办专题讲演会的演说②

（一九一九年十月十八日）③

今夜蒙招请到此演讲"救国之急务"。夫以民国成立已过八年之今日，何故尚须讲求方法以救之乎？则以中国今兹，正濒于最危之一步，所遇艰险实前此所未尝有。内忧现已当前，外患时俱同至：在内则有南北交争，在外则有强邻危我

①　即北方张作霖，奉系军阀首领，时任东三省巡阅使兼奉天督军；南方陆荣廷，桂系军阀首领，时为军政府政务总裁，掌控实权，统治两广。

②　上海《民国日报》于一九一九年十月十二日在第十版刊载《孙先生在学生会演说》通告云："寰球中国学生会定十月十八日（星期六）下午七时请孙中山先生演说，题为《救国之急务》。孙先生自退居林下，从事著作，道德学问，薄〔溥〕海同钦，此次讲演关于救国方针必大有发挥。欲聆孙先生言论者，可径向该会索取入座券。"旋又于十六、十七日连续登载有关事项通告。讲演会如期举行，到会听讲者甚为踊跃，包括来自杭州、镇江、无锡、苏州等地。

③　底本未说明演说日期，此据上注确定。

国脉。故万不能不采一有力之方法以救吾国也。

吾人欲救民国，所可采者惟有两途：其一则为维持原状，即恢复合法国会，以维持真正永久之和平也；其二则重新开始革命事业，以求根本改革也。

今先论维持原状。诸君知数月之前，以五国警告之故，上海既开和会①矣，实际两代间已将一切问题决定，惟有如何处置国会一层悬而未决。北方代表表示北方永不能允恢复国会，而促南方代表表示其对于此问题之态度。南方代表则答以此为孙逸仙之条件，故北方务必与孙氏直接磋商此问题。于是北方代表吴鼎昌君②来见予，且言彼确知北廷意将拒绝我所要求，问予可否另出他种办法。当时予应彼所求，提出三项：

第一，军阀既已毁坏约法，夺去人民所握之主权，则务须以此权还诸建立此约法之革命党人之手；

第二，如军阀以为此主权本为以强力夺诸清室者，故不欲以还革命党人，则彼等尽可效法张勋，复以此权贡之清室，再演清帝复辟之事；

第三，若军阀意犹不欲，则亦可效袁世凯所为，僭称帝号，永握此权。

当时予问吴君："北方敢行此三事乎？"吴毅然对曰："否。"予曰："然则惟有恢复国会一途而已。"吴乃摇头告别。从此和会不复有声响，以至于王揖唐君③之任命。今日诸君万众一心，以反对王揖唐之为北方总代表矣，而予实有所未解。人谓王揖唐既为吾人公敌，故吾人不欲其来与吾人会商，此其为论亦太轶常轨矣。以常理言，世间岂有与现为吾亲友之人言和之理，吾人尚须议和者，非敌人而谁？

王揖唐之来上海以前，彼尝使人来谒，问予对彼出为议和之人态度如何。予答其人曰："王若允我恢复国会之条件，吾当尽力为之助成其事。"及王离北京以后，南方全体起而反对，彼乃决留南京以避风潮，既而又遣人问予以进止。予答以王如真为决定国会问题而来，则可立来见我，我当以我一身负与彼完成和议之全责。王当来沪见予，予与彼乃就国会问题作坦白之长谈。王言，彼已允准备诺

<hr>

① "五国警告"系指一九一八年十一月十九日和十二月二日，法、英、意、日、美五国政府分别通过其驻广州总领事及驻华公使照会广东军政府和北京政府，敦促双方议和统一。一九一九年二月南北和议在上海开幕，南方总代表唐绍仪，北方总代表朱启钤，至五月和议破裂。

② 吴鼎昌为南北和议中北方分代表之一，早年留学日本时曾加入同盟会。

③ 王揖唐乃皖系军阀御用政团安福系首领，时任安福国会参议院议长。

新旧国会①合同制定永久宪法。予曰："此非我之条件也，我之条件为恢复合法国会。"王答言："此乃无异彼方之无条件降伏，北方诸督军将强硬反对，而段祺瑞、徐树铮所永不允诺者也。"王氏既以诚求平和妥协而来，复问予有无他种办法。予复举前所告于吴者以告之，且言："如此各种办法均不能受，则附从我着手于革命事业为彼最善之途，亦即最后之途。"王氏乃言彼将熟虑而后答我。

四万万同胞乎！救吾民国惟有两途：一则维持予在南京三月为民国所经营之诸制度；一则从头再举革命之全事业而已。今者诸君须自决定其所愿欲，苟有所欲，必得成就。诸君或者自疑以为无力，但诸君须知，在中华民国约法②上，诸君为此地上之主人，君等苟知所以用其力者，决不患力之不足。试观今次学生运动，不过因被激而兴，而于此甚短之期间收绝伦之巨果，可知结合者即强也。如使诸君即时以正当方法结合，要求在国会政治之下回复诸君自己之权，吾敢断言诸君之必成功也。前此主张国会必须恢复者，仅吾及吾党少数人耳。以此当大多数之反对，独力支持，二年于兹矣。若诸君于此举足轻重之际，来助我主张，吾信北京政府从此不能更拒绝吾人也。如此，则真正最后之和平可得而致。予所谓维持原状者，即指此也。

如曰此非所可得致，则救国之业仅能出他一途，即重行革命是也。或者曰："革命何为？吾人于革命尚未厌乎？"夫一班人以为革命党人只知破坏，不知建设，此大误也。就吾党观之，只见其急于建设，不能待破坏之完成，所以无用旧物尚多留置，未经破坏；吾人虽革去满洲皇统，而尚留陈腐之官僚系统未予扫除，此真吾辈破坏之道未工之过也。吾人所已破坏者一专制政治，而今有三专制政治起而代之，又加恶焉，于是官僚、军阀、阴谋政客揽有民国之最高权矣。吾四万万同胞乎！诸君固民国之主人也。唤号天下，驱除此丑类者，匪异人任，诸君其已有驱除之决心乎？

① 所谓旧国会，亦即孙文所称合法国会，系指一九一三年初经全国选举产生的国会，国民党籍议员占居优势，后被袁世凯解散；一九一六年八月继任总统的黎元洪重新召集国会，一九一七年六月又在张勋武力胁迫下被解散。所谓新国会，系指一九一八年八月安福系通过贿选等手段而产生的国会，因受安福系完全控制，时人称为"安福国会"。

② 此指《中华民国临时约法》，其总纲规定"中华民国之主权属于国民全体"，由孙文以临时大总统名义于一九一二年三月十一日在南京公布。

　　诸君或亦有言吾辈未尝有所藉手，则辛亥前事，去今不远。诸君当数日前，不尝为民国八周年之庆祝乎？当时武昌炮工营同志知逮捕将及，冒死起义，熊秉坤君首先发难，遂破满族钳制。熊君告予：当是时，义军惟从退伍之一军官得子弹二盒，其他新军被嫌疑者之子弹则已悉缴去矣。尔时革命党人物资缺乏岂今兹可比，然而诸君得年年为此双十节之庆祝，固知藉手不在多也。

　　今日南方为护法而战之真正爱国陆军有十五师，此爱国军队不受彼营私之督军及高级长官命令，惟待人民之指挥。所以当吾发起此次护法战争、声讨北方叛贼之时，南方军阀力阻吾谋。吾之为护法事业也，托根广州，而广东督军①即忠事北方，群贼闻吾计划，彼立反对；然而以军心向义，彼卒无如我何也。及护法战争有利，南方军阀始群来参与，而又提议牺牲旧国会，以求遂分赃之愿。北方所以敢于坚拒恢复国会之主张者，正以其深知南方军阀，随时可以欣然同意于叛去国会之计划耳。

　　四万万同胞乎！如欲采第二步，则须早定之矣。吾人在南方至少有爱国军队十五师，专候国民之指挥；即在北方亦至少有五师之众，专候诸君之指挥。诸君何必以无力遂行诸君之志愿为忧哉！

　　今者"二十一条款"暨他密约②，已为北方篡窃之徒所允，危难即在目前。诸君亦既要求废约矣，但试问此等军阀已完全为要求此卖国条约之势力所支配，如何尚能废约？就使约为彼所能废，抑且以诸君之要求，彼亦不敢不废。而诸君已将自己固有之权抛弃，反以缔约、废约之权力付与北方篡窃之人，此其失计，诸君尚未之知耶！前门拒虎，后门进狼，未见其益，先受其害矣。诸君当知缔约、废约之权本属国会，故以全权还之国会，即诸君之所求无不可得。如使国会不能恢复以从事其本来之职分，则惟有重新革命，以尽去此篡窃之人，同时荡涤一切旧官僚腐败之系统，而此条约亦当然否认矣。吾信诸君，必能见及如何而始可救国。

----

　　①　此指莫荣新，桂系军阀首领之一。
　　②　一九一五年一月日本向袁世凯政府提出霸占中国领土主权分五号共"二十一条"的要求，五月袁世凯作出答复，除第五号七条容日后协商外其余全部接受。段祺瑞在北京掌权后，又曾与日本签订秘密军事协定。

国民乎！君等民国之主人也。君等以命令授吾人所当行，予敢确言君等之最上要求，必可得如愿以偿也。

据《孙中山先生在寰球学生会演说辞》，上海一九一九年铅印本

附：另记录之一

今晚演说的题目，叫做"救国之急务"。中华民国已经八年了，为甚现在才来说救国的话呢？因为现在中华民国，实处于最危险的地位，内忧外患，交迫而来。八年以来，那般腐败官僚、跋扈武人、无耻政客，天天"阴谋"、"捣乱"、"作恶"、"卖国"，把我们中华民国的领土、利权，不晓得送掉多少。我们国家危亡的景象，就没有如今日之甚了。所以，我们不赶紧去救他，我们中华民国就快亡了。

兄弟救国的办法有二：一是维持现状，一是根本解决。什么叫做维持现状呢？我们要晓得中华民国的主权，系在国民全体。国民人数众多，不能人人出来处理国家职务，于是乎有代议制度，由国民中选出代表，组织国会，再由国会产生出一个政府。这个国会，是我们国民的保障，是我们民意的总汇，替我们创造法律，替我们监督政府的。中华民国有这个国会，中华民国才能算存在；没有这个国会，中华民国就不能存在了。有这个国会，我们国民的地位才能够保存；没有这个国会，我们国民的地位就不但不能保存，而且要回复他旧日奴隶的地位了。

自从前年督军团造反，北方的武人，把我们国民组织的国会，用强力解散他，僭夺我们国民的主权。兄弟于是乎首倡护法，和北方打仗，南方各省也相继响应。当时国民当中，也有狠多不赞成我的主张，说我不应该再来破坏的。其后护法的目的还没有达到，内而国民不愿再战，要求讲和；外而五大强国出来劝告，希望南北早日和解。兄弟原来〈是〉爱好和平的人，今国民全体既不愿战，而外交团又来劝告，故当日曾郑重对内对外宣言，我们议和的唯一条件，就是恢复国会，随它自由行使职权。北方武人倘能办到这条，南北就马上可以统一了。

其后上海开了和平会议，足足议了数月。所有南方要求的条件，如副总统让给南方，如总长若干人，督军省长若干人，借款若干千万元，北方都一一答允的。

唯恢复国会这一条，就不能答允。故此和会就破坏了。其后北方又屡次派了许多代表来，问兄弟的意见，如何才可以和。兄弟答他，除了恢复国会，自由行使职权之外，没有办法。随后又有一北方分代表吴鼎昌走来问我，恢复国会是狠难办到的，除了这个国会问题之外，还有办法吗？兄弟原来是〈爱〉好和平的人，想了一顿，就对他说，北方果有诚意讲和，我还有三个办法。他就欢天喜地的道，这三个办法是怎样？兄弟说，中华民国是由革命党造成出来，兄弟是创造民国之一人，我们革命党人把满清的统治权夺了过来，再由我们党人将这个统治权交给四万万国民掌理。于是在南京制定约法，组织国会；约法由党人所制定，国会由约法所产出，这个约法是国民做主人的凭证。没有这个约法，国民的地位就不能安全，中华民国就不能存在。现在北方既然不要这个约法，就是不愿意将中华民国的统治权交给国民全体，你就应该将这个统治权给回我们革命党人。因为买物必须出本钱，今北方既经取回这个物件，自应将本钱给回我们，才能算公平。现在兄弟要求你们把这个民国的统治权，交回我们民党，北方可能办到吗？吴说不能。兄弟就说，我老早晓得这个办法，是不能办到的，因为你们可以说，你们革命党的民国统治权，系从满清手中抢来的，孙中山不过是一个强盗，原来何尝有这个统治权呢？既然这样说得好，第二个办法，你们就应效张勋的复辟，把这个统治权给还满清，再捧宣统出来。北方能够办到这个办法吗？吴说，段芝泉是赞成共和、攻打复辟的，这个办法万万做不到。兄弟就说，你们既不能把这个统治权交还革命党，又不能交还满清政府，我还有第三个办法，是你们狠容易做得到的。吴说，这个办法又怎么样？我说，你们有许多兵在手，能够自家称王称帝，再造一个洪宪或什么皇帝出来吗？他说这更不能办到。兄弟说，这三个办法都不能做到，就没有议和的余地了。

南北议和，兄弟本来是绝对反对的，但是国民要和，五大强国又来劝告，兄弟既然是酷爱和平的人，自然要想出这个维持现状的法子，来救这个国家。维持现状的法子，就是南北议和，赶快把这个国会恢复起来，令他自由行使职权。我们议和的唯一条件，就是这个国会问题。南方武人政客虽有种种的要求，几多个督军，几多个省长，几多个三省巡阅使，几多千万元借款，北方都能答应。但是兄弟的主张不能答应。南北武人纵能彼此分赃和了，兄弟是不和的。从前外交团曾来劝告，他说旧国会期限已满，要我牺牲恢复国会的主张。兄弟说，这回护法战争，完全是因为北方武人用强力解散国会而战争，国会一天不恢复，南北一天不能妥协的。外交团倘不依兄弟的主张，或者要帮助北方来平伐我们，我们纵使到死，那良心断不能平服的。须知我们拚命力争国会，并不是替议员争饭碗，争权利，完全为我们中华民国争公理，为我们国民争国民的地位。……（中略）

现在北方又派王揖唐来议和了。但是南方因为人的问题，竭力反对他，不肯和他议和。兄弟实在不懂得他们的用意。上海各界人士，也跟着反对他，兄弟以为有点不对的地方。我们要晓得，现在南北是处于战争的时代，彼此都是敌人，才有议和的事情发生。若然南北都是朋友，就没有和之一字了。故我们对于敌人派来的代表，无论他派谁来当代表，我们只可问他的条件如何，不能因人的问题而反对他的。现在南方想要他改派别人，就令他能够再派别人来，或者系比王揖唐更坏的，你又怎么样呢？但北方偏又不改派别人，所以王揖唐来了几个礼拜，这个和议就不能开。既然这样，我们国民前几个月为甚天天要求议和呢？我们要晓得欧洲战争几年，联合国①认德国是敌国，所以去年讲和，要向德国讲和，并没有说德国是最野蛮没有公理的敌人，拒绝和他讲和的。故此我们认北方是敌人，就应该不论敌人派什么人来作代表，我们都可以同他讲和的。……（中略）

主张北方答允国会自由行使职权，是兄弟于前几月议和时一个人提起的，当时国民当中，并没有一人提及这事。我们要晓得同北方议和，仅提出这唯一条件，就可以达我们护法的目的。其他取消什么密约，什么军事协定，什么秘密借款，我们都可不必要求他的。因为一切与外国订立条约和借款，都要经国会通过，才能发生效力，系中华民国约法上明明规定的。国会能够自由行使职权，那些一切卖国密约、亡国借款，国会自然要取消他的。我们如果仍然要求他取消那种密约，我们岂不是承认非法政府有订立密约的权吗？因为他能够取消密约，自然能够订立密约了。……（中略）

王揖唐到上海第三天，就来兄弟处，问我议和的条件。兄弟答他，我议和的条件，并无他种，仅一国会自由行使职权，汝倘能答允这条，今天和议就可成立。

———————————

①　原文如此，指协约国。

他答这条是难办，因为我若答应你这条，岂不是我来向汝投降吗？于面子上颇觉难过。兄弟答他，这并不是投降，记得武昌起义时，段芝泉尚为清朝将官，领兵攻打民军，后来他竟要求清帝退位，赞成共和。若说投降，段氏已经做过一次；你如果答允这个办法，我只说你赞成我的主张，何尝见得是投降呢？他说，除了这个办法，还有其他办法吗？兄弟就把前几个月对吴鼎昌说的三个办法说给他，他说这三个办法都做不到，问再有别法没有？兄弟说，你既然想不要国会，来和我议和，我也有不要国会的议和办法。他说，这个办法又是怎么样呢？兄弟说，国会是民党做成出来的，北方若不要国会，就应该来和我一气〔起〕，再来革命，从根本上来解决这个时局。因为革命党从前出来革命，既无军队，又无枪炮，都是几十个人出来拼命的；北方武人现在既有兵权在手，如果能够抽调两三万军队来和我革命，那就没有不能统一中国的道理。这个办法，北方可能办到吗？他说，这个办法可以商量。他答应商量这个办法，到今尚没有回信；大概还没有商量清楚。……（中略）

但是，我们晓得救国的急务，只有这两个办法，我们应该认得清楚，如果还要和平，就应该从速促成和议，维持现状。王揖唐在北京临行时，曾经宣言这次南下议和，对于法律上大可以让步的。他对于我的主张恢复国会，只说难办，并没有拒绝。这条办法，还有多少希望，据兄弟的推测，大概已有一半成功。不道〔过〕提出恢复国会这条，只兄弟一人主张，恐无十分效力，诸君如果能够赞成这条，最好由上海各界发起，引起各省赞成。全国的舆论都是要求恢复国会，那北方政府就不敢不顺从民意了。诸君要晓得这个办法，是最公道的办法，如果能够做到，我们护法目的就可以达到。如果不照我的主张，听从南北武人、官僚、政客彼此分赃议和，北方政府答允他们督军、省长，答允给他们借款几多千万，这个负担，是向谁人出？岂不是又来横征苛敛我们国民吗？况且这种分赃的议和，兄弟是绝对反对，他们纵能和，而我决不肯和的。……（中略）

兄弟既无官守，又无言责，为甚敢说北方倘能答允我恢复国会自由行使职权，就能够担任和议成功呢？因为兄弟晓得南方的主张，是主张公理的。兄弟虽无拳无勇，惟这个恢复国会的主张，是狠合公理的。既合公理，这个公理就可以战胜强权了。今晚在这块演说，这个地方是环球学生的主脑机关。前回"五四"运动，就是几十个学生，能够把三个卖国贼革了去。故是兄弟狠希望诸君从今天起，要全国国民一致的主张恢复国会，那北方的武人官僚就不敢不服从了。……维持现状若干不来，就要行根本解决了。……（中略）

民国元年那一般革命党人，以为把满清政府推倒，就算革命成功了。这就是没有根本解决的觉悟，所以闹成今日这样田地。其实革命仅做了一半功夫，还没有大成功。试看冯国璋是火烧汉口的，徐世昌是清朝的太傅，他们居然来掌理我们民国的统治权，这个民国怎能够弄得好呢？民国初年的时候，一部分民党和一般国人还都说革命党只有破坏的才，没有建设的才，于是把这建设的事业，付托那般腐败官僚，说他们有经验，革命党没有经验，倡起非袁莫属的论调来，所以弄成二次复辟。其实民党的建设力狠大狠大，兄弟在南京三个月，已经把民国八年间的基础弄得狠巩固，无论经过袁氏称帝、张勋复辟，到现在那些官僚武人的公文上，仍旧照书民国八年，没有人敢说把它改变些少。这不是民党建设的能力吗？如果民党能够操政权八年，恐怕没有弄成今日这个样子咧。……（中略）

根本解决的办法，怎样去做呢？南北新旧国会，一概不要他，同时把那些腐败官僚、跋扈武人、作恶政府〔客〕，完完全全扫干净他，免致他再出来捣乱，出来作恶，从新创造一个国民所有的新国家，比现在的共和国家还好得多。这就是根本解决的办法了。……（中略）

救国的方法，就是这两条。请君要把这两条认定清楚，看哪一条可以做得到，就要积极去做。诸君莫怕无拳无勇，不能抵抗武人的枪炮。要知民意和公理，到底定能打倒强权的。好像"五四"的运动，卖国政府也怕起来，把三个卖国贼赶掉去。这就是诸君的公理打倒强权的明证了。若要论枪炮，武昌起义的时候，是革命党的熊秉坤首先开枪发难，当初不过仅得几十根枪、一百颗子弹，就得了武汉。陈其美在上海发难，也不过几十人，就夺得上海了。现在以兄弟看起来，北方觉悟的军队，总有三四师人；南方的军队，除了强盗游勇式的军队不算，有训练、有教育、有国家思想的，不下二十师。从前几十个革命党，尚可以把满洲政府推倒，现在有二十五师，难道不能创造一个最完善的新国家吗？这二十五师人，都是从陆军学生出身，现在都已觉悟了。他们心目中，长官的命令不听的，督军的命令也不听的。究竟他所听的命令是谁人的命令呢？就是要听我们国民的命令。

诸君如果救这个国家，要从根本上去解决，发这个国民的命令，兄弟可担任南北二十五个师的军队，帮助诸君去创造那个最完最善的新国家。

据《孙中山先生在寰球学生会的演说词》，载一九一九年十月二十一、二十二日上海《民国日报》第二版①

附：另记录之二

救国是怎样着手呢？现在全国人民都反对王揖唐，不准他来做北方议和总代表。我就想，你们为什么要反对他呢？他是个歹人，主战派的魁首和安福系的领袖，本不应该充代表来议和的。但是我以为他肯答应我们的条件，我们就可以不管他什么了。你们要知道，换个王揖唐是没什么关系的。王揖唐是歹人，或者换个来更不如王揖唐，你们又将怎么样呢？倘是换个代表，你们承认他，他便与南方私相苟合的作分赃议和，债仍是要我们国民还的，亏仍是要我们国民吃的。所以王揖唐也不必去反对他，只要他答应我们的要求就是了。但是我们所要求的是什么东西呢？大家都知道南方有八条件，这种条件原是我们所提出的。第一条就是国会问题。"护法"两个字是我所主张的。为什么要护法呢？因为全国国民公意选出来的国会被北京政府解散了，那末我们在南京临时政府时所创造的约法渐渐要毁灭了，所以约了西南同志各省，一定要护法，要打仗。但是现在西南的"护法"又是文不对题的，所以我又要劝大家再来起一彻底的革命。这话暂且搁起。

以上都是为势不两立的缘故，后来两方面不知道为什么，又偏要停战②。但是全国人来也贫困极了，所以大家说要议和，不要打仗咧。我想议和为统一、和平起见，却是很好的。诸君已明白了，我自己着实是个革命党。人家说革命党只会破坏，不会建设，这个我实在不在承认，因为革命党虽是破坏的，但也建设的。你们看辛亥光复以前革命党多少牺牲，光复以后革命党多少推让，这不是空说的，

---

① 又见天津《益世报》一九一九年十月二十四、二十五日第二张第六版《孙中山演讲救国急务》等。

② 此处原文误排"又要偏战起停"，今改"又偏要停战"。

当时情形大家都看见都知道的。我是要帮中国做得好，不是要把中国拆毁，所以我也很愿意和平。但现在要议和，第一先要恢复国会。初次和议，朱启钤为了北京政府不能答应旧国会的原故，就同南方停止议和。后来吴鼎昌到上海来，叫我疏通疏通，想想法子，我就说："你们北方是真正愿意议和，为统一为和平起见的，惟有恢复国会是第一件要事。"他说："国会问题，北方终是不能答应的。"后我〔我后〕来〈想〉了三个法子：（一）我说北方强权〔词〕夺理，不从约法，只要把约法还给国民，任便叫许〔徐〕世昌做皇帝起来，也尽管你们去做好了，看做了之后能否安逸？（二）叫北京政府统治权给还我们嫡派的革命党来办，省得害你们为难。（三）你们说我们是革命党，这民国是从清朝手里抢下来的，那么可以还统治权于满清罢了。他说："这些法子之外，还有没有？"我说："只有恢复旧国会。"他后来终是说不能答应，所以和会一栏〔烂〕了几个月。等到王揖唐到上海，又来叫我想想办法。我说："前次同吴鼎昌说过了，不是恢复国会，定是我所说的三个办法。"他又都是不答应，以致此刻不和不战，不死不活。要晓得北方所以不能答应，以为南方各督军、省长个个只要有几万万钱到手，有什么样大官做着。照这样答应他们，他们就不说话，分赃议和就可以立刻做好。"独你孙文不能疏通，偏硬要恢复国会，看你有没有权力呢？"所以我任凭〔凭〕怎么说，北京政府只是置之不理。

然而为什么必定要恢复国会呢？因为就是尊重约法。要晓得有了约法，我们才是中华民国的国民，没有约法，我们就是专制魔鬼的奴隶。现在我一个人的能力，不能叫他们听我的话，我是没有用了。全望全国国民，大家都说要恢复国会，不怕北京政府不答应。你们此次学生界起了一个大风潮，就此罢斥了三个卖国贼，所以我想来终可以答应的。那么真正和议就可以成功，然后能统一和平了。或有人说，南方的国会也不见得好在那里。我以为两方面比较起来，南方的究竟是合法些。北京的"国会"不啻是一个私生子，南方的国会真是嫡子啦。设使私生子可以当家，到底说不过去。倘若北京政府睬多〔都〕不睬，而国民定要希望中国和平，我以为还不如请大家起来，爽爽快快去彻底的改革一番才好。实在现在南北的军阀、官僚、国贼不知多少，请愿人要捉去，言论结社要封禁，殃国害民的事情一桩一桩发生起来，那里再有民主共和国的神〔成〕色呢！前次革命革得不彻底，只革去了专制的满清政府。现在却要彻底的把国里大宗恶魔一起革去，做个根本办法，重创来〔来创〕造一个新中华民国。若然不是这样，终是头痛救头，脚痛就〔救〕脚，无补于大局的。据最近消息，南北真正明白的军人约有二十多师，多是受过教育，愿意真正彻底改革，希望中国统一和平的。前次武昌起义只有一百颗子弹，尚可以做到八年的长久；现在有了二十多师的军队，那怕不能彻底的改革一番呀！若是大家肯做这件事，我很愿意做个领袖罢。①

据张惠洪：《孙中山先生演说词》，载上海《新学生》创刊号，一九一九年出版②

人民须研究自治与实行自治

对上海地方自治讲习所毕业生的演说③

（一九一九年十二月二十日）

上海的这一部分地方是外国的租界，但实在是一个自治的模范。因为上海的租界不是中国政府管的，也不是外国那一个政府管的。管理租界的究竟是什么人呢？都是各国的商家。各国的商家离开他们的本国，来上海做买卖。来的多了，他们自己就组织出自治的团体，来管理自己的事业。所以说他是一个自治的模范。但现在租界里住的人，不单是外国人，中国人实占多数。中国人数虽多，然而都没有参与说话的权利，说话的全都是外国人。这个不怪别的，还都是中国人自己的缘故。

---

① 文末附有张惠洪的"记者识"，全文如下："我非是被政党的利用，并且报纸上也载过他的演说，听得的人也很多。为什么我再要记出来登在这里呢？因为当时报纸上记的不很详细，听得的人或者听过后就忽略了，并且不曾听得、不曾看得的人也很多。社会国家的现象实在非要彻底的改革不可，所以我特别记他出来。看这篇演说词的人，不知道对于国家作什么感想呢？"

② 《新学生》是出版于上海的江苏太仓县（今改市）学生联合会会刊。

③ 讲习所全称为"中华模范地方自治讲习所"，由上海民治学会创办，主持人刘仁航，每届修习半年。二十日下午，孙文应邀为该所本届毕业生作演讲，地点在南洋商业学校。

　　我们中国人不是不能自治的，也不是没有自治的，观察过去的历史和现在社会的风俗，就可以明白了。几千年的专制政治，他们所做的都是什么？第一桩是向人民要钱，第二桩是防备人民造反。除此两桩以外，别的事样样都不管了。他们不管，人民还是能够自己生活，这就是他能够自治的缘故。但是，要把我们中国旧社会的自治拿来和西洋文明国比较，那的确是比不上。我们中国人的自治是敷衍的，是没有研究，因此社会也就不能进步。

　　有的人说：现在民国成立已八年，一切政治等还不如满清。这个话也是有道理的。满清是个专制国，皇帝以下有文官、武官，文武官是皇帝的奴隶，他们是替〈皇帝〉管理人民的。人民有不能解决的事情，还可以依靠他们解决。人民怕官，官怕皇帝，所以那时他们还能维持现状。前几天有个北方的朋友，他是个商人，他向我说："北方有个督军，他天天忙碌治钱，现在已经摸上六七千万了，他还想摸一万万。他样样事情都不管，就是天天愁苦着说：'到什么时〈候〉才能够一万万？'"我们照这个朋友的话上想想，从前专制时代能够有这样的官么？那时做官的，虽说也有有钱的，可是有过这样多的么？实在是有史以来所未有。为什么呢？因为从前的官还怕皇帝，他不敢那样放肆。现在是民国了，而人民有〔又〕没有力量去管他们，他怎能不为所欲为？大官摸到一万万，小些的一定也可以摸到千万、百万，至顶小的也要几十万。照这样，国家人民怎么能不穷？

　　专制国，皇帝是一国的主人，所以他一个人可以役使官吏。共和国，人民是主人，国家为人民的所有物。个个人民都是皇帝，那一个人想独裁全国都是不成的。国内的事情要人民去管理，国内的幸福也是人民来享受。然而现在民国的人民，却不享得丝毫幸福。这是什么道理呢？没有别的，就是人民没有尽管理国家的责任。人民不来管理国家，把国家交给一班亡国大夫管理，这就是根本错误。要想矫正这种错误，没有别的法子，就须人民研究自治，实行自治，研究实行民治的自治。

　　诸君来上海从刘先生①研究自治，那是极明白根本的事情。上海租界这个地方，虽不能和文明国的自治一样比，但他也可以算个自治标本。诸君回到家里，

────────

　　①　底本注为刘灵华。刘仁航，号灵华，长期从事教育工作，提倡地方自治、乡村自治，曾在山西省试办文明新村，一九一九年九月又曾致书孙文建议培训自治人材。

各人从一个地方做起。第一要调查户口。人口的统计在自治上是很要紧的，因为不明白人口有多少，那就不能有确定负自治责任（如选举等事）的人数了。我们中国的人口究竟有多少，现在任谁都不能答出个清楚。所谓四万万的〈数目〉，也不过是满清乾隆年间的统计。近来人的计算，也有说多的，也有说少的，大概都是按着乾隆的数目和各省面积推算的，究竟能靠得住么？一八五零年的美国人口只有三千万人，现在已有一万万。三十年前日本只有三千多万人，现在已有五千八百万。照日本的计算，适为二十五年增加一倍。那么我们的人口现在究竟有多少了呢？人民为国家的要素，数目都不明白，怎么样去实行自治？所以调查户口这一件事，是非常要紧的。现在我们人民所用的奴仆——官，他不能尽这样要紧的职务，我们也不必依靠他。诸君既是研究自治，那就各人回到地方上去自行调查罢。

调查的法子是非常容易的，各人先从近的一村、一姓、一市、一邑做起。调查出来实在的数目，就可以送到上海在报上发表，给大家研究。我们中国不是没有统计方法的，试看各族、各姓里都有一个很详细的家谱，那就是个证据了。不过他们的统计都是向过去努力的，向死人方面进行的。我们只要转换方向，向现在和将来的活人方面努力进行就可以了。

户口调查好了，然后才能做第二、第三、第四步的事情。第二、第三、第四步是什么事呢？那就是改良交通（如铺马〈路〉、桥梁、修开河道等）、推广教育、振兴实业（农、工、商各业）这三种。这三种事，头绪很多，我也〈难〉以短时间把他说完。诸君研究想必各有心得。要是参考我的，我另有几种书《民权初步》、《孙文学说》等，请诸君带回去看看。（下略）

据晋卿记：《孙中山先生在民治学会的演说》，载一
九一九年十二月二十三日上海《民国日报》第二版

附载：徐谦代表孙文在上海俭德储蓄会周年大会的演说①

（一九二〇年三月二十一日）

中山先生对于俭德储蓄，极端赞成。鄙人代表中山先生与诸君一讨论之。俭为美德，古有明训，所谓三年耕，必有一年之食；九年耕，必有三年之食，是其明证。我国人未尝不知储蓄的好处，然而不知储蓄的方法。北人喜窖金，南人好置首饰，货弃于地，良足惜也。贵会创办储蓄，鄙人之意，尚有几种机关，尤宜一并着手。甲、"消费组合"，凡日用所需，零购必贵，趸购必贱，贵会办一"消费组合"，利益必多；乙、"银行保险事业"，倘能自办，则利权不致外溢；丙、"公共住所"，会员可以集合建筑，餐室、客室均可公用，不但省费，且可固其团结力。总之储蓄之目的，眼光宜远，诚如余日章君所云，为社会、国家计是也。

据徐芰舟记：《孙中山代表徐季龙②君演说》，载上海
《俭德储蓄会月刊》第一卷第二期，一九二〇年出版

附：另一记录

徐季龙代表孙中山演说，谓中山先生对于俭德储蓄，极端赞成。

节俭本吾国人固有之美德，储蓄亦然。所谓三年耕必有一年之食，九年耕必有三年之食，是其明证。但北人喜窖金，南人好首饰，皆未得当。最好集合储蓄会，办理以下种种：（一）消费组合，日用物品，零购不如趸购，故有消费组合，斯为便利；（二）银行及人寿保险公司，如能自办，利益必多；（三）公共住房，会员分居，费用较大，如有公共住所，如餐室、客室等多可省。至储蓄之目的，

---

① 二十一日下午一时，俭德储蓄会在上海公共租界大马路外滩前德国总会举行周年大会，各界要人及会员应邀出席者千余人。该会会长杨先芬首先报告该会自成立后情形，余日章、徐谦等依次演说。底本未标明演说日期及地点，今据下文附录之上海《申报》报道酌定。

② 即徐谦，字季龙。

救国是已。

据《俭德储蓄会周年大会纪事》，载一九
二〇年三月二十二日上海《申报》（十）

要造成真中华民国

在上海中国国民党本部的演说

（一九二〇年五月十六日）

本党自改组①以来，我因有许多别项事故，不能常在本部专心办理党事，故将诸事付托诸君。今观诸君皆能本吾党进取之精神，奋勉从事，实为欣慰！

唯此后所应留意者有一事：诸君皆知中华民国何以成？以有同盟会。故从前同盟会开始不过数十人，一两年后就发展到若干万人，所以到了辛亥年，一举就成功了一个中华民国。但是那年武昌起义后，十二月间我到上海，有一种很可怪的意气，此意气为何？即是一般〔班〕官僚某某等及革命党某某等人所倡言的"革命军起，革命党消"是也。当时这种言论的意气充塞四围，一倡百和，牢不可破。我实是莫名其妙，无论如何大声疾呼，总唤不醒。所以后来革命党的失败，都是在这句话上面，这是我们大家不可不彻底觉悟的。现在的中华民国只有一块假招牌，以后应再有一番大革命，才能够做成一个真中华民国。但是我以为无论何时，革命军起了，革命党总万不可消，必将反对党完全消灭，使全国的人都化为革命党，然后始有其〔真〕中华民国。所以我们的责任，以后就在造成一个真中华民国。

其〔真〕中华民国由何发生？就是要以革命党为根本。根本永远存在，才能希望无穷的发展。譬如一棵大树，只要根存在，那怕秋冬时他的枝叶凋落，一到第二年春天，他就会发生新的枝叶，还要一年茂盛一年。我们中华民国算是一棵大树，我们革命党就是这树的根本，所以我们要格外留意，将根本好好培植。现

---

① 一九一九年十月十日，孙文将中华革命党改组为中国国民党。党名加"中国"二字，以示别于一九一二年由中国同盟会等政团合组的国民党。孙文任中国国民党总理。

在以上海为本部办理海外党事，只要本部办事有精神，则海外当然发达。要图本党发达，全在诸君办理。诸君须知党事为革命源起事业，革命未成功时要以党为生命，成功后仍绝对用党来维持。所以办党比无论何事都要重要。我常劝人要立心做大事，不要立心做大官。如从前宋钝初①等，都是办党事很有才力的，到后来都拚命要做大官，无形中就把党事废置了。九年以来，我们得了许多经验、许多教训。以后我们要把三民主义的精神，传他到全国，完全靠在这党的作用上面，我们同志非拿全副精神来办他不可。诸君切勿以为党事无足轻重，诸君如将党办得坚固，中华民国亦就坚固了。

现在办事要义：第一，须知党事为重，遇事就要办理，万不可稍有延滞，因为光阴比什么都贵。一件事早一刻办，就早一刻收效果。第二，形式与精神并重，形式完备后，才能振起精神。如海外保皇党，何以至今还尚存在，因为他还有一点形式之故。第三，我们以后要注意培养人才与延揽人才，将来种种事业，非有多数的人才莫可。前此所计划之大印刷所及英文报，事在必举，总以能早一日办起为好。

诸君一同办事，尽可于每礼拜集议，将本部事务共同研究。本党前途发展全在诸君身上，我对于诸君很有无穷的希望，愿与诸君共勉之！

据《要造成真中华民国》，载黄季陆主编：《总理全集》，成都，近芬书屋一九四四年七月出版

中国之再造

在上海沪江大学的演说②

（一九二〇年五月二十五日）

今天兄弟到贵校参观，蒙诸君缱爱，来请兄弟讲演，私心也是恨〔很〕喜欢

---

①　即宋教仁，字遯初，又作钝初。

②　二十五日晚，上海沪江大学学生自治会邀请孙文作题为"中国之再造"的演说。沪江大学是一九〇八年美国基督教浸礼会在上海创办的教会大学，原名"浸会大学"，一九一四年改本名。

拿意思贡献于诸君。诸君是世界上一青年，也是中国一青年，我们人生要有一个目的。现在我们大家的目的，要怎么样呢？民国已有九年了，诸君大概有二十多岁，当记忆民国九年前的事情。我们九年前，是满清政府的奴隶，现在是中华民国的国民，我们大家要担负中华民国的国民的责任，我们应知道，担负中华国民责任的是要那一种人呢？是要一种有学问有知识的人，诸君都富于学问的。为什么士为四民之首呢？因为他们有学问、有智识的。若论智识，是从学问生出来的，学问则从学堂来的。诸君能得在大学堂里求学，中国四万万人中占极少数，所以这一个机会是很难到手的。前时满洲政府不要人民有智识，要使他们成了专制的奴隶，但今日我们已脱离了专制的奴隶，做了国民的奴隶了。"奴隶"二字，含有责任，较人家高一等的意思。学生担负责任，如何做法呢？近时中国流行一种毛病，就是人人"避嫌疑避责任"。这句话是从那里生出的，很不明白了，但望诸君不要被这一句话蒙蔽，放弃了责任。

但是他们发出避责任的话，莫非因为受了留学欧美学生对于"政治"二字的误解？Politics 一个字包括了二个意思：一是国家的政治，一是家庭的是非（Family Politics）。现在南方政学会、北方研究系阴谋诡计，弄出争端，这也是叫做 Politics。所以欧美用 Politics 一个字有二种解说。普通用 Politics 一个字，含有不好的意思，所以他们欧美人避去不讲。我们留欧美的学生以为 Politics 一个字是"是非"的解说，是"党争"的解说，不知道中国"政治"的意义是与"是非"、"党争"二解说完全不同的，是带好意思的。我们新开通的人也效欧美人不要听政治，这对于中国前途很是危险啊！我们现在的责任是要讲政治呢！

中国人民数千年来多不理政治。二百年前，满人把中国人民当作了奴隶，就为这一个缘故，中国的原来学问此刻多已失了。周、秦、汉时代是中国学问文化进步的时代，到了元朝，中国学术退化了。后来明代承替，中国学术又恢复了。及至清代，中国学术较明退化了，可以说没有学术了，所以我们须往外国求学。由此看来，国家最大的力量，除了政治力量外，没有再大的力量了。

我们要把中国的进化跟到欧美各国，须要将政治弄得好。外国商人到了上海做生意，设一自治政府于租界，就是工部局。初时，外人到了我国上海，看见中国政治很不好，说中国的法律不能治理他们，所以外国商人设立了这一个工部局自治的团体。法国租界也有同样的自治团体。现在上海的政治比别地好得多了，但是还不能和外国的政治和理想的政治相较。我们试取租界和华界相比，就知他们租界自治得好，他们商人留心政治，天天将政治改良起来，我中国的政治适成一个反比例，他们觉悟起来，知道政治的重要，争把政治来管了。

世界上最大的力量就是政治。政治使文明进步，政治好的，文明也是好的，政治不好的，文明也是不好的。我国一千年前，政治好的，所以那时候的文明较西国来得进步。中华民国成立九年，没有好的政治。但是好政治不是一天能够成功的，我们要天天起奋斗。虽然无政府主义派看政府不好，不过他们无政府主义派在欧洲没有经过无政府，所以以为无〈政〉府好了。但我们要一个好的政府，因已有经历了。上海外人的学问也是平常，但他们很留心政治，天天起改良政治。我国新脱了专制的羁勒，国民大多数对于政治改良尚没有知道，所以这一个责任要诸君学生去担负了。

我国的学生是不能效外国的学生不讲政治的。我们的学生，第一先要把政治弄得好。国民不留心府〔政〕治，是很不好的现象。我们不好误解了 Politics 的意思，"政治"是他的好意思，"是非"是他的不好的意思。外国人不留心政治是可以的，因为他们的政府已建设得好了，但我们不当如此。九年前，我国是在破坏的时代，现下是在建造的时代，我们已挂了"中华民国国民"的招牌来建设民国，这一个责任，诸君去担负，比较别人担负的重大得多了。四万万人中，有几个人享受像诸君的大好的机会呀！诸君出上海时，沿途所看见的，无非是工厂里作工的小童，他们约计有十多万，都是没有机会到学校里读书去，诸君已有了好机会，将来学问成就，要担国民的大责任，做了普通人民的模范，代四万万人谋幸福，使中国和欧美各国并驾齐驱。诸君呀！起来担任责任呀！

据苏灿福：《孙中山先生演说辞》，载上海《沪江大学月刊》第九卷第六期，一九二〇年六月出版

附：另一记录

吾今晚得向诸君演说，深自欣慰，诸君学生也，且为中华民国之学生也，其责任之重大，前途之希望，真无穷也。

夫我中华民国成立已有九年矣。回想九年前，吾侪皆满人之奴隶也，一任满人之占据中原二百余年，而人民各安其生，不干政治，专制政府之愚民政策，亦正不欲人民之干政也，卒致中国日就衰弱。及革命起，清室倒，民国立，而九年以来，政治依然不良，人民依然如旧，推其原因，不外乎人民不干政治是也。

"不干政治"之语，固甚奇特，吾不知其始于何时。按欧美留学生，曾误受欧美社会之影响，不愿与闻政治，以为政治非洁身自好之士所宜谈者。在英文政治为 Politics，包含三种意味，一有党争之意味，如诸党互相攻讦，诡计百出；二有是非之意味，如欧美人民常云 Family Politics，意即家庭间之是非也；三则为政治，为原文之大意。有此三意，在英文则为一字，在中文则有三种字句矣。欧美人士之避用此字，正以此字已被误用，觉此字蒙不洁也。吾今所欲陈者，政治上之意义也。

政治本非恶名，吾人何必畏有政治气味，须知吾人皆有政治之责任。盖人生于世，舍职业外，惟政治为应负之责任。政治良，则吾侪生活优，文明进；政治不良，则吾侪生活苦，文明退。中国现在社会状况，何等卑劣！现在文明，退化已极，远不若泰西列强之蒸蒸日上，泰西千余年前之文明，正与现在中国相同，顾彼邦于千余年中有莫大之进步，而我国退步，此故何哉？政治之进步耳。我国文明，于周称盛，继则有汉唐宋元之文明，惜已渐形退步。至明则满清入关，致异族专制之毒，祸我中国，中国文明，至是扫荡无遗，诚可哀矣！

今吾侪欲求学问，势必求诸欧美，一切政教礼化，亦必求诸欧美，欧美之文明，即政治优美之结果也。吾故谓政治之关系国家兴衰，直接而密切者也。诸君不信，试观上海租界之市政若何，较之上海县城之市政，西人借通商为名，占据我中土，且不甘受中国政府之约束，而自立市政，此固因中国政府之恶劣污秽，法律之苛暴野蛮，有以致之，实则因西人之侨居中国者，仍有干政当政之心志也。彼侨居者，初非政界之人物，舍领事等官吏外，惟商工界人居大半，顾彼等乃欲组织一良好之小政府，为其责任。上海租界之西人政治，虽不能若其祖国政治之优美，然较之中国政府，完美多矣。

我中华民国，已由破坏时期，进而为建设时期，今虽九年于兹，仍不过得一块共和招牌而已，顾名思实，未名不符。现今世界新潮，虽有厌政府之种种罪恶，乃倡为无政府主义。顾此主义，于中国大不相宜，中国政府虽不良，然当改革之，建设之，抱奋斗之精神，以底于成。彼建设大功，固非一朝一夕所成者，所赖者，惟四万万国民之觉悟，群起以国家为己任，斯可矣！前者吾侪为国民之仆役，失自由之人也。今者吾侪须为国民之仆役，国民之仆役，负有责任之人也。责任为何，即神圣不何侵犯之政治责任也。

天下兴亡，匹夫有责，汝侪学生，尤当若何。况吾侪常云学生为他日国家主人翁，彼"不闻政治"四字，欺人之谬言也。惟其不闻政治，故政治日益腐败，今日中国之学生，当知政治责任，果何人可负者耶？诸君在校求学，机会颇好。试问中国四万万人民，能有几人曾授〔受〕教育？又试问中国无数青年，能有几人在学校求学？彼相近杨树浦一带之儿童劳工，非资质不如诸君也，特机会之不如诸君耳！诸君受父兄之资助，得求欧美常识于此校，异日出而就各界之职，无论士商农工，总当不忘政治为人民责任。况今日中国教育不兴，民智不开，诸君既有学识，切莫放弃责任。苟诸君不闻政治，更待何人。愿诸君急起直追，留心政治，研究政治，实施政治，尽国民之天职，则民国幸甚，亦即吾所厚望于诸君者焉。①

据哲隐：《笔记：孙中山之演词》，载杭州
《惠兰校刊》第一卷第二号，一九二五年出版

解决中国问题的关键是废除二十一条款

在上海太平洋社欢宴美国议员团的演说②

（一九二〇年八月五日）

中国现在是在极端混乱的状态里头。这三年之间南北打仗，现在南边又分为

---

① 原文末以括号注明：中山先生为手创共和、终身革命之伟人。饮水思源，安得不敬仰其伟大之人格，听受其政治之理想。今先生已仙逝，尤令人追慕不已。兹检笔记，得此稿，特录之以供同好。哲隐。

② 五日，前美国驻华公使芮恩施率领议员团抵上海访问，当晚太平洋社在礼查西饭店举行欢迎宴会，约三百人出席。

云南、广西两部，在北边也就最近有直隶、安徽两派的战争。中国自古以来，再没有这样混乱的了。这个情形，似乎由坏变到更坏，卒之弄到许多国民绝了想出解决中国问题方法的希望为止。

然而在我相信，这问题如果循着正路走去，一定有解决法找得出的。要解决中国问题，须先晓得三层：

（一）这个不是纯然关于外国人的问题。二十年前，中国当八国联军占领北京的时候，随着他们喜欢怎样处置，几几乎瓜分了去了。有许多国赞成立刻瓜分中国，但是当时美国国务员约翰海发出一件通函到各国①，从此这个问题就打消了。若使现在的中国问题仍旧纯然关于外国人，那外国政治家们立刻可以想出一个解决法。

（二）这个问题又不是纯然关于中国人的问题。中国人常常自己弄妥关于中国人自己的问题，不要他人干预。他们可以把那独裁的政体变做民国，而且一切关于内政的问题，中国人自己可以解决得了。

（三）这个问题是复合的问题，不专关于中国人，又不专关于外国人，实在是两个混合起来的，所以顶难解决。一定要先把种种情形研究清楚，才能找出解决法。如果你看定了这个问题的性质，那找解决这个问题的关键，倒是很简单的。

我已经看出了如何才能够停止中国现在的混乱。这个问题解决的关键，就是废除二十一条款。如果这二十一条款能够废除，就再没有混乱了。

二十一条款之历史：

二十一条款是什么东西呢？许多人都想着以为这单纯是日本蚕食中国的。如果真是这样，那不过很简单的一个问题。因为一个统一的中国，尽可以对抗日本的压迫。然而，实在这个条款是由中国人起的。袁世凯有意承认日本这些特权，作为日本帮袁世凯做中国皇帝的代价。当初日本还是逡巡犹豫，不敢提出这么激烈的条款。当时日本的外务大臣加藤高明男爵，预先留心查察袁氏是否可以答应，等到他看清袁氏愿意答应之后，他就要求袁氏绝对守秘密，在日本未提出以前不许泄漏这个条款的内容。及至提出了以后，新闻泄漏了出来，中国人、外国人各

---

① 约翰海（John Milton Hay），今译海约翰，美国国务卿，一八九九年九月和十一月分别照会欧洲五国及日本政府，提出在中国实行"门户开放"政策。

方面纷纷起来反对，就是袁氏自己的人也反对起来。袁氏于是乎告诉日本政府，叫他始终坚持，遇有必要的时候就出兵来显一显武力。日本听了袁氏的策画，就派兵到中国来。当时日本人民都攻击日本政府这种无名举动，那日本首相就声明，这只是满、鲜驻屯军期将满，所以政府派兵去交代。这个完全是饰词，因为这些兵是在所要的期间两个月前派出去的。但是日本首相就以此压止了国中的反对。

然而在中国，袁世凯就把日本派兵当做直接威吓，他好叫中国人相信他，除非答应了二十一条款，不然日本就用武力。此种顶深的密谋，从来公众没有晓得的。却是除了了解这种事实以外，要寻中国问题的正当解决法，真是困难。

当时，日本舆论以为这个是日本政府外交上大失态，所以加藤外务大臣逼着要辞职。

中国全部的人虽然一致反对这件事，袁世凯却命令他的首相、现做北京总统的徐世昌，和他的外交总长陆徵祥，签订了硬把二十一条款压在中国上头的协定。等到二十一条款成为已成事实，日本人民也不再责备政府了。

二十一条款的效果：

这二十一条款所决定的，差不多完全把中国主权让给日本了。在这种协定底下，中国就要成了日本的附属国、日本的陪臣国，恰和日本从前在高丽所用方法一样。

二十一条款签押以后，日本军阀和政治家就起手整理他东三省和中国其他地方上面的优越权。此时日本政府看清了他们可以用外交来征服中国。于是乎英国只管有很可以注目的努力，来拿中国加进协商国里头去；日本却禁止中国，不许他参加世界大战争。

美国参战：

世界上的事情忽然变了，美国和德国绝交，并且请中国照他的样子做去。许多中国的有识者，都说这是从日本手里头救出中国来的唯一道路了。北京政府决定了跟随美国之后，不多几天，上海的日本总领事①跑来找我，传一个消息给我，说他的政府要求中国和日本连起来，而且对德宣战。我问他，日本政府为什么忽

①　即有吉明。

然间在这件事上变更政策？他不能够满足答复我。我就立刻十分耽心，晓得日本这种新动作是有一个阴险的事情藏在里头。我告诉日本总领事说："我赞成日本维持中国中立的老政策，但是要用我的十二分力量，来反对日本把中国放在日本保护底下来参战的新计划。"

我那时看出日本不能希望单拿外交来征服中国，就在请中国参战这个表面名称里头，打算着用军事统辖来征服中国了。我晓得这是没有救的，因为所有协商侧〔国〕的国家都要中国参战的。所以，他们不知不觉就帮了日本在中国上面得了军事的统辖。

我所能够走的只有一条路，就是把中国拉开做两半。那北京政府已是因为盲从日本，给他缚住了。我就在广州建立一个政府，果然能够牵制着日本军阀的计划。日本政府随着段祺瑞的意思，供给饷械，想打灭我们南边。我们虽然拿着很缺乏的军装，而且内中不一致（因为南方军阀常常听北京来的指挥），然而还能够做到成一个要顾虑的抵抗。等到战斗起了以后，南方军阀看见舆论主张太强，逼着也要走到我们这一边来了。

世界事情又一变：

欧洲大战忽然间完了。五强国连日本也在内，递一个共同劝告书到南北两政府去，劝告速成国内平和，那就中国可以作为一个统一国家，派代表到巴黎和会去。经过若干犹豫之后，两边政府的议和代表派出到上海来了，和议开了。

在这当中，日本军阀已经想出了征服中国的成案，就是用中国的军阀来征服中国。于是制造出两个军阀头子来：在北京的军阀头子是段祺瑞，另外又做一个军阀头子在奉天。这个奉天军阀头子张作霖得了日本的帮助，所以能够扩张他的势力，现在已经有三十万兵。段祺瑞所管的兵约有十万。于是乎中国的兵力就在日本的统辖底下。当和议开的时候，我主张恢复合法国会，容他行使法律上职权。因为照约法，一切外国条约要经国会批准才有效力。我晓得这合法国会是不会批准二十一条款的。我的目的就是用国会的行动来废除二十一条款。北边不肯答应恢复国会，撤回北方代表，自然上海和会从此而止了。

此后不久，段祺瑞起首对我接头，他说南北战争就是他和我的战争，其余南北他种军队都是中立的。他求我提出可以做平和协定基础的条件。我提给他第一个条件，就是废除所有对日密约。关于这一件，我和段祺瑞由个人代表来交换意见。将近一年，到底段氏允了我的条件，答应废除军事协约。于是我和我的同僚商量，发一个宣言，声明我们准备照从前一样的条件做基础，来重开上海和会。当时，段氏就拿个人名义方式复一个电，又由边防处发一个通电，宣言军事协约作废。从此引起最近的北方纷乱，结局成为段氏的失败。

段氏是被两种势力打破的，一种是吴佩孚做头领的排日势力，一种是张作霖做首领的亲日势力。吴佩孚是有全国舆论和外国的力量帮助的。许多人都以为段氏一打倒，这个情势总好一点。然而现在我们看清了，这是由不好走到更不好去。正是跳离了热锅，跳进了火炉。我的用日本所练的边防军来打日本的计划，自从段氏失败以后，就消灭了。

不论现在有什么商量在这里进行，我们对于留存二十一条款的提件万不承认。二十一条款和军事协约是日本制的最强韧的铁锁链，来绑中国手脚的。实行二十一条款之统一的中国，就是日本把中国整个征服去了。我们革命党一定打到一个人不剩，或者二十一条款废除了才歇手。中国的大混乱是二十一条款做成的，如果废除了他，就中国统一马上可以实现。

把这复杂的问题详细研究过之后，我们晓得这个不是单纯的中国人问题，也不是单纯的外国人问题。所以要各种力量都并合起来做工夫，连中国人、连日本人中间的民主分子都要算进去，帮助废除二十一条款。

用笔比用剑还有力，这是约翰海的通函能够防止瓜分中国所已经证出的。我相信你们有名誉的团体，跟着我所指出的方向发出好议论，也一定一样有力。所以我请你们议员团员帮忙解决这中国问题。

你们不久要到日本做客了，我相信你们可以用你们做人客的好力量，倡导废除二十一条款。这就是解决中国问题的唯一方法了。

据《中国问题之解决——孙中山先生在美国议员团欢迎席上演说》，连载一九二〇年八月七、八日上海《民国日报》第二版

修改党章的说明

在上海中国国民党本部会议的演说①

（一九二〇年十一月四日）

　　本部章程是在日本东京定的。当时才经讨袁失败，大家灰心，以为革命党势力已尽，一时再难振兴了。但是我觉得事业虽然失败，一般同志依然存在，尽可再接再厉。我很怕大家冷淡下去，就要涣散了，所以我急急设法团结起来，发起这中华革命党。不过那时候都在海外亡命，和在内地办党的情形不同，所以当时章程只準着海外情形来定的。现在我们既已能够在国内立脚，打算在国内进行党务，那章程自然有多少要修改的地方。

　　我们要把国事和党事分开来办。国事无论怎么样，这总是要办的。我们要晓得党是什么一件东西？这党的目的是要怎样的？我们造一个党，是因为要把我们的主义和目的贯彻到底。当初创造同盟会，我也就抱着三民主义。不过当时同志鼓吹革命全凭着一腔热血，未曾计画革命成功以后怎样的继续进行，怎样的完全达到我们的目的和主义。所以武昌起义成功以后，同盟会的同志就不能再往前做去，以致失败。武昌革命成功的快，原来也是出人意外的。一般同志都匆卒跑到政界去了，所以这革命的进行就未免半途而废。距武昌革命不到三个月，我到上海，就听得一种舆论，那舆论也就是革命党同附和革命党的人发出来的，说是"革命〈军〉起，革命党消"。我当时听了很觉奇怪，怎么革命党〔军〕起，革命党就要消呢？实在不懂他们所说的意义。现在看起来，我们的失败就在这个地方。那时革命党既没有继续下去，到后来统一告成，便有许多的党纷纷起来争握政权；只有革命党迟之又久，才改做了政党。然因一时拼命去罗致人才，以致内部十分复杂，中坚人物又冷了心，原来的革命党都退缩出来，所以结果就大大的

---

　　①　中国国民党于一九一九年十月成立时曾公布《中国国民党规约》，但未有章程。一九二〇年十一月九日制定的《中国国民党总章》，系参照一九一四年所订《中华革命党总章》修改而成，孙文为此作出说明。

失败了。后来我鉴于这个失败，所以就另行组织中华革命党，以便实行我们所抱负的主义。

中华革命党有几个条件，当时老同盟会中人觉得不好，很有许多反对的，卒之至于分道扬镳，不肯加入。其实他们很不了解，因为党与国原有不同之处，最要分得清楚。党所重的是有一定的主义，为要行一定的主义，就不能不重在人。本来旧国家的政治也是重人，现代新国家乃重在法，但法从何来，须要我们人去造成他。所以党的作用，也就不能不重人。党本来是人治，不是法治。我们要造法治国家，只靠我们同党人的心理。党之能够团结发达，必要有二个作用，一是感情作用，二是主义作用。至于法治作用，其效力甚小。明白这个道理，方知道我要设置那些条件的道理。譬如我有一个要服从我革命的信条，大家觉得不对。其实我要求这个条件也有理由，请一考究第二次失败的病根，那就明白了。本来第二次革命的时候，我们这方面较袁氏地大力充，财足兵多，何以竟至失败？这个缘故，就是袁氏统一，民党不统一。要救这个弊病，自然只有也用统一的法子，所以我就要要求这一个服从的信条。但当时同志多不赞成，后来过了五六年之经验，乃知这办法很对的。

还有我党的三民主义，当初同盟会还只明白民族主义，拚命去做；至于民权、民生两主义不很透彻，其实民族主义也还没有做完。至于我主张的五权宪法，那时不懂的更多。原来美国的三权宪法，乃是模仿英国的。当初英国没有政党，政治习惯上好像三权分立，美国模仿，乃规定在宪法上，分晰清楚。英国也有人主张分为四权的，但我觉得非分为五权不可。我所说的五权也非我杜撰的，就是将三权再分出弹劾及考试两权。所谓三权者，就是将君权之行政、立法、裁判独立起来。但中国自唐宋以来，便有脱出君权而独立之两权，即弹劾、考试是也。现在我们主张五权，本来即是现时所说的三权，不过三权是把考试权附在行政部份、弹劾权附在立法部份。我们现将外国的规制和中国本有的规制融和起来，较为周备。外国无考试，只有英国有文官考试。英国明白说过，考试是取法中国，足见这考试制是最好为〔的〕。一九〇四年，我和王宠惠在纽约曾谈到五权宪法，他自赞成。后来他到耶耳大学①专攻法律，反疑惑起来，说："这五权分立，各国的法律都没有这样办法，恐怕不行。"这也奇怪，中国固有的法制，他倒抛荒了。他起初很赞成，后来学了法律反不赞成，足见他的思想为一方面所锢蔽。能融通了悟的，实在难得。现在已经十余年了，还是没有什么人懂得。但我们如果实行起来，后来必博法律家大大的赞成。譬如英国的政治，到了孟德斯鸠②出来，才赞成他。所以我的主张，必定要做到五权宪法，否则无论如何总要革命。这就是我党一定的目的。

民族主义，当初用以破坏满洲专制，这主义也不是新潮流才有的。向来我们要扩充起来，融化我们中国所有各族成个中华民族，若单是做到推倒满族的专制，还是未曾完成。至于民权，现在也未做到。即使单单做到民权，不实行民生主义，也就不能使人民享受福利。像美洲③等国可谓民权发达，怎么还有革命的事发生呢？只为人民的生活太难，贫富的阶级相去太远，那社会革命的事自然就免不了。所以中国纵使做到美国民权发达的地步，也还是要革命的。不过像中国现在的情状，旧潮流还没有弄清，那新潮流更是无人注意。我们最好是把他来一次解决，以免祸乱叠生。有人说："各国百年前只是民权革命，直到现在乃有社会革命，我们也要分开步骤才好。"不知他们那时候还没有这个状况，到了现在经济发达，资本制的流毒已经弥满世界，中国也感受这种恶潮。请看上海，房租日高，地价奇贵，工钱稍稍加点，贫民生活反不如从前的容易。据此看来，这恶潮不是已经到了吗？怎么还可把百年前外国的状况来比呢？所以我们的三民主义应该一贯做去，扫除一切不平的事。如民族主义，即是扫除种族之不平；民权主义，即是扫除政治之不平；民生〈主义〉，即是扫除社会之不平。这种种的不平既然都在眼前，所以我们就要同时解决，免得枝枝节节，而且不如是，就永远不能适应世界的潮流了。所以我党就要以三民主义为宗旨、五权宪法为目的，合拢这两样来做革命。

---

①　耶耳大学（Yale University），今译耶鲁大学。

②　孟德斯鸠（Charles-Louis de Secondat Montesquieu），法国人，其论及"三权分立"说的代表作《法意》（De l'Esprit des Lois），严复中译本名为《孟德斯鸠法意》。

③　此指美国。

　　我们有个最好的同志就是朱执信，他的学问是很好的，对于革命事业又非常热心。他尝问我：“革命何以要服从个人？”我说：“这容易解释，就是服从我的主义便了。譬如道统，也是把个人来做代表的，如说孔子之道；又如宗教亦然，如说耶稣教①、佛教之类。学说也是这样，如进化学叫做达尔文学说②；我中国讲良知的，也叫做阳明学③。又如一种政策，也可以个人代表，如孟禄主义即是代表防备欧洲政策的。以上都是以个人来代表的。我这三民主义、五权宪法，也可以叫做孙文革命。所以服从我，就是服从我所主张的革命；服从我的革命，自然应该服从我。”本来民国不是三民主义行不过去，只因推倒帝制以后，革命党就已消灭，没有人切实去做。所以我趁着亡命之后，把这些同志约束起来。当时许多的人反对我把个人做主义去办党，不知党本是人治，不像国家的法治。这话前头已经说过了。综而言之，党用人治的长处很多，人治力量乃大。

　　我们革命失败，全是日本捣鬼：起初助袁世凯以摧残民党，后来经民党多方运动，不助袁氏，乃又偏偏要抬出岑春煊来扶植官僚势力。无奈讨袁之后，我们党已解散，没有势力去抵抗他。现在我们又渐渐恢复了，我们就赶紧在国内扩张起来，实行这三民主义、五权宪法。现在为便利起见，把从前的章程，大家来参酌修改。

　　我还将民族主义发挥一遍。有人说：“清室推翻以后，民族主义可以不要。”这话实在错了。即如我们所住的租界，外国人就要把治外法权来压制中国人，这还是前清造的恶因。现在清室虽不能压制我们，但各国还是要压制的，所以我们还要积极的抵制。我看暹罗在国际上比中国地位还高，所以我们定要积极的将我四万万民族地位抬高起来，发扬光大。现在说“五族共和”，实在这五族的名词狠不切当。我们国内何止五族呢？我的意思，应该把我们中国所有各民族融成一

---

　　①　在中国，“耶稣教”（简称耶教）或“基督教”通常专指基督教中的新教（Protestantism）。基督教原是奉耶稣基督为救世主的各教派统称，包括天主教、新教、正教等。

　　②　达尔文（Charles Robert Darwin），英国人，其代表作为《物种起源》（*The Origin of Species*）；他的主张被称为达尔文主义（Darwinism），即进化论，或如此处所称“达尔文学说”、“进化学”。

　　③　王守仁，明朝人，因筑室阳明洞，世称阳明先生；他所创“致良知”学说被称为阳明学，对日本亦甚有影响。

个中华民族（如美国，本是欧洲许多民族合起来的，现在却只成〔剩〕下美国一个民族，为世界上最有光荣的民族），并且要把中华民族造成很文明的民族，然后民族主义乃为完了。现在实还没有做到，所以我们还是三民主义缺一不可。这是确定不能改易的。所有章程，大家可以商量修改。

据上海《中国国民党本部通信》第六十期，一九二一年一月三十一日发行（无标题）

训政之解释

在上海中国国民党本部会议的演说①

（一九二○年十一月九日）

　　“训政”二字，我须解释。未〔本〕来政治主权是在人民，我们怎么好包揽去作呢？其实，我们革命就是要将政治揽在我们手里来作。这种办法，事实上不得不然。试看民国已经成立了九年，一般人民还是不懂共和的真趣，所以迫得我们再要革命。现在我不单是用革命去扫除那恶劣政治，还要用革命的手段去建设，所以叫做“训政”。这“训政”好像就是帝制时代用的名词，但是与帝制实在绝不相同。须知共和国，皇帝就是人民，以五千年来被压作奴隶的人民，一旦抬他作起皇帝，定然是不会作的。所以我们革命党人应该来教训他，如伊尹训太甲〈那〉样。我这个“训”字，就是从《伊训》上“训”字用得来的。

　　又须知现在人民有一种专制积威造下来的奴隶性，实在不容易改变。虽勉〈强〉拉他来做主人翁，他到底觉得不舒服。我举个实例：美国林肯放奴②，这是何等一件好事！论理，这奴隶要怎样的感谢林肯。他不但不感谢，反把林肯做了他们的仇敌，以为把他们现在的生活弄掉了，竟至把林肯刺杀了。这不是习惯难改么？还有那坐牢的人，坐到十年之后，他就把牢狱当他的正当生活。一旦放他

---

　　①　九日制定《中国国民党总章》，此为孙文就其内容所作的说明之一。

　　②　林肯（Abraham Lincoln），一八六一年起任美国总统，他所领导的北方各州主张解放黑奴，同年爆发南北战争，一八六五年北方取得胜利后，林肯被南方刺客所枪杀。

出来，他很不愿，因为要他去自寻生活，他就没有办法。所以国家并要替他们设个收养所，去教训他。这不是很奇怪的吗？

中国奴制已经行了数千年之久，所以民国虽然有了九年，一般人民还不晓得自己去站那主人的地位。我们现在没有别法，只好用些强迫的手段，拍〔迫〕着他来做主人，教他练习练习。这就是我用训政的意思。斐律宾的自治也是美国人去训政，现在二十年了，他们已经懂得自治，所以美国给他自治，不过中央政府还要美国派一个监督去训练他。

据上海《中国国民党本部通信》第六十期，
一九二一年一月三十一日发行（无标题）

工人宜固结团体而为民生之运动

在上海机器工会成立会的演说①

（一九二〇年十一月二十一日）

鄙人为一革命党，今在工会前演说，盖因革命党之与工会其关系甚大。

要知现在工人，为世界中最神圣之人。在昔工业未发达时，工人之制物全用手工，殆〔迨〕至现在机器时代，不觉前后为之一变。譬如制布，以手工论每人至多每日制一匹，所得工资约半元，而资本家所得每匹亦不过半元，故尚为平等。殆〔迨〕机器发明后，其出品之增高，至少有百倍之多。故资本家欲制布百匹用一工人可已，制布千匹用十工人可已。而工人所得之工资，照理每人每日制百匹，以每匹半元计算，当得五十元。乃今则工人之工资非但不能增加，反而减少，而资本家所得乃较之从前万万倍之多。故机器与工人毫无关系，不过养成一种强有力之资本家而已。

中国现在工业尚未发达，故工人与资本家尚未有剧烈之竞争。若夫欧美各国

① 上海机器工会系机器工人脱离有雇主参加的行会而单独组织，成立于一九二〇年九月。十一月二十一日下午在上海公学举行成立会，到会有该会会员、各工会代表及来宾共三百余人（一说千余人）。

社会中，其势力最大者惟资本家与工人。一般资本家专事垄断事业，于是为工人者只能终生为工人，资本家永为资本家。但机器既已发明，势不能废除，是以工人为自生计，乃不得不组织工党以抵制之。从前之工党非常守旧，不过选举代议士、要求待遇、减少时间等之举动耳。至现在乃觉悟，知仅此尚不足以抵制资本家。欲抵制资本家，除革命外实无他法。俄国现在之革命即其第一次也，中国及各国资本家目之为过激派，其实为工人之革命耳。各国之革命均由资本家压迫而成。反视中国之革命，则仅由一般有识者因忧时局之不可收拾，乃起而党〔革〕命者多。

鄙人为革命党，试再将革命之宗旨为诸君一告。革命党之唯一宗旨，即提倡民族①、民权、民生之三民主义。

（一）民族主义。推倒满清以后，仅得民族之半，并未完全达到目的。如此次之抵制劣货，亦为实行民族政策之举动。故须至中国人与外人完全平等后，方能谓完全达到目的。

（二）民权主义，即所以伸张民权。在专制时代，只有为官者方有发言权。要知国为人民之国，非三数人之国。今民国成立已届九载，查其实际仅有民国之名，而无民国之实，故民权主义亦未达到目的。须至国民人人有参政、选举、罢官、创法等权，乃能为〔谓〕之完全达到目的。

（三）民生主义，即所以解决人民个人之生计。今日贵会亦为此问题而发生。欧美各国民族、民权已在实行，而对于民生问题尚未有解决之办法，俄国之革命即为此问题而发生。然此问题甚不易解决，英国工党势力如此之巨，至今尚无解决之方法。

中国之对于资本家问题，余谓中国无须解决，盖中国尚未有强有力资本家发现。现在当防资本家之发现，此为最要之一事。防备之法有二：一、资本家之所以养成者，机器养成之也，故当全国所有机器归为公有；二、土地亦归为公有。此二问题解决后，则资本家不能实现。然机器、土地既归为公有，则究委之何人管理经营，厥惟政府是赖。故欲解决此项问题，第一须有良好之政府。人民既有

---

① 此处原误作"民主"，今径改为"民族"。下文多处同此。

良好可靠之政府，则如铁路、工厂、土地等均可归为国有。若此，国家每年之收入将不可以数计，则所谓人民之种种苛刻之捐税均可免去矣。政府既有如许之收入，当负教养人民子女之责任。少者教之，老者养之，均当由政府负担。若此，即所谓民生主义之实现，亦即孔子之所谓大同世界也。

今鄙人既为革命党，当与诸君言革命事业。故望诸君努力前进，固结团体，以达能左右上海全体工厂主权，然后引导全国工人起而为民生之运动，由民生运动造成一民生大同之中国。此鄙人所厚望云。

据《机器工会成立纪——孙中山演说三民主义》，
载一九二〇年十一月二十二日上海《时报》（五）

附：另记录之一

我人欲贯彻民生主义，非在官僚中夺回民权不可。否则，我国徒拥一专制变相之民主国号耳。

据《上海机器工会成立纪》，载一九二〇年
十一月二十三日上海《民国日报》第十版

附：另记录之二

我素来最敬佩的是你们做工的人，所以我极喜欢和工人做朋友，因为工人是与世界、国家、社会最有益处的人。我所最痛恨的，就是军阀、官僚、资本家，因为他们是与世界、国家、社会最有害处的人。

据《孙中山评论集》第一编，上海，三
民公司编辑发行，一九二五年五月出版

商人与政治有密切关系

在旅沪粤侨商业联合会欢送会的演说

（一九二〇年十一月二十四日）

广西游勇①入粤，较龙祸②尤烈，全粤损失有形无形岁逾万万，计吾粤旅外华侨及各省侨商，每岁营业之资运回粤者约四千万。以吾粤千辛万苦汗血所积之资，不及广西游勇半年之剥削，言之痛心。政治为商业根本，无政治即无商业。试观租界操行政权之工部局董事，皆外商而非外官，可见商人与政治有密切关系。现粤局已由破坏而进行建设时期，所望商界诸公，同心协力，襄助发展工、商、农、矿各种事业，则数年损失，或可得回。今粤东虽藉许军长与陈总司令③之力肃清，然广西游勇，野心未除，仍难安枕。粤局不安，即全国不安，尚宜思患预防。

据《旅沪粤侨欢送三总裁》，载一九二〇年
十一月二十五日上海《民国日报》第十版

---

① 桂系的贬称。桂系首领陆荣廷等多出身绿林，后受招抚，出任清军官职，故名。一九一六年三月，陆荣廷在广西宣布参加讨伐袁世凯的护国战争，出兵湖南、广东。同年十月，桂系军队进驻广州，从此广东全境为桂系控制。

② 龙济光祸粤的简称。龙济光于一九一三年八月任广东都督，一九一六年后改任两广矿务督办，率部驻海南岛。一九一八年率军进攻广东内地，旋败。

③ 许军长，即许崇智，在孙文和国民党致力培育的援闽粤军中任第二军军长；陈总司令，即陈炯明，任援闽粤军总司令兼第一军军长。一九二〇年八月中旬，孙文下令援闽粤军回粤讨桂。十月二十二日，粤军攻克粤东重镇惠州。二十四日，孙文和唐绍仪、伍廷芳决定前往广东，重组护法政权。

在广东实行三民主义并用文治感化来统一中国

在广东省公署欢迎宴会的演说①

（一九二○年十一月二十八日）

　　我们中华民国是由以三民主义为基础的革命造出来的。三民主义是什么呢？就是民族主义、民权主义、民生主义。满清皇帝推倒之后，民族主义算是有一半成功，民权、民生两主义却是因为官僚和强盗的压抑，连一点影子都没有现出来。现在我们有了广东这一省，我们就希望大家一心一意的团结起来，把这两个主义从事实上去实现出来。一定要做到：年幼的人没有一个不受国家的扶养和教育，成年的人没有一个不从事于社会公共的事业，年老的人、残废者没有一个不受国家的扶养，病人没有一个不受国家的治疗。道路沿〔治〕，桥梁修，山不重〔童〕，薮不涸，野无荒地，市无游民。政治的组织，便要使人民真有直接立法的权利，直接废止法律的权利，选举官吏的权利，罢免官吏的权利。所谓民之所有、民之所沿〔治〕、民之所享，这一个民主主义的格言完全实现，然后方算是我们革命成功。

　　至于谋中国的统一，只有两条路：一条路是用兵力去征服各省；一条路是用文治去感化各省。用兵力统一中国的事绝对做不到，也绝对不可做，这是人人晓得的了。用文治感化来统一中国，就是要靠宣传，却是空言的宣传是没有真实的力量的。我们现在是要把广东一省切切实实的建设起来，拿来做一个模范，使各省有志改革的人有一个见习的地方，守旧固执的人也因此生出改革的兴味。这个实际建议〔设〕就是极大的文化宣传，中国的统一只有靠这一个宣传，然后才做得来的。所以我们政府的方针，就是实际的建设，就是实行〔际〕的宣传文化。

　　…………

　　要改革广东的政治，先要废除广东政治上的积弊。要革除积弊，先要研究积弊之所由生，并且要研究作弊的人如何会作弊，如何作弊。明白了弊害的真象，

―――――――――

　　①　十月二十九日，援闽粤军占领广州，桂系在广东的数年统治随之瓦解。十一月二十八日，孙文一行从上海抵达广州，当晚出席欢迎宴会，孙文发表演说。此后，广东省署秘书长戴季陶在上海接受记者访问，追述孙文这一演说。

然后才能除弊。①

…………

　　将来广西的发展，一定要广东人去援助他。从什么地方去援助呢？就是从实业上去援助，从教育上去援助。广西的政治是要广西人自己理的，却是广西有工业知识、农业知识的人太少，经济力又小，所以赶走绿林②之后，立刻就要合起广东全省的余力，去帮助他们发展教育，帮助他们发展农业。广西的地质是狠好的，但是荒地没有人种的却有几百里，如果开垦起来，增加十倍的农业并不算难事。要肃清广西的强盗，只要从这一点下手。要使广西人增加自己的文化，也要从这一点下手。而且广东的食粮不足，广西的农业如果不发达，广东还要靠南洋方面接济，这是不行的。所以我的援桂意见，就是在开发广西的精神的文化和物质的文化。

　　　　　　　　　据《改革期中的广东——戴季陶君的谈话》引述孙中
　　　　　　　　山演说词，连载一九二〇年十二月二十二日上海《民
　　　　　　　　国日报》第三版及二十三日第二版、二十四日第三版

附：另一记录

　　陈总司令此次为粤人光复广东，〈余〉代为粤人致谢。

　　吾国必须统一，唯以民治为统一方法，然后可期永久；武力不过辅助民治之不及，非不得已，不宜轻用。试观欧洲诸共和国，建设已一世纪，现仍时有革命运动，盖其贫富阶级，相去过远，有以致之。我国今日，若不为之预防，则将来恐不能免。预防方法，即提倡民生主义，厉行民治精神，务使社会财产，渐趋平均，家给人足，则天下归仁，统一自然成功，且永无革命分裂之忧。吾辈此次归来，即本斯旨，于广东实行建设，以树全国之模范，而立和平统一之基础。

　　粤省为护法根本策源地。此行与各总裁回粤主持军府，发扬民治主义，于根本策源地，务须实行保护，使粤省民治发达，足为各省之模范。吾辈改造广东，使广东成一种最良好之风气，而此种良好风气传入各省，各省亦必发生一种良好变化。

----

　　① 戴季陶在此处作如下补充说明："所以中山在政务会议最初的提案，就是扫除积弊，设积弊调查委员会，直隶于内务部，中山先生自任委员长。"

　　② 桂系的另一贬称。陆荣廷及其要员大多出身绿林会党，桂系军队且又军纪败坏，故称。

此次俄国革命后，实行社会主义。俄国遂酿成一种良好风气，而此种风气传及欧洲，欧洲各国竟莫能抵抗。英国欲与俄国议和，其中有一条件，即令俄国之风气，以后勿令传到英国。此种条件，可谓奇极。然于此可见一国既酝酿成一种好风气，则他国必受感化。吾辈希望广东亦复如是，务使改造广东之良好风气，传及各省。（中略）此次驱除桂贼，恢复广东，全系陈总司令与各司令之力，此后改造广东，亦责无旁贷。

据《本社专电》，载一九二○年十二月一日上海《民国日报》第二版

肃清广东及外埠赌害

在广州各界欢迎会的演说

（一九二○年十二月一日）

（孙中山详抒建设大计，末述赌害宜禁：）

陈兼省长此次禁赌，具大决心，行大善政。吾粤绅商宜一致赞助，俾全省赌害及外埠与赌害有关者一律肃清。

据《本社专电》，载一九二○年十二月三日上海《民国日报》第二版

护法手段各有方法

在广州军政会议的演说[①]

（一九二○年十二月二日）

吾等所取之目的，自宜一致护法。但所用之手段，则各有方法，不必限于统

---

① 十二月二日孙文在广州召开军政会议，商议时局方针，并作此演说。底本误记开会日期为"十一月二日"。

一步调。譬如吾等与段系①在上海携手，并非我等屈就段系，乃段系来求援于我。虽反对北政府之方法不同，而反对北政府目的则一。

据《孙文之大政方针》，载一九二〇
年十二月十日长沙《大公报》（二）

在广州国会议员座谈会的讲话②

（一九二〇年十二月二十九日）

余素尊重国会，凡事可由国会自行解决。

据《广东旧国会之近状》，载一九
二一年一月四日《申报》（三）

应在广东建立正式政府以巩固民国基础

在广州军政府元旦庆祝大会的演说③

（一九二一年一月一日）

今日为南京政府成立纪念日。中华民国成立以来，于兹九载。当初吾人原抱定巩固民国基础、削平变乱之决心，不意事与心违，致成今日如斯之局面。若长此敷衍以往，漫说九年不为功，即九十年亦不为功。然吾人须用若何方法，始能

---

① 即北洋派系中以段祺瑞为首的皖系。一九一九年下半年起，北洋各派系内讧加剧。一九二〇年七月，曹锟为首的直系发动对皖系的直皖战争，联合张作霖为首的奉系，击败皖系，控制北洋政府。孙文因而形成联皖反直的策略。

② 国会非常会议已在广东存在四年，议员们对其运作方式及自身权限大小历来有着不同意见，故孙文在讲话中就此表态。

③ 一九二〇年十一月二十八日，孙文偕唐绍仪、伍廷芳等自上海抵广州，次日即重开军政府政务会议履行总裁职务。军政府设址于观音山（今名越秀山）南麓原广东督军署。一九二一年一月一日上午举行元旦庆祝会，有各界人士千余人出席。孙文发表演说，倡议另组正式政府，以对抗北洋政府。

使中华民国基础巩固乎？若仅就民国成立言之，武昌起义之日即算成立。不过至元年元旦①，方再正式成立耳。南京政府未成立以前，外人不知有中华民国。成立以后，外人方知之，于是惹起全世界之注目。故论民国成立，当以元年元旦为始。然而成立虽成立，基础并未巩固。九年之中，袁世凯推翻民国一次，张勋又推翻一次，幸为时不久，即行恢复。段祺瑞于反对袁世凯称帝及驱逐张勋之后，自以为大功无伦，悍然不顾，为毁法卖国之事。吾人忍不能忍，始率海军南下护法，期解决外交、法律等问题。数载以来，初而坚持不稍让步，继而不惜委曲求全，与北方诚意谋和。迨和会停顿之后，段祺瑞似亦渐觉悟不能以武力统一中国，对于法律、外交问题表示让步，并允定期取消军事协约，遂为排日派之曹锟、吴佩孚、亲日派之张作霖等联合将段推倒，该项问题遂无商量之余地。其后岑春煊等只顾谋和，投降条件业经议妥，迨粤军达回粤目的，其议自寝。彼等乃于仓皇出走之际，取消自主，而北庭竟据以宣告统一。此种行为类于儿戏，余与伍、唐诸君曾通电否认。

此次军府回粤，其责任固在继续护法，但余观察现在大势，护法断断不能解决根本问题。吾人从今日起，不可不拿定方针开一新纪元，巩固中华民国基础，削平变乱。方针维何？即建设正式政府是也。盖护法不过矫正北政府之非法行为，即达目的，于中华民国亦无若何裨益。况护法乃国内一部分问题，对内仍承认北京政府为中央政府，对外亦不发生国际上地位之效力。所以数载以来，北政府尚自命为中央政府，外人仍承认之，而视我等则为土匪，视我等护法区域则如土匪区域。无他，取此名义狭而不正也。且我取义既狭，对于北庭既〔即〕不啻承认其为中央政府，外人承认彼而蔑视我，不亦宜乎？又护法区域前有川、桂等省加入，范围较大，今已缩小，愈见护法不适宜矣。至以军政府机关而言，外人眼中视之，殆与前清时代之营务处等。此种机关，岂能代表中华民国而与北庭对抗乎？就以上种种观之，足见建设正式政府之不容一日缓也明矣。且北政府前虽以正式政府自命，今徐世昌已公然下令，以旧国会选举法选举新总统，即是公然宣布彼之总统实为非法选出，亦即公然不敢自命为正式政府。此正吾人扫除污秽不堪之

---

①　此处原误植为"元元年旦"，今改"元年元旦"。

北京政府，建设良好干净之正式政府，巩固中华民国基础，削平变乱之时，何可放弃此种责任？但建设议〔议设〕立正式政府之权，全在国会。国会在北京不能行使职权，而在广州能自由行使，是望国会诸君建议，仿南京政府办法在广东设立一正式政府，以为对内对外之总机关，中华民国前途其庶几乎！余认广东此时实有建立正式政府之必要，愿以此重大之事，作中华民国十年一月一日之新纪念焉。

据《孙总裁元旦日之演辞》，载一九二一
年一月十一日上海《民国日报》第三版

附：另一记录

（英 译 中）

孙逸仙总裁在元旦那天对国会议员发表演说，强调要重建一个正式政府，以代替临时的仅是护法性质的政府。在即将召开的国会会议上，将会实行一些限制，即所有属于桂系、政学会的成员，或在伍廷芳总裁离开以后仍在军政府任职者，以及那些参与选举温宗尧为政务总裁的人，都没有资格出席国会会议。

据广东省档案馆辑译：《孙中山与陈炯明》（粤海关英
文档案《各项时事传闻录》一九二一年一月三日），
载广东省孙中山研究会主编：《孙中山研究》第一辑，
广州，广东人民出版社一九八六年六月出版

人民须与政府合力援桂

对广东各界请愿代表的演说①

（一九二一年一月一日）

出兵援桂②一举，本为军府各总裁、陈总司令之主张，亦为粤军在漳州预定出

---

①　一日广东各界举行大游行，推举代表百数十人至广州军政府，请愿援桂等事。下午一时孙文接见请愿代表，并发表演说。

②　即讨伐桂系，援助广西人民。

师四大计划之后之一计划。惟粤军回粤后，因粤省经桂贼多年之蹂躏，公产赋税概被抵押，财源几尽匮乏。加以禁赌后，每年短少收入约一千万圆〔元〕，政府尚无法弥缝此项损失，故虽明知援桂一举，为刻不容缓，亦以财政问题之束缚，一时未能实行。今粤政府锐意裁减军队，亦为此故。诸君既来请愿援桂，具见爱国热诚，惟援桂一举，不能徒托空言，必人民与政府合力进行然后可。何谓合力？即政府担任出师，而人民则不可不担任筹饷。所谓助饷者，非一定金钱之谓，如做苦力者可以报效挑工，卖草鞋者可以报效草鞋，卖衣服者可以报效衣服，有钱者出钱，无钱者出力，人人能如是，则我粤人应设法筹还此一千万元，以弥补此项损失，亦不为过。况粤人因开赌而损失者，此一千万元不过就直接者而言，其间接损失，又不下二千万元，是粤人因开赌而损失，每年实不下三千万元耳。政府既毅然禁赌，以谋人民福利，人民又何乐而不助政府筹饷，以除粤省未来之后患乎！余可决言诸君之请愿，余可完全答应，但诸君亦须合力相助乃可。

据《元旦广东两大巡行》，载一九二一年一月十一日上海《民国日报》第三版

国家改造与进步须有党人负全责

在广州中国国民党本部特设驻粤办事处成立会的演说

（一九二一年一月三日）

民国虽已十年，祸乱相寻，实际未达共和境界，不过将满洲统治权，换入腐败官僚和复辟派手中。北方政府实在不是民国政府。

我等要造成真正民国，还要将辛亥革命未了的事业做个成功。但欲革命成功，便须巩固基础。基础之巩固，就在主义之坚定与人心之固结。我党以三民主义为圭臬，备历艰阻逾二十年，基础固早卓立，但对于国家之改造与进步，尚须有卓绝之

党人负完全责任，运用机能指导群众，法、俄等国莫不皆然，吾党宜勉之。

据上海《中国国民党本部通信》第六十
期，一九二一年一月三十一日发行①

坚定主义固结人心

在国民党交通部成立会的演说②

（一九二一年一月二十七日）

民国虽已十年，祸乱相寻，实际未达共和境界，不过将满洲统治权，换入腐败官僚和复辟派手中。北方政府实在不是民国政府，我等要造成真正民国，还要将辛亥革命未了的事业，做个成功。但欲革命成功，便须巩固基础。基础之巩固，就在主义之坚定与人心之固结。我党以三民主义为圭臬，备历艰阻逾二十年，基础固，早卓立。但对于国家之改造与进步，尚须有卓绝之党人负完全责任，运用机能，指导群众。法、俄等国莫不皆然，吾党宜勉之。

据《本社专电》，载一九二一年一月
二十九日上海《民国日报》第二版

三民主义之目标

在国民党粤省支部成立会的演说

（一九二一年一月三十日）

第一，民族主义非推翻满族主权便了，须使各民族都平等。第二，民权主义须人民有普遍选举、立法、免官之权。第三，民生主义须趁此资本家、地主不多之际，

---

① 另据一九二一年一月二十九日上海《民国日报》第二版《本社专电》报道，孙文于一月二十七日在广州中国国民党交通部成立大会发表演说，报道的演说文字与本篇相同。

② 二十七日国民党交通部在广州开成立会，到会者数百人，军政要员均列席。孙文作此演说。

行资产国有制，借机器以兴实业，普利一般人民，消灭阶级战争。

据《本社专电》，载一九二一年二月一日上海《民国日报》第二版①

今日亟须组织工商政府

在军政府宴请绅商善界的演说②

（一九二一年二月十九日）

现在俄国劳农政府极力趋向我国，万一我国军人趋向劳农主义，则我国商民均不愿意。我国今日亟须组织工商政府。惟组织工商政府，必须工商各界实力帮忙，非空言所能造到。廿年前，各人均称我为"孙大炮"，卒亦推倒满清，成立民国，已阅十年，可知我并非大炮。凡造事只要毅力造去，必有成功之日。

据《孙文自谓并非大炮》，载一九二一年二月二十一日《香港华字日报》第二张三页

今日组织正式政府的必要

在广州海陆军警同袍社春宴会的演说③

（一九二一年二月二十五日）

自从粤军回粤后，有许多人竟认做以后过的多是些安乐日子了。咳！危险，十二分的危险！你们看有多少大敌在前面，广西的陆荣廷等认我们广东是大仇大敌，日夜不忘要来报复；其他北方的非法政府、各派的军阀，哪一处不是来危害

---

① 另见一九二一年一月三十一日中国国民党粤支部致上海本部专电（台北、中国国民党文化传播委员会党史馆藏抄件），所呈报孙文演说内容与底本相同，惟其前多"我党三民主义"六字，末句则作"消弭阶级战争"。

② 十九日下午六时，孙文在军政府宴请广东绅、商、善界一百八十余人，席间作此演说。

③ 本篇系上海《民国日报》主编叶楚伧在春宴会次日请孙文复述其演说内容的笔录。

我们的。怎地便想过起安乐日子来呀！

诸君或者以为茫茫前途，若不绝打仗去，到几时才了，不如就此停止罢，这个意思也是错了的。我们为什么要护法？打仗总有一个目的的呀，这目的是什么？不是要建设个新的中国吗！我们既抱了这目的，便应该向这目的走去。有了目的，是总有走到的一天的。今天不是在这儿开海陆军警同袍会吗？有了这会址，认明了这会址，大家向这会址来，便一个个到了目的地了。若没认明这会址，满城里乱跑，或者中途停止，自然不能到目的地了。现在我们已经认明会址了，却说"满城乱跑不是事，不是〔如〕停止"的话，这是什么意思？

要达到建新中国的目的，第一应该组织起个正式政府来。今年元旦我演说时①已曾这样说，你们是军警，自然要服从命令的。然要建设新中国少不了两种工具：一是宣传文治的笔；一是代表武功，便是你们肩上背着的那枝枪。所以你们是分担着一半责任的。应该注意政治，同上新上〔中〕国的正轨，热心正式政府的组织。

今日组织正式政府的必要，我不必把根本上话来说明，单举一件极简单、大家明白的事来说。在前两个月，我们因关余问题②，主张付〔回〕收海关。这海关本来是中国的，军政府这项主张原是行使职权的正当办法。英领〈事〉一听得这消息，竟调军舰来，声言若果实行，定作土匪劫掠看待，立时开炮。英领事何以如此大胆，可不是因为我们没有正式政府，没取得国际上地位吗？我们现在有人民、土地、法律、海陆军队，正式政府成立的元素已经完全，却不急速组织起来。好像一家店铺，资本、货物、影〔伙〕计都有了，却老是个不开张、不挂牌，又谁知道我们要开铺子，谁来与我们往来呢？有人说"现在领域还小，待发展些再组织政府不迟"，不知政府的组织和实力的发展是可以并行不背〔悖〕的。你们都是爱国的，大家注意着这点才是。

据楚伧：《孙总裁在军警同袍会演词补记》，载一九二一年三月八日上海《民国日报》第三版

---

① 此指一九二一年一月一日孙文在军政府元旦庆祝会的演说。

② "关余"，即中国关税收入扣除对外赔款及偿还外债后的剩余款额，清末以来一直由控制中国海关的列强驻华公使团支配。设在广州的护法军政府曾于一九一九、一九二〇年取得粤海关的部分关余，后被停付。

附：另记录之一

予屡欲向诸君有所宣言，今乃得此机会，甚善甚善！

军人天职在护法，护法之事断非安坐可致。回忆去年十月粤军初下石龙，即迭电沪上邀予回粤，及予等回粤，而桂军已退出粤境，粤军遂谓从此可安乐太平，不复再有举动。须知予等为革命党，无日不当有革命行动。今迎予等回粤，而不能赞助予等之革命行动，是否欲予始在粤与尔辈实造"享福"二字？予为粤人，粤人有无福享，与予大有关系。今大敌当前，日谋伺隙而动，以予自身观察，绝不觉有享福之处。就尔辈论，则今日粤省诸赌已禁，财政又统一，子女玉帛不能予取予求，有何乐处？且桂系诸人，日前饱尝粤省乐趣，今被逼回桂，其心未尝忘粤，我不援桂，桂亦攻我，到此境地，是不惟无福可享，而且祸害及身，此则自杀而已。

又人有恒言："军人不干预政治。"不知此语大有分别，有时事关损害国威，则军人自当出而干预。如前者军府因争关余不得，拟将海关收回，外人反对，竟调炮舰来粤示威。此等举动，直视军府如无物，辱我如此，尔辈不闻一致力争，为军府后盾，此应干预而不干预也。关余应交军府，而外人不交，且敢以兵临我，是视军府如土匪耳。予感此痛苦，以为名之不正则言不顺，故有组织正式政府之提议。正式政府成立，则全国政权皆归掌握，何独此区区关余，致受外人阻挠？乃发议以后，国会议员固有一部分反对，而反对之最力者，不料竟属尔辈。欢迎予回粤者，尔们；而反对予之政见者，亦属尔们，究竟是何心理？一辈之议员持论，甘于组织军政府或护法政府，即以此政府代行国务院职权，是宁愿予为靳云鹏①，而不愿予为徐世昌②，可谓绝无意识。不料尔等武人亦竟附和其说，是不应干预也。现在革命事业既不敢行，正式政府又不成立，简直一不痛不痒之现象。外人之所以敢以兵临我，尚谓以土匪待我，以予思之，则此不痛不痒之局面不知何者方可比拟，无以名之，则直私娼而已。广州市有商店名"三坑瓦"者（帽

---

① 靳云鹏，时任北洋政府国务总理。

② 徐世昌，时任北洋政府总统。

业），地虽极小，而因其具有店号，营业居然发达。今西南统治之机关，乃无有正式名称，人之喜欢者则与之交接，否则可置之不理，如此则与私娼何异？尔辈欢迎予回粤，而乃以私娼之事业强加予身，则是爱予者，适以辱予耳！予因尔辈欢迎而回粤，苟尔辈厌弃予者，予可即时离粤。又予等为革命党，尔辈苟长甘此不痛不痒之局面而无所进行者，予等留此亦有何味？则终亦必离粤而已。

独念欧洲各国，有地仅当吾粤之一府一县者，亦能堂堂正正成立一个国家，虽甚大国不敢侮辱。吾粤有地九万里，人民三千万，主权既归粤人之手，所谓土地、人民、主权之三要素，均已具备，乃独不敢组织正式政府，任人以土匪、私娼待我，而不知耻，此更不知是何心理也！闻尔们不愿组织正式政府及援桂，系一种怕打仗心理。怕打仗之事不能以畏惧可免。尔不打人，则人将打尔，苟至桂来攻时，试问尔辈何法能免打仗？故今日予特到此解释一切，愿尔辈放开眼界，坚持大无畏主义，建立大功。

据《孙中山演说之大牢骚——比以私娼事业　陈炯明面红
耳热》，载一九二一年三月三十一日成都《国民公报》（二）

附：另记录之二

革命事业屡成屡败，今粤军返旆，取回广东，算系革命成功。广东虽系富饶，然大敌当前，不能安居。忆前南京独立时，有十余省响应而卒归失败。今我粤护法三年，有六七省为助，现在四分五裂，当不能与前并论。且有桂省为敌，北廷为敌，其危险可知。当此紧急之时，应该以进为守，进攻桂省，然后可与北廷对抗，不得谓得粤便不图长进。粤军所以得由漳州返粤者，因系彼富我贫，故我之士气壮，今则异是。而心腹之患不去，终非粤福，诸军官不得以得粤便可长享富贵也。

鄙人此次回粤，陈总司令于汕头时、惠州时、石龙时屡电，催我回粤。我为革命，大家此次回广东亦为革命。惟不能以此便算成功，若以此便算成功，则与吾大违意旨。与诸君意见不符，我亦可以离粤。如诸君以吾所言为是，则何以反对选举总统，恐吓国会议员，不敢提议？在武人，干涉政治，吾不为怪，惟不应做此半明半暗之手段，自相破坏。今日不能成立正式政府，则外人不能承认，便为土匪、私娼，人可得鸣鼓而攻之，安得不失败？若正式成立，则反是，且可以借款，或半年或一二年则必可收效。诸君虽干涉政治，亦不可作此无意识之举动。

据《孙中山之牢骚语》，载一九二一年二月
二十八日《香港华字日报》第二张三页

附：另记录之三

文不德，自清末革命迄今，历种族政治，屡挫屡起。幸诸君子不弃，今日得开府广州。往事数十年，令人有不堪回首之叹。而马齿徒增，目的始终未达，又不觉令人为国伤也。且尝谓：我国事事后人，人之种族、政治革命两阶级已过，我方梦梦于奴隶、牛马之不摆脱待人之经营、社会、革命、阶级。我方政治革命，而不获成功，即今日之现状是也。故吾人今日经营政治革命者，须带社会之采色〔色彩〕，庶不致再甘牛后。此敢披陈于诸君子也。

护法事业，断非少数人可作成。少数人牢固此思想与宗旨，以为多数人之提倡与结合，斯护法之功可竣。乃追溯已过之历史，足留污点于护法史者，厥为假护法之名，行不法之举动，拒乎虎，引乎狼，使人民对南北人物有一丘之貉之感，真足伤而足羞也。现在军府许多不可掩灭之正义，不能达其计划，此皆彼一丘之貉所作梗耳。吾人既遭际不幸，不克以身命心思，牺牲所抱之宗旨，则安望其有济？更安望其经过阶级，不落于人后乎？今世界之潮流，咸趋乎民治。吾人为护法争，毋宁易曰：为民治争。北方之人脑筋中绝不留民治二字之踪影，无怪其一己揽权，倒行逆施也。吾人既觉悟他人之倒行逆施，慎毋以觉悟他人者，转陷不觉悟之境地，则予之所望，谅诸君子所必同情也。

据《记广州军警同袍社春酌之演说词》，载
一九二一年三月五日北京《顺天时报》（二）

唐继尧离滇来粤实其成功

在军政府欢迎唐继尧宴会的演说[①]

（一九二一年三月十二日）

唐公离滇来粤，不知者谓其失败，实则其大成功也。何谓成功？可分别言之：一、个人的；二、西南的；三、中华民国的。

一、今之言愿牺牲权利而实纤芥必争者多矣，唐公当此变乱，有尽足反攻之兵力而不用，萧然引身以退，是真能以牺牲权利为天下倡者，此个人之成功一也。

唐公何为不反攻乎？盖以为继之者，苟能率由旧章，则己之地位虽失，而护法之主义尚在，何苦以争护法之故，使人民受祸耶！故唐公之地位虽去，而息事宁人之道德益彰，此个人之成功二也。

二、西南有两势力，滇唐正而桂陆[②]邪。唐公十年以来，除帝制、护约法、拒苟和，大节凛然不变，为我人素所钦仰。然昔因治滇，未尝亲列中枢，面商大计。今军政府中，乃得唐公来规画一切，此西南之成功也。

三、唐公现存之兵力，足以对外发展，且治军多年，诸多利赖。昔为云南独有之唐公，今后则为中华民国共有之唐公，此中华民国之大成功也。

据《军府欢迎唐冀赓记》，载一九二一年三月十九日上海《民国日报》第六版

---

① 一九二一年二月八日，滇军顾品珍部进逼昆明，推翻滇系首领唐继尧在云南的统治，唐继尧避居香港。孙文为争取唐继尧，邀其到广州参加军政府政务会议，并委任顾品珍为滇军总司令。三月十二日，孙文在军政府举行欢迎唐继尧（字冀赓）宴会。

② 即广西陆荣廷。

军队的灵魂是主义

在黄埔检阅海军陆战队的演说①

（一九二一年四月四日）

　　军队的灵魂是主义。有主义的军队，是人民和国家的保障。举例如法国，他们将平等、自由、博爱做主义，三色的国旗便是表示出这三种主义来的。法国有了这种军队，所以能革命成功。军界同胞也应像法国般，勉为有主义的军队才行。②

据楚伧：《孙总裁阅兵记》，载一九二一
年四月五日上海《民国日报》第三版

护法必先革命

在广东省财政厅宴请国会议员的演说③

（一九二一年四月四日）

　　今天请诸君来，有一句最紧要的话与诸君商量。甚么事情？即西南关余，北京公使团交给北京伪政府是也。西南关余为数不过二百四十万两银子，倒亦不大要紧。所要紧者，只数年关余由兄弟交涉结果，经广州税务司从中调停办理，交给护法政府，实为国际上承认西南政府为交战团体之表现。今日驻京各国公使议决将关余交回北京伪政府，是明明取消已经承认我之西南交战团体，亦不啻对西南宣告死刑。国际上既已取消前次承认，诸公想想，我们护法关系人不皆成了土匪？兄弟每念及此，中心如焚，应急谋救济方法，以为对付。其方法为何？即快快选举总统，组织

---

　　①　四日上午，孙文至黄埔检阅海军陆战队操练，并发表演说。午后观看试验地雷和施放水雷。

　　②　底本此处有省略号，即下略。

　　③　四日下午六时，孙文在广州的广东省财政厅宴请国会议员，席间作此演说。

正式政府。非因此，对外无交涉之可言。

兄弟此次回广东，是抱革命目的而来，不是负护法责任而来，因欲护法，必先革命，但革命之大计仍须由国会主张。现在不是利害问题，乃是生死关头。兄弟问诸君，处此危急之日，救与不救，亦当早日解决。否则，我只有一走，另干我的事业。诸君更要知革命大事，必须大众奋斗，始克奏奇功，断非一二人所能胜任。望诸君努力前进，救兹大难。如诸君决要革命救国，兄弟愿同生死、共患难；如诸君不愿意革命救国，则惟有大家分离。

> 据《孙文有负气语》，载一九二一年四月八日《香港华字日报》第三张四页①

附：另一记录②

（英 译 中）

本月四日，孙逸仙总裁举行宴会，招待国会议员和一些本省显要人物。他在讲话中指出，外国把理应交付西南各省的关税余款转交给北方，这就等于不再承认西南各省同北方仍处于交战状态。对护法派领导人来说，这是个致命的打击，因为这样一来，他们的地位就形同"土匪"了。为了补救这种局势，他要求议员们立即选出总统，组织正式政府，使西南各省能取得同外国进行谈判的合法地位。

他说，他赞成进行另一场革命，如果本地领袖人物愿意同他合作，他就留下，和他们一道工作。否则他将离开这里，独自去实现自己的目标。

> 据广东省档案馆辑译：《孙中山与陈炯明》（粤海关英文档案《各项时事传闻录》一九二一年四月七日），载广东省孙中山研究会主编：《孙中山研究》第一辑，广州，广东人民出版社一九八六年六月出版

---

① 又见《再志广州选举总统详情》，载一九二一年四月二十日长沙《大公报》（二）。
② 演说词笔记者对孙文使用第三人称。

速选总统昭示中外

在军政府宴请国会议员宴会上的演说

（一九二一年四月六日）

外交团将关余税金交付北京政府，是不啻于宣告西南死刑，等吾人如土匪。今之救济方法，非速选总统，昭示中外，不足与北方抗而成同志之大业。余此次回粤，所抱革命目的綦为伟大，将来期求历史上之无上光荣。

〔某议员（闻系褚辅成）驳云：闻人咸谓革命愈烈，则国体愈纷乱，现在西南自身、粤省内部均呈不稳固之现象，反对者固不止一二人，若拂群众之意而孤行之，必无好结果。〕

（孙氏遂力斥其说，而作较激烈之论调云：）余从事革命三十年，向来之态度均抱一往直前之概，不必顾虑周围之事势如何，以自馁其志。清之覆，袁之倒，发难者初不过一省，卒获成功。同志等倘并力以行，安见其倨我于前者不复恭我于后耶？

据《广东选举总统之前后详情》，载一九二一年四月十九日长沙《大公报》（三）

正式政府成立后之政策

在广州招待国会议员茶会的演说①

（一九二一年四月十三日）

今日招待国会诸君，一以感谢国会诸君信任兄弟，俾在此中国纷乱之际，担负建设责任；一则当此正式政府行将成立之时，有须就教于诸君者。

---

① 十三日下午二时，孙文在省财政厅开茶会款待国会议员，并即席演说。

　　总统已经选出，正式政府即日成立①。中华民国之希望，实自今当渐现光明。但吾从此须同负艰重之责任，乃克有济。今日中华民国之干净土，只此广东一省，其他尚难预卜。当辛亥兄弟就临时总统职时，宣布独立者已达十五省，此外直隶、山东、河南亦有革命军作充分之活动。本部十八省形势，已成一致；即新疆、东三省等，亦遥应义声，赞成民国。今则不然，云南、贵州两省，可望与吾人一致进行，四川局面未定，湖南态度不明，广西更为肘腋之敌。是原有西南之六省，今尚不能保全，更何望如元年之盛况！

　　自推倒满清后，余孽盗窃权位，武人政客，群起捣乱，人心摇动，较诸民国元年，实有天渊之隔。故吾人今日当知此后之前途艰难，将十倍于往昔，即此后之正式政府，其艰难亦必十倍于今日。兄弟既蒙选任为总统，自当不避万难。但人无万能，一国之重，断非一人所能独负其责，尚赖诸君同心协力，共肩艰巨。诸君前日选举总统，会而任期三年，因之通令各县，议员任期均以三年为率。至民国八年，又卒经合法之国会、省会提议恢复原有县议员，以赓续满任，均已通过在案。计各县议员自成立至停止，仅办数月，其未满期者尚有两年余之多。夫县会与国会、省会范围，虽有广狭之不同，而职掌同为代议之性质。且共和国家趋重民治，下级自治，有时较上级政治尤为重大，县会职务奚能轻视？

　　今护法诸公既以袁逆之停止国会、省会、县会为非法，即以前所立之国会、省会、县会为合法。法之所在，乌〔焉〕容废之？此袁逆之停止议会，所以声罪致讨，率天下之人，而共诛其不法也。比虽南北政府渐有筹备改选之意，惟是原有县会，既与国会、省会所谓同为根据法律民意而成立者，必根据法律民意而变更，否则为法治国所大忌。昔北廷解散第一届国会，而选举所谓第二届非法国会，遂激起西南护法之师，民情所趋，可以概见。今以任期未满，不恢复国会、省会为非法，亦并当以不恢复县会为非法。若国会、省会得任期满，而县会独重新改选，是倚〔畸〕轻倚〔畸〕重，始则护法，而终非护法也。且所谓改选者，必以其非法而不惮更张之也。同为民国二年之正式选举，县议员既不合法，何解于国会、省会之合法？若此而复其二而缺其一，则于护法前途究未能贯彻其终始，曰改选而非违法也，

　　① 　四月七日，国会非常会议在广州举行，出席议员二百二十名，选举孙文为中华民国大总统，成立正式政府，与设在北京的北洋政府相抗衡。

其谁信之！且停办已久者，非自放弃，乃为势所压，而又连年请愿，未邀允准；既获恢复之明令矣，而复为杨前省长①所阻挠，是以迟迟至今，委曲苦衷，当在洞鉴。矧县议会自被非法停止后，民气压抑，惨酷难言。而议员又或以民党之故，迭遭倾陷，艰苦流离。幸逢护法群公，旌旆南旋，如睹天日，是以四方同志，喜赋归来，亦以人民望治甚殷，冀参末议，倘无故而忽加改选，则在非法时代，已取怒于彼，而在护法时代，又见弃于此，我辈议员何所适从乎？

现今第一要点，在巩固此革命党策源地之广东。策源地巩固，然后方能再图发展。现在广东局面，实赖省长、总司令陈竞存君之维持，以陈君之才力维持全粤，绰有余裕。

今吾人所十分切紧关心者，为正式政府成立后，中央政府与粤地方政府权限之妥慎划分。而尤为吃〔最〕紧要，则在财政问题。正式政府不久组织成立，在最近期间内，政府机体之范围，非特不能扩大，且将视军政府为缩小。缩小之主要办法，为裁官增政。换言之，希望大家少做官，多做事。然此事实行固难，各省热心毅力之同志，为国家做事而来，不计位置者固多，其中必有一大部分乃专谋位置者。彼以为正式政府成立机关，必定扩充位置，势在必得。不知在今后之时期中，非但本无位置者，不能取得新位置，即旧有者亦将失其所有，因此必有人为之失望。失望之后，或起风潮，或兴谣议，为意中事。是则宜望诸君竭力说明疏解，以消灭此难关者。兄弟之决意缩小政府机体，盖有原因。中央政府与省政府间，最当互相谅解者，为财政事件。在现在情势，供给中央政府者，只有广东一省。中央政府多用一钱，即地方政府多负担一钱。现今广东一省中之度支，已非常困难，何堪以中央政府之巨大供应？当粤军返粤时，即有人不愿军政府、国会返粤，盖惧骤加财政上之担负也。及后军政府及国会返粤，粤当局努力供应，亦已感筋疲力尽之苦矣。故一闻组织正式政府，又恐财政上负担过重，为之蹙额不宁。

今总统已经选定，正式政府既又不日成立，粤当局复以大义表示同情。此后中央政府与省政府之冲突难题，应先为解决。吾人宜知广东既为革命策源地，当然有保护安全之义务。且省库之支出军费为多，吾人以后将赖此兵力以图发展，更何可

---

①　即杨永泰，一九二〇年任广东省省长。

损及其饷需？筹款非旦夕间所能，故唯有竭力撙节，以安粤当局之心。

正式政府与省政府，革命事业与广东安全，乃相依为命者。故欲图将来之发展，不可不有今日之撙节。持现在局面论，正式政府成立后，势力日必发展，北方伪庭可不推而倒。全国人民希望真正共和者，有如饥渴。兄弟深愿同诸君各竭其力，造成真正共和，以为全国四万万人趋向。若是，诸君此次选举总统，方有效果可言，否则不特兄弟有负诸君之委托，即诸君亦负此次之热心矣。其他难关尚多，昔之欲脱离西南而苦无其说者，今则将借辞以为其说矣；北方之伪称统一者，今或将以武力向我矣。种种困难，不胜枚举，对付方法，亦难预定。惟有一事可为诸君告者，兄弟必鞠躬尽瘁，不顾成败利钝，以赴建设真正共和之途而已。

据《孙总统对国会议员演说辞》，连载一九二一年四月十五、十六日广州《广东群报》

附：另一记录

承诸君以重任付托，不胜感谢！惟今日时局之艰难及人心之团结，远不如民国元年南京时代。盖今日中华民国之干净土只有广东一省，当辛亥兄弟就临时总统职时，宣布独立者已达十五省，此外直隶、山东、河南亦有革命军活动，本部十八省形势已成一致。今则不然，云南、贵州两省可望与吾人一致进行，四川局面未定，湖南态度不明，广西更为肘腋之敌。是原有之西南六省今尚不能保全，更何望能如元年之盛况？故此次总统虽幸选出，而总统之职务实较南京之临时总统困难百倍。今诸君既以此艰巨付托兄弟，敢不鞠躬尽瘁于民国乎？

目前，吾人纯粹之策源地仅有广东一省，而政府、国会所仰给之财源亦仅广东一省，以广东一省财力疲困之现状而供给政府及国会，且藉以图外局之发展，诚恐力有不胜。故兄弟主张暂行减政主义，现政府组织当较之军政府旧组织更为缩少，实行裁员减费，凡任职者必须人员少而做事〈多〉，始裨实际。一俟时局发展，然后徐图扩张，亦未为晚。以后发展之计划及事业，非兄弟一人可以负担，更望诸君同心协力，共济艰难，务请各纾伟论，指教，指教！

据《广州通信：总统选出后之各问题》，载一九二一年四月二十一日上海《申报》（七）

军人应为国不为己努力贯彻主义

在广州粤军第一、二师军官恳亲会的演说①

（一九二一年四月二十三日）②

专制国家，人民是君主的奴隶；共和国家，人民是国家的主人，官吏是人民的公仆。民国成立十年，那些公仆太坏了，把中国搅得不成样子，以后不用革命精神来改造民国，再没有别〔希〕望的。

革命主义，是在前清末年便布满了国中的。革命的目的，第一步是将满清推倒。试问为什么要推倒清朝呢？因为他们少数人垄断着政权，快要把中国亡了。朝鲜、安南、台湾那些人民，因亡了国，吃多少苦；我们不愿意吃亡国后的苦，所以要革那亡国政府的命。革命党当时拼命救国，各省牺牲了性命的不知多少。广东更多，黄花岗上的烈士都是因革命牺牲了的，他们慷慨赴义的正气，凡是有良心的那一个不感动！渐渐的那些军人，都感动着对革命党表同情了。

武昌起义，中国本可从此治安，却因那些官僚余孽假意赞助共和，像袁世凯等其实都是中华民国的叛徒，广东的龙济光便是诸君所知道的。这些人没有除，接着像张作霖、曹锟等都来把军队当作私有的，来捣乱中华民国了。

诸君，你们应该自己问着自己，当兵是为己的，是为国的？若认做是为己的，这条路走错了。你们每月所得的饷，还不及拉车的。在这种连拉车都不及的生活中，为己当兵，尚有什么趣味？广东的穷人，被人当作"猪仔"贩出去，过了年期，自由作工，有过几年发大财的。当兵的生活和希望还不如"猪仔"，所谓为己的又在那里？可见当兵的是无己可为的。那么，兵究竟该为谁呢？应该为国。陈总司令这

---

① 四月二十三日，粤军第一军第一、二师全体军官在广州东园举行恳亲会，邀请孙文及粤军总司令兼第一军军长陈炯明到会。第一师师长为邓铿（粤军参谋长兼），第二师师长为洪兆麟。

② 据底本说明，此恳亲会比下篇四月二十四日集会早一天举行，故确定为二十三日。

次带粤兵回粤，绝对不是为己的，是为国的。陈是革命党，你们人〔也〕是革命党呀！你们要努力贯彻主义，才不负陈总司令。你们固然辛苦过了，然革命还没成功。你们应该帮助陈总司〈令〉，再辛苦二三年，收革命的全功呀！

英、法各国对于有功军人有优待条例，譬如过了六十岁便有养老金，他的子女可以由公家教育他们等等。这些方法，待中国统一后得也要仿行的。有了这种办法，军人不怕有家不养，有子女不得教育，更不必再存为己的心理了。（下略）

据楚伦：《孙总统与军界之大欢洽》"（一）粤军第一、二师的恳亲会"，载一九二一年五月一日上海《民国日报》第三版

齐心协力以赞成革命与实行革命

在广州欢宴海陆军警军官的演说①

（一九二一年四月二十四日）

诸君为军人，对于兵家，胜败原属寻常之事，但人人皆望胜利，皆望成功。今有一最好之方法，足以有胜无败者，此方法为何？即革命是矣。历观中外历史，实无革命失败之事。美国以八年革命而成功。法国革命后政潮起伏，至八十年后始完全成功。其他各国革命，结果亦无有不成者。吾国革命以汤武为始，所谓"应乎天而顺乎人"②。及清末时代，革命党历次在南方各省起义，虽经多次失败，而武昌革命卒成大功。此中外革命无不成功之明证也。

民国成立后，全国政权向为反对革命者所把持，然反对革命者，结果无不失败。如袁世凯以反对革命而实行帝制，段祺瑞以反对革命而摧残国会，张勋以反对革命

---

① 二十四日孙文在省财政厅设晚宴，款待舰长等海军军官、连长以上陆军军官、探长以上警官共四百余人（一说五百余人）。演说前，孙文首先为返粤讨伐桂军的粤军军官祝酒云："诸君此次由漳州返粤，身经百战，以卫民国，兄弟谨举杯为诸君慰劳！"

② 汤武，即成汤与周武王（姬发）。成汤约于公元前十七世纪灭夏桀而建立商朝，周武王于前十一世纪灭商纣而建立周朝，史称"汤武革命"。《周易》"彖传下"释"革第四十九"卦辞，谓"汤武革命，顺乎天而应乎人"。

而提倡复辟，今俱失败矣。将来之徐世昌、张作霖、曹琨〔锟〕辈，亦无有不失败之理。故革命之义，实为世界之潮流，顺之者昌，逆之者亡。而实行之者则不得不有赖于军人。庚戌①新军起义及三月廿九黄花冈②一役，多军人任之，虽一时失败，而其影响遂普遍于全国。故武昌军人发起革命，而民国以成。此军人实行革命有胜无败之明证也。

今兄弟所望于诸君，即为大家齐心协力以赞成革命，以实行革命。须知民国既以革命之手段而创造，则今后亦必以革命之精神而维持。所谓维持者，非一定以武力征服全国之谓。广东为革命之策源地，诸君但能合力以维持本省之治安，使地方太平，人民乐利，则各省必相率归附，而成革命之大业。试观辛亥革命，未闻派一兵一卒至他省，且汉阳失陷、武昌危急，然卒之十五省纷纷响应，清祚以斩。可见诸君若能一致拥护此革命策源地之广东，则不必出兵亦足统一全国，辛亥革命即先例也。愿诸君各奋精神，自负此革命之责任。兄弟既承国会委以大总统职务，愿与诸君共济艰难。

据《孙大总统欢宴海陆军警纪事——革命有胜无败之名言》，载一九二一年四月二十六日广州《广东群报》第三页

附：另记录之一

今天请诸君到此，因为广东现在的新局面，全由诸君用力打成。所以特地设这一席，向诸君致谢。进一层说，既挣得了这局面，便应该努力来替中华民国做事。军人做事，没有一个不是希望胜利的。但兵家惯语："胜败兵家常事。"见得一件事是胜败各半的。军人要做有胜无败的事，除非革命。

革命是有胜无败的。上下五千年，纵横九万里，革命是没有不成功的。"汤武革命，顺乎天而应乎人"，汤武成功了。法兰西革命，法兰西成功了。美利坚革命，美利坚成功了。俄罗斯最近的革命，俄罗斯又成功了。德国是著名的军阀国，现在

---

① 庚戌即一九一○年。

② 黄花冈，亦作黄花岗。后文同。

德国的革命又成功了。再看中国，十年以来革命是成功还是失败呢？清室是要扑灭革命党的，〈在〉辛亥年失败了。袁世凯是反对革命的，民国四年，袁世凯失败了。这是甚么缘故？世界潮流无可遏抑的，革命是顺应世界潮流的行为，所向无敌。清朝势力比袁大；袁的势力，比现在张作霖、曹锟等大。清室和袁世凯都倒了，还怕现在那些反对革命的不倒吗？

广州正月三日赵声、倪映典的起义，三月〈二十〉九日七十二烈士殉国和武昌起义，都是军人的力量。可惜也有许多军人，不明白道理，做私人爪牙，专与革命对垒的。现在广东是革命的地方，陈总司令是革命的总司令，诸君都是革命的军人。大家用全力来赞助革命，没有不成功的。

也有人怀疑，要用广东一省的能力，打平二十一省，这事太难。诸君放心，事实上不是这样的。辛亥年武昌、汉口的军队，何尝出武昌、汉口过一步？民军且把汉阳失了，然而革命就成功在一役。这是甚么道理呢？一处起了，四面八方响应起来。难道是由湖北军队征服的吗？民国四〔六〕年，兄弟带海军还粤，大家不敢承认是革命，定要说是护法。名不正，则言不顺，因此误了事。现在国会选兄弟做总统，虽只有一省，苟军人应我的要求，来赞助有胜无败的革命，潮流所趋，将此次由闽回粤的精神，未〔来〕由粤扩展到全国，也是不难。希望诸君一德一心，为国为民，造成这建设真民国的大事业。

据《孙总统之演说》，载一九二一年
五月一日上海《民国日报》第三版

附：另记录之二

（孙中山演说，发挥革命无失败之原理，并希望大众一心赞成革命。大意略云：）

诸君为军人，对于兵家，胜败原属寻常之事，但人人皆望胜利，皆望成功。今有一最好之方法，足以有胜无败者。此方法为何？即革命是矣。

历观中外历史，实无革命失败之事。美国以八年后革命而成功。法国革命，政潮起伏，至八十年中，始完全成功。其他各国革命，结果亦无有不成者。吾国革命，以汤武为始，所谓"应乎天而顺乎人"。及清末时代，革命党历次起义，虽经多次失败，而武昌革命卒成大功，此中外革命无不成功之明证也。民国成立后，全国政权向为反对革命者所把持。然反对革命者，结果无不失败。如袁世凯以反对革命而实行帝制，段祺瑞以反对革命而摧残国会，张勋以反对革命而提倡复辟，今俱失败矣。故革命之义，实为世界之潮流，顺之者昌，逆之者亡。而实行之者，则不得不有赖于军人。庚戌新军起义，及三月二十九黄花冈一役，多军人任之，虽一时失败，而其影响遂普遍于全国，故武昌军人发起革命，而民国以成，此军人实行革命有胜无败之明证也。

今兄弟所望于诸君，即为大家齐心协力，以赞成革命，以实行革命。须知民国既以革命之手段而创造，则今后亦必以革命之精神而维持。所谓维持者，非一定以武力征服全国之谓。广东为革命之策源地，军警界诸君但能合力以维持本省之治安，使地方太平，人民乐利，则各省必相率归附，而成革命之大业。试观辛亥革命，未闻派一兵一卒至他省，而十五省纷纷响应，清祚以斩，可见诸君若能一致拥护此革命策源地之广东，则不必出兵，亦足统一全国，辛亥革命即先例也。愿相与共奋精神，同负此革命之责任。

据《孙中山大宴军警之演说》，载一九二一年五月一日上海《申报》（二）

求学当立志救国实行三民主义

*在广州学界大会的演说*①

*（一九二一年六月）*②

列位教员、学生：

今日兄弟到此与各位谈话，有二件事情：

头一件，以后学生交际宜定一个普通称谓，造成一种风气，使人人仿效。查各国社会上之普通称呼，有一专用语，此语在英文为 Comrade。我国文言上无相当之翻译，有谓可以用"各位"、"诸君"等语译之。兄弟以为仍均未妥，再四思之，只有"伙计"一俗语可以译之。但"伙计"二字为广东下流人所最通用，学生用之似太不雅驯。不知今日为民国时代，无分上下，一切平等，此俗语既然译得妥适，则学生亦不妨取用，愿以后彼此相称皆用伙计。并一 Comrade 语不惟有平等之意义，兼有亲切意义，用此称谓不特可以表示平等，且足以表示同胞真意。故兄弟以为此后诸君称呼，无愈于援用此语。

第二件，今日学生求学问即是求知识，众伙计既然是求知识，所以今日兄弟欲兴〔与〕众伙计说说求学。求学有二种人：一无意识之人，二有意识之人。试问座中众伙计几多为有意识？几多为无意识？兄弟以为仍多是未定志向人，对于人生前途、国家观念、世界责任多未打算清楚。但兄弟以为众伙计入学堂研究学问，有师长为之指导，乃一最好机会，因社会上与众伙计同年龄之人不得入学者，尚百数十倍也。所处地位既优于众人，当然对于国家比众人多负几倍义务，所以在今日求学时期，众伙计宜先立志。否则十年窗下任你读书几许卷，终亦无补于国家，只一书锥而已。

---

① 是时，广东省教育会召集广州市大中学校学生暨教职员千余人，请孙文到会作宣传大讲演。

② 底本未说明日期。广东省教育会于六月二十一日至三十日在广州召开广东全省第五次教育大会，估计学界大会系在此期间或在此之前不久举行，故标为六月。

或谓立志为何？兄弟对于此反问，以为第一学生须要明白中国地位，第二学生须要认定自己责任。能了解于斯二者，然后可与言立志。众伙计要记得，现在中华民国五十年前是一东方未开化之国家，更要知到现世界一等强国之日本，亦是五十年前在东方一野蛮之国家。但当时日本有二志士，一为大隈重信，一为井上馨。此二人做学生时已深明国家地位，觉得国家不唯主权已被列强侵蚀，即数千年来之闭关主义亦将次为列强威力所攻破，杌陧之象甚于累卵，心中忽生责任来，以为非求新知于世界断不足以救国，于是立志出洋求学，以为救国准备。无如当时日本禁人出洋，故彼二人志虽如此，终不得达。后来几经艰难，得一机会，始逃走出洋作苦学生。卒之学成归国，将国家改弦更张，使旧染污浴〔俗〕咸与维新，不数十年间国势蒸蒸日上，直至今日竟成为世界第一等强国。今日众伙计为学生，求学之机会远胜于日本大隈、井上二人，今日中国文化程度又远出日本五十年前之上，实在大有可为。故兄弟以为众伙计对于民国宜生一种觉悟，见一种责任，知道日本当时国势如此弱小，彼大隈、井上二人尚能救回日本，使转贫为富、转弱为强，况中国地广人众大于日本数十倍，富国强兵必非难事。大众发奋为雄，立志救国，已立此志者务求此志之实行，未立此志者改从今日誓立此志，以图救国家之危亡。抑有进者，现在中华民国官僚腐败，军阀横行，不成国家。众伙计立志则有希望，不立志则无希望。简直可说，中华民国之存亡呼吸系于众伙计立志救国之一念。

救国①从何而起？此无论谁人皆知自改良政治入手。但改良政治又从何而起？兄弟以为此当先知国民〔民国〕由何种主义孕育而来，诚以其所由孕育之主义不明，即无从负责及不知趋向也。然孕育民国主义为何？即三民主义是。三民主义为何？即民族、民权、民生三要素是。但又有谓三民主义为民治、民享、民有者，其实此不过用语不同，其为用则一而已。兹依次说明，俾众伙计对于民国知所负责、知所趋尚焉。

中国革命志士牺牲头颅、财产以求推倒满清政府，此是民族主义所使然。但革命十年，中国仍无可以大慰民志者，此因由三民主义未发达，亦由民族主义不彻底之故。革命初步，提倡民族主义最力。当时汉人被鞑靼人②征服，政治上处于不平

---

① 此处删一衍字"促"。

② 此指满人。

等地位，自然多人明白，易于入心，故信赖者多而且笃。迨此主义成功，推倒满清之后，充入假革命党人极夥，争权夺利，熏心仕途。于时真革命党人灰心，假革命党人愈炽，愈弄愈坏，是以语其政治比不到满清之专制。此后大家要觉悟，要负责争回政权，实行改良国政，使国家日臻强大，日臻盛治。更要明白推倒满清不过是消极的民族主义，若积极的民族主义还要整顿教育，培养四万万同胞皆有人的资格。更要整理国家，使五族共和之政府得于列强中有一相当的地位。兄弟计算全球不过十一万万人，而中国占其三分之一。彼白人人数不过与中国等，而世界强国之中白人占其四五。若中国能得善人切实整顿，纵不能如白人优胜，亦断不难使国家为世界第一等强国也。能如此，则民族主义目的始达。众伙计必须要抱此积极民族主义做人，有凌辱我同胞、蔑视我国权者，以推倒满清之手段排之，固不论其为某国抑或任何国也。

有谓欧洲各国今日已盛倡世界主义而排斥国家主义，若我犹说民族主义，岂不逆世界潮流而自示固闭？不知世界主义，我中国实不适用。因中国积弱，主权丧失已久，宜先求富强，使世界各强国皆不敢轻视中国、贱待汉族，方配提倡此主义；否则汉族神明裔胄之资格，必随世界主义埋没以去。故为中国计，众伙计宜急起直追，先求中国能自立，换一句话，即中国人宜先求脱去奴隶地位。何以言之？中日"五·七"之约①，其廿一条款所载，几乎国家尽归其掌握。又近日关余交涉，不惟力争不来，其甚者，从前以〔已〕分得之款亦受公使团所支配。中国是明明汉人所有，尚要容人置喙；关余明明是我国之财，尚须听公使团之命令。此显系民族主义未达目的所致。故兄弟敢说中国欲倡世界主义，必先恢复主权，与列强平等；欲求与列强平等，又不可不先整顿内治。所以众伙计今日要行积极民族主义，更要如日本之大隈、井上之两位苦志学生方能有用，方能为中国主人，方能去提倡世界主义。

次为民权主义，此主义在十九世纪时最盛行。我国推倒满清以后，国家亦为人民公有。乃民国成立十年于兹，而人民上〔尚〕不知行使民权之法，故有识之士咸认今日为不可不讲求民权主义，以鼓舞人民。溯民权来历，其初则奉一二有能力有见识者主持国政；及后人民知识发达，渐有觉悟，知聪明才力彼此皆不相下，遂要

① 此指一九一五年五月七日日本向袁世凯政府提出的最后通牒，胁迫其接受二十一条款。

求参与政事；迨至今日民权发达，臻于极点，更实行直接民主制。此直接民主制，全世界均受其影响，虽昔日闭关主义之东亚人民，亦靡不受其刺激焉。有谓民权发达，人民将何以治国家？不知此亦不难。组织机关以行使治法，斯则易易。兄弟做学生时代，早已觉中国政府腐败，想出一种治国之法，思有以替代之。其法维何？即五权宪法是也。其后反复研究，均觉于中国无不合之点，较之列国更无不大对之处，是以革命之初，极力主张用此种五权宪法以为治国之具。但当时秉政诸同志以为五权宪法各国所无，表示反对，其结果只成得今日约法，而五权宪法遂归于不用。①

现在民权发达之国家，其最要件为立宪，立宪则人民有权参政，政府受其限制。而查民权最发达、最完全者则为瑞士国。其人民对行政且有选举权、罢免权，前者所以举贤才，后者可以救济误选。又对立法方面有创制权、复决权，创制权所以补法律所未备，复决权所以矫法律之不善。瑞士人民完全有此四权，是真谓之民权发达。不独瑞士唯然，即美国亦已有十余洲〔州〕如瑞士一般。众伙计之谈民权必须祖瑞士，其与瑞士有同一的具体民权，方能谓之真民权，不能空空洞洞说过。

从前师长对于学生每诫其不可干预政治，此乃专制遗毒，殊不足怪。甚者由欧美回国，亦谓不谈政治。不知 politice〔politics〕一字有二义：一家庭是非之谓，二国政之谓。此外如党争亦谓之 politice〔politics〕。一知半解之士见欧美人有说不谈政治之语，亦谓不谈政治，岂不误甚！盖欧美人国家观念甚重，政治趣味甚厚，所不谈者，党争与是非而已，断非绝口不谈政治者也。惟众伙计见老师辈如此说，新人物亦如此说，必有妄从不谈政治之一语者。不知今日中国主权在民，某某国既以武力相迫，公使团又擅自处分关余，蹂躏我国主权，国家地位危险殊甚，大众要立个决心，将主权负起，方能图强。吾见今日之有学士、博士衔者，只汲汲于一二百金之薪水，鲜有如日本大隈、井上其人。动以不谈政治为荣，又何怪内地学生亦以不谈政治为贵。此实不知责任之极。诚以若辈且不谈政治，尚望何人谈之？故今日兄弟以为学生均宜立志争回政权，实行改良政治。昔日日本不过得一二留学生抄袭德国宪法几条，竟将国家救起。我中国单就留学外国者言之，亦年以万计，苟大众

---

① 此处原有如下文字："五权宪法演词与各报所载同，兹从略。"当系底本编者或笔记者所注。

一心，留心国政，伸张民权，则国家前途必日益膨胀矣。

民生主义就是社会主义。此主义从何发生？兄弟以为自机器发明始。因未有机器以前，经济上之竞争只人与力角胜，而人之才能又各本长短之别，是以虽欲提倡，其道无由。自有机器，而经济上之竞争一唯机器是赖，同一机器无优劣之可言，若有提倡，人必乐为附和。况机器与人力较，其能率大于人者或相十百或相千万。有机器则经济上之竞争优胜，而富者愈富；无机器则经济上之竞争劣败，而贫者愈贫。迨至人民贫富相差悬殊，而社会主义遂应势而起。况欧美社会与我国异，人民只有贫者、富者二种，无中产阶级，是以常起劳资竞争，惟有社会主义足以调和之，故此主义欧美先我国而起。社会主义有集产主义与国家主义两种。国家社会主义云者，国家各种大事业由政府借债经营，如农田、水利、铁道、电气及其他可专利的事业，概收归为国营。又如土地增价，地主不费劳力而坐享其利，政府为主持公平计，亦定有两种办法，先令地主呈报地价，或则按价而抽税，或则照价而收买其地。以上两种问题解决，则大利归之国家，政府即以其所获之利还诸人民，作诸种公益慈善事业，以调剂社会之苦乐。此主义事简而效大，实有可行之理由。查欧美各国有煤油、钢铁、棉花、面饱〔包〕等大王出现，社会上常起劳资的竞争，其竞争方法辣而且毒。如美国之煤油大王，其与小商竞争，先将货物折本跌价，跌价不能争胜，则将煤油送与人用，迨摧残小商，始逐渐而收价、而起价。又棉花大王当棉花丰收，则烧毁社会所需要之余额，而令其价高昂。此则社会主义不行，而私有财产制发达之过。是以欧美虽文明，而人民尚多数未享文明之幸福，此俄国新文化运动所以勃兴也。

俄国社会革命成功，已成为农工兵国。其革命次序由民族而政治，由政治而社会，每经一次之改革必受一次之痛苦，此人所共和〔知〕。中国宜以俄为鉴，早日于土地、资本二者加意经营，使革命频仍之痛苦消灭于无形。且俄国革命逐渐而来，中国不然，三民主义一齐积压而来，故与其放任隐忍而滋将来之纷扰，曷若大行改革彻底解决，以为一势〔劳〕永逸之计。顾一次彻底解决三问题，其责任固在政府，亦在人民，更在众伙计肩上。因国之主权在民，而士又为庶民之首，是以众伙计宜急起研究，设法推行。若犹以不言政治相诿，窃恐社会主义之横决，一发而不可救。故将来国家因改革频仍，戕伐过甚，沦于万劫不复之地位，其责固在伙计。

因民生主义昌明，人民衣食得所，成为庄严璀璨世界第一之国家，其责任仍在众伙计也。

据《孙大总统对学界大演讲》，载广州《广东省教育会杂志》第一卷第一号，一九二一年七月出版

教育家须倡谈政治并引导人民改良政治

在广东省第五次教育大会闭幕式的演说

（一九二一年六月三十日）

今日为行闭会式，兄弟承汪先生相邀到来谈话。吾人试想教育家对于今日中国建设的问题，实负有重大的力量，用力得其当，则中国进步加速甚多。

在今日，教育家所宜用为引导国民者，果以何为最要乎？以何者为标准乎？以世界何事为最有力量之标准乎？吾以为凡足以助世界进化、改变人生观者为最要，所当用力以赴之者亦以此为最要。

诸君乃教育家，须知教育者乃引导人群进化者也。然能令人群进化最速者果何力乎？则政治的力量是也。政治是促人群进化之唯一工具，故教育家当为政治的教育家。盖自民国成立十年于兹，考厥成绩，仅能推翻满洲政府而已。然满洲政治之旧势力尚未能除，故所去者只一皇帝，而官僚武人之毒焰犹未息也。所以现今之最重要者为建设新政治，以代满洲腐败的旧政治。

政治的力量足以改造人心、改造社会，为用至弘，成效至著。然每闻教育家之言曰："以不谈政治为高。"此种谬说，不知其何所据而云然？中国最大之教育家厥为孔子。我国人视孔子为圣人、为宗教家，以世界学者的眼光观察之，则孔子为政治家、为政治教育家。试读孔氏书，其教旨于诚意、正心、修身以及齐家、治国、平天下三致意焉。所谓齐家、治国、平天下，非政治教育而何？孔子且以政治为第一要务，而今之教育家辄舍政治而不谈，何也？

揆之吾国旧道统、旧国粹，观诸孔子所言，则不谈政治固已不是；况当今民权发达时代，人人负国民责任，人人负政治责任，而曰不谈政治，尤为大谬。民国与

帝国不同。帝国政治，君主一人负责任；民国政治，国民均负责。既曰国民负责矣，而教育家乃曰不谈政治，何太失自己本来之责任与人民希望之甚也。

考此种谬说之所由生，盖亦有故，积渐亦已久。满清专制，习用愚民，及满清既除，武人犹在，其思想习惯无异于满清。彼方执政，压制民权，反对共和，使人民而谈政治，则彼无以肆其大欲而得其私利，乃发为一种议论，以不谈政治相尚。不知此乃削夺诸君之所有权，与诸君本来责任相反。诸君贸然从之，亦以不谈政治相尚，无乃坠其术中乎！然有许多教育家畏当道势力而不敢违反其意，但豺狼当道，畏之不无可原，故半年前诸君不谈政治，是明哲保身之一法；但今日在民治的广东、民治的政府之下，而犹以谈政治相戒，则非政府所希望于诸君者矣。

诸君乃教育家，处先知先觉的地位，以不谈政治相号召，人民更不敢谈。人人都不理政治，将来更有何人负此责任？岂总统一人能负之乎？从今后，本大总统要诸君谈政治。

考"不谈政治"之谬说，乃由两种原因而生：一、专制官僚成之，前已言之矣；二、西洋留学生成之。有许多留学生未返中国，已有学生不谈政治之说，归国后亦以为言。眩于其博士、硕士之头衔，以其所言为可信。于是以为征之旧官派之言，固曰不谈政治，新博士之言亦云然，则皆曰不谈政治。宜哉？不知此乃以盲导盲者也。

欧美留学生对于不谈政治之一点，实大错误，实误会之极。盖英文 politics 有三解。一解为国事。一解为党争，凡无聊自私之政客结党营私，亦以"政治"名词称之，与我国所谓政治专指国事而言者不同。故英文上"政治"之名词虽一样，然须看上下文，乃能得其正意。英文更有"家庭政治"（Family Politics）之名目。所谓"家庭政治"者，即播弄是非之谓。故英文"政治"一名词含有数意，其上者为国事，次为党争，下为是非，其普通习用语常曰"不谈政治"，其意专谓不说是非耳，非真正国事亦不谈也。中国留学生居其国数年，习闻其语而不察其意，亦乐用之，归国而不改其谬误，可笑一至于此。国人既惑于专制官僚，再惑于留学生，误解此种不谈政治之舆论乃入于人心，牢不可破，岂知其以盲导盲者哉！

设使诸君不谈政治，学生不谈政治，为农者亦不谈政治，为工、为商者亦不谈政治，试问中华民国是谁之国？而人人不负责任，尚可以为国乎？教育家应指导人民谈政治，若仍以不谈为高，为害匪浅。民国十年一事不成，人人归咎于革命党。不知披荆斩棘，革命党已为此至难之事；从容布置，国民应共为之。乃国民程度低浅，稍有变革，手足无措，国民程度不足之咎谁实尸之？教育家对此乃不能辞其责。盖十年来，政治教育家曾无出一言、立一说以瀹斯民，而于不谈政治之谬说乃独倡之，民国有今日之现象，无足怪也。苟犹持斯言而不悟，虽再历十年，民国亦不得有进步。

教育进步，以政治为基础。试观日本教育比之中国进步甚多，考其故，则以日本政治良好故。中国今日政治尚未改良，所以无论如何提倡教育，亦不为功。近日北京政治腐败，教育乃日坏，学校经费不给，教员薪米不继。北京教育经费区区不过数十万元，政府靳而不与，一督军入京索费用至千万元，而政府则慷慨予之。政治不良，教育不能发展，观北京政治可以为证矣。所以兄弟今日到此谈话，欲诸君知道中国政治之急宜改良及如何改良。对诸君一说改良中国政治，头绪纷繁，非一二小时所能说，仅将兄弟改造中国的目的约略言之。

当革命之初，吾党有志用十年时间改造中国，使中国为世界第一。诸君以为可达此目的乎？诸君亦有此志否？诸君如有此志，则可以为教育家。如无此志，则不如及早改业。欲使中国教育居世界第一等位置，必也使全国人民无不识字，有一百数十万的专门学者，有一万几千的发明家，必如此乃可以为世界第一等教育。然教育随政治为转移，欲于十年内令中国教育进世界第一地位，必政治已先达世界第一地位方可。顾此事可能乎？否乎？

吾必曰可能，请证明之。考近日新兴之国，究其强国之方可知也。日本五十年前其国势不如今日中国，其人民不过如四川一省之众，土地不过如四川一省之广，五十年内进为世界第一等国。以中国与之较，人则十倍之，地则二十倍之，聪明才力又不亚于彼，而中国国际地位较日本何如乎？果何故也？又试观暹罗，昔为我属国，诸君之所知也，人口七百万，且半属中国子孙，地大仅如四川耳。以中国与之较又何如？然暹罗有裁判外人权，关税独立。回视中国关税握之于外人，领事裁判权不能收回，外人所到之处即其领土，官吏不敢管，警察不敢诘，中国领土、中国主权丧失已久矣。当外人初入中国，士大夫之言曰："法令不行于境中，国之耻也。"今国人已习而不知耻矣。中国不能称为独立国，只可称为半独立国。亚洲之独立国惟日本与暹罗，虽日本强而暹罗稍弱，然暹罗国际地位已高于中国。中国在世界上以人口计则第一，以地域计则第四，而国际地位计则在三十名以下，又穷又弱，海关受制，工商业受夺，经济日困。情势如此，何教育之能言？所以以改造政治为第一要件。

日本初为穷弱国也，暹罗初亦最贫国也，而一则五十年、一则二十年成为强国。以中国挟如此土地人民而不能乎？今者中国国权已落于日本人之手，视我为属国，支配之、宰制之。其国中教育家定有计划处分中国，小学生则教以勤达〔远〕略。我国教育家有立志谋处分日本者乎？中国有富强之资料而不能富强，逊于日本，无他，日本重政治教育，而中国不然，此皆诸君之咎，盖诸君提倡不谈政治一语误之也。所谓一言丧邦，此之谓欤！从今以后诸君须觉悟，一改前时积习，教育家须谈政治，理政治，引导人民识政治。古人有言："天下与〔兴〕亡，匹夫有责。"专制时事〔代〕已能言之，况共〔其〕民国时代乎！中国今日贫弱极矣，丧亡可虑。盖世界不进则退，自欧美势力侵入中国百有余年，中国日弱一日，今犹不进，十年以后仍是如斯，受人淘汰必矣。故今日实为中国存亡之交，幸而满清已倒，武人势力可望日渐削除，有广东一片干净土为发展根基，谋改良政治。故甚望诸君提倡谈政治，引导人民理政治，同心协力改造中国。

改造之方法已有预备，兹为诸君言之。余于三年前曾发行一书曰《孙文学说》，先改造中国人心理。昨年发行《中国实业计划》一书，谋改造中国物质，兴工商之业。盖中国宝藏至富，甲于世界，开发振兴，中国必强。此书为英文本，风行欧美，彼方专门学者皆许以为可行，现在广东翻印，中文本不日可出版。第三种计划为改造社会，第四种为改造政治。合改造心理、物质、社会、政治四种为一书，名曰《建国方略》①。将来出版可以相送，协力研究之、提倡之，则十年兴国可望成功。

中国人有一种心理，不知之事便不肯做，必知之已真，然后为之。此种心理谓为好亦得，谓为坏亦得。何也？盖天下事有不可知者甚多，若必深知而后行，则所成者甚寡。如教育界教人知者也，人生须受教育，由小学以至于大学至少十六年，稍懒者二十年以至三十年。使教育普及如今日俄国，人民悉由国家教育之，补助一

---

①　后来《建国方略》出版时仅包括"心理建设"、"物质建设"和"社会建设"三种，未有"政治建设"。

切费用。设人人受三十年教育，三十年已半世矣，费半世功夫求知后乃行其所知，人民程度进此，乃可言不知不行。不然事事先问知而后行，则无一事可行。

建设国家乃无人能知之者，日本五十年成为强国，其当时有预算计划以为强国之本否？无之也。建造房屋，材木砖瓦可得而算，建国则不能以计算之也。不能计算即不可知。

世界文明国多矣，中国可步趋之以臻富强。然而不能者，非不知所以步趋之也，半知而不全知之故也。请彼推翻旧政治，行新政治，彼必不肯，彼不知，更且不谭也。

希腊先哲之言曰："人者，政治动物也。"有政治思想、政治行为、政治能力，乃为人类。人之所以异于他动物者以此，故不谈政治非人也。盖人不能离国家，即不能离政治。中国人非不能建造好国家、好政治，试观历史，唐虞三代之隆，称为至盛，在几千年前之祖宗已有此种能力。近者日本五十年亦能改造好国家。远考吾祖宗，近征诸日本，其所以有此能力，皆在不知之中。夫不知安能为之，无乃诬乎？然试思唐虞三代，学问知识能知之而后为之乎？日本五十年前亦能知有今日强盛乎？可见其进行皆在不识不知之中也，明矣。

中国人得半知，不能全知，半知不敢为，又无全知，必欲待全知然后为之，此中国所以停滞不进也。夫学三十年乃得全知，中国之得学者仅少数，而存不知不行之见，政治尚有改良之日耶？日本当初一时受刺激，一二志士振臂狂呼救国，全国响应，人人阒目相从，故有今日强盛。暹罗一二王子提倡于上，鼓励其国民，举国从之，今亦渐盛，皆于不识不知得之。盖建屋可计算而知之，建国则不能预知之也。

兄弟几十年前提倡改造中国，破坏已成功，于是欲人民建设，因多问建设方法于予；告以计划，则必曰君之计划可行，特知之耳。知之非艰，行之为艰，卒误于此心理，而无一成。行之为艰，一言误中国亦不浅者也。

教育家须记提倡政治，实行改良政治。使四万万国民同心协力改良政治，诸君当负责任。又须知国强不能预知，只实行做去便得。若必想知清楚然后做，天下断无此理者。比如电灯照耀光明，人人享其利，然电学精微，人之知之者甚少，若必待人人均知电学而后用电灯，可乎？政治也犹是也。可信赖政治家做去，十年定有功效可睹。如欲知之，可读《建国方略》，但无须此一级工夫。

　　中国今日不必人民去求知，只望其有一种十年可强中国之信仰足矣，有强中国之志足矣。教育家宜提倡民志，则政治自易改良，政治良好则教育不成问题矣。能达俄国今日教育情状亦不难者，唯总要诸君教育家不忘政治！

　　　　　　　　　据大总统孙文：《政治教育——六月三十日在广东
　　　　　　　　　全省第五次教育大会讲演》，载广州《广东省教育
　　　　　　　　　会杂志》第一卷第二号，一九二一年八月出版

遣派太平洋会议代表应由正式政府主持

在广州国务会议的讲话①

（一九二一年八月二十五日）

　　南方合法正式政府，实代表全国之政府，故遣派太平洋会议代表，应完全由我正式政府主持。北方非法政府并无可以派出代表之权。纵使由彼非法政府私自派遣，我正式政府绝对不能承认，所议决之条件，即绝对不能发生效力，应即向美国政府将此理由郑重声明。

　　　　　　　　　据《新政府决遣派太平洋代表》，载一九二
　　　　　　　　　一年九月二日上海《民国日报》第四版

---

　　①　八月二十五日，孙文在总统府主持国务会议，讨论派遣代表出席华盛顿太平洋会议等问题。孙文发表此讲话。

统一中国非北伐不为功

在广州欢宴援桂凯旋及拟将北伐军官的演说①

（一九二一年九月三日）②

诸君：

此次广东出兵广西，仅一月而将广西荡平。广西军之力量向称雄厚，而不能当我军之一击者，此固由前敌军士如陆军、如内河舰队、如飞机队与后方接济诸君之功力，所以能收效如是之速也。然平定广西于我等有何关系乎？须知广西强盗一日存在，则吾粤人民一日未安。今桂孽既清，则吾粤人民自可安居无忧矣。然是岂足为长治久安者耶？此不过一时之安，苟且之安耳。然则吾粤人民如何而后可以长治久安乎？非使中国国民人人皆得安全，则断无希望。则如何而后可使中国国民人人皆得安全乎？即当于平桂之后再做一番工夫，以统一中国。中国既统一，则四万万同胞可以得享真正之安宁幸福矣。

统一中国，难题也。无论何人，即吾粤三千万国民及军队，皆以为统一中国不容易。到底统一中国果真难事耶？本总统以为不难。即如四五个月前余主张援桂，一般人民皆以为桂贼拥六七万之众，且皆游勇出身，为有统系的强盗，必能为头目出死力以拒我；我等使之去粤则易，除之于桂殊难。是说也，就如由闽回粤身经百战之军人，亦以为打北军容易，打桂贼至难，因广西山多而不易袭攻也。当时本总统鼓励各军，不必以桂贼众多为畏，能打北兵必能平桂贼以勉之，故出兵月余而桂已荡平。今将此过去之事实以推，吾人已得一最有经验之证据。故吾以为此次粤军能本此勇敢而北伐，则统一中国无难。

广西刚平，而两湖已发生战事。湖北人民以为粤军战胜广西，则必出兵长江，

---

① 一九二一年六月，孙文下令陈炯明率领粤军等部西征，讨伐桂系。七月中旬，粤军击退进犯广东的桂军，随即大举反攻。八月底，桂系首领陆荣廷逃离广西。孙文决定取道广西桂林，出师北伐。九月三日，孙文在总统府设晚宴款待凯旋及部分拟将出发北伐之军官共二百余人。

② 底本未说明演说日期，今据一九二一年九月十四日上海《民国日报》第三版所载《孙总统奖勉凯旋军官》确定。因该文演说词有大段内容漏录，故未作底本。

不如已〔己〕先出兵，免被他人占据。湖南人民亦以为欲定中原，必先战胜湖北。故湘、鄂之用兵，其内容甚为复杂也。两湖中有一部分为吾人同志，甚欲趁此潮流，乘时立功，取得武汉以统一中国，实行民治。又有一部分非吾人同志，怀疑颇大，以为南方政府提倡民治，或非真实主张，不过假此号召。然彼辈非我同志，难怪有此怀疑。但此次桂局已定，粤军得桂以还桂人，比之广西得粤而视粤为其征服地者，正不可同年而语。初各省人民之怀疑我等者，以为粤军未平桂之先，则倡桂人治桂，而平桂之后恐不践前言。而不知我等做事有主张，有信义，言出必行。今桂省平定之后，果以还之桂人，则前疑顿释，且知我为真能实行民治者矣。此次湖北人民以为快得武昌，免广东之出兵也，故第一即先推倒王占元，驱除其十万大兵，意欲实行民治也。乃忽有北方武人吴佩孚者，二三年前曾提倡民治，故人共仰之，今竟巡阅两湖矣。自吴佩孚入鄂后，鄂被其蹂躏残杀不可胜纪，其甚者尤以决堤而淹毙无辜人民，灭绝人道，一至于此。今两湖人知吴佩孚之谈民治者，实为一假面具，而不信之矣。夫两湖人民之不愿我等出兵者，以为民治事业不让他人为之，今既为吴佩孚所骗，大有觉悟。然两湖兵力不足，故一面竭力以拒绝北军，一面日促我等出兵援助。信使往还，不绝于道。夫促我出兵者，一则厚集兵力以拒北，一则深信粤军为真正拥护民治。故前者两湖取闭关主义，今则大开门户而欢迎我矣。

夫统一中国，非出兵北伐不为功。两湖既促我出兵，则今日之机局正如天造地设。总之北伐之举，吾等不得不行。且处偏安，只能苟且图存，而非久安长治，能出兵则可以统一中国。现两粤人民虽得自由幸福之乐，然我国尚有多数同胞犹在水深火热之中也。此次出兵实天与人归，粤军前既自信打北兵易，打桂贼难，则此次北伐较西征容易，可断然矣。

今晚在座诸君，经援桂而凯旋者有粤军将领，有内河舰队，有飞机队，更有此次预备出发北伐者。本大总统对于援桂凯旋者则为人民谢之，对于预备出发北伐者则为人民预祝之。

据《孙中山先生十讲》第六讲"统一中国非北伐
不为功"，上海，民智书局一九二三年六月出版

关于太平洋会议代表问题

在公众集会的讲话大意

（一九二一年九月五日前）

广东从未承认北京靳阁①之存在，故决不派遣代表与北京军阀共列席太平洋会议，必须取单独之行动。

据《孙文之宣言与演说》，载一九二一年九月五日天津《大公报》

共商北伐方策

在广州召集党政军要员会议的演说②

（一九二一年九月五日）

粤桂战争虽已平静，然今又有其他强敌出现，如吴佩孚此次现率大军侵入湖南，欲威胁广东是也。故非击破北方之军队，则真正之平和、真正之统一断不可期。北军果何足恐耶？彼等内讧甚烈，较之两广交战前之广西军，其组织与实力俱形薄弱也。

据《广东北伐会议之狂热》，载一九二一年九月九日北京《晨报》

---

① 北洋政府靳云鹏内阁。

② 九月五日，孙文在广州总统府召集部分政府总长、国会领袖、民党要员及陆海军将校约二百人举行会议，讨论出师北伐方策，此系孙文演说的部分内容。随后数日，孙文又曾召集规模不等的类似会议进行商讨。

附：另记录之一①

　　俟粤、滇、黔联军完全开至湘省，即亲赴湖南视察军情，俾与各路司令共商北攻方针。

据《广州军事会议之结果》，载一九二一年九月七日天津《大公报》

附：另记录之二②

　　（席间孙氏演说，力言出兵湘鄂之必要。并谓:）余于前此海陆军警同胞〔袍〕社开大会时，曾演说出师援桂之必要，其时诸君都谓宁愿北伐，不必讨桂。今援桂既已成功，是鄙言为不谬。故余今日主张援鄂，诸君自当竭诚赞助，不可又如前之反对。天下事总要去干方能有成，若不干则何由定成败。

据《孙陈相克之两粤现状》，载一九二
一年九月二十一日长沙《大公报》（三）

亟宜肃清内政

在太平洋讨论会开幕式的讲话

（一九二一年九月十日前）

　　时值今日，吾人亟宜肃清内政，否则华盛顿会议〈上〉决难与敌国争胜，保守国权，不为外人所侵略矣。

据《孙文最近之演说》，载一九二一年九月十日天津《大公报》

---

　　①　具体日期不详，酌情编为《共商北伐方策》另记录之一。
　　②　具体日期不详，酌情编为《共商北伐方策》另记录之二。

对北应以声言革命为宗旨

在广州观音山军事会议的讲话①

（一九二一年九月二十二日）

此次对北，应以革命性质为宗旨，暂时未便言及护法。惟嗣后对于人民目的，则应发达民权，尊重民主，不能顾及民生。新潮顺势，宜倡无阶级发展，起义各军无资产，以广招徕，而遏抑无政府之主张，以期抬高主任〔人〕地位。

据《孙文北伐演说发通电》，载一九
二一年九月二十六日天津《大公报》

纪念朱执信先生

在广州执信学校开学典礼的讲话②

（一九二一年十月一日）

执信先生为革命实行家，又为文学家。中华民国之有今日，实赖执信先生之毅力感化同党，及感化国民有以致之。先生不论何役战争，皆曾参与，且必躬冒矢石，不避艰险。先生复邃文学，著作等身，无一不非惊人之论。先生不止为文武兼备之革命实行家，论其一生行为，算是中国之明星。

去年粤军返旆之役，先生以救国救乡之故，不幸竟以身殉。今同人等设立斯校，无非为纪念先生，及冀望后死者继先生之志起见。愿诸生人人皆学执信先生之毅勇

---

① 底本称养日（二十二日）孙文在观音山演说，此为随后电告西南各省的内容大意。

② 一九二〇年九月二十一日，朱执信在策动广东虎门要塞守军反正以响应粤军回粤讨桂之役中殉难。一九二一年五月五日孙文在广州就任中华民国大总统之后，决定在广州建立执信学校，以志纪念。十月一日上午十时，执信学校举行开学典礼，孙文应邀出席并演说。

果敢以求学，及改造未来之社会，以完成一庄严璀璨之中华民国，有厚望焉。

据《执信学校开幕纪事》，载一九二一
年十月三日广州《羊城新报》第五页

支持朝鲜复国运动

大韩民国临时政府专使申圭植在广州呈递国书的答词①

（一九二一年十月上中旬）②

中韩素为兄弟之邦，有传统的深厚友谊。今蒙贵国临时政府派遣首任专使，来访我护法政府，至感荣幸。从此两国外交关系已启，将永保善邻友好之道。

据闵石麟编著：《中韩外交史话》第一辑"中国护法政府承认
韩国临时政府始末实纪"，重庆，东方出版公司一九四二年刊行

出师北伐的理由

在广州国会非常会议秘密会议的讲话③

（日　译　中）

（一九二一年十月十三日）

民国的现状，有必要从根本加以改造。此次太平洋会议，列国未有邀请广东政

---

①　一九一〇年朝鲜被日本吞并后，不少志士致力于复国运动。辛亥革命发生后，著名志士申圭植到上海投身中国革命，并加入中华民国自由党（同盟会员李怀霜创办，孙文任正主裁）。一九一九年四月，大韩民国临时政府在上海法租界成立。一九二一年五月，孙文在广州当选中华民国正式政府大总统；同年，大韩民国临时政府以代理国务总理兼外务总长申圭植为专使，偕随行秘书闵石麟来粤向孙文呈递国书。

②　据底本称，申圭植于十一月三日与孙文在广州晤谈、十八日正式递交国书，均不确，因孙文已于十月十五日启程赴广西督师北伐。估计申、闵二人系于十月上旬到达广州，递交国书当在十五日之前，故标为该月上中旬。

③　十三日，孙文在广州出席国会非常会议秘密会议，介绍取道广西出师北伐的计划。

府，轻视我政府的实力。为此，我们要趁此机会大大彰显实力，同时成就共和大业。所以主动出击，也是不得已而为之。关于此次北伐方策，应于会见桂林的李烈钧和陈炯明两人后再作决定。另外，军费已经从某方面调达①。

据《孙文北伐决行》（《孙文决意北伐》），载东京《外交时报》第四〇八号，一九二一年十一月发行（马燕译）

日文原文见本册第 902 页

慰劳军人份所应尔

自广州启程赴桂时在宝璧舰对欢送者的演说②

（一九二一年十月十五日）

此次出巡赴桂，慰劳军人，份所应尔。为我国前途计，希望此时实行发展，谅大众亦表同情。今蒙欢送，惟有铭感于心。

据《广州通信》，载一九二一年十月二十三日上海《申报》（十一）

附载：望广西实行真正民治

胡汉民代表孙文在梧州群众欢迎会的训词③

（一九二一年十月十七日）

今日总统以各界如此热诚欢迎，本欲亲到，适因有事，特派汉民代表一切。

大总统治国方针，抱三民主义。自民国元年革命成功，洁身引退，某〔其〕平日所持种种政策，原望继其后者，次第见诸实行，乃迟至今日，未见丝毫成绩，直

---

① 原注：指从美国得到借款。

② 一九二一年十月十五日，孙文在广州乘军舰前往广西，督师北伐。当日，立于"宝璧"舰正中，对欢送者作此演说。

③ 十七日，孙文一行抵达广西梧州。

使民国十年间，徒有共和之名，并无民治之实。一般官僚军阀，日以争权夺利为务，事事倒行逆施，压抑人民，摧残教育，盗卖国产，种种不良政治，弥漫国中。此种官僚军阀，实为民治上之最大碍物，吾人应共同深恶而痛绝之。

大总统平生志愿，不以革命功成自居，而以发扬民治自任，对于此种万恶军阀、腐败官僚，以为非扫除净尽不可。故此次出巡桂省，督师北伐，即欲本其平日志愿，以求达到此目的者也。两粤原属一家，亲如手足。广东自去年粤军返斾，已脱离武阀羁绊，收回民治实益。惟广西受陆、谭、陈①诸强所压制，烟赌遍地，困处黑暗之中，民治不得有所发展，大总统心甚不安。所以特命张总司令②率师援桂，驱逐强盗。同时复命陈总司令③以援助主义，扶持广西，不可以侵略主义施诸广西。援桂成功之后，凡广西一切政治，悉应还诸广西人民，使得实行自治。

现在广西强盗军阀，虽已铲除，惟专制政治尚未革除净尽，陈旧观念，仍印于个人脑筋，而真正民治，一日又未能见诸实行，所谓新旧递嬗时代，一种惊疑现象，势所难免。但是广西民治之大障碍物，已有人负责驱除，此种惊疑现象，亦自易于镇定。所望人人有民治之思想，出而负责，出而力行，务须达到毋求他人扶助地步，真正民治之精神，方能贯注；真正共和之幸福，始能久享。广西人民果能人人具此种资格，是大总统所最厚望。

据《总统抵梧时之训词》，载一九二一年
十月二十七日上海《民国日报》第六版

---

①　即陆荣廷、谭浩明、陈炳焜。
②　即张开儒。
③　即陈炯明。

广西善后方针

在南宁各界欢迎大会的演说①

（一九二一年十月二十六日）②

予从未履广西境地，此次至邕，实为首次。广西十年来为强盗③所据，故虽推翻满清，人民犹未得一领略共和幸福，且多不知共和为何物。所以致此者，实因辛亥革命之时，人民不肯撤去强盗，〈强盗〉假为赞成，窃取政权，遂久被欺压，有几不可究竟。现时已将强盗扫除，自今日起，广西者真广西人之广西，而非强盗之广西，真中华民国公有之广西，而非私人所据之广西矣。

本大总统特命马省长④担负广西民政，以马省长乃一真诚拥护民治之学者，其学问在广西固不易得，即在国内亦为有数人物。广西同胞应同心协助，以求公共幸福。广西向称贫瘠，惟此次溯江西上，见两岸皆肥腴之平原，即山林丘壑亦皆苍蔚而能生产，因此而知此谓贫瘠者，非真贫瘠，特人事未到耳。安南土地较广西为劣，法人经营不过二十余年，其景象遂与欧美文明诸邦无异。则凡安南所能至者，广西当能至之。然安南今日之幸福，非安南人所享者，而为法人专之。广西人民宜效法人经营安南之方法，不可放弃主人翁之资格，而任他人代办。

本大总统对于广西善后办法，有两种方针：

（一）现时各属溃兵有三四万之多，以粤军之力量，必不能一一而剿灭之。而此项溃兵，亦在极苦极可悯之列。其从前依附强盗头目以为生，今失所依，遂穷无所归，并非生而为恶。为人道计，为广西全省安宁计，皆当设法招抚。本大总统北

---

① 十月二十四日，孙文抵达南宁。二十六日上午，出席在省议会议事厅举行的欢迎会，到会有南宁各界人士、市民及邻县代表共数千人。

② 底本未说明演说日期，今据《孙中山全集》第五卷（中山大学历史系孙中山研究室等合编，北京，中华书局一九八五年四月出版）所收《在广西南宁的演说》（一九二一年十月二十六日）标出。

③ 指桂系。

④ 马君武，一九二一年七月由孙文任命为广西省长。

伐计划必实行，希望广西人民及同志诸君，分途劝诱，极力启导，使此辈〈充〉挥戈北指之健儿，化无用为有用，两得其利。若此策能行，则广西断无匪患，大家得从事于建设矣。

（二）兴发各种利源必须资本，广西须大借外债，以筑铁路、开矿山、树农场、兴工厂。此种事业皆获利之事业，倘能切实声明用于兴利之途，则外人必乐为投资。惟只可利用其资本人材，而主权万不可授之于外人，事事自己立于原动地位，则断无危险。吾人往者所以反对借款者①，反对其借而浪用耳。若借而用于兴利，必无反对之余地。埃及不善利用外资而亡，日本善利用外资而兴；安南及满清拒绝外界物质的文明而亡，日本能吸收之而兴。吾人当知所择矣。

总之，广西同胞今日已取得完全主人翁之地位，即当同负兴发广西利源之责任。今日以前，广西而亡于外人，则陆荣廷之罪；今日以后，广西而亡于外人，则在座诸君及本大总统皆不能辞其责矣。

尤有一言警告于我广西同胞者，强盗与民国不能并容，今既驱之，即当共绝其根株，勿许再有第二次强盗治桂出现，是则本大总统所厚望也。

据《孙中山先生十讲》第三讲"广西善后方针"，上海，民智书局一九二三年六月出版

党员须下乡宣传三民主义并实行地方自治

在梧州对国民党员的演说②

（一九二一年十一月上中旬）③

今日在梧与党员诸君相见，有几句话对诸君说说。

诸君要知道，吾党现名为中国国民党，实即昔日之中华革命党。中华革命党即

---

① 此处原误植为"所反对以借款者"，今改"所以反对借款者"。

② 十月二十九日，孙文自南宁抵达梧州，至十一月十五日晚乘船前往桂林，准备北伐。在第二次居留梧州期间，孙文曾至三复堂与国民党支部的一百多名党员会晤，并发表演说。

③ 底本未说明日期，今据孙文第二次居留梧州的时间酌定。

由同盟会与国民党递嬗而成。我党为何而立？诚以中国数百年来为满洲人征服，且数千年来向为专制政体之国家，所以就要成立这个革命党，以推行三民主义和改良国家的政治。

革命党在辛亥起义，把满清推翻，光复共和，始将同盟会改组为国民党。当初革命目的本欲将国家政治改良，现在民国已经成立十年，试问十年来革命事业曾做了几件？实则革命主义未行，革命目的亦未达到。究其缘故，因中国人思想幼稚，见革命初次成功之时，轰轰烈烈，咸以为革命宗旨甚易达到。不知当革命初起、满清灭亡的时候，早有一班满清官僚及武人投诚入党，入党之后就将活动于政治的少数革命党尽数倾陷。那班官僚又乘势造成一种假舆论，谓"革命军起，革命党消"，当时的党员咸误信之，不知"革命军起，革命党消"实系官僚所假造的。故辛亥革命成功之后，而革命党名义取消，中华民国即为官僚武人所摧残。十年来名虽民国，实为官僚国，革命主义未行，革命目的未达，仅有民国之名，而无民国之实，及后卒至酿成袁世凯帝制自为、宣统复辟、武人专政种种恶现象。

去年粤军回粤，既将广西盗阀推翻，又将革命党恢复。其附属吾党者现仅广西一省，至于云南、贵州、四川、湖南诸省虽附属吾党，但惜时间未久，精神未充分发达。此次本总理被举为中华民国大总统，本总理自当将吾党事和国事一统尽力做去。但吾党同志切不可仍惑于"革命军起，革命党消"之论，大家要反向"革命军起，革命党成"的主义一力做去。现在两广虽已悉入革命党之范围，而人民尚未尽是革命党，即革命思想亦未普及。吾党究何所恃而自存？又何所恃而服人？将谓恃兵力乎，非也，我们革命党恃主义真理及道德而已。故吾党以德服人，非以武力服人。大家要知武力实不足恃，惟德可以服人。如十年来广西之陆酋①，手握十余万之兵力，征服广东、湖南，此次何以失败至此？此可以证明武力之不可靠，而主义、真理、道德之为可靠也。故吾人应以主义维持国家，不应再恃武力。此事不特中国惟然，全世界亦莫不皆然。吾人试观近几百年来，世界各国之发达，咸食赐于革命风潮，先由欧洲而美洲、而亚洲，革命风潮所到无敌。即以中国而论，前清兵力可算强大，何以终被推翻？又征诸袁世凯时代亦然，最近则见于陆荣廷之失败。可知

①　指桂系首领陆荣廷。

党力所到，无不屈服，此种力量实为天经地义。盖自由、平等、博爱乃公众之幸福，人心之所同向，无可压迫者也。

吾党之三民主义，即民族、民权、民生三种。此三种主义之内容，亦可谓之民有、民治、民享，与自由、平等、博爱无异，故所向有功。以名言之，可称民有、民治、民享。今欲将此三民主义详细解释，非一二点钟可能尽。质而言之，民有即民族也。天下者，天下人之天下，非一二族所可独占。民权即民治也。从前之天下，在专制时代则以官僚武人治之，本总理则谓人人皆应有治之之责，亦应负治之之责，故余极主张以民治天下。民生即民享也。天下既为人人所共有，则天下之利权自当为天下人民所共享。自此三民主义推行以来，无坚不入，无人不从。何者？权利为人所共好，今平均而与之，宜其无不从也。

从前陆荣廷当政，将广西人所有之权利完全收归于自己之一身，其种种敛钱之法，如开赌、加赋、发行纸币等，屈指难数。单就发行纸币而言之，其数达二千余万，概无抵押，又无担保。此种无本生涯，我们乃以全数之人工、货物换之，吃亏实在不小。故此粤军援桂，广西之无形损失，即纸币已及数千万，此巨大之损失完全为陆荣廷所括去。故广西一切幸福权利，只陆荣廷一人享之，一家享之，一派享之，广西同胞不能丝毫染指。当时俗谚所云"凡做官者，不平则鸣"，谓非桂平人则武鸣人也，其余数百万人民皆陆荣廷之奴隶也。夫奴隶之制，野蛮时代之产物也，聪者欺愚，众者暴寡，弱肉强食，刻薄百姓，陆酋罪恶之大如此。我们之革命党则反是，人人平等、自由，世界幸福人人共享，将野蛮变为文明，不平变为平等。革命党之所以无敌于天下，即以此也。野蛮时代之官僚，往住因图一人之私利，动以武力压制数千万人，使为一人之奴隶。革命党三民主义则大不然，自己争自己权利，且争众人权利，人人欢迎，人人同心，故革命党之力量比较军队之力量还大。此种力量，全由道德与真理所合成。诸君复明白真理，是为公，为大众，非为利〔私〕，为一人。倘若为私，则人心不服。人心不服者乃假革命党，专借党以鱼肉人民、欺负人民者，真革命党必不若是。诸党员切须明白此理，合力排斥方可。

现在梧州之革命党方始成立，到会诸君亦不过一二百人，究有何法可以制服几百万人？机关枪、过山炮都不可能，惟革命主义为可能耳。我们党员若能大家宣传革命主义，未知者使知之，已知者使详知之，人人皆知此主义，人人皆为革命党，则广西即永远为革命党地盘。倘若不能将此革命真理悉力宣传，将来陆、谭、马、莫①诸强盗乘机卷土重来，则广西几百万人民就永远为其奴隶，即民治永无发展之日了。望大家乘目下陆、谭初被推翻之际，赶紧分赴各乡各县努力宣传三民主义，使人皆知此主义为天经地义，结合团体，实行自治，使广西几百万人民悉同一心，无论有何武力侵逼，皆不能推翻了。如不去宣传此种主义，使人人明白，将来那些曾受老陆、老谭之私恩者再出来搅乱，广西又变成贼治，即不免为野蛮世界了。

广西现系萌芽时代，欲实行民治，必须推广革命党方可。我们大家皆有亲戚朋友，将此主义宣传，由一人传诸几百人，由几百人传至几千人，由几千人传至几万人，使广西省人民皆明白此主义，皆同心合力，无论如何强大的武力都不能推翻，我们便有机会以图大众之公益与幸福。现在广西为革命党所占领，为革命〈党〉所散布，而希望陆、谭诸逆回来者仍尚不少。我们的革命主义不能于此数月内的大好时机宣传出去，以主义感化他们，以道德、真理征服他们，广西的革命地盘虽有兵力，终算不得巩固。现在中国人明白真理者极少，我们党员已为先知先觉，应以我的先觉去觉后觉，以先知去教后知，大家负宣传责任。更望党员对于革命主义时时详细考究，倘有不明白此种主义者，必向之宣传，使之明了。再以此主义团结各乡，实行地方自治。倘各乡地方自治办得好，则民国便可根本成立。从前一般官僚和武人力把民治推翻，只知利己。现在两广为革命地盘，官僚和武人都逃了，我们革命党人立足于此，必须做出一个真正的中华民国出来！

据《孙中山先生十讲》第七讲"党员须研究革命主义"，上海，民智书局一九二三年六月出版

---

① 陆荣廷、谭浩明、马济、莫荣新。

广西应以开辟道路为急务

在昭平各界欢迎大会的演说①

（一九二一年十一月二十一日）②

此次北伐，经过昭平，得与诸君相见，不胜欣幸！

盖民国成立以来已有十年，此十年中，仅存民国之名，毫无民国之实。民国政体系共和，帝国政体系专制。前清帝国，乃满清异族入主中华，将我四万万同胞之生命财产为其私有，宰割断送，无所爱惜。今既革去帝制而成民国，则中国四万万同胞即为中国之主人，断不许野心家危及四万万国民之生命财产。诚以民国之国家为全国国民所公有，民国之政治为国民所共理，民国之权利为国民所共享，此方为真正之民国。试问民国十年之成绩何如？袁世凯帝制自为，官僚武人割据各省为私有，徐、靳③卖国自肥，政治腐败，国势日危，官为刀俎，民为鱼肉，〈民国〉不曾为国民所有，各省不曾为国民所治，一切幸福不曾为国民所享。即就广西一省而论，诸君十年以来所受之痛苦，当已了然。武昌起义之时，陆荣廷赞成民国，本大总统与人为善，以为陆荣廷虽游勇出身，究属国民之一份子，倘能改过自新，忠于民国，未始不可以为广西之利。乃狼子野心，盗性难移，仇杀民党，阴谋帝制，霸占广西，剥夺民权，以广西全省为陆荣廷个人之私产，广西政权被陆荣廷一群盗党所攘夺，一切利益为盗党所独享，通都大邑皆有陆荣廷之巨宅。广西人民以为生子生孙可以不寻正业，只做强盗即有作官之路，可以作督军、作省长、作镇守使。于是最勤俭、最良好之广西国民，皆被盗党所压制，而毫无生路矣。数月前本大总统主张助广西人民，顺天下民意，今〔令〕粤军总司令陈炯明驱除盗党陆荣廷辈，将广西还之广西国民之手。今后之广西，为广西人民所有矣，为广西人民所治矣，尤其一切权利

---

① 孙文自梧州乘船往桂林途中，于二十一日抵达昭平县。当天下午出席在该县高等小学堂操场举行的欢迎大会，到会者包括乡镇民众共三千余人（一说四千余人）。

② 底本未说明日期。按孙文所乘之船于十一月二十二日晨离昭平继续北行，则欢迎大会只能在抵昭平之日举行。

③ 徐世昌、靳云鹏，当时分别为北京政府总统、国务总理。

为广西人民所共享也。

然诸君既为广西之主人，更当尽主人之责。诸君今日当先尽之责莫若开辟道路，切不可以无钱卸责，只须全体人民出力可也。于必行之路辟宽之，低者填高，高者削平，石子、沙泥遍地皆是，并不须向外洋购材料也。如果道路开辟，交通便利，则诸君所余之粮食，所余之牲畜，所余之柴木，无穷之煤、铁、金、银藏之于地可以开发，一切工场实业可以振兴，教育可以普及，盗贼可以潜消矣。此种乐利乃诸君所共享，亦诸君对于民国应尽之责也。譬如梧州至昭平路程不过二百八十里，溯江而上须行八日，如有大路可行汽车，则仅数点钟足矣。如全省开辟大路，推而及于全国，则交通便利，中国之富强可敌世界也。诸君之责甚大，须以修路为最急。

本大总统此次北伐，所以救全国国民脱离官僚专制，使民国为国民所有，民国为国民所治，民国为国民所享。如数月前之助广西人民驱除陆荣廷辈之一群强盗，同一作用也。诸君当群起而共负国民之责任，本大总统有厚望焉。

据《孙中山先生十讲》第五讲"广西应开辟道路"，上海，民智书局一九二三年六月出版

实行三民主义与开发阳朔富源

在阳朔各界欢迎会的演说①

（一九二一年十一月二十九日）②

今日受诸君之欢迎，乘此机会得与诸君谈民国之政治，不胜愉快！

改造真正之民国，乃全体国民之责任，尤为中华国民党员应负之责任。责任维何？即实行民族、民权、民生三民主义，即近代所谓之"国为民有，国为民治，国为民享"之真精神也。盖中国为中国人之中国，决不能为非中国人所宰制。人为万物之灵，知识之高下、身体之强弱虽有不同，原无阶级之不平等，何容受他人不平

---

① 十一月二十九日上午，孙文自梧州乘船赴桂林途中抵达阳朔县，随后出席在该县高等小学堂操场举行的欢迎会。

② 底本未说明演说时间，所标日期据此行程而定。

等之待遇？且"民为邦本，本固邦宁"，简而言之，即民为国主，主安即国治，何能容强权家行乱国之政治，酿成亡省、亡国之痛苦？国家物产、国家富利乃半为国家天然之美丽，半为国民工作之材料，衣、食、住生活所赖，何能容他人无理之强夺？则无论何种国民，生于何国，皆当有其国，治其国，享其国，而成为独立、自由之国民，由此〔此乃〕天经地义，责无旁贷者也。诚以民国与帝国相反，民国以民为主，帝国以民为奴；民国欲人人皆有新知识，帝国欲人人皆为愚蠢子；民国乃国民之新世界，帝国乃国民之旧地狱。此所以欧美爱自由之国民，于百余年前如美、如德〔法〕已革去帝国，造民国，所以有今日欧美之新世界也。

中国在亚洲首创共和，本总统欲将中国造成新世界，不意事与心违，以致十年以来徒去一满清帝国之名，国民受官僚专制之实，亡清余孽窃据政权，国家将亡，民不聊生，与本总统所欲造之民国大相背谬。此种现象虽属恶官僚武人之不法，亦由于多数国民、多数党员对于民国无彻底之觉悟，无完全负责之深咎也。如果国民觉悟而觉悟之党员负责，则造成中国为世界第一庄严灿烂之真共和，原易于反掌。试观粤军回粤，除去违背民国之强盗，为时不过月余。再观粤军援桂，扫清盗窟，以广西还于广西人民之手，亦不过五十日。更可推想，此次大军北伐，扫除盗据民国之亡清余孽，而恢复全国真正共和，亦当无难事也。只须国民觉悟，党员负责，顺民意之所归足矣。是以本大总统希望诸君之对于广西，以先觉悟、先负责任，实行三民主义相劝勉。

实行之法有二：

一在使国民有世界之知识。普及教育，提倡科学，宣传三民主义，使人人皆知国为民有，非一家一姓所得而私，亦非腐败官僚、专横武人、阴谋政客所得而治。中国权利非少数人可得而享，更非少数强权家可得而断送。于生活上日求进步，衣、食、住须求改善，道路必求改良。将民国造成一极乐之世界，非国民有充足之知识不为功。

二在使国民有强大之财富。开发财富，莫如振兴各种实业。即就阳朔一县而论，万山环绕，遍地膏腴，无知识者以为土瘠民贫，难以为治，不知奇峰并峙之高山，皆石灰岩层之蓄积，可以烧石灰，可以烧水门汀①。石灰为农业之肥料，亦为工业用之水门汀为化学发明之建筑材料，可以修路，可以筑河堤，可以建极高之洋楼，可以作人造之花石。每担石灰石可以造水门汀一桶，每桶四百斤，值银六元。诸君以为阳朔皆不毛之石山，悉属废物，自我观之，阳朔遍地皆黄金也。不仅如此，石灰岩层之中，可发见极厚之煤层，可发见极富之铁矿，且金矿、银矿、铅铁、水银矿多藏于石灰岩之内。诸君若知之，知而开发之，则见阳朔皆富家翁也。农业亦如之，土山肥厚，可种树木及一切果木，皆为人生必需之品。倘能广为种植，加以制造，则致富之术不待外求也。

然普及国民之知识与发展物质上之文明，全赖道路上之交通。中国最富之省莫如广东及浙江〔江浙〕，次则为四川及湖南。广东有海洋之交通，江浙有江海之交通，四川有长江之交通，湖南有洞庭湖汇合湘江、沅江、资江三河流，交通亦极便利，所以物产能运出，财富能输入也。广西为中国最穷之省，而所藏之财富较之他省为优。何以言穷？因无便利之交通，是以致此。本大总统此次北伐，道经阳朔，自梧州抵此不过四百五十里，已行十六日。若有宽大马路之交通，则仅数日之程，并不费事。由此类推，全国皆然。则开发民智，发达财富，更非有道路之交通不为功。今广西之穷，有如一人将各种财宝藏之铁箱，失去钥匙，所有财宝不能取用，以致不能生活，甚至流为乞丐，欧美之新国民见之，为之生怜。广西如此，他省可知。本大总统希望诸君首先开道路之交通，道路即开发财富之钥匙也。从此实行三民主义，完成此次北伐之功，开全国国民之知识，增长全国国民之财富，以建设一真正之民国，愿与诸君努力图之。

据《孙中山先生十讲》第四讲"实行三民主义及开发
阳朔富源方法"，上海，民智书局一九二三年六月出版

---

① 水门汀（cement），后篇《改造新国家当铲锄旧思想发达新思想》又作塞门德土，今译士敏土，即水泥。

兴师北伐机不可失

在桂林近郊良丰军绅学界欢迎会的演说①

（一九二一年十二月三日）

今日兴师北伐，最为机不可失。一因北方十余省互相离二，无异十余国，不及西南团体之固结；二因徐、靳②天怒人怨，久失民心，大权旁落，百政废弛，不及西南之大得人心；三因趁此年关在即，北方积欠各省军饷，无法支付，军心愤极，决不肯力战，溃变当在目前；四因北军已属暮气，多而无用，南军朝气不待交绥，士气已足寒北人之胆；五因桂军素著悍名，陆、谭③又系百战老贼，不及两月，金行败逃，桂军向见称于北方，今见粤军摧桂之易，声威已慑；六因川军再攻宜施，兵力加增，桂黔滇均助粤，试问武汉间之北军，何能抵拒此生龙活虎之朝气生力军耶？七因北方倒阁声浪日高，政潮日剧，奉直暗斗，将行决裂，若此时不出师，将来奉直统一，合力图南，则后悔□及；八因唐继尧回滇，闽赣攻粤等说，皆足障碍北伐，今则唐继尧来电，谓于三日由港至广梧，即来桂林，所传回滇之谣，决不成事实矣。闽赣方曲意交欢于我，观于陈光远徇陈竞存之请，逐沈鸿英出境，可见障碍既无，毫无后顾之忧。有此种种胜算可操，俟迟日开军事大会议后，月内即各路齐进，决不延滞，反令北廷防备完密也。

据《孙中山行营纪事》，载一九二一年十二月十九日长沙《大公报》（三）

---

①　十二月二日晚，孙文一行抵达桂林近郊良丰。三日，北伐军将领及当地官、绅、学各界举行欢迎会，孙文发表演说。

②　徐、靳，即徐世昌，时任北洋政府总统；靳云鹏，时任北洋政府总理。

③　陆、谭，即桂系军阀陆荣廷、谭浩明。

三民主义是使中国造成新世界的工具

在桂林军政学界欢迎大会的演说①

（一九二一年十二月七日）

桂林军、政、学各界诸君：

　　诸君今天开这个盛会来欢迎本大总统，本大总统是很感谢的。本大总统这次督师北伐，经过桂林，借这个机会能够和诸君会面，可算是一段大姻缘。本大总统以为诸君今天的欢迎，不可单为欢迎本大总统的个人，还希望诸君欢迎本大总统的革命主义。

　　就中华民国的来源说，大家都晓得中国近十多年来的大变动，是从古没有的。这个大变动是什么呢？就是把中国有史以来的政治制度根本推翻，另外造成了一个新组织。这个新组织简单的说，便是把数千年的专制变成了共和。共和成立以来，虽然有了十年，但是还没有真正实行。这是什么原故呢？因为共和是由革命而来的，现在全国人民大多数还不明白革命的道理是什么东西，所以还不知道把共和怎么样去实行。至于国家，表面上虽然挂了共和招牌，但是行政上依然没有进步。试看这十年以来，全国之内建设事业有多少呢？简直一件也没有。比如用广西一省来说，全省人民虽然知道满清已经推翻了，却又生出一个游勇出身的陆荣廷来，用一伙强盗把持政权，不但是把广西一省弄得一团糟，并且盘据广东，卖烟开赌，以至两广人民生计日蹙，都想拦路劫抢，过眼前的日子，所以弄到两广都变成了土匪世界。现在并有许多广西人，不但不知道共和的好处，反有希望真命天子出现或者满清复辟、把民国再变成帝国的心理。这项心理也不但广西人是这样，就是全国大多数的普通心理差不多都是这一样。本大总统也常常听见乡下人说："国乱民穷，真命天子何时出现呢？"现在全国抱这种旧思想的人还是很多。如果四万万人都抱这种旧

---

　　① 一九二一年十二月四日，孙文抵达桂林，以独秀峰下王城桂王府旧址为总统行辕，并设陆海军大元帅大本营。七日，出席军、政、学界七十六个团体在王城铁房子礼堂联合举办的欢迎大会，到会有数千人。

思想，那么，共和的基础怎么能够稳固呢？

诸君要晓得共和与专制有什么分别，民国与帝国有什么不同。我们可用现在民国和从前帝国两个名词比较来说一说。从前帝国的天下是皇帝一个人的，天下人民都是皇帝的奴隶；现在民国的天下是人民公有的天下，国家是人民公有的国家。帝国是皇帝一个人作主的，民国是人民大家作主的。诸君今天来欢迎本大总统，绝不可抱那种旧思想。本大总统受国会的付托，总揽全国政权，虽然说是全国的行政首长，实在是全国人民的公仆。本大总统这次是来做你们奴隶的，就是其余文武百官也都是你们的奴隶。从前帝国时代四万万人都是奴隶，现在民国时代大家都是主人翁，这就是民国和帝国不同的地方，这就是中国从古没有的大变动。普通人民还不知道这个变动，十年以来一般旧官僚和军阀又死死的压制他们，弄到人民至今还不能居于主人翁的地位。诸君要晓得，从前的人民本是皇帝的奴隶，我们革命党用革命主义把专制皇帝推翻，才把人民由奴隶的地位超度到主人翁的地位。

诸君现在都是居于主人翁的地位，今天来欢迎本大总统，本大总统更希望诸君来欢迎民国的主义、革命的道理。中国革命的道理，就是革命党平日主张的三民主义。革命党同志从前主张三民主义，从事革命十多年才把满清推翻，创造民国。本大总统便是主张三民主义的发起人。诸君今天来欢迎本大总统，还要希望诸君来欢迎本大总统所主张的三民主义。三民主义能够实行，民国才可以建设得好。如果人民不了解三民主义，民国前途还是毫无希望。三民主义便是民国的精神。诸君欢迎民国的精神，那才算是真正的欢迎。

三民主义就是民族主义、民权主义、民生主义。这三个主义和美国大总统林肯所说的民有、民治、民享三层意思完全是相通的。民有的意思，就是民族主义。我们革命党为什么要提倡民族主义呢？因为满清专制二百多年，我们汉族受过亡国的痛苦，后来又受世界潮流的压迫，恐怕还要灭种，所以有少数人出来提倡鼓吹，要除去专制的异族。到后来全国觉悟，便把征服中国的满清根本推翻，把中国的统治权收回到汉人手里，中国领土完全为汉族所有。十年前革命的成功，就是民族主义成功。所以民族主义就是和民有的意思一样。革命成功以后，中国的土地和主权已经由满清皇帝的手里夺回到中国人民的手里来了。但是我们人民徒有政治上主权之名，没有政治上主权之实，还是不能治国。必须把政治上的主权实在拿到人民手里来，才可以治国，才叫做民治。这个达到民治的道理，就叫做民权主义。至于民生主义，是由人类思想觉悟出来的。因为我们既有了土地和主权，自然要想一个完全方法来享受，才能够达到生活上圆满的幸福。怎么样享受生活上幸福的道理，便叫做民生主义。所以说，民有、民治、民享就是本大总统生平所提倡的三民主义。

三民主义的道理原来是一贯的。如果要考究他们发生的次序，世界各国都是先由民族主义进到民权主义，再由民权主义进到民生主义。如果要考究他们发生的原因，这三项东西都是从不平等里头的反动生出来的。换句话说，三民主义就是平等和自由的主义。就民族的情形来说，有什么不平等呢？简单的说，就是政治上的不平等。这一国压制那一国，这种民族压制那种民族，压制愈利害，反动也愈利害。用我们中国来讲，古来华夏之界极严，自古及今都是我们汉人来治中国，只有当中遭过了两次亡国之痛：一次是受蒙古的亡国，变成元朝；一次是受满清的亡国，变成清朝。革命党把二百余年的满清专制皇帝推翻，就是提倡民族主义的效果。至于欧美各国所主张的民族主义，大概也是和我们的一样的。

民族主义在人类思想上本来发达最早，到了后来，觉得自己民族虽然不受他种民族的压制，但是在本国之内还要受特别阶级的压制。像皇帝和贵族高高在上，人民处在他们压力之下，动也动不得。因为受压力的痛苦，便生出反动，便提倡民权来反对君权。所以由历史上看来，民权主义常在民族主义之后。近二百多年来，民权思想极发达，君权退步，世界上的国家许多已经变了共和，其中没有改变共和的国家也把君主专制改为立宪，限制君主权力的范围。所以现在全世界的国家不是共和，就是君主立宪，专制政府差不多要绝迹了。共和国家在欧美〔洲〕最著名的，从前有法兰西、瑞士的共和国，现在有俄罗斯、德意志和其他战后所建设的诸共和国。在美洲之北的有美利坚的共和国，美洲之南所有的国家没有一个不是共和国。由此便可知近年来的民权主义是怎么样发达了。

由民权主义更进一步，便是民生主义。现在欧美两洲，像法国、美国既没有皇帝的专制，人民很可以说是极平等自由，民权可算是极发达。但是只能说到民有、民治，还说不到民享。试看他们国内的平民受资本家的压制，穷人受富人的压制，什么煤油大王、钢铁大王、铁路大王，一人之富可以敌国，那般平民和劳动者连面包都找不到手。这是何等不平等的景象呢，所以欧美现在便生出贫富不均的大问题来了。这项问题便是社会问题，解决这项问题的道理就是民生主义。民生主义就是平民反对资本家、穷人反对富人的反动。欧美各国的民族和民权两个问题可说是早已解决了，现在所受的痛苦纯是民生问题。中国向来没有这个问题。为什么本大总统在三十年前研究建设新中国的道理，一定要在民族、民权两个主义之外并主张民生主义呢？因为此民生主义是建设二十世纪以后新国家的完全方法。这三种主义并行，真正共和的基础才能够稳固。本大总统这个主张可以说是取法乎上，不是因陋就简的。因为要把中国制成一个新局面，非用新组织不可；要用新组织，非实行极完全的三民主义不成功。

欧美各国二百余年以来，只晓得解决民族、民权两件事，却忘记了最要紧的民生问题。到现在全国的权力都操在少数资本家的手里，只有少数人享幸福，大多数人还是痛苦。因为大多数人不甘受这种痛苦，所以现在才有经济革命——社会革命——的事情时常发生。我们中华民国如果把民生主义和民族主义、民权主义同时解决，用一个一劳永逸的方法，一定可以把现在的中国变成庄严灿烂的中华民国。我们如果不把这三种问题同时解决，纵使将来国富民强，不出数十年，一定要受欧美今日这样相同的痛苦。欧美人当时以为政治平等，人民自由，工业发达，便是黄金世界，什么问题都没有了。不料到了工商业发达之后，便生出大资本家来，他们用金钱势力操纵全国政权，遇事都是居于优胜地位。试看那一国的法律政治制度，不是为资本家而设的？所以世界到了现在，经济革命的潮流便一天高过一天，这就是平民和劳动者对着富豪及资本家的反动。报纸上所载的"同盟罢工"、"破坏工厂"、"焚烧公司"种种新闻，都是穷人反对资本家的举动，弄到全国总是不安。他们所受这不安的烦恼，实在不是别的事情，纯是由于民生问题没有解决的缘故，所以才生出贫富的冲突，酿成经济革命。法国在数十年前曾发生过一次经济革命，但是不久便失败了。俄国近来实行政治革命，同时又实行经济革命，一面把皇帝和贵族推翻，同时又把资本家推翻。现在俄国人民所受的痛苦非常的利害，结果到底如何，今天还预料不到。本大总统观察世界的大势，默想本国的情形，以为实行民族革命、民权革命必须兼顾民生主义，才可以免将来的经济革命，这便是防患于未然。

诸君要晓得，革命是不得已而为的事，革命是破坏的事业。好比拆房子一样，我们在相同的地方想改造一所新房子，便不得不把旧房子拆去。想建设一个新国家，便不得不把旧国家破坏，这个破坏就叫做革命。建设国家要用三十年工夫，好像造房子要用三个月工夫一样。拆房子只须一天，造房子就要三个月。人家造成一所新房子，都很想安安乐乐住过一世，不是今天造好了，明天便把他拆掉，又不是明天再造好了，后天又把他拆掉。我们革命也是一样的道理，不是今年革命，明年又来革命。革命要用彻底的方法才可以永久享幸福，如果不然，破坏的事业是永无穷期的。所以要解决民族问题，同时不能不解决民权问题；要解决民权问题，同时不能不解决民生问题。这三民主义就是救种种痛苦的药方。这三个问题如果同时解决了，我们才可以永久享幸福。如果达到了民有、民治的目的，不管民享的问题，二三十年后必定再有一种痛苦发生，现在俄国就是我们的好榜样。我们要应该注意的，不可说我们的国情和欧美各国不同。我们如果把国家建设好了，也可以像欧美那样的国富民强。我们如果把民生问题现在能够同时来解决，就可以免将来经济革命的痛苦。如果民生问题不能同时解决，将来人民富足，纯是少数人的富，不是多数人的富。那种少数人的富是假富，多数人的富才是真富。所以，我们要国家永远富强是有道理的，这个道理便是三民主义。

现在再把桂林的现状来说。如果要想把桂林来改良，必需的方法像办学校、治河道、修马路、发展农工商业，种种计划是很多的，一时也说不完。假如把这各种大计划实行出来，桂林便另外变成一个新景象。桂林本来的好处说不尽，别的不讲，单就周围的风景来说，真是山清水秀，甲于天下，好的了不得。但是因为街道太窄，汽车、马车不能通行，所以还不见十分美丽。如果开了马路，和广州一样，东西南北可以四通八达，那不是更好的景象吗？假使自今年起，改良街道，便利交通，到明年之后一定会影响到土地问题，土地问题就是经济问题中的大要素。因为马路一开，沿马路两旁的地价便涨高起来。在马路未开之先，一亩地价值一千元的，在马路已开之后，因为交通便利，两旁生意繁盛，人人都想要买那近边的地皮，建筑大洋楼来做生意，那亩地皮的价钱一定可以涨到一万元或数万元不等。有这种地皮十亩或百亩的人，一到马路开辟之后，便立刻变成大富翁。那些有地皮的人，在没有开路之先，或者有反对拆旧房子来开新路的。但是马路一开之后，当时反对的人便可以不动手不劳心，只靠交通便利，便把他所有的地皮高抬价格。如果穷人想用低价钱来买一块地皮，做住家的房子，便很不容易买到手。像广州长堤一带的地皮，从前没有马路的时候，一亩地的价钱不过数百元或一二千元，现在因为全城马路都筑好了，地价就涨得非常昂贵，每亩有值五万元或十万元不等的。在座诸君总有到过上海的，上海马路两旁的地价，现在一亩也有值十几万元的。

以上所举的例，影响到土地问题，都是靠着马路开辟、交通便利的原故，这不过略说一个原因罢了。如果说到别的原因，像农业改良、工业发达、矿山开采、商业繁盛之后，那更生出许多极大的资本家来了。到那个时候，大资本家还能吞并小资本家，好像大鱼吃小鱼一样。弄到结果，社会上只有大资本家和劳动者两种人。换句话说，就是工商业极发达之后，只有大富人和穷人两种。到那个时候，穷人因为生活的关系，便不得不去做富人的牛马和奴隶，如果不去做他们的牛马和奴隶，便没有饭吃，便不能够生活。所以富人的势力便非常的强大，穷人的劳动便非常的痛苦，这就是富人压制穷人的暴虐情形。从前的皇帝贵族压制百姓，他们有时候还负些责任，这种大资本家压制小百姓，他们是毫不负责任的呀！我们因为看到了这种弊病，要想一个方法预防他，所以在解决政治问题的时候，同时也要解决人民生计问题。欧美从前解决的方法还是不彻底，所以便有今天的痛苦。我们想造成一个完完全全的新世界，一定要用三民主义来做建设这个新世界的工具。大概的讲，就是要把民有、民治、民享三个主义一齐实行，人民的生计权利才有真正的自由平等，才能够免去资本家的压制，才能够享永久的幸福。民生问题不解决，社会上的贫富总是不平均。从前孟子说"不患贫而患不均"①，如果有了不均，三十年之后不革命，五十年、一百年之后一定是要革命的。我们要防止永远不再革命，一定要实行三民主义，那末才可以替子子孙孙谋永久的幸福。

本大总统这次的来意，是要把中国造成一个新世界。三民主义就是本大总统拿来造新世界的工具。诸君今天欢迎本大总统，本大总统所要求诸君的，是望诸君提

---

① 据《论语》"季氏第十六"，此为孔子应答其弟子冉有（姓冉名求，字子有）之语，而非孟子所言。

起精神来，一齐同心协力建设这个新世界的新中国！

据《三民主义为造成新世界之工具——对桂林军政学七十六
团体欢迎会演说词》（十年十二月七日），载黄昌谷编：《孙
中山先生演说集》，上海，民智书局一九二六年二月初版①

人民请愿之事政府当尽力办之

对桂林公民请愿的演说

（一九二一年十二月九日）

　　方今之政府，乃中华民国人民之政府，政府受制人民之下，无异于人民之公仆。人民所请愿之事，政府当尽力为人民办之，尚望民人与政府合力同办，则事易举，如此乃谓之真正民主国家。至于交通一层，尤为目前之急务，交通不便则万事不能办，此乃根本问题。本大总统由梧莅桂，亲见漓江滩高水浅，诸多困苦，历二十余日始抵桂林，此江险阻，为文化不进之大原因。如能修筑马路，不过一二日可抵桂林，既可省数十日光阴，又可开发各县之富源。修筑桂濛马路，为治理广西之根本办法，本大总统决心先办此事，尚望诸君随时与政府共同出力，则事易举矣。

据《桂林公民向总统请愿》，载一九二一年
十二月二十六日上海《民国日报》第三版

---

　　①　另见上海《国民》（又名《国民周刊》）第一卷第十二号（一九二三年七月发行）所载《建设新国家与三民主义——孙总统在桂林演讲》一文，两相比较，底本在文字上略有增订。

批评香港英人的讲话①

（一九二一年十二月十七日）

（孙氏告香港英政府，谓:）彼辈毋以广东人之易与，而随手贪取其矿产也。广东之矿产益为广东人用耳。吾人于此即可知英人新闻机关四处散布谣言，且自谓曾"攻败"他人所持关于南方政府之言论，盖有由来矣。

据《美报论孙总统与华会》（续），载一九二
一年十二月十七日上海《民国日报》第三版

在桂林庆祝元旦慰劳会的致词②

（一九二二年一月一日）

各位同志随同北行，在桂林数月，备极勤劳，至深佩慰。今日适逢元旦，特备薄酌，与同志一叙。

据柳广:《追随国父北伐杂忆》，载台北《畅流》
第二十六卷第七期，一九六二年十一月出版

---

① 桂系军阀控制广东时，曾与香港英商签约，让其包揽广东一处煤矿的专营权。孙文挥军回粤，驱逐桂系之后，废除桂系与英商签订的合约。香港总督为此前往北京，与英国驻北京公使商议交涉事宜，孙文于是作此讲话。
② 一日孙文设宴，慰劳北伐大本营文官处、参军处。

改造新国家当铲锄旧思想发达新思想

在桂林广东同乡会欢迎茶会的演说①

（一九二二年一月四日）

今日同乡诸君在此开欢迎会，恰值新年一月四日。但我国内有两种新年，再过二十几日又有一阴历新年。我国甚崇尚阴历新年，对于阳历新年反淡然漠视焉。须知阴历新年与阳历新年有分别，其分别安在？即新旧之分别也。

民国十一年来，人民尚崇尚旧新年、不注重新新年者，是尚未能脱离旧观念、未能脱离旧思想者也。国家进化由野蛮而进于文明。人类亦然，由无知识而进于有知识，脱离旧观念发生新观念，脱离旧思想发生新思想。诸君今日当打破旧观念、旧思想，发生新观念、新思想。新新年为民国的②新年，为共和国家的新年；旧新年为君主时代的新年，为专制国家的新年。专制与共和大有不同，如有〔有如〕为商焉。为商者，有东家生意，自己生意。民国如公司，国民如股东，官吏如公司之办事者，故总统、官吏皆国民之公仆也。国民如股东享有权利的，非若专制国家奉一人为君主、人民为奴隶，而毫无权利所享也。国民对于新新年不甚注重，对于旧新年反注重之，是有权利而不知享，是尚未知自身已成主人翁者。

国人因缺乏新思想，放弃权利，国中政权遂为一般强盗官僚乘时而操纵之。民国十年来所以如此大乱，其原因亦即在是。国中既大乱，人人感受痛苦，遂生一种思旧之心，以为满清时代尚优于民国时代也。此种反感有一故事可为比例。在昔美国因释放黑奴而成南北战争，战争结果，黑奴得释放。但黑奴虽被释放，因无独立生活，一旦失其依附，反觉异常困苦，尚不若为奴时代之安乐也。故林肯在当时反为人反对，今日黑种人方知林肯为圣人。所以大凡新旧交替，必有一种变更。如发财，人所愿也；添丁，人亦所愿也。添丁虽为人所愿，须知生产时必经痛苦危险。

---

① 欢迎茶会于四日下午在桂林广东新馆举行，到会有广东同乡会会员及广东公益学校师生共五百余人。

② 此处删一衍字"新"。

从此可知，人欲享安乐，必须由困苦艰难而来。且民国成立之时，北方官僚亦赞成共和，如袁世凯者即首先赞成共和之人也。谁知彼等之赞成纯系假意，阳奉阴违，以致酝酿国中之大乱。

吾人今日当铲锄此假意赞成共和者，实行真共和，必造成如法如美之共和国家。然美国在前数十年前，土地荒芜，极力改良，开矿山，兴工艺，遂成今日之富强。桂林地方物产丰富，山水幽秀，所谓"桂林山水甲天下"者也。今即以山石而论，山石可以为塞门德土，真可谓随地皆宝。假使工艺发达，交通便利，其利岂可胜言？至于四川、云贵之煤油产额亦丰，北方各省所产尤夥，外人咸称我国为煤田，如能尽行开采，其利又岂可胜计？我国因工艺不发达，商业不振兴，所用货物多仰给外国，是以每年出口之货多生货，进口之货多熟货，以致利权外溢。

法、美共和国皆旧式的，今日惟俄国为新式的。吾人今日当造成一最新式的共和国。新式者何？即化国为家是也。人人当去其自私自利之心，同心协力，共同缔造。国家者载民之舟也，舟行大海中，猝遇风涛，当同心互助，以谋共济。故吾人今日由旧国家变为新国家，当铲锄旧思想，达发〔发达〕新思想。新思想者何？公共心。

吾人今日欲改造新国家，当实行三民主义。何谓三民主义？即民族、民权、民生之主义是也。民族主义即世界人类各族平等，一种族绝不能为他种族所压制。如满汉〔洲〕入主中夏垂二百六十余年，我汉族趋而推翻之，是即民族革命主义也。民权主义即人人平等，同为一族绝不能以少数人压制多数人，人人有天赋之人权，不能以君主而奴隶臣民也。民生主义即贫富均等，不能以富等〔者〕压制贫者是也。但民生主义在前数十年已有人行之者，其人为何？即洪秀全是。洪秀全建设太平兵〔天〕国所行制度，当时所谓工人为国家管理，货物为国家所有，即完全经济革命主义，亦即俄国之今日均产主义。

今日同乡诸君开会欢迎本大总统，本大总统深望诸君不仅为欢迎本大总统一人，〈且〉欢迎本大总统之主义，是则本大总统之厚望也。

据《总统新年在桂之演说》，载一九二二年二月二十三日上海《民国日报》第三版

知难行易

在桂林学界欢迎大会的演说①

（一九二二年一月二十二日）

学界诸君：

今天蒙诸君在此开这个盛大②欢迎会，本大总统是很感谢的，是很欢喜的。本大总统藉此能够与桂林学界诸君谈话，是个很难得的机会，故把平日对于求学的意见贡献到诸君。

诸君是学界中人，要知道人类为什么原故要求学。求学的意思便是求知识。因为世界上有很多的事情、很多的道理，都是我们不知道的。又因为世界的文明，要有知识才有进步；有了知识，那个进步才得快。我们人类是求文明进步的，所以人类便要求知识。

诸君都知道，世界上文明的发达是在近来二百多年，最快的是近来五六十年。以后人类的知识越发多，文明的进步便越发快。中国两千多年前都有很好的文化，从前文化的进步是很快的。近二千多年以来没有什么文化，现在的文化不如唐虞，不如秦汉，近人的知识不如古人的知识。所以③中国人崇拜古人的心思，比那一国人都要利害些。

为什么近来二千多年没有进步呢？推究这个原因，详细的说，可分作两项：

一是政治关系。从前政府做事是很宽大的，譬如"公天下"的时候，尧把天下让到舜，舜把天下让到禹。政府把天下的政权都可以让到别人，其余对于人民的事情，该是何等宽宏大量。就是"家天下"的时候，汤武革命"顺乎天应乎人"，"吊民伐罪"，也都是求人民的幸福。所以人民便有自由去发展思想，便有思想去求文化的进步。到了后来，政府一天专制一天，不是焚书坑儒，便是文字狱，想种种办

---

① 到会有教职员及学生千余人。

② 此处删一衍字"会"。

③ 此处删一衍字"中"。

法去束缚人民的思想，人民那里能够自由去求文化的进步呢？

二是古今人求进步的方法不同。二三千年以前，求进步的方法专靠实行。古人知道宇宙以内的事情应该去做，便实行去做，所谓见义勇为。到了成功复再去做，所以更进步。譬如后稷知道人民饥饿，非有适用的移〔农〕业方法产生五谷不可，便亲自去教民稼穑。禹见到人民受洪水的痛苦，非有相当的水利方法泄去低地之水不可，便亲自去疏通九河。其余若燧人氏发明火，试问他不去钻木，怎么能取出火来呢？神农发明医药，试问他不去尝百草，怎么能知道药的性质呢？到了后来，不是好读书不求甚解，便是述而不作，坐而论道，把古人言行的文字死读死记，另外来解释一次，或把古人的解释再来解释一次。你一解释过去，我一解释过来，好像炒陈饭一样，怎么能够有进步呢？

照这两个理由看来，古人进步最大的理由是在能实行。能实行便能知，到了能知，便能进步。从前中国人因为能实行，所以进化的文学、哲理、道德等，不但是现在中国人不知道，就是外国人也有不知道的。当东西大交通之初，外国人看不起中国人，以为中国人是与非洲、南洋等处的土人一样的，没有一点儿文化。但是现在都渐渐的明白了，有很多佩服中国的，也有要学中国的，并且知道中国的文化有许多地方现在外国还有不如的。外国的文化是自罗马发源的，后来罗马被欧洲野蛮人征服了，因之他们以后的文化便有退步。到了元朝，有一个外国人叫做马哥波罗来做了中国底官，后来把中国的文化著了一本书，告诉他们外国人，说中国的文化好的了不得。别底不讲，单就烧火而论，中国人烧火不用柴，不用油，只用一种黑石头。外国人便不相信，便很以为奇怪。那种黑石头就是煤，在近来外国工业极发达底国家，是最少不得底东西。他们当元朝底时候，说到中国人烧黑石头，便很以为奇怪，可见那个时候以前他们还不知道煤。我们元朝底时候便早烧了煤，可见中国底工业那个时候便已不坏。从前中国人到外国留过学，回到国内，说外国人可在数百里或数千里以外通消息，中国人也不相信，也很以为奇怪。这种通消〈息〉底东西就是电报、电话，现在中国无论那一个大城市都已有了。照这样说来，有时候中国不信外国，外国不信中国，因为各有各的文明。

诸君听到这地，知道中国现在底文明一不如外国，二不如古人。中国古时底文明进步很快，外国近来底文明进步很快。那种进步为什么能快，这就是我们学者应该要留心的。从前中国人说"士为四民之首"，学者底力量在社会上很大。详细说，学者是先觉先知，一举一动能够转移社会上底风气①。社会对于学者也是极尊敬的，如果学者有了主张，社会上都是要服从的。所以学者对于社会、对于国家负担有一种责任。现在学者底责任是在要中国进步。

欧美底文明不过是二百多年的事，最好的文明尤在近来几十年。再把日本来说，五十年以前他们的文明是很黑暗的，近来四五十年便进步得很快。又拿暹罗来说，近二十年来文明的进步也是中国不及的。中国的文明古时进步很快。欧美的文明近来进步很快，日本和暹罗的文明也是近来进步很快。推求这个进步很快的原因都是一样的，都是因为有正当的学术，有正当的思想。中国近两千多年文明不进步的原因，便是在学术的思想不正当。不正当的地方，简单的说，便是大家以为行是很难的，知是很易的。这种思想便误了中国，便误了学者。

就中国近来的情形说，一般学者在家读书的时候，十年窗下，辛辛苦苦，便觉得艰难的了不得。到了有点成功，出而应世去实行的时候，遇到社会上的人，都说"知是容易的，行是艰难的"。这两句话，真是误了学者不浅！何以误了学者不浅呢？因为求学的时候，十年窗下，费尽脑力，耗尽心血，所求的学问是很不容易成功的。若是有一点儿成功，出去实行，便有人说："哼！你求学的时候难，实行的时候更难呢！"大家听到了这句话，便吓怕了，便不敢去行。不去行，便无法可以证明所求的学问是对与不对。不去行，于是所求的学问没有用处。到了以为学问没有用处，试问那一个还再情愿去求学呢？

就中国从前的情形说，周朝以前的进步是很快的，到了周朝之后文化便很老大。由于老大的结果，便生出怕事的心理。怕事是好是不好的呢？从好的一方面讲，是老成持重；不好的一方面讲，是志行薄弱。总而言之，人到了怕事，便遇事畏难，不去做艰难的事，只找容易的事去做。好像倒一盆水到地下，总是向没有抵抗力的低下部分去流，是一样的道理。人到了畏难，就不敢轻于尝试，试问文化上怎么能够有进步呢？推究这个原因，根本上的错处便是在"知之非艰，行之维艰"。以难的为不难，以不难的为难，这个便是大错。我们要除去这个大错，归到正面，便应

---

① 此处原误植为"风气底"，今改"底风气"。

该说"知是难的，行是不难的"。我们中国人的心理，偏偏反其道而行之，以为行是难的，知是不难的。把极容易做的事视为畏途，不去实行，求一点实际的结果；把极难知的事看到太容易，不去探求，所以二千多年来对于一切人情、物理都不能登峰造极。至于科学知识极普遍的欧美人，便没有这个心理。

譬如本大总统从前和朋友正在研究"知难行易"的时候，有一个美国工学博士进到房内。他说他在美国学校的时候，一天有一个美国先生告诉他，说知是很难的，行是不难的。这位工学博士是中国人，早有中国学说之"知易行难"的老成见在心，便很带怀疑，和美国先生辩论起来。那位美国先生说："你不要和我争，我告诉你一段故事自然可以明白。我从前知道有一个人家的自来水管坏了，那个人家的主人请一个工人去修理，那工人稍为动一动手，就修好了。主人便问工人：'你要多少钱呢？'工人说：'五十元零几毫。'主人说：'你稍为动一动手固〔便〕修好了，像这样容易的工，何以要许多钱呢？且你不要五十元或者五十一元，何以单要五十元零几毫呢？这个工价数目真是奇怪的很呢！'工人对主人说：'你看到我修好了之后，这个工作是很容易的。但是从前何以不自己去修理呢？你从前自己不去修理，要请我来修理，自然是由于你不晓得怎么样修理的原故。我晓得怎么样修理，所以一动手便修好了。这那晓得怎么样修理的知识是很难的，所以我多要一点价值，那五十元便是知识的价值；至于动手去实行修理是很容易的，所以我少要一点工钱，那几毫便是我动手的工钱。'主人听了这番话之后，便一面点头，一面对工人说：'你所讲的话很有道理呀！我给你五十元零几毫罢。'"照这件故事看来，就可证明知是很难的，行是容易的。中国人的思想就错在这里，所以中国的文化几千年都不进步。这种不进步的错处可以说是南辕北辙，所以中国人的错，便是走错了路。

诸君今天欢迎本大总统，要欢迎本大总统的性质。本大总统的性质，生平是爱革命，诸君要欢迎本大总统革命的性质。本大总统想要中国进步，不但是对于政治主张费〔要〕革命，就是对于学问也主张要革命。要把全中国人几千年走错了的路都来改正，所以主张学问和思想都要经过一番革命。就中国革命的历史说，汤武是主张最早的，人人都说是"顺乎天应乎人"。本大总统从前主张革命的时候，人人都说是"造反"。说到学问思想上要去推翻他，就是要把思想反过来。所以古人说"知之非艰，行之维艰"，本大总统便要说"行之非艰，知之维艰"。诸君如果赞成本大总统学理上的革命，都应该说"知之维艰，行之非艰"。

就知和行的难易之先后说，凡百事情，知了之后才去行，是很容易的。如果不知也要去行，当中必走许多"之"字路，经过很多的错误，是很艰难的。为什么不避去那种错误的艰难？因为知是很难的。如果要等到知了才行，那么行的时候，便非在几百年、几千年之后不可，恐怕没有定期了。所以我们人类，有时候不知也要去行。譬如点灯的电，传电报的电，说电话的电，我的〔们〕① 中国人现在有几个能知道他是什么东西呢？但是我们中国的大城市，现在没有那一家不用他的。这个用他便是行，可见行是容易的。又如中国的指南针也有电的道理，用过了的时代和数目，不知有多少了。这个东西，有的说是黄帝发明的，有的说是周公发明的。无论是那一个发明的，都是在外国人发明电之先，外国人向来没有的，中国便早早的行了。试问中国人究竟知不知道电呢？学者为四民导师，中国的社会是很崇拜的，人有不知道的事情，要告诉他门〔们〕去行才好。

诸君都知道"知难行易"的学说了，这个学说究竟是怎么应用呢？主席刚才说，桂林学界现在遇有困难，不能开学。我们对于这个困难应该怎么去解决呢？我们要解决这个问题，第一层要知道这个困难的原因，第二层要知道开学的重要和方法。如果把这两层道理都知得很清楚，这个问题便容易解决了。

本大总统这次经过桂林的目的是在北伐，扫除政治上的障碍，统一中国。因为这个原因，所以带了许多的军队在此地，把你们的学校占住了许多。就第一层道理说，你们不能开学的最大困难，或者是这个原因。诸君要晓得中国的现状是四分五裂，乱的了不得。一般腐败官僚武人，搜括钱财，占据学校，不能开学的事实不是你们桂林一处。譬如北京自大学以下，所有的学校，今年一整年之中都没有开过一次的好学。武昌的高等师范也是不能开学。安徽的学校不但是不开，并且打死学生。本大总统看到他们北方学界都是在这样苦海之中，所以想要去超度他们。这个扫除政治上的障碍，超度北方学界的痛苦，便可谓之拨乱反治。诸君要知道拨乱反治是很大的责任，是要大家担负的。诸君要除去因为军队不能开学的困难，便要大家担负责任，人民与军队一体，同心协力，让军队赶快出发。

---

① "我的"、"你的"本应分别作"我哋"、"你哋"，即广州话方言的"我们"、"你们"，因此处及下文用"的"容易混淆文意，故悉改为"们"。

　　讲到第二层道理，开学的重要和方法，浅近一点说，便是要教育少年。那班少年受了教育，十多年之后便成有用的人才，可以继续你们前辈去办事。如果他们失了教育，你们以后的人才便新旧不相接，以后的事业便没有人办。加深一点说，便是建设广西最要紧的一件事。因为民国的人民，人人都是主人翁，人人都要替国家做事的，所以建设一个新地方，首在办教育。要办普及的教育，令普通人民都可以得到教育，然后人人知道替国家去做事。就桂林的现状说，恐怕没有〈受〉教育的人很多，而民国的教育又要普及，所以本大总统希望诸君令桂林周围的人民，无论贫富，凡在十岁以下底儿童，都要给教育到底。至于详细底办法，你们现在求学的人都要改变从前底旧行为。无论是先生或学生，各尽各底能力，担起责任来，同心协力去调查四乡底户口，多办义务学校，让一般没有钱底人都可以去读书。首先从桂林起，再推到各县各乡。先办幼稚园，次办小学，再办中学，然后才可以办大学。本大总统这次到桂林之后，有许多同志都说桂林现在应该办一个大学，这是很不容易做到的。因为此地现在没有很多的好先生，就令有了好先生，试问到那里去找那些合格的学生呢？现在中国是民国，是要人人都有教育的。要人人都有教育，你们广西有几百万人，不是数人能够教得成的，也不是空口说空话可以算得事的。必要人人各尽各的力量，有一分能力去做一分事情，大家都去实行。如果照这样做去，让人人都能读书，才可说是普及教育制度。若是不然，便是贵族制度，便是资本制度。

　　诸君既是知道了教育的重要和办法，那末现在的学校虽然被军队占住了，不能开学，不能在学校内教书、读书，便容易另外想简单的方法去①教书、读书。譬如从前北京大学，政府不给钱，到他们开学，他们的先生和学生在学校外，或者是办义务学校，或者是办露天学校，当街演讲，是不是在学校内教书、读书呢？再就广西现在不开学的原因讲，在桂林城内的人说，是在没有学校；在各县各乡的人说，学校是有的，是在没有钱。从前本大总统说，中国的旧学问思想要请诸君打破，这个没有钱的观念，也要请诸君打破。譬如我们最初革命的时候，那里有钱呢？我们奔走二三十年，设尽种种方法，努力奋斗，终之把②有钱的满清政府还是推翻。可

---

　　① 　此处删一衍字"去"。
　　② 　此处删一衍字"百"。

见有方法，能奋斗，什么事都可以。

就钱的外觇〔观〕说，现在广西人所用的，完全是商务印书馆印的纸，不是钱。本大总统这次到广西来，带了许多银，自悟〔梧〕州到桂林沿途用的时候，乡下人都不要。究竟那种钱有没有力呢？你们广西银行的纸，听①说陆荣廷尚有八百万存在上海商务印书馆，预备运到广西来用。如果你们还要用他的纸，岂不是还要供奉陆荣廷？广东人要用银，所以银行发行纸，必要有基本金，预备人民随时可以对〔兑〕换现银。外国人要用金，如英国用金矿〔镑〕，美国〈用〉金元。你们广西人现在爱用纸，是已经打破了金银的观念，如果再进一步打破纸的观念，岂不是脱离人类普通金钱的束缚么？换一句话说，现在广西人已经出了金钱的苦海，为什么不再超度一步，〈连〉纸的苦海也脱离去呢？

就钱的本质说，学问家都说是货物，用来通有无的。可见货高过钱。如果有钱没有货物，钱还是没有〈用〉的。譬如这次欧战，各国每日的战费都是几千万，像英国每日是八千多万。如果各国都要用金钱，试问邦〔那〕里得到那些金属呢？所以不能不用纸。但是用的数目越出越多，纸的价值便越减越少。好比德国的马克，从前中国半元可值一马克，现在一元可值七八十马克。照这样说来，钱便不值钱。广西银行的纸，从前每元值银一元，现在只值五毫。这个纸是陆荣廷所发行，用来吸收你们现金的。原来的增数是二千万，后来奸商又假造了二千万，前后共四千万。这四千万中有一半是假的，人民不能分别，政府不能不收用。所以把原来的价值更减低了一半。现在陆荣廷还有八百万存在上海商务〈印〉书馆，将来运到广西来，你们纸的价值更要减低。诸君要防备这种危险，应该赶快打电〈报〉到上海商务印书馆去反对。如果不然，陆荣廷在上海便源源不绝把那种纸运到广西来用，他便是永远做你们的督军。

就钱的外观情形和他的本质道理合起来说，钱可以说是一种筹码，用来记货物价值之数的。譬如赌钱人不必用钱去赌，用瓜子作筹码可以代表钱，用火柴作筹码也可以代表钱。简单的说，钱不过是货物的代表，所以钱不是万能的。货物的能力是更大的，如果货物不能流通，钱的价值便要低。好比德国，当欧战的时候被各国

---

①　此处删一衍字"用"。

封锁了，他便国内的货〈物〉减少，所以马克便不值钱。钱既是代表货物的，究竟货物〈是〉什么呢？是人工做出来的。譬如这个讲台上的纸花是人工做的，这个讲台也是人工做的，〈纸〉花是一种货物，讲台也是一种货物。照这样讲，可以说是人工生货物，货物生金钱，好比父生子、子生孙的道理是一样的。我们推求孙的来脉，便应该有父子二代的关系；推求钱的来源，也应该有人工与货物两步的关系。我们现在只说钱，便是忘记了钱是代表货物的、货物是代表人工的两步关系。因为这个原故，一般普通人便不知道钱的道理，便为钱所束缚。要打破他的束缚，便要多有货物；要多有货物，就在要我们多做工。

再就货物说，古人没有发明钱的时候，彼此来通货物的有无，都是"日中为市，交易而退，各得其所"。这种交易的情形，好像你们广西现在的大城小墟，每月中三、六、九或二、五、八的墟日一样。因为货物是由人工做成的，货物有大小、长短、轻重的不同，所费的人工便有多少的不同；要恰恰报酬那种人工的多少，因之货物的价值便应该有多少的分别。当那个时候，各人"以其所有，通其所无"。而货物的价值有多有少，不能彼此恰恰相等，彼此来交易必然生出许多争论，许多麻烦。譬如木匠去卖桌子和椅子，他的桌子每张是值二元，椅子每把值五毫；裁缝去卖衣裳，每件不是值八毫的，便是值一元七毫的。裁缝不能不要桌子和椅子用，木匠不能不要衣裳穿，所以木匠和裁缝彼此便不能不交易。但是他们的货物之价值都不是恰恰相等，而彼此又一定要去交易，必然有一个人不能恰恰满足他的货物之价值。所以那个木匠和裁缝，彼此说价交换货物的时候，该是怎么困难呢！后来有个聪明人发明钱的这个东西出来，就学术上的文话说，作百货的"中准"；就浅近的俗话说，作交易的"媒介"。于是万难俱善，所有从前因为货物做成的时候，所费人工的多少不同生出来价值高低的分别，彼此交易不能恰恰报酬、满足各人的欲望，有无谓的纷争计算，种种困难都可一扫而除之。照这样看来，钱不过是用作交易货物的媒介，货〈物〉又是人工的结果，货物价值的高低又是报酬人工之多少的。所以把〈钱〉、货物、人工三项东西的能力比较起来，实在可说，货物的能力大过钱，人工的能力大过货物。

我们要革命的原故，因为是知道了种族的束缚、政权的束缚、经济的束缚种种不好的道理，所以要并〔拼〕死命去打破他们。诸君既是知道了钱的道理，请赞成本大总统革命的意思，把钱的束缚也来打破他。如果能够打破钱的束缚，便可尽义务不要钱。若是不能打破，便要钱，便不能不多发纸币。现在广西的纸币已经是多的了不得，如果还要再发，你们将来怎么负担得起？诸君是学者，为广西四民转〔之〕首，应该想一个极好的法则，赶快去补救，若是能打破钱的束缚，不要钱去办学。从前北京没有钱办学，各校学生到各处露天演讲，便是一个极好的榜样。诸君拿出义务心来担负责任，到各城各墟去讲演，把兴利除害的事对一般平民说，也是一桩大好处。

凡百事业不能做的原故，都是由于不知。如果知了，是很容易行的。譬如你们广西人叫苦连天，说没有钱，不知道钱是货物来的。广西省〔有〕没有货物呢？就本大总统这次出巡，从前到南宁，现在到桂林，沿途考察而得的，地面下的金属矿和煤矿到处皆有，地面上的土壤肥沃的了不得，无论什么植物都可以生长的。别的不说，单就你们桂林讲，周围的石山该有多少？成这种石山的石头该有多少？这种石头可以做士敏土的，如果做成了士敏土，每桶可值大洋五六元，换一句话说就是每担可值大洋一元多。你们桂林的石头该有多少万万担，就是你们桂林的钱该有多少万万元。又如现在的农业出品，像甘蔗糖、花生、马蹄①、生果、五谷等等每年该有多少？如果有好道路的交通，运到广东去卖，都是很值钱的。但是现在没有便利交通，不能运出去卖，只能在本地卖，所以虽然有货还是不值钱。你们有这样多的石头、五金、煤等货物，不能换钱的原因，都是由于你们不知道他的用处和开采力。所以你的〔们〕有几百万的人工，都不能制造货物，都没有用处。你们这样多的农产货物不能多换钱的原因，都是由于没有好的交通，所以你的〔们〕已经做了的工，换少了钱。要你们的人工都有用处，都能够制造矿产的货物，必要有知识，要有知识，就要有教育。要你的〔们〕用人工制造的矿产货物和天然生成的农产货物，都能够运出去卖，换很多的钱，必要有便利的交通。要有便利的交通，就在要有好道路。

所以诸君今天欢迎本大总统，本大总统来贡献到诸君的，第一要普及教育，第二要修筑道路。这两件事，就是本大总统要求你们去做的。如果诸君做到了这两件

---

①　粤、桂部分地区称荸荠为"马蹄"。

事，就是功德无量。本大总统的贡献，就是以功德无量的事来要求诸君。诸君把功德无量的事要实行出来，那才不负今天这个盛大的欢迎会。

据人鹤（陈群）记：《孙总统对桂林学界之演说》，连
载一九二二年二月六、七日上海《民国日报》第三版

移师回粤改道北伐

在梧州军事会议的讲话①

（一九二二年四月十六日）

我们已经没有后方了。在桂林时没有后方，现在到梧州来也还是没有后方。我们只有以广州做后方，从韶关出兵。

据胡汉民：《六月十六之回顾》，载时希圣编：《胡汉
民言行录》，上海，广益书局一九二九年十二月出版

援助普遍选举

在广州五一纪念大会上的演说②

（一九二二年五月一日）

本人所抱三民主义中民权主义，即普遍选举之见端，当绝对服从多数国民之意旨，予以援助，决不令民治旗帜下之选举，有贫富、男女、各阶级之别。

据《西南之普选运动》，载一九二二年五月四日天津《大公报》

---

　　①　因由桂入湘的北伐计划受阻，十六日孙文从桂林抵达梧州，召集军事会议，决定移师回粤。此系胡汉民后来忆述孙文在会议上讲话的部分内容。四月下旬，孙文指挥北伐军从广西移师广东韶关，准备进攻江西。

　　②　一日孙文出席广东劳动同盟举行的五一纪念大会，即席演讲。

根据国际公法向澳葡严重交涉①

在广州接见粤澳请愿代表的讲话

（一九二二年六月二日）

（各人详述澳葡兵逞凶情形毕，请政府设法对付。孙答谓：）

此事现在政府方面已提出严重交涉。不必各位来，政府已经去做，此系政府应有之责任。但各位意思要政府如何做法，不妨明言。

（众论颇纷纭，有请派舰前往保护华侨者，有请派兵收复者，有主张激烈者。孙谓：）政府有政府应取之态度，当根据国际公法，向他严重交涉。至国民方面的行动，则政府不能过问，亦不能预闻。

（谈晤颇久，后由孙氏担认积极向葡人交涉而散。）

据《关于澳门事之孙中山谈话》，载一九二
二年六月五日《香港华字日报》第一张三页

政府与人民应互相帮助

在广州接见澳案工团请愿代表的讲话

（一九二二年六月上旬）

（昨有工团代表多人联谒孙文，请对澳案②严重交涉，以顾国体。孙答谓：）

各位未提出此项要求之前，余已即饬部做去。政府之帮助人民，应当尽力。但

---

① 一九二二年五月二十九日，澳门上万名工人和民众集会示威，抗议澳葡警察无理逮捕工人，澳葡当局开枪镇压，打死在场民众数十人。澳门各界随即举行罢工罢市，广东各界也多次举行集会，要求设在广州的中华民国正式政府派军舰到澳门保护侨民，争取早日收回澳门。六月一日，孙文鉴于陈炯明及其部属反对北伐，造成广州政局不稳，从韶关大本营返回广州。二日，孙文接见声援澳门民众的广东各团体负责人和澳门工人代表。

② 即五月二十九日澳葡当局枪杀澳门民众的事件。

各人何以对于政府事，不竭力帮助？（众叩以何事，孙答谓:）纸币系政府发出，一切税捐，政府皆十足启用，何以市面偏要把政府发出之纸币低折至六成，此岂非人民不帮助政府之一证？

（众对于此事略有申论，旋再请孙氏积极对葡交涉，孙答允而退。）

据《工团因澳案谒孙中山再纪》，载一九二二年六月十日《香港华字日报》第一张三页

陈家军若不服命令撤离广州当以武力制裁

对广州报界记者的讲话①

（一九二二年六月十二日）

报界诸君：

我因北伐赴桂，八阅月犹不能出中原一步。此八月内之广东事故，诸君深知之，即请诸君为我言之。至今日以后之事，我欲为诸君言之。

八月之事为何事？系出发桂林北伐。何以要北伐？系为打破武人专制，拥护宪法。彼武人专制，其痛苦不能尽言。如报界记者亦曾受桂逆枪毙，而广东人亦有枪毙记者②，此非武人专制欲防民之口乎？故打破武人专制，为北伐之要旨。然北伐自桂林出发，师抵全州，阅八月犹未出中原半步。其故何耶？盖此中系有阻力，系

---

① 四月下旬，孙文因陈炯明反对北伐，免其正式政府内务总长、广东省长及粤军总司令三职，仅保留陆军总长一职，陈随即宣布下野，率原粤军总司令部人员退居惠州。五月中旬，陈炯明部属叶举等人擅自率军进驻广州，以陈复职相要挟。孙文察觉兵变在即，乃于六月十二日中午邀集广州各报馆、各通讯社记者约四十人（一说二十五人）在省财政厅开茶话会，希望通过舆论压力，迫使陈家军撤离广州。

② 桂系杀害广州记者最著事例有：一九一六年陆荣廷督粤时，开赌禁集款扩军，枪毙反对开赌最力的《南越报》记者李汇泉；一九一八年莫荣新督粤时，枪毙公开抨击其治粤劣迹的《民主报》主笔陈耿夫。至"广东人亦有枪毙记者"一语，底本夹注为"系暗指反正时陈听香事"，乃指一九一二年三月陈炯明整顿民军时，罗织罪名杀害广东民团总局副总办、原著名报人黄世仲，《公言报》记者陈听香撰文替黄鸣冤，陈炯明又以"造谣惑众，扰乱治安"的罪名，捕杀陈听香。

武人反对北伐，武人拥护武人。然湖南表面系与我相好，须军至岳州始有敌人，其间陆行月余不遇一敌，倒给敌有一日之准备，我们是很吃亏的。而环顾各境，最近而与我为敌者则为江西，所以不能不改道江西。江西的改道命令，我经先已通告陈总长①，他得收和没有得收，我可以不管，但我的手续算已完了。改道之前没有陈总长的答复，遂电全州军队反师。讵第二军旅长谢文炳误用聪明，于永州②致电陈炯明（因全州为我军范围不能发电），谓北伐军反攻广州。在陈氏为自卫计，即电广西军队阻止我军西下，是则无怪其然。

及我军抵濛江，则为该军所阻，几致冲突。其后我明白解释，始能消祸。我再个人至肇庆电催陈来当面解释，免生误会，而陈不特不来，且请辞去本、兼各职。我以彼为不可留，亦遂准之。及我返省，而陈已去。北伐军未留省城一日，可知其志之在于杀敌。其败也，我固不能留恋于广州；其能胜也，我已向长江进发，更何所取于广州？时陈已明白，狐疑尽释。然彼所辖之军队，特于广西插〔歃〕血盟誓，相率回粤，置广西于不顾。这是陈总长手令要他归来集中的。比抵省城，我军已进江西，占崇安等处，确非据广州之心已可大白。

讵彼四十余营之军队不特不谅我，且欲截吾军之后，进驻北江一带，以防我变。这些陈家军有四十多营，耀武扬威，想再演武人的专制。其在省者每日要到财政厅闹饷，得了饷时更尽行兑换银毫，所以弄得市面纸币由九成而八成、而七成、而六成，或者低至两三成不定，通通是他们胡闹之过，似非达兵变之目的不止。我想他们这样胡闹，不过他们以为我革去他的总司令不服。但我是堂堂的元首，当然有任免文武官吏的权。我想把这理由说〈给〉他听，再思〔四〕请他，他又不来。我想去见他，他的军营警备森严，我又不能去。这四十余营的军队天天这样闹饷，银纸日日低下，军队不难哗变，舍〔故〕省城现无时无刻不在危险之中。所以很多人劝我叫陈总长回来维持。我早经电布衷曲，后来亦经多次去电及派人邀请回来，各界也行劝留，于情于理已达极点。前礼拜他好似有回来的表示，但近两三日陈总长来电，表示决不回来。我问他何以不回，他说须军队先悉数离去省城，但他军队不听

① 指陈炯明。
② 湖南省永州，清代设永州府，民国初已废，原府治为零陵县，今并置永州市，下设零陵区。

他回防的命令，硬要驻在省城。可知四十余营军队，陈总长已没有统驭的能力了。这样横蛮的军队，违背上官命令的军队，反对政府的军队，贼害地方的军队，无时无刻不可以作乱。以大总统去一职官本属常事，其部曲反因是而要挟，岂得谓合？

本大总统系受国会委托之重，行使总统职权。素富贵，行夫富贵；素贫贱，行夫贫贱；素革命，行夫革命。此次自韶个人返省，与陈家将当面解释一切。而彼不与我会面，只终日索饷，欲陷省城于危险。吾岂无法治之？不过恐地方之糜烂，有所不忍。自今观之，时时可以内乱，刻刻可以开战。而陈氏今且不能返省，因系失驾驭之力耳。

我现时决定处置的方法，下命令要他全数退出省城三十里之外，他若不服命令，我不难以武力压服。但扫除四十余营的军人，且惊动全城的居民，不免过于暴烈。但我不如此做去，他们终不罢休。我只望报界诸君主持正义，十日之内做足功夫，对于陈家军加以纠正。陈家军若改变态度，即不啻如天之福，万一无效，就不能不执行我陆海军大元帅①的职权制裁他们了。

我现欲对于诸君讨论者有二事：（一）我去年自主张北伐，离去省城八月之久，人民对于北伐究竟有什么批评，究竟感着什么痛苦，又省城有什么变故，很希望记者诸君详细说给我听。（二）报告今后我对于广州之行动。

据《陈炯明叛国史》，谢盛之、李睡仙、鲁直之编辑发行，上海印行，福州新福建报经理部经售，一九二二年十一月出版

附：另记录之一

我现欲对于诸君讨论者有二事：（一）我去年自主张北伐，离去省城八月之久，人民对于北伐，究竟有什么批评，究竟感着什么痛苦？又省城有什么变故？很希望记者诸君详细说给我听。（二）报告今后我对于广州之行动。

打破武人专制，是我向来的主张。欲贯彻主张，就不能不出兵北伐，先行打破北方武人之专制。但广东方面，有武人仍欲袭武人的专制，所以他不赞成我北伐，多方阻挠。我因他恐怕北伐打破了北方的武人，就不免有兔死狐悲之感。但我是总

---

① 时称"陆海军大元帅"，原文误作"海陆军大元帅"，已改正。

统，不顾什么说，都要行我的主张。惟是师经湖南，由长沙出武汉，一日路程不遇一敌，倒给敌有一日之准备，我们是很吃亏的。所以不能不改道江西，江西的改道命令，我先经通告陈总长，他得收和没有得收我可以不管，但我的手续算已完了。改道之前没有陈总长的答复，谢文炳自作聪明，自衡州拍发一电给陈总长，说我派大军回〈省〉城，不是改道，是驱逐总司令。陈总长据此，即下令堵截。我当时知他的军队已戒严，我亦下戒严令，说如有军队胆敢截止，定必迎头痛击。当时两军接触，其不至成为战争者，实间不容发。我到三水时，叫陈总长来会，陈总长不来，并且声明辞去本、兼各职。我当时以为陈总长既不愿干，所以我不坚意留他，遂批准辞职。

　　我回到省城，陈总长和他的部下多已跑了。没有多日，驻扎广西的陈家军，通通拔队归来，这是陈总长手令，要他〈们〉归来集中的。这些陈家军有六十多营，耀武扬威，想再演武人的专制，他〈们〉每日要到财政厅闹饷，得了饷时，便尽行兑换银毫，所以弄得市面纸币，由九成而八成，而七成，而六成，或者低至两三成不定，通通是他们胡闹之过。我想他们这样胡闹，不过他们以为我革去他〈们〉的总司令不服。但我是堂堂的元首，当然有任免文武官吏的权。我想把这理由说〈给〉他听，请他，他又不来。我想去见他，他的军营警备森严，我又不能去。这六十余营的军队，天天这样闹饷，银纸日日低下，军队不难哗变，现在这省城无时无刻不在危险之中。我以很有〔多〕人劝我叫陈总长回来维持。我虽不愿意，我亦已经多次去电，及派人邀请回来。前礼拜他好似有回来的表示，但近两三日，陈总长来电，又表示决不回来。我问他何以不回，他说须军队先悉数离去省城，但他军队不听他回防的命令，硬要驻在省城。可知六十余营军队，陈总长已没有统驭的能力了。这样蛮横的军队，违背上官命令的军队，反对政府的军队，贻害地方的军队，无时无刻不可以作乱。

　　我现时决定处置的方法，将下命令，要他全数退出省城三十里之外，他若不服命令，我不难以武力压服。人人说我孙中山车大炮，但这回大炮便是利害，不是用实心弹，乃用开花弹，或用八寸口径的大炮之毒气弹，不难于三小时内，把他六十余营陈家军变为泥粉。但残害六十余营的军人，且惊动全城的居民，不免过于暴烈。但我不如此做去，他们终不罢休。我只望报界诸君，主持正义，十日之内，做足功夫，对于陈家军加以纠正。陈家军若改变态度，即不啻如天之福，万一无效，就不能不执行我海陆军大元帅的职权制裁他们了。

据《孙中山与报界记者谈话》，载一九
二二年六月十九日上海《申报》（十）

附：另记录之二

（英 译 中）

自从去年我离穗到广西，至今已有八个月，这段时间发生的事，我未得到详细报告，因此请你们尽可能向我提供详细情况。

我确信你们是了解下一步事态的演变的。我逗留桂林时考虑到，与广西相邻的湖南、贵州和云南都在护法政府的管辖之下，不是我进攻的目标，因而改变方向，转而进攻江西。出乎意料，陈炯明的追随者谢文炳对此过于敏感，因而产生了误会。他电告陈炯明，说我正领兵进攻广州，所以陈立即电令其广西部属回师阻击我的进攻。幸而那时我们的军队已过了梧州，否则可能受到他们的拦击。当我到达三水时，陈突然离穗前往惠州。他离开不久，我全部北伐军进发韶关，接着向江西进军。与此同时，陈部将领陆续返穗。回来后，他们制造了许多纠纷，反对省银行钞票流通。虽然惠州和潮州的税收长期被他们扣压，但我仍如平时一样给各部队发饷。与此同时，他们有预谋把从市场收来的当地银行钞票全部抛出，造成钞票逐日贬值。而且他们反复地向财厅要求专款，并强迫省行支付发行的钞票。我要求会见陈部的将领，以便亲自说服他们，但他们不来见我；我想到他们住宅与其分别会面，但恐怕他们会避而不见。我发觉，不久前陈炯明指示其部将领只把一半兵力调回广州，但那些官长擅自把军队从广西全部撤回。从这点你们可以看出，陈的命令已不生效；他已完全失掉了对军队的控制力。假如我把正在进攻江西的北伐军调回广州，把陈部这些官长全部逮捕，是易如反掌的，但这样我便放弃了江西，岂不可惜？因此，我现时被迫采取另一办法，就是把他们从广州赶跑。

现在我得向你们全体提出请求；请你们在十天内，以同一口径对他们发出警告。告诫其撤到距离广州三十里以外地区。若他们置之不理，时间一到，我将用三寸直径的大炮发射有毒炮弹轰击他们。我会提前九小时发出通知，让市民躲避，接着的三小时内达姆弹将落到他们头上。那样的话，他们六十个营的兵力会全部完蛋。我不管你们是否会说我今天所讲的全是吹牛，你们要明白，我是通过投票选任总统的，即使那些国家不承认我的地位，我也不在乎。当前，广州正处于人民自治的时期，我是广州人，为何我不能留在广州？

据广东省档案馆辑译：《孙中山与陈炯明》（译自粤海关英文档案《各项时事传闻录》一九二二年六月十六日），载广东省孙中山研究会主编：《孙中山研究》第一辑，广州，广东人民出版社一九八六年六月出版

附：另记录之三

（英　译　中）

我在桂林的时候，考虑到滇桂两省毗邻湖南，又都归广东政府管辖，便没有派遣军队入驻，因此打算取道江西北伐。随后我惊讶地发现，谢文炳（广东军队某军官）曾电告陈炯明，称北伐军已自江西南下。因此，陈炯明下令拦截我军，然而我军已越过梧州并到达广东，幸运地躲过追击。当我到达河口、三水时，陈炯明已离开广州前往惠州。北伐军不久后移师韶关，陈军一路穷追不舍并设下多重阻碍。尽管惠州和潮州的税收均已遭拦截，我仍然在广州如常支付军饷。叛军却把手头所有的钞票抛至市场，造成钞票逐日贬值。他们不仅要求财政局每日拨付军饷，而且请求省行将货币兑换成银元。

依我看来，这些行为都属于叛军推翻政府的既定计划。后来我邀请他们与我面谈，陈军却并未出现；即便我打算以个人的名义与他们会谈，得到的仍是否定答复。经调查，我发现虽然陈炯明只命令一半兵力返穗，回来的却是所有人。这表明陈炯明的命令并不起作用，他已对军队失去了掌控。如果我从江西撤军，捣毁陈军必定指日可待，但弃攻江西，实为一大憾事。因此，我被迫采取其他措施，迫使陈军撤离广州。今恳请各记者联合刊文，警告陈军在十日之内撤离广州，否则我将下令军

队使用八时口径的大炮，射出毒气弹，在三小时内将六十营叛军完全消灭。

据"Sensational Speech by Dr. Sun Yat Sen: Threat to Bombard Chen's Troops in Canton", *The Hongkong Daily Press*, June 16, 1922, Page 3 [《孙逸仙博士的轰动性演讲：威胁要在广州炮轰陈炯明部队》，载一九二二年六月十六日香港《孖剌西报》第三页]（方露译，高文平校）

英文原文见本册第845—847页

诸君应主持公道

对各界代表的讲话①

（一九二二年六月二十六日）

（绅界邓华熙之子邓毓生谓：总统护法南来，我等久在骈幪之列，今回事变，殊出我等意料之外，但望总统无论如何，当以保全地方为重。商界黄鹭塘继谓：今日我等来意，总统想已洞悉，兹请总统发表意见。旋某代表又申言粤人希望和平之意。）

（三人言毕，孙氏默然久之，旋举目眴众一过，即云：）诸君之言，想已尽于此矣。

（时众皆无言。）

（孙即云：）诸君为各社团代表，应主持公道，试问日前之事，何方为合理乎？凡平人相与，必须公道方能服人，若以武力，断不足令人悦服，况余为总统，为彼等之上官，岂有可以武力挟持之事？诸君设身处地，将若之何？今日彼等所恃者，不过武力耳，若武力可以服人，则有十枝枪者，可以屈服〈百〉枝枪者，若遇有百枝者，则彼又须为人所制矣！可见彼等恃武力而挟制人，殊非善计。况余为畏武力之人乎？余之总统，受命于国会，下野与否，惟国会能发言，余非恋恋于名位者，

---

① 一九二二年六月十六日夜晚，陈炯明部队发动兵变，进攻孙文居住的总统府。孙文脱险后，率领海军舰队在省河与叛军对阵。二十六日，广州绅商各界代表乘船驶往黄埔，在"永丰"舰谒见孙文，试图调和斡旋孙、陈冲突。

苟国会及人民公意，欲予下野者，予随时皆可丢也。

（随有某代表问：总统果欲何时离粤乎？）

孙即答谓：余之离粤，三数日即可成行。但余虽离粤，必不使彼挟有武力者能主粤事，苟彼今日来者（彼字殆暗指陈炯明）①，则予今日可开炮，彼明日来者，则余明日开炮，总以使彼不能主持粤事为主。余之与彼，已立于绝对地位，如予对彼，不能以大炮取胜者，当改用手枪，手枪亦不能取胜者，则当以炸弹。余虽离粤，彼如回粤者，予必知之，予亦必跟踪回粤，必制伊死命而后已。诸君如不主张公道，而欲欢迎武力，则彼此地方糜烂之责任，君等当负之。

（言毕，又问众尚有意见发表否，众均无言。）

据《孙文不肯罢手之别讯》（续），载一九二二年七月十一日长沙《大公报》（二）

护法戡乱正义所在

对广州各社会团体代表的讲话

（一九二二年六月下旬至七月上旬）

（国闻通信社香港通信云：孙中山自经十五夜之剧变仓卒出走，连日省中各界调停人到军舰谒见者甚众。兹有曾以调人资格一度赴黄埔之某氏来港，述中山对众宣言，极可注意。其言云：）

予曾作中华民国总统，今为部下受北方吴佩孚之联合，因副总统问题，欲置我于死地，为陈竞存与吴佩孚分配南北正副总统张本。设非竞存有如此大权利条件，以我与彼二十余年关系，何至如此下我毒手？其实竞存亦系至愚，设彼好好助我，必能作我替人，我年已六十，竞存尚属壮年，不但副总统可作，大总统又岂无希望？今出此下策，急欲与吴佩孚瓜分大、副总统，合而谋我。今我已出险，有我在，决不使彼达副总统之目的。我想吴佩孚上面尚有曹琨〔锟〕，吴佩孚亦不易去曹煜〔锟〕而自为大总统。我初不决信竞存有此糊涂条件，经北伐军前敌将士在赣州搜

---

① 原文如此。

出来往电报多通，方能相信。虽然，如广东能出一个副总统，亦我粤人之荣耀，但今日予在兵舰，诸位劝我与竞存订和约，中华民国十余年来，以下犯上成为风气，予决不与下属订条件，非予固执，实欲保持中国纪纲。如不严加整顿，则廉耻道义绝灭矣，国乱其有已时乎？我总算做过中华民国总统，如兵舰不能住，我只有死在广东，决不逃往沙面、香港，逃往外国兵舰，求外人保护。我既为总统，决不能失中华民国体面于外人。

现在竞存军队在省城、韶关一带，奸携〔掳〕烧杀。竞存原为我部下，如此作乱，我为总统，部下残害人民，只有我对不住广东桑梓及各省流寓广东之人。将来将此项强盗军队消除，我只有对人民谢罪而已。故予前次军舰开炮，实由叛军先攻击军舰，海军人员恐波及省城人民，只放实弹，而未放开花弹。设叛军再激击，我海军人员为自卫起见，施放开花弹，则对省城人民当先请恕我不得已之苦衷。各叛军不来攻我，我决不对省城燃放一炮。予受议院之托，护法戡乱。予在南京曾弃总统如敝屣，且予曾宣言，国会自由行使职权，非明是非、严赏罚，办到确实保障，为中华民国一劳永逸之计，予决不去责任。予提倡逐满革命、建设中华民国以来，今年近六十，尚不为民国定一永久强国基础，何以对中国死难先烈及举国人民？此希望诸公知吾主持正义所在，非争广东一方面而为此也。

据《孙中山最近之表示》，载一九二二年七月十四日长沙《大公报》（二）

戒子孙无效叛贼所为

在永丰舰对士兵的讲话

（一九二二年七月十六日）

今日为陈炯明谋叛一月之纪念日①，凡为中华民国之国民者，皆当留此纪念，

---

①　一九二二年六月十六日凌晨二时，陈炯明所部在广州发动政变，推翻孙文领导的中华民国正式政府，孙文随即率领海军舰队，在省河坚持与陈军对峙，长达五十多天。

以戒世世子孙，无效此叛徒贼子所为也。

据蒋介石纪录：《孙大总统广州蒙难记》，
上海，民智书局一九二二年十月初版

绝不北上

在驻上海法统维持会的讲话

（一九二二年八月十八日）

无论北方任何方面之邀请，绝不北上，致违反最初护法主旨。

非有合法政府、国会，决不图谋统一。

据《扑朔迷离之时局消息——孙中山决不北上原
因》，载一九二二年八月二十三日天津《大公报》

望诸君为救国之后援①

在上海接受各团体代表慰问时的讲话

（一九二二年八月二十一日）

今日承蒙各团体诸君如此热心下慰，鄙人实感于心，但希望诸君本国民之责任，以监督政府行动，为救国之后援。其余问题甚多，皆在社会诸君身上。鄙人因近来各方下慰者甚多，未克与诸君多谈，深以为憾，并希望诸君原谅。

（众请崔通约②代表全体发表慰劳辞，望坚持主义，本西南护法之精神以慰众望。孙中山对众一鞠躬，云：）自当服从民意。

据《各团体慰劳总统盛况》，载一九二二
年八月二十二日上海《民国日报》第十版

---

① 一九二二年八月九日，孙文等人改乘英国炮舰，离开广州。次日在香港换乘邮船，于十四日上午抵达上海。上海各界团体代表连日往孙宅慰问孙文。

② 崔通约时为上海时间守约会代表。

国会议员应从速赴京开会

在上海对来访议员的讲话

（一九二二年八月二十三日）

（本日有国会议员若干人谒见孙中山，询问对时局的意见。孙氏告以：）六年来南北间之战争状态，今已终止。军人阻碍国会在京开会之事实，业已消灭。从速赴京开会，系属彼等之责任。

据《孙中山对议员之表示》，载一九二
二年八月三十日长沙《大公报》（三）

报界宜宣导真共和之统一

在上海宴请报界人士的讲话①

（一九二二年八月二十四日）

今荷报界诸君惠临，忻慰忻慰。

吾国改建民主以来，业逾十载。最近六年，护法之举，战争迭起，牺牲甚多。兹乃幸得佳果，使北方武人觉悟，共同努力，切实进行，其目的实为统一。统一固不得谓非吾国现在最切要事，但统一能否成功，有无奋斗必要，更如何可使真共和之统一可以实现，而深恶痛嫉之专制统一、帝王统一勿致发生，则诚当共同研究，希望实行者也。

予有一言：中国现时武力战争已过，当专改为笔之战争。其意若曰：中国现已过武力解决时期，而入舆论导进时期也。笔之为用，何殊十万毛瑟。诸君皆任笔政，而上海又为全国舆论之中心，今夕敬将此种重责付托诸君仔肩，请与全体国民共同

---

① 二十四日晚六时，孙文在上海法租界莫利爱路二十九号寓所宴请报界人士，共到三十余人。宴罢，孙文致词。

奋斗进取，发明公理，宣释共和，监督武人，实现统一，斯国家之幸也。

民国开创以来，武人因袭数千年之帝王专制思想，牢不可破。袁世凯之举动，即其铁证。今日之诸武人，试细研其思想，殆多类是。相吞并，相长雄，居心叵测，无足怪异，诸君诚不可不注意及之耳。

更观乎法国拿破仑等之往事，复辟活剧，演不一演，益可借鉴。中国之复辟不成，殆因世界潮流变化，局部人民已早觉悟，惟现仍未可恃也。

报界人士实宜设法醒示国民以民主共和真义，更进而宣述民主统一、共和统一之所以然，万不可有帝王统一、专制统一之活剧演出也。诸君责任重大，当此武力不足谈之时期，尤宜竭力主张公道，导进斯民也。

北方武人之赞成统一，姑无论其为诚恳抑虚伪，诚恳固大妙，亦当薪舆论界之种种协助；若其果为虚伪，益将盼望诸君详导慨喻，使其知能有此共同完成护法之佳果，实不知牺牲几许头颅骨肉及一切财产而后得之。导喻之外，更严立于监督之地位，庶有豸乎。

最可痛者，十年有余，全国政治未上正轨，长此以往，国将不国。此次统一之举，尚安能不力求其为真共和之统一乎？勉矣诸君，幸导全国人民以力行奋斗也。

据《孙中山氏宴报界纪》，载一九二二
年八月二十五日上海《申报》（十三）

附：另记录之一

今晚获与报界诸君相见，愿乘此机会一讨论国家之问题。

民国以来，乱多治少，此护法六年中尤甚。护法六年，武力的战争得了一点结果，即北方武人亦已觉悟非有法律不可，非走轨道不可，遂表示国会可以在北京开会，自由行使职权，此六年战争之结果也。

然国明〔会〕之将来如何？北方武人之表示尊重法律，是尚为诚意，抑系手段？然无论如何，护法之目的在约法与国会，现在北方武人既亦赞成此点，既同走一条路，则武力战争可以告终，则无复用兵之必要。

现在全国之民意，友邦之同情，俱在希望统一。统一乃中国最大之问题。盖必须统一，而后民国有希望，否则或由危险而至于不可救药之境地。虽然，统一之目的究能达否？以后不须再奋斗否？夫南北人民、南北之武人俱已赞成统一，则此后不须用武力进行。我可以说一句，今日已为国内战争终止时期是也。虽然今后之统一工夫，甚不易做，不过今后奋斗，可以不用铳而用笔。诸君尝云：一枝笔胜过三千毛瑟。今日武人既表示如此，可见用笔时机已到。今日所云者，即欲以今后奋斗的责任，托于报界诸君之身上。诸君乎，其提倡舆论，其发扬公理，务使全国之武人与人民俱得知何为共和主义，使全国俱走一条路。是则今日武人纵无诚意，而假可变真，而统一之目的可达。不然，则武人之意虽真，而真可变假，仍然一个假统一。夫武人之言，空言也。但愿诸君拿住此空言，而要求一个实事出来；用诸君之笔，而提倡一个真舆论与民意出来。

中国今日，并无何人敢于反抗民意。忆自辛亥改建，袁世凯以为全国之枪俱在彼手，故有帝制之变。今之武人，则无如此力量者，无有数十万枪如袁氏者。今之武人，小者割掠，大者兼并。其所谓统一者，或仍志在专制的统一、帝王的统一，然已无人敢言"我要做皇帝"。夫推察心理或人心皆然，而此乃因中国数千年如是。故非共和主义深中〔种〕于全国人心之后，不能消灭谬见。试观法国共和以来，屡起反动，可知其故也。惟时至今日，较百余年前，已更急进一点，更光明几分。欧战结果，德皇、俄皇俱已推翻，世界潮流更有不同。是一今日之亟务，在使全国之武人与官僚俱渐明白共和之义，大家切记今后要做民治的共和的统一，不可再有专制的假统一之出现而已。

今日时局，从前反对共和、破坏约法的〈违〉法者，亦已知非赖国会、约法，不能统一。彼等何以有此觉悟乎？盖许多小袁世凯，初不敢消灭民国之名，今则对法律已表示不敢不遵，而对国会亦表示不加干预，此则元年之原状业已恢复之谓也。忆民国创设之初，即智识阶级，对共和尚多反对。今则智识阶级不待论已〔矣〕，即一般人民之进步，亦迥非昔比。是以大家当由此奋斗，将民国基础巩固起来。不过，此事须大家人心上有责任，而报界之责任，则尤为重大也。

兵力已无可用，故须用民意之力、舆论之力，全赖诸君大笔主张公道，使武人果为诚意，则成功固易；假令伪也，亦可变之使真。苟民意所在，虽十万毛瑟，盖不敌吾辈一百枝笔之力也。诸君应牢记勿忘者，此六年战争流多少血，牺牲多少人民，今始到北方武人赞成护法之主义是也。

护法事业第一期为武力抵抗，刻已□□。第二期之责任，则为诸君所负。须将民治主义及轨道，尽力宣扬，不可或弃。此非一人或一报之所能为，须人人为之，各报为之。民国以来，本赖两种力量：一、武器，二、舆论，而舆论之力尤大。武力发起端，而舆论收其效也。上海为报界中心，苟诸君负责，则全国可以一致。要之，今后之责任，实落在诸君双肩之上。其负责为之也，必收良果。不然，则国家可危，且种族之地位，将亦不固。换言之，今日为生存之关键，故望诸君之勉负艰巨也。

据《孙中山对报界之演说》，载一九二二年八月三十日长沙《大公报》（二）、（三）

附：另记录之二

今日蒙诸君光临，乘此机会得与诸君研究国家问题，实为大幸。民国以来，乱多治少，此次护法之战尤甚。我们以武力奋斗六年，所得者为北方武人之觉悟，知非有法律不可，俾国会得在北京开会。北方武人现在之表示是否诚意，尚不可知，但彼实赞成护法，武力可以告终，从此同趋一轨，无用兵之必要。

许多同志，以彼武人所表示为不可信。但今国民共望统一，即友邦亦望我统一，盖统一与否实关中国存亡。惟能否达到目的，全视国民奋斗力如何，但既已南北共同赞成尊重法律，期望统一，吾人可信武力告终时期已至矣。

欲得真正统一，尚须大家奋斗，今后奋斗之器，不以枪而以笔。常言谓：一支笔胜于三千毛瑟枪。今诸君之笔或尚不止三千毛瑟。因此，今晚与诸君相见，极希望诸君以此责任加诸己身。诸君能提倡公理，分别是非，同赴一的，则统一必可成功。不然，即有真统一，亦将变为假统一。北方武人之尊重法律，虽诚伪不可知，然诸君能一致以共和真理相督促，则彼等虽伪，亦不得不趋于诚。否则彼等即真想统一，亦不难弄出假结果也。故诸君提出真理以显示真正之民意，真民意无人能反抗也。

武人挟多枪以自固，以凌人，如袁世凯之称帝，即其一也。今武人尚有学袁者，但力量不及袁，充彼等之私欲，直欲割据自雄。以此言统一，必无所成。但政治改革之反动，各国均有。法国人革命后，有拿破伦第一称帝，彼失败后，王统又恢复，经国民奋斗，乃重建共和，而其后又有拿破伦三世一度之称帝。然世界潮流，今非昔比，不特法国共和奠定，即俄皇、德帝亦且倾仆，此皆无量数用笔者之力也。吾人如以笔阐发共和真理，冀达民治之统一，反对专制的统一，民国方能太平。

从前毁法之武人，及有今日之觉悟，其故果何在欤？袁世凯敢于毁民国之实，并毁民国之名；后之武人已不敢毁民国之名，今并不敢毁坏法律。可见民国已渐有希望，此皆因人民思想较十年前进步。十年以前，非特一般人不知共和为何物，即知识阶级亦鲜解共和真理。今则一般人多知民治之意义矣！但犹须继续奋斗，同心勠力，负此建设之责。报界诸君责任尤重，诸君能尽责，民国才有希望。民意建国，全恃诸君。如此，即有假造统一者，吾人亦能以民意折服之。

六年苦战，乃能使人人知尊重法律，虽北方武人亦赞成护法，今后乃以笔继续作战，此为诸君之责，愿诸君合少力为之。上海为舆论中心，全国舆论视上海为转移，苟诸君能发挥公理，自易收效。舆论之力较武力为大，武力始之，舆论完成之，乃有护法结果，而使国民人人咸知共和真理，不容许武人官僚乱国，尤非舆论界努力不为功。不然，中国将不能存于世界。当此生死存亡之日，诸君应起负此责，努力奋斗！

据《孙中山宴请报界记》，载一九二二年八月二十五日上海《时报》（五）①

附：另记录之三

民国六年以来，吾辈为达成护法之目的，虽不得已而出于战争一途。乃至近日，北方将领已大觉醒，知法统之神圣庄严，故恢复旧〈国〉会，而示尊崇护法之意，是则吾辈护法之初衷亦可云略告成功。惟北方将领诚意如何？虽仍宜加以注意，而战争则可认为已经告竣。至民意之所企望者，惟和平与统一耳，吾辈固应竭力完成之。顾如何而可以使和平与统一实现乎，乃极重大之问题，所望大家慎重考虑，期以达其目的耳。报纸为指导社会之木铎，尤宜深谙此旨，同时努力，使共和政治之

---

① 一九二二年八月二十五日上海《民国日报》第十版亦刊载此文，文字相同。

精神普及于人民，是则鄙人所厚望于诸君子者也。

据《孙文对新闻记者之演说》，载一九
二二年八月二十六日天津《大公报》

党务进行当以宣传为重

在上海中国国民党党务改进会议的演说[1]

（一九二三年一月二日）

现在总章已通过了，我们便要照着实行，但实行还要得人。我们对于时局要分几方面进行，我们的人材要照几方面来分配。我们进行的方法，大要是三种：一、政治进行；二、军事进行；三、党务进行。我们的政治进行，现有许多人在北京，还有许多人散在各省，分头担任。我们党里的军人，就多在南方做军事活动。现在本党修改新章，就要觅一班人材来担任党务的进行。

政治进行是靠不住的，随时可以失败。军事进行现在也有了多年，靠着他来改造国家，还说不定成功与否。所以政、军两种进行，成败都未可必。只有党务进行是确有把握的，有胜无败的。我们革命党自发起至今已有三十年，我党主义是只有进步无退步的。大约十年前比二十年前进步，现在比十年前又进步。照此类推，再过十年，这进步必更胜于今。所以说党务进行是有胜无败的，是一定可靠的。

但是我们自革命成功以来、民国成立以后，我们的党务反不如前，几成了一盘散沙，把从前革命的精神都无形丧失了。这就是由于成功之后，大家都不注重党事，只看重政、军两种进行，所以就大遭失败。现在要从党务进行，就是要恢复以前革命党的精神，发挥十几年前吾党先烈的精神。这样做来，成功一定可靠。

党的进行当以宣传为重。宣传的结果，便是要招致许多好人来和本党做事。宣传的效力大抵比军队还大。古人说："攻心为上，攻城为下。"宣传便是攻心。又说："得其民者，得其心也。"我们能够宣传，使中国四万万人的心都倾向我党，那便是大成功了。我们从前本手无寸铁，何以可革命成功呢？就由于宣传得力。革命

---

① 二日，孙文在国民党党务改进会议审议通过新党章后发表演说。

以后大家有了军队，有了政权，以为事在实行，不必注意宣传。岂知革命成功就只有宣传一道，可惜大家都忘记了，现在我们要反省才好。

俄国五六年来革命成功①，也就是宣传得力。他的力量不但及于国内，并且推及国外。前回英国与俄国订约，约内有一条订明不准在英国内宣传，足见宣传之力无可抵制，只好订为条件。英国军力、财力皆可对付俄国有余，只有宣传无法对付，足见宣传这种武器比军队还强。

今天我们把本党再改进、再扩张起来，对于中国是很有办法的。现在比从前自由很多，从前是不准革命党随处昌言的，现在尽可随便传布，各界的人心倾向我党的也很多。只可惜宣传工夫少了，我党党员也没有十分宣传的训练，所以党务还没有最大发达。我们要晓得宣传这种武器，折服一人便算得了一人，传入一地便算有了一地。不比军队夺了城池，取了土地，还是可被人推翻的，还是很靠不住的。所以我们要对宣传切实来下番工夫。不如此，这目的就难以达到。不过要做宣传，就要有一个最利便的机关、最巩固的机关，这机关是什么呢？就是个党。所以我们要切实把党务来改良、来扩张，使一日一日的进步才好。所以今天很希望大家照此新章来商量组织，请大家从长讨论。

（当时讨论结果，须先组织干部。）

（总理提议：）干部、职员太多，依总章，现在代表会未成立以前都由总理任命。但我一人那能想出这〈么〉多适当人材，只好请大家不拘方式，任意推荐，以备参考。

（众赞成。复次，张秋白起问：宣言有"殖民地"三字，可否改为"共治地"？）

（总理答词为下：）此句是我加的。因为中国地位，在国际间实在比亡国不上，比高丽、安南对于他的上国所保有的权利还少。单说海关一事，现在还是值百抽五。诸君要晓得，这"五"还是七十年前价格的"五"，不是现在的"五"。现在虽说了增加税率，费了许多运动，却闻意大利人还没有答应，可见艰难之极了。高丽人如果逢着大灾，饿死的满地，日本人为体面起见，定要去救济他。若

---

① 一九一七年十一月七日（俄历十月二十五日），俄国发生十月社会主义革命并取得成功。

是中国有灾，外国人随意捐助几元便了不起。外国人只在中国，所得中国权利比高丽、安南还多还很〔狠〕。若论起义务来，却没有对待他属国的热心。这不是殖民地是什么？

这些不平的情状总以说穿为好，不要怕侮辱了国体。从前梁启超因要打销汉人排满的义愤，便说满清入关，中国不算亡国，因为满清曾受过中国龙虎上将的封号，所以也是中国的臣民代替了明朝。当时我们驳他：如受过封便算中国臣民，那吗〔么〕赫德①是中国的户部，戈登②是中国的将军，若是得了中国，也就不算亡国了？他们设〔说〕这种话，无非要压抑国民的反动。我们正望国民有觉悟、知痛苦、知奋发，那便非说穿不可，何必自瞒自呢？实在外国人对中国不起的地方，外国人原来明白，他的良心上也十分过不去，所以有华盛顿会③的发起，原想把中国提平一点。可惜中国人自已〔己〕不懂，畏首畏尾，只争到几条有名无实的原则。最吃亏的青岛可算花了一笔代价得回来了，但是还有许多地方，何以又不通统退还呢？可见青岛是在近的事，大家叫得声浪很大，故有效力。其余地方吃亏久了的，便咽在肚里不说，以致帮忙的也就无可帮忙。这就是中国人外交失败之处呀！

据《总理演说》（一月二日大会），载上海《中国国民党本部公报》第一卷第一号，一九二三年一月十日出版

---

① 赫德（Robert Hart），英国人，清末长期担任中国海关总税务司，清廷曾授予太子少保。

② 戈登（Charles George Gordon），英国人，外国干涉武装"常胜军"统领，协同清军绞杀太平天国起义。

③ 即华盛顿会议，一九二一年十一月至一九二二年二月在美国华盛顿（Washington，D. C.）举行，以远东及太平洋问题作为此国际会议的主要议题，故亦称太平洋会议。

国民应该发展民族自决的能力

在上海各团体代表祝捷时的演说会①

（一九二三年一月十七日）

今天承各团体代表到此，兄弟是狠感激的，所以也要对诸位表一表我的意思。

革命以还，在一般人看来，三民主义虽未完全达到目的，然满清已经推倒，民族主义总算告了成功。但是，中国现在处处仍被外人支配为鱼肉，同我们是有条约的廿余国，就是我们中国廿余位主人翁。他们只知掠夺中国权利，并不为中国尽些微义务。就拿高丽人作比，他们是已经亡国人民，倘国内遇着天灾人患，日本政府总要想法子去救济他们，也可以说是尽点主人翁的义务。回观中国，则为何如？所以，中国形势〔式〕上是独立国家，实际比亡了国的高丽还不如。幸友邦中尚有美国为我国鸣不平，主张开华会②，其结果吾国得收回青岛以及撤废客邮，但是如海关等大权仍操诸外人之手。似此，民族主义能认为满足成功否？所以国民不特要从民权、民生上作工夫，同时并应该发展民族自决的能力，团结起来奋斗，使中国在世界上成为一独立国家。

至于国内军阀，只要人民万众一心，与他们奋斗，是不患不推倒的。现在南方的军阀已推倒了（指陈炯明），将来北方军阀推倒是不成问题的，总靠在人民自身团结的力量坚固与否为转移。如兄弟提倡革命，推倒满清，手中并无兵无地盘，就是以人民的勇气为兵，同情的心理为地盘。

今天希望诸位回到各贵团体，将兄弟的意思转告，使他们都明白中国目前的地位与人民应做的事情。那末大家努力做去，中国方有强盛的希望呢！

据《各团体代表晋谒中山先生》，载一九二三年一月十八日上海《民国日报》第十版

---

①　一九二三年一月十六日，国民党影响下的滇桂联军收复广州，推翻陈炯明在广东的统治。十七日，上海各团体代表到孙文住宅祝捷，孙文发表此演说。

②　即华盛顿会议。

附：另一记录

今天承各团体代表到此，兄弟是狠感激的，所以也要对诸位表一表我的意思。

革命以还，在一般人看来，三民主义虽未完全达到目的，然满清已经推倒，民族主义总算告了成功。但是，中国处处，现在仍被外人支配，民族主义能认为成功否？所以国民不特要从民权、民生上作工夫，同时并应该发展民族自决的能力，团结起来奋斗，使中国在世界上成为一独立国家。

至于国内军阀，只要人民万众一心，与他们奋斗，是不患不推倒的。现在南方的军阀已推倒了（指粤陈），将来北方军阀是不成问题的，总靠在人民自身团结的力量坚固与否为转移。如兄弟提倡革命，推倒满清，手内无兵无地盘，就是以人民的勇气为兵，同情的心理为地盘。

今天希望诸位回到各贵团体，将兄弟的意思转告，使他们都明白中国目前地位与人民应做的事情。大家努力做去，中国方有强盛的希望呢！

据《孙大元帅回粤记》，载痴大生编：《孙大元帅回粤记》，上海，民权初步社一九二三年出版

宜以笔墨之力专作裁兵鼓吹

宴请上海新闻界的演说①

（一九二三年一月二十五日）

去年鄙人由广东失败来沪，曾请诸君聚会，彼时即以今后须以笔墨奋斗希望于诸君。现在时局益迫，机会益为适当，故更邀诸君商榷之。

在诸君中或犹怀疑于笔墨之力者。数日前有北京贵同业某君见访，于致贺广州胜利之后，慨然谓笔墨之力终究不如枪炮之灵。实则依鄙人所见，笔墨之力确

① 二十五日晚，招待宴会在上海法租界莫利爱路二十九号（今香山路七号）孙文宅举行，应邀到会有各报馆、通信社记者三十余人。

极伟大。此次广东之事，看来似是枪炮之功，实则笔墨之效大不可没。缕缕述之，事殊神妙。陈炯明之在广州，干涉言论无所不至，广州报纸在暴力之下固不敢有所主张，即香港新闻纸亦以许多关碍，不克自由发挥。然而香港有画家数人，痛心于陈氏之作恶，相约以其擅长之艺术描模陈氏之罪恶，绘影绘声，栩栩欲活。市民争相购买，或用在广告，或用代装饰，有聚而围观者，有相与品题者，数月以来已成香港之流行品，而讨陈之观念乃深入于人心。虽陈家将到香港者，鉴于街谈巷议及家悬户备之情形，亦悚然于人心之既去，是以滇军发难，一战而下广州。迨陈炯明退往惠州，所部犹不下一万余众，乃通电独立或宣布脱离关系者，即其平日认为腹心手足之士，卒至欲负隅反攻而不能。香港画报平日之浸润感化，盖深有力焉。吾人今日固不能抹杀彼讨陈诸将士之功，然笔墨之权威要亦不可否认。今兹粤中之事二十日而解决，前十日可谓系枪炮之勋劳，后十日实笔墨奋斗之效果也。

诸君去年至今，笔墨上用力不少，然或不免于浪战。盖作战须有计划，攻击必有目标。鄙人去年由粤来沪，于时局尚鲜所考察，故仅能以文字奋斗望之诸君，而未能以具体规画相与商榷。今则已有所得，故特请诸君共为研究。去年对于粤事以讨陈为目标，由笔墨与枪炮合作，而得今日之速效。今者吾人对于救国宜以裁兵为目标，作战之方，当专向此进行。数月以来，北方政府迭派代表来商统一，而鄙人主张则一以裁兵为说。北方当局每谓非统一不能裁兵，实则不办裁兵即无法统一。简捷言之，今日吾人直不敢统一耳。数年以来民党与官僚决战，纷纷扰扰之余，得着唯一结果即外国人宣言非统一不能借款。因此北方政府亦汲汲求统一，其求统一专为借款耳。吾人于民国元年曾上袁世凯之当，助成南北统一，而彼乃利用统一完成大借款，以打革命党。革命党固创造中华民国者。今北方许多小袁世凯，其头脑未必不与大袁世凯相同，统一为借款，借款为打革命党，打革命党为推翻民国。诸君皆爱护民国者，故必主张先裁兵而后统一。使彼曹不裁兵而谋统一，他人吾不敢知，若鄙人则实不放心。故吾人欲得真正之和平统一，必以裁兵为第一步。

我之所谓裁兵，决非无办法之裁兵。第一，南北同时裁去现有兵额之半，此视去年六月六日鄙人宣言已属让步。盖前之宣言，因北方自称有护法诚意，故要求北方先裁也。第二，裁兵之后，以兵为工，虽给以加倍之饷，在国家犹为合算。裁兵之款何从出？友邦本希望我裁兵，故已有表示。果各军阀皆肯裁兵，必有赞助办法。吾人固绝对不赞成政府借外债，然裁兵借债则应予协赞。缘实行裁兵，非款莫办，化兵为工可开辟利源，举外债亦无害也。

然而各方均有办法，而军阀仍不肯裁兵，则将如之何？是不得不望诸君发挥其笔墨之权威，以与军阀相战。苟舆论一致要求，彼曹亦决难抵抗。所以鄙人今晚奉邀请君，即在提此作战计划与目标，希望诸君费三个月之精神，每日特辟一版之篇幅，专作裁兵之鼓吹，或以言论，或以图画。万一此两者资料均缺乏，则即满纸全印"裁兵"两字亦可。先从上海做起，使上海市民人人了解，人人主张，则推而至于全国，其事至易。

裁兵一端，可论者殊多。大要在说明兵多之害，或搜集事实，或凭其不远于事实之理想，发为能吻合人民心理之言论。同时更说明裁兵之利，第一使军士本身晓然于易兵为工之有利于彼。今日兵饷至多每月八元，常须积欠或克扣；依我之计划化兵为工，则他们可月得十六元。而国家于此巨款，亦决非巨糜，大工既举，利源自辟也。

上海总商会等各团体已有觉悟，发起"裁兵制宪理财委员会"，然同时提出之事目标既分，效力即减。今宜将目标竭力缩小，只要求一件事，裁了兵即太平矣。上海之于全国，犹香港之于广东，上海人心所趋，全国自必景从。每天牺牲一版，三个月必可成功。三个月后，倘仍有悍然不知觉悟之军阀抵拒舆论，则鄙人自问号召三万至五万有节制有主义之兵队，决非难事。彼时以对待陈炯明者对待不肯裁兵之军阀，枪炮与笔墨同力合作，以广东之事为例，此事必易成功。盖有主义之兵三五万，足可抵乌合之众三五十万；而诸君之笔墨力量，则断乎不止十倍于香港之三数画家也。

望诸君一心一得〔德〕，努力为国，敬举一觞，祝裁兵胜利！

据《孙中山先生劝各报鼓吹裁兵——昨晚招待新闻界之演说辞》，载一九二三年一月二十六日上海《民国日报》第十版

附：另一记录

　　鄙人自广州来沪，忽忽半年，时一过去，前事犹堪仿佛。鄙人于六月六日发表宣言，对广东则以伸张正义之故，主张讨伐；对全国则以渴望整理之故，力谋统一。唯时在座诸君，不我遐弃，惠然辱临。鄙人因揭举笔墨与枪炮之效能，以为担当国事，宣传之威力并不下于攻斗，今言已验焉。

　　竞存手握重军，方面自为，驱广东子弟而奴畜之，侧目而无敢如何也。然而滇军以一旅首义，为时不过二十日，广州竟以不守，枪炮之效能似乎大显。不知举事之先，在港中之我华六七侨民，佥从事于写实之画片。凡此画片，皆描写陈军蹂躏广东之惨状，东关之浩劫，观音山之火攻，皆有史未具之残暴，而画片中一一表明之。于是而港中人民，无人不切齿于竞存。诸君当知香港之地位，实为全粤喉舌之所寄。广州各报处竞存积威之下，钳舌无声，理固应然。然竞存之力，不能止港中之不为宣传。自港赴粤，自粤赴港，朝夕往返者，何啻万千，如是者数月而竞存之人心去矣。虽有兵力，安可恃乎？且粤中此番战役为日甚浅，自西江入粤，其时十日，则攻战之时间为多；迨广州已破，竞存逃惠，为时又十日，则宣传之效力为大。竞存拥数万完军，退踞石龙，保有潮惠，何尝不可一战？卒至于不能战者，笔墨鼓吹深入于人心，人知有顺逆而别是非，乃至众无一不畔[①]，亲无一不离，末路穷途，只有一走，此乃竞存之所以为竞存也。

　　吾人对于广东一隅，其有待于整理者，断非数言可尽。唯最初之目标，所谓伸张正义讨伐陈炯明者，方赖笔墨、枪炮之助，可谓已达成功。唯偏隅之安危，全视域内之形势而转移，规抚全国须必更悬一伟大之目标，为入手之方针。当务之亟，诸君之所熟知，无若裁兵。兵一日不裁，一切整顿无望，一切统一均伪。吾人以讨陈为治粤初步，今日当以裁兵为救国先着。讨陈之成功借力于港中之宣传，裁兵之入手非赖诸君子，牺牲数月之光阴，从事于笔墨之鼓吹，不易奏功。诸君已知香港之地位为粤中之喉舌，抑知上海之地位，更有重于香港者百倍。六

---

　　① "畔"通"叛"，众畔亲离与众叛亲离同义。

七华侨之画片写实，足以倾覆竞存之军治政策；合上海新闻界之力鼓动裁兵，不过数月，将使全国人民皆知裁兵为救国卫身之必要方法。人心既趋于一致，无论何方军阀，岂敢顽抗？即使有生心自外、热中权位之人，则笔墨以外，得三五万节制之兵，扫荡廓清，决非难事。余对于裁兵计划，固已有成文纪述，顾成文者具文耳。坐而言不如起而力行，吾望诸君 共肩斯任，尽力于新中国再来之建议。假能辟新闻之篇幅，记裁兵之特刊，议论纪事不厌其详备，写生状实务取其确切，则未溺之人心自必易于激起。吾人即挟此已觉悟之群众与军阀相周旋，前无坚城，旁无峻垒，则未来之政治庶几有清明之望。倘令各方悔祸，愿就裁编，则诚意之表示，立足以谋真正之统一。彼时即因裁兵之故而起外债，则暂忍之痛苦，度为国人之所乐受。文之区区，略尽于此，唯诸君留意焉。

据《中山欢宴新闻界——主张积极鼓吹裁兵》，载一
九二三年一月二十六日上海《商报》第四张第二版

我之革命思想发源地为香港

在香港大学的演说①

（英　译　中）

（一九二三年二月二十日）②

（中山首言：）彼此时无异游子宁家，因香港及香港大学乃彼智识上之诞生地也。彼本未预备演说，但愿答复一问题，此问题即前此屡有人向彼提出，而现时听众中亦必有许多人欲发此问者。彼以前从未能予此问题以一相当之答复，而今日则能之。

---

① 一九二三年一月下旬陈炯明军队败退惠州，孙文应广东各军、各界电邀回粤重建政权。二月十五日，孙文乘轮离开上海，十七日抵达香港。二十日上午应香港大学同学会之请，至该校作英语演讲，到会师生四百余人。底本演说词对孙文使用第三人称。

② 底本未说明日期，今据一九二三年二月二十一日《孖剌西报》（*The Hongkong Daily Press*）所载"Dr. Sun Yat-sen's Address"及其他香港中英文报纸的同日报道确定。

　　问题维何？即"我于何时及如何而得革命思想及新思想"是也。彼之此等思想发源地即为香港。至于如何得之，则彼于三十年前在香港读书，暇时辄闲步市街，见其秩序整齐，建筑闳美，工作进步不断，脑海中留有甚深之印象。彼每年回故里香山二次，两地相较，情形迥异，香港整齐而安稳，香山反是。彼在里中时，竟须自作警察以自卫，时时留意防身之器完好否。彼恒默念香山、香港相距仅五十英里，何以如此不同？外人能于七八十年间在一荒岛上成此伟绩，中国以四千年之文明乃无一地如香港者，其故安在？

　　彼曾一度劝其乡中父老为小规模之改良工作，如修桥、造路等，父老韪之，但谓无钱办事。彼乃于放假时自告奋勇，并得他人之助，冀以自己之劳力贯彻主张。顾修路之事涉及邻村土地，顿起纠葛，遂将此计划作罢。未几彼又呈请于县令，县令深表同情，允于下次假期中助之进行。迨假期既届，县令适又更迭，新县官乃行贿五万元买得此缺者，彼无复希望，只得回香港①，由市政之研究进而为政治之研究。研究结果，知香港政府官员皆洁己奉公，贪赃纳贿之事绝无仅有，此与中国情形正相反。盖中国官员以贪赃纳贿为常事，而洁己奉公为变例也。中山至是乃思向高级官员一试，迨试诸省政府，知其腐败尤甚于官僚。最后至北京，则见满清政治下之龌龊更百倍于广州。于是觉悟乡村政治乃中国政治中之最清洁者，愈高则愈龌龊。

　　又闻诸长老，英国及欧洲之良政治并非固有者，乃人经营而改变之耳。从前英国政治亦复腐败恶劣，顾英人爱自由，佥曰"吾人不复能忍耐此等事，必有以更张之"，有志竟成，卒达目的。彼因此遂作一想曰："曷为吾人不能改革中国之恶政治耶？"

　　中国对于世界他处之良好事物皆可模仿，而最要之先着，厥为改变政府。现社会中最有力之物，即为一组织良好之政府。中国则并无〈良〉政府，数百年来只有败坏一切之恶政府。彼因此于大学毕业之后，即决计抛弃其医人生涯，而从事于医国事业。由此可知彼之革命思想完全得之香港也。

─────────

　　①　上述两任香山知县，似分别指李征庸（一八八九年至一八九〇年任）、杨文骏（一八九〇年至一八九三年任）。据称李为进士出身而补缺，任内颇有"政声"；杨则系捐纳得官，以搜刮民财著称于时，绰号"杨剥皮"。

彼既自称革命家，社会上疑议纷起，多所误会，其实一中国式之革命家究不过抱温和主义，其所主张者非极端主义，乃争一良好稳健之政府。彼经多年之工作组织，卒将满清推倒，而建立一民国以代之。民国成立仅十二年，然自愿存在，必永久常在无疑。在此十二年间困难至多，人民深遭痛苦，乃责革命家之造乱，谓旧时君主较愈于今。然此事实漠视数重要问题。凡民国以人民为主人，彼之目的即在使中国四百兆人皆跻于主人地位，而如何取得此地位之法，一般人似皆未知之。此次改革如造屋然，旧屋已倒，新屋未成，将来造成之后幸福无量，今日之痛苦实极小之代价而已。

中国以外，革命家之同志甚多，而反对者亦不少。反对派人谓中国改造民国之机会尚未成熟，以恢复帝制为宜。然十二年来复辟企图已有二次，一为袁世凯，一为清帝，均经失败。夫民国政治之未成功，乃因尚未全上轨道而在过渡中耳。果欲中国长治久安者，必须首先完成此工作，即必须将新屋建造竣工。革命党所遭反对元素甚多：第一为满人，力图扑灭新思想；第二为官僚，务与革〈命〉党为敌；第三则为军阀。必此等阻力悉除，中国始能永久平安。

党人今仍为求良政治而奋斗，一俟达此目的，中国人民即将满足而安居。试观海峡殖民地①与香港，前者有华人一百万有奇，后者有华人六十万，彼等未往该两地之前情形如何不必论，今则皆安居乐业而为良好公民，可见中国人民乃容易管理者也。

学友诸君乎！诸君与余同受教育于此英国属地，并在同一之学校，吾人必须以英国为模范，以英国式之良政治传播于中国全国。

据《补记孙先生在港演说全文》，载一九二三年三月七日上海《民国日报》第三版，世界新闻社据《香港电信报》译发②

---

① 当时英属海峡殖民地包括星加坡、槟榔屿、马六甲（Malacca，亦译麻拉甲），华侨俗称"三州府"。

② 《香港电信报》（*The Hongkong Telegraph*），又译《香港电闻报》，通常称《士蔑西报》。该报于二月二十一日刊有"Reception to Dr. Sun Yat-sen"一文，底本即据此译出。同日，香港多家英文报纸及《香港华字日报》亦载孙文演说词，惟内容文字互有出入。

附：另记录之一

　　此次返香港，如返自己家乡一式，因伊从读是在香港读书，其教育是在本港得来。今日乘此时机，答复各位一句。此句云何？即从前人人问我：你在何处及如何得到革命思想？吾今直言答之：革命思想系从香港得来。

　　回忆卅年前在香港读书，工课完后，每出外游行，见得本港卫生与风俗无一不好，比诸我敝邑香山大不相同。吾于每年放年假，必返乡二次，每次约数礼拜，觉得在乡间与在本港确大相悬别。因在乡间要做警察及看更人，方可因斯二者有枪械在手，晚上无时不要预备枪械，以为防备之用。由此想到香港地方与内地之比较，因香港地方开埠不过七八十年，而内地已数十〔千〕年，何以香港归英国掌管，即布置得如许妥当？因是返香山与父老斟酌，各父老莫不谓然。吾有一次返乡，遂提倡由我个人发起，亲自洒扫街道为清道夫，在村内有多数少年赞如〔成〕，如此做去，极有进步。后面见香山知事，解明来意，欲仿效香港，整顿地方，知县亦喜，且云极愿帮忙。不幸放假完满，再要返港，迨第二次返乡，欲再求县官帮助，始悉县官已离任多时，其缺已为新任者用五万元购买之。此等腐败情形，激发我革命之思想。

　　又见香港腐败事尚少，而中国内地之腐败竟习以为常，牢不可破。始初以为我敝邑香山一县地如是，及后再到省城，其腐败更加一等，由此想到中国之官势位愈高，贪愈炽，所有北京各处更有甚焉。

　　吾曾与英国之西人朋友闲谈，佥云：良好之政府并非生与俱来，须人事造成之。数百年前，英国官僚多系①腐败，迨后人心一振，良好政府遂得以产出，由是吾革命之思想愈坚，深知如中国无良好政府，办事必不能成。迨毕业而后在社会上行走，遂毅然决然脱离医学，而转以救国为前提。

　　惟是革命以来，亦有多少人反对，且多加以毁谤，不明我素抱之宗旨者，日疑我为激烈派。惟吾人之宗旨，无非欲得一良好政府而已。虽然中国革命以还十

---

　　①　底本此字模糊难辨，今据痴大生编：《孙大元帅回粤记》第三十六页所载同文补正。《孙大元帅回粤记》由上海民权初步社在一九二三年出版。

二载，于兹不特无甚进步，人民之受苦更深，因是有少数人且欲恢复帝制。但须知民国系以民为主，故称为民主国，人人皆有一份，不庸放弃者也。民国现时废除帝制，如拆了一间旧屋，其新屋尚未建筑完竣，而一有风雨，居民受苦倍深，此势所必然者。但将来新居必有完竣之一日，不有艰苦，何能底于成？吾之所以不折不回者，无非为一劳永逸计，为大众谋将来之幸福耳。

此等西人亦曾向余问及何以中国反正后，乱事多过从前？吾只答以缘故极多，现在革命事业只行了一半。譬如香港山顶有一大石，由山跌下，至半途忽为树枝所阻戛，不能一直跌下。而树枝终有枯之日，障碍如既除，大石自然跌到平地。吾所抱负之宗旨亦如是耳，无论若何艰辛，一定要革命成功。

中国一有良好之政府，我心愿已足。现时香港有六十余万人，皆享安乐，亦无非有良好之政府耳。深望各学生在本港读书，即以西人为榜样，以香港为模范，将来返祖国，建设一良好之政府，吾人之职任方完，吾人之希望方达，极望诸生勉之。

据《孙文在大学堂演说》，载一九二三年二月二十一日《香港华字日报》第一张第三页

附：另记录之二

英人以七十年之经营，使香港荒岛成世界重要之口岸，而中国何以于二千年来不能有此事绩，此则由香港之行政尚廉洁而恶舞弊，中国内政以贿成有以致之。

昔余在香港毕业后即往游北京，见北京之腐败逾广东百倍，中国实无政府可云。亦由历朝恶政，积重难返，故彼〔余〕乃弃医人之术，而从事医国之事业。

君等当学英人之模范，吾人当以良政府之模范施及中国各部。

据《孙中山返粤记》，载一九二三年二月二十二日上海《申报》（六）

广东裁兵借款

招待香港工商界茶会的演说①

（一九二三年二月二十日）

　　予此次来港，蒙工商各界到码头欢迎，殊深感谢。惜当时香港政府为保护予计，未许诸君下船相见，未免抱歉。但香港政府已向予表明意见，自后彼此互相协助，一致行动，各商人亦可与予一致行动。从前因各商家协助革命，为政府逮捕，今可无虞，当可与予一致行动。予所希望于各商家者，亦系望其与予一致行动耳。

　　当予日前在上海时，北京政府及各省要人均派代表，来与予磋商统一问题。予曾发表宣言②，主张先裁兵，后统一。予发表宣言后，当得张作霖、卢永祥③、上海商会及各团体赞成，且有裁兵会之组织。但曹琨〔锟〕、吴佩孚④欲以武力统一，未表赞成，故事未就。但予为实践宣言起见，当从广东裁兵始。或谓广东若裁兵，他省来攻奈何？予将答之曰：兵不贵多而贵精，苟广东有十万兵，将之裁去一半，余一半之精兵当能卫省及保护地方而有余。至于所裁之兵是用之以筑路，以兵筑路，则全省道路自通，地方自然发展。则兵之工价虽厚于兵饷亦无妨，而兵当乐于筑路，而不愿当兵也。

　　不过筑路须款，是目前最要问题。然借款亦有把握。因今日下午上海银行总

----

　　①　二月十七日孙文抵达香港，下榻港商暨同盟会旧人杨西岩宅。二十日晚，在杨宅举行招待茶会，香港富商四十余人、工团领袖约三十人应邀出席。席间，孙文还建议香港工团总会与华工总会合并，改名为"中华总工会"，获赞同后即挥毫题匾相赠。

　　②　此指一九二三年一月二十六日《和平统一宣言》。

　　③　张作霖，东三省保安司令兼奉天督军，奉系军阀首领；卢永祥，浙江军务善后督办，皖系军阀主要将领。

　　④　曹锟，直鲁豫三省巡阅使兼直隶督军；吴佩孚，两湖巡阅使。两人均为直系军阀首领。

理士梯云君①请予茶会，予曾以裁兵借款事告之，他极赞成，愿向小吕宋②、爪哇③、星架波④各分行借出，不需特别抵押，所用以抵押者，只将来所筑之路耳。其方法系将路旁之地，以现在之价值定购，待路通价涨时，即以溢利还债主。借款用途系照予日前宣言办法，系由本省农、工、商、学、报五界各举出代表一人，连同债主派出一人共同监督。若各商家赞成此事，和平统一之希望，目的当可立见。

据《孙中山与本港工商欢叙》，载一九二三年二月二十二日《香港华字日报》第一张第三页⑤

附：另一记录

港政府表示与余互相协助，一致行动，希望各商家亦与余一致行动。余前言先裁兵后统一，得浙卢、奉张、沪商会及各团赞成，惟曹、吴欲以武力统一，故未赞成。余为实践宣言计，当从粤裁兵始，所裁兵用以筑路。今日汇丰总理史梯芬邀余茶会，余以裁兵借款告之。彼极赞成，愿向小吕宋、星嘉坡等支行分借，用途由本省农工商学报界各举一人，同债主监督。

据《国内专电二·香港电》，载一九二三年二月二十二日《申报》（六）

---

①　香港上海银行（The Hong Kong and Shanghai Banking Corporation），后改译为汇丰银行；士梯云（Alexander Gordon Stephen），通常译为史提芬，香港汇丰银行总经理。

②　吕宋岛（Luzon Island）为菲律宾群岛面积最大、人口最多的岛屿，古代曾于其地建立吕宋国。十六世纪被西班牙侵占后，中国人惯称菲律宾为小吕宋，而称西班牙为大吕宋。一八九八年以后菲律宾又沦为美国殖民地。

③　爪哇岛（Pulau Jawa）在印度尼西亚诸岛中人口最多，且在政治上和经济上居于支配地位。当时是荷兰殖民地，为荷属东印度（Dutch East Indies）辖区，划分成东爪哇、中爪哇、西爪哇三个州。

④　星架波（Singapore），今译新加坡，时为英属海峡殖民地（Straits Settlements）之一州。

⑤　亦见《孙总统对港商界之演说》，载一九二三年三月一日上海《民国日报》第三版，两者文字相同。

和平统一化兵为工

在广州滇桂军欢迎宴会的演说①

（一九二三年二月二十一日）

杨总司令、刘总司令②、各将领和同志诸君：

今天蒙杨总司令、刘总司令来欢迎，本大总统是很感谢的。

本大总统向来是在广东的。为什么今天再回广东呢？因为去年六月陈炯明造反，粤军叛乱，本大总统在广东不能行使职权，至八月离开乱地，北往上海。到了今年正月，得滇桂联军和各附义诸军队的力量，赶走了叛贼陈炯明，所以今天再回广东。滇桂联军为大义讨贼，刚才恢复广州，但是各军队进城之后非常复杂，不幸而有主军和客军的猜疑。惟现在大敌当前，如今日报纸已载陈家军曾和东路讨贼军宣战，这项猜疑是万不可有的。本来各军同为大义讨贼，原是没有主客之分的。如果说到主客之分，粤军是主，滇、桂军是客，去年威迫本大总统走的就是主军，今日欢迎本大总统来的还是客军。现在东江叛乱的粤军一定是要讨伐的，万不能说革命的军队可以任意叛乱，如果有叛乱的便要诛灭。不但是叛乱的粤军要诛灭，就是各省的反叛军队都是要诛灭的。本大总统是中华民国的大总统，要中华民国成统一的国家，从此就要打破各省的界限。本大总统这次回广东来，是要统一滇、桂、粤诸军，造成统一的中华民国的。

我们中国本来是统一的，但是自辛亥年革命以来，革命的事业还没有成功，这个病根便在于调和。调和的意思，本来是大公无私，求和平统一的。无奈一般腐败的官僚和军阀发起反对共和，譬如袁世凯称帝，张勋复辟，督军团造反，同割据的联省自治，把一个国家弄到四分五裂，所以中华民国便不统一。这个不统一，便是革命没有成功。这回滇、桂诸军收复广州功劳是很大的，责任是很重的，

---

① 二十一日清晨，孙文乘轮离开香港，下午抵达广州，在东郊农林试验场重设陆海军大元帅府。当晚，驻粤滇军、桂军将领在该地举行欢迎孙文的宴会。

② 即滇军总司令杨希闵、桂军总司令刘震寰。

但是以后的责任还要更重大。这个重大的责任便是在整顿内部，以广东为模范，统一西南；以西南为模范，统一中国。至于统一的方法，有舆论和武力两种。本大总统这次回粤是主张和平统一的，因为现在全国人心实在厌乱，是有舆论做我们的后援，又有诸君的武力做基础。有了武力和舆论，这次革命是一定成功的。

原来革命本是发源于南方，但是北方的共和程度也是很高的。譬如辛亥年武昌发起革命，北方便有许多省分赞成，不久便成了一个统一的中华民国。我们现在如果要再创造一个统一的共和国家，只要先除去西南的盗贼和反叛，再用武力和舆论，北方一定是赞成的。就中国现在情形而论，就有力量的，东北方有奉天的张雨亭①，东方有浙江的卢子嘉②，其次有段祺瑞的皖系和西南革命发源的各省。但是卢子嘉属于皖系，所以可简单分之为奉、皖和西南三系。这三系已经携手了。但是北方还有一系，表面似乎是很强的，就是盘据直隶、山东、河南、湖北几省的直系。这一系管辖北方政府，无恶不作，好像古人说"挟天子以令诸侯"一样，主张纯用武力统一中国。反对这项主张的有三派，就是刚才所说的奉、皖和西南三系。这三派都已联合，主张和平统一。直系主张武力统一，譬如调孙传芳征闽，利用杨森征川，他若两广和云贵也被他们干涉。他们武力虽然很大，然而只能及于北方，不能及于南方。譬如去年吴佩孚想干涉南方，便用计谋联络陈炯明造反。所以滇军这次打败陈炯明，便是打败吴佩孚，便是吴佩孚已经失败。

本大总统这次回来，专在整理广东。近来西南为什么打仗，因为反对共和的叛徒没有除尽。这次已经除去陈炯明，但是他的余毒尚盘据潮、梅、惠州一带。这一带地方是很大的，几乎占广东全省之半。如果不扫清这个余毒，便不能安享太平。这个余毒尚存，便是大患当前，所以还要请诸君担负责任。除清这个大患，方可稍事休息，再来整理民事，为人民谋幸福，发展西南富源。从前没有机会的原故，因为有明为革命而暗为叛逆的，所以不能成功。其他各省也是如此，不过力量不如陈炯明之大罢了。现在陈炯明已经赶走了，如果用广东的大力量做根本，扫清内乱，成功的机会当较大于前。譬如本大总统这次经过香港，觉得有一个很

---

① 即张作霖，字雨亭。

② 即卢永祥，字子嘉。

大的机会。香港政府的态度，从前是很赞成吴佩孚的，譬如香港报纸便极力代吴佩孚宣传。到了陈炯明造反之后，数月内中国不但不能统一，而且广东的军队奸淫抢劫，无所不为，政治腐败日甚一日。香港的外人看见，知道吴佩孚真不能有为，觉悟他们从前的主张大错，所以这次便根本改变方针，竭力和真正民党亲善。我们现得了一个和门户极接近的帮助，便是成功的大机会。

革命的成功与否，就古今中外的历史看起来，一靠武力，一靠外交力。外交力帮助武力，好像左手帮助右手一样。从前美国独立，革英国的命，所以成功的原因，一半固然由于本国武力的血战，但一半可说是由于法国外交力的帮助。如果专靠武力，决计是难于成功的。譬如洪秀全革命，由广西打过湖南、湖北以至建都南京，而终不能成功的原因，大半是由于外交失败，没有外交力的帮助。所以革命的成功与否，外交的关系是很重大的。我们现在既得了香港外交力的帮助，又有诸君武力的基础，以后要想革命成功、统一很快，便要取和平的态度，以取得舆论的后援。所以本大总统这次回粤便主张：第一，和平统一；第二，扫清叛乱军队；第三，化兵为工；第四，精练一部分军队。如果不想法则安插过量的军队，便和四川一样，兵士太多，长年的打仗，从前有主军与客军相打，现在内部相打。目前两广兵多为患，真是和四川相同。要消灭这个祸患，应该赶快设法安插不良之兵。

本大总统前在上海宣言，主张化兵为工，奉、皖两系是很赞成的，只有直系不赞成。我们主张是先裁兵后统一，直系主张先统一后裁兵。诸君要晓得裁兵便是统一的方法，先裁兵后统一，那才算是真统一；如果先统一后裁兵，便是假统一。譬如袁世凯从前不裁兵，借统一的招牌，便借了很多的外债，打败我们民党。又如两个民家械斗，要想和平解决，便先要停止器械的战争。佛家所说"放下屠刀，立地成佛"，我们要想成佛，必先要放下屠刀才好呀！这个道理是很容易明白的。

至于本大总统主张裁兵，是在化兵为工，并不是把所有的兵完全裁去。就现在兵士的情形而论，在广东的饷项每月只发六七元，有时伙食都领不到手，另外每日还有早操、午操、晚操，总共约有七八小时之多，一旦有了战事还要去拼死命，这项情形是很苦的，是很可怜的。不但广东的兵士是如此，就是各省的也是一样。到了化兵为工之后，每日做工不过六小时，在劳动一方面是很舒服的；饷项除原饷之外，另加工钱一倍。简言之，便是可以得双饷。至于做工的种类，或是开辟道路，或是办极大工厂；所做的工是永远的，不是临时的。像这样讲来，在没有化兵为工之先，兵士的饷项既少，操练又辛苦，生命又危险；在已经化兵为工之后，兵士的饷项加倍，劳动合度，生命又安全，他们一定是情愿去做工的。所以这次欧洲大战之后，欧美联军一共有几千万的兵，不到一二年之后大半可以裁去的道理，便是用这个安插的方法。本大总统这次回粤，化兵为工，便是利用欧战后各国裁兵的方法，整顿西南的交通，发展一切的实业。

诸君要晓得我们革命是要做什么事呢？是替人民谋幸福的。革命的责任是爱民的，不是害民的。本大总统自明日起就想一个办法，整理内部，令西南可以成为一个模范，让东北各省看见了，诚心向我，自可不用武力统一全国。如果各省明白了西南的革命是为大义的，就是到不得已的时候要用武力，自然是"东面而征西夷怨，南面而征北狄怨"，所谓"仁者无敌于天下"，不必要用大武力，各省是很欢迎的。到了各省欢迎，所用的武力是很小的。我们自今晚起，要把这个责任担负起来，大家向前奋斗，另外造成一个新局面。

这次得滇、桂诸军的援助赶走叛贼陈炯明，本大总统是很感谢的，特为公敬一杯。

据《和平统一化兵为工——对滇桂军欢迎宴会演说词》（一九二三年二月廿一日），载黄昌谷编：《孙中山先生演说集》，上海，民智书局一九二六年二月初版

以和平促进统一而后移兵于工建设西南

在广州军事会议的讲话①

（一九二三年二月二十二日）

文去岁率师北伐，原为救国救民起见。幸赖将士用命，战无不胜，攻无不克，

---

① 二十二日孙文在大元帅府召开军事会议，出席者有各军高级将领，各军团长以上军官及党政要人列席。除讨论军事问题外，孙文还对今后工作方针发表讲话。

乃将江西完全克复。正长驱直进，会师武昌，推倒军阀，以期共享真正共和之幸福，达我数十年来之素愿。不期陈逆炯明背党叛国，逞其狼子野心，嗾使逆军围击护法政府，更欲置文于死地。护法之健儿均远戍前方，此时远水不能救近火，倘使我滇军将士在，陈逆亦不敢谋乱，文亦不致蒙难也。兹幸天佑民国，逆凶歼除，均赖座上诸将领杀敌致果，忠心护国。民国不致灭亡，全在诸将领之劳苦功高，力挽狂澜也。

但文历年奔走救国，护法事业屡扑屡继，此次重返五羊①，仍期贯彻初衷，对于北庭仍主张以和平促进统一，希达到国家统一为主旨。惟西南各省首要团结，计现在已有多数倾向我护法政府者，独某某两省首鼠两端，当为我护法政府所不容。国贼不除，护法事业一日不安。文之主张，先平南然后始可以对北。

至将来护法事业告成，即移兵于工。西南各省之交通殊形不便，拟先由西南各省着手，兴筑铁道。云南为护法首义之区，滇中子弟历年多为护法护国，故必先由云南兴筑铁道，此为文之所刻刻在心者也。如我国之兵工厂，尤期大加整顿。计我国之兵工厂有四，一在山东，一在湖北，一在广州，一在四川。四厂之中，我护法政府已占其一，先由我广州刷新整顿，以期不假手于人。去年政府与英商订购新机数架，已送到香港，嗣因陈逆作乱，事遂中止。现手续经已清楚，不日运回安置。此项新机比旧有之机，制造极为迅速。如将来安置妥当，我广州之厂比较他省为最，则枪械一门，人不如我也。（下略）

　　　　　　　　　　　　据《粤人欢迎孙中山盛况》，载一九二三年三月一日上海《申报》（十）

---

　　①　五羊为广州之别称。

广东施政方针

在广州军政要人欢宴会的讲话①

（一九二三年二月二十二日）

（总统演说甚长，大意：）

一、广东为中国之广东，待遇各军决不以省界分主客，只论护法与叛国。

二、旧隶陈炯明部队，一致许其自新；惟仍敢抗命之余孽，必先以全力肃清。

三、实践《和平统一宣言》，裁兵一半为工。

四、用全力发展广东之市政、教育、实业，树革新模范，立全国信用。

据《本社专电》，载一九二三年二月
二十五日上海《民国日报》第二版

同心协力建造国家并尽军人之天职

宴请广州各军军官的演说②

（一九二三年二月二十四日）

民国成立于兹已十二载，鉴于年来民国之政治比之满清尤为不及，审其缘因，年来把持国事者均系军阀武人，争权夺利，祸国误民，有国家共和之名，无国家共和之实。我人民虽然推倒满清，国家共和，尚未见享有真正共和之幸福。譬如我之房屋为贼人占据，我为攻击贼人起见，不惜击毁之。既将我之房屋击毁，贼人已逃，尤须将我之房屋建设完好，然后始有屋可住。今贼人已逃，我之房舍尤〔犹〕未建设，于已〔己〕犹无益也。故文历年为国奔走，不辞劳瘁，亦如为建设完好之房舍，得以安居。以后望诸公同心协力，将此破烂之房舍极力建造，则

---

① 二十二日晚，孙文出席在广州农林试验场举行的欢迎宴会，到会包括各军司令长官等。

② 二十四日孙文在大元帅府设晚宴，各军少校以上军官一百五十余人应邀出席。

不独文之数十年来所抱之宗旨得偿素愿，则民国前途实利赖之。

至军人之天职，首重服从命令，抱定宗旨而行，幸勿为朝秦暮楚，致受灭亡。如陈炯明，昔为民党最铮铮之人物也，不期中途失节，卒至身败名裂。足见反复无常之人，终归灭绝，吾人可引为殷鉴。

据《农林试验场宴请各军官》，载痴大生编：《孙大元帅回粤记》，上海，民权初步社一九二三年出版

附：另记录之一

本总统此次回粤，全仗滇、桂附义各军驱除陈逆之力。但凡为军人，必要知军人之本务，如士、农、工、商之各执一艺，惟军人即在执枪。须知顺逆之分，其本务即在执枪杀逆贼，不是执枪杀人民。陈逆炯明不分顺逆，一味作假。谁知天下事以假伪不能胜真诚。吾国改革以还，变乱频仍，推其原因，皆由军人不明顺逆所致，故凡为军人，必要知其本务之所在，本其良心真实做去，自可操最后之胜利。吾经数十年艰苦，总不外持一"真"字为奋斗之工具，更愿持此共勉。先图统一西南，然后统一全国，以救四万万同胞。

据《孙总统返粤后之新猷》，载一九二三年三月三日上海《民国日报》第二版

附：另记录之二

湖南、云南两省当道均为骑墙派，其余西南各省对于护法一事，尚能表示同情，余拟先与骑墙派交涉，然后再从事进行统一方针。

据《孙中山谓湘滇当道为骑墙派》，载一九二三年三月二日天津《大公报》

应约束士兵切实保护商民

宴请广州各军将佐的演说①

（一九二三年二月二十五日）

今日与诸君欢聚一堂，何胜幸慰。诸君此次兴师讨贼，劳苦劝〔功〕高，尤以滇军将士，辛亥至今备历艰苦，矢志不渝，深堪钦佩。

余自倡言革命，建造民国，垂三十年。中经几许波折，旋起旋蹶，无非坚持主义，则〔期〕最后之成功。但主义与武力二者，终须相辅而行。前以滇军实力集中云南，不与余以接近之机会。袁世凯挟持武力，日与余之主义宣战，卒遭癸亥〔丑〕之挫②。丙辰之役③，赖滇军首义讨袁，国统绝而复续。民六护法以还，政潮翻覆，武力辗转移于陈炯明之手。彼名为服从余之主张，实则阴险诈伪，无恶不作，直至去岁六月十六之变，彼之真正面目乃完全揭露于当世。而余以主义统一中国之大计，亦因此横生阻力。

当广州发生政变时，陈家军竟敢冒大不韪，肆行劫掠，较之滇军初进广州秋毫无犯，市民大有今昔之感。唯一般殷商自遭陈军蹂躏，早类惊弓之鸟，今虽时局粗定，仍多寄寓港中，故广州繁盛之区不免顿呈凋残之象。如尽力维持秩序，恢复旧观，则富户殷商自须〔然〕闻风归来，各军饷项何难裕如筹画。须知市内一切需用资料目下已逐渐缺乏，驯至求过于供，百物昂贵。或平时一元代价即可购得之物品，陡涨至二元甚至二元以外，则实际一元仅值五角乃至五角以下，如是虽拥多金，亦复何贵。我人宜切实保护商民，回复交通，使商民共享福利，信仰我辈。益与基此精神，进谋国家统一，自属易易。

近据公安局报称，市区连续发现士兵不法情事，料系匪徒假冒军籍，骚扰民

---

① 二十五日下午六时，孙文宴请杨希闵、刘震寰、朱培德、程潜等驻省将佐百余人，并在宴会上发表此演说。

② 癸丑即一九一三年，此指该年"二次革命"讨袁失败。原文误作癸亥，即一九二三年。

③ 丙辰即一九一六年，指护国战争。

间。各长官对于此等亟应从严查究，约束士兵，力戒野蛮之恶习，共树军人之模范。余每苦无主义相同、百折不挠之军队足供运用，迄未贯彻三民主义、五权宪法之主张，数十年革命前尘恍然如梦。诸君果以坚强实力为余后盾，不难立致国家于政治修明、民生乐利之域。仍望大家奋勇前驱，同肩巨任。

据《孙总统欢宴各将领记》，载一九二三年三月五日上海《民国日报》第二、三版

当前建设广东之内外政策

宴请广州各界人士的演说①

（一九二三年三月十七日）

今日各界宴集一堂，为空前未有盛会。惟今日复得与各界叙首于此，实藉滇、桂军仗义东下，削平粤难。请与各界代表粤人，共敬滇、桂军将领一杯，以表谢忱。

中国推翻数千年之专制，造成共和，是破坏事业已告成功。惟此十二年来日日均从事于建设，但尚未有成效可得而见，此盖新旧势力冲突所致。因现在旧势力尚极膨胀，新势力仍然薄弱，故民国十年之光阴，日在新旧奋斗之中。今者陈炯明已去，此又为新势力战胜之证，且已有骎骎压迫旧势力之势。故从事建设事业，当以广东比较为容易，应先从广东入手。

只以广东目前最先决之问题，即裁兵是也。语云："兵贵精，不贵多。"在粤省能练三数师精兵，便可御外侮，随即实施化兵为工政策。惟施行此策，首在筹款，筹款惟举借内债及外债两途。在今言举借外债，颇有困难之处。因北京政府迭次借债，均不能如期偿还，信用早失。故宜先酌举内债，从事裁兵，迨成效昭著，外人相信，届时则可再举外债，竟其全功。至以军士本身而论，变工之后，所入将倍于月饷，谅必乐从。且工业发达，生利不已，十年之后当可清还息本，

---

① 宴会于十七日下午在广东省财政厅举行，应邀到会有军政界要人及商、学、工、农、报、慈善各界代表三百余人。

更有余则以资发达其他事业。

又吾国吏治之坏，由来已久，实应行整刷。查败坏之原因，在官俸微薄，地位不稳，又无养老金。故幸而得志，则藉此机会拚命铲地皮，冀铲得一宗养老金。如此吏治，焉得不败坏！与我接近之港澳政治如此良善，亦有中国人服官于此，其能获此善果者，即官俸厚，地位有保障，养老有年金，是以人人不能不做好官。此为吾粤所当效法者。但既师其良法，则用人当以资格论，实行考试制度。非经考试合格不能做官，则吏治自然澄清。从前殷商富户视港澳为桃源洞者，将视广东为桃源洞，联袂归来，则广东一跃而为繁华安乐之广东矣。

现在广东尚有一纷乱之事，厥为赌博。惟此事，各界应自知此次陈炯明谋叛，滇、桂军仗义代我平乱，粤人不能团结一致，箪食壶浆以迎，稍尽地主之责任。在各义军伙食无着，万不获已，为一时权宜计，藉赌饷以把注目前。若军饷有着，则禁赌易于反掌。此为内政上所应注意之事。

其次为外交问题，亦有应注意研究之点。从前香港政府态度，对于吾人有多少误解，致令吾人政策迄未能自由实现。目下香港政府之态度已变更，表示赞助之忱。回忆广九、粤汉铁路接轨一事，港政府曾迭向我粤政府请求，当时因所持态度如此，故未肯容纳。但现下彼之态度已变，若再以此为请，似未便拒绝，或因此伤及感情，致彼恢复其旧日态度，宁不可惜！在反对者以两路接轨之后，广州商务将被香港挽夺，此亦一有力之理由。惟须知交通之利便与商务之发达成正比例，将来各省货物咸集于广州，而后输出香港放洋，则广州定必顿成最大之贸易场。此事果有利无害，可以容纳，否则当然不能容纳。且香港从前反对黄埔开港，今则允以经济援助，故接轨一事，似更不能完全拒绝，应请各界将此种外交问题详细研究，在言论界尤当负指导之责。其次为澳门外交，此问题之解决比香港方面繁难。因界务未清，时起冲突，划界交涉虽经许久时间，未得解决，俱因彼此各持极端之故。惟吾人与澳门相处已久，应求相安无事。此事似应交第三者之海牙国际联会公断，较易解决，想以第三者地位加以裁判，或不致偏阿。此事亦请各界及言论界研究研究。此关于外交问题者也。

若上述各项次第解决，则进而着手交通、实业、教育等事业之发展。在广东，应敷设广东—四川铁路、广东—云南铁路。矿产，广东最富煤田，从前莫荣新曾与英商某公司订约借款开采。吾人以该约包括全省煤矿在内，有垄断性质，是以将其取消。且从前借款，外人均要求须得北京外交部批准，是以吾人不与他接洽。现在香港已允取消前约，故不妨借。更有南美洲某新共和国，现在亦欲借给我们此种交通、实业之生利借款，年内当使其成立。该新共和国从前亦输入外资，而目下则变为输出外资之国矣。将来吾粤交通实业发达之后，可信更有余资以供给外人也。

果按此一一见诸实行，广东不难蔚为全国模范，各省自然闻风向附，和平统一之功可成。文王以百里而兴，亦以有良政治感化人耳。恃武力者莫如秦皇、汉武，而终归失败，足为佐证。请各界负起今日所谈之责任，合群力以赴之，未有不达目的。

据《孙中山先生宴各界演辞》，载一九二三年
三月二十五日上海《民国日报》第二、三版

附：另记录之一

此次广东政变①得滇、桂军荡平，粤人实觉得多谢！吾今代表三千万粤人举觞，为滇、桂军将领〈祝〉寿。

（举觞与座中将领共饮后，改操粤语，发表政见，先言化兵为工之种种利益及其必要。……次言：）禁赌与澄清吏治，均为整顿内政之先决问题。赌害尽人皆知。今之所以暂难禁止者，良由各军人入粤后，饷糈缺乏，不能不暂藉此以作挹注。一俟筹有款项，定必禁绝。

至于今之吏治，腐败如是，实由薪俸微薄，任期又无一定所致。整顿之法，莫如仿效港、澳现行制度，无论何官必须考验合格。彼确具此种才能方行委用，但一经委任即厚给薪俸，非有过犯不能撤换。且按年增加薪俸，任至若干年时给以养老费，许其退隐林泉。苟能如此，彼为官者自觉地位安稳，且有种种希望与无顾虑，必不再肆无忌惮，日以剥夺民脂民膏为事矣。

港、澳政治良好，粤与毗连，粤人素已知之。此法自粤省开始仿行，必较别

---

① 即一九二二年六月十六日陈炯明部属发动的兵变。

省为易。仿行后既示别省以模范，敢信他省又必纷起效尤，如此切实造去，广州政治修明，前之视港、澳为桃源洞者，将相率转视广东为安乐窝矣！此则属于整顿内政。从今日起，吾人应积极进行。

此外，关于外交问题，吾人亦应有该注意者。前时港、澳政府对于民党不无多少误会，致令吾人时感不便，现幸港、澳政府已知吾人真诚为国，销除前之误会，吾人实觉感谢！是以广九铁路与粤汉铁路接轨问题，在今日最应研究。缘此事素为吾人所拒绝，当日彼有误会，吾人固应如是。今则形势已变，故当研究，如果利多害少，似未便过为峻拒。但是，黄埔开辟商埠一事，港政府向亦反对，兹彼细心研究，已变方针，不特不反对，且有协助表示。故广九铁路接轨问题亟应从新研究也。

此〈外〉，外交问题之关于重要者，尚有澳门划界尚未清楚之一事。此事彼此争持，纠纷时起，不有公平之处断，恐终无法了结，究不如提交海牙国际联盟会公断之为愈。凡此种种，均为广东方面外交上应办之事，在座诸君当亟起研究。

其次，关于交通、实业各事亦当力谋发展。关于交通者，须筑粤川铁路、粤滇铁路。关于实业者，首当开采煤矿，因广东煤矿至多，取之不尽也。兴办实业不妨借外债，从前美国借外债兴实业，今已致富。有此前例，何不仿行？且外人对于此等债务亦必乐于投资。近有美国亚毡卡领事已有允借之表示。总之，借外债而谋生产，成功必易。有各国前例可以借镜，敢信十年后除清本息之外，并有余力转借与人，此事大抵年内当可成立。现在决将广东之内政、外交切实整顿，使之成一政治良善省份。届时各省自然闻风归附，不用丝毫武力而可统一中国矣。

据《孙中山招待粤垣各界》，载一九二
三年三月二十五日上海《申报》（十）

附：另记录之二

广东内政之紧急且重大者，厥惟裁兵。裁兵无资金不能行，所须经费，舍募内外债，别无善法。余以为无论内债外债均可。现对于募集内债一事，正在考虑之中。次要问题，为禁止赌博。顾广东之现状，赌博公开，无非为接济军饷，实非得已。余决先裁兵以缩减军费。广东为自治省区，当然不受北方之干涉，广东尽可行。

关于广东之外交。广东外交最重要者，为对香港、澳门之外交关系，固不俟言。驱陈成功以来，香、澳两政厅，已大改其对民党之态度，殊可庆幸。吾人开发广东，不能不有待于为广东门户之香、澳政厅之谅解与援助。前因与英国方面感情之疏隔，致使黄埔筑港、广九、粤汉两路连络问题陷于停顿。今此种障碍，已渐销失。香港政厅对于铁路借款，已表示好意。余将借此计划川粤、滇粤铁路之建筑。至广东全省矿山，可依列国之自由竞争与自由投资而解放之，固非仅对英国提供特别之权利也。且广东与香港政厅进行之借款，仅为广东对香港之地方关系，非中国对英国之国家关系，故北京政府当然无阻禁之理由。又与澳门政厅间久悬未决之境界问题，葡国方面似欲移交万国和平会议之公决，余颇以为妥当。要之广东政府之态度，必全以舆论为从违，使广东而能从速恢复原状，以广东为中心而谋统一，必能成功，盖舍是固未见有统一中国之良策也。

据《孙中山又大放厥辞》，载一九二三年三月二十二日天津《益世报》第三版

附：另记录之三

今日我等在此叙会，有工、商、农、学、报、慈善、军、政各界于此齐集，为吾粤向来叙会所无，此次叙会可称一时之盛。但此盛会何由而得？系由滇、桂军之力，推倒叛逆而得之。故余今日要代表广东三千万人民，为滇、桂诸将士晋一杯，并恭祝滇、桂军万岁！

今日在此叙会，我希望大众要做一件事，其事维何？即厉行裁兵及整顿广东政治是也。

今年为民国十二年，此十二年中，变乱侵寻，民生愁苦？有识者无不知改良政治为要务。然十余年来，变乱如故，人民之痛苦颠连，曾未稍减。此固由国内之新势力尚小，旧势力尚大，改良政治不易为力。然以论吾粤则否，新势力日渐加大，旧势力日渐缩小，此次滇、桂军之平乱讨贼，迅速敉平，可为凭证也。既有此好时机，当先将广东之政治社会并力改良，使成一好模范省，然后推行全国，必非难事。

民国十二年来，革命均起于粤。自清廷推倒，民国招牌高悬，往后事业应事建设；然十二年来，曾未实现，只见继续破坏。现在贼乱戡平，全粤底定，亟当乘时建设，凡有国家思想之人俱当担负此责任也。建设事业从何办起，余以为应从军界改良起。军界所应为之事，厥为练精兵。古人云："兵贵精，不贵多。"能养成三五千精兵，则巩固一省而有余。然练精兵必由裁兵始，今日广东军队太多，工、商各界宜速发起一裁兵大会，共策进行。因裁兵既为今日之急务，则裁兵问题非只限于军界得而提倡，即农、工、商各界亦应同心协力，负责做去也。

夫裁兵非裁之而使其变为游民，乃化兵为工，实行兵工政策之谓。故举行此事之先，尚有一重要问题，即筹款是也。既欲化兵为工，即宜开办实业。兵既为工，则饷必加倍，既免战祸，又得厚利，谁不乐为之？此项政策，余视为今日救国唯一之良方，惜以前无能实行之者，故余拟以广东为天下倡。然实行之初，必须款项。款项何来？即借小内债是也。既借有小内债，从而再借外债，必无难事。从来借外债手续至繁而至难，北京之政府对外已失信用，故外债之借殊非容易。然若内债既成，则进行当易得手。余愿从今日起，各界社会俱宜悉心研究此问题。

又广东今日之纷乱，盖赌为之也。赌何由而开，因义军而开。此次滇、桂军来粤，推倒逆贼，旧政府消灭，新政府成立。义军多客军，我粤人尽主人之责而招待之，一时权宜开赌以谋供给，流毒遂至无穷。然余谓今日广东之赌祸，罪不在人之开，而罪在我等不能迅速消灭之。故余谓今日救粤，宜从整理内政始；而整理内政，又先从裁兵禁赌着手。此两大问题，各界诸君宜急起开会研究之。

余此次回粤，抱有一极大志愿，即改良吏治是也。广东吏治之窳败极矣，由清迄今因循不改，贪贿凤盛，仇结日生。然欲杜绝贪贿，则先从优给官俸始。港澳接近广东，其政治举措足资借镜。港澳官吏多为中国人，然港澳吏治不见腐败，实因官俸厚，陟黜明，又服官十余年则给以养老费，有此保障，当然有良吏。惟我国则不然，官俸既薄，地位复危，故贪墨之习成为风气。为官一年，则尽一年之力以括削；为官一月，则尽一月之力以括削；故罢官以后，无不满载而归，此真可叹之事也！今吾人欲整顿吏治，何不取法港澳，人能我岂不能？故余极欲一师其法。外省人与港澳远，不知港澳情形；广东接近港澳，其政治良否，当甚明晰也。

此外任命官吏，尤不可不循资格。大局稍定，余决意考验官吏，无论本省外省，不分畛域。考验则真才出，真才出则政治良，政治良则国可得而治也。整顿吏治，吾既以港澳为法，行之有道，或能驾港澳而上之。今既取法于人，暂能如人，斯愿亦少慰矣。

广东富豪不少，遇乱多远避港澳，视港澳为桃源洞，以其吏治良，盗贼少，法律有保障也。余亦希望广东将来成为一桃源洞，政治改良，凡政治范围内诸大端，如教育、实业、交通等，亦从而振起之。然此非一日之事、一年之事，须群策群力，负此责任做去，自不难成为一繁华安乐之广东。能如此，则我等立志，庶为不虚矣！

更有外交问题，关系于全体。或者以为广东尚未统一中国，似无外交之可言，不知广东之外交最密接者为港澳。前者港澳政府对于民党虽多误会，然自陈炯明背叛后，英人已有觉悟，知中国将来必系民党势力。故近来港督方针亦为之一变，此为吾人最好之机会也。吾人可乘此良机，加倍努力，一致合作，实行兴利革弊，则厚望多矣！

据《欲救广东宜从裁兵禁赌及改良吏治着手》，载《总理演讲新编》，南京，中国国民党中央执行委员会宣传部一九三〇年三月十二日印行

裁兵禁赌与广东外交

在广州招待各界名流和各报记者的演说①

（一九二三年三月十八日）

广东现在最要最重大之问题为裁兵。然裁兵无款不能行，所要之经费，除募集内债或外债外并无他法。余深信当可由二者中筹得。现正考虑募集内债。至次于裁兵之重要问题则为禁赌。故余将先依〔行〕裁兵，谋节减军费，然后及于禁赌。

---

① 十八日孙文在广东省财政厅招待广东名流及各报记者共四百余人，并于席间作此演说。

自主之广东，不受北方之干涉，故广东将止办广东之外交。广东外交中占最重要之部分者，为香港、澳门之外国官宪事，〈固〉不待言。自驱逐陈炯明告成以来，香港、澳门政厅之对民党态度已改，甚为可幸。吾人不可不与广东门户之香港及澳门政厅了解及共助，而谋广东之开发。至因与英国方面感情疏隔而不成之黄埔筑港及广九、粤汉两铁路之连络问题，此障害已渐渐除去。香港政厅若更能推广范围，表示应〈允〉矿山、铁路等小借款之好意，则余将计划建筑滇粤及川粤铁路，且将开放广东全省之矿山，俾列国自由竞争与自由抵〔投〕资。又与香港政厅间进行中之此等借款，为广东对香港间之交涉，其间并无中国对英国之国家关系，故北京政府并无可以阻止之理由。至关于与澳门政厅间悬案不决之境界问题，葡国方面似欲以之少待万国平和会议之审判而解决之。余信是颇得策。惟广东政府之态度，全然将依舆论决定之。

请将速谋恢复广东之秩序，以广东政府为中心，谋中国之统一，以开导各省。除此之外，余信更无统一中国之良策也。

据《孙总统对各界宣布政见》，载一九二三年三月二十一日上海《民国日报》第三版

附：另记录之一

现在广东内政方面最紧急、最重大之问题莫过于裁兵，但裁兵非金钱不能进行，而所需之经费除借内债或外债以外，实无其他方法。在余之意，无论用何者均可，惟现在正考虑募集内债之方法而已。次重要之问题则为禁止赌博，但就广东目下之情形而论，为补助军费之不足而公开赌博亦属出于不得已。故余欲先裁兵以图军费之缩减，然后及于赌博之禁止。

至关于外交同题，则自主之广东当然不受北方之干涉，广东仅行广东之外交足矣。而广东外交占最重要之部分者为香港、澳门之外国官员，自驱逐陈炯明成功以来，香港、澳门两政厅变更其对于民党之态度，殊可庆幸。广东之门户为香港及澳门，故吾人对于两政厅不能不待于谅解与协助。而图广东之开发，因与英国方面感情疏隔而未成之黄浦〔埔〕筑港，及广九、粤汉铁路连结问题，兹已渐次除去其障碍矣。香港政厅现更表示允诺借给范围广大之矿山、铁道借款，则余

欲借此计划云广铁道及川广铁道之建筑。至广东全省之矿山应全予开放，任列国自由竞争，自由投资，原非仅予英国以特权也。又现在与香港政厅进行之借款，乃广东对香港之问题，其中并无中国对英国之国家关系。因之，北京政府无阻止之理由。

此外，关于与澳门政厅相持不决之境界悬案，苟葡国方面欲俟万国平和会议之审判以谋解决，余个人亦颇赞成。惟广东政府之态度当视舆论如何而决定也。

最后〈孙〉又力言："彼深信迅速恢复广东之秩序，而以广东政府为中心，徐图中国之统一，由各省自相来归，除此之外，实无统〈一〉中国之良策。"

据《孙文治粤之法螺》，载一九二
三年三月二十二日北京《晨报》

附：另记录之二

广东内政之紧急且重大者，厥惟裁兵。裁兵无资金不能行，所须经费，舍募内外债别无善法。余以为无论内债外债均可。现对于募集内债一事，正在考虑之中。次要问题为禁止赌博。顾广东之现状，赌博公开，无非为接济军饷，实非得已。余决先裁兵以缩减军费。

广东为自治省区，当然不受北方之干涉，广东尽可行仅关于广东之外交。广东外交最重要者，为对香港、澳门之外交关系，固不俟言。驱陈成功以来，香、澳两政厅已大改其对民党之态度，殊可庆幸。吾人开发广东，不能不有待于为广东门户之香、澳政厅之谅解与援助。前因与英国方面感情之疏隔，致使黄浦筑港，广九、粤汉两路连络问题陷于停顿，今此种障碍已渐销失。香港政厅对于铁路借款已表示好意，余将藉此计画川粤、滇粤铁路之建筑。至广东全省矿山，可依列国之自由竞争与自由投资而解放之，固非仅对英国提供特别之权利也。且广东与香港政厅进行之借款，仅为广东对香港之地方关系，非中国对英国之国家关系，故北京政府当然无阻禁之理由。又与澳门政厅间久悬未决之境界问题，葡国方面似欲移交万国和平会议之公决，余颇以为妥当。

要之，广东政府之态度，必全以舆论为从违，使广东而能从速恢复原状，以广东为中心而谋统一，必能成功。盖舍是固未见有统一中国之良策也。

据《孙中山又大放厥辞》，载一九二
三年三月二十二日天津《益世报》

努力完成护法事业

在广州慰劳永翔舰官兵的演说①

（一九二三年三月二十一日）

海军护法南下，中经几许变化，均能拥护护法政府，服从命令，殊堪嘉尚。

本大元帅计六年②至今，来粤三次，离粤三次，亦赖海军将士之忠心卫国，力护元首，不独为本大元帅所钦赖，即中华民国亦受福不浅。此次虽幸重莅广州，但护法事业尚未完全告成，以后望诸将士贯彻初衷，努力干去，则本大元帅之所厚望焉！

军人首重服从，为兵士者服从长官，为长官者服从高级长官，此是军人之天职。至立国之道，当以三民主义、五权宪法为要素，能行此道，庶跻于强盛之列。

据《孙中山慰劳海军》，载一九二三年
三月二十七日上海《申报》（十一）

---

① 二十一日下午三时，孙文在杨庶堪、朱培德等陪同下巡视永翔舰，慰问舰上官兵，并作此演说。

② 即民国六年，一九一七年。

整理财政以利兴办实业

在大本营欢宴港商的演说①

（一九二三年三月三十一日）

（先述到粤以来经过情形，次言：）

欲图中国之和平，必首先裁兵及行工兵政策入手。然此事重大，非筹有大款，不克举办。现外人已允愿借款，但兹事体大，非二三月便可成事。故目前二三月内，原有财政未能复元〔原〕，外债又未能到手，故此时期内，须筹有数百万，将各军队编遣，俟财政整理，然后兴办各种实业。此时财政不虞困急，或有盈余，亦未可知。长〔诸〕君旅港多年，深知英人政治文明，故特请诸君到来，商议财政公开，并望诸君出而监督。因广东为三千万人之广东，非我一人之私有，如此办法，方得公平。有英人名汉尼者，曾在马来半岛掌理财政，成绩昭著，兼通粤语，吾将来欲聘请此人助理一切。以广东如此富庶之地，加以诸君具此热诚，又得〈有〉经验之外人为之帮助，则广东何难兴盛。

军队变乱，一原因于政治，一原因于饷项。政治变乱，吾有法处理，可保无事。至因饷项变乱，则甚难处理，还望诸君同负责任。故目下财政如何维持，请诸君互商研究。

据《孙总统欢宴港商记》，载一九二三年四月八日上海《民国日报》第二版

附：另一记录

外人允借款裁兵，但非二、三月可成，期内需款百万，将各军编遣，故今日

---

① 三十一日下午四时，港商马应彪、蔡昌、李煜堂、林晖庭等数十人应孙文的邀请，前往设在广州河南士敏土厂的大元帅大本营参加宴会。孙文发表此演说后，港商赞成组织财政委员会，筹款赞助裁兵。

特请诸君来商财政公开，望诸君出面监督。再者，军队因政治变乱，我有办法处理，至因饷项变乱，则甚难处理，望诸君负责。

据《孙沈尚在备战中　孙文积极筹款》，
载一九二三年四月六日北京《晨报》

学生应唤醒国人精神

在广州接见学生游行代表的讲话[①]

（一九二三年四月二日）

吾人拒绝廿一条件、收回旅大问题，已于五年前进行运动，且数年来南方历次革命军兴，都系为斯而战。盖直接与北方战，间接即与欺凌我者战也。

诸君今日来说拒绝二十一条件及收回旅大问题，未免言之过迟，似乎尚在梦中。今日北京政府如同国民谊父，南方政府正国民亲生父，今日国被谊父所卖，则应当合力将此谊父驱逐，即可还我自由。故诸君此后之责任，无须请愿政府，只须向国民请愿，时时向人民作宣传工夫，唤醒国人精神，从根本上作工夫，一致把害国殃民者打倒，使实现一真正民意之良好政府，然后可以外交不致失败。

据《粤学生对日运动》，载一九二三年四月七日上海《申报》（七）

附：另一记录

汝们热心可嘉，恐日本不认我为国民代表，因尚有北京政府存在。我之宣言救国，在六年以前。你们今日始来请愿，何懵乃尔。现国家产业，被你们的假父卖尽，你们才来请愿救国，可谓懵仔（粤语）。况二十一条款缔结，不能归咎日

---

① 一九二三年四月二日，广州四十多所中上学校学生万余人为废除"二十一条"、收回旅大举行大游行，推派代表至大元帅府呈请愿书，请代表国民对日交涉。孙文接见代表，并发表演说。

本。如能把你们假父推翻，来帮忙我是真父，废约希望，自可达到。

据《港电中之粤省近息》，载一九二三年四月六日天津《益世报》第三版

努力杀贼以使国富民福

在三水河口视察滇军的演说①

（一九二三年五月六日）

此次各军皆能奋勇杀贼，至为人所敬爱。而最近滇军在军田与沈军、北军血战数昼夜，卒将沈军、北军歼灭无遗②，大获胜利，尤足为世界所称许。

此次战争，为拥护约法而战，更为争人格而战，与昔日为帝王一家一姓而战迥然不同。往昔寻常军人，其当军之目的志在升官发财；吾辈革命军人则志在拥护民国，铲除破坏和平之北方军阀，宗旨与寻常军人完全相反。吾辈革命军如获胜利，足使中国成为富强之国。此目的得达，吾辈之兄弟姊妹亲戚朋友及四万万之人民，皆可同享幸福，其荣幸较诸个人之升官发财实有天渊之别。故甚切盼各军努力杀贼，以竟全功，使千秋后世及己之子子孙孙，皆食吾辈革命军之赐，何幸如之。

据《孙先生巡视西北江》，载一九二三年五月十三日上海《民国日报》第三版

---

① 时值滇、桂、粤各路讨贼军与沈鸿英叛军激战，孙文在前线督师、犒赏将士和慰劳伤兵。六日下午，孙文偕夫人宋庆龄等前往广州西南郊及三水县（今佛山市三水区）慰问伤兵，旋于该县河口车站（河口镇为当时三水县城）附近视察滇军驻地，向数百名官兵发表演说。

② 四月三十日，讨贼军在军田、银盏坳击溃沈军及其直系援军，"北军"即指直军。

在广州蒙难一周年纪念会的演说

（一九二三年六月十六日）

（孙大元帅首述去岁蒙难之经过，并申述海军护驾之功。）

此次联军奠定粤局，使护法政府颠而复存。希望此后大家拥护护法政府，伸张公理，俾西南政局日益发展。

据《广州通信》，载一九二三年六月二十四日上海《民国日报》

努力前进以竟全功

在英德车站慰劳军队的演说

（一九二三年六月二十七日）

（先致言慰劳各军）关于攻敌计划，已致意杨总司令、梁师长①合力进行，众宜一致努力前进，以竟全功。攻战之赏格、犒师费已带来，将来攻下韶关，定即分别给赏。其余各劳军品、食品亦陆续运至，是我军粮食、饷项均已充足，且诸君又为惯战耐劳、素著战功勇敢之健儿，素为予钦颂爱护，无难克日将敌全部肃清。

据《大元帅赴北江督战》，载一九二三年七月三日上海《民国日报》第三版

---

① 即梁鸿楷，时任粤军第一师师长。

在北江前线劳师督战的讲话①

（一九二三年六月二十七日）

一、大元帅先致言慰劳各军。

二、关于攻敌计划，已致意杨总司令、梁师长②合力进行。众宜一致努力前进，以竟前功。

三、攻战之赏格、犒师费现已带来，将来攻下韶关，定即分别给实。

四、其余各劳军品、食品亦陆续运至，是我军粮食饷项均已充足。且诸君又为惯战耐劳、素著战功之勇敢健儿，素为余钦颂爱护，无难克日将敌完全肃清。

据《孙大元帅赴北江督战》，载一九二三年七月三日上海《民国日报》第三版

在石龙督战的讲话

（一九二三年六月二十七日）

拉夫，人多叫苦，不知富者输财、贫者舍身，乃国民应有义务。

据《孙文在粤势力日蹙》，载一九二三年七月二日北京《晨报》

---

① 是时讨贼军各部在北江一带讨伐原桂军总司令沈鸿英叛军，孙文多次到前线督师。此为在英德视察滇军的讲话。

② 杨希闵、梁鸿楷。

扑灭军阀官僚而后可实行民治

在广州犒劳永翔楚豫两舰官兵的演说①

（一九二三年八月十一日）

今日海军由梧州凯旋而回，本大元帅代表中国人民而来欢迎。须知此次战胜，非仅为扫除沈逆一人计，实为中华民国大局计，将来民国史足增无限光荣。

本大元帅六年前率海军南来，斯时舰中将士头脑中多怀自私，故有去年之改造。及陈炯明谋叛，忠义者虽多，而不良份子仍未尽去，故有此次之改造。今者舰队尽力于西江，奏凯而还，足见海军尽忠民国。

目下北京已无政府矣②，而列强且谋共管中国矣。此无他，良由北方曹、吴③辈均为军阀官僚，只知自私自利，不知共和民治为何物，所以不得已而倡此说也。然吾人流无量之血，驱除满族以成立民国，今民国未巩固，而为一般军阀官僚弄到召列强之共管，天下痛心之事孰有甚于此耶！幸而广东一地尚不为军阀武力所占据者，正见残暴之众不足以敌仁义之师也。曹、吴辈所重者兵力，吾人所重者民治主义、良善政治。兵力之不敌民治，犹霸道之不若王道也。吾所持之主义初仅在于广东，今则四川、湖南、广西相继响应矣。其在酝酿中未骤实现者更有多省，不久当必陆续附义归来也。

要知民国者，非军阀官僚所得而私，乃中华国民所均有也。民国犹之公司然，凡属国民皆为股东也。现中国形势既被彼辈军阀官僚弄至如此，此吾辈正宜扑灭此辈，而创造一完全真正民主政府。譬彼同舟，忽遇风涛，各人只知自顾货财，终必覆亡而后已；如各人同心协力，捍御危难，大局既安，何有于区区货财？诸

---

① 七月初，护法海军之"永翔"舰、"楚豫"舰（舰长分别是赵梯崑、潘文治）开赴西江，协同各路讨贼军讨伐沈鸿英叛军，并乘胜攻克沈军司令部所在地梧州。八月十一日两舰返抵广州，下午孙文相继登上两舰慰问并发表演说。底本系记录两次演说的大意综合而成。

② 当时，直系首领曹锟胁迫总统黎元洪离京，以其亲信内务总长高凌霨代理内阁总理并摄行大总统职。

③ 即曹锟、吴佩孚。

君不观于黄花冈七十二烈士乎，不忍为满族奴隶，誓死将之推倒，创造共和政府，卒也能偿所愿。今曹、吴诸辈破坏民国，均民国之蟊贼，吾人欲巩固民国，必须扑灭彼辈，然后民治可实行。民治实行然后可跻富强之列，子子孙孙实利赖之，此我海陆军人之责任。愿诸君勉之，本大元帅有厚望焉。

据《海军舰队凯旋志盛》，载一九二三年八月十三日《广州民国日报》（二）

继续贯彻护法主张

在永丰舰慰勉官佐的演说①

（一九二三年八月十四日）

永丰舰前由广州赴汕，再由汕赴厦，始终为护法起见。今复坚持正义，由厦回广州，历多次险阻，曾不改其初志，与滇军之由滇、川、桂而至粤，复在粤先后肃清妖氛，所经过之艰难，仍以护法为职志，实堪称并美。故此后深冀各官佐继续贯彻其主张，与滇军功绩互相辉映。

据《大元帅嘉奖永丰舰官佐》，载一九二三年八月十五日《广州民国日报》（三）

讨论造币厂经营问题的讲话②

（一九二三年八月十四日）

此为财部掌管范围，若商人愿意接办造币厂，尽可由厅介绍往部详商。部、

---

① 一九二三年八月十三日，在汕头、厦门海面坚持护法的"永丰"舰驶返广州。十四日上午，孙文与宋庆龄亲临该舰，慰勉舰上官佐。

② 十四日大元帅府讨论造币厂经营问题，广东省财政厅长邹鲁以造币厂出让事久未成议，开铸无期，政府损失不少，现有某商等极愿帮忙，并致函财政厅，若由财政厅批办，可以即日成议。邹发言后，孙文作此讲话。

厅同为政府机关，毋得歧视。至财部接洽此事已到如何程度，郑次长①可以报告。

据《帅府讨论造币厂问题略志》，载一九
二三年八月十七日《广州民国日报》（六）

全国学生要担当革命的重任

在广州全国学生联合会总会第五次评议会开幕礼的演说②

（一九二三年八月十五日）③

今日学生联合会总会到此地来开会，是学生已懂得将国事引为己任，联合团体来研究的方法了。各国改革精神多半由学生首先提倡，即以我们推倒满洲、挂起中华民国招牌而论，学生的力量最多。我们的招牌算是挂起来了，但是十二年来变乱不止，人民痛苦甚于在清朝为奴为仆的时候。现在的政治、教育、实业，多半不及清朝的好。因此多数人民都以为在清朝可享太平之福，现在民国不如从前了。既是多数的人民想念清朝，以后再发生复辟也说不定。现在学生联合团体担任国事，或可挽回这种多数人的意念。这种心思合行事，深可嘉尚。

但是方法应该怎样？应该在此地切实研究。为什么十二年来人民都以为祸乱是革命产生出来的？中国大多数人的心理"宁为太平犬，不作乱离王"，这种心理不改变，中国是永不能太平的。因为有这种心理，所以样样敷衍苟安，枝枝节节，不求一彻底痛快的解决。要晓得这样是不行的。你不承认十二年的祸乱是革命党造成的么？民意大多数却承认是这样的。若以大多数人解决问题，那只好从他们的希望实行复辟了。我们有时到乡下去，高年父老都向我们说："现在真命天子不出，中国决不能太平。"要是中国统计学发达，将真正民意综起来分析一

---

①　郑次长，即大本营财政部次长郑洪年。

②　全国学生联合会总会（原称全国学生联合会，即中华民国学生联合会）于一九一九年六月在上海成立。后因作出反帝反军阀决议而遭吴佩孚授意上海当局将之封闭，故移粤开会。第五次评议会于八月十五日下午在广东高等师范学校礼堂开幕，到会有学生代表及来宾五百余人。

③　底本未说明开幕礼日期，今据八月十六日《广州民国日报》（六）所载《全国学生总会开幕纪盛》确定。

下，一定复辟的人占三万万九千万多。我们果然要尊崇民意，三四十年前只好不提革命了。因为在那时，多数人要詈我们乱臣贼子，是叛贼，人人可得而诛之的。你们要实行自己的宗旨，必〔不〕要处处迁就民意，甚至于民意相反，也是势所不恤的。学生是读书明理的人，是指导社会的，若不能以先知觉后知，以先觉觉后觉，而苟且从俗，随波逐流，那就无贵乎有学生了。

世界上的学问是少数人发明的，古今中外，多数人总是不知不觉的。但是世界进化都是不知不觉做成的。近二百年来科学发达，才逐渐的将几千年来的不知不觉加上新的有知有觉。不知不觉是天然的进化，是自然的；有知有觉是人为的进化，是非自然的。前者进化慢而后者进化快。以进化快者补进化慢者，这是我们的责任。学生做先知先觉，要发明真理以引导人群，引导社会，决不可随波逐流，毫无振作。

今你们各位集会于此，要将中国十二年来的乱源细心研究。本来十二年来的变乱，不是革命党造成的，但也可说是他们制成的。就前者说，因革命并没有成功，所以纷乱不是革命党人的过错。但就后者说，为什么既发动了而不将它完成呢？所以真正原因，还是革命未成功之过。我们举历史为证，举一二百年来的历史为证。比如美国革命脱离英国羁绊，血战八年以后，永无战争发生。中间虽然经过南北之战，但这次战役是为人道权利而战的，所以美国到现在最富强，因为伊的革命成功。法国革命乱了七八十年然后安定，安定以后永无内乱，人民乐业。其余各国革命皆如此。因为革命思潮在某种民族内有人发起，一定是蓬蓬勃勃、不可压抑的，每每出〔初〕始倡导的人首受牺牲，但是革命思潮却逐渐传播，终必达到目的。中国革命①还没有成功，所以革命要一直下去，到成功然后止，因为革命力量是不能压抑的。譬如高山顶上有块大石，若不动他，就千万年也不会动。但是有人稍为拨动之后，他由山顶跌下，非到地不止。要是有人在半山腰想截住他，这人一定是笨呆的了。中国革命非达到三民主义实现、五权宪法颁行，决不能止。中国官僚、富人都求眼前的太平，每次总想将革命扑灭，以便过苟且偷安的日子。好像从前拥护袁世凯、拥护军阀以压抑革命，这正如半山腰抵抗顽

---

① 此处原误植为"中革国命"，今改"中国革命"。

石不使下坠，暂时或者有效，但是终久顽石非到地不可。法国革命就是一个好的榜样。这种反革命的心理，就是我们中国的乱源。今日学生集会讨论补救国家的方法，希望注意此点。

照今天众君的言论和所发的宣言看来，大概注重外交、内政两方面，所谓外抗列强，内倒军阀。我看这两种问题不可相提并论。我们中国四万万人占地球人种数目四分之一，有四千多年的文明，如此还怕外人欺负么？要防制外人，不是空言去抵货所能奏功的。外交纯恃内政，内政要是好，外交竟〔简〕直不成问题。诸君想想，乱国怎能有外交？比如二十一条，若我们革命成功，何难取消！日本比起中国来真是小国了，受他的欺负，只能自怪。比如一个顽〔硕〕大且长的人被四五岁的小孩欺负了，跑问〔向〕旁人的面前哭诉，成何体统？所以抵制日货是可耻。诸君的精神要全用在革命的进程上，早早想法自强，强了以后怕外国人不趋承恐后么？我记得四五〔二三〕十年前初到日本，她国的父老对我极其恭维，说我是大国的人民，现在这一班老年人都死了。古时我们中国有一种善德，说是人骂而当面还嘴的人是庸夫，要回家细想，人家为什么要骂我？其度量之大如此。我们切不可失掉堂堂大国之风。民国以来我们算是很弱了，前二三十年进贡的国还很多。即在元年尼泊尔国还有贡使到成都，以后因西藏路塞，不丹、尼泊尔二国才没有进贡。诸君知道尼泊尔版图并不小于日本，他们的民族名曰廓尔喀，人种极强，英国守印度的卫兵都恃这种人，但是他们还向我们进贡。要是他们知道我们因受日本的欺负而排货，一定会惊咤〔诧〕不已，怎么大国也受日本的欺负了，这不是失掉他们的信仰么？你们研究根本问题，切不可枝枝节节为之。根本问题就是革命未成功，学生应该担负这种责任，竟未成之功。

我想你们对于革命的主义和精神怕不大明白，恐怕革命的认识与历史也不大明白哩。比如五色旗，你们刚才向伊三鞠躬，我就不，你们一定以为我不敬国旗了。那里晓得五色旗是清朝一品官的旗，我们革了皇帝的龙旗，却崇拜官僚的五色旗，成什么话！诸君要就弃去五色旗，要就用我们从前革命的旗帜，现在海军用的青天白日旗。再如《卿云歌》，你们说它是国歌，我想一定是官僚颁布的，有何意义？其实这些形式，顶好现在不讲，等我们革命成功后，广延硕彦，大集群贤，再制礼作乐未迟。

　　我再说说辛亥革命的事实。在武昌起义之前数天，革命党干部被捉去三十余人，杀了许多，所有党籍的册子都被搜去。当时炮兵营、工程营的兵士列名党籍的很多，怕的了不得，大家悄悄的聚议，与其明天捉去杀头，不如我们先下手拚个死活。但是有炮，无步枪是不会用的，步枪的子弹前几天早一一缴呈上官了，这怎么办呢？幸而有一位熊秉钧〔坤〕，他有一个朋友刚退伍，手上还有二盒子弹共二百颗，一齐借来，每人发三四颗，藉以发难。以后推大炮进城攻总督府，将瑞澂吓跑了。但是当时本城干部既遭难，上海干部又匆遽未到，要找领袖人物才好。当时黎元洪一标人守中立，黎本人听见大乱，早躲入床下了。张振武、方维一班人以为他人还忠厚，可以推为形式上的首领，于是强勉将他从床下拉出来，以手枪逼迫，非做〈都〉督不可。他那时只顾惜眼前的性命，也不管以后所虑的灭族了。干了一二月，看见各省风起云涌，群揭义旗，黎视以为这种可以干咧，野心因之勃发。以后杀张、方①，是报他们轻视他之仇。民国坏到这种地步，黎元洪勾结袁世凯之罪不能辞。再说我几十年前提倡革命的事。当时我在日本发起革命，除了少数英俊外，大家都掩耳疾走，以为乱臣贼子又生了。就是少数英俊也不敢自信自命革命党，所以当时名目叫做"同盟会"，这个名目真是不求甚解了。

　　今天诸君所研究的在确定革命主旨，使全国学生皆集于革命旗帜之下，努力进行。果然能够百折不回，则革命成功自可如志，外交自然不成问题。数十年前我亡命时，遇见暹罗外交次长，我告以中国要革命的理由，他说要是中国革命成功，暹罗愿为中国之一省。外交次长对亡命客所言如此，暹罗现今成为独立了。前几十年伊还在进贡，后因贡船在广州洋面被劫才止。可见中国若强，高丽、安南一定会要求我们准伊们加入中国，到那时日本也不欺负我们了。大家知道日本强了，我们为什么不能强呢？学生诸君切勿自馁，我们是黄帝的子孙，要素强大，行乎强大！二三十年前有一派人说中国决不能倡革命，要革命准会遭瓜分的，因为列强虎视眈眈，其欲逐逐。"瓜分"二字到现在影也无了，但是在当时却是反对革命的人的强固理由，如梁启超一派就是这种主张。他们又讲革命不是好干的。

---

　　①　即张振武、方维。

我们驳他们说，中国几千年来的朝代兴革，都不是革命么？不过在那时是一姓一朝的改革，现在却因民权自由的思朝〔潮〕，要做人民的革命罢了。现在共管之说同三十年前瓜分之说一样利害，我们也随着大嚷特嚷，我觉得太失大国之风了。他们要共管，就来共管罢了，怕他什么？倡共管之说的，是无世界知识的人。其实欧洲战争之后，各国百孔千疮，只有美国同日本还保持战前的地位，别的国差不多是病夫了。病夫能管我们么？那么除非我们也是病夫。我们不要太相信那些在中国的无聊的外国记者和商人的话。我记得当龙济光做广东将军的时候，从香港来了一个外国人，说要拜会他。龙氏赶忙带同翻译，招待外国人到花厅，设盛馔相待。闹了半天，翻译问他有什么事要同将军商量，他嗫嚅道："我来想替将军量衣服，我是裁缝。"

学生宜顾大体，宜努力革命。我不能多讲话，只就形式方面说，不要再用官僚的旗、官僚的歌。就精神方面说，我们是革命党。三民主义、五权宪法，学生诸君大半知道。只就民权一项说，我们要争回领土，要争回主权。刚才你们的宣言上说：中国是"半独立国"，其实错了。中国那里是半独立国？竟〔简〕直是殖民地罢了。安南是法国人的，高丽是日本人的，但是伊们都只服侍一个主人。我们主人多着哩，凡是从前订有约的都是我们的主人，我们是伊们的奴隶。这只怪满清，伊因为痛恨革命党，所以宁以主权给外人，不给家奴。凡此种种，在我们革命成功后自然是要论到的。其实日本太蠢，不要二十一条，只凭着条约藉口利益均沾主义即可。再如美国去年帮助我们，有华府会议①之召集。但国事只靠我们自己努力，不关外人帮助不帮助。学生做事，宜从有意识方面做起。五十年前的日本，二十年前的暹罗，还不及我们哩。从今天起，如果大家同心协力，十年以内中国可以为世界最强的国家。但是大家不相信这句话，我们同志也不相信这句话。广东人说我是"大炮"，"孙大炮"。诸君若信我的话，以日本为例，前三十年日本人只三千万，非常之愚昧，但是上从天皇，下至庶民，人人虚心，种种庶政机关几年〔乎〕尽用外国人。外国人坏的也有，可是好的真不少，做事极有功效。暹罗在二十年前，我到时刚用外人。现在他们两个统共是完全独立国了。

---

① 即华盛顿会议。

其实暹罗人口只七百余万，中有四百万人是中国子孙，地方还小于广州一府哩。我们中国改革不必学他们尽用洋人，我们中国的人才也许够用了。只因我们失却自信力，故效果少见。

诸君提起个人自信力，努力宣传，先从全国学生起，担当革命的重任。从前世界上有两个病夫，一是正〔近〕东的土耳其，一是远东的中国。现在近东的病夫因国民党革命奋斗之力，已脱却病态，攘臂入于诸列强之林了。远东病夫或从此脱却病症，成为健夫；或从此日就衰弱，竟至不起，这里责任全在诸君的身上！

据《孙先生在全国学生评议会之演说》，载上海《国民》（又名《国民周刊》）第一卷第十三号，一九二三年九月发行

附：另记录之一

今天是全国学生总会到广州举行第五届评议会的开幕礼，第一目标，是澄清政治。学生知道国事紧要，联合团体，来解决国事，这是中国的绝大希望。从前把满清推翻，大半为学生的力量。现在十二年来，人民痛苦，比清朝尤甚，其余种种像教育、实业等项，没有一件比清朝好。我看现在国内人民想念清朝，一年加一年，现在各省学生，知道联合来担任国事，学生之志之思想，是不错，但是否得到最好的方法，在广东开会，最好把这问题来研究一下。

一般人多谓中国之乱，皆为革命党造出来的，诸君应认清楚此问题，不然则大乱无已时。现在民国是少数服从多数的，如果学生服从多数人的意见，怕只有复辟的一法。我们无论到那处，问及童叟，无不谓现在不成世界，是因为没有皇帝。我们办国家事，是否从多数？我以为从多数，则恐非复辟不可。如果从多数，则三十余年前，我们同志也就不必革命了。我们在那时被大众骂为乱臣贼子哩！所以今天学生如果想达目的，须与多数的意见相反，学生是读书明理之人，学生如不能当先知先觉，而同流合污，则学生不足贵了。

你们学生今天应作先知先觉，发明真理，以引导社会、引导人群。如随波逐流，则无须乎有学生，更无须乎有学生的团体。中国之乱为什么做成的？各人所见虽不相同，但总括言之，说中国之乱，不是革命造出亦可；说是革命造出亦可，因革命未有成功所以乱。但是为什么不成功呢？则可说中国的乱是革命造出的，

如革命成功，则中国无乱了。可以历史证明之：美国血战多年，成功后美国遂太平了，中间虽有南北战争，但这乃是为人道、为人权而战，平后亦无事了。法国革命乱了七八十年，定后只有对外战争，国内是太平的。原来革命思想，无论一人二人发起，传到全国，这个思潮，已经发动，无论成功的时间长短，必要达到目的而后已。革命力量，是无可抵压的，譬如大石在山顶，如不推它，它绝不动，如推它落至半山而欲歇之，则不能了，非直落至山脚不可。中国要太平，非达到三民主义、五权宪法不可。现在一般官僚无不欲压制革命，以求平安，但无论如何，只可以抵制一时，将来必要达到目的。

今天学生联合起来担负国事，我看见你们的宣言，你们的目的不外：（一）挽救外交；（二）澄清内政。但我见此二问题，不能相提并论，我国现在有什么外交！外交是倚靠内政的，内政若好，外交自然得手；内政不好，无外交之可言。如中国内政好，何忧乎二十一条？比方一强有力的人被小孩子欺负，却向别人哭诉这小孩子欺负他，这成什么话！我们须先把中国弄强了，则外国自然不敢欺负，当我国全盛时，外国无有不畏中国的。几十年前我初到日本的时候，他们的父老称大中国国民，今则如何？我们受人欺负之原因，在国不强。但是人骂我，我同他对骂，这是庸夫。若受骂把以后〔以后把〕被骂的原因想一想，为什么他要骂我？这才是贤人。学生研究，须研究根本问题。根本问题为何？就是革命未成功，学生应使他成功，学生要负这个责任。

但革命为什么不成功呢？现在还有好多人不明白革命主义，就是诸君对于革命认识的也怕不大清晰。可以说几句，武昌革命本是我定期起义的，后因为被清朝官吏所破坏，当时同志被拿者三十多个，把机关之名册文件全拿去了。炮兵营全为革命党，因恐受祸，乃发动。当时没有兵枪子弹，后由熊秉坤君在友处借到二百颗，由炮兵营打起来。那时黎元洪守中立，还在武昌，全体兵士杀了满洲人，上海干部尚未到，乃由床底下找黎元洪出来做都督。黎初不肯做，后因威吓遂就职，数月后黎因侥悻遂干下去。至今之乱亦为此人。前几十年学生绝不敢言革命，我在东京发始革命的时候，赞成者只几人，但还不敢言革命二字，遂命团体之名为中国同盟会，对自己亦不敢自信革命是对的。今天学生研究国家问题，最大之国家问题怕是不畏惧革命的了，你们能令全国学生专心做革命么？如果革命成功，则从此以后中国太平了，何有外交失败之足云？我当十余年前亡命海外时，在暹罗见他外交次长，我说我现奉的使命就是革命。他说倘中国能强大，则我还当为你国的省。现在亚洲各国只有日本、暹罗能发奋图强，由小弱国变为强大国，国既强大外交自不成问题。我们素来是强大的，还是素强大行乎强大罢。从前几十年民治革命，反对的很多，梁启超就是其中之一，他说列强眈眈，如革命必遭瓜分。但现在革命十二年了，瓜分了没有？现在欧战以后，美洲各国自己不得了，痛苦比我们尤甚，列强只有美、日强盛，所有其余皆不得了。

学生不要怕外交失败，当要先清内政。要清内政，唯一的方法就是革命。事实上我就不承认五色旗为国旗，青天白日旗乃是我们的国旗，当使全国欢迎青天白日的旗帜，则革命始算成功。还有国歌，我不知谁定的，恐亦是官僚所定。现在尚在奋斗的时候，不用这些无价值的国旗国歌，传到太平了，始合全国英俊同定之。刚才我看见你们的宣言，说中国是半独立国，实际上中国完全是外国的殖民地，国人常为高丽、安南忧，实则中国比他不上，他们是法、日的属国之地，我中国则为列强十余国之殖民地，推翻二十一条，亦不见得可以恢复外交的地位。外交之得手，完由内政之清明，故以学生勿为排日之运动。但诸位不要误会，以为我为日本辩护，须知中国革命成功，他绝不能加我以欺负，不然，则纵有外国帮助亦不可行的。学生进行须从有意识的路程，不可从无意识的路程，现在所谓列强实不配我排斥的。盖国事随时而变，日本、暹罗从前何等弱，今则何如？我谓如中国人同心协力，十年尽可以成为最强盛之国。你们勿谓此话是假的。日本维新的时候，请许多外国人作事，什么海关邮政，皆是这些外国人所主持，遂把日本弄出明治维新来。当我初到暹罗的时候，他初用外国人，后来又闻用了很多，遂将什么治外法权、海关等等，尽行收了，现在已成为完全独立国。我们中国本强大的，人才很多，倘国人一致信仰十年强国，则自己实在可以解决国家的事。

你们学生能将解决国家的方法，宣传全国，使各地学生做革命的功夫，不出十年，中国一定太平了。所以我们今天希望你们做革命的事业，把革命的功夫交给你们做。从前外国人说世界上有两个病夫国：一是近东的土耳其；一是远东的中国。现在近东的病夫，因国民党奋斗之故，已脱却病态入于列强之林了。可是远东病夫国至今还在病中。我希望你们把这个病夫的病除去，恢复健全，雄立宇宙之间。

据《孙中山先生演说词》，载北京《新民国》
第一卷第一号，一九二三年十一月十五日出版

附：另记录之二

学生以国事为己任而担任国家大事，此事〈对〉中国前途最有希望。外国政治运动暨中国反满清革命，多赖学生之力。但近年中国纷扰，国人享安乐比前清不及，故复满思想日盛，复辟之事恐难免再见〔现〕。学生若能解释此纠纷之由来，使国人明白，当可免此祸。学生为有识阶级，用何方法以解将来之危局？此为今开会所应研究之大问题。或谓中国今日之现象由革命党造成，学生承认此说否？此亦应研究其真相。若只争外交，无济于事。因多数之人感受纠纷之苦，以为真命天子出方能太平，吾人在乡村间习闻此语多。若多数民意果真如此，即三十年前之革命为多事矣。

学生诸君今欲担任政治，已与此多数民意相反，但所贵乎为学生者，如古语所谓士为四民之首。今诸君既为四民之首，应有先知先觉之思想，若同流合污，随波逐流，则无进步，无进化。世界进化之所由来，系先知先觉者所发明之结果。一二百年来科学已发达，但近三四十年来，人类方悟天然之进化。惟天然之进化迟，人为之进化速。故学生界须具先知先觉之思想，以促人为之进化。今日学生应研究中国之乱象是否为革命党所造成，若真是革命党所造成，不过革命未成功而已，法、美两国可以为证。两国经过许多之历史，始革命成功，故至今太平。中国革命若能彻底，则决无尽日纷乱之现象，因革命思想一经发动，不可遏抑，非达到完全目的不止。革命思想乃人类进化之力量，中国未达到目的，故此种思想未能中止。譬如一山，山顶有一石，此石一动，非达平地不止，不能中途而压抑也。故中国革命须达到三民主义、五权宪法，方告成功。

现在国内各方欲谋统一，但其政策专以压抑革命力量，与中途压抑山石一例焉，安能收效成功哉！中国地广民众，安畏列强？只要内政修明，外交必迎刃而解。日本二十一条，本不成问题，中国求其撤销，何异于强汉与小童争执。强汉尚高呼小童欺我，岂非笑极之极！若中国内政修明，日本谄事之不遑。历史上四

夷来贡中国，以得入中国版图为荣幸。四十年前日本人称为大帝国民，今彼国青年忘祖宗荣我之美誉，我们勿失却大国民之风尚，效庸夫之对骂，须有包容万国之度量。查不丹、尼泊尔、科多尔等小国，在民国初年尚入贡中国，今斤斤与日本较量得失，将失却不丹、尼泊尔等国之信仰。故今日之先决问题在扫除军阀，整理内政，继续革命。惟革命之历史，诸君尚多未知（随即述武汉起义、东京中国同盟会之组织等历史，从略）。诸君既知当日武汉以来革命之不彻底，从今后之革命，干与不干，全在诸君。若继续干去，则全国学生共负革命责任。此问题决定，举国学生努力前途，何患革命不完全成功耶！

亚洲小国日本、暹罗，发奋为雄，均可立国。暹罗外交次长访余，谓若中国革命成功，暹罗愿附庸为我国之一省。可见亚洲小国之景仰我大国者，如是之热诚。我行我素，我国强大，行乎强大，外交问题可以不论。更举一例，二十年前保皇党之梁启超，力倡革命召瓜分之说。今革命矣，何尝有瓜分之事？故今日外国无聊商人及新闻记者所倡之列强共管说，亦不听之可也。

欧战而后，日、美尚有余力，其他所谓列强者已或病夫矣。我何畏哉？龙济光时，有一外人访龙，龙招待备至，彼外人受敬不安。但久坐不发一言，译者觉之，细问所以。伊云："此来只问龙公制置西衣否？"于是，译者遂送之出。此等笑话，实由平日畏惧外人过甚，故奉敬惟谨。今骤闻共管之说而惶恐者得毋类此。故今日种种外交问题，英、美不必排，只须全力解决内政问题。全国挂起青天白日的旗，便算革命完全成功。今日之五色旗为官僚的旗，此虽属形式之事，若每日崇拜此五色旗，无以兴起国人革命之观念。愿诸君组合团体，鼓舞其自信力，创造革命事业，恢复汉、唐之威风，则十年之后，中国定可以富强。近东病夫之土耳其国今已成为欧洲列强之一矣，远东病夫之中华民国亟当发奋为雄也！

据《大元帅在学生会之演词：勉励学生继续革命事业》，

载一九二三年八月二十二日上海《民国日报》第六版①

---

① 另见一九二三年八月十七日《广州民国日报》（六）所载《全国学生总会开幕纪盛（续昨）》，其内容与此相同，惟个别文字稍有出入。

欢迎鲍罗庭

在欢迎鲍罗庭①招待会的讲话

（俄　译　中）

（一九二三年十月九日）

在座苏联诸君来自一个短时期内成功地结束了内战，并在世界诸强国中占据应有地位之国家。苏俄不愧为中国之榜样。

> 据亚·伊·切列潘诺夫（А. И. Черепанов）著，中国社会科学院近代史研究所翻译室译：《中国国民革命军的北伐——一个驻华军事顾问的札记》，北京，中国社会科学出版社一九八一年五月出版

附载：比较中俄革命之成功及现状以奋力猛进

廖仲恺代表孙文在中国国民党党员恳亲大会的训词

（一九二三年十月十日）

今日大元帅有恙，不克出席，着兄弟代致训辞。

各位亦知本党何由成立乎？本党与他党之差别在何处乎？各同志于此二点当要分别极清才得。须知本党成立，非用一群人争私利以结会在〔社〕。盖我党以三民主义揭橥而号召，基斯主义而成立者也。成立之后，欲达我主义之目的，是以吾侪不拘于一地成功或一时成功，抛却头颅，倾家救国，视为无上之职志。有此实行主义特点，所以与其他党不同。惟是我党员要知与人不同之处，不可就片面观察而言，必要从事实上实行努力做去，庶能表见我党之真精神、真主义，此

---

① 鲍罗庭（Михаил Маркович Вородин），亦译作鲍罗廷，联共（布）党员，共产国际驻中国代表。一九二三年十月十八日孙文委任其为国民党组织教练员。

与别党不同之确定点也。

顾我党原始于同盟会。查之党史，经过二十余年之事功，做成共和民国。回思民国十二年过去，究竟是否三民主义已经完成，吾主义已经得达目的否乎？此为极有价值之问题。观乎李宁①之以实行革命相号召，迹其所为，亦有与我三民主义暗相吻合。其党员能为其主义而奋斗，故能以最促之时间，奠俄国巩固之初基。试考俄国六年前历史如何，目下俄国比我国之成功及现状如何，可作一比例。各同志须知俄当在皇室压制之下，俄先烈本不敢望有急速之成功。即以俄之军警，比之满洲及近今军阀，其防备训练尤属精密。西伯利亚沙漠之地，彼每年流往之人数不可计算。然其成功，则由于能力行信仰三民主义之真精神，一旦时机可乘，一举之劳，将万斤压力翻掉。且当时之俄国尚有外国压制，如欧洲数②年前对德之社会主义之国一般受迫，有十八路兵，以推倒俄之社会主义，卒不能胜。夫以俄版图不及万方里地方，乃二年之内，革命党党员达数十万，是以能使俄专制政府片甲无存。若俄不有此三民真精神真主义，何以有今日之新气象耶？惟俄尤注重民信〔生〕主义，故其奏功如是之速。然而吾侪之民族主义，不止推倒满洲而告已达目的，尚要从经济上做工夫。我侪觉得民信〔生〕主义为成功之基本位。当满清时代，惟驻兵于各省，对于土地所有权仍归之吾侪，且禁止满人营商业。是满人只知以政治迫吾人，而经济不迫吾人也。今日试问吾人受经济之压迫为如何？受经济、政治之压迫又如何？想必有所感受，而图除此一切经济之迫压也。

兄弟再述民权主义。夫欧美、俄国革命，从前之思想皆欲得选举权，以达政治上之目的。近今又有所谓出庭票者，所谓取得司法权也。吾人醉心欧美，若曰能得一选举权足以了事，然而于大家生活上无若何之变化与裨益。吾人须知得民权，还要达到经济上平权。苟未得选举权，便诩人曰目的已达，未免欺骗同志。后俄人能实事求是，努力去办，此其所以能达到其主义之目的也。

兄弟再述民生主义。此主义达到美处，不穷不尽，如能达到此境，则吾人之幸福无穷。吾人到处得自由，以自己劳力博权利。人生数十年寿命，如不能达民生主义之乐境，以享天赋之幸福，直同牛羊竞争耳！盖民生主义旨趣，人能为相

---

① 今译作列宁。

② 此处删去一衍字"百"。

当之劳力，即得相当之幸福。俄、法虽不能尽美尽善，然亦有可为吾人仿效而引为鉴者。但俄仅六年运动而呈效。

　　回顾我国十二年来，国民之抵抗力及奋斗之成绩计不如人之处甚远，况今日之北庭贿选①已成，皆利中国人之弱点，故歹人得以害国。观察景象，则所谓民信〔生〕主义者又为如何？猪仔议员非国人所举，亦非国人监督，中国之民权主义居于何地乎？吾国民挂民国之牌已十二年，今日之景象糟到这步田地，将使三民主义皆不行耶？今日为双十节，追念既往，其感想又为如何？吾党须知救国即自救，责无旁贷，自今以后，自责自罚，对于不能达到目的之处引咎自归。以吾国国情较之俄国，改革事宜当属便利。惟其成功，实因有数十万党员，故其效较速。愿吾人奋力猛进，毋让美于人。此总理之训意也。

据《开会日廖仲恺先生奉总理命宣示训词》，载邓泽如：《中
国国民党二十年史迹》，上海，正中书局一九四八年六月出版

改革国旗的讲话

（一九二三年十月十一日）

　　先由改革国旗入手，将五色旗改为青天白日②，昭告天下，借表示青白之意。

据《孙中山拟改国旗之经过》，载一九二
三年十月十三日长沙《大公报》第二版

---

　　①　一九二三年十月五日，直系在北京以巨款贿赂国会议员选举直系首领曹锟为民国总统，受贿议员被时人斥为猪仔议员。同月十日，曹锟在北京怀仁堂就此职。

　　②　青天白日旗为陆皓东设计，作为清末兴中会反清起义的军旗。一九〇六年同盟会讨论国旗样式，孙文为青天白日旗增添红色，构成青天白日满地红旗。同盟会南方支部在华南组织起义，即以此作为革命军旗帜。一九一二年中华民国成立后，定红、黄、蓝、白、黑五色旗为国旗。一九一四年孙文组织中华革命党，以青天白日满地红旗作为国旗，以青天白日旗作为党旗。一九二一年五月五日，孙文在广州建立中华民国正式政府，曾宣布以青天白日满地红旗作为国旗，并指五色旗是前清官旗。不过，五色旗仍流行于全国乃至广东，故孙文主张从更换国旗入手。

党员要人格高尚并注重宣传才能得人心

在广州中国国民党恳亲大会的演说①

（一九二三年十月十五日）②

同志诸君：

今天是本党恳亲大会继续开会的日期。诸君这次到广东来开恳亲大会，是要做一些什么事呢？诸君要知道应该做些什么事，便先要知道本党是什么性质。本党自成立以来，始终都是革命党。辛亥年革命推翻满清、创造民国，一直到今日，徒有民国之名，毫无民国之实。关于民国的幸福，人民丝毫都没有享到。今年是民国十二年。在这十二年之中，人民不但是没有享民国的幸福，并且各省发生战事，到处都有兵变，年年都是受痛苦。这是什么原故呢？就是由于革命没有成功。因为革命没有成功，所以真正的民国无从建设。我们从此要建设民国，所以还要来革命。民国一天没有建设好，本党就要奋斗一天。诸君都是本党的党员，便要担负这个奋斗的责任。

本党最发达的地方是海外各埠。海外华侨很多的地方都有中国国民党。华侨的思想开通较早，明白本党的主义在先，所以他们革命也是在先，每次起革命都是得海外同志的力量。但是本党在辛亥年革命能够推翻满清、创造民国，何以十二年以来不能一气呵成，建设民国呢？就是因为国内大多数人民还不明白民国的道理，不了解本党的主义。因为大多数人民不了解本党的主义，所以本党在中国革命，从前的破坏成功，现在的建设不能成功。我们要本党的革命自破坏以至建设彻底做成功，还要国内外同志大多数都担负这个责任，更行努力去奋斗。

本党政府此刻建设在广东，在这个政府所管辖之地，国内人民加入本党者寥

---

① 中国国民党恳亲大会由广东支部发起，十月十日在广州第一公园（今名人民公园）开幕，为期七天。十五日孙文莅会发表演说，并参观大会举办的党员画家高剑父、陈树人等人的美术作品展览。演说词由黄昌谷笔记。

② 底本未说明演说时间，今据一九二三年十月十七日《广州民国日报》（三）所载《大元帅在国民党恳亲会演词》确定。

寥无几。回想南京政府成立之时，本党的党务该是何等发达，本党的气象该是何等蓬勃！何以本党在南京政府之时便那样兴盛，此刻在广东反不如前呢？原因就是在本党份子此刻过于复杂，党内的人格太不齐，令外人看不起，所以外人都不情愿加入，帮助本党来奋斗。譬如许多党员总是想做大官，如果是得志的，做了大官便心满意足。这些党员的心理，以为达到了做官的目的，革命事业便算了结一样。若是不得志的，不能做大官，便反对本党，去赞成敌党。至于热心党务、真正为本党主义去奋斗的固然是很不少，但是大多数党员都是以加入本党为做官的终南捷径。因为加入本党的目的都是在做官，所以党员的人格便非常卑劣，本党的份子便非常复杂。诸君现在这地开恳亲大会，要想振兴党务，讨论的事件当然是很多，照本总理看起来，最要紧的事，是应该乘此机会把那些不良的份子设法去淘汰。那些不良的份子都淘汰完了，留下来的份子自然是很优秀的，大家从此便可以振作精神，一致为主义去奋斗。做党员的精神是在什么地方呢？就是能够为主义去牺牲。大家为党做事，事无大小，必须持以毅力，彻底做成功。平日立志，应该想做大事，不可想做大官。如果存心做大官，便失去党员的真精神。

本总理向来主张以党治国。以党治国的这一说，是什么意思呢？是不是所有的党员都要做官，才算是治国呢？如果党员的存心都以为要用党人做官，才算是以党治国，那种思想便是大错。大家都知道，满人灭了中国之后，就是以满清治中国。试问当满清的时候，全国所有的大官是不是都用满洲人去做，才算是满清治中国呢？完全不是的。最初满清入关的时候，便用洪承畴治中国。洪承畴是什么人呢？洪承畴就是汉人。到了后来，满清更用许多汉人来治中国。推到春秋战国的时候，有很多国家都是聘用客卿治国，像李斯相秦、楚材晋用，都是用外来的人治国家。因为要某人做某官，就是要那一个人去做那一件事。如果那个人的才能可以做那件事，才可以俾他做那个官。若是他的才能不能做那件事，他一定要去做那个官，便是不胜任，便没有好结果。好像诸君在家内要有好菜吃，便要专请一个好厨子；要做好衣穿，便要专请一个好裁缝；要做好屋住，便要专请一个好建筑工程师。这些厨子、裁缝和建筑工程师的任务，在诸君自己家内的人不能够说都可以做得到。诸君自己家内的人，不能够说都要做厨子、裁缝和建筑工程师。诸君要请厨子、裁缝和建筑工程师，家内的人便不能一定要反对。国就是大众的一个大家庭，国事就是和家事一样。如果说要党员做官才算是以党治国，那么本党的党员现在有三十多万，广东的知县只有九十多个，其余的大官更是很少，用这样少的官怎么能够分配到这样多的党员呢？所谓以党治国，并不是要党员都做官，然后中国才可以治；是要本党的主义实行，全国人都遵守本党的主义，中国然后才可以治。简而言之，以党治国并不是用本党的党员治国，是用本党的主义治国，诸君要辨别得很清楚。至于本党党员若是确为人才，能胜大任的，自当优先任用，以便实行本党的主义。倘若有一件事发生，在一个时机或者一个地方，于本党中求不出相当人才，自非借才于党外不可。

本党自成立以来，在国内进步很慢，在海外进步很快，但是到民国以后就是海外进步也不很快。这是什么原故呢？就是由于一般华侨党员自以为革命成功，我是党员应该得官做，如果得不到官做便心灰意懒，失却原来奋斗的精神。所以弄到海外各处党务至今都没有朝气，各处都是暮气很深，前途是很危险的。我们要除去现在的暮气，恢复朝气，便要诸君恢复从前为党奋斗之精神，要存心做大事，不可存心做大官，然后本党才可望蒸蒸日上，不致失败。若长此以往，本党前途便很危险，便要失败。本党革命在十二年以前，过去的失败不知道有了多少次。譬如在辛亥年，假若有好方法能实行以党治国，我相信从南京政府以后，决不致弄到今日，像这样的大失败。但是失之东隅，还可以收之桑榆，亡羊补牢，还未为晚。诸君在广东开恳亲大会，能够研究从前的错误，赶快改良，所谓"以前种种譬如昨日死，以后种种譬如今日生"，从今日以后便消灭以往的错误，从新振作精神，发奋有为，本党前途还是有无穷的大希望。

本党自成立以来，成功的次数少，失败的次数多。现在得到广东这片干净土做我们的策源地，可算是一个小小的成功。诸君这次到此地来开恳亲大会，也是一个不易得的机会。试问这个地盘今天归我们所有，将来能不能够保守呢？诸君今年在此地开恳亲大会，明年还可不可以再在此地开恳亲大会呢？以后可不可以永远在此地开恳亲大会呢？这个"可不可以"没有别的问题，只问我们自己能不能够尽心尽力，求一个保守这个地盘的方法。如果能够求得保守这个地盘的方法，并且把那个方法能够发扬光大，诸君此后不但是年年可以在广东开恳亲大会，并且可以把这个恳亲大会移到南京、北京去开。这个保守地盘的方法是什么呢？就是在得人心。人心一得，这个地盘便永远归我们所有，别人便争夺不去。人心一失，这个地盘便要归别人所有，不但是诸君不能再来开恳亲大会，就是本党的无论什么事业都不能在此地做。人心就是立国的大根本。辛亥年满清之所以亡，是亡于他们失去了这个根本；民国之所以成，就是成于我们得到了这个根本。我们现在要保守这个地盘，便要得广东的人心。以后要扩充这个地盘，吸收各省，统一全国，便要得各省的人心，得全国的人心。

得人心的方法很多，第一是要本党现在的党员，人格高尚，行为正大。不可居心发财，想做大官；要立志牺牲，想做大事，使全国佩服，全国人都信仰。然后本党的基础才能够巩固，本党的地盘才能够保守。我每次要诸君革命，总是劝诸君牺牲。今日说要牺牲，明日也说要牺牲，究竟要牺牲到什么时候为止境呢？民国一天没有建设成功，三民主义一天没有完全实行，我们的牺牲便没有一天的止境。要三民主义完全实行，我们革命彻底成功，那才是我们牺牲的止境，那才是我们牺牲的报酬。

第二是要诸君注重宣传，教本党以外的人都明白本党的主义，欢迎本党的主义，然后本党施行主义便无阻力，便无反抗。本党在辛亥年革命成功的道理，就是由于一般先烈自己能够牺牲，为主义去奋斗，并且把本党的主义宣传到全国人民，令全国人心都赞成革命。所以武昌起义一经发动，便全国响应。当时武昌的革命军，没有离开武昌一步，没有打到各省，各省便同时响应来革命，就是由于各省人民受过了本党主义的宣传。现在本党放弃宣传，这是一个大错误。至于不肖党员，行为不正，或假本党党员名义在外招谣〔摇〕，更是失全国人心的大原因。

本总理知道，本党党员固然不能说是人人都好，但是相信本党的主义的确是适合中国国情、顺应世界潮流、建设新国家一个最完全的主义。诸君把这个主义宣传到全国，使全国人民都赞成，全国人民都欢迎，便是用这个主义去统一全国人民的心理。到了全国人民的心理都被本党统一了，本党自然可以统一全国，实行三民主义，建设一个驾乎欧美之上的真民国。要达这个目的，便要诸君实行普遍的宣传。宣传就是劝人。要劝世人都明白本党主义，都来倾向本党，便要诸君自己先明白三民主义、五权宪法，知道怎么样去宣传。到了知道怎么样去宣传，那便是宣传人才。要有很多的宣传人才，非要办一个宣传学校，慢慢的养成不可。依我看，诸君今天开这样的盛会，要有好成绩，最要紧的事是先办一个宣传学校，养成这种人才。如果这种学校办成了，我在每星期之中也可以抽出多少时间到学校来演讲，担负教师的责任。

我从前提倡革命，常常遇到很多的反对人。过细考察那些反对人的心理，大概都是挟持成见，不肯改变。我总是用尽方法去开导，反复规劝，以至于了解而后已，并且把那些最反对的心理变成最赞成的心理，热心为本党尽力，替本党的主义去奋斗。由这样看起来，此刻想实行本党主义，要从这个恳亲会闭会以后本党的党务便能够进步，还是非从宣传上做工夫不可。宣传工夫，就是以党治国的第一步工夫。现在广东的人民号称三千万，本党党员有三十万，如果一个人能够宣传十个人，在一年之后便可以得三百万人的同志，在三年之后便可以得一千五百万人的同志。有了一千五百万人的同志，就是广东的人心有了一半来归化本党；到了广东的人心有一半归化本党，本党便可实行以党治粤。再用一千五百万做基本，推广到各省去宣传，一传十，十传百，百传千，不到三五年，便可以传到四万万。到了四万〈万〉人都受过了本党的宣传，四万万人的心理便要归化本党；到了四万万人的心理都归化本党，本党便可实行以党治国。现在广东的三千万人之中，真正明白本党主义的人几几乎不及三万，只有①千分之一，力量实在是太薄弱；但是能够利用这三万人做基本，到处去宣传，还是很有效力，前途还是很有希望。譬如本党从前在日本组织同盟会，所得的会员不过一万多学生，他们回国之后到各省去宣传，便收辛亥年武昌起义登高一呼全国响应、不到半年全国就统一的大效果。由这样看起来，革命的发起人不怕少，只要大家负起责任来，到各处去宣传，前途总是很有希望的。

我们从前去革命，不但是自己的性命难保，并且还有抄家灭族的危险。我们从前有那样的大危险，还能够去革命，那是什么原故呢？就是由于我们富于牺牲的精神。因为我们有很大的牺牲精神，所以后来革命能够成功。我们现在革命要像以前的一样成功，那么今天的恳亲会不但是形式上要振作精神，并且要大家从

---

①　此处删一衍字"三"。

今天起，把从前的牺牲精神再恢复起来。如果大家恢复了从前的牺牲精神，便不怕有什么难事，便不愁现在的革命做不成功。我们无论做什么事，只要问心无愧，凭真理去做，就是牺牲了还是很荣耀。像黄花冈①的七十二烈士，打死孚琦的温生财，为主义去革命，成仁取义，留名千古，至今谁人不敬仰他们呢？就是千载之后，谁人又不去纪念他们呢？他们那些人的牺牲，真是虽死犹生，死在九泉之下都是很瞑目的。古人说："死有重于泰山，有轻于鸿毛。"盖人类牺牲的价值，有比生命还要贵重的就是真理和名誉。七十二烈士和温生财为真理和名誉而死，他们死后的酬报不只是立纪念的石碑；革命成功，中国富强，全国人民都可以享幸福，那就是他们的大酬报！我们要得将来的大酬报，眼前便不能不牺牲。那种大酬报不是一年两年就可以得到的，或者要十年八年、二十年才可以得到。凡百事业，收效愈速，利益愈小；收效愈迟，利益愈大。我们革命要收国强民富的大利益，眼光便要远大，要为十年百年之后来打算，不要为眼前来打算。

　　我们国民党就是革命党。革命的方法有军事的奋斗，有宣传的奋斗。军事的奋斗是推翻不良的政府，赶走一般军阀官僚；宣传的奋斗是改变不良的社会，感化人群。要消灭那一般军阀，军事的奋斗固然是很重要，但是改造国家，还要根本上自人民的心理改造起，所以感化人群的奋斗更是重要。因为这个原因，诸君从今以后，便要尽力去宣传，介绍国人加入本党。在一年之中不要做很多的事，只要一个人感化十个人，介绍十个人入党。我想一个人介绍十个人不是难事。再过一年二年以后，便是以十传百，百传千，推广到全国，那就是全国的人心完全被本党所感化。到了全国的人心都归化于本党，就是本党革命成功之日。

据《总理对恳亲大会训词》，载广州《中国国民党周刊》第二十六期，一九二四年六月二十二日印行②

----

①　亦作黄花岗。

②　该刊编者附识："去年十月孙总理在国民党恳亲大会所讲演的训词，各报都曾登过，但当时记述错误很多，简直失了原旨。日前总理特命黄昌谷君修正一过，复手加删改，故复补登于此。"

附：另一记录

我请鲍君做我党的训练员①，使之训练我党同志。鲍君办党极有经验，望各同志牺牲自己的成见，诚意去学他。今日各区分部之成立，时间虽甚短，而据各位同志之报告，其成绩已大有可观。若继此以往，我党终有最后胜利之一日。鲍君对我说，如能假以六个月时间，可以将广州市变成最巩固之地盘，不独广州如此，在一年间或二年间将此革命精神普遍于全国，则我国革命成功虽迟于俄国，而终是成功。俄国与中国皆是大国，将来成功也必一样。

据《在国民党广东支部恳亲大会上的致词》，载陈旭麓、郝盛潮主编，王耿雄等编：《孙中山集外集》，上海，上海人民出版社一九九〇年七月出版②

检讨党务不振之因欲效法俄人以党治国

对广州中国国民党党务讨论会代表的演说③

（一九二三年十月十六日）

自民国成立以前，本党时有进步，民国成立以后反日见退步，此无可讳言。本党自来于军事上罕获胜利，然前此每经一次失败，即精神上多一次胜利。征诸事实，第一次在广州举义失败，遍受亲朋唾骂，咸诋为大逆不道。第二次在惠州失败，则已变唾骂为怜惜。及第三次以后，如黄冈、钦廉、河口、镇南关诸役，

---

① 孙文聘任鲍罗庭为"国民党组织训练员"。

② 按：《孙中山集外集》所据底本为"《新民国》第一卷第二号"（其他一些孙文著作集亦仿此），查该杂志的出版地在北京，一卷二号的出版时间是一九二三年十二月三十日。然而，该期杂志并无刊载此文，当属误记。兹暂存于此，留考。

③ 根据孙文指示，在国民党恳亲大会举行期间另组织党务讨论会，邀各省及海外党员代表共同研究本党改进问题。十六日午后，孙文召集参加讨论会代表百余人，至陆海军大元帅大本营（士敏土厂）右侧草坪开会，聆听他的训示。党务讨论会共进行七天，通过决议案二十六件。

居然有人筹助军饷，是为逐次进步之征。然屡次革命均遭失败，至武汉举义各省响应，无意中反得成功。因及期事泄，党人多被捕杀，干部人物逃往上海，事将解散矣。工程营及炮兵营因惧祸及，遂先发难，炮击督署，两湖总督瑞徵〔澂〕及统制张彪①先后逃遁。时干部尚在上海，乏人主持。黎先〔元〕洪见事急，匿屋中床下，党人搜索得之，以其协统②也，劫之以兵，使权都督篆。无几何北兵南下，汉口、汉阳相继失陷，武昌岌岌，黎元洪几走者数矣。干部急往解围，一面出师攻克金陵③。袁世凯派员议和，并盛倡君主立宪之说，以饵南军。余力持和议非是，无已，亦必使清廷退位，然后可以言和。此当日之实况也。

顾成功以后，本党势力未见增进，推思其故，殆有三端：

（一）党中缺乏组织。此盖由于当日革命党人多属留学生，自由平等之见深入脑中，以为党员当绝对自由，一切联络维系之法弃而不讲，其缺点即在于此。故其时多重用老官僚，以老官僚有经验，犹胜于革命党之无组织也。夫自由既属可贵，如空气然，不得则死。然中西历史不同。西国政府对于人民事事干涉，故西人重视自由，有"不自由毋宁死"之说，其历史之战争多自由之战争。若中国则不然。中国个人向极自由，以其得之极易，故不知宝贵，历史上为自由而战者，自秦末一役以后殆不数数觏。故吾国人之于自由正患其多，不患其少。何则？个人有自由，则团体无自由故也。吾人既为国民之一分子，又为本党之一党员，当牺牲个人之自由，以薪国家之安全、党务之发展。吾国自推倒满清以来，国家尚不能独立，故华侨之旅居外国者多受外人压制，因国家不自由，而个人之自由亦不能保，其害不亦彰昭较著乎！吾居日京④时尝倡此说，党员多不以为然，余屡加辨驳，犹不达斯旨。后群托日友宫崎寅藏质予，谓："先生既教人革命以求自由，今乃反对自由，不与革命之旨相刺谬乎？"予乃譬以慈善家向人捐募以益己私，是非慈善，乃劫掠耳。革命党只图一己之自由，而不顾公众之自由，其弊亦犹是也。众始相恍以解。是故自由一也，须随时制宜；随时制宜，行之始有利而

---

① 张彪原为湖北新军第八镇统制，一九一〇年升任湖北提督。
② 武昌起义时，黎元洪任湖北新军第二十一混成协统领，"协统"系协之统领简称。
③ 金陵，南京旧称。
④ 日本首都，即东京。

无弊，不可一概论也。

（二）光复时有一种谬说，谓"革命军起，革命党消"。此说倡自热心赞助革命之官僚某君，而本党党员黄克强、宋渔父、章太炎①等咸起而和之，当时几视为天经地义。自改组国民党②，本党完全变为政党，革命精神遂以消失。袁世凯并倡军人不入党之论，以防止革命，因得肆无忌惮，帝制自为，皆此说阶之厉也。试观俄国革命以来之历史如何，即可以证此说之全无价值矣。

（三）本党之基础未固。党之基础何在？在于军队。俄国革命党能以一百英里之地应十八面之敌，三数年间卒将内乱外患次第戡定者，因其军队全属党人故也。去年苏维埃政府为正本清源计，曾将淘汰一次，当时因假冒党员被革除军籍者三十万人，虽间有调查不实、革出后因而自杀者，亦可见俄政府办理此事之谨严矣。设无此庞大之党军，苏俄③之势力必无今日之盛。故吾党宣传功夫，此后应亟从军队着手，庶可以立统一之基础，愿各同志注意此着。

基上述三种原因，故十年来党务不能尽量发展。观之俄国，吾人殊有愧色。俄国革命六年，其成绩既如此伟大；吾国革命十二年，成绩无甚可述。故此后欲以党治国，应效法俄人。首须立远大之眼光，不可斤斤于目前之小利。昔吾在欧时遇俄革命党某君，彼询吾中国革命期以若干年成功，吾答以三十年。吾意三十年之期已久，讵彼反讶其速。吾乃转以俄国革命之年期叩彼，某君曰："自吾今日起无日无时不行革命，亦须期诸百年，然后可成。"吾乃大愧服，以其志趣之远大也。

盖革命为非常事业，苟获成功，其所贻留于后世者，远出巨万金钞之上。常人只知积金钞以遗子孙，不知金钞之为物最不可靠，如吾粤之潘、卢、伍、叶④，

① 黄兴，字克强；宋教仁，号渔父；章炳麟，号太炎。

② 此指一九一二年八月中国同盟会与其他五党合并而成的"国民党"，与一九一九年十月中华革命党改组为中国国民党而简称"国民党"者不同。

③ 苏俄（The Soviet Russia），俄罗斯苏维埃联邦社会主义共和国（The Russian Soviet Federated Socialist Republic）之简称；一九二二年十二月三十日，苏俄联合其他社会主义共和国组成苏维埃社会主义共和国联盟（The Union of Soviet Socialist Republics），简称苏联（The Soviet Union）。

④ 此指清代后期广东四大豪富家族，亦即十三行四大行商：同文行—同孚行（潘振承、子潘有度）、广利行（卢观恒、子卢棨荣）、怡和行（伍秉鉴、子伍崇曜）、义成行（叶上林）。

家资均千万以上，至今日其子孙尚有流为乞丐者。若实行三民主义、五权宪法，可使世世利食无穷，人人饮食居处均极丰赡，无贫困转徙之虑。同为子孙计，而有效、无效悬绝如此，吾人亦可知所别择矣。昔文王①以百里王天下，即以其能施行仁政，使万民皆蒙乐利也。故吾国人追思往古，动称唐虞三代②，其时确为太平盛世，人人安居乐业，为后世所不可企及。本党目的即在达到此种境地。总之为党员者，须一意办党，不可贪图做官，并当牺牲一己之自由，以谋公众之自由。现既觉悟前此种种之失，今后益当振刷精神，实行奋斗，一味向上发展，从此一步一步做去，前途实有无穷之希望也。

据《大元帅党务进行之训示》，连载一九二三年
十月二十二、二十四日《广州民国日报》（三）

附：另一记录

革命党之沿革，以陆皓东为革命党先进，史坚如次之，自是继起者大不乏人。但党员中未免有多少误解，致党务未臻完全发达，其误解之点即属平等、自由。吾人以后当力谋大多数人之平等、自由，而不可谋各个人之平等、自由，并当抱定以党治国，将来宜使全国国民皆加入党籍，行一种全民政治，则国事乃有可为，而吾党目的始得达到。

据《大元帅对党务会议之演词》，载一九二
三年十月十八日《广州民国日报》（三）

---

① 文王原姓姬名昌，商朝所属周国西伯，周灭商后被追尊为文王。
② 指唐、虞及夏、商、周三代。

人格救国与地方自治

在广州欢迎中华基督教青年会第九次全国大会代表的演说①

（一九二三年十月二十日）②

中国基督教青年会诸君：

今天欢迎诸君，蒙诸君光临，兄弟是很荣幸的。兄弟今天在广州开这个欢迎会是用两种资格：一种是代表西南诸省，用西南行政首长的资格；二种是代表中国国民党，用国民党领袖的资格来欢迎中国青年会全体诸君。就你们青年会说，可以被人欢迎之点极多，不是一言可以说得尽的。专拿青年会的宗旨讲，是用体育、智育、德育三项标题来救国，就是这一件便应该被人欢迎。所以青年会是我们想救国的党人所应该欢迎的。救国事业从前用大多数的号召，在国内进行的很少，只有国民党全体主张舍身救国。民国成立十多年，没有大团体表示来救国。用大团体表示来救国，在广州开会这是头一次。所以国民党对于这项表示，是特别欢迎的。

我们人类的天职，是应该做些什么事呢？最重要的就是要令人群社会天天进步。要人类天天进步的方法，当然是在合大家力量，用一种宗旨互相劝勉，彼此身体力行，造成顶好的人格。人类的人格既好，社会当然进步。我们社会经过古今许多人群的改良，自草昧初开以至现在，已经进步了的很多。但是现在社会的道德范围，还没有进步到极点。就人类的来源讲，基督教说世界人类是上帝六日造成的。近来科学中的进化论家说，人类是由极单简的动物慢慢变成复杂的动物，

---

① 该大会主办单位为上海"中华基督教青年会全国协会"，原于一八九六年十一月举行青年会第一次全国大会时成立"中国学塾基督幼徒会"，一九一五年十一月召开第七次全国大会时改用今名。一九二三年十月十七日至二十一日在广州岭南大学举行第九次全国大会，确定"人格救国"为会议主题，出席代表百余人。二十日下午，孙文在广东省议会开茶话会欢迎全体代表。

② 底本未说明演说时间，今据中华基督教青年会全国协会主办的上海《青年进步》第六十七期（一九二三年十一月出版）所载《第九次青年会全国大会志略》确定。

以至于猩猩，更进而成人。由动物变到人类至今还不甚久，所以人的本源便是动物，所赋的天性便有多少动物性质。换一句话说，就是人本来是兽，所以带有多少兽性，人性很少。我们要人类进步，是在造就高尚人格。要人类有高尚人格，就在减少兽性，增多人性。没有兽性，自然不至于作恶。完全是人性，自然道德高尚。道德既高尚，所做的事情当然是向轨道而行，日日求进步，所谓"人为万物之灵"。

科学和宗教冲突之点，就在所见人类来源之不同。由这一点所见之不同，便生出科学与宗教之争，至今还没有止境。惟是人类的知识是天天进步的，今日人类的知识和古时大不相同。今日人类的知识多是科学的知识，古时人类的知识多是宗教的感觉。科学的知识不服从迷信，对于一件事，须用观察和实验的方法过细去研究，研究屡次不错，始认定为知识。宗教的感觉专是服从古人的经传，古人所说的话不管他是对不对，总是服从，所以说是迷信。就宗教和科学比较起来，科学自然较优。譬如现在我们用眼光看远方之物，多用千里镜帮助，看得很清楚。千里镜是近来科学发明的，古时没有科学，所以没有千里镜，看远方之物当然不及现在看得清楚。这就是宗教不及科学。因为这样的原故，现在宗教知道专迷信古人经传之不方便的地方很多，便有主张更改新旧约的，推广约中的文字范围，以补古人所说之不足。至于宗教的优点，是讲到人同神的关系或同天的关系，古人所谓"天人一体"。依进化的道理推测起来，人是由动物进化而成，既成人形，当从人形更进化而入于神圣。是故欲造成人格，必当消灭兽性，发生神性，那么才算是人类进步到了极点。

中国青年会是美国人介绍过来的，现在各省很发达，中国会员有七八万人，团结起来已经成了一个很坚固的团体。兄弟在二三十年前便和这个团体来往，这个团体中的朋友也很多。但那个时候一些朋友，如果讲到国事，便说我们不问政治，所以不谈国事。我们革命的人听了，便很以为奇怪，便猜疑起来，究竟青年会所做的是些什么事情呢？结合这个团体是什么用意呢？后来我有一次到美国，遇到选举总统的时候，看见无论那一界的人民，想知道对于某地某人运动总统，某地对于某人选举票数的多少，种种新闻，每分钟每秒钟都是非常注意，其热心选举胜败之状态真是举国若狂，而青年会的会员尤其热心讨论。讨论选举总统，是不是谈政治呢？是不是想与闻国事呢？而介绍到中国来的青年会便说不问政治，我也莫明其妙。

"政治"二字的意思，译成英文是 politics。英文 politics 的意思很广，用途很多。譬如我从前有一次在外国人家内吃晚饭，吃完之后，主妇对他的家人说："No family politics tonight." 这句话直翻译过来，便是"今晚不谈家庭政治"。就讲话的意思翻译过来，便是"今晚不谈家庭是非"。故就 politics 这个字讲，有三个意思：一个是国政，就是政府中所行的国家大事；一个是党争，就是政党中彼此所用的诡谋；一个是说是非，就是像以前所举的家庭是非之例。外国人普遍把是非都说是 politics，因为不想谈人的是非，所以说"No politics"。我们中国留学生在外国，听到说"No politics"的话太多，不过细研究这个字用时的意思，一回到国内便说外国人都不谈政治，所以我们不问政治。试问外国人果真不问政治？为什么欧战期内，在中国的各国人都回去舍身打仗呢？舍身打仗是不是问政治呢？再者在中国传教的有德国人、法国人、英国人、美国人，他们的教堂虽然不同，他们所奉的神都是耶稣上帝，所以他们本国之内所奉的宗教都是大概相同。到了开战之后，各国教徒还是各卫其国，彼此残杀。就这个情形说，是宗教为重呢，还是政治为重呢？宗教徒是不是问政治呢？宗教徒是问政治的。所以今晚兄弟也来同诸君谈一谈政治。

说到政治，便要讲国家。国家的责任是设立政府，为人民谋幸福。政府这个东西，近来各国学者有的说是可以保护人民，代谋幸福，主张是应该有的。有的说是干涉人民的幸福，威权太大，应该把他减少，减少至于零便主张不应该有，而成无政府。这项学说在俄国顶发达，因为他们从前的专制政府过于暴虐，要打破他，便主张无政府。究竟政府在人类中是有没有用呢？在座诸君是主张改良人类来救国家的，自然不说政府是无用的。人民在国家之内，国家根基所以能稳固之理，便是在人民的文明进步，互相团结，拱卫国家。人民的文明进步在人民的自身本来可以做得到，不过有了政府，加以提倡和辅助的工夫，进步得更快。所以我们要社会的文明很高，人类进步得很快，政府不是无用的。如果有了良政府，社会的文明便有进步，便进步得很快。若是有了不良政府，社会的文明便进步得很慢，便没有进步。这种成例，今古中外极多。在我们中国，自有史四千余年以来，社会极文明的时候莫如周朝。那时候种种哲学和科学的文物制度，外国到今日才有的，中国三千年以前便老早有了。我们推究周朝何以有那么好的文明呢？便是因为有文、武、成、康①的良政府。到了秦始皇焚书坑〔坑〕儒以后，政府便不良，文明便退化。弄到古时已经有了的文明到后来几几乎绝迹。到了满清政府，更是一代不如一代，几几乎有亡国灭种之忧。十二年前许多志士要救国保种，便去革命，推倒满清，成立民国，想用人民自己的能力去挽救国家。但是民国成立了十二年以来，徒有民国之名，毫无民国之实。满清政府虽然已经推倒，满清的余毒还未肃清，所有留存下来的官僚武人都把政府霸占住了。所以民国还不是在人民之手，完全是在武人官僚之手。我们从前因为有革命志士的奋斗，所以不亡于满清政府之手。以后如果不继续奋斗，便要亡于满清武人官僚之手。我们要那一般武人官僚不亡中国，便要请大家同心协力去奋斗。

青年会的宗旨注重体育、智育、德育三项，改良人类来救国，是全国所欢迎的。国家是人类凑合而成，人人都有机会可以造成一个好国家。我们要造成一个好国家，便先要人人有好人格。中国的团体中有好人格的就是青年会，所以青年会是造成好国家的好团体。青年会的会员已经有了七八万人，这七八万人中不能说个个程度都齐，但我相信总有几千人是有好人格的。因为这几千人才的提倡，所以令青年会成了一个有人格的团体，所以令全国有志的青年多喜入会造成好人格。我们要问政治的人，想中国改良成一个好国家，便是想得有一个机会，令四万万人都变成好人格。这个方法是在什么地方呢？要正本清源，自根本上做工夫，便是在改良人格来救国。这便是以国家全体变成青年会，然后多数国民的人格才能够养成，然后四万万人才都有人格。外国人到中国来，从前还没有想到这着，诸君已经想到这着并且做到这着，所以改良人格来救国这一说，当是中国的出产物。

中国青年会是美国传来的。美国经过欧战之后，是世界上第一个富强的国家。人民不必管国家的事情，不必代政府去奋斗，便可享头等国民资格的尊荣，所以美国人对于管国事的道理便不传到中国来。但是美国有良政府，中国的政府不良。

---

①　周文王姬昌、周武王姬发、周成王姬诵、周康王姬钊。文王为商朝所属周国西伯，余者系周朝建立后最早的三位君主。

青年会在美国便可学美国人一样，至于在中国能不能学美国人一样呢？诸君有已经到过美国的，都记得到美国境上岸的时候，无论所坐的船位是那一等，美国人便来盘问："你是中国人呀？是日本人呢？"如果是日本人，便可自由上岸。果如〔如果〕是中国人，便要入关检查，必须麻烦好几日，始可自由上岸。兄弟有一次到美国，在关内住过了三星期，但我还是很徼倖的。有不幸的，甚至空花旅费、光阴和所受检查的种种痛苦，见到美国而不能上岸，由原船送回中国。美国人主张智育、德育、体育，组织青年会来改良个人社会，这是很好的。但是不可专学美国人只管自己，不管国事，因为他们和我们的地位有大大的不相同。我们就是出外旅行，如果他们知道是中国人，就是像从前旧金山的大旅馆也不许我们住。和上海从前的外国公园便写出招牌说："狗同中国人不许入。"像这样一想，便知道中国人在世界上是什么地位！

　　讲到中国人口有四万万，文明有四千多年的历史，为什么我们的国际地位一落千丈呢？这就是因为我们中国人不自振作，所谓"堕落"。堕落的原因就是在不讲人格。我们要恢复国际的地位，须要我们不堕落；要不堕落，便先要讲人格。青年会在中国已经成立了二十余年，会员的人格固然不能说人人都好，或者有一部分不好，但是全体的人格是已经养成了。全体的人格既经养成，究竟有什么用处呢？来做些什么事呢？你们应该做的事，简单的说，就是你们所主张的"人格救国"。中国人的人格堕落已极，像那些官僚武人只知道升官发财，自私自利，什么国事都不管，人格是不是堕落呢？我们要救国，必先要除去他们。要除去他们，不是一两个人可以做得到的。所以我们不可专靠个人去救国，必须要大多数同心协力去做，这就是应该以青年会的团体去救国。

　　讲到团体救国，国民党为国牺牲身家，是最诚心诚意去救国的。党中最著明〔名〕的人物，就有黄花冈七十二烈士。七十二烈士之前，更有陆浩〔皓〕东、史坚如。陆浩〔皓〕东、史坚如是青年会的会员，又兼国民党的党员，所以他们是以青年会的人格和国民党的资格来牺牲的。但是青年会的会员也有走到北京去做官的。他们那些做官的会员，拿陆浩〔皓〕东、史坚如比较起来，人格是不是有壤天〔天壤〕之别呢？假如那些做官的会员走到香港、广东来，安见不能做陆浩〔皓〕东、史坚如呢？所以我们一生做事，万不可走错了路。如果不走错路，便可来救国。什么人来救国，都是被人欢迎的。国民党的分子虽然很复杂，但是没有革命之前，各党员已经知道有抄家灭族的危险，还要加入来救国。故在革命之前，他们的人格是很被人欢迎的。到了革命之后，各党员知道没有抄家灭族的危险，只有升官发财的好处，所以分子越变越复杂。这次国民党在广州开大会，当中所讨论最重要之问题，就是要想方法来淘汰他们。如果这一层能够做到，便可以和你们青年会并驾齐驱。

兄弟对于青年会是有很大希望的。此时在广州开会，讨论的问题自然很多，万不可徒托空言，散会之后便不理他，必须各回各的地方，实行用青年会所提倡的人格去救国。到底青年会有没有这项能力呢？就我三十多年革命的经验看来，青年会实在有这项能力。诸君不可把自己的能力看轻了，实在是可以做得到的。但是诸君的能力究竟在什么地方呢？就青年会的历史说，成立已经有了二十多年，至今始提倡救国，不知我们国民党做革命救国事业已经有了二十多年，至今也还没有成功。但是诸君如果自今天发起来救国，还不为迟，且正合其时。因为现在的情形和从前大不相同。譬如就城市的交通讲，我们从前革命的时候，广州只有轿子，没有汽车，现在便有了汽车。我们要到一处地方，是坐轿子快些呀，还是坐汽车快些呢？坐汽车当然是快些。现在无论做什么事，都是容易些、快些。所以诸君现在来救国，成功极快，好比是坐汽车。我们国民党坐轿子，用二十年走的路，还没有走到。你们坐汽车，一下便可以走到。

至如我们国民党从前革命，各省响应，把满清政府已经消灭了，而满清留下来的官僚武人还没有消灭，所以弄到民国至今有名无实，国民党所主张的民国还没有做成功。现在四川在国民党手内，湖南也在国民党手内，两广更不必说，就是其他各省欢迎三民主义的也是很多。像这样说，国民党的武力虽然失败，国民党的主义还没有失败。然而仍未大功告成者，其原因究竟在什么地方呢？这个原因单简的说，便是在全国大多数人民还不十分明白革命的道理，人民不明白革命道理的原因，便是在没有普遍的宣传。如果国民党有青年会的完全组织，到处宣传革命的道理，使人民十分了解，人民自然欢迎我们的主义来建设民国，民国当老早成功了。贵会在二十二行省之内都有很完备的机关，宣传你们的主义，使全国青年子弟明白你们救国的道理，这就是你们救国的能力。我们革命的总机关从前设在日本东京，当时有一万多人，发起救国，提倡革命的风潮。这万余人不久便回到国内，分散各省，宣传我们的主义。那时候牺牲的精神很大，所以一经武汉发起，便把满清政府推翻。到革命之后，牺牲的精神渐渐消灭，所以我们的能力渐渐减少。而且做国民党员是要杀头的，做青年会员是不怕杀头的，因之我们想推〔扩〕充党员，比你们增加会员不知道难几多倍。至于现在国民党范围之内的各省分，做国民党员虽然不至杀头，但是人人都以入党为做官的终南捷径，所以分子更复杂。以青年会容易扩充会员之情形说，如果大家合力奋斗去救国，是很有希望的。

不过要想救国，必须把自己的长处用在适当的地方去做，然后才有好成绩。若是用之不当，就是以你们现在这样大的能力，到十年二十年之后恐怕没有好成绩。从前庄子说："宋人有善为不龟手之药者，世世以洴澼絖为事。客闻之，请置〔买〕其方百金。聚族而谋曰：'我世世为洴澼絖，不过数金，今一朝而鬻技百金，请与之。'〈客得之〉，以说吴王。越有难，吴王使之将，冬与越人水战，大破〔败〕越人，裂地而封之。能不龟手，一也；或以封，或不免于洴澼絖，则所用之异也。"①这几句话的意思，就是保护手在冬天不至破裂的那种药，宋人用之不适当，世世仅供漂布后涂手之用。吴人用之适当，便供水兵冬天耐战之用，而得一个国家。你们青年会这样大的能力，如果用得其当，便可以救国，便可以用青年会的全体来救国。

兄弟今天对于诸君有一个贡献。诸君在没有听到这个贡献之先，勿以为我是国民党的领袖，国民党向来革命是用手枪炸弹的，即以为我贡献到诸君的也是要诸君去用手枪炸弹，那便错了。这个方法我们已经做过了。诸君都知道，改良社会可以分作破坏和建设两部分。破坏的事，我们国民党已经做过；建设的事，还一点儿都没有做。过细分起来，千头万绪，不过当中有一件最重要的事。我们要知道这件最重要的是什么事，须先要明白我们的国情。

现在北京城内，是曹琨〔锟〕做中华民国的大总统了。"中华民国"这个名词是兄弟从前创称的，这个名词到底是什么东西呢？诸君自然知道中华民国和中

---

① 引自《庄子》"内篇·逍遥游第一"，衍文及讹字据原文勘正。

华帝国不同，帝国是以皇帝一人为主，民国是以四万万人为主。我们要想是真正以人民为主，造成一个驾乎万国之上的国家，必须要国家的政治做成一个"全民政治"。世界上把全民政治说到最完全最单简的，莫过于美国大总统林肯所说的"of the people, by the people, for the people"。这个意思译成中文，便是"民有、民治、民享"。就我们现在国情和这三层意思解释起来，自推翻满清政府成立民国以来，可以说是民有一层已经做到了。十二年以来，政府之内都是武人官僚把持，人民不但是不能管国事，并且日日受兵灾之祸，流离失所，何能够说到民治、民享呢？真正的全民政治必须先要有民治，然后才能够说真是民有，真是民享。最近北京政府所颁布的伪宪法①，第一条载明"中华民国主权为国民全体所有"，这还是抄袭我从前在南京颁布的《临时约法》。至于国家的行政，都是由曹琨〔锟〕、吴佩孚任用满清的官僚和猪仔议员去办理，人民能不能够治，能不能够享呢？所以现在的中华民国，还是官治、政客治、武人治，不是民治。现在国民党的党员都集中广东来打仗，便是因为武人专制，反对民治，广东十几年来总是受一般武人官僚的专制，不能施行民治。我们要打破他，所以连年用兵，因此人民便连年受兵灾的痛苦，不能建设，对于政府便生出极怨恨的心理。我们想求真正民治，一劳永逸，故不得不让人民暂时受这种痛苦。至于一般普通人民和满清留下来的官僚，程度太低，眼光太小，求苟且偷安之计，以为暂享目前太平便算民治，那便完全错了。真正民治是要兄弟所主张的民权主义能够极端做到，可以让人民在本地方自治，那才完事。现在民权主义能不能有一点儿可以实行呢？是不能的。不能实行民权主义，便不能说是民治，不是民治怎么可以说是民国呢？

诸君讲人格救国，我相信诸君团体的人格是很充分的。拿充分的团体人格来做救国的事业，兄弟所要贡献到诸君的方法，就是"地方自治"。兄弟所主张的地方自治，是在兵事完结之后，把全国一千六百多县都画分开，将地方上的事情让本地方人民自己去治，政府毫不干涉。但十余年来总没有这个机会可以办到。现在广东有了这个机会，难处是在人才不足。兄弟所希望于诸君的，是要诸君转教全国的人民怎么样分县自治。如果一千六百多县，县县都可以自治，中华民国

---

① 指十月十日曹锟在北京就任总统后颁布的《中华民国宪法》。

便自然成立。如果全国的人民不能自治，总是要靠官治，中华民国便永远不能成立。

现在北京许多官僚以为要救国治国，非做总理、总长不可。现在做过总理、总长的已经不少了，那一个能够救国治国呢？就是兄弟个人在开国的时候便做总统，以后更做总裁、总统，都没有做到很多治国的事情。所以我现在相信建设民国，不是完全从上面可以做得到的。以后建设民国，还是要从下面做起来。中国人普通的心理，以为无论什么事都是要从上做起。譬如造房子，下面没有动土，没有做墙基，便老早搭一个空架子，先要上梁，上了梁之后，然后再来做下部。是不是做事自上而下呢？外国人就不然，要做房子，先要从下做起。兄弟有一次看见一个乡下人到上海的洋街上玩，他看见有许多工人在一处空地方挖土，挖到很深，他便奇怪起来，问旁边的人说："怎么在这样热闹的街上挖鱼塘呢？"旁边上海人说："他们不是挖鱼塘呵，他们是筑屋基来做洋房呵！"可见中国普通人只知道做房子是先要从上起，不知道外国人做大房子，是先要筑一层很坚固的屋基，从下做起，然后一层加一层，便做成一栋高大的洋房。诸君想救国，现在已经知道地方自治的方法，又有青年会团体的能力，那么去实行地方自治还缺少什么呢？单简的说，就是要懂地方自治中一切细微目〔末〕节的人才。譬如广州在这两三年军事期内，组织市政厅做广州市自治的事情，因为懂办市政的人才不少，所以近来的成绩，凡是游过广州的外国人没有一个不惊奇的。倘若国家太平，更求进步，成绩当更有可观，现在不过是用广州市来试验试验罢了。诸君在青年会研究体育、智育、德育之外，喜欢做地方事情的人，还要组织一个地方自治研究会，或办一个地方自治学校，来造就这项专门人材。如果办到一年，便可得不少的人才，至多办到三年，一定可以造就很多的人才。倘若人才造成了，到我的这处来投效，只要我像现在在广东一样有权用你们，我一定给一县或者两三县让你们去试验试验。有了成绩，再推广到全省以至于全国，那么中华民国便可以大治。诸君要想救国，便要先学治国。如果不知道治国，就是诸君得了一块土地，也不知道从那里治起。

中国现在四分五裂，实在不成一个国家。吴佩孚想用武力来统一，究竟可不可以成功呢？就中国历史看起来，一定是不成功的。譬如楚汉相争的时候，项羽的兵力本来比刘邦人〔大〕的多，但是后来结果项羽何以失败呢？刘邦何以成功呢？最简单的原因，就是项羽专靠武力，刘邦入关之后便约法三章，事事总是宽宏大量，以得民心为主。就是最近袁世凯的兵力又何等大呢，为什么洪宪帝国只有八十三日便没有了呢？可见武力是不可靠的。再用历史来证明，诸君都知道："王不待大，汤以七十里，文王以百里。"用七十里和百里这样小的土地来做根本，何以能统一中国呢？就是因为成汤和文王都有很好的政治。诸君想救国，拿很小的地方来施行良政治，广东很可以给你们几县做试验品。这个方法，我们国民党老早已经想到了，因为没有多人才，所以没有施行。青年会已经有了这些人才，想来救国，必须要存一种"文王百里而王"的心思，才可以治中国。诸君学成了的人才，再去教普通人民以自治的知识，须要学教士传教的方法慢慢做去。我想用青年会的组织这样做去，全国人民的自治能力是一定可以培养成功的。全国人民有了自治能力，便是全国人民有了民国的国民资格。国家也好像是一个大青年会，必须要全国的人民都要有体育、智育、德育的人格才好。诸君今天听到这地，万万不可随便忘记了，必须要决定去实行。

兄弟今天欢迎中国基督教青年会诸君，就是这些贡献。千万希望诸君采纳这些贡献，去实行救国。如果诸君都做到了这些贡献，那便不算是空开了这个欢迎会，兄弟便恭祝诸君人格救国成功！

据《孙大元帅对全国青年联合会演说词》，铅印本（非卖品）①

附：另一记录

此次青年会各代先〔表〕来集大会于广州，余以国民资格，极诚欢迎，更以国民党党员资格，极诚欢迎。国民党自始即为人格而奋斗，而青年会以三育为宗旨，尤以道德为依归，此为本党所同，亦为本党所钦佩。此次大会总题为人格救国，国内以团体表示人格救国，是为第一，本党之所欢迎。余本基督教徒，宗教

---

① 此为在广州印行的初刊本，未标出版时间。另见一九二三年十一月十三、十六、二十日《广州民国日报》（二）连载的《孙大元帅对全国青年联合会演说词》，其内容相同而错漏字较多。

与科学，根本上并行不悖。旧约观念虽较谬悖，然其书为宗教之书，且成于数千年前，万不能以今日之眼光批评之。其时科学幼稚，不足责也。宗教有人天交通之义，有大力，能涵育人类成人。诸君今联全国之团体而来，为人格奋斗，是诚全国之所希望也。昔者，青年会对于国家问题，恒不顾问，以为青年会为社会机关，不当问政治。然而青年会为中国之领袖团体，中国青年又曷可不问政治？

青年会来自欧美，美国选举大总统，青年会之旗帜，飘扬满街。是美国之青年会，未尝不问政治也。欧战时，青年会干事大都充军，青年会行于各国，其宗旨大略相同。而一旦有事，则以国家为重，不问宗教，前之相号召以友谊者，不幸而引枪机相向矣。是欧洲青年会未尝不问政治也。

国家为物，非仅土地而已，人民有主治之权。道德固亟需，而非先有良政治，则道德阻滞，未由进步，故救国必当先救政府。今者，虽有倡无政府主义者，然政府之利益甚多，处国数繁多之地球上，政府未可废也。有良政府，则有大发展。观夫成周时代，文明不下今日之欧美，其明证也。

国民党革命而成民国，然今日之民国，曷尝具民国之实？仍是满洲遗留之毒，一般官僚，足以亡民国而有余也。故国民党并未成功，今日正是国民大家起来救国之时。青年会以人格救国为标题，诚全国国人之福。青年会虽自欧美来，而"人格救国"一义，则土产也。夫国为最大之团体，造成此团体的人，而国始得救。青年会之在今日，余敢谓乃吾国唯一造成人格之学校，望四万万同胞，咸有入此学校之机，则中国为国，庶有豸矣。虽然，青年会之发展，诚已甚大，会员诚已甚多，而在四万万国民中，则犹其少焉者也。青年会之团体内，提倡人格；而在乎青年会之外者，则堕落日甚。其将奈何？是当着手于基督教精神，多造机会，陶冶国民人格，改良政治，此则救国之根本办法也。恶政治焉能有好人格？希望青年会之进行救国，当自根本下手，勿入歧途。试看青年会人物之卷入政治漩涡，而堕其人格者，比比皆是，可信吾言之不诬也。

吾今贡献于青年会者，须知救国唯一之道在自治，在地方自治。吾国民党之主张，本为全民政治，所谓三民主义者是，然而今已失败矣。可希望者，实青年会。庄子不龟手之喻，虽属寓言，但青年会实为不龟手之药，宜于洴澼絖乎，抑作较大之应用乎，全在青年会之自为。青年会与社会甚密切，颇已风行十八省。

国民党之失败，失败于与社会不密切，其主义未能普遍也。倘国民党二十余年以来，有如青年会之地位，其成功当不止今日之现象。国民党之救国，已历若干经验，青年会兹言救国，望勿再走国民党已走之路。譬如交通，已有汽车，则二十年之轿，可以不坐也。吾甚信青年会确有救国之能力。吾党健者，如黄花岗死义之烈士，其中不乏为青年会之会员，可见其陶冶人格之功，早著良绩。惜哉，其不早着手于救国也。国民党自民国以后，复杂份子竞进，国民党亦为之污秽。近者方拟澄清之，是以开国民党恳亲大会。幸而成功，则与青年会并驾齐驱以救国；其不成，天也，幸青年会努力图之。

青年会实行救国，有一最善方法。方法维何？即特开地方自治研究班，由一县而渐及全省，以至全国，此非绝无希望之事。文王以百里王，其明证也。广东今已着手试验，成否未可必，而要以缺乏人才为最，故望青年会全国团体造成之。青年会团体人格已成立，救国重在实行，可望其目的终能达到也。

据《第九次青年会全国大会志略》，载上海《青年进步》第六十七期，一九二三年十一月出版

广东善后问题

在广州大本营对各界人士的演说

（一九二三年十月二十九日）

广州自沈鸿英叛变，久未与诸君会晤。当时沈分三路进攻广州，为我军击退，追至韶关。无何陈军起惠州，又移师东指，北军再寇源潭，又由东调北，耽延至今。现计陈军有三数万人，右翼由河源攻迥龙，正面则在惠州马鞍，左翼则在淡水平湖，意图大举，故此次实为生死最后的决战。幸河源方面敌人已被我军扑灭，惠阳亦无事，惟有小部分陈军窜入广九路线新安、平湖一带，大抵数日亦可击退。此方陈军一退，即全局收束。北方无力，陈军无力，广东可定，只有土匪须办善后耳。半年来，东西北三面受敌，广东不啻与全国反对共和者决战，幸能克敌，实出意外。将来即使再有广州之战，我亦可决其不败。

　　然兵家胜负难料，变幻不测，设如广州被迫，斯时则与惠州受灾异。盖民党以广东为策源地，总要大家同生共死。自军兴以后，粤民供给饷糈已多。现军饷无可搜罗，官产亦已垂尽，至有天怒人怨之象，实堪痛恨。今又闻陈军有大款一宗，可供二十日作战之用，胜则成，不胜则败。而我则财力将尽，所幸者兵力较优不虞失败耳。凡势力，以天势（水灾与地震）为最大，政治次之，二者非人力所能抵抗。今民党立基于广东，人民无可反对之余地，且我辈所图者，因欲民治主义成功，为救国事业，于尔辈有益。即如满清入主，我粤民亦服从之百十年，今我顺天应人，更无反对之理。

　　我国古代豪杰有志于天下者，动辄曰化家为国，此则君主专制时代家天下之思想，在古人之心目中无怪其然。今日之潮流则反乎是，必须化国为家而后可。所谓化国为家者，即以国视同自己一家，有事同干，有福同享，一国安宁富厚，则个人亦安宁富厚。诸君试观欧美进步的国家，其人民之安乐为何如乎？少有所长，老有所养，未成年以前，国家设校以教之；壮岁以往，有各种农、工、商以役之；至于衰老，国家有年金以养之。现今英、美、法国大抵如此。至若俄国则更进步，其目的在使人人享受经济上平等之幸福，而无不均之患。语其大成，则与孔子所谓"大同"相类。以中国之大，人民之众，革命战争终结以后，谓能追踪俄国与否，则吾不敢断言。若如英、美、法、日等国，则不难几及。彼等国家之中，无有流氓、乞丐散见于通衢重巷者，虽曰人民程度不同，然亦因国家政治有以维护其生存之机会，使不至堕落也。凡人谋生不辍，不徒为其本身，且以为其后嗣。以为苟有财产遗留，则后嗣之不饥不寒可保。故人人自谋，不暇谋国，遂流为一种个人主义。顾自谋之益，究属有限，今试问潘、卢、伍、叶数家，百十年前所谓富甲全省者，及今仅经四五代，而子孙不名一钱流为乞丐，其家产田庐，尚有存否？自谋若潘、卢、伍、叶四家者，可以知矣，而其子孙结果如是。是知不为自谋，不为子孙谋，则亦已耳；若为自谋及子孙谋，则必由为国家谋始。国家富强，则人人享其利，如英、美、法、日。其上者，如将来之俄国。

　　今我粤数月来，所以不能实行民治者，盖无日不在兵间，即无日不须供饷。故筹款手段，无法不施，人民致受痛苦。然而一旦恶势力返来广东，则人民愈苦，地方愈糜烂矣。兵争若将了，则筹办善后为急务，凡关于民政一切事项，须请政、绅、军各团体会商。惠、潮收复，则土匪十日可平。故欲各界今日实行大联合，筹办善后。现到会甚少，请诸君归而召集各界，速即举出人员，成立一会。至其办法，则官产已罄，只存零星小数，关涉贫民，又无济于事。统计善后之款，须得三百万至五百万元。盖所有军队，一要安罪，二要遣散。盖客军为广东效劳，既须酬谢回籍，又须送行，方尽主客之谊。其次政治之整顿，亦非财不行，官产既无可卖，赋税增抽，又恐骚扰。故余以为大家出而帮忙，或先行垫出。总之讨论良法，如大众协办，则一人捐一元，三千万人即得三千万元矣。若谓论人难收，则可间接由货物捐助出。如各界肯担任，则不啻为广东做一善事。如此次办理无效，则人民痛苦愈加，今日不可不为自家作事也。

革命党主义，排除满清，欲致富强。十二年来，所以不能致富强者，多由前清余孽尚活，小皇帝如曹、吴①等尚未倒，今非彻底推倒不可。人民与国家息息相关，不可各惜身家也。昨年陈军请余下野，滇、桂各军不平，毅然攻之，因当时余不在广州，遂遗患至今。革命党势力在广东，永难消灭陈军，则一败涂地。俄国六年革命，卒于成功，一劳永逸。所以今日宜望诸君同心协力，为四万万人造幸福。现拟发起广东善后委员会，今日到会者作委员。赞成者请举手（当场全体举手，该会遂告成立）。

据《大元帅召集各界会议详记》，载一九二
三年十一月七日上海《民国日报》第三版

听从命令讨贼雪耻

在石龙前线对滇军将领的讲话②

（一九二三年十一月四日）③

诸君知今日之战何为乎？以义讨贼也，为国也。滇军将领之思想学问是否胜

---

① 即曹锟、吴佩孚。

② 一九二三年十月下旬，陈炯明军队从惠州等地反攻滇桂讨贼联军。十一月三日，陈军前锋进逼广州附近的石龙，孙文亲赴该地督战，同月六日始返回广州。

③ 本讲话日期据底本及有关报载酌定。

陈军将领？滇军士兵之学术经验是否过陈家军？盖胜之过之也。以如此者而与如彼者敌，犹有顿挫，讵非大耻？诸君能忍此大辱则已，否则当听吾命。

据李烈钧纂，大元帅府参谋本部编纂：《孙大元帅
戡乱记》，广州，广东测量局一九二四年九月印行

我军素质优于敌军断无不胜之理

在东莞茶山前线对讨贼军将士的演说①

（一九二三年十一月四日）

敌方指挥者多出于草莽，缺乏军事学识，兵士又多为土匪，毫无纪律，不过乌合之众。我军统率者则均出身于国内外陆军学校，学识经验非常丰富，而兵士又个个饱受教育，训练有素，纪律严整，实为国家节制之师。两相比较，胜负之数无待蓍龟。汝们既为国军，应替国家出力，扫除此扰地方之土匪，方算尽天职。汝们能本此决心，奋勇而前，断无不胜之理。

据《大元帅茶山督战之回溯》，载一九二
三年十一月七日《广州民国日报》（三）

---

① 十月二十二日，陈军攻陷茶山，孙文随即部署兵力进行反攻。十一月四日下午，他从石龙行营往茶山前线，对准备出击的讨贼军进行作战动员，演说后即下令冲锋。诸将士深受鼓舞，勇气倍增，击败陈军，收复失地。

从速实现吾党良好的组织与训练

廖仲恺代表孙文在广州市全体国民党员大会的训词①

（一九二三年十一月十一日）

本党自同盟会起，迄于今日，名义数更，组织屡变，个人与团体的牺牲亦既巨且多，虽其中屡起屡蹶，又复屡起。然试看本总理自奔走革命以来，于兹数十载，今日须鬓斑然，仍须沾渍锋镝于沙场血泊中，则是本党十数年来所牺牲以较诸今日所获效果，未免得不偿失矣。

考本党不进原因约有二事，组织之未备也，训练之未周也，皆其重且大者。兹就组织方面言，曩者吾党组织，形式上似部别整然，然实际则不特以全党事务委一人之手，且以一人而供孤注，其不失败、不陨越者几希！然则吾党同人今后当知所鉴，当自信吾党主义固有绝大把握，但能组织完善则收效正大，否则恐终不能通力合作也。诸君试思，今日吾党革命之成功实以外洋支部为原动力，总理撑搘于内，外洋援助于外，彼外洋支部所以得而援助者，以有较完备之组织耳。吾人既知组织之未完〈备〉，当思有以改善，务使以前党员活动由上而下的形式，一反为由下而上。盖总理非有硕大无朋之力，必须吾党同人先固其本，然后可望有成。至于训练方面，譬如军队，先自排营，后至师旅，此种训练盖从基础着手，则本党训练之程序又何独异？是总理以为本党主义将来是否呈功，胥以此问题能否实行为标准。

---

① 　一九二三年十月，孙文委任廖仲恺、汪精卫、张继、戴季陶、李大钊等五人为国民党改组委员，负责办理党本部改组事宜；同月成立国民党临时中央执行委员会，委派胡汉民、邓泽如、林森、廖仲恺、谭平山、陈树人、孙科、吴铁城、杨树堪等九名委员以及汪精卫、李大钊、谢英伯、古应芬、许崇清等五名候补委员（十一月又增派林云陔、冯自由、徐苏中、林直勉、谢良牧等五名候补委员），孙文任主席，并聘请苏联政府派遣来华的鲍罗庭任"国民党组织训练员"。十一月十一日下午，临时中央执行委员会召开党员大会，由廖仲恺主持，到会一千五百余人。此时孙文因讨贼军对陈炯明叛军作战不利，亲往东莞县石龙行营督师，特派廖仲恺代为宣达训词。廖当时兼任军政府筹饷总局总办、广东省长，会前一日曾就训词内容赴石龙向孙文请示。

现在前敌披猖，将士劳瘁，吾人处此军事倥偬时期，自当整理内部以为后方接济，牺牲个人私利而为国家谋幸福。某项租税之应缴者，宜亟跃输，将勿有吝意。盖财政充裕则军民又〔乂〕安，财政困难则乱象继起，本党亦不免有动摇之势。果尔，试问犁庭扫穴之期，更待何日耶？本党目前虽有种种困难，惟吾党人正当制胜此困难，向前奋斗，作人的进化而勿作物的发达。盖物的发达是由无抵抗的方面去，而人的进化则由有抵抗的方面去，此即人类奋斗之旨也。

总理甚愿吾党良好的组织与训练从速实现，尤愿吾党同志各尽厥职，或为口头上之鼓吹，或为文字上之宣传，阐我党纲，扬我党誉，俾本党日臻于昌盛。斯则总理之所殷殷仰望于同志诸君者也！

据《中国国民党广州市全体党员大会议》，载广州《国民党周刊》第一期，一九二三年十一月二十五日印行①

失败必重来

对广东社团代表的讲话

（一九二三年十一月十六日）

此次即失败，亦必卷土重来。以名单之潜势力，种子散布各处，所谓百足之虫至死不僵，其言非虚。

据《粤局紧急中之各消息》，载一九二三年十一月十六日上海《申报》（十）

---

① 按：此系创刊号，一九二四年二月二十四日（第九期）起改名《中国国民党周刊》。

依靠党员奋斗并以人民心力为基础

在广州大本营对国民党员的演说①

（一九二三年十一月二十五日）

各位同志：

此次吾党改组，志在将本党势力在中国内地各省尽力扩充。向来本党势力多在海外，故吾党在海外有地盘、有同志，而中国内地势力甚为薄弱。所以吾党历年在国内的奋斗，专用兵力。兵力胜利，吾党随之胜利；兵力失败，则吾党亦随之失败。故此次吾党改组唯一之目的，在乎不单独倚靠兵力，要倚靠吾党本身力量。

所谓吾党本身力量者，就是人民的心力。吾党从今以后，要以人民的心力为吾党力量，要用人民心力奋斗。人民的心力与兵力，二者可以并行不悖。但两者之间究竟应以何者为基础？应以何者为最足靠？自然当以人民的心力做基础，为最足靠。若单独倚靠兵力是不足靠的，因为兵力胜败无常。吾党必要先有一种基本力量做基础，然后兵力有足靠之希望。假使没有一种基本力量做基础，虽有兵力亦不足恃。

吾党在国内以兵力奋斗而胜利者，已有三次。武昌起义，推翻满清，建设共和，是吾党兵力成功的第一次。袁氏称帝，讨袁军兴，推翻洪宪，是吾党兵力成功的第二次。张勋复辟，吾党提倡护法，其后徐氏②退位，以至陈炯明谋叛，北方武人亦承认护法，是吾党兵力成功的第三次。但三次之成功，皆不能达革命之目的。是兵力虽成功而革命仍未成功，因为吾党尚欠缺力量之故。所欠缺者是何种力量？就是人民心力。当时中国人民不赞成革命，多数人民不为革命而奋斗。革命行动欠缺人民心力，无异无源之水，无根之木。即如近几天，陈逆炯明率其部下迫攻广州，以作孤注之一掷，我军本其奋斗精神与之抵抗，已将陈逆部队打得七零八落，在广州方面亦可说是兵力的成功。但将来能收得效果若干，将来结

---

①　本演说词由谭平山笔记。

②　即徐世昌。

果如何，诚不能预定；且将来所得结果是善果抑是恶果，亦不能预定。所以吾党想立于不败之地，今后奋斗的途径必先要得民心，要国内人民与吾党同一个志愿，要使国内人民皆与吾党合作，同为革命而奋斗，必如此方可以成功。且必有此力量，革命方可以决其成功。盖以兵力战斗而成功是不足靠的，以党员力量奋斗而成功是足靠的。质而言之，靠兵力不得谓之成功，靠党员方是成功。即以兵力打胜仗非真成功，以党员打胜仗方是真成功。

如何是以党员打胜仗？就是凡属党员皆负一种责任，人人皆为党而奋斗，人人皆为党的主义而宣传。一个党员努力为吾党主义宣传，能感化一千几百人。此一千几百人亦努力为吾党主义宣传，再能感化数十万人或数百万人。如此推去，吾党主义自能普遍于全中国人民。此种奋斗可谓之"以主义征服"。以主义征服，是人民心悦诚服，所谓"得其心者得其民，得其民者得其国"，就是这个道理。

中国自辛亥革命以至今日已经过十二年，而国内纠纷愈甚，政治、经济诸端反呈退化现象，其原因何在？简括言之，即是吾党奋斗未曾成功之故。在辛亥革命以前吾党党员非不奋斗，但自辛亥革命以后热心消灭，奋斗之精神逐渐丧失，人人皆以为辛亥革命推翻满清便是革命成功，革命事业不肯继续做去，这是最大的原因。至此等错误思想发生的原因，不能不稍详细说明。

回忆武昌起义时，我从海外遄返上海，当时长江南北莫不赞成革命，即如上海一隅，虽至腐败之老官僚亦出而为革命奔走。惟当我初抵上海时，凡吾党同志以至绅商学各界，甚而至于一班老官僚都一齐来欢迎。其中有一官僚极郑重的对人说："好极了！现在革命军起，革命党消灭了。"我当时亦听闻此话，甚为诧异。不久则见所谓革命党人所办的报馆、所赖以指导国内舆论者亦持此论调，真是怪事。一般官僚在未革命之前为满清出力，以残杀革命党人为能事，在革命军兴之时又出而口头赞成革命。当时一般官僚尚未知革命党有何等力量，但彼等最怕的就是革命。如果革命军起，革命党兴，彼辈必不能生存，故出造〔造出〕"革命军起，革命党消"八个字去抵制革命党。而革命党人亦随声附和①。后来民

---

① 据杭州《向导周报》第四十九期（一九二三年十二月十九日出版）所载《孙中山先生改组国民党之演说》，此句另作："其后，张謇、汤寿潜辈亦附和此说；久之，一般革命党人亦随着彼辈如此说。"

国成立，即有政党蠭起。其时有共和党、统一党，种种色色，不胜缕述，大都皆以取得政权为目的。但完全未有革命党。于是宋教仁、黄兴等一般旧革命党人，以为别人既有了党，吾等尚未有党，乃相率而组织国民党。

但当组织国民党之时，我已经辞了临时大总统。我当时观察中国形势，我已经承认吾党立于失败之地位。当是时极为悲观，以为在吾党成功之时，吾党所抱持之三民主义、五权宪法尚不能施行，更复有何希望？所以只有放去一切，暂行置身事外。后来国民党成立，本部设在北京，推我任理事长，我决意辞却。当时不独不愿意参加政党，且对于一切政治问题亦想暂时不过问。但一般旧同志以为我不出而担任理事长，吾党就要解体，一定要我出来担任。我当时亦不便峻却，只得答应用我名义，而于党事则一切不问，纯然放任而已。

及至宋案①发生，一般同志异常愤激，然亦未有相当办法，遂联同致电日本，促我返国。我回上海时，见得宋教仁之被杀，完全出于袁世凯主使，人证物证皆已完备。所有宋教仁未被杀之先一切往来电文，宋教仁被杀之后一切来往电文，皆已搜集起来，已经证实宋教仁之被杀主谋的确是袁世凯，毫无疑义。于是一般同志问我有何办法，我谓事已至此，只有起兵。因为袁世凯是总统，总统指使暗杀，则断非法律所能解决，所能解决者只有武力。但一般同志误以为宋教仁之被杀是一个人之事，以为不应因一人的事动天下之兵。我竭力劝各位同志，要明白宋教仁之被杀并非一人之事，切勿误认，除从速起兵以武力解决之外实无其他办法。而各位同志仍依然不肯赞成。当宋教仁被杀时，全国舆论皆甚愤激，即外国亦不直袁氏所为，袁氏借债之举因此大受打击。是时吾党在国内势力殊不薄弱，倘能于此时起而继此奋斗，吾党大有可为，袁氏不足平也。无如各位同志皆不赞成，此种时机遂至错过。不久袁氏借债成功，钱已到手，可以施用武力政策，遂向吾党示威，先免去吾党四〔三〕都督②。吾党遂起而与之对抗，因而二次革命以起。惟此时，时机错过，故二次革命终归失败。

---

① 国民党代理理事长宋教仁于一九一三年三月二十日在上海车站遇刺，时人称该事件为"宋案"。

② 一九一三年六月间即二次革命发生前，被袁世凯免职者为三省都督，即江西都督李烈钧、广东都督胡汉民、安徽都督柏文蔚。

二次革命失败后，各同志多再亡命于日本，大都垂头丧气，但我此时反极为乐观。然必先使多数同志奋斗之精神复活，方能继续吾党革命事业。于是在日本组织中华革命党，集合吾党革命分子，专心于革命事业。从前吾等不敢公言革命，因避去革命党之名义，而有同盟会之组织。但此时在日本竟公然提出中华革命党，以资号召矣。

然当时亡命在日之同志，以为日日言革命，究竟有何势力，有何方法？他等以为当二年前吾党正是成功，据有十余省地盘，千万之款可以筹集，三四十万之兵可以调用，尚且不能抵抗袁氏，今已一败涂地，有何势力可以革命？革命进行究竟有何办法？我再苦劝各同志说，谓："自成功以至失败，其时间不过三年，尔等不要专向从前的地位着想，尔等不要忘记了时间。尔等若专向地位想着〔着想〕，以为从前有十余省地盘，有钱又有兵尚且失败，若如此想一定想不通的。尔等要向时间上着想。吾党成功时有十余省地盘，有钱又有兵，诚然不错，但尔等要反追想三年以前的事。吾党人在三年以前都是一班亡命之徒，何尝有地盘？何尝有钱？何尝有兵？吾党成功时间不过一年，尔等可将一年间事情作为一场大梦，复回三年以前的革命精神。自庚子①以后，或一年一次而革命，或二年一次而革命，总共革命之起不下十有余次，而每次失败各位同志总没有灰心的，何以经过武昌之成功后遂反至灰心？吾等在三年前，类皆百折不挠，屡仆屡起，此是何等精神，何等奋斗！我今日希望同志恢复从前所具之精神，继续奋斗而已。从前吾党当推翻满清时何尝有力量，大众皆是赤手空拳，当武昌革命党发动时亦未有何种方法；不过大众皆明白满清一定要推翻，人人皆有此种信仰，人人皆明白此种道理，但尚未有何种事实可以证明。今日吾等虽失败而亡命，然吾等信用益大，经验益富，而且有事实可以证明。故今次失败，比之三年前较有信用、有经验、有证据。何以在三年前遇有失败无不继续奋斗，在三年后便尔灰心，不肯继续奋斗呢？"各同志经听我此次苦劝之后，大众都恢复从前的革命精神，共同起而组织中华革命党。中华革命党唯一之宗旨，是以革命的精神图主义的实现。

后来袁世凯称帝，中华革命党遂起义于广东、山东、长江流域各省。未几袁

---

① 即一九〇〇年。

氏死，黎元洪继之。当时各同志又不能继续奋斗，到底人人以为黎氏复职，民国政治可以逐渐整理，不肯继续革命。后来张勋复辟，吾等实行护法，然革命始终不能彻底。稍有少许成功即行收束，以为妥协，革命事业终始未能成功。

以上所述，吾党之奋斗多是倚靠兵力之奋斗，故胜败无常。若长此以往，吾党终无成功之希望，吾党三民主义终无实现之一日。所以有此次改组事情发生。

此次改组所希望者何事？就是希望吾党造成一中心势力。各同志从今日起，要认真去干革命事业，要将革命事业作为本人终身事业，必要使三民主义、五权宪法完全实现，方可算是吾党成功。但是此等成功不能单靠战争，因为战争要靠军人，而现在一般军人多是不明主义者。彼等不是为主义而战争，是为个人升官发财而战争。故单靠军人奋斗，不能使三民主义实现。不过现在①军人适逢其会，故与之合作罢。然此是借人之力量以干革命事业，终是不可靠的。吾党所须者是在革命精神。吾等对于三民主义应当有坚决的信仰，要使吾等皆愿意为主义而牺牲，为主义而奋斗。且吾等必先具有此决心，有此志愿，然后用宣传的方法，使全国大多数人民皆与吾等具有一样的决心，一样的志愿。能吸收多一个同志，就可减少一个反对党。

至现在吾党有多少党员？实在甚少。吾等应当固结团体，讨论一种好方法，努力去宣传，于最短时间使广州百余万人民皆变成革命党，做吾等的同志。又费若干时间努力去宣传，使广东三千万同胞以至于全国四万万同胞，有过半数变成革命党，做吾等的同志，此真是吾党的大成功。如此做法，就是国民党党员之战胜。我党从今日起努力做去，务要达到党员战胜，方得谓之成功。如其不然，若专靠兵力，虽百战百胜亦不得谓之成功。就如以前所述三次之胜利，皆旋得而旋失，胜败互见，何得谓之成功？摧〔推〕究其故，实有许多缺点，且许多工作未做。此种工作在革命后固未尝做，在革命前亦未尝做。其所以未做之故，因为吾等未曾发明有好的方法，且因为知识不足，尚未看见此种道理。故革命成功以后，许多革命党人反藉革命以谋个人利权，养成个人势力，一俟个人势力既成，反而推翻革命。所以革命虽经三次成功，而革命主义依然不能实现。其最大原因皆是

① 此处删一衍字"与"。

专靠兵力，而党员不负责任，所以有此恶果。自辛亥革命以至今日，宣传事业几乎停顿。即革命未成功以前，吾等非不从事于宣传，但当时宣传方法皆是个人的宣传，既无组织又无系统，收效仍小，故只可谓之"人自为战"的宣传。至武昌起义以后，则连人自为战的宣传亦皆放弃而不肯做。人人皆以为革命已经成功，吾党停止奋斗。殊不知以前之所谓成功，不过靠兵力之成功，而非党员之成功。吾党欲求真正之成功，从今以后不单独专靠军队，要吾党同志各尽能力，努力奋斗。而且今后吾党同志的奋斗，不要仍守着旧日人自为战的奋斗，要努力于有组织、有系统、有纪律的奋斗。

从前何以不从事于有组织、有系统、有纪律的奋斗？因为未有模范，未有先例。现在一位好朋友鲍君①，是从俄国来的。俄国革命之发动迟我国六年，而俄国经一度之革命即能贯彻他等之主义，且自革命以后，革命政府日趋巩固。同是革命，何以俄国能成功，而中国不能成功？盖俄国革命之能成功，全由于党员之奋斗。一方面党员奋斗，一方面又有兵力帮助，故能成功。吾等欲革命成功，要学俄国的方法组织及训练，方有成功的希望。但有许多人以为俄国是过激党执政，吾等学俄国，岂不是学过激党？殊不知俄国当革命未发动之初，诚不免有许多过激的思想发生，盖俄国革命党首领多是具有丰富之学识与高深之理想，故立论之间，操之过激者实在难免。但我国人做事不专尚理想，多是以事实为依据，如行路然，于择其可通行者而后行之。但俄国当革命之时，国内有许多党并立，如社会民主党、民主革命党等而皆不能成功，今日成功者是共产党。共产党之所以成功，在其能合乎俄国大多数人心，所以俄国人民莫不赞成他，拥护他。鲍君初来时即对我说，俄国革命经过六年间之奋斗，诚不一其道。而今日回头一看，最合乎俄国人民心理者，莫如民族主义。俄国人民受列强之束缚异常痛苦，俄国人民所受欧洲大战②之痛苦，完全是受列强强迫的。俄国皇帝之动摇，就是因为与列强一致参加大战，所以人民莫不反对他，故起而革俄皇之命。但革命后民主革命

---

① 即鲍罗庭。

② 欧洲大战，简称欧战，指发生于一九一四年至一九一八年的第一次世界大战。

党执政，柯伦斯基①政府仍然与列强一致继续对德战争，而共产党早已反对战争，早已提出与德单独讲和的议案，至是大得俄国民心。俄国人民皆不愿做列强的奴隶，于是共产党与俄国人民主张一致，所以共产党得告厥成功。

共产党革命成功之后，因取消外债，故惹起列强激烈的反对，英、美、法、日本等国均起而攻击之。当时俄国是八面受敌，列强的兵已攻至圣彼得堡，其危险程度实比之前数日的广州②更甚。而俄国之所以能抵抗此强敌者，全靠乎俄国人民与党员之奋斗，故能排除外力，造成独立的国家，不再做列强的奴隶，并能排除列强经济的侵略。至今日回头一看，六年间的奋斗无非为脱离列强的束缚而奋斗，即无非为民族主义而奋斗。俄国革命原本只有民权主义、民生主义，而无民族主义。但其在六年间奋斗，皆是为民族主义而奋斗。若是，与吾党之三民主义实在暗相符合。至有人谓为过激，则又有说。盖当革命时，非采激烈手段一定不能成功，至今日之俄国秩序已经回复，何尝有过激之举发生？这是不足虑的。

吾党与他们所主张皆是三民主义，主义既是相同，但吾党尚未有良好方法，所以仍迟迟不能成功。他们气魄厚，学问深，故能想出良好方法。吾等想革命成功，一定要学他。吾等在革命未成功之前既是人自为战，今后应该结合团体而战，为有纪律的奋斗。因为要学他的方法，所以我请鲍君做吾党的训练员，使之训练吾党同志。鲍君办党极有经验，望各同志牺牲自己的成见，诚意去学他的方法。今日各区分部之成立，时间虽甚短，而据各位同志之报告，成绩已大有可观。若继此以往，吾党终有最后胜利之一日。鲍君对我说：吾能假以六个月时间，可以将广州市变成吾党最巩固的地盘。不独广州市如此，在一年间或二年间将此革命精神普遍于全国，则我国革命成功虽迟于俄国，而终是成功。吾党要从今日学起，一定可以成功。

我记得前在伦敦时候，有俄国革命党问我："中国革命几年方能成功满足？"我当时极为审虑，然后答他说："中国革命三十年成功，便尔满足。"他反说：

---

① 柯伦斯基（Александр Фёдорович Керенский），今译克伦斯基，俄国二月革命后不久任临时政府总理。

② 此指十一月十八日陈炯明叛军数万人围攻广州，情势危殆，湘、豫援军适时赶至，会同各路讨贼军于次日将之击退。

"未有如此之快。"原本我说三十年是极让步的,我于是反问他:"俄国革命如何?"他说:"俄国革命如百年成功,亦甚满足。但要从今日奋斗起,不然,应该一百年成功者将来或不止一百年。"他如此说,足见俄人魄力之雄厚。我每次革命失败逃至海外时,无不极力寻新同志。我记得一次到旧金山,有一位青年对我说,极佩服我每次失败毫不灰心,而且精神更强。我是相信革命事业要三十年成功者,如二三次之失败算得什么,何至令我灰心!但我说三十年成功,他便佩服我,而俄人谓成功待之百年,更足令我佩服。

俄国与中国皆是大国,将来成功亦必一样。吾等要从今日起,大家固结团体,以团体而奋斗,不专尚个人的奋斗;要靠党员的成功,不专靠军队的成功。望各同志要本此等精神、此等力量而进行。

据《人民心力为革命成功基础》(十二年十一月二十五日在大本营),载《孙中山先生最近讲演集》,广州,中国国民党中央执行委员会宣传部编辑发行,一九二四年七月出版

要用三民主义打破旧思想恢复革命朝气

在广州欢宴各军将领的演说①

(一九二三年十二月二日)

湘军总司令、豫军总司令②和滇、桂、粤及中央直辖诸君〔军〕各将领:

今晚在此开这个欢迎宴会,和大家相见,饮酒庆祝,有两层用意:一层是庆祝这次在广州近郊打仗,大获胜利。这次大获胜利的原因,都是诸将士的功劳,所以要来感谢滇军、桂军、粤军和中央直辖诸军与夫这次新到的湘军、豫军。二层是我们同志以至诚的盛意,来欢迎湘军、豫军参加我方,共同向前去奋斗。

今晚这个盛会不是偶然的。广州自今年春季沈鸿英作乱以来,大家都没有机

---

① 十一月十八日陈炯明叛军数万人围攻广州,情势危急,湘、豫援军适时赶至,会同各路讨贼军于次日将之击退。讨贼军乘胜收复失地,月底将陈军驱返东江。孙文为此欢宴各有功将领。

② 湘军总司令谭延闿,豫军总司令樊钟秀。

会同饮。今晚同饮是沈鸿英作乱后的第一次宴会，这个机会是很难得的。因为自沈鸿英作乱以来，北军两次自北江来攻，陈军数次自东江来攻，广州的局面总是风雨飘摇，大家无一天不是在恐慌之中。这次陈军来攻可算是最后一次，我们已经获了胜利。这几天北江又有北军来寇。据今晚消息，湘军已经打到了始兴水南①以北，从此大敌已无，广州的局面已到稳固地位。我们革命党可说拿广州来做个好策源地，从此向前奋斗，是大众希望的。

广州现在的局面和从前大不相同了。譬如从前滇、粤、桂诸联军在东江和陈炯明的叛军打仗，一败到博罗，再败到石龙。到了上月十七日陈家叛军打到石牌，广州人心便非常摇动，几乎有不能保守的现象。那天豫军凑巧已赶到广州，便由黄沙步行经过长堤到广九车站，当时赶上前线增援，把敌人打退。人民见过了豫军军容之盛，便异常镇定。后来湘军到了北江，又把始兴的北军打退。所以现在广州的局面，完全到了安稳地位。我们合十几省同志，在这个安稳的广州负些什么责任呢？以后应该做些什么事呢？大家要知道这个责任是很重大的。因为我们革命党从前创造这个民国虽然有十二年，但是从前不是袁世凯做皇帝，便是张勋复辟，现在又有曹琨〔锟〕拿钱买总统做，想用武力反叛民国，所以民国的基础还是没有巩固。以后要保守我们从前创造的民国，巩固国基，就是我们的责任。担负这个责任，更进一步发扬光大，建设一个新民国，便是我们应该做的事。我们负起这种责任去做这些事，万不可延迟，便要从自今晚起立一个决心，大家向前去奋斗。

从中国历史看来，每次新旧朝代更替之际，总有几十年的变乱。民国成立到今日已经过了十二年，这十二年中没有一天没有变乱。这个变乱不已的原因在什么地方呢？简单的说，便是因为新旧潮流的冲突。详细的说，便是因为旧思想要消灭新思想，新思想也要消灭旧思想，新旧思想迭相攻击，所以祸乱便循环不已。但就人群进化的道理说，旧思想总是妨碍进步的，总是束缚人群的，我们要求人群自由，打破进步的障碍，所以不能不打破旧思想。今天要请诸君来打破旧思想，究竟用什么做标准呢？大略讲，便是拿一种主义做标准。我们如果信仰一种主义，服从一种主义，总是照那种主义向前做去，那么打破旧思想的事业便可成功。如

————————

① 水南在广东省始兴县西北部，今属江口镇。

果不然，便没有希望。今天我们对于中国政治上所负的责任，是打破旧专制，提倡共和，来建设一个新民国。这个建设新民国的任务，便是我们的事业。要把这个事业实行出来，无论当中遇到什么困难，总是百折不回，向前做去，以求最后的成功，那就是信仰。信仰中的道理，用单简的话说出来，便是主义。我们做标准的主义究竟是什么呢？便是大家所知道的三民主义。

　　三民主义之中的头一项是民族主义。从前革命党在辛亥年把满清政府推翻，赶走异族，便是民族主义的事。这样相同的事，从前中国行过了的是明朝朱元璋。他推翻元朝异族的政府，把政权拿到自己手内，改国号为明朝，还是自己做皇帝，政体还是专制，把天下的政权由父传子、子传孙，一家之人代代相传，正像古人所说的"家天下"。我们这次把满清推翻，改革专制政体变成共和，四万万人都有主权来管国家的大事，这便是古人所说的"公天下"。这项公天下的道理，便是三民主义中第二项的民权主义。从前的人以为天子是天生的，原来便赋有一种特权，到后来人类觉悟了，不相信只有天子一个人有这项特权，推到百姓人人都有这项特权，就是把政权公之天下。我们中国二千多年以前，孔子便有这项思想，他曾说过："大道之行也，天下为公。"不过当孔子那个时代，只有思想，没有事实。到了现在，世界上有了这个思想，也有了这个事实。大家都要做主人翁，承认用这项主义的政体才算是无上上的政体，所以民权主义到了现在便发达到极点。三民主义中的第三项是民生主义，世界上行这项主义最新的国家，只有俄国。他像英国、美国、日本，国家虽然富强，但是还没有行到民生主义。二三十年前，革命同志要排去满清的思想，是由于什么而起呢？因为看到了外国富强是由于有良政府，我们要想国家富强，也不能不要有良政府。要有良政府，便不能不革命，去推倒满清的不良政府。但是英、美虽然富强，社会内部还有问题。从前许多革命同志以为政府改良，弄到国家富强之后，便没有别的问题了。殊不知英、美内部还有很大的问题，他们全国的政权表面虽说是都在人民手内，但人民彼此之间把政权分得还不均匀。原因是由于他们社会有两种绝大阶级：一级是极大的富人，一级是极苦的穷人。富人的财产过多，总是用资本的势力操纵全国政权，来压制穷人；多数穷人不情愿受少数富人的压制，便想种种方法来反抗富人。那种穷人反抗富人的举动，便叫做社会革命。社会革命的原因便是由于社会上贫富太不均。

极富的人虽然安乐，但多数人还是痛苦，所以他们生活上的幸福还是不平等。多数穷人要求平等，因之便结合起来，共同去推翻富人，酿成社会革命的结果。他们社会有今日这种结果的道理，便是由于从前不讲究民生主义的原因。预防这种社会革命，以达到生活上幸福、平等的道理，便是民生主义。

我们革命党提倡改良中国，何以要行三民主义的革命呢？就中国政治伦理的学说讲，古人说到忠君爱国，便以为很好；近未〔来〕人类思想改革，对于这种伦理观念还不甚以为然，必要人类得到极端的平等，才算是正当。如果不然，像满清征服中国，英国征服印度，法国征服安南，日本征服高丽，发生本族和异族政权上的不平等。那种不平等的民族要求平等，便用武力来反抗异族，那种对于异族的反抗便是民族革命。至于政权都掌在一种民族的手内，如果执政的人威权过甚，小百姓太没有能力，便发生有权势的人和平民之分，政权上还是人人不平等。平民想要求平等，便要去反抗有权势的人，那平民对于有权势的人的反抗便是民权革命。至于近来人类要求社会上机会平均，贫富相等，便是民生革命。明朝朱元璋推翻元朝，可以说是做到了民族革命，但以后各代专制太过，所以满清入关，政治宽大，中国人民还是欢迎他。由此可见，本国人专制也是不对的。但本国人政权上不专制，社会上的贫富还要平均才能相安无事，否则还免不了革命。世界上起了这项革命，现在已经成功的只有俄国。我们观察古今中外大势，默想本国将来的情形，要改良成一个完全的中华民国，行一个一劳永逸的方法，所以行了民族主义的革命、民权主义的革命，必须兼顾民生主义的革命。

诸君或者还有不明白民生主义是什么东西的，不知道中国几千年以前便老早有行过了这项主义的。像周朝所行的井田制度，汉朝王莽想行井田方法，宋朝王安石所行的新法，都是民生主义的事实。就是几十年以前，洪秀全在广西起义之后，打十几年仗，无形中便行了一种制度，那种制度和俄国的共产制度是一样。他得了湖北、江西、安徽、江苏、浙江几省，人民受过兵灾之后，许多财产无人管理，他便集中于国家，用政府去管理。所以他打了十几年仗，没有借外债，人民也丰衣足食。等到曾国藩破南京之后，搬运南京财产有几个月之久。诸君看他的政府是何等富足呢！从前我在南京的时候，有一个替洪秀全当过差的老人报告政府说："有一块地方藏有许多金银，金银之上盖有石头，四围做成屋形，如果挖到几十丈深，当见所藏的金银"，云云。政府便派人如法去挖，后来果然挖到石头，但见石头之后更向下挖，还不见金银；大概金子过重，经过年日太久，沉到地底亦未可知。据老人说："此处洪秀全所藏之金银极多，预算如果挖得了，可以还当时中国的外债。"由这样看来，洪秀全的政府又是何等富足呢！就是左宗棠、戈登①打破苏州之后，所得的金银财物也不计其数。单就盖藏一项，烧了多日，尚烧不完。太平天国此等制度，便和俄国所行的共产制度一样。现在俄国所行的共产制度，是由于先有了思想知识，然后才去实行。洪秀全实行到了，但是没有知识，不过为势所迫，不得不要政府去维持农工耕作，作军队的给养。后来供给军队渐渐有余，政府便以所余的粮食接济民间，于是由农工政府渐变成商贾政府，所以洪秀全的政府便异常丰足。

像那样把社会上无论大小财产都集中到政府手内的制度，只有洪秀全能够实行。俄国现在还行不通，所以他们改行一种国家资本制度，把极大的财产收到政府手内来，像大矿山、铁路、银行等都收归国有。他们行了这种制度，所组织的一个国家叫做俄国苏维爱社会共和国②。因为他们组织政府的原理是反对资本家，所以世界各国便调兵去打他们，打了数年之后，俄国已经大获胜利。前几天有一个俄国代表说："我们俄国从前经济上事事受英国人、法国人的束缚，所有的大实业都被他们管理，现在我们觉悟了，战胜之后把从前外国人管理的大实业都收回来。我们把这六年中革命的事回头来一看，所得到奋斗最大的道理，便是实行民族主义。所以中国主张三民主义革命的道理是很对的。"

就我们革命的实情讲，是怎么样呢？现在广东的军队都是各军占驻一两县，卖烟开赌，搜刮钱财，以饱私囊。我以为这样不过是眼前的行动，马上当要改良的。讲到军队的种类更是复杂，从前有滇军、桂军和中央直辖各军，后来又由福建来了一批粤军，现在新加入的又有湘军、豫军。如果这些军队都想霸占几县，各自图谋，广东的局面是不能永久的。我们要想把这个用铁血换来的局面永久保

---

①　当时会同英人戈登所率"常胜军"攻陷苏州的实为李鸿章的淮军，而非左宗棠的湘军。

②　俄国苏维爱社会共和国（The Russian Soviet Federated Socialist Republic），今译俄罗斯苏维埃联邦社会主义共和国，简称苏俄（The Soviet Russia）。一九二二年十二月三十日，苏俄联合其他社会主义共和国组成苏维埃社会主义共和国联盟（The Union of Soviet Socialist Republics），简称苏联（The Soviet Union）。

存，作革命的策源地，便不能不把前途想清楚。如果把前途想得清楚，筹得一个好办法，广东的局面还是很可有为。如果不然，便很悲观。像我们的同志许总司令①，他得回了石滩之后，便不顾而去，跑到上海。推究他跑的原因，或者以为是他从前打败仗，被我责备了。不知道我责备同志是常事，我想他不以为奇怪的。真原因是在发表他的粤军总司令，他也不以为打过了败仗还来做总司令觉得有些不安，所以跑到远远的，内容②是受了总司令之后财政没有办法，所以不能不走。但是他没有办法，我有了办法，所以已经派人去请他回来。我希望大家忍耐眼前的困难，专向三民主义去奋斗，用广州做策源地，拿现在的十几万兵去得江西，将来收回湖南、湖北、福建是很容易的。只要大家是为主义而奋斗，办法是有的。因为广东财政向来收入每年有三千多万，我们现在的办法，只要恢复从前的财政状况，便可养十几万兵。现在更有新计划可再增加三千万，旧有三千万又新加三千万，合起来便有六千万。所以广东这个省分是很富的，是很可有为的。这项新财源弄成了功，什么事都不准挪用，专拿来做北伐的军饷。将来得了江西、湖南、湖北、江苏，十几万兵还不够用，还要多扩充。如果不能发展，就是这十几万兵还不得了，不要三年，便要消灭。所以现在的局面，便是我们生死的关头。

再就广东局面说，东江残敌很容易肃请〔清〕，北江又打胜仗，此后外部完全不成问题，所有的还是内部问题。这个内部问题，简单的说就是财政问题。我们要解决这个财政问题，表面虽说是难，但是只要诸君放大眼界，忍耐目前的困难，也是一件容易的事。因为我们生在此时，拿到一万或几千兵在手内，当新国家将成未成之际，对于国家都要负一种特别责任，这种责任便是救国救民。大家担负这个责任，向前奋斗，如果遇到困难总是百折不回，让后人知道我们是为救国救民的主义来牺牲的，不是为金钱来做强盗的，那么就是千年百年的大事业还容易成功，便不是眼前广州的小局面。如果不然，就是这个小局面也不能长久。像滇军有一位师长，因为金钱龃龉便被部下的兵士押起来，此风一开，如果我们还不另筹良法，作长久之计，那么所有现在的军长、师长、旅长以后都是很危险的。讲起道理来，那位师长是应该押是不应该押呢？照军法说，长官如有吞食士

---

① 许崇智。

② 原文如此。"内容"似是"其实"或"原因"之误。

兵的军饷，须要我把他押起来，那才算是正当。而现在他偏做自己部下兵士的囚徒，这是成什么体统呢？现在世界上士兵敢杀长官的只有俄国，他们的兵士当起革命的时候，去杀皇帝和保皇党的长官。推究他们的原因，是在要行革命主义。如果滇军士兵把长官押起来也是为行主义，那么我是很佩服的。但是只为金钱问题，便弄得士兵目无军纪，是实在不对的。

我去年冬季到广东来，在上海动身的时候，有许多人都替我担忧，以为到了广东恐怕受乱兵意外的危险，我却以为不要紧，因为知道滇军官长是很多明白革命主义的，所以单骑来粤。到了广州之后，数月以来各军将士待我果然不错，因之我天天所忧虑的只有外来敌人的危险，内部总是平安。等到今天，外部敌人已经打退了，广州可算是完全稳固，所以我来公宴诸君，和诸君过细谈话，这就是我对于广东还是很乐观的。广东的军事不久便可收束，但是敌人退却之后，军事上虽然没有危险，内部还有财政的危险。要解除这个危险，我已经有了办法，所希望的不过是要求大家来和我帮忙，共同实行那个办法便了。

现在敌人已经打退了，我们还要注意的是些什么事呢？第一是要精神上不可有暮气，还要把朝气恢复起来。推究民国成立的原因，完全是革命党的力量造成的。但是革命党在自己造成的国家之内，十二年以来从没有在别的地方同聚一堂，畅快的谈话过一次只有今晚。我们在广州可以谈话，此外别的地方仅有四川一省，但是四川和广东相离几千里，当中隔到①湖南，还不能交通。我们推究革命党在辛亥年能够创造民国，十二年以来不能维持民国的原因，自然不能不归咎于我们在民国成立以后，朝气便已消灭，所以到处都是失败。现在要革命党在各省之内都可以聚会，便要恢复我们从前革命的朝气。

从前革命党朝气最盛的人，有黄花岗七十二烈士。这七十二烈士死难的故事，我很可以对诸君谈一谈。当他们没有起事之先，计划是很周全的，如果完全实行，很可以成功。后来实行的时候，因为同志做事不好，所以失败。同志做事不好的很多，譬如有一位同志，由黄克强派到日本去买一百枝驳壳枪，假如广州的同志得到这些枪，是很可以成功的。后来他们起事，打到制台②衙门之内，各处都已

---

① "到"用作广州话方言，有"着"、"了"的含义。

② 制台，总督的别称。

成功，最后失败的原因全是由于武器不足。那位买枪的同志，在日本把枪买好了，已经运到船上，正在长崎开船的时候，忽然接到黄克强的一封电报，说香港戒严，要他小心。他沿途便把那些枪枝，三枝一次、五枝一次密密的运到船边，投入海内。到香港之后，黄克强问他："买的枪呢？"他说："你要我过细，香港是戒严的，所以我不带到香港来，在路上便已经投入海内了。"诸君想想：他这个人是顾命重于顾责任，全无革命党人格，安得不误了革命事业呢！拿这件故事来讲的意思，一来也是证明我们从前的革命同志，在广东、浙江、湖南、湖北都是没有一百枝枪，如果有一百枝枪，便老早可以成功。再者诸君都晓得黄克强的威名是从钦廉革命①起的，他在钦廉革命是用什么武器呢？那个时候我们在安南到处和②他买枪，今日买三五枝"沙维治"，明日买几枝"曼里霞"，东凑西凑，然后才得了杂枪二百多枝，每枝所配的子弹最多也不过二百发。他带到这点武器到钦廉，便和龙济光、陆荣廷③打了几个月仗。后来虽然失败，但是他奋斗的精神很大，实在令人佩服，所以他的威名便大震。诸君这次有的在石龙、石滩打仗，手内的枪枝最少也过万多枝，为什么不去和敌人拚一死命呢？为什么不战而退呢？像这样说来，革命没有成功以前我们同志的胆量是很大的，革命成功以后同志的胆量便退步。这个有胆量没有胆量的原因，不是在枪数的多少，实在是由于我们同志的精神振作不振作。

精神能振作不能振作的道理，便是在于信仰主义的真确不真确。如果信仰一种主义很真确，像从前温生才在南洋听过我的演说之后，便深信用民族主义去排满，非多杀满人不可。所以他回到广州来革命，总是打听满洲将军孚琦④的行动。有一天，孚琦自瘦狗岭看操回来，他便从街上阻住孚琦的轿子，把手枪连发几响，打死孚琦。后来孚琦的轿夫、卫兵都赫〔吓〕到魂飞天外，向四处跑散了。他还不跑，让清兵拿去，视死如归。像这样视死如归的原因，便是由于温生才信道笃，

---

① 钦廉，指清末广东省钦州、廉州府地区（今划属广西）。一九〇七年和一九〇八年，黄兴曾在该地区多次策划与领导反清起义。

② "和"于广州话方言本作"同"，此处之意为"替"。

③ 当时龙济光任清广西左江道尹，陆荣廷任清广西巡防营荣字营统领，受遣率兵入粤镇压起义军。

④ 孚琦，清广州副都署将军。

所以舍身成仁。七十二烈士敢于成仁取义的原因，也是一样的道理。后来参加了许多假革命党，所以弄到全党的精神便很涣散。本来革命的力量是和通常的力量不同的，用极小力量很可以打破极大力量的。现在曹琨〔锟〕、吴佩孚的力量，总比不了满清的力量呀！辛亥年的革命党没有几万兵，为什么可以打破满清？现在广州有十几万兵，为什么没有用呢？从前只有手枪炸弹还要去革命，现在有了洋枪大炮，为什么还畏缩不前呢？这个原因，全是由于同志知不知道革命主义。如果知道主义，信仰主义，便可以为主义去牺牲。能够牺牲，便可打破曹琨〔锟〕、吴佩孚，另外创造一个新中国。现在要我们十几万兵的精神都恢复起来，同七十二烈士与温生才一样，须要他们都明白革命的主义。要他们都明白主义、信仰主义，能够替主义去牺牲，造成一个完全人格，便要请诸君自今晚起，自己先明白革命的主义，能够替主义去牺牲，然后才扩充到兵士，所谓"己立立人，己达达人"①。

俄国革命成功快的原因，全是由于他们革命党都信道笃，拿主义来感化全国，所以没有打什么仗，便把政府根本改造。从前孔子的〔在〕晚年周游列国，他是为什么事呢？完全是宣传他的主义。如果我们的兵士都知道革命主义，便变成革命军，如果变成了革命军，便可替革命主义去牺牲，以一当百，百当万，同心协力去定中国。否则都成滇军某师长的兵士，只知道押长官来要钱。我们革命的军人如果能够把革命做成功，便是美国的华盛顿，否则便是滇军的某师长。那位滇军师长，平日听得说还是很有能干的，这次做兵士的囚犯，完全是由于他对兵士平日没有很好的宣传。我这次到广州来，每日总是为军事忙得不了，没有功夫和兵士见面。以后要请诸君让我和他们在省议会或者高等师范的大讲堂直接谈话，用精神教育来感化他们，和俄国的兵士一样。俄国革命的兵士都是明白革命主义的，所以他们不徒是打走俄皇，并且打败英国、美国、法国、日本诸联军。那些英国、美国、法国、日本的兵士到俄国去打仗的时候，总是被俄国的兵士所感化，受俄国革命主义的宣传，不情愿和他们打。所以弄到后来，英国、法国、美国、日本的政府也没有办法，只好和俄国讲和，自己退兵。俄国这样用主义来打胜仗

---

① 语出《论语》"雍也第六"，原文是："夫仁者，己欲立而立人，己欲达而达人。"

的道理，和我们孟子所说"以力服人者，非心服也；以德服人者，然后中心悦而诚服之"①的道理是差不多相同的。用武力去征服人完全是假的，用主义去征服人那才是真的。

我们中国的历史还有几件好证明。从前楚汉相争的时候，项羽的武力该是何等强大，每次交锋，刘邦总是打败仗。到后来汉何以胜，楚何以败呢？原因就是在于刘邦入关之后，与民约法三章，政治宽大，有道理，有主义。再拿文王"百里而王天下"的历史说，王天下便是统一中国。百里是很小的地方，用很小的地方做策源地还能统一中国，他是用什么力量呢？是在他造成了一个良政府，令人信仰。现在俄国也是一样。广东以后把四境肃清了，或者要休息两三个月，在这两三个月中我们必要做宣传的功夫，让这十几万兵都明白我们何以要革命的主义。他们明白了主义之后，他们的精神自然同七十二烈士一样，他们的能力必定同俄国的兵士一样，出去打仗便有胜无败，便可征服吴佩孚，否则同吴佩孚的兵便没有分别。吴佩孚的钱多弹多，我们怎么可以征服他呢？兵家说："攻心为上，攻城为下。"能攻敌人之心，就是没有钱没有弹，也可以打胜仗，也可以统一中国。所以我们要把这些军队都造成一种革命军，让到处人民都欢迎，像古人所说的："东面而征西夷怨，南面而征北狄怨。仁者无敌于天下。"那才算是不枉费了这十几万兵。

现在我们同志在广东，是个千古难得的机会。要做千古有名誉的事业，成千古有名誉的军人，让千万年以后的人都崇拜，那才算是不错过了这个机会。这就是我今晚开这个欢迎宴会所希望于诸君的。今晚欢迎诸君到此，举杯敬祝诸君前途的事业成功！

据黄昌谷记：《孙大元帅欢迎联军各将领宴会演说词》，广州铅印初刊本（非卖品）②

---

① 见《孟子》"公孙丑上"，原文是："以力服人者，非心服也，力不赡也；以德服人者，中心悦而诚服也。"

② 另见《大元帅欢迎联军各将领宴会演说词》，连载一九二三年十二月十至十五日及十七日《广州民国日报》（二）；又见黄昌谷记：《大元帅宴各将领演说词》（十二年十二月二日），载广州《国民党周刊》第五期（一九二三年十二月二十三日），惟错漏字较多。

释许崇智离粤原由

在广州兵工厂宴会的讲话

（一九二三年十二月三日）

（香港电：三日孙文在兵工厂宴各机关长官，席间孙言：）外间谓许崇智去粤，由我责备，其实不然。潮梅丧师，石龙溃退，败军之将，责备何足怪？许之去，实因任他为粤军总司令，他见所部屡败，无法收拾，故命令一下即去，我已着人找他。

据《快信摘要》，载一九二三年十二月十一日长沙《大公报》（二）

党义战胜与党员奋斗

在广州大本营对国民党员的演说

（一九二三年十二月九日）

各位同志：

此次本党改组，想以后用党义战胜，用党员奋斗。吾党经过十余年来，或胜或败，已历许多次数。就以胜败成绩观察之，则军队战胜为不可靠，必须党人战胜乃为可靠，此点党员须首先明白。吾党当革命未成功以前，皆用党员来奋斗，绝少用军队来奋斗。至于武昌一役，虽属军队奋斗之大胜利，然此次成功乃由党员以党义奋斗之结果，感动军队而来。不幸武昌成功之后，党员即停止奋斗，以至此十二年来吾党用军队奋斗多，用党员奋斗少，即或有之，亦属讨袁失败之短时期间。

吾党此次改组乃以苏俄为模范，企图根本的革命成功，改用党员协同军队来奋斗。俄国以此能抵抗列强之侵迫，其时正当俄国革命初成功，而俄党人竟能战胜之，其原因则由党员能为主义的奋斗。吾人由反对俄国各报纸所得之事实，则英兵由北冰洋上陆时，俄兵不加抵抗，自行引退，留下种种印刷品，询问其何故来打俄国："列强既与德国和好，何以今再有征俄之举？"各国兵士当时以为往俄与德兵战，不知为与俄民战也。以此质诸上官，上官无词以对，兵士遂即行引退，或激成兵变。此全由俄党员不仅能感化本国人，而且能以主义感化外兵。日本兵队之开往西伯利亚，亦同被感动。此俄党人为主义奋斗的结果。

吾党历年来革命奋斗工夫尚未周密，以故屡遭失败。吾党革命未成功以前，党人多肯奋斗，及成功后则遽行停止，转而全靠军队来奋斗。今由俄国观之，则党人奋斗始能为最后之成功。今日有民国之名而仍然失败者，何以故？则由于党人不为主义奋斗之故。我党为国中唯一之革命党，如党员希望革命真成功，即须奋斗，否则无成功之望。从前党员出外宣传，发挥主义非常踊跃，至成功后以为此等事乃无效力之所为，须握军权乃算奋斗，这个观念实在错误。今日由俄国革命成功观察之，我们当知军队革命成功非成功，党人革命成功乃真成功。以前吾人所不知的，现在可以明白了。

然从今日现象考察，吾党党员中热心的人出而握军权未尝无人，但谋私利者亦假称热心，争握军权。不知军队是拼命杀人的事业，今之手握一万数千兵者，以利结合，鲜有以主义感化其部下者。就现在情形观之，凡兵士临阵，有赏则能克敌破城，无之则不能。或有不赏亦打仗者，则因地盘苦瘠，须占领较富裕的地盘而已。可知军队奋斗系为升官发财起见，非如昔日党员专为主义的奋斗也。故欲靠今日之军队单独以达革命之成功，则希望甚微。必定将现在将士升官发财、自私自利的思想化除，引他到远大的志愿，乃能有望。故党员今日第一级工夫，要先设法感化在西南政府旗下的军队，完全变为革命党员，一致为三民主义牺牲，而不为升官发财而牺牲。如此则军队、党员便可成互助之奋斗，而革命之成功指日可期矣。

然军队之奋斗必素有多少之练习，乃党员则毫无练习，此党员之缺点也。若党员欲运用其能力出而感化他人，亦犹之军人上阵战争，必须明白其枪炮之效力及其用法。故党员必须明白三民主义、五权宪法之内容如何，然后用之出而宣传，始生效力，始能感化他人也。枪炮能有效力者，因其能杀人，故大军一到，敌人即服。三民主义、五权宪法则与之相反，其效力为生人。革命主义既以生人为最终之目的，故必须周知敌人之情形，尤须明了士、农、工、商之状况，对待此类人们非可杀之也，实须生之。如何方可以生之，则须知其痛苦所在，提出方法，敷陈主义，乃能克敌致果。此乃无敌之雄师，无人能抗之者，在乎我党能善用之否耳。如遇农，则说之以解脱困苦的方法，则农必悦服。遇工、遇商、遇士各种人们亦然。然用何方法，用何力量，走何道路，则须知三民主义、五权宪法非对于已往及将来，乃对于现在造成良好国家。

建国方法有二，一曰军队之力量，二曰主义之力量。我党前时无兵力，今始稍有之。然吾党兵力常居于弱的地位，而敌则常居于强的地位。前为吾党大敌的满洲政府，兵力强于我，而我能推翻之。以后袁世凯、冯国璋等，我亦能推翻之。今目前之敌人则为曹琨〔锟〕、吴佩孚，试问能打倒之否？照历史上观察，则必能之，只时间的问题而已。惟靠军队打倒曹、吴①，革命亦未能算成功。试问满洲、袁、冯倒后，革命能成功否？由此推之，则前途极为危险。今后首当将企望以军队谋革命成功的观念打破，因为军队无暇受宣传感化，即热心者带兵亦为环境所同化，久而久之，变为图私罔利之人。故军队数年来未能成为革命军，这是一个大原因。

无识者以为军队战胜便是革命成功，而不知实系观察错误。革命是救人的事，战争则为杀人的事；军队奋斗是出而杀人，党员奋斗是出而救人。然革命须用军队之故，乃以之为手段，以杀人为救人。杀人为军队之事，救人乃党人之事。十余年前用军队破除障碍，推翻满洲政府，这是军队用得适当。惟推倒满政府之后即须救人，此乃党员所应有事，所谓责无旁贷的。乃竟不负此责，其高尚者则宣言不问政事，坏者则只知升官发财。今则愈弄愈坏，革命名词失其尊严神圣，其咎实在于革命党人不去做革命奋斗工夫。

今次之改组，则欲党员个个从新再去做革命奋斗工夫。但做革命奋斗工夫必须有方法，而方法必从训练而来。古人云："不教民战，是为弃之。"这句话是很对的。党人为主义奋斗亦然。然必须自己先受训练，然后出而能感化他人。现在吾党即欲实行训练党员，使之出而奋斗。以前党员无训练，故奋斗成绩甚微。杀人之事尚须操练，则救人之事更非训练不可。

---

①　即曹锟、吴佩孚。

　　吾党员奋斗之武器，则三民主义、五权宪法是也。诸位皆赞成此次改组者，试问于三民主义、五权宪法已有心得否？打倒曹、吴亦不能作为吾党成功，因吾党主义非只推倒一二军阀便算了事的，必须党员人人能奋斗，主义能实行，然后乃得为真成功也。此则纯然倚靠宣传之力。军队以枪炮出而宣传，党员则以主义出而宣传，其革命相同，而其成功则不同。因革命成功非能专靠杀人，尤须靠救人。然救人必须全国人能自救，全国人能自救，必须多数人明白人生道理。

　　吾党人以华侨为多。试问何以有华侨？则因内地生活不足，乃谋生活于海外。就香港出口计之，前二十年每年往南洋者多至四五十万人，现在必有加而无减。此等出外谋生者多由他人借给船费，就是卖身为"猪仔"。落船后已觉不快，登岸后更不快，至派往园口、矿山作工后更觉痛苦非常。询其何以来此受苦，则言内地生路已绝。以每年四十万出口计之，回国的不足四万，是十人有九人死于海外，并骸骨亦不能回国。此等人是最苦的，幸遇有亲友以资赎回，救出苦海，然赎不胜赎，且所救者只一二人。我革命党救人，则谋全数救之，不但华侨，且及全国。各位均知南洋群岛①前时均一片荒土，我中国人为之辟草莱，垦荒地，谋生活。虽间有致富者，然极少数。我国荒地、矿山甚多，乃竟地利不辟，其原因则由无良好政府，不能有所为。今革命方法乃救全体人民，组织良好政府，惟必须多数人先明白主义，了解此方法，乃能全救之。故今先打倒陈逆②，得回惠、潮、梅③之地，使全省统一，进而全国统一，再进而实行主义，乃能救之。

　　十二年前军力成功，不能实行主义，以至人民痛苦愈甚。不知者方归咎于革命党，试问革命党能受之否？然事实则确令人饱受痛苦。前之强盗甚少，今则强盗遍地。皆由党人失于奋斗，致此结果。奋斗救人之方法如何？即以广东言之，三千万人须一半能明白我党主义，能受我党感化，方能达我党目的。故我党人能起而救人，首须明白主义，明白社会状况，然后人民乃能接受我党主义也。譬之军人提枪射击，若命中，其人必死，否则亦伤。今党员出而宣传主义，能入人心，

　　① 　南洋群岛，即马来群岛（Malay Archipelago）的旧称，位于亚洲东南部，诸岛散布在太平洋与印度洋之间。

　　② 　指陈炯明。

　　③ 　惠州、潮州、梅州，时为陈炯明部占据。

则其人必受多少感动。然有感动不感动者，何以故？其不受感动者，则由于其人有障碍。譬之射击时，其人立于一大石之后，则虽命中，亦不死伤。若其人有障碍，则所言必不入，故必须随时考察各个人之情况。因凡人类皆有其主义，以发财而论，则人人皆欲之。我党人之救人亦属发财主义，但常人则欲个人发财，我党则欲人人发财而已。今日私人发财者，无险不冒。就以南洋"猪仔"而论，其冒险性较军队为强大。军队死亡，反不如"猪仔"死亡之多，而人之甘心为个人发财者，乃乐而为之。此发财主义实与我党主义无背，所不同者乃我欲人人发财，彼则谋个人发财而已。损人利己乃能发财成功者，我党人不为也。我党须人人发财，始为成功。故须向各界人士说明，如君欲真发财，必人人发财，乃可达真发财目的。因此必须组织良好政府，人人明白本此主义以组织政府，乃可达到人人发财之目的。

古代草莽英雄出而革命，所凭者威力，顺之者生，逆之者死，此乃"化家为国"之革命。我党则不然，乃根本民意而革命，实为"化国为家"之革命。今我国已成割据局面，如单靠我革命党军力统一之，实不可望。因革命党兵力甚弱，以军力论，则必属于非革命者成功。然我党之必成功，则又若可操左券者，何也？则革命力量，譬之山上之大石，不动则已，若一引动，则必转落至山脚而后止。故革命力一引动，则不可止。俄革命六年成功，而我则十二年尚未成功，何以故？则由于我党组织之方法不善，前此因无可仿效。法国革命八十年成功，美国革命血战八年而始得独立，因均无一定成功之方法；惟今俄国有之，殊可为我党师法。各党人个个能实行为主义奋斗，不汲汲于握军权，但监督之使为已〔己〕用而已。且俄之成功亦不全靠军力，实靠宣传。我党兵力虽弱于人，惟主义则高尚于人，久为国人所信仰。苟我党员能尽其聪明能力，说之使明，则当无不受其感化者。大众能想出良法，使多数人明了三民主义、五权宪法，则可不待军力革命而亦告成功。俄国军队能感化外兵，而今日为我敌者只本国兵而已，又何至不能感化之耶？且在前广州新军一役、武昌一役，是其明证。故我党不用此力则已，一引用之，则曹、吴①之兵必如前清新军例，而我党可事半功倍矣。为

① 即曹锟、吴佩孚。

此之故，我党须每日均学习宣传方法，时时训练，训练纯熟，然后能战胜一切。今滇军以善战称，由于彼军士每日三操两讲，无日或闲者也。

我党主义乃合各个人所期望而集成者，乃企图人人发财，非企望损人利己而发财者也。彼英、法、美等国人民之生活程度优于吾人者，则以有良好政府之故。彼政府常为人民谋幸福，有灾害则为之防，有利益则为之图，故人民能家给人足。今我党人若能日日出而讲演主义，其有不入者，则考其有何故障。今定于每两星期来此学习一次，而此两星期须将做过之工夫报告于我。由下一星期起，订一种问题，互相研究，以便答听者的问话。搜集材料如军队打仗然，打过后须补充子弹，今党员出外宣传亦当如之。每两星期到此补充材料，则宣传事业自易着手。三民主义、五权宪法本为吾之所倡始所发明，其解释须一依我之解释，然后方不至误解误讲。此处可称为诸位的兵工厂，我可以尽力供给材料，为宣传于军士的武器。

据《党义战胜与党员奋斗》（十二年十二月九日在大本营），载《孙中山先生最近讲演集》，广州，中国国民党中央执行委员会宣传部编辑发行，一九二四年七月出版

阻止粤关余解北

对各界代表的讲话

（一九二三年十二月十三日）

（大元帅对各界代表言：）

必实行政府主权，阻止粤关税解北长乱[1]，为维护公理而战，亦所不辞。

据《本社专电》，载一九二三年十二月十四日上海《民国日报》第二版

---

[1] 一九二三年九、十月间，根据孙文指示，陆海军大元帅大本营外交部长伍朝枢两度照会外国驻华公使团，要求收回南方应得的关税余款，以免交给北洋政府作为进攻南方的经费。十一月，孙文决定以强硬手段，收回粤海关关余。十二月上旬起，列强陆续增派多艘军舰驶入广州省河，以武力干涉相要挟，激起广州各界的义愤。

决依民意解决粤海关关余问题

对广州国民大会请愿代表的演说①

（一九二三年十二月十六日）

今天得国民如此热心担任国事，余甚为欣幸。予现对关税问题经拟妥收回办法，决于近三日内，以正式公文向税务司接收关余。如三天内税关不能照办，则再于七天内警告税务司，着即遵办。倘过此十天时期，该司仍不服从，届时我另有办法。将来结果，或者闹到外国水兵实行驻守税关，亦未可逆料。倘不幸而演此耻辱，仍望我同胞再开国民大会，率同群众示威，并须派发英文传单，以正谊公理劝告外国水兵。以义理动彼辈，或能觉悟；否则予当以其占领我国土地之行为，宣告全世界，冀全球人士之公判。予意此问题终必有解决之一日。今天国民如此踊跃，足见民心尚未死，事尚可为。请代为嘉奖。

据《粤关交涉中之国民外交运动》，载一九二三年十二月二十二日上海《申报》（七）

附：另记录之一

今日得国民如此踊跃，担负国家重大责任，余深为欣幸！予现对于关余问题，经拟定收回办法，决于日内以正式公文向税关提收盈余。如该税关不照办，则并警告该税务司，着即遵办。倘过十日期间，该税务司仍不依办，我自有收回税关办理之法。倘领事团不谅解而至派水兵登陆，借口保护税关，亦未可知。此时余更有相当对付办法。惟国民既为政府后盾，则此时甚希望再召集国民大会，并派发英文传单，以义理劝告外人。外人知义理之所至，或得觉悟，否则余当以其占领我国土地之行为，向全世界宣告，冀各国人士秉公判辨是非，余谓此问题必得

---

① 十六日，广州各界召开国民大会，反对列强干涉政府提取粤海关关余，并派代表赴大元帅府请愿。孙文向各界代表发表此演说。

完满解决。

今日国民既如此踊跃，为政府援助，请各位代余致嘉奖之意，并将余意对众宣布。

据《公民力争关余大会详情》，载一九二三年十二月十七日《广州民国日报》（六）

附：另记录之二

今日得国民如此踊跃，余深为欣幸。余现对于关余问题，经拟定收回办法，决于三日内以正式公文向税关提取关余。如三日内该税关不照办，则于七日再行警告，着即遵办。倘过此十日期间，该税务司仍不依办，我自有收回关税办法之法。但预料此时领使团仍不谅解我政府之措施，或不幸而竟派水兵登陆，藉口保护税关亦未可知，此时余更有相当对付办法。

据《广州各国军舰将撤退》，载一九二三年十二月二十六日北京《晨报》

学生要立志做大事并合乎中国国情

在广州岭南大学学生欢迎大会的演说①

（一九二三年十二月二十一日）

诸君：

兄弟今日得来此地，到岭南大学学生会，有机会和诸君相见，我是很喜欢的。因为诸君是中华民国后起之秀，将来继续建设民国的责任，我对于诸君是很有希望的。中华民国自开创以至今日已经有了十二年，这十二年内，无日不是在纷乱之中。从前有南北的分裂，现在有各省和各部分的分裂，干戈相见，糜烂不堪。

---

① 二十一日下午二时半，孙文应岭南大学学生会邀请，在怀士堂演讲，为时约两个小时。该校中西教职员及学生共千余人出席。

这个原因是承满清政府之后，对于旧国家破坏的事业还未成功，所以新国家便无从建设。将来破坏成功之后，继续建设成一个新民国，还要希望后起的诸君担负那个大责任。

今天对诸君如果专讲国家大事，那么千头万绪，不是一两点钟可以说得完的。惟就我今天到岭南大学来，看见这个学校之内，规模宏大，条理整齐，便生有很大的感触，现在就拿这个感触和诸君谈谈。岭南大学是在广东省，诸君在此用功，知道这个学校的规模宏大，条理整齐，教育良善，和其余的学校比较起来，不但是在广东可以说是第一，就是在中国西南各省也可算是独一无二。为什么广东只有一个好岭南大学，没有别的好学校呢？就是西南各省也没有第二个学校和岭南大学一样呢？因为这个大学是美国人经营的，诸君在此所受的教育是美国的教育，诸君住在这个学校之内，和在美国本国的学校没有分别。我们推测为什么美国有这样好的学校，中国没有呢？中国何以不能自己创办呢？因为欧美的文明近二百多年来非常发达，美国近几十年来尤其进步。他们国内的情形，不但是教育办得好，就是工业、商业和一切社会事业都比中国进步的多。中国的一切事业，到了今日，可说是腐败到了极点。腐败的原因是在人民过于堕落。就历史上陈迹看起来，中国向来是不是都不如外国呢？从前有几朝，中国都是比外国好的，所以这个堕落的现象不过是近来才有的。再就中国现在青年受教育的情形说，全国之内到处用兵，普通人民救死之不暇，有几多人还能够有力量送子弟去读书呢？就是青年在学校读书的，又有几多人能够像诸君有这样好的机会，在这样好的学校受高等外国教育呢？单就广东的户口讲，人数号称三千万，如果提十分之一，也有三百万青年应该像诸君都有受这种教育的机会，而现在只有诸君的一千几百人才有这个机会。诸君想想，自己的机会该是何等好呢！现在民国，人民受教育，是大家都要有平等机会的。就今日情形看来，他们不能受高等教育的，是没有平等的机会。诸君现在受这样高等教育，是诸君机会比他们好，诸君现在所享的幸福比他们也好。将来学成之后，应该有一种贡献，改良社会，让他们以后能够得到平等的机会才对。

诸君现在受教育的时候，预想将来学成之后有一种贡献到社会上，究竟应该做些什么事呢？诸君现在还未毕业，知识不大发达，学问没有成就，自然不能责备诸君一定要做些什么事。但是在没有做事之先，应该有什么预备呢？应该要注意些什么事呢？依我看来，在这个时期之内，第一件是要立志。立志是读书人最要紧的一件事。中国人读书的思想，都以为士为四民之首，比农、工、商贾几种人都要高一些。二三十年以前的学生，他们有一种立志，就是在闭户自读的时候，总想入学、中举、点翰林，以后还要做大官。我今天希望诸君的，不是那种旧思想的立志，是比那入学、中举、点翰林、做大官的志还要更大。中国几千年以来，有志的人本不少，但是他们那种立志的旧思想，专注重发达个人，为个人谋幸福，和近代的思想大不相合。近代人类立志的思想，是注重发达人群，为大家谋幸福。用事实说，我们中国青年应该有的志愿是在什么地方呢？是要把中华民国重新建设起来，让将来民国的文明和各国并驾齐驱。我们现在的文明都是从外国输入进来的，全靠外国人提倡，这是几千年以来从古没有的大耻辱。如果我们立志，改良国家，万众一心，协力奋斗做去，还是可以追踪欧美。若是不然，中国便事事落人尾后，永远不能自己发达，永远没有进步。推其极端，中国便非沦于灭亡不可。所以现在的青年便应该以国家为己任，把建设将来社会事业的责任担负起来。这种志愿究竟是如何立法呢？我读古今中外的历史，知道世界上极有名的人，不全是从政治事业一方面做成功的。有在政权上一时极有势力的人，后来并不知名的；有极知名的人，完全是在政治范围之外的。简单的说，古今人物之名望的高大，不是在他所做的官大，是在他所做的事业成功。如果一件事业能够成功，便能够享大名。所以我劝诸君立志，是要做大事，不可要做大官。

什么是叫做大事呢？大概的说，无论那一件事，只要从头至尾彻底做成功，便是大事。譬如从前有个法国人叫做柏斯多①，专用心力考察普通人眼所不能见的东西，那种东西极微秒〔渺〕，极无用处，为通常人目力之所不及。在普通人看起来，必以为算不得一回什么事，何以枉费工夫去研究他呢？但是柏斯多把他的构造性质和对于别种东西的关系，自头至尾研究出来，成一种有系统的结果，把这种东西便叫做微生物。由研究这种微生物，便发明微生物对于各种动植物的妨害极大，必须要把他扑灭才好。现在世界人类受知道扑灭这种微生物的益处，

① 柏斯多（Louis Pasteur），今译巴斯德。

不知道有多少。譬如从前的人不知道蚕有受病的，所以常常有许多蚕吐丝不多，所获的利益极微。现在知道蚕也有受病的，蚕受了病便不能吐丝。考察他受病的原因，是由于有一种微生物，消灭这种微生物便可医好蚕的病，乃可多吐丝。现在广东每年所出丝加多几千万，但许多还有不知道医蚕病的，如果都知道消灭害蚕的微生物，更可增加无限的收入，那种利益该是何等大呢！现在全世界上由于知道消灭害蚕的微生物，所得的总利益又是何等大呢！但是当柏斯多立志研究微生物的时候，他也不知道有这样大的利益。用这件故事证明的意思，便是说微生物本是极微秒〔渺〕、极小的东西，但是研究他关系于动植物的利害，有一种具体结果贡献到人类，便是一件很大的事。柏斯多立志研究的东西虽然说是很小，但是他彻底得了结果，便是成了大事，所以他在历史上便享大名。

　　我们中国从前的人，都不知道像柏斯多这样的立志，只知道立志要入学、中举、点状元、做宰相，并且还有要做皇帝的。譬如秦始皇出游的时候，刘邦、项羽都看见了，便各自叹气，表示自己的志愿。项羽说"彼可取而代之"，刘邦说"大丈夫当如是也"，他两个人的口气虽然不同，但是他们的志愿毫没有分别，换句话说都是想做皇帝。这种思想，久而久之便传播到普通人群中，所以从此以后中国人都想做皇帝，便不想做别的事。自民国成立以来，不是像袁世凯想做皇帝，便是像一般军阀想做督军、巡阅使，那也是错了。因为要达到那种地位是很不容易的，障碍物是很多的。因为他们立志一定要达到那种地位，所以弄到杀人放火、残贼人类亦所不惜。诸君想想，那志愿是好是不好呢？一定是不好的，所以我们必须要消灭那种志愿。至于学生立志，注重之点万不可想要达到什么地位，必须要想做成一件什么事。因为地位是关系于个人的，达到了什么地位，只能为个人谋幸福。事业是关系于群众的，做成了什么事，便能为大家谋幸福。近代人类的思想是注重谋大家的幸福，我从前已经说过了。大家又知道，许多做大事成功的人，不尽是在学校读过了书的，也有向来没有进过学校能够做成大事业的，不过那种人是天生的长处。普通人要所做的事不错，必要取法古人的长处才好。所以我们要进学校读书，取古今中外人的智识才学，来帮助我做一件大事，然后那件大事便容易成功。

　　诸君又勿谓现在进农科，学耕田的学问，将来学成之后只是一个农夫，不知

道耕田也是一件大事。从前后稷教民稼穑，树艺五谷，因为稼穑是一件很有益于
人民的事，他不怕劳动，去教导百姓，后来百姓感恩戴德，他便做了皇帝。说起
出身来，后稷还是一个耕田佬呀，那个耕田佬也做过了皇帝呀！古时做过皇帝的
人该有多少呢？现在世人都把他们的姓名忘记了，只有后稷做过耕田佬，所以世
人至今还不忘记他。现在科学进步，外国新发明的农科器具比旧时好的多，事半
功倍，只用一人之耕可得几千人之食。诸君现在学农科的，学到成功之后，就是
像外国的农夫，能够一人耕而有几千人之食，也不可以为到了止境。必要再用更
新的科学道理，改良耕田的方法，以至用一人耕能够有几万人食，或几百万人食，
那才算是有志之士。总而言之，诸君现在学校求学，无论是那一门科学，像文学、
物理、化学、农学，只要是自己性之所近，便拿那一门来反复研究。把其余关系
于那一门的科学也去过细参考，借用他们的道理和方法，来帮助那一门科学的发
展，彻底考察以求一个成功的结果。那么就是像中国的后稷教民耕田，法国柏斯
多发明微生物对于动植物的利害，都是功德无量的大事。

　我再举一件故事说。从前有个英国人叫做达尔文，他始初专拿蚂蚁和许多小
虫来玩，后来便考察一切动物，过细推测，便推出进化的道理。现在扩充这个道
理，不但是一切动物变化的道理包括在内，就是社会、政治、教育、伦理等种种
哲理，都不能逃出他的范围之外。所以达尔文的功劳，比世界上许多皇帝的功劳
还要大些。世界上的皇帝该有多少呢？诸君多有不知道他们姓名的，现在诸君总
没有一个人不知道达尔文的，所以达尔文的功〈劳〉实在是驾乎皇帝之上。由这
样讲来，无论什么事只要能够彻底做成功，便算是大事。所以由考察微生物得来
的道理是大事，由玩蚂蚁得来的道理也是大事。不过我们读书的时候，必须用自
己的本能做去才好。什么是本能呢？就是自己喜欢要做的事。就自己喜欢所做的
事彻底做去，以求最后的成功，中途不要喜新厌旧，见异思迁，那便是立志。立
志不可有今日立一种什么志，明日便要到一个什么地位。从前做皇帝的思想，是
过去的陈迹，要根本的打破他。立志是拿一件事彻底做成功，为世界上的新发明。
如果有了新发明，世界上的地位多得很，诸君不愁不能自占一席。

　我们立志还要合乎中国国情。像四十多年前，中国派许多学生到外国去留学，
尤其以派到美国的为最早。他们到了美国之后，不管中国为什么要派留学生，学

成了以后究竟于中国有什么用处，以为到了美国，只要学成美国人一样便够了。所以他们在外国的时候，便自称为什么"佐治"、"维廉"、"查理"，连中国的姓名也不要。回国之后，不徒是和中国的饮食起居不能合宜，就是中国的话也不会讲。所以住不许久，便厌弃中国，仍然回到美国。当中也有立志稍为高尚一点的，回到美国之后，仍然有继续研究学问的。不过那一种学生，对于中国的饮食起居和人情物理一点儿也不知，所有的思想行为和美国人丝毫没有分别。所以他们不能说是中国人，只可说是美国人。至于下一等的，回到美国便每日游手好闲，无所事事。因为不是学生，取消了官费或家庭接济，弄到后来，甚至个人的生活都不能维持，于是为非作歹，无所不做，便完全变成一种无赖的地痞。以中国的留学生，不回来做中国的国民，偏要去做美国的地痞，那是有什么好处呢？甚至有在美国的时候，连中国人住的地方都不敢去；逢人说起国籍来，总不承认是中国人。试问这种学生，究竟是何居心呢？这种学生可以说是无志，只知道学人，不知道学成了想自己来做事。

诸君现在岭南大学，受美国人的教育多，受中国人的教育少。环顾学校之内，四围有花草树木的风景，洋房马路的建筑，这一种繁华文明的气象，比较学校以外像大塘、康乐①等处的荒野景象，真是有天壤之别呀。我们中国人现在的痛苦，每日生活至少总有三万万人朝不保夕，愁了早餐愁晚餐，所以中国是世界上最穷弱的国家。诸君享这样的安乐幸福，想到国民同胞的痛苦，应该有一种恻隐怜爱之心。孟子所说"无恻隐之心，非人也"，这是诸君所固有的良知。诸君应该立志，想一种什么方法来救贫救弱，这种志愿是人人应该要立的。要大家担负救贫救弱的责任，去超渡〔度〕同胞。如果大家都有这种志愿，将来的中国便可转弱为强，化贫为富。

许多外国留学生回来，都说外国现在有这样文明的原故，是由于他们有一种特长。说这样话的人，是自己甘居下流，没有读过中国历史，不知道中国几千年都是文物之邦，从前总是富强，现在才是贫弱。就这项观念，和外国比较起来，现在的中国不但是最贫弱的国家，并且是最愚蠢的国家。事事都要派人到外国去

---

① 大塘、康乐是岭南大学附近两个村庄。

学，这还不是件耻辱的大事吗？中国派学生到外国去留学，最先的是到美国，次是到欧洲各国，最多的是在日本，极盛的时候人数有三万多。因为世界上无论那一国，没有在同时候派往到一国的学生有这样多的人数。我当时便很以为奇怪，因为这个问题，遂考查以往的历史，于无意中查得唐朝建都西安的时候，京城内的外国留学生也同时有三万多人。这三万多人中，日本派了一万多人，其余有波斯人、罗马人、印度人、阿拉伯人及其他欧洲人。由此可见唐朝的时候，世界上以中国人为最有智识，所以各国都派人到中国来留学。日本人学了之后，把自己国内的制度都改成中国制度，就是现在的宫室、衣服和一切典章文物制度和中国的还没有分别，那都是唐朝的旧制度。那时候中国的领土差不多统一亚洲大陆，西边到了里海。由这样讲来，我们的祖宗是很富强的。为什么现在贫弱一至于此呢？为什么没有方法变成像外国一样的富强呢？推究这个原因，是由于现在的人不能振作。不能振作便是堕落，堕落是很不好的性质，我们必要消灭他才好。至于说到中国人固有的聪明才智，现在留学美国的学生都是和美国人同班，在全美国之内，无论那个学校内的那一班学生，每学期成绩平均的分数，中国的学生都是比美国的学生还要更好些，这是美国人共同承认的。用历史证明，中国是富强的时候多，贫弱的时候少；用民族的性格证明，中国人实在是比外国人优。弄到现在国势像这样的衰微，自然不能不归咎于我们的堕落，因为堕落所以便不能振作。

怎么样去图国家的富强？我们要图国家富强，必须要自己振作精神，大家团结起来，公〔共〕同向前去奋斗。万不可自私自利，只知道要自己到什么地位，不知道要国家到什么地位。我们有了这项志气，便是国民志气。中国二百多年以前亡国过一次，被满洲人征服了，统治二百多年，事事压制，摧残民气，弄到全国人民俯首下心，不敢振作。我们近来堕落的原因，根本上就在乎此。十二年以前我们革命党才把满人的政府推翻，不受满人的束缚，但是还受许多外国人的束缚。因为当满清政府的末年，他们知道自己不能有为，恐怕天下失到汉人的手内，所以他们主张"宁赠朋友，不送家奴"，把中国的领土主权都送到许多外国人。我们汉族光复之后，本可以成独立国，但是因为满清政府送领土主权到外国人手内的契约还没有拿回来，所以至今还不能独立。大家知道高丽亡到日本，安南亡到法国，高丽、安南都是亡国，高丽人、安南人都是很痛苦的。我们中国的地位是怎么样呢？简直比高丽、安南的地位还要低。因为高丽只做日本的奴隶，安南只做法国的奴隶，他们虽然亡了国，但只做一国的奴隶。我们领土主权的契约现在都押在各国人的手内，被各国人所束缚，我们此刻实在是做各国人的奴隶。请问诸君，是做一人的奴隶痛苦些呀，还是做众人的奴隶痛苦些呢？当然是做众人的奴隶痛苦些。因为做一人的奴隶，只要摇尾乞怜，顺承意旨，便可得主人的欢心。做众人的奴隶，便有俗话说"顺得姑来失嫂意"的困难，你们看如何应付一切呢？所以我们的地位比高丽人的、安南人的还要低。如果高丽、安南有了水旱天灾，日本、法国去救济，他们视为义务上应该做的。好像从前美国南方几省蓄黑奴的制度，黑奴有应该受主人衣、食、居三种的好处。现在中国如果有了水旱天灾，外国人捐到二三百万，他们不以为是应尽的义务，还以为是极大的慈善。日本、法国待高丽、安南，他们不以为是慈善呀。所以我们现在做许多外国人的奴隶，只有奉承他们的义务，不能享他们的权利。

现在白鹅潭到了十几只外国兵船，他们的来意，完全是对于我们示威的。这种大耻辱，我们祖宗向来没有受过的。今日兵临城下，诸君是学者，为四民之首，是先觉先知，担负国家责任，应该有一种什么办法可以雪此大耻辱呢？可以挽救中国呢？诸君现在求学时代，应该从学问着手，拿学问来救中国。究竟要用什么方法呢？诸君现在学美国的学问，考美国历史，美国之所以兴，是由于革命而来。美国当脱离英国的时候，人民只有四百万，土地只有十三省，完全为荒野之地。就人数说，不过中国现在的百分之一。中国现在有四万万人，土地有二十二行省，物产又非常丰富。如果能步美国革命的后尘，美国用那样小的根本尚能成今日的大功业，中国人多物富，将来的结果当然比美国更好。美国用百分之一的人数，开辟荒土，弄到国家富强。经过了一百多年，用比例的通理说来，我们用百倍的人数整顿已经开辟的土地，要国家富强，只要十年。我们要达到这个目的，就要诸君立国家的大志，学美国从前革命时候的人一样，大家同心协力去奋斗。但是诸君学美国，切不可像从前的美国留学生，只要自己变成美国人，不管国家；必须利用美国的学问，把中国化成美国。因为国家的大事，不是一个人单独能够做成功的，必须要有很多的人才，大家同心做去，那才容易。要有很多的人才，那么造就人才的好学校，不可只有一个岭南大学。广东省必要几十个岭南大学，中国必要几百个岭南大学，造成几十万或几百万好学生，那才于中国有大利益。如果只要自己学成美国人便心满意足，不管国家是怎样，我们走到外国，他们还是笑我们是卑劣的中国人呀。因为专就个人而论，中国人面黄，美国人面白，无论诸君怎么学法，我们的面怎么样可以变颜色呢？诸君又再有什么方法去学呢？我们要好，须要全国的人大众都好。只要把国家变成富强，是世界上的头等国，那么我们面色虽然是黄的，走到外国，自己承认是中国人，还不失为头等国民的尊荣。

诸君今天欢迎我来演讲，我贡献到诸君的，就是要诸君立志，要有国民的大志气，专心做一件事，帮助国家变成富强。这个要中国富强的事务，就是诸君的责任；要诸君担负这个责任，便是我的希望。

据黄昌谷记：《孙大元帅对岭南学生欢迎会演说词》（一九二三年十二月二十一日），铅印本①

附：另一记录

今日得与岭南学生诸君会聚一堂，而演讲欲伸之意，殊为欢喜。诸君为中华民国之后继者，民国之希望在诸君身上。中华民国自鼎革至今十有二年，此十二年期中，飘摇风雨，纷乱靡常，南与北争，各省与各省争。革命尚未完成其破坏与建设之功，破坏不成功，斯建设亦不成功。将来建筑中华民国，使之完成，使之坚固，此诸君之责任也。

予来岭南学校，见其规模之宏伟，与夫布置各种之井井有条，令予生一层之感触。岭南学校外，尚甚多学校。此各种学校中何以不如岭南？因岭南学校为美国人所办。美国以其二三百年来之文明发达科学经验，加以"政治"、"实业"、"社会"种种比较的优美，斯对于教育之办法，亦觉优美也。诸君思之：今日在岭南身受良好教育者，不过千数百人。此千数百人以外，依广东一省计，尚有数

---

①　此为在广州印行的初刊本，未标出版时间。黄昌谷于文末"附识"云："大元帅此次演说词系用粤语，非记者素习，承邓彦华君以草记见示，采择不少。"另见一九二四年一月一日、三至五日、七至十二日《广州民国日报》（五）连载的黄昌谷记《孙大元帅对岭南学生欢迎会演说词》，又见《中国国民党周刊》第七期（一九二四年一月六日出版）同题文，内容相同而个别文字有出入。

百万之青年。此数百万之青年，年龄与诸君相等。其求学之机会，不如诸君；其幸福之丰满，不如诸君。然则诸君之感想当何如乎？

我以为在此求学时期，要最者要"预备做事"。预备做事，首先要"立志"。旧时代之教育思想与个人思想，是立个人发达之志。易言之，求学所以作官也，故非为学问而求学，而为作官以求学。诸君之要立志，则大异乎是。即立志作大事，而不立志作大官。立社会团体之志，而非个人私己之志。立彻始彻终贯到目的之志，非立贪图虚荣之志。立创造国家文明、担当社会事业之志，非立希求利禄之志。中华民国尚居贫弱之地位，诸君不可不怀此志以救贫救弱。中华民国尚未完成建设之大业，诸君不可不怀此志，以负建设之实任。实现此志以求作事，其方法与标准当注意及之。作事求彻始彻终者，斯即大事，斯即学生立志所宜作之大事也。

近代法国微菌学家帕士度考察微菌之学，毕生以之。此考察微菌之事，小事也，讵知竟成大事。由微菌之考察，得知其性质与害毒，因而科学上、病理学上、动植物上，有绝大之影响。岭南农科考察蚕子是否受有微菌侵害之疾病，由研究结果，将来改良广东全省之丝业，每年可多数千万之入息。考察蚕病，小事也，其效果有如是之大，可知作事之能彻始终以求贯到目的，影响人群者斯虽小而不小也。又如达尔文研究昆虫学，玩弄昆虫，一小事也。由是而发明进化原理，至今人类学、社会学、地质学、生物各学，皆由进化原理说明之。达氏之名荣耀千古，世界知闻，欧洲数十国之帝王不及其名之广著。吾国历史上之后稷，教民耕稼。耕稼，人所贱视之事，而其功效普及万载。可知学生在研究新知，发明学术，以求贯彻作事之目的，不在求帝王之尊贵与作官之荣誉。项羽、刘邦见秦始皇出巡之荣耀，一则曰可取而代之，一则曰得志当如是，虚荣心如是其重，此学者之所当戒也。今之人立志，以求作巡阅使、督军、司令各长官，不得之则演成害家凶国之事。立志以求个人之富贵利禄，错误在此，而堕落亦在此也。学生之立志是不求达如何之地位，是求将如何以成一事。譬如改良农业，旧耕之法一人可以养活数人，而机器新耕之法，可以养活者千数百人。吾人研究事理实学，乃所以求胜过古人，又所以求胜过欧美先进之国。容纳古今东西各学者之思想，以引导自己之思想，以创造自己之文明，此诸君之志不可不大，而其责任又不能不重也。

　　忆四十年前第一次派遣之留美学生，至美留学，凡事求酷肖美国人，致美国奢华之环境相适应，遂为其所同化，变成美国性，失了中国性，其学成返哺祖国而不堕落者，亦仅矣。诸君在岭南求学，受物质繁华之供奉，比诸环近之乡邻，有天壤之别。环顾吾国其朝不保夕、食餐不给者，尚不知几千百万人也。诸君思之同胞之困苦颠连、无衣无食者，无异自己之所身受。诸君已知中国如此之贫弱，则救贫救弱，即诸君之责任也。或曰吾汉族不如白种人之精明能干，此由于未回顾吾国数千年之历史耳。汉唐时代，拓地甚广，威名震于亚洲。当唐盛时，阿拉伯、波斯、印度等国，派遣学生至长安留学者甚众。东邻之日本，派遣学生至逾万人。迄今日本之宫室制度典章，多如唐制，其影响之大可知也。又如留美之学生，只数百人耳，其在各大学之考列最优等者甚多。说吾国民之聪明才力不如白人者，特未之思耳。然此种无种族精神、团体意志堕落思想何以发生，是由于满清二百余年之专制束缚所致。民国成立，脱离满清之专制束缚，又承袭满清所贻之列强束缚，弄成吾国为列强之殖民地，我国现在可谓居于最侮辱之时代矣。诸君负有救亡救弱之重责，起而图之，匪异人任。美国独立时代，以数百万人而倡行革命，遂置其国于富强之地位。况吾国以人数之众多，富肥之领土，而贯彻革命建设之目的，又岂不能与美并驾齐驱乎？诸君现在讲求学问智识，预备将来以灌输社会，建设国家，则中华民国之贫弱，固不难转掉而为富强之国家矣。企予〔予企〕望之。

据陈安仁记：《孙中山在岭南大学演说词》，
载广州《农事月刊》一九二四年第二卷第八期

和局不成当然续战①

在大本营会议的讲话

（一九二三年十二月二十九日）

现据林军长、张师长先后报告，以陈军派人接洽，情愿求和。但刻下竞存②既悟前非，余亦不加深究。惟既为议和，于条件之间必须讨论妥善，以期适当。

……如果和局不成，当然续战。但东江地势，东击则西窜，西击则边伏，敌人若粮械两足，战事竟无了期。应如何补救，亦请从长计议。

据《孙陈和议中之大包围计划》，载一九二四年一月十一日天津《大公报》第三版

注重宣传以造成群力

在广州大本营对国民党员的演说③

（一九二三年十二月三十日）

诸君：

这次国民党改组，变更奋斗的方法，注重宣传，不注重军事。今日提出一个问题来：为什么奋斗的方法要注重宣传，不要注重军事呢？

大家知道我们革命的方法，自推倒满清以后都是注重军事，以前是注重宣传。这个原因，是在后来组织军队的机会比从前多。说起功效来，是那一样大呢？自

---

① 一九二三年十一月，孙文指挥滇桂粤联军，击退陈炯明军队对广州的进攻。十二月，联军向陈军据守的东江地区发起反攻。同月下旬，陈炯明部谋求调和。二十九日，孙文在大本营会议上作此讲话。

② 即陈炯明，字竞存。

③ 演说词由黄昌谷、黄子聪笔记。

然是宣传奋斗的效力大，军事奋斗的效力小。譬如就武昌起义说，表面上虽然是军事奋斗的成功，但当时在武昌的军队是清朝训练的，不是本党训练的，因为没有起义之先他们受过我们的宣传，明白了我们的主义，才为主义去革命。所以这种成功，完全是由于宣传奋斗的成功。假若武昌的军队毫没有受过宣传，不明白革命的道理，专由本党另外起一支兵打那一些清兵，想把他们尽数消灭，他们一定拼命来和我们反抗，那么我们的革命恐未必能够成功。或者我们有了一支兵，对于我们的兵士绝不注重宣传，兵士丝毫不知为什么要革命的道理，拿这一种军队来和清兵奋斗，那么胜负之数也未可必。至于武昌起义当时能够达到目的的道理，完全是由于满清军队的自动，一经发起，便马到成功。那些清兵有自动力的根本原因，全是由于我们宣传的效果。他们受了宣传，都赞成我们的主义，所以便不来和我们反抗。像这样用敌人的军队来做我们的事业，所收的效果该是何等大呢！自清朝推倒了以后，我们便以为军事得胜，不必注重宣传，甚至有把宣传看做是无关紧要的事，所以弄到全国没有是非，引起军阀的专横，这是我们不能不负责任的。现在我们要再图进步，希望我们的革命主义完全成功，便要恢复武昌起义以前的革命方法，注重宣传。所以这次改组以后，便要请大家向宣传一方面去奋斗。

我们用已往的历史来证明，世界上的文明进步多半是由于宣传。譬如中国的文化自何而来呢？完全是由于宣传。大家都知道中国最有名的人是孔子，他周游列国是做什么事呢？是注重当时宣传尧、舜、禹、汤、文、武、周公①之道。他删《诗》、《书》②，作《春秋》，是为什么事呢？是注重后世宣传尧、舜、禹、汤、文、武、周公之道。所以传播到全国，以至于现在，便有文化。今日中国的旧文化，能够和欧美的新文化并驾齐驱的原因，都是由于孔子在二千多年以前所做的宣传工夫。再像佛教，自印度流行到亚洲全部，信仰的人数比那一种教都要

---

① 即唐尧、虞舜、夏禹、商汤、周文王、周武王、周公旦，为公元前十一世纪以前的人物，被视为贤明统治者而备受推崇。尧、舜、禹的事迹见于先秦古籍记载，含有传说成分。

② 《诗》即后人所称《诗经》；《书》为《尚书》简称，后人亦称《书经》。此两部古籍，相传经孔子删改整理。

多些呢，都是由于释迦牟尼善于宣传的效果。再像耶稣教①，从前自欧洲传到美洲，近代传到亚洲，流行于中国，世界上到处都有他们的教堂。这样普遍的道理，也是由于耶稣教徒善于宣传。宗教之所以能够感化人的道理，便是在他们有一种主义，令人信仰。普通人如果信仰了主义，便深入刻骨，便能够为主义去死。因为这个原因，传教的人往往为本教奋斗，牺牲生命亦所不辞，所以宗教的势力比政治的势力还要更大。

我们国民党要革命的道理，是要改革中国政治，实行三民主义和五权宪法。我们的这种主义比宗教的主义还要切实。因为宗教的主义，是讲将来的事和在世界以外的事；我们的政治主义，是讲现在的事和人类有切肤之痛的事。宗教是为将来灵魂谋幸福的，政治是为眼前肉体谋幸福的。说到将来的灵魂，自然是近于空虚；讲到眼前的肉体，自然有凭有据。那么宗教徒宣传空虚的道理尚可收到无量的效果，我们政党宣传有可凭据的道理，还怕不能成功吗？

要政治上切实的道理实行出来，统共有两种方法：一是用武力压逼群众，强迫去行，中国古时政治变更大多数都是用这种方法；二是靠宣传，使人心悦诚服，情愿奉令去行，这种方法在中国历史上不多见。中国实行改革政治的人，最大的毛病都是自私自利，许多英雄豪杰都想要做皇帝。从前创成独裁制，不专用武力的只有汤武革命。他们始初用七十里和百里的地盘做根本，造成良政府，让全国人都佩服。所以后来用兵，一经发动，便"东面而征西夷怨，南面而征北狄怨"，全国人都是很欢迎的，不专用兵力便统一中国。他们当初要造成良政府，让人佩服的事业，便是注重宣传。后来全国人欢迎，不和他们反抗，便是因为受过了宣传。所以当时中国人民便享几百年幸福。后人都说他们的革命是"顺乎天应乎人"。到了现在，人类的政治思想极发达，民权的学说极普遍，更不可专用兵力，必要人人心悦诚服，都欢迎我们的主义，那才容易成功。革命成功极快的方法，宣传要用九成，武力只可用一成。我们国民党这几年用武力的奋斗太多，宣传的

---

① 耶稣教，此处泛指基督教，即奉耶稣基督为救世主的各教派统称，包括天主教、新教、正教等。在中国，耶稣教通常又专指基督教新教，或称基督教。

奋斗太少。此次改组注重宣传的奋斗，便是挽救从前的弊端。

诸君担负宣传的任务，应该有恒心，不可虎头蛇尾，今日热心奋斗，明日便心灰意冷。因为要人心悦诚服，不是一朝一夕、一言一动能够收效果的。必要把我们的主义，潜移默化，深入人心，那才算是有效果。我们要能够收到这种效果，便非请诸君对于宣传做继续的工夫不可。如果不能继续做去，便是不明白革命的道理。假若真明白了革命道理，便有恒心。因为革命是有目的的，要达到一定的目的，便不至中途废止。我们一定要达到这种目的，那就是我们的志气。

无论什么人做事，都有一种志气。古人说："有志者事竟成。"用这一句话对个人说，大概在市井之上熙熙攘攘、往来不绝的人，都是志在发财。他门〔们〕究竟能不能够得志呢？有的能够做富翁，是得志的。但是这种志气过于自私自利，和别人的利害相冲突，便容易被人消灭，所以大多数的人都是不能得志。有一种志气，是大家公共的志，众人都向此做去便容易成功，所谓"众志成城"。像革命党从前想推翻满清，到后来果然建设民国，那才算是"有志者事竟成"。

就推翻满清而论，从前太平天国也有这种志愿，当时何以不成功，这原因是在什么地方呢？洪秀全自广西金田村起义，打过湖北、江西、安徽，建都南京，他们的革命本来可以成功的。因为后来曾国藩、左宗棠、李鸿章那一班人出来破坏，所以失败。满清因为能够利用曾国藩、左宗棠、李鸿章那一班人，所以他们的天下还能够维持。曾国藩、左宗棠、李鸿章都是汉人，洪秀全也是汉人。洪秀全所反对的本是满人，不是汉人。但是当时汉人知道要反对满人的很少，所以汉人便自相残杀，弄到结果，满人坐收渔人之利。自明朝汉人亡国之后，排满的举动不知道有多少次，失败的原因都是汉人自相反对。如果汉人不反对，太平天国的革命便老早成功了。辛亥年武昌起义，全国战事不过两三个月，便大功告成；太平天国打了十几年仗，还是不能成功。当中的原因，全是由于汉人自己维持不维持。辛亥年汉人知道自相维持，所以满清的江山一推便倒；太平天国时汉人不知道自相维持，所以终洪秀全之身，总是推满清不倒。汉人知不知道自相维持的道理，是由于全国汉人明白不明白满汉的界限。辛亥年全国汉人明白了汉满的界限，所以武昌的汉人一经起义，便没汉人再来反对汉人，去维持满人的天下。国人明白不明白满汉的界限，是由于主持革命的人有没有普遍的宣传。当辛亥年武昌没有起义之先，我们革命党老早发明了民族主义，一般有思想的人都拿这种主义对全国宣传，一传十，十传百，大众一心，向前奋斗，弄到后来，人人都知道要光复汉族非排去满人不可。故武昌起义之后，便没有汉人再去帮助满人。满人没有汉人的帮助，他们的江山怎样能够保守呢！

　　像辛亥年汉人排满，这种人人合做一件事的力，叫做"群力"。这种群力是很大的。因为中国的大事业太大，要用四万万人的力才容易做成功，不是一两个人的力可以做得到的。因为一两个人的力量有限。譬如一个人可出力一百斤，搬运货物到十里路远，每日可搬运十次，那么用一个人的力每日可以搬运一千斤，用一百人的力每日便可以搬运一〔十〕万斤。如果用四万万人，一日可以搬运多少斤呢？四万万人在一百日内又可以搬运多少斤呢？因为没有四万万人可以同时搬运货物的事实，所以这种群力是怎么样伟大，诸君还不易明白。我们可用动物的群力来证明一证明。

　　各种动物用力可分作两种。一种是用孤力的，像一虎在山，群兽空谷。虎是不能合众的，他所用的力是孤力。他项走兽如狮如豹都是一样。一种是用群力的，动物中天性最合群的是蚂蚁，他们合居的有时可到几千万。蜜蜂合居的也是极多，并且很有条理。他们住在一窝之中，都是分职任事：有做窝的，有觅食的，有采花的，有看门的，有酿蜜的，并有做首领的叫做蜂王。好像国家一样，有行政、立法、司法种种人员，毫不紊乱。做起事来，既不侵越权限，又能够互相帮助。至于蚂蚁所用的群力更容易看出，譬如我们在郊外步行，遇到风雨的时候，常见无数蚂蚁用泥做成一条极长的隧道，以遮风雨而便出入。如果那样的工作是一个蚂蚁去做，那么他用极微的力搬运极微的尘泥，要做成一条长隧道，应该要多少时间才可以成功呢？但是用无数的蚂蚁都去搬运尘泥，同力合作，积少成多，便可以在短时间之内做成很长的隧道。

　　人的天性和动物的天性不同，多数人能合群，但是群性的程度不及蜜蜂和蚂蚁。譬如许多蜜蜂同住一处，他们在一群之中各司其事，彼此对于职务不互相侵犯，亦不互相规避，总是各尽各的职务，始终去做。好像守门的蜂，尾上藏有蜂蛮，知道他的职务是保护全群安全的，如果遇到强暴来侵犯同群的安全，他便用尾刺激，拼命抵抗，就是牺牲生命也是不辞。这种奋斗精神真是视死如归。这种视死如归的特长不是教成的，是他生成自然而然的，可以说是天性。人便没有这种天性。像当兵的人必要受过了许久的教练，然后才能应战；到了临阵的时候，还有计及生死利害，违反他的职守的。近来文明国的兵士，虽有死守职务、不计利害的，但是他们的天性纯厚还是不及蜜蜂。至于中国的兵士更是比不上。俗话常说："好铁不打钉，好子不当兵。"要他们成好兵士，必须经过许久的教训，才勉强有用。如果说到忠心一层，和蜜蜂比较更是差得远。蜜蜂赋有天生合群的性质，一群之中各司其事，不必加以训练，是自然而然的。人亦赋有多少天生合群的性质，但须加以训练，然后合群的性质才有进步，进步到极点还是不及蜜蜂。蜜蜂实行天赋的特性，勇往向前，毫无顾虑。人便每每因后天的训练没有娴熟，容易丧失先天的特性。因为这个原故，人类中常发生许多弑父贼子，自相残杀。蚂蚁和蜜蜂之中便没有这种现象。

我们要求中国进步，造成一个三民主义、五权宪法的国家，非用群力不可。要用群力，便要合群策群力，大家去奋斗。不可依赖一人一部分，用孤力去做。用孤力去做，所收效果是很小、很慢的。民国成立以后，生出了袁世凯、赵秉钧那一般官僚来。那般官僚在满清的时候本来是很听话的，初到民国来也是忠于共和，奉命维〔唯〕谨，不敢犯法。到了后来犯法，这个原因是在什么地方呢？因为推倒满清之后，成立民国，那般旧官僚还不知道民国是什么东西，人民又不知道怎样做主人去监督他们。而在专制的时候，有皇帝做主人，可以管理他们。他们怕皇帝的威权，革他们的官，所以他们便甘伏于奴隶之下。到了民国，人民本是主人，应该有权可以监督他们的，但是初次脱去奴隶的地位，忽然升到主人的地位，还不知道怎么样做主人的方法，实行民权。所以他们便目无主人，胡行乱为。革命成功，创造民国，原是先觉先知奋斗出来的，普通人民还不知其所以然。当民国初成立的时候，他们还怕那般先觉先知来干涉，有时候还是不敢乱为。到了后来，官僚和军阀连成一气，他们便更有胆量来把持政权，违法乱纪，无所不为。不是袁世凯做皇帝、张勋复辟，便是曹琨〔锟〕拿钱买总统做，用武力反叛民国。所以弄到今天，不是人民的国家，完全是官僚和军阀的国家。人民的天性本来没有蜜蜂和蚂蚁的天生长处，所以能够变好的原因，多半由于学习。普通人要学习，便是因为不知。先觉先知的人要他们知，便应该去教，教便是宣传。一传十，十传百，百传千，久而久之，便可传到四万万。如果四万万人都明白了我们的主义，他们便欢迎我们去建设中华民国。要做到这样的伟大事业，只有本党才有这个力量。因为本党是有主义的，别党没有主义，所以他们便做不到。

造成一个国家是从何而起呢？何为国家呢？国家是人人生死所在的地方。国家的基础是建筑在人民思想之上。世界上现在何以多是民国呢？从前何以都成帝国呢？因为人民的政治思想各有不同。改革国家，并不是要把所有的江山都要改变。好像改革广东一样，并不是要把白云山搬到河南①，把东江、西江、北江都要改变河道的方向。只要改造人心，除去人民的旧思想，另外换成一种新思想，这便是国家的基础革新。国家有了新基础，那么好像做新屋一样，只要屋基筑成，以后做墙上梁，还有什么大困难呢！

本党的三民主义，便是无形中改造人民思想的。何谓三民主义呢？简单的说，便是民有、民治、民享；详细的说，便是民族主义、民权主义和民生主义。这三项主义的意思，是要把全国的主权都放在本族人民手内，一国的政令都是由人民所出，所得的国家利益由人民共享。这三项意思，便可用"民有、民治、民享"六个字包括起来。五权宪法是根据于三民主义的思想，用来组织国家的。好像一个蜂窝一样，全窝内的觅食、采花、看门等任务，都要所有的蜜蜂分别担任，各司其事。总而言之，三民主义和五权宪法都是建国的方略。建设一个国家，好像是做成一个蜂窝，在窝内的蜜蜂不许有损人利己的事，必要井井有条，彼此毫无冲突。我们将来的国家做到了民有、民治、民享，便是世界上最安乐的国家；在此国家之内的人民，便是世界上最安乐的人民。

我们要达到这个目的，不是现在广东少数的国民党员可以做得成功的。必要应用群力，请全国人都同心协力去做，那才容易成功。要全国人都同我们去做，便要他们明白我们做事的主义。如果不然，他们不但不同我们去做，并且还要反对我们。像做外国人的奴隶，本来没有人甘心情愿的，但是从前的汉人不知道做中国皇帝的是从外国来的满人，所以曾国藩、左宗棠那一般汉人便情愿去做满人

---

① "河南"指广州在珠江南岸的市区，白云山在珠江以北。

的奴隶，来反对汉人。因为他们在那个时候只知道忠君大义，清朝深仁厚泽，他们是不能反对的；不知道有满汉的界限、民族的思想，不知道满人来做汉人的皇帝是不能不反对的。所以他们一生做外国人的奴隶，反以为荣耀。到了辛亥年，全国汉人思想便和从前大不相同，所以武昌革命一经发起，便全国响应。我们见到此地，所以从事革命，便要宣传我们何以要革命的主义。

从前宣传民族主义，推翻满清，很有功效。我们现在从事宣传，必要把民权主义和民生主义，同民族主义一样的注重。不过从前宣传民族主义的时候，有汉人同满人的比较，很容易教人明白；现在宣传民权主义和民生主义，难找到一个简单的比较，很不容易教人明白。因为环境可以束缚人的。譬如老监犯在牢内住了十几年，如果一时把他放到外边，教他回去，他仍然是回到老监牢。因为他在监牢住久了，习惯成自然。如果回到监牢内去，便觉得很自然；若是到别的地方，便觉得不自然。再者，大家都知道美国最著名的南北战争，是由于黑奴制。当时美国南方有几百万黑奴，北方是工商业的省分，南方是农业的省分，因为有了许多黑奴，便可以替他们去耕种。战争的原因是北方主张人道主义，要求人人平等，不可有奴隶的制度，想用政府筹一大宗款去赎那些黑奴；南方主张人民有财产保护权，黑奴是他们的财产，政府不能干涉，反对北方的主张。因为这项争端，便发生南北之战。后来北方胜利，南方失败，实行放奴，让那几百万黑人自由。那些黑奴初放出之后，便一时无所措手足，觉得诸事都不方便。以为自己从前做奴隶的时候，所有的衣食住都有主人办到非常完备，那个时候的生活是很安乐的；一旦脱离了主人，自己便不知道怎么样可以谋衣食住，一时的生活便觉得痛苦。诸君都知道美国有两个大伟人，一个是华盛顿，一个是林肯。林肯之所以出名，是由于放黑奴。黑奴到现在才知道要感谢他，但当初放出来的时候，不但不感谢他，并且还要谩骂他。当时有许多黑奴常痛骂林肯说："我们从前是很安乐的，为什么他要来害我们呢？"我们革命党推翻满清，把人民由奴隶的地位超度到主人的地位，现在做了主人，不但不来感激，因为暂受目前的痛苦，反要来谩骂。常有人说："我们从前是很安乐的，自革命之后，国乱民穷，要有真命天子出世或者清朝复辟才好，民国真是没有用呵！"试问从前的人见了官要打屁股，现在不受这种刑罚，只就这一件事说来，民国到底是好不好呢？我们要人明白民国的好处，必要用普遍的宣传去感化人，万不可专用兵力去压制人。如果专用兵力，就是一时成功，还不能根本改革人的思想，变更人的习惯。好像现在陈炯明的军队投北，陆荣廷的军队也投北，他们为什么要投北呢？因为他们的思想，以为北京从前出真命天子，那才是真的，民国是假的。再像民国六年陆荣廷到北京，还要去向宣统叩头。这种改不了的奴性，和美国的黑奴当初放出之后，一时还失不了奴性的道理是一样的。我们要根本上改变他，便要想法子去感化他。感化就是宣传。

大家担负这种任务，所用的方法必须临机应变。好像现在因为关余问题，外国人用兵船来示威，我们要和他们反抗，便要应用民族主义。要说明民族主义是很容易的，说明民权主义那要困难，至于要说明民生主义那更困难。许多人从前只知道民族主义，现在才知道民权主义。讲到民生主义，现在还有许多人不知道的。我们担任宣传的，自己先要明白他才好。如果不然，便是以盲导盲，都不知道是从那一条路走。

从前革命没有成功以前，广东人有一句俗话，可以包括民生主义。这句话是欢迎民生主义的，很可以用来做群众宣传的材料。因为普遍的宣传，是要对极无知识的群众去演讲。普通人极欢迎的心理，是在什么地方呢？拿他们心理上极欢迎的话去演讲，便可感动许多人，不必费很大的力量，便可收很大的效果。这句话不是我们革命党说的，是普通人民自己造出来的。这是一句什么话呢？就是"革命成功，我们大家有平米吃"。这句话是很有道理的。因为革命成功了，如果实行民生主义，国民真是有平米吃。现在的米比从前的还要贵，大家不要以为就是革命成功之后，实行了民生主义的效果。这个米贵的道理，是因工价抬高的原故。我们广东的工人从前没有团体，近来因为知道了被东家压制，便组织种种工会去反抗他们，遇到和东家冲突的时候便罢工，要求加工价、减时间。这种方法是从外国传来的。外国的工人要求加工价，是因为他们的工业发达，工厂极大，普通一个工厂一年可以得几百万利息。像上海前几年的工厂，一百万资本每年可以得两三百万利息。外国像这一样大的工厂，每年也可以得几十万利息。外国的工人因为生活太高，便结起团体来和厂主商量，只许厂主赚若干，其余都要分到工人。这项情形宣传到中国来，我们的工人不管工业情形是怎么样，也是一样照行。不知道中国没有极大的工厂，只有做散工的劳动。他们还要求加工价，所以百物昂贵，米也随之而贵。这是我们革命党提倡人民自由的结果。要补救他，有什么方法呢？欧美补救的方法，在资本家一方面的是工价加高，货价也抬高，这不是根本的解决。他们现在所想的根本解决，是社会革命。中国的工业还没有发达，罢工的事在外国可行，在中国不可行。

我们革命成功之后，要有平米吃，究竟用什么方法可以做到呢？外国人想做的方法是工人同农民合作，不要商家做经纪、赚佣钱，便可省却许多消耗费。这件事是要大家去做，政府加以提倡，便容易成功。广州此刻米贵，最大原因是商家垄断，有中饱的弊端。要除去这项弊端，便要工人同农民合作。要工人和农民知道怎么样合作，便要去宣传这个道理。现在我们的工人大多数都是有知识的，很容易宣传，难处是在要农民知道。米出于农民，原价一元直接可以买二十斤，间接向商家去买，用银一元只可买米十斤，中间被商家赚了一半。要米价平，便要工人同农民办一合作社，用工人所做的器具交换农民所出的米，省去商家的中饱，那样米价便可以平。外国实行这种方法，最有成绩的是英、俄两国，他们所办的合作社大约有几千万人。我们如果仿照英、俄两国的方法去行，便有平米吃，工人和农民也可以多得钱。要达到这种目的，必要有团体去行。要有团体，便要劝他们入党，入了党之后才可以请师父来教。我们把这个方法怎么样去行，实行了以后做成一个什么国家，并不是难事。难处是由于不知，不是不能行，是由于不知道怎么样去行。孟子说："挟泰山以超北海，非不行也，是不能也；为长者折枝，非不能也，是不行也。"① 我们如果彻底的知了，再去又行，那就是"为长者折枝"，不是"挟泰山以超北海"。

我们想要造成一个有条理的国家，就是像蚁巢和蜂窝一样。蚂蚁和蜜蜂还有这种组织能力，人为什么没有这种能力呢？人为万物之灵，所有的智识比较什么动物都要高一点，是应该有这项能力的。我们现在担任国事的人，把国家应该做的大事一概不理，只知道争权夺利，自相残杀，为什么还不如蚂蚁、蜜蜂呢？如

---

① 见《孟子》"梁惠王上"，原文是："挟太山以超北海，语人曰'我不能'，是诚不能也；为长者折枝，语人曰'我不能'，是不为也，非不能也。"按："太"、"泰"通假字，古时泰山亦称太山。

果不知道国家是什么东西，只要去看蚁巢和蜂窝。古人说："人饥己饥，人溺己溺"；"天下兴亡，匹夫有责"。国家之内，一物不得其所，便是我们的责任。大家都是国民党员，应该担负这个责任，用宣传去奋斗。从前所以不能行的原故，是由于不知。蜜蜂和蚂蚁本来也是不知，但是他们有天生的长处。不过他们的长处，各个的蚁与蜂只限于一件事，我们人类是什么事都可以做得到的。譬如从前以为人总不能像鸟雀一样飞到天上，现在的人坐在飞机中，直达云霄，是不是飞上天呢？飞上天都可以做得到，别事还不能做吗？古人说"知易行难"，我的学说是"知难行易"。从前中国百事都腐败的原因，是由于思想错了。自我的学说发明以后，中国人的思想便要大改革。拿我的学说去做事，无论什么事都可以做得到的。

中国现在是最贫弱的国家。像葡萄牙那样小的国尚且派兵船来示威，连葡萄牙那样小的国，我们还要怕他。讲到我们从前的时候，本来是很富强的，像唐朝各国都派人来留学，万国来朝。日本从前是很贫弱的，也受过了像我们白鹅潭一样的大耻辱，到了近来才富强，所以能够富强的原因是由于维新。如果我们立志要国家富强，方法是有的，就是方法一时想不通，只要百折不回，一往向前去做，总是可以做得成的。像飞机不是一次做成了便可以飞的，是经过了好几次的改良，才完全成功。不过首先要立一个志愿，照那个志愿去做，总是不改，将来的结果一定是有希望的。

今天我希望国民党员的，是要诸君立志，于十年之内把中国变成世界上顶富强的国家。只要诸君有了志愿，方法是很多的。中国从前是富强的，英、法现在是富强的，学一国富强的方法便够了。如果自己真没有方法，便可以请师父。像大沙头①的那般青年飞机师，从前本不知道怎么样飞，但是请外国技师来教，所以学到现在，便飞得很好。但诸君须先有这项志愿。自己有了这项志愿，还要去宣传自己的志愿，推到四万万人都有这项志愿。如果人人都有了相同的志愿，便能够学蚂蚁和蜜蜂，合群策群力去行。

我们这次革命，一定是能够成功的。不过要大家先有这项志愿，立定恒心去

①　大沙头在广州城东，为当时军用机场所在地。

做。如果弄到成功，把中国建设好了，大家便有平米吃。到了有平米吃，中国便是世界上顶安乐的国家，诸君便是世界上顶享幸福的人民。我们要做到这个地步，不可专用兵力，因为兵力只可以用来做破坏的事，不可用来做建设的事。要做建设的事，便要有主义和方法。要全国人都明白建设的主义，便要有宣传。所以从今天以后，要请大家注重宣传的奋斗，不要单注重兵力的奋斗。

据《宣传造成群力》（十二年十二月三十日国民党党员讲演），载《孙中山先生最近讲演集》，广州，中国国民党中央执行委员会宣传部编辑发行，一九二四年七月出版

革命军应以一当百的精神扫除军阀

在广州为观音山之役卫士颁奖的训词①

（一九二四年一月一日）

今天执行奖赏，颁发从前在观音山打仗有功诸卫士的奖牌，这是本大元帅亲自行赏的第一次。本大元帅自执政以来从没有亲赏过将士的，因见推翻满清之后，我们军士的奋斗和从前大不相同。像黄花冈、武昌、镇南关、河口几次起义，我们的人数都是很少，打起仗来，没有那一次不是以几百人去打几千人或几万人的，以后便不能像那一样继续奋斗。近来像那样继续奋斗的军队，只有前年观音山的卫士，所以今天便来论功行赏。

实在来说，观音山的卫士值不值得一赏呢？当陈炯明造反的那一夜，我们观音山的卫士只有五十多人，所有的武器只有三十枝手机关，子弹不过一万多发。

---

① 一九二二年六月十六日陈炯明部在广州兵变，围攻观音山（今名越秀山）南麓总统府及半山腰的总统官邸粤秀楼，攻打粤秀楼时遭到卫士队顽强抵抗，孙文暨夫人宋庆龄相继脱险。一九二四年元旦上午，孙文在大本营举行颁奖典礼，将功勋奖章授予参加战斗的卫士五十八人及侍卫副官三人、侦缉员一人；另对战斗中负伤卫士五人颁给阵伤奖章。据底本所见，功勋奖章呈圆形，中铸国民党党徽及孙文肖像，上书"中华民国陆海军大元帅"，下书"十一年讨贼有功奖章"。

叛军最初来攻的有一千多人，不久加入杨坤如①一千多人，后来又到他项叛军一千多人，统共有四千余人围攻观音山。自头晚②起到第二日止，攻了十几点钟，毫没有间断，总是攻不下，到后来我们子弹打完了，才安全退出。像这样奋斗的精神真是近来没有的。今以此次东江的战事比较，两个月以前我们有三万多人，在惠州、博罗打不过敌军二万余人。现在敌人的残军散在东江的不过几千人，我们有三四万人，还是不敢前进。像这样说起来，比较观音山的卫士，真是不可同日而语。

我从前常常对人说，革命军的力量是和别种军队不同的，必要能以一当十，才算合格。用几百人可以敌几千人，那才算是本事。如果不能，便是大耻辱，便不算得是革命军。前年观音山的卫士便是以一当百的革命军，所以值得本大元帅来奖赏。民国成立以来，我理想上的革命军只有这次观音山的卫士足以当之，这种奋斗的精神实在不可磨灭。所以乘今天民国十三年的元旦来奖赏各位勇士，做一个大纪念。希望我们全体军人，从今天起，都应该恢复吾党从前革命的精神，以一当百，去同国贼奋斗，决计在今年之内扫除军阀，统一民国。

据《孙大元帅颁发观音山之役卫士奖牌训词》铅印页原件照片，台北、中国国民党文化传播委员会党史馆藏③

---

① 杨坤如，粤军第一军第五师师长。

② "头晚"，指六月十五日晚间，实为十六日凌晨。陈部兵变于十六日凌晨二时发动，三时许开始攻击总统府及粤秀楼。

③ 原件由当年卫士陈威捐赠给台北国父史迹纪念馆，似为参加颁奖典礼时所印发。该件还影印有孙文对前大本营参军兼总统府卫士队队长姚观顺呈文的亲笔批示，全文如下："着参军长将奖牌及阵伤奖章预备于十三年一月一日午前十时由本大元帅颁发，此批。文。"按：大本营参军长为张开儒。又，一九二四年一月七日《广州民国日报》（六）所载《大元帅颁发卫士奖牌训词》（黄昌谷记），其内容与底本相同但有数字误植。

附：另一记录

革命国军应实行改革刷新，努力奋斗。民国以前，革命党人本革命精神，做革命事业，镇南关、黄〈花〉冈诸役均以寡敌众，震动全国。自民国成立以后，革命党人精神似觉日形堕落，此次东江军事，陈炯明军队不及我军一倍〔半〕，尚未能迅速成功，岂非革命军不如前乎！

此次授勋纪功，系奖励民国十一年六月十五日杀贼有功将士，当时逆贼围攻观音山时，我将士卫队只二十余人，子弹不上万颗，机关枪只数架，与逆贼激战二十四小时之久，忠毅勇敢，实为民国成立后革命党人最剧烈之战争。

据《再纪元旦之大本营》，载一九二四年一月十日上海《民国日报》第六版

今日应以革命精神创造国家

在大本营军政会议的讲话①

（一九二四年一月四日）

今日曹锟贿选已成，国中纠纷万状，时局急待解决。故今日有三事须待商。

第一为组织正式政府问题。因目前政府地位，外交团常视同一地方政府，外交上极受影响。第二为出兵北伐问题。第三为财政统一问题。请各抒所见，共谋讨贼进行办法，以纾国难。

（伍朝枢、徐绍桢、路孝忱相继发言之后，蒋光亮起谓：从法律、时势而言，应继续护法事业，大元帅复总统位，以图发展。至是，大元帅起谓：）

现在护法可算终了，护法名义已不宜援用。因数年来吾人护法之结果，曹、吴②辈毁法之徒，反假护法之名恢复国会。北京国会恢复之后，议员丑态贻笑中

---

① 会议于四日午后四时举行，与会者有军政要人及各省代表共计六十余人。

② 即曹锟、吴佩孚。

外，实违反全国民意。今日不当拥护猪仔国会。予在沪未回粤时，尚冀曹、吴辈觉悟，故力倡和平统一。至回粤后，只用大元帅名义统驭各军。乃曹、吴辈利用沈、陈①〈诸〉逆祸粤，是和平已无望。今日应以革命精神创造国家，为中华民国开一新纪元。

（经众讨论之后，参谋长李烈钧提议组织新政府，名称建国政府。刘震寰提议，名为国民政府。秘书长杨庶堪提议，名为建设政府，众以建国政府二字甚为适宜。最后表决，多数赞成定为建国政府，即交大本营各部长筹备。次讨论北伐问题。大元帅谓：）

出兵问题，有以为须俟东江完全肃清，稍为休养，然后抽队。但无论如何须先有出兵决心，先行筹备，方能有济。此时江、浙风云密布，奉张②亦已准备入关，我们应先行筹划。

（讨论结果，全场一致力主急速出兵。即由军政部，参谋部，滇、湘、粤、桂各军总司令筹备。惟急速出兵，则饷弹问题亟应待解决，议决由大本营财政委员会分任筹措。次讨论广东财政统一问题。大元帅谓：）

第三问题最为要着，与第一、二两问题有牵连关系。西南自护法以来，一切军民政费，几全部仰给于广东。查广东每年收入约三千余万元，合以现在种种新增税项，可得五六千万元，以之应付军民政费未尝不足。顾年来各征收机关更为各军截收，以致征额反不如原有，只得二千万元。度其中千余万元均取诸广州市一隅，广州市民已不胜重负矣。今后既决定组织正式政府，实行北伐，此后军费之接济，倚助于广东全省尤殷。故各军长官应将所属占领之征收机关，于一月内交回主管财政机关接管，藉资整理，增益税收，以裕军实。

据《三大问题之解决》，载一九二四
年一月七日《广州民国日报》（三）

①　即沈鸿英、陈炯明。
②　即奉天张作霖。

决议三事前途大有希望

在帅府宴请各军政长官的演说①

（一九二四年一月四日）

　　今当民国十三年之始，吾人下大决心决议进行之三大事件，即建国政府、出师北伐与统一财政是也。有如此决心，实为民国以来之最大希望。回忆二十年前我在东京创立同盟会时，与诸同志誓死为革命运动，其决心与今日无异。因有同盟会实行革命之决心，而三月廿九广州之役与武汉起义继续发现，卒底于成。然当时武器缺乏，革命军之所恃者决心而已。即如河口、镇南关诸役，革命军以少数与多数战，以手枪、炸弹与长枪、大炮战，虽归失败而相持甚久，亦可见革命之精神不懈，到底终能成功也。今日各人具有大决心，有较多之武器，建国目的何有不达？吾人固深信前途之大有希望也。吾人希望千万年后，亦将以此十三年一月四日之会议留为大纪念日也。

　　　　　　　　　　　　　据《建国北伐之决心谈》，载一九二四年一月八日《广州民国日报》（二）

要信仰革命不可再守中立

在广州商团及警察联欢大会的演说②

（一九二四年一月十四日）

诸君：

　　今日商团和警察在此联欢，这是一个很好的盛会。本来商团和警察的责任是

---

　　①　四日下午大本营军政会议结束后，孙文宴请与会各军政长官，并作此演说。
　　②　十四日下午广州市公安局与广州商团军在广东高等师范学校运动场开警、团联欢茶话会，到会者有警长、警员一千五百余人和商团军团员一千二百余人，孙文应邀出席并作此演说。

维持治安的，是维持广州市的治安的。商团和警察都住广州市，广州市的治安怎样可以维持呢？商团和警察用甚么方法去维持呢？商团和警察所能维持的治安，是一部分的治安，是防备宵小的治安；如果国家全体不能太平，不能治安，商团和警察又有甚么方法可以去维持一部分的地方治安呢？商团和警察既然有维持广州市地方治安责任，就要知道广州市处中华民国之内是甚么地位。我们要希望全国的治安可以维持，然后一部分的地方治安才可以维持；如果全国的治安不能维持，那么一部分的地方治安也是不能维持。广州市在中华民国之内，从前不过二十二行省的一个省会，但今日广州市的地位便和从前大不相同。我们要知道是怎样不同，便要知道现在是中华民国的甚么时候，和中华民国是怎么样成立。中华民国之成立，是由于十三年前武昌起义；武昌之所以起义，是为革命，是要推倒满清，创造中华民国。但是中华民国成立至今，虽然有了十三年，全国还是四分五裂，大乱不已，这便是中华民国还没有创造成功。

　　大家自己都承认是中华民国的国民，总没有一个人肯表示是大清帝国的遗民。我可以说大家有九成九都不承认是大清帝国的人，都肯承认是中华民国的人。大家既然承认是民国的人，便要知道甚么是民国，便要知道中华民国和大清帝国有甚么分别。诸君的年岁大概都在二十岁以上，十三年以前的事自然记得很清楚。用中华民国和大清帝国来比较，中华民国是怎样造成的？大家自然记得，是用革命手段把清朝推翻、满帝消灭来造成的。今日既是民国，顾名思义，大家便应该知道何以叫做民国呢？民国是和帝国不同的：帝国是由皇帝一个人专制，民国是由全国的人民作主；帝国是家天下，民国是公天下。好比做生意，帝国是东家生意，民国是公司生意。公司生意赚了钱，股东都有份；东家生意赚了钱，只有一个人享受。所以从前清朝是家天下，现在民国是公天下。这便是民国和帝国的分别。民国已经过了十三年，大家应该明白这种分别。

　　现在民国的景象，还是在分裂之中，到处都有战事，这十三年以来没有一年可以得太平。为甚么到了民国不能太平呢？是不是民国不如帝国呢？如果民国真是不如帝国，大家又何以要承认是民国的人，以做民国的国民为光荣，以做帝国的子民为耻辱呢？论起道理来，民国比帝国公道得多，民国的国民比帝国的子民光荣得多。我们中华民国是否成立了呢？本来满清帝国已经推翻，中华民国的招牌已经挂了十三年。在这十三年中，人民有没有享到民国的幸福呢？实在的说，人民简直还没有享到民国的幸福，国家还是在变乱的时代，人民还是在水深火热之中，日日受苦痛。何以到了民国，反有变乱，人民反受痛苦呢？反对民国的人，心理上以为民国不如帝国，现在不如清朝，所以人民在民国所受的痛苦便要比清朝多。殊不知人民在民国，无形中的地位很高。民国是大家都有份的，我们是中华民国的人民，便是中华民国的主人翁，再不和清朝一样，要做官吏的奴隶。中华民国是一个大公司，我们都是这个公司内的股东，都是应该有权力来管理公司事务的，所以大家现在所处的地位是很高的。但是因为国家没有方法可以统一，所以全国便大乱不已，灾害频至，祸患没有止境。是否人民应该受这种种痛苦呢？诸君想想，大凡一种灾害，一种痛苦，当中必有一个原因。现在民国灾患祸害的原因是在什么地方呢？第一个是大清帝国留下来的老官僚、武人还没有肃清。从前革命党推倒满清，只推翻清朝的一个皇帝。但是推翻那个大皇帝之后，便生出无数小皇帝来。象现在各省的督军、师长和北京的总统、总长，都是小皇帝。那些武人官僚都是大清帝国留下来的，只知道做官，他们的思想纯粹是做皇帝的旧思想。他们有了兵，便胡行乱为。象袁世凯，拥兵最多，便自己称皇帝。如果拥兵较少的，虽然不敢自己做皇帝，只要有了三五千兵，便想反叛民国，恢复旧制度。那些恢复旧制度的行为，就是实行专制，就是专制时代小皇帝的行为。所以说到民国以来，我们革命党只推翻大皇帝，那些小皇帝还没有推翻，故民国徒有民国之名，仍受专制之实。这个毛病是在中国革命不彻底，不能象俄国一样，不能把那旧皇室的官僚武人一概肃清。俄国这次革命经过了六年，现在已经大功告成，他们的人民有希望可以享幸福。我们的人民究竟不知道何时才能享幸福，为甚么原因呢？是因为革命功夫还没有做妥当，还没有做完全。好像我们想拆一间旧屋，另外做一间新屋，旧屋的瓦盖围墙都已经推倒了，但是由旧屋溜〔留〕下来的砖瓦木石还堆积在原地方，没有完全扫清，所以想做新屋，便无从下手，这便是中国今日的景象。此刻人民处此景象，受无屋可住的痛苦。诸君想想，是何人的责任呢？大家都知道民国是革命党造成的，是由革命党在武昌起义以后，便有民国。在武昌起义以前，广州也有辛亥年三月二十九日的起义，牺牲了黄花岗的七十二烈士。试想起义的时候，黄花岗七十二烈士牺牲精神是怎么样大呢！因为他们在当时有那样大的决心和那样大的勇气，故以后的志士便前仆后起，和满人奋斗，推翻满清。但是满清虽然推翻，由他留下来的余毒还没有肃清。革命党本来不能辞这个责任；但是民国是全体国民都有份的，民国成立以后，人民对于国事都不知道自己去治，自己去理。因为大家都不理，所以那些小皇帝便乘隙而入，每日招兵买马来霸占民国，弄到真正的民国至今还无从建设。我们要建设成真正民国，诸君也是国民的一份子，应该要担负这个责任。

诸君是广州市的商团，知道民国十三年以来，广州是处何等地位呢？广州在这十三年之内当然比清朝不同，今年的广州当然比从前的广州更不同。再过几日，我们便要在广州开一个革命党全国代表大会。为什么要在广州开革命党全国代表大会呢？因为十三年以前，我们都是用广州做革命的起点，广州是革命党的发源地，是很光荣的，我们想从新再造民国，还要拿这个有光荣的地方做起点。好比做新屋一样，必要选定一个好屋基，广州市就是我们创造新民国的好屋基。中华民国虽然经过了十三年，但是从前都没有建设好，这次在广州来开革命党全国代表大会，便是想筹备一个新方法，再来建设中华民国，为中华民国开一个新纪元。这是中华民国国民的大希望，广州历史上的大光荣。用广州和武昌比较，可说武昌是创造中华民国开始的地方，广州是建设中华民国成功的地方。

诸君是商团，今天同警察在一处联欢。以后商团同警察要同力合作，维持广州的治安。警察是政府的机关，商团是人民的机关，今天商团同警察是正式见面的第一日，也就是政府与人民结合的第一日。诸君在革命政府之地，彼此应该开诚相见。革命党现在用广州做策源地，从新建设中华民国，政府和人民必要同力合作。故广州市的人民必要同政府合作，同心协力，先把广州市的政府建设起来。这个责任当然是要诸君担负的。从今以后，商团和警察能不能够永久合作呢？有什么条件可以做得到呢？要达到这个目的，只有两个条件：第一条是要诸君明白革命主义；第二条是要诸君信仰革命能够最后成功。有此二条件，才可以永久结合。如果不然，便是今日一时的结合，不是永久的结合。

何以要诸君信仰革命到底能够成功呢？要诸君信仰，便是要诸君有决心。广州历次变乱，商团总是守中立：从前龙济光到广州来称王，商团守中立；陆荣廷、莫荣新到广州来专制，商团守中立；陈炯明挂革命的假招牌到广州来造反，商团守中立；这次滇军仗义讨贼，到广州来打陈炯明，商团也守中立。如果陈炯明再打回广州，试问商团诸君将何以自处呢？就以往的历史说，我想诸君一定是把从前的旧文章再抄他一次，还是要守中立。今天人民与政府结合之后，便不可再守中立。所以第二条件要诸君有决心，要请诸君对于革命有信仰。

革命事业不但是在中华民国一定成功，就是无论在那一国，只要革命发生以后，纵然一时不能成功，或者失败几十次、几十年，法国有八十年，美国有八年，俄国有六年，革命到最后总是成功。就古今中外的历史看来，一个国家由贫弱变到富强，由痛苦变成安乐，没有不是由革命而成的。因为不革命，人民的痛苦便不能解除。人类何以要革命呢？是要求进步。人类的思想，总是望进步的。要人类进步，便不能不除去反对进步的障碍物，除去障碍物，便是革命。所以我们要人类和国家进步，便不能不革命。要诸君信仰革命，能得最后的成功。外国的历史刚才已经讲过了，讲到中国历史，革命也没有不成功的。象汤武革命，人人都说他们是"顺乎天应乎人"，当然是成功。不过我们中国的革命，多半是英雄崛起，成功之后便做皇帝，施行政治，代代相传，都是专制。成功的幸福是皇帝一个人独享，人民总是痛苦。我们今日的革命是建设民国，成功之后是请诸君来做民国的主人翁，做公司的股东。所以这次革命，可说是推翻专制，去替诸君谋幸福。诸君对于这种善举，一定要有信仰，有了信仰，便不必存成败之见。我们的革命，不是这一次可以决计必成的，或者广州政府明日便被陈炯明推翻，也未可知。那么诸君要究竟如何信仰呢？是要相信我们革命纵然一时失败，还是可以卷土重来，相信我们革命最后一定成功。

第一条件要诸君明白革命主义，先要诸君明白革命是一件甚么事。简单的说，革命是救国救民的事，是消除自己灾害、为自己谋幸福的事，为四万万人谋幸福的事。这个道理便是革命道理，这个革命的道理是天经地义、万古不变的。从前专制是以人民为奴隶，现在觉悟了，知道大家都是人，大家应该平等，国家是人人的国家，世界是人人的世界。明白这个道理，便知道用革命来求平等，是大家的事，不是政府的事，也不专是革命党的事。诸君是商团，是有枪阶级，也应该担负革命的事。明白此理，以后便不可再守中立。

从前为甚么守中立呢？在诸君的眼光，或者是怕人缴枪，如果守中立，便可保守那几枝枪，避祸求福。依我看起来，若是守中立，便不能避祸求福。譬如这次滇军仗义执言来打陈炯明，为国讨贼，滇军各将领都有革命思想，到广州来是吊民伐罪，和人民表同情的。假若当时诸君同滇军合作，订一个条约，不许客军入境，诸君担任肃清广州市内陈炯明的乱党，要滇军前进，肃清东江，我想滇军决不至入广州市。那么，现在广州应该是甚么景象呢？如果滇军不入广州，广州各商家没有军队的骚扰，便很治安。但是你们商团一定要守中立，不敢打陈炯明。我是一定要打陈炯明的。所以滇军便入城，别种散军也随之而入。后来又有陈炯明的叛军去投降滇军，当中许多坏人教滇军卖烟开赌，所以弄成今日的广州乌烟瘴气。推究此中原因，商团不能辞其责任。诸君毫没有宗旨，兵来从兵，贼来从贼，现在所受的痛苦是免不了的。此后商团和警察要守望相助，同心协力来维持广州治安，便要诸君明白革命主义，信仰革命最后一定成功。

我们的胜败是常事。去年失败，今年可以成功；今年失败，明年可以成功；一年两年失败，十年百年总是可以成功。革命是人类的觉悟，人人知道自己要救自己，所以造成这种大力量。有了这种大力，便无大力可以阻止。好比有一块大石头，从白云山顶滚到山脚，在中途的时候，试问诸君有没有力量可以阻止呢？革命之成功，就象大石头从白云山顶滚到山脚一样，一经发动，断没有中途停止的。我在三十年前便提倡革命，当中失败总不下二十次，但每失败一次，势力便加大一次。此次在广州来革命，诸君如果问我可不可以成功，我的答复是"不知"，但是我不以不知便不奋斗，我总是抱定我的宗旨，向前去做。诸君现在不必问我这次革命能不能成功，我要问诸君：革命到底能不能成功？诸赞〔君〕要有明白的答复。成功是人民的事，于我没有关系，我不过是革命的发起人，要人民来赞成。如果多数人赞成革命，便可成功。少数人赞成革命，自然难得成功。我为革命始终奋斗，鞠躬尽瘁，死而后已。至成功与不成功，是人民的责任。诸君是人民，当然要担负这个责任。自今日起，我希望政府和人民始终同力合作，广州市的人民都来赞成革命！

据《大元帅对广州市商团及警察演说词》，连载一九二四年一月二十三至二十六日、二十八至三十一日《广州民国日报》（一）

附：另一记录

警团之力虽足以维持一部地方，然国家大乱未已，则断无一市可独保全之理。故希望全国太平，始能得广州市之安宁。

中华民国以人民为主人翁，异于帝国之专制；然纷扰不已，反不如清朝。何以人人皆愿为民国主人，而不愿为帝国蚁民，则其地位高卑之别也。人民有此向上之抱负，则当尽其主人翁之责任。试想祸乱之原因，一由于辛亥革命未澈底，亡国大夫与军阀仍得作恶，故大皇帝虽推翻，而各省督军无异小皇帝，尚横行无忌。俄国革命扫清遗孽，故六年而成功。吾国若如此澈底革命，则其成功亦必如是。

广州者，革命之策源地也。三月廿九之役何等壮烈！诸烈士已葬于黄花岗，而后死之国民，未尽其天职。譬之旧屋既倒，瓦砾未清，何能建设？此民国十三年之现象也。广州市地位之重要，非往日可比。不久将有革命党全国大会，即以广州为策源，将中国重新改造。今年实为开始大革命之时期，将留为历史上之大纪念。

警察为政府官吏，商团乃人民结合，今日之会为政府与人民相见之首日。大革命由今年始，警团亦由今日开始，为永久之结合。结合之条件，一当明白革命主义，二当信仰革命终能成功。诸君有此信仰力否耶？

广东历经战乱，〈商团〉诸君皆守中立。设如他日陈炯明攻入广州，诸君亦将依样葫芦耶？如欲现政府与人民合作，则不能再守中立之态度。革命无中止之势，不达目的不已。现政府之成败未可知。而革命党失败之后，亦必卷土重来。诸君不可以成败之见，而更变其信仰之心，始合为国民革命之一分子。次则诸君须知，革命乃合于世界潮流。人民为求幸福而〈革命〉。诸君往日乃为避祸而中立，然中立安能免祸？即如去年联军入粤，诸君若起而驱陈，则可要约联军不入市内。乃诸君不知积极的求免祸，而至联军入市之后，广东散兵收编愈多，军纪愈坏；广东之坏人又教坏军队，以致地方备受损失。推原其故、则诸君中立之为害也如此！

　　免祸须有其道。今日政府与人民组织之商团联合一致，以图革命之成功，即免祸之大道也。诸君若问革命何时成功，吾将答曰不知。盖成功与否，视乎人民赞助之多寡。诸君人民也。诸君赞成革命，则可成功。余为革命事业，只有鞠躬尽瘁，死而后已。革命成功之责任在人民、在诸君，而非余一人之事也。故余今日希望诸君之一致合作，使革命终得成功！

据《警团联欢大会纪盛》，载一九二四年
一月十五日《广州民国日报》（六）

代表大会的宗旨是改组国民党与改造国家

中国国民党第一次全国代表大会的开会词①

（一九二四年一月二十日）②

各位同志、代表诸君：

　　今天在此开中国国民党全国大会，这是本党自有民国以来的第一次，也是自有革命党以来的第一次。我们革命党用了三十年工夫，流了许多热烈的心血，牺牲了无数的聪明才力，才推翻满清，变更国体。但在这三十年中，我们在国内从没有机会开全国国民党大会，所以今天这个盛会是本党开大会的第一次，也是中华民国的新纪元。

　　革命党推翻满清，第一次成功是在武昌，那天的日期是双十日。今天是民国十三年的一月双十日，所以这个会期，同武昌起义的日期都是民国很大的纪念。

---

　　① 一九二四年一月二十日至三十日，中国国民党第一次全国代表大会在广东高等师范学校礼堂举行。据学者考证，会前确定的海内外代表共二一四人（内含加入国民党的中共党员二十六人），出席代表为一九七人（含中共党员二十四人），总理孙文及临时中央执行委员六人（非代表）及大会秘书长亦具有出席大会的资格。二十日上午开幕，孙文主持会议并致开会词，随后通过由孙文指定的胡汉民、汪精卫、林森、谢持、李大钊等五人组成大会主席团，通过会议规则及秘书处组织规则。

　　② 底本所收各篇演说均未标日期，今据当时大会秘书处编印的《中国国民党全国代表大会会议录》逐日记载及各报消息确定，下同。

从前革命党虽然推翻满清，变更国体，但是十三年以来革命主义还没有实行，这就是革命还没有成功。此中最大的原因，是当时革命党外面见到外国富强，中国衰弱，被人凌辱，内面又受满清专制，做人奴隶，几几乎有亡国灭种之忧，一时发于天良，要想救国保种，只知道非革命不可；但不知道革命何时可以成功，并不想到成功以后究竟用一个什么通盘计划去建设国家，只由各人的良心所驱使，不管成败，各凭各的力量去为国奋斗，推翻满清。这种奋斗，所谓各自为战，没有集合，没有纪律。故满清虽然推翻，到了十三年以来还没有结果，这就是我们的革命仍然是算失败。

我们现在得了广州一片干净土，集合各省同志聚会一堂，是一个很难得的机会。从前我们没有想到要开这种大会，没有想到我们的党务究竟是如何进行，是因为受了满清官僚的欺骗。我们受了满清官僚什么欺骗呢？因为一般同志头脑太简单，见得武昌起义以后各省一致赞成革命，从前反对革命的官僚也赞成革命，由此少数革命党就被多数的官僚包围。那般官僚说"革命军起，革命党销"，当时的革命党也赞成这种言论，于是大家同声附和，弄到现在只有军阀的世界，没有革命的成绩，所以革命党至今仍失败。这就〈是〉我们失败的太〔大〕原因。今天大家都觉悟了，知道这话不对，应该要说"革命军起，革命党成"。所以从今天起，要把以前的革命精神恢复起来，把国民党改组。这都是由于我们知道要改造国家，非有很大力量的政党是做不成功的，非有很正确共同的目标不能够改造得好的。

我从前见得中国太纷乱，民智太幼稚，国民没有正确的政治思想，所以便主张"以党治国"。但到今天想想，我觉得这句话还是太早。此刻的国家还是大乱，社会还是退步，所以现在革命党的责任还是要先建国，尚未到治国。从前革命党推翻满清，不过推倒了清朝的大皇帝。但大皇帝推倒之后便生出了无数小皇帝，这些小皇帝仍旧专制，比较从前的大皇帝还要暴虐无道。故中国现在还不能像英国、美国以党治国。今日民国的国基还没有巩固，我们必要另做一番工夫，把国家再造一次，然后民国的国基才能巩固。这个要国基巩固的事，便是我们今天的任务。

此次各位同志来此开这个大会，和寻常的集会不同。今天这个大会不是普通恳亲会，不是平常讨论会，也不是采集各地问题的会。这是一个什么会呢？我们自十三年以来，在政治上得了种种经验，发明了种种方法，看到中国国家虽然不好，国势虽然比从前退步，但知道中国还有办法，还可以建设得好。革命党三十年来为良心所驱使，不论成败去革命，革命成功了，对于国家不知道用什么方法去建设。至于现在，我们已经得到了办法，所以此次召集各省的同志来广州开这个大会，就是把这个方法公诸大家来采纳。在没有开这个大会之先，已经组织了一个临时中央执行委员会，在那个委员会中，筹备了许久的时候。自今日起，要把这个筹备的方法逐日提出来，请大家来研究，要大家赞成这些方法。诸君得了这些新方法，要带回各地方去实行。至于这些新方法的来源，是本总理把先进的革命国家和后进的革命国家，在革命未成功之前、已经成功之后所得的种种革命方法，用来参考比较，细心斟酌才定出来的。当中不完备的地方在所不免，所以还要开这个大会，请大家来研究。研究以后便要请大家赞成，到各地方去实行，同心协力建设国家。

此次国民党改组有两件事：第一件是改组国民党，要把国民党再来组织成一个有力量、有具体的政党；第二件就是用政党的力量去改造国家。所以这次国民党改组，第一件是改组国民党的问题，第二件是改造国家的问题。这次大会只有十天，十天的时期很短少，我希望大家要爱惜光阴，明白这个大会的宗旨。如果大家有更好的意见，当讨论之时便贡献出来，参加在内。但是大家要知道会期是很短的，必须爱惜光阴。当研究问题之时，必须各人虚心，不可以无意识的问题来挑拨意见。如果生出无谓的争论，会中的大问题就恐怕十天解决不了，我们这个会的成绩便不好，所以我们要提防、要警戒。

我们对于改组党和改造国家两件事以外，另外有一件事要大家注意。就是从前本党不能巩固的地方，不是有什么敌人用大力量来打破我们，完全是由于我们自己破坏自己，是由于我们同志的思想见识过于幼稚，常生出无谓的误解，所以全党的团结力便非常涣散，革命常因此失败。我们以后便要团结一致，都要把自己的聪明才力贡献到党内来，自己的聪明才力不可归个人所用，要归党内所用。大家团结起来，为党为国，同一目标，同一步骤，像这样做去才可以成功。政党中最要紧的事，是各位党员有一种精神结合。要各位党员能够精神上结合，第一要牺牲自由，第二要贡献能力。如果个人能够牺牲自由，然后全党方能得自由；如果个人能贡献能力，然后全党才能有能力。等到全党有了自由、有了能力，然后才能担负革命的大事业，才能够改造国家。本党以前的失败是各位党员有自由，全党无自由；各位党员有能力，全党无能力。中国国民党之所以失败，就是这个原因。我们今日改组，便先要除去这个毛病。

本党今日开全国代表大会，我希望各位代表要把自己的能力和各地方的能力都贡献到党内来，合成一个大力量去改造国家，那是一定可以成功，一定在今年之内可以成功。今天这个大会是中华民国开国以来的第一次，这是中华民国将来国史中的大光荣。我希望诸君努力，在这十天之内，把应该要做的事完全达到目的。

据《开会词》，载《孙总理在国民党第一次全
国代表大会演说词》，国民党全国代表大会秘
书长刘芷芬编辑，广州一九二四年二月印发

（孙中山继续以主席身份主持会议。）

宣告按照本日议事日程，开议第三案"组织主席团"。

（一百四十号廖仲恺：提议主席团人数定为五人，由总理指派。附议者在二十人以上。）

廖君仲恺主张主席团人数五人，由本席指派，附议者已在二十人以上，现付表决，赞成廖君仲恺主张者，请举手。（大多数）可决。

现由本席指定胡君汉民、汪君精卫、林君森、谢君持、李君守常为主席团主席。赞成者，请举手。（大多数）可决。

（一百四十号廖仲恺：本席现有临时动议，请将本会会议规则及秘书处组织规则，先为议决通过，以便议事及秘书办事有所依据而利进行。）

现在廖君仲恺提起临时动议，主张将本会会议规则及秘书处组织规则提前议决通过，咨询有无附议。（附议者在二十人以上。）

（六十八号丁超五：请秘书长将秘书处组织规则及会议规则朗读一遍。）

（秘书长朗读秘书处组织规则毕。）

秘书长已将秘书处组织规则朗读完毕，有无讨论？（众谓无讨论。）无讨论，现付表决。赞成秘书处组织规则全部通过者，请举手。（大多数）可决。现请讨

论本会会议规则。

（秘书长朗读会议规则毕。）

（四号沈定一：请将第一章第一条内指定数人句，"数"字改为"五"字，以符顷间之表决案。）

以沈君提议咨询众意。（众无异议。）

会议规则已朗读完毕，大家有无讨论？（众谓无讨论。）无讨论，即付表决。赞成会议规则全部通过者，请举手。（大多数）可决。

现在休息时间已届，大家如无何种提议，即宣告休息。

（奏乐，时十一时五十分。）

据《中国国民党全国代表大会会议录》第一号（一九二四年一月二十日上午），大会秘书处编印，铅印件

附：另一记录①

这次大会是本党民国以来的第一次，是我们几十年来革命党人流了许多热血和心血，牺牲了无数的聪明才力换来的日子。革命党推翻满清第一次成功是在湖北武昌，那天的日期是阳历十月十日，是一个双十日。今天是民国十三年的一月二十日，又是一个巧合的双十日，所以这个会期与武昌起义的日期有同样的历史意义。

过去革命失败的最大原因，是当时革命党人外面见到外国的富强，中国衰弱被人凌辱，内面受到满清的专制，做人奴隶，几乎有亡国灭种的危险。革命党人发于天良，要想救国救种，便非革命不可！但革命何时成功？成功以后究用何项具体计划去建设国家？大家都不加注意，只凭各人良心的驱使，不计成败、不惜牺牲去奋斗，所以造成各自为战，没有严密的组织和纪律的局面。辛亥虽推翻了满清专制政体，然到今日民国成立了十三年，革命仍无结果，仍然是失败！所幸我们现在还有广州一片干净土，有机会来集合海内外同志聚集一堂，共商今后革命的大计。

---

① 本篇系当年与会代表黄季陆的事后忆述。

我们从前没有想到召开这种全国代表大会，来研讨革命和党务进行的重要，是因为我们受了满清官僚余孽的欺骗。辛亥武昌起义因为革命成功得太快，从前反革命的官僚也伪装成革命党，渗透到我们党里来。一部分同志受了官僚的包围，中了官僚的毒素，便种下了我们革命失败的总因！这是我们过去失败的总因！这是我们过去失败的总因！官僚拿什么来欺骗我们呢？他们说："革命军起，革命党消。"既然革命党消，便只有官僚和军阀的世界，没有革命党人的立足点了！到了今天我们才觉悟了，我们才知道这句话的危险，所以我们今天要说"革命军起，革命党成"，来恢复我们革命党的精神，来挽救从前的失败。

我们要改造国家，第一要有一个坚强的革命党，第二要有很正确的共同目标。从前我主张以党治国，现在想起来实行这句话为时尚早。我们的国家现在还是纷乱，社会还是退步，所以我们国民党今天的责任，还是要先以党建国，才能说得上以党治国。国都建不起来，何能求治？现在中华民国的国基尚未巩固，我们必须要另下一番功夫，把国家再造一次。这个把国家再造一次使国基巩固起来，便是我们今天的任务。

我们这次的大会，不是寻常的恳亲大会来联络感情，不是寻常的讨论来议决例行事件，而是把我们几十年来所得的经验和发明的种种方法，在此国内外情势大有可为的时候，集海内外同志代表，把这些经验和方法提出来供大家采纳。我们在大会之前已经组织了一个临时中央执行委员会，做了一番准备的工作。自今天起，要把筹备的各项方案计划逐日提出来供大家讨论研究，要大家赞成这些方案，带回去实行。那么，本党一定发展，革命一定可预卜成功！此次大会改组的意义：第一是把本党改组成一个有组织、有纪律、有力量的革命党；第二要用本党的力量去改建中国。

除了上述两件事以外，另有一件大事要大家特别加以警惕，那就是本党从前不能成功的原因，不是敌人有什么大力量来打破我们，而完全是由于我们自己破坏自己……我们此后要团结一致，把自己的聪明才能贡献到党内来，不可归个人所用，要归党内所用。大家团结起来，为党为国，为同一目标、为同一步骤而奋斗。革命成功最要紧的条件，是全党同志精诚团结。团结的要义是：第一要牺牲个人自由；第二是要贡献能力，然后全党才能有能力。等到全党有了自由、有了能力，才能担负革命的大事业，才能改造国家，实现国家的自由。本党以前的失败是各个党员有自由，全党无自由；各个党员有能力，全党无能力。我们今日改组便要先除去这个毛病。我们应当反省，应当补过，为今后的革命成功而奋斗！

据黄季陆：《划时代的民国十三年——第一次全国代表大会的
回忆》（上），载香港《掌故》第四十一期，一九七五年出版

中国现状及国民党改组问题

在中国国民党第一次全国代表大会的讲话①

（一九二四年一月二十日）

现在的问题是国民党改组问题。我们自办同盟会以来，有很大的力量表现出来，就是把满洲政府推倒。但推倒之后，官僚之流毒日益加甚，破坏虽成功，建设上却一点没有尽〈力〉。这十三年来，政治上、社会上种种黑暗腐败比前清更甚，人民困苦日甚一日。故多数反革命派即以此为口实而攻击革命党，谓只有破坏能力，而无建设能力。此种话我们革命党虽不肯承认，然事实上确是如此。这都是因为我们破坏后，没有机会来建设。我们秉政时的南京政府只得三个月。到了北京政府的时候，政权都归于反革命党手内，此后革命党在政治上就没有建设的机会。不仅如此，且至于逃亡海外，在自己领土之内不能立足。自民国成立后，政权皆操之反革命派手内，故虽革命党对于政治上、社会上做了种种的破坏，而苦于无机会以建设，故从各方面看来，中国自革命后并无进步，反为退步。但此并非革命党之初心，今人民皆以此归咎于革命党，我党亦不能不受。在满洲未倒、革命未成功以前，革命党之奋斗〈重〉②在宣传其主义于全国之人民，故人民均急希望革命之能成功，视"革命"二字为神圣；成功后不能如其所期，顿使失

---

① 孙文主持二十日会议，并据大会宗旨先后发表两个讲话。是次讲话中提出"中国国民党宣言案"，讲话后又提出"组织宣言审查委员案"，并于会议结束前指定胡汉民、戴季陶、茅祖权、李大钊、恩克巴图、叶楚伧、王恒、黄季陆、于树德等九人组成宣言审查委员会。

② 底本于此处原有一字空缺，所补脱字据《中国国民党全国代表大会会议录》第二号（一九二四年一月二十日下午）。

望。此种事实，谁负其责？革命党不能不负其责。人民以各种痛苦归咎于我们，我们实难辞其责，要皆由于所用方法不对。

今回想革命未成功以前，党人牺牲性命为国效力，艰难冒险，努力奋斗，故能成功。武昌起义，全国响应，民国以成，而反对革命之人①均变为赞成革命之人，此辈之数目多于革命党何啻数十倍，故其力量大于革命党。乃此辈反革命派即旧官僚，一方参加革命党，一方反破坏革命党，故把革命事业弄坏，实因我们方法不善。若有办法、有团体来防范之，用对待满清之方法对待之，则反革命派当无所施其伎俩。俄国有个革命同志曾对我言，谓中国反革命派之聪明本事，俄国反革命派实望尘莫及。俄之反革命派②为官僚与智识阶级，当革命党发难时，均相率逃诸外国，故俄国革命党能成功。而中国的反革命派聪明绝顶，不仅不逃避，反来加入，卒至破坏革命事业。而革命党人流离转徙，几至消灭，到了今日，只西南数省为一片干净土，余均为反革命派所得。由此观之，革命党有力量推倒满清，使反对者投于革命党之旗帜下；然何以革命不能成功，皆由于方法未善之过，使反革命派能乘隙以入，施其破坏而不觉，虽至失败尚不知其所以失败的缘由。若当时有办法、有团体，先事防范，继续努力奋斗下去，建设起来则只需三年之时期，其效果已颇有可观，决不至如今日之一无成绩。中国革命六年后，俄国才有革命。俄国革命党不仅把世界最大威权之帝国主义推翻，且进而解决世界经济、政治诸问题。这种革命真是彻底的成功，皆因其方法良好之故。方才俄国朋友对我所说的话，乃是旁观者清，当局的人尚设想不到。但俄之反革命派并非真正不如中国反革命派之聪明利害，且百倍过之，特俄国之革命党之聪明利害又百倍过于彼辈耳。中国之革命党经验不多，遂令反对派得尽其技，没有俄国那种好方法以防范反革命派，使其不能从中破坏。故俄国虽迟我六年革命而已成功，我虽早六年革命而仍失败。

此次改组，就是从今天起重新做过。古人有言："以前种种譬如昨日死，以后种种譬如今日生。"由今日起，将十三年前种种可宝贵、最难得的教训和经验来办以后的事，以前有种种力量来创设民国，以后便有种种力量改造政府。由今

---

① 另据《中国国民党全国代表大会会议录》第二号，此处尚有"及杀革命党之人"七字。

② 此处删一衍字"之"。

天起，按照办法条理，合全国而为一，群策群力，努力而行，则将来成功必定更大。此即为今后之第一大希望。此次改组，即本此意。改组之能成功与否，全凭各同志之能否负责联络与努力奋斗而定之。若能如此，则中国事业大有可为。我国人民身受十三年的痛苦，吾党此次应在最短时期内解放之，将国家障碍完全消灭。此次改组，各种办法已由临时中央执行委员会筹备许久，今提出《中国国民党宣言案》①，请秘书长将原文朗读②。

这个宣言系此次大会之精神生命。此宣言发表后，应大家同负责任。诸君系本党各省代表，宣言通过后，须要负责回各省报告宣传。此宣言将国民党之精神、主义、政纲完全发表，并应使之实现。此宣言今后即可管束吾人之一切举动，故须详细审慎研究。大家通过后，不能随意改变，都应遵守，完全达到目的，才算大功告成。

> 据《中国之现状及国民党改组问题之演述》，载《孙总理在国民党第一次全国代表大会演说词》，国民党全国代表大会秘书长刘芷芬编辑，广州一九二四年二月印发

此宣言，尚须付审查，审查完毕后，再付大会表决。现在按照本日议事日程，讨论第六案"组织宣言审查委员案"。

（廖仲恺提议审查委员请总理指定九人，王秉谦提议按各省区分派，韩麟符提议请总理指派时注意区域分配。）

现在分别付表决，赞成提议宣言审查委员人数按照省区分派者，请举手。（举手者二十八人，少数）否决。赞成廖君仲恺提议审查委员会九人，由本席指派者，请举手。（大多数）可决。

宣言审查委员九人，须本总理详细考虑后，方能定夺，现在不能报告。

（主席团胡汉民：宣言审查委员最好现在即指定，因已定今晚即开审查会

---

①　提交大会审议的宣言草案系由孙文亲自主持制订，数易其稿，历时两个多月。主要起草者为汪精卫、胡汉民、廖仲恺和苏联顾问鲍罗庭，担任俄文翻译的瞿秋白（加入国民党的中共党员）也在实际上参与起草工作。

②　另据上引《中国国民党全国代表大会会议录》第二号，其后尚有如下文字："一过。此宣言案系本总理所提出者。"接着由大会秘书长刘芷芬宣读宣言草案全文。

之故。）

现因要仔细考虑指定宣言审查委员，应暂退席，请主席团胡君汉民代理主席。

据《中国国民党全国代表大会会议录》第二号（一九
二四年一月二十日下午），大会秘书处编印，铅印件

关于组织国民政府案之说明

在中国国民党第一次全国代表大会的讲话①

（一九二四年一月二十日）

现在此处已经是政府，不过不是如前年之护法政府。因前护法政府成立时，出师北伐已至江西，进行极称胜利，忽遇后方陈炯明叛变，将护法政府推倒。当日南方已无政府，而北方军阀忽赞成护法，声言恢复国会，今年所谓国会即在北京选举曹琨〔锟〕为总统，这便是护法的结果。

今次本总理再回广州，不是再拿护法问题来做工夫。现在的政府为革命政府，为军事时期的政府，对于发展很有希望，广东地盘亦很巩固，北伐亦已筹备，克日前进。近忽发生关余问题，各国派兵舰二十艘来粤示威，因其有如此大力量来示威，故决心以一种大力量去抵抗。有一时候几濒危险，要同他们即刻开仗，但我们总坚持到底。近各国见武力没有什么效果，乃用文字来战争。日前公使团由领事团转来一牒文，谓地方政府与公使团来往文书须由领事团转达。我政府通牒驳之，谓此处非地方政府，乃北京之对敌政府，最少亦有"交战团"资格。但虽如此说办去，而各国之外交政策，其对于人〔他〕国，总是于其己国有利益时则承认之为政府，无利益时则否认为政府。今日之事，实缘我们没有正式组织，没有明明白白与北方脱离关系，故组织国民政府实为目前第一问题。当公使团牒文未来以前，我本来即想组织政府，曾派财政部长叶恭绰赴奉、浙两处，征求组织政府方法。但现在被公使团轻视，皆因我们无政治地位之故。有了地位，始有政

---

① 此为二十日下午孙文在大会的另一个讲话。大会举行之前，孙文已有将陆海军大元帅大本营改建成国民政府的打算。

治行动可言。否则反抗政府的举动甚多，例如地方暴动等事，都是反抗政府的举动。但他们的反抗政府就是土匪，为法律上所不容。现在有一种反抗政府的举动，不是土匪，也不犯法，就是革命。何以言之？因我们已经宣布脱离，不承认彼为政府，我们是政治上的行为，和他是对抗的，但此必要有一地位。

中国历史上有一习惯，所谓"成则为王，败则为寇"。但近代文明国家不是如此，若有一种政治上行动，即败后也不为寇。中国近来对世界上普通习惯尚不熟悉，做事总是避开名义，成后始来定称谓。但文明各国并不如是。如爱尔兰，当欧战时忽对英宣告独立，此事英政府虽于二点钟内即平定之，但爱尔兰在此二点钟内之举动，各国均认为政治上举动不是犯法举动。因彼于起事时即占有邮政局，在此处即宣布组织一完全政府，各部官员都经任命。虽其文告粘在壁上，浆糊未干即已失败，党人均逃亡于美国军舰，而美舰亦即收留之。其后虽英政府要求引渡，亦遭拒绝。盖即因其曾有正式组织，为政治上的行动之故，否则即为土匪暴动，安望美人之如此保护？

现我们有广东、四川数省，土地之大、人民之多四倍于日本，决不致两点钟内即至灭亡，为什么尚不敢有所表示，以组织一政府？故本总理之意，以为此次大会之目的有二：一改组本党，一建设国家。而于建设国家尚有应研究之问题二：一、立即将大元帅政府变为国民党政府；二、先将《建国大纲》① 表决后四出宣传，使人民了解其内容，结合团体，要求政府之实现。一省如是，各省如是，合全国民意以与军阀奋斗，其效果必大。从前我们没有具体条理，今则有之，若以之宣传于士、农、工、商各界，则必表同情。由全国团结成为一体，为一大示威运动，则军阀安有不倒？革命安有不成？以上二问题，随大会择定其一，皆无不可。

现尚有一事可为我们模范，即俄国完全以党治国，比英、美、法之政党握权更进一步。我们现在并无国可治，只可说以党建国，待国建好，再去治他。当俄革命时用独裁政治，诸事均一切不顾，只求革命成功②。其最危险时期为十八面受敌，各国均派兵到俄国，其国内之反革命派亦深受各国援助。故俄国六年前之奋斗，均为民族主义的奋斗。当时我们尚不知道其为民族主义奋斗，今回顾起来，

---

① 即孙文手拟的《国民政府建国大纲》，简称《建国大纲》。

② 以上文字原作"诸事均不一切只顾求革命成功"，今予调整。

的确如此。故现在俄国对于赞成民族主义诸国皆引为同调，常对波斯①、阿富汗、土耳其诸国，劝其不可放弃民族主义。其最初之共产主义，亦由六年间之经验，渐与民生主义相暗合。可见俄之革命，事实上实是三民主义。其能成功，即因其将党放在国上。我以为今日是一大纪念日，应重新组织，把党放在国上。但此说初听之似甚骇人听闻，其实现在我们何常〔尝〕有国？应该先由党造出一个国来，以后再去爱之。

如今日上海、广州常见之青草地上起洋楼，必先经过一棚寮时代。此棚寮即用以储置建筑材料与工人聚居之所，由此乃可以建筑洋楼。中国现有好多人不明革命党之用意，即如羡慕洋楼者见棚寮而厌之，不知无此棚寮以储工具材料等物，则所羡慕之洋楼只是空中楼阁，永不能实现。故当洋楼尚未造成之前，此棚寮实为至可宝贵之物。党之于国家，即如棚寮之于洋楼。党有力量可以建国，故大家应有此思想与力量，以党建国。

兹请进而研究建国的方略。

据《中国国民党全国代表大会会议录》第二号（一九二四年一月二十日下午），大会秘书处编印，铅印件

主义胜过武力

欢宴中国国民党第一次全国代表大会与会代表的演说②

（一九二四年一月二十日）

蒙古③巴先生④和国民党各省代表诸君：

今晚是本总理来欢迎诸君，本总理又来同诸君共同欢迎巴先生。诸君此次到

---

① 波斯（Persia），一九三五年改名伊朗（Iran）。

② 二十日晚，孙文在广州西濠酒店宴请全体与会代表，到者连同来宾共一百八十余人。

③ 中国自清代以迄民国设置蒙古特别区，包括内蒙古与外蒙古。外蒙古于一九一一年宣布"自治"，一九一九年撤销"自治"，至一九二四年六月成立蒙古人民共和国，今名蒙古国。

④ 出席宴会的外蒙古人"巴先生"，据一九二四年一月二十二日《广州民国日报》报道为蒙古与会代表恩克巴图（后当选为国民党中央执行委员）。但有学者考证，恩克巴图是内蒙古人，"巴先生"者应指当时从北京来到广州的外蒙古人民党代表巴丹增。

广东来开国民党全国大会，本总理觉得诸君振作的精神、兴旺的气魄是向来没有的。诸君有这样好的精神和气魄，本党前途有无穷的希望。这是本党应该庆祝的，也是中国前途应该庆祝的。

我们这次革命是先讲方法，然后才去实行。从前革命因为没有好方法，所以不能大功告成。这次开全国代表大会，便是要定一个好方法。诸君在没有得到方法之先，有一件事要诸君留心的是本总理的学说和古人的学说不同，古人所信仰的是"知之非艰，行之惟艰"，我所信仰的是"知难行易"。我们从前革命本来没有详细方法，但是因为有诸先烈的牺牲和诸君的努力，前仆后起，继续进行，便做成了两件很大的事，一件是把满清两百多年的政府完全推翻，一件是把中国数千年的专制国体根本改变。这两件大事，没有详细方法的时候尚且可以做成。我们在那个时候因为没有很详细的方法，所以我常常和人谈革命，总有人问我说："满清有二十二行省的土地、四万万人民，内有海陆军的镇服，外有列强的帮助，请问你有什么方法可以推翻满清呢？就令能够推翻满清，又有什么方法可以对付列强呢？"并且常用难题来对我说："满清对外不足，对内有余。"又说："我们不可革命呵！如果我们起了革命，列强必要把中国瓜分。"我们在那个时候，对付满清，推翻；对付列强，不致瓜分。没有别的长处，方法是在不问成败利钝，只问良心要做，便立志去奋斗。

我从前在英国的时候，有一次在图书馆内看书，遇到几位俄国人，交谈之后知道彼此都是革命同志，俄国人便问起我来，说："中国的革命何时可以成功呢？"我当时得了这句问话之后，便不能不答。但是我那一次亡命到英国，虽是初失败之后，没有办法，然卷土重来之气正高，心中希望一二年内就要再举，再举又必期成功。不过对那些俄国人又不敢轻于答复，故为最稳健之回复说："大约三十年可以成功。"俄国人便惊讶起来，说："你们在那样大的国家发起革命，只要三十年便可成功吗？"我当时又问俄国人："你们俄国的革命何时可以成功呢？"他们答复说："大概一百年后能够成功，我们便大满足。此刻正是在奋斗。成功虽然在一百年之后，但是现在不能不奋斗。如果现在不奋斗，就是百年之后也不能成功。因为要希望一百年可以成功，所以我们现在便努力奋斗。"我当时听了他们这番话之后，回想到我的答话，便觉得无以自容。因为我在初失败之后，本希望中国的革命急于成功，不过为对外国人说话稳健起见，故多说三十年。及听到他们的答话，知道他们的计划稳健，气魄雄大，加我好几倍，所以我在当时便非常抱愧。我自那个时候以后便环绕地球，周游列国，一面考察各国的政治得失和古今国势强弱的道理，一面做我的革命运动。约计每二年绕地球一周，到武昌起义以前大概绕过了地球六七周。每次到一个地方，总是遇到许多熟人，那些人总是来问我说："我们看到了你这位先生，不知道失败多少次了，为什么还不丧气，总是这样热心呢？这是什么理由呢？"我每次都没有什么好话可以答复，只有用我在英国图书馆内和俄国〈人〉的谈话来答复他们说："我不管革命失败了有多少次，但是我总要希望中国的革命成功，所以便不能不总是这样奋斗。"

俄国人立志革命，希望一百年成功，现在不过二十多年便完全达到成功的目的。我从前希望数年成功，现在已经到了三十年，还没有大功告成。这是因为中国人革命的方法和气魄不及俄国人。俄国人因为有了这种气魄和方法，所以革命一经发动，得到机会，便大告成功。俄国革命的成功为什么那样大而且快呢？因为俄国人立志稳健，眼光远大，把国家大事算到一百年，什么方法都计划到了，这就是经验多而成功快。无论做什么事，成功都是在有好方法。方法是自何而得呢？是自学问、智识而得。先有了学问，便有智识；有了智识，便有方法；有了好方法来革命，一经发动，就马到成功。我们从前受良心上的命令去革命，讲到结果，没有俄国成功那样大而快的原因，就是在没有好学问、好方法。至于实行革命，大家都是各自为战去干，实在是不知而行。做到后来能够推翻满清，且免去列强瓜分，都是无意中做出来的，预先毫没有料到。十三年以来，我们革命的智识进步，有了许多方法，旁边又有俄国的好榜样，此后革命应该要先求知，然后才去行。本总理发明的学说是"知难行易"，如果知得到，便行得到。从前的革命不知还能行，此后的革命，能知当更能行。知了才去行，那种成功当然像俄国一样。这就是我们今晚可以大大庆祝的。

我们今晚来欢迎巴先生，巴先生是外蒙古人。外蒙古到民国以来脱离中国，内政是很修明的，在陆军一方面也练了很多的骑兵，所以他们现在便是一个独立的国家。这次巴先生到广东的来意，还是想蒙古再同中国联合，造成一个大中华民国。我们是中华民国的大民族，全国人口的总数是四万万，汉族人是多数，蒙古人是少数。中国在帝制时代总是想压制蒙古。在民国时代，北京政府也有徐树铮练边防军去打蒙古，现在又想派冯玉祥带兵去征服蒙古。但是蒙古总不怕北京政府的兵力，总是要脱离中国去独立。我们南方政府向来没有用过兵力去征蒙古的。今晚巴先生尚且不远万里而来，想联合成一个大中华民国，就是因为我们有主义。由此便可见主义大过武力。用主义来建国，万万里都是来朝的；用武力去征服人，近在咫尺都是反叛的。由此便可知主义胜过武力，这便可以大大的庆祝。所以要诸君来公祝巴先生一杯，本总理也来公祝诸君一杯。

据黄昌谷记：《总理欢宴国民党各省代表演说词》，载广州《中国国民党全国代表大会特号》第二特号，一九二四年一月二十三日

关于民生主义之说明

在广州中国国民党第一次全国代表大会的讲话①

（一九二四年一月二十一日）②

此次开会所定本党全国代表大会宣言，关系于本党改组前途者至为重要。由宣言审查委员会所审查之结果，对于民生主义一项尚有问题，故今日不能即时讨论，即付表决。在未表决宣言之前，尚有一重大问题为本党之基础问题，必须彻底了解，然后宣言便易表决，此重大问题即为民生主义。本党多数同志对于此主义向不甚留心研究，故近日因此主义而生误会，因误会而生怀疑，因怀疑而生暗潮。刻既有此现象，恐兆将来分裂，发生不良结果。故本总理对于此主义必须再

———————————

①　一九二四年一月二十日至三十日，中国国民党第一次全国代表大会在广东高等师范学校礼堂举行。据专家考证，总理孙文等八人及各地代表一百九十七人出席大会，其中有加入国民党的共产党员二十四人。孙文担任大会主席，另通过由他指定的胡汉民、汪精卫、林森、谢持、李大钊等五人组成大会主席团。孙文于二十日下午将大会宣言草案提交大会及由九人组成的宣言审查委员会审议，该委员会在审议时曾出现意见分歧和激烈争执，在部分代表中也出现不和谐的声音。孙文有鉴于此，便在二十一日下午会议上发表这一讲话。

②　底本所收各篇演说和讲话均未标日期，今据当时大会秘书处编印的《中国国民党全国代表大会会议录》逐日记载及各报消息确定。

行剖解，庶几本党同志因此主义所发生之误会、怀疑、暗潮可以完全打破，而成一最有力量之国民党。

本总理现在十分信任本党党员，每百人中决无一人不服从本总理者。惟各位党员对于本党主义尚不无多少怀疑。须知政党以主义而成立，党中主义，无论是总理与党员均须绝对服从，不能稍有一点怀疑。本党全体同志现在思想可分两种，一属于老同志，一属于新同志。老同志为稳健思想，新同志为猛进思想；稳健者可说是不及，猛进者可说是太过。其实过与不及之两种思想，均未明白民生主义之真谛。

本总理前闻北京一般新青年非常崇拜新思想，及闻俄国共产主义，便以此为世界极新鲜之主义，遂派代表往俄，拟与之联合，并代俄宣传主义，认定"共产主义"与"民生主义"为不同之二种主义。我们老同志亦认定"民生"与"共产"为绝对不同之二种主义。于是群起排斥，暗潮便因之而生。然揆诸民生主义之真谛，双方均属误解。譬如在新青年一方面者，各代表抵俄后，俄人对之便极力称赞国民党所主张之三民主义，故彼党遂悉心研究三民主义，认定救国大计非此不可，于是诚心悦服本党三民主义，改共产党员为国民党员。本党旧同志骤闻共产党员纷纷加入本党消息，顿起怀疑，盖恐本党名义被彼利用也。对于此事，怀疑尤甚者为海外同志。本总理曾接到海外华侨数次缄电，询问此次改组是否为改国民党为共产党，如为改成共产党，则华侨同志决不赞成。盖华侨处于帝国主义政府管辖之下，深受帝国主义国家宣传破坏俄国革命论调之毒，故发生种种怀疑，不能自释。世界上从前对于俄国革命之怀疑，本不独华侨为然，即各国人士亦莫不皆然。不过彼一时也，此又一时也。多数华侨不谙外国文字，不能依外国舆论之进步为转移，三四年前传闻于外国人士者，至今犹以为是。不知外国人士之舆论，亦依俄国内政之进步而变迁。近来俄国内政进步之神速，与前大不相同，故英、法、美、日等国之国会均欲提议承认新俄罗斯，至于意大利则已承认，其他各国在此一二年后亦必相继承认。俄国既为各国所承认，故就利害而言，本党与之联合将来必能得中俄互助之益，决无大害，此为我海外同志所宜放心者也。即就是非而言，本党既服从民生主义，则所谓社会主义、共产主义与集产主义均包括其中。兹将各主义之连带关系与范围用图示之如左①：

---

① 此为孙文讲话时，取主席台上之吸墨纸手绘。因底本对该图另行绘制，与孙文本意有所出入，故本书于此改用台北、"国史馆"所藏手书原件（孙科赠该馆者）缩小制版。

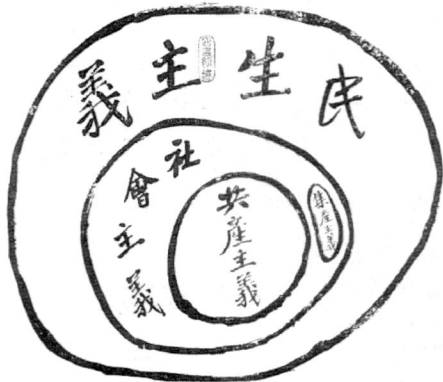

　　"民生"二字为数千年已有之名词，至用之于政治、经济上，则自本总理始。非独中国向无所闻，即在外国亦属罕见。数年前，有一服从马克思主义之学者①研究社会问题，发现社会上之生计问题与马克思学说有不符合之点，于是提出疑义，逐条并举，征求同党解答，历时一年之久而应征者无一人，乃将其著作公之于世，名之曰《历史之社会观》。其要点之大意有云："在今日社会进化中，其经济问题之生产与分配悉当以解决民生问题为依归"云云。由此可见本总理所创民生主义之名词，至今已有学者赞同矣。由此亦可知"民生"二字，实已包括一切经济主义。

　　至共产主义之实行，并非创自俄国。我国数十年前洪秀全在太平天国已经实行，且其功效较俄国尤大，后为英国戈登所破坏，故今日无从考证。若俄国今日所行之政策，实非纯粹共产主义，不过为解决民生问题之政策而已。本党同志于此便可十分了解，共产主义与民生主义毫无冲突，不过范围有大小耳。诸君既能

---

　　①　此指威廉（Maurice William），美国人，其著作《历史之社会观》，即一九二一年在纽约出版的《社会史观：马克思主义经济史观的辩驳》（*The Social Interpretation of History： A Refutation of the Marxian Economic Interpretation of History*）。

明白民生主义之真义，则新旧同志因误会、怀疑而生之暗潮，从此便可打消。①

据《关于民生主义之演说》，载《孙总理在国民党
第一次全国代表大会演说词》，国民党全国代表大
会秘书长刘芷芬编辑，广州一九二四年二月印发

关于中国国民党宣言旨趣之说明

在中国国民党第一次全国代表大会的讲话②

（一九二四年一月二十三日）

　　报告出席代表一百三十人，宣告开会。按照议事日程议"中国国民党章程草案"（章程审查委员会报告），现因该案印刷未完，应变更议事日程，改议宣言审查会第二次审查报告，咨询大家有无异议？（众谓无异议。）请审查委员会报告。

　　（宣言审查委员胡汉民、戴季陶登坛报告宣言审查第二次审查结果毕。）

　　现宣言审查结果报告已毕，请付讨论。

　　（一百四十号廖仲恺报号发言。）

　　现请廖代表发言。

　　（廖仲恺发言赞成宣言审查报告，略。）

　　（二十七号张秋白报号发言。）

　　现请张代表发言。

　　（张秋白发言，提议对宣言作文字修正，略。）

　　（一百七十号李宗黄发言，主张将宣言政纲中的征兵制改为民兵制。略。）

　　现有三位发言：廖代表仲恺赞成审查报告，主张维持原案；张代表秋白提出

---

　　①　讲话结束后，孙文以会议主席的身份宣布："民生主义尚须慎重审查。现指派宣言审查委员会委员、临时中央执行委员会委员及原起草员共同再行审查。俟详细审查后，明日再付议表决。"（《中国国民党第一次全国代表大会会议录》第四号，一九二四年一月二十一日下午）按：由于再行审查宣言时为协调分歧意见而花费不少时间，故延至二十三日下午始付议表决。

　　②　二十三日下午，中国国民党第一次全国代表大会继续开会。孙文以国民党总理及大会主席身份主持会议，并作此讲话。

几点修正；李代表宗黄反对征兵制，改为民兵制。按照会议规则，凡提案修正须有法定之连署或附议人数，方能成为议题。现先表决李代表宗黄所提之民兵制案。

李代表提案，戴代表季陶反对。现在咨询有附议李宗黄所提之修正案者，请举手。（举手者不足五人。）不成立。有附议张秋白所提之修正案者，请举手。（举手者在五人以上。）成为议题，现付讨论。

（十四号叶楚伧报号发言。）

请叶代表发言。

（叶楚伧发言，反对张秋白的修正提案，而赞成维持原案。略。）

张秋白之提案，现在叶楚伧反对。现付表决，赞成叶楚伧之主张者，请举手。（大多数）

现付表决，赞成宣言审查委员会第二次审查结果修正案者，请举手。（大多数）可决。

现将中国国民党全国代表大会第一次宣言全文付表决。赞成中国国民党全国代表大会第一次宣言全文者，请举手。（举手者全体。）可决。

（总理对于宣言旨趣之说明：）

现在本党大会宣言已经表决，这是本党成立以来破天荒的举动。但是我们表决宣言之后，大家必须依宣言而进行，担负此项实行责任。此次宣言不只在场代表共同负责，就是各省及海外的同志，均有负担此项革命的责任。我们从前革命均未收到好结果，就是因为革命没有彻底成功，其原因大都是我们同志负担责任没有始终如一，所以不能贯彻革命主义。现在本党召集此次代表大会，发表此项宣言，就是表示以后革命与从前不同。前几次革命，均因半路上与军阀官僚相妥协、相调和，以致革命成功之后，仍不免于失败。当袁世凯做皇帝的时候，本党的同志在山东、在广东、在四川、在福建、在长江一带的纷纷起事，用种种力量来抵抗袁氏的帝制，那时候并不用鲜明的革命旗帜。以后袁世凯自毙，总算我们反对袁世凯的成功；但是按之革命的真精神，仍是失败。后来护法之役，也没把革命旗帜竖起，做了五六年的护法工夫，最后曹锟、吴佩孚也赞成护法，弄得护法的问题又归调和妥协。大抵我们革命在起初的时候奋斗均极猛烈，到后来结果无一次不是妥协。即举排满、倒袁、护法三役而言，我们做革命都是有头无尾，都是有始无终，所以终归失败。

此时我们通过宣言，就是从新担负革命的责任，就是计划彻底的革命。终要把军阀来推倒，把受压的人民完全来解放，这是关于对内的责任。至对外的责任，有要反抗帝国侵略主义，将世界受帝国主义所压迫的人民来联络一致，共同动作，互相扶助，将全世界受压迫的人民都来解放。我们有此宣言，决不能又蹈从前之覆辙，做到中间又来妥协。以后应当把妥协调和的手段一概打消，并且要知道，妥协是我们做彻底革命的大错。所以今天通过宣言之后，必须大家努力前进，有始有终，来做彻底成功的革命！

二十七日星期〈日〉，休会一天。是日午前十时，请各位代表公祭黄花岗七十二烈士。现在时间已届，宣告散会。

（时五时十分。）

据《中国国民党全国代表大会会议录》第八号（一九二四年一月二十三日下午），大会秘书长编印，铅印件①

哀悼列宁逝世②

在中国国民党第一次全国代表大会的演说

（一九二四年一月二十五日）

方才得俄代表③报告，俄国行政首领列宁先生已于前日去世。国民党的同志们当然非常哀悼，应该乘此次大会时，正式表决去一电报，以表哀忱。未表决之前，有几句话与诸君先说一下。

大家都知道，俄国革命在中国之后，而成功却在中国之前，其奇功伟绩真是世界革命史上前所未有。其所以能至此的缘故，实全由其首领列宁先生个人之奋

---

①　另见《对于国民党宣言旨趣之说明》，载《孙总理在国民党第一次全国代表大会演说词》（国民党全国代表大会秘书长刘芷芬编辑，广州一九二四年二月印发）。

②　一月二十一日，列宁在莫斯科逝世。二十五日上午，孙文闻讯后，即变更大会程序发表此演说。会议还根据孙文提出的紧急动议，以代表大会名义致唁电，并休会三日以示哀悼。

③　指鲍罗庭。

斗及条理与组织之完善。故其为人，由革命观察点看起来，是一个革命之大成功者，是一个革命中之圣人，是一个革命中最好的模范。彼今已逝世，我们对之有何种感想和何种教训？我觉得于中国的革命党有很大的教训。什么教训呢？就是大家应把党基巩固起来，成为一有组织的、有力量的机关，和俄国的革命党一样。此次大会之目的也是在此。现在俄国的首领列宁先生去世了，于俄国和国际上会生出什么影响来，我相信是决没有的。因为列宁先生之思想魄力、奋斗精神，一生的工夫全结晶在党中。他的身体虽不在，他的精神却仍在。此即为我们最大之教训。

本总理为三民主义之首创人，亦即中国革命党之发起人。我们的革命虽有几次成功，但均是军事奋斗的成功，革命事业并没有完成，就是因为党之本身不巩固的缘故。所以党中的党员均不守党中的命令，各自为政，既没有盲从一致信服的①旧道德，又没有活泼于自由中的新思想。二次〈革命〉失败逃亡至日本的时候，我就想设法改组，但未成功。因为那时各同志均极灰心，以为我们已得政权尚且归于失败，此后中国实不能再讲革命。我费了很多的时间和唇舌，其结果亦只是"中国即要革命，亦应在二十年以后"。那时我没有法子，只得我一个人肩起这革命的担子，从新组织一个中华革命党。凡入党的人须完全服从我一个人，其理由即是鉴于前次失败，也是因为当时国内的新思想尚未发达，非由我一人督率起来，不易为力。到现在已经十年了，诸同志都已惯习〔习惯〕了。有人以此次由总理制改为委员制，觉得不大妥当。但须知彼一时，此一时。当前回大家灰心的时候，我没有法子，只得一人起来担负革命的责任。现在有很多有新思想的青年出来了，人民的程度也增高起来了，没有人觉得中国的革命应在二十年以后了。我们从事革命的事业，国民只以为太慢，不以为太快了。故此次改组，即把本党团结起来，使力量加大，使革命容易成功，以迎合全国国民的心理。

从前在日本虽想改组，未能成功，就是因为没有办法。现在有俄国的方法以为模范，虽不能完全仿效其办法，也应仿效其精神，才能学得其成功。本党此次改组，就是本总理把个人负担的革命重大责任分之众人，希望大家起来奋斗，使

---

①　此处删去三衍字"旧道的"。

本党不要因为本总理个人而有所兴废，如列宁先生之于俄国革命党一样。这是本总理的最大希望。

现在提出用本大会名义致电莫斯科，对列宁先生之死表示哀忱案，请大家表决。至于各行政机关，已由政府通令下旗三日。本会亦应休会三日。此三日内，每日下午本总理均在此演述民族主义。此讲题，从前曾对高师学生演过一次，再有两三次，即可从大体讲之。若详细的讲演，非长久时间不可。今乘此机会，尽三天之内摘要把他讲完，诸位回去后，即可以之为宣传的资料。其余民权主义与民生主义，目前没有时间来讲，将来讲后再刊为单行本，寄与诸位。

现在请俄国代表鲍尔登①先生讲列宁先生之为人，请伍朝枢君翻译。俟讲完后，我们再来表决本问题。

据《政党之精神在党员全体不在首领一人之演说》，载《孙总理在国民党第一次全国代表大会演说词》，国民党全国代表大会秘书长刘芷芬编辑，广州，一九二四年二月印发

增改宣言政纲及选举国民党
中央各委员等事宜之说明

在中国国民党第一次全国代表大会的讲话②

（一九二四年一月三十日）

报告出席代表一百七十人，宣告开会。

（一百四十号廖仲恺：本席有依法连署提案印布，现提出临时动议，请变更议事日程。）

廖代表有依法连署提案，现提出临时动议，请变更议事日程。赞成变更议事日程者，请举手。（多数）请廖代表说明提案旨趣。

---

①　鲍尔登，即鲍罗庭，又译鲍尔汀。

②　三十日上午十时，中国国民党第一次全国代表大会继续开会，讨论增改宣言政纲的对外政策、选举中央各委员等事宜。孙文以会议主席身份主持会议，并作此讲话。

（廖仲恺登坛说明提案旨趣："一、租界制度于二十世纪之今日尚任其存在于中国，实为中国人民族之耻辱，应由中国收回管理；二、外国人在中国领土内应服从中华民国之法律；三、庚子赔款当完全画〔划〕作教育经费。"请大众讨论议决。）

现付讨论。

（十二号刘咏阊、四号沈定一发言，略。）

本案议决加入政纲内原属甚善。现在咨询本案加入政纲对外政策，有附议者，请举手。（附议者在十人以上。）尚有无讨论？

（二十五号李希莲发言，认为本案实非必要；二十七号张秋白发言，赞成此案加入政纲；二十四号李国瑞发言，认为宣言既已议决，不能在同一会期中增改。均从略。）

本案加入政纲中，本总理非常赞成。当初起草宣言之时，本总理曾嘱于对外政策应列举事项。现在政纲中之对外政策，乃将此三件事情忘却，虽有概括之规定，犹嫌未能明白。本总理以为应将这三件事大书特书。如今虽有说收回主权的话，都是空空洞洞，一无办法，未闻有说收回租界者。我们现在有了办法，实属可喜，亟应加入以补充之。犹忆我在南京解职回到上海之第一天，有十六国之外国人与外交官在尚贤堂开欢迎会，我曾说：你们外国要帮助我们收回租界。当时有许多外人不敢说话，亦有赞成我此说者，而外国报纸则加以攻击论调。尚有一次，我曾作论主张收回租界。综计我提倡收回租界前后有两次：一次在大庭广众之外国人欢迎会中；一则著书立说，并发行于租界中。要知租界原是我们的土地，外人则认租界是他们的，此实大错。如上海地方，已认为是他们的殖民地，真是令人痛惜。现在趁大会尚未闭会，赶紧将这个意思加入政纲对外政策中实为主要，本总理对此提案亦加入附议。

（一百四十五号曹以冰发言，认为可不再加入；九十五号彭素民发言，认为总理当然有附议权；四号沈定一发言，认为总理当然有提案权。均从略。）

现在不要多费讨论，如大家认为可以加入，即由本总理修正文字可也。

（众请付表决。）

现付表决。赞成本案通过，由本总理修正文字者，请举手。（全体）可决。

现在汪君精卫提议"建筑陆皓东纪念大会堂"案。请汪君说明。

（汪精卫说明，略。）

有无讨论？（众谓无讨论。）

无讨论，付表决。汪君提议主张在广州建筑陆皓东大会堂，作为本党第一次代表大会之纪念。赞成者，请举手。（全体）可决。

（会议讨论建立黄花岗七十二烈士纪念碑等事宜，略。）

现在按照议事日程，选举中央执行委员及候补委员暨中央监察委员。本总理前要大家推选每代表十人，用连记法推选中央执行委员二十四人，乃有几处未有推选。现据各代表推选之人，由本总理提出当众报告，请予通过。其中有二位是我们老同志，现在欧洲留学尚有二位，一是邓家彦；一是邵元冲。现在外省，一是石君青阳；一是张君静江。此四位是我加入的，其余都是各代表所推选者。兹将得票最多者提出宣布，请公决通过。又中央监察委员人数现定为五人，有无异议（众谓无异议）。赞成中央监察委员五人者请举手（大多数）。又中央执行委员二十四人，连本总理共为二十五人，赞成这二十五人之人数者请举手（大多数）。又候补中央执行委员十七人，赞成这十七人之人数者请举手（大多数）。

（主席团胡汉民朗读中央监察委员①、中央执行委员及候补中央执行委员名单毕。

中央监察委员：

邓泽如　吴稚晖　李石曾　张　继　谢　持
中央执行委员：

胡汉民　汪精卫　张静江　廖仲恺　李烈钧　居　正
戴季陶　林　森　柏文蔚　丁惟汾　石　瑛　邹　鲁
谭延闿　覃　振　谭平山　石青阳　熊克武　李守常
恩克巴图　王法勤　于右任　杨希闵　叶楚伧　于树德
候补中央执行委员：

邵元冲　邓家彦　沈定一　林祖涵　茅祖权　李宗黄

---

①　原文为"中央监察委员及候补中央监察委员"，"及候补中央监察委员"属衍文，故删去。

　　白云梯　　张知本　　彭素民　　毛泽东　　傅汝霖　　于方舟

　　张苇村　　瞿秋白　　张秋白　　韩麟符　　张国焘）

　　现在逐一提付表决，中央监察委员五人，如名单，赞成者请举手（全体）。可决。

　　中央执行委员二十四人，如名单，赞成者请举手（大多数）。可决。

　　候补中央执行委员十七人，如名单，赞成者请举手（多数）。可决。

　　现在林君森提出一紧急动议，附议者已有四人，本总理亦附议，如此共有五人，即请林君说明。

　　（林森登坛说明提出紧急动议之旨趣：昨日午前六时米业工会总理、工党首领严月笙夫妇在卧室被人暗杀，凶手在逃未获。严君系本党老同志，前年海员罢工一事，严实指导之人。请政府迅令限拿凶手，依法惩处，并抚恤遗族，给予葬费，以慰英魂。）

　　林君提出严君月笙被人暗杀，请政府迅令地方长官严拿凶手，依法惩处，并抚恤遗族，给予葬费。赞成者，请举手。（大多数）可决。

　　现有人主张推选候补中央监察委员五人，名为蔡元培、许崇智、刘震寰、樊钟秀、杨庶堪。赞成者，请举手。（大多数）可决。

　　（主席团谢持提议在章程上应添列"候补中央监察委员五人"。）

　　以谢君之提议，咨询众议。（众谓当然补入。）

　　现付表决。谢君提议章程上监察委员会补列候补中央监察委员五人。赞成者，请举手。（多数）可决。

　　（一百二十九号孙科：如加入章程，恐有未妥。盖章程系此次大会所议决者，本席以为候补中央监察委员五人之人数可定，而不必定须加入章程。）

　　孙代表科主张候补中央监察委员五人之人数确定，但现在不必列入章程，有无异议？（众谓无异议。）

　　现在议事已毕，午后行闭会式。此刻宣告散会。（时十二时十分）

据《中国国民党全国代表大会会议录》第十六号（一九二四年一月三十日上午），大会秘书处编印，铅印件

附：另一记录①

　　总理任主席宣布开会后，当即向大会报告道：本日有一临时动议，系廖仲恺代表所提，业经依法取得连署。依照会议规则应为议程之变更，赞成变更议事日程者，请举手。（当即多数通过。）

　　于是总理乃请原提案人登台说明。廖先生把提案中所列的收回租界，外国人在中国领土内应服从中国法律，及庚子赔款应全部拨作教育基金等三事，一一加以说明……后来会场的情形急遽的转到对本案的反对论调，形势顿形紧张。恰在此时，我　②看到仲恺先生递了一个字条到主席台上。字条写的是：会场情势不佳，本案请总理自行说明。

　　总理当即向会众声明：离开主席的地位，对本案有所说明。

　　总理说：本总理赞成把本案加入在政纲中。当宣言政纲起草之时，本总理即主张在对外政策中，应把收回外人在中国的租界和租借地、废除不平等条约、外人在中国领土内应服从中国法律三事，明明白白地列举出来。在前次通过的宣言审查报告，竟把这三件大事冲淡漏掉，实在是一件憾事。这件大事的补救，是今后革命成败的重大关键所在。在通过的政纲中对此虽然有一种概括的规定，但是不够明显，不够具体，更不足以作我们今后革命的号召，一新海内外的耳目。本总理主张应当把这三件大事大书特书，然后本党此次的改组才有意义。

　　本党革命的目的，第一步在求中国的自由独立，以实现民族主义。我们笼统的说，革命的目的在求中国自由独立，大家尚不感觉有什么顾虑；一说到要收回租界、收回海关、废除不平等条约，大家深恐得罪了帝国主义，便战栗恐慌起来了。大家想想，中国民族不能自由，是由于什么原因？不能独立又是什么原因？难道说，帝国主义所加〈给〉中国民族的束缚不解除，中国还有什么希望可以自由、可以独立？外人在中国的租界不过是一件家喻户晓的事实，所以我们特别要把它提出来。

---

　　①　本篇系当年与会代表黄季陆的事后忆述。

　　②　"我"指黄季陆。

　　至此，他情绪激昂，态度严肃，言词沉重地继续说：我在辛亥革命以前，便提出了收回租界和废除不平等条约的主张，由于我们同志的认识不够，胆量太小，都不敢赞成我。大家企图在因应帝国主义的情况下，可以完成我们的革命。从民国建立以来，我们所得的教训，帝国主义不是像我们所想像的那样愚蠢，可以放心我们革命的成功，对他们是漠不相关的。结果，他们用一切的方法来阻挠我们革命的成功，他们帮助中国的军阀来摧残我们的革命；他们利用买办商人来把持榨取中国的钱财，把中国造成今日次殖民地悲惨的境地！我们既不能讨好他们，同时又失掉民众对于革命的敌人帝国主义有一明确的认识，这样无目的无意义的革命，永不会获得成功的！现在，因应帝国主义来谋革命的成功的时代，已经成为过去了。现在是拿出鲜明反帝国主义的革命纲领，来唤起民众，为中国的自由独立而奋斗的时代了！不如此，是一个无目的无意义的革命，将永久不会成功！

　　总理继续说：在民国初年，〈我〉就曾经两次公开主张收回租界。一次是在民国元年解职〔除〕大总统职务以后到了上海，租界上的外国人和各国外交界的人士在尚贤堂开〈会〉欢迎我，我便向他们提出了收回租界的主张。当时在场人士为之一惊，引起外国报纸的攻击和批评。一次是我曾经发表过中国革命成功后必须收回租界的文章。当我提出了收回租界的主张以后，外国人表示惊异，批评不足为怪，而我们的同志和当时的中国上层人士且皆瞠目吐舌，认为将惹起无穷的后患。大家要认清，上海是我们中国的领土。中国如果是一个独立的国家，租界更不应当存在。外国人把中国的土地当作他们的殖民地，是反客为主，是我们中国人民的奇耻大辱！因此，我们应趁大会将要闭幕的时候，赶紧把这一主张加入在政纲当中。本总理对此提案愿为附议。

　　（此时……有一二代表提出总理对本案是否应为附议的问题。经彭素民、沈定一两代表发言说明：总理不仅有对本案之附议权，更有提议之权；不仅可以把此一提案内容加入在政纲之内，且可以提议不加入政纲之内。）

　　总理在回复主席的地位之后，征求大会意见，是否可以授权他修正文字，将本案主张加入在政纲之内。会场顿即发生一片请付表决的声浪。于是总理以主席地位向会众说：本案现付表决，赞成本案由本总理修正文字、加入政纲者请举手！

（全体举手一致通过。）

据黄季陆：《划时代的民国十三年——第一次全国代表大会的
回忆》（中），载香港《掌故》第四十二期，一九七五年出版

全党要为实行本党主义与政纲而一致奋斗

中国国民党第一次全国代表大会的闭会词①

（一九二四年一月三十日）

同志诸君：

今天是我们国民党代表大会开会的第十天，也是这次大会闭会的一天。这次开会以来所办的重要事项，秘书长刚才已经报告了。至于会中所办重要的事，即刻要拿去做宣传材料的，是《中国国民党第一次全国代表大会宣言》。

宣言全体分作三段，第一段是讲中国国内的现状。第二段是解释本党的三民主义，这一段在宣言中尤其重要，因为我们所主张的三民主义是永远不变的，要大家自始至终去实行。这个主义在同盟会没有成立以前已经是确定了，成立同盟会就是要实行这个主义。后来推翻满清以至于建立民国，也是为实行这个主义。但是自民国成立以至于今日已经有了十三年，还没有完全达到这主义的目的，原因是在什么地方呢？一是由于我们的办法不完全；二是由于各位同志不能同心协力，一致行动。我们这次开全国代表大会，订一个完全办法，划一同志的步骤，并议定党中的纪律，就是要大家能够实行三民主义，把这个主义的言论一定做成事实。推究这个主义的来源，是我从前和各位同志经过了许久的讨论与研究，然后才确定出来的。在革命党没有成立以前，便有少数同志很赞同去实行；后来革命党成立了，就有多数同志赞同去实行；到了今日，便有极多的先觉先知赞同去实行。由此便可见本党的三民主义是始终都不改变的。大家对于三民主义，以后要心悦诚服，完全担负实行的责任。

宣言中的第三段是本党的政纲，是实行三民主义的节目。我们因为要实行三

---

① 三十日下午，孙文主持中国国民党第一次全国代表大会闭幕式，并致闭会词。

民主义，所以不得不照中国的现状、依人民的要求来规定这个政纲。人民所做不到的，我们要替他们去做；人民没有权利的，我们要替他们去争。所以三民主义是为人民而设的，是为人民求幸福的。我们从前革命，为三民主义去牺牲，就是为人民求幸福而牺牲。政纲既是依人民的要求来规定的，人民今年有什么要求，我们便要规定一种什么政纲；如果人民明年有别种要求，我们的政纲便要依他们的新要求重新去规定。但是人民的要求在短时期中决无大变动，所以我们订定的政纲，至少也要维持一年。在这一年之中，便要大家遵守，一致行动，照所订定的条件去实行。我们在这次大会所订定的政纲，或者有见不到的地方。诸君以后对于自己定的政纲以外，不能说没有新见解。所以这次所定出来的不能说是完全周到，没有遗漏。但是诸君如果有了新见解，必须等到明年开第二次大会的时候才去修改。在没有开第二次大会之先，我们对于这次大会所定的政纲就万不可违背，如果有了违背，便是乱大众的步骤。而且此次大会所定的政纲，是从前经过了临时中央执行委员会许多的研究，又再经过大会中诸君的聪明才力才订定出来。订定的条件是预算在今年之内要实行的办法，我们在这一年中的言论行动便要和这个办法相符合。如果不然，便是这个办法没有效力；这个办法没有效力，便是枉费了这次大会的工夫。

政纲和主义的性质本来是不同的，主义是永远不能更改的，政纲是随时可以修正的。但是修改的时期最少都要一年，除非遇了很重大事情，对于政纲是发生根本变动的，我们临时才可以召集特别大会去修改。由此便可知，政纲的修改是有一定时间，因为预定了一定时期大家进行的步骤，才有秩序，不致纷乱。本党党员从前看见政纲有不对的地方，做事就立刻和政纲相矛盾，这是本党自乱的大毛病。此后大家必须要除去这个毛病。各位同志以后纵然看见政纲有不对的地方，或者中途得了新见解，或者有特别聪明的人一时发见政纲中有不合理的地方，都不可以自作自为。如果一二人自作自为，便是乱了全党的一致行动。

党员的奋斗是和军队的奋斗一样。军队在奋斗的时候，如果司令官的命令一时不对，当兵士的都要服从，照原命令去共同前进。若是都能前进，或者将错就错，也能打胜仗。如果一部的军队看出了命令不对便单独行动，以致牵动全军不能一致前进，弄到结果不是首尾不能相顾，自乱阵线，便要被敌人各个击破，全军就要覆没了。本党党员从前常有自以为是的，便要独断独行，所以弄到全党的精神非常涣散，革命事业不能成功。以后要我们革命事业完全成功，便要大家一致行动，固结精神。自根本上讲起来，革命事业是大家的事，不是一个人的事。既是大家的事，必要大家同心协力才可以实行；如果不能同心协力，便永远不能实行。所以这次所定的政纲是本党临时的号令，至少要行一年。在此一年之中，不是要一两位党员去实行的，是要大家共同去实行的。大家共同去实行，便是一致行动，一致行动就是党员的好道德。

我们这次在广州开会，是重新来研究国家的现状，重新来解释三民主义，重新来改组国民党的全体。从此以后，大家分散到各地方，便要希望一致奋斗。奋斗的方法，在中央的有中央执行委员会，在各地方的，大家要组织区委员会或各地方委员会，把我们国民党布满到全国。诸君此次不远千里万里而来，在此开了十日大会，议决了许多议案，是已经受了奋斗的任务，得了奋斗的材料，散会之后带回到本地方去，应该分给本地各位的同志，教各位同志都要拿这种材料分途去奋斗。所以这次的大会好像是一个大军事会议，定了种种作战计划，下了许多攻击命令，交各将领带回去实行作战一样。又好像是一个大兵工厂，制了许多枪炮，出了很多子弹，诸君在此领了很多枪炮子弹回到本地方去，便要分给到各位同志去补充他们。各位同志得了补充，便要他们实行攻击，不可空耗了这些补充。到了实行攻击的时候，必须审察敌情，临机应变，对于敌人要能够收效，那才算是不枉费了这些补充。

这次的大会是头一次试办，只决定了中央执行委员会去办理中央的事务，各地方委员会和地方上的事务就要大家分途去办理。至于中央执行委员会的名单，是由多数同志推举，再交本总理向今日大会中通过了的。大家不能说只有中央执行委员会的委员便能够做事，也不能说只有本总理所提出来的人便能够做事；各位同志中有很能够做事，在此次委员名单中没有提出来的自然很多。大家如果知道了是很能够做事的，在下次大会中还可以推举出来。我们不能说做了委员的才可以做事，不做委员的便不能做事。只要大家各尽各的责任去实行，各尽各的能力去奋斗，都可以说是做事。

至于讲到做事的结果，此时更不能预定谁是能够做事，谁是不能够做事，必要各位有了成绩贡献到党内，到来年再开大会的时候才可以决定。各位要将来的成绩如何，散会之后便要努力去奋斗。到了来年开大会的时候，把自己奋斗的成绩都报告到大会，让大家去比较。到了那个时候，我们才知道是谁的成绩顶好。因为成绩是由于奋斗而来的，如果多数人不奋斗，当然不能有成绩；若是一个人尽力去奋斗，也可以得一个大成绩。能奋斗不能奋斗，是在有没有武器。诸君从这次大会已经补充了很多的武器，回到各地方上尽力去奋斗，将来的成绩一定是很好。在来年大会中，拿诸君的成绩去比较，知道了谁的成绩是顶好的，自然可以知道是谁的奋斗顶多。我们要本党的成绩都好，就要从今以后，大家一齐去奋斗。

　　现在已经是民国十三年，就是国民党在各地方公开奋斗了十三年。因为见到从前的奋斗尚不充分，所以这次要开大会，把全党来改组。从前奋斗不充分的原因是由于没有办法，从此以后有了办法，就要诸君担负责任，拿这个办法去替国人发生一个新希望。我们从前革命因为没有好办法，所以成功与失败各有一半。从今以后，拿了好办法去革命，便可一往直前，有胜无败，天天成功，把三民主义、五权宪法宣布到全国的民众。在今年之内，一定可把革命事业做到彻底的大成功！

据《闭会词》，载《孙总理在国民党第一次全
国代表大会演说词》，国民党全国代表大会秘
书长刘芷芬编辑，广州一九二四年二月印发

革命奋斗当革去私心

在南北统一纪念日庆典的演说①

（一九二四年二月十二日）

　　今日得与诸君相聚一堂，举行南北统一庆典，算是狠不容易。因今日为南北

---

　　①　十二日大本营召集各部长、局长、省长及各军司令长官在大元帅府举行庆祝南北统一十三周年纪念典礼。

统一之纪念日，算是民国成立之日，亦即革命成功之日。我们得此今日，应如何欣幸？惟兄弟对此今日之纪念日，实抱无穷之感慨。因当日兄弟一人在外洋提倡革命宗旨，与诸君及一般青年学士研究革命事业，使回祖国实行此种主义。诸君及一班学士类皆文人徒手，文人不足以当兵，徒手不堪以作战，要想革命成功，不独南北统一不易，即一省独立亦且不易。其时诸君个个心理上均非常之热，责任亦非常之重，均愿牺牲性命，陶铸共和，抛掷头颅，摧翻帝制。结果卒至七十二烈士可以亡广州，继而武汉起义，不旬日而各省响应，清帝退位，南北统一。当时成功，又何如是之易。乃南北已经统一，中间因互争权利者几年，互争党见者几年，互争地盘者又几年。至于今日时局四分五裂，谈起革命事业，为世诟病，抑何前后大相径庭，至于此极。推原其故，在于当时人人只知革命应尽之义务，勇往直前奋斗，故小小七十二烈士可以亡广州。今日人人心理皆存发财升官思想，故极十余万之大兵不能收复惠州。前后得失，了如烛照。此后诸君因革命奋斗，当牺牲权利，革去私心，时存国家观念，改良政治，则民国前途之幸。兄弟有厚望焉。

据《南北统一纪念日大元帅演说志略》，载一
九二四年二月十九日上海《民国日报》第二版

百事之举端赖财政

在大本营统一财政会议上的演说①

（一九二四年二月十五日）

百事之举，端赖财政。今日财政之困，达于极点，故亟应将征收各机关一律收回，以资筹划而图补救，万不能或稍有阻碍，置之缓图。至财政统一之后，军费如何支配，饷项如何核实，凡百庶政应如何规划，无不应详加搜讨，核实施行。

据《粤省统一财政之进行》，载一九二四
年二月二十七日天津《大公报》第三版

---

① 十五日孙文召集军政要员，商讨统一财政事宜，即席发表演说。

批评滇军擅离防地

在大本营军事会议的训话①

（一九二四年二月十七日）

该军②不俟具报核准，又不俟别军③接防，擅离防次，倘前线有失，该军能当此重咎否？

据《粤省东江战机又迫》，载一九
二四年二月二十四日北京《晨报》

批评滇军置统一财政命令于不顾

在大本营军事会议的训话④

（一九二四年二月中下旬）

吾年前回粤，系徇滇军之请，彼滇军当时曾表示服从吾命令，余方决然返粤。今财政之糟，弄至如此田地，吾下令命彼辈将征收机关交还，竟置命令于不顾，成何事体？彼辈取之尽锱〔锱〕铢，用之如泥沙，而余则为丛怨之府，吾当有以处之。

据《粤省将以武力统一财政》，载一九二
四年二月二十二日上海《申报》（十一）

---

① 十七日，孙文召集军事会议商讨讨伐陈炯明叛军方略。会上，对数日前滇军第二、三军所部擅离东江防地撤回石龙的行径提出严厉批评。

② 指滇军。

③ 指湘军。

④ 本文和后篇，相关情况及讲话日期不详。兹据其内容暂编于此，作为同次讲话不同版本处理。

附：另一记录

汝等①不从命令，迭次战事均恣意索款，使我罗掘既尽，复卖公产，以致弄到民怨沸腾，集矢我身。今则政紊乱已极，东江军事不死不活，倘滇军不觉悟，我完全交湘军办理。

据《快信摘要》，载一九二四年二月二十二日长沙《大公报》（二）

希望湘军都能变成革命军

在广州江村视察湘军的演说②

（一九二四年二月二十三日）

湘军将领、兵士诸君：

本大元帅今天在这地和大家相见，是一个很难得的机会。并且可以和大家讲话，更是一个难得的机会。本大元帅今天来对湘军兵士讲话，是希望湘军从今天以后都能变成革命军。诸君听了这次讲话之后便全体变成革命军，那才不负革命党全体同志的大希望。

什么是叫做革命军呢？革命军和寻常军有什么不同呢？不同的地方，小而言之，革命军的一个人常常能够打一百个人，至少也能打十个人。大而言之，用我军的一千人可以打破敌人一万人，用我军的一万人可以打破敌人十万人。像这样以少数常常能够打破多数训练很纯熟、武器很精良的敌人，才叫做革命军。

大家都知道，十三年以前我们中国是一个专制国家，受满洲人统治，被满清政府征服了两百多年。到了十三年前，有革命党起，用手枪炸弹推翻满清帝统，打破专制政体，建设共和国家。所以十三年以来，中国的名义上才有"中华民

---

①　指滇军将领。

②　二十三日下午，孙文在湘军总司令谭延闿等陪同下，前往广州北郊江村的湘军第二军（军长鲁涤平）驻地视察，检阅该部三千余名将士并发表演说。

国"之称表现在世界上。那次推翻满清，成立中华民国，便是革命事业。讲到当时的革命党，人数是很少的。满政府在各省都练得有很多的新兵，在各险要的地方又有满洲的驻防军。革命党推翻满政府究竟是靠什么本领呢？简单的说，就是靠一个人能够打几百个人。那时候的革命党因为有那样大的胆量和牺牲精神，所以能够成那样大的事业。

本大元帅今天来同你们湘军讲话，要发生什么效果才可以副人民的希望呢？希望发生的效果，就是要你们全部湘军都变成革命军，步革命党的后尘。为什么呢？我们在十三年前推翻满清，但是在这十三年之内不能成立真正民国，大原因就是在推翻满清之后，没有革命军继续革命党的志愿，所以从前的破坏成功，建设还不能成功。以后要建设成功，便要有革命军发生。如果没有革命军发生，就是再过十三年，真正民国还是不能建设成功。湘军各将士这次到广东，是为主义而来的，是为革命来奋斗的。诸将士要能够为革命去奋斗，便先要变成革命军。什么是叫做革命军，我刚才已经说过了，能够以一千人打破一万人的军队，才是革命军。现在广东有十多万兵，都不能说是革命军，因为他们是用一个人去打一个人的。如果我军一万人遇到敌人一万人才说去对阵，若是遇到了两万敌人便不敢前进，像这样的军队有什么用呢？怎么可以说是革命军呢？至于本大元帅今天所讲的革命军，是一千人能够敌一万人。像有这样大力量的军队，在诸位军事家看起来，或者以为不可能的事。大概照寻常的军事经验讲，我军无论练得如何精良，总要用几倍人去打敌人，才可以操胜算。譬如用三万人去打一万人，才可以说是有把握。如果敌人有三万人，我军只二万人，更不能说是有把握。至于敌人有一万人，我军也只一万人，也不能说是有把握。像这样的军队是寻常军，不是非常的革命军。

世界上有非常的时会，能够做非常的事业，便要有非常的革命军，才可以做成功。诸位将士不信，只考察十三年以前的革命历史，革命党和清兵奋斗，没有那一次不是以一敌百的，用一个革命军打一百个清兵是很平常的事。如果不然，便不能算是好革命党。诸位将士是湘军，是从湖南来的。湖南老革命党最著名的有黄克强，他有一次自安南入钦廉起义，当时到钦廉来抵抗革命党的清兵有两万多人，黄克强带的革命军不过两百人，所有的武器不过两百枝枪，用那样少的人和那样多的清兵打两个多月仗，到后来弹尽而援不至，还可安全退出。照这一次战事说，革命军就是用一个人去打一百个人，像这样的战斗是非常的战斗，不可以常理论。像这件不可以常理论的事，还是你们湖南人做出来的。所以本大元帅要大家以后能够打胜仗，做非常的事，便要变成非常的革命军，像黄克强那次在钦廉打仗一样。如果不然，就是枪好弹多，还要送到敌人，自己没有用处。

讲到战时以一可以当百的道理，是要各位兵士先有奋斗的精神。何以要先有奋斗的精神呢？有了奋斗精神，才能够牺牲，才不怕死。军人到了不怕死，还怕不能打胜仗吗？奋斗精神是从何而生呢？是从主义而生。兵士要发生精神，便先要有主义；先有了革命主义，才有革命目标；有了革命目标，才发生奋斗精神。革命目标到底是什么事呢？什么是叫做革命目标呢？大家都知道革命党是拿三民主义来改造中国的。什么是三民主义呢？就是民族主义、民权主义和民生主义。我们要明白了这三种主义，才能够干革命事业。

大家都知道中国从前被满洲人征服过了两百多年，我们祖宗都是满洲人的奴隶，习故安常，忘其耻辱。后来我们为什么能够推翻满清呢？就是因为明白了民族主义，知道自己都是汉人，总数有四万万，在明朝末年的时候被满洲征服了，压迫了两百多年，不能做主人，总是做奴隶。我们祖宗不明白这个道理，所以对于满清反歌功颂德，说清朝有"深仁厚泽"。到了后来，全国之内不但是受满清的压迫，并且受英、法、德、俄、美、日诸列强的压迫。便有先知先觉的人发明了民族主义，推究满汉的界限："为什么以少数的满洲人来统治四万万民族呢？""为什么四万万民族总是应该处于被压迫的地位，做满洲人的奴隶呢？"便发生极不平的思想，渐渐宣传，推广到全国，四万万人都知道这是很不平的。古人说"不平则鸣"，所以全国便要把这个不平来打平他，用极大的牺牲精神赶走满人。由这样讲来，便知道民族主义是对外国人打不平的。如果外国人和中国人的地位有不平，中国人便应该革外国的命。专就满汉而论，因为全国人明白了满汉的界限，知道满人和汉人的地位太不公平，所以发起辛亥年的革命。后来革命成功，便是民族主义达到目的。

什么是叫做民族〔权〕主义呢？这个主义的道理和民族主义是一样的。民族主义是对外打不平的，民权主义是对内打不平的。国内有什么不平的大事呢？就是有了皇帝或者军阀官僚的专制，四万万人还是不能管国事，还是做他们少数人的奴隶。像这样压迫的不平，和外国人来压迫也是一样。所以对国内的专制打不平，便要应用民权主义，提倡人民的权利。提倡人民的权利，便是公天下的道理。公天下和家天下的道理是相反的。天下为公，人人的权利都是很平的。到了家天下，人人的权利便有不平。这种不平的专制，和外族来专制是一样。所以对外族的打不平，便要提倡民族主义；对国内的打不平，便要提倡民权主义。

民生主义又是什么道理呢？这种主义是近来发生的。五十年前，不但是中国人没有讲到这个道理，就是外国人也不明白这个道理，也没有讲过这种话。现在世界最进步的国家，像法国、美国都是从革命而来的。国外无外族的压迫，国内无皇帝的专制，他们的政治都是很修明的，国家又富庶又强盛。在几十年以前，人民都是很享幸福的。但是近几十年以来，工业发达太过，一切工作都是用机器代手工，譬如耕田、织布和一切制造，没有不是用机器去做的。像大家由湖南到广东的韶关都是走路，再由韶关到广州不是走路，是坐火车。火车就是走路的机器，也就是运输的机器。用一个火车头可以运几千人，可以运几十万斤行李。那些行李用很多的人都难得挑动，但是用火车只一日便可以运到。所以火车便是挑东西的机器，火车就是一个大挑夫。一个火车头所运的东西，可以替代几千个挑夫。耕田是这一样，织布也是这一样。一个机器做的工，可以代几百人。机器越多，出的货物越多，赚的钱也越多。所以有机器的人便一日比一日富，没有机器的人便一日比一日穷。因为机器的生产，故生出贫富极大的不平等。由于这种不平等，便发生民生主义。从前说民族主义是对外打不平的，民权主义是对内打不平的，民生主义是对谁去打不平呢？是对资本家打不平的。因为有了机器，生出了极大的资本家，国内无论什么事都被资本家垄断，富人无所不为，穷人找饭吃的方法都没有。故发明民生主义，为贫富的不平等要把他们打到平等。这种主义近来在外国狠盛行，渐渐传到中国。

诸位将士听到这里，便知革命党所主张的三民主义，是狠容易明白的。这三种主义可以一贯起来，一贯的道理都是打不平等的。革命军的责任，要把不平等的世界打成平等的。能够明白打不平等的三民主义，才可以做革命军。革命军是为三民主义去奋斗的，为三民主义去牺牲的。

革命军为什么要为三民主义去牺牲呢？三民主义成功了，造成一个什么国家呢？大家要知道我们将来可以造成一个什么国家，便先要知道现在的中国是处于什么地位。大家生在中国的这块地方，举目一看，是一个什么世界？简直的说，中国现在是一个民穷财尽的世界，是一个很痛苦的世界。无论那一种人在这个世界之内，都不能享人生的幸福。现在中国之内，这种痛苦日日增进，这种烦脑〔恼〕天天加多。我们看到这种痛苦世界，应该有悲天悯人之心，发生大慈大悲去超度这种世界，把不好的地方改变到好的地方，把这种旧世界改造成新世界。要达到这种种目的，其责任就是在我们革命军。我们革命军实行这种责任，把三民主义完全达到目的，中国便可成为一个安乐世界。

大家都知道世界上文明顶进步的国家是英国、美国，他们国富民强，人民所享的幸福比中国好得多。但是他们国内还有贫富的不平等，所以普通人民还要革命。他们革命是用什么主义呢？所用的就是民生主义。因为民族主义和民权主义在他们国内已经成功。除英国、美国的革命现在酝酿，还没有爆发以外，现在已经爆发了的是俄国革命。俄国革命发生于六年之前，现在已经完全成功，就是三民主义在俄国已经完全达到目的。

三民主义在中国完全达到目的之后，将来变成一个什么世界？我们突然一想，或者不容易见到。但是俄国现在是一个什么景象，来一看便可知道。七八年以前俄国人民也是很痛苦的，当欧战的时候，全国加入协商国①一方面去打德国。欧战没有终局，国内发生革命，便是要实行三民主义：对外不帮助协商国去打同盟国；对内推翻专制的俄皇；对于贫富的关系，反对世界上一切资本制度。因此列强当时便不去打德国，反移师来打俄国。故俄国革命不但是皇帝的压迫要反对，就是列强的压迫也要反对，和全世界资本制度的压迫都一齐反对。当时革命军竭全力奋斗，把所有的压迫都打破了，于是组织一个新国家叫做苏维埃共和国，现已经得英国、意国承认了。所以俄国革命可说是完全成功。推究俄国革命的发起②是由于三种人，叫做农、工、兵。故俄国现时的政府又叫做农工兵政府，是

---

① 第一次世界大战中的协商国（The Entente Powers），今译协约国；另一方为同盟国（The Central Powers）。

② 此处删二衍字"人生"。

由于农、工、兵三界人民派代表所组织而成的。所以他们的政府所持的政策，对于这三种人民便特别优待。要知我们革命成功的将来详细情形，更可用俄国人民现在怎样享幸福的情形再说一说。俄国人民所享国家的利益，譬如从小孩子初生的时候讲起，自幼长至成人，以至于年老，是受国家什么待遇呢？譬如一个穷人家生了小孩子，父母不能养活，报告到政府，国家便有抚育费发给到父母去养活他。到了年纪稍大，可以入学校的时候，国家便办得有很完全的幼稚园、小学、中学以及大学，照他的年龄的长进，可以依次进学校，受很完全的教育，国家不收费用。若是父母有不教子女进学校的，政府更是惩罚父母，强迫子女去读书。此所谓强迫教育，要全国的青年人人都可以读书，人人都受国家栽培，不要父母担忧。至于穷人的子女没有衣穿，没有屋住，没有饭吃，国家都是完全代谋，不必要父母去自谋。像我们中国的小孩子，大多数有没有能力去读书呢？像诸位将士由湖南走到广东，沿途所见的小孩子，有多少读过了书呢？再像现在演说场中这些放牛的小孩子，有没有机会去读书呢？故中国小孩子多半没有机会读书，都是很痛苦的；长到成人以后，谋生无路，更是痛苦；再到老年，便更不〈得〉了。故中国〈人〉做小孩子的时候苦，长到成人的时候苦，到年纪老了的时候也苦。一生从幼至老，天天都是痛苦。不是少数人痛苦，是多数人痛苦。如果和现在的俄国人比较，是什么情形呢？俄国人在幼年的时候，有机会可以读书；在壮年的时候，有田可耕，有工可做，不愁没有事业；到年纪老了的时候，国家便有养老费。像俄国的人民，可说是自幼而老，一生无忧无虑。推究他们这种幸福，是由于革命而来的，是由于行三民主义用革命方法造成的。在英、美的政治社会至今还有贫富的阶级，在现在的俄国什么阶级都没有。他们把全国变成了大公司，在那个公司之内，人人都可以分红利。像这样好的国家，就是我要造成的新世界。

从前反对我的是满清皇帝，现在反对我的是满清留下来的武人官僚。这些武人官僚的专制，就是小皇帝的行为。从前有诸先烈前仆后起的奋斗，便推翻了那个大皇帝。我们现在要继续先烈的志愿，推翻曹琨〔锟〕、吴佩孚这些小皇帝。曹琨〔锟〕、吴佩孚和各省专制的督军、巡阅使都是共和的障碍，有了他们，我们的新世界便造不成，大家便永远没有机会享人生的幸福。诸位将士要自己解甲归田之后可以享幸福，子子孙孙永远可以享幸福，便要担负推翻这些小皇帝的责任，把全军变成革命军，把现在痛苦的世界改造成一个安乐世界。这种责任是救国救民的责任。国家改造好了，人民得以安居乐业，不是一代可以享幸福，是代代可以享幸福的。

　　这种责任要怎么样可以做得到呢？要担负这种大责任，便先要有奋斗精神，明白了三民主义，便能为主义去牺牲。我们要担负这样的大责任，做成这样的大事业，非有大志愿、大胆量和大决心不可。故本大元帅今天和湘军讲话，要大家变成革命军，便先要大家有大志气和大胆量，变成用一可以敌百的革命军，然后我们的三民主义才能够完全实行，中国将来才能够变成安乐国家。这个能不能，没有别的问题，只问诸位将士今天听了这次讲话之后，有没有决心。故本大元帅今天来要求诸位将士的，是要诸位将士在今天立一个决心，变成革命军，共同去担负救国救民的责任。

据黄昌谷记：《大元帅对湘军演说词》（二月二十三日），载广
州《中国国民党周刊》第十一期，一九二四年三月九日印行①

附：另一记录

　　湘军纪律素严，名誉素佳，为国人所共知。希望湘军保持其向来之荣誉，俾军民得以相安。最要者厥为与是地民团及商团等和衷共济，共保地方治安，切不可发生误会。至讨贼救国，为军人之天职，愿诸兵士为国努力。

据《大元帅北路劳军记》，载一九二四年
二月二十五日《广州民国日报》（三）

---

　　① 按：在台北的中国国民党文化传播委员会党史馆该期藏件中，孙文在标题上端亲批"改正"二字。

革命军要为三民主义变成敢死队

在广州燕塘慰劳东路讨贼军的演说①

（一九二四年三月十日）②

东路将领、兵士诸君：

诸君是许总司令和张旅长的部下，许崇智同张民达都是我们革命党很热心的同志。你们各将领大多数也是革命党，所以东路讨贼军的长官都是革命党。大家当兵士的今天到这地来听本大元帅讲话，试问诸君是不是革命军呢？许崇智是革命党，照道理讲，所带的部下自然应该是革命军。且而〔而且〕许崇智向来很听本大元帅的话，绝对服从本大元帅的命令。譬如民国十年本大元帅说起北伐，他便同到桂林。民国十一年改道北伐，他便先到韶关、南雄，攻破赣州。后来得了赣州，听到说陈炯明在广州造反，便回师来讨陈炯明，在韶关打了一个多月仗，因为没有接济，不幸而失败退回江西，又打到福建得了福州。去年本大元帅要肃清东江，消灭陈炯明的余毒，调他回广东来，他便不要福州的地盘，打回广东。后来到潮汕，打了一次败仗，便退回广州，和广州各友军会合。所以许总司令在这两三年之中，打到江西，退回广东，又折回江西，打到福建，再打回广东，转战三省，走路有了几千里，疲倦劳瘁，艰难辛苦，是许多人都做不到的。你们许总司令总是忍耐奋斗，所以许总司令是很能够耐劳吃苦的，是一个很好的革命党。诸君都是受许总司令指挥的，许总司令既是很好的革命党，诸君当然可以叫做革命军。但是本大元帅今天来同诸君讲话，还不放心把革命军的名号加在诸君身上，就是诸君将来可不可以说是革命军，还要看以后的成绩。

此刻在广东的军队有滇军、湘军、豫军、粤军、桂军、赣军、山陕军，总共

---

① 十日，孙文在东路讨贼军（粤军）总司令兼第二军军长许崇智等陪同下，前往北郊燕塘慰劳该军第八旅（旅长张民达），并对驻地官兵发表演说。

② 底本注明演说日期为"三月十日"。另据一九二四年三月十四日上海《民国日报》第二版所载《大元帅慰劳许军》报道，则作三月十二日，存考。

有六七省的军队，都来为革命党出力，但是依我看起来，没有那一种军队可以居革命军的地位。本大元帅有一天对湘军讲话，希望湘军变成革命军。今天来同很好革命党的部下讲话，也是希望变成革命军。以前为革命奋斗，虽然不能叫做是革命军，但是希望从今天听过这翻〔番〕话之后，便要变成革命军。

要怎么样才可以成革命军呢？什么是叫做革命军呢？革命军是用一个能打得十个，一百个能打得一千个，一千个打一万个，一万打十万，像这样用一倍去打十倍的军队，才叫做革命军。你们东路讨贼军打的仗本多，但是过细考察起来，是不是用一千人去打一万人呢？打胜仗的时候，或者是用五百人去打一千人，或者是一千人去打一千人。好像在福建水口①打仗，东路讨贼军是用一千人去打北兵两千人，但是总没有用一千人去打一万人的。我提倡革命，是革命党的领袖，很想造成一种革命军。现在的军队都不是革命军，只有辛亥年三月二十九日在广州起义的军队，才可以说是革命军。当他门〔们〕起义的时候，在广州的清兵有满洲的驻防军，有李准的水师，有张鸣岐的陆师②，总计算起来不下五六万人。革命军的人数不过两三百人，那里有今日这样多的军队呢？当时的武器不过是手枪、炸弹，那里有今日这样好的长枪、大炮呢？那样少的人数，只用手枪、炸弹，一经发动，便打进水师行台和总督衙门。后来因为约定的外援没有赶到，便完全失败，死了七十二人，葬在黄花冈。所以黄花冈所葬的七十二人就是那一天打死了的革命军，就是舍身成仁的烈士。所以黄花冈的七十二烈士，才不愧称为革命军。假若当时我们的革命军有三千人，或者敌人只有三千人，那一次革命便可以成功。但当时广州的清兵不只三千人，有了五六万人，我们的革命军又没有三千人，只有两三百人，众寡太相悬殊，所以结果归于失败。至于以战论战，当时城内之战可算是成功。那次革命党只有手枪、炸弹，便用一个人去打两百人，才是真正的革命军，所以我们今天要纪念他。

我现在所希望的，不能说是用一个人去打两百人的军队，总要希望革命党的部下有革命的精神，最小的程度要用一个人去打十个人。如果不能，便不能当革命军的名义。我在战场常常教兵士前进，官长总是说："前面的敌人有好几百呵！

---

① 水口镇，在古田县西南部。

② 李准，清广东水师提督；张鸣岐，清两广总督。

我们的队伍只有一二百人，怎么能够前进呢？"我就对他们说："你们拿一点奋斗的精神出来，教兵士开枪冲锋，把敌人打死他一些，他们就要寒胆。到了敌人寒胆，就是他们的人多，又有什么用呢？"官长又说："难道敌人没有枪吗？难道敌人的枪不打人吗？"因为他们都不是革命军，所以我就不责备。诸君今天知道了什么是叫做革命军之后，就要常思想，到底有没有这种道理，如果是有这种道理，便要用一个人去打十个人，你们就是被敌人打死了，也可以陪葬黄花冈，留名千古。如果不然，你们将来死了之后，不但是不能陪葬黄花冈，万古留名，就是现在活在世上，也没有人知道。

大家都是兵士，是有枪阶级，有枪的革命军用一个人至少可以打死十个敌人。有枪怎么可以打死人呢？诸君是军人，当然是知道的。要放枪可以打死人，便要命中；如果不能命中，便不能打死人。通常有了枪，上了子弹，便可以打死人，这是诸君知道的，可以不必多讲。但是在战场上，有了枪、上了子弹虽然可以打死人，还要放枪的人有很好的胆量。如果没有好胆量，便手颤脚乱，在平时虽然可以打死人，在战时便不能命中，不能打死人。所以当革命军的人，第一要有胆量。黄花冈七十二烈士，当起义的时候没有长枪，只有手枪、炸弹，专用手枪、炸弹便打进制台衙门，他们是靠什么呢？就是靠胆量，有勇气，有革命的精神，所以能用一个人去打两百个敌人，不是用一千人去打一千敌人。若是用一千人去打一千敌人，那是寻常军，不是非常的革命军。所以当革命军的第一要有胆量，有了胆量才可以打死人。胆量是从什么地方来的呢？为什么原因便有胆量呢？胆量是从革命精神来的。革命精神是为什么原因发生的呢？明白了革命道理才有革命精神，革命精神是由于革命道理发生的。什么是革命的道理呢？三民主义和五权宪法就是革命的道理。你们的官长都是革命党，平常把三民主义和五权宪法的话大概对你们讲得很多，诸君大概也很明白那些道理。我今天再把三民主义的道理来同大家讲一讲。

三民主义是什么呢？就是民族主义、民权主义和民生主义。这种三民主义是什么用法呢？民族主义是用来对外国人打不平的。从前中国人做满洲人的奴隶，满清压迫中国有了两百多年，那是很不平的。因为那种不平，所以本族便打异族，本族去打异族便要提倡民族主义，要四万万人结成一个大民族团体。十三年前的排满成功，就是一部分的民族主义成功。满清推翻之后，还要受外国人的压迫，因为满人从前把我们的权利都送到外国人手内，立了许多不平等的条约，至今还没有修改。这好像是主人没有钱用，借别人的钱，便把他的奴隶转押到别人，写过了双重的身契一样。所以现在脱离了满人的奴隶，还要做外国人的奴隶。从前在满清的时候是做二重的奴隶，现在脱离了满清，还要做一重的奴隶。我们现在要废除不平等的条约，好比是要收回卖身的契约一样，是要中国同外国成一个平等的地位。如果那些条约不废去，中外便不平等，我们无论有什么话都不能讲。诸君是在广东，知道广东的海关税我们不能收用。为什么中国人不能收自己的关税呢？因为有外国人管理。譬如诸君坐船到香港，在广州上船，就有外国人查关。如果到日本，无论在日本的什么地方上岸，查关的都是日本人。为什么中国要用外国人查关呢？就是因为外国人占了我们海关。外国人占住中国海关，便是一件不平的事。这件不平的事是诸君已见已知的，尚有许多不平的事，诸君还没有看见，还不知道。我们要除去一切不平的事，脱离做外国人奴隶的地位，所以还要提倡民族主义。

民权主义是什么用法呢？是用来对本国人打不平的。我们中国几千年以来总是一个专制国家，只有皇帝一个是主人，人民都是奴隶，人民是皇帝一个人的私产。所以古人说："普天之下，莫非王土；率土之滨，莫非王臣。"人民为什么对于皇帝要称臣呢？大家都是人，做皇帝的不过是一个管公事的人，为什么单独他一个人要做主人呢？国家是人人都有份的，好像一个大公司，人民便是股东。中华民国是四万万人的大公司，大家都是股东，你我也是股东，那才是真民国。专制帝国是东家生意，共和民国是公司生意，从前的专制在辛亥年已经推倒了，从那个时候以后人人都是股东，国家有了利益，大家可以共享。要成为这样的真民国便要有民权，有了民权才能够把国家变成大公司，让大家都可以说话。所以说民权主义是对内打不平的。

民生主义是什么用法呢？是用来对大富人打不平的。一国之内若是有了大富人，国家大事就被他们垄断。穷人没有饭吃，没有衣穿，就不得不做富人的奴隶，这也是一种很不平等的事。要把全国的贫富都打到平等，便要应用民生主义。所以民生主义和民族主义、民权主义都是一样的道理，都是用来把不平等的事打到平等的。

诸君要知道怎么样应用三民主义，必要把三民主义的事实彻底明白，然后才能够完全实行。

譬如就民族主义讲，假若能够实行这种主义，便可以挽回许多利权。我们现在有种种的钱，每日都是在无形之中奉送到外国人，总算起来每年有十二万万，就是每月要奉送一万万。像这样大的损失，是在什么地方送去，我想大家必不知道。现在举一个例来对大家说明。像外国人到中国来总说是通商，通商是做什么事呢？就是把中国的土货运出去卖，把他们的洋货运进来卖。考查最近的海关报告，进口货超过出口货的数目每年有五万万，就是由于中外通商的关系，除了我们出口土货和他们进口洋货相抵以外，每年要多买洋货五万万。这就是我们中国每年要损失五万万，每年要把五万万钱奉送到外国。外国进口的是些什么洋货呢？大家都知道，我们从前穿土布，现在穿洋布。为什么现在要穿洋布呢？因为土布价贵，洋布价贱，大家爱便宜，所以穿洋布。洋布是那里来的呢？就是由外国进口的。因为大家都爱便宜，所以土布和洋布竞争，土布便失败。由于土布失败，中国乡下人便不织布。到了不织布，穷人那里有工做呢？由于不织布，全国就受不生利的害。爱穿洋布，就受利权外溢的害，由此便弄到中国现在民穷财尽。平心而论，既然是土布价贵，洋布价贱，我们当然不愿多花钱，不穿土布来穿洋布。若是全国的税关我们自己有权管理，那么还有办法，就是多收洋布的税，不收土布的税，便可以变成土布价贱、洋布价贵，大家自然不穿洋布来穿土布。大家都穿土布，那么穷人都可以有工做。但是现在的税关我们自己没有权管，都是归外国人管，他们所定的税率恰恰相反，土布要同洋布一样纳税，土布价贵，洋布价贱，他们的洋货便畅销于中国。中国由于畅销洋货，每年便有五万万的损失，其他各种通商的损失还有七万万。如果把这样大的损失完全挽回，四万万人平分，每人可以分得三元。但是现在不能挽回，四万万人公摊，每人便要担负三元。我们说四万万人，是把老幼大小都包括在内。一家之中可以谋生的，普通不过一两个人。一家的人数普通总有十多人，一个人要损失三元，十个人便要损失三十元。这三十元的损失，在一家之中普通都是由一两个人担负，所以中国人民每年所担负的损失〈是〉很重的。我们要免去这种负担，不送钱到外国人，并且要扩充我们的实业，多运土货到外国去卖，赚外国人的钱，就要应用民族主义。大家同心协力，提倡土货抵制洋货，这是关于民族主义的事实。

说到民权主义的事实，一个国家好像是一个大公司，在一个公司之内，要大家各司其事。各人所得的薪俸，总办或者有十万，股东或只一百，薪俸虽然有多少的不平等，但是地位必须要平等，不能说受十万的总办便要压迫受一百的股东，皇帝和人民都是要一样。到了民国实行民权，连皇帝也不要，人人都是主人，大家都是一样的可以管国事，这便是关于民权主义的事实。

说到民生主义的事实，最要紧的是均贫富。在一国之中，不可说富人总是坐在家内收利钱，每日游手好闲，穷人便劳动无度，每日总是做苦工。要大家都做事，大家才有饭吃，人人都可以优游度日，享人生的幸福。

所以说民族主义、民权主义和民生主义，这三民主义都是一贯的，一贯的道理便是在打不平。民族主义是对外打不平的，民权主义是对内打不平的，民生主义是对谁打不平的呢？是对富人打不平的。如果三民主义能够真实行，中国便是极公平的世界，大家便是很安乐的国民。但是现在民穷财尽，没有那一件事是公平的，所以大家便受非常的痛苦。我们要把这种痛苦世界超度到安乐世界，所以大家还要奋斗，去打不平。现在全国赞成三民主义的少，反对三民主义的多，我们要革命成功，把三民主义推行于全国，便要大家奋斗，全体变成革命军。

革命军打仗，不能用一个人只打一个人，必要用一个人去打十个人。一个人怎么能够打十个人呢？有胆量便能够打十个人。有胆量又有枪，更能够打十个人。诸君在通常打仗的时候，挑敢死队做先锋，就是用一个人去打十个人。但是像这样用一个人去打十个人，必要用多钱，悬大赏。军队打仗要多钱，便不能算是革命军。要有多钱才打仗，那便是为钱去拼命，不是为三民主义去奋斗。要大家为三民主义去奋斗，变成革命军，便是要大家为三民主义变成敢死队。为什么要大家为三民主义变成敢死队呢？因为为三民主义去奋斗，就是死了，也是成仁取义，所谓仁义之师。这种死法，是为主义而死，不是为金钱而死。像从前沈鸿英造反，打到瘦狗岭来，死了很多的兵士，但是那些兵士是为金钱而死的，至今谁去纪念他？如果是为主义而死的，像黄花冈的七十二烈士，就是千载之下都要来纪念。大家以后去拼命，用一个人去打十个人，必须为主义去牺牲，不要为金钱去牺牲，才叫做革命军。

中国革命至今有了十三年，这十三年之中革命党为国家去奋斗，为主义去牺牲，年年都是有的。但是旁观的人常常说："革命党不要性命，不要身家，这种牺牲的行为真是令人崇拜，令人敬仰！"同时又有很冷眼的批评说："为什么那些人不要性命身家去牺牲呢？如果为主义去牺牲，有什么利益呢？那些牺牲的人真是笨得很呢！"由于这种冷眼批评，便深入一般革命党的心理。革命党都受这种批评的毒，所以从前的真革命党现在都变成假革命党，就是有很好的革命党，现在也半信半疑，不能够完全是革命党。他们所以有这种变更的原因，就是因为主义去牺牲性命，究竟有什么利益呢？为什么那样笨，连性命都去牺牲呢？若是这种问题都没有想清楚，诸君今天听了话之后能不能发生效力呢，能不能变成革命军呢，本是一个大问题。如果把那几种问题看不清楚，就不发生效力。若是看得很清楚，像从前温生才在南洋做生意，有一次听了我讲话之后便不做生意，回到广州。当时驻防广州的清兵，每年在瘦狗岭会操一次。温生才有一天在东门外，遇见满洲将军孚琦在瘦狗岭看操回来，他看见了孚琦的轿，便问是谁，旁人说是满洲将军孚琦，他便拦住孚琦的轿，用手枪把孚琦打死。温生才因为要排满，杀了满人孚琦，目的已经达到，便非常的高兴。所以巡警把他拿到了之后，他还是大笑，并说："我的本事只能够拼一个满人，现在达到了目的，万事都已完结，你们要怎么样便怎么样！"从此以后，许多满人都不敢到广东来做将军。等到最后，只有凤山说："我不怕革命党，我到广东去，一定要把他们消灭。"在凤山没有到广东之先，革命党便知道他要到广东来，预备对付他。所以凤山一到，革命党便用炸弹把他炸死。从此以后，满人便不敢再到广东来做将军。推究那个原因，还是由于温生才听了我一次的讲话，明白革命的道理。诸君今天听了讲话之后，如果人人能成温生才，当日温生才一人可以打死敌人的一个将军，诸君一人便可以打死敌人的一个总司令。若是诸君人人都是视死如归，和敌人去拼命，便是无敌于天下，我们的革命军便有胜无败。

从前的革命成功，是由于我在南洋演说，发生了温生才的效力；现在的革命能不能成功，便要问诸君今天听了我的演说之后，能不能发生效力。要问诸君能不能发生效力，更要问诸君，关于革命成功和自己有什么利益。如果大家能够答覆这个问题，我们现在的革命便能够成功。若是大家都明白这个问题，变成用一个人打十个人的革命军，你们东路讨贼军现在有一万人，便可以打十万敌人。现在霸占中国的有多少敌人呢？此刻反对民国的只有曹琨〔锟〕、吴佩孚，他们的亲部下不过两三万人，其余都是势利结合的，譬如在广东就利用陈炯明，在广西就利用陆荣廷。敌人不过两三万，要消灭他不必要东路军的全部，只要诸君的这两三千人。把他们那些反对民国的敌人消灭了，中国便可以太平，子子孙孙便可以享幸福。在诸君看起来或者以为这是后来的事，和自己有什么利益呢？本来世界上的事都是利益的问题，有利益的事才人人愿做，没有利益自然不情愿做。我们今天做革命党和一个人有什么好处，本来是一个难明白的问题，但是不能以为难明白便不讲清楚，因为不讲清楚便不能做革命军。

诸君现在当兵士，有什么希望呢？普通当兵士的人都是想升官发财。如果另外有方法可以发财，连官也不情愿做。所以大多数本是想升官发财，若是把升官、发财两件事更比较起来，尤其以发财为最要紧。假若有人发了财，就是升他的官，他也不愿去做。他以为做发财的人，便很享福。因为这个原因，许多做官的人还要去逢迎发财的人。因为发财的人有这样好，所以来当兵士的人想发财，去杀人放火的也想发财，拦路劫抢的人想发财，做官刮地皮的也想发财，到南洋做"猪仔"的想发财，往外国做生意的也想发财。就是在今天半夜，要人挑一百斤重的东西上到白云山顶，就是每人给一万元，一定有很多的人去挑。就令气力不足的人，挑到半山之中至于死却了，也是甘心情愿的。像这样讲，就是世界上的人许多都是望发财。再说到现在打仗的人，都是望打到一块地方，可以抢很多的金银财宝，也无非是望发财。

我今天和诸君讲话，要诸君革命。如果诸君问我："革命有什么益处呢？"我便要反问诸君："发财有什么益处呢？"我想诸君一定可以答复我的。我也可以答复诸君，就是革命成功胜过一千万元的财。一千万元的财是很难得到的，革命成功便好过于发千万元的财。诸君想发一千万元的财，不过是图安乐，想好衣食，想传到子孙。若是革命没有成功，国家便要亡，到国家亡了之后，像缅甸、安南、高丽的亡国奴，那一个能够保存他们的钱财，去图安乐、谋好衣食、传到后代子孙呢？如果革命成功，国家自然强盛，外国的经济压迫自然无从侵入，本国生出来的财富又好好的分配，那么凡是中国的人民都得安乐，有好衣食，可以永传子孙，这岂不是革命成功还要好过发一千万元的财吗？

诸君现在没有千万元的财，以为发了这样大的财便有大益处。但是真正有没有益处，必到发了这样大的财之后才可以知道。诸君现在没有钱，不知道有钱的人究竟怎么样。在没有钱的时候，想到有了钱之后便是无忧无虑。因为没有到过这个地步，所以便起这种玄想。我今把一位富人的思想对诸君讲一讲。

我在二十年前，有一次自香港到新加坡，在船上遇到一位财主，闻得他当时已有千余万家产，后来竟达到七八千万。在二十年前，海船是很慢的，要走十多天，自香港才可以到新加坡。那次坐在头等舱内的只有我和他两个人，船上没有别的路走，每日两个人总是坐在一处。开船两三天之后，殊觉无聊，每日早晚只有和他在一处谈天。初见面时，一问便知他是一位南洋的大富翁，闻当时他的家当已经有了一千多万，以为他能够发这样大的财，一定是很有本领、很有见识的人，所以也乐得和他细谈，想由他探听得多少南洋华侨状况，为革命宣传之预备。殊不知他除了发财之外，一无所知。每天同我所谈的话，都是诉他个人的苦，以为他是假装成这样的。后来过细探问，才知道他真是受一种人生的忧愁痛苦，不是装成的。我从种种方面为他指导解释，他总不能够开怀，变成乐观，弄得我无聊上再加无聊，实在讨厌不堪。后来特地避开他，走到大舱内，去看看那些大舱客人是如何度日。那次坐的船是一只"猪仔"船，是运"猪仔客"往南洋去做工的。我当时因为取他的船费便宜，才去搭那只船，别的客商都不愿意坐这种船。这位南洋富翁想也是和我的心理一样，因为贪便宜才去搭那只船。同船的"猪仔客"约有一千多人。我未到大舱之先，以为那些"猪仔客"卖身去做苦工，其愁苦必比富翁尤甚。不知我一到大舱之内，便看见那些"猪仔客"有唱戏的，有拉胡琴、弹三弦的，有打纸牌的，有说笑话的，熙熙融融，其乐无极，较之富翁之感想真有天壤之别。我经过此番景象之后，便回来对那位富翁说："你看那些'猪仔客'是何等快乐呢！他们一点家产都没有，反为不忧不虑，人生真要学得他们那样随遇而安，乐天过日才好，何必自生许多烦恼，徒然自苦呢？"那位富翁就答应说："唉！你真有所不知，我从前到南洋也是一个'猪仔客'呀，当时我也是同他们这一样的快乐呀。后来辛辛苦苦，一生劳碌，才有今日。现在满堂儿孙，个个都是靠我这个家当来吃饭。我看到我的大儿子已经跟人学坏了，在外狂嫖乱赌，听到说已经负债一百几十万，他所应得的家当已经花完了。现在第二个儿子不过是初成年，已经被大儿子教坏了，又跟他一样。其余未成年的儿孙将来长大，我想都要学成一样，这真是无法可设！像这样想来，你叫我愁苦不愁苦呢？我一生艰难辛苦，积铢累寸，节衣缩食，像这次我搭船到南洋，我的香港办事人员要同我买公司船票，我都不允许，还要他买这只'猪仔'船的船票。我是这样悭吝，他们便是那样浪费，一场牌九就可以输去一万多元。过细想起来，我一死之后不要几年，他们必定把我的家当完全花散了！由这样想起来，你说我应该愁苦不应该愁苦呢？"照这段故事看，便可知发了大财反是更加愁苦。这是什么缘故呢？就是因为世界不好，我们的环境不好，我们的国家不好。我们要改造这些不好的环境，就先要把我们的国家〈改〉造好。国家改造好了，大家才可以得安乐，我们的子子孙孙才可以长享幸福。如果不然，就是发了大财，像那位南洋富翁也是空的。

诸君有许多是广东人，都知道广东从前有十三行。现在西关有一条街叫做十三行，就是从前做洋商住的。在十三行中发财过一千万的，有潘、卢、伍、叶四大家。潘、卢、伍、叶四姓的人在当日发财的时候，宫室宏大，各家都有花园，子孙骄奢淫逸，安富尊荣。潘、卢、伍、叶的家产到现在是怎么样呢？他们的财产，不过几十年便化为乌有。用这一段故事讲，就是说发了几千万财，传到子孙还是靠不住的。照头一段故事讲，南洋发大财的人，我们以为他是很安乐，但是心理上还不及坐大舱的"猪仔"那么样快乐。因为发财的人总是忧虑多，觉得自己的日子虽然可以过去，子子孙孙还是过不去。诸君将来发了财，一定也是像他们那一样。

说到我们的革命，对外要用民族主义，挽回每年十二万万的损失；对内要用民权主义，把国家变成大公司，在这个公司内的人都可以分红利。民生主义就是用国家的大力量去开矿，好像南洋矿商把各种矿产开出来之后，大家都可以发财一样。此外还有开辟交通，振兴工业，发展商业，提倡农业，把中华民国变成一个黄金世界。达到这个目的之后，大家便可以享人生的真幸福，子子孙孙便不怕穷。从前南洋的富人，他的家产不到两代便化为乌有；广东十三行的潘、卢、伍、叶四家，子孙不到三代便有做教〔叫〕花子的。我们的革命成功，把中国变成黄金世界，不但是一个人的子孙可以享幸福，就是众人的子子孙孙都是永远的享幸福。像用这样两种情形比较起来，诸君想想，是发财好呀，是革命成功好呢？依我看起来，革命成功是好得多。说到此地，如果诸君问我，革命成功有没有利呢？我便要说，革命成功有大利，比较发财的利益要大得多。大家明白这个道理，便应该做敢死队，去拼死命。从前温生才明白这个道理，所以能够打死孚琦；诸君现在明白这个道理，便能够推翻曹琨〔锟〕、吴佩孚。推翻了曹琨〔锟〕、吴佩孚，中华民国便是四万万人的大公司，我们都是这个公司的股东，比较发了千万元的财还要好得多。从前到南洋做"猪仔"的，有多少人发过了一千万元的财呢？大概在一万人之中，难得出一个人。诸君现在此地听话的人有多少呢？要发一千万元的财是不是难呢？这是很难的。此刻广东有这些军队，要革命成功是不是容易呢？这是很容易的。所以我今天来和大家讲话，劝诸君不要做难事去想发财，要做容易的事，把想发财的力量拿来革命，革命成功便是为自己造幸福。

你们的长官都是革命党，从前或者也听过了这种讲话。这次在东江打仗虽然一时失败，但是从此以后大家都变成革命军，去做敢死队，同心协力推翻曹琨〔锟〕、吴佩孚，我们的革命便永远成功，中国便可以造成黄金世界，诸君的子子孙孙在这个世界之内便永远可以享幸福。

据黄昌谷记：《大元帅对东路讨贼军演说词》，铅印本①

---

①　此系在广州印行的初刊本，当于演说后不久在一九二四年内出版。另见广州《中国国民党周刊》第十五期（一九二四年四月六日印行）所载《大元帅对东路讨贼军演说词》，内容与底本相同，但错漏字较多。

附载：东方问题与世界问题

戴季陶在上海大学的演说①

（一九二四年三月十四日）

今天蒙校长于先生②的招待，得着一个机会和诸君见面，这是我所最欢喜的事情。所讲题目，定了"东方问题与世界问题"。这个题目是很广泛的，如果要细细的阐明这个问题，至少我们要把十七世纪以来的世界历史做一个总结算，不但是两点钟的随意讲演做不到，便再加十倍的时间也不容易完全说明的。所以今天的讲演范围是缩短到极小限度，单就最近三四十年间，由欧洲国际关系就是由欧洲列强帝国主义的竞争所显露出来的东方问题，大略替诸君讲讲。因为在旅行中没有带参考书籍，而且事前也没准备，所以关于人名、地名、年月等等都不能详细，这一点自己非常抱歉。不过我讲这一个题目的意思，目的只是在促起诸君研究东方问题的兴味，不是在述说个别的历史事实，倘若诸君能因此得着多少兴趣，我也就很满足了。（关于这一个问题的参考，我所知的有下列几篇文字：一、民国三年《民国》月刊第三四期所载拙作《依兰高原之危局》；二、朱执信著《中国存亡问题》；三、徐朗西著《对德参战与中国之国是》。二、三两种都是民国六年发行的单行本，并有日文译本。）

"东方问题"这一个名词是欧洲人用出来的，而且〈是〉欧洲几个强国的人用出来的。从巴耳干半岛起一直到渤海湾头，都是欧洲列强所谓东方问题的对象；不用说，关于中国的问题也是这东方问题当中的一大部分了。他们一般的又用

----

① 戴季陶时任中国国民党中央执行委员会常务委员兼宣传部部长、黄埔军校政治部主任。他在一九二五年四月所记孙文《著述要目》中主张朱执信著《中国存亡问题》应收入孙文全集，同时又说："予所著《东方问题与世界问题》完全为中山先生之意见，可作参考材料也。"据此予以附载。文前列出演说内容提要，照录如下：（一）东方问题之意义及名词之由来；（二）本讲演之范围及论点；（三）英国的传统政策；（四）俄国的求热海水政策及大斯拉夫主义之活动；（五）英俄两国在亚洲之冲突；（六）日英同盟之意义；（七）从日俄战争到英俄协约；（八）世界大战前后；（九）俄国革命之世界的意义；（十）土耳基革命与东方问题之前途。

② 于右任。

"近东"、"中东"、"远东"三个概括的名词,把所谓"东方"分为三段。近东问题,就是指巴耳干半岛和土耳基①;中东,是指波斯、阿富汗、俾路支等;远东问题,为主的就是指中国和日本。所以"东方"这一个名词并不是地理学上的名词,并不是有一定的地理上的界线,仅仅是欧洲各强国的政治家、工商业者、军人在政略上、商略上、军略上所惯用的"方标"。我们听见这一个名词就引起许多历史的恶感来,因为东〈方〉问题的内容,都是东方民族种种失败、屈辱、痛苦的惨史充满了的。欧洲人脑子里的东方问题是什么呢?我们如果细细的审查起来就可以晓得,如何扩充欧洲人在东方的势力,如何吸收东方人所生产的原料品,如何扩张欧洲工业制造品在东方的销路,如何覆灭东方各民族的国家,如何侵略东方的土地,如何以基督教的势力消灭东方一切宗教的势力②,这些问题就是他们研究东方问题的子目,就是他们东方政策的意义,除此之外更无所谓东方问题了。

　　欧洲列强既然是这样猛力的向东方发展势力,他们何以尚不能够完全把东方收在欧洲列强"平和的专制"的下面,依然留着若干不完不全的东方民族国家生存在世界上呢?比如就中国说,中国政治的腐败、文化的衰微、经济的幼稚、人民风习的颓败都是达到极点了的,如果就政治、经济、文化以及个人的智力、体力种种来比较,欧洲任何列强之一的实力已经尽可以覆灭中国,把中国作为第二印度了,何以到现在依然容认〔忍〕中国保存一个半殖民地的状态呢?又如波斯,事实上已经完全入了欧洲强国的势力圈内,何以依然保持着地图上的颜色,还没变成安南、缅甸呢?这也就是欧洲有"列强"的原故,倘若是"一强",东方早已不成问题,或者我们今天早已不能在上海大学讲东方问题了。所以"东方问题"这一个名词,是由欧洲列强帝国主义的竞争上面生出来的。几个欧洲的强国各自抱持着一个统一世界——以军事的经济的威力支配全世界——的野心,拼命向外发展,而发展的方向都是向着东方。物理学上的原则,同一个时间在同一个空间里面不能有两个物质的存在,现在欧洲列强在同一个时间里面,都一致对

---

① 土耳基(Turkey),今译土耳其。

② 以上自"如何以"起二十字,据《党国要人戴季陶最近言论集》(上海,大东书局一九二八年出版)所收《东方问题与世界问题》演说词增补。

着东方发展，当然是互不相容的。所以"东方问题"这一个名词里面又是包含着欧洲列强争霸的问题，换言之，就是欧洲列强东方政策的冲突。

因此之故，所以我今天所要讲的东方问题，并不是叙述东方各民族各国家的政治、军事、经济、文学、美术、宗教种种历史现象，是仅就欧洲列强在东方角逐的事实上着眼，观察国际问题的变迁和趋势，由此点显明东方问题在全世界问题里面的意义，看我们自己的国家、自己的民族乃至我们个人自身，在今天这个国际竞争的舞台上面占的是什么地位，负的是什么责任。这一个问题的范围既如此之大，国际的关系异常复杂，历史因缘极其深远，我们用什么方法，从哪一点着眼，方才能够在很短少的时间里面说明这一个论题的要领呢？我想第一先述英、俄两国在东方争霸的历史，将这一个事实作骨干，显明东方问题的意义；第二叙述日英同盟为东方形势变迁重要关键的理由；第三叙述德国东方政策之猛进与世界大战发生的关系；第四叙述俄国革命和土耳基革命及于世界前途的影响。我所以如此处理这一个问题的缘故，因为英国是今天世界争霸战上第一个劲卒，是国际舞台上第一个主角，而俄国是自西至东的一个最大的大陆国，在东方问题上面占最重要的地位，只要了解了这两个国家过去的政策和他们两国竞争的历史，不但是东方问题的意义我们了解了大半，连今天一切世界问题的意义我们也都明白不少了。

英国是欧洲大陆旁边的一个岛国，近数百年来，靠着海盗和商人两种势力之世界的发展，加上工业革命以来机械的力量，好像巴克特利亚①一样，在全世界发展开来。他的领土遍于全世界，真是太阳照得到的地方，就是英国国旗所树立的地方。欧洲、亚洲、非洲、澳洲、美洲这几个大陆以及大洋洲里岛屿，差不多都在"大英帝国主义"这一个怪物的笼照〔罩〕里。伦敦的银行是世界金融的中心，伦敦报纸的言论是左右世界舆论的指导者，伦敦的政府一举一动都关系着全世界的治乱兴衰，这一个大帝国的威风真是洋洋大观，空前绝后了。这一个世界

---

① 巴克特利亚（Graeco-Bactrian kingdom），中亚古国，亦译希腊—巴克特利亚王国，中国史籍称大夏，位于阿姆河与锡尔河上游之间到兴都库什山麓地区。公元前三世纪末二世纪初国势强盛，领土扩张到北方的粟特（Sogdiana）和今土库曼斯坦地区，南至今伊朗东部、阿富汗和印度西北。

的强国，帝国主义的代表，他所持的国际政治主义是什么呢？我们研究英国的政治史，看到十九世纪一期当中英国学者、政治家所自负而各国学者及政治家也都承认他的"百年政策"是什么呢？我们就他的要领分别察观〔观察〕，便有下列几点：

一、海洋主义　英国是海国，他的武力是以海军为主力，他的一切国家的民族的发展都是在海上，所以英国的政治家、商人、军人都标榜着海洋主义。这海洋主义便是大英帝国主义重要内容之一。但是他们并不是靠海洋来生活的，并不是要在茫茫大海的水中央去建设大英帝国的。他们的海洋主义，就是用威力绝伦的战舰，保护着大而且速的商船，载着英国的货物和人，向全世界的一切大陆和岛屿发展开来。所以他们的海洋主义，明明白白地解释起来，就是由海洋侵略大陆的主义。全世界的陆地是他的目的，全世界的海洋是他的手段。现在全世界的发展地最有希望的，换言之就是人口和财货最多的地方，而且英国的势力尚不能完全占领做到像澳洲一样的，就是亚洲大陆。英国原料采集和制造品的贩卖也是要靠着亚洲大陆，英国最重要的殖民地也是在亚洲大陆，所以亚洲大陆成为英国海洋主义的唯一重要目的地。从地中海经红海过印度洋、马拉甲海峡直到渤海湾头，这一带的港湾都是他们发挥海洋主义本领的所在，这些港湾背面的腹地都是他们海洋主义的目的所在。"印度是大英帝国现在的生命"这一句话，是英国一切政治家、军人、商人所虔诚信奉的；"兼印度皇帝"这一个头衔，是大英帝国的名实的出处。所以离了东方，便看不见大英帝国；离了东方，英国的前途也就失去了目的了。

二、孤立主义　这也是英国从前一般政治家所标榜的，"荣誉的孤立"这一个熟语成为十八九世纪英国外交史上一个重要的原则。就是对于国际问题，英国始终独立不羁，不和任何国家结同盟的条约。他这"荣誉的孤立"是龙行虎步，不是踽踽独行；是对于一切国际问题，自由为适宜的处分，不是离开了国际的舞台；是表示英国人在世界的最高地位，同时也是表示英国人外交手段的敏捷，随时可东，随时可西。可是他这"荣誉的孤立"到了东方问题发生最重要的事件的时候，到了英国在东方的地位有摇动的时候，他就不惜弃之如敝屣了。他不单是能和他国缔结同盟，他并且能和他们向来认为应受欧人支配的东方国家同盟，这就是一千九百零二年二月十一日①的《日英同盟条约》了。我们如果了解英国历史的政策的意义，我们就可以想到倘若没有重大的死活关系，英国这传统的孤立主义是决不会抛弃的。月晕而风，础润而雨，二十世纪开篇的这一件大事，不单是告诉我们说"东方的情势变了"，并且是告诉我们说"世界的大势变了"！

三、平和主义　大英帝国主义的内容有一个最要的意义，就是平和主义。他这个主义，和他的"荣誉的孤立"是不能相离的。他是以保持欧洲平和为己任，他以为保持欧洲的平和就是保持世界的平和。他保持欧洲平和的方案如何呢？就是保持欧洲大陆的均衡，不让欧洲大陆生出绝对优胜的强国。因为欧洲如果有了绝对优势的强国，以支配全欧的势力，作世界的发展，英国的海洋主义就保不住了。所以英国对于欧洲大陆唯一的政策，就是用他缜密的计算和操纵市价的本领，随时监视着全欧洲。任何一国倘若要强盛起来，占欧洲的支配地位，英国便联了其他第二、第三、第四等的国来攻击他，并不要打灭了这个强国，只要挫灭了他争霸欧洲的势力，能够保持欧洲的均衡，英国的目的就算达了。当法国最强的时候，英国便联了欧洲许多国家把拿破仑打了下去。当俄国野心勃勃，想要统一巴尔干、吞灭土耳基的志趣正一步高一步的时候，他便联和了欧洲各国帮助土耳基，把俄国的威风挫了下去。最近对于德国也是如此。这一种"扶弱压强"的精神，真是大英帝国主义最特殊的色彩，因为只有这样，方才能够持保〔保持〕欧洲的平和，并且才能够使英国平和统一世界的目的达到。要不然，在东方市场上说不定有强敌发现。比如从前英国硬用鸦片烟输入到中国来的时候，倘若同时在中国市场上，有和英国势力相等或者超过英国势力的强国，英国的鸦片烟也许是卖不出的。平和之神啊！大英〈帝〉国主义真是你的护法帝释天啊！

大英帝国的世界平和主义，第二要点就是标榜不侵占欧洲大陆的领土。英国对于欧洲虽是异常尽力，不使发生最优胜的强国来破坏欧洲的平和，到了必要的时候，并且不惜牺牲萨克逊人民的金钱和血来摧伏以强权扰乱欧洲大陆和平、危害世界公安的恶魔，却在他自己控制欧亚非大陆的必要上——也许就是保持欧洲均衡和世界平和的必要上——也须占领欧洲大陆中最小面积的土地，直布罗陀的

---

① 　日期有误，《日英同盟条约》于一九〇二年一月三十日在伦敦签订。下文同。

占据就是为此。因为没有这一块土地，英国便要失却控制对埃及和摩洛哥的根据。大人不矜细行，大善不避小恶，正是这个道理。除了直布罗陀这一点最小的土股〔地〕而外，不过仅仅在地中海里占据一个小小的马尔他岛。英国占领这个地方，也并不是贪马尔他岛这个小小的不毛之地有什么利益，不过是为欧亚连接的关系上，为控制苏彝士运河和波士复拉斯海峡①，维持地中海上的安全，非有这一个海军根据地不可。"无所为而为者，天下之至拙也"，英国真是天下至慧的人呢！

就上列所述三个要点细细观察起来，大英帝国主义的内容尤其是英国东方政策的意义，我们已经可以很明白了。肚里面吞了印度，筷子上夹着土耳基和波斯，眼睛里望着中国。从鞑靼海峡②起，而波斯湾，而印度，而马拉甲海峡，而香港、上海，直到渤海湾头，都是大英帝国主义所支配的区域，都是他的海洋主义的目的地。标榜"荣誉的孤立"与抛弃"荣誉的孤立"，都是为此。苦苦辛辛的保持欧洲的均衡和世界平和，也只是为此。英国的世界政策、东方政策大概可以明白，我们再换一方面观察帝国时代的俄国，究竟是怎样一个政策。

俄国的近代的世界政策，就是俄罗斯帝国主义的目的在什么地方呢？我们可以看到他有两个要点，一个是"泛斯拉夫主义"，一个是"求热海水的政策"。泛斯拉夫主义的运动，实际上就是巴耳干半岛的争霸战。近数十年来，近东的问题一天比一天紧张，东方问题的意义为主的是在远东问题，却是一切冲突总是由近东问题开始。中东方面固然关系比较小，而最要紧的远东问题，在世界问题上面此时反被近东喧嚣的声浪压着。好像近东问题在世界问题上的价值要大过远东问题，其实并不如此。不过在地理的位置上，巴耳干为欧亚两大陆的枢纽，所以欧洲列强在东亚方面的争霸战才是从此开始接触罢了。泛斯拉夫主义在巴耳干半岛的飞跃，就一方面看，可以说是俄国帝国主义的先锋队。至于"求热的海水"这一个政策，却是俄国帝国主义的全意义所在。

近代全世界一切民族的活动，在世界交通经济组织上面，海洋的交通为经济

---

① 波士复拉斯海峡（Strait of Bosporus），今译博斯普鲁斯海峡，别称伊斯坦布尔海峡（Istanbul Bogazi），是连接黑海与地中海的唯一航道，并成为欧亚两洲分界线，属土耳其。

② 鞑靼海峡（Strait of Tartary，或 Tatar Strait），位于库页岛与西伯利亚大陆之间，北接鄂霍次克海，南通日本海，原属中国，俄国后于一八六〇年胁迫清政府订立中俄《北京条约》，将鞑靼海峡两岸据为己有。

体大动脉，没有海上交通的国家，在全世界经济的争霸场上总免不了落伍，同时就是在国际政治舞台上总占不着主角的地位。俄国是欧亚两大陆北部一个最大的大陆国家，他的南国境线是从黑海湾头直贯到沿海州，为世界最长的大陆国境线，但在这一条线上，处处都是被别的大陆国家把他海的交通完全阻隔了。北部虽有若干长的海岸线，但一则交通迂回，二则没有永久不冻的良港，三则不能适合他包围亚细亚洲的目的，所以积年希望总是努力图南，想在近东、中东、远东三个方面得着出海的通路。在近东，便用尽全力想得着支配鞑靼海峡的全权。在中东方面，就想冲过依兰高原，得着支配波斯湾的全权。在远东方面，就建造东清铁道，占领辽东半岛，支配着旅顺、大连，除了这三点而外还有两个希望，一个是想侵略阿富汗接近印度，一个是想经由新疆、青海插足西藏。这几个大的计画，近东方面，两次三番都被英国直接间接的阻止了，封住鞑靼海峡，使俄国不得出黑海一步。至于波斯方面，英国更是拼命的阻止，不让俄国的势力越过伊斯法汗①，侵入南波斯。因为俄国的势力倘若出到波斯湾，实行他由奔德阿巴斯②横断俾路支的铁道计画，印度的地位就时时刻刻感觉不安了。至于阿富汗，实是英国靠着做印度的唯一屏藩，避开英、俄两国接壤，倘若俄国果然占领了阿富汗，这个危险就比占领波斯、冲出波斯湾还要大了。西藏这个地方，在英国眼睛里看是有三重意义的：一是为印度东方的屏障；二是为侵入四川使印度在大陆上衔接中国腹地的要道；三是西藏本身为世界的大富源地，地广人稀，前程无限。有这三重意义，所以对于俄国侵入西藏更是害怕得了不得。至于俄国在满洲方面的飞跃和占领旅大、冲出中国海面的问题，这是英国鞭长莫及的失败。因此之故，俄国在中国的活动一日千里，英国的东方政策便觉生出强硬的抵抗，不能像当初强卖鸦片烟给中国和高压的输入基督福音给中国那样自由。一八九八年汇丰银行已成交的山海关牛庄铁道借款，竟被俄国强硬态度的抗议阻止了。

　　就以上所述几件大事看，我们就可以晓得，从鞑靼海峡起至中国满洲止，横

---

　　①　伊斯法汗（Esfahān），今译伊斯法罕，古波斯首都，现为伊朗伊斯法罕省首府。
　　②　奔德阿巴斯（Bandar 'Abbās），今译阿巴斯港，波斯湾重要港市，现为伊朗霍尔木兹甘省（Hormozgān Ostān）首府。

贯亚西亚①全洲，没有一处不是英、俄两国势力冲突的所在。俄国是大陆国，他的陆军兵力是很多而且强的，并且在地理上处处都占着优胜的地位。英国只靠着强大的海军力，最多只能够制止俄国不冲出鞑靼海峡、不掌握君士坦丁的实权，但是即此一件，已经不是英国独力所能胜任。苦列米亚战争之役，英国的胜利还是靠着他聪慧明敏的外交手腕，并且也是欧陆各国在巴耳干都有利害关系，方才能于费尽九牛二虎之力之后，得了一点英国维持欧亚和平的效果。至于波斯问题、阿富汗问题、西藏问题，这些都是英国自己本身的关系，和欧洲大陆诸国了不相关，要想和君士坦丁的问题一样，用鹅毛扇的力量、算盘账簿的神通得欧陆诸国的援助，是绝对不可能的。不但如此，大陆的局势，由威廉二世〈世〉界政策的活动渐渐紧张，由中欧政策而近东政策、而世界政策，渐渐的露出头角来了。关于东亚方面，俄、德、法三国协调的影子虽没有什么深厚的根底，从英国的地位上想，也有点不胜其忧的。在千难万苦当中来管华屋、谋良地的英国，这时候取什么办法呢？他真是贤明得很，他看到这是英国帝国主义的存亡关键，倘若不当机立断，不单前途的发展不易，连在东方的既得权都恐怕会被双头鹫衔了去。

　　他又再看到东方新兴的日本，国力渐渐充实，但是日本所取的政策不和英国一样，他不保持着本洲大陆同种国间平和的友谊，努力向他洲异国种〔种国〕间发展他的能力，却反而对于他洲异种的国家极力表示好意，对于本洲同种的国家努力行蚕食政策。英国是近交远攻，日本却是远交近攻。他又看出日本这远交近攻的大陆政策，和俄国的远东政策绝对没有调和的希望，一定迟早是要破裂的；即使他目前不破裂，倘若煽他两煽，或者再助他一点力，他的破裂也就容易了。英、俄间的困难问题，英国的力量是解决不了②的；英国在东方的势力，英国自己的能力是不能维持的。要打破这一个难关，只有用不发一矢、不出一兵的贤明政策。此意一决，于是便毅然决然抛弃了传统的"荣誉的孤立"。至于日本在这个时代，因为俄国之南下政策和他的北进政策已经冲突到了极度，并且他们认为日本应有私产的高丽已经受着压迫，这个时候日本的地位只有"战"和"抛弃北进政策"两种。"战"是日本能力所难有把握的，"抛弃北进政策"就是宣告日本

---

① 亚西亚（Asia），今译亚细亚，即亚洲。
② 此处原文作"不解决了"，今改"解决不了"。

帝国主义的死刑，也是日本人所不能忍的。刚刚碰着这同病相怜的英国，在那里高鸣求友，女爱势力，男爱金钱，于是日英同盟就在很快的时期当中成就了好事。一九零二年二月十一日，在天照皇大神和耶和华的证盟下面，公然对世界宣布了。

欧洲大陆旁边的岛国和亚洲大陆旁边的岛国，两面相隔数万里，却能够协同一致，是为什么？我们可以明白了，由这一个协同一致，便发生震动世界的日俄战争，一战再战，南下的俄国军竟被日本打破，东方回航的波罗的〈海〉舰队竟被日本歼灭。于是，日本的东洋主人翁的地位，便在英国保护的下面得了全世界的承认；满洲的日本特权，便在英国保护的下面树立起来；四千年受中国文化熏陶、政治保障的朝鲜，便在英国的保护下面平平和和地并归日本。好荣耀的大日本帝国主义啊！原来也不过是英帝国主义的出张所。

俄国败了，双头鹫的一头被大英帝国主义的飞刀斩断了。不烦一兵，未发一矢，英国诚惶诚恐不知所措的大问题，心安理得的解决了大半。此刻所要进行的，便只是在形式上求俄国承认英国的地位，服从英国的提案，这是一件事。在另一方面呢，英国虽然少了俄国在东方的敌对，却是德、奥的中欧政策和东方政策又一日千里的发展起来。在海上呢，德国的海军力突然增加，到一九零五年便已经达到世界第二位的程度；在陆上呢，冲过君士但丁，从英、俄两国竞争线的中央剖开一条大路，直向中央亚细亚前进。世界的大势又有急转直下的情况了。在这一点英国是怕的，但是俄国也是怕的。英、俄冲突既由日俄战争除去了一方的威力，而英、俄的接近倒反由日俄战争造出一条活路。从远东的战争向世界的战争，从东方的问题向世界的问题，这一幕伤心惨目的近代惨剧由此开场，全世界革命的新机运也就从此造就了。

在这一个意义上，我们且看一看一九零七年的《英俄协约》，我拟了一个滑稽的英、俄对话，描写英、俄两国帝国主义的心理。

大英帝国主义说："好朋友呵，你这一回很委屈了！我并不是因为欢喜和那东方的日本要好，我也并不是忘记了我们是一家子历代的老姻亲，不过我是没有法子，我印度那一块田的收成是我养家活口的根本，中国地方那几爿店更是我撑持场面的东西，你倘若真看相了他，那我的家计和子孙的基业都没有了。我并没帮着日本打你，不过是不反对他打你罢了。现在你太受苦了，你要晓得倘若不和我作对，这一顿打是不会挨的。不要紧，吃亏是福，以后上帝还是会补报你的。现在德、奥那两家子，他们想乘我们两家子斗气，来占领我们两家子的利益，倘若被他冲了出来，那么我们两家都不好了。我们还是把从前的怨仇抛弃了，合起力量来抵抗强盗罢！"

俄罗斯帝国主义说："英格兰君呵，我自己错了，我太性急了点，因此受了一场大大的惩创。你的好意，我已经由现在满身的痛楚领略到了。以后呢，你再不会怕我了，我种自己的田尚且人手不够，决不能再去谋你的田，我的本钱现在还不够运用自己的店，决不会和你做同行竞争。至于那个新强盗呢，我也是很怕的，他若是在我旧伤还没好的时候冲了出来，你固然不了，我也不能安心的。好罢，我们还是做朋友，只希望以后我要是到你家里去，你再不要嗾恶狗咬我。一八五三年我吃了你一回大亏，前年又吃了一回大亏，我是咬怕了的啊！"

这两个对话虽不能够很巧妙，但是这两个帝国主义的心理，我们总可以看出若干了。这一九零七年的《英俄协约》内容是什么呢？大概可以分为下列数点：

一、关于波斯的问题，把波斯拦腰截为三断，北段归俄国的势力范围，南段归英国的势力范围，中段作为英、俄两国的缓冲地带；

二、关于阿富汗，俄国承认英国在阿富汗的特殊地位；

三、关于西藏问题，两国都声明不侵略西藏，但是事实上就是俄国承认英国在西藏的地位，抛弃经营西藏的企图。

大家想想，奇妙不奇妙？俄国和日本①在远东打了一仗，战争的结果，一面是断送了一个高丽，一面却又断送了一个波斯。这样一来，远东的问题和中东的问题都告一段落了，东方问题的意义便完成转化为世界的问题，全世界的外交、军事的舞台上面便积极的准备起来了。英、俄的协约，英、法的协约，《日英同盟协约》的改订，一桩一桩的大事件都在这一两年的当中发展开来。"三国同盟"的意大利，又由意、法的协约变成不雌不雄的中性。一方面，大斯拉夫主义更在巴耳干各小邦的当中到处活动。全世界的外交舞台，便以英国为中心组织成一个大的游星系，层层叠叠，把德、奥两国的中欧帝国主义围困起来。英国的海军政

①　此处原文作"日本和俄国"，今改"俄国和日本"。

策离开了"两国标准主义"，取"一国标准主义"，用尽全力，明明白白地向德国压迫起来。山雨欲来风满楼，全世界的大战不几年便免不了爆发了。这就是"东方问题与世界问题"到世界大战为止的总结算。

诸君，大战的历史是很新的，诸君和我都生逢盛世，亲自看见他们的恶战苦斗。并且我们中国人也很不弱，外有许多为世界和平、东方自由而奋斗的外交家如王儒堂先生①等，双肩挑起平和、自由、正义、人道，在国际上替中国人发言，并且也替拥护平和、自由、正义、人道的大英帝国、大日本帝国尽了不少友谊的帮助；内里面也有许多爱国的军人努力作参战的工夫，自己国里没有钱，还会向外国订参战的借款。我们做百姓的，真是幸运得了不得了！再看一看欧洲战场上面，打着协约国的旗子、拼命和和平的魔鬼决斗的勇士里面，白面孔的不必说，有黄面孔的、有黑面孔的、有灰色面孔的，色色俱备，单就这一点已经看出"公道自在人心"，为世界正义、人道、和平、自由的国到底有不少的帮手。在那些不明事理、不识顺逆的印度人们，他们想趁着英国精神不继的时候揭叛英的旗帜，这还多亏得东方先觉的帝国主义的日本，在印度方面、在海峡殖民地方面用海军陆战队的势力两次三番的制服了下去，然后日英同盟的责任方才完全表现出来，然后日英同盟所保护的东方和平方才实现，这也是东方的大荣誉呢！至于因为指导中国参战的功劳，要求中国和他订一个合作的"二十一条"条款，那又更是应该的。咳，苦啊！

十九世纪后半直到二十世纪初叶的东方问题，就是如此展开的。所以我们要研究东方问题，便要晓得东方问题就是世界问题的缩影。今天这个世界，由机器工业和交通机关的发达，时间和空间都缩小了。更精密一点说，就是在同一时间同一空间里面，同一个体所摄取利用的耶奈尔基的量，比从前加了若干倍。川边打箭炉以西的土人，他们只晓得赶牦牛，不晓得他们所生息的山地以外还有世界，却是他们事实上已经和伦敦、巴黎发生关系了，伦敦、巴黎的人所用的革品也许有他们所供给的牛皮。从前所没有发现的陆地，现在已经成了繁盛的文明市场；从前须费几十天才能走得到的地方，现在不过是费几天的行程；从前几百人才能

---

①　王正廷，字儒堂，中国出席一九一九年巴黎和会全权代表之一（由广东军政府委派）。

做的工作，现在只要费几个人的力量。在这样一个世界里面，所以会生出继续五年、死亡四百万（这是说战场上死的，连间接的死亡合算是在二十万以上）的大战争。这个战争，是把从前历史上遗留下来的问题做一个总结算，使后世研究历史的人，把世界的历史分为战前、战后的两个部分。

由这一次大战，在东方生出来的新局面——也是全世界的新局面——是什么呢？这一点是我们所当留意的。关于这一个问题，至少须分为两次的讲演，现在我只把两个大题目写在下面，并简单说明他的关系。

一、俄国的革命　俄国的革命是近代工业革命后所生出的一个头胎儿子，也是世界交通经济里面产生出来的一个必然的果实，到了全世界大战争的时候，瓜熟蒂落，便生了下来的。所以俄国革命包含着两个意义：一个意义是俄国自己国内政治组织和社会的改革；一个是对全世界政治组织、社会组织改革机运的最大的刺激，尤其对于东方各国刺激性是最大的。

因为近一百多年来，全世界的经济组织都在资本家生产制和自由竞争原则的下面发展开来，一切社会组织、政治组织以至一切法律和习惯，都适应着资本家生产制和自由竞争原则渐渐改变，国家的目的也就当然移转到这个方向了。我们看战前的东方问题，就可以晓得其中的关系。所谓"帝国主义"这一个怪物，本不外是由特种制度的适应而发生的国家目的，如果要根本的消灭这种国家目的，除非〔非除〕去为经济组织基本的资本家生产制度和自由竞争原则不可。但是一切国家和个人的经济生活，在今天这一个世界交通、经济下面都是有连带关系的，就和我刚才所举的那一个例一样。在巴塘、里塘方面赶氂牛的人，他本不晓得什么世界，他也不预期他赶牛的结果有什么影响，但是世界交通、经济的组织力就能使他的生产品出现在世界的市场上。这一些赶氂牛的野蛮人也就透过这些商品，作了商品世界里面的关系人。因此之故，要使一个国民脱离全世界帝国主义的压迫，除非全世界一切帝国主义的国家都消灭了，方才能够达到目的。所以俄国的革命色彩是望着两个方向前进，一个是俄国国民的革命，一个是联合一切被压迫的民族及受支配的阶级，对全世界的帝国主义揭反抗的旗子。

我们且看当俄国革命政府初成立的时候，全世界帝国主义的家国〔国家〕，没有一国不是用尽全力去扑灭他的。英国、法国、意国、美国、日本这些强国，都在征服革命的目的底下一致奋进，并且〈一〉面扶助俄国国内反革命的军队，一面宣传各种诬蔑的谣言，凡是人类所用语言文字里面最恶劣的形容词、动词、名词、代名词都尽量的使用出来。这是为了什么？他们并不是恨俄国人在他本国的革命，他们是怕由俄国帝国主义、资本主义的溃灭，变成全世界帝国主义和资本主义的溃灭，怕由俄国的革命引起亚洲各民族的独立。但是我们也就从这些怕俄国革命的"国际的阶级感情"里面，看出俄国革命对东方问题的重大意义了。果然，俄国的革命方才成功，俄国的政治组织方才就绪，东方一个"病夫"的土耳基，就毅然决然对欧洲帝国主义的国家宣布反抗了。

二、土耳基的革命　土耳基在东方各国对欧洲各国的关系上是一个最重要的地位，他是东方各国的第一个护法韦陀。我们且看，自十九世纪以来，他几乎没有一天不合欧洲各强国在抗争的进行中。欧洲各强国在中国方面和远东方面所以还不容易完成他们的素志，一半也是因为有一个土耳基守住大门，不然东方的情势恐怕比今天还要危险。在这一个意义上，我们应该要十分感谢土耳基，对土耳基的国民表示十分的敬意的。

在欧战之前，土耳基国家的气运差不多走到尽头了，英国、法国、俄国四面侵削，再运动他领土内的人民离叛土国。因此之故，土耳基一般青年爱国的人，乘着德国的中欧政策和横贯中亚政策进行的时候，便和德国结合起来，想藉德国的扶助，脱离英、法、俄三国的羁绊。谁知天不从人愿，大战五年的结果，德、奥、土的同盟军完全失败。战胜的联合国①会议便对土耳基大大的惩罚，把土耳基仅存的余地也四分五裂的占领了。并且土耳基的京都地方和中央政府也放在列强共同管理的下面，事实上土耳基便和亡国一样了。在这时候，土耳基的爱国者万万忍耐不住，于是爱国的军人在安格拉②组织了土耳基的国民政府，和英国所教唆出面的希腊抗战，经了很多次的战争，终把希腊的军队打得落花流水，恢复了土耳基的独立，联合国的军队也退出了土耳基的国境。土尔基国民军成功之后，接着便由国民议会宣言废除帝制，改建共和，新近又由国民议会把教皇的尊号也废除了。

---

① 　此指协约国，下同。
② 　安格拉（Ankara），今译安卡拉，土耳其首都。

这一个土耳基的革命历史，我们看他有三个意义：第一是土耳基国民的民权革命；第二是土耳基国民在东方民族的地位上对欧洲帝国主义的革命；第三是对一切回教民族放弃土耳基宗教的宗教主权，表示东方民族的独立和自由是在人道的基础上面的国民革命①，不是在神权的迷信上面之宗教的革命。这一个革命的成功，就东方问题全部看起来，可以说是亚细亚倒坍了的大门重新造建起来了。本来东方问题可以分成三个大部分，一个是以土耳基为中心的问题，一个是以印度为中心的问题，一个是以中国为中心的问题。这三个问题之一的印度，早已完全在英国支配之下，一切行动都不能显出在国际问题的上面。此外一个土耳基，一个中国，几十年来受欧〈洲〉列强的宰割，得了"近东病夫"、"远东病夫"的荣誉衔头，这一次土耳基革命成功，是"近东病夫"已经从病床上面爬起来了。他这一爬起来的关系怎样呢？至少我们可以看见两点：

（甲）对于非洲诸民族的刺激，我想一定是很大的。并且同时还有埃及独立的成功，合土耳基东西相应，成为回教国的两大柱石。以后对于非洲的黑色人种恐怕还有不少的感化，因为黑人当中有不少的回教信徒，在宗教信仰的感情和有色人种同盟的感情上，影响必定不小。全回教民族的觉醒运动和黑色人种的自由获得运动，当中是有不少的沟通的，一九二零年纽育②的黑人会议宣言说："吾人须将从底普拉塔尔海峡至克布丹的非洲全土联合起来，脱离欧声的羁律，组织黑人的共和国。"这一种呼声在今天固然是一种理想，但是我们放开眼界，熟察全世界的大势，就可以晓得绝不会止于理想，而且这理想的事实化也绝不在远的将来。

（乙）对于亚洲回教民族诸邦的影响。在亚洲地方，除了中国文化系统的人群而外，一个最大的文化人群，就是以回教文化为结合中心的诸民族。如印度，如波斯，如阿富汗、俾路支，如南洋诸岛，如中国的新疆、青海等部，都是回教文化的散布地。本来回教这一个宗教下面的人群，他们的群众意识不单是超世间的宗教意识，并且成为世间的民族意识。他们对于信仰同宗的民族国家，感情是

---

① 此处据前注所引《党国要人戴季陶最近言论集》增"的国民革命"五字。

② 纽育（New York），今译纽约。世界黑人进步协会代表大会于一九二〇年在纽约举行，并发表《世界黑人权利宣言》，主张在非洲建立统一的黑人国家。

非常浓厚的，这是"回教民族"、"回教世界"等名词所以能受学者间承认的。所以我记得一九一三年意土战争①的时候，其时我在南洋，当时盛传土国军在脱里波里大胜意军，于是一般回教信徒的商店，无论是印度人，是波斯人，是马来人，家家都高悬新月的国旗，庆祝土耳基的胜利。后来回国，听说中国地方各处的回教信徒，为土耳基乐捐战费的不在少数，这是一个很显明的例子。当联合军强迫土耳基签字于讲和条约的时候，全印度的回教徒屡次为表同情于土耳基的大运动，也可以看出一端。

所以我们可以晓得，土耳基革命的成功，他的意义决不是只关系于土耳基一国，在东方历史上，比日本的维新关系还要重大。

诸君，我这一次的讲演时间是很短促的，准备是没有的，所以叙述的内容非常简单，但是我可以相信，诸君总可以由这一场拉杂的话，了解东方问题的意义，同时可以了解吾人在世界上所占的地位和所负的责任。

罗素说："旧式的社会组织当初何以非创设不可，要能够完全知其原因，方能正确判断废止其组织的时候、地所及理由。"东方问题及世界问题何以成为今天这样的局面，要能够完全了解他历史的因缘，方能决定我们所应该走的道路。世界大舞台的序幕展开了，大家快快的准备上场！

据戴季陶：《东方问题与世界问题》（一九二四年三月十四日午后二时在上海大学的讲演），载戴季陶：《中国独立运动的基点》，广州，民智书局一九二五年八月增订第二版

---

① 意土战争发生于一九一一年至一九一二年。脱里波里（Tripoli），今译的黎波里，当时是土耳其在北非的属地，意大利为夺取该地区而发动战争。一九五一年利比亚独立，以的黎波里为首都。

滇军为革命作出很大牺牲今后要立志为国奋斗

在广州黄沙视察滇军的演说①

（一九二四年三月二十四日）

滇军将领、兵士诸君：

　　滇军在这两三年中为什么来广东呢？说到源起，是由于民国十年本大元帅到桂林，预备北伐。当时顾总司令②在云南，很有志气，想为国家出力，便把云南的地盘不要，让到别人去维持，自己一心一德，带同你们这些滇军跟随本大元帅北伐，去替国家做一番事业。顾总司令当时要北伐，他的用心是和普通人不同的。普通人的用心都是想升官发财。他本来是云南的总司令，如果他在那个时候专想升官，有了总司令，官是升到很高的；再想发财，有了云南的地盘，种烟开赌，搜括民财，随便就可以发几千万财。顾总司令不要云南的地盘，立志北伐，就是不要升官，就是不想发财。

　　当他正在出师的时候，唐继尧便回云南。唐继尧回云南的目的是在什么地方呢？就是在升官发财。唐继尧从前在云南有好几年，专为升官发财，弄到部下不拥戴，所以逃走出外。到了香港之后，没有人理他。本大元帅以为他在云南多年，总有多少见识能力，还可以做一番事业，便把他接到广州，想用大义感化他，要他从新替国家做事。但是他心目中的成见专在升官发财，和我谈话之后，知道了我是为主义来牺牲受苦，冒险奋斗，要做福国利民的事业的，他便不愿意，便不赞成。在广州没有住几日，遂回香港，运动云南的土匪去拥戴他。当他经过广西

---

　　① 二十四日下午，孙文前往西郊黄沙视察中央直辖滇军第二师（师长廖行超），并在师部后操场对该师官兵发表演说。

　　② 即顾品珍，早年曾加入同盟会，一九二一年二月率驻川滇军回云南驱逐唐继尧，任滇军总司令并行使云南督军兼省长职权。同年十月通电宣布亲自督师北伐，委任他人为代理滇军总司令，一九二二年一月被孙文任命为云南讨贼军总司令。二月，唐继尧率部分驻桂滇军进入云南境，与顾品珍部交战。三月下旬，顾在滇南遭唐重金收买的吴学显土匪武装突袭而被杀，唐乃在滇重新掌权。随后，云南讨贼军万余人由副司令张开儒率领，离滇赴两广参加北伐。

的时候，桂林、柳州有一部分滇军不明大义，也跟他回云南，弄到云南成一个土匪世界。顾总司令的性命不保，都是唐继尧想升官发财，争权夺利，不顾朋友，不顾国家的罪恶。

顾总司令虽然是死了，但是各位将领还是很明大义，愿继顾总司令未完的志气。顾总司令的志气是在离开云南去北伐，所以诸君便离开云南，来到广东。诸军由云南出发，经过贵州、广西瘴气极深之地才到广东，沿途是很辛苦的。诸君到广东来不过是一年多，自云南出发以后沿路也走了一年多。为什么要走那样久的时间呢？就是因为从前北伐，不但是顾总司令中途遇到了变乱，就是本大元帅在桂林也遇到了艰难，

当顾总司令在云南出发的时候，本大元帅在桂林也是出发，忽然有赵恒惕和陈炯明联络，阻止北伐军假道湖南。当时的北伐路程，最近是由湖南到武汉。赵恒惕一面通北，破坏北伐的计划；一面假话来骗我，要北伐军改道出江西，并说如北伐军能够出江西，溯〔湖〕南也可以出兵打江西。我们北伐的目标本来是要打北方，不情愿南方自己相冲突，所以便改道北伐。北伐军自桂林出发，不到一月便集中韶关，进到赣边。自开始攻击之日起，不过三日便在大庾岭打一个大胜仗，攻破梅关①。北伐军完全进到江西，不过三星期便取得赣州。赣州是江西极险要的名城，历代用兵都没有人攻破过的。北京政府以为那样险要的赣州，北伐军都容易打破，那么以后无险可守的地方，当势如破竹，长驱直入，要到南昌、南京都是很容易的。于是大起恐慌，一面发表宣言赞成护法，一面买通陈炯明在后方造反。所以陈炯明便在广州半夜起兵，开炮打观音山。当时守观音山的人只有我的几十名卫士，抵抗了一日一夜，打死了很多的敌人，敌人便不敢进观音山。我在他们起事几点钟之先已经上了兵船，那只兵船叫做"楚豫"，便在兵船上开炮，又打死了很多的敌人。后来开到黄浦〔埔〕与敌对抗，敌人又占据长洲炮台，和我们的兵船对打。我便督率永丰兵船冲进白鹅潭，和敌人打了四十天仗，连在黄浦〔埔〕打仗的日期，总算起来一共有五十六天。在那个时期之内，驻在广东的军队都是乱党。我们的北伐军都进了赣州，下到吉安，在广州省城之内没

① 梅关，关名，位于粤、赣两省交界的大庾岭（亦称梅岭）上。

有一点力量和敌人抵抗。只听到说你们这一部分的北伐滇军已经到了柳州，便非常的欢喜，极盼望你们滇军速到广州来，先平内乱。如果你们在那个时候能够赶到广州，便可以减少在广西的艰难辛苦。中间因为彼此消息不通，你们只听到说陈炯明已经占了广东，不容易攻下，便在广西勾留了大半年。后来我们江西的北伐军知道了陈炯明造反，就回师来讨陈炯明，在韶关打了二十多天仗。因为饷弹两项没有补充，消息又隔绝，同时陈炯明又运动江西的北兵从后面夹攻，前后受敌。无路可走，便退回赣南，打进福建，赶走李厚基，把李厚基在福州十多年所存的枪枝子弹都拿出来补充，于是北伐军的势力又再变雄厚。

后来，我在上海又听到你们在广西的滇军还是想东下，便派人通消息，欢迎你们到广东。当时驻防梧州的军队都是陈炯明的部下，一共有四五万人，各位将领便很怀疑，以为自己只有七八千人，怎么能够打破那样多的敌人呢？延迟复延迟，总不敢轻于发动。后来各位将领明白大义，知道了要将来能够北伐，还是非先打破陈炯明不可，所以决心发动，冒险东下，沿途遇到了许多友军欢迎，不费大力便收复广州。到今日已经有了一年零两个月，诸君在这个时间之内，究竟做过了些什么事呢？

诸君这次在广东所遇到最大的事，就是沈鸿英造反。沈鸿英本来是同滇军到广东来讨陈炯明的，他为什么再要造反呢？因为他暗中通北。他为什么要通北呢？因为他不是仁义之师，是专想升官发财的，得了北京政府的钱，便见利忘义。所以本大元帅去年没有到广东之先，便发生江防会议之变。到广东以后不上三个月，他便从白云山兵工厂来攻广州，打到小北门和农林试验场，我们几几乎被他消灭。因为有你们滇军极大的牺牲，和他奋斗，才把他打败。沈鸿英败了不久，又勾结北兵从北江来打广州，打到花县新街，你们滇军又把他打退了。北江的敌人打退了不久，陈炯明又在东江造反，我们又去应付东江。东江的敌人没有完全肃清，北江的敌人再又来攻，滇军便竭全力去应付北江，把敌人打退到始兴、南雄以北。东江的敌人又再从石龙、增城来攻广州，打到石牌、沙河，广州几乎失败，幸得滇军将士同心协力去抵抗，才把陈炯明打退。现在陈炯明的叛军离石龙、增城还不甚远，本大元帅还要诸军把他们完全肃清。现在又把湘军的全部加入东江，已经集中前线，布置完备，不出十天便可以进攻惠州、潮梅。这次肃清东江，一定可以收最后的成功，统一广东。

广东统一了以后，还要做什么事呢？可不可以在广东从此安享太平呢？如果要存这种心理，江西的敌人一定从北江来寇，陈炯明的余毒一定从东江来犯，陆荣廷的土匪一定从西江来攻。现在北京政府催赵恒惕同陆荣廷合作，湖南同广西一齐来打广东。各处敌人又散布谣言，说北京政府预备很多的钱，到广东来收买滇军。这就是北京政府的计划，这就是眼前的事实。如果我们受北京政府的金钱运动，兵士得几十元，下级官长得几百元，中级官长得几千元，推到高级官长得几万元，各人都发一笔横财，到底是好不好呢？从前滇军有两个姓杨的师长①投降北京以后，便有许多旅长、团长到香港去接头，商量帮助北方。他们为什么要这样做呢？因为他们都想升官发财。像他们这样不讲道理，投降北方，就是升了官发了财，将来可不可以长久呢？像他们投降北方，不讲人格，只要有官有钱便去卖身，世人知道了，是不是一种臭名呢？将来载之史书，留传千古，万世之后是不是被人痛骂呢？所以这种不正当的升官发财，虽然可以徼倖一时，到底都是天人不容，不好的人总是没有好结果的。因为这个道理，我们处在这种艰难困苦之中，操守便要正定。诸君这次到广东，是为大义而来的。从前顾总司令为大义讨贼，不要性命，本是想报效国家，做一件福国利民的大事。我们南方革命不知道牺牲了多少性命，流了多少鲜血，这是为什么呢？无非是想革命成功，造成一个很安乐的国家，让人民可以享幸福。抱这种宗旨去奋斗的军队，才是仁义之师。滇军这次到广东来，继续顾总司令的志气，为革命奋斗，费了很大的牺牲，真是仁义之师，所做的大事可算是一半成功。如果再去北伐，收复江西，统一中国，便是要做的大事完全成功。

我们这次北伐得到了江西，再去统一中国是很容易的。因为北方的革命军和仁人义士，现在派了许多代表到广东来，要求我们北伐。只要我们的军队得了江西，他们便可以响应。将来响应的情形，和十三年前的革命差不多相同。当辛亥年革命的时候，革命党无论在那一省都没有正式军队，满清在各省都练得有很好的新军，并且他们的政令是很统一的，各省人民都很服从满清的政令。革命党只

---

① 原滇军第一师师长杨池生、第二师师长杨如轩，均归顺直系军阀孙传芳。

在武昌起义，各省便同时独立，响应武昌。譬如你们云南的新军，当时听到了革命党在武昌起义，便挂起白旗，赶走满清官吏，成立革命的都督府和武昌响应。其余各省像江西、湖南、四川、贵州、广东、广西、浙江、福建、山西、陕西、甘肃、新疆和东三省的革命党，都是不费一兵，不折一矢，来响应武昌。只有江苏革命赶走张勋，围在南京打了几仗，但是不久便攻破南京，各省仁人义士便在城内组织政府，选举本大元帅为临时大总统，成立中华民国，消灭满清帝国。所以十三年前的革命，革命党只在武昌登高一呼，便有各省响应，并没有离开武昌一步去打仗。后来武昌的革命军，不但是不能离开武昌去打仗，反被北京派到湖北的清兵攻破附近的汉口、汉阳。汉口好像广州的河南，汉阳好像广州的花地，三市鼎足而峙，只隔一水。当时清兵和革命军打仗，不到三星期便得汉口，不到三个月便得汉阳。革命党只守武昌一个孤城，对江都是敌人。清兵每日轰击武昌，枪弹炮弹像下雨一样，他们随时可以破武昌，随时可以消灭武昌的革命军。弄到结局，武昌的革命党为什么不失败呢？就是因为有各省的仁人义士同心同德去响应，所以那次的革命能够成功，所以民国能够成立。

但是民国成立以后，管理国家的政权，人民还没有争到手，还是在军阀官僚之手。那般军阀官僚做事，名为共和，实在是专制，都是想做皇帝，像袁世凯不过四年便自称洪宪皇帝，随后张勋又图复辟。所以北方政府天天都是梦想用武力统一中国，消灭人民的力量，推翻共和，恢复帝制，把人民做他们的奴隶。现在全国人民很有觉悟，明白了他们这种思想和这种行为将来一定是靠不住的，大家都想赶快推翻北方政府，消灭将来的祸害。因为这个原故，所以在北方各省的军队知道他们从前没有加入革命党去反抗北方政府，是上了北方政府的当，现在便一天觉悟一天，想变成革命军。就是北京城内的军队，也有许多部分都赞成来革命。他们为什么发生这种新觉悟呢？就是因为看透了那班老官僚都是自私自利，并不是真为共和，不过假借共和的招牌取得政权，以便再去恢复帝制。由于这个道理，所以北方的许多学生、军人都盼望我们赶快北伐。如果我们北伐，他们便可以在北方响应，拆北方政府的台。从前我们的北伐军刚到赣州，曹琨〔锟〕、吴佩孚便宣言护法。护法本是我南方要革命的道理，北方军阀为什么也拿这个道理去宣言呢？就是因为他们知道了内部有许多人都是赞成我们护法的，所以他们不得不那样宣言，缓和内部的风潮，免去内部响应我们来革命。北方军阀赞成了护法以后，又做了些什么事呢？他们所做的大事，就是花很多的钱买通一般猪仔议员，举曹琨〔锟〕做大总统。曹琨〔锟〕做了大总统之后，什么福国利民的事一点都不知道去做，还是想达到武力统一的梦想，教一般军阀横行国中。譬如用杨森打四川，用孙传芳打福建，用陆荣廷、马济打湖南、广西①，用沈鸿英、陈炯明打广东，弄到四川、湖南、福建、广西、广东这几省的人民日日不安，日日受兵灾的痛苦。在北京城内，便用孙宝琦②一个极老的官僚做内阁总理，事事要复古，还是想恢复专制，还是想做皇帝。北方人民看见他们这种举动，中国前途更是危险，日日总是望南方赶早去北伐，让他们在北方也有机会可以做一番救国救民的大事。像这样看起来，想推翻北方的军阀官僚，统一中国，想把中国变成很强盛的文明国家，不只南方革命党有这种思想，就是北方军队、学生和一般有觉悟的人民都有这种思想。这就是全国人民现在的心理。这就是全国人民现在要做的大事。

我们在广东住了一年多，不去北伐，北方的人心便很失望，对于我们有很不好的批评，说我们得了广东，便割据一方，长享安乐，再不去奋斗做国家的大事，这真是没有志气。因为他们不知道我们的内部艰难，所以有这种失望，所以生这种怀疑。我们现在对于东江，不到十天便可以进攻，收复了东江以后便可以统一广东，统一广东以后不到两个月便可以北伐。到北伐的时候，还要各位将领和兵士尽力去奋斗。大家都知道，大凡做一件事，总不可半途而废，当中停顿。如果当中停顿，便没有结果，极小的事都是一样。譬如烧火煮饭吃是一件很平常的小事，如果把火烧燃了，米也洗好了，柴米水火都预备到很完全，正在锅灶之内烧火煮饭，忽然半途停顿，不去添柴烧火，锅内的饭能不能够煮熟呢？我们有没有饭吃呢？若是我们要急于吃饭，赶快把饭煮熟，便要赶快去烧火，中途不可停顿。大小事的道理都是相通的。滇军的初志本是北伐，想要做成一件大事，如果此刻

---

①　杨森，原川军将领，投靠直系后任中央陆军第十六师师长，奉派率军返川，此时已任四川省长；孙传芳，原为长江上游总司令，率军入闽，此时已奉委督理福建军务事宜；陆荣廷，时被委任广西全省善后督办；马济，时任两湖警备司令部参谋长，奉吴佩孚之命率军入湘助赵恒惕。

②　孙宝琦，曾任清朝出使法德大臣及山东巡抚等职，一九二四年一月任曹锟政府国务总理。

驻在广东再不前进，大事便归失败。失败了以后，要成一个什么景象呢？将官便要逃散，兵士便要消灭。消灭的情形，不是死在战场便是跑到四方，像你们滇军现在这样耀武扬威的局面便不能够保守，便要完全化为乌有。这便是停顿和不北伐的结果。诸君明白了这种不好的结果，要免去这种危险，便不能停顿，便要去北伐，过五岭①，出长江，和北方的同志联络。我们到了长江以后，长江以北的事可以交北方同志去做，我们可以不必麻烦。如果有大志气的人，就是参加北方同志更去奋斗，也可以随诸君的便。总而言之，我们南方革命军的辛苦，南方革命军的任务只要达到长江，达到长江以后北方的同志便可以响应。我们不到长江，他们便不敢发动。所以全国人民现在的希望，只在我们出长江。

我们革命本来是想做一件大事，要革命成功才可以享幸福，如果不成功，以前做的事便是徒劳无功。我们革命做成功，究竟有什么好处呢？这也是要大家想清楚的。普通可以想得到的好处只是升官发财，达到了目的便心满意足，这不是革命成功的大好处。革命成功的大好处，是造成一个好国家。用造成好国家和升官发财两件事比较起来，那一件是更好呢？我们要知道升官发财是好不好，便要知道已经升了官发了财的人是什么情形。已经升了官发了财的人，南方有龙济光，北方有李纯。李纯和龙济光至今个人有什么好处呢？他们对于国家有什么益处呢？我们把他们这种人看作是什么东西呢？世界〈上的〉人又把他们看作是那一种人呢？所以升官发财对于国家没有益处，对于个人也是不好的。如果把国家改造好了，中国是一个什么国家呢？我们是一种什么国民呢？中国革命至今有了十三年，只得到一个空名是中华民国，说到民国的事实一点都没有。所以从前的革命是失败，不是成功，十三年以来都没有成功。说到成功了以后究竟是什么好处，此刻不容易说出，就是说出来大家还是看不见。中国革命没有成功，外国革命有许多是成功的，离我们最近的就有日本。日本维新，大家都知道是成功的。维新事业和革命事业是相同的，维新成功就是革命成功。

革命成功了，那一种人是最荣耀呢？远地方看不见，最近的是白鹅潭，诸君可以一眼看见的。这次我们争关余，外国派了二十几只兵船到白鹅潭来示威，派

---

① 五岭亦名南岭，为越城、都庞、萌渚、骑田、大庾五岭之总称，分别位于湘、赣、粤、桂四省交界处。

兵船最多的国家有英国、法国、美国，都是世界上最强盛的国家。另外还有日本，日本为什么也能够来示威呢？因为他也是强国。日本的国际地位是五大强国之一，他们的国民到处都有人恭祝。我们中国人有没有人恭祝呢？外国人那一个不轻视我们呢？那一个不骂我们为亡国奴呢？现在列强都想拿中国来共管，把中国的领土做他们的属地，把中国的人民做他们的奴隶。这次派兵船来示威，就是看我们能不能够发奋为雄，能不能够革命成功。我们的革命如果能成功，他们的兵船便开回去；如果不能成功，他们就要把我们当安南、缅甸一样的看待。你们滇军有老兵有新兵，新兵是在广东补充的，老兵都是从云南来的。诸君如果真是从云南来的，便知道云南的西边有缅甸，东边有安南。缅甸、安南和从前的日本是一样。日本革命成功，所以能够同英国、法国、美国一齐来示威。现在安南、缅甸革命不成功，所以不能像日本一齐来示威，不但是不能在白鹅潭示威，并且安南要做法国的奴隶，缅甸要做英国的奴隶。安南和日本比较，土地更大，人民差不多一样多。因为安南从前不知道革命，所以亡国，做法国的奴隶。因为日本从前知道了革命，所以变成强国，和英、美并驾齐驱。英、美派兵船来示威，日本也派兵船来示威。诸君走到街上，若是遇见了日本人和安南人，是怎么样待遇呢？如果说是日本人，马上便要恭祝他；如果说是安南人，便要说他是亡国奴。我们革命不成功，中国便要亡国，云南就要亡省，大家都是亡国奴。所以我们的革命不能不做成功。因为这个原故，我们此刻在广东一定要北伐。中国的存亡，就在我们此次能不能北伐。如果能够北伐，革命便可以成功，中国便可以长存。如果不能北伐，革命便要失败，中国便要亡国，我们便要变成缅甸人、安南人，做外国人的奴隶。到了做亡国奴，就是升了官发了财也不荣耀，也很耻辱。诸君此刻在广东，要回云南，最方便的路程是经过安南海防。到了安南以后，便知道安南有一个最著名的大官住在河内，叫做黄高启。从前安南没有亡国的时候，他做过了宰相的，所以他是升过了大官，发过了大财的。因为他很有钱，所以他置在河内的产业便非常之多，住家屋的花园也非常之大。但是安南现在亡了，他就是做过了大官，发过了大财，还是要做法国的奴隶。国家亡了，要做外国人的奴隶，就是升官像黄高启，发财也像黄高启，无人不骂他是亡国奴，他还有什么荣耀呢？

国家之存亡，和我们人民有很大的关系。如果国家是强盛，大家便荣耀；国家是衰弱，大家便耻辱。国家能够革命，像日本维新变成强盛，就是国民的个人不好，到处还有人恭祝，人人都称道他是大国民；如果不然，就是个人很好，也到处被人轻视，到处被人虐待。譬如用日本人和中国人比较，日本人自然要比中国人尊贵得多。这种尊贵究竟有多少，不能用尺寸去度量，可以用一件小事来比较。中国人的地位和日本人的地位究竟差多少呢？大家知道南洋爪哇做生意的大多数都是中国人，在那个地方，家当最大的也是中国人。中国人在那个地方，有几百万和几千万的非常之多，南洋发大财的华侨多住在爪哇。爪哇是荷兰的领土，在爪哇的中国富翁是占什么地位呢？我们要知道中国富翁在爪哇是占什么地位，便要知道华侨住在爪哇是受荷兰政府的什么待遇。爪哇华侨受荷兰政府最不好的虐待，就是行动不自由。什么是行动不自由呢？譬如我们由黄沙到大沙头，或者由黄沙到长堤，都要护照。那种护照又分作两种：在白天有日照，在晚间有夜照，并且有夜灯。夜里的照夜灯，比较日照更是要紧。华侨在街上来往都要带到那种护照，巡捕才放行。若是没有那种护照，不准通过，便要带进巡捕房，不是罚钱，就要坐牢。这就是华侨住在爪哇所受荷兰政府的待遇，所受不自由的痛苦。我们华侨在爪哇所受这种不自由的故事是很多的。有一段最可耻的故事，可以证明中国人和日本人的地位究竟是差多少。就是有一位朋友对我说："爪哇有一位发财过了一千万的中国富翁，在一天下午到他的朋友地方去谈天。那位朋友是学校内的教书先生，所以中国富翁那一次在学校内谈天，谈得很高兴，对谈了好几点钟。到了夜深，那位富翁还没有记起回家的事，忽然觉得时间很晚，想要回家。到了动身的时候，又想起来没有带夜照灯。如果不带夜照灯，随便回家，又恐怕巡捕查获，送到巡捕房内去，不是罚钱，便要坐牢，那位富翁又不敢冒这种危险。但是那位富翁总是想回家，想到无法可设，便到门外一望，看到四围都有巡捕，更是无路可走。忽然看见离门前不远有一个日本娼寮，他就对那位教书先生说，我有方法回家了，便向教书先生告辞，一直跑进日本的妓馆，给一块钱叫一个日本妓女，要日本妓女陪他游街。日本的穷妓女得了一块钱，自然很情愿，便同那位富翁游街，两个人同在一处走，一走便走到那位富翁家内的门口。于是中国富翁便教日本妓女回家，他也回到自己家内。中国富翁在那夜假若没有一个日本妓女，他便不能回家。因为有一个日本妓女同在一路走，荷兰的巡捕知为日本妓女的客人，便不敢问，所以他能够安然回家。"由此，便可见一千万的中国富翁还不如日本一个妓女。日本妓女虽然是很穷，但是他的国家很强盛，所以他到处都自由，他的国际地位便很高。中国人虽然是很富，发了一千万财，但是他的国家不强盛，所以走路也不自由，国际地位便不如日本的一个娼妓。中国人现在都想发财，如果国家亡了，我们到处都要受气，不但是自己受气，子子孙孙都要受气。诸君不信，到了回云南的时候，可以在安南过细看看，便可以知道亡国奴的情形究竟是怎么样。

　　革命成功了，中国要到什么地位呢？现在有了十三年还没有成功，将来成功究竟是什么情形，虽然不能说出，但是世界上革命成功的国家，像法国、美国都是现在最富强的国家。他们的国民是享什么幸福呢？譬如和云南东边交界的地方是安南，安南就是法国的领土。在八九年以前，当欧战的时候，法兰西本国以北的地方都被德国军队侵入，人民的产业化为乌有，房屋也打破了。在那个地方，两军相持了三四年，不但是房屋没有，就是一草一木都找不出来，成了不毛之地。这是什么原故呢？大家都知道，我们现在打仗是用子弹分胜负，每打一次仗，一日要用几十万或者几百万子弹。欧美现在打仗不用子弹分胜负，要用炮弹分胜负，每日所用的炮弹总是以几千万计。我们现在的战争，在他们看起来是那破仑①的战争，是几百年以前的战争。他们现在的战争是什么情形呢？在战线以内的人，不能在地面上走，要在地底下走。在战线之内挖了许多隧道，要前方勤务的人都走那些隧道，去接济前方的补充。他们现在用炮好比我们用枪一样，我们打胜了仗是说缴枪，他们便不说缴枪，要说缴炮。每次最多的时候，要缴五六万炮，要缴十几万机关枪。当时法国北方的人民受了那种大灾害，又因为战争的胜负不能决定，便要求政府抚恤。法国政府是用什么计划去答复人民呢？政府所定的计划，根本原理是要北方的人民和全国的人民受相同的待遇，要全国没有受灾害的人民去赔偿北方人民的损失。因为北方各处的损失不是本地的关系，是全国的关系。因为全国和敌人打仗，那个地方才有那种损失，所以政府便要去赔偿，把那个地方的人民和全国没有受灾害的人民当作一样看待。这是人为的损失，国家便有这

①　今译拿破仑。

样的待遇。

如果人民忽然受了水旱天灾，国家又是怎样待遇呢？也是一样的抚恤，一样的赔偿。这种赔偿的情形是怎么样？可用安南从前受水灾的一段故事来证明。安南现在虽然是亡国，法国待他们是奴隶，但是安南人民所享的幸福比较中国人还要好。我从前到安南，有一商人对我说："有一次红河水涨，红河岸旁有一个市镇叫做安拜，都被水冲了，中国人在那里做生意的都受很大的损失。法国政府派人去调查情形，中国商家莫明其妙，便大起恐慌，以为平时没有水灾，已经纳过了很重的税，现在受了大水灾，还要来调查营业状况、损失情形。因为怕以后多纳税，所以从前的资本是多少，损失是多少，便不敢实在报告，譬如损失一万的商店都只敢报五千，损失五万的商店最多不过报两万。后来不过两个月，法国政府便照从前各家报告的损失如数赔偿，于是中国商家便大懊悔，恨从前所报告的损失太少了。"这就是法国政府对于人民受了天灾人祸，是怎么样的保护情形。

文明国家保护人民的财产好比保险公司一样，有了灾害损失，政府便要赔偿；人民生了子女，国家便有教养；壮年没有职业的人报告政府，政府便要代他找工做；老年没有养活的人，国家便有养老费。这种养老制度中国从前也有，古书所谓无告穷民，国家便要赡养，就是这种制度。所以文明国家对于人民应该有的负担，幼年便要教育，壮年便要职业，老年便要养活。文明国的人民，自幼到老，一生都受国家的恩惠。

我们现在革命是要做什么事呢？就是要国家强盛，要把中国变成文明国家，好像法国、美国是一个大公司一样，要在这个大公司内的国民都有好处，都可以分红利。国家文明了，变成一个大公司，发很大的财，和个人的一时徼倖升官发财，两件事比较起来，是那一件的利益大呢？如果国家变成大公司，就是胜过发很大的财，不但是我们自己可以享幸福，我们的子子孙孙和四万万人的子孙都可以永远的享幸福。把这种大事业做成功，比一个人发一千万财要好万万倍。中国改造好了，我们的子子孙孙在这个国家之内，升官也成，发财也成。说到这种成功，是由于我们革命而来的，我们便是国家永远的功臣。各位将士为国立了大功，就可以吃长粮，不是说今天要各位打仗，明天便要解散。如果失败，大家都要分散；如果成功，把中国改造好了，中国便是大家之家。所以古时有大志想做皇帝的人，都说化家为国。但是革命成功，大家做中国大公司内的股东，就是化国为家。现在法国、美国人民所享的幸福，便是这一样。我们革命成功，就可以享美国人、法国人那一样的幸福，也就可以享日本人这一样的荣耀。因为我们的土地广，人民多，中国人天生的聪明才力，比较西洋人、东洋人都要好得多。我们国家改造好了，中国强盛还要驾乎他们之上，中国人所享的幸福也当然在西洋人和东洋人之上。要达到这种目的，便要大家有大志气，不可有小志气。个人升官发财是小志气，大家为国奋斗、造成世界上第一个好国家才是大志气。本大元帅今天在这地和大家讲话，希望大家从今天起，要立这种大志气。

据黄昌谷记：《大元帅对滇军演说词》（三月廿四日），载广州《中国国民党周刊》第十六期，一九二四年四月十三日印行

附：另一记录

革命事业三十余年来至有今日，为一班国民谋幸福，不惜牺牲无量数之性命财产。大元帅此次兴师讨贼，愿诸君各尽其职志，以除元恶，而竟讨贼之初衷。

据《孙大元帅训勉滇军》，载一九二四年三月二十六日《广州民国日报》（三）

整饬军纪

对联军将领的讲话①

（一九二四年三月二十六日）

迩来各军骚扰不法、掳杀劫掠之事屡见迭出，日甚一日。现□陈军窥伺，谣

---

① 二十六日孙文在大元帅府召开紧急会议，驻粤湘、滇、豫、桂联军将领及广东军政要员参加，孙文作此训饬讲话。会议议案主要有：实行禁止勒收保护费，解散护商队；实行禁止庇赌、包烟；查禁承办苛细杂税；严密查缉部队劫杀掳勒、鱼肉商民；严禁部队恃众干涉诉讼、勒放人犯；严禁部队寻仇报复、藉端搜索；实行交出捐税机关；实行解散不当各名义团队。

琢繁兴，深恐天怒人怨，民心一去，大局愈难收拾。各位重握兵柄，均有督□职责，此等部队，滋扰地方，岂皆无闻无观，漠不关心？自今日始，其各以身率属整饬军纪，其应行匡救制止诸务，亟须恪遵勿替，倘敢因循敷行，纵兵殃民，国法具在，定不容情。

据《孙中山训饬联军将领》，载一九二四年四月八日长沙《大公报》（三）

组织党军贯彻革命

在广州石围塘检阅滇军的演说①

（一九二四年四月四日）

　　民国十三年来，兵祸频仍，无日不在纷乱之中。推原其故，实由于革命功夫之未能澈底。欲谋中国之太平强盛，非实行贯澈革命不可。但革命不能徒托空言，须仗兵力。故现在决定将滇军组织党军，俾全军皆具革命思想，努力以干革命事业。则革命终有成功之日，中国终有强盛之日。尚望诸将士本此精神，以为党为国。

据《大元帅阅兵之演讲》，载一九二四年四月七日《广州民国日报》（三）

中国工人要结成大团体打破外国经济压迫

在广州工人代表会暨庆祝国际劳动节大会的演说②

（一九二四年五月一日）

各工团代表诸君：

---

　　①　四日下午，孙文赴石围塘检阅滇军蒋光亮部，演说长达三小时之久，此为演说的大意。

　　②　该大会由国民党中央执行委员会工人部组织，一日中午在太平戏院举行，到会并聚集于戏院门前有各工会代表、国民党各区分部代表及工人、学生逾万人。会后广州数万工人大游行。

诸君今天在此地开这个盛会，是效各国的工人来庆祝世界各国通行的劳动节。世界各国的工人为什么要纪念今天的这一天呢？就是因为美国工人在三十九年以前的今天，结合了许多大工团在各城市巡行，要求资本家准工人作工八点钟、休息八点钟、教育八点钟，打破从前劳动无度的虐待。后来这种要求胜利了，全美国工人便把每年的今天作为劳动节，人人来纪念。随后传到了欧洲，各国的工人对于本国的资本家，也是照美国工人一样的要求，也是一样的胜利。这个劳动节便由此推行到欧洲，推行到全世界，相沿至今便成了世界各国工人通行的一个纪念日。所以今天的这个纪念日，是世界各国工人战胜了资本家的一日，这是我们工人全体都是应该来庆祝的。

我们中国工人今天也来跟随世界各国的工人，同世界各国的工人合作，来庆祝这个纪念日。最要紧的是什么事呢？第一要知道中国工人现在所处的是什么地位。要知道中国工人现在所处的是什么地位，便先要知道中国国家现在所处的是什么地位。中国现在是世界中最贫最弱的国家，受各国的种种压迫，所处的地位是奴隶的地位。中国现在所处的这种奴隶地位，比较各国殖民地的地位还要低得多。比方高丽是日本的殖民地，安南是法国的殖民地，高丽、安南在国际之中有没有地位呢？简直没有他们的地位。各国都是把他们当作奴隶，像高丽是做日本的奴隶，安南是做法国的奴隶。但是高丽、安南虽然是做外国的奴隶，他们只做一个强国的奴隶。我们中国现在是做世界列强的奴隶，凡是和中国有约通商的国家，都是中国的主人。这个原因，是由于从前满清没有钱用，借了许多外债，和列强立了许多不平等的条约，把他们主权都送了外国人。这就是满清把我们当作奴隶，要借外国的钱用，便拿我们去卖身。他们所立的那些条约，就是我们的卖身契一样。十三年前革命推翻了满清，是脱了满清一重的奴隶，但是卖身契还没有收回，所以现在还要做各国的奴隶。从前是做二重的奴隶，现在还要做一重的奴隶。我们现在虽然只做一重的奴隶，但是主人有十几个，不比高丽的主人只有一个日本，安南的主人只有一个法国。大家想想，是侍候一个主人容易些呀，还是侍候许多主人容易些呢？做奴隶的人只得一个主人的欢心，当然是很容易；要得许多人的欢心，当然是难得多。所以俗语说："顺得姑来失嫂意。"故中国现在所处的地位是很困难的，比较高丽、安南的地位还要难得多，还要低一等。国家的地位既然是很低，我们人民的地位自然也是低，做工人的地位当然更是很低。

今天诸君跟随文明国家的劳动团体，在这个劳动纪念日来开这个工人大会，要怎么样这个大会才不是空开的呢？依我看起来，要从今日起立一个志愿，组织一个工人大团体。现在文明各国的工人都有很大的团体。我们近来发生工人的风潮，都是由各国传进来的。就是今天开这个大会，当然也是仿效各国工人的。各国工人现在是什么情形呢？他们所处的是什么地位呢？各国工人现在都有团体，国家也设立特别法律，保护这种团体的利益。不过这种利益只是文明国家才有，如果是专制国家，便没有这种利益。文明国家的工人成立了团体，是做一些什么事呢？他们所做的事，目的就是在同资本家争地位。工人既是要同资本家争地位，那么就是在文明国家之内，工人和资本家的地位当然还是不平等的。现在文明国的资本家还是很虐待工人。工人要不受资本家的虐待，所以工人同资本家之中便发生大问题。现在世界上不只一国有这种问题，就是各国都有这种问题。所以现在世界各国的工人都要联合起来，去和资本家抵抗。

外国之所以发生大资本家，是由于经过了实业革命。那种革命是把各种生产的方法，不用手工来制造，专用机器来制造。因为机器的制造很快，工厂的规模又大，出品很多，所以有机器的人便发大财，便生出了许多大资本家。大资本家有了多钱，于是无恶不作，先压制本国的工人，后来势力膨胀，更压制外国的工人。中国工人和外国工人不同的地方，是外国工人只受本国资本家的压迫，不受外国资本家的压迫。如果有外国资本家来压迫，政府便去抵抗；就是受本国资本家的压迫，政府也是想方法来保护。所以外国工人一方面受本国资本家的压迫，一方面得政府的帮助。至于中国的实业还没有发达，机器的生产还没有盛行，所以中国还没有像外国一样的大资本家。外国有了机器生产之后，发生了大资本家，一般工人便受资本家的大害。中国工人现在还不受本国资本家的害，本国还没有大资本家来压迫工人。自从发生了工团风潮以后，那些小实业反要受工人的害，被工人来压迫。那末中国的工人到底有没有受压迫呢？是受谁的压迫呢？中国工人是受外国资本家的压迫。故外国工人是受本国资本家的压迫，不受外国资本家的压迫；中国工人恰恰是相反，不受本国资本家的压迫，要受外国资本家的压迫。这就是中外工人不同的情形。

我们中国工人要受外国资本家的压迫,从什么地方可以看得出来呢?普通工人因为看不出来,所以不觉得大痛苦。外国资本家用什么东西来压迫中国工人呢?他们是用货物来压迫中国工人。他们的货物怎么样可以来压迫中国工人呢?是借国家保护的力量来压迫中国工人。外国工人受别国货物的压迫,政府便想方法来保护。中国政府不但是不保护中国工人,并且反去保护外国的货物;直接保护外国的货物,就是明保护外国的资本家。从什么地方可以看得出来呢?从海关便可以看得出来。从前中国和外国立了许多不平等的条约,给了外国许多的特别权利,其中有一件最重大的,就是把海关拨归外国人管理。进出口货物的税都是由外国人收,他们收多少就是多少,我们中国人不能过问。至于外国设立海关是用来保护本国货物的,凡是有进口货物便收重税,出口货物便不收税。像这样收税的用意,就是要进口货物的价贵,在国内不能畅销;要本国所出的货物价贱,到处可以销行。像这样收税的办法,便可以抵制外国货物,保护本国货物。直接保护本国的货物,间接就是保护本国的工人。我们现在失去的海关,就是失去了保护各种实业的门户。因为门户大开,所以洋货源源而入,运到各省内地,用很便宜的价钱发卖。普通人因为爱便宜,所以不用土货,要用洋货。因为土货没有人买,洋货总是畅销,所以土货就被洋货打败。因为土货打败,全国都不出货,所以中国工人便没有工做。从前闭关自守的时代,中国工人还可以自耕而食,自织而衣,自己本来可以供给自己。到了外国人来叩关,打破我们的门户,和我们通商以后,自己便不能供给自己,土货消灭于无形,洋货充斥于市面。不但是洋货充斥于市面,就是外国银行发行的纸币也是通行于各地,中国的纸币也是被外国的纸币打败了。所以中国人民就谋生一方面的经济说,完全是处在外国的经济压迫之下。中国国家表面上虽是独立国,实在成了外国的殖民地。因为成了外国的殖民地,受了外国这样大的经济压迫,所以中国工人便谋生无路。

通商本来是以有易无,是两利的事。但是中国和外国通商后,把中国所无的洋货运进,把所有的土货运出,此中一进一出的比较,每年进口货超过出口货的数目要在五万万元以上。这就是外国多用五万万元的货,来换了中国五万万元的钱。中国多被外国换去了五万万元的钱,就是中国由于和外国通商,每年要损失五万万。中国每年有五万万的损失,就是中国对于外国每年有五万万元的进贡。

中国工人本来不直接做外国人的工，不受直接的虐待，但是因为通商，多销洋货，每年的进贡有了五万万元，就是中国工人每年要损失五万万元的工钱。这种五万万元的损失，不是年年都是一定的，在十年之前只有二万万，到现在便增加到五万万，再过十年一定要加到十万万。现在的中国人每年只损失五万万，已经是日日怕穷，叫苦连天。再过十年的损失要加一倍多，至少也有十万万，到了那个时候，专就经济压迫一项的难关，我们又是怎么样可以打得通呢？

外国工人只受本国资本家的压迫，中国工人要受外国经济的压迫，间接的要做外国资本家的奴隶。大家想想，中国工人的地位比较外国的工人是不是差得多呢？现在中国不只工人要受外国资本家的压迫，就是读书的人、耕田的人、做生意的人，都是受外国经济的压迫。

诸君在这个世界各国的劳动节来开这个大会，要用什么方法才可以打破这种压迫，来维持自己的地位和各界人民的地位呢？要步外国工人的后尘，维持自己的地位，是从什么地方着眼呢？外国工人生在文明的国家，政府有很完备的法律来保护工人，所以事事都不要工人来担忧。因为政府有保护工人的法律，所以工人的地位是很高。就是生在不文明的国家，工人自己也能够组合团体，提高自己的地位。譬如俄国工人在几年以前结成大团体，推倒专制的俄皇，改革政体，弄成工人的独裁政治，无论什么资本家都不许执政权，只有工人才可以管国事。俄国工人的地位是怎么样呢！英国现在由工党组织内阁，一切政权都是在工人掌握之中，英国工人的地位又是怎么样呢！其他各国工人的势力都是一日扩张一日，他们的地位都是一日抬高一日的。所以他们在本国之内，便可以解决一切问题。我们中国工人如果专学外国工人，组织大团体来解决国内的问题，推倒初发生的资本家，实在是很容易的。但是把这个问题解决了，对于外国经济压迫的问题，可不可以一齐来解决呢？我们每年所受五万万的损失，可不可以挽回来呢？都是不可能的。

我们本国的资本家实在没有压迫工人的大能力，现在中国工人所受的最大痛苦是由于外国的经济压迫。所以诸君今天有这样的盛气，结成这样的大团体，做这样的示威运动，应该想一个方法来抵抗外国经济的压迫。中国工人现在不但是不受本国资本家的压迫，并且反想种种方法来压迫本国资本家。因为这个情形，所以中国工人常常和本国资本家发生交涉。交涉胜利了之后，是不是解决了所有的经济问题呢？要解决所有的经济问题，就应该打消一切经济的压迫。中国工人所处的地位，是驾乎本国资本家之上。为什么不能打消一切经济的压迫呢？因为中国工人现在所受的毛病，由于本国资本家的压迫小，所受最大的压迫还是外国的资本家。我们每年损失了五万万，就是外国每年来抢了五万万。我们要把这种抢劫的五万万，不许外国人偷过关卡运回本国去，便先要争回海关的管理权。中国海关交到外国人去管理，是在从前那些中外不平等的条约之中载明过了的，所以我们要争回海关的管理权，便先要和外国交涉，废除一切不平等的条约。要达到这个目的，工人可不可以做得到呢？要达到这个大目的，便要有大团体。中国现在有团体的，除了读书的人以外，只有工人才有团体。商人的团体是很小的，耕田的人简直没有团体。所以现在士农工商四界人，可说是农、商两界的人没有团体，只有士、工两界的人才有团体。工人既是有了团体，要废除中外不平等的条约，便可以做全国人的指导，作国民的先锋，在最前的阵线上去奋斗。

诸君是工人，是国民的一分子。要抬高工人的地位，便先要抬高国家的地位。如果专从一方面去做，是做不通的。像这样讲，工人不但是对于本团体之中有责任，在本团体之外还有更重大的责任。这是什么责任呢？就是国民的责任。诸君结成了大团体，要担负什么责任呢？就是要担负抬高国家地位的责任。如果不能担负这个责任，诸君便要做外国的奴隶。若是能够担负这个责任，把中国变成世界上头一等的强国，诸君便是世界上头一等的工人和头一等的国民。要抬高中国国家的地位，便先要中国脱离了外国经济的压迫。中国工人受资本家的压迫，对资本家宣战；外国工人也是受资本家的压迫，也是对资本家宣战。现在中外的工人都是一样的作战，所向的目标都是一样的敌人，所以中外的工人应该联成一气。中国工人联络了外国工人对外国资本家去宣战，便要学辛亥年的革命志士，同心协力，一往向前，抱破釜沉舟的大勇气。诸君有了这种团体和这种的勇气，便可以打破外国经济的压迫，解除条约上的束缚。做到了这个地步，中国的国际地位才可以同各国平等。现在中国同各国不平等的原故，是由于国际上的束缚，譬如政治、经济种种的压迫太多。要解除这种种束缚，在工人一方面并不是难事，英国、俄国的工人便是中国工人的好榜样。不过要像英国、俄国的工人担负国家的大责任，根本上还要有一种办法。我的三民主义和五权宪法，便是这种的根本办法。所以诸君要担负国家的大责任，还要服从我的三民主义和五权宪法。诸君能够服从我的主义，奉行我的办法，就可以和英国、俄国的工人一样，在社会上占最高的地位。由此看来，中国工人不只是反对本国资本家，要求减时间、加工价完全是吃饭问题，最大的还是政治问题。要实行解决中国的政治问题，就要奉行三民主义，赞助我的革命。诸君能够奉行三民主义，赞助我的革命，才不是空开了这个庆祝大会。

据《孙总理在工人代表会演说词》，载《广州市工人代表会决议案——附孙总理演说词》，广州，中国国民党中央执行委员会工人部一九二四年五月印行

学习七十二烈士舍身救国的志气

在广州岭南大学纪念黄花岗起义宴会的演说①

（一九二四年五月一日）②

学生诸君：

诸君今晚在岭南大学盛设宴席，开黄花冈的纪念会。我对于诸君是有无穷希望的。诸君现在求学时代，便知道纪念黄花冈的七十二烈士，此时的志向当然是很远大。推到将来毕业之后，替国家做事，建功立业，前程更当然是无可限量。何以由于这个纪念会，便知道诸君的前程是很远大呢？诸君今晚为什么要来纪念黄花冈的七十二烈士呢？就当时的事业说，七十二烈士所做的事是失败的，不是成功的。十四年前的今日，是七十二烈士为国流血的一日，是革命党惨淡悲歌的一日。所以这个三月二十九日，就是七十二烈士为革命事业失败的一日。这个日

---

① 纪念宴会由该校大学生会举办，于一日晚举行，到会师生及来宾共二百余人。

② 底本未说明日期，今据广州《南大青年》第十三卷第二十六号（一九二四年五月十一日出版）所载《南大纪念黄红两冈烈士详志》及广州《南大与华侨》第二卷第二号（一九二四年六月出版）所载《黄花冈七十二烈士纪念日今宴》两文确定。一九二四年阴历三月二十九日为公历五月二日，纪念宴会于纪念日前夕举行。

期既是七十二烈士失败的一日，我们还要来纪念，所纪念的是在那一点呢？是不是要纪念他们的失败呢？失败还有什么价值可以纪念呢？我们现在所纪念之一点，不是在他们当时事业的成败，是在那一般烈士当时所立的志气。

七十二烈士在当时立了什么志气呢？我们虽然不能立刻知道他们的志气，但是他们由于失败，便断头流血，牺牲性命，由此便可以知道他们的志气，最少的限度是不惜身家性命，不管权利幸福，要做一件失败的事。当时起义的情形，是各省革命同志约了几百人集中到广州，想用那几百人能够攻破制台衙门和水师行台，占领广州做革命的策源地，再和满清去奋斗。至于敌人的军队，有新军，有满洲的驻防军，有提督所统带的水陆军，总共有几万人。革命党不过是几百人，用几百人去打几万人，那般烈士知道要得什么结果呢？就当时敌我众寡过于悬殊的情形相比较，那般烈士在事前明知道是很危险的。既是明知道那件事极危险，他们还是决心去做，可见他们的用心是很苦的，立志是很深的。他们为什么用心要这样的苦呢？因为看见了当时的四万万人处在满清专制之下，总是说满清的皇恩浩荡、深仁厚泽，毫不知道被满清征服了两百多年，做了两百多年的奴隶，人人都是醉生梦死。这些人民的前途之生存，是更危险的。因为看见了这种种族危险，所以明知结果是失败，还要去做，所存的希望是什么呢？就是以身殉国，来唤醒一般醉生梦死的人民。要四万万人由于他们的牺牲，便可以自己觉悟，大家醒起来，为自己谋幸福。所以七十二烈士为国牺牲，以死报国，所立的志气就是要死后唤醒中国全体的国民。由于他们所立的这种志气，便可以知道他们在当时想做那番事业的心思，就是要为四万万人服务。他们在专制政体之下，昏天黑地之中，存心想为四万万人服务，没有别的方法可以达到目的，想到无可如何之时，便以死来感动四万万人，为四万万人来服务。故革命事业在七十二烈士虽然是失败，但是他们死得其所。在我们后死的人看起来，还可以说是成功。所以我们今天来纪念，就是纪念他们当时的志气，纪念他们以死唤醒国民、为国服务的志气。七十二烈士在辛亥年三月二十九日想唤醒国民、为国服务，虽然是死了，但是由于他们死了之后不到五个月便发动武昌起义，推倒满清，打破专制，解除四万万人的奴隶地位，这就是七十二烈士以死唤醒国民、为国服务的志气达到了目的。

我们今天来纪念他们，便应该学他们的志气，更加扩充，为国家、为人民、为社会、为世界来服务。诸君是学者，是有知识阶级，知道人类的道德观念现在进步到了什么程度。古时极有聪明能干的人，多是用他的聪明能力去欺负无聪明能力的人，所以由此便造成专制和各种不平等的阶级。现在文明进化的人类觉悟起来，发生一种新道德，这种新道德就是有聪明能力的人，应该要替众人来服务。这种替众人来服务的新道德，就是世界上道德的新潮流。七十二烈士有许多是有本领学问的人，他们舍身救国，视死如归，为人类来服务的那种道德观念，就是感受了这种新道德的潮流。诸君今晚来纪念七十二烈士，要知道不是空空的来纪念，要学他们的志气，尤其要学他们的道德观念。

诸君要学他们的道德观念，是从什么地方学起呢？简直的说，就是要从学问上去学起。诸君现在求学的时候，便应该从今晚学起，爱惜光阴，发奋读书，研究为人类服务的各种学问。有了学问之后，便要立志为国家服务、为社会服务，像七十二烈士一样，虽至牺牲生命亦所不惜。切不可用自己的聪明能力去欺负人类，破坏国家，像那些无道德的官僚军阀之行为。并且要步七十二烈士的后尘，竭力去铲除这些防止国家社会中新道德之进步的大障碍，才是黄花节的真纪念。并望诸君把这个纪念记在心头，永远的勿忘。

据《总理对岭南大学黄花冈纪念会演说词》，载广州《中国国民党周刊》第二十期，一九二四年五月十一日印行

拿三民主义来救中国

为上海《中国晚报》制作的留声演说①

（一九二四年五月三十日）

第一片

诸君：

---

①　三十日晚，孙文应上海《中国晚报》记者沈卓吾之请，在广州南堤小憩亭发表录音演说。当时用留声机分别录制国语演说和粤语（广州话方言）演说两种，国语分四片，粤语分二片。

我们是中国人，都知道中国几千年以来，是世界上头一等的强国。我们的文明进化，是在各国之先。从前在强盛的时代，正所谓千邦进贡，万国来朝。那个时候的中国，是世界上独一无二的强国。现在是甚么情形呢？此刻的中国，是世界上顶贫顶弱的国家。现在世界上没有哪一国人把中国人看得起，所以列强在从前有瓜分中国的议论，近来有共管的意思。

为甚么我们从前那样强盛，变成此刻这样的地位呢？就是由于现在的国民睡着了觉。因为国民睡着了觉，不管国家大事，所以从前几千年的强盛，便化为乌有，并且把固有的文明，弄到退步，成了现在不得了的局面。

诸君知道这个局面，便应该想法则来挽救。如果不然，便有亡国灭种的危险，大家要审定审定。

第二片

今天中国的安危存亡，全在我们中国的国民的身上。如果国民还是睡觉，国家便很危险。若是赶快醒起来，前途还有大希望。

现在世界的潮流，进化到了一种新文明。我们倘若照这一条新文明的路走，便可以赶上各国之前。要诸君醒起来，是甚么说法呢？

诸君醒了之后，便有思想动作，大家都立志来救国。若是大家都有这种志向，中国是不难挽救的。诸君要救中国，是从哪一条路走呢？要从革命的路走，拿革命党的三民主义来救中国，中国便可以救。甚么是三民主义呢？就是民族主义、民权主义和民生主义。此所谓大家知道的三民主义。这三民主义是甚么作用呢？民族主义是要中国同外国在国际上的地位是平等的，民权主义是要本国国民在国内政治上的地位平等的，民生主义是要人人的生计和经济的地位都是平等的。这三民主义能够完全实行，中国不久也可以变成世界上一个富强的国家。

第三片

诸君今天听到我这番话之后，是不是想要中国恢复到从前的地位呢？如果是有这种思想，大家便要立志救国，研究三民主义，实行三民主义。

我近来为发表三民主义的详细道理起见，每星期日在广东高等师范学校讲演一次。民族主义讲演过了六个星期，民权主义也是讲演过了六个星期，民生主义不日就要开讲，大概也要讲演六个星期。

讲演过了的民族主义，已经印成了专书；民权主义不久也可以出书；民生主义将来也是要印刷成专书的。这些专书印成了之后，流行到各省，大家可以到书店买回家去，详细研究。这些书中有许多新思想和新言论，都是从前的人没有发明过的。我以为很有趣味，大家要熟读深思，彻底了解。

如果大众都明白了三民主义，便可以救中国，中国便可以和列强并驾齐驱，这就是我所希望于诸君的。

第四片

现在我还要同革命党员讲几句话。大家都知道，中国是由革命党费了许多牺牲才造成功的，现在被武人、官僚破坏了，所以建设不能成功。

革命党以后要担任建设的责任，第一是要把三民主义宣传到全国人民都知道；第二是要富于牺牲性质，舍身救国，为中国前途去奋斗，把自己的力量努力进行，像从前的真革命党一样，不可像近来的假革命党，只想升官发财。升官发财，畏难苟安，这是假革命党，只冒革命之名，毫不知道革命是甚么事，普通国民以为这就是革命人才，所以革命的名誉被他们弄坏了。我们一定要排斥这种假革命党。

大家要知道革命党是牺牲性命，成仁取义，舍身救国，真心来为国。我们一般国民要跟上他们，用革命来救国，中国才可以望救了。

据黄贻孙〔苏〕（黄昌谷）记：《孙中山先生之留声讲演》，载上海《民国日报·觉悟》第六卷第二十八期，一九二四年六月廿八日印行①

---

① 底本注称："贻孙〔苏〕谨按：此种讲演，系五月三十日夜，应上海《中国晚报》之请，讲于南堤小憩。计自第一至第四片为普通语，五、六两片为粤语。此所载四片为普通语，粤语意同，从略。"

附：另一记录

国语第一片　国民要警醒救中国

诸君：

我们大家是中国的人，我们知道中国几千年来是世界上头一等的强国，我们的文明进步比各国是最先的。当中国顶强盛的时代，正所谓千邦进贡，万国来朝，那个时候文明在世界上就是第一的，中国是世界上头一等的强国。到了现在怎么样呢？现在这个时代，我们中国就是世界上顶弱顶贫的国家。现在世界上没有一个能看得起中国人的，所以现在世界的列强对于中国都有瓜分中国的念头，也是由来各国共管中国的意思。

那末，为什么我们从前是顶强的国家，现在变成这个地步呢？这就是中国我们近来几百年，我们国民睡着了。我们睡了，就不知道世界他国进步的地方。我们睡着的时候，还是以为我们几千年前这个样富强的。因为睡着了，所以我们这几百年来文明就是退步，政治就是堕落，所以变成现在不得了的局面。

我们的中国人，在今天应该要知道我们现在这个地步，要赶快想想法子怎么样来挽救，那末我们中国还可以有得了救。不然呢，中国就是成为一个亡国灭种的地位的。大家要警醒！警醒！

国语第二片　救中国要实行三民主义

今天中国安危存亡，全在我们中国的国民睡呀还是醒。如果我们还是睡，那末是很危险。如果我们能从今天就醒起来，那末中国前途的运命还是很大的希望。现在世界的潮流都是进到新的文明，我们如果大家能醒起来，向新的文明这条路去走，我们才可以跟得到各国来追向前去。那末要醒起来，中国才能有望。为什么呢？怎么样说法呢？就是我们能醒起来，我们大家才有思想，有动作，大家才能立一个志来救这个国家。那末大家能知道这一件事，中国就是不难来救的。

今天我们要来救中国，要从那一条路走呢？我们就是要从革命这条路去走，拿革命的主义来救中国，拿革命的三民主义就是民族主义、民权主义、民生主义。这个是所谓三民主义：民权〔族〕主义就是拿中国要做到同现在列强到达平等的地位，民族主义就是从国际上的平等地位；民权主义就是要拿本国的政治弄成到大家在政治上有一个平等的地位，以民为主，拿民来治国家；民生主义就是弄到人民生计上、经济上的平等。那末这个样，三民主义如果我们能实行，中国也可以跟到列强来进步，不久也可以变成一个富强的国家。

国语第三片　了解三民主义才能立志救中国

今天听到我的话，大家想中国再恢复我们从前几千年的强盛不想？如果大家想的，就是要大家立志，要立志呢大家就要研究三民主义。

三民主义，我近来在广东高师学校每一个礼拜讲一次，每一次讲到两点多钟。民族主义，我讲了六个礼拜才讲完；民权主义也讲了六个礼拜才讲完；不久再来开始讲民生主义，大概也要讲六个礼拜、八个礼拜说不定的。三个三民主义讲完之后，我将演词刻成单行本。现在民族主义已经出书了，民权主义不久也是出书了，将来民生主义讲完也是一样刻单行本出书，来广传到中国各省。望诸君要留心找这个书，三民主义三个演说，来详详细细来研究，其中很多好道理、很多新思想、很多新发明是中国人从前没有听过的。这个演说，我以为是很有趣味的，那末这样诸君要买这个书来看，看的时候要留心来详详细细来研究。

如果能把三民主义来详细来读过，详细来了解，那末诸君就懂得怎样去立志去救中国。既已懂得之后，就把三民主义来宣传到大家都知道，令大家都立志来救中国，那末中国就很快可以变成一个富强的国家，与列强并驾齐驱。这个就是我所望于诸君的。

国语第四片　革命党的责任

现在我还要同革命党来讲几句话。大家知道，中华民国是革命党牺牲流血推翻满洲才来造成的。现在这个革命事业是把〔被〕官僚武人破坏了，所以革命建设是不能彻底成功的，所以我们革命党在中国还要担负很重的责任。

现在头一个义务，就是要把我们革命党的三民主义来宣传到一般的国民能知道。

第二个责任，我们的革命党还要学从前革命先烈这个样来牺牲性命，要舍身来救国，要为中国前途来奋斗。要把自己的力量要来努力进行，学从前先烈这个样，不好学革命成功后这种假革命党，借革命来图一个人的私利，借革命这条路来做终南捷径，来升官发财。这些是革命成功后，假革命党布满全国，来冒革命之名，所以把革命的成绩都破坏了，令国民惶惑，令国民不知道革命党是做什么事。所以国民看到现在这种假革命党，以为这就是革命的人才。那末我们真革命党现在要担一种很大的责任，就是要彻底要把这些假革命党来排除。我们对于国民，我们就要表示我们的一种道德、一种革命的精神，使国民大家知道真革命党是为国牺牲的，是来成仁取义的，是舍性命来救国的。只要把奋斗精神来感动国民，令国民知道是非，知道真假，知道真革命党是真心为国家，令一般国民跟我们去革命，中国才有救呢！

粤语第一片　中国为何反为退化？

诸君：

我哋大家系中国人，我哋知道，中国几千年来，系世界上顶富顶强之国家。知道唔知道呢？但系现在中国系乜野嘅情形呢？中国现在就变成系世界上顶贫顶弱嘅国。中国嘅人民出海外嘅，就被外国人欺负、凌辱，看得唔像一个人样。在中国内地呢，外国对于我哋嘅政府，对于我嘅国家，亦系睇唔起，所以外国就有意思将中国来瓜分呢一说。后来觉得呢个瓜分，系好难实行，恐怕因为瓜分中国，就惹出各国自己打自己，所以现在各国就别从来商量，要把中国嘅国库来共管，大家来共管中国，就系睇中国唔起，以为中国系不能自己治理中国。

诸君，你想想，我哋中国几千年来，系世界一个文明嘅国家。几千年前，中国最强盛嘅时代，系所谓千邦进贡，万国来朝，各国都要拜中国做上邦。到咗今日，中国反为退化，呢个系为乜缘故呢？就系中国自从受满洲征服以后，中国人失了国家精神。中国亡国于满洲，二百六十几年，中国人民，在呢二百六十几年之内，瞓着觉，所以中国政治退化，文明退化，中国工商业退化，中国所以到咗今日就成为民穷财尽，变成各国睇唔起。

粤语第二片 用三民主义来救中国

中国堕落到今日呢个地位,我哋做国民嘅,要有一种乜野嘅感觉呢?我哋对于国家,第一件,我哋要知道我哋今日之危险,先知道危险,我哋就要设法子来避呢个危险。咁用乜野法子能避得呢个危险呢?就要大家同心协力,来赞成革命,用革命嘅方法,用革命嘅主义,来救中国。革命主义系乜野呢?就系我哋嘅三民主义:第一,民族主义;第二,民权主义;第三,民生主义;用呢三种嘅主义来救中国。咁呢三种嘅主义呢,我哋大家要留心,要来考究。咁从边处能考究得呢三民主义?对于呢个三民主义,我近日在广东高师,每礼拜演说一次。头一个民族主义,演说了六个礼拜讲完;第二个民权主义,又演说了六个礼拜讲完;第三个民生主义,不日再来演讲。现在民族主义、民权主义两种,已经系辑书出来,咁就要诸君留心三民主义呢,就要将我呢个三民主义底演说,要留心详细来读过。呢个三民主义,系讲得好透彻嘅,系发挥得好精密嘅,里头系好多新思想,好多新发明。诸君能读呢个三民主义,就晓得用乜野方法来救国啰。我哋能照住三民主义呢种方法、呢种精神,大家同心协力来救国,咁中国就可以反弱为强,转贫为富,就可以同今日之列强,并驾齐驱啰。

据中国晚报馆留声部制片:《总理留声盘广东语演说词》(一九二四年五月三十日受音于广州),上海,中国晚报馆营业部发行,本书系由编者听录并加小标题

开办军校的惟一希望是创造革命军

在黄埔陆军军官学校开学礼的演说①

（一九二四年六月十六日）

来宾、教员、学生诸君：

今天是本学校开学的日期。我们为甚么有了这个学校呢？为甚么一定要开这个学校呢？

诸君要知道，中国的革命有了十三年，现在得到的结果只有民国之年号，没有民国之事实。像这样看来，中国革命十三年一直到今天，只得到一个空名。所以中国十三年的革命完全是失败，就是到今天也还是失败。至于世界上的革命，在我们以后发生的情形是怎么样呢？六年之前，有一个邻国，和中国毗连有一万多里，跨欧亚两洲来立国，比中国还要大，在欧战之前是世界上头一个强国，当欧战期内便发生革命，他们的革命后过我们六年。这个邻国是谁呢？就是俄国。俄国革命虽然是在中国革命的六年之后，但是说到结果，他们澈底成功。我们拿两国历史来比较。就对内一方面说，中国从前革命是对外来的满洲人。满清皇帝的威权到我们革命的时候已经是很薄弱，政治也是很腐败，当那个时候满清的国势是世界上最衰微的国家。比较俄国对他们皇帝革命时候的情形是怎么样呢？俄皇是本国人，又是俄国的教主，在国内的威权是第一，当没有革命的时候，俄罗斯的国势是世界上最强盛的国家。像这样比较，可说是中国是对权势很薄弱的皇帝来革命，俄国是对权势很强盛的皇帝来革命。所以就对内这一方面讲，中国革

---

① 该校为孙文创办，正式名称系"中国国民党陆军军官学校"，设址于广州东郊黄埔岛长洲原广东水师学堂及陆军小学旧址，通称黄埔陆军军官学校，简称黄埔军校。该校总理孙文，校长蒋中正，驻校国民党代表廖仲恺。一九二四年一月着手筹备，五月上旬新生进校并开始上课，第一期学生约五百人。六月十六日上午正式举行开学典礼，孙文先在该校礼堂向全体师生发表演说，继到操场出席开学仪式，下午参加阅兵式。同时亲书训词赠该校。全文如下："三民主义，吾党所宗，以建民国，以进大同。咨尔多士，为民前锋，夙夜匪懈，主义是从。矢勤矢勇，必信必忠，一心一德，贯澈始终。孙文（印）。中华民国十三年六月十六日。"

命是很容易的，俄国革命是很艰难的。就对外一方面说，俄国革命之后所遇到的障碍是很大的，中国革命之后毫没有人干涉。在革命之前，外国人虽然有瓜分中国的言论，我们也怕到革命的时候受列强的干涉；但是发生了革命之后，列强毫没有理会。俄国发生了革命之后，遇到外国人的障碍，不只是言论，并且实受兵力的干涉。各国军队侵进俄国境内的，有英国、法国、美国、日本和意大利以及他各小国的军队，外国人集合全世界的力量来干涉俄国。像这样看来，我们革命只在内对付一个很弱的政府，俄国革命在内要对付一个威权很大的政府，在外还要对付全世界的列强。所以更就对外那一方面讲，中国革命也是很容易的，俄国革命也是很艰难的。

　　为甚么俄国遭了那样大的艰难，遇了这样多的敌人，还能够在六年之内把所有的障碍都一概打消，革命是澈底的成功；我们革命的时期比较俄国要长一半，所遇的障碍又不及俄国的大，弄到至今革命还是不能成功呢？由中国和俄国革命的结果不同，推求当中的原因，便是我们的一个大教训。因谓〔为〕知道了这个教训，所以有今天这个开学的日期。这个教训是甚么呢？就是俄国发生革命的时候，虽然恃一般革命党员做先锋去同俄皇奋斗，但是革命一经成功，便马上组织革命军。后来因为有了革命军做革命党的后援，继续去奋斗，所以就是遇到了好多大障碍，还是能够在短时间之内大告成功。中国当革命之时，在广东奋斗的党员最著名的有七十二烈士，在各省舍身奋斗的党员也是不少。因为有了那些先烈的奋斗，所以武昌一经起义，便有各省响应，推倒满清，成立民国，我们的革命便有一部分的成功。但是后来没有革命军继续革命党的志愿，所以虽然有一部分的成功，到了今天，一般官僚军阀不敢明目彰胆更改中华民国的正朔；至于说到民国的基础，一点都没有。这个原因，简单的说就是由于我们革命只有革命党的奋斗，没有革命军的奋斗，所以一般官僚军阀便把持民国，我们的革命便不能完全成功。

　　我们今天要开这个学校，是有甚么希望呢？就是要从今天起，把革命的事业重新来创造，要用这个学校内的学生做根本，成立革命军。诸位学生就是将来革命的骨干。有了这种好骨干，成立革命军，我们的革命事业便可以成功。如果没有革命军，中国的革命永远还是要失败。所以，今天在这地开这个军官学校，独一无二的希望就是创造革命军，来挽救中国的危亡。

甚么东西叫做革命军呢？诸君到这个学校来学，要怎么样立志才可以做革命军呢？要有甚么资格才叫做革命军呢？

我们要知道怎么样可以做革命军，便要〈拿〉先烈做模范。要拿先烈做模范，就是要学革命党，要学革命党的奋斗。有和革命党的奋斗相同的军队，才叫做革命军。中国革命虽然有了十三年，但是所用的军队没有一种是和革命党的奋斗相同的。我敢讲一句话，中国在这十三年之中没有一种军队是革命军。现在在广东同我们革命党奋斗的军队本来不少，我都不敢说他们是革命军。他们这些军队既是来同我们革命党共事，为甚么我还不叫他做革命军呢？我之所以不敢以"革命军"的名号加之于这些军队之上的理由，就是因为他们内部的份子过于复杂，没有经过革命的训练，没有革命的基础。甚么是叫做革命军呢？就是要有革命先烈那一样的行为。有了这一样的行为，才叫做革命的基础。至于现在广东的这些兵士，对于先烈的那些行为还是莫明其妙。而且中国此刻是民穷财尽，一般都是谋生无路，那些人在没有得志之先，因为生计困难，受了室家〔家室〕之累，都是要来革命；到了后来稍为得志，便将所服从的甚么革命主义都置之九霄云外，一概不理了。所以在二年之前，竟有号称"革命同志"的陈炯明军炮攻观音山，拆南方政府的台。从前叫做革命军，同在一个革命政府之下的军队，因为利害不同，竟会倒戈相向，做敌人所做不到的行为。因此知道不明白革命主义的军队，究竟不能除却自私自利的观念，如果和他们本身的利害相反，马上便靠不住，所以我们的革命总是失败。我今天到此地来和诸君讲话，是要把以往的成败当作一场大梦，一概不要回顾他，要从今天起重新来创造革命的基础，另外成立一种理想上的革命军。

诸君不远千里或者数千里的道路来此校求学，既是已经明白了我们的宗旨要做成一种革命军，一定是富有这种志愿来做革命的事业。要做革命事业，是从甚么地方做起呢？就是要从自己的方寸地做起，要把从前不好的思想、习惯和性质，像兽性、罪恶性和一切不仁不义的性质都一概革除。所以诸君要在政治上革命，便先要从自己心中革起。自己能够在心理上革命，将来在政治上的革命便有希望可以成功。如果自己不能在心理上革命，就是此刻在这样设备完全的军官学校之内研究军事学，将来还是不能成革命军，做革命军的事业。所以诸君要革命，便先要立革命的志气。此时有了革命的志气，将来便可以当革命军的将领。我们要把革命做成功，便要从今天起立一个志愿，一生一世都不存升官发财的心理，只知道做救国救民的事业，实行三民主义和五权宪法，一心一意的来革命，才可以达到革命的目的。如果不然，就是诸君将来成立军队，打许多胜仗，得许多土地，各人到〔都〕能够扩充到几万人，还是不能够叫做革命军的。

中国现在不好的军人可以分成两派：一派是在革命党内的军人，这派军人口头赞成革命，行动都是反对革命，所谓口是心非；一派是在革命党外的军人，这派军人完全反对革命，只知道升官发财，时时刻刻都想推翻共和，恢复专制。诸君要将来维持共和，销灭这种军人，现在便要立志，要存心将来成功之后，不做自私自利的师长、旅长和一般横暴无道的军阀。诸君有了这种志气，才可以入革命的第二层门径。甚么是革命的第二层门径呢？就是要学革命先烈的行为。革命先烈的行为没有别的长处，就是不要身家性命，一心一意为国来奋斗。

从前的奋斗是甚么情形呢？大多数都是凭着赤手空拳，有了手枪炸弹的，便以为是很好的武器，每次起义总是用很少的这种武器去和清兵奋斗。当时全国的兵有多少呢？从前有旗下、绿营、水师和巡防营，后来又有新兵，总共不下一百多万。譬如辛亥年三月廿九日，在广州城的便有李准所带的水师、张鸣岐所带的陆师和燕塘的许多新兵，及满洲的驻防军，总计不下五六万人。当时革命党的人数不过是几百人。经过那次革命之后，死了的有七十二人，没有死的当然是很多。当时冲锋队的人有武器的不过三百人，所打的敌人不止三万人。革命党只用三百人便敢打三万多敌人，这就是革命党的见识。革命党的见识，都是敢用一个人去打一百个人的。此刻在这地听话的，多是军事教员同军官学生，试问诸位教员：研究军事学，在战术中有没有这个道理呢？有没有一个人打一百个人的成例呢？依我看起来，无论古今中外，都没有这种战术。普通的战术用一个人去打一个人，便以为了不得。古时的兵法都说是倍则攻之，十则围之。近时的兵法用一个打一个，非守即退。像这样的兵法，古今才叫做正当的战术。至于广州十三年前的革命，不但是用一个人去打一〈百〉个人，并且坐守广州的敌人都有长枪大炮，进攻广州的革命党只有手枪炸弹。战到结果，革命党死了七十二人，后人以为是失败。但是革命党攻进制台衙门，赶走两广总督，我们以战论战，当日广州城内之战可以说是成功。至于后来失败的原因，完全是由于预约援军不至。就是推到那次冲锋队的三百人，武器还是不精良。如果人人都有精良的武器，那次革命或者可以成功，并不是绝对没有成功的希望。我们事后用敌我的情形过细比较，那次革命之不成功，并不是三万敌人能够打败三百个革命党，实在是由于革命党内部的计画不周全。如果起义之先计画很周全，那次革命也不是绝对没有成功的希望。

辛亥年革命，在广州起义之后又有武昌起义。武昌起义结果是成功。推到当时的情形是怎么样呢？当时在武昌、汉口的革命党总共还不足三百人，真正革命党不过是几十人。所有的枪都没有子弹，临时到处搜索，只得到两盒子弹，一共不过五十颗。革命党分到了五十颗子弹，便在城内〈工〉程营中发难。城外的炮兵营立时响应，便拉两门炮进城，遥攻总督衙门，赶走瑞澂〔澂〕，占领武昌。至于当时驻在武昌的清兵，有第八镇的新兵，有长江的海军，又有巡防营的旧陆师，总共不下二万多人。革命党只用几十个人去打两万多人，可以说是用一个打五百个人。在广州起义用一个打一百个人，结果是失败；武昌起义用一个打五百个人，结果是成功。都是以极少数的人打极多数的人，在广州是失败，在武昌便成功，所以革命的奋斗不能一概而论。这种奋斗是古今中外各国兵法中所没有的，只有革命历史中才有这种创例。我们继续来革命，按步就班，便不能说用少数能胜多数。

诸位教员有从外国来的，有从保定①学的。从前各国在陆军学校所教授的学问，那是寻常的军事学。此刻学成的先生，再教授学生，一定也是从前所学的普通军事学。所以诸位学生在这个学校内所学的学问，大概都是极寻常、极有规矩的普通军事学。诸君专拿这种学问，可不可以做革命军呢？做革命军的学问，不是专从学问中求出来的。诸君在求学的时代，当然要听先生的指教，服从官长的命令，先生教了多少，便要明白多少。如果有绝顶聪明的人，或者有青出于蓝而胜于蓝的，就是没有绝顶的聪明，只要把先生所教的学问澈底了解，将来也有大用处。用诸君现在的情形和从前的革命党比较：从前的革命党都没有受过很多的

---

① 指保定军官学校。

军事教育，诸君现在这个学校之内，至少还有六个月的训练；从前的革命党只有手枪，诸君现在都有很好的长枪；从前革命党发难，集合在一处地方的最多不过是两三百人，现在这个学校已经有了五百人。以诸君这样好的根本，如果是真有革命志气，只用这五百人和五百枪枝，便可以做一件很大的革命事业。

军队之能不能够革命，是在乎各位将士有没有革命志气，不是在乎武器之精良不精良。如果没有革命志气，不研究革命的道理，像满清没〔末〕年所练的新军，陆军都有很精良的长枪大炮，海军有很坚固的战舰和鱼雷艇，总不能发扬革命事业，到了武昌起义之后都便归革命党所用。总而言之，革命是非常的事业，非常的事业不可以常理论。从前留学日本和欧美各国的海陆军学生，我们总是设法运动，要他们加入革命党，但是还有许多学生总是不肯加入，始终反对革命。他们那些反对革命的有知识军人，是甚么心理呢？过细考查，就是他们都有一种成见，自以为是军事专家。在我们革命党，主张用一个人打一百个人，用一百人打一万人。在他们受过军事教育的人看起来，以为这是古今中外战术中没有的道理，如何可以说成功呢？这个道理我们不必深辩，只要看后来中国革命推翻满清是谁做成的呢？成功的时候，固然是有许多军事家赞助，但是穷流溯源，说起原动力，还是由于极少数的革命党所发起的。推到当时一般有知识的军人，以为用极少数打败极多数是战术中决不能成功的定案，因为不赞成这个道理，便不赞成革命。所以从前的革命党，真有军事知识之人还是很少。辛亥年之革命所以大告成功，是由于全国已经发生了革命之后，段祺瑞便结合一般军人联名通电，赞成共和，才能够达到推翻满清的目的。革命党因为降格相从，容纳他们的意见，收买这一般军人，以后才收军事上的顺利。所以辛亥年革命之成功，实在没有真正军事学识的军人。大家总要记得革命是非常事业，不是寻常事业，非常事业决不可以寻常的道理一概而论。现在求学的时代，能够学得多少便是多少，只要另外加以革命精神，便可以利用。如果没有革命精神，就是一生学到老，死记得满腹的学问，总是没有用处。

我们现在才到这地开办这个军〈官〉学校，北方的官僚军阀老早便办得有保定军官学校和北京陆军大学。用我们这个学校和他们学校比较：他们学校成立的时间很久，人数很多，器械又完全；我们这个学校所处的种种地位，都是比他们的差得远。如果专就物质一方面来比较，又照常理论，我们这〔怎〕么能够改造中国呢？不过北方的将领和兵士集合在一处，成立军队，不是为升官发财，就是为吃饭穿衣，毫没有救国救民的思想和革命的志气。在从前满清的时候是这一种将士，现在遗留到曹琨〔锟〕、吴佩孚的也是这一种将士。我们没有军事学识的革命党，从前能够销灭满清；将来富有军事学识的革命军，更是能够销灭曹琨〔锟〕、吴佩孚。不过以我们现在所处的地位，要能够销灭曹琨〔锟〕、吴佩孚，根本上还要有革命的精神。若是没有革命的精神，他们的人多械足，我们不但是不能够销灭他们，恐怕反要被他们销灭。俄国在六年之前，一经发动革命便同时组织革命军，以后着着进行，所以能够销灭旧党和外来的敌人，大告成功。我们现在开办这个学校，就是仿效俄国。中国革命有了十三年，到今天还要办这种学校，组织革命军，可见大凡建设一个新国家，革命军是万不可少的。

诸君到这个学校内来求学，又聆过了我今天这一番的讲话，自然立志要做革命军。立志做革命军先要有甚么做根本呢？要有高深学问做根本。有了高深学问才有大胆量，有了大胆量才可以做革命军。所以做革命军的根本，还是在高深学问。要造就高深学问是用甚么方法呢？造就高深学问的方法，不但是每日在讲堂之内要学先生所教的学问，还要举一隅而三隅反，自己去推广。在讲堂之外更须注重自修的工夫，把关于军事学和革命通〔道〕理的各种书籍及一切杂志报章，都要参考研究。研究有了心得之后，一旦融会贯通，自然可以发扬革命的精神，继续先烈的志愿，舍身流血，造成中华民国的基础，使三民主义完全实现，革命大告成功。像俄国一样，我们中国才可以同世界各国并驾齐驱，中国的民族才可以永远的生存于人类。假若革命不能成功，中国便要亡，四万万人便要灭种。国亡灭种，都是诸君自身的利害，这是不能不挽救的。要挽救这种危亡，只有革命军。所以我们一定要开这个学校，要做成革命军。

革命军是救国救民的军人，诸君将来都是革命军的骨干，都担负得有救国救民的责任。既是有了救国救民的责任，便要从今天起先在学问上加倍去奋斗。将来毕业之后组织革命军，对于共和的障碍更是要同他们拚命，要能够用一个人去打一百个人。这种用一个人去打一百个人的本领，是靠甚么为主呢？当革命军的资格，是要用甚么人做标准呢？简单的说，就是要用先烈做标准，要学先烈的行为，像他门〔们〕一样舍身成仁，牺牲一切权利，专心去救国。像这个样子，才能够变成一个不怕死的革命军人。革命党的资格，就是要不怕死。要用甚么方法才不怕死呢？这种方法，说来说去还是要学先烈。我今天在这地同诸君讲话，便是一个后死的革命党。从前每次革命的时候，我常常参加，总没有一次贪生畏死，但是每次流血都没有流到我的身上，所以今天还能够同诸君讲话，把不怕死的道理口传到诸君。我敢说革命党的精神没有别的秘诀，秘诀就在不怕死。要能够有这种大勇气，在心理中就是视死如归，以人生随时都可以死，要死了之后便能够成仁取义。明白了这种道理，便能够说死是我们欢迎的，遇到了敌人的枪炮子弹，能够速死更是我们所欢迎的。有了这种大勇气和大决心，我们便能够用一个人去打一百人。因为敌人的观念，要生才以为是享幸福；我们的观念，要死才以为是幸福，一死便得其所。生死的观念在敌我两方面的精神过于悬殊，自然不能对敌，自然是我们有胜无败。

这种以死为幸福、要求速死的道理，并不是凭空的理想，完全是事实。像从前日本有一位中国留学生叫做陈天华，也发扬了革命的精神，还没有革命的时机，求死不得，便在日本投海而死，以死报中国。英国又有一位留学生叫做杨笃生，也是因为明白了革命的道理，没有到革命的时机，不能做革命的事业，看到中国太腐败，要以速死为享幸福，便在英国投海而死，以死报中国。像陈天华、杨笃生，他们是甚么人呢？他们就是革命党，就是热心血性的真革命党。他们都是由求死而所不得，所以迫到投海，实在是可惜。但是由陈天华、杨笃生两个人投海的道理，便可以证明一般人只要感受了革命的精神，明白了革命的道理，便可以视死如归，以为革命而死是很高尚、很难得和很快乐的事。如果在战场上遇到了自己主义上的敌人，受敌人枪炮的子弹而死，当然更以为是死得其所了。

从前的真革命党因为都有这种乐死的性质，所以敢用一个人去打一百个人，所以敢于屡次发难来革命，所以革命能够成功。这种先例，是古今中外兵书中所没有的，只有革命史中才有这种成例。这种成例，是非常的例子。我们要学这种非常的成例，便要有非常的志气；有了非常的志气，便能够看破生死关头，以死为幸福。如果人人都能够以死为幸福，便能够用一百人打一万人，用一万人打一百万人。假若我们现在有一万人的革命军，马上便可以定中国，因为此刻反对革命的全国军队总共不过一百万人。因为我们此刻没有一万人的革命军，所以那般贪暴无道的军阀便敢于横行全国，无恶不作，事事要害国，天天要推翻共和。我因为要维持共和，销灭这种贪暴无道的军阀，所以要诸君不怕死，步革命先烈的后尘，更要用这五百人做基础，做成我理想上的革命军。有了这种理想上的革命军，我们的革命便可以大告成功，中国便可以挽救，四万万人便不至灭亡，所以革命事业就是救国救民。我一生革命，便要担负这种责任。诸君都到这个学校内来求学，我要求诸君便从今天起，共同担负这种责任。

据戴季陶、黄昌谷笔记：《帅座对军校开学演词》，连载一九二四年六月二十日《广州民国日报》（三）及二十一、二十三、二十四日该报（六）

在广州蒙难二周年纪念日对卫士的讲话

（一九二四年六月十六日）

设非诸君忠勇出死力拥护拒敌，今日之日，正不知是何景象，不可不留纪念。

据《纪大元帅蒙难纪念日》，载一九二四年六月二十二日上海《民国日报》第四版

有志竟成努力自强

胡汉民代表孙文在广东大学毕业典礼的训词①

（一九二四年六月二十一日）

（民国十三年六月二十一日，广大学校之师范、法学、农学三院合行毕业礼，大元帅派总参议胡汉民代表致词曰：）

学海汪洋，毓仁作圣，大学毕业，此其发轫。

---

① 二十一日广东大学举行校长就职礼暨学生毕业式，胡汉民至该校宣读孙文所写的训词。

724 孙文全集 第十册·演 说

植基既固，建业立名，登峰造极，有志竟成。

为社会福，为邦家光，勖哉诸君，努力自强。

据《广大毕业纪盛》，载一九二四年
六月二十三日《广州民国日报》（七）

充实民力与军警卫民

在广州检阅军警及商团军会操的训词①

（一九二四年六月二十九日）

（邓彦华宣读大元帅训词：）

欲保民权，在实民力，民力既充，不为威劫，人心以宁，公理斯真，拨乱反正，此为上策。维军与警，卫民有责，民能自卫，更宜扶植，勖尔有众，自强不息。爰授此旗，焕如天日，军魂所系，守而弗失。捍卫闾阎，绥靖邦国，敬慎始终，无忝厥职。

（廖仲恺宣述大元帅训语：）

今日诸将官在此联合演习，大元帅非常嘉勉。以今日之动作看来，训练上似未甚充分，然欲达此目的，非经过长时间不可。今以如此短促时间竟有此结果，大元帅对于各将言〔官〕非常嘉尚。

在广东现在时候及中国状态中，革命十三年来尚未达到国利民福目的。现欲国基巩固，民生乐利，使全国得享革命成功后之幸福，固须由全国人民奋起协助，但仍要穿军服者本其本领与人民合作，方能迅速收其效果。所谓本领者，即由训练而得之好结果也。故将来结果之良否，当视乎军警之能否努力革命及商团之能否捍卫地方为断。诸君在此短促时期中已有此成绩，果能继续奋斗努力干去，得

---

① 二十九日上午，孙文在北较场检阅会操并举行授旗仪式，参加会操者计有广东警卫军一千二百人、广州武装警察五百四十人、广东商团军（五月由广州商团发起成立）四百八十人，另有两所军政学校学生七百余人及众多中外人士到场参观。先行授旗式，并由大本营参军邓彦华宣读大元帅书面训词。继为检阅会操，会操毕如警卫军排长以上及武装警察、商团军官佐至阅兵坛前，由广东省长廖仲恺代大元帅宣述训语。

收民生乐利之效果，可断言也。然而须着着实实，而如何方能达此目的，则继续
向训练上加工做去，此则大元帅所希望于诸君者。

据《大元帅检阅军警团并举行授旗礼式》，载
一九二四年六月三十日《广州民国日报》（三）

附：廖仲恺宣述大元帅训语的另一记录

各位将官：

　　大元帅命令本省长代向各位说几句话：今日军警大家会操，大元帅检阅非常
嘉勉。今日检阅结果，一般看来，训练上仍未充分，惟在短时间之训练及在今日
情势之下，能有如此成绩，已属难能可贵，此为将领诸君努力之所致。现在广东
如此时候，中国如此状态，在革命战争十三年来能得革命之效果，致国利民福之
地步，须要达到本党三民主义，尤其要达到民生主义，使人民安居乐业，惟此须
人民大家奋斗。然希望穿军服者之奋斗，比较要求一般人民奋斗为多。军队本此
宗旨为革命之奋斗，警察、商团亦本此宗旨之奋斗，维持治安。但我希望穿军服
者，以后加以十分训练，使军力充足，力量能充足，方能奋斗保卫国家社会，达
到民生乐利目的，此大元帅之厚望于诸位将领也。

据《大元帅检阅军警商团会操盛典》，载一九
二四年七月四日上海《民国日报》第四版①

以至诚立志做革命宣传工夫

在国民党宣传讲习所开学典礼的演说②

（一九二四年六月二十九日）

同志诸君：

---

① 底本未录孙文书面训词。
② 二十九日晚，中国国民党宣传讲习所在广州举行开学典礼，孙文出席祝贺并作此演说。

本党自改组后，我们即着手开办一陆军军官学校，现在军官学校经已开办了。今天晚上，在此地又开一宣传讲习所。这两件事都是为实现本党主义的奋斗事业。军官学校教学生用枪炮来奋斗，用枪炮来铲除军阀，以一死决雌雄；这个讲习所是教学生用口头来奋斗，用笔墨来宣传三民主义。

这两种奋斗事业究竟那一种较为重要？那一种难，那一种易呢？讲到重要，则两种都是很重要的。用枪炮对前线敌人奋斗，固属很重要。民国成立以来，我们党人多数用枪炮来奋斗，少用宣传的奋斗，所以以前有许多人都是人自为战的。各人自己立心出来，随时随地自由行动，自己个人去奋斗，至到有联络、有系统、有纪委的奋斗，从前的革命党实在未曾做过。今晚的宣传讲习所，就是第一次发起用口舌来奋斗的。照这两种奋斗来讲，以前以为用枪为最要，枪炮的力量已把满清的政府去铲除。但满洲虽已铲除十三年，而革命仍没有彻底的成功，未得甚么结果，这是因为什么缘故呢？这是因为缺乏宣传，在从前看枪炮的力量重过宣传的力量，所以少向宣传方面去奋斗。但是，虽是用枪的奋斗经已成功，革命事业仍然得不到甚么结果。现在我们应该觉得初期的革命用枪炮的奋斗十分重要，但后来的革命用宣传的奋斗更为重要。若果我们以后无宣传的奋斗，则我们用枪来奋斗的结果必不能保持，这就是十三年来革命失败的重要原因。

我们这一次的革命想补足前时的缺憾、前时的过失，故今晚开设宣传讲习所，想同志在这讲习所学得几多，就将你的心得、你所知到的，向民众宣传。宣传事业实在同军人事业一样的大、一样的重要，所以古人说："攻心为上，攻城次之。"攻心就是用宣传的方法。以前专注意攻城，忽略了攻心，故我们以后应注意攻心，将本党主义宣传于民众。诸同志现在来讲习所学习，讲习所自然将本党的三民主义教授同志，俾同志知到了以后，用这种道理来宣传。

但我们宣传目的在那里呢？你们将来出去宣传，你们只能令民众知到三民主义的内容，这就算宣传有了结果吗？这可算为宣传的目的吗？若果平常所讲的宣传，自然是令人知、令人晓，但这不是我们的目的，不是我们的结果。我们的目的、我们的结果究竟在那里呢？今晚同志在这讲习所学习，先要求知。我们学习求知，究竟图达到何种目的？实在知不是我们的目的，求知不过是一种方法。我们宣传主义，不特是要人知，并且要感化民众。我们若果能感化民众，这才算我们的结果，这才算达到我们的目的。若徒然知到，实在可谓毫无结果，这不是我们的目的，故感化人乃为我们宣传的目的。今晚诸同志要知到学到种种方法后，要以感化人做结果、做目的，若果不能做到，则徒然而已。但我们既知道感化人为最大目的，想达到这最大目的，要有资料。我们究竟要甚么资料呢？若我们能够学得许多学问，善用口才，我们这样去做宣传的工夫，我们就能感动人吗？学问与口才本为宣传方法，若果要能感动人，究竟以甚么为最重要呢？这最重要点，我们今晚要明白清楚，若此点不明，收效更不易。

我们要感人，最先要什么东西呢？我们要用一个"诚"字，"至诚感神"。有至诚，则学问少、口才拙，都能感动人。至诚有最大的力量。若我们于宣传时无至诚之心，则不能感化民众。若有这一点至诚之心，则无论何人均能感动，所以各同志在讲习所想学宣传之时，第一条件要有诚心，为革命奋斗，诚心宣传，要以宣传为终身事业、为极大的事业。最要注意这一件事，存致〔至〕诚之心，宁愿牺牲世界一切权利荣华，专心为党奋斗。若果各同志能这样存心，能这样为党奋斗，则我们事业必定成功。我国革命事业，发起人数非常之小，时间也不过二三十年，革命风潮能传播于全国，造成一种极大的力量，究竟是甚么缘故呢？这实在是先烈至诚之心，能牺牲身家性命来救国。这种牺牲精神感动全国人，所以能得多数人赞成革命。但现在赞成革命的人，比二十年前已大有进步，但拿我国人口四万万人来比较，则革命党仍为少数，故今日宣传工夫更加重要、更加急切。我们要速即宣传"革命主义"，令所有民众知到，令人通晓，令他们来赞成革命，同我们合作，那么革命可以成功。

诸同志已知到用枪的奋斗已打倒了满清，以后要人人有革命思想，我们才可以作建设的事业，由此可以知到"宣传为建国后一半工夫"。今晚诸同志应知到，先一半工夫已为先烈与现今剩下先得革命思想之诸同志做过，其他一半要诸君来担任。须知若这一半无人担任，则革命事业不能成功，故我们自改组后，知到想革命成功，要靠宣传事业。今晚望诸同志把这个责任负起，拿至诚做基本，这样则得了宣传材料，并得到宣传的能力。若无至诚，则虽有高深的学问、雄辩的口才，终无成功的希望。今晚诸同志来研究党的主义，预备宣传，当以至诚为重。要之至诚精神，能立诚心，则感人易；能感人，才可把我们的主义宣传民众；民众受感与我们合作，革命才可成功。故今晚本总理希望诸同志以至诚立志，来做革命工夫。

据甘乃光记：《大元帅对国民党讲习所开学训词》，
载一九二四年七月一日《广州民国日报》（三）

附：另一记录

同志诸君：

本党自改组后，我们便着手开办一个陆军军官学校，今晚上在此地又开办一个宣传讲习所。这两件事，都是为本党主义来奋斗的事业。军官学校是教学生用枪炮去奋斗，这个讲习所是教学生用语言文字去奋斗。

这两种奋斗事业，究竟是那一种更为重要呢？讲到这一层，两种都是很重要的。民国成立以来，我们党人大多数都是用枪炮来奋斗，很少的用宣传来奋斗。所以从前的同志都是人自为战，各人单独想出方法，随时随地自由行动，凭个人去奋斗。至有联络、有系统和有纪委的奋斗，从前革命党实在没有做过的。今晚开办这个宣传讲习所，就是第一次发起用语言文字来奋斗。就用枪炮和用语言文字两种奋斗来讲，从前用枪炮来奋斗的时候最多，用枪炮的力量已经把满清政府铲除了。但是满清政府虽然是已经铲除了十三年，说到革命还没有彻底成功，没有得什么结果。这是因为甚么缘故呢？简单的说，就是因为缺乏宣传奋斗的工夫。从前把枪炮的力量比宣传的力量看得太重，少向宣传那一方面去奋斗，所以用枪炮奋斗，虽然是已经成功，论到革命事业，还不能得甚么结果。现在我们应该晓得，初期的革命十分重要的是枪炮奋斗，后来的革命更加重要的还是宣传奋斗。如果我们没有宣传的奋斗，那末，我们用枪炮奋斗得来的结果便不能够保持，这就是十三年来革命失败的重要原因。我们这一次革命，想要补足从前的缺憾和从前的过失，故今晚便开设这个宣传讲习所，想各位同志在这个讲习所学得多少智识，然后更将所学的心得，向民众去宣传。讲起效力来，宣传事业同军人事业，实在是一样的大，和一样的重要。向民众宣传，就是同向敌人猛烈的进攻一样。古人说："攻心为上，攻城为下"。攻心，就要用宣传的方法。从前专注意攻城，忽略了攻心，所以我们以后便应该注意攻心，把本党的主义宣传到民众。诸位同志到这个讲习所来学习，讲习所自然要把本党的三民主义教授到各位同志，俾同志知道了以后，用这种道理去宣传。

我们宣传的目的是在甚么地方呢？你们将来出去宣传，只要给民众知道三民主义的意思，这就算是宣传有了结果吗？这可算是宣传的目的吗？专就平常的宣传而论，自然是要令人知，令人晓。但是这不能算是我们的目的，不能算是我们的结果。我们的目的和结果究竟在那里呢？各位同志在这讲习所内来学习，本是先要求知。我们求知，实在不是我们的目的，这不过是一种方法。至于我们宣传主义，不特是要人知，并且要感化民众，要他们心悦诚服。我们若果能感化民众，民众能够心悦诚服，那才算是我们宣传的结果，那才算是达到了我们宣传的目的。若是徒然知，而毫不被感化，便是毫无结果。没有结果，便不是我们的目的。要感化人，那才算是宣传的目的。诸位同志要知道学到了种种方法之后，还要以感化人做结果和目的。我们既是知道了感化人，就是最大的目的，想达到这个最大目的，必要有资料。我们究竟要有什么资料呢？我们如果能够学得许多学问，又能够用口才去做宣传的工夫，就能感化人吗？学问和口才本来是宣传的方法，如果要能够感动人，究竟以甚么为最重要呢？这种重要点，我们今晚便要明白，如果不明白这一点，收效便不容易。这一点究竟是什么东西呢？我们要感化人，最要紧的，就是诚。古人说："至诚感神"。有至诚，就是学问少，才口〔口才〕拙，也能感动人。所以至诚有最大的力量。若是我们在宣传的时候，没有至诚的心思，便不能感化民众。有至诚的心思，无论什么人，都能够感动。所以各位同志在讲习所要学宣传的方法，第一个条件，便要有诚心。要诚心为革命来奋斗，诚心为主义来宣传。要以宣传为终身极大的事业，存至诚的心思。要能够牺牲世界一切权利荣华，专心为党来奋斗。如果各位同志能够这样存心，能够这样为党来奋斗，我们的事业便能大告成功。我们中国的革命事业，发起的人数很少，时间不过二三十年，革命风潮能够传播到全国，造成一种极大的力量，究竟是甚么缘故呢？这就是先烈有至诚之心，能够牺牲身家性命来救国。因为他们有这种牺牲精神，能够感动全国人民，所以便得多数人的同情，都来赞成革命。现在赞成革命的人比较二十年前是进步得多，但是拿全国四万万的人数来比较，革命党人还是居于少数，所以宣传工夫在今日更加重要，更加急切。我们要赶快宣传革命主义，令所有的民众都知道，令人人都通晓，要全国的人民都来赞成革命，同我们合作，那么我们的革命便可以成功。

诸位同志知道，从前用枪炮奋斗已经打倒了满清，以后要做建设事业，还要人人都明白革命的道理，都来同我们合作，才可以成功。由此，便可以知道宣传就是建国的后一半工夫。前一半工夫，已经由先烈和现在先得革命思想的诸同志做过了；其他一半，还要诸君来担任。大家要知道，这一半工夫，如果没有人担任，革命事业便不能彻底成功。本党自改组之后，知道要想革命彻底成功，便要注重宣传。所以本总理今晚来同诸君讲话，便望诸位同志把这个责任担负起来。要担负这个责任，须拿至诚做基本，有了至诚做基本，便是有了宣传材料，便是得到宣传的能力。假若没有至诚，就是有高深的学问、雄辩的口才，永久还是没有成功的希望。诸位同志，今晚来研究本党的主义，预备宣传，本总理希望于诸君的，就是要以至诚为重。能有诚心，便容易感人；能感化人，才可以把我们的主义宣传到民众，令民众心悦诚服。民众受了我们的感化，才能够同我们合作；到了民众都同我们合作，革命自然可以成功。所以本总理今晚来同诸君讲话，没有别的贡献，头一无二的贡献，就是要诸位同志，以至诚立心，来做宣传一方面的革命工夫。

据《总理对国民党讲习所开学训词》，载广州《中国国民党周刊》第二十九期，一九二四年七月十三日印行

附载：林森代表孙文在广州市特别党部成立大会的训词①

（一九二四年七月六日）

兄弟奉总理命，出席广州市特别党部成立大会。本党改组，总理抱一大志愿，将总理从前全权付托于大众同志，责任极为重大。各同志受此付托后，须努力担任。此种职务重大，望诸同志要明白此意及职务。此权须得大多数力量之集中，

---

① 六日下午，中国国民党广州市特别党部在广东高等师范学校礼堂开成立大会。林森以总理代表资格致训词。

共同负担。如党员个人有意见，可提交区分部讨论；区分部议决后，交市党部；市党部议决后，交中央党部；俟议决后，即由中央党部分令各省、市、区分部执行。故党员个人要遵守纪律，对党务一致整理，此总理对于各同志之厚望。以后各事，党中议决后，即通行全国，再进焉可通行全世界，此总理所尤切望诸同志共同担负党务责任也。广州市党部系特别党部，为引导各地党务之模范，各位同志须努力为党负责任。总理祝同志进步。

据《特别市党部成立大会纪》，载一九二四年七月七日《广州民国日报》（三）

农民要结成团体实行民生主义

在广州农民党员联欢大会的演说①

（一九二四年七月二十八日）

诸君：

今日是开农民联欢会。大家知道为什么要开这个会呢？开这个会之后要做什么事呢？要知道这个原委，便先要知道今日在中国是一个什么日子。今年叫做民国十三年。为什么有了民国十三年呢？因为在十三年之前，革命党的同志才起革命军，推翻满清，恢复汉人的国家，创成民国。在民国没有创成之先，中国的皇帝是满洲人。满洲人是外国来的，是一种异族，不是汉人。他们在二百六十多年之前，用兵力来侵占中国，征服汉人，灭了明朝，统一中国的江山，才把国号改做清朝。所以满清统治中国，压迫汉人，有了二百六十多年。到了十三年之前汉人才发生革命，赶走满洲人，恢复汉室的山河，一直到现在，中国的事情都是汉人自己管理。

大家如果不知道清朝与民国的分别，可以就广东从前和现在情形想一想，便可明白。广东十三年之前是什么情形呢？大家知道广州是两广最大的城市，在广

---

① 联欢大会由国民党中央执行委员会农民部主办，二十八日上午在广东大学礼堂举行，近郊一千多名农民党员及军警各界来宾共二千余人到会。下午，大会议决成立广州市郊农民协会。

州城内最大的官有两广总督，他的权力可以管理广东和广西两省。总督之下有将军，将军之下又有旗防。旗防是满清派到广州来驻防和监视汉人的，汉人官吏做事都要听满洲人将军的话。所以满洲人是主人，汉人是奴隶。这些情形，你们做小孩子的当然不知道，做大人的应该记得很清楚。在当时汉人并且不敢到旗下街去行走，如果自己不谨慎，要是被旗人①打死了，去打官司，旗人不抵命。这就是因为满洲人是主人，我们的官吏都是被他们监督，所以不敢理这些事。至于汉人生了子孙，有没有教养，官吏总是不管。满人的小孩子，一出世之后便有长粮吃。那些汉满不平等的事是非常之多。到后来一般革命先烈知道我们是做奴隶，看见那些不平的事是很无道理的，所以提倡民族主义，推翻满清政府，创成民国来行民权。这种民权主义，是以人民为主人的，以官吏为奴隶的。所以十三年前的革命是一件很奇怪的事，是中国几千年来破天荒的第一件事。在那次革命以前，人民都是做皇帝的奴隶，无论什么事都要听皇帝的话。到了民国成立，便是以民为主的世界，人民便变成了主人，皇帝变成了奴仆。在这个民国时代本来没有皇帝，最大的官是大总统和国务总理，以下就是各部总长、各省省长以及各县县长。这些官吏从前都是在人民之上，今日便在人民之下。大家知道现在民国没有皇帝，究竟是什么人做皇帝呢？从前是一人做皇帝，现在是四万万人作主，就是四万万人做皇帝。换句话说，就是在帝国时代只有一个人做皇帝，到民国时代这四万万人都是皇帝。这就叫做以民为主，这就是实行民权。这些事实，中国几千年来虽然没有见过，但是老早便有了这种理想。譬如孔子说"天下为公"，又有人说"天下者，是天下人之天下也"，就是这种理想。我们革命党要实行三民主义，也就是这个意思。

三民主义是什么呢？就是民族主义、民权主义和民生主义。民族主义是对外国人用的，不许外国人来治中国，做中国的皇帝；要我们中国人来治中国，自己管理自己。革命党从前推翻满清，就是实行民族主义。但是满清推翻之后，还是要受外国人的欺负。我们实行民族主义，推翻满清，虽然脱离了满清的奴隶，但是还要做外国人的奴隶，所以民族主义还没有完全成功。推翻满清只可算作一半

---

①　按清朝兵制，编置满洲八旗、蒙古八旗、汉军八旗，隶旗籍者称为旗人或旗下人。

的成功，其余一半就是受列强的压迫。列强到现在还要压迫中国的原因，就是由于从前满清和他们立了条约，那些条约放在外国，就是把我们的身契押去外国，把我们的权利都送过外国人去了一样。那些条约就是通商条约，所以满清与外国的通商条约就可以说是我们的卖身契，所以我们到了今日还要受外国的压迫。我们实行民族主义，已经推翻满清虽然是一半成功，以后还要废除我们的卖身契，不做各国人的奴隶，那才算民族主义是完全成功。

讲到民权主义，我们推翻满清之后创成民国，虽然是以民为主，但是不久又生出许多督军、省长。那些督军、省长都是满清留下来的旧官僚，他们的思想只知道有皇帝，所以他们做事的专制，还是要实行皇帝的职权。因为这个原因，所以民国到今日虽然有了十三年，民权还是不能够实行。我们要把民权主义完全达到目的，所以还要希望大家同心协力来奋斗。民族主义是用来对国外列强来奋斗的，民权主义是用来对国内强权来奋斗的。

至于第三个，民生主义是对谁来奋斗的呢？是要各人自己发奋，自己谋生活，自己来造成自己的世界。革命党为民族、民权两个主义奋斗了十三年，民生主义十三年来总没有理过。说到结果，民族主义只有一半成功，民权主义到今日还觉得是失败，因为民权、民族两个主义还没有成功，民生主义还更是没有工夫去做。

今日开这个农民联欢大会，这是革命党和农民的第一次见面。我们大家见面之后，要做些什么事呢？就是从今日起，要实行民生主义。民生主义如果能够实行，人民才能够享幸福，才是真正以民为主；民生主义若是不能实行，民权主义不过是一句空话。民生主义能不能够实行的责任，就在大家农民的身上。所以今日开这个农民联欢会，革命党与农民第一次见面来讲话，就要大家来实行民生主义。什么是民生主义呢？民生主义就是要人人有平等的地位去谋生活。人人有了平等的地位去谋生活，然后中国四万万人才可以享幸福。所以今日的这个大会，要大家合力来实行民生主义，就是要大家合力来谋幸福。

大家知道，今日中国是以民为主的，我们要为人民谋幸福，便要为大多数人谋幸福。中国的人民是以那种人为最多呢？刚才主席①讲，农民的〈总〉数在人

① 指主持大会的农民部秘书彭湃（加入国民党的中共党员）。

民里头占有百分之八九十，是占极大多数。就是一百个人里头，就有八九十个人是农民。中国几千年来立国，大多数的人都是农民。现在的农民是怎么样呢？一般农民所处的境遇都是最艰难和最痛苦的，没有幸福之可言。如果现在还没有觉悟，还不与政府联络来实行民生主义，就永远没有幸福。现在农民何以最艰难和最痛苦呢？因为在满清的时候，政府不准农民有团结，如果结成团体，便有抄家灭族的危险，所以农民向来没有联络，像一片散沙一样。就是到今日，还是不知道联络，还是没有团体。现在政府帮助农民，提倡农民结团体，农民如果利用政府的帮助去实行结团体，就可以恢复自己的地位，谋自己的幸福。

你们农民所受的艰难痛苦是什么情形呢？大家想想，一年辛苦到晚，该是担了多少水旱天灾的忧，受了多少风雨寒热，费了多少的血汗劳动，才收获若干谷米。或者在谷米没有收成之先，当青黄不接的时候，急于要借钱度日；或者是已经收成之后，急于要钱完粮纳租，都不能不把谷米用极平的价出卖。商人用极平的价买得谷米之后，一转手之劳，便用极高的价再行发卖，中间一买一卖，赚很多的钱，都不关你农民的事。而且你们所耕种的田大多数都是租来的，租钱又贵。所以你们每年辛辛苦苦得来的钱，都是为商人和田主空劳动的。至于你们所用的衣服器具，更要用很高的价，花很多的钱，才能够买到手。你们这种生活，凡是买进的衣服器具都要用很高的价，花很多的钱，卖出的谷米只照很低的价，得很少的钱，这就是受经济的压迫。因为受了很大的经济压迫，所以你们农民便是很穷，所处的地位便是很低。本来全国人民都是靠农民来吃饭的，农民一日不卖谷米，全国人便一日没有吃饭，所以你们的地位实在是很重要的。不过因为大家没有团体，自己固有的利益都没有力量保守，在无形之中都是被人抢去了，所以自己便吃亏，要受种种痛苦。

我们革命党是建立民国的人，实行三民主义，今日第一件事便留心到农民，便是要救济这种农民的痛苦，要把农民的地位抬高，并且要把农民在从前所受官吏和商人的痛苦都要消除。我们要做成这件事，根本上还是要农民自己先有觉悟，自己知道自己的地位是重要的，要有这个思想，然后大家才能够联络起来。

联络的方法，先要一村与别村联络，一乡与别乡联络，一县与别县联络，以至于一省的农民都能够联络起来。广东全省的人民有三千万，如果说八成是农民，就有二千四百万人是农民，只有六百万人是别种人。中国现在是民国，要成真民国，是要多数人能够讲话的。多数农民如果能够结成大团体，就有力量可以讲话。不过在这十三年以来，多数农民都是自己放弃这种权利，不知道争回自己的地位，不知道自己是主人翁，还以为像从前满清一样，自己还是奴隶。今日开这个会，就要大家醒起来，知道这十三年以来自己不是奴隶，是主人翁。要能够做主人翁，便要大家联络起来。大家联络之后，有了大团体，便能够讲话。

你们知道，现在学生有学生会，商人有商会，工人有工团，只有你们农民没有团体，所以你们这类的人数虽然是很多，反要受少数人的压制。少数人之所以能够压制多数人，就是因为他们的团体很坚固，武器很精良。譬如广州市的商团，人数虽然不大多，但是有好枪，所以能够压制人。农民既然是大多数，自己又是主人，便不应该受人压制。因为多数农民都不明白这个道理，所以要做人的奴隶，正所谓是自寻烦恼。本党今日开这个农民联欢会的目的，就是在提醒你们农民，要你们回乡之后更提醒大众，大众都联络起来，结成团体，便可以不致做人的奴隶。农民如果能够做这件事，政府一定可以帮助进行，先从此村与彼村联络，再推到此乡与彼乡联络、此县与彼县联络，不到一年就可以推广到全省的农民都联络起来，成一个二千四百万人的大团体。有了这样大的团体，那么从前被人抢去了的利益，便可以争回来。若是争不回来，或者被人压迫，便可以设法来自卫，或者是抵制。好像现在广州的商人便有商会，组织商团军，有很精利的枪支可以自卫；工人便有工会，如果受人家的压迫，便全体罢工去抵制。这次沙面的工人罢工是什么原因呢？沙面本来是中国的土地，是满清送到外国人的，外国人设立种种苛例来压迫中国的工人，工人便全体罢工去抵制。你们大家都知道，中国向来是怕外国人的，凡是中外发生了交涉，中国人总不敢讲话。但是这次沙面的工人抵制他们，因为有很坚固的团体，所以遇到外国人发生苛例，便全体罢工要求列强来取消。列强因为看见工人是很坚固的团体，所以不敢再压迫，便要同工人来讲和。由此可见工人要有团体，才可以保护自己。你们各乡农民向来不知结团体、练农团军来自卫，所以总是被人欺负。如果要以后不被人欺负，便要从今日起结成团体，挑选各家的壮丁来练农民团军。你们能够这样进行，政府还可以从中帮助，用极低的价卖枪给你们。你们有了枪，练成了很好的农民团军，便是中国第一等的主人翁，讲很有力的话。

人民在国家里头要想讲话，先就要负一种责任，要尽国家的责任，就要和政府联络。和政府联络之后，就不致被商人和工人欺负。从前因为不知道和政府联络，所以被商人和工人欺负。今日本党开这个会，就是提醒你们，想用政府帮助你们大联络起来，占一个头等地位，做一个说话有力的主人翁。如果你们在各村、各乡、各县都联络了之后，政府还有新方法来指导，要你们每年收获的谷米不致被人侵夺，不致受商人、工人的欺负，有种种大利益。要达这种大目的，就要农民同政府合作。农民同政府合作之后，便可以一致实行民生主义，为大众谋幸福。

大家知道，民国是要人人得安乐的，中国的农民向来都是痛苦。今日开这个农民联欢会，是中国政府同农民见面的第一次，是政府为农民谋幸福的第一日，为农民争利益的第一日。你们到这个会的人知道了办法，回去乡村之后，第一步奋斗的工夫是要大家联络，结成真团体。大家做到第一步的工夫，有了好团体之后，才可以做第二步的工夫。第二步工夫是什么呢？就是为农民争利益。但是第一步工夫如果没有做好，决不能够乱说就要做第二步工夫。先要把第一步工夫谨慎去做，做好了之后，然后举代表来报告政府，再来开大会，政府便教你们做第二步工夫。倘若你们不谨慎，在第一步工夫没有做好之先，便说商人赚你们的钱，去抵制商人，商人决不准你们去联合。或者你们以为田主收你们的租钱太贵，便要抵制田主，或是抢田主的钱，田主也是不准你们联合的。所以你们要先组织团体，以后才可以争利益。若是真有二千四百万人的一个大团体，不待你们来争，无论什么人都要给你们以大利益。如果先不联络团体便要去争利益，就像俗话说"未学行，先学走"，一定是有祸害的，以后田主、商人等更要压制你们。所以今日这个联欢会，关系你们的身家性命，关系你们的祸福。你们做得成功，就要受很大的福；做不成功，就要受很大的祸。这是你们农民不可不谨慎的。

今日这个农民联欢会，在中国是破天荒的第一件事。我们做这个第一件事，便要得一个很好的结果。要得一个很好的结果，就要大家去奋斗。大家能够奋斗，就可以成大功！

据《孙总理对农民党员联欢会训词》，载《孙总理对于农民运动之演说词》，广州，中国国民党中央执行委员会农民部一九二四年九月印行

为甚么政府要扣留商团枪枝

对广州商团请愿代表的演说①

（一九二四年八月十二日）

诸君：

你们今天来请愿的意思，我刚才和各位代表讲话已经很明白了。你们想得回这些枪枝是很心急的，但是这件事你们不必担忧，政府一定是给还你们的。

刚才我和各位代表商量，要你们与政府定一个办法，要甚么时候可以给还，要经过甚么手续才能够给还，这都是要大家商量的。以后你们的代表和我派〔派〕的代表商量一次，或者二次，商量妥当之后，对于这个问题解决了，那便可以把这些枪枝给还你们。

现在，你们要知道：为甚么原因政府要扣留你们的枪枝呢？你们现在很心急，以为很艰难辛苦、费许多钱财才得这些枪枝，闻得被政府扣留，得不到手，便慌得不了，要明日罢市，交涉这批枪枝，这便是你们不讲道理，这不是正当办法。罢市这件事，是你们商人很吃亏的，是不得已之后才可以做的举动。今日你们来请愿，我亲自出来见你们，和你们商量办法，你们又何必要心急呢？又何须乎罢市呢？这件事本来应该要你们团长②来讲话才可以明白的。但是，你们团长不到。所以你们要明白为甚么政府要扣留你们枪枝的道理，你们听了我的话，明白了这件事的道理之后，回去讲过大家知道，都要心平气和来互相考究这个问题，决不可感情用事，从中鼓噪，扰乱大家的治安。

政府对于这批枪枝的疑点，第一是你们团长前几日到军政部领一张护照，声明这帮枪枝最快也要四十日之后才可以到广州。所以，那张护照的用场，当然要

---

① 八月十日，孙文下令监押运载商团枪械来广州的丹麦商轮"哈佛"号。十二日，将轮上所运商团枪械全部起货封存于黄埔军校内。同日，商团及商团军代表数百人到大本营请愿。孙文在大本营操场发表此演说。

② 指陈廉伯。

四十日才生效力。现在，这些枪枝忽然在四十日之内便到了。领护照的时候，你们团长并且声明装枪的船才在外国动身，现只有四日便到了。枪到的时候，又鬼鬼祟祟，私下和李福林交涉，许他二百枝驳壳做酬劳，叫他替你们起枪。李福林不肯私相授受，没有答应。你们又私向江防司令部交涉，拜托滇军，要滇军用"宝璧"兵舰去替你们起枪。政府事前毫不知道，所以便制止"宝璧"的行动。依我来看，你们既然领了军政部的护照，是很正式的，为甚么要暗中到处拜托人，给人家枪枝，想私自起卸呢？这件事不能不令政府怀疑。我想你们团长当时的用心，一定是以为这些枪枝如果这次能够私自起卸，便不用军政部的护照，而且对你们也要蒙骗，说那些枪枝还没有到广州，等到四十天之后，第二批枪枝到了，然后才用军政部的护照，才对你们说枪枝是到了。他们这次所运的枪就是顶包，现在顶包已经是穿了。因为这个原故，政府便要查究。

第二，是你们所买的枪之外，更有其他许多的枪，究竟是甚么人的呢？政府现在扣留那只船，是要查明甚么人来偷运这么多的枪枝，这样多的枪枝究竟是甚么来历。

还有第三个疑点，就是你们现在要领枪枝的商团军亦〔只〕有一千多人，这次所买的枪有八九千枝。这样多的枪，又有甚么用处呢？还要交甚什么人呢？现在你们急于要枪，如果枪不能要到手，便想罢市，来要挟政府。若是真做这件事，便是你们上了当，便是你们不明白道理。

你〈们〉大家要知道，这批枪枝是顶包偷运，现在被政府查出扣留，你们应该要责问这件事的经手人。枪枝的护照既然声明四十日后方能够到广州，现在只有四日便到了。你们代表说是不知道运船开行的时期，但是这一百多万元的枪枝，不是小事。那有事前不知道到广州时期的道理呢？其中显然是另外有人借你们商团的招牌来偷运枪枝了。现在偷运不成，枪枝已经是被政府扣留，他们又想借你们商团来恐吓政府。你们知道，人民里头有士、农、工、商，都是拥戴政府。现在你们商人不许政府有一点机会来查究，便要罢市，这便是野蛮不讲道理。政府对于这种偷运枪枝，一定是要查究的。将来查明之后，水落石出，如果真是你们的，便交还你们；如果外国另外再有一帮枪枝运来，那批枪枝才真正是你们的，那么，现在不是你们的枪枝，政府自然要没收。刚才你们代表对于护照上时间的解释说："船行得快慢，没有一定，所以到广州的日期，便不能一定。"但是相差不〔太〕远，恐怕说不过去。

况且对于第二层，在你们所定的枪枝之外，还有甚么〈人〉的枪枝，便不能不查究。究竟这些多出来的枪枝，是不是吴佩孚私运的？或者是陈炯明私运的呢？抑或是土匪私运的呢？所以对于第一层护照的时期和枪枝到岸的时期不相符合的疑案，第二层你们商团所买的枪枝之外，另有许多枪枝的疑案，政府都是非查明不可。要查究这件事，不是一天可以得结果的。将来查明妥当之后，便把你们的枪枝交还。不是一定要没收的，你们大家要安心等候。

总而言之，这件疑案经政府查明之后，如果知道你们不是要利用这些枪来打政府，政府一定把枪交还你们。如果知道你们利用这些枪枝来打政府，那么，政府为自卫计，便不能把枪枝交还你们，只有和你们决一场胜负了。本大元帅很想和你们商团联络的，很想要你们做手足的。今日你们大家来请愿，我是非常的欢迎，而且得到这个机会来与你们大家讲话，我更加欢喜。如果你们的首领没有野心，不来和政府作对，你们便要和政府合作，一致行动，来维持广州的治安。但是你们领袖是很有野心的，恐怕你们和政府合作，总是从中作祟。这些种种黑幕，我都知道了。所以今日运枪的黑幕，我更要查究。你们不要以为今日不得枪，明日便要罢市。总之，政府查究这件疑案，或者是要三日，或者是五日，或者是一两个礼拜，都不一定。必要等到查明之后，才能够把这些枪枝交还你们。你们和各位商人总要安静等候，不必忧政府把你们的枪枝拿去了，不必庸人自扰，鼓噪暴动。你们要明白经手买枪人的鬼祟，他总是想拿你们商团来利用，政府将来一定有很详细的宣言，把这件事的来历，说得很明白，让你们都知道他的鬼祟。现在正当查究的时候，对于这次运枪的疑案，如果查明之后，真是没有别的奸情，有道理来宣布，让大家都知到这件事的原委。但是没有交还枪枝以前，你们总要给政府以时间的机会，让政府来调查。你们购运这些大宗军火，事前毫不报告政府，这就是你们商人在手续上已经错了。

你们知道办军火是政府的特权，如果商人可以随便办军火，工人可以随便办军火，农人可以随便办军火，土匪也可以随便办军火，广东不但是现在要乱，将来更要大乱了。你们能够和政府同力合作，一致进行，广东的乱事便很快可以解决。如果你们商团还要再来生乱，广东的乱事是没有止境。从前因为陈炯明造反作乱，便有客军到广东来专横。如果商人另外作乱，就是商人又变成客军。所以你们回去，还是要安心乐业，等政府把这件事调查清楚，到那个时候，政府或者准你们罢市，你们才可以罢市。如果不等政府查明，现在便去罢市，那便是居心要反对政府，政府便不能随便了事。你们听了我这番话之后，决不可心急，一定要安份等候。如果有不明白的事情，很可以泒〔派〕代表来讲，最好是派团长来讲。你们团长现在忽然辞职，这是很可疑的。本来团长替你们买枪，在手续上不合，被政府扣留，照俗话说："揾猪要问猪脚。"你们应该追问团长。现在团长忽然辞职，这是显然心虚。如果不是心虚，又何以不亲自来和政府商量呢？

现在的政府，是讲道理的政府，是文明的政府，不是野蛮的政府，像李准、张鸣歧〔岐〕、龙济光、莫荣新、陈炯明一样。平心而论，你们是不是还要欢迎龙济光、莫荣新、陈炯明的政府呢？试问龙济光、莫荣新、陈炯明的时候，你们去请愿，他们出见你不见你呢？和不和你们公开来讲话呢？就这一件事，你们便应该信仰这个政府，便知道这个政府是很讲道理的。这些枪将来查明之后，如无别情，定是要交还你们的。但是你们现在决不可心急，不要鲁莽灭裂来害自己。大家知到，罢市之后，你们便不能做生意，这是于你们自己有损，于政府没有关系的。你们应该要责成团长：为甚么办事这样糊涂？追究他的心事究竟是甚么用意。如果团长有黑幕，你们便不可听他的话。现在的政府是随时见你们的，有甚事都可以商量。政府很希望你们商团能够发达，想培植你们做民治的中坚。今日所扣留的不是枪，是那条船，是扣留那威①国私运军火的船，要等到这条船的问题解决了，枪的问题才可以解决。只要查明这些枪没有别的黑幕，一定是照数交还你们。此时不必忧心这几千枪就要被政府抢去。此时政府不但不想抢你们的枪，如果你们有几万商团，政府还可以给你们几万枝枪。像现在广东兵工厂，天天造枪，政府已经下得有命令，教他定价卖过〔给〕民团。可见现在政府的用意，是保卫人民的。但是你们如果听一两个野心家来利用，来反抗政府，政府当然有政

---

① 《孙中山先生演说集》作"丹麦"。

府办法，你们当谨慎，不可受人煽动，上人家的大当。

据《大元帅对商团代表演说词》，载一九二四
年八月十四日《广州民国日报》（二）、（三）

开办银行是政府要经营商业

在广州中央银行开幕礼的演说①

（一九二四年八月十五日）

诸君：

今日是中央银行成立的第一日，中央银行又是革命政府第一次开办的第一个银行，所以今日是革命政府第一次开办银行的第一日。今日政府要开办这个银行，就是政府要经营商业，所以今日又是政府第一次经营商业的第一日。

大家知道，这个政府在广东现在有许多军队，军饷都是不足，政府因为担负这样多的军饷，财政是很困难的。在这样财政困难情形的时候，政府怎么样还能够发起开办这个银行呢？这个银行之所以能够开办，就是因为借了外国资本一千万。因为有了一千万的外国资本，这个银行才能够成立。我在这个银行成立的日子，对于军界和政界有一种训词。

今日的军界和政界都是很穷。譬如就军界而言，在前方的许多兵士都是没有衣穿、没有饭吃，就是有了疾病死亡，一切医药、埋葬等费都是很艰难的。再就政界而言，如果筹到一宗款项便挪作军饷，不但是一切未来的行政事业因为经费无着不能够发展，就是政府的现状尚不容易维持。在这个军、政两费极拮据的时候，政府还有方法借得外资一千万，开办这个银行，一般军官和行政官吏对于这件事有什么感想呢？在一般军官想起来，以为前方的兵士没有衣穿、没有饭吃，政府还有一千万来开办这个银行，何以不拿这宗款项来支军饷，救眼前之急呢？

---

① 孙文于一九二二年五月在广州开始筹办中央银行，次年二月返粤重建大元帅府后又继续筹备，一九二四年八月十五日上午在广州南堤中国银行旧址举行该行开幕典礼。行长宋子文，银行基金系通过发行公债募集。成立后即发行纸币在市面流通。

在一般行政官吏想起来，以为现在行政经费无着，职员不能枵腹从公，何以不通挪这宗款项来维持政府的现状呢？这两种感想，都是不能够有的。今天开办这个银行，本大元帅在这个开办的日子，对于这两种感想有一种训词来解释。这个解释是怎么样说法呢？比方前方的兵士没有钱发饷，想拿这批钱去发军饷，要说明这种感想，我便有两个比喻，可以引用来对大家讲一讲。

当几百年前新大陆发明之后，美国有几位教士到南美洲去传教，在一处地方发现一种野蛮人。那种野蛮人还是在渔猎时代，谋生活的方法没有到游牧时代，不知道怎么样从事畜牧；也没有到耕种时代，不知道怎么样树艺五谷；更是没有到工商业时代，像我们现在的从事制造，用金钱来交换货物。他们独一无二的生活只是打鱼猎兽，用鱼肉做食料。但是他们的性质很驯良，很讲礼貌，一见了那些教士便优礼相待，非常的亲热。至于那些教士是怎么样待遇那种野蛮人呢？那种野蛮人是很穷的，又都是很饿的，那些教士没有别项的好方法去待遇他们，只有请他们吃饭。那种野蛮人一尝到饭的味道，便觉得比鱼肉好吃得多，更觉得很高兴，就有许多野蛮人都想要吃饭，问那些教士要饭吃，于是那些教士便把船上带去的米都运上岸，送到那种野蛮人。他们得到了米之后，自己都不知道怎么样煮，也不知道怎么样单独去吃。那些教士又教他们怎么样烧火煮饭，于是他们便把生米煮成熟饭的办法都学到了，吃得也是很有味道了。那些教士又问他们说："究竟鱼肉和米饭，到底是那一种好吃些呢？"他们都答应说："米饭是好吃得多，专吃鱼肉是没有味道的。"那些教士说："米是由谷分出来的，你们既是爱吃米饭，便应该知道耕田，怎么样去种谷。"于是更教他们怎么样下种，怎么样耕田，怎么样栽秧，怎么样生禾结谷和收成的方法。并说："我们现在给你们几包谷种，你们照这种方法去耕种。现在用这几包谷，在几个月收成之后，便可以得几千包谷，便有很多的饭吃。"教士给了那几包谷种之后，便开船他去。那种野蛮人得了那包谷种之后，以为先要耕田播种，然后才能生禾结谷，要等到谷成熟了之后，再然后才能收谷制成白米，再然后才可以煮成饭吃，像这个样子，非几个月不成功。要有几个月，怎么可以等得到呢？于是他们不用那包谷做种子，再去耕田生出很多的谷，便直接把那几包谷种制米，煮成饭吃了。那些教士在几个月之后回来，以为原来给那种野蛮人的谷种，此时可以长成几千包谷，有很多的饭吃了。

那里晓得一回到原地方，到处都是荒野之地，并没有耕种过。便问那种野蛮人说："谷种到什么地方去了？"他们答应说："我们老早把他吃完了。"我们中国也有句俗话说："吃鸡蛋不吃鸡嬷①。"这句话的意思就是说鸡嬷还可以生很多蛋，要是一次把他吃完了，以后便没有很多的蛋吃。

这个中央银行一千万的资本就是谷种，也就是一个鸡嬷。如果把这个鸡嬷一次吃完了，以后便没有很多的蛋吃；把这包谷种一次吃尽了，以后便没有很多的谷米吃。我们都是聪明人，我们的聪明无论如何总要高过南美洲的野蛮人，一定明白吃谷种和吃鸡嬷的害处。如果不吃谷种和鸡嬷，不只用这一千万，以后便可以赚几千万或者一万万，所谓"一本万利"。能够保全这包谷种和这个鸡嬷，以后的利息是无穷的。大家都是军界、政界有力量的份子，能够保护这个中央银行，就是保全种子。此时能够保全这一千万的种子，将来的发达便未可限量。用这两件比喻，便是我今日对军界和政界的训词。诸位军官和一切行政官吏都是很文明的人，切不可学南美洲的野蛮人。要培植谷种长成许多米，要保护鸡嬷生出许多蛋，我们以后便一生吃不尽。如果军官总是想〈提〉这个银行的资本去发饷，民政官吏总想提这个银行的资本去做行政经费，那便是一次吃完，以后便再没有希望。

本来银行事业对于社会上的经济关系是很大的，此时中国的银行事业对于中外经济上的关系尤其是很大。现在一般中国人所办的银行事业，都是开小钱店。如果在中国各省，或者是中国对于各国，一次有十万元的款项，便汇兑不通。好像广州西关的银号本来是很多，假若有钱汇到香港、上海、天津或者是伦敦、纽约，试问有那一家能够接收一张单，一次能够汇通十万元呢？现在市面上凡是关于大宗款项的汇兑，都是靠外国银行。外国银行要许多的汇水和折扣，我们中国人去汇兑是很吃亏的。我们所办的这个中央银行便与普通的银号不同，这个银行在今日虽然是开始营业，但是已经办好了一种债票，财政部还没有印成，等到财政部把那种债票印成了之后寄到伦敦，这个银行和伦敦汇兑，每次不但是可以汇十万，并且可汇几十万或者是几百万。有了这个汇兑机关，便是中国的银业界别

---

①　鸡嬷，广州话方言，即母鸡。

开生面。有了这个银行来做汇兑机关，凡是我们在广东的钱，无论是有多少，要汇到上海、天津、汉口或者外国的各大商埠，都可以不必经外国银行的手，便可以不吃外国银行所定的高汇水和大折扣的亏。并且中国人同中国人交易，利权不致外溢，事事都要方便。这是我们军界、政界和一切农工商界都是不可不知道的。

　　我还有第三层意思，就是这个银行的资本固然是不小，至于办理和营业尤其是很谨慎，都是照极好的银行规则来进行。并且这个银行受了政府一种特权，可以发行纸币，这种纸币的基本金有一千万，和从前政府银行所发行的纸币不同。外国银行在中国发行纸币，有的固然也是有基本金，但是他们所发行的纸币之数目，至少也是四倍于基本金。我们这个银行所发行的纸币，定章不是四倍于基本金，是照基本金的数目去发行。至于银〔发〕行的方法，不是直接支军饷、作行政费，先拿纸币到市面使用。那么，我们的纸币究竟怎么样发行呢？大家知道外国银行的纸币之所以有信用，就是因为兑现。普通发行纸币的方法，就是银行先拿纸币到市面使用，然后人民拿一百元纸币到银行兑一百元现钱，毫不折扣。这种办法就叫做兑现。纸币因为兑现，所以才有信用。我们这个银行所发行纸币的信用，还要高过兑现，这是什么说法呢？因为我们发行纸币的方法不是"兑现"，是"现兑"。外面普通银行的办法，是人民先有一百元纸币，才到银行兑回一百元现钱。这个银行的办法，是人民要用一百元现钱，必须先买一百元纸币。所以这种纸币只要是在外面通行的，有纸币便有现钱的抵押，便随时可以兑现。故这个银行发行纸币的方法，是先有现然后才兑，所以说是"现兑"。因为是"现兑"，并且又有大宗基本金，所以这种纸币的信用一定是很高的，一定没有从前省立广东银行纸币的毛病。

　　要维持这种纸币的信用，便要商界、工界、农界和政界、军界同力来合作，来培植这种鸡雌和谷种的发达，便可以生出许多鸡蛋和新谷。这种鸡蛋和新谷又再可以做种子，再生出鸡雌来生蛋，再长成新谷来做米。这种丛生不绝的生长，是毫无止境的，是毫无限量的。到了那个时候，军界和政界便不怕穷，工商界和一切人民便不怕没有资本，这个银行更是利益无穷。

　　社会上既是知道这个银行发行纸币办法是"现兑"，政府又极力保护这个银行和提倡这个银行，大家便应该同心协力来维持这个银行。如果大家都来维持这个银行，这个银行的经济力便可以大发展，中国商场上的经济力便不致为外国银行所操纵。所以这个银行之成立，关系中外经济权力的成败。大家既是明白了政府开办这个银行的意思，便应该维持这个银行去进行。维持这个银行去进行，就是维持政府去进行；维持政府去进行，就是维持革命来功成〔成功〕；维持革命来成功，就是令贫弱之中国变成富强。

据《大元帅对中央银行开幕训词》，载广州《中国国民党周刊》第三十五期，一九二四年八月二十四日印行

附载：廖仲恺代表孙文在广州工人代表执行委员会开幕礼的训词①

（一九二四年八月十七日）

工友诸君：

大元帅今日本应赴会与诸君晤谈，惟因今早在高师讲演民生主义，及连日时局发生许多案情，甚为劳苦，故不能到会，由兄弟代大元帅讲几句。

此会为工人代表会，在社会上为一有力之团体，但大家要知道会之力量及工人力量所在，并用力量之方法。有力而不用其力量，便为无力量；又有力而不善用之，亦不能称为有力量；越会用力量，其力越大。故一有力量须用其力量，二有力量须善用其力量。现在工人们能用其力量否？大家都知工人在生产上与农民一样，在都市地方，工人较农民为有力；乡村则农民较工人为有力。乡村农民出其生产物，运至城市，全靠工人，再事工作，方能得高值，可知工人之关系社会生产极大。但我们要知道，我们力量极大，地位重要，如遇必需时，须随时机而用其力量，否则虽有力量，与无力等耳。

我们用力量方法有二：一为罢工，以谋达到加薪减时目的，但此种举动不过消极的力量；有必要时还须行其积极的力量，即直接管理，如各事由工人直接管

①　十七日下午，广州工人代表执行委员会在广东省教育会礼堂举行开幕式，与会工人三千余人。廖仲恺代表孙文致训词。

理是也。资本家利用工人就其权利地位，及保护他的利益，复来造利用工人以压迫工人。有多数工人误解此意，往往被其利用，除保护其利益外，尚受其使用，以对待自己工友。日前如小榄、江门等处工潮，都是被商团压迫工人，但其中多数工人不明工人之义，被其东家利用，作压迫工友之举。

最近沙面工潮及香港沙模工潮仍未完结，而又忽发生陈廉伯私运大批军火案，其中私利亦有，政治意味亦有。陈廉伯、陈恭受等欲藉此帮枪械，一方以反抗政府，一方以压迫工人，现幸为政府扣留。日来有一部分商民欲藉此风潮，反抗政府。须知政府为保护工人、农民起见，将其没收，其理由大部分为工人谋利益，一部为农民谋利益，亦为商人谋幸福。现闻商团有罢市之要求，假如其实行罢市，大元帅希望我们有组织之工人，数万之工人，任其罢市，我们工人可以继续工作，自己去做生意，直接管理，此为工人直接〔捷〕了当之办法，试测验工友们之智识及技能与势力也。今大元帅不能到会，故兄弟仅述大意耳。

据《工人代表会开幕之详情》，载一九二四年
八月十八日《广州民国日报》（六）、（七）

耕者有其田才算是彻底革命

在广州中国国民党农民运动讲习所第一届
学生毕业礼暨第二届新生开学礼的演说①

（一九二四年八月二十一日）

学生诸君：

你们这次毕业，到各乡村去联络农民，这是我们国民党做农民运动所办的第一件事。我们从前做革命事业，农民参加进来的很少，就是因为他们的知识程度太低，不知道有国家大事，所以对于国家很冷淡，不来管国事。你们毕业之后到

---

① 该讲习所为一九二四年六月三十日国民党中央执行委员会第三十九次会议决定开办。以彭湃为主任，七月三日开学，首届毕业生三十三人。此集会于八月二十一日上午举行，到会学生及来宾二百余人。

各乡村去联络农民，首先便要一般农民知道对于国家有什么责任，农民仰望于国家的有什么利益。这个革命政府是想要造成一个人民为主体的国家，农民是我们中国人民之中的最大多数，如果农民不参加来革命，就是我们革命没有基础。国民党这次改组要加入农民运动，就是要用农民来做基础。要农民来做本党革命的基础，就是大家的责任。大家能够担负这个责任，联络一般农民，都是同政府一致行动，不顾成败利钝，来做国家的大事业，这便是我们的基础可以巩固，我们的革命便可以成功。如果这种基础不能巩固，我们的革命便要失败。

诸君在这地学了几个月，知道我们革命是要根据三民主义，大家到各乡村会宣传，便要把三民主义传到一般农民，要一般农民都觉悟。农民在中国是占人民的最大多数，所以农民就是中国的一个极大阶级。要这个极大阶级都能够觉悟，都能明白三民主义、实行三民主义，我们的革命才是彻底。如果这个极大阶级不能觉悟来实行三民主义，就是我们的革命在一时成了功，还不能说是彻底。

大家到乡村去宣传，有什么方法可以讲明白三民主义，令一般农民都觉悟呢？要一般农民都容易觉悟，便先要讲农民本体的利益。讲农民本体的利益，农民才注意。如果开口就讲国家大事，无知识的农民怎么能够起感觉呢？先要讲农民本体有什么利益，国家有什么利益，农民负起责任来把国家整顿好了，国家对于农民又有什么利益，然后农民才容易感觉，才有兴味来管国事。

大家都知道，中国向来把社会上的人是分成士、农、工、商四种。这四种人比较起来，最辛苦的是农民，享利益最少的是农民，担负国家义务最重的也是农民。在农民自己想起来，以为受这种辛苦，尽这种义务，这是分内应该有的事；这种应该有的事是天经地义，子子孙孙不能改变的；祖宗业农受了这种辛苦，子孙也应该承继来受这种辛苦，要世世代代都是一样。这种思想是从前的旧思想。我们现在用政治力量来提倡农民，就是要用国家的力量来打破这种思想，就是要一般农民不要有从前的旧思想，要有国家的新思想；有了国家的新思想，才可以脱离旧痛苦。要一般农民都有新思想，都能够自己来救自己的痛苦，还是要农民自己先有觉悟。

现在许多人都说：中国的农业社会和俄国不同，从前俄国有大地主和农奴，地主和农奴的财产过于不平均；现在中国没有大地主，只有小地主和一般农民，这般小地主和农民的财产同俄国地主和农奴的情形比较起来，还算是很平均的。就片面的情形讲，这是讲得过去的。但是切实调查起来，用中国现在的情形和俄国从前的情形比较来说，是中国的农民享幸福些呀，还是俄国的农奴享幸福些呢？是中国的小地主专制些呀，还是俄国的大地主专制些呢？依我看起来，从前俄国大地主所有的土地，都是几百方里甚至于几千方里，那些大地主对于许多农奴自然不能精神贯注，因为精神贯注不到，待遇农奴自然是很宽大。我们这些小地主总是孳孳为利，收起租来，一升一勺、一文一毫都是要计算，随时随地都是要刻薄农民。这些情形到底是不是的确，还要等你们再去调查。就我个人理想〔心理〕上的比较，从前俄国农奴所受的痛苦要少，现在中国农民所受的痛苦要利害得多。

　　现在俄国改良农业政治之后，便推翻一般大地主，把全国的田土都分到一般农民，让耕者有其田。耕者有了田，只对于国家纳税，另外便没有地主来收租钱，这是一种最公平的办法。我们现在革命要仿效俄国这种公平办法，也要耕者有其田，才算是彻底的革命；如果耕者没有田地，每年还是要纳田租，那还是不彻底的革命。中国的人民本来是分作士、农、工、商四种，这四种人中，除农民以外，都是小地主。如果我们没有预备，就仿效俄国的急进办法，把所有的田地马上拿来充公，分给农民，那些小地主一定是起来反抗的。就是我们革命一时成功，将来那些小地主还免不了再来革命。我们此时实行民生主义，如果马上就要耕者有其田，把地主的田都拿来交到农民，受地的农民固然是可以得利益，失地的田主便是受损失。但是受损失的地主，现在都是稍为明白事体的人，对于国家大事都很有觉悟，而一般农民全无觉悟；如果地主和农民发生冲突，农民便不能抵抗。我们要免去现在的冲突，要农民将来能够抵抗，大家此时便要对农民去宣传，把农民的痛苦讲得很清楚，让一般农民都知道。农民只要知道了痛苦，便一定有觉悟。农民有了觉悟，自然要来向政府求救，解除他们的痛苦。

　　好像近来我们在香山举行农民运动，要解除农民的痛苦，便有许多农民向政府说："政府既是要解除我们的痛苦，为什么政府反向我们加抽沙田捐呢？这岂不是加重我们的痛苦吗？像这个样子，我们农民的痛苦究竟是怎么样才可以救呢？"如果遇到了这种问话，一时便不容易答复。再者，现在这个革命政府有很多军队，我们要维持目前这样多的军饷，便不能不多抽税。这种税源都是从穷人来的，富人所受的负担很少。如果不讲明白，农民还不知道。若要现在讲明白了，农民都知道很痛苦，他们一定是要求免去这种痛苦。所以你们在宣传的时候，一定生出许多情形是自相矛盾。对于这种矛盾，要用什么方法去解决呢？就是要农民全体都有觉悟，如果全体农民都能够觉悟，便有方法可以解决。譬如广州一府的农民能够全体觉悟起来，便可以联络成一个团体。广州府的农民可以都联络起来，便可以解除广州府农民的痛苦。推到广东全省农民的情形，也是一样。所以当宣传的时候，有了以前所讲的矛盾，发生了那种冲突，独一无二的解决方法便是劝农民结团体。农民是多数，地主是少数，实在的权力还是在农民手内。如果由一府一省的农民推到全国的农民都能够联络起来，有很好的团体，农民要解除痛苦便有好办法，政府便可以靠农民做基础。对于地主，要解决农民问题，便可以照地价去抽重税。如果地主不纳税，便可以把他的田地拿来充公，令耕者有其田，不至纳租到私人，要纳税到公家。像这样的办法，马上就拿来实行，一定要生出大反动力。所以大家此时去宣传，一定要很谨慎，只能够说农民的痛苦，教他们联络的方法。先自一乡一县联络起，再然后联到一府一省，以至于全国。当联络的时候，还是要农民自己去出力；不过要怎么样出力的方法，就要你们指导。你们更要联络全体的农民来同政府合作，慢慢商量来解决农民同地主的办法。让农民可以得利益，地主不受损失，这种方法可以说是和平解决。我们要能够这样和平解决，根本上还是要全体的农民来同政府合作。

我们解决农民的痛苦，归结是要耕者有其田。这个意思，就是要农民得到自己劳动的结果，要这种劳动的结果不令别人夺去了。现在农民的劳动结果，在农民自己只能分四成，地主得了六成。政府所抽的捐，都是由农民出的，不是由地主出的。像这种情形是很不公平的。我们从前没有工夫做发现这种不公平的宣传，这回的宣传是第一次。诸君去实行宣传的人，居心要诚恳，服务要勤劳，要真是为农民谋幸福。要在最快的时间之内，用极好的联络方法，先把广东全省的农民都联络起来，同政府合作才有办法。此时农民没有联络之先，便要暂时忍耐，将来才可以享幸福。要农民将来可以享幸福，便要望诸君赶快去宣传联络。农民都联络了之后，我们的革命才可以大成功。

据黄贻孙〔苏〕（黄昌谷）记：《孙总理对农民运动讲习所训词》（八月廿一日），载《孙总理对于农民运动之演说词》，广州，中国国民党中央执行委员会农民部一九二四年九月印行

民生主义与共产主义原则一致
才决定接纳共产党员加入我党

在广州中国国民党中央执行委员会第二次全体会议闭会词①

（俄 译 中）

（一九二四年八月三十日）②

（一九二四年八月三十日下午二时，中央〈执行〉委员会全体委员在广东大学礼堂开会。孙逸仙担任主席，宣布开会。

全会秘书程潜就前几次会议上"诸问题的决议"做了报告。此问题的"决议"共有三个文件：一、《关于国民党内之共产派问题》；二、《国民党与世界革命运动之联络问题》；三、就跨党党员即同时为国民党员和共产党员的人争论问题之训令③。此外秘书声明，全会上提出的问题也还来不及讨论，拟交给主席团。）

孙逸仙致闭幕词。孙博士首先问与会者："诸位是否确有把握，在全会做出决议后，就不会再发生与共产派的摩擦和争论了？"

李烈钧（将军）和程潜（右派）回答说："如果从此所有同志同心同德努力

① 六月十八日，国民党中央监察委员张继、谢持、邓泽如三人向孙文及中央执行委员会提出"弹劾共产党案"；此外，各地尚寄来相关检举信多件。中央执委决定提请孙文召集全体委员会议进行讨论处理，并于会前在孙文指示下进行不少准备。中央执行委员会第二次全体会议乃于八月十五日正式开幕。

② 此处作闭会词之日期据底本。按：国民党方面的相关文献皆记载一届二中全会系于八月二十三日闭幕，留考。

③ 按即《关于党内共产派问题之训令》。

做国民革命工作，我们想，那样的摩擦就不会再有了"。张继却回答说，这要"走着瞧"（"以后就看清楚了"——俄文编者）。①

孙逸仙接着说："我看这摩擦不那么容易结束。我认为，同志们关于国民党内共产派的争论不是局部问题，而是原则问题。我看过所有文件之后才明白，事情不在于一些人（共产派）行动错误或者撰文反对我们的政策，另一些人就因此而与之争斗，完全不是这么一回事。那些反对共产派的人，根本不懂得我们的主义。我们进行革命已经三十余年，革命失败的主要原因就是同志们不了解党的主义。俄国革命那么快就成功，那么彻底，就是因为革命党人人有自觉性，受过训练，懂得为主义而战。况且，俄国革命的方法是我们最好的榜样。因此我请鲍罗庭同志作我们的顾问，委任他当我党教练员。

"在国民党改组之前我们已经详细讨论过这个问题，结果才决定召开代表大会。现在代表大会开过了，改组也完成了。最初，当决定改组党这一问题的时候，冯自由没有反对，他当临时中央〈执行〉委员会〈候补〉委员的两个月里，也没有说过一句反对党改组的话。但是中央〈执行〉委员会刚一选出，仅仅就是因为他本人没有当选，他就把他掌握的所有关于改组工作情况和党的情况，通通出卖给我们的敌人——香港《大公报》。就这样，冯自由就是因为自己没有当选为中央〈执行〉委员会委员，便掀起了反对共产派的运动。我相信，尽管这样大规模的运动不是冯自由一个人能够煽惑起来的，但他毕竟是二十年党龄的党员，在同志们中间有一定的威信，这些人无意识地跟着他"喧嚷"。现在我以党总理的身份宣布开除冯自由！

"同志们说，我的民生主义不是共产主义。他们不明白，民生主义与共产主义没有任何根本区别，区别仅仅在于实现的方法。

"开始，共产派反对民族主义和民权主义，但是俄国革命的经验向他们说明，俄国革命在民族主义上做了大量工作。所以中国共产党才根据共产国际的决定，承认了民族主义和民权主义并决定加入我党。另一方面，民生主义和共产主义从原则上说是一致的，所以我们决定接纳共产党员加入我党。从现在起，如果谁再

---

①　本段圆括号内有数处原为俄文夹注。

说我们的民生主义不是共产主义，那就意味着该同志的"民生主义"与我的民生主义不同。所以全会后如果再有人由于不理解我的三民主义而闹出无意义的风波，那我们也要采取处理冯自由的办法来处理他们。"

沉默了几分钟，孙逸仙博士环视四座。张继忽然开口了："开除冯自由，您有权这样做，但是不理解民生主义者，党内大有人在，再说，国外华侨也全都不理解。另外，我本人也和冯自由持有同样的立场，所以请您也处罚我吧。"

孙逸仙博士继续说："你只不过是不了解、不明白而已，你的立场和冯自由没有任何相同之处。至于说到华侨，他们大部分生活在美国和英国，都受了帝国主义骗子反宣传的毒害，认俄国革命为对人类的洪水猛兽。英、美的共产党员被捕坐牢，在他们眼里是司空见惯的事。另外，他们帮助过我国的第一次革命，可他们什么也没有得到：既无政权，又无财富。所以华侨反对革命并非自今日始。我党不需要那些靠参加革命追求私利的人。三民主义中，民族主义只是手段，民生主义才是革命的最终目的。如果我们把这一条也抛弃了，那我们还革什么命？那样我也会放弃革命了。"

接着孙逸仙博士讲了第一次革命的历史，指出黄克强和宋教仁的妥协做法，说他们当时不坚定，不守纪律而阻碍了革命进行。

说到这里，张继打断孙逸仙，说："总理，您过去宣传的思想可是——先统一中国，此后才是实行三民主义——现在我们反对民生主义也恰恰是根据这个思想。"

博士回答说："我们连党都统一不了，还谈什么国家！党员应该绝对服从党的领袖和他的领导，所以我们过去建立了中华革命党。那时候每个党员都宣誓，到后来一看宣誓归宣誓，每个党员根本不听我的命令。我们的同志，我们的军队也一样，只有命令对他们有利可图时才服从，否则向来就拒不执行。如果所有的国民党员都这样，我就抛开国民党，自己去加入共产党。"

张继打断孙博士的话，说如果总理是共产派，那我们也都当共产党。"至于说开除冯自由，那么可以命令中央〈执行〉委员会去执行。"

孙博士继续说："我们革命运动的目的是民生主义。可现在广东农民和工人的境遇非常困难，要特别注意这种状况。近来广州买办头目陈廉伯与帝国主义密切勾结，反对革命，我们的一些将领甚至也参加进去，和陈廉伯沆瀣一气。这些将领同陈廉伯签订了和约，但是我不承认这些条件，因为关于'扣留纸老虎枪械'的问题，对我来说，还没有解决。现在外国人和商团狼狈为奸反对革命。政府已经收到英国公使的最后通牒，说'中国当局对市区开炮，所有一切可用之英海军军队，应立即行动'。同时廖、范二将军①向我声明，如果政府向商人强行索米，他们将会'维持秩序'，这是什么话？"

最后孙博士再一次详细说明民生主义与共产主义没有任何区别，只是达到民生主义的道路不同而已。

会议在"压抑的气氛中"结束。

据莫斯科、俄罗斯国家社会政治历史档案馆（前身为苏共中央社会主义理论和历史研究院中央党务档案馆）所藏俄文档案译出（李玉贞译）

政府对发还商团枪械的条件

在大元帅府接见范石生廖行超及商团代表的讲话②

（一九二四年八月三十日）

（范等见孙后，对于交械一层略有陈述。孙即怒形于色，手指范、廖二人声言曰：）你两只老虎，及你等③尚睡在梦中。我招致客军搅到广东天镕地烂。我知到〔道〕无人不骂我大炮。但你等知到〔道〕那个是广东罪人吗？我今说给你〈等〉听，广东有三个罪人。

第一就是我孙大炮。招致客军是我，糜烂广东是我，我是广东第一个罪人，自不消说。

---

① 指中央直辖滇军第二军军长范石生、第二师师长廖行超。此二人擅自以调停者身份，于二十九日与商团代表签订解决"械案"六项条件。

② 三十日晚，范石生、廖行超偕商团代表七人（商团副团长邓介石等）赴大元帅府谒见孙文，商讨解决"械案"办法。

③ "你等"在此处指商团代表。

第二个罪人就是魏邦平。我当时在上海召集会议，魏本担任将所部军队集中肇庆，一面制止客军东下，一面请陈炯明下野。魏当日果能照原定计划行事，广东何至闹到如此田地？讵料魏邦平鼠首两端，使客军长驱直进，后复屯兵河南①，觊觎大位，一误再误，竟酿成江防会议之变，而客军益横，粤局亦益不可收拾。那魏邦平非广东第二个罪人吗？

第三个罪人是那个呢？就是陈廉伯。陈廉伯与某国②订立条约，将整个广东出卖，此是千真万真的。你等不信，我拿个的确凭据给你等看。陈廉伯果非将广东卖与某国，何以我叫兵舰开炮打西关，某国竟派外舰监视，使忠勇之海军不得不被他屈服哩。有凭有据，难道我冤枉陈廉伯吗？

此次商团为陈廉伯所愚，所购军械即预备来打我。我信得商团打我，〈是〉打不死的。你两只老虎就一定要先死。你试想粤人不打客军还打谁？

你今要出来调停，我亦不管得你。但我亦有两条条件：（一）必要陈廉伯通电招认勾结某国，将广东出卖，谋危政府；今已知悔，此后誓愿永永〔远〕拥护本大元帅。（二）必要先将商团改组，如何改组则听侯省署办理③。此两层如能办到，我尽可将军械交还。你等动〔劝〕说〈商团〉报效五十万〈元〉，试问五十万如何分配？故我决定不要。你等好好照我所讲去办，倘办不到勿再来见我，见我亦是没法。

据劳纬孟等编：《广东扣械潮》，
香港华字日报一九二四年发行

附：另记录之一

政府对于六条约④中之报效军费五十万一条，不成问题。商团既愿帮助政府，政府亦知商艰，不宜受此报效费。但商团须遵令改组，始能将枪械发还。如一星

---

① "河南"指广州珠江南岸地区。

② "某国"指英国，下同。

③ 根据孙文意见，改组后的商团由省署组织的广东全省统率处（省长兼任该处督办）指挥。

④ 即八月二十九日范石生与商团代表邓介石等议定的调停扣械案的六项条件。

期内不能改组，则延至二星期亦无不可，总须商团改组完妥，政府始将扣械给还。

（又闻中山当日表示政府对于发还枪械态度后，对于商团此次与一二武人订立条约极不满意，颇责商团目无政府。并对商团代表称:）

汝辈莫谓藉重一二武人，便可压倒政府。

据《广东北伐声中之扣械案》，载一九二四年九月十日上海《申报》（五）

附：另记录之二

你们商团太糊涂。陈廉伯私运军械，勾通某国人帮助陈炯明，意图推倒政府，现已查得明明白白。既然知错，何不派人与政府直接磋商，何必鬼鬼祟祟，又托范、廖疏通挟逼。本大元帅办事，见得到即做得出，断不容有人以武力干预。查商团运械原来攻打客军，今反联客军前来干预逼挟〔挟逼〕，且举行罢市，以图制政府死命。本大元帅原有办法以扫平之，但未忍即行耳！

（言至此，态度甚为愤激，并云:）所私订之六条件完全不生效力。政府与商人订条件，岂非笑话！但政府保持威信，断不稀罕区区五十万元。陈廉伯若自知悔过，当先通电认有勾通某国人欲图颠覆政府，现时悔过，拥获〔护〕政府，服从大元帅。政府见此电文后，方根据民团改组，呈准政府领枪办法，准商团缴价领枪。否则，一支〈枪也〉休想妄与。

据《广东扣械风潮仍未了结——将酝酿二次之罢市》，载一九二四年九月十五日长沙《大公报》

附：另记录之三

（范军长报告调解经过。邓介石表明此案内幕，并述商民之希望。）

孙大元帅谕范、廖：商团既愿就范，其所表示之条件大致相同。特提交范石生、廖行超全权办理。

帅又晓谕商团代表：对于履行条件手续，着商团商请范军长、廖师长办理。

关于联防改组事宜，并谕省署核办。

据《扣械潮完全解决》，载一九二四年
九月一日《广州民国日报》（三）

北伐计划与后方留守问题

在大本营主持北伐第五次军事会议的讲话①

（一九二四年九月四日）

两星期内，所有滇、桂、湘、豫、赣、山、陕各军一律出师北伐，以为浙卢②声助。本省治安及东江方面统由中央直辖粤军（许崇智军）布防留守。至粮饷问题自有筹措方法。届时各军须一致先行出发，决不容缓。

本大元帅决定五日内先统兵出发韶关，设立大本营于是处，以便居中策应。

（一）组织北伐筹备处，特任粤、桂、滇、湘、豫及中央直辖各军长为筹备委员。关于筹备出师北伐之作战计划，由各委员筹备起草，限五日内成立。

（二）大本营移设韶关。

（三）省垣设立留守府。

据《孙大元帅筹备出师讨贼》，载一九二
四年九月十一日上海《民国日报》第六版

附：另一记录

现因江、浙已开火，本大元帅决定克日统率驻粤之滇、湘、桂、豫、赣、山、陕各军，一律出师北伐。本省治安责成许崇智部粤军布防留守。饷糈问题刻已有

---

① 四日下午三时，孙文在大本营主持第五次北伐军事会议并作此讲话。

② 即浙江卢永祥。

办法。本大元帅决定一星期内先行出发韶关。

据《孙中山誓师北伐》，载一九二
四年九月十一日《申报》（五）

联络西南出师北伐的好时机

在广州欢宴四川将领但懋辛石青阳等的演说①

（一九二四年九月十一日）

诸君：

今晚这个宴会是我们欢迎新从四川、云南、贵州来粤的各位同志，尤其是欢迎革命老同志但怒刚、石青阳两兄。这两位老兄向来在四川是很能够奋斗的同志，这回出来更担负一个很重大的责任。这个责任就是要联络西南各省，一同北伐。

我们的革命事业，虽然推翻了满清，成立民国至今有了十三年，但是共和基础还没有巩固，一般军阀常常从中捣乱。那般军阀之所以能够捣乱的理由，固然是由于他们作恶，但是我们革命同志的团体不坚固还是一个大原因。如果我们的团体向来是很坚固，在民国元、二年便可以大成功。因为一般同志在那个时候的眼光都是不远大，只能够看到局部的事情，不知道互相联络，所以便成四分五裂。至于作事，始终不离革命这条路的还只有西南几省。但是这几省彼此都是不联络，所以至到今还是不成功。

现在，石、但二君想联络西南各省一致对北，这次到广东来，恰恰遇到了一

------

① 十一日，大本营设晚宴欢迎但懋辛、石青阳等，宴会由孙文主持。但懋辛（字怒刚）早年曾加入同盟会，并参加黄花岗起义；石青阳则为孙文创建的自同盟会至中国国民党各革命政党的成员，并是这些政党在四川支部的负责人。熊克武和但、石等因在四川与杨森、刘湘的军事较量中失利，被迫流落他省，及后说动云南唐继尧、贵州刘显世，决定建立川滇黔三省联军总司令部，共同抗击北军并谋图攻川。但、石等此次即系以该总司令部代表身份来粤，与孙文洽谈合作事宜。

个好时机。这个时机就是江浙〔浙〕已经动兵①，奉天的军队不久也要入关，一定要有大战争②。这次战争是北方自己大分裂，予我们南方以极大的机会，可以收革命最后的大成功。

从前北方的团体很坚固，总是一致来压迫南方。现在北方自己大分裂。浙江向来都和我们很亲善，奉天近来也和我们有来往。这次战争是他们北方先动兵，军事的胜负一时不容易解决。照最近的观察，江浙的战事一定要延长，奉军正是预备入关，战事还没有开始。将来发生奉直战争，战事更是要延长。南方革命，在民国以来总没有好机会，北方向来总是一致压迫南方。现在西南如果能够联成一气，共同出兵北伐，很快就可以得武汉，得了武汉之后便可以恢复民国元年的力量。我们革命已经有了十三年的经验和十三年的阅历，从前革命没有一点经验和阅历还能够推翻满清，现在利用这样久的经验和阅历，将来所得的结果当然是更不可限量。现在石、但二君负了这种任务，我们便应该赞成石、但二君主张，赶快一致北伐，取得武汉。我们得了武汉之后，如果奉军的力量不能取得北京，我们便要过黄河，直取北京，巩固共和。我们要造这种大事业，现在是一个极好的机会。石、但二君正在这个机会之中出来联络各方，已经得了各方的赞同，所预备的计画不久便可以做成功。

今晚，公敬石、但二君一杯，庆祝将来大局成功！

据黄贻孙〔苏〕（黄昌谷）记：《大元帅欢宴
但懋辛石青阳演说词》，载一九二四年九月十
二日《广州民国日报》临时特刊（二）③

附：另一记录

曹、吴④不灭，乱无穷期。出师主义，职志驱除残暴。望先破自利之见，一

---

① 江浙战争实为直系与皖系之间的战争，双方军队于九月三日首次接仗，十月十三日以浙江卢永祥兵败下野而告终。

② 九月十五日，张作霖派奉军入关助卢永祥攻直军，十七日第二次直奉战争爆发。

③ 该报排字工人因要求加薪而罢工，故于九月十一日至十六日改印临时特刊，每日出报一张（一版或两版）。

④ 即曹锟、吴佩孚。

致勠力。

据《快信摘要》，载一九二四年九月二十一日长沙《大公报》（二）

革命战争最要紧的乃是心战

在韶关巡视农工团军的演说①

（一九二四年九月二十一日）

今日见你们这样热烈参加革命前线，极为欢喜。

你们须知，革命战争是不仅靠军事的，最要紧的乃是心战。所以今日你们之来，最大之任务乃在于宣传。革命军之胜败是不能预料的，成功固不足以夸耀，失败则当以能保存实力才可称为革命军队。但此非宣传之力不为功。本大元帅深希望诸位以后从心战努力。

据《大元帅北征记》"农工团军抵韶情形 大元帅对团军之演词"，载一九二四年九月二十四日《广州民国日报》（三）

在韶关授旗工农团军的训词②

（一九二四年九月二十六日）

勉励团军奋勇杀敌，拥护革命政府。

据《大元帅北征记》，载一九二四年九月二十九日《广州民国日报》（三）

---

① 一九二四年九月十三日，孙文移设大元帅大本营于粤北韶关，准备率师北伐。广州地区农团军、工团军为进行军事训练实习，于二十一日开抵韶关。是日下午，孙文亲临农工团军营地巡视并演说勉励。演说后，农工团军决定除操练上课外，还到北伐军各军营及附近工厂农村宣传革命主义。

② 据底本称，孙文在该授旗仪式上演说长达两小时，惜演说词未详。

北伐是要扫除军阀官僚以建设新国家

在韶关各界赞助北伐大会的演说①

（一九二四年九月二十九日）

各界诸君：

今日诸君在这里开赞助北伐大会。我们今日为甚么有北伐之举？大家要知道：革命党自十三年前打倒满清专制政体，改立民国。在辛亥革命未成功以前，革命党都到处宣传，由有智识学者到各处宣传革命，各界亦都起来帮助。革命未起以前，满清把中国利益送给外人，如南方接近之安南、缅甸被英、法占了；高丽、台湾被日本占了，香港、九龙被英国占了；广州湾被法国占了；上海被各国占了；内地之汉口亦被各国占了。革命党怕中国陷于双重奴隶，故出来宣传革命，而人民人人都欢迎革命。满洲人宁愿以国土送给外国人，不愿送给汉人；革命党怕中国沦亡，便提倡革命。

当时大家提倡革命，赞成革命，希望享共和幸福。民国十三年来，人民究竟享了几多幸福呢？不过是四分五裂，盗贼兵灾吧。有些智识薄弱的人，以为这些痛苦是革命造成，十三年前虽做满清奴隶，还得安居乐业，现在还比不上。其实革命事业像拆去旧屋、建筑新屋一样，这十三年便是旧屋已拆、新屋未成的时期。在此时期，倘遇狂风大雨，其景象当如何？有人以为旧屋虽然有倾倒之虞，尚可抵御风雨于一时，而以为不应当拆屋，这是何等错误。十三年来，大家遇着大风大雨的生活，所以不能安居。但新屋建筑未成者，因为有满清遗下之官僚军阀为障碍。当此之时，人民有的不忍舍去一片旧瓦，有的不忍舍去一块旧砖。不能彻底廓清，让一级官僚武人存在。这便是不能够建设之原因。满清皇帝虽推倒，而数十个小皇帝代兴。故人民不能得安乐，反觉痛苦。尚有一个原因，国民自来做惯专制之奴隶生活，不问政治，故武人官僚敢这么放肆。

---

① 二十九日，孙文出席韶关各界赞助北伐大会，并发表演说。

　　诸位应知道，民国成立而后，大家是主人，而主人不能自己努力建设国家，故大家这样招苦。大家以后应常〔当〕觉悟努力。革命党为国民之先觉，奔走呼号，而国民甚少应之者，故民国不能成功，国民实不能辞其责。诸位应知道，中国好象一个大公司，国民是股东，股东不维持，公司便危险。国家建设而后，人民都享福，便和公司赢利股东分息一样。

　　中国自通商后，工业失败，没有制造品出口，并且连自用之货都要用洋赁〔货〕，每年入口货多过出口货五万万。大家试想，我们每年要送五万万元过外国，我国焉得不危险？尚有外国在中国境内之工业、矿业、航业、陆运业、银行、租借地、割让地等等，每年约损失十几万万，再加以条约之损失，赔款及其利息之损失，实不止数十万万。大家都想自己发财，但极其量都不能挽回这么大的损失。国家既如大公司，则要大家都努力，将这每年数十万万的损失，完全恢复，中国自然会家给人足了。诸君总要努力，即建筑一间小屋，都要三数个月才成；一个大国家，当然不是十三年便可完全成功的。但现在离成功不远了，大家应当齐起努力。这次革命政府提师北伐，便是要将西南军队联结奉、浙军队，扫除旧屋〈砖〉瓦渣滓垃圾之北洋军阀官僚，以建设新国家。这个责任是要全国国民负责，大家要有毅力，来完成这第二层的建设工夫。

据《各界赞助北伐大会纪详——大元帅训词》，载广州《中国国民党周刊》第四十二期，一九二四年十月六日印行

铭记革命历史再开新纪元

在韶关北伐军将校国庆纪念会的演说①

（一九二四年十月十日）

将校诸君：

今天我们来庆祝革命首义成功第一天的双十节。诸君更要晓得，双十节以前已〔已〕经有过十余次革命没有成功的，最显著而为人所共知者就是三月廿九之役，黄花冈七十二烈士。其余黄冈之役、钦廉之役、镇南关之役、惠州之役，许多同志都忘记了。今天诸君庆祝革命成功的第一天，很好把革命过去的历史谈谈，使诸君刻刻不能忘记。

我们要谈革命成功的历史，就先谈革命的旗帜的历史。我们为何认此青天白日之旗为我们的国旗，而不认什么红黄蓝白黑为我们的国旗呢？说来话便很长。考世界有国旗的原因，就为列强并立，海上船舰不能不有个标志，以便认识。追溯中国古来既未与世界交通，所以无什么国旗的徽号。最大的原因就是中国自古称为独一无二的强国，而且海运又未交通，所以无用国旗的必要。《孟子》书说"天无二日，民无二王"，唐人诗说"万国衣冠拜冕旒"②，就是中国独强的明证。所以当时附近中国的诸小国，都称中国为上邦。中国有此特殊标志，所以历古以来未尝用过国徽。及至满清中叶英国人得了印度之后，将印度的毒药鸦片烟流入中国，以图厚利。英国人因欲得厚利之故，虽将全中国人毒死，他都不辞。中国人起而反抗，他便用利炮坚船驶过中国海岸。头一回打进广州，就要迫我们割让香港；第二回占南京，就要开沿海五通商口岸；第三回打破北京，为城下之盟，就要开腹地十三商港。寖假由外而内，并且租借各军港。中国自经几回败仗以后

---

① 孙文为统兵讨伐北方军阀，于一九二四年九月十三日将大元帅大本营自广州移设韶关。当时广州商团武装不断对革命政府寻衅，孙文一度有弃粤北进的打算，故在演说中提出。到十月十五日，留驻广州的革命军队按照孙文指令，成功镇压商团叛乱。

② 见王维《和贾至舍人〈早朝大明宫〉之作》。

便要赔款，款是一时赔不清，便指出有收入的关税为抵押。最初是将收入关税的机关交与英国人管理，吾人所称为"洋关"者便是。英国既握了关税管理权，自然循例要弄几条小轮船，在港汊分歧紧要的去处来把守，以防走私漏税。少不免要客气一点，请命中的王公大臣，问他要国旗的款式，好依样葫芦系在船尾桅上。不晓得中国向来没有这件东西，当时满清大臣听见总税务司英国人赫德发出这个问题，就糊里糊涂答他，由他自己便宜办理。赫德便用龙旗系在船尾桅上，好作个标志，后来就成为中国的国徽〔旗〕了。由此说来，中国国旗是由外国人代制成的。自经海关悬出这种旗帜之后，国人不察，便成了习惯，你说奇怪不奇怪呢？

讲到革命用的①青天白日旗，是由乙未年②创用。迨后革命军占领镇南关再用，就由法国报纸传扬，故世界亦知此为有历史价值之旗帜。及至武昌革命成功以后，何以反为不用他呢？这是有个缘故。第一就是这面旗很有美术的构造，他的长短尺寸都有一定的比例，就是星的光芒亦有一定的角度，比较五样颜色的布拼成的自然难做，而革命要人多忙不暇理及此事。刚值寄寓上海租界一班老官僚，利用人民弱点，就乘势侵进革命党内，就将国旗改为五色，并且唱"革命军起，革命党销"之疯说。当时一般老革命同志都莫名其妙，皆以为官僚都来赞成革命，只有海吸百川，兼收并蓄，不知彼等改五色旗为国旗系有绝大深意。当满清未推倒以前，文武官员多是深居简出，陆行固少，坐船更稀，所以每有外出，便有许多仪仗鸣金击鼓、升炮奏药〔乐〕等事。遇着坐船的时候，如武官官阶至提督的，文官官阶到巡抚的，他船桅上便悬一面五色旗，以示隆重。由此说来，五色旗便是满洲官制的文武官员一品的官旗。民国十三年来沿用不改，无怪这十三年内民国政治都由武人官僚把持，真是可痛心了！当他们改用五色时，我一个月后才到上海，当时我就提议将旗改换，多数同志以为此不过一种标志小事，现在大事尚多，故我亦不坚持到底。所以此十三年来，我们实常依于官僚武人旗帜之下，岂不伤心！

现在回转过来讲，今日诸君庆祝双十节历史之经过及其成功之原因。当时武昌起义，那年之前几个月，就是三月廿九广州起义失败，死七十二个同志。后死

---

① 底本原作"的用"，今改"用的"。
② 指一八九五年策动广州起义之时。

的同志们仍然继续奋斗，乃舍弃广东，转图湖北，主任其事者就是谭人凤、陈英士、黄克强、居觉生诸位。筹备将近成熟时，在汉口的机关忽然破了，被湖北总督瑞徵〔澂〕拿了三十余人，就地正法。此三十余人完全是革命党干部。此三十余人被杀后，上海至汉口间之消息遂断。当时驻武昌之工程营、炮兵营亦有多少兵士入革命党籍的，同时便起了恐慌。因为名册被清督搜获，以为不日就死。当时同志之中，有倡为死中求活，冒险起义，以图九死一生者，惟苦不得枪弹。因其时驻武昌新军已为清督所疑，将兵士子弹没收，每人仅余五颗。众议于退伍兵士求之，凑得子弹两盒，度其数目不过百颗。于是尽分配与各士兵，乃由工程营首先发难，炮兵继之。总督瑞徵〔澂〕闻炮先遁，张标〔彪〕为武昌镇统，闻炮亦逃，革命军便占了武汉。当时除杀了多少旗下满洲的人外，其余对于一切军政设施却毫无办法。过了四五天后，听得协统①还在武昌未逃，乃四处搜索，后来就在他家里床底下将他拖出来，迫他当领袖。那协统抵死不从，他说这抄家灭族之事，死不愿干。同志们以手枪威吓他，问他要生还是要死？他一转念，以不遵从革命党威胁便立刻要死，如暂时承允，干了大逆不道之事，尚可稍延残喘。他前思后想，再无善法，只得答应权允。当时党人遂推他为湖北都督，即是后来总统黎元洪。黎元洪由此遂为革命首义的一个人了。黎元洪既当了湖北都督，过了些时，看看情形尚站得稳，但仍有一点不放心，故与北方和议，相机推翻革命，无如各省革命党已纷纷起义，汉口、汉阳虽失，革命仍得成功。此武昌首义前后②大概情形。

　　由此看来，武昌起义由有计画而变为无计画，于冒险之中无意成功。故虽偶然成功，仍不能算能成功，因为无预定条理办法之故。既然不算成功，而吾人何以十三年来仍是年年庆祝双十节呢？在这十三年来，四分五裂，政治腐败，道德破坏，纲纪荡然，兵戈盗贼，遍地疮痍，人民所受痛苦甚于满清。而我辈尚要庆祝者，就是因为他存有民国之名，留得此招牌，为吾人奋斗前进的一线生机。故我欲乘今日庆祝双十节的机会，将旧事重提，与诸君商量进取长江的办法，补救以前的过失。

---

　　①　黎元洪时任湖北新军第二十一混成协统领，"协统"系简称。
　　②　底本原作"后前首义"，今改"首义前后"。

我们十三年前不能利用武汉，至推移政权于非革命党①手，至今十三年内无法建设，俨如一场大梦。今日我们只可作为革命完全未成功，作为并未有这十三〈年〉的事，从新来筹备革命，以竟我们未了之功。十三年前革命党所恃者仅有精神，材料、地盘完全缺乏，即如刚才所说之子弹两盒，极其量亦不过一二百颗，所靠的利器多半是手枪炸弹。然而广州一失败便移至武汉，设令武汉一失败，难保不移至北京。以视今日则如何？今日西南各省皆革命党范围，势力很大，并且有多数长枪大炮。从前革命党如果有百数十杆盒子枪（驳壳），便算为很大势力，无坚不摧矣。这并非我故意张大其词，我试讲一例与诸君听听。

当辛亥三月二十九日之役之前，党内派同志某君，着其由日本运回盒子枪七十五杆。当时运枪的方法，就是靠夹装在行李内。船抵长崎时，他得接〔接得〕黄克强由香港拍来一电，说香港现检查军火很严密，请其小心谨慎。电报的意思不过要他小心保护武器，原不曾叫他保护身体。某君接了这个电报便手足无措，这是他胆子既小又不明白责任的缘故。他便误会起来，左思右想，晓得船离长崎不久便到香港，他于无法之中居然想出一法子，晨早晚间无人见他时，他便一杆一杆运至船面丢落海中，及至船抵香港已将所运之械陆续丢完。在香港的同志们晓得某君船将抵埠，便各自装成接客的样子，约齐分头到船接械。可巧这日码头上警察不多，又不注目他们，各各暗自欢喜。不期到船上一问某君，已丢得精精光光，同志们都失望气极。后来三月二十九失败了，同志们都是归咎某君丢却七十五杆驳壳枪，至不能成功。凡参加黄花冈一役的同志，至今尤道之不衰。以当时情形看之，若多此七十五杆枪，我敢推断其必能成功。因我军已攻破张鸣〔鸣〕岐、李准的衙门，后来就是因为无械把守各处城门街巷，以至巷战失败。设令多此七十五枪，紧要的城门用三两杆控制，紧要的街口亦用一两杆把守，敌人不能通过，岂不是早己〔已〕成功么！此等精神，比较诸君今日则如何？假如今日有驳壳枪三千杆交与诸君，诸君谁人敢应允必能做成革命一件大事，有人敢说么？

从前有名的战将要推黄克强，诸君知到〔道〕黄克强出名那一回事么？今日

---

① 底本原作"命革党"，今改"革命党"。

正好对诸君说个梗概。钦廉一役，黄克强在安南河内招集了一百五六十名华侨、三四十名游勇，买了二百杆很复杂的枪，打雀的也有，打兽的也有，口径大小不一，每杆枪子弹最多配二百颗。他便进攻钦廉，打了两个多月仗，至弹尽而后才将同志完全带回安南，仅有六人失落。此六人之中，有四人是阵亡，两人是负伤在路上因病死的。清朝当时在钦廉的兵有二万多人，无奈之何。以当时的清兵较之现在的敌人，或者不及现在敌人之强，然以现时之革命军，枪械、人数又多于从前之革命党不止百倍。今日到韶关之兵不下二万余人，除樊钟秀一部先遣外，其余都是持重审慎。樊钟秀下了决心，便连大炮都不要，带了二三千步枪就横冲直撞，冲入江西。樊钟秀的武功能及黄克强否我虽不敢预料，但我敢决其势力不消灭，助吾人成北伐之功不少。

诸君①此回到韶关本是北伐的，不是庆祝的，不过适逢其会，我们一面热烈庆祝，就要一面纪念以前的同志们奋斗的精神。我们不能完全学他，都要学他一半，或学他十分之一二。当樊部开动时，本来连伙食都不够，他不过见一天做一天的事，便努力向前去了。我到韶关差三天便满一个月，各军集中，久已完备，所差者出发费耳。故一天候一天，都是望出发费到手即行，但候了许久都无法可想。今为诸君设想，如果等待至明天可以得大批款项，或等待至十天可得大宗款项，诸君不妨少候。但以我看来，似觉已绝望了。试看现在广州肥沃的地方已被稍有势力的军队霸占起来，扩充自已〔己〕的势力，而人民因受种种抽剥痛苦，丛怨聚我一身。年余以来民政财政不能统一，人民对于我们已生了恶感，尚有何种希望呢？广州商团每人肯牺牲一百元或五十元送与陈炯明助军饷，要来打灭我们，是我们已处于死地，绝无希望了。听说这两天，广州人民又要罢市，陈炯明亦同时反攻。比方广州又陷于危险，难道我们又带兵回去救广州么？假使将广州救回，我们又有什么好处呢？岂不是更招广州人民怨恨么？又假使陈炯明既得广州，派兵到韶关追击，我们将投降过他么？所以我将生死利害问题三翻〔番〕四

---

①　底本原作"君诸"，今改"诸君"。

次权衡轻重，只有最近这两年许汝为、朱益之、陈护黄①他们三位死里求生的逃命方法，足为我们华陀〔佗〕、扁鹊②救命良剂。

当前年六月许汝为他们三位由赣州回师韶关讨贼，因种种给养接济困难，打敌人不过，败退下来。他们前无去路，后有追兵，便分头杀开一条血路，各自逃命。有投湖南的，有投广西的。许汝为便逃到福建，却把福州打下来。以我察看，现目〔在〕韶关并非安全，实属一个危险的地方，最好诸君就作韶关为一个危险到不能立足的去处。倒转来讲，就是以出发杀敌，作为死里逃命。如能逃至赣州、南昌，便是已出生天。一转念间，将题目改转，便起死回生，诸君何乐而不为？大凡好生恶死，人之常情。现目〔在〕来庆祝的诸君都是官长领袖，你们回去就将这番意思剀切详明，对你们兵士说个透亮。现在我们有二万多人在韶关，如果靠接济开拔费才能出发，无论如何都打算不通，想登天还易一点，所以我们不能不分头逃命，度此危关。我看今年南、韶、连及赣南各属极为丰收，你们出去不愁没饭食。但问诸君有此精神没有？武昌起义不过拿两盒子弹便受人家纪念，我们现在拿了许多枪炮子弹，可否从十三年双十节后再开过一个新纪元，使后来的人来纪念我们呢？

据邓彦华恭录：《国庆日大元帅对韶关各军将校训词》
（民国十三年十月十日），连载一九二四年十一月七、
八、十、十一、十二日《广州民国日报》（四）③

---

① 许崇智，字汝为，粤军第二军军长；朱培德，字益之，驻粤滇军将领；陈嘉佑，字护黄，湘军将领。一九二二年五月，孙文任命许崇智为北伐总指挥，率领所部及朱培德滇军、陈嘉佑湘军等部，从韶关进攻江西。同年六月中旬陈炯明部在广州兵变之后，北伐军奉命回师靖难，在韶关等地战败。随后，许崇智率所部粤军退往福建，朱培德率所部滇军等退往广西。

② 华佗，东汉人；扁鹊，战国郑人；均为历史上的名医。

③ 另见邓彦华恭录：《双十节大元帅训词》（亦作《民国十三年十月十日师次韶关各军将校联合庆祝双十节恭请大元帅训词》），似为一九二四年冬在广州发行的初刊本，其内容文字与底本相同，但亦有个别讹、脱、衍字。

要革命成功须先牺牲个人的平等自由

在黄埔陆军军官学校的告别演说①

（一九二四年十一月三日）

诸君：

诸君今天在这地听讲的，有文学生，又有武学生。我今天到黄埔来讲话，是暂时和黄埔的学生辞别。辞别的原因，就是因为我要到北京去。

这回北京事变没有发生以前的五六个月，便有几位同志从北京来许多信，催我先到天津去等候，说不久他们便可在北京发起中央革命。筹画这回事变的人数很少，真是本党同志的不上十个人。他们的见解，以为本党革命二十多年总是不成功，就是辛亥年推翻满清、成立民国，还不算是本党的主张完全成功。推究此中原因，就是由于从前革命都是在各省，效力很小，要在首都革命那个效力才大。所以他们在二三年前便在北京宣传主义，布置一切。到五六个月以前，便来了一个很详细的报告，说进行的成绩很好，军人表同情的很多，应该集合各省有力的同志在北京附近进行，只要几个月便可成功。当时各省有力的同志都是在本省奋斗，没有人能够到北京附近去进行；而且当时北京表面很安宁，一讲到首都革命在几个月之后便可成功，真是没有一个人敢信。就是我自己也看到很渺茫，也不敢相信。到江浙战事发生之后，他们又来催促，要我赶快放弃广东到天津去等，说首都革命很有把握，发动的时期就在目前，这个时期是千载一时的机会，万不可失。如果就广东的计划，由韶关进兵，先得江西，再取武汉，然后才想方法去定北京，那是很迂缓、很艰难的；假若放弃广东，一直到天津去发动一个中央革命，成功是很迅速、很容易的。我在当时以为要北京有事变发生才可以去，如果

---

① 十月二十三日，冯玉祥等在第二次直奉战争中发动北京政变（冯时任直方第三路军总司令），推翻曹锟政府。次日发出和平通电，并特邀孙文来京共商建设大计。二十七日，孙文复电决定应邀北上。十一月三日下午，孙文到黄埔军校检阅该校师生及教导团一千五百余人，并有广东大学师生四千余人参加；随后在军校礼堂发表告别演说。

放弃广东的军队不用，先到天津去等候，恐怕空费时间，不大合算。所以约定他们，只要北京有事变发生之后，我马上便可以到北方去。并且一面把广东的军队集合到韶关，我也亲自到韶关督率各军前进，收复江西。我们已经有了一部分的军队进到万安、吉安了。

现在大家都知道，北京发生了事变。当这次事变最初发生的时候，很像一个中央革命。我们对于以前的情况不明了，现在就发生事变时候的情形而论，可以决定是我们同志的筹画。但是最近中央的大力量不是在革命党之手，还是在一般官僚军人之手。拿这次变动的结果看，毫不能算是中央革命，这次变动毫没有中央革命的希望。既是没有中央革命的希望，我何以还要到北京去呢？我因为践成约起见，所以不能不去。他们在北京奋斗，费了许多大力，才有这次的变化。变化之后，对于本党表同情的只有几个师长、旅长，普通兵士都是莫明其妙。以少数的师长、旅长来做极重大的中央革命，一定是很难成功的。就是在事变发生之初，我便进京同他们合作，想造成一个宏大的中央革命，也不容易做到。不过经过这次事变之后，可信北京首都之地的确是有军队来欢迎革命主义的。从今以后，只〈要〉有人在北京筹画中央革命，一定可以望天天进步。这次虽然不能造成一个中央革命，以后进步，可以望造成一个大规模的中央革命。并且知道北方的军队和人民也有天良与爱国心，有了天良与爱国心，就可以受革命党的感化。我们从前看到北方的空气龌龊，官僚卑下，武人野蛮，人民没有知识，以为那些人用革命主义的力量不能够感化。但是在今天看起来，从前的观察实在是错误。北京也可以做革命的策源地，造成一个革命的基础。现在的事变虽然不是完全的革命举动，不能说将来便不能再起革命。只要此时用功去做，以后或者可以得好结果。就是能不能得好结果，此时不能预先知道，但是可以推测彻底的革命一定可以在北京发生。因为有这种希望，所以我为答北方同志的欢迎起见，决定去北京。

我这次到北京，不但是本党同志欢迎，就是各省的反直派也是很欢迎的。我相信一定可以自由行动。将来自由行动的结果究竟是怎么样，虽然不能逆料，但为前途发展起见，此时也不能不去。大家又不可以为我到北京之后，马上就能发起一个中央革命。不过借这个机会，可以做宣传的工夫，联络各省同志，成立一个国民党〈党〉部，从党部之内成立革命基础。能不能够达到这个目的，预先固然不能断定，但是只要有革命的方法，便可以进行。

今天到此地来听讲的，有文学生，又有武学生，便可以借这个机会研究革命的方法。我也可以借这个机会，把革命的方法拿来和诸君谈谈。诸君现在都负得有革命的责任，在外面奋斗，应该用什么方法才可以成功呢？要革命成功，中外古今，在中央进行的当然是很容易，就是在各地方进行也有成功的。地方革命也算是一种办法。所以研究革命方法，要除去空间问题，另外从旁方面着想。

近二三十年来，革命风潮是从什么地方发生呢？是从什么地方传进中国来的呢？中国感受这种风潮是些什么人呢？革命的这种风潮，是欧美近来传进中国来的。中国人感受这种风潮都是爱国志士，有悲天悯人的心理，不忍国亡种灭，所以感受欧美的革命思想，要在中国来革命。但是欧美的革命思想一传到中国来，便把中国的旧思想打破。试看近二三十年来，中国革命党在各地奋斗，成功的机会该有多少？而每次成功之后又再失败，原因是在什么地方呢？我们的革命失败，是被什么东西打破的呢？大家知不知道呢？是不是敌人的大武力打破的呢？是不是旧官僚的阴谋打破的呢？又是不是中国的旧思想打破的呢？这都不是的。究竟是什么东西打破的呢？大家做学生的人大概都不知道。依我看起来，就是欧美的新思想打破的。中国的革命思想本来是由欧美的新思想发生的，为什么欧美的新思想发生了中国的革命，又能够打破中国的革命呢？这个理由非常幽微奥妙，不是详细研究，很难得明白。

欧美的革命思想是什么呢？这就是大家所知道的自由平等。自由、平等是欧美近一百多年来最大的两个革命思想。在法国革命的时候，另外加了一个口号，叫做博爱。由于自由、平等与博爱的思想，便发生法国革命。中国近来也感受了自由平等的思想，所以也起了革命。革命成了事实之后，又被这种思想打破，故革命常常失败。我们革命之失败，并不是被官僚武人打破的，完全是被平等自由这两个思想打破的。革命思想既是由于平等自由才发生，何以又再被平等自由来打破呢？这个道理从前毫不明白，由于近十几年来所发生的事实，便可以证明。

大家知道革命本是政治的变动，说到政治，究竟是做些什么事呢？就"政治"两个字讲，"政"者众人之事也，"治"者管理众人之事也。管理众人的事，就是"政治"。换而言之，管理众人的事，就是管理国家的事。这个道理，许多军人多不明白。譬如这次北方发生事变，本是少数军人的举动，这种事变本来就是革命。他们发动了革命，就是发生了政治变动。他们在事前储蓄得有这种大动力，能够发生政治变动。政治变动已经发生了，而他们通电还是说不懂政治。这好比是一架发电机，能够发生大电力的部分就是磨打①。如果一个大磨打能发生几万匹马力的电，用这样大的电力去行船，每小时便可走几十英里；用这样大的电力去做工，便可运动很多机器，制造很多货物；用这样大的电力去发光，便可装成无数电灯，照很大的城市。像这样磨打，如果能够知道他所发生电力的用处，又用之得当，便可以做种种有利益的事业；若是不知道他所发生电力的用处，或者是用之失当，便要杀人，到处都是很危险。现在北京有政治原动力的军人已经发生了政治变动，尚且说不懂政治，这好比是磨打自己发生了电力之后，不知道用处，当然是有极大的危险。至于有大原动力的军人，日日在政治范围中活动，而没有政治的知识，那种对于众人的危险，比较磨打当然是更大，又更利害。大家现在如果还不明白这个道理，可以读我的《民权主义》，便能够了解。

中国革命之所以失败，是误于错解平等自由。革命本来是政治事业。如果当军人的说不懂政治，又好比是常人说不懂食饭、穿衣、睡觉一样。食饭、穿衣、睡觉都是做人的常事，是人人应该有的事，试问一个人可不可以不知道做人的常事呢？无论那一个人，都是应该要知道做人的常事的。大家都能够知道做人的常事，就是政治。大家能够公共团结起来做人，便是在政治上有本领的人民。有本领的人民组织成强有力的国家，便是列强；没有本领的人民所组织成的国家，便是弱小。弱小都是被列强压迫的。无论那一个国家，不管他是不是强有力，只要号称国家，都是政治团体。有了国家，没有政治，国家便不能运用；有了政治，没有国家，政治便无从实行。政治是运用国家的，国家是实行政治的。可以说国家是体，政治是用。根据这个解释，便知道政治的道理简而易明，并非是很奥妙的东西。大家结合起来，改革公共的事业，便是革命。所以说革命就是政治事业。中国近来何以要革命呢？就是因为从前的政治团体不好，国家处在贫弱的地位，爱国之士总想要改良不好的旧团体，变成富强的地位。这种改良要在短时间或者

---

① 磨打（motor），今译马达。

是一朝一夕之内成功，便是革命。

我们发生了革命，为什么又被平等自由的思想打破呢？因为做人的事，在普通社会中有平等自由，在政治团体中便不能有平等自由。政治团体中的分子有平等自由，便打破政治的力量，分散了政治团体。所以民国十三年来革命不能成功，就是由于平等自由的思想冲破了政治团体。就政治团体的范围讲，或者是国家，或者是政党；就平等自由的界限说，或者是本国与外国相竞争，或者是本党与他党相竞争，都应该有平等自由。不能说在本国之内，或者是在本党之内，人人都要有平等自由。我们中国人讲平等自由恰恰是相反，无论什么人在那一种团体之中，不管团体先有没有平等自由，总是要自己个人有平等自由。这种念头最初是由学生冲动，一现成事实之初，不知道拿到别的地方去用，先便拿到自己家内用，去发生家庭革命，反对父兄，脱离家庭；再拿到学校内去用，闹起学潮来。这种事实，在大家当然是见得很多，做得也很多。大家要闹学潮，或者自以为很有理由，所持的理由总不外乎说先生管理不好，侵犯学生的平等自由，学生要自己的平等自由不被先生侵犯，要争回来为自己保留，所以才开会演说，通电罢课，驱逐先生。拿这个理由来闹风潮，口口声声总是说革命，实在不知道革命究竟是一回什么事，不过拿学校做自己的试验场，用先生供自己的试验品罢了。

我们革命党内的情形也是这一样。革命的始意，本来是为人民在政治上争平等自由。殊不知所争的是团体和外界的平等自由，不是个人自己的平等自由。中国现在革命都是争个人的平等自由，不是争团体的平等自由，所以每次革命总是失败。中国革命风潮发生最早的地方是在日本东京，当时都是以留学生为基础，留学生最盛的时代有两万多人。那些留学生都是初由中国各县到日本东京，头脑极新鲜，很容易感受革命的思想，一感受了革命思想之后便集会结社，要争平等自由。但是他们那种争平等自由的目的，都不知道为团体去用，只知道为自己个人来用。所以当时结成的团体虽然是风起云涌，有百十之多，但是不久所有的团体便烟消云散。团体存在最久的不过是一两年，短时间的都只有几个月，便无形消灭。那些团体为什么那样容易消灭呢？我以为很奇怪，便过细考查那些团体的内容，始知道那些团体当初结合并没有什么特别主张，只知道争个人的平等自由；甚至于在团体之中并没有什么详细章程，凡事都是乱杂〔杂乱〕无章，由各人自己意气用事，想要怎样做便是怎样去做，所谓人自为战。真是强有力的人，或者能够做成一两件事；大多数都是一事无成，只开一个成立会，大家到会说些争平等自由的空话，便已了事。因为大家都是为个人争自由平等，不为团体去争自由平等，只有个人的行动，没有团体的行动，所以团体便为思想所打破，不久就无形消灭。学生在求学的时代便是这种行动，到了后来为国家做事，一切行动不问可知。

更有许多无路可走的学生，毫不知道政治社会的道理及中国的国情，又想在社会上出风头，便惊〔标〕奇立异，采欧美没有根据的新学说，主张革命要无政府，自称为无政府党。殊不知道革命的目的，就是要造成一个好政府。他们这种主张，在政治原理上自相矛盾，真是可笑已极。推到无政府的学说之来源，是发生于俄国。俄国学者之所以要主张无政府，就是因为从前俄国的旧政府太专制，为万恶之源，人民痛苦难堪，所以社会上便发生无政府学说的反抗。俄国创造无政府学说的祖宗，就是大家所知道的巴枯宁。其后又有一个王子叫做克鲁泡特金①，用科学的道理，把无政府的学说推到极端。这种无政府的学说，在俄国可算是极发达。从前俄国应用这种学说来革命，许久都不能成功。俄国发生这种革命是继法国革命之后，有了一百多年都不能成功。到七年之前再发生一种革命，一经发动便大功告成。

我们中国革命以前的不讲，只说最近的到今日也有了十三年。这十三年的革命还是不成功。推到俄国从前一百多年的革命不能成功，我们中国近十三年的革命也是不成功。俄国七年前的革命便彻底成功，这个原因是在什么地方呢？简而言之，俄国近来革命之所以成功的道理，就是由于打消无政府的主张，把极端平等自由的学说完全消灭。因为俄国有这种好主张，所以他们近来革命的效力，比较美国、法国一百多年以前的革命之效力还要宏大，成绩还要圆满。他们之所以能够有这种美满成绩的原因，就是由于俄国出了一个革命圣人，这个圣人便是大家所知道的列宁。他组织了一个革命党，主张要革命党有自由，不要革命党员有自由。各位革命党员都赞成他的主张，便把各位个人的自由都贡献到党内，绝对

---

①　巴枯宁，Михаил Александрович Бакунин；克鲁泡特金，Петр Алексеевич Кропоткин。

服从革命党的命令。革命党因为集合许多党员的力量，能够全体一致，自由行动，所以发生的效力便极大，俄国革命的成功便极快。俄国的这种革命方法，就是我们的好模范。

中国革命十三年来都是不成功。你们黄埔的武学生，都是从各省不远数百里或者是数千里而来，到这个革命学校来求学，对于革命都是有很大希望、很大抱负的；广大的文学生，今日也是不远数十里到黄埔来听革命的演说，研究革命的方法，对于革命的前途也当然是很希望成功的。大家要希望革命成功，便先要牺牲个人的自由、个人的平等，把各人的自由平等都贡献到革命党内来。凡是党内的纪律，大家都要遵守；党内的命令，大家都要服从。全党运动，一致进行。只全党有自由，个人不能自由，然后我们的革命才可以望成功。如果不然，像这次北京发生事变之后有了好机会，当初我以为少数同志发动便可以成功，但是他们不知道革命的道理和方法，所以虽得机会，亦恐空白错过了。假若在这次北京事变发生以前，大家早向北方去活动，或者可以做成功，到现在已经成了没有希望。以后要革命成功，还要另外研究方法。从前革命之失败是由于各位同志讲错了平等自由，从今而后要革命成功，便要各位同志改正从前的错误，结成一个大团体，牺牲个人的平等自由，才能够达到目的。现在想要造成这种团体，便要有好党员。诸位文学生同武学生都是有知识的阶级，都应该明白这个道理。

中国把社会上的人分作士农工商四大类。商人居于最末级地位，知识极简单，他们独一无二的欲望总是惟利是图，想组织大公司，赚多钱。但是股东一投资之后，不能就说要分红利。商人在当初组织公司，参加合股的时候就想要分红利，要达到赚钱的目的，是决计没有的事。无论什么愚蠢的商人，先也知道要拿本钱去附股，附股之后究竟可以赚多少钱，也不能预先决定。不过希望要将来能够赚钱，现在就不能不投资；希望要将来能够赚多钱，现在就不能不多投资。我们革命党都是有知识阶级的，都是聪明过商人，结成一个团体来革命，是不是应该先就要把本钱拿出来呢？这个道理不必详细讲，诸君当然可以明白。商人做生意的资本是钱，我们革命的资本是什么东西呢？商人附股是拿出钱来，我们参加革命党要贡献什么东西呢？我们参加革命党，要贡献的东西就是自己的平等自由。把自己所有的平等自由都贡献到党内，让党中有全权处理，然后全党革命才有成功的希望。全党革命成功之后，自己便可以享自由平等的权利。中国发大财的实业有汉冶萍公司、有开滦公司、有招商局，他们那些公司在组织之初，各股东都是有很大的牺牲，投了很大资本的，好像革命党要先拿出个人的平等自由一样。假若那些资本家不先拿出多本钱，现在何以能够多分红利呢？他们因为想到了要现在多分红利，所以从前便多投资本，牺牲一切。革命的道理，不管大家知道不知道，只要能够学商人，便能够成功。商人本是多财善贾，根本上还是要有本钱才成。没有本钱，什么生意都不能做。许多革命党不肯牺牲个人的平等自由，就是没有本钱。他们以为一参加革命，就是为争自己眼前的平等自由。商人要分红利，必须有时间问题。以商人的思想简单，尚知道有时间问题，尚知道要等候，难道我们有知识的阶级尚且不如商人吗？党员在党内不能任意平等自由，好像股东在公司之内不能任意收回本钱一样。大家要来参加革命，头一步的方法就是要学商人拿出大本钱来。我今天到此地讲话，是要离开广东北上，临别赠言。没有别的话，就是要大家拿出本钱来，牺牲自己的平等自由，更把自己的聪明才力都贡献到党内来革命，来为全党奋斗。大家能够不负我的希望，革命便可以指日成功。

据《革命成功个人不能有自由团体要有自由——对黄埔军官学校告别词》（一九二四年十一月三日），载黄昌谷编：《孙中山先生演说集》，上海，民智书局一九二六年二月初版

附：另一记录

今日文武学生在此听临别赠言，吾诚快慰。六月前，京中同志八、九人，以各省革命收效殊小，乃从事于中央革命之运动，后屡函报谓已有头绪，请吾舍去广东，赴津候会。因未成熟，故不之往。不料数日前北京发生政变，曹、吴①将因此下台，不可谓非同志运动之功。但首都变后，同志并未取得大权。冯、胡、王、孙②又复通电不问政治，此诚危险。

革命，政治运动也。政治，大众之事，即做人之谓也。今冯等高揭旗帜，竟谓

---

① 即曹锟、吴佩孚。
② 冯、胡、王、孙，分指冯玉祥、胡景翼、王承斌、孙岳。

不问政治，譬诸原动力 Motor，任其发生而不引之于用，则阻之者必死，故北京此次革命决无成功希望。所可慰者，此后始知北京军人亦能受革命党之感化，并不如吾人预料之绝望。

吾之所以入京，因彼方同志苦心孤诣，盼吾莅都，自不能不去看看，至多亦不外在京组织党部，做些宣传工夫而已。至今日之临别赠言，厥为革命之成功方法。民国十有三年，革命迄未告成，完全为欧美革命思想之自由平等所打破。须知个人固有自由平等，团体中之个人则无之，政党分子更有甚焉！非谓其自由平等已消灭无余，盖已捐之于党，抱定牺牲决心也。今之党员，朝填〈志〉愿书，夕即争其自由平等（意即谓争权夺利），遂使党自党员自员〔殒〕，革命终无成功之日。

说者谓革命失败，实武人、政客、官僚及革命派有以致之，殊非的论也。为今之计，党员非牺牲一己之自由平等不可。观彼商人开设公司，当其付股本时，决无即行分红之想，必俟若干年后始向之支取利息。吾国向分人民为士、农、工、商四级，居智识阶级之士为四民首，谓其见解不及商人，吾殊不信。现在革命公司要图发达，须先由各同志拿出本钱。本钱者何？即己身之自由平等是已。夫然，革命公司始有发荣滋长、获利累累之一日。否则，各人尚未拿出本钱，即要向公司分红，纵再过千百年，革命公司亦必不能成立。就京〈政〉变言，苟能把冯玉祥、胡景翼、王承斌、孙岳诸人之自由平等通通拿出，团结一起，则革命马上可以成功。

据《粤孙临别赠言》，载一九二四年十一月十日上海《申报》（七）

国事转机端在于此

关于北上的讲话①

（一九二四年十一月四日）

现在中国中、北部之战争，为民治与武阀而战，国事之转机端在于此。且战后千头万绪，尤不能不躬行赞襄一切。且现时北京国民军中下级将领多为国民党党员，本人为党魁，极应到京奖励激劝，使尽力铲除武力统一主义。刻下唐山、廊房等处之吴佩孚军队，尚与冯、孙②之兵对峙。北京要人对于各项重大事件往往来电咨询，以长途电报往返磋商，诸形不便。若本人在京，则可减少事机之阻碍，于军事尤资裨益。况粤东军民两政及北伐事宜，经广州建国会议后已付托有人，本人正可乘此机会入京，为国效力。

据《孙中山定期北上续闻》，载一九二四年十一月十日上海《申报》（七）

北上实行中央革命

在大本营饯行宴会的答词③

（一九二四年十一月四日）

诸君：

诸君今天到这里来饯行，是送我到北方去。我这次到北方去的原故，就是因为民国有了十三年来〔了〕，革命还没有澈底成功。当中有几位同志，在两三年前见

---

① 在广州召开的建国会议上，有人认为孙文北上，沿途恐有危险，主张先派汪精卫前往。孙文因而作此讲话。

② 冯、孙，即发动北京政变的冯玉祥、孙岳。

③ 四日晚，孙文出席大本营饯行宴会，并致此答词。

到要革命澈底成功，便要行中央革命，在北京发生一个大变化。这几年以来，那几位同志苦心孤诣，总是在北京经营。于六个月以前，便来了一个报告，说在北京布置己〔已〕经有了很好的成绩，军队赞同的很多，力量也是很大，中央革命马上可以发动，要我先到天津去等候机会。但是那个时候，我还不大相信能够有这件事，只可对他们说，你们何时有事变发生，我便何时可以到北方去。但是在事变没有发生以前，我便不能前去。后来江浙战事发生，他们更催迫到很急，一定要我到北方去，说中央革命的机会已经到了，要我赶快去，首先发动，才有好结果。我在那个时候，还是说要事变发动以后才能够去，还是不相信他们能够得这次的好结果。到了前十几天，他们果然有很大的变动，推倒曹、吴。这次推倒曹、吴的原动力，本来是革命党首先筹画的，其他各军队都是临时响应的。照北京这次的变动，以事论事，推倒曹、吴，举事虽然算是成功，但是还不能算是革命的成功。不过我已经答应过他们，便不能不到北方去，践我的前约。而且他们这次能够发动中央革命，便可证明革命在北京已经有了力量，这次虽然没有澈底成功，便〔但〕可相信革命在北京有可以运动的余地，北京可以作革命的好地盘。革命要在北京成功是可能的，并不是不可能的。不过我们以前不大留心北京的革命，只有十个八个同志在北京活动，便能够生这次的大变化。现在我们知道北京可以做革命很好的地点，大家聚精会神都把力量集中到北京，将来自然有机会把革命得到澈底的成功。这次北京的变动，不过是中央革命的头一步；头一步走通了，再走第二步、第三步，中央革命一定是可以大告成功的。

我这回到北京去，外面不明白情况的人，以为我一定可以握大政权，其实我并没有想到握大政权，就是他们要我办，我也是不能答应的。因谓这次北京革命有许多复杂的份子参加在里头，革命党虽然是原动力，但是其中大部分的人都不是革命党。他们这几天在北京发表的事情，便不是革命党的行为。不过他们既然发生革命的事变，我想以后中央革命还有希望可以成功。所以我决意到北京去，继续那几位同志的任务，实行我的办法，做他们做不到的事情，拿革命主义去宣传。现在北京参加革命运动的份子虽然是很复杂，有许多人原来不是革命党，但是对于革命党大多数都是友军。就这个情况，我信这次到北京去可以自由行动。能够在北京自由活动去宣传主义，组织团体，扩充党务，我想极快只要半年便可以达到实行三民主义、五权宪法的主张，极慢也不过是要两年的工夫便可以成功。所以我这回为革命前途计，便不能不到北京去筹备。

我去之后，大家在南方应该要怎么样做法呢？我想此后南方的危险一定可以减少许多。本来北方的原动力不过是曹、吴。吴、曹在这两年之中，打四川，侵湖南，攻广东、福建，弄到全国不安宁。曹、吴何以有这样的大力量呢？就是因为大家从前信曹、吴在北京很占优胜的地位，以为北京政府比南方政府巩固得多。今日北京发生了这次变化，大家从前迷信北京的心理就可以觉悟。现在革命的力量已〔已〕经伸张到北方，以后在南方进行革命自然更加容易。譬如广州商团向来通北，反对革命，为革命的障碍。现在政府已经把商团打破，危险已过。陈炯明在东江本来也是要反攻的，但是陈军在香港会议反攻的时候，聆到北京的事变发生，便满座惊慌，会议便开不成，没有一点结果。所以陈炯明至今不能反攻，广东到今日还是很安宁。现在各位将领同志和绅商就要衬这个机会，同心协力把广东的基础弄得很巩固，做一个革命的好策源地。我去北方之后，这种责任就要大家来担任。我在北方有进步，大家在南方一定也是有进步的。从前革命的势力只能够到黄河，现在已经到了北京，再过几个月，就是蒙古、新疆、青海一带，一定都可以充满革命的力量。由此进行，革命力量布满到全国，我相信最多两年，便可以得澈底的成功。我说这些话，并不是没有根据的，实在是很有办法的，有很好机会的。因为有好机会，所以我希望南方各同志都要联络起来，固结南方现在的力量，并且要把北伐军前进到武汉，和北方响应。到那个时候，便是革命澈底成功，三民主义和五权宪法便能够完全实行，全国人民才可以脱这十三年革命的苦痛，享革命的幸福。这就是我今晚对于各位同志的希望。

据《各界欢送大元帅北上演说词》，载一九二四年十一月六日《广州民国日报》（六）

俄国革命成功与中国之关系

在广州庆祝十月革命节的演说①

（一九二四年十一月七日）

今日系俄国革命成功纪念日，我们大家来庆祝俄国革命成功。中国人为甚么要庆祝俄国成功？俄国革命与中国有何关系？

我们要知道，中国自与外国通商以来，同外国立了种种不平等条约，将中国主权、领土送与外国。所以，中国与外人订立通商条约之日，即中国亡国之日。此等通商条约即系我们卖身契约。今日中国地位是半殖民地的地位，所有中国地方都为外国的殖民地，中国人民都成为外人的奴隶。

但自俄国革命以来，俄政府即将旧时俄皇所订立的一切不平等条约及权利都归还中国。俄国革命成功以后，反乎以前帝国主义的政策，实行平民政策，退回从前侵略所得的权利，系一件破天荒的事。所以，俄国革命成功就是中国得到生机之一日，俄国革命成功可为中国革命之模范。所以，我们今日来庆祝俄国革命成功，实在有两意义：第一，庆祝俄国革命成功可以救中国之危亡；第二，庆祝俄国革命成功可以为将来中国革命之模范。有此两意义，所以，我们今日要代表中国国民，用极诚恳意思来纪念俄国革命成功。

据《广州庆祝苏俄革命纪念》，载一九二四年十一月十四日上海《民国日报》第二版

---

① 七日，广州各界人士数千人在广州第一公园庆祝十月革命节，孙文莅会演说。

民生主义系欲劳资互助与农工合作

接受广东省总工会呈赠纪念银鼎的演说①

（一九二四年十一月十日）

余此次北上，仍甚念广东。如广东局面平静，则全体一致从事建设，如此则能造到和平统一，固为国家之福。倘以暴易暴，则我等当贯澈革命，从事奋斗。

本党民生主义，非着各工团以罢工为要挟能事，系欲劳资互助，农工合作，从事于谋联络一致。盖环顾吾国，尚无如外国能操纵全国金融、左右政局之大资本家也。至于实业未能发展之际，纷纷要求加工〈资〉，实为自杀之道。回忆卅年前，月薪三元者，除供应生活需求外尚有余存，今则月薪卅元者亦不能维持生活。可知徒然加工〈资〉，亦无实际。毋宁联络工商，一致共谋实业发达，使物价日平之为愈。

至外国何以如此发达，系因机器科学昌明。吾国现时尚在手工时代之间，海关又为彼外人掌管，彼之入口货税率甚轻，价格自平，吾国商战失败，良有以也。如欲吾国实业发达，非先收回关税不可。收回关税之程序，当联合全国一致，并废一切不平等之条约，庶可以达安宁，谋国家人民之幸福。

并望诸君向各工人从事于团结，并联络农民一致进行，则革命可以建设。

据《工团欢送帅座之纪念银鼎》，载一九二四年十一月十一日《广州民国日报》（三）

---

① 一九二四年十一月十三日，孙文应发动北京政变的冯玉祥等人的邀请，离粤北上。行前，广东省总工会特制镌刻"定鼎中原"四字的大银鼎一座，于十日中午前往大元帅府呈赠，偕行者有总工会诸代表及所属九十六个工会的代表各一人。孙文受礼后发表演说，并设茶会款待。

国民会议为解决中国乱事之法

在上海招待新闻界茶话会的演说①

（一九二四年十一月十九日）

诸君：

兄弟向来是主张和平统一的人，曹锟、吴佩孚都是主张武力统一的人。这回曹、吴的武力统一，被国民军②推翻了。兄弟以为到了讲和平统一的机会，所以离开西南到上海来。兄弟这次到西南有二年之久，虽然因种种障碍未有成就，但是对于反对曹、吴的武力统一，很有计划，很有筹备。近来筹备将及成功，忽然遇到国民军推翻曹、吴，我在西南所做的两年工夫可以不用，所筹备反对武力的计划可以放弃。不但是放弃反对武力的计划，并且放弃西南的地盘，单骑来上海，再过几日就往北京。这次单骑到北京，就是以极诚恳的意思，去同全国人民谋和平统一。至于要达到这个目的，还要有办法。这个办法的头一步，就要靠报界诸君鼓吹，来指导民众。

现在中国号称民国，要名符其实，必要这个国家真是以人民为主，要人民都能够讲话，确是有发言权。像这个情形，才是真民国；如果不然，就是假民国。我们中国以前十三年，徒有民国之名，毫无民国之实，实在是一个假民国。这两三年来，曹、吴更想用武力来征服民众，统一中国。他们这种妄想，到近日便完全失败。这个失败事实发生了之后，就是我们人民讲话的极好机会。我们人民应该不可错过这个机会，放弃这种权利。若是我们放弃这种权利，便难怪他们武人讲话，霸占这种权利。我这次决心到北方去，就是想不失去这个机会。至于所有的办法，已经在宣言③中发表过了，大概讲起来，是要开一个国民会议，用全国已成的团体做基础，

---

① 十一月十七日，孙文偕宋庆龄等自香港乘轮抵达上海。十九日下午，在孙宅举行茶话会，应邀者有上海各报馆、通信社记者三十余人。

② 十月二十四日即北京政变次日，冯玉祥在京建立中华民国国民军，任总司令。

③ 十一月十日，孙文发表《北上宣言》，主张召开国民会议，以谋中国统一与建设；在此之前，先开预备会议，由现代实业团体、商会、教育会、大学、各省学生联合会、工会、农会、共同反对曹吴各军及各政党等九种团体的代表，议决召集国民会议事宜。

派出代表来共同组织会议，在会议席上公开的来解决全国大事。说到中国人数，向来都是号称四万万，但是真正户口册总没有调查清楚。如果用的确人数做基础，不是短时间办得到的事；在短时间内办不到，便失去了这个机会。我们国民若还要失去这个机会，还不讲话，便是放弃主人翁的权利，以后再没有机会，便不能怪别人了。我从前因为没有这个机会，所以筹谋计划，反抗武力，来造成这个机会。现在已经得到了这个机会，从前的筹谋都没有用处，所以抛弃一切，亲到上海来同诸君相见。

今天在这地同诸君讲话，是用人民的资格，是处于国民的地位。你们报界诸君，在野指导社会也是一样。诸君都是先觉先知，应该以先知觉后知，以先觉觉后觉，尽自己的能力为国民的向导。我主张组织国民会议的团体，已经列入宣言之中的一共有九种。这九种团体都是现在已经有了的大团体，另外没有列入的团体还是很多，譬如新闻界的团体便没有列入。现在各处新闻界的团体，内容、组织是不是完全，还要诸君仔细去调查；如果调查之后认定是很完全，当然可以参加会议，讨论一切大问题。但是不管新闻界是不是参加会议，都负得有指导民众的责任，都要竭力宣传，令民众知道自己的地位，中国现在要和平统一的重要，以尽自己的责任。诸君此刻宣传国民会议，或者一时未能普遍传入全国民众之中，但是可以传入有知识的各种大团体，好像学会、商会、教育会以及农团、工团一样。诸君在这个时期内来讲和平统一，是十三年以来一个最难得的机会。如果在这个机会还不讲话来推倒军阀，那末这次北方事变便不能促成和平统一，或者要酿成大乱，也未可知。

我们在这个时机，要问是全国大乱的终结，还是和平统一的开始，就全靠我们国民。我们国民要想是和平统一，便应该万众一心，全国各团体都派出代表来加入国民会议，研究现在时局的弊病，讨论补救的方法。所有加入的团体，不论他是有没有军队，不管他是属于那一界，都要照国民会议所决定的办法，服从国民会议的主张。

我所发表的宣言要能够完全实行，固然需要种种筹备，但是要民众赞成国民会议，首先便要民众明白国民会议的性质和国民会议的力量。如果这个会议可以解决国家的纠纷，诸君在新闻界便应该竭力鼓吹这个会议，俾民众明白这个会议的性质、实行这个会议的办法。从前国会之所以没有用处，是由于根本上选举议员的方法太草率。当时只要愿意做人民代表的人，到各省四乡去运动，人民因为不知道国会的重大，便不问想做代表人的〔的人〕学问道德如何，便举他们做议员，成立第一次国会。从前国会因为议员的本体不好，复受外界武力的压迫，所以在当时总是不能行使职权。后来北方政府毁法，解散国会，国会更是没有用处。西南政府护法，在广州、四川召集国会，以维法统而与武力相持。前年曹、吴也赞成护法，召集议员到北京开会。但是那些议员总是不组〔顾〕民利，只顾私利，到北京之后不做别事，只要有钱便去卖身，造成曹锟的贿选。现在全国国民，对于那般议员完全失望。要解决国事，便不能靠那些议员，要靠我们国民自己。所以我才发起这个会议，要人民明白国家现在的地位，知道政治和人民利害的关系，用正派分子来维持中华民国。

我们现在组织这个团体，普通人或者疑惑有力量的人不赞成，没有力量的人徒托空言。殊不知我既是发起这个会议，自然要担负这个责任，对于有力量的人一定要他们赞成这个会议的主张；若是他们不赞成，我就明告于天下，说他们是以暴易暴。现在中国既是定名为民国，总要以人民为主，要让人民来讲话。如果是帝国，才让他们去讲话。假若一天不改国号，他们一天总要听人民的话。那些有十万或者二十万兵的人，我们不能把他当作特别伟人，只可以当作国民守门的巡捕。譬如我的门口，现在有两个持枪的巡捕来保护我家。上海凡是有钱的人，或者是在各省做过了大官的，都用有巡捕守门。那些守门的巡捕都是有枪阶级，那些主人只能在物质上多给钱，决不能够让那些巡捕来管家事，反对主人。照道理讲，那些有大兵权的人，所有的任务就是和守门的巡捕一样，不能以为他们是有枪阶级，我们主人便放弃权利，连家中大事也让他们来管。他们这次推翻曹锟、吴佩孚固然是很有功劳，我们只可以在会议之中特别设法酬谢，不能说会议的经国大事便由他们把持。他们在带兵的时候，一方面是军人；但是在不带兵的时候，一方面还是国民。用国民的资格，在会议席上本来可以讲话。如果用军人的资格，在会议席上专横，不让大家公平讨论，我便马上出京，请他们直捷了当去做皇帝。带兵的人只可以看作巡捕，不能看作皇帝。若是他们自己真要看作皇帝，这次会议开不成，国事还不能解决，中国还不能和平统一，那末国家的大事只可以暂时让他们去胡行乱为。这次推翻曹、吴，他们极有功劳，我们国民不讲话，他们当然可以讲话。不过他们推翻了大武人，还更有小武人发生；大武人要做皇帝，小武人当然可以称霸。所谓"大者王，小者侯"，以后中国的乱事当更没有止境，国民的痛苦更不能解除。我们要现在解除国民的痛苦，以止中国的乱源，便要大家集合各团体，组织大机关来对武人讲话，求一个和平解决的办法。若是武人还执迷不悟，我们国民只可以宣布他们的横暴，等他们武人再互相推翻，或者总有觉悟之一日。这次北方的事变是武人推翻武人，有大兵权的人也可以打破，足见武人不足恃。有了这回事变，一般野心家看见了，或者可以敛迹。但是要我们力争，他们才敛迹。如果目前无人力争，他们便不顾是非，为所欲为，以后的乱事便不知道要到一个什么地步了！

有了这次北方事变发生之后，究竟能不能够收束？以后中国究竟是治或者是乱？究竟是和平的开始，或者是大乱的开始？没有别的办法可以决定，只有开国民会议，用大家来解决之一法。若是专由武人去解决，便由他们彼此瓜分防地，争端没有止境，好比从前的督军团会议各武人分争巡阅使一样。至于收束目前的军事，全国军队如何改编、如何遣散，如何化兵为工来开路，那都是将来会议中的条目。现在所应该注重的大纲，一共只有两点：第一点是国内人民的生活，究竟要用什么方法可以救济；第二点是中国受外国的种种压迫，究竟要用什么方法可以挽救。

就第一点说，大家常听得说中国有四万万人，但照我按最近各国科学家同宗教家对于中国人口精确的调查，前二年只有三万万一千万，去年不足三万万。在从前，各国教士同科学家调查中国人口确有四万万。何以从前的人数有四万万多，近年便减少到三万万一千万，到去年便更形减少，连三万万的数目也是不足呢？何以在这十几年中便减少了一万万，在前年一年之中便减少一千多万呢？我们人口这样减少，真是可惊可怕！这样可惊可怕的事，是受什么大影响呢？依我看起来，最大的影响是受国内的变乱。以后乱是再不停止，全国人口当更要减少，推到极端，真有亡国灭种之忧。这就是民生主义中的一个大问题。我们要中国前途不至亡国灭种，便要赶快解决这种民生问题。中国近来人口死亡不止是在战争。在战场中死亡的人数最多不过十万，其余大多数的死亡都是在战场附近冻死饿死，或受其他各种兵灾的影响，生活不遂而死。我们要和平统一，防止乱源就是救亡的最重要问题。

就第二点说是对外问题。中国从和外国通商以来，便立了许多条约，那些条约中所载的极不平等。现在中国已失去国际上的平等自由，已经不是一个完全独立的国家。一般人都说是一个半殖民地，依我看中国还赶不上半殖民地。好比高丽是日本的殖民地，菲利宾是美国的殖民地，中国若是半殖民地，照道理上讲起来，中国比较高丽、安南和菲利宾所受待遇当然好些。但事实上是怎样呢？高丽做日本的殖民地，高丽所奉承的主人只有一个日本。日本做高丽的主人，所得到的权利固然是很大，但是所尽的义务也不少。如果高丽有了水旱天灾，日本设尽种种方法去赈济，常常费到几百万，日本人都自以为是应该做的事。至于美国之待菲利宾，不但是急时赈济灾害，平时并且费很多的人工、金钱，办理教育、交通和一切善政。中国平时要改良社会，急时要赈济水旱天灾，有什么人来尽义务呢？只有几位传教的慈善家，本悲天悯人的心理来救济，如果费了几十万，便到处宣传，视为莫大的功德。而且高丽和菲利宾所奉承的主人都只有一国的人，做奴隶的要得到一国主人的欢心，当然很容易。中国现在所奉承的主人有十几国，如果专得英国人的欢心，美国、日本和其他各国人便不喜欢；若是专得日本和美国人的欢心，英国和其他各国人便不喜欢。正是俗话所说"顺得姑来失嫂意"，要得到众主人的欢心是很艰难的。

今日《大陆报》上发表了一篇论文，叫做《条约神圣》。这篇论文所以发表的原因，大概是由于我在吴淞登岸的时候，有一位日本新闻记者见我说："英国想抵制先生在上海登岸。"我说："上海是我们中国的领土，我是这个领土的主人，他们都是客人。主人行使职权，在这个领土之内，想要怎么样便可以怎么样。我登岸之后，住在租界之内，只要不犯租界中的普通条例，无论什么政治运动我都可以做。"那位日本记者昨日发表了我的这言论，所以该报今日便有这篇论文。大家知道不平等的条约是什么东西呢？就是我们的卖身契！我这次到北京去，讲到对外问题，一定要主张废除中外一切不平等条约，收回海关、租界和领事裁判权。

废除国际间的不平等条约，东亚有两国已经行过了的，一个是日本，一个是暹罗。东亚只有两个完全独立的国家，就是日本、暹罗。日本、暹罗之所以能够完全独立，就是由于废除从前和外国所立的不平等条约。日本废除条约是用兵威；暹罗国小，没有大武力，废除条约是用公理向各国力争。所以国际间强大国家束缚弱小国家的不平等条约，是可以废除的，不是不能废除的，只看我们所用废除的方法是怎么样罢了。我们常常笑高丽、安南是亡国奴，他们都只有一国的主人，做一国的亡国奴；我们和许多国家立了不平等的条约，有十几个主人，做十几国的亡国奴。

最近新发生了一个俄国，自动的废除了中俄一切不平等的条约，交回俄国从前在中国所得的特别权利，放弃主人的地位，不认我们是奴隶，认我们是朋友。除了俄国之外，还有德国、奥国也废除从前在中国所立的不平等条约，交回一切特别权利。德国、奥国都是欧战打败了的国家。

那些欧战打胜了的国家，见得打败了的国家还可以放弃中国的特别权利，为什么打胜了的国家不可放弃呢？他们因为研究到这个问题，自己问良心不过，所以便主张把从前束缚中国的不平等条约要放松一点。因为研究放松条约的办法，所以才有华盛顿会议。但是他们一面会议主张放松条约，又一面说中国常常内乱，不能随便实行，总是口头上的主张。外人在口头上放松束缚中国的条约，不是从今日起的。譬如庚子年北京起了义和团之后，各国联军打到北京，赶走中国政府，逼成城下之盟，外国人在北京为所欲为，立了许多不平等的条约。当时英国是世界上头一个强国，国内极文明，有许多人看到各国在中国太野蛮，太对中国不住，便出来讲公道话，主张要把英国所占的特别权利送回中国。英国政府在当时也赞成这种主张，但是又附带了一个条件，必须各国一致退回在中国所占的特别权利，然后英国才可以实行。所以英国一方面赞成那种公道的主张，又一方面使许多小国像西班牙、葡萄牙来反对。弄到结果，彼此推诿，至今不能实行。这还是二十年以前的事。外国人在二十年以前便有了这种动机，我们不争，他们自己自然是不管。中国一般普通人的心理，以为外国人废除不平等的条约，必须要中国有力量；如果中国一日没有力量，那些旧约便一日不能废除。这个道理，殊不尽然。要问外国能不能废除旧条约，就问我们有没有决心去力争。如果大家决心去力争，那些条约便可以废除。好像最近的华盛顿会议，外国人便主张放松；从前的凯马约契，外国人也主张实行，我们中国人都是不争，都是不要。假若全国国民一致要求，这种目的一定是可以达得到的。

中国现在祸乱的根本，就是在军阀和那援助军阀的帝国。我们这次来解决中国问题，在国民会议席上第一点就要打破军阀，第二点就要打破援助军阀的帝国。打破了这两个东西，中国才可以和平统一，才可以长治久安。军阀的祸害是人人所深知的，至于帝国主义的祸害，在中国更是一言难尽。

譬如就通商而论，这本是两利的事，但是中外通商，每年进口货极多，出口货极少，进出口货总是不能抵消。据最近的海关报告，进口货要超过出口货五万万，这就是中国损失了五万万。换言之，就是中国由于通商，每年对于外国要进贡五万万。就我们所住的租界而论，租界是什么人的主权呢？都是归外国人管理的。中国人住在租界之内，每日纳税、买货以及缴种种保护费，又是多少钱呢？再就货物在中国内地销行的情形而论，外国货物入口，先抽百分之五的海关税，再运入内地，抽百分之二点五的厘金；抽过了百分之七点五之后的外国货物，无论运到什么地方去卖，都不必再抽税，都可以畅销。如果有中国货物由上海运到四川重庆去卖，先在上海要抽百分之五的海关税，以后经过镇江、南京、芜湖、安庆、九江、汉口、沙市、宜昌、夔府等处，总有十多处厘金关卡。每经过一个关卡，就要抽一次的厘金。总算起来，经过这些关卡，商家该当纳多少税呢？中国商人因为要免除这种重税，所以许多商人便请一个外国人出面运货，税〔说〕是外国的货物，每批货物只抽百分之七〈点〉五的税便可以了事。中国商人请外国人保护货物的这种举动，好比是请保镖一样。外国压迫中国，除利用经济势力来直接干涉以外，另外更用种种方法，间接来吸收中国人的钱。不过中国最大批的损失，还是进口货的五万万。我们受这样大的损失，在外国人美其名说是通商，就事实上论起来，何异强夺豪取！

更就洋布洋纱而论，当欧战的时候，本是中国商人最赚钱的生意。当时之所以赚钱，是由于洋货不能入口，没有洋货来竞争。我这次进吴淞口的时候，沿途看见纱厂布厂的烟筒多是不出烟，我便奇怪起来，问那些由上海来接我的人。他们都说那些工厂在这几年中极亏本，早已停工。亏本的原因，是由于和洋纱洋布相竞争，在上海所做的布和纱都不能赚钱。当这个时候，假若海关是归我们中国人管理，我们便可以把进口的洋布洋纱抽重税；如果在中国所织的布每匹是值五元的，我们加抽洋布的税，便要弄到他每匹的价钱要高过五元，至少也要和中国布的价钱一样，然后中国布才可以同洋布相竞争。这种抽税的方法，是保护税法，是用来保护本国货物的。中国现在因为受国外压迫，不能行这种保护税法，所以上海纺出来的纱、织出来的布，便不能和洋布洋纱相竞争，便要亏本，纱厂便因此停工。工厂停工，工人自然是失业。当布纱生意极盛的时代，这种工厂在上海之内的工人至少有十万人，这十万人现在因为停工失业，谋生无路，总有多少是饿死的。那些饿死的工人，就是间接受了不平等条约和国际经济压迫的影响。

中国当革命之初，外国人不知道内情，以为中国人忽然知道共和，必然是程度很高，不可轻视，所以赞成中国统一。后来查得内情，知道中国的官僚军阀都是爱钱，不顾国家，所以便帮助军阀，借钱给军阀。军阀有了多钱，于是摧残民气，无恶不作。像袁世凯借到了大批外债，便杀革命党，做皇帝。吴佩孚借到了大批外债，便专用武力，压服民众。吴佩孚这次在山海关打败仗以后，退到天津，本是穷途末路，国民军本可以一网打尽，战事本可以结束。但是有某国人对吴佩孚说："长江是我们的势力，如果你再退到那里，我们帮助你，你还是很有希望。"所以吴佩孚才再退回长江。我说这些话不是空造的，的确是有证据的。大家不信，只看前几个月某国人在香港的言论，大吹特吹，说"陈廉伯是华盛顿"，"广州不久便有法西斯蒂的政府发生"。他们总是在新闻纸上挑战，要商团打政府，说商团如果不打政府，政府便马上实行共产。最近更助陈廉伯在香港发行两百万元的债票，由他们的银行担保。像这种种举动，无非要延长中国内乱，他们才可以从中取利。像这样的帝国主义还不打倒，不但在北帮助吴佩孚，在南帮助陈廉伯，就是吴佩孚、陈廉伯以外的人都可帮助，中国的祸乱便永远没有止境。外国人初次打败中国、和中国通商以后，以为中国很野蛮，没有用处，想自己来瓜分中国。及遇义和团之变，中国人竟用肉体和外国相斗，外国虽用长枪大炮打败了中国，但是见得中国的民气还不可侮，以为外国就是一时用武力瓜分了中国，以后还不容易管理中国。所以现在便改变方针，想用中国人来瓜分中国，譬如在南方便利用陈廉伯，在北方便利用吴佩孚。

我们这次解决中国问题，为求一劳永逸起见，便同时断绝这两个祸根。这两个祸根，一个是军阀，一个是帝国主义。这两个东西和我们人民的福利是永远不能并立的。军阀现在已经被我们打破了，所残留的只有帝国主义。要打破①帝国主义，便要全国一致，在国民会议中去解决。诸君既是新闻记者，是国民发言的领袖，就一定要提倡国民会议。国民会议开得成，中国的乱事便可以终止；若是开不成，以后还要更乱，大乱便更无穷期。中国每次有大乱，我总是首当其冲。譬如从前的袁世凯，现在的吴佩孚，都是身拥雄兵、气盖一时的人，我总是身先国民，与他们对抗。这次推倒了吴佩孚，我也放弃两年的经营，只身往北方去，以为和平统一的先

---

① 此处删一衍字"的"。

导。我这次往北方去，所主张的办法一定是和他们的利益相冲突，大家可以料得我狠有危险。但是我为救全国同胞，求和平统一，开国民会议去冒这种危险，大家做国民的人便应该做我的后盾。中国以后之能不能够统一，能不能够和平统一，就在这个国民会议能不能够开成。所以中国前途的一线生机，就在此一举。如果这个会议能够开得成，得一个圆满结果，真是和平统一，全国人民便可以享共和的幸福，我的三民主义便可以实行，中国便可以造成一个民有、民治、民享的国家。造成了这种国家，就是全国人民子子孙孙万世的幸福。我因为要担负这种责任，所以才主张国民会议。我今天招待诸位新闻记者，就是要借这个机会请诸君分担这个责任，来赞成国民会议，鼓吹国民会议。

据《国民会议为解决中国内乱之法——在上海招待新闻记者演说词》（十一月十九日在莫利爱路廿九号），载《孙中山先生由上海过日本之言论》，广州，民智书局一九二五年三月发行

附：另一记录

诸君：

兄弟为主张和平统一之人，而曹锟、吴佩孚则为坚持武力统一者。今曹、吴之武力统一，已为国民军所摧败，和平统一于此或得实现之机会。余在西南二年，虽无成绩，而一年来谋所以抵抗曹、吴之武力统一者，实至为完备。以武力反对武力统一，经年余之筹备，于今方告完成，国民军遂于斯时推倒曹、吴，西南武力计画亦可不用。余遂不惜舍弃经营经年之计画与西南之地盘，只身来沪，不日赴津。然和平统一亦有其方案，此种方案惟冀报界诸君有以鼓吹指导，使民众趋于一致。现在中国为"民国"，吾人须认清此点。必须人民能作主，能说话，方为真正民国。十三年来之民国有名无实，今曹、吴欲武力压迫民众、统一中国，已遭失败。此实予国民以说话之良好机会，吾民正应以主人地位，出而建言，否则不能徒责武人也。

余此次北行，所有办法，已以宣言发表。其最重要者为国民会议，由国内已成立各团体之代表组成之。国民既得此时机，不可再事蹉跎。余此后已放弃一切，纯以国民地位，出而说话，希望报界亦以国民地位，引导国民。余前此宣言中对于各种团体所详未周，如报界方面亦未提及。然报界是否有此需要及余暇，则为余今欲

向诸君一询者。惟无论如何，以报界地位之重要，对工、商、学各界努力宣传人民对于民国之责任，则随时随地无可放弃，尤为十三年来难得之机会。否则今之推倒曹、吴，是否即为和平解决之终点，抑为大乱之肇始，殆为疑问。在国民会议中，人民如有何种意见，均可提出研究，如归于一致，即为民意，则任何握有兵权，均当遵此民意而行。

宣言中关于将来办法，尚待研究。惟今日最重要之前提，为各团体及有智识的民众是否赞成此项会议，认为必要，认为足以解决十三年来之纠纷，及人民说话之良好机会。建国之初，立国会以代表民意，惟草率促成，分子复杂，实未尽善。后国会播迁，西南有护法之役，及两年前曹、吴赞成护法，西南释兵，国会复归北京。然未几贿选事起，秽腾中外，国会信用实已破产。国会既负国人，国人自不复能再加信赖。处此时期，惟有国民自身起而说话，国民会议之主旨亦即在此。

合各团体代表以组织国民会议，或有怀疑此空洞无实力之会议，将不为握有武力者所赞同。虽然，余于此敢明白肩此重任，此次北行，当力向有实力者申说。如彼等不示赞同，余亦得明白宣示于天下：此次之推倒曹、吴，不过为欲继曹、吴之业而已。且今日既为民国，苟不能改易政体，复于帝制，则国民会议殆无丝毫反对之理由。且有枪之武人，在国民视之，不过看门人而已。余寓前有持枪之安南巡捕二人，彼等之责任及权力仅为余看门而止，决不能任其攫主人之位置，处分余之产业。有枪之武人其责任亦仅如此。如武人起而宰制政局，何异请看家人当家乎？今之军人推倒曹、吴，其功绩伟大，至足佩仰，会议以后，自应有相当报酬。惟如有以天下为私者，余当以主人地位，起而反对。盖武人治国，国终不治，大者王，小者侯，攘夺将无已时也。

经此次之变端，民国前途之治乱，当视国民会议之成绩。如武人会议，则瓜分权利，何与于民？国民会议之办法，如废督裁兵，犹为开会后之问题。现在须注意者，一为人民生活之救济，二为外交方面之挽救。"四万万同胞"几为国人成语，但此乃民国肇兴前之统计。据两年来外人按食盐比例之调查，则前年中国人口实为三万万一千万人，去年实不及三万万。此十余年中，中国四万万人实已减少一万万，此乃十余年来战争之结果。苟战争再延长无已，真有亡国灭种之忧。但此一万万人死于两军对垒中者，吾敢谓十年来不足十万人。其最大多数则因每经战役，田亩荒芜，庐舍为墟，遂致饥饿而死，此实民生之大问题也。

至对外方面，通商以来，因条约之不平等，独立地位已全失去，实际地位较各国殖民地尤为卑下。盖高丽为日本之殖民地，安南为法之殖民地，但彼等虽为奴隶，主人只有一个，而中国则主人竟及十余。且日之于韩，虽享有权利，但亦尽相当义务，如日之年耗巨赀于韩国天灾之救济。中国频年灾馑，各国曾不一顾，即有少数教会团体集款放赈，亦仅聊尽人事之举耳。更有一事足资纪述者，即余来沪时，有一日本记者来见，谓某国将于余抵沪时与以反对。余当谓上海为中国之领土，外人仅处客人地位，如外人必欲无故干涉主人之行动，余必有相当办法以对付之。该记者将此项谈话发表，今日某西报因著论文，颜曰"条件〔约〕神圣"。实则条约者，乃中国人之卖身契也。故余到京后，在国民会议中第一须提议者，为废除一切条约，收回租界及领事判权与一切失地。当世或将疑是言之难于成功，然日本以前对各国条约亦即如是，及战胜中、俄，尽行废除。更观暹逻近事，则仅以民意与公理为武器而蕲得独立者。中国苟能努力，奚独不可？况今俄国已自行放弃；德、奥以战败关系，亦已牺牲；各国压迫中国垂十余年，良心实有未安，因之有华盛顿会议之招集，但结果亦未实行。中国若从此果能获得和平统一，一致要求，则此种目的殆未有不能达到者。

中国祸乱之症结，实为军阀专制与军阀所依赖之帝国主义。必须打倒此二者，中国乃可进于治平。军阀专制之害，尽人能道之。至帝国主义之害，余可举其大者，如通商一项，因外人握得海关权，对外货输入征税不能自由，每年损失达五万万，其他各项尤不胜数。而外人因得税厘上之便宜，国货遂不能与之抗衡，故常有华商借重外人名义，以求减轻厘税，致足悯也。又如洋布洋纱，欧战时勃然兴起，今则余由吴淞到沪时，沿途见各家纱厂均已停工，此因关税不自由，保护税法无从实行故也。厂既停工，工人遂致失业，饥饿而死者亦复不少。中国人口之减少，此亦一原因。革命之初，外人颇致怀疑而不敢轻易有所为，及后则勾结武人，摧残民气，无日不在猛进。初则勾结袁世凯，助款以杀革命党。即此次吴佩孚榆关之败，至塘沽，本处山穷水尽之境，嗣以某国人之献策，谓长江为该国势力中，大可藉为根据，别谋发展，故吴今后复为中国之患者，胥受某国之赐。又如广东商团事件，亦为某国之挑拨与奖励有以成之。故中国之祸乱由二者相因而成，欲扑灭军阀，必先打倒军阀凭藉之帝国主义。否则，即不帮助吴佩孚，亦必帮助吴佩孚以外之武人。前清义和团之役，其发动虽不正当，但亦激于外人瓜分之说。外人见中国人不易侮，此后乃有所恐惧，因之改利用中国人瓜分中国政策，如在南之助陈廉伯，在北之帮助曹、吴是也。

今军阀既倒，欲打倒帝国主义亦已获有机会。国民会议中，当必努力于打倒此二种势力。此次会议已成为中国治乱之关键，会议不成，大乱将无尽期。频年变乱，余每撄其冲，如袁世凯，如吴佩孚，均拥有凶恶之武力，余乃先国民而与之抗。及此次得和平统一机会，亦首先放弃经营经年之武力以为提倡。今后冒险赴京，将置一切不顾，但望国民一致为我后盾，使会议得臻成功，尤望报界诸君一致赞助。

据《孙中山昨日招待新闻界纪》，载一九二四年十一月二十日上海《申报》（十三）

望日本朝野真心支援中国

在长崎舟中对欢迎者的讲话①

（日 译 中）

（一九二四年十一月二十三日）

有劳各位前来，不胜感激。我来日本之使命、政见等，都已经在上海发表的声明里了，在此没有特别的感想。但是与日本的风景文物接触，还是涌上了一股难以压抑的怀念之情。

本次政局的变动，乃为全国人民之力所动，因此今后的政治也必须依国民之力而动。距今十多年前，像依国民之力来打破清朝国基这样的事，世界上没有任何一个国家的人们会相信。但是，国民的力量终于打破了清朝。现在也是如此，驱逐曹锟、吴佩孚之徒，从军阀手中夺回政权。我相信，今后就可以用这一力量实行人民

---

① 孙文决定取道日本往天津，十一月二十二日自上海乘"上海丸"启程，二十三日抵达长崎，下午在舟中对前来欢迎的中日人士作此讲话，由戴季陶担任日语翻译。

的政治，抵抗外国的侵略。什么多斯案等等，中国即使没有各国的援助或干涉，中国也还是能够以人民坚强的力量来建设完全的国家，这是我不可动摇的信念。

现在我代表着全国人民这一伟大的意志进京，参与今后的政治问题，但不打算站在第一线从事活动。首先要召开国民会议，倾听全国人民的意愿，以此为基准，挽救已经疲惫不堪的国民生活，刷新外交，废除不平等条约，并考虑收回租界和领事裁判权。在长江联合的背后，有某国的一双手在活动，这是侮辱中国人民的行径。我们在打倒军阀的同时，也要用同样的力量打破帝国主义，建成中国健全的独立和百年和平的基础。其大纲正如已经发表的那样。驱逐前清幼帝出宫，符合国民的意愿，那也是不足为怪的事。

我已经发表了三民主义、五权宪法，但是好像并没有受到日本国民的任何关注。日本国民对中国问题注意不够，这终归是很遗憾的。我认为，以日本国民的力量实行的明治维新是革命的第一步，而中国革命是其第二步。这两者同样都是以国民的力量来实行的革命，从这个意义上来说，日华两国必须友好。然而，在日本并没有人把中国革命视为与明治维新具有同样意义的事，这是令我感到非常遗憾的。俄国在革命的道路上与此是一致的，但制度政策、国家组织等方面，各国有各自的特征。我相信，因为在革命的道路上情况是一样的，所以当然应该缔结友好关系。现在，中国问题已经不是中国一国的问题，而是世界问题的中心，因此，无论如何要取得与中国有密切关系的日本之完全理解。我认为，日本国民不仅只是在口头上友好，而应该是真心实意地援救中国，以此来确立东亚的和平，这就是我到日本的缘由。我已经发出电报，希望与以加藤首相①为首的朝野各界名士在神户会面交换意见。等到了神户，将和这些人士作无拘无束的交谈，并带着这些意见赴天津。因为急于赴津，所以除了神户以外，没有打算前往其他地方。拯救中国，除此良机以外，再也不会有其他机会的到来了。但在处理上是否得法，则又是中国治乱之重大分歧点。对于这一点，非常希望日本朝野能理解我的意图，并予以充分的支援。段、张、冯

---

① 加藤高明，日本宪政会总裁，一九二四年六月至一九二六年一月间两次组阁担任总理大臣。加藤前曾多次出任外务大臣期间与孙文有交往，而孙文挚友犬养毅此次也加入加藤内阁任递信大臣之职，故他对与加藤晤谈寄予期望。但加藤终于未去神户见孙文。

三位进京一事，已经在船上得知了。

据《支那を救ふはこの機を措いてない——廿三日長崎に入港した孫文氏は語る》，载一九二四年十一月二十四日《大阪每日新闻》（一）（蒋海波译，安井三吉校）

日文原文见本册第 903—904 页

附：另一记录

余来日本之使命与政治上之意见，既经在上海发表，无特别之感想；唯接〈触〉日本之风物，不胜感怀而已。

此次之变动，要而言之，系由人民之奋斗，因之今后政治尤非赖人民奋斗之精神不为功。距今十数年前，以国民力能打破清朝之基础，世界中无论任何国家皆不深信，然卒藉国民之力竟打破之。此次亦以国民之力，打倒曹锟、吴佩孚辈，由军阀之手夺还政权。今后当仍以其力，励〔厉〕行民治，对于外国之侵略，深信亦能对抗，即不受"图资案"与列强之援助及干涉，为此中国可恃国民之巩固力，造成完全国家之信念。

余虽代表伟大之全国民气入京，参与今后之政治善后问题会议，但不欲立在表面活动。至进行方法，先召集国民会议，听全国国民之公意，以之为基础，而策国民生活疲弊之救济，并图刷新外交，废止不平等之条约，收回租界及领事裁判权。而长江联盟之背后实有某国暗中主动，殊属侮辱国民能力。我等拟以打倒军阀同样之力，打破此等帝国主义，建筑中国之独立与百年平和之基础，其大纲已经发表，兹不再述。至于放逐清朝幼帝，亦基于民意，为当然之处置，无足怪者。

余虽发表三民主义、五权宪法，然日本之国民似不甚注意。日本国民对于中国问题，大体注意不足，实甚遗憾。由日本国民之力而行明治维新，为革命之第一步；则中国革命可谓为革命之第二步，以同由国民之力而行革命之故。中日两国应相亲善，固其所也，乃日本不以中国革命与明治维新同视，遗憾实甚。俄国由革命历程言之，亦属与日本、中国一致，然制度、政策因各国国家组织与国情之不同，各有特征，而革命之历程实同，故余深信亦应缔结亲善者也。目下之中国问题，非中国一国之问题，实为世界问题之中心。故非得有密切关系之日本完全谅解，非徒为中日国民口头之亲善，尤须真心诚意与中国提携，确立东亚之平和，此余之所以特来日本之理由也。盖援助中国，机会不再；政治分歧，亦在此际。故关于此点，希望日本朝野了解鄙意，而与充分后援为幸。

据《神户特讯》，载一九二四年十
一月二十八日上海《申报》（四）

组织国民会议是要解决民生问题和打破列强侵略

在长崎舟中对中国留日学生代表的演说①

（一九二四年十一月二十三日）

学生诸君：

我这回路过日本到天津的原故，就是因为由上海到天津的船位已经定满了，再过十五日之后的船位也是定满了。所以在上海等船，还不如绕道日本。绕道日本的路程虽然是很远，但是还比在上海等船快。

我之所以要赶快到天津，是为甚么理由呢？就是因为中国的大军阀已经被奉军和国民军推倒了。国民军近来和民党是很表同情的，奉军的领袖张作霖向来是同我一致，对付近来在中国想完全用武力压服民众、无恶不作的军阀。所以全国有大实力的人都是赞成联络起来，共同推倒他。现在他的实力已经被我们推倒了，以后解决国事不必要再用武力。所以我放弃西南，只身往北方去，提倡和平统一。我所主张和平统一的办法是开一个国民会议，用全国已经有组织的团体举出代表来出席国民会议，大家商量解决国事。原来中国的人数是四万万，但是这个数目的调查向来都是不的确。如果想用人民的数目做基础，直接举出代表来组织国民会议，一时办不到。所以我们国民党提倡的国民会议，主张用全国有组织的团体来做基础，这是很容易办得到的。甚么是全国已经有了组织的团体呢？就是：一、实业团体；二、商会；三、教育会；四、大学；五、各省学生联合会；六、工会；七、农会；八、反对曹、吴各军队；九、各政党。这些团体，现在中国都是已经

---

① 二十三日下午，孙文在长崎舟中特地接见前来欢迎的中国留学生代表，并发表演说。

有了很好的组织，即时便可以举出代表来。而且这些团体的份子都是很有知识，很容易商量全国大事。其他各种团体没有列入的固然是很多，如到有必要的时候，也可以陆续参加。

我们组织国民会议的目的，是要解决两个大问题。这两个大问题，一个就是解决国内民生问题，二个是打破列强的侵略。要打破列强的侵略，就是要废除一切不平等的条约，收回海关、租界和领事裁判权。这种开国民会议的目的，就是我们国民党最近的主张。这种主张，已经在我们的宣言中发表过了。要这种主张能够完全实行，就要全国有知识的阶级来奋斗。今天诸君来欢迎我，我借这个机会来向诸君讲话，就要诸君本自己学生的地位，通信到神户、横滨、东京和日本各地的中国学生，在日本组织一个极有力的学生会，发电到中国与海外各处学生会，赞助国民会议。联络国内外的学生会，全体一致主张由国民会议来解决国内民生问题，和打破列强的侵略。我这次的行动，就是为求达到这个目的，去开国民会议。国民会议开得成，中国便可和平统一；国民会议开不成，中国便要大乱不已。所以中国前途一线的希望，就在这个国民会议能不能够开得成。要国民会议开得成，根本上还是要全体国民一致去力争。你们学生是有知识阶级，尤其希望你们先出来提倡。如果你们通信到国内，联络国内的父兄、亲戚、朋友一致出来争开国民会议；通信到国外各处，也是联络各处的亲戚、朋友一致出来争开国民会议。国内外的民气都是一致的主张，那些有力量的军人当然不可过于反对民气，当然要赞成国民的主张来开国民会议。国民会议开成之后，对内就是解决全国的民生问题，对外就是打破列强的侵略这两件事。

我们在国民会议中为甚么要做这两件事呢？就是因为中国连年内乱的祸根，完全是由于这两件事。这是什么说法呢？

就第一件的民生问题说，中国之所以连年内乱，就是由于兵多。中国之所以能够多兵的原因，就是由于国内人民都要当兵，如果不当兵，便没有别的方法找饭吃。现在国内许多地方的人民，都是以当兵为谋生之路。因为许多人民生计不遂，都要当兵，所以中国现在便有兵多之患。因为兵士太多，各种军队都不能养活，所以彼此便不能不争，便不能不战，便酿成中国今日的大乱。

就第二件列强的侵略说，外国自从和中国通商以后，看中国人不起，又贪中国的土地、财宝，所以总是想并吞中国。又因各国的势力都是很大，列强又太多，当欧战之前有七八个强国，经过欧战以后还有四五个强国，彼此各不相下，一国并吞不成，所以便主张瓜分中国。但是要瓜分，仍难得平均，各国因为恐怕瓜分不匀，自己发生战争，先伤自己的元气，所以无论那一个强国都不肯先居祸首来分割中国。由于这个原因，所以瓜分之说提倡虽然是很久，但是还没有实行。经过这次欧洲大战以后，各国更是筋疲力倦，至今元气都没有恢复，当然没有力量来分中国。现在外国经过欧战，元气略为恢复的国家只有一个俄国。但是俄国人最新革命之后，都是很主张公道的，不但是对于国内帮助自己，并且对于世界帮助各弱小民族。美国同日本虽然是加入了欧战，但是没有受欧战之害。不过这两个国家此刻对外的政策不同，一个是走东，一个是走西，以后或者要联络起来，一致行动也未可知。列强对于中国，从前瓜分不成，现在便主张共管。以后无论共管之说是不是实行，但是中国的海关已经早被外国人管了。中国金融之权老早操于外国银行之手，其他邮政、铁路的管理大权都是在外国人掌握中。所以中国现在的财政、交通一切实权实在是由外国人共管，这是很可痛心的事。惟是中国的民气近来很发达，中国人的知识近来很增加，将来总要想法收回那些外国人所管理的财政、交通各实权。外国人在中国管理那些财政、交通的实权恐不长久，怕中国的民气发达，中国人的知识增高。中国人现在自己还不知道，而外国人是很清楚的。他们因为怕中国人收回那些管理权，为谋永久管理那些实权并扩大范围起见，所以才明目张胆提倡共管。这种共管的实在意义，和瓜分并吞没有一点分别。不过用我们中国人现在的程度与知识，不久便有收回那些管理权之望。诸君听了这些话之后不要害怕，只可当作外国人做梦。共管一说之所以发生，就是帝国主义在中国做梦。他们所做的梦至今还没有醒，所以还是想侵略中国种种事业。我们的民气已经发达到了收回那些管理权的极点，他们所做的梦不久便要失败，便要化为乌有。不过我要他们赶快失败，要我们早些收回那些管理权起见，所以便在目前奋斗，力争废除不平等的条约，收回海关、租界、领事裁判权。

诸君现在日本留学，当知日本在三十年前是甚么景况。日本在三十年前所受的痛苦，完全和中国现在相同。因为经过许多奋斗，才脱离外国的束缚，才有今日的自由。诸君在日本留学，和日本学生朝夕相接近，便要对日本人解释，要日本人不要计及眼前对于中国的小权利，要知道日本身在三十年前所受的痛苦和我们中国现在是相同，要和中国表同情。如果日本人对于中国现在的景况真是表同情，当要帮助中国来废除不平等的条约，和收回海关、租界与领事裁判权。日本能够帮助中国做成这种大事业，便不是目前日本在中国的小权利，将来还更有大权利。日本此时帮助中国来做这些事，或者暂时不利，但是取得中国国民的欢心了之后，中国同日本一定可以亲善，亲善的程度一定可以一日加高一日。如果中国国民真是表同情于日本，丝毫不怀疑日本，完全信托日本，以日本现在的实业科学和种种文化都是比中国高，中国同日本合作之后，中国固然可以进步，日本当然要更进步。再由此更进一步，谋中日的经济同盟，中国货可以自由运进日本，日本货可以自由运进中国，彼此畅销，中国同日本的国民在经济上便有无穷的大利。日本国民要享这种大权利，要达到这种亲善程度，便先要帮助中国废除国际上一切不平等的条约，收回所有丧失的一切权利。所以中国同日本要真亲善，便先要有亲善的表示，要能够有这种表示，便是你们留日学生的此刻应该做的事。

诸君除了对日本人宣传之外，还要对海外各处留学生联络，成立一个国外学生联合总会，一致打电报来赞成国民会议。对国内的家属朋友也是一样联络起来，全体一致打电报，力争要开国民会议。假若国内外为争开国民会议，所打的电报有几千张几万张，这种和平的争法，好过用武力的几千兵和几万兵。军阀见了这种民气，当然赞成国民的主张，国民会议当然可以开得成。诸君今天来欢迎我，便应该赞成我的主张，向这条路去奋斗。

据《学生须赞成国民会议——对长崎中国留学生会演说词》（十一月二十三日在"上海丸"中），载《孙中山先生由上海过日本之言论》，广州，民智书局一九二五年三月发行

要消灭在中国捣乱的帝国主义

在神户等国民党支部欢迎宴会的演说①

（一九二四年十一月二十五日）

各同志：

我们国民党就是革命党，民国的名称是革命党推翻了满清之后才有的。不过十三年以来，徒有民国之名，没有民国之实。这种名不符实，就是我们革命没有成功。革命之所以不成功的原因，是由于反革命的力量太大；反革命的力量过大，抵抗革命，所以革命一时不能成功。革命究竟是什么事呢？是求进步的事。这种求进步的力量，无论在那一个民族或者那一个国家都是很大的。所以革命的力量，无论在古今中外的那一国，一经发动之后，不走到底，不做成功，都是没有止境的。不只是十三年，或者二十三年、三十三年，就是四十三年、五十年，革命一日不成功，革命的力量便一日不能阻止。要革命完全成功之后，革命的力量才有止境。所以法国革命有八十年，大功告成之后，然后才有止境，然后法国才定。我们中国革命十三年，每每被反革命的力量所阻止，所以不能进行，做到彻底成功。这种反革命的力量就是军阀。为什么军阀有这个大力量呢？因为军阀背后有帝国主义的援助。这种力量向来都没有人知道要打破，所以革命十三年，至今还不能成功。

这回北京发生政治上的大变化，这回变化之中，有一部分是革命党的力量。革命党何以要到北京去革命呢？因为十三年以前的革命都是在各省举行，所以在两三年前便有几位同志说："我们以后革命如果还是专在各省进行，力量还是很小；必要举行中央革命，力量才是很大。"由于这个理由，那几位同志便到北京去进行。到这次变化发生之前六个月，他们便有报告说："中央革命很有希望，北京军人赞成的很多，不久便要发动。"他们在六个月之前便要我放弃广东，到

---

① 十一月二十四日，孙文自长崎乘轮抵达神户，下榻东方饭店。二十五日晚，在东方饭店出席神户、大阪、东京、横滨各埠国民党支部联合举办的欢迎宴会。

天津去等候，参加中央革命。我在那个时候，看到很渺茫，不大相信，便答应他们说：要有事实发生后，我才可以去。到了江浙战事起了之后，他们催促更急，主张要我一定放弃广东，赶快到天津。当时我在韶关督率北伐军出发江西，要北伐军完全离开广东进到江西之后，才可以离开广州；若是我离开广州太早，北伐便不容易进行。到了江浙战事发生变化，江西赞成北伐军的同志不敢来归，在韶关的北伐军也因之摇动，不能迅速前进。不上十日，北京就发生这次变化。外间的新闻传到了，我们同志的报告也同时到了。他们既是发动了这种事实，我为践成约起见，便不能不往北京去。

当北京初次变化的时候，国民军的行动好像真有革命的色彩。后来我由韶关到广州，由广州到上海，看到北京的情况便一天不如一天，似乎受了别种势力的牵涉，不像革命的运动。到上海住几日之后，北京情况更为之一变。但是还有许多人催我赶快到北方去的，像天津的段祺瑞、奉军领袖的张作霖不是派代表就是用电报，总是要我赶快北上。我也因为要到北京去看看近来的真情况，所以便决定北上。又因为由上海直接往天津，不但是在最近数日之内无船位，就是在十五日之内也无船位，所以才绕道日本来神户。在神户等船，比在上海等船还要快。而且路过日本，可以看看日本的旧朋友，及观察日本国民最近对于中国的感情。至于北京这次的变化，虽然不是完全的革命举动，但是他们欢迎我去，便是给我们以极好的宣传机会。

此时各方人民都是希望中国赶快和平统一。说到和平统一，是我在数年前发起的主张，不过那些军阀都不赞成，所以总是不能实行这种主张。这次我到北方去，能够做成和平统一也未可知。不过要以后真是和平统一，还是要军阀绝种；要军阀绝种，便要打破串通军阀来作恶的帝国主义；要打破帝国主义，必须废除中外一切不平等的条约。我这次到北京去的任务，就是要废除中外不平等的条约。我这次路过日本，在上海动身及到长崎和神户三处地方，都有很多日本新闻记者来见我，要我公开发表对于中国时局的主张。我都是主张要中国和平统一，便要废除中国和外国所立的不平等条约。我现在神户，没有工夫来看日本全国的报纸，不知道日本国民对于我这种主张的感想是怎么样，或者有表同情的，或者有反对的。不过我这两日所见日本的旧朋友，都是表同情的多。我的这几个朋友虽然不能代表日本的舆论，但是可以担负在日本宣传我的主张的任务。

中国要和平统一，为什么我要主张废除不平等的条约呢？和平统一是内政问题，废除条约是外交问题，我们正讲内政问题，为什么要牵涉外交问题呢？因为中国国内种种力量都没有革命党的力量大，中国现在最大的力量就是革命党。诸君如果有不知道的，只考查吴佩孚的历史。吴佩孚是袁世凯以后最大的军阀。吴佩孚这个军阀究竟是从何而起呢？他在民国五六年以前是一个无名秀才，没有人知道；就是带兵到湖南衡州来打南方的时候，也不过是一个旅长。当时南方政府是总裁制，本总理也是几位总裁当中之一，我们南方政府教吴佩孚不要用兵，给他六十万块钱，并说北方政府卖国，教他回师去打北方。他得了我们南方的大批军饷，便回师武汉，进占洛阳。当时北京政府是段祺瑞当国，他便攻击段祺瑞，始而打电报，继而用武力，把段祺瑞推倒了。他推倒了段祺瑞之后，口头上虽然以民党自居，总是说北京政府腐败，要开国民会议来解决国事，心理上还是想做袁世凯第二。外国人考查到了他的这种真相，以为可以利用，便视为奇货可居，事事便帮助他，自己从中取利。吴佩孚以为外国人都是这样帮助，天下还有什么事不能做，所以便越发大胆，用武力横行于中国，弄到全国人民都是不能安居乐业。我们革命党因为要救国救民，所以便联络各方面有实力的人，共同推倒他。诸君听到这地，便知道吴佩孚的成功是由于民党，吴佩孚的失败也是由于民党，吴佩孚的起家和失败完全是由于民党的力量。革命党的力量当然要大过吴佩孚。至于吴佩孚在这几年中以军阀自居，专用武力压服民众，我们民党也是受他的压迫的原故，是由于吴佩孚得了外力帝国主义的帮助。所以此刻在中国，只有帝国主义的力量才是大过革命党。我们革命党要中国从此以后不再发生军阀，国民能够自由来解决国事，中国永久是和平统一，根本上便要在中国捣乱的帝国主义不能活动，便要消灭在中国的帝国主义。因为要消灭在中国捣乱的帝国主义，所以讲内政问题便牵涉到外交问题，要废除一切不平等的条约。

外国人在中国活动的，像教书的、传教的和许多做生意的人都是很安分守己的分子，至于不安分的只有少数流氓。这些流氓在外国不过是小有手段，都是不能生活，一到中国，不上几年，稍为知道中国内情便结交官僚、逢迎军阀，一逢迎到了军阀，便无恶不作，就是在不平等的条约之中所没有记载的事，他们都是包办一切，好像小皇帝一样。所以这几年来，无论那一个军阀做事，背后总有几个外国政客的帮助。

譬如广州商团购枪自卫，向来都是很自爱的，对于政府都是很安分的。广州政府无论是民党或者非民党，同商团相处都是安然无事。这两年来，有几个英国人不喜欢国民党，不愿意国民党的政府发展，便煽动陈廉伯，运动商团全体，在广州内部反对国民党的政府。陈廉伯原来是一个汇丰银行的买办，本来是个安分的商人，没有什么野心。因为他做汇丰银行的买办，所以那几位反对国民党的英国人便认识他，便日日运动他反对政府，说："如果你能够运动商团反对政府，我们英国便帮助你组织商人政府，你陈廉伯就是中国的华盛顿。"陈廉伯当初虽然没有野心，但是受了英国人的这种运动，既可以得英国的帮助，自己又住在沙面得英国人的保护，安然无恙，于是他的胆量便雄壮起来，便发生野心。他便住在沙面，对于本党政府作种种的反抗运动。他当初所有的死党不过是几个人，运动成熟了的商团军士也不过是三五十〔千〕个人，羽毛还不丰满，要反抗广州的革命政府还是没有办法。他于是又听英国人的话，向外国另外办军火，想另外组织军队。

他所办的头一批军火，是用一只叫做"哈佛"的丹麦船运进广州。当那只军火船一到广州的时候，便被我们政府查出来了。政府便一面扣留那只军火船，一面派人调查那船军火的来历，才知道那船军火是用商团的名义运进来的。在那只船进口之前五日，陈廉伯也曾用商团的名义，向政府领过了一张护照。不过陈廉伯领那张护照的时候，曾声明在四十日之后才发生效力，由四十日之后起另外到五十日止，那张护照都是有用处。陈廉伯当初之所以有这些声明的意思，就是他对于丹麦船所运来的这批军火，已经想到了种种偷漏的方法，以为不必用到那张护照便可以偷过，他所领的护照是预备第二批军火到的时候才用的。后来果然有第二批军火由欧洲放洋，只因第一批的在广州失败，所以第二批的便不知道运到什么地方去了。所以陈廉伯才要所领的那张护照就是在九十日之内都有效力，而这船军火运进广州的日期和那张护照相差只有五日，便生出一个大疑点。更查这只军火船是属于丹麦商人的，丹麦在广州的领事是一个英国人代理，而那位代理的英国人又不在广州，是以我们便和英国领事交涉。英国领事和我们的私交很好，便将陈廉伯买军火的原委告诉我们说："你们还不知道陈廉伯的行动吗？香港和上海的外国报纸老早就说，陈廉伯要运动商团反对你们政府，你们还没有留心那种新闻吗？我老实告诉你罢，有几个英国人许久便教陈廉伯买军火、练军队，反对广州政府。这不过是头一批军火，以后还有二批、三批。至于这种主张只是几个英国人的事，我可以报告我们公使，惩办他们。你们可以办你们的商团，对付陈廉伯。"我知道了这种详细情形之后，便把那船军火完全扣留。当时许多明大义的商团也承认由政府办理，没有什么举动。

但是，陈廉伯在沙面受了英国人的鼓动，便煽动一般无知识的商团，要求政府发还扣留的军火；如果政府不答应他们的要求，便煽动广州全体商人罢市，抵制政府。所以有一日，便有一千多商团穿起军服，整队到河南大本营请愿，要发还枪枝，若是不发还枪枝，第二日便罢市。我当那一日正在大本营，便亲出接见那一千多商团，对他们演说商团买枪的护照，就日期讲，陈廉伯已经声明在四十天之后才有效，这批枪枝只在领护照后五日之内便到广州，是一个疑点；就枪数讲，护照上载明的长短枪数与这只船所载的枪数不符，是两个疑点。专就护照说便有这两个疑点，有了这两个疑点，那末这批军火不是私运，便是顶包。并且把英国领事对我所说陈廉伯要运动商团，和另外买枪练兵来反对政府的情形，详细告诉他们。演说了一点多钟，他们听明白了之后，当时便很满足，第二日也没有罢市。以后我把陈廉伯的叛迹更是查得水落石出，便老实告诉商团。但是在手续上我还没有用公文，只用私缄对商团各代表说：陈廉伯反叛政府的诡谋，我已经查清楚了。你们商团不是同谋的人，我自然不理；若是同谋的人，我一定要办几个，以儆效尤。那些陈廉伯的羽党便鼓动全体商团，要求政府宽大，不能多牵连。政府便答应他们的要求，不但是没有牵连，并且没有重办一个同谋的人。

陈廉伯看见政府很柔软，便鼓动商家罢市，还是要求政府发还所有扣留的枪枝。政府也答应他们的要求，承允把护照上所载枪枝的数目分批发还。在国庆日便一批发还长短枪四千枝，子弹一二十万。陈廉伯那些人看见政府一步让一步，很容易欺负，于是更鼓动商团在国庆日收回枪枝的时候对于政府武装示威，开枪打死许多庆祝双十节的农团军、工团军和文武学生。因为陈廉伯已经预备了在国庆日收回枪枝之后便造反，所以预先便在西关招了两三千土匪，假充商团。最奇的是那些假充商团的土匪，在国庆日不但是打死人，并且把打死了的人刳肝剖肺、劁头断脚，把那些死尸分成无数部分，拿到沿街示众，惨无人道。当日，政府也没有把商团有什么处分。商团的不良分子便从此以后目无政府，专唯陈廉伯之命是听，把广州全市商团的枪枝都集中到西关，在西关架天桥、筑炮台，用铁栅门分锁各街道，俨然把广州市分成了两部分：城内属于政府范围，西关属于商团范围。凡是商团范围以内，都是由商团发号施令。在商团发号施令的范围以内，不但是没有政府的警察，就是政府人员路过，只要被他们知道了，就马上有性命的危险。当时西关和城内完全成了一个交战区域。那几日英国人便在香港英文报纸上挑战，说广州的实在势力已经到了商团之手，政府没有力量行使职权，政府人员马上便要逃走。其实政府还是想调和，但是西关的那些土匪顽强抵抗，无论政府是怎么样调和，都不能得结果。

到了十月十四日晚，凡是近政府各机关的高当铺，都收藏得有几十个团兵，居高临下，开枪打政府，一夜打到天明。到天明的时候，政府为求自卫起见，才下令还枪。到了政府还枪之后，稍明事理的商团份子便极愿缴枪了结，以免糜烂市场。而陈廉伯的死党还是在西关散布谣言，不说是东江陈炯明的援兵就到了，就说是白鹅潭的英国兵船马上便要开炮打退政府，只要商团多抵抗几点钟，便可以胜利。

当商团事变没有发生以前的十几日，英国领事本告诉了我们政府说，在白鹅潭的英国兵船已经奉到了他们海军提督的命令，如果广州政府开炮打西关，英国兵船便开炮打广州政府。我得了这个通知，便用很正当的宣言，通告英伦政府和世界各国。英伦政府也自己知道无理，便制止他们海军提督，所以到后来政府和商团冲突的时候，英国兵船到底是守中立。从互相冲突之后，不上四点钟，各武装商团便缴械了事。于是香港英国的报纸更以为是反对广州政府的好材料，便无中生有，乱造谣言，把广东政府罾得不值半文钱。其实广州政府和商团原来本是相安无事，因为有几个英国流氓居中离间，所以便弄到不和；到了不和之后，也可以用和平手段了结，因为那几个英国流氓又从中挑拨，所以便弄到杀人缴枪，以致商团受英国人的大骗。诸君不信，只看前几个月的香港英文报纸，许多都是恭维陈廉伯是"中国的华盛顿"，"广州不久便有商人政府发现"的论调，便可以知道英国人的居心。幸而英国人和陈廉伯的这次阴谋没有成功，如果真是成功了，广东便变成了第二个印度。

我们广东这次没有亡省，虽然是天幸，但是已经阻止了北伐军的进行，扰乱了广州市的商场，弄到全省不太平，都是外国人的力量在广东暗中捣乱。就是推到全国的情形，也是这一样。因为这些理由，所以我们才要防止外国人的力量再来中国捣乱。防止了外国在中国捣乱的力量，中国才可以永久的和平。要防止外国人在中国捣乱，便先要外国人在中国没有活动的力量。要外国人在中国没有活动的力量，还是在废除一切不平等的条约。废除了一切不平等的条约，才可以收回租界、海关和领事裁判权，中国才可以脱离外国的束缚，才可以还我们原来的自由。

用极浅近的道理说，诸君知道那些不平等的条约究竟是什么东西呢？简而言之，就是我们大家的卖身契。中国和外国立了许多丧失权利的条约，就是把我们国民押到外国人，替我们写了许多卖身的字据一样。中国国民卖身，不只是卖到一国，已经卖到了十几国。我们国民卖了身，究竟国家的地位堕落到什么样子呢？有许多人都说中国现在是半殖民地，不承认是全殖民地。存这样见解的人，不是自己安慰自己，就是不知道中国现在的国情。如果说中国是半殖民地，中国的地位自然是比全殖民地的地位高。依我看起来，中国现在不是半殖民地，也不是全殖民地，但是国家的地位比全殖民地的地位还要低。这个道理很容易明白。譬如香港完全割归英国，由英国人管理，是英国的全殖民地；上海还是中国的领土，不过暂时租到外国，可以说是半殖民地。就字面讲，香港既是全殖民地，上海是半殖民地，上海的中国人所享的主权当然比香港的中国人所享的主权要高。但是事实上是怎么样呢？香港割归了英国，英国政府便派一个总督来管理，那个总督为管理香港起见，设立了一个香港政厅，另外又设立一个立法局。所有关于管理香港土地、人民的法律，都是由那个立法局颁布出来的。在那个立法局里头还有几个中国人，那几个中国人在立法局里头还有很大的发言权，还可以议订法律来管理香港。上海是我们中国的领土，在租界之内，大多数做生意的是中国人，纳税的是中国人，劳动的也是中国人，试问中国有没有人在上海工部局里头能够有大发言权呢？中国人能不能够在上海工部局里头议订法律来管理上海呢？我们在上海是主人，他们由外国来的都是客人，他们居然反客为主，在中国的领土之中组织一个政府来加乎我们之上，我们人民不敢过问，政府不能管理。用香港和上海比较，究竟是在香港的中国人所享的主权高呀，还是在上海的中国人所享的主权高呢？不但是上海是如此，凡是外国人在中国所到的地方，他们便无法无天，为所欲为。所以中国现在不只是全殖民地，比全殖民地的地位还要低一级。我就这个情形，创立一种新名词，叫中国是"次殖民地"。

再就全殖民地的情形讲，凡是一个殖民地的人民，只做一国的奴隶，对于母国总可以享多少权利；我们现在做十几国的奴隶，没有一点权利之可言。譬如澳洲是英国的殖民地，加拿大是英国的殖民地，和南非洲许多地方也都是英国的殖民地。所有澳洲、非洲和加拿大所设立的政府，对于母国新进口的人民，都有主权可以检查；由母国运来的货物，那些殖民地的政府都可以自由抽税；英国人进那些殖民地之后，只可以做普通买卖的商业，不能滥发纸币，扰乱那些殖民地的金融；英国人在那些殖民地犯了罪，要由那些殖民地的法庭裁判，英国不能另外设立法庭去裁判。试问英国人进中国的口岸，中国政府有没有权力去检查呢？英国货物到中国来，中国有没有海关去自由抽税呢？英国在中国的所有通商口岸开设银行，滥发纸币，中国政府有没有权力去稽查禁止呢？英国人寄居中国各地，若是犯了罪，中国法庭能不能够去裁判他们呢？英国人的这些行动，在本国的殖民地是怎么样呢？再在他们的祖国三岛之内，又是怎么样呢？不止是英国人在中国是这样横行，就是其他各外国人都是一样。所以中国人不只是做一国的奴隶，实在是做十几国的奴隶。国家的地位真是一落千丈，比亡国奴的地位还要低！好比高丽亡到日本，安南亡到法国，高丽人只做日本一国的奴隶，安南人只做法国一国的奴隶，高丽人和安南人的地位比中国人还要高。我们不用外国的领土来比，就是同是中国的土地，只要完全亡到了外国的，便和在中国没有亡的大不相同。好比香港的公园，无论什么中国人都可以进内面休息。上海的黄浦滩和北四川路那两个公园，我们中国人至今都是不能进去。从前在那些公园的门口，并挂一块牌说："狗同中国人不许入。"现在虽然是取消了那块牌，还没有取消那个禁例。在香港之内，无论是什么地方中国人都可以进去；在上海便有许多地方中国人不能去。好像在上海的英国会馆，中国人便不许进去，就是有英国的朋友住在内面，中国人只要进去看看朋友，都是不能破例；至如在香港的英国会馆，中国人还可以进去看朋友，还可以进去吃饭。我们中国人的地位堕落到了这个地步，如果还不想振作国民的精神，同心协力，争回租界、海关和领事裁判权，废除一切不平等的条约，我们中国便不是世界上的国家，我们中国人便不是世界上的国民。

现在北京有了大变化，我可以自由到北京去，我一到北京之后便要开国民会议。这个会议能不能够马上开得成，此刻固然没有把握。假若开得成，我首先要提出来的就是两件事：一件是改良国民生计，一件时〔是〕改良中外不平等的条约。若是国民会议开不成，我们就是想要做这两件事，便做不成功；要把这两件事做成功，还是要开国民会议。要能够开国民会议，还是要大家先出来提倡。

至于国民会议的组织法，因为全国人数的调查不的确，不容易由人民直接派代表，所以我在宣言里头便主张用全国已经有了组织的团体派代表，共同到北京来组织国民会议。至于宣言中所列入的团体，遗漏了的还是很多。譬如报界便没有列入，所以我在上海便主张加入报界团体。你们在海外的华侨团体也没有列入，为解决华侨在海外所受的种种压迫起见，华侨团体也应该要加入。要全体国民都是一致力争，要全国有组织的团体都是一齐加入，然后这个国民会议才可以开得成，然后这个国民会议才是有很大的力量。因为要得到国民全体的主张，然后对内要改良国民生计的问题才可以根本解决；对外要改良中外不平等的条约，才可以动世界各国人民的视听。现在中国捣乱的外国人，不过是少数无赖的流氓。至于在外国许多主张公道的外国人，都不知道这些详细情形。假若那些很公平的外国人，都知道了中国同他们所立的那些不平等条约实在是很坏，他们一定出来仗义执言，为我们打不平，要帮助我们要求他们本国政府废除那些不平等的条约。好比美国南方人从前虐待黑奴，北方主张公道的人便出来打不平，发生南北战争，一定要解放黑奴一样。因为这个道理，所以我们这次到北京所召集的国民会议，必须全国有组织的团体都是一齐加入才有大力量，才可以动各国主张公道民众的注意，然后乃可动世界的公忿，他们一定要来和我们表同情。到了各国主张公道的人都是和我们表同情，那还愁什么不平等的条约不能够废除呢！

我们做国民的要将来达到这种大目的，此刻必要向北京和全国去力争，要全体国民都是打电报，一致去争。国民力争这种国家大事，打到了几百张和几千张电报，便可以当几千兵和几万兵。假若我得到了国民的一万张电报都是要开国民会议，我在北京便可以拿那一万张电报向军阀去力争；用一万张电报去争，这种和平的争法胜过十万兵。所以要废除中外不平等的条约，还是要开国民会议；要开国民会议，还是要做国民的大家奋斗，一致去要求。今晚在这里开会的人，都是本党在日本各地的同志，散会之后，要实行本党的主张，便要写信发电到各方的朋友和中国的家庭，去解释国民会议的重要，要各人所有的亲戚朋友都是一致赞成要开国民会议。国民会议开得成，中国便可以和平统一，大家便可以得太平幸福；国民会议开不成，中国便还要大乱不已，大家便还要受兵灾的祸害。所以大家要以后所得到的是祸是福，还是在大家自己去求。今晚各同志来欢迎我，我便希望各同志在散会之后，对于国民会议要努力去奋斗。

据《中国内乱之因——对东京大版〔阪〕神户国民党欢迎会演说词》（十一月二十五日在神户东方饭店），载《孙中山先生由上海过日本之言论》，广州，民智书局一九二五年三月发行①

附：另记录之一

中国国民党即革命党，民国乃由革命党推倒满清而成立。但民国虽成立十三年，革命仍未成功，其原因乃由于反革命派之阻碍。然革命乃应世界潮流而发生，终能成功，如法国革命经八十年始告成功，即其一例。吾国共和成立虽已十三年，因军阀、帝国主义等相互从中作梗，迄未成功。

此次北京政变，在六月前北京同志曾邀余赴京作中央革命，其时余以时机未至不允。江浙战事发生，其时余适在韶关主持北伐事宜，而不久江浙又生变化，一切计画间有为之停顿者。北京政变后，同志多邀余北上，余以时机已至，决定北上。然北京此次政变仍不能谓为真正革命，惟北京各同志迭次催促，段系诸人亦推诚相邀，故只得北上。因为津浦路交通阻断，故绕道日本，藉此与日本旧友一叙，并察其朝野之态度如何。此次政变，余终以为非澈底的成功，然余终不能

① 又见《中国内乱之因——孙中山讲演词》，连载一九二五年一月三十日至二月六日北京《顺天时报》第四版。

以此中止北上，良以在此机会，藉此可作宣传工夫。

余素主张和平统一，但非推翻军阀、打破帝国主义，和平统一终不可望。余此次北上最重大之使命，即为主张和平统一及废止国际间不平等之条约。中国十三年来，反革命派之势力甚为薄弱，中国势力最大者莫若革命党。然革命终不能成功者，皆因军阀利用帝国主义从中作梗。即就吴佩孚而论，亦由抱帝国主义者所养成。盖吴氏自直皖战争后，有人以为奇货可居，百方怂恿，使与革命党为敌，然吴氏终归于失败。原彼辈之所以勾结军阀者，莫非欲保持其一切不平等条约。此次广州商团之变，亦有人从中煽动。在今日中国而言和平，非先求统一不可；欲求统一，非铲除军阀不为功；欲铲除军阀，须先废除一切国际间不平等条约。就中国今日之现势观之，名虽独立国，实则为列强之半殖民地，而为十余国之奴隶也。

余抵北京后，主张开全国国民会议。在该会议中，余主张有二重要事项：一为谋国民生计之发展，二为废止国际间一切不平等之条约。但国民会议果能开成与否，须视国民之力量如何。苟国民会议能开，则废止不平等条约或可达到目的。盖国民会议，世界观瞻所属；国民会议开会之日，即余废止不平等条约宣言提出议案之时。彼时此项消息传达至各国后，外人为吾民气所感，必有表同情，促其政府自行取消者。要之祸福无门，惟人自召，将来吾国之前途为祸为福，惟在国民自求之耳。深望诸君其各努力奋斗，为国效力。

据《神户特讯》，载一九二四年十二月四日上海《申报》（四）

附：另记录之二

国民党乃中国之革命党。民国成立虽已十三年，其实革命尚未成功。究其原因，乃由反革命派的反抗所致。列强帝国主义包庇军阀作恶，视革命如仇敌，破坏革命团体，杀害革命党人，因此反革命派攫取政权，革命党势力渐渐消沉。此次国内政变，六个月前北京同志曾邀我进京主持中央革命之议，但我以为时机未到。此次北京又告急激政变，这的确给我们大好机会，于是决定北上。

我北上后，当本我素来主张，努力作彻底的革命。惟欲求革命成功，首先须谋和平统一。要谋和平统一，我已一再宣言推翻军阀、打倒帝国主义二条大路。更明言之，即说我此次北上只标明二个目的，即第一解决国内民生问题，第二废除国际间一切不平等条约是也。

　　（次复言及广州商团之叛变行为。此乃述及国民会议曰：）我此次北上之最大目的，乃先召集国民大会。国民大会如能开成，则前述之二件任务都可提出于国民大会，以求解决。但国民大会能否开成，亦唯视全国国民之要求耳。我如能接到国内外一万通要求开国民大会之电报，则不但增加国民大会之力量，而国民大会亦可开成，因一万通电报足胜列强十万雄兵也。求幸福、救国家，惟有出诸国民自求自救，愿诸君努力奋斗！

据哲民：《孙先生抵日时之群众大欢迎》"国民党之欢
迎大会"，载一九二四年十二月四日上海《民国日报》

日本应帮助中国废除不平等条约

在神户各团体欢迎宴会的演说①

（一九二四年十一月二十八日）

神户商业会议所、日华实业协会、我们中国领事和华侨诸君：

　　今晚蒙诸君这样热诚的招待，兄弟实在是感激无量。我这回绕道神户，蒙日本各界人士一致热诚欢迎，就这种偶然经过的情形看，便可以知道中日两国国民是很亲善的。照中国同日本的关系说，无论讲到那一方面，两国国民都是应该要携手，协力进行，共谋两国前途的发展。譬如兄弟这次出来，是由南中国到北中国，就是由我的家内南边走到我的家内北边，绕道神户就像经过一个日本人的家庭一样。只由我的家内南边走到北边，便要经过你们日本人的家庭，专就交通一项说，中国同日本便有这样的密切。其他种种关系，都是不是很密切的？我们两国国民向来的口头禅，都说中国同日本是同种同文的国家，是兄弟之邦，两国国

---

　　①　欢迎宴会由神户商业会议所、日华实业协会、阪神华侨联合会及中国驻神户总领事馆联合举办，二十八日晚在东方饭店举行。

民应该要携手。从前日本的维新元老，在维新没有成功的时候，本有中日两国携手的提倡。现在日本维新已经成了功，但是中日两国国民的口头禅还没有达到目的。这是为什么原因呢？就是由于我们中国从前睡了觉，当中经过日本维新的几十年，中国是在梦中，毫不知道。经过近来世界的大变迁，和欧美势力东侵来压迫中国，中国也是在梦中，也是不知道。到十三年之前，中国才有革命。中国发生革命，是少数先知先觉的提倡，要把政治的改良，要把国民唤醒，要把国家的地位恢复到和从前一样，所以才有革命。

不过中国这次革命所处的时机，和日本从前维新的时机便大不相同。当日本维新的时候，欧美势力还没有完全东来，在东亚又没有别的障碍，日本整军经武、刷新政治都不受制〔掣〕肘，都是很自由，所以日本维新便能够完全成功。当我们中国十三年前革命的时候，欧美大势力老早侵入了东亚，中国四围都是强国，四围都是障碍，要做一件事便要经过种种困难，就是经过了困难之后，还不能达到目的。所以革命十三年，至今没有成功。我们革命党在中国这十几年以来，本来已经推翻了满清的旧皇帝，消灭了袁世凯的新皇帝，扫除了种种障碍，就是最近曹、吴的大军阀也被我们推倒了。在国内对于革命的障碍，都被我们消灭完了。我们在国内没有革命的障碍。既是没有革命的障碍，革命便应该可以成功，为什么还说不能成功，还不能达到圆满目的呢？因为还有国外的障碍没有打破。这种国外的障碍，便是中国从前和外国所立的不平等条约。

从那些条约的字面说，是很容易明白的。至于讲到内容，不但是中国人自己不明白，就是日本旁观的人也不容易明白。大概讲起来，那些条约的来源是从前中国和十几个外国所订立的。外国在中国定了那些条约，便和中国处于不平等的地位，便用来压迫中国，享种种特别权利。经过这次欧战之后，德国和奥国废除了那种条约，德国和奥国现在中国不能享特别权利。德国和奥国之所以废除了那种条约的原故，是因为他们是打败了的国家，被我们中国要求废除了的。近来俄国也废除了那种条约。俄国之所以要废除的原故，是因为俄国革命之后很主张公道，知道那种条约太不平等，对于中国太不讲道理，所以他们自己甘心绅〔情〕愿要废除那种条约，要送回俄国在中国所享的特别权利。那种不平等的条约，现在一共有三国是已经废除了，另外还有十几国没有废除，还是握我们中国的主权。

那种不平等的条约究竟是一件什么东西呢？老实说，就是从前中国政府把我们国民押到了外国人所写的一些卖身契。现在拿到这种卖身契的还有十几国，就是我们还有十几个主人。我们现在是做十几国的奴隶，是十几国的殖民地。做一国的殖民地很容易，做到十几国的殖民地便很痛苦。譬如澳洲是英国一国的殖民地，加拿大是英国一国的殖民地，南非洲是英国一国的殖民地，纽丝兰①也是英国一国的殖民地，英国平时对于那些殖民地所享的权利很少，而所负的义务很大，那些殖民地的人民对于母国反要享很大的权利。我们中国做十几国的殖民地，那十几国只到中国来享特别权利，只来虐待中国人，毫不尽义务。所以我们中国人做人的奴隶，沾不到一点主人的恩惠，只是受虐待，只见有痛苦。逼到在中国之内无路可走，宁可跑到外国去做一国的奴隶，好像广东人就近便跑到香港，远一点便跑到南洋群岛和南北美洲一样。他们那些人跑到了外国之后，都是不想归家乡，自然是觉得做一国的奴隶，比做十几国的奴隶要愉快得多。中国现在是做十几国的殖民地，不是一个独立国家。中国的地位比较殖民地还要低一级，可以叫做"次殖民地"。说到我们的领土，要大过美国；我们的人民有四万万，要多过美国。美国是现在世界上顶富顶强的国家，我们中国有这样大的领土和这样众的民族，还不能成一个独立国家。推到这个原因虽然是很多，最主要的就是受那些不平等条约的压迫。我们现在不是一个独立国，是十几国的殖民地，中国人自己还不知道，我看日本人也不知道。

日本现在是东亚最强的独立国家，也是全世界列强之一。如果日本真是知道了中国是十几国的殖民地，用一个独立国家要来和殖民地相亲善，我看这是做不到的事。要明白这个道理，我有一段好故事，可以用来说明。我们广东从前有甲、乙两个朋友，甲是广州人，在广州很有势力，很有地位，可以说是一个绅士。乙是一个乡下的世仆（粤俗家庭中永久的奴仆②之称，与北方老家奴的名称相似），还没有脱离奴隶的地位，后来到广州做生意，发了大财，也是很有势力，因为朋友的介绍，便认识甲，便和甲做朋友。有一日，那位甲的朋友请乙去吃饭，两个人都是很阔绰，摇摇摆摆去上酒席馆。正在街上走到得意的时候，忽然遇到了乙

---

① 纽丝兰（New Zealand），今译新西兰。

② 此处删一衍字"的"。

的主人，那位乙的主人是一个乡下佬，正从乡下上街来，没有穿什么好衣，又没有穿鞋，手内只拿一把大伞，走路很远，身体极疲倦。忽然遇到了乙，因为乙是他的世仆，所以他便不客气，便马上问乙说："我许久不见你了，你是怎么样变到这样阔绰呢？你今天穿到这样好看，是到什么地方去呢？我走路疲倦得很，你替我拿拿这把大伞，跟我来听差罢。"乙因为是那位乡下佬的世仆，所以便不敢推辞，只得替他的主人去拿伞，同他的主人一路走。乙因为要替他的主人去拿伞，便不能同他的朋友甲去吃饭，因此甲要请他的朋友乙去吃饭的目的便不能够达到。我们中国和世界各国立了许多利益均沾的条约，日本自己还不觉得是中国的主人，日日反要来提倡中日亲善。这好比是甲要请他的朋友乙去吃饭一样，在路上忽然遇到了乙的主人，那位主人要乙去拿伞，甲当然是不能同乙去吃饭。中国现在就是一个世仆，不是一个自由人，有十几个主人。日本要来和我们亲善，要请我们吃饭，中国和日本同在一路走，不遇到中国的第一个主人，便要遇到中国的第二个主人；不遇到第三个主人，便要遇到第四个主人，以至于第十几个主人。那些主人和中国人是决计没有错过之机会的，中国人一遇到了那些主人便要和他们拿伞，就是日本人很有请中国人吃饭的诚心诚意，也是请不成，也是不能达到目的。中国因此便不能和日本亲善。

若是日本真有诚意来和中国亲善，便先要帮助中国废除不平等的条约，争回主人的地位，让中国人是自由身分，中国才可以同日本来亲善。照我们的口头禅，中国同日本是同种同文的国家，是兄弟之邦。就几千年的历史和地位讲起来，中国是兄，日本是弟。现在讲到要兄弟聚会，在一家和睦，便要你们日本做弟的人，知道你们的兄已经做了十几国的奴隶，向来是很痛苦，现在还是很痛苦，这种痛苦的原动力便是不平等的条约。还要你们做弟的人替兄担忧，助兄奋斗，改良不平等的条约，脱离奴隶的地位，然后中国同日本才可以再来做兄弟。

据《日本应助中国废除不平等条约——对神户各团体欢迎宴会演说词》（十一月廿八日在神户东方饭店），载《孙中山先生由上海过日本之言论》，广州，民智书局一九二五年三月发行①

---

① 另见一九二四年十二月五日上海《民国日报》第一、二版所载黄昌谷记《孙先生在大阪〔神户〕欢迎会上演说词》，内容相同而文字略异。

附：另一记录

（日 译 中）

假设我要从一个名叫南部中国的房间到一个名为北部中国的房间去的话，无论如何都要中途经过一个名叫日本的房间。就像这个比方一样，中日关系实在是非常紧密的。因此，虽然听到中日亲善的呼声，但是像现在这样，要想让不平等条约依然存在，就好像是十四个国家的共同殖民地的中国，和已经出色地独立起来的日本携手相联，在实践过程中却无疑是一项困难的事业。从历史上来看，中国为兄，日本为弟，而现在为兄的中国却陷入了不得不受多达十四个主人支配的奴隶状况。见此情形，为弟者之日本人难道不应该有自觉奋起，救出为此而痛苦的兄长之想法吗？

据《部屋に譬へた北上——孙文氏の氣の利いた答辭、昨夜の歡迎宴席で大寛ぎ》（《以房间比喻北上——孙文氏得体巧妙的答辞　昨夜欢迎宴上轻松休养》），载一九二四年十一月二十九日《神户又新日报》（七）（蒋海波译）

日文原文见本册第 905 页

附载：汪精卫代表孙文在天津各界欢迎会的演说①

（一九二四年十二月四日）

（中山抵张园后，在大客厅向各代表〈团〉述谢②，并言：因在〈船〉上受海风颠播〔簸〕，精神萎〔委〕顿，委托汪君精卫代达微忱。言毕，鞠躬退〈席〉。）

（汪君入席，代表宣布中山北上宗旨。其言甚长，约分三项：）

---

① 四日中午，天津各界八十多个团体代表在张园开会，欢迎孙文抵津。
② 此处删一衍字"团"。

（首述：）此次北上，系应国民之属望及段执政①之电邀，完全为宣传其主义而来。除以纯洁之思想贡献于国民外，绝无其他观念，无论如何，决不与现时政治生何种关系。如胡汉民、郭泰祺、杨庶堪等具有总长、次长资格者，皆不许随行。其偕李烈钧〈以〉行者，系因便于咨询起见，并无存心作政治之生涯也。将来入京，除向段执政贡献刍荛外，即出席国民会议，待会议完了，即行放棹出洋。

（次述在日经过。汪君言：）中山曾赴日人之欢迎宴，即席演说，希望日人本同文同种之精神，努力中日真正之亲善，取消二十一条件，交还旅顺、大连。

（末述：）中山于国民会议闭幕游历欧美时，即随时随地演讲世界公理，警醒欧美各国侵略中国之野心，取消一切不平等之条约，交还一切侵略之权利。

（汪君最后又言：）中山〈原〉定七日入京，因长途劳顿，兼冒海风，据医生言，须静养二十四小时，已改于八日晋京。但为谋与华北人士晤叙计，拟不日举行露天讲演。

据《天津通信》，载一九二四年十
二月十一日上海《申报》（六）

附：另一记录

（一）在日本时，曾忠告彼国朝野臣民，应本同文同种之关系，为互助合作之精神，取消“二十一条”及一切不合理之优先权。

（二）本人原预定七日入京，现以一路劳顿，或不能如期前往，而稍有变更。至晋京之目的，现时决无总统观念，完全为促进国民会议。一俟时局粗定，当游历欧美，劝告各国取消对待中国一切不平等条约及不合理之优先权。

（三）本人对于国民军修改清室优待条件极为满意。

据《孙中山抵津盛况志详》，载一九二
四年十二月五日天津《大公报》第四版

---

① 即段祺瑞，时任“中华民国临时执政”。

附载：汪精卫代表孙文在天津直隶省署宴会的答词①

（一九二四年十二月四日）

今日辱蒙诸君欢迎，感甚。鄙人今日因病不能在诸君前领教，殊深抱歉。鄙人因与段执政数年来有精神上之结合，故有会晤商榷国是之必要。因日内将赴京一行，必当勉为人民谋幸福，为国家谋进步。将来转回天津时，再与诸君欢聚。

谨祝诸公健康，民国进步！

据《天津通信》，载一九二四年十
二月十一日上海《申报》（七）

附：另一记录

此次孙先生北上，愿与段先生及北方诸位先生共商建国大计，使共和政治有所发展。今午到津，蒙各界欢迎，极为感激。又蒙段先生派代表，及省长杨先生宴会，尤为荣幸。不略孙先生身受寒凉，肝胃病发，自拜会张总司令②回归，即延德医诊视。据云该病为消化不良所致，须休养二十四小时，否则病必加剧，谨委兆铭③与会拜谢。

据《欢迎孙中山先生宴会》，载一九二
四年十二月六日天津《大公报》第六版

---

① 四日晚，兼代直隶省长杨以德宴请孙文。孙以感冒辞，派汪精卫、孙科代表列席。席间，许世英代表段祺瑞致欢迎词，汪精卫代表孙文致答词。

② 即张作霖，时在天津。

③ 即汪精卫，字兆铭。

附：英文版本

COLLEGE OF MEDICINE FOR CHINESE:

DINNER BY THE DEAN

All I have got to say is thanks to all for the way you have received this toast, and I hope the College will be successful not only for the benefit of ourselves but for all in Hongkong.

The China Mail (Hongkong), July 25, 1892

TOPICS OF THE TIMES:

PERSONAL

Dr. SUN YAT SEN, the man whom the Chinese Minister at London caused to be seized in the streets of that city, not long ago, and who was kept a prisoner in the garret of the Embassy for some time, the intention being to send him to China and the headsman when opportunity offered, has evidently given up the idea of soon returning to his native land. This is, at all events, the conviction naturally to be drawn from the fact that he is lecturing in England and saying many harsh things about that strange system which for lack of a more exact name is called the Government of China. Originally, says Dr. SUN YAT SEN, the people had a voice in the Celestial Kingdom's public affairs, and then there is said to have been enough of prosperity and contentment to make the phrase more or less descriptive of reality. In those days the crown was not hereditary, but often passed over an incompetent Prince to eminent men not members of the royal family. Then followed several dynasties by which education was turned in fantastic and useless directions, and progress was made impossible. It was not until 1640, however, when the Manchus seized the imperial power, that the present era of utter misrule began. Then the study of geography, law, history, and science was forbidden, and students were confined to the acquisition of what is little more than the art of conversation. It is now high treason to criticize the powers that be, and the collection of taxes is intrusted to men who, if they turn in the expected amount, can extort from the people and keep as much more as they please. Dr. SUN shows his Oriental ability to adapt his arguments to his hearers by pathetically appealing to Englishmen to save China from the new Tartar horde which Russia is now threatening to pour into his unhappy country by way of Siberia. That is a cry into whose sincerity at least a part of the outlawed Chinaman's hearers will not inquire too closely.

The New York Times, March 23, 1897, Page 6

DR. SUN ADVOCATES A REVOLT IN CHINA

Overthrow of the Manchu Dynasty Urged by the Famous Revolutionist—Emperor is "Sick Man of the Far East."

Dr. Sun Yat Sen bids fair to become one of the world's noted men if all the plans he is presenting to the Chinese people of Hawaii and the Chinese Empire, are consummated.

The famous revolutionist spoke yesterday afternoon in the Chinese theater on Hotel street to a mass meeting of Chinese to whom he unfolded his views of the political situation in the Chinese Empire. Throughout his address he fearlessly stated that revolution in the Empire was the one event which would take China out of its present deplorable position with reference to the world powers and place it on a footing which would cause the nations to respect it. The overthrow of the Manchu dynasty, he said, should be undertaken by revolution, and this, in his opinion was to be a certainty. He strongly advocated that the Chinese of Hawaii back the revolutionary party in the attempt to overthrow the Empire and establish a Republic on its ruins.

Dr. Sun said that it was his great present dynasty is foreign to the Chinese people that so many centuries have elapsed since the Manchus became the rulers of the Empire that the Chinese have forgotten that the present dynasty is foreign to the Chinese people, as foreign as the Russians or the Japanese and that as soon as the Chinese people awake to this fact they will rise in a mighty, crushing revolution, and forever rid themselves of their oppressors.

Dr. Sun was received with great enthusiasm and his speech was frequently punctuated with applause. The theater was packed from pit to gallery and even the stage was crowded. Dr. Sun appeared in cool linen, his dress [and short-cropped hair giving him the] appearance of a Filipino rather than a Chinese. As a speaker he showed unmistakable evidences of being an orator of considerable power. He has a prepossessing appearance, his gestures are impressive and he seemed to sway his audience at will. There was nothing of the fanatic or even the enthusiast in his appearance or manner. He appeared more a methodical, painstaking thinker, cool and collected, and born to be a leader, as he has already proven himself to be in the secret council of the revolutionists, or at the head of a determined band of Chinese revolutionists engaged in battle with the forces of the Chinese Emperor.

Dr. Sun, after a formal introduction, spoke directly to his subject, which was on the principles of revolution and what they meant to the Chinese people. His theme, he said, delt entirely with the overthrow of the present dynasty, the government of the Manchus. He gave a historical sketch of revolutions from the oldest times to the present.

"In revolution," said he, "we have a safety valve for the Chinese people. It is the only means we have to redress our wrongs. "

The first man to head a revolution, he went on, was Tong Wu, who overthrew the first dynasty. He is regarded by the Chinese people as one of the seven sages of China. Before the first dynasty the government was a sort of a Republic, when the Emperor was selected by the people, a wise man in whom the people could repose their trust.

"The question is whether we ought to revolt against the present Manchu dynasty," he said. "We ought to do so, we must do so!" exclaimed Dr. Sun vehemently, bringing his fist down upon a table at his side.

"Why? Because the present reigning house is that of a fallen conqueror, and second because it is not a house of our own Chinese race. According to the growing feeling and sentiment of patriotism the Emperor should be turned out whether he is a good or a bad ruler. "

Dr. Sun sketched the misgovernment of the Manchu dynasty. Great slaughter of the Chinese people took place when the Manchus came into power. The Chinese submitted and ever since then the Manchu dynasty has devised skillful methods to prevent the Chinese people from rising in revolt. The Chinese have stoically submitted to every form of suffering until they are now a crushed race.

The speaker said the Chinese people have little protection from foreign nations, as the Chinese government seems to care little for them. For this reason the Chinese people were not respected and not on an equal footing with people of other nations. Under such conditions, even though the Emperor were one of their own race, they should rise and throw him out.

"The dynasty is decaying," continued the revolutionist. "If we, the Chinese people who should be governing our affairs, do not rise and turn out this Sick Man of the Far East, other powers will yet do so and then divide up the Empire. This is one of the most powerful reasons why we should rise and uproot the dynasty and restore the country again to its ancient people.

"The prosperity of China is now certain to assist in spreading the seeds of revolt over the vast Empire. We know the Manchus have become impotent. Their extreme weakness was apparent during the Boxer trouble. Then not more than 20,000 troops of the Allied Army marched upon Peking and captured the capital of the Empire. This is the midst of a nation of 400,000,000 of people. Think of it! Only 20,000 soldiers in that vast Empire and the Manchu government standing weakly by while it was done!

"If such an army of foreign soldiers could capture the capital, what would happen if the Chinese people rose in their might. They could take the capital much easier than did the Allies.

"There is no great difficulty before us in accomplishing this same result. The real difficulty lies in the fact that the people have not awakened to the fact that the Manchus are foreigners, as much so as the Russians or any other power. Centuries of suffering under the Manchu yoke have rendered the Chinese people callous to the knowledge of who their present rulers really are. But once the people are awakened and realize their own strength, we can easily devise an invulnerable plan to overthrow the Manchu dynasty and build upon its ruins a good government—the Republic of China."

Hawaiian Gazette (U. S. A.), December 15, 1903, Page 1

END CONTROL OF MANCHUS

That Is the Cry of the Chinese Revolutionaries.

Singapore, Nov. 7. —A Penang Chinese-English paper, *The Straits Echo*, reports that Dr. Sun-yat-sen, [sic] the Chinese revolutionist, delivered a speech before the Chinese club at Penang in which he is reported to have stated that China has been the subject of Manchu rule for 200 years, adding:

"If we do not hasten to assist the revolutionary troops to retake China from the control of the Manchus our fatherland will be partitioned among the powers."

Sun-yat-sen is a native of Canton. He studied medicine there and was engaged in its practice when he became converted to the Chinese revolutionary movement. He was one of the leaders in the plot of 1895 to seize control of Canton, which it was hoped could be made the base of an insurgent government. It was intended after the capture of Canton to spread the revolutionary movement all over China to overthrow the Manchu dynasty and to give to China a constitution.

The viceroy of the province, however, discovered the plot and executed fifteen of the instigators. In some way Sun-yat-sen escaped.

The Daily Northwestern (Wisconsin, U. S. A.),
November 7, 1910, Page 5

DR. SUN YAT SEN

The Straits Echo says: —

The only fault we have to find with Dr. Sun Yat Sen as a revolutionary is that he doesn't revolute. He talks a lot, and we shall be rather surprised to learn that he hasn't talked too much recently. On Sunday last he made a speech at the Chinese Club in Macalister Road which appears to have been of a nature not permissible in this Colony, and of a kind to do the Chinese no good. Such things are bound to leak out. The protectorate matter of fact, we have a full translation of what was said.

Some of the things he said were just, and needed saying. Chinese should never be allowed to forget the features which require amending in their beautiful but badly administered land. China's inability to protect her own legitimate interests by force of arms is one. The improper treatment of Chinese in various lands is another matter deserving their attention, so that one day such improprieties may be impossible. In Java, for instance, the situation, of the Chinese is humilating [sic]. Dr. Sun Yat Sen told how he met on a ship a Chinese millionaire from Java.

"He informed me that on one occasion in Java he visited a friend and stayed late. He had forgotten [sic] to bring his pass and lantern without which he could not go out at night. It happened that a Japanese prostitute lived next door and our millionaire asked her to take him home, which she did. Japanese could go out at any time without a pass, but a Chinaman must have one to avoid being charged with committing abreach of the law. So a Chinese millionaire is regarded in Java as lower than a Japanese prostitute. This is because our Government is too weak to afford protection to Chinese living in foreign lands."

That sort of thing is not to be suppressed or ignored, but there is less propriety in the rest of Dr. Sun Yat Sen's speech. He reminded them that two of their historic Emperors had gained the throne by means of revolution and that Confucius regarded them with respect. So in Chinese eyes a successful revolutionary could be respected. Later on he admitted that fifteen attempts by his Party had failed, so that we may, without disagreeing with the view of the immortal Kung, withhold respect at present.

England grew strong by revolution four hundred years ago, he went on. Japan and Turkey, also Portugal, had followed that example. Why not China? "China has been subject to Manchu rule for over two hundred years. If we don't make haste to assist our Revolutionary troops to retake China from the Manchus, our fatherland will be partitioned among the Powers in the course of a few years." The Manchu Government was patently worthless, he said, because its 100,000 troops could not repulse the 20,000 foreign troops during the Boxer trouble.

He talked a lot in the begging train. Chinese could put up lots of money when they liked, especially to make money. They lost dignity, he said, by keeping mere money-making as their objective, and nothing proves the gentility of a Chinese audience more than the fact that they didn't check this impudence. For with Dr. Sun Yat Sen it seems money, money, money all the time and never anything to show for the stream of gold that has flowed his way. He says the Army, the Navy, and the High Officials—the great majority of them—are willing to support his revolution. We don't believe he has sufficient authority to say that. He says all the foreign drilled troops who went to Canton a year ago were revolutionaries. Again we do not believe him. He says ten of the fifteen new Army Corps are with him. We don't believe that, either. Here is his story of a Cantonese fiasco.

"The Chinese Revolutionary Party came into being some twenty years ago. [Twenty years and nothing done！] Its numbers have increased from day to day. It has fought on fifteen occasions against the Manchu Government, but without success. [Then it is time it retired from business, and went into liquidation.] On the last occasion it was intended to start fighting on February 10th, 1910. The foreign drilled troops of Canton [a mere handful, in a city about as far from the seat of Government as it can be] were on our side. We had a few thousand armed soldiers. We had all kinds of weapons but were short of bullets, to procure which a sum of ＄10,000 was necessary. Therefore the date of fighting was postponed. [Dr. Sun Yat Sen is probably the world's record postpone.] Unfortunately, on the 6th day [Feb. 16] the foreign drilled troops had a dispute with Police. Some arrests were made, which brought matters to a head. The Canton authorities became aware of the intention of the foreign drilled troops and caused them to be disarmed. "①

Fancy! A "few thousand armed soldiers," a whole revolutionary army, disarmed by a dozen policemen! Dr. Sun Yat Sen must have thought his auditors children.

One impressionable gentleman at the meeting offered to give $10,000 if Dr. Sun Yat Sen would show him what would be done with it. We haven't heard if the offer has been accepted. We cannot believe that the Chinese present were so unintelligent as not to see that a revolution which has "millions" of backers, failed on the fifteenth try for want of a petty ten thousand dollars worth of bullets. A levy of ten cents a head on the Party, if it be as big as Dr. Sun Yat Sen says it is would as big as Dr. Sun Yat Sen says it is, would have been ample. We have no evidence to warrant us asserting that Dr. Sun Yat Sen is on a good thing, but our belief is such that we dare here to make a firm offer. If the Chinese will treat us as they have treated Dr. Sun Yat Sen, no better and not worse, we will take his job on, guarantee a better-looking revolution at the first go, and afterwards retire on the loot.

We now known for certain that Dr. Sun Yat Sen is not particular about the "facts" he adduces. His story of the Hongkong Chinese losing ten million dollars smuggling food to Port Arthur is sheer bunkum. We know something of that game. He tells our local Chinese that if they would be patriotic, they must financially support him. That is rubbish. If they do, they will be not so much patriotic as fatheaded. But we fancy he has now overdrawn, both on their credulity and their pockets.

The Weekly Sun (Singapore), November 12, 1910, Page 7

---

① 译注：此段包括报刊编辑的批注。

PLAN BEHIND CHINA REVOLT IS REVEALED

Sun Yat Sen's Career

......

He is described as a man slightly below the Occidental idea of medium height, erect, and of slender build. His hair is close-cropped and he wears a slightly upturning mustache.

More than two years ago he was quoted as saying at Singapore:

"The removal of the strong hand of the Dowager is in itself something. But even had she lived she could not have postponed the inevitable result—at least could not have prevented it. Each day makes for the growth of the independence propaganda. With us it is only a question of the psychic moment, and that will come soon.

"The history of China has been that, after every dynastic upheaval and change, there has been a period during which there was much strife among the victors for control. Perhaps there may be a repetition of this sort of contention among the Chinese victors over the Manchus, but the certain finality is a republic.

"The Chinese are lovers of peace, but they have fought some great wars in their history. They have made great progress in the last five years, and this has tended to show them that they have a right to a voice in their own Government. There can be no doubt that when the time comes, enough of them will be found to be ready for the danger of blood sacrifice if it is necessary."

The New York Times (U. S. A.),
October 14, 1911, Pages 1-2

REBEL VICTORIES FORCAST FALL OF

CHINESE DYNASTY

Denver Sees Sun Yat Sen

Denver, Colo. , Oct. 13. — [Special.] —Dr. Sun Mun, or Sun Yat Sen, as the local Chinese say his name is, spent twenty-four hours in Denver this week, arriving Tuesday night and leaving secretly Wednesday night, supposedly for New York or Washington.

While here he was hailed by the Gee Gong Jung tong, a secret society, which he represents, as the future president of the Chinese republic. The news that San Francisco members of the society, which is promulgating the revolutionary propaganda, had selected him as president of the future republic was not made known till today, though members of this long were aware of the fact.

Dr. Sun Yat Sen delivered a lecture Wednesday night. "Compatriots," said he, "the time has come for the people of China to rise against the imperial government. It is ordained that the emperor be driven from the throne or killed. I am traveling in the United States seeking from Chinese lovers of freedom the money needed to purchase the arms and ammunition to equip our people. "

More than $500 was contributed by the Denver Chinese. The doctor signs his name Sun Mun, but is also called Sun Yat Sen. The Chinese say the names mean the same and that, neither is an alias. He is 44 years old and has been an antagonist of the Manchu dynasty for twenty years. He was born in Hsiang-Shang, but was educated in Honolulu and claims to be an American citizen. It was he who formed the Gee Gong Jung tong, or revolutionary society, in 1896. The Chinese government has offered a reward of $50,000 for his head.

The Chicago Daily Tribune (U. S. A.), October 14, 1911, Page 2

SUN YAT-SEN

A Reminiscence from Singapore

On the Sunday, Sir Alexander Swettenham, received information that Sun Yat Sen had turned up in Singapore; he was travelling as a Japanese, and wanted to see Kang Yu Wei. Sun Yat Sen stated that since his adventure in London, where he was kidnapped and detained at the Chinese Legation, he had been in Japan.

... Sun Yat Sen observed: "Socialism is a science by itself." He gave his audience an outline of what the Socialist theory and practice in Europe and America were, but as for China he expressed his conviction that a single tax on the rents would effect an agrarian revolution and introduce China straightway into the kingdom of Socialism. In conclusion he summarized his programme in the following words: —

"We want to effect a racial revolution because we are opposed to a handful of Manchus monopolising all the good things of the country. We want to effect a political revolution because we are opposed to one man concentrating in his hands the entire power. We lastly want a social revolution because we are opposed to a handful of capitalists appropriating all the wealth of the country. Even if we fail in one only of these objects, the failure will affect our entire idea.

"The basis of the welfare of the four hundred millions of Chinese lies in the realisation of the national principle of self-government, in the introduction of a democratic order of things, and in the establishment of a Socialist regime. I trust, gentleman, that you may apply yourselves with all your energy to the realization of this programme."

This meeting may be said to have ushered in the modern revolutionary movement of China.

The Peking Government having demanded the expulsion of Sun Yat Sen from Japan, he, with hundreds of his emissaries, invaded the southern provinces, and within a very short time "welded" together the innumerable local secret societies into strong organisations, and won over a large portion of the modern troops stationed in the province of Kwang-Tung.

The Hongkong Telegraph, November 20, 1911, Page 4

THE CANTONESE PRESS

Sun Yat-sen and the Editors

The native papers report a long address which Sun Yat-sen delivered to the assembled editors of the Canton press, who had been invited to meet the famous ex-President. In the course of the address, Sun paid a tribute to the power of the press in a very ungrudging way. He pointed out that to the press and the army must be ascribed the honour of the recent Revolution in China.

"Moreover," he said "the press to-day is a powerful weapon for good or evil, and is capable of leading public opinion in a marked degree. On the other hand, it can be a power that may be used to undo things, as well as to construct." It is pointed out, continued Sun, that the way in which the press of Canton treated Ch'an Kwing-ming led to his leaving his post, and declining to discharge its duties. It is also said, that owing to the critical tendencies of the Canton press, U Han-man is unwilling to take over office in Canton. It was further suggested that in the past the press was accustomed to criticize, and so the tendency has come to be almost a habit. But then it must be remembered that in the previous days they were criticizing an effete monarchy of aliens and tyrants, whilst if they use the same language now they are criticizing their own people and friends. Therefore, this habit must be changed. The press should be specially careful not to give ear to mere rumours, and publish them as facts. For example, a short time ago one of the papers published a report of the way in which Ch'an entertained singing girls and loose characters in his yamen, and so this was bruited about throughout the city. Meanwhile, it was quite incorrect, for nothing of the kind ever happened, and in this way an immense amount of harm might be done. Further, let the editors of the south be reminded that in the north to-day there is peace. If, therefore, there should be trouble in the south of any serious nature, then the north will surely march southwards and the last state of things will be worse than the first. The summing up of the speech was intended to suggest patience. "Suppose now for example there is a child born. It is not yet reared. How then can it be expected to support its parents at once? At present the People's Government in China is in its very infancy. Indeed, it is a time of pain and difficulty. The Government is not yet established; the taxes are not yet arranged, and, therefore, sufficient money is not forthcoming for the support of the Government. Indeed, everything is more or less yet in its infancy; therefore, there should be patience." In the discussion that followed, certain questions were asked. One speaker referred to the question of loans. Sun Yat-sen pointed out that the matter of loans was one of life and death. It is true; it was arranging burdens for those who were coming after, but without loans there would be no life at all, and, therefore, no "thereafter" for the Republic. When asked what arrangements were being made as to outside control, and what that control amounted to, there was no answer forthcoming to that query, and it was dropped. Ch'an Ts'o-hing asked what then was to be done in regard to criticizing the doing of the officials. He said that it seemed to be the duty of the editors to criticize, not that they should seek to gratify their private ends, or give effort to their private views. If the Government did not do its duty, and if the officials did not themselves obey the laws, should not the newspapers, on behalf of the people, point out such

departure from obvious duty? The right to point out such departures was allowed by
［…］, but editors must not print what was obviously nothing more than rumour and
ears must be taken not to make the work of the Government more difficult, whilst
at the same time giving to real assistance to the general ［…］

The China Mail (Hongkong), May 2, 1912, Page 7

Thousands Welcome Sun Yat Sen's Return

Pekin Gorgeously Decorated in Honor of Reformer's Safe Arrival.

Special Cable to *the Examiner*

PEKIN, Aug. 25. —Dr. Sun Yat Sen was given an enthusiastic reception on
his arrival here last night. President Yuan Shi-Kai sent two high officials to meet
him at the station, where a crowd of thousands welcomed the reformer. Hundreds
of children sang songs of greeting and the streets were beautifully decorated and
lined with troops. A squadron of cavalry escorted Sun Yat Sen's carriage to the
residence allotted to him on one of the principal streets of the city.

The President called Dr. Sun Yat Sen to a conference this forenoon and
afterward entertained him at dinner. The reformer, responding to the President's
speech of welcome, said:

"These are anxious times, for now the republic's chief aim must be to
establish prosperity throughout the country by encouraging industry and the
construction of railroads."

The proposed plan to impeach the President is failing though lack of support.
So far the National Council has been unable to secure a quorum for a vote on the
impeachment.

Chicago Examiner (U. S. A.), August 26, 1912, Page 2

DR. SUN YAT SEN THANKS JAPANESE

(Special correspondence to *the Monitor*)

TOKIO, Japan—Speaking at a banquet, which he gave to his many friends in Tokio on the eve of his return to China, Dr. Sun Yat Sen said that he really felt thankful towards the Japanese officials and people for the warm reception accorded to him and his party during their stay in the country. He could not, he said, but take special delight in welcoming the guests of the evening, for they were all of them publicists who had rendered good service in the cause of the Chinese republic.

The Chinese republic, he went on, had now been founded through their assistance, as well as the united efforts of the Chinese people, but not as yet on a permanent basis. In order to consummate the work of the revolution China stood in greater need than before of assistance from her Japanese friends. It was his heartfelt desire in these circumstances that the people of the two neighbouring powers should unite their efforts for the realization of a bona fide Sino-Japanese rapprochement, which would be conductive to the enhancement of mutual interests.

The Christian Science Monitor (Boston, U. S. A.),
May 15, 1913, Page 8

HOW AMERICANS HAVE CUT OFF CHINA'S PIGTAIL OF PAGANISM

......

What was the cause and inspiration of this marvellous blooming of a plant moribund for thousands of years. Surely there was something behind it. No such miracle could just happen, nor could it result from temporary and newly create conditions. There must have been long growth in the bud before the flower burst into bloom. The mind naturally turns to Dr. Sun Yat Sen. For nearly a score of years Dr. Sun carried on a propaganda for a republic in China and the freedom of the Chinese mind from the superstitions that held the nation in bonds. He is a man educated in the learning of the West, and is a Christian, the product of the missions.

Beginning his work among the small group of educated men—young men— who knew the learning and the religion of the great Christian powers, he extended it to those who did not know. It was not long before he had to flee from China, with a price upon his head. All up and down the coast of Asia, beyond the reach of the Emperor and in America, he continued his work among the Chinese residents and these helped to spread it through letters and in person when they returned home.

Secret societies were formed both abroad and among the Chinese in China, who spread the doctrines of the new freedom and the new thought in rebellion. Gradually the whole of China proper, the provinces inhabited by the genuine Chinese, became permeated with the new thought. Then came the outburst, the overthrow of the Manchus, and the establishment of a republic, with all the social, educational, industrial and religious changes.

To those who had known nothing of what was going on beneath the surface it looked like an inexplicable volcanic eruption, something entirely outside the known processes of nature. It was not, and yet to a degree it was, for nothing except divine guidance and special decree can seem to account for such a violation of the ordinary processes of social evolution.

But admitting as we must, that Dr. Sun Yat Sen was the visible inspiration and the apparent instrument of the creation of the new China, let us see what he has to say about it himself. At a meeting of the united churches of Peking, held in the compound of the American Board of Foreign Mission, he declared:

"Men say the revolution originated with me. I do not deny the charge. But where did the idea of the revolution come from? It came because from my youth I had intercourse with foreign missionaries. Those from Europe and America with whom I associated put the ideas of freedom and liberty in my heart. Now I call upon the church to help in the establishment of the new government. The republic can not endure unless that virtue, that righteousness, for which the Christian religion stands, is at the center of the nation's life. "

The Ogden Standard (Utah, U. S. A.),
November 29, 1913, Page 18

DR. SUN YAT SEN WELCOMED BACK AT RECEPTION

First President of China Makes Reappearance in Public in Shanghai

(Special Marconigram to *Liberty News*)

......

"United China. United for Good. United for Growth," said Dr. Sun in a talk yesterday evening at a reception tendered him by the French and Japanese consuls. "Our cause is right and we cannot help but succeed. The people have called for a true republic which will give them the right to work for a better and greater China," he said.

Dr. Sun during his stay in the French settlement has been carefully guarded by detectives of the French legation. It is known that there are a number of strong supporters of Yuan Shih-Kai in Shanghai, and his friends have taken every precaution to prevent his assassination.

Honolulu Star-bulletin (U. S. A.), May 11, 1916, Page 1

SUN YAT-SEN

His Views on Local Government

Hangchow, Aug. 24—When Dr. Sun Yat-sen was here the other day he delivered an oration in the Hangchow Assembly Hall, of which I give a translation.

"To-day I went to the South High Peak where I commanded a glorious view of various scenes. I am sorry to any that because of meeting with heavy rain on the way I am a little late. Pray excuse me for keeping you waiting so long here. I am very glad indeed to come to Hangchow and see you all once more, and I am extremely grateful for your welcome and for holding this meeting. Chekiang is considered the first province of South China, both as regards population and financially. Just now despotism has been overturned and the Republic has been set up anew, so in taking hold of this opportunity we must reform all the political affairs of Chekiang. If one province is reformed and well ruled, then all the others will imitate it, and regard it as a pattern, and so the entire nation will gradually become civilized. Being asked to speak on the problem of "local government", I must go along that line.

Methods of Local Government.

Now we may mention one of the methods of "local government." Take the West Lake of Hangchow, for example, which is the best known place in China. Suppose we can borrow one hundred million dollars from foreign countries to construct new roads and buildings, then the land that costs usually say one hundred dollars, will rise in price to one thousand. By means of the interest received we can pay back the foreign loans and interest, and moreover, we can obtain more income besides the said payments, because we can, over and above, collect taxes of the land from the owners. Each landowner should himself give a report as to how officials could make a record of it. If the land is said to cost one thousand dollars, then the owner should be taxed ten dollars, etc. But supposing the landowner thinks that he can decrease his tax by undervaluing his land, then the officials should purchase the land at his own valuation and make it public property. And if the landowner overestimates his land so that he may get a high price from others, then the official may tax him according to the price he estimates. Thus, the government will not lose anything whether the people overestimate or underestimate their land.

The Example of Shanghai.

However, if the people assess the price of their lands justly, then there will be no loss to them either in paying taxes or selling out their land. Those systems and items mentioned above with some others should be first of all enacted, passed and constituted, through the provincial assembly, so that they may be by published and executed before long. Formerly, Shanghai was a lonely desert, but after the diverse repairs, reformation, and construction by the foreign traders, it grew to be an attractive place and the focus of commerce until now it has become a model of municipal government to the whole of China. Also, Tientsin, Hankow, Hongkong, and some other ports have all well succeeded in imitating it one after another. Now, then, the West Lake of Hangchow is lovely with its natural beautiful scenery, but by the addition of constructive works, and human labour, and by establishing intercourse, roads, water power and factories, etc., it will become, I am sure, one of the famous places in the world, in a few years time. As to the local government of other districts and places in this province, they will take the West Lake as their pattern. And it will be the same with other provinces; one will reform the other. —*N. C. Daily News*

The Hongkong Telegraph, August 31, 1916, Page 8

DR. SUN YAT-SEN ON MUNICIPAL ENTERPRISE
THE ROAD TO NATIONAL PROSPERITY

Speaking at Ningpo, on August 22nd, Dr. Sun Yat Sen said: —

Among the people of any land, there are always to be round two views as to its condition—optimism, which looks for a future free from conflict and dangers and for a lasting democracy; and pessimism, which sees ahead a path of unending peril. There is reason behind each of these views, nor can either of them be disregarded. My own opinion is that the question of the firm establishment of democracy in our land depends on the people themselves, and not on the administration or the executive. The great distinction between a democracy and a monarchy is that the latter depends entirely on the sovereign; if he is upright, there is peace; if he is evil, the whole land experiences misfortune. A democracy, however, depends on the people themselves; if all of our people will always take their share of the responsibility, there are no limits to which the democratic principle may not attain; if our people are not prepared to play their part, then, no matter how good and virtuous the administration and the executive may be, genuine democracy will not be possible. In a democracy, then, the hopes of the people lie in themselves, and not in the administration or the executive. (Applause.)

LOCAL SELF-GOVERNMENT NECESSARY.

Administration and social conditions are mutually interdependent; sound administration finds its source in social conditions, but if progress in social conditions is desired, local self-government is necessary. In building a house, a foundation is essential; local self-government is the foundation. If local self-government is to be a success, the first requirement will be the development of trade.

The trade of Ningpo is certainly flourishing, but it flourishes principally externally, and I think it is of greater importance that it should flourish in the country itself. Look, for example, at the foreigners. They always strive for commercial prosperity in the motherland before they seek to extend their trade abroad; if the root is well established, the branches and leaves will inevitably be luxuriant.

TAXATION OF LAND VALUES.

Of municipal affairs, the most important are railway improvements and the cleansing of the streets. For example, walk round the International Settlement in Shanghai and see how broad the thoroughfares are and how clean are the streets. And why should not Ningpo follow this example? There is, however, one difficulty—streets and roads cannot be improved without expense, and where are the funds? The streets of Shanghai are so clean and its thoroughfare so spacious, whence do the funds for these improvements come from? I know you will all say "From the foreigners," but if you think carefully, these funds do not come from foreign hands. How is this? The foreigners come to China with the object of making profit out of our land, but if they wish to make profit from China, they must first roughly make up streets and roads, and so start a municipality. The funds for this must come from somewhere; as a matter of fact, the funds that the foreigners have acquired for their improvements in Shanghai all come from our own people—it is not foreigners' money. (Applause.)

At present, because there are no funds, our people do not give attention to local improvements, forgetting that, if a place be not improved, its products will grow less and less until by-and-bye a day will come when its prosperity is at an end. Hence, with regard to this question, our people must find means.

COMMUNAL LAND.

And what means? It would seem that the best plan would be to form a general public committee to acquire land as the property of the community. There might be difficulty in collecting at once the large sum required for this; then it could be raised by means of municipal debentures. But though the land is to be acquired as public property, it all belongs at present to private individuals form whom it would have to be purchased, and when it came to purchasing it from the individuals, they would be sure to put up the price, so that the acquisition would be impeded. The best thing, then, is first to institute taxation on the declared value: a person with so many *mow* of land would be required to declare how much it was worth per *mow*. The general committee would have already fixed the tax to be levied at so much percent of the value; people then would not put the value too high for fear of having to pay an excessive tax, if they put too low, then when the day came for its acquisition by the public, the price would be small. Thus, they would not go to extremes in either direction, and we could arrive at an equitable valuation.

PUBLIC WORKS.

Then, in the future, when the land had been acquired by the community and it became public property, there would be no obstacle to the execution of public works. As municipal improvements were effected, people would flock here; commerce would thrive exceedingly; and before many years had passed the value of the land would be multipled many times. At the same time, the amount of the tax would increase proportionately; is there any doubt about the immense revenue that would forthcoming? When people say funds cannot be found for municipal improvements, I do not believe them.

There is another thing I would like to say. The people of Ningpo are famed for commercial ability, and they are, too, of great intelligence. A pressing necessity is to establish, in co-operation with the leading merchants of other provinces, a very large commercial bank; this is really a matter of the utmost importance. It will, however, be necessary to have ample capital, so that credit may be firmly established, and then the wealthy men of our land will no longer deposit immense sums in banks established by foreigners. With this mobile financial reserve, not only will it be more and more easy for the people of Ningpo to establish new industries, but the currency of the whole country will derive immense benefit.

A SECOND SHANGHAI.

Again, the reason for Shanghai attaining its present position lies entirely in the causes I have already enumerated, and now the people of our land are all eager to resort there. If you ask what is the principal centre of our land, everybody will reply that it is Shanghai; but supposing you ask whether Shanghai is really a centre of commercial activity of our own people or of foreigners, our people will have nothing to reply, and we'll feel a deep sense of shame. (Applause.) That is why I now centre such hopes on Ningpo. Ningpo has the situation; it has the resources; if it can carry out the task with the utmost urgency, it may easily become China's second Shanghai—a model Shanghai of China's own commerce. Gentlemen, this depends on your exertions. (Applause.)

The Hongkong Daily Press, September 6, 1916, Page 2

SENSATIONAL SPEECH BY DR. SUN YAT SEN

Threat to Bombard Chen's Troops in Canton

There appears to be much uneasiness in Canton following upon a speech delivered by President Sun Yat Sen to a company of twenty-five journalists. He spoke of his grievances against Marshal Chen Cheung Ming. Part of the speech as published runs somewhat to the effect: —

"When I was in Kweilin, I came to the conclusion that as the neighbouring provinces of Hunan, Kweilin and Yunnan were all under the Constitutional Government, there was no need for our forces to establish a fighting base there. Consequently I decided to attack through Kiangsi. I was surprised later to learn that Tse Man-ping (an officer of the Kwangtung troops), wired to Chen Chiung Ming to inform him that I had really sent my troops back to attack officers in Kwangsi instructions to intercept my forces. They, however, had fortunately already passed Wuchow for Kwangtung and were not stopped: When I arrived at Hohow, Samshui, Chen was the first to leave Canton for Waichow. After a short time, the whole of the expedition against Kiangsi moved to Shiukwan. Chen's officers then gradually returned to Canton and placed many obstacles in the way of the paper. Although the revenues of Waichow and Chaochow have been intercepted, I paid the troops in Canton as usual. The unfaithful officers of the

Kwangtung troops, however, had all the bank notes in their possession placed on the market, with the result that they decreased in value daily. They further demanded from the Finance Bureau daily, payment of their military expenditure, and pleased the Kwangtung Provincial Bank for silver exchange. "It seems to me that these actions are all in their plan of revolt against the Canton Government in order to bring back Chen as their leader. When I invited Chen's officers to come to see me in order to bring them to reason," continued Dr. Sun, "they did not turn up at all: and when I wished to personally go to see them, they repeatedly refused to see me. On investigation I find that Chen originally ordered only half of his troops in Kwangsi to return, but all of them returned. This shows that Chen's order was not obeyed and that he lost his controlling power over them long ago. If I withdraw the expedition from Kwangsi, it would not be difficult to finish with them all: but it is a pity to abandon Kiangsi. I am, therefore, compelled to devise other measures to make them evacuate Canton, and I request you, gentlemen, to unanimously warn them in the Press to leave Canton within ten days to a distance of thirty li; otherwise I have 8-inch guns with poisonous shells which are capable of entirely finishing their sixty battalions of troops in three hours."

Not Published in Canton.

The Journalist at a meeting hall after the interview with President Sun resolved not to publish the speech, but to hold a meeting on Thursday at the headquarters of the Press Association to which representatives of the various public bodies would be invited to consider the advisability of requesting the Kwangtung army to withdraw 30 li from the City or return to their respective districts.

It appears that the newspaper proprietors feared that Chen's troops would adopt retaliatory measures against them if they published the warning. The speech was published, however, in Hongkong and other vernacular papers, and it appears to be the subject of much discussion in Canton.

The allusion to the eight-inch guns is apparently to the naval guns. Since the speech was delivered, the Naval Commander is said to have had frequent interviews with President Sun Yat Sen, "If anything should happen," we read, "one or two ships will enter the East River to stop reinforcements coming from Waichow and Sheklung."

Unusual activity is reported to be noticeable among the soldiers. The arsenal is now guarded by six battalions, and the streets in the vicinity of the yamen are strongly guarded. Night traffic in the neighbourhood is stopped.

The Hongkong Daily Press, June 16, 1922, Page 3

附：日文版本

頭山滿翁正傳（未定稿）

第六章

…………

　二十九日孫君は大総統に選ばれたり。是れ主として黄君の推譲に因れりと云ふ。蓋し黄君の意に以為らく、力を以て革命政府の今日あるを致さしめしは黎元洪将軍なり。夙に斯の主義を皷吹して気運を促せし者は孫文先生なり。不肖黄の如き徒らに狂奔して幾多有為の同志を殺せしに過ぎざるなりと。各省の軍隊中黄に望みを属して、孫を戴くを好まざる者多し。然るに黄の尽力によりて遂に議を纏むるを得るに至れり。是に於てか三十日の夜、孫新大統領は、パレース・ホテルに在上海日本人を請待して、新任の披露をなせり。来賓総て百名許り、犬養氏以下各会社代表人、新聞記者等皆到る。孫総統先づ起ちて新任の挨拶をなし、中華民国が成立して、外国の名士と款を交ふるは今日を以て始めとす。身親しく欧米を巡遊せしに、各国人民の同情は皆革命党に注がれたり。今後諸君の尽力によりて、益々日本政府と親しみ、更に欧米各国との交際を一層親密ならしめんこと余等の真に希望する所なりと。犬養氏之に対して答辞を述べ三鞭を挙げたり。此間孫総統は左右に向つて遺漏なく辞礼を交へ、数年前の志士孫逸仙は全く欧米先進国の大統領に譲らざる態度を備ふるに至れり。黄興君は終始一貫依然として素朴なる藪沢の雄なり。今日の盛宴に列しても、猶曩に頭山翁を訪ひし時と同じ態度なり、来賓の各が名刺を呈して名乗り寄るを面映げに応待するのみ。席を定むるにも孫総統の次に湯化龍、張継等の諸氏を推し、自らは手持無沙汰に末席に踞まり、功成りて賞を受くるは恥づる如し。

福岡，葦書房一九八一年十月發行

日本外務省檔案『各國内政関係雑纂/支那ノ部/
革命黨関係（亡命者ヲ含ム）』第六卷

公第六四號　大正元年十二月十二日
駐杭州領事館事務代理深澤暹　外務大臣子爵内田康哉殿
《孫逸仙来杭ニ関スル件》

　　孫逸仙ハ陳其美其他二三者ト共ニ本月八日上海ヨリ特別汽車ニ乗シテ当地ニ来リ同日午後二時半当地清泰門停車場ニ着スルヤ浙江省都督朱瑞初メ各司長僉事各司法官及ヒ呂師団長初メ重ナル陸軍武官並ニ各団体代表者等ノ盛なナル出迎ヲ受ケシタ同停車場入口前ニ大ナル緑門ヲ設ケ其上ニ「湖山生色」ノ匾額ヲ懸ケ下ニ「歓迎」ノ二字ヲ書シタル数多ノ彩燈ヲ吊シアリ尚他ノ緑門ニハ「自由党浙支部歓迎孫中山先生」ノ文字ヲ緑葉モテ組ミ出シアリタリ孫ハ朱都督ノ先導ニテ騎馬ニテ其旅館ニ充テラレタル梅花碑ニ在ル旧勧業道衙門ニ向ヒシカ是ヨリ先キ沿道其他ノ店舗ハ当地官憲ヨリ此日国旗ヲ揚クベシト命セラレ居タル為メ民国五色ノ旗多クノ軒頭ニ翻ヘリ通路ノ両旁前総統タリシ偉大ナル人物ノ風貌ヲ観ントテカ佇立先ヲ争ヘルモノ実ニ堵ノ如クナリシ同日午後四時過孫ハ城内馬坡巷法政学堂ニ於ケル国民党支部ノ歓迎会ニ赴キシカ途中観衆ノ意ヲ満サシメントテ特ニ藤椅子轎ニ乗ルコトトシタル由ナリ同夜前記会場ニ集マレル同支部会員ハ約八百名ニ達シ先ツ該支部長楮輔臣（前民政司）及魏在田（財政司核収科々科長）等ヨリ歓迎ノ詞ヲ述ベシガ孫ハ起テ

　　浙江ハ久慕ノ地今回初メテ来杭シ諸同志ニ於テ此盛会ヲ開クレタルハ非常ノ栄幸ニテ感愧に堪ヘス杭州ニハ旧同志甚タ多ク而モ能ク協力同心此革命ノ目的ヲ達シ得タルノミナラズ去歳南京ヲ克ク得タルハ浙軍ノ力尤モ多キニ居レリ痛ムベキハ我等ノ同志秋瑾女史一冥相見ルヲ得ス予ノ此行固ヨリ只西湖風景展覧ノ為タノミナラズ亦女侠埋骨ノ處ニ臨ミ一憑弔ヲ為サントスルナリ。

　　ト述ベ継テ民生主義鉄道国有等ニ就キ講演スル所アリ了リテ其ノ旅館ニ帰リシカ

東京、日本外務省外交資料館藏原件

日本外務省檔案『各國內政関係雑纂／支那ノ部／革命黨関係（亡命者ヲ含ム）』第六巻

公第六四號　大正元年十二月十二日

駐杭州領事館事務代理深澤暹　外務大臣子爵内田康哉殿

《孫逸仙来杭ニ関スル件》

　翌九日午前果シテ其ノ旅館ヲ出テテ西湖々畔ニ於ケル革命烈死者等ノ墓ニ詣テ正午朱都督ノ西湖公園（以前行宮）ヲ仮リテ催シタル宴席ニ臨ミ各司長僉事師旅各団長各学校長国民、共和、民主各党代表者商務総会総協理当地各新聞社代表者等六十余名之ニ同席セシガ席上朱都督ヨリ歓迎祝詞ヲ述フルト共ニ孫ノ政見ニ就キ指教ヲ乞ヒタルニ孫ハ其所謂貨幣革命ニ就キ洋々数百言ヲ叙列セシ由ナリ当地支那新聞ノ或者ハ右演説ニ関シ理想極メテ高キモノナルモ之ヲ目下ノ情形ニ撰ルニ恐ラクハ断シテ実行シ難キモノアルベク目前之ヲ以テ救亡ノ策ト為シ得ヘシト謂フカ如キハ大ニ研究ヲ要スルコトナルベシト評シ居リ且ツ当日座ニ在リ親シク此ノ説ヲ聴キタル人々ニ於テモ其非ナルヲ知ルト雖モ筵宴ノ場御尤モト言フノ外ナカリシナルベキカト附言セルヲ見候。

　右都督ノ宴会了リテ後孫ハ午後五時更ニ城内国民公所ニ於ケル各団体聯合会ノ歓迎会ニ赴キシカ其ノ途中一行ノ当館前面ヲ過キ行クヲ瞰タルカ孫ハ数十ノ軍楽隊ヲ先導シ更ニ数十ノ騎乗兵ニ擁護セラレ都督初メ各文武官等ノ殿随セル長キ行列ノ中間ニ在リ籐椅子轎ニ倚リ掛リツヽ四辺ヲ顧眄シ満面得意ノ気楽隊吹奏ノ声ニ勝レルモノアルヲ認メ候孫ハ右歓迎席上大要左ノ如キ演説ヲナシタル由ニ候。

　弟武林ニ来ルコト少シニ来タ六橋三笠ニ遊ヒシコトナカリシガ今回諸君ト相見テ欣幸に勝ヘズ指ヲ屈スレハ清帝退位以来匆々一年、我四億ノ同胞ハ雲霧ヲ撥ヒテ青天ヲ見タリト雖モ今後ノ事タル尚遥遠ナリ夫レ破壊ハ容易ナルモ建設ハ煩難ナルヲ知ラサルベカラズ去歳満清政府ヲ推倒セルハ恰カモ腐敗セル房屋ヲ燬キ棄テシガ如クナルモ之カ除旧更新ノ際ニ在テハ尚其人ヲ得ルニ待タサルベカラス今ヤ時既ニ一年ヲ隔ツルモ新屋尚未タ落成セス是レ皆人民ニ於テ共和ノ原理ヲ知ラサルカ為メニシテ有識者ハ因循観望シ愚頑者ハ随波逐流ヲ事トセリ諸君今ヨリハ国ハ民ノモノタレハ各人其義務ヲ負担スヘク目前ノ同心協力ハ即チ将来同享幸福ノ基タルナリ現今国本未タ鞏カラズ豈徒タニ苟安ヲ図ルヘキモノナランヤ彼農人野老等大義ヲ明カニシ以テ革命ノ後タル能ハズ此レヨリ自由トナリタレハ税糧等ヲモ完納スルニ及ハスト思ヘルモノアリ斯ノ如クレハ中央ノ財政ハ如何ニカ支持スルヲ得ヘキ右ニ関シテハ宜シク各地方ニ於テ彼等ノ開導ニカムベキナリ尚予ノ民生主義ニ就テ四大綱アリ第一ハ資本ニ関セリ今ヤ民国ハ漸ク成立セルノミニテ窮菌〔困?〕ハ故ノ如クナルモ幸ニ我国ニハ其財富数千万ニ達セル資本家階級ナルモノ無ク政府モ人民モ同様窮困ナルヲ以テ尚他慮ナキヲ得ルナリ然ラサレハ則チ社会不平等ノ風潮ヲ演成スベク欧米各国ニハ常ニ此事アリ而モ我総統初メ一般国民ニ於テハ自ラ生計ヲ謀リ富豪者ノ挟制ヲ免カルヽヲ得ルハ寧口幸ト謂フベシ第二ハ土地ニ関セリ土地ハ人生最要ノモノニシテ土地無クンハ即チ立足ノ所ナイ人ハ飛鳥魚鼈ニ似テ空中水底ヲ假ツテ棲居シ得ヘキニアラズ英国ノ如キハ昔年其人民土地ニ関スル苦楚ヲ嘗ムモノ一百余年是皆富豪ニ於テ広ク土地ヲ収メ貧者ヲ控制セシニ依レリ故ニ去歳南京臨時政府成立ノ時ニ於テモ予ハ最先ニ土地問題ノ解決ヲ試ミタリ国家ノ収税ニ就テハ単ニ畝ヲ按シテ徴捐スヘキニアラス例ヘハ上海英租界ノ大馬路ノ如キハ一畝ノ価約三五十万両ニ達セルモ郷村ノ土地ヲ見レハ一畝ノ価十元乃至五元ニ過キズ只ニ天淵ノ差ノミナラズ故ニ地価ヲ估量シテ適宜ナル徴税シナスヲ最モ公平トスベク之レノミニテモ民間其恵ヲ受ルコト幾何ナルヤヲ知ラズ。第三ハ実業ニ大関係アル鉄道ニ関係セリ今ヤ我国ノ鉄道ハ次第ニ拡張セラレ事業益々浩大トナリツヽアリ国有ヲ主張スベキモノタルハ事理ノ当然ナリ然ルニ知ラサル者ハ商辦ナル以上必ズシモ権ヲ国ニ操ルニ及ハスト以為ヘルモノアルモ国既ニ民ノモノタル以上国有ハ即チ民有タルヲ思ハサルヘカラズ若シ国有ニ帰セスシテ假リニ某省ヨリ一大資本家ヲ出シ一省ノ鉄道ヲ買収シ大権ヲ独攬シ商業ヲ壟断スルコトアランニハ国民其影響ヲ受クルコト豈大トナラズヤ第四ハ教育ニ関セリ此問題ニ就キ我国ハ自ラ文物ノ邦ト称セリト雖モ男子ノ教育ヲ受ケタル者ハ十分ノ六ニ過キス女子ニ至テハ十分ノ三ニ及ハス其中志ノミアリテ力之レ無キ者頗ル其数ニ乏シカラズ其故ハ他ニアラズ国家ノ教育普及セサレハナリ以前ニ在ツテハ種々ノ缺点其責君主ニ在リシモ今日ハ責任人民ニ在リ我同胞タルモノ須ク此ニ三思スベキナリ諸君ト相見テ畧所感ヲ陳フルコト爾リ諸君之ヲ勉メヨ云々。

東京、日本外務省外交資料館藏原件

日本外務省檔案『各國內政関係雑纂/支那ノ部/革命黨関係（亡命者ヲ含ム）』第六卷

公第六五號　大正元年十二月十四日

駐杭州領事館事務代理深澤暹　外務大臣子爵内田康哉殿

共和民主両党聯合歓迎会

席上ニ於ケル孫逸仙ノ演説ニ関スル件

　孫逸仙来杭ノ模様ニ関シテハ本月十三日付公第六四号ヲ以テ及御報告ト同十日午後孫カ共和党浙江支部会場ニ於ケル共和民主両党聯合歓迎会席上ニ於テ共和党代表湯爾和及民主党代表周子和等ノ孫ノ人格高潔ニシテ其識見ノ卓絶セルコト及ヒ革命事業ニ貢献セル勲労ノ偉大ナルコト等ヲ讃称セル歓迎辞ニ対シ為シタル演説ハ左ノ如クナル由ニ有之候

　鄙人此次来ッテ貴党領袖諸君ト握手シ諸君ヨリ美満ナル歓迎ヲ受ク鄙人ノ中ニ耻々タルモノ諸君ノ為メニ告ケサルヘカラズ諸君ニ於テハ固ヨリ鄙人カ国民党ノ理事タリ諸君トハ対立ノ地位ニ在ルモノナルヲ知ラル然レトモ鄙人ニ於テハ衷心ヨリ貴党ノ発達ヲ希望セルコト終始未タ敢テ渝ルアラズ南京臨時政府成立ノ時ニ当リテハ中国ニハ所謂政党ナルモノ無ク同盟会ハ革命成功ノ勢ニ継ケルヲ以テ若シ時ニ乗シテ規模ヲ拡充シ改タメテ政党ヲ組成セハ則チ全国ヲ風靡スルコト亦意中ノ事タリシナリ同人等屢々之ヲ以テ勧ムルモノアリシモ而モ鄙人之ノ為ニ動カサリシ所以ノモノハ国政ノ進歩タルヤ両党ノ切磋ニ在リ一党ノ専制ハ君主ノ専制ト其弊復タ正ニ相等シキモノナルヲ知シタレハナリ両月以来北ヨリ南シ来リ共和党ノ発達一日千里已ニ国民党ノ畏友タルヲ見ル始メハ競争ヲ以テシ進歩ヲ以テ之ニ継カハ国事難艱庶クハ済スアラン乎

　鄙懐歓慰実ニ初念ノ及ハサル所ノモノアリ我本党々員或ハ鄙人ノ漠視ヲ譏ル者アリ他党々員或ハ鄙人ノ勁敵タルヲ憤レル者アルモ皆非ナリ惟フニ政党ノ競争ハ道徳ヲ以テ前提ト為スヘク凡百ノ政策一ニ公理ヲ秉ルヘシ然ル後之ヲ以テ国ヲ謀ラハ其国ハ以テ強カルヘク之ヲ以テ党ヲ謀ラハ其党ハ以テ昌ンナルヘシ若シ勢力ノ盛衰ノミニ競々タラハ則チ前清政府ノ勢力ハ諸レヲ革命党ニ較フレハ相去ル奚ンソ萬々ノミナランヤ而モ革命党カ卒ラ成ヲ告ケタルモノハ公理在ル所ナレハナリ。今ノ政党ナルモノ往々政権ヲ争奪シ合ヒ範囲ノ外ニ逸ス知タ

スヤ在朝党アレハ必ス在野党アリ在朝党ハ施行ヲ以テ急務ト為シ而シテ研究ニ
違アラス在野党ハ研究ヲ以テ急務ト為シ而シテ必スシモ施行セス夫レ法ハ久シ
ケレハ必ス弊ヲ生ス施行者ハ遂ニ不適ノ時アルヘク学勤益々精ナルヲ要ス研究
者ハ自カラ特優ノ点アリ一旦輿論民心其向背ヲ易フレハ則チ在野党進ンテ而シ
テ在朝党ハ退キ斯ク互ニ消長シテ政治ハ日ニ文明ニ進ム英ノ自由党ト保守党ト
米ノ民権党ト共和党トノ如キ後事ノ師タルモノニ非スヤ又政党ノ争フ所ハ大綱
ニ在リテ細節ニ在ラス甲党所提ノ案往々乙党ノ賛同スル所トナリ乙党所提ノ案
亦往々甲党ノ賛同スル所トナル決シテ事毎ニ反対スヘキノ理ナシ試ニ観ヨ英ノ
自由党ト保守党ト争フ所ノモノハ僅カ関税ノ一事タルノミ自由党ハ自由貿易ヲ
主張シ保守党ハ保護貿易ヲ提唱シ之ヲ持スル各々能ク故有リ之ヲ言ツテ各々能
ク理ヲ成セリ是非未タ明ナラス故ニ競争シテ已マス瑣々ノ端ノ如キハ其賛同反
対時アツテ竟ニ一致ニ出ツ其故タル思ヲ深長ニスヘキナリ今ヤ吾国ノ政争ハ公
私ヲ淆シテ一途ト為シ興論ヲ顧ミス是非ヲ論セス其事ノ他党ニ出ルヤ至良ノ策
ト雖モ反対ニ維シカメ其事ニシテ自党ヨリ出ルヤ極悪ノ政ト雖モ擁護維シ努ム
甚タシキニ至ツテハ政見合ハス私交ニ波及シ政評讒害為ササル所ナシ党徳是ニ
至ツテ地ヲ掃ツテ以テ尽キ前キノ党ヲ以テ国ヲ救ハントセルモノ今ヤ乃チ党ヲ
以テ国ヲ亡ホサントス鄙人滬ニ在ルノ時曽テ西洋律師等ノ俱楽部ニ遊ヒ其法庭
弁論ニ於テ戈矛相向ヒ洶々両立セサルカ如カリシ者退庭帰来スルニ迨ンテハ握
手言歓相視テ笑フモノ故ノ如クナリシヲ見ル其公私、分明ナル何如ンソヤ諸君
領袖群彦必スヤ党徳ヲ以テ前提ト為サン謹ンテ白ヲ浮ヘ彼此自ラ勉ムルノ心ヲ
矢ヒ兼テ諸君ノ盛意ニ答フルコト爾リ。

　以上孫ノ演説ノ内容ハ何等奇トスルニ足ルモノアル次第ニハ無之ルモ是亦孫
ヲシテ支那人間ニ於ケル一種ノ声望ヲ博セシムル所謂偏私ナラス穏健ナル政見
ヲ表白セルモノト観ルヘク同時ニ孫得意ノ大布呂敷ノ片鱗トモ認メ得ヘクト存
候ニ付多少冗凡ノ嫌ナキニアラサルモ原演説ノ儘及訳報候此御申進候敬具。

東京、日本外務省外交資料館藏原件

東亞に於ける日支兩國の関係を論ず

孫逸仙氏

　本篇は二月十五日於華族会館東亜同文会歓迎会席上孫氏一時間半渡りて其胸襟を吐露し、熱溢るゝが如き語調を以て演説せられたる筆記の大要なり。

編者識す。

（一）　日支人区別ありや

　諸君、今夕此の盛大なる歓迎会臨みまして卑見を十粒述ぶるの機会を得ましたのは私の最も光栄とする次第で御座います、それと同時に私は感に耐えないことが一つムいます、それは外でもありません、我々は此處に斯うして大勢集まって居りまするが、若し欧州人なり、米国人なりが此席に見えたとして、其欧米人は我々を見て果して何れが日本人で、何れが支那人であるか、判然と区別が付くでありましやうか。

　私は屢々欧米を旅行致しましたが、その旅行中に日本人と間違へられたことは幾度あるか分かりません、貴国の人が私を見て日本人では無いかと尋ねるのみならず、支那人迄も私のことを日本人と間違へます、曽て布哇に参りました時に其他の日本人は私を日本人と思ひ、日本語で私に話を仕掛けました、又米国へ参りましたときの如きは支那人の商店へ買い物に行きました處が、やはり日本人と間違へられてその商店の支那人は英語でもつて私に問ひかけました、私は支那語でそれに答えました處が初めて私が支那人であると云ふことを発見して驚いて居りました。我々は斯様に深い人類的関係があるのみならず、私は此二十年来放浪の生活を送って参りましたが、その間支那に在住したことは甚だ稀で、之を日本に居りました時間に比べますると、却て日本に在住して居た時間の方が遥かに長いのであります、従て私から見ますると日本は真に第二の故郷でムいます、今晩も此席に諸君と相会して暢談するのは決して形式的応酬的に言辞を弄せんとするものではありません、又深遠なる理論、或は政治上の政策を提案するのではありません、謂はば私は自分の家庭から暫く離れて居りましたが、今度再び其家へ帰って来て、家族や親戚知己と一家團欒的に打ち解けて歓談するやうな気が致します、何卒その御續りで一家の内話として御聴取リを願ふ次第でムいます。

（二）　列強の圧力

東亞の形勢を見まするのに、文明若く文明に近き国で、世界的に其地位を認められて居るのはただ日支両国が存在して居る計りです、二国は現に東亞に存在はして居りまするが、此東亞の平和を維持し得る力を有してるのは唯だ日本のみであります、幸に日本は四十年以前に維新の大改革を行ひ、世界の大勢に鑑みて欧米各国の憲法と言はず、法律と言はず、政治、経済、実業、科学等所有方面に彼が長を取り、我の短を補ひ、大に其文明を輸入して其進歩を計りましたる結果、遂に今日の強国と成る迄発達して、日本の力で能く東洋の平和を維持することが出来るやうになりました。

四十年前に溯りまして世界の大勢を顧みますると、欧米各国の東洋に及ばす勢力と云ふものは今日の如く急迫して居りませんてした、故に日本は其時機を利用し、遂に彼の様な維新の大業をすることが出来たのであります、若し日本があの当時覚醒せず、支那と同じやうに今頃になって夢から醒め、国民が革新運動を起すやうであつたならば、思ふに東洋の天地は早く既に東洋人の有では無かつたのではないでしやうか。今日東洋に於ける列国の勢力と云ふものは頗る強烈なるものがあります。支那は其建国極めて古く、支那人は頑冥保守の風あり、其国勢は近頃に至つて腐敗の極に達しました、それが一昨年から昨年に掛けて漸く覚醒して、何千年来の古く且つ腐敗したる空氣を一掃せんことを企て、文物制度百般の改革を行ひ初めたので御座います、併し乍ら東洋に於ける列強の壓迫を思ふ時は、支那の昨今に於ける状態は決して満足な状態に在ると云ふことは出来ませんのみならず、私は却つて甚だ危険な状態に在ると思ひます。

私は度々欧米を旅行し、各国の人々とも相往来しました其人々の中には或は人道主義を唱へ、又世界の思想に富むものが中に多くありましたが、屢々私に向て支那は革命を要する、けれども其革命は成功が六づかしい、何となれば欧米列強は支那革命の紛乱に乗じて或は支那に干渉し、或は領土の占有を含て、或は特種の利権を奪取せんとするに相違ない、苦し列国が斯の如き態度に出たならば、支那は非常なる危険の地位に陥ることとなる、支那は其改善を行はんとならば革命以外に他の方法を案出せねば駄目であると忠告を辱ふしました。

（三）　土耳古と異る

　右のやうな西洋人の所説は至極尤もで、無論一応の傾聴を與ふる理由と根據とはムいますが、不幸にして私は之に封して耳を傾けることが出来ません、私は自ら信ずる通りに飽く迄も革命を遂行しなければならぬと一層其考を深く致しました。然らば何故革命主義の精神を固くしたか、それは私の心に一の大なる確信が横はつて居るからであります、亞細亞には支那が革命をなす場合に之を援助する所の大なる力がある、私の革命は必ず此の大なる力があつて援助して呉れるに相違ないと私は心から信じて居りましただから私は革命の為めに身命を惜しまないで努力したのであります、而して其東亞に於ける大なる力と云ふのは既ち日本帝国の存在してると云ふ事であります、日本なる大帝国、大強国は実に我々と同人種である、其文字は共通である、そうして二国は深い歴史的関係を有してる国でムいます、私は此大帝国の存在してる以上、此大帝国の力に依りて必ず革命を遂行し、以て東洋の平和を維持することが出来ると深く固い信念がありました、故に私は毫も躊躇することなく、一意専心革命の為めに働いた次第で御座います。

　亞細亞の西方には土耳古と云ふ国が御座います、此国も二三年前に革命を行ひましたが、其革命が成功致しましたにも拘らず、今は実に悲境の極に達して居います、然るに支那は最近土耳古と同じく革命を行ひましたが、きさか土耳古の徹は履まないだろうと自分は想像します、其故如何と云ふに亞細亞の東、支那の近隣には日本と云ふ強国がある、同文同種の親密なる與国があるけれども土耳古には日本に對比すべき強隣が存在して居ない、強隣は有りても土耳古の後援となるべき強国は無いのであります、是が支那の革命と土耳古の革命と相異る唯一の点で、此の如く亞細亞人が日本に信頼すると云ふ観念を持ってることは一大事実で、私の如きは二十年来此思想を有して居りましたが、遂機会を得ません為めに今日迄之を発表することが出来なかったのは大に遺憾とする次第で御座います。

（四） 同文会の设立趣旨

日本は四十年の昔に於て維新の大改革を行ひ、欧米の文明を輸入して国勢日に発達を来しましたが、東亞の形勢に顧みるときは御隣りに支那と云ふ国が在て眠つて居る、此支那が起たない以上日本一国では将来東洋の平和を保つに甚だ心細い、どうしても支那ヲシテ五十年の夢迷より眼を醒まさせて、世界的文明、世界の思想を注入し、四百餘洲大陸を保たしめ、日支両国は唇齒輪車の関係を以て互に親善提携を計らなければならぬと云ふやうな御考が一部の識者間に傳へらる？やうになりました、私が以前日本に参りました時は丁度故近衛公が同文会を設立せられんとする当時でムいましたが、同文会は全く此主旨に依って成立し、支那をして日本と同じやうな文明国として、四億の民をして平和と幸福とに浴せしめんと八方に御遊説なされ、御盡力なされた結果遂に同文会なるものが設立されて、今日に至る迄終始その御考で支那の為に御盡力なされて下すつたのは、私は始めから其主旨に賛成であるのみなず、深く感謝致す次第でムいます。

（五） 兄弟の误解

支那と日本とは丁度二人の兄弟のやうなものでムいます、處ガ此二人の兄弟は一方は非常に進取の氣象に富み、進歩的思想を有して盛んに文明的事業を計書して居られます、然るに他の一方は極めて保守主義で、其思想も腐敗してる、凡ての事をなすのに稍々もすれば横道へ計りそれやうとする、進歩の兄から見ると保守の弟が気の毒でたまらない、どうぞして弟の腐敗した状態を改善し、出来るなら両者提携を計り、益々富強を致そうと考へて色々工夫を疑らしまするが、偖て弟の方は一向に舊夢から醒めやうとしない、相變らず腐敗的思想に捕はれて兄の行動に毫も鑑みない、斯様な譯で一方は進ませやうとする、他方は進まないと云ふ状態が持續されて居る間に兄弟は何となく面白くない感情を起す、そこで誤解を生ずる、誤解は又誤解を生むと云ふことになって兄弟は段々と離隔し来って、最近の情勢は甚だ憂慮に耐えないやうな場合に立ち到りました。處ガ此懶惰なる支那モ一昨年當りから漸くに其非を語り初めました、自分等が世界の大勢からどれ程遠阪津てるかと云ふ事もやつと分りました、そこで初めて兄に倣つて維新的大革命を行ひ、政治に経済に所有改革をはなければ駄目だと悟るに至つたのでムいます、けれどもまだ夢から醒めた計りで革新の曙光は認めたもの？ 手や足は中々頭のやうに動かうとしない、身体は床の中で間で愚圖々々致して居るのでムいます、そう云ふ状態に在るのでムいますが、我々は今では等しく日本と云ふ国を何よりも頼もしい與国であると考へて居ります、脆弱なる支那の脚力は日本の援助に依つて初めて起つことが出来る、日本は何故早く手を取つて助けて呉れないのだらう、日本若し支那に封して明白に好意態度を取らんか、欧米列国はを見て憂慮の結果不平不満を云ふに至ると日本が心配してるのではあるまいか、又日本は是迄何處となく支那に忠告をした、然るに支那は毫も日本の忠告に耳を傾けなかつた、今度初めて支那は覚醒したと云ふも？ それは真実に醒めたのかどうか疑はしいと云ふやうな観念があるのでは無からうか、支那人は皆斯様に考へて居ります。

　處で支那は今度初めて夢から醒めた、けれども前申す通り其脚力は甚だ弱い、中々起つたり歩いたりすることが自由でない、然るにも拘はず、頭の中ではもう馳驅しやうと考へて居ります、是は人情止むを得ないと致しまして、支那は実際身体が衰弱して居るのでありますが、身体の衰弱してるものは得て神経過敏に陥り易いもので、支那もその例に漏れません、れが為めに若し或者が中傷離間の策を講ずる場合には一も二もなくそれを真に受ける、殊に新聞記事の如きは其著しき例で、色々な憶説や又は誤報等が遠慮なく支那新聞に掲載される、日本の方のやうに事実の識別や、論據の如何を判断する力は甚だ乏しい、それが為めに漢字新聞なぞには或は他の中傷的のもの、又は自ら憶測を逞くし

た議論なぞが発表される、日本人はそれを見て支那人は斯かかる思想を有する
かと思ひ、それを又日本へ伝へる、即ち誤解的支那人の考は又マ日本人が誤解
して仕舞ふと云ふことになるのであります。

（六）同心協力の時代

　畢竟するに亞細亞は亞細亞人の亞細亞である、日支両国の人は相る上に猜疑
ガあつてはならぬ、のみならず妄りに他邦人の説を軽信して他を誣ゆるが如き
は断じて避けなければならぬのであります、亞細亞の平和は亞細亞人が保たな
ければならぬ義務があります、殊に日支両国は相提携して行かなければなりま
せん、支那は目下の處平和を保つ丈けの実力が備はつて居りません、従つて日
本の責任は非常に重くなりますが、出来る丈け支那の保育を計り、支那と提
携することを特に希望する次第でムいます、是は獨り私の希望では無く、恐く
は全支那人の熱心に希望する處であろうと存じます。亞細亞は我々の一家でム
います、一家の中で日本と支那は兄弟であります、若し此二人の兄弟がお互い
に仲が悪いやうなことがあるとしますれば、亞細亞なる一家は到底其平和を保
つことが出来ないのでムいます、日本は亞細亞に於ける最強の国、支那は又東
方最大の国であります、此二国が相提携するやうになりますれば、東洋の平和、
従て亦世界の平和は容易に保たれること？信じて疑ひません。

　然らば両国は如何にして親善を計り、提携の機運を進むべきかと申しまする
のに、此二人の兄弟は互に其心を知り合ふと云ふことが最も必要なこと？存じ
ます、兄の方が弟の方の心を解し弟の方が兄の心を察する、そして御互に心底
を明了にすると云ふ時代が来りますれば、期せずして親密となり、又相提携す
るやうになるだろうと存じます、今日では日支両国は御互に意思の疎通が充分
で無い、従て両方とも如何なる政策を以て進むべきかさつぱり分からない、そ
こでもつて或は他の第三者に耳を傾けると云ふやうになる、誠に遺憾千万の状
態と云はなければなりません、私は今度貴国に来遊しました處が、沿道に於て
私の目に見、耳に聞いた處、凡ての日本人は東洋の平和を切念し、我支那を愛
して居らる？と云ふことが明了になりました、私は帰国の後は必ず此の日本人

士の好意を国民に傳へたいと思ふて居ります。

　今晚は此盛大なる歓迎会に御招待を蒙り、私が平素から抱懐して居る所の一端を御話することが出来たのは私の最も愉快とする處で御座います、願くば今後共両国人は可成心で思つてることを披歴して、互に意思の疎通を計り、亞細亞を以て自分の家であると思ひ、日支両兄弟は第一に親情を加へ、互いに同心協力を旨とし、依て以て東洋の平和を保ちたいものと切に希望致す次第で御座います。(文責在記者)

東京『支那』第四卷第五號、大正二年三月一日發行

孫逸仙の演説

　十五日華族會館に於ける東亞同文會歡迎會席上清浦副會頭の歡迎文に對する答辭左の如し

　諸君今夕御厚情に預り腹心を吐露することを得るは予の最も光榮とする所なり若し此に歐米人あり今夕の光景を見るものあらんには何れが日本人にして何れが支那人なるかを辨識し得ざるべし予の歐米諸國を旅行するや彼の國の人士より貴國人なりと誤認せられたるは勿論我が邦人より斯く誤認せられたること少なからず予は二十餘年の久しき貴國に居住し往來し眞に貴國を以て第二の故郷と思惟し居れり從つて諸君と暢談するは家居して家人と？語するの感あり今夕の談話は一家内の談話として聽取せられんことを予の希望して已まざる所なり方今東洋に國を樹つるものは貴國と支那とあるのみ而して東亞の平和を維持するの力あるものは貴國を然りと爲す貴國は四十餘年前進步の方針を取り歐米の文物を輸入し諸制度を新にしたるが爲世界有數の強國となり能く東亞の平和を維持し得らるゝも若し不幸にして四十餘年前に於ける歐米諸國の東洋に及ぼす勢力をして今日の如く偉大ならしむれば東洋諸國は最早黃人種の有にあらざりしならん我が國は諸君の熟知せらるゝ如く守舊の國として有名なりしが昨年に及び始めて數千年來の舊習を打破し革命事業を成就するを得たるも？業の常

として國步艱難世人より危險の？態にありと觀測せられつゝあり予が往年歐米
諸國を周遊するや彼の土の有識者は支那の革命は偶歐米諸國干涉の端を開き土
地を割かれ權利を奪はるべしと爲し深く予が革命に從事することを諫止したり
而も予が斷然革命に從事したるものは予を援助し革命事業を成就せしむるもの
あることを信じたればなり乃ち予は日本帝國の強兵と信義とに依賴し革命事業
に從事するも歐米諸國の爲瓜分せらるゝの虞なきことを信じ熱心此の事に從事
し幸に當初の目的を貫徹することを得たり

　　土耳其國は三年前我が國と同じく大革命を成就し歐洲諸國をして感歎措く能
はざらしめたり而も今日の如き大悲境に陷りたり是れ土耳其の近隣の同文同種
の強國が土耳其を援助するものなければなり今支那は大革命を成就したるも土
耳其の覆轍を履まざるを得るものは實に貴國の熱誠なる後援あるに因る是れ予
の感謝措く能はざる所今夕の宴席を利用し腹心を吐露し得るは予の最も光榮と
する所なり冀くは今後貴國の援助に依り貴國の維新に從ひ東洋の強國となり貴
國と提携して歐米諸國の侵略を防ぎ東洋をして東洋人の東洋たらしむることを
得ん予の今？貴國に來遊するや沿道到る所官民上下の歡迎を受け京に入るに及
び又諸君の御厚情に依り盛大なる宴を賜ふ誠に感謝の辭を知らず竊に思ふに予
菲才を以て國事に奔走し歐米に流離し貴國を訪づること實に十數？貴國の人士
進んで予を指導せらる貴國は實に予の第二の故鄕にして貴國の人士は更に予の
良師友なり今や弊國政治改革の功成れりと雖も國力未だ充實せず民智未だ進步
せず貴國人士の援助に竢つもの實に多し昔弊國危急の秋に方り中國保全を主張
せるものは東亞同文會にして前會長故近衛公、現會長鍋島侯及び會員諸君は皆
熱誠に東亞の幸福を圖る爲に盡瘁せられたり謹みて中華民國の國民を代表し最
誠の敬意を表し兼て貴會永久の發達を祝す

　　　　　　　　　　　　　　大正二年二月十七日『大阪朝日新聞』（一）

祖國の革命

孫逸仙

　　隣邦の偉傑中山孫先生去月中旬突如として東都に現はる、依て都下各大學の有志中國留學生諸兄と相謀つて歡迎の會を催し築地精養軒樓上に集る者無慮四百日華學生相半ばす、來賓としては胡瑛大人を始め中華の諸名士數氏、本邦の人としては頭山森村兩翁あり新渡戸副島の兩博士あり加ふるに宮崎滔天以下數名の憂國の士等雲集す、寸暇さへ無き多忙の時を割きて我が敬愛せる珍客孫大人約二時間に？ つて革命を論ず一言半句皆吾人の肺肝を刺す、增して其雄辯其態度其眉目滿塲を熱狂せしむるに於てをや、惜しむらくは吾人同人の手落より速記を用意せざりしにより先生の演說を漏なく世人に傳え得ざりし事を、而して滯京日淺きを以て先生の言に接する者甚少なく其名論世人に多く傳ふる能はず、今雄辯社の委囑により予が當時の印象と記憶とに賴りて偉人の言を傳へむと欲す、元より誤謬欠缺無きを保せず讀者乞ふ之を諒せよ（法科大學々生中村泰治）。

　　日華兩國靑年諸君、今夕は思ひ懸け無きお招きに預り諸君と接するの榮を得たるは予の深く悅ぶ所で有ります、此好意に對し吾輩の報ゐむと欲する者は諸君に對し如何にして中華民國の革命が成し果げられしやを詐なく御報告致す事であります。

　　諸君淸國の革命は何人の手によつて成されたか又如何にして革命に着手せしや、更に何故に革命を爲さゞるべからざりしか是予が云はしむとする主要部分であります。

第一、予は如何にして革命を爲す決心を爲せるや

我が中國は由來東洋文明の元泉である、孔子の國であり、孟子の國であり老

子莊子の國である、其昔に於ては天下唯支那あるのみ他は總て野蠻國なりと看做せる程夫れ程文明も盛に且武力も強かつたのである、? 史を尋ねれば隋唐の世に在つては失禮ながら貴國より留學生の來るあり貴國の制度文物一として我制度文物に寄らざるは無かつたのである、然るに時勢の進步と共に泰西の文物東洋の天地に及んでより貴國は封建の夢より醒めて彼の有名なる明治の維新をなし爾來非常なる速度を以て世界文明を吸收せられ東洋の覇者たるのみならず世界の一等國の中に列せらるるに反し我國は尚往古の夢より醒めず、依然として自己の大なるを誇り天下第一を以て自ら任じ中國を除いて他に文明國有るを知らざる? 態に在つた、而し貴國に遊學せる我靑年又は西洋文明國に派遣せられたる留學生は少くとも祖國の幼稚にして非文明なるを感ぜぬ者は無かつたのである、予も亦當時貴國に遊び貴國の進步を見其然る所以を探知し貴國の? 史を研究せる時に當り貴國の今日あるは維新の事業ありしに基因するなる點に注目して以來、翻つて我國の? 態を見たる時予は痛切に革命の必要を感じたのである、

第二、革命の旗擧げ

而して予が單身同志を率ゐて革命の呼を爲したるは恰も我國が貴國に敗れたる貴國の明治廿八年の暮の事である、中日戰爭は我國民として實に自己を知らしむる最良き藥で有つた、何となれば甚だ露骨なる言なれど同戰爭以前迄は貴國の勢力は我國民の眼中には無かつたのである否豈貴國のみならむや總ての諸國と雖も自尊誇大の我國民は恐るゝ所では無かつたのである、之吾國民性の欠點たるのみならず諸外國と雖も尚旦〔且〕斯く信ぜし者少くない而し結果は想像に反して我兵は連戰連敗何等の權威も無きに到つた此處に於てか淸國は上下共に其自己の力を余り多く買ひ冠りし事に注意し自尊の夢より醒めたるを期として予は漢〔廣〕東に兵を擧げたるのである、而し時運未だ至らざる爲か遂に目的を達する能はず爾後幾度か兵を擧げたりしと雖も天未だ吾に利せずして其度每に非常なる迫害と非常なる危險とに遭遇して遂に今日に及んだのである、

而し諸君記臆〔憶〕せよ、敗れたる叛旗は年と共に勢力を得戦ふ毎に敗るゝ毎に革命思想を全國に普及し助長せしめたる事を。

第三、何人が革命を成就せしや

諸君斯の如くにして今日の革命は成就せられしと雖も之果して何人の力ぞ、予一人の力によりて決して成功せしに非ず否十人や廿人の英雄の手を待つと雖も革命は成し遂げ得らるゝものに非ず、然らば何人の力が其原動力と成りしやと云ふに之實に貴國に留學し貴國の文物を吸收せる我留學生諸君の手によつて成されたのである、而して其後援には實に貴國の正義を愛する士が幾多盡力せられた事を忘れては成らぬ、予は中華民國の今日有るを思ふ毎に實に貴國に負ふ所大なるを深く感謝せざるを得ぬと同時に將來に向つても又貴國に負ふ所甚大なるを信じて疑はぬのである、而して予の今？貴國を訪問せるも其所以此處に存するのである。

第四、支那の國柄

貴國は萬世一系の皇室を戴き廣き意味に於ける血族關係より成る國體であるに反して我國は諸君も知らるゝ通り常に強者專橫の國柄である、一英雄國を併吞し更に他の豪傑現はれて之を破り其度毎に國土人民は戰亂の犠牲に供せられ上下爭鬪を是事として居たのである、故に我國をして安寧なる地位に置き民を平和に治めむ爲には此強者專橫僭主政權爭奪の？態を止むるにある、故に貴國に君主制が必要なる如く我國には共和制が必要なのである、共和政治の下に於ては最早一英雄の現るゝ毎に國内を爭亂せしむる不祥事を現出せず、何人と雖も其技能才幹によつて大統領たり高位高官たるを得るのである、國内相爭ふなる事は文明時代の甚だ嫌ふべき事實である、内能く治まつて然る後外他國に對抗し得るのである、中國が何時迄も舊來の國情に滿足するならばそは順て國家を滅亡せしめて外人の手に委するのである、此故に共和政府を建つる事は我國

に取つての最も急務であつたと云はねばならぬ、

第五、我革命の性質

　斯の如くなる故革命が必要なのである諸外國に於ける革命には宗教上のもの
あり經濟上のものあり血統上の爭より革命を爲せるありと雖も我革命は斯る意
味に於ける革命に非ずして國家存立の必要に迫られたる革命である。而して今?
の革命たるや國民總ての叫である又容〔要〕求である、されば革命の聲一度起
るや天下到る所之に和し之を贊し流血敢て辭せざるの奮鬪を爲したではないか、

第六、結論

　支那は最早昔日の支那では無い醒めたる支那新たなる中華民國である、而し
て東洋に於て國家らしき國家は貴國と我國あるのみである吾人が爲すべき事に
將來尚多々ありと雖も幸に先進國たる又友情深き隣國なる貴國と相締〔提〕携
し否指導を受けて東洋平和の爲に增々努力せむ事を誓ふのである。（完）

東京『雄辯』第四卷第四號（四月特別號）、大正二年四月發行

基督敎徒歡迎會に於ける孫逸仙氏の演説

　世界人類の希望は平和其物也。基督敎の理想は平和にして基督の生れし日は
平和の發現なりと聖書に誌せり。支那の古聖人も其理想は平和にありき。而し
て之れは單に基督敎のみならず、又古聖者のみならず、今日宗敎、學術事業に
携はる者の皆要求し理想する所也。

　今日世界の進步は一瀉千里の勢を以て進みつゝあり、而して最近百年の進步
は誠に甚しきものにて、數千年間の進步よりも最近一世紀間の進步こそ著しき
ものなり。往古の文明は個々獨立なりしも近世文明は統一的にして歐洲より米

國に、米國より日本に而して日本より支那に及びつゝあり。我國は今日未發達
の國なるが、然も世界の最古國なり。

　今日世界の大勢を見るに各國は各々希望し要求する所異なるを以て、其理想
とする平和は、世界人類の思想を平等にし統一せざれば之を望む能はず。之れ
一國が世界の文明に遲るは單に其國のためのみならず世界文明の妨害たる所以
也。支那は進歩せざるのみならず寧ろ退歩せり。故に我國は實に世界の文明を
阻碍するなきかの感なくんばあらず、之により之を見れば今日支那の改革は單
に支那の政治、教育、文明の改革と云ふに止らず、引いては世界の平和を増進
し保全するにあり、我國は？　史古く、土地廣く、人口多し。而して我國は歐洲
諸國が野蠻なりし時代に？　に文明國たりしが、今日は退歩して、世界文明の殿
にまで座するに至れり。之吾人の感慨にたへざる所也。余は確信す、世界の國
々中尤も平和的の民族は支那國民なりと。何を以てか之を云ふ。彼の革命を見
よ、各國の革命たるや大なる戰爭をなし、悲惨なる流血をなして辛ふじて之を
成就せり。然るに我國の革命は殆んど刃に血塗らずして之を贏ち得たり。斯く
易々として社會的平和が到來せるは世界の？　史に其比を見ざる所ろ、之れ余が
我國民は平和を愛好する國民と云ふ所以也。

　斯の如く我國民は平和を愛し、戰爭に反對する國民なり。今日世界の大勢に
徵するに諸文明國は平和を要望するも、其實は平和の到來は中々困難にして、
戰爭は殆んどやむ時なく、最近五年間の形勢を見るに、戰爭の熄みし日は殆ん
どなき有様なり。斯くてはいかに物質文明發達するも眞の文明は仲々來らざる
也。然れども今日の塲合にては戰爭は止むを得ざるものゝ如く、世界各國は互
に他國の武力的壓迫を防ぐ爲に武備をなすは、姑息ながら之れ一面世界の平和
の手段たるが如し。されど武装的平和が眞個の平和にあらざるは云ふを要せず。
吾人は眞に世界的平和を來すために、此一時的平和を避けて眞個の平和を企圖
せざるべからず、夫れ世界の文明は何處より出でしか。世界文明中亞細亞文明
より古きものはなし、之れ？　史上の事實也。然も此の文明は干戈的文明、葛藤
的文明にして、眞に人類のための文明にあらざりき。今後の文明は前述の如き
平和的文明ならざる可らず。此將來の幸福を増進すべき眞文明を世界に來すは

吾人亞細亞人の報償的責任と云ふべし。吾人の革命事業は唯一個の野心よりにあらず、國力を增し他國の侵畧を防ぐためにもあらず、實に政治、教育、宗教事業を改良し、少〔小〕にしては支那民族の福祉を圖り大にしては世界人類の平和を增進するこそ其目的なり。我國に於て、前の時代は信敎の自由なく、基督敎を信ぜんと欲せば他國條約之の保護によらざるべからざる次第なり。然るに今や先づ之に重きを置き、革命成功の劈頭に於て信敎の自由を宣言せり。

　今日我等は革命を成就したるが、成すことはやすくして、之を保持するは難し、我等の微力にてはとても世界の平和は之を成就すべきにあらず。世界の平和は世界各國の協同事業也。世界文明諸國の中我國と尤も接近せるは云ふまでもなく貴國なり。されば東洋の平和、引いては世界の平和を完成するには貴國と提携せざるべからず。今日余等は兩國の各方面に從事する人士が、區々たる感情を以て眞に東洋の文明と云ふ事に着目せんことを希望す。世界の大勢を見れば世界は黃色人種と白色人種とに二分せられ居るは掩ふべからざる事實也。將來の平和は此二人種の上にかゝれり。然るに此二人種は動もすれば相衝突し相嫉視するの傾向あるは世界到る處の事實也。此際に當り我等兩國が眞に協力一致して世界の平和を標榜して立たば白色人種と雖も之に背かざるや火を見るよりも瞭かなり。今日兩國が此大目的に向つて突進するは天賦の職責と云ふべく、茲に兩國が一致團結して、東亞の文明を圖かり以て世界人類のために貢獻せんか。白人種は雙手をあげて吾人を歡迎せん。之れ兩國靑年の義務責任也。余は此千戴〔載〕の好機會に際し、兩國靑年が主義、精神、目的、信仰を一にし、此光榮ある事業に當られんことを望むや切なり。

孫逸仙氏一行歡迎會

　東京靑年會の主催にて來朝中なる孫文氏一行の歡迎會を去二十三日午後二時より靑年會館にて開催せり。山本邦之助氏の司會にて開會、小松主事の聖聖〔書〕朗讀、杉原成義氏の祈？あり。夫れより小崎弘道氏の叮鄭なる歡迎の辭あり。佐藤女史の獨唱の後、根木正氏水戶光岡鄕の大日本史より說き起し、日本の中華國に負ふ處多きを語り丸山傳太郎氏は支那傳道に自己が獻身せし經？
談を初めとし、日本人の支那に對する職責、一昨年革命當時の盡力談などをせ
られ、押川方義氏は堂々たる態度と雄辯とを以て、滿腔の誠意披瀝し、日本人
が中華民族四億萬の民と共に握手提携して東洋のため世界のため盡瘁すべきを
激励せられ尚又。兩國クリスチャンの覺悟を説かれたるが、言々句々人の肺肝
に徹するものあり。邦語を解せざる孫氏も太く滿足の態にみゑたりき。最後に
孫氏は滿堂の喝采に迎へられて壇に進み、譯者を通じて大要別項の演説をなし
たるが態度の悠揚迫らずして、語る處の道理明白、流石は一國精神の指す者た
る思はしめたり。孫氏の演説終りて、次に胡瑛氏の簡單なる挨拶あり、野光氏
の祝？を以て五時散會し、有志は別室にて靑年會より茶菓の立食の饗に接し散
會せしは六時なり。

大正二年二月二十七日東京『基督敎世界』（七）

支那革命と日本と早稻田大學と

孫逸仙

　左は二月廿五日午後總長大隈伯邸に於ける、孫逸仙氏の歡迎會席上大隈伯歡
迎の辭に對する孫氏の演説なり。因に大隈伯の演説の要旨は左の如し。

　　孫先生と予は廿年來の舊友なり、先生は多年革命思想普及のため具さに
艱難を嘗め、滿州政府の迫害に因て歐米に？れ、深く其文明に學び、故國
の革命に就ては常に多大の努力を拂ひ、遂に一昨年突如として革命戰を擧
げ、衰へたりと雖も三百年の礎堅き滿朝政府を倒し、秕政に泣ける不幸の
民を塗炭の苦より救ひ、腐敗墮落の國を復活せしめて中華民國を樹てたる
は、其民衆の爲のみならず世界平和の爲に感謝の意を表せざるをべからず。
吾輩亦た四十年前は孫氏と同じ境遇に沈淪せり、隨て孫氏の勞苦を偲ぶに
自己の經驗より推して同情殊に深甚なるものあり。我が日本は支那より一
步早く覺醒せりとは雖も、未だ法治國の憲法運用等に至りては其道德知識
不充分にして彼此五十步百步の相違のみ、想へ全世界は白人の支配下にあ

るにあらずや、白人以外に人なく、白人以外に國なく、白人以外に道德なき觀あるに非ずや。然れど支那古代の王道思想は、彼の希臘、羅馬の思想に勝りて雄大なり、是れ直ちに世界を支配し得べき大思想にして、我が日本また同種同文の關係より王道思想の浴化を受く、爰に於て今後の中日相結んだる大民族は歐州の思想と堂々拮抗し得るは云ふを俟たず、併し誤解する莫れ、歐洲の壓迫に耐へずして其の文明を拒否するにあらず、飽迄彼の文明を吸收し、之を吾が雄大なる王道思想を以て支配せよといふなり。……今？　孫逸仙氏の來遊は之を東洋の平和否な世界の大局より見て喜ぶ所なり云々。

　　今日は大隈伯の御招待を受けまして、早稻田大學の諸先生及び同仁會の諸先生と一堂に會することを得たるは誠に喜びに堪へない所であります。此度我國の政治上の改革については、此大なる改革が何れ如何なる所から生じたのであるかといふに、之れは我國の財政上の困難、自由の壓迫を受けた所の人民が、全國の人民の利益を保有しようと思へば、どうしても内國の政治を改革しなければならぬと云ふ思想から出たのでございます。我國は近く數十年來政治上外交上に非常な困難が生じて來た。而して内政は全く頽廢して居りましたが、併し我々先輩たる所の人は、自分の國の政治が惡い政治である、腐敗したる政治です〔あ〕る、政治上社會上總べて腐敗して居ると云ふことを知らなかつたのではない、さう云ふ先輩の人々は十分知つては居るが、只それを改革しそれを維新しようと云ふ決心がなかつたから、只悲觀的の態度になつて居たのである。即ち自分の國の政治が腐敗して居るからそれに對して非常に悲觀的にのみなつて、それを改革するについて力を入れる人が少ないやうになつて居つた。併し近き二十年以來我國の人民が愈々外國に留學することになりまして、初めの内は米國の方に澤山參りましたが、其時はまだ外國の文明及び學問を理解する力が自分にないので、さう云ふ米國の方に行つた學生は、大抵失敗で歸りましたのであります。而して其後に始めて貴國に留學することが生じて來まして、澤山の靑年子弟が貴國に於て各方面の學を習得するやうになつた。一時其留學生

の多い時は二萬人以上にも達しました。而して此學生達の一番澤山に這入りま
したのは即ち早稲田大學であります。此澤山の學生は我國の内地の一ケ所から
來たのでは聞〔無〕くして、各地方即ち全國到る所から來て居るから、それら
の學生が歸つて全國到る所に日本の思想及び日本の維新當時の事業に依つて大
なる感化を受け、それに依つて自覺した所を以て初めて自國の改革を促し來た
のであります。

　今日我國の革命は成功致しました。我國の改革は？に出來上りました。併し
今日の改革は即ち日本の思想及び日本の教育を受けてから初めて成功を見たの
であります。併しながらこの成功は一時的の破壊事業に成功したまでゝあつて、
今後は建設の上に十分の力を入れなければならぬのであります。更に一層大な
る力を入れ自國の建設に從事せねばならぬのであります。而して此度の破壊は
貴國の思想に依つて出來たのでありますから、今後建設に付いても貴國の思想、
貴國の厚意及び各方面の力に依りて始めてその完全を見ると信ずるのでありま
す。今日以前私が南京の方に居りました時分に、南京政府は寺尾先生及び副島
先生を聘しまして、各方面の政治法律のことに力をかりまして之れを整頓する
ことに盡力致しましたが、今度は北京の方に尚ほ有賀博士を我國政府の顧問に
聘しましたが、今後我國の政治及び法律上の進歩を圖ることについては、深く
有賀先生に希望する所が多く、其力に俟つ所非常に大なるものであらうと信ず
るのであります。今日我國の各方面に活動して居る人々の中に最も有力なるは
早稲田大學出身の人が多いのでありますが、此點に付きましても私は早稲田大
學に對しまして深く感謝して居るのでございます。今日機會を得まして諸君と
話を致し、又大隈伯の高話を聞きましたのは實に私の感謝に堪へない所で、こ
ゝに謹んで大隈伯及び寺尾博士、副島博士、有賀博士、並に早稲田大學教授諸
君、同仁會諸君の厚意を謝し、且つ幸福を祝します。

東京『早稲田講演』第三卷第四號、大正二年四月一日發行

孫氏入洛

　▲孫氏歡迎會　在京支那留學生六十餘名は午後四時半より京都府立圖書館三階陳列場に於て孫氏歡迎會を開けり、門前には日中兩國旗を交叉し會場には草花を美々しく飾りたり一行は西本願寺より來着するや貴賓室に入り小憩、此の間に重立ちたる留學生に面會し次で孫氏一行は歡迎會場に入れり、理工科大學留學生の張? 惠氏は起ちて一場の歡迎の辭を述べ拍手喝采の裡に孫氏は演壇に進み通譯を用ひず大略左の如き演説を試みたり

　　滿洲朝廷の存續せる間は我々は何等の希望もなく臥薪嘗膽四方に流浪して只管に光蔭を費したるが我々多年の目的は漸く成りて今や滿洲朝廷を根本より破壞し中華民國は茲に建設せらるゝに至りたり、這は我等相互に慶賀すべきものなりと雖も這は中華民國に取りて漸く第一の進步階段に過ぎず、中華民國の建設は今日以後にあり、破壞よりは建設の方餘程困難にして我等の責任は重大となれり、人智は中華民國のために此の際最も必要なるものとなれり、學生たる諸君の責任も亦重大なり、一國には其の國を思はざる民なしと雖も中華民國にありては最も智識あり、前途多望なる諸君に期待する所大なれば諸氏は宜しく此の點に留意し智識を廣く世界に求めて中華民國の實を發揮せざるべからず、諸君の責任は實に大なり

　と述べて一同を鞭撻し次で隨行の馬君武氏は久しく京都に留學せし人なれば起ちて一場の演説を試み次で宮崎滔天氏も留學生に對し一場の訓示を述べ一同記念の撮影をなしたる上別室に入り小餐を共にし六時前京都商業會議所の發起にかかる歡迎會場に到れり

1913 年 3 月 10 日『大阪朝日新聞』（二）

孫氏の演説

九日夜京都ホテルの歡迎會に於ける孫文氏の演説左の如し

　　諸君、本夕京都市の有力の諸君の御請待を被り今卓を共にし互に胸襟を開きて談話を交換し得たるは誠に光榮とする所なり今濱岡會頭の話を承はりしに全く自己の抱負と同一なり抑も余が今？　來遊せし目的は二なり其の一は舊友を訪問する事之れは我中華民國の政治上の改革に大なる援助を與へられしを謝し尚我國の改革に助力を與へられしことを謝すること、其の二は舊友以外に各階級人種と交らんとするにあり舊友諸君の我國に對し政治上の大助力を與へられしは一國の爲に正義人道の爲になるは勿論にして此は大に中華民國の感謝する所なり今日の所にては政治上の改革をなし遂げしも未だ根本的なる建國の目的を達せず此の問題は一國の問題にあらず日中兩國の問題にもあらず實は東洋に於ける大問題なり

▲實業上の發達は一國の關係に止まらずして全世界の國民に密接の關係を有し我國の將來を慮り東洋及び世界の進步を謀らんとするには此の實業の發達を期せざるべからず然れども我國今日の？　態は先づ實業上の妨碍を削除するにありて此は貴國の力を藉らざれば到底成就し能はざるなり

▲我國の土地は大に人口は多く物産の數も多數なるは人の知る所然れども蒙古新疆の如きは未だ交通の開けざる爲其の豐穰なることを知らず是れ全く政治上の妨碍なりしが爲にして今？　我國が政治的改革を斷行し人心一變し茲に事業勃興をなさんとする志なりと雖も各方面の經驗と學問に乏しく此の大事業に資する知識を有せざるは遺憾にして外國の力を借らざれば四百餘州の富源を開發せられざるべし幸ひ日本帝國は？　史上我國と密接なる干係を有するのみならず同種同文の國なれば貴國の力を借らざれば到底我國の開發は期する能はず剩さへ貴國は東國の先進國なれば何卒我手を執りて實業の發達に大なる援助を與へられんことを希望す

　　▲政治の改革を爲すは其の範圍一國内に限らるべきも實業上の事は一國のみにては到底進歩發達するものにあらず古への米國は歐洲人に頼りて開發せられ今日の富強なる米國を生じ歐洲は其の餘りの發達に聊か恐怖の念を抱けるに至れるも這は全く誤解にして米國の富強は世界公共の富強なり我國實業界の消長も亦た然り

　　▲貴國と我國とは先きにも述べたる如く隣邦にして實業上の關係も甚だ大なれば何卒兩國民は互に胸襟を開きて意志を疏通し實業上の聯絡を謀り相提帶するに至らば東洋否な世界の平和は期して竢べし

　　▲今日我國實業上の妨碍を取り去ることは緊要の事にして其の妨碍たるや次の四點なりとす第一、交通の不便を除く事第二、貨幣制度の不統一を矯正して統一を謀る事第三？制の不整理を調節する事第四、條約上の妨碍を除却する事此の第四の問題なるや實に現條約にては實業發達上至大の妨碍を爲すは勿論全國の自由行動を妨碍す、即ち日中兩國が相提携するにしても日本人に或る特權を與ふるにしても今日にては利益均等主義なるに依り他の外國にも日本人に與へしと同一の特權を附與せざるべからず此は誠に遺憾の事にして且て貴國が條約改正の際人心一致して内閣を轉覆したるが如きを見ても其の重大なるを知るべく當時余は察すべく此の人心の一致は貴國が實業を發達せしめんが爲に條約改正を内閣に斷行せしめしものなりしと而して將來我國の實業發達を謀らんとするには貴國の力を借らざるべからず而して東洋平和世界の平和の爲には是非とも日中兩國の共同一致を必要とす今夕此の佳會に臨み一言自己の抱負を述べて同情ある諸君の援助を乞ふ次第なり

1913 年 3 月 10 日『大阪朝日新聞』（二）

孫逸仙氏來る

　▲ホテルの歡迎會　かくて午後六時より官民有志合同の歡迎宴をホテルに開く午後七時に劉〔嚠〕亮たる陸軍軍樂隊の樂の音起りて食堂開かる主賓孫氏以下十氏正面に着席す宴半にして肝付市長歡迎會發起人總代として歡迎の辭を朗讀し一同乾杯して一行の健康を祈る次いで立ちし孫逸仙氏は戴天仇の通譯にて大要左の如く演説せり

　　今夕大阪市各階級を網羅せる盛大なる歡迎を受け席上諸君と食卓を共にするは無上の光榮とする處、此度日本に來りて長崎より東京に至り官民上下の熱心なる歡迎を受くる事晝夜を分たず思ふに之れ日本人諸君が東亞の大局を保持し日華兩國の提携を事實に於て證明するものに非ずや抑東亞の大勢を見るに單に以前の中國と言はず東亞の各國をして今日迄存在せしめしは一に日本の力に依る偶今? の來遊に際してこの感を深くするもの多し、余や年少故國を去つて外國を漫遊する中日本に在住する事最久し、從つて日本人の各階級と交りて日本が如何に平和を愛し東亞の大局を保ち且つ東亞の諸國をして其位地を維持せしめしかを知る然るに一度歸國すれば民國人中の一小部分は未だ日本の眞意を諒解せず從つて日本を信賴せざるが如し余は深く日本を信ずるもの? へず機會を得る毎にこれ等の人々を説くに日本を信賴すべきを以てす思ふにこの原因は民國人が世界の大勢を解せざると又日本の少數人士の言説が民國人を刺激せしものゝ如しされば余は多くの舊友を訪ひて余の意のある處を傳へ且つ余の希望を確かめんが爲めに日本に來りしなり日本に來りて以來余の見聞する處悉く日華の提携を計らんとせざるはなく兩國の融和提携期して待つべし、更に根本的に實業上の提携迄も所期すべくこは大阪市民のみならず日本全體の意向と思惟するは誤なきものゝ如しかくして從來少數人士の誤解も冰解せん余は歸國後更に聲を大にして日本人の眞意を傳へ將來の連結提携を計らんとす、今や民國は政治上の改革を斷行せしも根本たるべき實業の發達極めて幼稚なり、故に勤めて外資の流入を圖らんとすされど資本は必ずしも現金に限らず實業上の力及び用ふべき器械の發達を計るも緊要事に屬す、日本は實業發達し制度完美せるもたゞ民國の事情に至つては解せざる所尚ほ多く民國が日本に對して何を要求せりやを解せざるものゝ如し、今夕の諸君は大阪の有力なる殊に實業界の有力者なり、然して大阪は實業上の中心にして當地より支那へ輸出せらるゝもの極めて多し、されどそは重に消費品にして生産用の器械に非ず、將來民國人が實業の發達を計るに際し生産的器械を必要とする事益增加すべきは疑を容れず願くば日本より多數の生産品を民國に供給せよ、かくして兩國の實業益々相對して發達すべく此の點に於て特に大阪の商工業者に希望する處大なり云々

とかくて主客歡を盡して散會したるは午後九時三十分なり因に當日の來賓者は住友男、大久保知事、肝付市長を始め市内の各官公吏、商業會議所議員、市會議員、各實業家、市内の重なる商工組合長等二百餘名なり

1913 年 3 月 11 日『大阪朝日新聞』（三）

大阪基督教徒の孫逸仙氏歡迎演説會

去十日來阪せる孫氏一行は官民上下の日夜間斷なき歡迎に忙殺されあるに拘らず、大阪基督教徒の招待に應じ十一日午後四時半より六時迄の時間を特に其爲めに割きて靑年會館に於ける盛大なる歡迎會に臨めり、定刻二臺の自働車に分乘せる一行は會場に着し少憩の後ち日華兩國旗を交叉し美しく裝飾されたる演壇上の人となる。名出牧師の司會にて長田牧師の祈？及びプール、ウヰルミナ兩女學校生徒の讚美歌合唱あり、次に宮川牧師起つて大阪基督教徒を代表して歡迎の演説をなす、氏は歡迎の理由三個條を擧げて曰く、第一にイエスキリストは亞細【亞】人なり今や基督教は歐米を経て東亞に入り中華民國にも多數の信者起り中にも孫先生の如き活眼達識の基督者ありて民心を指導せらる是れ

日本の同教者たる吾人の歓迎する理由の一、第二に今日の中華民國は孫先生の唱へし民主主義の勝利の結果なり、今や大正の日本にも民主思想の勃興と精神的革命の氣運到來せり、此時に於て先生を迎ふ是れの理由の二、而して第三に孫氏の唱導する大亞細亞主義は日華兩國の提携、唇齒相依の關係によりて初めて實現せらる、孫先生の來遊は兩國前途の親善に大益あらん是れ理由の三、此三理由により吾人は啻に中國の偉人としてにあらず主に在る兄弟神の子の一人として先生を歓迎すと。オルチン氏の獨唱の後ち孫氏はやをら其金鐡の如き身を起し載〔戴〕天仇氏の通譯を以て大畧左の如き演説をなせり

　　余は斯く盛大なる基督教信者及び青年會員の歓迎を受け互に意見を交換する機會を得たるを無上の光榮とす基督教青年會は基督の正義人道博愛の精神に基き設立されたる者にして初め歐米に起りしが今や貴國にも我中國にも次第に隆盛とならんとす。想ふに往昔野蠻の時代には個人間にも未だ充分の道德起らざりしが文明の今日個人間には稍や道德の行はるゝあるも、文明の程度尚ほ優劣あるが故に國際的には未だ個人間に於ける如き道德の行はるゝを見ず。此時に際して獨り正義人道を重ずる基督教のあるあり。全世界の平和を増進し正義の觀念を鼓吹する多大の力を有す。且つ今日文明の學説も亦多く基督教に胚胎す、又慈善、教育、社會の事業に於ては青年會の貢獻甚だ多し。青年會は單り青年個人の道德を進むるのみならず、世界的精神と平和的思想を以て全世界を融和する上に於て寄與する所大なるべし。本日幸ひに米〔貴〕國の兄弟姉妹と交歓するに當り余は中國民の平和的民族なることを明言せんとす。孔子の教は四海同胞、治國平天下を目的とする者、秦始皇の武力を以てして蒙古を防ぐに萬里の長城を以てし敢て侵畧を試みざりき、近世西洋諸國に對しても亦之に同じ。貴國の文明も系統の上よりすれば中國と同一なれば、貴國民の平和主義も我國と同じからん。然るに近年盛に武備を張るに至れるは歐米の帝國主義に對する愛國心の發現たらずんばあらず。即ち同じく東洋に國を成せる日華兩國は益々提携して國力を増進し歐米人をして其帝國主義を用ゆるの餘地なからしむるは世界の平和を維持するに於て尤も肝要なりと信ず。願くは東洋に起

りし基督教をして東洋を變化せしめよ日華兩國の基督教徒をして世界平和
の維持者たらしめよ、大亞細亞主義は即ち世界の主義に外ならず、希くは
共に勠力協同して此大責任を完ふせんことを。

　滿塲溢るゝばかりの聽衆は屢々拍手喝采を以て此演説を迎へ、孫氏は體を動
かし手を振り滿身の精力を注いで滔々の雄辯を振へり。惜むべし通譯不充分に
して趣意の徹底を欠けるも其精神と人格とは太く人心を感動せしめたり。再び
女學生徒の賛美歌の歌あり、名出牧師の祝？を以て此近來稀なる盛會を閉ぢた
るが一行は滿塲の萬歳聲裡に大阪ホテルの歡迎會に疾驅し去れり。

大正二年三月十三日東京『基督教世界』（九）

在阪の孫逸仙氏

　▲靑年會館演説會　同館にては名出氏司會の下に孫氏歡迎演説會を開き在阪
基督教徒代表者として宮川氏歡迎の辭を述べたり次いで孫氏は壇に立ち戴天仇
氏の通譯にて大要左の如く演説せり。

　　靑年會は基督の正義、人道、博愛の精神に基きて組織せられしものなり、
　抑も人類が未だ野蠻の域を脱せざる間に於ける道德は國際間はいふ迄もな
　く個人の間にも猶之を認むる事能はざりき然れども文明の進步と共に漸く
　個人間に道德を生じ之を重んずるに至りしも國際間には國力には文明程度
　の差異こそあれ未だ道德を重んずる迄には進步せず、この間にありて博愛
　主義の基督教在り世界の各國人をして道德上より同一理想に向はしめんと
　す、思ふに國際間の道德を重んずるは基督教の一精神と云はざるべからず
　又一面文明國にありては學者は正義の觀念を學説的に鼓吹して各國人を區
　別せずこれを精神上より統一せんと努力しつゝあり、思ふにこの學説の普
　及は頓て基督教の普及を意味せずや而もこの基督教の附屬事業として靑年
　會あり以て世界靑年の道德を涵養せんとし一方教育、慈善事業の進步を計
　れるは誠に國際間の道德を養成するに最有力なる機關と言はざるべからず、

飜つて思ふに吾中華民國は古來より最も平和を重んずる民族なりき、即ち民國人一般の尊奉する孔子の教は四海皆兄弟の博愛主義にして治國平天下の平和主義なり又? 史上の事實に徵するも秦時代の武力を以てして北狄を擊破するは極めて容易の事なりしも僅に萬里長城を築いてたゞその侵入を防ぎしのみ進んで攻戰的の態度を採りし事なし、由來日本の文明系統は民國のそれと基を一にす然るに近く數十年全力を盡して武力を張るは彼の歐米大陸に瀰蔓せる帝國主義に鑒みし愛國心の結果ならずや、今や國を東洋に保たんとするもの事實上彼の帝國主義に壓せらるゝ事なきを得るや、されど東洋諸國に於て國力の增進完全の域に達せば歐米の帝國主義恐るゝに足らず日華兩國提携して以て東洋の平和を保つべきのみ、かくして歐米の野蠻的文明主義ともいふべき帝國主義も力を加ふるに由なく其の平和を維持するを得ん、東洋をして進步せしむるは東洋を防備する最善の方法なり於茲東洋の進步は世界の進步となるべくこの點に於て基督教靑年會の使命や大なり亞細亞人をして亞細亞を治めしめよ吾が大亞細亞主義の達せらるゝ一々靑年會の力に負ふ處多かるべし

1913 年 3 月 12 日『大阪朝日新聞』（三）

在阪の孫逸仙氏

▲大阪經濟會の孫氏請待　日章旗と五色旗（支那民國旗）とを以て飾れる電燈の下に淺黑の肉體を橫へ、飽まで締りたる口に尚も微笑を堪へ內に鋼鐵の如き意思を包みたる其の孫君を中心として經濟會員二百名の盛宴は十一日夕六時より大阪ホテルに開かる、先づ中橋德五郎氏の歡迎辭に次ぎ孫君やをら身を起し、凹みたる眼に革命の光を放ち大要左の如き答辯を述べたり

本夕は貴國實業の中心たる大阪に於て而かも實業家有力諸君の團體に成る此の經濟會の御請待に與りたるは余の中〔衷〕心より光榮とする所なり、弊國と貴國は最も密接の關係を有し殊に御地とは經濟上に於て最も深

き關係を有す、弊國は多年經濟上に對し舊思想を有し何等發展することなく今日に及びたり、年々の輸入超過は二億圓近くに及び漸く之を海外にある移民の送金に依り調和を取り來りたるも今は其の薄弱を訴ふるに至りたり、弊國は地廣く人多く本來に於て貧國にあらざるも經濟上の舊思想に囚はれ十分の生産を爲す能はず爲に富國たる能はず、然れども一昨年革命を行ひ政治上に於て思想の一變したるのみならず經濟思想に於ても大に一變し來りたり、なれば今後大に發展せざるべからず、それには貴國有力の人材諸君の力を藉らざるべかざること多し今夕其の有力諸君と會し食卓を與にするを得たるは何よりの幸福なり、茲に杯を擧げて諸君の健康を祝す

　一同起立杯を擧ぐ三鞭の香は堂に滿ち、中橋君の發聲にて擧げし三鞭の杯も是れより先に香りたり、通譯は年少の戴天仇氏にして頗る日本語に巧なり孫君始め割合に年少の人のみ、日本より十倍も大なる支那の國土は此の人々によりて動かさる左るにても國土の小なる日本は老成國と爲り了りたる感ありて此の會は散會しぬ

1913 年 3 月 12 日『大阪朝日新聞』（三）

在阪中の孫氏

　在阪中の孫逸仙氏一行は十二日午前十一時自動車にて砲兵工廠に赴き提理村岡少將を訪問し間もなく同所を辭し、直に堺卯に開かれたる肝付市長主催の午餐會に臨席せり席上市長の挨拶に對し孫氏は起ちて

　今や弊國僅に政治上の革命を終り鋭意經濟上の進歩發達を計るべき時期に際せり、由來大阪は日本に於て商工業の中心地なりと聞く日本の中心は頓て東洋の中心を意味せずや偶大阪に來りてこの歡迎を受く願くは兩國長く經濟上にも相提携し以て弊國の根底を強固ならしむるを得ん

　と答へ歡を盡して散會したるは午後二時なり、其れより一行は肝付市長、田川市港灣課長と同乗自動車を驅けて築港に至り市役所ランチ燕丸に搭乗し關門

附近まで徐行し此間孫氏は田川課長に對し頻りに詳細なる質問を試み將來の計
畫等をも聽取したる上築港現況報告書數冊を所望して同課を辭し午後四時十分
大阪高等醫學校を訪ひ應接室にて小憩の後講堂に於ける歡迎會に臨めり木村校
長代理歡迎の辭を述べ孫氏之に對して學生激勵の演說をなし去りて本社を訪問
し其れより川口なる中華民國商務總會の晚餐會に赴けり次いで午後九時よりは
市内對支貿易業者聯合の歡迎會に臨席せり因に一行は十三日午前十時電車にて
神戶に向け出發すべしと

大正二年三月十三日『大阪朝日新聞』（三）

孫逸仙氏一行來る

意氣旺盛の一行、華々しき歡迎振

▼中華會舘の茶會　中華會舘にては孫氏一行を請じ茶會を開くべく裝飾準備
萬端成り、午後一時には同文學校學生は教師に引卒せられ手に手に民國旗を携
へ會場の後面に入り來り之と前後して居留支那人は男女各盛裝を凝らして會場
に詰め掛け一時半には會衆一千五百名と註せらる會場は關帝廟前の正堂なり中
央演壇を設け壇下に書記席を設く正門に向て右側を劃して婦人席とし多數の民
國婦人蕭然として椅子に倚る左側より正面の空處をば來會者の起立する處とし
來會者は何れも注意書に基き中央の通路を開きて左右に起立し一刻も早く民國
建設の大偉人の風？〔貌〕に接せんとするものゝ如し一時を過ぎても猶ほ至ら
ず二時に近からんとする時門外爆竹の聲起ると共に歡呼の聲は起れり孫氏は獵
虎皮の裏付ける外套を被り戴天仇、何天炯兩氏を從へ悠々として堂に入り來り
王領事吳錦堂王敬祥等重立たる人々之に從へり孫氏は先着の邦人來賓たる鹿島
市長、瀧川辨三、川崎芳太郎、海江田神戶署長等の諸氏と握手を交換して席に
着く是に於て馬聘三氏は登壇簡單に開會の辭を述べ相見禮に移り孫氏自席に起
立するや重立たる人々は進み來りて默禮せしが孫氏も一同も同しく我が邦禮に
依りて揖せずして拜せしは異樣に思はれたり相見の禮終るや吳錦堂氏は恭しく
祝詞を朗讀して孫氏と民國の成立を頌し右終ると共に萬歲の聲起り參列學生も

又之に和してさしもの關帝廟も爲に震撼せん許りなりき之に次で同文學校生徒
の歡迎唱歌あり歌曲終りて孫氏は演壇に上り徐に口を開いて北京官話を以て先
づ本日の會合を歡ぶ旨を語り更に得意の長廣舌に移り熱烈なる誠意を披瀝して
多大の感動を聽衆に與へたり其大要左の如し。

　　今日當地を通過するに當たり多數同胞の老少を始め紳士諸君と一堂に會
するの機會を得たるは滿足に堪へざる處なり今や我が中華民國は成立して
四億萬人茲に四千年以來の桎梏を脱し吾人は自由の民たるを得たり補説す
れば吾人の祖先は久しき間暴虐の政治に死生し來りしもの一朝にして民國
と變じ來りたるも之を以て片時の安心を許さゞるものあり、世界の大勢に
伴ひて中國の尊嚴を保たざるべからず事情に通ぜる人は革命に伴ひたる一
時的の出來事を以て從前の政事に如かすとなすもの有りと雖も是等は誤れ
るの甚しき者なりとす米國に於ける南北戰爭前後の奴隷の境遇を見よ林格
崙の義氣も一時は黑人の誤解を招きしにあらずや自ら人格の貴ぶべきを知
らざるの徒は奴隷の境遇を甘んずべきも遂に堪ふべき事にあらず今の中華
民國は一人の主人を戴きたる商家の株式會社と變じたると一般國民は株主
として齊しく會社の一人なり大總統といひ國務長といひ株主より選擧した
る役員のみ故に會社の隆盛も役員の責任ならんも之を選擧したる株主も責
あると同じく國民も中華民國の成立に對しては亦全幅の責あるな此意味に
於いてよりして海外に在る同胞も南北に論なく一律一體中華民國の建成の
爲に同心協力內は國力を強くして外は列國の侮りを禦ぎ確實に立國の基礎
を樹立せざるべからず而もして之が爲には殖産興業經濟上の實力を養ひ以
て富強の因を作らざるを得ず海外に在る僑民諸君は中華民國の成立に對し
ても多大の貢獻をなしたるが更に此上にも母國の爲に盡す處なかるべから
ず云々。

氏は手を振ひ體を動かし言々肺腑より出づるの觀ありて其要處々々に至りて
は拍手喝采盛んに起り滿堂を醉はしめたるは遉に偉人たるを失はざりき此間約
三十分夫れより茶會塲に移りしが同會塲にては簡單なる辭令の交換ありて更に
會舘の東手なる庭園內の天幕張りに入りて撮影し右終りて一行は會衆に送られ

自働車或は馬車にて青年會舘へ赴きたり時に午後三時

1913 年 3 月 14 日『神戸又新日報』（三）

來神せる孫氏歡迎會と其の演説

▲茶話會場の演説　別項十三日午後二時より中華會館に開催せられたる華商歡迎茶話會にて於て爲せし孫逸仙氏の演説大要左の如し

　　故國革命の大業を成就せしめたるは實に吾同胞一致勤力の賜にして終に克く當初の大目的を達成したりと雖も今日に於ては其基礎尚甚だ薄弱にして眞個共和國の眞價を發揮すべき域に至らず、革命に伴ふ諸種の艱難に際會しつつあるが彼の米國大統領リンコーン氏が奴隷開〔解〕放の當時國内を擧げ非難攻擊の聲囂々を極めしかど須臾にして現今の幸福を齎すに至りたると同樣故國の革命も亦其幸福は之を其將來に期せざるべからざるなり惟ふに從來は滿朝一人の天下にして國民は何等政治上に關與するを許されず故に吾等同胞は多年の壓政に堪へ兼ね或は日本に、或は南洋に出稼ぎして以て漸く一身一家の安全を企圖せざるべからざる悲運にありたりと雖も革命を成就したる今日に在りては恰も一商店が會社組織に變更せられしと等しく國民は番頭の境遇を脱し一躍株主の地位に立ちたるものにして國政は總て是等株主の意の欲する所に依りて行はるべきものなれば吾同胞たるもの宜しく從來一身一家を愛したるの心を以て一國を愛せよ四億萬人悉く己れが主人として國を愛するの擧に出でずんば折角の革命も單に形式を變じたるに止まりて結局何等得る所なかるべし今や故國は財政に外交に幾多の困難を控えつゝありて同胞の愛國心に待つべきもの頗る尠しとせず此時に當り吾等四億萬の同胞一致協力國難に當らんが其紛糾を解く實に容易の業のみ、希くは諸君の奮鬪努力を望む云々

1913 年 3 月 14 日『神戸新聞』（三）

來神せる孫氏歡迎會と其の演説

　　▲兩所の歡迎會　孫逸仙氏は十三日中華會館の茶話會を終へたる後午後三時
隨員戴天仇、宋嘉樹諸氏並に民國領事等と自動車に同乗して下山手通六丁目な
る基督教靑年會館に向へるが同會館にては入口に日華兩國大國旗を交叉して歡
迎の意を表し孫氏は着後十分間ばかり階上休憩室に休憩し三時二十分階下の會
塲に臨みたり會衆無慮一千二百名前方壇上の卓にも日華兩國々旗を樹て氏は隨
員と共に壇上の椅子に倚る、開會に先だち赤川牧師起つて「孫氏の益々健全に
して且つ我國と民國とが愈親善に世界平和のため盡すを得せしめよ」との祈?
を捧げ次で森田金藏氏は「本日閣下を歡迎するに方り閣下の勞を慰すべき何物
もあらざるは深く遺憾とする所なるも同じく主を信ずる兩國民茲に相會し信と
望と愛とによる精神と精神との融合を期すること是れ此の歡迎會の趣旨に外な
らず夫れ天國を地上に建設するは基督教の大趣旨也、先生に依つて建設された
る中華民國は先づ東洋に平和の基礎を置けるもの、將來民國の指導者たり誘掖
者たるもの亦閣下の外になけん茲に恭しく閣下と民國の上に天祐の長くならん
ことを祈る」と歡迎の辭を述べ終るや、フロック姿の孫氏は莞爾として身を起
し急霰の如き拍手に迎へられつゝ戴天仇と共に演壇に現はれ支那語を以て大要
左の如き演説をなし戴天仇氏之れを日本語に通譯す

　　　諸君、本日神戸基督教靑年會に來り茲に諸君と智識の交換をなすの機會
　　を得たるは予の頗る喜びとする所なり、抑も基督教の精神、趣旨は博愛に
　　ありて博愛は即ち平和を意味す、基督教の目的は世界の人類を救濟し平和
　　の爲めに活かさしめんとするにあり而して基督教靑年會は此の目的を達せ
　　んが爲に活動するものなるべし現今の世界は將來のために活動しつゝあり
　　世界各國民は孰れも世界將來の平和のために努力すべき目的を有す、此の
　　目的のためには世界の靑年を擧つて基督教の下に統一する必要あり、今日
　　世界各國とも平和を口にすれども今日の平和は言語の上の平和にして根底

ある平和にあらず人道は個人と個人との間に行はるゝも國際間にはこれあ
るなし爾るが故に今日吾々の理想は各國民の思想を統一し平和に導くにあ
りといふべく此各國民をして平和に干與せしむるは是基督教靑年會の義務
也今日多數の人々は平和の名の下に活動しつゝありと雖も米國民中には未
だ帝國主義侵畧主義を把持するもの少なからず是各國民の智識目的相違な
るが故に其政治? 態も平和的なる能はざるなり歐米的思想の退步しつゝあ
る國に在ては平和に努力する人亦多きも這は同人種間の平和に盡すに過ず
して吾々黃色人種は其事業に與らざるの觀あり蓋し彼等が黃色人種の平和
思想を知らざる結果なるべし予は敢て黃色人種こそ最も平和的なる人種な
りと斷言す、我支那の國民は其? 史上思想史より見るも頗る平和思想を抱
く國民なり第一我國民は古代より孔子の敎を奉じ現在も將來もこの思想に
指導さるゝものにして此の孔子の思想は取りも直さず世界平等主義の思想
なり「自己の欲せざる所を人に與ふること勿れ、自ら願ふ所は人にも之れ
をなせ」といへる敎育なれば斯の如き道德的宗敎を奉じ來れるものは當然
平和的國民たるべき筈なり又? 史を閲するに蒙古人種は秦始皇帝のときに
も? 我支那內地に侵犯し來れり當時支那の武力を以て彼の種族を遠征し其
領土を侵畧すること固より可能なりしも始皇帝始め支那國民の平和思想は
只長城を築きて彼等の來襲を防ぐに止めたり、弊國は右の如し、貴國は如
何、貴國民の思想は弊國とは同一系統同一? 史を有するが故に同く頗る平
和を愛好するものなりと予は固く信ず。以上の實例を以て予は黃色人種を
平和的人種なりと斷ずるものなり然るに歐米國民はこれを知らず遺憾曷ぞ
堪へん、靑年會は自ら東洋人の平和思想の代表者として起つ且つ人類的偏
見を除き世界的貢獻をなさんことを要す、基督教は元東方の宗教なるが千
有餘年歐州に養はれ後米國に渡り、近時支那日本にも傳はり漸次勢力を加
へ來れり基督教の精神は世界教育のため平和のために努力せんとするにあ
りて現代の要求に伴ひ各國の思想を統一するにあり萬國の靑年に同一の思
想を與へ平和に赴かしむるものは基督教なるが故に世界の男女が基督教の
下に世界將來のために盡さんとするは最も喜ぶべきことゝす今日此の靑年

會館に諸君と相會し知見の交換をなし得るは予の欣幸とし且つ光榮とする所、茲に諸君の健康を祈る云々

1913 年 3 月 14 日『神戸新聞』（三）

孫逸仙氏一行來る

意氣旺盛の一行、華々しき歡迎振

▼青年會舘の孫氏　中華會舘を去りたる孫逸仙は豫定よりも早く基督教青年會舘に到着、樓上婦人室に少憩の後三時二十分より大講堂なる演壇上に現はれたり、聽衆は無慮八百餘名にして盛なる拍手を以て迎へ先づ牧師赤川潔氏の祈？ありて森田青年會理事は左の意味の歡迎の辭を述ぶ

孫中山先生閣下、閣下は夙に基督教倫理を道義の基本として民國の發展を企圖し能く百難に耐へ遂に其宿昔の志望を遂せられたる功績や誠に偉大なり吾等此偉人を迎ふるに何物の饗なし只基督に依れりと望みと信仰とを以て之を迎へんのみ願くは天佑永く閣下と民國の上に在つて世界の平和を造り出すべき原動力たらんことを

次いで孫氏は戴天仇氏の通譯により先づ歡迎の厚意を謝したる後ち大要左の演説をなせり

基督教の精神は博愛と平和に在り而して青年會は基督教の附屬事業として基督教の精神、目的を實現せしむべく働きつゝあるものなり現在の世界は將來の世界の爲めに働き現在の人は將來の人の爲めに盡すべき目的を有するが故に今日の青年は世界各國の青年をして同一の精神を保有せしむるに非ずんば世界の平和たるものも亦得て期し難かるべし先進文明國の平和を説く者は之れありと雖も而も事實に見る能はざるは遺憾ならずや即ち平和は徒らに言論に終りて未だ實際的たらず人道は只個人と個人の間にのみ在りて國家と國家の間には行はれず此時に方り吾人の努むべきは世界各國を通じ同一の信仰、同一の精神を以て同一の目的に向ひ邁進するの一途あるのみ

　現下歐洲各國の形勢を按ずるに一般に帝國主義、侵畧主義に傾きつゝあ
るを否むべからず蓋し其原因は人民の思想目的、智識が相互に平等的なら
ざるに在り歐米各國亦平和を唱道するの識者なきに非ざるも是は白色人種
の爲めに之を説くの觀あり黃色人種の生存は殆ど其眼中に置かざるものゝ
如し是等有識者の誤解は黃色人種が平和を愛するものたるを知らざるに職
由するものと見るべく而も我々黃色人種の? 史を考案すれば確に平和を愛
するの人種なるを信ず我中國人の思想、學術、智識は古往今來平和の爲に
働けるものにして數千年來思想界の中心たりし孔子の教は四海皆兄弟なる
事を説いて各國人類の同等なるを教へ以て世界的平和を鼓吹し人に接する
に當りては己の欲せざる所之を人に施すこと勿れと説き自己の利益を圖る
と同時に他人の利益をも尊重すべきを教へ又政治上に於ても往昔蒙古人種
が我中國を侵畧せんとするに當り秦の始皇帝は萬里の長城を築きて之を防
ぎたり思ふに始皇帝時代の兵力と文明を以てして蒙古を征服するは敢て難
事に非ずと雖も而も進んで之を畧することをなさず外敵の侵入を防禦する
に止めしが如き? 史上學説上中國人の平和を愛するを立證するものならず
や貴國の民情? 史も我國と同じく平和を愛し將來の平和の爲めに力を盡さ
れつゝあるを信ず白色人種の或一部は東洋に對しては頗る冷血なりと謂は
ざるを得ざるも基督教青年としては白色、黃色の孰れを問はず信仰と博愛
の爲め將來各國の民族をして幸福なる生活を享けしむべき平和の實現に努
力せざる可からず而して各國の思想學術悉く統一されたる時に於て平等平
和博愛の目的を達するを得べし云々
再び盛なる拍手に送られて降壇、樓上に於て茶菓の饗を受て四時五分萬歲聲
裡に自働車を驅つて國民黨交通部に向へり

1913 年 3 月 14 日『神戶又新日報』（三）

來神せる孫氏歡迎會と其の演説

　　かくて演説を終り更に階上に於て休憩、茶菓を喫し暫時にして同會館を辭し
再び自動車にて北長狹通三丁目中華民國々民黨支部に向ひたるが同支部にても
樓上に民國々旗を初め萬國旗を掲吊して裝飾に代へ參集の黨員百五十名に達せ
り四時三十分楊壽彭氏開會の辭を述べ呉錦堂氏歡迎文を朗讀し孫氏は拍手に迎
へられて起立し「國民黨諸君と相會するは頗る喜ぶ所、一國の政治は黨派より
進步す而して今日の國民黨は革命當時に起れる共和黨と異り一時的のものにあ
らずして實に永遠の目的を有せり米、佛等の憲政史を讀むに各政黨共に一長一
短あり我國の政黨は宜しく其長を取りて淸點するを要す且つ特に諸君及び留學
生に囑すべきは諸君が日本の優れたる文物を好く研究し將來民國政治の爲に貢
獻せられんこと是なり云々」と述べ萬歲聲裡に葡萄酒の杯を擧げ且つ茶菓を喫
して折柄の雨中をオリエンタルホテルに引揚げたり

1913 年 3 月 14 日『神戸新聞』（三）

昨日の孫氏

　　▼同文學校の演説　　滯神中なる孫逸仙氏は昨日午前十時オリエンタル・ホテ
ルを出で何天烱、馬君武、宋耀如の三氏及び領事王守善、王敬祥氏等之に隨ひ
自動車を驅つて同文學校に赴けり同校門前には武裝の高級生捧銃の禮を行ひ門
内東方には男生徒、西方には女生徒整列して一行を迎ふ孫氏は校長閤〔關〕
蕙? 氏の先導にて樓上の一室に休憩、此間全校三百有餘の男女生徒は敎員の引
卒〔率〕の下に講堂に入れり軈て孫氏は閤〔關〕校長に導かれて入塲、壇上に
起ち茲の謁見の禮として全生徒一齊に稽首三禮を行ひ終つて職員敎員總代鄭祝

三及び生徒總代表簡士【？】兩氏歡迎の詞を朗讀し次に民國々歌合唱ありて孫氏は再び壇上に起ち一塲の演説をなせりて曰く

　　予は本校に臨み其規模の齊整せると同時に其成蹟〔績〕の良好なるを見て衷心誠に歡喜に堪ゑず之れ畢竟教職に在る人々の盡瘁の結果に因るものにして直ちに取つて以て中國内地に於ける教育施設の模範に供するに足れりと賞讚し轉じて政體の變革を説き中國が君主專制の治下に置かれたる時代に在りては人民は全く奴隷の境遇に沈〔？〕淪したるもの今や一變して民主共和の政體となれり共和は恰も一家の如し前年武漢の義擧によりて異族の專制より脱して自由と幸福とを？復し茲に古來曾て無き共和政體を建設するに至れり蓋し政體の變革は學生立身の途を開き出世の時を與ふるものなりとて共和政體建設の由來と其效果を説き最後に各學生諸君は能く教師の指導に聽き學問を励み聰明にして才能を發揮し種々の方法によりて中國の爲め努力せんことを要す是れ學生の責任にして予は民國の第二年に於て數千年の後までも此覺悟意氣の敢て變るなきを願ふものなり

と結びて拍手の裡に降壇、夫れより校庭に於ける高級生徒の兵式操練を見たる後樓下の應接室に於て茶菓の饗を受けたるが校庭に轟く祝砲四？を相圖に鄭祝三氏の發聲にて孫氏の萬歳三唱あり斯くて十一時十分同校を辭せり

1913 年 3 月 15 日『神戸又新日報』（三）

昨日の孫氏

　　▲孫文氏の挨拶　斯くて一同席定まるや中檢及柳原より撰れる七十餘名の校書杯盤の間を斡旋し酒三行鹿嶋市長起つて發起人を代表し左の挨拶を述べたり

　　孫中山先生來朝以來到る處先生の謦咳に接せんとし歡迎措かず多忙、疲勞、迷惑を感ぜられつゝあるの際今夕神戸市有志の招待に應じて來臨を忝ふしたるは發起人一同の深く光榮とする所なり、貴國と弊國との親善なる關係は今更之を絮説するまでもなきが兩國民相互の交情殊に當神戸市民と

貴國人との親密に至りては自ら少しく他と趣を異にし通商貿易上多年最も
密接の關係を有するだけ一層先生と相見ゆるの機を得たるを歡ぶと同時に
曩に貴國南方に革命の勃發するや在留華商の多くが南方人なるの故を以て
常に其成功を祈りつゝありたる吾等市民は今や革命の大業を成就せし先生
を茲に迎へたるを以て殊更快感を禁ずる能はざるものなり先生は過般東京
に於て自分は第二の故郷に歸來したるの感ありと説かれし由實に吾人も故
郷に錦を飾られたる中山先生を迎ふるの心地を以て歡迎するものなれば冀
くは兩國將來の爲否東洋將來の爲め先生の健在を乞ひ今夕吾人との會合を
記念すべく茲に銀製花瓶を贈呈して歡迎の微衷を表す云々

斯くて二重桐箱に藏めたる銀製大花瓶を贈りたるに孫氏は右に對して左記一
塲の謝辭を述べ隨行の戴天仇氏之を通譯せり

　神戸市に於ける有力なる多數實業家の熱誠なる歡迎を蒙り茲に諸君と食
卓を共にするを得たるは予の甚だ光榮とする所なり、予は二十年以前より
貴國に滯留すること我國に於けるよりも永く六年前一旦他に退きたれど三
年後又復貴國を訪問し十四日滯在せしことあり即ち比較的滯留の永かりし
だけ貴國の風俗、人情に通じ各方面の人々に接して大體の？態を了解せる
を以て貴國を見ること殆ど我國と異ならず、【一】昨年革命事變の起りた
る際故國に歸りて今日迄約二ヶ年其間〔間〕實地的に我國の現？を調査研
究し併せて貴國の最近事情をも調査したるが實際貴國と我國とは今日に於
て國境なきを思ふが如く其前途に於ても亦同樣の感を抱くものなり、抑も
兩國が最も密接なる關係を保つの至當なるに拘はらず以前に於て相互に親
善なる交際を持續するを得ざりしは要するに我國政治上に妨害ありて人民
各個の意志を束縛せらたるが故に外ならず然れども今や共和制度布かれ政
府と人民との意志の合致を見るに至りたれば兩國各其希望目的に向つて互
に相提携邁進するを得べく予は東洋否世界の大局に鑑み切實に兩國聯絡の
必要を認むる點より歸國の上從來にも增して可及的兩國の利益の爲めに盡
力を惜まざる覺悟なり予が今？貴國に來遊したる目的は一は舊友訪問の爲
め一は再び日本の風俗人情を視察し事實的に予の所感に裏書せんが爲なり

しが果して長崎上陸以來到る處に盛大なる歡迎を蒙り今更ながら貴國民の
我國を愛せらるゝことの深きを證據立たり斯の如きは啻に予一人の歡びの
みに止まらず實に中華民國の幸福なるを以て歸國の上宜しく貴國の誠意を
我國民一般に傳ふるは勿論兩國の永久的提携に向つて努力し從前の誤解を
一掃すると同時に有望なる將來を期待せんとす云々

右終つて餘興に中檢校書の素囃子（相生）五條橋、歡迎踊、湊川踊などあり
孫氏以下主客一同十二分の歡を盡しぬ

1913 年 3 月 15 日『神戸新聞』（三）

昨日の孫氏

▼華壇の歡迎會　孫逸仙氏一行は舞子呉錦堂氏邸より歸神、オリエンタルホ
テルに於て休憩午後五時過ぎホテルを發して市及實業家聯合主催の歡迎會塲た
る常盤花壇に來れり會塲入口は歡迎の文字を現し緣門を設け玄關より會塲大廣
間迄柱は凡て綠葉を以て生花を飾り五色のモールと國旗とは明皎々たる電燈と
相映じて美を極め艶を盡し支那革命の偉人を迎ふるに最も相應しく覺えたり六
時會塲中央に於て孫逸仙氏を中心として一同記念の撮影を爲し夫れより席に就
けり、孫氏は左に戴天仇氏右に服部知事を控えて正面中央に座し左右には鹿島
市長田丸裁判所長齊藤? 關長其他孫氏一行の隨行、寺尾博士宮崎滔天等居並び
席に列するもの約百二十餘名、席定まるや鹿島市長は松方會頭不在なれば代り
て歡迎辭を述ぶべしとて先づ一應の挨拶を述べ進んで

神戸は其他の地方よりも貿易上最も南支那と密接の關係を有す過般の支
那革命に際しても其同情最も熾なりしが是れ當地には南方最も人口が多數
住居する故ならんと信ず孫中山先生は日本を第二の故郷なりと言はれ神戸
にも住せられ日本にありては中山の姓さ【へ】冒されたりとも聞く是特に
予等の感興を惹く所なり寺尾博士は中山と云ふは支那に密接の關係あり中
山王は蜀に割據し天下を三分して其一を保てりと語りたるが予等は中山先

生が天下三分の一を保有せるに止まらず統一的共和政府を建設せられたり
しは中山王以上なりと信ず今日此革命の偉人を迎ふるは光榮に堪へず歸國
後も益々兩國の親密と東洋の平和に努力あらんことを請ふ

と述ぶるや孫逸仙氏は瀟洒たる風采温和なる姿容を以て戴天仇氏を通譯とし
大要左の答辭を演述せり

今晩圖らずも盛大の歡迎を受け感謝に堪へず予は革命事業に從つてより
約二十年具さに流離艱苦を嘗めたるが其間本國に居りしよりも外國に居り
しこと多く而も貴國に滯留せること最も多く且つ長かりき而して貴國の政
治經濟人情風俗に就ても聊か研究せる所あり外國に在りても母國と貴國と
を比較研究し兩國が一致協力して東洋の平和に貢獻するの必要を最も痛切
に感じたり不幸にして從來我國には政治上の沮碍あり政府と人民と意志疎
通せず爲に兩國の關係を豫期せる如く密接ならしむる能はざりしが今や共
和政府成り政府の意志と國民の意志と合致せしかば兩國は同一の目的希望
に向つて相提携して駢進することを得るに至れり兩國には國境なく二にし
て一、一にして二なり兩國提携せば兩國の發達は勿論東洋の平和世界の平
和も維持するを得べし予が今？貴國訪問の目的は一は舊友との交誼を温む
ると一は貴國の情勢人情等を更に視察して從來予の思惟し居れる所と一致
せることを實證せんと欲してなり然るに到る處熱誠なる歡迎を受け感謝に
堪へず予に對する歡迎は個人としての予に向てに非ず實に我國に對してな
りと深く其厚意を身に感じて忘るゝ能はざる所なり予は歸りて之を本國人
に傳へば是が爲め兩國間の從來の誤解を解くを得べく然る時は其影響する
所獨り兩國のみに止まらざるなり云々

拍手喝采裡其謝辭を終れば服部知事は起つて一同と孫逸仙氏の萬歲を三唱し
之に代りて孫逸氏は起立し日本帝國及神戸市の萬歲を三唱し夫より目も覺むる
許りの藝妓の素囃子、手踊あり孫逸仙氏は根氣能く之を賞觀し「五條橋」の牛
若及辨變に扮せる梅幸、惠津兩妓が踊り終りて後孫逸仙氏の前に出づるや氏は
温顏に微笑を堪えて自ら銚子を取りて之に盃を與へ兩妓は面目を施して引下れ
り斯くて感興盡きざれども時間に制限あれば八時過ぎ萬歲聲裡に孫氏一行は會

塌を引揚げたり

1913 年 3 月 15 日『神戸又新日報』（三）

世界の平和と基督教

　孫氏は昨日は袋町靑年會舘に午前十一時より十二時迄講演し終りて福建會舘の支那人午餐會に臨み次に鈴木本社長を古川町の其宅に訪ふて懇談する處ありてより小島鳳鳴舘に開かれたる市の官民歡迎會に臨み午後六時より西濱町精養亭に於て長崎醫專在學支那留學生の晩餐會に出席したり、靑年会舘に於る孫氏講演の題目は『世界の平和と基督教』にして支那語もて熱誠に眞摯に論じ來り論じ去れるを戴氏流暢なる日本語もて通譯せしが、會は外国婦人二名の讃美歌に始まり菅沼元之助氏起ちてヤコブ傳第一章第十九節を朗讀しツルーマン氏英語もて歡迎の辭を述べ祈？之に次げり、孫氏講演の要領を示さんに左の如し

　　諸君、余は本日長崎の靑年會舘に於て靑年諸君と互に智識交換の機會を得たるを無上の光榮とするものなり、東京を初め橫濱神戸其他此度足を止めし各地の靑年會に臨んで意見を發表せしが思へば國、異なり言語を同ふせざるに關はらず智識の交換に遺憾なきは世界文明の進步とせずや、抑も靑年會なるのは基督教の精神即ち、博愛、平等の精神を基として世界の平和に向ふて躍進するを目的とす、世界將來の平和は繋つて今日の靑年の雙肩にあり、靑年會の創められしは歐米にありしも今日にありては巳に日本、支那は勿論世界至る處に行はれ世界平和促進の運動を實行しつゞある慶賀すべき現？にあり、世界各地共？史の示す處によれば極めて野蠻にして個人と個人との競爭甚だしく慘酷なる所業を敢てして平然たり而して個人の鬪爭は部落の爭と進み遂には國と國との爭となり現に國を保ち國力を增さんが爲には武力に惟れ依る淺猿しき？態にあり、今日にありても南洋に於ては人を殺すを以て勇なりとし其未知の人なると友人なるとは問ふ處に非ず甚だしきに至りては情誼深き友人が旅立たんとするに際し別れが辛いと

て遂に之を殺し刻ねたる頭を日々出しては拝むてふ蠻風の行はるゝ地方も
ありと聞く、然れども是等は文明の風に吹捲られて遠からず滅盡すべき民
族にして畢竟世界は今一般に平和の海に帆揚げしつゝあるなり、とは云へ
前にも述べし如く國際間の關係は今にも野蠻にして國力の發展を期する時
は武力の増進に惟れ正さざる可からずモンロー主義の米國さへも近來帝國
主義熱に浮され居るを見ずや、又日本國が世界の一等國と迄進めるは多方
面の進步發達に因るや論なしと雖も最も與りて力ありしは武力擴張に因せ
ずや、斯の如く各國競ふて武備に後れざらん事を惟れ恐れつゝある以上、
到底世界的平和は望んで得らるゝの日なかるべしと悲觀する人無きに非ざ
るも宗教の力によりては必ずしも難事に非ざるを余は確信する者なり、支
那人の思想は如何、風教の本は孔子にあり『四海皆兄弟』或は『己の欲せ
ざる處を人に施す事勿れ』と言へるが如き基督の敎ふる博愛、平等の精神
と其揆を一にせずや、之を以て余は思ふ支那人の思想は？ 史的に平和主義
なりと、日本亦其敎を一にする以上東洋の大鎭なる日本と支那は共に平和
的思想に富むものなり、されば靑年會の事業に於て兩々相提携し聯絡する
に於ては世界人類の半に達する兩國民の運動には世界各國亦た之に風化せ
らるゝの日あらんと思ふ云々

大正二年三月二十三日長崎『東洋日の出新聞』（一）

支那と長崎と

鳳鳴舘に於ける孫氏と市長との演説

　一昨日鳳鳴舘に於て北川市長挨拶して曰く『本日支那開國の偉人孫中山先生
を茲に迎えるを得るは市民の光榮とする處、出席せる紳士の數こそ少けれ何れ
も長崎市各階級を代表せる人々のみなれば長崎市民は擧つて衷心より先生を歡
迎するものなる事を洞察されたし、抑も長崎の地たる古來支那との關係深く上
海と貿易を始めしは今を去る事實に三百五十年、支那に生まれて此地に住む人
今にも數多く市民が貴國の人に對する恰も同胞の觀あるを喜ぶ、而して此機を

利して一事の先生に示教を仰ぐべきものあり兩國間の交通機關即ち夫れ、上海
と長崎とは相距る僅々二百五十浬に過ぎず即ち所謂一衣帶水のみなるに交通さ
のみ頻繁ならざるは機關の完からざればなり、若し夫れ兩々相謀り船の速力を
早めて兩地を接近せしめ航海を確實にすると共に度々增さんか單に通商貿易の
利益を進むるのみならず、又上海長崎兩地方民の便のみに止まらず實に兩國民
の意思疎通上甚大なる利便を與ふるものなりと信ず、而して我官民漸く此に著
目するに至りたれば先生亦力を茲に致されん事を望む』てふ意味也しが孫氏の
答辭要領は『諸君、本日長崎の名譽ある紳士諸君の御歡迎を受け一堂に相見る
を得たるを無上の光榮とす、長崎上陸以來出發せんとするに至る迄行くとして
盛に迎へられたるは蓋し予一人の爲に非ずして日本全國民諸君が支那國を親愛
さるる深厚なる情誼の發露に外ならずと感泣の至りなり、歸國の上同胞全體に
之を周知せしめんには嘸かし喜ぶ事ならん、市長の言の如く長崎は支那と密接
なる關係あり加ふるに明末支那の爲に大謀ありし鄭成功氏は此長崎に生れ而か
も其母なる人は長崎の人なりしは？史の證する處なり、其他文教に於て思想の
根本に於て兩國の關係は水も洩さぬ仲なりしを遺憾遺憾大遺憾、滿洲民族中國
に侵入して漢民族を壓伏するや其政府は徒に民を苦しましめ剩さへ國民の自由
に外國と交通するを喜ばず文明の新空氣を呼吸するを大に厭へる結果遂に前述
の如き親善なりし日支兩國民の交を割いて疎からしむるに至りしもの悉く滿朝
政府惡政の結果革命の大事業は日本有識の士多大なる援助によりて成功し新に
共和國建設されたれば今後支那は文明の先進國たる而して同文同種の日本に憑
り相提携して進まざる可らず交通機關完成の如きは眞に急中の急なるもの希く
ば相呼應して之を促進して以て兩國民の意志を更に疎通せしむるに力むべし云
々』

大正二年三月二十四日長崎『東洋日の出新聞』（一）

醫專留學生の孫氏歡迎會

　昨報の如く長崎醫專支那留學生二十有八名は一昨夜西濱町精洋〔養〕亭に孫氏一行の歡迎會を開き孫逸仙、馬君武、戴天仇、菊池良一諸氏之に臨み陪賓は徐支那領事、王翻譯官、源昌號主蘇道生の諸氏及び本社員にして一同著席するや留學生陶鑄氏開會の辭を述べて曰く

　本夕我民國建設の偉人孫先生を迎ふるを得たるは留學生一同の光榮とする處加ふるに先生立身の初は生等と齊しく醫學にあれば請ふ高教を垂れ給はん事を

　と、宴終るや孫氏は起てり、大拍手起る、抑も當夜主人側の學生一同は故國革命戰起るや對岸に座するに忍びずとて結束して歸り南京に漢口に傷病者を犒ひし多血の青年にして蘇道生氏は之に對して滿腔の同情を惜しまずりし人、列席の記者亦當時を追懷して感慨深し、孫氏は無量の感に堪へざるものゝ如く

孫氏の演説

　余は諸君の好意を謝す、抑も余は初め醫を學びし者なるが故に諸君に接するや實に特種の感慨湧く、民國の新に成れる今日特に注意すべき事あり、述べて以て諸君の好意に報ふべし、先年清朝の一官吏來りて日本に遊ぶや某地に於る歡迎會席上主人側の述べられし歡迎辭中、官吏排斥の一節ありしを聞けり蓋し從來支那國民の思ひ及ばざりし處なるべし何となれば暴惡なる政府に壓伏さるゝの長き、庶民は唯これ屈伏を甘んじ官邊とし言へば頭の上らぬ事夥しき結果として人皆官吏となりて威張らん事をのみ庶幾して夢寐之を忘れざる憐れむべき？勢にありしも今や革命は成りて政體は民主共和國となれり此時即ち支那國民が益々心眼を開いて自主自治の精神を涵養せざる可らざるの秋なり、支那を支配する帝王己に無し、國民は須く己の國家なるを深くも自覺し先づ己れ一個を自立して各々國家の爲に盡く

さゞる可らず、而して從來の反動として官吏なるが故を以て漫りに他を排斥する莫れ、醫可なり、農なくんば非ず、官吏固より必要なり、要は專心邦家の爲に各己が才の適所に向て進むべし、米國は共和の國ならが故に官吏となるを厭ふ一種の風習ありしより見識あり技倆ある人は官途に就くを好まざりし結果政界の腐敗甚しかりしを約二十年前先覺者等相呼應して徒に官吏を嫌惡するの可ならざるを提唱せしより以來風習漸次革まり政界亦大に革新さるゝに至りたる最近の實例は支那國民の指針となすべきなり、諸君は今迄醫術を學びつゝあり醫術も亦國家行政の一部にして單に技術のみに止まらざるを今より心して研究し他日大に國家に貢獻するを期せざる可らず、健全なる思想の國民を造らんには衛生思想の普及を圖らざる可らず此大責任は諸君の雙肩上にあり、武器整ひ軍艦多く泛ぶとも若し夫れ兵卒にして氣力足らず身體虚弱ならんか運用する事能はざらん云々

と述べたるに次いで陶鑄氏更に起ちて謝意を述べ附言すらく

　　日本の維新前と同じく支那國民は今にも漢醫を信頼する事深く文明の西醫を信ぜざるは不幸の大なるものなり是れ蓋し學德威望あるの人の鼓吹せざるに由る先生の高教は生等紳〔肝〕に銘して忘れざるべし敢て希くば先生歸國の上は新聞に演説に右の如き頑夢を打破すべく提唱されん事を

と述べ樓上に於て一同撮影して散會せし時午後九時半

　　　　　　　　大正二年三月二十四日長崎『東洋日の出新聞』（一）

孫文送迎私記

澤村幸夫

日本で得た結論

....

　二十二日夜の支那領事館でなされた讲演は、彼の今度の渡日の最終のそノであった。渡日によって得た彼の感想の结论であった。その中に次のやうな言があったのを、私はノートしてゐる。

　中國人は歷史的に日本を誤解してゐるた、輕侮してゐた。けれども革命が起ると革命黨の幹部を占めたものは日本留學生であった。また革命を援助したのは日本人有志であった。中國の將來に關してアメリカの援助を説くものがあるが、モンロー主義のアメリカが、中國の悖〔恃〕みになるだらうか。アメリカの實力が、中国の運命を左右し得るのだらうか。中国の將來に對して、その死命を制するものは、どうしても日本でなければならぬと、私は確信してゐる。

東京『支那』第二十八卷第八號、昭和十二年八月發行

日本外務省檔案『各國内政関係雑纂/支那ノ部/
革命黨関係（亡命者ヲ含ム）』第十二巻

乙秘第一三二〇號　　大正三年七月九日
『支那革命黨員會合ノ件追報』

孫文演説の概要

　吾々同志ハ目下日本ニ亡命シ居ルモ母国ヲ追慕スルノ念ハ瞬時モ脳裏ヲ去ラ
ズ将来我民国ヲ如何ニシテ世界ニ自立シ得ルカハ大ニ諸君ト共ニ考慮セザルベ
カラザル事ト思惟ス唯今民国内地ノ状況ヲ見ルニ土匪，馬賊，又ハ白狼等草賊
ノ輩各地ニ蜂起シ掠奪ヲ事トシ民心一日モ寧カラズ又タ外交，財政等ニ於テモ
唯ニ因循姑息ヲ事トシ居リテ何等見ルベキナク此儘推移スル時ハ破綻スルノ不
得止境遇ニ立至ルヤ必セリ故ニ吾々民国民タル者ハ之ヲ未倒ニ救済スルノ方法
ヲ講ジ祖国ノ為メニ尽サベルベカラザルヤ言ヲ俟タズ吾々同志ハ一層愛国心ヲ
発揮シ私意私利ヲ抛テ専心国家国民ノ福利ヲ計リ延テ東亜ノ平和ヲ保持スルニ
力（赵军注：应为“努”）メザルベカラズ将来世界戦争ハ黄白人種ノ争ヒニ帰
スベケレガ余ハ唯ニ支那トカ日本トカ云フガ如キ一国ノミノ平和ヲ云々スルモ
ノアラズシテ東亜ノ平和ヲ籌ラン事ヲ期スル者ナリ飜テ我民国ニ於ケル時代ノ
要求タル第三次革命ノ起ル事アル場合ハ我々同志ハ平素ノ団体ノ何タルヲ問ワ
ズ苟モ志ヲ同フスル士ハ一致協力誠心誠意同一ノ歩調ヲ執リテ国家百年ノ計ヲ
念頭ニ置キ活動ニ努メザルベカラズ然レドモ唯ダ事ハ待ツベク求ムベカラズ功
ハ自然ニアリテ競フベキニアラズ自ラ踏ム条理ヲ守リ時期ノ来ルヲ待テ已ムヲ
得ザルノ義務ニ依テ起ツテ期スベキノミ若シ徒ニ事ヲ為メニ孜々トシテ功ヲ立
ツル汲々タルアラバ必ズ軽挙ニ失セザルヲ得ザルヲ以テ隠忍時期ノ来タルヲ待
タザルベカラズ要スルニ吾々同志ハ進退ヲ共ニシ各自ノ行動ヲ慎ミ決シテ軽挙
妄動ニ出デザラン事ヲ望ム又タ頃日新聞紙上ニ革命党ニ関スル種々ナル記事ア
ルヲ見ルモ何レモ讒誣中傷ノ浮説ニシテ一モ事実ニアラザル事ハ諸君ニ於テ知

得セラルニ処ナルモ決シテ是等ノ浮説ニ惑ハサレザラン事ヲ望ム云々

各國内政関係雑纂/支那ノ部/革命黨関係（亡命者ヲ含ム）第十二巻

孫文北伐決行

　　廣東政府大元帥孫文は最近米國側より市政借欵前渡金三百萬元を得たるにより此際愈北伐を斷行すべしと爲し、烔陈〔陈烔〕明、许崇智等が时机尚早論を唱へつゝあるに拘らず自ら北伐案を非常國會に提議し、其賛成を經ると同時に各方面に出動の準備を命じ、愈々十五日廣東を出發し、廣西梧州を經て桂林に向へり。之より先十月十三日孫文は非常國會秘密會議を開き今次出陣の理由に關し左の如く語れりと云ふ。

　　民國の現狀は今や根柢より改造するの必要あり、今次太平洋會議に際し列國が廣東政府を招待せざりしは广东政府の實力を輕視したるものなるを以て此際大いに其の實力を示すと共に共和の大業を成就せざるべからず、故に積極的行動に出づる亦止むを得ざる所なり、而して今次北伐方策は桂林にある李烈鈞、陳烔明兩氏と會見し決定する筈なり、尚軍費はに或る方面より調達（米國より得たる借欵を指す）せり、云々。

東京『外交時報』第四〇八号、大正十年十一月發行

支那を救ふはこの機を措いてない

廿三日長崎に入港した孫文氏は語る

　政局收拾の大芝居を打つ前に日本朝野の意見を聽かうと味な所を見せた孫文氏は夫人を始め李烈鈞、戴天仇、兪永瞻氏等十三人の大一行で二十三日正午上海丸で長崎に入港した、黑の支那服を纏うた孫氏は王領事や國旗を振つて迎へた多數の支那留學生等に圍まれ大ニコニコで

　皆樣が態々御足勞下つたのは甚だ感謝に堪へない、私の日本に來た使命、政治上の意見等は既に上海で發表した通りで特別の感想はありません、たゞ日本の風物に接して堪え難き懷しさが湧くばかりです

と戴天仇氏の通譯で語つたが糸を引けば氣焰はなかゝゝ盡きない

　今度の變動は要するに全國民の力によつて行はれたもので隨つて今後の政治も國民の力によつて行はれねばならぬ、今から十數年前には國民の力が清朝の基礎を打破しようとは世界いづれの國でも信じなかつたことだが、國民の力は遂にそれを打破した、今度もその力で曹錕、呉佩孚の徒を葬り軍閥の手から政權を奪還した、今後はその力を以て民の政治を行ひ外國の侵略に對抗し得る確信がある、ドーズ案だとか何だとか諸外國の援助や干涉を受けずとも支那は國民の鞏固なる力で完全なる國家を造り上げるだけの信念を以て居る、私はその偉大なる全國民の意氣を代表して入京し今后の政治問題に關與する考へであるが表面に立つて活動する考へは有つて居らぬ、先づ國民會議を召集し全國民の意思を聞きそれを基調として疲弊し切つた國民生活の救濟を策し外交を刷新して不平等なる條約の廢止、租界及領事裁判權の回收を圖る考へである、長江聯盟の背後に某國の手が動いて居るなどは支那國民の力を侮辱した沙汰で我等は軍閥を倒した同じ力を以て之等の帝國主義を打破し健全なる支那の獨立と百年和平の基礎を築き上げる考へで其大綱は既に發表した通りである、清朝の幼帝を追出したのも國民の意思で當然の措置として何等怪しむに足らぬ私は既三民主義五權憲法を發表して居るが日本の國民は何等注目して居らぬやうである、

一體日本の國民は支那問題に對して注意が足りないのは甚だ殘念だ、日本の國民の力で行はれた明治維新は革命の第一歩で支那革命はその第二歩だと思ふ、國民の力で同じやうに行はれた革命であるからこの意味では日華兩國は親善を結ぶべきであるのに日本では支那革命を明治維新と同樣に見て居らぬのは私の甚だ遺憾に堪へぬ所だ、露國も革命の道程において一致して居る併し制度政策や國家組織は各國情により夫々な特徴はあるが革命の道程において同じ事情だから當然親善關係を結ぶべきものであると信ずる、目下の支那問題は單に支那一國の問題でなく世界的問題の中心でどうしても密接な關係にある日本の完全なる諒解を得て日支國民が口先きの親善ではなく眞に提携して支那を救ひ東亞の平和を確立しなければならぬことを思ひ茲に日本に來た譯である、常から加藤首相を始め朝野の名士に神戸で會見したい旨無電を發しておいたから神戸に着いた上でこれらの人々と隔意なき意見の交換をなしそれを携へて天津に向ふ考へでさきを急ぐから神戸より外へは行かぬつもりだ、支那を救ふのはこの機會を措いては再び來ぬがそのやり方こそまた治亂の岐れる重大な際であるからこの點に對し日本の朝野が私の意氣を諒として十分なる後援を望んで已まぬ段、張、馮三君の入京したことは船中で承知した

　と語つた一行は長崎在住の中華民國人から上陸を要望されたが船内に引籠つたまゝ上陸せず神戸に向つたが同地ではミカド又はオリエンタルホテルに投じ朝野の名士と會見し意見を交換した上便船次第天津に赴く筈で滯在は三四日の豫定である（長崎發）

大正十三年十一月二十四日『大阪毎日新聞』（一）

部屋に譬へた北上

孫文氏の氣の利いた答辭

昨夜の歡迎宴席で大寛ぎ

　孫文氏の來神を機として中國領事館、商業會議所、日華實業協會、阪神華僑聯合主催の下に廿八日午後六時からオリエンタルホテルで、歡迎會を催したが、來賓側としては孫文氏を始め李烈鈞氏、戴天仇氏以下一行十三名何れも支那服を纏ふで出席し殊に孫夫人は派手な意匠の支那服に其美しさを見せ、發起人側から平塚知事、八木警察、平田産業兩部長、瀧川商業會議所會頭、勝田銀次、今井嘉幸、鹿島房次郎、成田當地方裁判所長、草鹿甲子太郎、岡崎藤吉、西川莊三、丹下良太郎の諸氏以下官民有志者百五十余名、支那人側からは柯領事、鄭祝三、楊樹〔壽〕彭の兩氏が顔を見せてゐたがデザートコースに入るや草鹿甲子太郎氏及柯領事は各日支兩國民を代表して歡迎の辭を述べ、續ひて平塚知事の發聲で孫文氏の健康を祝して幹盃して後孫氏の答禮の意味で極く打寛いた調子

　「私が南支那と云ふ部屋から北支那と云ふ部屋に行くに當つて什うしても日本と云ふ部屋を通つて行かねばならぬやうに本當に日支の關係と云ふものは密接なものである、從つて日支の親善と云ふ聲を聞くのであるが不平等な條約が存在して今日のやうに十四ヶ國の共同殖民地たるかの如き觀を呈してゐる支那と立派に獨立した日本と手を結ばしむる事は實際に於ては卻々困難な事に相違ないのである、歷史的に徵して見ると支那が兄で日本が弟と云ふ格になるが今其の兄が十四人と云ふ澤山な主人に任へねばならぬ奴隷の狀態に在るのを見て弟たる日本人は自ら起つて苦痛に悩んでゐる兄を其の不平等な地位から救ひ出すだけの考はないか」

　と大いに日本人の援助を求めて答禮の盃を舉げたが終始主客共に打ち寛いで懇談を交へ午後九時過ぎ散會したが近來稀に見る日支親善の劇的場面であつた

大正十三年十一月二十九日『神戸又新日報』（七）